de Gruyter Lehrbuch

Klaus Winkler

Seelsorge

Walter de Gruyter · Berlin · New York
1997

∞ Gedruckt auf säurefreiem Papier,
das die US-ANSI-Norm über Haltbarkeit erfüllt.

Die Deutsche Bibliothek – CIP-Einheitsaufnahme

Klaus Winkler:
Seelsorge / Klaus Winkler. – Berlin ; New York : de Gruyter, 1997
(De-Gruyter-Lehrbuch)
ISBN 3-11-015161-8 gb
ISBN 3-11-013185-4 br

© Copyright 1997 by Walter de Gruyter & Co., D-10785 Berlin
Dieses Werk einschließlich aller seiner Teile ist urheberrechtlich geschützt. Jede Verwertung außerhalb der engen Grenzen des Urheberrechtsgesetzes ist ohne Zustimmung des Verlages unzulässig und strafbar. Das gilt insbesondere für Vervielfältigungen, Übersetzungen, Mikroverfilmungen und die Einspeicherung und Verarbeitung in elektronischen Systemen.

Printed in Germany
Diskettenkonvertierung: Ready made, Berlin
Druck: Gerike GmbH, Berlin
Buchbinderische Verarbeitung: Lüderitz & Bauer GmbH, Berlin
Einbandgestaltung: Hansbernd Lindemann, Berlin

Dem Team des Seelsorgeinstituts an der
Kirchlichen Hochschule Bethel in Dankbarkeit
und Verbundenheit gewidmet

Vorwort

Dieses Lehrbuch ist darauf angelegt, mehrere Funktionen zu erfüllen. Es ist deshalb darauf angewiesen, mehrschichtig gelesen zu werden.

Als ein *Lehrbuch* will es in die Aufgabenstellung gegenwärtiger Seelsorge und in die verschiedenen Ausformungen der Poimenik einführen. Der vorliegende Text kann bei dieser Absicht zunächst zu großen Teilen ohne die erläuternden Anmerkungen und die das Thema jeweils erweiternden Ausführungen und Ergänzungen gelesen werden. Wesentlich ist dabei vor allem, daß sich der Leser bei solcher Lektüre einem Prozeß unterzieht: Es gilt, sich durch die breit angelegte Auseinandersetzung mit einer Vielzahl von sehr unterschiedlich begründeten und ausgearbeiteten Seelsorgekonzeptionen der Vergangenheit und Gegenwart eine eigene poimenische Konzeption zu erarbeiten. Allzu schnelle und damit oft kurzschlüssige Identifikationen mit einem dem eigenen Vor-Urteil entgegenkommenden poimenischen Entwurf sollten tunlichst vermieden werden. Wir sind in Zukunft mit Sicherheit auf Seelsorger und Seelsorgerinnen angewiesen, die über eine ebenso eigenständig erarbeitete wie angebbare und poimenisch begründete Seelsorgeposition verfügen. Es wird deutlich werden, daß der Autor sich als Praktischer Theologe und Psychoanalytiker der „Seelsorgebewegung" verpflichtet weiß. Dennoch soll es Raum geben soll, sich über die Lektüre dieses Lehrbuchs selbständig zu einer ganz anderen Einstellung zu entschließen.

Als ein *Kompendium* will das Buch den Leser und die Leserin in die Lage versetzen, sich im Rahmen der Seelsorge einem bestimmten Spezialgebiet zu widmen, hier über Einzelheiten informiert zu werden und bereits vorhandene Kenntnisse gezielt zu vertiefen. Bei dieser Absicht und Ausrichtung können vom Inhaltsverzeichnis ausgehend Teilabschnitte gelesen und das Stichwort- bzw. Autorenverzeichnis zum Einstieg genutzt werden. Die genaue Erschließung eines Teilgebiets seelsorgerlichen Handelns sollte allerdings von der notwendigen Erarbeitung des Zusammenhangs mit dem Ganzen nicht abhalten. Lehrbuch und Kompendium sind vielmehr dann optimal in Gebrauch genommen, wenn sich Leser und Leserin beides je nach Bedarfslage und unter ständigem Bezug auf ihre praktische seelsorgerliche Tätigkeit in ihrer Gesamtheit zugänglich machen.

Zu danken habe ich dem Verlagslektor, Herrn Dr. Hasko von Bassi, für seine Beharrlichkeit in der Sache und Geduld gegenüber dem Autor dieses Buches. – Zu danken habe ich vor allem aber dem früheren wissenschaftlichen Mitarbeiter an der Kirchlichen Hochschule in Bethel und jetzigen Vikar Detlef Rudzio. Er hat nicht nur die mühseligen Korrektur- und Ergänzungsarbeiten in den Einzelheiten geleistet und die Register erstellt. Er hat auch die Entstehung dieses Lehrbuches von Anfang an begleitet und seine Gestaltung durch konstruktiv kritische Rückfragen und Vorschläge beeinflußt.

Hannover, im Winter 1996   Klaus Winkler

Inhaltsverzeichnis

Vorwort VII

A. Hinführung: Seelsorge im allgemeinen Vorverständnis   1
I. Allgemeine Erwartungen und charakteristische Aussagen   1
II. Eine vorläufige Definition   3

B. Rahmenbedingungen einer Lehre von der Seelsorge .. 12
I. Die Entscheidungen im Rahmen einer sachgemäßen Anthropologie 12
II. Die Entscheidungen im Rahmen einer sachgemäßen Theologie ... 15
III. Entscheidende Schwerpunktbildungen im konzeptionellen Bereich 23
   1. Der Ruf nach systematisch-theologischer Besinnung:
      Eduard Thurneysen 28
      a) „Die Lehre von der Seelsorge" 31
        α) Seelsorge als Kirchenzucht 32
        β) Seelsorge als Beichte 33
        γ) Seelsorge als Beichte 36
        δ) Hinweis auf ein Reizwort 39
      b) „Rechtfertigung und Seelsorge" (1928) 40
      c) „Seelsorge im Vollzug" (1968) 42
   2. Der Ruf nach gezielter Erschließung menschlicher Erlebnisformen im Verhaltens- und Glaubensbereich: Dietrich Stollberg 46
      a) „Wahrnehmen und Annehmen" (1978) 49
        α) Generelles und spezifisches Proprium 49
        β) Seelsorge als Psychotherapie 54
        γ) Zwischenmenschliche Seelsorgebeziehung und theologische Grundannahmen in der Praxis 57
      b) „Seelsorge durch die Gruppe" (1971) 59
      c) „Therapeutische Seelsorge" (1969) 61
      Exkurs: Die amerikanische Seelsorgebewegung als Hintergrund der deutschen Entwicklung 62
   3. Der Ruf nach unmittelbarem Bezug auf biblische Aussagen und Handlungsanweisungen: Jay E. Adams 65

  a) „Befreiende Seelsorge" (1970/1980) 66
  b) „Handbuch der Seelsorge" (1973/1976) 69

IV. Typen der christlichen Seelsorge 75

C. Die Geschichte der christlichen Seelsorge von deren Anfängen bis zur Gegenwart 77

I. Die biblischen Wurzeln 79

II. Seelsorge zwischen Urkirche und Reformation 86
 1. Die Zeit bis zur „Konstantinischen Wende" 86
 2. Die Zeit bis zur Reformation 96

III. Die Reformation und deren Folgezeit 110

IV. Die Zeit des Pietismus und des Rationalismus 121

V. Die Zeit von Schleiermacher bis zur „Dialektischen Theologie" vor und nach dem Zweiten Weltkrieg 131
 1. Friedrich Daniel Ernst Schleiermacher (1768-1834) 134
 2. Claus Harms (1778–1855) 135
 3. Ludwig Hüffell (1784–1856) 136
 4. Carl Immanuel Nitzsch (1787–1868) 137
 5. Auguste Vinet (1797–1847) 139
 6. Wilhelm Löhe (1808–1872) 140
 7. Alexander Schweizer (1808–1888) 141
 8. Christian Palmer (1811–1875) 143
 9. August Friedrich Christian Vilmar (1800–1868) 144
 10. Carl Adolf August von Zezschwitz (1825–1886) 145
 11. Theodosius Harnack (1817–1889) 146
 12. Ernst Christian Achelis (1838–1912) 148
 13. Heinrich Adolf Köstlin (1846–1907) 148
 14. Emil Sulze (1832–1914) 149
 15. Paul Drews (1858–1912) 150
 16. Friedrich Niebergall (1866–1932) 150
 17. Werner Gruehn (1887–1961) 151
 18. Oskar Pfister (1873–1956) 152
 19. Paul Blau (1861–1944) 153
 20. Martin Schian (1869–1944) 154
 21. Eduard Thurneysen (1888–1974) 155
 22. Emil Pfennigsdorf (1868–1952) 156

23. Otto Baumgarten (1858–1934) 157
24. Hans Asmussen (1898–1968) 158
25. Walter Hoch (1907–?) 158
26. Otto Riecker (1896–1989) 159
27. Wolfgang Trillhaas (1903–1995) 160
28. Alfred Dedo Müller (1890–1972) 161
29. Otto Haendler (1890–1981) 161
30. Adolf Allwohn (1893–1975) 162
31. Theodor Bovet (1900–1976) 163
32. Dietrich Rössler (1927) 165
33. Adelheid Rensch (1913) 166
34. Hans-Otto Wölber (1913–1989) 167
35. Walter Uhsadel (1900–1985) 168

VI. Zur Geschichte der christlichen Seelsorge 169

D. Die gegenwärtige Lage 172

I. Die fortgeführte Seelsorgebewegung 175
   a) Erstes Desiderat: Betonte Zeitgemäßheit 175
   b) Zweites Desiderat: Intensivierte Beratungsarbeit 187
   c) Drittes Desiderat: Praxisbezogene Ausbildung 196
   d) Viertes Desiderat: Veränderte Gruppenarbeit 200

II. Die auf Restitution und Kontinuität ausgerichteten
    Bestrebungen 204
   a) Erstes Desiderat: Neue systematisch-theologische Einbindung
      der Seelsorge 204
      Exkurs: Diakonie und Seelsorge 215
   b) Zweites Desiderat: Bezug eine schriftgebunden spirituelle
      Theologie 218
   c) Drittes Desiderat: Historische Rückbesinnung und Eröffnung
      von Vergleichsmöglichkeiten 228
   d) Viertes Desiderat: Erarbeitung veränderter Perspektiven und
      unterscheidbarer Zielvorstellungen 234
   e) Das „außerordentliche" Desiderat: Konsequenter Bezug auf
      biblische Weisungen und charismatische Gaben 240

III. Die seelsorgliche Aufgabe heute: Gespräch mit
     vorausgesetztem Ziel 247

1. Seelsorge als Gespräch versus Gespräch als Seelsorge 248
   a) Seelsorge als Gespräch 248
   b) Gespräch als Seelsorge 254
2. Die Grundstruktur seelsorgerlichen Handelns im Gespräch .. 260
   a) Seelsorge ist strukturiertes Geschehen 261
   b) Seelsorge ist umfassend deutendes Geschehen 264
   c) Seelsorge ist glaubensbezogenes Geschehen 264
   d) Seelsorge ist lebensgestaltendes Geschehen 266
   e) Seelsorge ist emanzipatorisches Geschehen 270

IV. Die ethische Struktur der Seelsorge 274
1. Die Verhaltenssteuerung durch das Gewissen 274
2. Die gegenwärtig wirksame Gewissensstruktur 277

E. Lebenskonflikte in der Seelsorge 289

I. Umgang mit Angst 290
1. Angst, Furcht und das offene Problem einer Zuordnung:
   Sören Kierkegaard 291
2. Therapeutischer Umgang mit Angst: Sigmund Freud 296
3. Seelsorgerliche Angstbearbeitung und ihre Praxis 301

II. Umgang mit Glaube 306
1. Elemente des Glaubens 308
   a) Neugier 308
   b) Einpassung 310
   c) Gewißheit 311
2. Formen des Glaubens 316
   a) Ritualisierung 316
   b) Dogmatisierung 319
   c) Institutionalisierung 321
3. Auf den Glauben eingerichtete Seelsorge 323

III. Umgang mit Anspruch 325
1. Herkunft und Differenzierung des Anspruchserlebens 326
2. Anspruch und Anspruchlichkeit unter dem Vorzeichen eines
   christlichen Verhaltens 330
3. Seelsorgerliche Bearbeitung des Anspruchserlebens
   als gezielter Umgang mit Verdrängung und Verzicht 334

IV. Umgang mit Schuld 342
    1. Schuld und Schuldgefühl 343
    2. Schuld und Normengebrauch 348
    3. Schuld und Vergebung in der Seelsorge 351

V. Christliche Seelsorge als Konfliktbearbeitung 356

F. Handlungsfelder der Seelsorge 358

I. Seelsorge in einzelnen Lebensphasen 363
    1. Seelsorge an Kindern und Jugendlichen 363
    2. Seelsorge bei Partnerschafts- und Familienproblemen 379
    3. Seelsorge an Trauernden und Sterbenden 412

II. Seelsorge in unterschiedlichen Lebenslagen 450
    1. Seelsorge im Krankenhaus 454
    2. Telefonseelsorge 468
    3. Militärseelsorge 481
    4. Gefängnisseelsorge 492

G. Plädoyer für eine Seelsorge an Seelsorgern und Seelsorgerinnen 502

Literaturverzeichnis 508

Namensregister 542

Sachregister 550

A. Hinführung:
Seelsorge im allgemeinen Vorverständnis

Seelsorge ist unverzichtbar. Sie tut in unserer Zeit not. Aber seelsorgerliches Handeln ist nicht einfach selbstverständlich! Es geschieht (im Rahmen der Kirche oder auch außerhalb dieses Rahmens) mehr oder weniger intensiv.

Es ist als Maßnahme sowohl vom Inhalt als auch von der Form her höchst umstritten.

Seelsorge wird in bestimmten Kreisen unserer Gesellschaft hoch bewertet. In anderen gilt sie als kaum erwähnenswerte Randerscheinung. Jedenfalls stoßen wir in diesem Umfeld auf die verschiedensten Einschätzungen und Erwartungshaltungen.

I. Allgemeine Erwartungen und charakteristische Aussagen

– „Seelsorge – das ist: Wenn einer dem anderen etwas Gutes tut. Warum er es tut und wie er es begründet, ist letztlich gleichgültig."
(Diskussionsteilnehmer in einer Ev. Akademie)

– „Ich habe immer wieder sog. Seelsorger und Seelsorgerinnen in meinen Balintgruppen.[1] Die müssen ja auch lernen, wie sie am effektivsten mit ihren Schäfchen umgehen."
(Psychoanalytiker und Arzt während einer Fortbildungstagung für sog. „Helfende Berufe")

– „Telefonseelsorge fällt mir ein. So eine moderne Sache für Großstadtmenschen, die nicht allein mit sich fertig werden. Die Leute dort sollen übrigens viel zu tun haben."
(Volkskirchlich geprägter Hauswirt mit höchst sporadischen Gemeindekontakten im Gespräch mit seinem Mieter über Nutzen und Funktion der Kirche)

– „Der Kirchenbesuch hat bei uns in den letzten Jahren sehr nachgelassen. Aber unsere Pfarrerin ist eine gute Seelsorgerin. Zu ihr kann man mit allem kommen. Die hört sich alles an – wenn es sein muß stundenlang."
(Gemeindeglied zum Pastor der Nachbargemeinde, neben dem sie bei einer Hochzeitsfeier in der Verwandtschaft sitzt)

---

[1] Ausführungen zum Thema „Balintgruppe", s. S. 197f. Anm. 44.

- „O ja, ich würde mich sehr freuen, wenn Sie mich ab und zu besuchen würden, Herr Pastor. Aber bitte nicht als Seelsorger, Sie verstehen das sicher! Da käme ich mir so komisch vor. Kommen Sie einfach so zum Gespräch – das wäre schön!"
(Krebskranke alte Lehrerin zum jungen Gemeindepfarrer)
- „Dürfte ich sie einmal als Psychologe ansprechen, Herr Pastor Dr. W.? Ich habe da so einen Fall in meinem Büro, bei dem ich nicht weiß, wie ich mich als Mensch und Vorgesetzter verhalten soll."
(Städtischer Amtsleiter in Sorge um die Eheprobleme seiner Sekretärin zum Ortspastor, der gleichzeitig auch Psychotherapeut ist)
- „Seelsorge? Sie geschieht heutzutage vor allem in einer recht verstandenen ‚Kirche vor Ort', in der die Kommunikation des Evangeliums neue Lebensräume schafft."
(Ein Praktischer Theologe nach 20jähriger Tätigkeit in der Gemeindeentwicklung und Beratung)[2]
- „Luther war eben nicht nur der entscheidende Kopf der Reformation. Er war vor allem Seelsorger. Ja, man kann die ganze Reformation auch als Seelsorgebewegung definieren! Aber was ist heute davon noch wirksam geblieben?!"
(Ein Kirchenhistoriker im Gespräch mit einem Praktischen Theologen)

Soviel zu den sehr unterschiedlichen Erwartungshaltungen.

Wenn es sich aber in der Seelsorge nicht nur um „pragmatisches Vorgehen" handeln soll – d.h. ein Mensch tut spontan das, was ihm spontan nützlich zu sein scheint – jede Situation gerät so zum „einmaligen" Hilfsangebot –, dann ist ein *Konzept* für das seelsorgerliche Handeln nötig.

Dabei ist folgendes zu bedenken:

Alle noch so verschiedenen Konzepte von Seelsorge müssen dennoch auf bestimmte Basisannahmen bezogen sein. Sonst verschenken sie den Anspruch, als „christliche Seelsorge" bezeichnet werden zu können und sich daraufhin Vergleichen und Auseinandersetzungen zugänglich zu machen. Diese Basisannahmen sind weltanschaulich bzw. christlich vorgezeichnet. Damit entsprechen sie von ihrem Selbstverständnis her einem zeitlosen, d.h. unveränderlichen Bezugspunkt.[3] Sie sind dabei allerdings niemals „eindeu-

---

[2] Vgl. *Herbert Lindner*, Kirche am Ort. Eine Gemeindetheorie, Stuttgart/Berlin/Köln, 1994, S. 73.

[3] Sie entsprechen z.B. biblischen Aussagen und Basisannahmen wie 1. Mose 1, 27: „Und Gott schuf den Menschen nach seinem Bilde – nach dem Bilde Gottes schuf er ihn; als Mann und Weib schuf er sie."; 2. Tim. 1, 10: „Jesus Christus hat dem Tode die Macht genommen und das Leben und ein unvergänglich Wesen ans Licht gebracht."; Joh. 4, 24: „Gott ist Geist, und die ihn anbeten, die müssen ihn im Geist und in der Wahrheit anbeten."

tig", sondern provozieren „naturgemäß" zu verschiedenen Zeiten die verschiedensten Deutungen der verschiedensten Christen (bzw. christlichen Theologen).

II. Eine vorläufige Definition

Diese Deutungen wiederum können sich in sehr unterschiedlichen Bestimmungen niederschlagen.[4] Somit dürfte zunächst deutlich sein: Definitionen seelsorgerlichen Handelns (möglicherweise erweitert zu einer „Lehre von der Seelsorge", zu einer *Poimenik*) fallen nicht einfach als Glaubensannahmen vom Himmel! Sie sind vielmehr mit den verschiedenen Möglichkeiten unterschiedlicher Deutungen und Konzeptualisierungen verbunden. Sie spiegeln bei ständigem Bezug auf die zeitlos gültigen Basisannahmen die jeweils zeitgenössische Wirklichkeitserfassung wider.

Auf diesem Hintergrund ist die Bestimmung dessen zu verstehen, was wir (im Sinne einer ebenso vorläufigen wie formalen Definition) im folgenden als *Seelsorge* begreifen und behandeln wollen:

– Allgemein ist Seelsorge zu verstehen als Freisetzung eines christlichen Verhaltens zur Lebensbewältigung.
– Im besonderen ist Seelsorge zu verstehen als die Bearbeitung von Konflikten unter einer spezifischen Voraussetzung.

Bei diesen Bestimmungen wird sofort deutlich, wie notwendig es ist, die hier verwendeten Begriffe zu klären. Was ist mit

a) Freisetzung,
b) Verhalten (christliches),
c) Lebensbewältigung,
d) Konflikt(-bearbeitung),
e) (spezifische) Voraussetzung

im einzelnen gemeint?[5]

---

[4] Der Begriff „Seelsorge" kommt als solcher im Neuen Testament nicht vor. Zu seinem Gebrauch im griechischen Umfeld sowie von der Sache her in den einzelnen neutestamentlichen Schriften vgl. *Walter Neidhart*, Seelsorge, in: *Gert Otto* (Hg.), Praktisch Theologisches Handbuch, Hamburg, 1970, S. 425ff.
[5] Dabei soll diese „Klärung der Begriffe" um des unabdingbaren Praxisbezuges willen auf eine (für diesen Zweck konstruierte) *Beispielszene* verbunden werden: Theologiestudent Jörg, 22 Jahre alt, ältester unter drei Geschwistern, hat eine

(ad a) *„Freisetzung"* soll zunächst bedeuten:
Es werden strukturell vorhandene, aber bisher oder situativ gehemmte Möglichkeiten eines Individuums freigesetzt bzw. durch gezielte „Interaktionen" in bisher anscheinend oder scheinbar un-mögliches Denken, Fühlen, Handeln, Glauben umgesetzt.[6]

Negativ ausgedrückt heißt das: Ich kann auch als Seelsorger oder Seelsorgerin keinen völlig veränderten, keinen aufweisbar „neuen" Menschen schaffen. Alle Möglichkeiten einer Veränderung sind (von Gott) strukturell vorgegeben. Das gilt für plötzliche Bekehrungserlebnisse ebenso wie für das Erleben prozeßhafter Entwicklungen.

Positiv ausgedrückt ist gemeint: Ich kann als Seelsorger oder Seelsorgerin Entwicklungs-, Entfaltungs-, Veränderungshilfe leisten. Ich kann (durch welche Mittel auch immer) positive Möglichkeiten verstärken, negative Möglichkeiten hemmen, auf die Relation zwischen passivem und aktivem Handeln einwirken. Anders gesagt: Ein seelsorglich handelnder Mensch vermag eine mehr oder minder wichtige, prägende Rolle im „Lebenslauf" eines ratsuchenden Menschen zu spielen. Er kann auf diese Weise „erziehend" wirken[7] und verhaltensprägenden Einfluß nehmen.[8]

> Freundin Anja, 20 Jahre alt, Einzelkind, Musikstudentin. Diese teilt ihm eines Tages während eines Spazierganges folgendes mit:
> Einer ihrer Kommilitonen aus dem gleichen Studienjahr verkomme offensichtlich immer mehr. Er trinke zu oft und viel zu viel Alkohol und wirke daraufhin entweder übertrieben aufgekratzt oder depressiv und niedergeschlagen. Man müsse sich um ihn kümmern.
> Anja selbst fühle sich dieser Aufgabe aber nicht recht gewachsen. Jörg müsse ihr unbedingt helfen: Er sei der Ältere, er habe Geschwister, sei also viel länger geübt im Umgang mit etwa Gleichaltrigen. Außerdem sei er ja Theologiestudent und von daher auf Menschenkenntnis und Problembehandlung eingestimmt. Also solle er den Kommilitonen doch einfach einmal einladen oder noch besser zu einer Einladung dazukommen und ihn in ein ernsthaftes Gespräch ziehen.
> Wie gesagt, es müsse etwas geschehen, ehe es zu spät sei. Jedenfalls traue sie ihrem Freund zu, daß ihm etwas einfalle und gehe davon aus, daß er sie mit so einer dringlichen Bitte nicht im Regen stehen lasse.
> Soweit die Beispielszene. Auf sie soll immer wieder Bezug genommen werden.

[6] Das geschieht in Absetzung gegen den Begriff „Ermöglichung", in: *Klaus Winkler*, Art.: „Seelsorge", in: TRT 5, S. 228ff. Die Bestimmung einer Freisetzung des christlichen Verhaltens in diesem Kontext läßt deutlicher offen, wie weitgehend in der Seelsorge der eine Mensch dem anderen Menschen etwas gänzlich Neues, völlig Fremdes im Erleben vermitteln will und kann und in welcher Weise erlebbar im gleichen Zusammenhang gottgegebene Umstellungen und Veränderungen angenommen werden.

[7] Zum Einstieg in die Problematik vgl. *Norbert Mette*, Art.: Entwicklungspsychologie, WdC, S. 293ff. Hier werden die entscheidenden Fragestellungen zu diesem Thema aufgegriffen.

Zu beachten ist: Seelsorge hat unter dem Stichwort „Freisetzung" eine deutliche Affinität zur (Religions-)*Pädagogik*. Verbindende und abgrenzende Aspekte zwischen beiden Disziplinen sind deshalb zu erarbeiten und differenzierend voneinander abzuheben.

(ad b) *„Verhalten"* soll zunächst bedeuten: Es handelt sich um einen Begriff, der in den verschiedensten Kontexten gebraucht wird. Dabei ist die mit ihm verbundene (sozial-)psychologische Fragestellung für unseren Bereich besonders wichtig. Hier geht es um die sog. Konsistenz und Variabilität von Verhalten: Ist das Verhalten eines Menschen für diesen typisch? Ist es situationsbedingt? Ist es zur Haltung geronnen? Entsteht es vor allem reaktiv auf äußere Umstände? Es wird schnell einsichtig, daß solche und ähnliche Fragestellungen auch für die Beurteilung des Phänomens „christliches Verhalten" eine Rolle spielen.

Zunächst soll eine möglichst offene Formulierung zugrunde gelegt werden. Wir verstehen Verhalten im folgenden als die strukturierte Gesamtheit der geistigen, seelischen und körperlichen Tätigkeiten eines Menschen.[9] Ein bestimmtes (christliches) Verhalten einerseits an den Tag zu legen und andererseits seelsorglich freizusetzen, sollte also prinzipiell nicht auf die Fragestellung verzichten, welche persönlichkeits- und umweltbedingten Momente in welcher spezifischen Situation dabei eine Rolle spielen.[10]

Dazu vgl. weiter *Rolf Oerter/Leo Montada*, Entwicklungspsychologie, München-Weinheim, 2. Aufl. 1987, S. 59ff.; dazu auch *August Flammer*, Entwicklungstheorien, Bern/Stuttgart/Toronto, 1988; aber dann vor allem auch *Karl Ernst Nipkow*, Grundfragen der Religionspädagogik. Bd. 3, Gütersloh, 1982, bes. S. 46–56.

[8] Auf unsere *Beispielszene* bezogen läßt das in folgender Richtung nachdenklich werden: Da löst ein verhaltensauffälliger Kommilitone bei Anja den Eindruck aus, es müsse dringend etwas geschehen. Damit aber meint sie offensichtlich, der Kommilitone solle möglichst rasch zur (eigenen) Angst, (eigenen) Vernunft, (eigenen) Einsicht gebracht werden, sich also vom jetzigen Zustand aus gesehen positiv „entwickeln". Dabei meint sie (hoffentlich!) nicht: All das würde sofort geschehen, wenn der Betroffene nur „zusätzlich" informiert oder in eine andere Umgebung versetzt wäre.

[9] Diese Formulierung geschieht in Anlehnung an *David Rapaport*, Die Struktur der psychoanalytischen Theorie, Stuttgart, 3. Aufl. 1973, S. 43ff. Da heißt es (S. 43): „Verhalten wird dabei im weitesten Sinne definiert und umfaßt sowohl Gefühl und Denken als auch sichtbares Verhalten, ‚normales' wie ‚pathologisches' Verhalten, häufige wie einmalige Verhaltensformen."
Zum ganzen Problemkreis vgl. *Gerald C. Davison/John M. Neale*, Klinische Psychologie, München/Wien/Baltimore, 1984, bes. S. 87ff.

[10] Auf unsere *Beispielszene* bezogen: Anja behauptet, sich der Aufgabe nicht gewachsen zu fühlen. Warum reagiert sie eigentlich so? Dessen ungeachtet macht sie jedenfalls eine Reihe von Vorschlägen. Dennoch ist sie der Überzeugung, Jörg sei

Zu beachten ist: Seelsorge hat unter dem Stichwort „Verhalten" eine deutliche Affinität zum möglichen und zum unmöglichen, d.h. aber praktisch auch zum „richtigen" oder zum „falschen" Verhalten. Damit besteht eine enge Beziehung zur *Ethik*. Eine Verhältnisbestimmung ist deshalb naheliegend und angezeigt. Denn alles seelsorgerliche Handeln und seine Folgen ist gleichzeitig ethisch zu verantworten.[11]

(ad c) *„Lebensbewältigung"* soll zunächst bedeuten: Wer das Leben bewältigen will, darf kein Illusionist sein. Er muß sich selbst und die Welt, in der er lebt, so realistisch wie irgend möglich erfassen. Genau gesehen geht es also um eine lebenslange Realitätsbewältigung. Aber was ist darunter praktisch zu verstehen? Allgemein läßt sich sagen: Jeder Mensch sollte so weitgehend wie möglich „Realist" sein.

Unter dem Stichwort „Realismus" wird man in einem entsprechenden Lexikon sofort fündig: Gemeint ist eine philosophische Kategorie, die den Leser lediglich in offene Fragen hinein entläßt.[12] Damit ist die besondere Problematik der in unserem Kontext geforderten Realitätsbewältigung in Form einer Lebensbewältigung durch den einzelnen bereits angedeutet: Innerhalb eines Rahmens von lauter offenen Grundsatzfragen ist vom Individuum in seiner Umwelt das reale Dasein zu bewältigen. Es ist innerlich und äußerlich so zu verarbeiten, daß es ihm selbst „lebenswert" erscheint – also irgendwie und vor allem durchgehend einen Sinn ergibt. Ein realistischer Spruch in diesem Zusammenhang lautet: „Ich komme und weiß nicht, woher – ich gehe und weiß nicht, wohin – mich wundert, daß ich fröhlich bin." (Grabspruch von 1498)[13]

Das bedeutet in der Alltagspraxis des einzelnen und nach allgemeiner Erfahrung: Ich muß angesichts der offenen Wahrheits- und Wirklichkeitsfrage mein Leben von der Geburt und dem Kindsein über das Erwachsen-

---

durch Geschwisterkonstellation und Berufsrolle zu einem adäquateren „Verhalten" als Seelsorger geeignet. Dahinter steht offensichtlich die Erwartung: Auf ein besonderes (Rollen-)Verhalten hin wird sich ihr Kommilitone seinerseits noch am ehesten „verändern" können.

[11] Vgl. dazu vor allem Kapitel D, IV, S. 274ff.
[12] Vgl. z.B. *Heinz Husslik*, Art.: Realismus, EKL 3, Sp. 1443ff. Er schreibt: „Da unter dem *philos*. R. die unterschiedlichsten und einander widersprechendsten Wirklichkeitsaussagen gemacht werden, kann keine allg. gültige inhaltliche Definition gegeben werden. So wird die platonisierende Philosophie ..., die den Materialismus verwirft ..., genauso als R. bezeichnet wie auch der Neo-Positivismus, der moderne Empirismus und Materialismus."
[13] Zu Herkunft, Geschichte und Gebrauch des Spruches vgl. „Stern", Heft Nr. 15, Hamburg, 4. April 1991, S. 222ff. mit dem Hinweis, daß es sich um den Grabspruch eines gewissen Magister von Bibrach zu Heilbronn von 1498 handelt.

werden bis hin zum Tode realistisch zu gestalten versuchen. Diese realistische Lebensgestaltung sollte so geschehen, daß ich dabei in allen Lebenslagen „eingepaßt" handle und auf meine (menschliche und sachliche) Umwelt so bezogen bin, daß ich dabei auch noch „ich selbst", also identisch bleibe. Kann ein Mensch doch auch an den „normalen" Anforderungen scheitern, sich in verschiedensten Formen aus dem „aktiven" Leben „zurückziehen" und so der Lebensbewältigung ausweichen![14]
Zu beachten ist: Seelsorge hat unter dem Stichwort „Lebensbewältigung" über den Realitäts- bzw. Wirklichkeitsbegriff eine bestimmte Affinität zu philosophischen Fragestellungen. Dieser Zusammenhang muß bewußt gehalten werden.

(ad d) *Konflikt(-bearbeitung)* soll zunächst bedeuten:
Wer immer zur genannten Lebensbewältigung etwas beitragen will, muß (bei sich selbst und bei anderen) mit Konflikten umgehen. Konflikte sind offensichtlich „daseinsbestimmend", wenn man sie als „Zusammenstoß; (Wider)streit, Zwiespalt" definiert und auf das lat. Wort „conflictus" (Zusammenstoß, Kampf) bezieht.[15]
Im Theoriebereich ist sicher umstritten, ob das menschliche Dasein konstitutiv vom Konflikterleben her geprägt ist oder ob konfliktfreie Grundbefindlichkeiten anzunehmen sind.[16] Im Praxisbereich der Seelsorge dürfte die Auffassung, Konflikterleben sei „daseinsbestimmend", kaum auf Widerstand stoßen. Dabei kann der gezielte Umgang mit menschlicher Konflikthaftigkeit zunächst ganz allgemein gefordert werden. Hermann Steinkamp z.B. setzt den „Konflikt der Generationen" in Bezug mit dem übergreifenden „Klassenkonflikt"[17] und sieht von daher die Pädagogen und Seelsorger besonders herausgefordert.

---

[14] Das bedeutet auf unsere *Beispielszene* bezogen: Der Kommilitone Anjas droht, sich mittels Alkohol aus der normalen Lebensbewältigung regressiv zurückzuziehen. Er steht in Gefahr, seine eigentlichen Lebensaufgaben und -chancen nicht zu „verwirklichen". Deshalb soll ihm seelsorgerlich zur Lebensbewältigung verholfen werden.
[15] Der Große Duden. Bd. 7 – Etymologie, Mannheim, 1963, S. 353.
[16] Vgl. *Jean Laplanche/Jean Baptiste Pontalis, Das Vokabular der Psychoanalyse,* Frankfurt, 2. Aufl. 1975, S. 257. Da heißt es: „Die Psychoanalyse betrachtet den Konflikt als konstitutiv für den Menschen ..."
Dazu H. Lindner, a.a.O., S. 226: „Typisch für die innergemeindliche Kommunikation ist die Regelung von *Konflikten.*"
[17] Vgl. *Hermann Steinkamp,* Die Zukunft ist jetzt. Die Option für die Jugend im Horizont der Gesellschaft, in: *Richard Riess/Kirsten Fiedler,* Die verletzlichen Jahre. Handbuch zur Beratung und Seelsorge an Kindern und Jugendlichen, Gütersloh, 1993, S. 695ff., bes. S. 699.

Tiefenpsychologen sprechen in diesem Zusammenhang von der „Normalität und Notwendigkeit der Ambivalenz".[18] Sie verlagern damit die hauptsächliche Szenerie der Konflikthaftigkeit ins Innere des Individuums, in die Psyche des Menschen und sogar in deren unbewußte Anteile.

Und schließlich kann ein Praktischer Theologe wie Joachim Scharfenberg den Konflikt auch theologisch als anthropologische Grundkategorie fassen und z.B. schreiben: „Meine Behauptung geht also kurz gesagt in folgende Richtung: Wenn Pastoralpsychologen den Konflikt als das zentrale Thema ihrer Theorie bezeichnen, so dürfte das nicht so sehr das Ergebnis von objektivierbaren Daten sein als vielmehr der Einfluß des christlichen Vorverständnisses von menschlicher Existenz, deren fundamentale Aussage darin besteht, den Menschen als im Konflikt befindlich zu beschreiben."[19]

Es kann deshalb die „Bearbeitung von Konflikten" als die spezielle Aufgabe allen seelsorgerlichen Handelns aufgefasst werden. Dabei ist „Bearbeitung" zunächst noch ganz allgemein als ein verändernder Umgang mit der einen oder anderen Konfliktlage zu verstehen. Wie geschickt oder ungeschickt, adäquat oder inadäquat, effektiv oder ineffektiv dabei seelsorgerliches Handeln zum Tragen kommt, wird in vielen Einzelheiten noch zur Debatte stehen.[20]

Zu beachten ist: Seelsorge hat unter dem Stichwort „Konflikt" und über die „Brückenfunktion" der Pastoralpsychologie eine deutliche Affinität zur (Sozial-)*Psychologie.* Einer theologisch und psychologisch verantwortbaren

---

[18] So *Elisabeth Otscheret*, Ambivalenz. Geschichte und Interpretation der menschlichen Zwiespältigkeit, Heidelberg, 1988, S. 41.

[19] Vgl. *Joachim Scharfenberg*, Einführung in die Pastoralpsychologie, Göttingen, 1985, S. 52.

[20] Bezogen auf unsere *Beispielszene*: Von einem akuten Konflikt an der leicht zugänglichen Oberfläche des Erlebens ist kaum etwas zu bemerken: Zwischen Anja und Jörg besteht ganz offensichtlich (noch) kein Streit. Konfliktmöglichkeiten aber werden sehr rasch deutlich: Jörg könnte dem Wunsch seiner Freundin schon von dessen Inhalt her äußerst ambivalent gegenüberstehen. Er könnte deren praktische Vorschläge mit Skepsis besetzen oder sogar völlig falsch finden. Schließlich könnte er die Art und Weise, „sanft erpresserisch" mit ihm umzugehen, als eine ärgerliche Zumutung empfinden. Anja ihrerseits könnte dort getroffen, verletzt, auch wütend reagieren, wo sie sich vielleicht unabhängig von ihren mehr oder weniger praktikablen Vorschlägen in ihrem Grundanliegen nicht ernst genommen fühlt, usw..

Kurz: Vorhandene, dabei aber verdeckte und deshalb gar nicht wahrgenommene Gefühle können plötzlich in deutlich merkbare affektive Befindlichkeiten umschlagen und dann zu offenen Auseinandersetzungen führen. Das vorhandene Konfliktpotential setzt sich dann durch und führt zur offenen Auseinandersetzung.

Zuordnung beider wissenschaftlichen Disziplinen ist besondere Aufmerksamkeit zu widmen.

(ad e) *(Spezifische)* „*Voraussetzung*" soll zunächst bedeuten:
Bei näherem Hinsehen geschieht kein gezieltes Handeln des einen Menschen am anderen Menschen „voraussetzungslos". Vielmehr ist dieses Handeln – allgemein gesagt – von einem bestimmten Motiv getragen und gesteuert. Dabei läßt sich zunächst generell formulieren: „*Motive* sind individuelle Verhaltensbedingungen, die sich im Laufe der (gemeint ist individuellen – K.W.) Entwicklung in bestimmten Grundsituationen herausgebildet haben." Dann aber heißt es weiter: „Motive sind wiederkehrende Anliegen und werden in der Psychologie als Persönlichkeitskonstrukte gefaßt. Als solche können sie lebenslang wirken und das Verhalten beeinflussen."[21]

Hier knüpft unser spezielles Interesse an. Wir bezeichnen in unserem Kontext nämlich diese sog. Persönlichkeitskonstrukte (das, was eine „Persönlichkeit" zum einen „ausmacht" und was sich zum anderen in deren persönlichkeitsspezifischem Verhalten „ausdrückt") als eine „weltanschaulich strukturierte Voraussetzung". Das bedeutet zunächst ganz allgemein: Es wird nicht einfach aus unmittelbarem Drang, unmittelbarem Bedürfnis, unmittelbarer Notwendigkeit heraus gehandelt. Es wird vielmehr im Hinblick auf dieses Handeln nach dessen sinnvoller Begründung gefragt und damit die Sinnfrage in das genannte persönlichkeitspezifische Verhalten eines Individuums etabliert. Jetzt heißt es also: Welche Motivation macht Sinn und gerät erst so zur weltanschaulichen Voraussetzung?

Nun beinhaltet die sog. Sinnfrage als solche noch kein weltanschauliches Programm, das sich bereits als „christlich" bezeichnen ließe. Mit Recht schreibt Gerhard Sauter: „Sinnkrise, Sinnfrage, Sinngebung: das sind nur einige Beispiele für die Konjunktur des Wortes ‚Sinn', die uns seit einiger Zeit umgibt. Es begegnet uns in einer Fülle von Wortverbindungen, die allesamt voraussetzen, es sei deutlich, was mit ‚Sinn' gemeint sein kann: Sinngehalt, Sinnhaftigkeit, Sinnkonstitution, Sinndeutung, Sinnfindung, Sinnstiftung, Sinnvertrauen – und dann weiter: Sinn des Leidens, Sinn des Lebens, Sinn der Geschichte." „All diese Assoziationen scheinen durch die *Sinnfrage* gedeckt zu sein – ohne daß nur annähernd geklärt wäre, weshalb und in welcher Hinsicht überhaupt nach ‚Sinn' gefragt und inwiefern ‚Sinn' gar zur Frage schlechthin werden kann."[22]

In unserem Kontext bedeutet das zunächst als wichtige Klarstellung: Ebensowenig wie Seelsorge damit gleichgesetzt werden kann, daß im zwi-

---

[21] Vgl. R. Oerter/L. Mondata, a.a.O., S. 462f.
[22] *Gerhard Sauter*, Was heißt: nach Sinn fragen? Eine theologisch-philosophische Orientierung, München, 1982, S. 10 und 11.

schenmenschlichen Bereich „Gutes" getan wird, ist sie schon dadurch bestimmt, daß durch sie „Sinnvolles" geschieht. D.h. sie definiert sich nicht einfach schon dadurch, daß in, mit und unter der Konfliktbearbeitung die „Sinnfrage" schlechthin zum Tragen kommt. So nämlich wäre „Weltanschauung" zwar nicht ausgespart, bliebe aber dennoch eine unkonkrete und unverbindliche „Voraussetzung" des Handels! Vielmehr ist Gerhard Sauter weiter zu folgen, wenn er die verschiedensten Möglichkeiten aufzeigt, die Wirklichkeit als sinnvoll aufzufassen, dann aber die eigentlich christliche „Voraussetzung" abschließend so formuliert: „Dieses Dasein so wahrzunehmen, daß an ihm Gottes Werk vernommen wird, heißt: nach Sinn fragen."[23]

Wird auf diese Weise argumentiert und erscheint „christliche" Weltanschauung als eine Eingrenzung oder auch Zuspitzung, so ist damit allerdings gleichzeitig das ins Spiel gebracht, was der Praktische Theologe und Pastoralpsychologe Dietrich Stollberg mit „Vor-Urteil" bezeichnet.[24] Das bedeutet praktisch: An entscheidender, (weltanschaulicher) Stelle ist buchstäblich eine Entscheidung zu treffen. Es ist ein Urteil zu fällen, das vor alle realitätsbezogenen „Beurteilungen" zu stehen kommt. Es handelt sich in dem Sinne um ein „Vor-Urteil", daß es im Bereich der basalen Glaubensannahmen zu stehen kommt bzw. sich als „vorläufiges" Deutungsmuster aller Wirklichkeitserfahrung auf das Verhalten im genannten Sinne auswirkt, Zielvorstellungen freisetzt und damit auch allem praktischen Handeln vorausgesetzt wird. In diesem Sinne beruht alle christliche Seelsorge auf einer angebbaren (weltanschaulichen) Voraussetzung. Wie sich diese Voraussetzung inhaltlich weiter bestimmen läßt und praktisch auswirkt, ist dann in Einzelheiten noch zu erläutern.[25]

Zu beachten ist: Seelsorge hat unter dem Stichwort (spezifische) „Voraussetzung" eine deutliche Affinität zu *systematisch-theologischen* Fragestel-

---

[23] G. Sauter, a.a.O., S. 170.
[24] Zu dieser Begriffsverwendung vgl. *Dietrich Stollberg*, Mein Auftrag – Deine Freiheit, München, 1972, S. 20ff.
[25] Bezogen auf unsere *Beispielszene*: Von weltanschaulichen Voraussetzungen ist überhaupt nicht die Rede! Ist das Zufall? Eher entspricht es dem „Normalfall": Eine „Grundsatzdebatte" findet in diesem Rahmen nicht statt. Lediglich die Trias Betroffensein – Mitleid – Engagement ist deutlich wahrnehmbar. Allenfalls von einer bestimmten Rollenzuweisung her könnte die Sinnfrage untergründig angesiedelt erscheinen: Jörg sei doch Theologiestudent und von daher auf Menschenkenntnis und Problembehandlung eingestimmt. Dabei scheint aber eher eine typische Klischee-Vorstellung wirksam zu werden, die weder auf genaue Information rückschließen läßt noch eine spezifische Bestimmung des (seelsorgerlichen) Handelns erreicht. Bemerkenswerterweise kommt diese Vorstellung und Einstellung betreffs Seelsorge durchaus auch zwischen nahen Beziehungspersonen zum Tragen.

lungen. Es muß genau reflektiert werden, wann und wie entsprechende Bindungen und Verbindungen prägend wirken und notwendigerweise zur Sprache gebracht werden sollten.

Wir schließen damit diese *Hinführung* ab und fassen zusammen:
Es wurde unter Hinweis auf das allgemeine Vorverständnis eine weiter- und eine enger gefaßte Definition dessen angeboten, was wir im folgenden vorläufig und d.h. in einem zunächst noch formalen Aspekt unter „Seelsorge" verstehen wollen. Die in diesem Rahmen verwendeten Begriffe wurden im einzelnen erläutert und ihre Bedeutung anhand einer Beispielszene verdeutlicht. Dabei wurde gleichzeitig herausgearbeitet, daß eine Lehre von der Seelsorge unabdingbar Affinitäten zur (Religions-)Pädagogik, zur Ethik, zur Philosophie, zur (Sozial-)Psychologie und zur Systematischen Theologie entwickelt.[26]

---

[26] Daß diese Liste durchaus nicht vollständig ist, z.B. Soziologie und Medizin (noch) nicht genannt wurden, zeigt dabei deutlich: Es geht nicht nur um Einzelbezüge zu Nachbarwissenschaften, sondern um eine fruchtbare Verhältnissetzung zu den Humanwissenschaften als solchen.

B. Rahmenbedingungen einer Lehre von der Seelsorge

I. Die Entscheidungen im Rahmen einer sachgemäßen Anthropologie

Wie gesagt ist Seelsorge an benennbare weltanschauliche Voraussetzungen gebunden. Das wurde bisher als generelle Aussage formuliert. Spezifiziert man diese Aussage, so kann gesagt werden: Seelsorge, wie sie von uns bisher definiert wurde, setzt unabdingbar ein bestimmtes Menschenbild voraus. Alles seelsorgerliche Handeln geschieht damit grundsätzlich im Rahmen einer biblisch begründeten und theologisch reflektierten *Anthropologie*.

Nun ist eine solche „Bestimmung des Menschlichen" längst nicht mehr die einzige! Sie hat vielmehr „weltliche" Konkurrenten, die zu einem Vergleich herausfordern. In der Fülle der verschiedenen Ansätze in diesem Bereich liegt in unserem Zusammenhang zunächst weniger ein Vergleich mit den rein naturwissenschaftlichen bzw. biologischen Wahrnehmungseinstellungen zum Thema „Mensch" nahe. Wichtig wird vielmehr die vergleichende Auseinandersetzung mit der sog. „Philosophischen Anthropologie"[1] und in gewisser Weise dann mit der sog. „Sozialwissenschaftlichen Anthropologie" (wie Ethnologie, Ethologie, Psychologie, Soziologie).[2]

Dazu einige Vorbemerkungen: Eine eigenständige Wissenschaft, die sich Anthropologie nennt, zu akzeptieren, ist für einen Seelsorger bzw. eine Seelsorgerin nicht einfach selbstverständlich! In verschiedenster Form kann er/sie gegenüber den Ansprüchen dieser Wissenschaft das Gefühl der Aufgabe oder Preisgabe eigener Positionen entwickeln: Wird hier nicht im Zuge der allgemeinen und fortschreitenden Säkularisierung so vom Menschen gesprochen „etsi deus non daretur"? Wird damit nicht automatisch aller christlichen Seelsorge der Boden entzogen?

In der Tat scheint ein Blick in die „Entstehungsgeschichte" der wissenschaftlichen Anthropologie das damit verbundene Unbehagen zu bestätigen: Von aller Theologie losgelöst und selbständig anthropologisch zu denken und zu forschen ist ein (typisches?) Zeichen der Neuzeit! Bis zum 16. Jh. war

---

[1] Zum Folgenden vgl. das grundlegende Werk von *Wolfhart Pannenberg*, Anthropologie in theologischer Perspektive, Göttingen, 1983.

[2] Eine erste Übersicht (Lit.!) bietet der Artikel von *Dietrich Ritschl* u.a., Anthropologie, EKL 1, Sp. 155ff.

Anthropologie nur die Teildisziplin einer sog. „metaphysischen Psychologie", die das „Seelische" bei Mensch – Gott – Engel – Tier zu erfassen und zuzuordnen versuchte und dabei in zunehmende Konkurrenz zur empirischen Erforschung der „Natur" des Menschen geriet.³

Wie ist mit dieser Konkurrenz unter poimenischem Vorzeichen umzugehen?

1) Man kann als Seelsorger und Seelsorgerin die Ergebnisse der modernen und d.h. säkularen Anthropologie mehr oder weniger zu ignorieren versuchen. Gegenüber der empirischen Forschung gelingt das freilich heutzutage ebenfalls nur mehr oder weniger selektiv. (Beispiel: Die nuthetische Seelsorge von Jay E. Adams besteht u.a. darin, psychiatrisches – d.h. für diesen Autor „naturwissenschaftliches" – Vorgehen anzuerkennen, Psychotherapie aber wegen des damit (jedenfalls?) verbundenen säkularen Menschenbildes abzulehnen.[4])

2) Der Seelsorger/die Seelsorgerin kann an diese Ergebnisse inklusive der philosophischen Reflexionen „anknüpfen". Dann ist allerdings gleichzeitig die Frage zu stellen, ob und wie weitgehend mit dieser sog. „Anknüpfung" nicht eine schleichende „Auslieferung" geschieht. Das wird zur aktuellen Frage im Hinblick auf Verhältnissetzung zur Psychotherapie! (Beispiel: Die Auseinandersetzung mit dieser Fragestellung als zentrales Thema der Seelsorge bei Richard Riess.[5])

3) Der Seelsorger/die Seelsorgerin kann versuchen, sich von der zeitgenössischen Anthropologie trotz grundsätzlicher Akzeptanz dennoch praktisch so unabhängig wie möglich zu machen. Er/Sie wird dann nach einem alles umgreifenden theologischen Aspekt als anthropologische „Voraussetzung" für alles seelsorgerliche Handeln Ausschau halten. Er will damit „aller säkularen Anthropologie" gegenüber in nicht direkt ablehnender, aber kom-

---

3 Vgl. W. Pannenberg, a.a.O., S. 17f. Ein Arbeitsbuch zur Einführung in die *philosophische* Anthropologie wird vorgelegt von *Willi Oelmüller/Ruth Dölle-Oelmüller/Carl-Friedrich Geyer*, Diskurs: Mensch (Philosophischen Arbeitsbücher 7), München/Wien/Zürich, 1985.
Das Thema „Mensch in den Erfahrungshorizonten Gott, Natur, Kultur" wird hier mit Texten aus I. Alteuropäischer Zeit (Altes Testament bis Thomas von Aquin); II. Europäische Neuzeit (Erasmus von Rotterdam bis Darwin); III. Ende der europäischen Neuzeit (Freud bis Levinas) übersichtlich und leicht zugänglich belegt.
4 Vgl. *Jay E. Adams*, Befreiende Seelsorge. Theorie und Praxis einer biblischen Lebensberatung, Giessen/Basel, 4. Aufl. 1977; dazu s.u. S. 66.
5 Vgl. *Richard Riess*, Seelsorge. Orientierung, Analysen, Alternativen, Göttingen, 1973.

pensatorischer Weise etwas entgegensetzen. Dieses Vorgehen wird dann oft mit einem „direkten" Bezug auf die Bibel begründet. (Beispiel: Hermann Eberhardts „Praktische Seel-Sorge-Theologie"[6])

4) Schließlich kann der Seelsorger/die Seelsorgerin es aber auch unternehmen, das ins Werk zu setzen, was W. Pannenberg in diesem Kontext die „kritische Aneignung" nennt, eine Zuordnung, die gerade nicht mit Ausblendung, Vereinnahmung oder eben „Anknüpfung" im Sinne liberaler Theologie zu verwechseln ist.[7] Nur so nämlich wird Theologie zum kritischen Prinzip gegenüber den säkularen Anthropologien und ebenso auch umgekehrt! Dieses Anliegen wird gegenwärtig am deutlichsten durch die Pastoralpsychologie vertreten.[8]

Von deren Anliegen her ist Joachim Scharfenberg zu verstehen, wenn er im Hinblick auf die Notwendigkeit gegenseitiger Kritik als Feststellung und zugleich als Aufgabe formuliert: „In der Linie, die sich von Paulus über Augustin bis hin zu Luther spannt, sind Theologie und Anthropologie, die Rede von Gott und die Rede vom Menschen, immer so beieinander, daß sie sich wechselseitig bedingen und auslegen. Aussagen über Gott sind durch Erfahrung abgedeckt und Aussagen über den Menschen haben immer eine theologische Dimension."[9]

Zusammenfassend kann jetzt gesagt werden: Die verschiedenen möglichen poimenischen Reaktionen und Stellungnahmen hinsichtlich der allgemeinen anthropologischen Fragestellungen unserer Zeit fordern den Seelsorger/die Seelsorgerin jedenfalls zu einer gesonderten Urteilsbildung heraus.

---

[6] Vgl. *Hermann Eberhardt*, Praktische Seel-Sorge-Theologie. Entwurf einer Seelsorge-Lehre im Horizont von Bibel und Erfahrung, Bielefeld, 2. Aufl. 1992.

[7] Vgl. W. Pannenberg, Anthropologie, S. 19: „Bei solcher Anknüpfung wird die nicht-theologische Anthropologie nicht kritisch verwandelt und durch solche Verwandlung hindurch kritisch angeeignet." Nur durch solch eine Verwandlung hindurch aber können die rein anthropologisch beschriebenen Phänomene theologisch in Anspruch genommen werden!

[8] Zu Einzelheiten s.u. S. 172ff.

[9] J. Scharfenberg, Einführung, S. 197 im Rahmen des Kapitels „Anthropologie und Theologie", S. 195ff.
Zusätzlich ist heranzuziehen *Joachim Scharfenberg/Horst Kämpfer*, Mit Symbolen leben, Freiburg i.Br., 1980. Hier wird sehr deutlich ausgesprochen, daß Psychologie und Theologie *einander* kritisch zu begegnen haben. (vgl. S. 80)
Hingewiesen sei an dieser Stelle auch auf *Hans-Christoph Piper*, Das Menschenbild in der Seelsorge, WzM (33) 1981, S. 386ff. (Themaheft zum gleichen Thema)

II. Die Entscheidungen im Rahmen einer sachgemäßen Theologie

Nun hat alles seelsorgerliche Handeln im Rahmen einer nicht nur allgemeinen, sondern biblisch begründeten Anthropologie zu geschehen und setzt damit gezieltes theologisches Nachdenken voraus. Wie gesagt schließt dieses seelsorgerliche Handeln heutzutage eine kritische Auseinandersetzung mit säkularen anthropologischen Ansätzen, Forschungen und Forschungsergebnissen sowie deren moderner Konzeptualisierung notwendig ein. Dann müssen allerdings entsprechende *biblische Basisannahmen* bzw. Grundaussagen zum Wesen des Menschen sowie deren theologische Verarbeitung so deutlich wie möglich erhoben, formuliert und in die Auseinandersetzung eingebracht werden. Wovon ist dabei auszugehen und welche theologischen Entscheidungen stehen in diesem Zusammenhang an?

1) Es geht hierbei jedenfalls um den Menschen als Gottesgeschöpf. Nach biblischem Befund ist der Mensch dabei von vorn herein als ein *Beziehungswesen* geschaffen. Gerade diese Aussage ist dann aber sehr genau zu differenzieren, wenn es sich um seelsorgerliche Belange handelt.

Vor aller späteren Weiterentwicklung des/der einzelnen sowie vor aller menschlichen Gemeinschaftsbildung heißt es zunächst grundlegend im Zusammenhang mit der Erschaffung des Menschen: „Es ist nicht gut, daß der Mensch allein sei ..."[10] Auch vom anderen Schöpfungsbericht im ersten Kapitel der Genesis her wird deutlich, daß „von vornherein" ein „zoon politikon" ins Leben gerufen wurde, als Gott den Menschen nicht nur als irgendein anderes Gegenüber, sondern „ihm zum Bilde" geschaffen hat. Denn „zum Bilde Gottes schuf er ihn; und schuf sie als Mann und Weib."[11]

Diese Beschreibung ist durchaus doppelsinnig! Zum einen sollen diese „Ebenbilder Gottes" in einem Verbundsystem die Erde füllen und sie sich untertan machen. Sie sollen damit Weltbewältigung bzw. Weltherrschaft (Realitätsbewältigung, Lebensbewältigung) also gerade nicht in „einsamer (innerer) Größe" vollziehen. Hans Walter Wolff schreibt zu diesem „Tatbestand": „Der Zusammenhang klärt, daß überhaupt kein Einzelmensch gemeint ist." „Nicht großen Einzelnen wird die Weltherrschaft übergeben, sondern der Gemeinschaft der Menschen." – Was aber bedeutet das für die seelsorgerliche Praxis? Kann dann kein einzelner dem Bild Gottes allein und „für sich" entsprechen? Füge ich als Einzelperson in der (liebenden) Vereinigung mit dem anderen (andersgeschlechtlichen?) vielleicht sogar erst den „wahren", den eigentlichen Menschen als das Bild Gottes zusammen? Ist

---

[10] Vgl. 1. Mose 2, 18.
[11] Vgl. 1. Mose 1, 27.

jede Konfliktlösung letztendlich von dieser Einheitsbildung durch Überwindung aller Zweisamkeit abhängig? Hans Walter Wolff arbeitet dazu einschränkend heraus: „Man wird höchstens festhalten dürfen, daß die Menschen ihren Schöpfungsauftrag als Bild Gottes nur wahrnehmen können, indem sie einander zugewandt sind und einander ergänzen wie Mann und Frau."[12]

In dieser Art und Weise ist der Mensch als „zoon politikon" zunächst als ein funktional aufeinander angewiesenes Wesen bestimmt. Es kann also keine Seelsorge geben, die im Hinblick auf die Lebensbewältigung von der jeweiligen zwischenmenschlichen Beziehungslage absieht!

Zum anderen aber ist dieses Menschenwesen dabei allerdings auch so geschaffen, daß der in dieser irdischen Welt unabdingbaren zwischenmenschlichen Beziehung im Schöpfungsakt eine „einzelne", eine ganz individuelle und damit „ein-malige" Gottesbeziehung noch „vorausgesetzt" ist. Es kann also keine Seelsorge geben, die diese unteilbare Gottesbeziehung eines einzelnen Mannes oder einer einzelnen Frau ausschlöße!

Ob und in welcher Weise dann diese Unmittelbarkeit einer Beziehung zwischen Gott und Mensch einem basalen „Urzustand" entspricht, gerät – theologisch gesehen – wiederum zu einer offenen Frage mit poimenischen Konsequenzen: Konnte diese ursprüngliche Gottesebenbildlichkeit durch den „Sündenfall" so radikal verlorengehen, daß Gott und Mensch ebenso radikal getrennt, ihre Beziehung also „restlos" unterbrochen (und ohne Christologie sogar für immer abgebrochen) wäre? Oder aber gibt es gleichsam als „Reste" einer grundsätzlich aufgehobenen Beziehung so etwas wie „Erinnerungsspuren", die das von seiner jetzigen Natur her „gottlose" Selbstbild des Menschen und die entsprechende anthropozentrische Anthropologie dennoch unterschwellig prägen?[13]

---

[12] Vgl. *Hans Walter Wolff*, Anthropologie des Alten Testaments, Berlin, Nachdruck der 3. Auflage 1977 (inzwischen München, 4. Aufl. 1984) S. 151f. in Auseinandersetzung mit K. Barth, KD III/1, S. 219.

[13] Siehe W. Pannenberg, Anthropologie, S. 43-57.
Im Rahmen der Poimenik fragt er sich dann ganz praktisch: Wird ein Mensch in zwischenmenschlichen Konfliktsituationen hinsichtlich seiner Glaubensbasis seelsorgerlich auf einen *Beziehungsstand* oder auf eine *Beziehungsstruktur* hin angesprochen, wenn es um eine konfliktlösende Verbindung zu Gott gehen soll?
Beispiel 1: Pastorin A. sagt zu einem Ehepaar mit Scheidungsabsichten: „Denkt doch einmal daran, daß eure Ehe im Himmel geschlossen ist. Wer das ausblendet, muß zwangsläufig in Angst voreinander geraten, weil die Aufrechterhaltung einer menschlichen Beziehung vom Einzelnen in der Tat ‚Übermenschliches' verlangt." Tenor: Der „Beziehungsstand" ist aufgehoben. Der Kontakt zu Gott ist verloren gegangen. Er muß zuerst und zunächst völlig neu ermöglicht und von den Betroffenen aufgenommen werden. Dann ist auch ein verändertes Handeln zwi-

Für die seelsorgerliche Praxis bedeutet diese Frage ganz allgemein: Soll ein Mensch hinsichtlich seiner Lebensbewältigung unterstützend und konfliktlösend auf einen schon erlebten, aber mit der bisherigen Lebensführung vorläufig „verspielten" Zustand hin angesprochen werden? Anders gesagt: Ist er bei aller faktisch gelebten Gottlosigkeit dennoch von Natur aus religiös, und hat seelsorgerliches Bemühen an diese (oft genug verborgene oder unbewußte) Grundbefindlichkeit anzuknüpfen? Oder kommen bei den notwendigen Auseinandersetzungen in diesem Zusammenhang vor allem zusätzliche, d.h. bisher noch gar nicht gelebte Möglichkeiten „ins Spiel"? Anders gesagt: Hat Seelsorge einen Auftrag, die Gottesbeziehung jenseits aller „natürlichen" Religiosität als bisher un-erhörte Botschaft zu verkündigen?

Nochmals gilt: Beide theologisch wohl begründbaren Einstellungen[14] haben für die Poimenik nicht nur konzeptionelle, sondern auch ganz praktische Folgen, wenn es darum geht, den Menschen als Gottes Geschöpf zu sehen.

2) Es geht hierbei jedenfalls um den von Gott in Christo erlösten Menschen. Wir sind damit bei einem weiteren biblischen Befund: Der Mensch ist nicht nur als Beziehungswesen geschaffen – er ist auf dieser Grundlage auch unbedingt *erlösungsbedürftig*. Wirkliche Erlösung aber kann

---

schen ihnen möglich, so daß die ebenso schmerzliche wie unnatürliche Scheidung (als angenommene Folge des Verlustes aller Gottesbeziehung) vielleicht doch noch vermieden werden kann.

Beispiel 2: Pastor B. vertritt mit Vehemenz die Ansicht, daß das Göttliche im Menschen selbst nach wie vor am ehesten anzutreffen ist. Im Konfliktfall zwischen Eheleuten müsse deshalb jeder zunächst auf seine innere Stimme hören, damit die vielleicht verschüttete, aber unaufhebbare Beziehungsstruktur neu aktualisiert und sich so der verborgenen Beziehung zu Gott vergewissern. Eine in diesem Sinne lebendig erlebte Gottesbeziehung könne dann sehr wohl mit einem existentiellen Bedürfnis nach Selbstverwirklichung korrespondieren. Eine gute zwischenmenschliche Beziehung schließe deshalb ein, dem Partner bei eben dieser Selbstverwirklichung nicht im Wege zu stehen – und sei es um den Preis einer sehr schmerzlichen Scheidung. Tenor: Die „Beziehungsstruktur"" ist letztlich unaufhebbar. Auch der (vergessene) Kontakt zu Gott ruht nur. Er kann gegebenenfalls durch entsprechende seelische Erschütterungen aktualisiert werden.

[14] W. Pannenberg z.B. kann die biblische Aussage von der Gottesebenbildlichkeit des Menschen gerade nicht als historischen Beginn sehen, dem gleichsam selbstverständlich ein besonderer Wiederherstellungscharakter eignet. Vielmehr eröffnet sich nach seiner Auffasssung von dieser biblischen „Geschichte" her ein Zukunftshorizont! Das Wesen des Menschen erscheint in diesem Kontext dann als eine erst künftig zu realisierende Bestimmung: „Sie äußert sich für den einzelnen als Erfahrung einer Verpflichtung, als Mensch zu existieren." (Vgl. Anthropologie, S. 54f., Zitat S. 55)

sich kein Mensch selbst zufügen! Nach biblischer Grundaussage muß deshalb „von außen", d.h. von Gott selbst etwas an ihm „verändert" werden, damit er nicht ohne jede weitere Partizipationsmöglichkeit am bloßen „Da-Sein" schlußendlich vergeht.

Nun aber ist durch den „Sündenfall" (wie immer der auch theologisch bestimmt, interpretiert, bewertet wird) die Zusammengehörigkeit mit Gott (mehr oder minder vollständig) ausgesetzt! Für den Menschen entsteht damit ein buchstäblich „aussichtsloser" Zustand! In dessen Rahmen ist menschlich gesehen nichts mehr zu „machen": Die notwendige Wiederherstellung der Beziehungsmöglichkeit kann deshalb ebenfalls nur „von außen" kommen: In der Menschwerdung Gottes in Jesus Christus fällt diese neu ermöglichte Gottesbeziehung mit dem erlösenden Moment zusammen.

Dabei wird in allen Phasen dieses Erlösungsprozesses, der vom Menschen im Glauben angenommen und verwirklicht werden will, sowohl die individuelle als auch die überindividuelle Gottesbeziehung eine Rolle spielen: Nachdem „Gott in Christo"[15] sich endgültig als immer neu beziehungsstiftend offenbart hat, steht jeder einzelne als Individuum wieder in ursprünglicher Art mit Gott in Verbindung. Das aber hat ganz bestimmte Folgen! Er soll sich als der so erlöste Mensch auch bleibend als ein „Glied" am Leibe Christi verstehen und danach „verhalten".[16] So wird nicht nur die Neubewertung der gläubigen Einzelexistenz vor Gott, sondern auch eine durch den Glauben getragene und geprägte Gemeinschaft in dieser Welt zum Konstitutivum des christlichen Menschenbildes. Dieser besondere christliche Gemeinschaftsbezug setzt sich dann in der tragenden Idee einer „Oikodome" fort: Daß ein (Christen-)Mensch sich in dieser Welt auf Erlösung ausgerichtet und d.h. innerlich „erbaut" vorfinden kann, hängt nicht zuletzt von seiner Teilnahme am „Aufbau" der Gemeinde ab (nach 1.Thess. 5,11: „Darum ermahnet euch untereinander und erbauet einer den andern, wie ihr auch tut."[17]).

---

[15] Vgl. den Titel der Dogmatik von *Heinrich Vogel*, Gott in Christo, Berlin, 1951.
[16] So z.B. 1. Kor. 6, 15, 19-20: „Wisset ihr nicht, daß eure Leiber Christi Glieder sind? Sollte ich nun die Glieder Christi nehmen und Hurenglieder daraus machen?" „Oder wisset ihr nicht, daß euer Leib ein Tempel des heiligen Geistes ist, der in euch ist, welchen ihr habt von Gott, und seid nicht euer eigen? Denn ihr seid teuer erkauft; darum so preiset Gott mit eurem Leibe."
[17] Zur entsprechenden Wortgruppe vgl. *Otto Michel*, ThWNT 5, S. 122ff., bes. S. 142ff. Hinsichtlich 1.Thess. 5,11 wird z.B. festgestellt und bekommt für unseren Kontext Gewicht: „Hier ist der seelsorgerliche Zuspruch des Einzelnen die Form, in der er am Aufbau der Gemeinde und an der Förderung, am geistigen Wachstum des Bruders beteiligt ist. Der Einzelne hilft am ‚Bau' der Gemeinde dadurch mit, daß er den Zuspruch des Evangeliums an sich selbst geschehen läßt und an andere weitergibt."

Ist also die mit dem christologischen Geschehen neubewertete Einzelexistenz der Ansatzpunkt für eine Seelsorge am einzelnen im besonderen Hinblick auf dessen individuelle Erlösungsbedürftigkeit? Oder kann es nur eine Seelsorge geben, die im Sinne der kontinuierlich herzustellenden Glaubensgemeinschaft auf „Kirche" ausgerichtet ist bzw. auf die Teilnahme am kirchlichen Leben abzielt?

Wieder wird der Seelsorger/die Seelsorgerin in die offene Frage hinein entlassen, unter welchem Aspekt in der Praxis bevorzugt zu handeln ist: Eine ausschließliche Ausrichtung auf die innere Konfliktlage des einzelnen und seine besondere Gottesfrage scheint oft genug den Erfordernissen des säkularen Umfeldes bzw. der faktischen Kirchenferne vieler Zeitgenossen/vieler Zeitgenossinnen zu entsprechen, die dennoch für Seelsorge durchaus empfänglichen sind. Aber verbindet sich damit nicht leicht die Gefahr, unter poimenischem Vorzeichen einen Individualismus zu verstärken, der heutzutage leicht mit einer „Vereinzelung" Hand in Hand geht? Andererseits ist auch auferbauende Einbettung in ein tragendes und getragenes kirchliches Beziehungsgeflecht in der Praxis dieser Welt alles andere als eindeutig oder unproblematisch. Herrscht nicht auch hier nur allzu deutlich die „sarx", d.h. die „Fleischlichkeit" und zwar „... als das irdisch-menschliche Wesen in seiner spezifischen Menschlichkeit, d.h. in seiner Schwäche und Vergänglichkeit, und d.h. zugleich im Gegensatz zu Gott und seinem ‚pneuma' ..."[18]? Ist also die biblisch geforderte Gemeinschaft in ihrem unsichtbaren geistlichen Sinne in der seelsorgerlichen Praxis wirklich so direkt und ganz konkret mit der sichtbaren Institution Kirche gleichzusetzen? Anders gesagt: Kann es tatsächlich nur in Beziehung zu dieser hier und heute bestehenden kirchlichen Gemeinschaft gelingen, das biblische Menschenbild zu verwirklichen? Ist erst mit diesem Gemeinschaftsbezug die Voraussetzung dafür gegeben, den „alten Adam" zu ersäufen, als Christ den neuen Menschen anzuziehen[19] und damit unter den gegebenen Bedingungen erlöst Gott näherzukommen?

Für die Seelsorge bedeuten diese Fragestellungen wiederum eine entscheidende Weichenstellung: Entweder wird ein Ratsuchender im seelsorgerlichen Gespräch unabhängig von jeder kirchlichen Einbindung auf seine individuelle Persönlichkeitsstruktur und deren besondere Konfliktanfälligkeit hin angesprochen. Die Gemeinschaft der Gläubigen muß dann nicht unbedingt völlig ausgeblendet sein. Sie bleibt aber eine eher abstrakte Größe.

---

[18] Vgl. *Rudolf Bultmann*, Theologie des Neuen Testaments, Tübingen, 9. Aufl. 1984, S. 230.

[19] Vgl. etwa Kol. 3, 8-10: Nun aber legt alles ab von euch, Zorn, Grimm, Bosheit, Lästerung, schandbare Worte aus eurem Munde. Belüget einander nicht; denn ihr habt ja ausgezogen den alten Menschen mit seinen Werken und angezogen den neuen, der da erneuert wird zur Erkenntnis des, der ihn geschaffen hat.

Oder es dominiert bei diesem Gespräch von vornherein die Auseinandersetzung mit den „Lücken" im Gemeinschaftsbezug bzw. die problematische oder gar fehlende Einbindung in die Gemeinschaft resp. Gemeinde. Die individuelle Problematik kann dabei durchaus sehr ernst genommen sein. Sie relativiert sich aber in jedem Fall im Hinblick auf das zu ihrer Überwindung notwendige christliche Gemeinschaftserleben.[20]

Wiederum gilt: Beide theologisch begründbaren Einstellungen haben für die Poimenik nicht nur konzeptionelle, sondern sie haben auch praktische Folgen, wenn es um den von Gott in Christo erlösten Menschen geht.

3) Es geht dabei jedenfalls um den von Gott zur Erkenntnis befähigten Menschen. Schließlich ist in diesem Kontext ein dritter biblischer Befund von wesentlicher Bedeutung: Der Mensch ist nicht nur als ebenso veränderungs- wie auch erlösungsbedürftiges Beziehungswesen in dieser Welt. Er ist dabei auch in der Lage, über sich, seine Umwelt und seinen Daseinsgrund nachzudenken, dabei *Einsicht* in vorgegebene Zusammenhänge zu gewinnen und daraufhin Handlungsstrategien zu entwickeln. Erst diese verhaltenssteuernde Einsicht bewirkt, daß er sich auftragsgemäß und seiner ursprünglichen Bestimmung nach „die Erde untertan" zu machen versteht.[21]

Auf dem Hintergrund dieser weiteren Basisannahme im Rahmen des biblischen Menschenbildes ist er ebenfalls in die Lage versetzt, sich ein jeweils „zeitgemäßes" Weltbild zu machen und – damit korrespondierend – eine (jeweils glaubensbezogene) Weltanschauung zu entwickeln. Unter diesen Umständen und bei deren (Realitäts-)Bewältigung erlebt sich der Mensch wie selbstverständlich als ebenso vernunftbegabt wie glaubensfähig. Nur so kann er im eigentlichen Sinne „positionell" sein, also etwas „behaupten"![22]

---

[20] Praktisches *Beispiel*: Ein junger Mann sucht den Ortspfarrer auf und klagt über das Gefühl zunehmender Isoliertheit in seiner nachbarlichen Umgebung und auch am Arbeitsplatz. Das könne mit seiner homosexuellen Veranlagung zusammenhängen. Er halte diese zwar streng geheim, und scheine ihm aber so, als ob die Menschen, mit denen er es zu tun habe, ihm seine Neigung ansähen und sich von ihm zurückzögen.
Seelsorger bzw. Seelsorgerinnen können auf die Schilderung dieser Konfliktlage sehr unterschiedlich reagieren: Sie können von der vermuteten inneren Befindlichkeit (Psychodynamik) des Ratsuchenden her dessen Problematik zu bearbeiten versuchen. Sie können aber auch das offensichtlich wenig tragfähige Beziehungsgefüge des Konfliktbehafteten zum Ausgangspunkt der notwendig anstehenden Auseinandersetzung machen und auf eine mögliche Einbindung in das Gemeindeleben hinarbeiten.

[21] Vgl. 1. Mose 1, 28.

[22] Vgl. Der Große Duden. Bd. 7. Etymologie, S. 56. Danach ist „behaupten" ursprünglich „... ein Wort der Gerichtssprache, das eigtl. ,sich als herr der Sache erweisen' bedeutet. Seit dem 17. Jh. erscheint die heutige abgeschwächte Bed. ,eine Meinung aussprechen'."

Viel weniger selbstverständlich erscheint in diesem Zusammenhang das Erleben, daß sowohl die menschliche Vernunft als auch die menschliche Möglichkeit zu glauben und damit ein elementares Vertrauen freizusetzen nur ganz „gebrochen" zum Tragen kommt. Nach biblischem Verständnis bedarf es eben deshalb einer ebenso ständigen wie kompensatorischen „Geistesgegenwart", um menschliches Verhalten unter den gegebenen Bedingungen in dieser Welt als wirklich sinnvoll in die „Lebensaufgabe" eingebettet zu empfinden. In diesem Kontext spricht die Bibel von der lebensbegleitenden Wirkung des Hl. Geistes, wenn es denn um Vernunft und Glaube als strukturierende Elemente menschlicher Daseinsbewältigung geht. Liegen doch für alles menschliche Erleben (im Hinblick auf die individuelle Existenz ebenso wie im Hinblick auf die Existenz unseres Planeten oder auch der sog. „ganzen Welt") Anfang und Ende völlig im dunkeln. Inzwischen jedoch gilt nach einer zentralen biblischen Aussage und damit für das dementsprechende Menschenbild: „Ihr werdet aber die Kraft des heiligen Geistes empfangen, welcher auf euch kommen wird ..."[23]

In unserem Kontext bedeutet diese Geistverheißung: Der einzelne Mensch (oder auch die Menschheit!) kann sich grundsätzlich darauf verlassen, im buchstäblichen Sinne „begabt" zu sein. Das bedeutet für die Seelsorge: Alle gezielten Handlungen, um im zwischenmenschlichen Bereich ein passives oder aktives Konfliktlösungsverhalten zu eröffnen (d.h. „freizusetzen"), sind nur bedingt an menschliches Können und dessen ständig fortschreitende Ausdifferenzierung gebunden.[24] Sie werden jedenfalls von einer wirksamen Potenz, die als ein bleibend transzendentes Gegenüber zu allen denk- und erfahrbaren empirischen Konstellationen und Situationen geglaubt wird, sowohl ermöglicht als auch strukturiert.

Anders gesagt: Nach biblischem Menschenbild ist der einzelne/die einzelne nicht nur ein von Gott als beziehungsfähig erschaffenes und auf bleibende Beziehung hin erlöstes, sondern auch ein in jeder Beziehung von Gott begleitetes Lebewesen!

Auch auf diesem Hintergrund entsteht ein charakteristisches Spannungsfeld im seelsorgerlichen Bereich. In der dementsprechenden, sehr konfliktträchtigen Auseinandersetzung geht es zunächst darum, ob sich die genannte „Begabung" des Menschen schwerpunktmäßig mehr in dessen Ausstattung mit Vernunft (mit nachfolgender Erkenntnis!) oder aber in dessen Befähigung zum Glauben (mit nachfolgendem Bekenntnis) niederschlägt. Deutlich muß allerdings sein, daß es sich bei der bleibenden Dialektik zwischen Denken und Glauben natürlich nicht um ein Entweder-Oder handeln kann,

---

[23] Vgl. Apostelgesch. 1, 8.
[24] Die kontrovers behandelte Frage nach einer erlernbaren Methodik des seelsorgerlichen Handelns (s.o. S. 179) setzt hier an.

es aber in dem genannten Spannungsfeld sehr deutlich zu positionellen Schwerpunktbildungen kommt!

Für die Seelsorge ergibt sich auch hier eine doppelte Herausforderung zur Stellungnahme: Sollen die Ratsuchenden im Rahmen der Seelsorge eher dem christlichen Lehrer bzw. auch dem christlichen Therapeuten begegnen, wenn es um die anstehenden Konfliktlösungen geht? Dann stünden bei vorwiegend kognitiver Vorgehensweise vor allem ein erweitertes Einsichtsverhalten als Zielvorstellung im Vordergrund würde gegebenenfalls den nachfolgenden Glaubensakt vorbereiten.

Oder aber sollen sie in dieser besonderen Situation besser dem christlichen Zeugen begegnen oder sich sogar unmittelbarer Geistwirkung ausgesetzt fühlen? Dann verbände sich die Zielvorstellung eher mit einer vorwiegend auf emotionaler Grundlage vermittelten Stärkung der Glaubensfähigkeit, die ihrerseits sowohl das Verstehen fördern als auch verhaltensändernd wirksam werden könnte![25]

Wir wiederholen auch an dieser Stelle: Beide theologisch begründbaren Einstellungen haben für die Poimenik sowohl konzeptionelle als auch praktische Folgen, wenn es um den von Gott zur Erkenntnis befähigten Menschen geht.

Zusammenfassend ist zu sagen: Theologisches Nachdenken über ein biblisch begründetes Menschenbild fordert den Seelsorger/die Seelsorgerin zu einer *Suchbewegung* heraus, in deren Verlauf es zu unterschiedlichen Schwerpunktbildungen kommen kann. Als ein Beziehungswesen, das sich zu-

---

[25] Praktisches *Beispiel*: Im Verlauf eines seelsorgerlichen Gesprächs stellt sich bei einem Ratsuchenden, der von unklaren Schuldgefühlen quälend besetzt ist, in zunehmendem Maße der Eindruck einer Entlastung ein. Diese Entlastung entsteht ganz offensichtlich in der Folge einer Reihe sachlicher Informationen über die Hintergründe solcher oder ähnlicher Gefühlssituationen und deren möglicher Zuordnung zu bestimmten Grundannahmen des christlichen Glaubens. Diese werden jetzt in neuer Weise „verstanden".
Demgegenüber ist aber auch die folgende Szene vorstellbar: Ein älteres, seit langer Zeit krankes und bettlägeriges Gemeindeglied wird in gewissen Abständen regelmäßig von seinem etwa gleichaltrigen Gemeindepastor besucht. Der hört sich die Klagen und Anklagen an, die immer wieder eruptiv aus der kranken Frau herausbrechen. Er verzichtet auf jede Art eines wie auch immer biblisch begründeten „Trostversuchs durch Gegenargumentation". Er liest vielmehr Psalmen vor, wenn die Kranke sich nach ihrer Erregungsphase erschöpft auf diese Reaktion einzustellen vermag. Außerdem erzählt er ihr gezielt kurze Geschichten. Es sind paradigmatische Geschichten von Menschen, die unter Schicksalsschlägen doch irgendwie „Lebensmut" entwickelt haben. Die von ihm besuchte Kranke meint regelmäßig, ihr ginge es doch viel schlechter als den Menschen in den Geschichten. Der Seelsorger möge aber doch bitte bald wiederkommen. Nach seinen Besuchen sei sie immer viel ruhiger und denke an frühere, glücklichere Tage.

verändern vermag, das der erlösenden Einwirkung „von außen" bedarf und
das mit Einsichts- und Glaubensfähigkeit begabt erscheint, kann der Mensch
und sein konkretes Verhalten aus sehr verschiedenen Sichtweisen heraus
gesehen und seelsorgerlich angesprochen werden. Eine (theologisch begründete) Entscheidung für die eine oder andere *Schwerpunktbildung* muß vollzogen werden. Sie will aber jedenfalls auf ihre konzeptionellen und praktischen Folgen hin bedacht sein.

III. Entscheidende Schwerpunktbildungen im konzeptionellen Bereich

Es ging bisher darum, ein spezifisches Menschenbild als grundlegend für die
Poimenik deutlich werden zu lassen. Es ist ein Menschenbild, das sich
jedenfalls auf fundamentale biblische Aussagen bezieht und dabei einen
(christlich ausdifferenzierten) Gottesbezug als konstitutiv voraussetzt. Ebenfalls sollte deutlich werden, daß die unterschiedliche Auslegung und Verarbeitung der grundlegenden Texte durch die einzelnen Seelsorger und Seelsorgerinnen auf deren ebenso unterschiedlichen Umgang mit offenen
anthropologischen und theologischen Fragestellungen beruht. Es legt sich
nahe, hierbei von jeweils persönlichen Vorerfahrungen und den daraus
entstandenen *Einstellungen* zu sprechen.

Nun sind solche Einstellungen auch im poimenischen Bereich keine
festen oder gar zeitlosen Größen! Sie sind zum einen kulturellen und sozialen Normen unterworfen. Sie spiegeln dabei zugleich deren ständigen Wandel wider.[26] Sie entstehen und bestehen also in einem ganz bestimmten
Umfeld. Was Theophil Müller im Hinblick auf Geschichte und Gegenwart
des christlichen Gottesdienstes unter den Stichworten „Umfeld" bzw. „Welt-Zusammenhänge" beschreibt, gilt sicher auch für Geschichte und Gegenwart der Seelsorge und für deren Konzeptualisierung: „Soziale Situation,
Kultur und Politik als großes Umfeld, aber auch die Biographien einzelner
maßgebender Persönlichkeiten und sogar ihre Charaktereigenschaften waren prägend, und manches ist nur als gegenseitige Abhängigkeit von Ursache

---

[26] „Mit dem Begriff Einstellungen können ... Veränderungen in den kulturellen
Selbstverständlichkeiten, den sozialen Normen gesellschaftlicher Gruppierungen
ebenso verstehbar werden wie der oft dramatisch erlebte Wandel psychologischer
Kleingruppen und der Dyade." (*Peter Faßheber*, Einstellungstheorien, PZJ VIII,
S. 209ff., Zitat S. 209)
Wesentlich für unsere entsprechende Auseinandersetzung im Rahmen einer „Lehre
von der Seelsorge" ist der ausdrückliche Hinweis auf die Auswirkungen des
Normenwandels auf die Kleingruppe und die Dyade.

und Wirkung zu verstehen ..."[27] Einstellungen haben zum anderen dann aber auch ihren Grund in der individuellen Erlebensstruktur und damit in der persönlichen Lebensgeschichte des einzelnen. Deshalb sind immer dann, wenn es um die Herausbildung einer Seelsorgeposition bzw. um die Nähe zu einer vorliegenden poimenischen Konzeption geht, auch „Theologie und Biographie"[28] aufeinander zu beziehen. Deren Verhältnissetzung ist gründlich zu reflektieren. Beide Größen können nicht ohne erhebliche Nachteile getrennt voneinander behandelt bzw. aus der gegenseitigen Zuordnung entlassen werden. Damit ist gerade nicht einem herausgehobenen Individualismus das Wort geredet! Es geht auch nicht um eine (nach Karl Barths entscheidendem Einspruch neue) Betonung einer „natürlichen" Religion und Theologie! Wenn aber Seelsorge wirklich und wirksam ein „christliches Verhalten zur Lebensbewältigung" vermitteln will, kann neben ihrer Praxis auch ihre Theoriebildung die Frage nach den verschiedenen Möglichkeiten einer Lebenseinstellung nicht ausschließen. Auch hier muß vielmehr gelten: „Die autobiographische Besinnung des einzelnen auf ‚sein Leben' ist prinzipiell theologisch nicht verwerflich, sondern theologisch gerechtfertigt. Sie liegt auf der Spur jener christlichen Einsicht, daß jeder einzelne Mensch vor Gott unendlichen Wert hat. Die Rekonstruktion der eigenen Lebensgeschichte ist gedeckt durch den Glauben, daß vor Gott mein Leben nicht gleichgültig und sinnlos ist. Im Lichte dieser Verheißung darf es keine theologische Mißachtung der je besonderen Lebensgeschichten einzelner Individuen geben."[29]

Wenn dem so ist, müssen sich Seelsorger und Seelsorgerinnen deshalb unverzichtbar um eine Verhältnissetzung ihrer theologisch begründeten Theoriebildung einerseits und ihrer in die Zeitumstände eingebetteten Biographie andererseits bemühen. Erst wenn sie ihre jeweilige Einstellung in dieser Weise auf deren Hintergründe hin reflektiert haben, können sie Einstellungen der Ratsuchenden als solche deutlich wahrnehmen und in ihrer Verschiedenheit akzeptieren.

In der seelsorglichen Praxis kann diese Wahrnehmung höchst verschiedener (Lebens- und Glaubens-)Einstellungen freilich nicht auf die bloße

---

[27] Vgl. *Theophil Müller*, Evangelischer Gottesdienst. Liturgische Vielfalt im religiösen und gesellschaftlichen Umfeld, Stuttgart/Berlin/Köln, S. 109.

[28] Vgl. dazu den Aufsatz von *Henning Luther*, Theologie und Biographie, in: Ders., Religion und Alltag. Bausteine zu einer Praktischen Theologie des Subjekts, Stuttgart, 1992, S. 37ff.

[29] H. Luther, a.a.O., S. 43.
Vgl. auch *Albrecht Grötzinger* und *Henning Luther* (Hg.), Religion und Biographie, München, 1987. Hier stellt Henning Luther unter der Überschrift „Der fiktive Andere" sehr grundsätzliche „Mutmaßungen über das Religiöse an Biographie" an (S. 67ff.).

Feststellung einer unvergleichbaren Einzigartigkeit der individuellen Existenz und gläubigen Befindlichkeit ausgerichtet sein! <u>Die vorhandene Vielfalt menschlichen Verhaltens wird vielmehr dadurch strukturiert und überhaupt vergleichbar, daß sie sich in *typischen* Einstellungen und d.h. *typischen* Verhaltensweisen niederschlägt.</u>

Auch typische Verhaltensweisen werden im Laufe des Lebens erworben. Über die Wichtigkeit, das Augenmerk auf die sog. „Lebensereignisse" zu richten und den „Lebenslauf" eines Menschen im Zusammenhang mit dessen Verhaltensprägung zu beachten, ist schon unter dem Stichwort „Freisetzung" (s.o. S. 3f.) gesprochen worden. An dieser Stelle läßt sich jetzt noch folgendes ergänzen:

Nach wie vor ist bei allen wichtigen Auseinandersetzungen im zwischenmenschlichen Bereich von Bedeutung, welches *Herkommen* bei den Beteiligten vorauszusetzen ist. Dabei war es in früheren Zeiten bekanntermaßen schlechthin lebensbestimmend, „wes Standes" sich eine Person vorfand. Dementsprechend „verhielt" ein Mensch sich dann auch – in der Regel und wenn er nicht „aus der Rolle fiel". Heute herrschen – zumindest in unserem unmittelbaren geographischen und politischen Umfeld – demokratische Verhältnisse, und das wirkt sich auch auf die Frage des individuellen Verhaltens und auf dessen „Herkommen" aus. Diese Frage wird viel weniger darauf ausgerichtet, aus welcher gesellschaftlichen Schicht ein Zeitgenosse stammt, um daraufhin ein charakteristisches „Verhalten" ableiten zu können! Gefragt wird in diesem Zusammenhang eher unter psychologischem Vorzeichen, was er in seinem familialen Umfeld von Kindesbeinen an erlebt hat. Das aber bedeutet: Herkommen wird individualisiert verstanden! Jetzt wird im Hinblick auf jeden einzelnen gefragt: <u>Im Kontext welchen Beziehungsnetzes sind die Eigenschaften, Verhaltensweisen, Begabungen, Begrenztheiten vererbt, gelernt, geprägt worden?</u>

Und diese Fragestellung ist folgenreich! Denn jetzt geht es eben nicht mehr vorwiegend um ein kollektiv angepaßtes, eben „standesgemäßes", d.h. rollenkonformes Verhalten! Vielmehr verbindet sich mit der Frage nach dem Herkommen immer auch diejenige, wie denn ein Individuum wirklich individuell und modifizierend all dasjenige gestaltet, was ihn in seiner unaustauschbar persönlichen Lebensgeschichte „einmalig" geprägt hat. Denn Lebensereignisse im genannten Sinne geschehen eben nicht nur passiv „an mir"! <u>Sie wollen vielmehr höchst aktiv angenommen und verarbeitet werden, so daß sie unverwechselbar zu mir gehören und bewußt gelebt werden können.</u> Nur so kann es dem einzelnen nämlich gelingen, mit seinem Herkommen resp. Lebenslauf Identitätsgefühl zu verbinden.[30]

---

[30] Daß das nicht nur eine psychologische Bestimmung ist, zeigt eine Reflexion von *Eberhard Jüngel*. Er schreibt (in: Gott als Geheimnis der Welt, Tübingen, 3. Aufl. 1978, S. 101): „Ein Lebenslauf ist niemals nur die Aneinanderreihung von durchlaufenen Zeiten zur Lebenszeit einer Person, sondern die Aneignung der durchlaufenen Zeit und die Verarbeitung der eigenen Lebenszeit zu einer Geschichte, die am Ende mit der Person identisch ist."

Bei all dem gilt dann freilich: Ein Mensch mag sein Herkommen reflektieren und zuordnen wie immer er will und wie immer ihm das möglich ist: In jedem Fall ist die Geschichte dieser Reflexion und Zuordnung eine Beziehungsgeschichte! Stets geht es im sozialen Leben darum, sich gegenseitig so weitgehend wie möglich zu einem möglichst selbständigen Angepaßtsein an die tragenden Lebensumstände zu verhelfen. Dabei wird unmittelbar verständlich, daß die Herkommensgeschichte, die stets eine Beziehungsgeschichte ist, zugleich als die Geschichte von fortwährenden Auseinandersetzungen bezeichnet werden kann. So eben kommt es ja zu jenen Konflikten, um deren Lösung sich u.a. auch die Seelsorge bemüht.

Damit ist gleichzeitig der Übergang zu einem weiteren Gedankengang geschaffen:

Ist nämlich im Konfliktfall nach der Konfliktfähigkeit und nach der persönlichen Ausgestaltung der Beziehungsstruktur zu fragen, so setzt sich diese Fragestellung fort in derjenigen nach der Charakterbildung eines Menschen. Gefragt ist in diesem Zusammenhang freilich nicht danach, ob ein Individuum einen sog. „guten" oder einen sog. „schlechten" Charakter ausgebildet hat. Gefragt ist vielmehr, wie unterschiedlich die einzelnen Menschen sich bei der (gemeinsamen!) Realitätsbewältigung verhalten und wie „typisch" und damit in ihren Verhaltensweisen überhaupt erst vergleichbar sie bei alledem reagieren. Es scheint so, als ob Menschenkenntnis durch die Zeiten hindurch nicht ohne eine solche Orientierungshilfe im *Verhaltensbereich* auszukommen vermag.

Denn nicht eben zufällig reicht die Aufteilung der Menschen in verschiedene *Charaktertypen* von der Antike bis zur Gegenwart. Die einzelnen Konzeptionen, Bestimmungsmuster, Zuordnungsmodelle, Wahrnehmungseinstellungen sind kaum noch zu überblicken und werden oft auch nebeneinander gebraucht. So ist etwa die Typenlehre von Aristoteles und Hippokrates mit der Einteilung in Choleriker und Phlegmatiker, Sanguiniker und Melancholiker bis heute bekannt.

Aus der klassischen Fragestellung nach „Körperbau und Charakter"[31] unter psychiatrisch-medizinischem Vorzeichen hat sich ein Zweig der modernen Psychologie, die sog. Persönlichkeitsforschung bzw. die differenzielle Psychologie entwickelt.[32]

Auch von der Psychoanalyse sind wesentliche Impulse für eine Persönlichkeitstheorie ausgegangen. Hier wird in der Nachfolge Sigmund Freuds grundlegend angenommen, daß der Charakter eines Menschen sich nicht nur von dessen Psychogenese, also von dessen Lebenslauf her ableiten läßt, sondern daß dieser Charakter gleichzeitig sowohl eine Schutz- als auch eine Orientierungsfunktion hat. So arbeitet ein früher Freud-Schüler, Wilhelm Reich, sehr deutlich die Schutzfunktion eines typischen Verhaltens heraus. Er

---

[31] Vgl. dazu *Ernst Kretschmer*, Körperbau und Charakter, Berlin/Göttingen/Heidelberg, 20. Aufl. 1951.

[32] Eine Übersicht vermittelt *Alfred Brunner*, Eigenschaften und Typen als grundlegende Ansätze von Persönlichkeitstheorien, PZJ V, S. 499ff.

spricht deshalb vom „Charakterpanzer", den jeder einzelne Typ entwickelt und den als gefährlich erlebten Triebansprüchen entgegensetzt.[33] So nämlich wird alles typische Verhalten als eine „Reaktionsbildung" auf die Umwelt erklärbar. Es entspricht damit bei näherem Hinsehen einer spezifischen Anpassungsleistung.

Carl Gustav Jung wiederum unterscheidet eine extrovertierte von einer introvertierten Grundeinstellung. Auf dieser Basis siedelt er dann den Denktyp, Fühltyp, Empfindungstyp und intuitiven Typ an und beschreibt damit Orientierungsfunktionen mit einem jeweils spezifischen Wahrnehmungsmodus.[34]

In jüngster Zeit hat sich Fritz Riemann mit seiner Typenlehre in bestimmten theologischen, psychologischen und (sozial-)pädagogischen Kreisen sehr bekannt gemacht. Hier dient das als typisch schizoid oder typisch depressiv oder typisch zwanghaft oder typisch hysterisch herausgestellte Verhalten eines Individuums jeweils der Kompensation von unabdingbar eingeborener Lebensangst.[35]

So läßt sich festhalten: In welcher Art ein typisches Verhalten auch immer erfaßt und beschrieben ist, ob eher nach Erbanlage, Folge einer Triebdynamik oder Sozialisationsergebnis gefragt wurde – immer geht es um Charakterbildung, die das Beziehungsgeschehen strukturiert und an der Konfliktentstehung sowie -lösung maßgeblich beteiligt ist. Um diesen Tatbestand hat sich die Seelsorge zu kümmern.

Wir gehen im folgenden aber auch davon aus, daß hinter aller Theoriebildung und Konzeptualisierung im Bereich der Poimenik ebenfalls nicht nur sehr verschiedene „Lebensläufe" und davon geprägte theologische Einstellungen wirksam werden, sondern in Verbindung mit ihnen auch verschiedene Zeitströmungen (und konfessionelle „Umstände" des christlichen Glaubens) zum Tragen kommen. In diesem Sinne ein Seelsorgekonzept als *typische Schwerpunktbildung* im Kontext anderer Möglichkeiten wahrzunehmen, hat als besondere Betrachtungsweise folgende Vorteile:

– Sie legt nicht von vornherein auf die Frage fest, ob mit einer Konzeption die richtige, die falsche oder gar die eigentliche Poimenik vertreten wird, sondern eröffnet zunächst interpositionelle Vergleiche und ermöglicht damit ein übergreifendes Urteilen;

– sie legt nicht von vornherein auf die Frage fest, ob eine Konzeption in der einen oder anderen Form zu mir als Seelsorger oder Seelsorgerin „paßt" oder nicht, sondern läßt nach Ursachen und Hintergründen persönlicher Affinitäten fragen und diese beweglich handhaben;

– sie legt nicht von vornherein auf die Frage fest, welche (leicht und oberflächlich eruierbaren) Grundzüge eine Auffassung bestimmen, sondern regt zu genauem Studium aller Einzelaussagen an, um deren Stimmigkeit im Gesamtentwurf sowie ihren Praxisbezug überprüfen und nachvollziehen zu können.

---

[33] *Wilhelm Reich*, Charakteranalyse (1933), Köln/Berlin, 3. Aufl. 1971.
[34] Vgl. *Carl Gustav Jung*, Psychologische Typen, GW 6, Olten, 16. Aufl. 1989.
[35] Vgl. *Fritz Riemann*, Grundformen der Angst, München, 1989.

Bei der genannten Betrachtungsweise und bei solchem Vorgehen wird es am ehesten gelingen, in verschiedenen „typischen" Seelsorgekonzeptionen auch eine Korrespondenz mit verschiedenen „typischen" Ratsuchenden samt deren jeweiligen Einstellungen und dementsprechenden Erwartungen wiederzufinden. Die Entscheidung des einzelnen Seelsorgers/der einzelnen Seelsorgerin für die persönliche Nähe zu der einen oder der anderen poimenischen Position bzw. deren bevorzugte Akzeptanz ist dabei gerade nicht ausgeschlossen! Sie erfolgt aber jetzt im positiven Fall als der Abschluß eines längeren *Prozesses* nach einer Reihe von „Probeidentifikationen". Damit wird einer kurzschlüssigen (gegebenenfalls wahrnehmungseinengenden) „Auslieferung" an einen Typus im Bereich poimenischer Einstellungsmöglichkeiten gewehrt.

In diesem Sinne ist die folgende Auseinandersetzung mit drei ausführlich dargestellten Konzeptualisierungen seelsorgerlichen Handelns zu verstehen. Diese gegenwärtig einflußreichen Konzeptionen spiegeln von Entstehungsbedingungen und Umfeld her typische Einstellungen im genannten Sinne so wider, daß sie schulenbildend wirkten und wirken.

1. Der Ruf nach systematisch-theologischer Besinnung: Eduard Thurneysen

Bei dieser typischen Einstellung findet Seelsorge ihre *Begründung* so konsequent wie möglich in einer (alle Konzeptualisierung einleitenden) theologischen Bestimmung. In den Jahrzehnten vor und nach dem Zweiten Weltkrieg legt sich dabei vor allem eine enge Verbindung mit der sog. „Wort-Gottes-Theologie" bzw. der „Dialektischen Theologie" Karl Barths nahe.[36] Worum geht es bei dieser Bezeichnung einer theologischen Richtung grundsätzlich? Was gewinnt daraufhin für unseren Kontext besondere Bedeutung?

Zunächst muß deutlich sein, daß diese im poimenischen Bereich heutzutage eher als konservativ geltende theologische Einstellung als Protestbewegung wider den Geist der dominanten Theologie in den Jahren um den 1. Weltkrieg herum begonnen hat: Eine Gruppe damals jüngerer Theologen, die sich später freilich zumeist (außer in dem uns besonders interessierenden Fall!) wieder aufspalteten und getrennte Wege gingen, formulierten in zunehmender Schärfe Widerspruch und Protest. Theologen wie Karl Barth (1886–1968), Eduard Thurneysen (1888–1974), Emil Brunner (1889–1967), Friedrich Gogarten (1887–1967) und Rudolf Bultmann (1884–1976) zogen gegen den in Hochschulen und Kirchen herrschenden theologischen Liberalismus zu Felde: Es sollte jetzt eben nicht mehr in der Nachfolge des sein Jahrhundert prägenden Friedrich Daniel Ernst Schleiermacher (1768–1834) vom religiösen und ethischen Menschen her „überhö-

---

[36] Vgl. dazu *Klaus Winkler*, Karl Barth und die Folgen für die Seelsorge, PTh (75) 1986, S. 458ff.

hend" auf Gott zugedacht werden! Es sollte eben nicht mehr die kompromißlose Bindung an die zeitgenössische Wissenschaft diejenige an kirchliche Belange und eine „orthodoxe" Dogmatik ersetzen! Es sollte eben nicht mehr ein vernünftiges Denken das offenbarungsbezogene Bekennen relativieren! Nein! Die „Dialektische Theologie" (resp. die „Theologie der Krise", die „Theologie des Wortes Gottes") wollte gleicherweise radikal zeitgemäß wie radikal theologiekritisch eine ebenso radikal gedachte Souveränität und Autonomie Gottes gegenüber dem Menschen vertreten. Denn – so Friedrich Wilhelm Graf – „... durch Aufnahme der Religionskritik, gezielte Hervorhebung der Eschatologie, Betonung der Transzendenz Gottes, Konzentration auf die Christologie und Insistieren auf der Schriftgebundenheit der Theologie suchen die d.(ialektische)n Theologen einer prinzipiellen Eigenständigkeit des Glaubens gegenüber allen Weltanschauungen und einer Autonomie der Kirche gegenüber Staat und Gesellschaft Geltung zu verschaffen."[37] Soviel zum grundsätzlichen Ansatz.

Was aber bedeutet es, wenn auf diesem Hintergrund eine typische „Lehre von der Seelsorge" begründet, entwickelt und konzeptualisiert wird? Dann wird es sich um ein Seelsorgekonzept handeln, das eine in den Konfliktfall eingebrachte „allgemeine" Religiosität des Ratsuchenden eher vernachlässigt, auf einen „lebenserneuernden" Bekenntnisakt zuarbeitet, bei ihm die angestrebte Verhaltensänderung ansiedelt, dabei gleichzeitig stets ein eschatologisches Moment als den eigentlichen Hoffnungsträger vertritt.

Das hat methodische Konsequenzen: Soll nämlich jetzt das allein gottgewirkte „Heil des Menschen" als das tatsächlich und faktisch „konfliktlösende" Moment angenommen werden, so muß mit dessen „Zusage" durch den Seelsorger/die Seelsorgerin sowohl dessen ausschließliche Alleinwirksamkeit als auch dessen absolute Unverfügbarkeit zur Sprache kommen. Das verhaltensändernde „Verstehen" dieser unabdingbaren Voraussetzung schließt intellektuelle Bemühungen und willensbezogene Appelle durchaus ein! Sündeneinsicht und Gebetsvollzug korrespondieren mit dieser Grundannahme der Alleinwirksamkeit Gottes. Sie machen dem Ratsuchenden bewußt, daß alle christliche Seelsorge dem „transzendentalen Charakter der Situation des Verlorenen" zu entsprechen hat.[38]

Karl Barth (1886–1968) und Eduard Thurneysen (1888–1974) bilden zeitlebens ein Freundes- und Theologengespann.[39] Barth selber redet relativ

---

[37] Zum ganzen Abschnitt vgl. *Friedrich Wilhelm Graf*, Art.: Dialektische Theologie, WdC, S. 249ff., Zitat S. 250.

[38] Das ist eine zentrale Aussage der Seelsorgelehre von *Hans-Otto Wölber*, Das Gewissen der Kirche, Göttingen, 2. Aufl. 1965 (dazu s.u. S. 167f.).

[39] Vgl. an dieser Stelle *Eberhard Busch*, Karl Barths Lebenslauf, München, 4. Aufl. 1986; außerdem *Rudolf Bohren*, Prophetie und Seelsorge: Eduard Thurneysen, Neukirchen-Vluyn, 1982.

knapp über Seelsorge. Sie ist für ihn ein Dienst unter anderen Diensten in der Gemeinde, wie sie in Form von Evangelisation, Mission, theologischem Nachdenken, Gebet und eben als Seelsorge zu leisten sind, um Gottes Wort zu bezeugen. Auf diesem Hintergrund definiert Barth: „Wir verstehen unter *Seelsorge* das zeichen- und zeugnishafte Handeln der Gemeinde an den einzelnen Menschen in ihrer eigenen Mitte, aber auch in der näheren und ferneren Umgebung."[40]

Bei näherem Hinsehen wird sehr schnell deutlich, daß sich Barth sehr wenig originell und speziell um das Gebiet der Poimenik bemüht, sondern sich auf die „Mitarbeit" seines Freundes Thurneysen voll und ganz verläßt.

Wie aber ist die Rollenverteilung in dieser Zusammenarbeit überhaupt zu sehen und zu beurteilen? Zunächst ist festzuhalten: Beide sind zunächst in benachbarten Pfarrämtern praktisch und in üblicher Weise gemeindebezogen tätig gewesen, kommen also durchaus aus der sog. „Praxis". Diese Nachbarschaft haben sie zu zahllosen Gesprächen bzw. zu einem äußerst fruchtbaren und konstruktiven Gedankenaustausch benutzt. Ob allerdings die Theologie des Dogmatikers Barth ohne diese Diskussionen der beiden Pfarrer von Safenwil und Leutwil in den Jahren nach 1913 andere Nuancen gehabt hätte, muß als Frage offen bleiben. Sicher ist aber, daß Thurneysens Position und Konzept ohne den prägenden Einfluß des um zwei Jahre älteren Freundes und geistigen Bruders nicht zu denken ist! Er ist mit ihm zusammen der felsenfesten Überzeugung bzw. tragenden „Einstellung", um des christlichen Glaubens willen aller sog. „natürlichen Theologie", allem sog. „Neuprotestantismus" (mit dessen dem Zeitgeist entsprechender Vernünftigkeit) etwas Korrigierendes, etwas theologisch Unabhängiges und Selbständiges entgegensetzen zu müssen.

Wie kommen in diesem Rahmen dann die Dogmatik des einen und die Poimenik des anderen zueinander zu stehen? Thurneysen beschreibt die Relation, in der er selbst die beiden verschiedenen theologischen Disziplinen sieht, in einer Zuordnung, die aus seiner bewußten theologischen „Abhängigkeit" von Barth keinen Hehl macht:

„Weil aber natürliche Theologie in vielfacher Gestalt unser ganzes theologisches und kirchliches Handeln durchdringt, weil sie die immer wieder gegebene Voraussetzung auch im Denken und Reden unserer Gemeindeglieder und der Menschen von heute überhaupt darstellt, sollte kein Prediger und kein Missionar, der es mit den Menschen von heute zu tun hat, vor allem aber kein Seelsorger es unterlassen, sich an der von *Barth* geleisteten abschließenden Untersuchung der Wurzeln und des Wesens aller natürlichen Theologie und ihrer immanenten Gegensätzlichkeit zu allem Schrift- und Offenbarungsglauben zu orientieren. Man wird gerade im seelsorgerlichen Gespräch nur dann sichergehen und führen können, wenn man über

---

[40] Vgl. *Karl Barth*, Kirchliche Dogmatik. Bd. IV/3, Zolikon-Zürich 1959, S. 1014f.

die von der natürlichen Theologie her auch dem Denken und Reden des Seelsorgers selber immer neu drohende Gefahr unterrichtet, vor ihr gewarnt und von ihr weg auf Gottes Wort verwiesen ist. Die entscheidende Bedeutung einer gesunden Lehre für die Praxis kann kaum an einem anderen Punkte so klar hervortreten wie an diesem."[41]

Mit diesen Sätzen ist ein Herzstück dieses Ansatzes benannt. Wir wollen im folgenden die Gesamtkonzeption in einem Dreischritt zu erfassen versuchen: Wir widmen unsere Aufmerksamkeit zunächst seinem zentralen Standard-Werk „Die Lehre von der Seelsorge".[42] Wir vergleichen daraufhin dieses nach dem Zweiten Weltkrieg entstandene Werk mit einer bedeutsamen, um 20 Jahre früheren Veröffentlichung Thurneysens zum Thema „Grundlegung einer Poimenik".[43] Wir beschäftigen uns schließlich mit einem Thurneysens Hauptwerk 20 Jahre später ergänzenden und die seelsorgerliche Praxis betreffenden Lehrbuch von 1968.[44]

a) „Die Lehre von der Seelsorge" (1948)

Thurneysen definiert das seelsorgerliche Handeln in der klassisch gewordenen Formulierung: „Seelsorge findet sich in der Kirche vor als Ausrichtung des Wortes Gottes an den Einzelnen. Sie ist wie alles rechtmäßige Tun der Kirche begründet in der Lebendigkeit des der Kirche gegebenen Wortes Gottes, das danach verlangt, in mancherlei Gestalt ausgerichtet zu werden."[45] Aus dem dreigeteilten Werk (I. Die Begründung der Seelsorge, II. Wesen und Gestalt der Seelsorge, III. Der Vollzug der Seelsorge) wählen wir vier Komplexe aus, in deren Rahmen besonders „typische" Auffassungen Thurneysens zum Tragen kommen.

---

[41] *Eduard Thurneysen*, Die Lehre von der Seelsorge, München, 1948, S. 83.
[42] Vgl. Anm. 67.
[43] *Eduard Thurneysen*, Rechtfertigung und Seelsorge, ZdZ 6/1928, S. 197ff.; abgedruckt in: *Friedrich Wintzer* (Hg.), Seelsorge, München, 1978, S. 73ff.
[44] *Eduard Thurneysen*, Seelsorge im Vollzug, Zürich, 1968.
[45] E. Thurneysen, Lehre, S. 9.
Im Hinblick auf diese reformierte „Lehre von der Seelsorge" ist aufschlußreich, wie der Lutheraner *Hans Asmussen* (Die Seelsorge, 1933/34/35 in erster, zweiter und dritter Auflage; 4. Auflage kurz nach dem 2. Weltkrieg gedruckt in New York) seine Seelsorgebestimmung einleitend ganz ähnlich formuliert: „Seelsorge ist die Verkündigung des Wortes Gottes an die einzelnen." Er spitzt diese Bestimmung noch zu in der charakteristischen Aussage: „Unter Seelsorge versteht man nicht diejenige Verkündigung, welche in der Gemeinde geschieht, sondern man versteht darunter *das Gespräch von Mann zu Mann*, in welcher (sic!) dem einzelnen auf seinen Kopf zu die Botschaft gesagt wird." (S. 15)
Auf den Unterschied zwischen beiden Konzeptionen wird noch einzugehen sein.

α) Seelsorge als Kirchenzucht

In Thurneysens Konzeption ist Seelsorge überhaupt nur auf dem Boden dessen denkbar, „... was die Väter Kirchenzucht nannten."[46] Es ist allerdings sehr genau zu fassen, was mit diesem Begriff eigentlich gemeint ist. Sonst drohen automatisch und immer neu moralistische Mißverständnisse oder der Mißbrauch!

Sehr deutlich wird in diesem Kontext, welche Vorliebe sowohl vom Inhalt als auch von der Reflexionsstruktur her der reformierte Seelsorgelehrer Thurneysen für den Reformator Calvin[47] und dessen Denken entwickelt: „Geistliches Leben ist ohne Gemeinschaftsbildung, ohne Gemeinde nicht denkbar. Sollen dort die Zeichen der Gottesgegenwart – Wort und Sakrament – zum Tragen kommen, müssen sie gleichsam durch ein ‚Vor-Zeichen' abgesichert werden: So eben hat die Kirchenzucht der rechten Verwaltung der Sakramente und damit der konstituitiven Vergegenwärtigung des Heils zu dienen. Dieser Dienst wiederum geschieht in Gestalt der ‚Sichtbarkeit' einer greifbaren Ordnung."[48]

Diese Ordnung ist unabdingbar notwendig! Denn ohne sie drohen dem einzelnen das Herausfallen aus der Gemeinschaft, damit aber die Isolierung und hiermit eng verbunden sogar die „geistliche Verwahrlosung".[49] Eben an dieser Stelle setzt die Seelsorge an und ein! Sie ist in der Tat ein Teil der umfassenden Kirchenzucht. Aber als solche will sie eben gerade nicht geistlich richten: „Sie darf niemals zu pharisäischen, pfäffischen, letztlich ganz und gar ungeistlichen Eingriffen führen."[50]

Was aber will sie dann, diese Kirchenzucht? Sie will den so oder so der christlichen Gemeinschaft entfremdeten Zeitgenossen und Ratsuchenden verhaltensändernd korrigieren! Mit dieser Intention stellt der Seelsorger Fragen an den einzelnen. Er stellt damit im konkreten Konfliktfall alle jenen Strebungen, Einstellungen und Handlungen in Frage, die nicht auf die Gemeinde bezogen sind.

Dieser besondere Modus des Vorgehens hat Folgen! Alles andere als zufällig bemüht Thurneysen im Hinblick auf die Verhältnisbestimmung von Seelsorger und Ratsuchenden das Bild vom Lehrer und Schüler – und das wiederum im Rahmen eines „typischen" Hierarchie-Denkens: „Seelsorge würde also bestehen in einem Lehren und Lernen. Der Lehrer aber, dem gegenüber wir Schüler werden dürfen, und durch dessen Lehre unsere Seele

---

[46] E. Thurneysen, a.a.O., S. 41.
[47] Zum Seelsorgeverständnis Calvins s.u. S. 110ff.
[48] E. Thurneysen, Seelsorge im Vollzug, S. 30.
[49] E. Thurneysen, Lehre, S. 26.
[50] E. Thurneysen, a.a.O., S. 36.

besorgt wird, kann, da es sich um den Raum der Kirche handelt, kein anderer sein als die Heilige Schrift."[51]

Soviel zu dem zentralen Begriff der Kirchenzucht! Dessen stringentes Eingeschlossensein in eine jede Einzelaussage umfassende „Wort-Gottes-Theologie" sollte deutlich sein.

Der Begriff „Kirchenzucht", wie er hier gebraucht wird, ist ohne den in diesem Zusammenhang als völlig unverzichtbar angemahnten „Gemeindebezug" absolut mißverständlich bzw. gar nicht denkbar! Setzt das gleichzeitig eine – gegebenenfalls verlorene, dann aber wiederzugewinnende – volkskirchliche Situation voraus? Für die überwiegende Mehrzahl der ratsuchenden Christen mit Lebenskonflikten ist dieser kirchliche Gemeinschaftsaspekt (dazu mit so deutlich pädagogischer Attitüde!) ein *fremdes Anliegen*. Dient alles seelsorgerliche Handeln dennoch in unaufgebbarer Weise in, mit und unter seinem Vollzug dem direkten oder indirekten Gemeindeaufbau? Darüber wird jedenfalls nachzudenken sein.

β) Der Bruch im seelsorgerlichen Gespräch

Mit der Konzeption Thurneysens auf das engste verbunden ist die Rede „... von der Bruchlinie, die durch das seelsorgerliche Gespräch hindurchgeht."[52] Diese Rede ist für diese Seelsorgelehre konstitutiv und zentral! In ihr spiegelt sich die strikte Ablehnung aller „natürlichen Theologie" und deren Folgen für die Seelsorge am allerdeutlichsten wider! Thurneysen möchte mit geradezu schroffer Konsequenz auf jedwede Form von „Anknüpfung" verzichten. Das aber bedeutet: Jetzt geht es um nichts Geringeres als um einen Wechsel von der „weltanschaulichen" (oder auch religiösen) Ebene auf die „bloße" Glaubensebene. Wie sieht dieses kühne Vorhaben im einzelnen aus? Thurneysen schreibt: „Das Seelsorgegespräch verläuft sozusagen auf zwei Ebenen. Sein Stoff entstammt der allgemeinen menschlichen Lebenslage, und das Gespräch nimmt ihn auf, wie eben im Gespräch ein Tatbestand, ein Problem, ein Anliegen aufgenommen und mit Hilfe der sich uns darbietenden Gesichtspunkte psychologischer und allgemein weltanschaulicher Art bearbeitet wird. Aber dann geschieht es, daß im Verlauf des Gespräches selber diese zunächst sich darbietenden Gesichtspunkte in bestimmter Weise überboten werden durch die übergreifende Betrachtung aller Dinge, wie sie vom Worte Gottes her in Kraft tritt. Der Gegenstand, der zur Betrachtung steht, wird also im seelsorgerlichen Gespräch von seiner ihm eigenen Ebene weggenommen und hinübergerückt in das Licht des Wortes Gottes. Darum ist das seelsorgerliche Gespräch gekennzeichnet durch eine seinen ganzen

---

[51] E. Thurneysen, a.a.O., S. 42.
[52] E. Thurneysen, a.a.O., S. 114.

Verlauf bestimmende Bewegung des Zugreifens und Wegnehmens, des Erfassens und Aufgreifens und Bearbeitens menschlicher Tatbestände unter ein völlig neues, alles Menschliche überbietendes Urteil ... Das ganze Gespräch ist von Anfang an darauf gerichtet, daß es zu diesem Übergang komme."[53]

Und Thurneysen fährt fort: „Dieses Geltendmachen eines über allem Menschlichen im buchstäblichen Sinne als *Vor*-Urteil waltenden göttlichen Urteils und das dadurch bedingte Hineinstellen aller menschlichen Dinge in das neue Licht dieses Urteils – das ist gemeint, wenn hier vom Bruch im seelsorgerlichen Gespräch die Rede ist als einem für dieses Gespräch geradezu entscheidenden formalen und mehr als formalen Charakteristikum."[54]

Glaubensaussage versus weltanschauliche Sinnfragerei und religiöse Erwartung: Selbst wenn die letztgenannten Erlebensmomente noch so fromm und christlich ins Spiel kommen, ist das alles andere als einfach zu verstehen oder zu verarbeiten! Deshalb sagt Thurneysen den Seelsorgern sehr direkt: „Der Bruch im Gespräch, zu dem es von Anfang an kommen muß, zeichnet sich aber darin ab, daß unser Partner sich in allem, was er sagt, bewußt auf dieser Ebene weltanschaulicher Betrachtung und Würdigung Jesu Christi hält, während wir eben so bewußt davon wegstreben, weil wir wissen, daß von Jesus Christus etwas ganz anderes zu sagen ist und dieses Andere auch unserem Gesprächspartner zugängig und einsichtig machen möchten."[55]

Gerade dieser Zugang und diese Einsicht sind aber nun alles andere als selbstverständlich! So rechnet Thurneysen in diesem Kontext auch sehr realistisch mit erheblichen Widerständen und Abwehrhaltungen. Eben deshalb „... wird das Seelsorgegespräch zum Kampfgespräch, in welchem um die Durchsetzung des Urteils Gottes zum Heile des Menschen gerungen wird."[56]

---

[53] E. Thurneysen, a.a.O., S. 114f.
[54] E. Thurneysen, a.a.O., S. 115.
[55] E. Thurneysen, a.a.O., S. 122.
[56] E. Thurneysen, a.a.O., S. 114.
Die spätere Kontroverse um den „Bruch im Gespräch" als eines typisch defizitären Elements der kerygmatischen Seelsorge in den Augen therapeutisch orientierter Poimeniker greift *Wolfram Kurz* auf in seiner Abhandlung: „Der Bruch im seelsorgerlichen Gespräch", PTh (74) 1985, S. 436ff. W. Kurz macht sich zum Verteidiger Thurneysens, weil er dessen Anliegen durch die Kritiker (vor allem Joachim Scharfenberg, s.u. S. 221ff.) verzeichnet findet. Zunächst stellt er fest: „Es handelt sich um einen Bruch zwischen den immanenten Horizonten, in denen sich der problematische Sachverhalt erschließt, einerseits, und dem transzendenten Horizont andererseits. Demzufolge ist die um die Kategorie des Bruches kreisende Argumentation *hermeneutischer* Art. Es geht ums Verstehen und um ein problemorientiertes Umgehen verständnisadäquater Art". (S. 440) Betrachtet man nach W. Kurz zunächst die formale Denkstruktur bei Thurneysen

Klar dürfte sein, daß der „Bruch im Gespräch" – oder bei näherem Hinsehen eben doch besser die „Bruchlinie"! – eine harte und klare Konfrontation bedeutet. Das entsprechende Vorgehen beinhaltet kaum ein Entgegenkommen! Es stellt vielmehr eine massive Zumutung dar. Das kategorische „Nein" Karl Barths gegenüber allen Varianten oder auch nur „Spurenelementen" einer „natürlichen Theologie" wird gleichsam in unabgegrenzt vielen Einzelsituationen wiederholt und jetzt „vor Ort" seelsorgerlich in Gebrauch genommen.

Nun muß eine „Zumutung im Konfliktfall" im Rahmen eines Seelsorgekonzepts noch nicht fehl am Platze sein![57] Auch in Verbindung mit dem genannten „Bruch im Gespräch" bedeutet sie zunächst die „Annahme" eines als stabil und handlungsfähig vorausgesetzten Gegenübers innerhalb der seelsorgerlichen Auseinandersetzung. Denn mit einem schwachen und unfähigem Partner führt man keine „Kampfgespräche"! So gesehen ist die Zumutung durch den Bruch im Gespräch zuerst und zunächst sicher eine Aufwertung! Eben dieses Faktum imponiert den Beteiligten am Gespräch in der Regel aber eher nur unterschwellig! Verdeckt bleibt dabei eine ganz andere Frage. Es ist die ebenso wichtige Frage, ob und wie weitgehend die

---

mit derjenigen im therapeutisch orientierten Lager, „... so ist, trotz aller inhaltlichen Differenz, die formale Übereinstimmung mit den psychologischen Denkfiguren, wie sie sich in der die therapeutische Seelsorge konstituierenden Psychologie von *C. Rogers* finden, geradezu frappierend" (S. 442). Das aber bedeutet: „Zu streiten ist letztlich nicht über die Bruchlinie im Gespräch, *vielmehr über die theologische bzw. weltanschauliche Grundorientierung, welche den jeweiligen Bruch erzeugt.*" (S. 444) Denn ohne einen „Bruch in der Wahrnehmung" bzw. einen Bruch des Menschen mit seiner alten Existenz gibt es (unter besonderem Hinweis auf die Psychologie Erich Fromms) keine heilsame Veränderung! „Ist dies richtig, dann sollte im Verlauf eines seelsorgerlichen Gesprächs, gerade unter Berücksichtigung genuin theologischer Gesichtspunkte, ein *Paradigmenwechsel* in der Kommunikations- bzw. Wahrnehmungsform im Sinne eines *heilsamen Bruches* versucht werden." (S. 451)

Fortgeführt wird die Diskussion in dem Aufsatz von *Albrecht Grözinger*, Seelsorge als Rekonstruktion von Lebensgeschichte, WzM (38) 1986, S. 178ff., bes. S. 185f. Danach ist das „innovatorische Potential", das in der Kategorie des Bruchs zur Wirkung gelangen kann, vor allem dort zu bemerken, wo es in der Rekonstruktion von Lebensgeschichte des einzelnen im Horizont der Geschichte Gottes mit den Menschen erfahren wird. Sowohl E. Thurneysens als auch W. Kurz Bestimmung aufnehmend und weiterführend heißt es dann: „Dieser positive Bruch muß daher *innerhalb* der individuellen Lebensgeschichte selbst erfahren werden und ist dieser nicht abstrakt gegenüberzustellen. Die lebensgeschichtliche Erfahrung dieses Bruches ist letztlich identisch mit der gelingenden Rekonstruktion dieser Lebensgeschichte selbst." (S. 186)

[57] Vgl. dazu *Klaus Winkler*, Die Zumutung im Konfliktfall. Luther als Seelsorger in heutiger Sicht, Hannover, 1984.

genannte „Zumutung im Konfliktfall" für den einzelnen entweder eine effektive Herausforderung oder aber eine faktische Überforderung darstellt. Anders gesagt: Der Sprung von der „gewohnten" weltanschaulichen Ebene des Erlebens und des Argumentierens auf die ganz ungewohnte „Ebene des gläubigen Erfaßtwerdens" mit nachfolgender „neuer" Problemsicht braucht schlicht und einfach Umstellungszeit, Umstellungskraft, ja Umstellungsvermögen. Damit in der Folge eines „unverfügbaren" Offenbarungsglaubens im Einzelfall gleichsam automatisch rechnen zu wollen, käme bei einer Fehleinschätzung der Verarbeitungsmöglichkeiten eines Ratsuchenden einem völlig unzeitgemäßen Wunderglauben gleich. Diese Haltung entspräche damit einer fatalen theologischen und seelsorgerlichen Kurzschlüssigkeit!

γ) Seelsorge als Beichte

Nach Eduard Thurneysen konstituiert sich seelsorgerliches Geschehen unabdingbar durch Sündeneinsicht und Bereitschaft zur Buße. Es ist zum einen einzusehen, daß wir der Sünde schlechterdings ausgeliefert sind: „Es ist das Besondere der Sünde, ob sie klein oder groß sei, fein oder grob, innerlich oder äußerlich, heimlich oder offen, daß mit ihr etwas über mich kommt wie eine fremde Macht, die mich fortreißt, wohin ich nicht will."[58]

Gerade dieser „fremden Macht" ist dann aber nicht mehr einfach mit (moralisierender) Gesetzlichkeit beizukommen! Wider die wahre Sünde kann nur das Evangelium als die eigentlich befreiende Kraft „gesetzt" werden! Sonst verkommt alle Buße zum „Eigenwerk", zur „Selbstheilung". Das wäre ein falscher Ansatz und Weg! Dagegen ist zu setzen: „Die Ausrichtung des Evangeliums in der Form des Gebotes führt zur Buße, dies verstanden als die konkrete Umdrehung des Lebens des Menschen durch die Vergebung."[59]

---

[58] E. Thurneysen, a.a.O., S. 252.
[59] E. Thurneysen, a.a.O., S. 242.
Während sich E. Thurneysen und H. Asmussen dort auffallend ähnln, wo sie Seelsorge als das auf den einzelnen ausgerichtete „Wort Gottes" kennzeichnen (s.o. S. 31, Anm. 45), zeigen sich dann im weiteren Umgang mit dem Begriff „Wort Gottes", der ja biblisch begründet und theologisch gesehen sowohl das „Gesetz" als auch das „Evangelium" umfaßt, klare Unterschiede:
E. Thurneysen fragt in diesem Zusammenhang (a.a.O., S. 242): „Wie wird das Gesetz in der Seelsorge in der rechten evangelischen Weise ausgerichtet?" Die Antwort lautet: In der rechten Buße, deren Wesen es dann im einzelnen zu bestimmen gilt. Jedenfalls kann diese Buße (und mit ihr das „Gesetz") für den *reformierten* Theologen E. Thurneysen auch im seelsorgerlichen Kontext nicht in irgendeiner Weise die Voraussetzung dafür sein, Vergebung zu erreichen und Gottes Zuwendung zu erlangen. Die Frohe Botschaft des „Evangeliums" ist

Hier verwechselt der „natürliche" Mensch etwas immer neu. Hier versucht er eine „eigenständige" Konfliktlösung. <u>Hier gilt es, im aufgeführten Sinne seelsorgerlich zu kämpfen und eine „Krisis" im Sinne einer Entschei-</u>

---

vielmehr immer schon als ebenso grundlegend beziehungsstiftend wie letztlich konfliktlösend vorausgesetzt, wenn es um das lebensgestaltende Gottesverhältnis des Menschen geht. Insofern *strukturiert* eine bußfertige Einstellung – und mit ihr das „Gesetz" – das nach wie vor „sündige" und damit konfliktanfällige Christenleben. Die Buße gerät dabei aber nicht zur Vorbedingung bzw. Grundlage einer ihr erst nachfolgenden Glaubenshaltung! Wenn seelsorgerliches Vorgehen die Bußforderung einschließt, dann setzt es immer schon die *Vorgabe* des vergebenden „Wortes Gottes" in allen Lebenslagen voraus.
Eine ganz andere Zuordnung von „Gesetz und Evangelium" vertritt aber H. Asmussen in seiner Poimenik „Die Seelsorge" (a.a.O.). Nach seiner *lutherischen* Auffassung ist das „Evangelium" nicht in derselben Weise die „Voraus-Setzung" des „Gesetzes", wie sie etwa Karl Barth (und mit ihm E. Thurneysen) vertritt. Vielmehr sind „Gesetz" und „Evangelium" viel eher in einem bleibenden dialektischen Spannungsverhältnis so aufeinander bezogen, daß sich das befreiende Evangelium gegen das notwendige Gesetz immer neu durchsetzen muß, wenn es um die praktische Lebensgestaltung eines Menschen geht. Das spiegelt sich dann auch im inneren Erkenntnis- und Glaubensweg eines Individuums wider! Bei diesem inneren Weg mit seinem typischen Umschlagen von erlebtem „Gesetz" in erlebtes „Evangelium" sind allerdings „Evangelium" und „Gesetz" klar von einander abzuheben. Sonst droht die ständig lauernde Gefahr der Verwechslung! Deshalb ist seelsorgerliches Vorgehen prinzipiell dahingehend zu differenzieren, daß in seinem Vollzug „Seelsorge" und „Seelenführung" sorgfältig unterschieden werden. H. Asmussen schreibt dazu: „*Seelsorge und Seelenführung* verhalten sich wie *Evangelium und Gesetz*. So wie es keine Evangeliumsverkündigung bei Verachtung des Gesetzes gibt, gibt es keine Seelsorge abgesehen von der Seelenführung." (S. 43) Dabei hat die Seelenführung das Ziel, die hier und jetzt lebenden Menschen auf den Empfang und den rechten Gebrauch des Evangeliums hin zu *erziehen*! Sie fördert dementsprechend Sitte und öffentliche Meinung, strukturiert die religiösen Angelegenheiten und deren Eingliederung in den kirchlichen Rahmen, ist bei all dem aber dem Pastor eigentlich „fremde Werk" des Gesetzes (S. 71). Alle „Seelenführung" ist dazu da, in die „Krise" zu führen und gerade so das Evangelium vorzubereiten. Denn: „*Seelenführung* geschieht nach einem von uns Menschen bewußt erarbeiteten Plan, in einem von uns in Verantwortung gestalteten Rahmen, in einer bewußt eingenommenen Haltung. *Seelsorge* geschieht souverän. Sie verfügt über uns. Sie kommt über uns. Der Geist gibt sie uns ein. Wir sehnen uns nach ihr. Wir erbitten sie. Und sie ist oft geschehen, ehe es uns bewußt wurde." (S. 72)
In der Folge dieser Zuordnung hat es Seelsorge stets mit Begnadigung zu tun und bringt Bekehrung mit sich (S. 26ff.). In der Praxis sind „Seelsorge" und „Seelenführung" deshalb klar voneinander abzuheben. Dabei ist es Asmussen „... durchaus gegenwärtig, daß diese Scheidung sehr schwer zu vollziehen ist. Sie ist oft nur eine begriffliche Trennung, da Seelsorge und Seeelenführung ineinander und

dung für die unbedingte Herrschaft Gottes über mein Leben herbeizuführen. Denn, so schreibt Thurneysen: „Weil es bei der wahren, evangelischen Buße um diese Krisis geht, um die Aussonderung derer, die sich von der Gnade ergreifen lassen, darum entbrennt hier der Kampf gegen die falsche Gesetzlichkeit in ganzer Schärfe." Alle Sündeneinsicht und Bußbereitschaft (im wohlverstandenen evangelischen Sinne!) aber konkretisiert sich und aktualisiert sich in der Beichte. Seelsorge und Beichte können als Begriffe geradezu synonym verwendet werden. Beichte ist als „die hilfreiche und freimachende Mitte aller echten Seelsorge" angesehen.[60]

Das aber hat praktische Folgen für den seelsorgerlichen Handlungsbereich. Thurneysen führt aus: „Seelsorge wird nicht nur im Beichtgespräch bestehen, aber sie wird immer dazu führen wollen."[61] Und: Der Seelsorger „... wird ein Seelsorgegespräch nicht als wirklich beendet ansehen, wenn es abbricht, bevor es in irgendeiner Weise zum Beichtgespräch geworden ist."[62]

Analog zum besonderen Umgang mit der Beichte im seelsorgerlichen Gespräch handelt diese Poimenik dann auch vom Gebet. Thurneysen warnt den Seelsorger zunächst sehr eindringlich vor einem oberflächlichen Mißbrauch des Gebets im Sinne eines Mittels, das man manipulativ anwendet. Im Gegensatz dazu heißt es grundlegend: „Betend tritt der Mensch aus der Haltung des Abwartens, des bloßen unfruchtbaren theoretischen Wissens heraus und hinein in die neue Dimension des wirklichen Verstehens Gottes selber."[63] In diesem Sinne hat Beten im Kontext der Seelsorge eine dreifache Gestalt: Es ist Gebet für mich selbst als Seelsorger bzw. als Seelsorgerin. Es ist Fürbitte. Es ist schließlich unabdingbar ein Gebet mit dem anderen.

---

beieinander sind, obschon sie Gegensätze sind. Denn das Gesetz trägt immer schon in Verborgenheit das Evangelium in sich und das Evangelium setzt das Gesetz voraus in jedem Augenblick, wo es verkündigt wird. Darum ist die Scheidung äußerst schwierig zu formulieren. Und doch muß sie unternommen werden. Denn das wäre ein trauriger Pastor oder Theologe, der nichts wüßte von der notwendigen Trennung von Gesetz und Evangelium." (S. XI)
Wenn seelsorgerliches Vorgehen mit dieser Unterscheidung von „Seelsorge" und „Seelenführung" arbeitet, setzt das einen lebensordnenden „Gebrauch des Gesetzes" so voraus, daß dieses eine vorbereitende Wirkung hat, wenn es um die letztlich konfliktlösende Glaubenserkenntnis des göttlichen Vergebungshandelns geht.
Von einem theologisch sehr ähnlichen Ansatz her wird später *Dietrich Stollberg*, s.u. S. 46ff. – argumentieren.

[60] E. Thurneysen, a.a.O., S. 251.
[61] E. Thurneysen, a.a.O., S. 259.
[62] Ebd.
[63] E. Thurneysen, a.a.O., S. 171. Interessanterweise wird hier auch im Kontext der Gebetsbestimmung der Terminus „Verstehen" gebraucht!

Denn – so Thurneysen –: „Es wird kaum ein seelsorgliches Gespräch geben, in dessen Verlauf nicht die Frage vom Seelsorger gestellt wird: Beten Sie?" Und dann weiter: „... es wird über dieser Frage des Betens oder Nichtbetens die ganze Botschaft zur Ausrichtung kommen."[64]

Dem Postulat einer unverzichtbaren Beicht- und Gebetspraxis im Rahmen des seelsorglichen Gesprächs widmet Thurneysen bei näherem Hinsehen viel differenzierende und geradezu liebevolle Aufmerksamkeit. Dennoch muß gerade bei dieser ebenso stringenten wie konsequenten Übertragung einer theologischen Theorie auf die seelsorgliche Praxis die kritische Nachfrage nach der wirklichen Kommunikabilität dieser Einsichten einsetzen. Entweder die genannten Forderungen sind und bleiben rein idealtypisch! Oder aber sie engen den seelsorglichen Zuständigkeitsbereich ganz empfindlich ein: Nur in den allerwenigsten Fällen geschieht dann in der Praxis „wirkliche" Seelsorge! Auch Thurneysen muß ja bei seinen Gesprächspartnern hinsichtlich des „Angebots" von Beichte und Gebet in gewisser Weise mit Einsicht und Bereitschaft als potentielle Erlebensmöglichkeit rechnen. Wie aber, wenn er bei den konfliktbehafteten Menschen von heute in diesem Bereich fast regelhaft auf eine „Erlebenslücke" stößt? Ist diesem Ausfall an erwarteter Reaktion im Wahrnehmungs- und Erlebensbereich wirklich mit den genannten Mitteln im Rahmen dieses Konzepts beizukommen?

Es besteht die Gefahr, daß bei deren Anwendung der seelsorgliche Dialog in einer ganz bestimmten Weise „entgleist": Hinter einer verbal aufrecht erhaltenen Scheinbeziehung regiert dann möglicherweise eine verdeckte emotionale Unbezogenheit zwischen den Gesprächspartnern.

δ) Hinweis auf ein Reizwort

Es klingt für die Ohren moderner Seelsorger und Seelsorgerinnen eher selbstverständlich, wenn Thurneysen in seinem Hauptwerk unter dem Titel „§ 10. Seelsorge und Psychologie" schreibt: „Das Ansprechen des Menschen im Seelsorgegespräch setzt Menschenkenntnis voraus: Die Seelsorge bedarf darum der Psychologie als einer Hilfswissenschaft, die der Erforschung der inneren Natur des Menschen dient, und die diese Kenntnis vermitteln kann. Sie hat sich dabei kritisch abzugrenzen gegen ihr wesensfremde weltanschauliche Voraussetzungen, die mitlaufen, und die das ihr eigene, aus der heiligen Schrift erhobene Menschenverständnis beeinträchtigen könnten."[65]

Der hier verwendete (und von Thurneysen übernommene!) Begriff „Hilfswissenschaft" hat bis in die jüngste Vergangenheit hinein heftige Kontrover-

---

[64] E. Thurneysen, a.a.O., S. 173.
[65] E. Thurneysen, a.a.O., S. 174.

sen um Grundsatzfragen ausgelöst.[66] Die Seelsorgebewegung (mit ihrer gegen die „Wort-Gottes-Poimenik" entwickelten Konzeption) hat hier einen ihrer kritischen Hebel angesetzt. Zunächst mußte man zugestehen, daß seinerzeit durch Thurneysen wenigstens eine klare Zuordnung erfolgte und die Psychologie bzw. die Psychoanalyse nicht mehr schlicht und einfach ausgeschlossen oder gar verteufelt wurde.[67] Dann aber ließ sich der massive Vorwurf nicht zurückhalten, hier werde höchst selektiv und wissenschaftlich unvertretbar in fremden Revieren „gewildert": Man suche sich aus, was gerade paßt und setze das, was nicht paßt, dem Verdacht der falschen weltanschaulichen Grundlage aus. So aber passiere unter der Hand eine massive Entwertung der scheinbar so weltoffen in Gebrauch genommenen „Hilfswissenschaft".[68] Soweit die Kritik von der einen Seite!

Die andere Seite kritisiert mit genau entgegengesetzter Intention: Indem Thurneysen die Zusammenarbeit mit den Hilfswissenschaften in der aufgeführten Weise gefordert habe, wäre seine ursprüngliche Konzeption von ihm selbst entschärft, ja vielleicht sogar im Kern verraten worden. Er habe kaum verzeihliche Zugeständnisse an den Zeitgeist gemacht – Zugeständnisse, die heutzutage (und d.h. nach den Erfahrungen mit der Seelsorgebewegung!) revidiert werden müßten.

Was aber heißt dann „ursprüngliche Konzeption"? Um das zu verstehen, muß nach einer Schrift Thurneysens gefragt werden, die zwanzig Jahre vor seiner „Lehre von der Seelsorge" geschrieben wurde.

b) „Rechtfertigung und Seelsorge" (1928)

In dieser frühen Schrift – als Begründung einer ganz neuen Art von Seelsorge gedacht – ist von einem reflektierten Umgang mit „Hilfswissenschaften"

---

[66] Vgl. *Klaus Winkler*, Psychotherapie im Kontext der Kirche. Zum Problem der sogenannten ‚Hilfswissenschaften'., in: Der Mit-Mensch in der Psychotherapie. Perspektiven für Kirche und Gesellschaft, Bethel-Beiträge Nr. 37, 1988, S. 68ff.

[67] Das geschieht, wenn z.B. H. Asmussen schreibt, daß mit der wirkungsvollen „Menschenkunst" der Psychoanalyse letztendlich Gott sehr geschickt zu etwas gezwungen werden solle. So aber „... wird die Grenze des Satanischen erreicht." (a.a.O., S. 31)

[68] In diesem Sinne schreibt *Joachim Scharfenberg*, Sigmund Freud und seine Religionskritik als Herausforderung für den christlichen Glauben, Göttingen, 1968, S. 26, über Thurneysens Bestimmung des Begriffes ‚Hilfswissenschaft': „Diese erlösende Formel trug sehr weit. Sie ermöglichte eine klare Trennung in Bereiche, erlaubte es, an der grundsätzlichen Überlegenheit seelsorgerlicher Methoden festzuhalten und machte doch die praktischen Funde der Psychoanalyse zu einer Art Freiwild, von dem man sich greifen konnte, was einem beliebte, während man alles, was einem nicht gefiel, der weltanschaulichen Voreingenommenheit Freuds zur Last legen und nach wie vor ablehnen konnte."

ganz und gar nicht die Rede! Vielmehr faßt Thurneysen sein Anliegen zusammen in der strikten Forderung nach einem völlig „neuen Sehen und Verstehen des Menschen von Gott her" und nach einer „neuen Psychologie" unter diesem Vorzeichen.[69] Was soll die als solche herausgehobene „neue Psychologie"?

Sie entspricht einem geradezu beschwörenden Appell, im Rahmen dieser Seelsorgekonzeption, alles „Menschenmögliche" zu relativieren. Von seiner Rechtfertigungstheologie her setzt Thurneysen sich zunächst klar von der Auffassung des Pietismus ab, es gehe in der Seelsorge um die zunehmende „Heiligung" des Menschen. Dagegen fordert er eine ganzheitliche Seelsorge, die auf die Rechtfertigung des ganzen Menschen (als Seele) abzielt und von daher alle notwendige Lebensveränderung einleitet. Es geht also weniger um einen seelisch-geistlichen Wachstumsprozeß als um ein ebenso umfassendes wie situatives Ergriffenwerden vom „Wort Gottes"![70]

Das aber hat einige sehr wichtige Konsequenzen ganz praktischer Art zur Folge.[71] Danach darf es für den Seelsorger im Hinblick auf andere verhaltensbezogene Wissenschaften (Medizin, Psychologie, Psychoanalyse, Jura) keinerlei Grenzüberschreitungen geben. Ja, entsprechenden Erwartungen seitens der Ratsuchenden ist gegebenenfalls mit „Stillschweigen oder Abbrechen des Gespräches" zu begegnen.[72] Weiter soll von vornherein „unter dem Schutze der Vergebung", d.h. aufbauend integrativ und nicht destruktiv analysierend geredet werden.[73] Noch weiter ist dann das Gesetz als Ermahnung und im beständigen Hinblick auf die Vergebung zuzumuten – die allerdings nur in seiner Folge praktisch begreifbar wird. Schließlich erscheint auch an dieser Stelle der Gemeindebezug als unabdingbar und ist seelsorgerlich zu vermitteln.

All das hat Konsequenzen für das seelsorgerliche Handeln! Für den praktizierenden Seelsorger/die praktizierende Seelsorgerin bedeutet dieser „beschwörende Appell", sich um Gottes willen dieser „neuen Psychologie" zu bedienen, zugleich einen Aufruf. Es ist der Aufruf, auf die natürlichen Erwartungen und Bedürfnisse der Ratsuchenden gerade nicht einzugehen. Es ist der Aufruf, auf den Einsatz psychologischer Methodik, erlernbarer Technik vor allem immer dann zu verzichten, wenn es um das „Eigentliche" geht. Dieses „Eigentliche" aber ist die „unvermittelte" Verkündigung der Gnadenbotschaft angesichts letzter Not. Hier wirkt der Seelsorger/die Seelsorgerin seinerseits/ihrerseits als ganze Person!. Sie werden zu Zeugen der

---

[69] E. Thurneysen, Rechtfertigung, Nachdruck bei Wintzer, Seelsorge, S. 93.
[70] Vgl. E. Thurneysen, a.a.O., S. 77ff., 85.
[71] E. Thurneysen, a.a.O., S. 86ff.
[72] E. Thurneysen, a.a.O., S. 87.
[73] E. Thurneysen, a.a.O., S. 88f.

„neuen Psychologie", wie sie recht eigentlich die Gemeinde resp. die Kirche bildet. Gerade so aber walten sie als Seelsorger ihres „Amtes"![74]

Und dann eben erfolgt später die kritische Rückfrage: Ist von Thurneysen diese wirksame Schärfe und Konsequenz (bis hin zu einer „neuen Psychologie", die quer zu allen humanwissenschaftlichen Erkenntnissen der Gegenwart zu stehen kommt) mit der Zeit aufgegeben oder sogar verraten worden? Vertritt er in seinem Lehrbuch zwanzig Jahre später eine „angepaßte" Poimenik? So jedenfalls sieht es sein naher Schüler, Freund und Kritiker Rudolf Bohren. Für ihn hat sich das ebenso basale wie zentrale „neue Sehen und Verstehen des Menschen von Gott her" in fataler Weise verflüchtigt. Der – wie er es nennt – prophetische Sehakt ist gleichsam verschenkt worden. Bohren schreibt:

„Wenn ich recht verstanden habe, war 1928 die Weisheit aus dem neuen Sehen, der Kunst der Wahrnehmung hervorgegangen, jetzt kam sie aus psychologischer Kenntnis und diente der ars bene dicendi, der Kunst des rechten Redens."[75] Und dann fährt er fort (in seinem Text immer wieder Thurneysens ,Rechtfertigung und Seelsorge' zitierend):

„Ich sehe einen Grund zum Versagen seiner Theorie in der Praxis vieler seiner Schüler im Fehlen einer Lehre vom Sehen. Sprache gibt es nicht ohne das Auge. Brächten wir den ,primären Akt' aller wirklichen Seelsorge neu zu Ehren, würde sich auch die Praxis erneuern. Eine ,neue Psychologie' wäre ,Prophetie' im Hinblick auf den einzelnen. In ihr wäre der Streit zwischen Seelsorge und Psychologie zu Ende geführt."[76]

Ist Thurneysen sich und seiner Theologie in der Tat untreu geworden? Ist heutzutage eine Rückkehr zu den Ursprüngen angezeigt?

Nicht eben zufällig hat Rudolf Bohren auf das Versagen in der Praxis in der Nachfolge Thurneysens hingewiesen. Hier ist der kritische Maßstab anzulegen, wenn es um die Möglichkeiten und Unmöglichkeiten einer poimenischen Konzeption geht – allerdings dann auch bei Bohren selbst! Diese „Praxis" einer näheren Betrachtung zu unterziehen, liegt deshalb nahe.

c) „Seelsorge im Vollzug" (1968)

Auch wenn Thurneysen betontermaßen „Praxis" darstellen möchte, geht es auf dem Hintergrund seiner spezifischen Konzeptualisierung nicht ohne theoretischen Einsatz, nicht ohne eine „Theologie des seelsorgerlichen Gesprächs" ab. Das ist so, obwohl er den „Vollzug" als Fortsetzung der „Lehre von der Seelsorge" bezeichnet. „Was anliegt, ist eine durchgängige biblisch-

---

[74] E. Thurneysen, a.a.O., S. 91.
[75] R. Bohren, Prophetie, S. 225.
[76] R. Bohren, a.a.O., S. 226.

theologische Verankerung aller konkreten Fragen und Antworten, Ratschläge und Weisungen, die zur Sprache kommen."[77]

Alle Seelsorge ist dabei Teil des umfassenden Verkündigungsauftrags und -dienstes! Denn: „Das Zeugnis der Gemeinde ergeht ... an alle, aber es würde ins Leere greifen, wenn es nicht immer wieder, indem es allen gilt, sich direkt und in persönlicher Anrede an die einzelnen Menschen richtete, damit sie das Wort hören, durch das Gott gerade sie anspricht, um ihnen Heil und Erlösung zu schenken."[78]

Inhaltlich geht es bei dieser Verkündigung unter individuellem Aspekt einzig und allein um das nahende „Reich Gottes" mit all seinen „notwendigen" Auswirkungen auf menschliches Verhalten.

Was läßt sich seelsorgerlich dafür tun? Konsequenterweise führt Thurneysen in diesem Zusammenhang aus: „Nicht so, daß unser Tun als eine Art Mithilfe unsererseits beim Kommen des Reiches Gottes verstanden werden kann. Das Reich Gottes wird allein und ausschließlich von Gottes Hand herbeigeführt und erbaut. Aber Gott baut sein Reich so, daß wir Menschen mit dabei sind, nicht nur als Zuschauer, sondern Gottes Hand setzt auch unsere Hände in Bewegung. Gottes Reich kommt als reines Wunder. Aber dieses Wunder geschieht an uns, bewegt und verwandelt unser Leben."[79]

Die unbedingte Priorität des Handelns Gottes am Menschen bringt zunächst alle bisherige seelsorgerliche Praxis unweigerlich in eine Krise. Diese Praxis nämlich ist verstrickt in persönliche Frömmigkeitspflege oder aber in die verzweifelten Versuche, bürgerlich-moralische Mißstände abzustellen, feierliche Reden anläßlich von Kasualien zu halten, Regeln für Lebensglück zu vermitteln usw. So kann und darf es nicht mehr weitergehen! Denn: „Jesu Seelsorge ist eschatologische Seelsorge."[80] Es geht deshalb in allen Konfliktfällen und bei deren Lösung einzig und allein um eine völlig veränderte Sicht der Dinge, um ein „Sehen im Glauben".

Das aber bedeutet als kritische Infragestellung aller bisherigen Praxis und als Postulat für alles künftige Vorgehen: „Jetzt wird die Aufgabe und das Werk der *Seelsorge* in der Zwischenzeit zwischen Ostern und Wiederkunft eindeutig klar und groß. Seelsorge darf und wird solchen Glauben erwecken, solches paradoxe Tapferwerden und Getrostsein in der Angst der Welt, solches Hangen am Wort."[81]

Auf dieser Basis gilt es dann, in der wahren seelsorgerlichen Art und Weise christliche Hoffnung zu erwecken und das seelsorgerliche Gespräch so

---

[77] E. Thurneysen, Seelsorge im Vollzug, S. 9.
[78] E. Thurneysen, a.a.O., S. 23.
[79] E. Thurneysen, a.a.O., S. 41.
[80] E. Thurneysen, a.a.O., S. 52.
[81] E. Thurneysen, a.a.O., S. 55.

zu einer Begegnung werden zu lassen, daß in ihm „... als der eigentliche Partner Gott auf den Plan tritt und den beiden miteinander Redenden begegnen und sein Wort sagen will."[82] Denn nur unter dieser Voraussetzung hat Begegnung verwandelnde Kraft.

Erst auf dem Hintergrund dieser „Grundsätze der seelsorgerlichen Praxis" (immerhin S. 9 bis S. 96!) kommt es dann zum Hauptteil des Buches „Konkrete Seelsorge" (S. 97 bis S. 240). Unter den Überschriften „Beratung in Ehefragen", „Seelsorge am Kranken", „Tröstung der Sterbenden und der Trauernden" werden zahlreiche Beispiele geschildert und kommentiert.

Bei einer Analyse dieser exemplarischen Schilderungen fällt folgendes ins Auge: Thurneysen zeigt sich als ein zugleich zugewandter und zupackender Gesprächspartner. („Ich sagte ruhig zu ihr: ‚Warum so heftig?'"[83]) Er hat einen genauen Blick für Details und den Zusammenhang einzelner Verhaltenskomponenten. („Ich besuche jahrelang einen krebskranken Mann ... immer noch ist mein Patient am Leben, immer noch ist er ein geistig und geistlich Lebendiger trotz seiner Leiden. Den Seinigen ist es klar geworden, daß sie nicht fort und fort auf die Nähe des Todes hinstarren sollen, so sehr sie darum wissen, wie es um ihren Kranken steht."[84])

Er signalisiert eine Fülle psychologischer Einsichten und Kenntnisse. („... im Augenblick, wo der Mann sich von der Mutter getrennt und zu seiner Frau übergegangen war, brach diese Mutterbindung in ihm auf und machte ihn eheunfähig."[85])

Er ist „unter der Hand" in zeitgebundener Weise bürgerlich-kirchlichen Moralvorstellungen verhaftet. („Er ist ein ernster kirchlich gesinnter Mensch. Das hat ihn bisher abgehalten davon, sich auf irgendwelche Flirts und Liebesabenteuer einzulassen. Aber nun denkt er daran, sich eine Lebensgefährtin zu suchen."[86])

Und er zentriert alles Erleben in konsequentester Weise auf den zu aktualisierenden Glaubensgrund. („Hätten die beiden sich nicht nur im Eros sondern im Glauben verbunden, so wäre die Ehe nicht auseinandergebrochen ..." Oder: „... durch die seelsorgerliche Beratung erwachte der Glaube an die Liebe und Führung Gottes, und jetzt kam die Ehe auf den rechten Boden, und nun konnte sich die Liebe in ihrer echten Gestalt zwischen diesem Mann und dieser Frau entfalten."[87])

---

[82] E. Thurneysen, a.a.O., S. 77.
[83] E. Thurneysen, a.a.O., S. 110.
[84] E. Thurneysen, a.a.O., S. 183.
[85] E. Thurneysen, a.a.O., S. 125.
[86] Ebd.
[87] Ebd.

Soviel zur Praxis des Seelsorgers Thurneysen und damit zu dieser Position unter dem Motto „Der Ruf nach systematisch-theologischer Bestimmung". Nach allem Gesagten sollte es leicht nachvollziehbar geworden sein, daß Eduard Thurneysen in der poimenischen Literatur als Inaugurator und einflußreicher Vertreter der sog. „*kerygmatischen Seelsorge*" gilt und seine „Lehre" unter diesem Vorzeichen ihren geschichtlichen Stellenwert erhalten hat. Unter diesem zusammenfassenden Begriff ist sie in großer Breite nachvollzogen, ausdifferenziert und auch massiv kritisiert worden.[88]

Erinnern wir uns jetzt an die Notwendigkeit von Entscheidungen im Rahmen einer sachgemäßen Theologie, so läßt sich festhalten:

1) Bei dieser „typischen" Poimenik gibt es keinerlei Anknüpfung an irgendwelche religiösen Konstanten. Mit aller seelsorgerlich wirksamen Verkündigung des Wortes Gottes an den einzelnen verbindet sich vielmehr die voraussetzungslose Ausrichtung auf einen zukunftsoffenen Neubeginn im Leben.

2) Die enge und grundsätzliche Verbindung von Konfliktbearbeitung und Gemeindeeinbindung erscheint als ein unverzichtbares Merkmal einer christlichen Seelsorge.

3) Schließlich zielt das notwendig veränderte Verstehen einer menschlichen Lebenslage, wie es in der Seelsorge vermittelt werden soll, auf einen

---

[88] Eine sehr differenzierte Erfassung, Darstellung und kritische Auseinandersetzung der Thurneysen'schen Konzeption ist z.B. bei R. Riess (Seelsorge, S. 153ff.) zu finden. Riess zitiert Thurneysens Bestimmung dessen, was Seelsorge als Ausrichtung des Wortes Gottes an den einzelnen im Rahmen der Kirche zu sein hat (vgl. o. zu Thurneysen, bes. S. 28f.) und fährt dann fort: „Damit ist in nuce ausgesprochen, was in Nuancen in allen seinen Arbeiten wiederkehrt: Kirchliche Seelsorge ist vorzugsweise kerygmatische Seelsorge." (S. 155)
Theologische Basisannahme dafür aber ist die Selbstschließung Gottes als Grund für die Seelsorge am Menschen. „Die Lehre von der Selbstschließung Gottes in seinem geoffenbarten Wort als Grund der Seelsorge setzt indessen einen bestimmten Gottesbegriff voraus." (S. 155f.). Unter den Bestimmungen „Transzendenter Gott und Triumph der Gnade", „Königsherrschaft (Christi, K.W.) und Kreuz", „Testimonium spiritus sancti als Testfall der Theologie", „Sammlung der Gemeinde zur Sendung in die Welt", „doppelter Status menschlichen Daseins (simul peccator; simul iustus, K.W.)" charakterisiert Riess die Denk- und Vorgehensweise Thurneysens und bringt dessen prinzipielle Intention (im Rahmen des Themas „Konfrontation von Seelsorge und Säkularisierung") auf den Punkt: „Eine sich selbständig und selbstsicher gebärdende säkulare Gesellschaft braucht jedoch Gott erst recht. Sie schafft sich gezwungenermaßen eigene Götter und sucht in ihnen vergeblich ihr Heil, sie setzt ihre Hoffnung nicht auf den wahren Gott und seine Wirklichkeit, die alle irdische Weltanschauung und alle innerweltlichen Werte übersteigt. Seine Epiphanie in seinem Sohn verheißt eine andere, eine neue Erde und entmythologisiert den alten Menschen, der sich in seiner Endlichkeit absolut zu setzen sucht." (S. 168)

möglichst klaren Bekenntnisakt ab, dem freilich ein ständiges theologisches Nachdenken korrespondiert. Die Forderung und Förderung dieses Bekennens kann in der Praxis eine Zumutung bedeuten, ist aber als Grundlage aller wirklichen Veränderung im Konfliktfall anzusehen.

2. Der Ruf nach gezielter Erschließung menschlicher Erlebensformen im Verhaltens- und Glaubensbereich: Dietrich Stollberg

Ihre *Begründung* findet Seelsorge bei dieser wiederum typischen Einstellung darin, daß der seelsorgliche Auftrag – vom zentralen Gebot der Nächstenliebe her – primär von der konkreten Begegnung bestimmt und strukturiert sein muß. Im verstehenden Vollzug dieser Begegnung, bei dem in zunehmender Weise zunächst neue Einsichten freigesetzt werden, zielt die seelsorgliche Maßnahme daraufhin vor allem auf ungewohnt neues und dabei befreiendes Erleben ab. In den Vordergrund rückt damit eine Konfliktbearbeitung auf emotionaler Basis mit der Intention, daß schließlich auch Glaubensaussagen neu und persönlichkeitsbezogen erfahrbar werden.

Eng verbunden ist diese Konzeptualisierung der Poimenik mit der aus den USA über Holland nach Deutschland kommenden und sich hier in den 60er und 70er Jahren etablierenden sog. Seelsorgebewegung.[89] Im Rahmen dieser Bewegung ging es in der genannten Zeit (und d.h. vor allem in Auseinandersetzung mit Eduard Thurneysens und Hans Asmussens Position) um nichts weniger als eine tiefgreifende Revision des damaligen Seelsorgeverständnisses. Statt eines theologisierenden und theoretisierenden Zugangs zur unter spezifischen Vorzeichen bearbeiteten Konfliktlage wurde der Ausgangspunkt seelsorglichen Denkens und Handelns jetzt eher pragmatisch bestimmt.

Eine „empirische Wende" zeichnet sich auch im poimenischen Bereich ab und damit ein Vorgehen, das nicht eben zufällig einer „amerikanischen" Einstellung zu Lebens- und Glaubensfragen zu entsprechen scheint. Eben diese Einstellung und deren Auswirkungen auf eine als notwendig neu und dabei zeitgemäß empfundene Poimenik wurde in der genannten Zeitphase gezielt (und mit deutscher Gründlichkeit) nach Europa transferiert. Das geschah entweder direkt durch die Rezeption amerikanischer Erfahrungen oder entsprechender Literatur. Oder es nahm seinen Weg über Holland, wo diese „Zeichen der Zeit" mit etlichem Vorsprung schon erkannt und verarbeitet worden waren.

Als einer der maßgeblichen Vertreter der Seelsorgebewegung ist Dietrich Stollberg (geb. 1937) an diesem Transfer direkt beteiligt. Als Schüler von Kurt Frör (Praktische Theologie, 1905–1980) und Victor Emil Freiherr v.

---

[89] Zu deren Funktion und Situation sowie zu Einzelheiten s.u. S. 62ff.

Gebsattel (Psychotherapie, 1883–1976) ist der heutige Ordinarius für Praktische Theologie in Marburg zunächst Lehrstuhlinhaber an der Kirchlichen Hochschule Bethel. Er ist zugleich erster Direktor des 1972 gegründeten Seelsorgeinstituts an dieser Hochschule, einer poimenischen Weiterbildungsstätte für den gesamten Bereich der EKD.

Auf dem Hintergrund seiner Erfahrungen in den USA veröffentlicht er 1969 seine Dissertation unter dem Titel „Therapeutische Seelsorge. Die amerikanische Seelsorgebewegung. Darstellung und Kritik. Mit einer Dokumentation."[90]

Welche veränderte Tendenz kommt in diesem Buch programmatisch zum Ausdruck?

Auf dem Hintergrund eines in Amerika weit verbreiteten Trends, die Aufklärung unter dem Motto „Verlust der Transzendenz" fortzuschreiben, eine Gott-ist-tot-Theologie zu etablieren, dann aber auch mit Hilfe einer theologisierenden Anthropologie den Transzendenzbegriff neu zu fassen, wird in den USA eine neue und typische Einstellung zur Poimenik vertreten. So ist – nach diesem Autor – zunächst „... die amerikanische Seelsorgebewegung im Kontext jener theologischen Strömungen zu sehen, die in einer gewissen Ungebrochenheit Humanismus, Individualismus und Rationalismus ebenso zu integrieren versuchten wie das dazugehörige ‚Gegengewicht' pietistischer Erfahrungsfrömmigkeit ..."[91] Dietrich Stollberg ergänzt dann: „Die Seelsorgebewegung ist also sowohl das Produkt des theologischen Liberalismus amerikanischer Prägung, der mit der Religionspsychologie aufs engste verbunden ist, als auch der theologischen Erneuerung, die in Amerika vor allem durch Tillich und Niebuhr, aber auch durch das Gespräch mit Barth (Neuorthodoxie) und Gogarten (Theologie der Säkularisierung) charakterisiert ist."[92] Diese Bestimmungen bilden dann die Basis für „Drei Hauptaspekte der Seelsorgebewegung"[93], die später auch für Deutschland von Bedeutung werden sollen. Zu fragen ist demnach nach *Pastoralpsychologie*, nach *Pastoral counseling*, nach *Clinical pastoral Training*. Die dreifache Antwort lautet dann:

a) „Pastoralpsychologie als einer der drei Hauptaspekte der amerikanischen Seelsorgebewegung wird verstanden als Psychologie im Dienste theologischer, anthropologisch-kommunikativer und selbstkritischer Arbeit aller, die aktiv am Leben der Kirche partizipieren, besonders der hauptamtlichen Mitarbeiter, also vorwiegend der Pfarrer. Sie ist nicht nur eine ‚Hilfswissenschaft', die Ergebnisse einer dem kirchlichen Leben und dem Evangelium

---

[90] *Dietrich Stollberg*, Therapeutische Seelsorge. Die amerikanische Seelsorgebewegung. Darstellung und Kritik. Mit einer Dokumentation, München, 1969.
[91] D. Stollberg, Seelsorge, S. 18.
[92] D. Stollberg, a.a.O., S. 19.
[93] D. Stollberg, a.a.O., S. 60ff.

eigentlich fremden, weil ‚säkularen' Forschungsdisziplin zu übernehmen hätte, sondern ein selbständiger kirchlicher Beitrag zum interdisziplinären Dialog der Wissenschaften untereinander."[94]

b) „Pastoral Counseling ist psychotherapeutische Lebensberatung im Dienste der Kirche. Methodisch folgt Pastoral Counseling vor allem Carl Rogers und seinem ‚client-centered approach'; aber auch vor ihm waren die Pioniere der Seelsorgebewegung zu einer ähnlichen, implizit anthropologischen Methodik der Seelsorgepraxis (mit dem Ziel der Selbstfindung und Mündigkeit des Klienten durch konsequentes ‚Listening') gekommen."[95]

c) „Clinical Pastoral Training ist seit Boisen und Dicks die maßgebliche Form empirischer Seelsorgeausbildung in den Vereinigten Staaten. Vor allem mit Hilfe von Fallbesprechungen und Gesprächsanalysen nach der Verbatim-Methode sollen dem künftigen Seelsorger pastoralpsychologische Kenntnisse vermittelt werden, wie sie allgemein für die Amtspraxis und speziell für sein Counseling braucht. Clinical Pastoral Training wird vorwiegend an Kliniken, aber auch an anderen sozialen Institutionen als fachmännisch geleitetes Praktikum verschiedener Dauer durchgeführt.

Clinical Pastoral Training wird nicht nur von Studenten als Praktikum absolviert, sondern ebenso von erfahrenen Pfarrern nach der Art eines Pastoralkollegs. Gerade für diese relativ große Gruppe, die an einer entsprechenden Fortbildung interessiert ist, scheint sich neuerdings die psychologisch-poimenische Gruppenberatung als praktikabler zu erweisen, weil akute Fälle der eigenen Gemeinde im brüderlichen Gespräch bewältigt werden können, ohne daß der Pfarrer längere Zeit seine Gemeinde verlassen müßte."[96]

Dietrich Stollberg fährt dann fort, indem er einen kritischen Überblick über diese neue Art, Seelsorge zu treiben, liefert und die amerikanische Seelsorgeliteratur dieser Phase ebenfalls kritisch würdigt.[97] Auf die weitere deutsche Verarbeitung dieses Ansatzes wird im einzelnen zurückzukommen sein.

Wiederum wollen wir die Gesamtkonzeption Stollbergs in einem Dreischritt zu erfassen versuchen: Wir untersuchen zunächst den späteren und zusammenfassenden Entwurf seiner Poimenik unter dem Titel „Wahrnehmen und Annehmen. Seelsorge in Theorie und Praxis" aus dem Jahre 1978.[98] Wir greifen dann in einem zweiten Schritt zurück auf seine 1971 als

---

[94] Einzelheiten zum Thema „Pastoralpsychologie" s.u. S. 162ff.
[95] D. Stollberg, a.a.O., S. 73.
[96] D. Stollberg, a.a.O., S. 81f.
[97] Hierbei werden dann die bedeutensten Entwürfe im einzelnen abgehandelt; vgl. dazu auch R. Riess, Seelsorge, S. 186ff.
[98] *Dietrich Stollberg*, Wahrnehmen und Annehmen. Seelsorge in Theorie und Praxis, Gütersloh, 1978.

Buch veröffentlichte Habilitationsschrift „Seelsorge durch die Gruppe". Wir ergänzen schließlich die entsprechende Auseinandersetzung in einem dritten Schritt durch weitere Hinweise auf die schon genannte Veröffentlichung „Therapeutische Seelsorge" aus dem Jahre 1969.[99]

a) „Wahrnehmen und Annehmen" (1978)

Stollberg faßt seine Bemühungen um eine tragfähige Definition von Seelsorge hier wie folgt zusammen: „Seelsorge als Beziehung ist eine Kommunikationsmöglichkeit unter ‚*Sündern*'; sie ist ‚*jenseitsorientiert*', das heißt sie geht von der *Relativität* aller Normen und Ordnungen aus, bezeugt jenseits von Gut und Böse, von Tat und Folge Gottes Liebe und kennt keine hoffnungslosen Fälle. Seelsorge sieht den Menschen wie er ist – nicht wie er sein soll oder will – unter der Liebe *Gottes*, das heißt unter einer *absoluten* Liebe, die vom Diktat und Urteil der Ideale befreit."[100]

Was heißt das im einzelnen? Wieder wählen wir drei Komplexe aus, um einen Zugang zu dieser definitorischen Zusammenfassung zu finden. Wir beschäftigen uns 1) mit der neu zu bestimmenden Verhältnissetzung eines generellen und spezifischen *Propriums* der Seelsorge.[101] Wir beschäftigen uns 2) mit der in diesem Rahmen grundlegend wichtigen Verhältnissetzung von Seelsorge und Psychotherapie. Und wir beschäftigen uns 3) mit der hierbei wirksamen Verhältnissetzung von zwischenmenschlicher Seelsorgebeziehung und theologischer Grundannahme in der Praxis.

α) Generelles und spezifisches Proprium

Die Seelsorge hat ein *generelles* Proprium. Das bedeutet für Dietrich Stollberg: Seelsorgerliches Handeln entspricht nicht von vornherein einem christlichen Verhalten, sondern ist eine allgemein menschliche Erscheinung im zwischenmenschlichen Beziehungsbereich. Neben dem seelsorgerlichen Handeln des einen Menschen am anderen gibt es andere Formen menschlichen Miteinanderseins (etwa feiern, essen, schlafen usw.). Denn der Mensch muß als „zoon politikon" jedenfalls kommunizieren – und zwar als einzelner und als Gruppe.

---

[99] *Dietrich Stollberg*, Seelsorge durch die Gruppe. Praktische Einführung in die gruppendynamisch-therapeutische Arbeitsweise, Göttingen, 1971.
[100] D. Stollberg, Wahrnehmen, S. 47.
[101] „Proprium": Das ‚Eigentümliche', die Besonderheit einer Sache (lat. eig. das Eigene – die neben den festen Hauptsätzen vorhandenen Teilglieder der gesungenen kathol. Messe, die den einzelnen Festtagen ihre „besondere" Gestalt geben).

Dieser unverzichtbare Kommunikationsmodus hat verschiedene „charakteristische" Funktionen: Gegenseitige Hilfe (als ihr Dienstcharakter), Gewinnung von Gesinnungsgenossen (als ihr missionarischer Charakter), Ermahnung (als ihr paränetischer Charakter), Belehrung (als ihr katechetischer Charakter), Heilung (als ihr therapeutischer Charakter). Das wiederum bedeutet: „So können *alle* Lebensäußerungen einer Gemeinschaft auf ihren dienenden, helfenden, missionarischen, belehrenden und heilenden Aspekt hin befragt werden, wie umgekehrt auch Dienst, Hilfe, Mission, Lehre und Therapie auf ihren kommunikativen Aspekt hin befragt werden dürfen."[102]

Man beachte: All diese (verbal und nonverbal möglichen, von Erfahrungswerten und kulturabhängigen Symbolen getragenen) Kommunikationsformen sind zusammengehörige Weisen menschlichen (Gemeinschafts-)Verhaltens! Und: „Welcher Kommunikationsmodus im Einzelfall angewendet wird, hängt ganz von der Situation ab."[103]

Man beachte weiter: Unter der hier verwendeten Begrifflichkeit versteht sich Seelsorge „generell" als eine eben nicht unbedingt kirchlich eingebundene, sondern als eine „allgemein menschliche Erscheinung"! Das Verständnis von Seelsorge ist damit (z.B. gegenüber demjenigen von Eduard Thurneysen) zunächst „unabgegrenzt" ausgeweitet. Das aber hat – zumindest im „formalen" bzw. „strukturellen" Zuordnungsbereich – einschneidende Folgen: „Als *allgemeine Erscheinung* läßt sich Seelsorge auch definieren als *zwischenmenschliche Hilfe* mit *seelischen Mitteln* (Wort, Gebärden, Kontakt etc., aber *keine* Medikamente, Nahrungsmittel, Kleider, Geld usw.). Dafür verwendet man heute, wo solche Hilfe *methodisch* reflektiert und *wissenschaftlich* fundiert erfolgt, den Ausdruck ‚Psychotherapie'. Insofern Seelsorge methodisch und wissenschaftlich reflektiert arbeitet und zum allgemeinen Menschsein gehört – wie auch andere Arten menschlichen Verhaltens –, ist sie also – wie auch immer ihr Erscheinungsbild aussehen kann und welche

---

[102] D. Stollberg, a.a.O., S. 21.

[103] D. Stollberg, a.a.O., S. 22. Die Entscheidung darüber, welche Anwendungsform die richtige ist, fällt aber bereits in das Gebiet der Ethik. Ist diese Ethik christlich, so kommt das „spezifische Proprium" im Spiel.
In leicht verwirrender Weise hat Stollberg die beiden Begriffe in dieser Veröffentlichung vgl. S. 20 – gegenüber einer früheren Bestimmung bewußt „vertauscht": In dem Buch „Therapeutische Seelsorge" hat das „generelle Proprium" noch eine ganz andere Funktion. Es unterscheidet – S. 148 – „Seelsorge als Funktion der Kirche von ihrer säkularen Parallelerscheinung", stellt Seelsorge wegen ihrer besonderen Glaubensvoraussetzung also sehr deutlich der Psychotherapie und allgemeinen Beratung *gegenüber*! In diesem früheren Text unterscheidet dann das „spezifische Proprium" in traditioneller Weise noch „zwischen der Seelsorge und anderen Lebensäußerungen der Kirche, z.B. Predigt und Unterweisung".

humanwissenschaftlichen oder jedenfalls irgendwie methodisch beschreibbaren Konzepte ihr zugrunde liegen mögen – ein Psychotherapieverfahren."[104]

Bei dieser Bestimmung wird also weniger zwischen Seelsorge und Psychotherapie als viel mehr zwischen professioneller und nicht professioneller „zwischenmenschlicher Hilfe" unterschieden. Damit ist das Interesse an einer Professionalisierung der Seelsorge (verbunden mit den von der Seelsorgebewegung geforderten „Ausbildungsprogrammen") deutlich zur Sprache gebracht.[105]

Was versteht Dietrich Stollberg nun aber daraufhin unter *spezifischem Proprium*? „Kirchliche Seelsorge ist gegenüber allgemeiner zwischenmenschlicher seelischer Hilfe etwas Besonderes. Sie hat ein *spezifisches Proprium* ... Haben wir Seelsorge im Rahmen ihres generellen Propriums rein vom Erscheinungsbild her als Psychotherapieverfahren bezeichnet, so gehört zu ihrem *spezifischen Proprium* der *kirchliche Kontext*: Seelsorge ist Psychotherapie im kirchlichen Kontext."[106]

Damit ist die entscheidende Formulierung gefallen. Sie ist ebenso oft zitiert wie mißverstanden worden.[107] Um dem in der Regel kurzschlüssigen Mißverständnis abzuhelfen, ist danach zu fragen, was Stollberg eigentlich unter „Kirchlichkeit" versteht und in welches Verhältnis er daraufhin die beiden Proprien setzt.

Zunächst setzt sich Stollberg betont von Thurneysen ab: Seelsorge findet sich nicht „in der Kirche" vor – als wäre diese ein geschützter oder schützender Raum im Unterschied zur sonstigen Welt. Kirche ist vielmehr ein Teil dieser Welt. In ihr intensiviert sich unter besonderer Einstellung das, was alle Menschen tun: Sie stellen allgemein übliches Verhalten unter ihr spezifisches *Credo*. Es geht mit diesem Credo um einen Glauben, der einerseits die Kirche begründet und andererseits aus ihrer Wirksamkeit entsteht: „Kir-

---

[104] D. Stollberg, a.a.O., S. 23f.

[105] Charakteristisch für den mit der „Gesetz-Evangelium-Dialektik" arbeitenden „Lutheraner" D. Stollberg (vgl. dazu H. Asmussens Seelsorgekonzept, s.o. vor allem S. 32, Anm. 85) ist die Zusammenstellung des „generellen Propriums" mit dem „Gesetz": D. Stollberg, a.a.O., S. 27f.

[106] D. Stollberg, a.a.O., S. 29.

[107] Schon sechs Jahre vorher hat *Dietrich Stollberg* (in: Mein Auftrag, S. 63, vgl. Anm. 24) als sich notwendig ergänzende Thesen gegen ein verkürzendes Mißverständnis formuliert: „Seelsorge ist – *phänomenologisch* betrachtet – Psychotherapie im Kontext der Kirche. Sie ist damit Psychotherapie aus der Perspektive des Glaubens ... Seelsorge ist – *theologisch* gesehen – das Sakrament echter Kommunion, welches sich die Partner aus dem mit dem Mensch-Sein geforderten ‚Solidarität der Not' heraus (im Vollzug des allgemeinen Priestertums) gegenseitig spenden."

che ist aus poimenischer Perspektive die Gemeinschaft derer, die einander trösten, ermahnen, ermutigen und Zuwendung geben, weil sie davon ausgehen und darauf zugehen, daß eine alles übersteigende, alles umgreifende und alles tragende Liebe Gottes die Welt erhält."[108]

Es gilt also: Was immer Menschen im weitesten Sinne des Wortes „helfend" einander antun können, um gegenseitig für ihre Seelen zu sorgen, tun Christen unter dem besonderen Aspekt ihres Glaubens. Das aber ist der Glaube an einen ebenso helfend handelnden, dabei aber alle menschlichen Möglichkeiten überbietenden Gott: „Sie realisieren eine menschliche Dimension des Zusammenlebens, die sie auch in der Beschreibung ihres Verhältnisses zu Gott verwenden."[109]

Seelsorge ist damit zunächst und „generell" eine Fundamentalkategorie des Lebens. Erst wenn sie im Glauben erfaßt wird, gerät sie unter jenes spezifische Proprium, das Kirche im genannten Sinne konstituiert, das aber auch in dialektischer Weise aus ihr entlassen wird. In der Folge heißt es dann: „Zwischen generellem und spezifischem Proprium besteht also eine Wechselbeziehung."[110] Anders ausgedrückt: Alles menschliche Handeln zur Ermöglichung eines guten Zusammenlebens wird im christlichen Glauben, der untrennbar mit der Kirche korrespondiert, mit dem Handeln Gottes in Verbindung gebracht. Gott nämlich handelt auch dort treu, wo Menschen einander untreu werden. Die „spezifische" Verbindung des menschlichen Handelns mit dem göttlichen Handeln wird dann unter einem Credo als Seelsorge besonderer Art zum „Grundpfeiler der Kirche": In deren Kontext gerät allgemein helfendes Handeln zum spezifischen Handeln. Es geschieht jetzt aufgrund von Glauben. Es geschieht aber auch auf Glauben hin: Zum einen kommt der geschichtlich überkommene Christenglaube dabei als ein inhaltlich gefüllter Glaube (fides quae) an den seelsorgerlichen Gott zum Tragen. Zum anderen geschieht das spezifisch helfende Handeln gleichzeitig in Ausrichtung auf die Glaubensmöglichkeit und Glaubensfähigkeit (fides qua) des Menschen: Es soll christlicher Glaube als eine Einstellung und Lebenshaltung (Mut zum Sein!) mitgeteilt werden.

Praktisch heißt das dann: „Indem Seelsorge *aus* Glauben und *auf* Glauben *hin* geschieht, bringt sie das *Credo* der Partner ins Gespräch bzw. in die Beziehung *auch inhaltlich* ein, und zwar einmal *verbal*, zum anderen *nonverbal*, das heißt durch die seelsorgerliche *Haltung* und seelsorgerliches *Verhalten* überhaupt."[111] Unter diesem Aspekt kann Stollberg jetzt formulieren:

---

[108] D. Stollberg, Wahrnehmen, S. 30.
[109] Ebd.
[110] Ebd.
[111] D. Stollberg, a.a.O., S. 32. Die unbedingte Kongruenz von Wort und Haltung ist dabei für Stollberg ein wesenliches Postulat.

„Seelsorge ist Glaubenszeugnis im geschichtlichen Prozeß sich wandelnder Situationen."[112]

Die allgemeine, „generelle" Erscheinungsform von Seelsorge im zwischenmenschlichen Bereich wird also von einer besonderen, „speziellen" Erscheinungsform von Seelsorge in einer Art Wechselwirkung immer wieder weltanschaulich herausgefordert, ergänzt und in einen Prozeß gegenseitiger Einflußnahme hineingezogen. Diese Verhältnissetzung der beiden Proprien ist für den ganzen Ansatz Dietrich Stollbergs von ausschlaggebender Bedeutung. So erfolgt ihre Näherbestimmung auch unter der klassischen Formel „Gesetz und Evangelium" nach lutherischem Verständnis.[113] In deren Rahmen wird die entsprechende Dialektik unter den Stichworten „Schöpfung" und „Erlösung" abgehandelt, wobei es im Hinblick auf dogmatische Basisaussagen (Zwei-Naturen-Lehre, Zwei-Reiche-Lehre) dem Poimeniker Stollberg immer wieder um die Zurückweisung von falschen Alternativen geht.[114]

Das Verhältnis der beiden Proprien zueinander kann dann aber auch nochmals unter dem Vorzeichen „ihrer trinitarisch und sakramental verstandenen Einheit" gesehen werden[115]: Es wirkt sich aus, daß der Mensch immer „simul iustus et peccator" zugleich ist, daß Seelsorge selbst an diesem Doppelaspekt christlicher Existenz leidet, daß es bei aller pragmatischen Aufteilung in Spezialgebiete helfender Tätigkeit stets um den *einen* Menschen (aber auch um den *einen* Gott!) geht. Deshalb vollzieht sich Seelsorge ganz faktisch und praktisch als „... eine Einheit von Psychotherapie und Bekenntnis, von Methode und Glaube, aber auch von Indikativ und Imperativ, von Evangelium und Gesetz, von ‚Wort Gottes' und ‚Religion', von ‚weltlichem' (generellem) und ‚geistlichem' (spezifischem) Proprium."[116] Gerade so aber sind dann ein (aus den Humanwissenschaften übernommenes) methodisches Vorgehen auf der einen Seite und eine (auf das christliche Credo

---

[112] Ebd.

[113] Stollberg verbindet auch hier in „typisch" lutherischer Weise seine Ausführungen zur Seelsorge mit der Zuordnung zum Theologumenon „Gesetz und Evangelium". Diese Zuordnung bezieht sich auch auf die Dialektik zwischen menschlichem und göttlichen Handeln. Das generelle Proprium entspricht ja nach Stollberg in nützlicher Weise den allgemeinen menschlichen Bedingungen des Zusammenlebens. Gott aber handelt „bedingungslos"! Deshalb kann jetzt ausgesagt werden: „Das spezifische Proprium stellt an diesem Punkt das generelle auf den Kopf, weil das Schema menschlicher Gerechtigkeits- und Rechtfertigungsbedingungen, das Tat-Folge-Denken, durchbrochen wird. Die *Gnade* vollendet die *Natur*, die Erlösung vollendet die Schöpfung, indem sie sie an dieser Stelle radikal in Frage stellt." (S. 33)

[114] Vgl. D. Stollberg, a.a.O., S. 34ff.

[115] Vgl. D. Stollberg, a.a.O., S. 39ff.

[116] D. Stollberg, a.a.O., S. 42.

bezogene) Zeugnishandlung auf der anderen Seite jeweils situationsbedingte Verhaltensweisen, die grundsätzlich miteinander korrespondieren. Denn es gilt in jedem Fall: „Seelsorge wird im Spannungsfeld ihrer beiden Proprien, als *Vermittlungsaktion zwischen Rechtfertigungsglauben und menschlicher Selbstrechtfertigungstendenz* konkretisiert."[117]

Soviel zum Thema „Generelles und spezifisches Proprium" bei Dietrich Stollberg.

Stollberg setzt – anders als z.B. Thurneysen – eine Situation voraus, in der Seelsorge ein (wenn auch speziell qualifiziertes) Hilfsangebot unter anderen darstellt. Es gibt auch andere Hilfsangebote, die ihrerseits nicht nur durchaus legitim arbeiten, sondern dem leidenden oder problembehafteten Menschen unter gewissen Umständen „voll" gerecht werden können. Damit sind sicher künstliche Gegensätze zwischen „kirchlicher" und „weltlicher" Seelsorge überwunden! Damit ist aber gleichzeitig auch das spannungsreiche Nebeneinander und Gegeneinander von Seelsorge und Psychotherapie in der Praxis aufgehoben! D.h. die faktisch vorhandene *Konkurrenz* zwischen den Vollzügen helfenden Handelns mit höchst verschiedenen Menschenbildern und Zielvorstellungen wird von Stollberg kaum gewichtet bzw. sogar ausgeblendet. Dann fragt sich freilich, ob die von ihm mit so viel Nachdruck vertretene Professionalisierung seelsorgerlichen Handelns dieses Handeln wirklich in neuer Weise konkurrenzfähig macht oder ob es zum in der Praxis immer seltener verlangten Spezialfall einer helfenden Beziehung gerät.

β) Seelsorge und Psychotherapie

Auf dieser Basis sind dann seelsorgerliche und psychotherapeutische Maßnahmen nicht so dringlich voneinander abzuheben oder zu trennen, sondern eher aufeinander abzustimmen. Stollberg will als Seelsorger nach allem Gesagten in jedem Falle von der Psychotherapie lernen, wie man Beziehung wirksam verwirklicht. Die einzelnen psychotherapeutischen Verfahren müssen freilich dahingehend überprüft werden, ob sie es fördern, die „... Bedingungslosigkeit der Gnade Gottes auszusagen, oder ob sie irgendeine Art neuer Gesetzlichkeit, Werkgerechtigkeit und Moral implizieren ..."[118]

Bei dieser Überprüfung kommt alle Verhaltenstherapie schlecht, die Psychoanalyse dagegen gut weg. (Seelsorge darf nach Stollberg nicht auf Verhaltenskonditionierung reduziert werden. In psychoanalytischer Sicht aber erscheint der neurotische Mensch als „gut" und „böse" zugleich. Er ist sozusagen „begrenzt reparierbar"). Letztere ist freilich zu ergänzen. Stollberg schreibt: „Der *anthropologische Pessimismus* aber auch dieser Anthropologie

---

[117] D. Stollberg, a.a.O., S. 43.
[118] D. Stollberg, a.a.O., S. 48.

wird beantwortet durch den *theologischen Optimismus* der Seelsorge, die darin über die Psychoanalyse hinausgeht, daß sie an die Stelle des tragischen Ödipus-Mythos das hoffnungsvolle Credo an den gekreuzigten und auferstandenen Christus setzt: Der Mensch ist Sünder und todverfallen, aber *als solcher* gerechtfertigt und zum Leben bestimmt."[119] Daraus folgt dann: „Seelsorge geschieht im Unterschied zur Psychotherapie jenseits des Leistungsprinzips."[120]

Zwar ist auch Seelsorge (mit einem gewissen Lerneffekt!) methodisierbar. Aber durch ihr spezifisches Proprium relativiert sich alle Methodik in, mit und unter ihrer Anwendung. Ihren praktischen Stellenwert (und damit denjenigen einer Psychotherapie resp. der Psychoanalyse) erhält seelsorgerliche Methodik im zuordnenden Rahmen von „Gesetz und Evangelium" nach Stollbergs (lutherischem) Verständnis.

In diesem Zusammenhang erfolgt eine scharfe Abgrenzung gegen Thurneysen: Dieser lasse in Barthscher Manier Evangelium und Gesetz faktisch in eins fallen. (Gelte doch für eine Theologie wie diejenige Karl Barths aber auch Eduard Thurneysens: Schon mit der Trennung in Gesetz und Evangelium – als verschiedene Beziehungsmodi zu ein und demselben Gott – „entmächtigt" der Mensch die „ganze" Vergebungsgnade; deshalb gibt es eben lediglich das eine Evangelium mit situativer Gesetzesfunktion. Immer wenn sich der Mensch – oder eben auch der Seelsorger! – auf „Schöpfung" und „Natur" als „allgemein gottgegeben" bezieht, versündigt er sich automatisch am Evangelium. Auf diesem Hintergrund kann dann auch psychotherapeutische Methodik „im ganzen" nur als ein das Evangelium letztlich hindernder Versuch verstanden werden, das Gesetz als wichtiges und selbständiges „Gegenüber" zum Evangelium aufzuwerten. In Absetzung davon muß dann Psychologie folgerichtig als „Hilfswissenschaft" so zugeordnet werden, daß einzelne Segmente aus diesem Wissensgebiet in „situativer Gesetzesfunktion" dem Evangelium dienen.)

Demgegenüber will Stollberg dem „Gesetz" eine (freilich begrenzte!) Möglichkeit der Lebensbewältigung zugestehen. Wer den Weg des Gesetzes einschlägt, kann, aber muß nicht zwangsläufig scheitern: „Für diesen Weg, der als echte *Möglichkeit* der ‚Welt' in der Bibel dargestellt wird, ist das Evangelium irrelevant. Zu diesem Weg gehört auch die Psychotherapie, die sich als Symptomtherapie bescheidet. Kirchliche Seelsorge im Rahmen ihres spezifischen Propriums gilt jedoch jenen, die auf diesem Wege der Gesetzeserfüllung gescheitert sind: Sie bedürfen einer Wiederherstellung ihrer Möglichkeiten ‚vor dem Fall', sie sind angewiesen auf Versöhnung und Erlösung."[121]

---

[119] D. Stollberg, a.a.O., S. 50.
[120] D. Stollberg, a.a.O., S. 51.
[121] D. Stollberg, a.a.O., S. 54.

Hier wird also nicht nur die bleibende Dialektik zwischen Gesetz und Evangelium ebenso lutherisch wie energisch betont, es wird auch die „gesetzliche (sprich natürliche) Existenz" deutlich aufgewertet: „Gottes Vergebung ist nicht so schwach, daß sie vor der Gefahr einer Entmächtigung behütet werden müßte, Gott der Schöpfer bedarf keiner Bewahrung durch Gott den Erlöser. Aber Gott der Erlöser ist die Gestalt absoluter Liebe, die jene brauchen, welchen die Liebe des Schöpfers suspekt geworden, ja abhanden gekommen ist."[122]

In der Folge dieser Grundeinstellung wird Psychotherapie jetzt nicht mehr als nachgeordneten Hilfswissenschaft verstanden. Ihr werden vielmehr (im Rahmen des von Stollberg definierten „generellen Propriums") alle Möglichkeiten einer Hilfe zur Lebensbewältigung unter dem Vorzeichen der „gesetzlichen Existenz" zugesprochen. Anders gesagt: Aller (sich im genannten Sinne bescheidenden!) Psychotherapie gibt der „Schöpfergott" seinen Segen. Und weiter: Immer dort, wo sie zusammen mit dem Gesetzesgebrauch nicht mehr ausreicht, um ein krankes, gebeugtes, „verlorenes" Leben wirklich in leistungsfreier Weise lebenswert zu gestalten, tritt die Seelsorge unter ihrem „spezifischen Proprium" und d.h. dann im kirchlichen Kontext auf den Plan. Das dialektische Verhältnis von Gesetz und Evangelium spiegelt sich so im ebenso dialektischen Verhältnis von Psychotherapie und Seelsorge wider.[123]

---

[122] D. Stollberg, a.a.O., S. 55.

[123] Zur kritischen Auseinandersetzung mit Stollbergs Position vgl. auch *Klaus Winkler*, Seelsorge und Psychotherapie, PZJ XV, S. 375ff. Hier wird zusammenfassend ausgesagt, „... daß die Verhältnisbestimmung von Seelsorge und Psychotherapie als ständige Aufgabe zu begreifen ist." (S. 384)
Unter dieser Voraussetzung wirken Stollbergs Ausführungen heute ebenso zeitgebunden wie „damals notwendig". Die Auseinandersetzung mit Thurneysen an dieser entscheidenden Stelle hat viel zur Klärung beigetragen und das entsprechende Problembewußtsein geweckt oder verstärkt. Aus gegenwärtiger Sicht fragt sich freilich, ob Stollbergs Verhältnisbestimmung der eigentlichen und bleibenden Zuordnungsschwierigkeit im Hinblick auf Seelsorge und Psychotherapie in einer zwar sehr differenzierten, aber letztlich harmonisierenden Weise die Schärfe nimmt. Sowohl Asmussen als auch Thurneysen haben an dieser Stelle sicher heute nicht mehr nachvollziehbare Berührungsängste und Abwehrhaltungen entwickelt, dabei aber die konkurrierende Gegensätzlichkeit im anthropologischen (resp. weltanschaulichen) Bereich deutlicher zum Tragen gebracht. Sich im Hinblick auf die jeweiligen „Grundannahmen" konstruktiv der gegenseitigen Kritik auszusetzen ist nach wie vor die hauptsächliche Funktion einer Verhältnissetzung von Seelsorge und Psychotherapie. Denn – so K. Winkler im genannten Text S. 382 –: „Die Auseinandersetzung muß dort weitergeführt werden, wo im Zusammenhang mit den sehr unterschiedlichen Verhältnisbestimmungen von Seelsorge und Psychotherapie herauszuarbeiten ist, wie weitgehend das jeweilige

γ) Zwischenmenschliche Seelsorgebeziehung und theologische Grundannahmen in der Praxis

Das durch die neue Wertung erreichte positive Verhältnis dieser Seelsorgekonzeption zu den modernen Humanwissenschaften wirkt sich bestimmend auf die konkrete Praxisgestaltung aus. In formaler Hinsicht hängt für die geglückte und effektive Seelsorgebeziehung alles davon ab, daß die Gesprächspartner einander tatsächlich von Mensch zu Mensch verstehen. Hier hat Stollberg (wie andere Vertreter der Seelsorgebewegung bzw. Pastoralpsychologen, auf die er in diesem Zusammenhang verweist) am direktesten von den Humanwissenschaftlern gelernt: Es gilt im Seelsorgegespräch analoge Erfahrungen aufzuspüren, eine gemeinsame Sprache zu entwickeln, eine sog. „gemeinsame Situation" zu konstellieren usw.[124]

Auf dieser Grundlage sind Haltung und Verhalten des Seelsorgers bewußt zu gestalten und mit spezifischer Wahrnehmungseinstellung (wie geübtes Zuhören, gut entwickelte Empathie, genaue Beobachtung des Phasenverlaufs der seelsorgerlichen Beziehung usw.) zu verbinden. Bei all dem gilt: „Der Seelsorger erwirbt durch Ausbildung und Erfahrung ... ein viel höheres Maß an *poimenischer Kompetenz* als ein Laie. Er bewahrt im Regelfall *engagierte Distanz* und *Sachlichkeit* gegenüber den an ihn herangetragenen Problemen. Er nimmt – jedenfalls zu Beginn der Seelsorgebeziehung – stellvertretend für den Klienten *Subjektfunktionen* gegenüber der zu gestaltenden Notsituation wahr, während der Klient sich oft als Objekt des Schicksals erlebt."[125]

> Ganzheitsdenken persönlichkeitsspezifische Züge trägt und wie weitgehend es sich von daher als Einstellung im Handlungsbereich niederschlägt. Es ist zu fragen, ob eine ganzheitliche Wirklichkeitserfassung tatsächlich eine Orientierungsfunktion im Sinne identischer Vorfindlichkeit innerhalb dieser Wirklichkeit bekommt und dabei die Spannung zu konkurrierenden Denkansätzen nicht eingeebnet wird. Es kann auch sein, daß sich mit dem Ganzheitsdenken unterschwellige Vereinnahmungstendenzen im weltanschaulichen Bereich verbinden. Hier ist einem harmonisierenden Spannungsreduktionismus, der sich im interdisziplinären Dialog problemverdeckend und damit besonders hemmend auswirken muß, immer neu auf die Spur zu kommen."

[124] Stollberg schreibt in ganz direkter Anlehnung an psychoanalytisch ausgerichtete Gesprächsführung a.a.O., S. 86: „*Gemeinsame Sprache* entsteht aus *gemeinsamer Situation*. Seelsorge bedeutet daher, *Möglichkeiten* zu finden an der *Situation* des Klienten zu partizipieren – ohne freilich in seine Hilflosigkeit hineingezogen und verstrickt zu werden ... Eine Möglichkeit der Partizipation ist die sprachliche Mitteilung ... Eine weitere, ebenso wichtige, ist die *gemeinsame Situation* hier und jetzt. Sie verdient größte Aufmerksamkeit, ist sie doch die *realste* von allen zur Sprache kommenden Situationen: Auch hat der Seelsorger in der Regel im Hier-und-Jetzt die Chance, alles was der Klient inhaltlich formuliert, gleichzeitig ein Stück weit parallel zum sprachlichen Bericht dramatisch inszeniert zu erleben ..."
[125] D. Stollberg, a.a.O., S. 99.

Inhaltliche Ausführungen zur Seelsorgebeziehung im einzelnen verteilt Stollberg dann auf sechs verschiedene „Arbeitsfelder": Religion/Gemeinde/ Ehe, Familie, Ledige/Krankenhaus/Schule und Bildungsbereich/Industrie, Behörden, Betriebe. Hierbei verarbeitet er die entsprechende (theologische und vor allem pastoralpsychologische) Literatur unter seinen besonderen Gesichtspunkten.

Zum Schluß geht Stollberg nochmals – und jetzt in betonter Weise inhaltlich – auf das spezifische Proprium aller christlichen Seelsorge ein. Unter der Überschrift „Gottes Wille – unsere Freiheit – Dankbarkeit und Vergebung" schreibt er jetzt gezielt: „Was für ein Gott ist das, auf den der Seelsorger sich bezieht, den der Seelsorger im Klienten auf sich zukommen sieht und den der Klient in der Begegnung mit dem Seelsorger sucht? Die Antwort läßt sich im Anschluß an die kirchliche Tradition trinitarisch geben."[126]

Bei dem deutlichen Bemühen, theologische Grundannahmen mit der seelsorgerlichen Praxis in Verbindung zu bringen, fällt besonders die starke Betonung der sog. „Kenosislehre" ins Auge. Behandelt sie doch die in Christus um der Menschen willen vollzogene Erniedrigung Gottes als ein in neuer Weise beziehungsstiftendes Element. Das wiederum bedeutet praktisch: Weil Gott so menschlich wird, sind damit alle menschlichen Möglichkeiten (bis hin zur lehr- und lernbaren Methodik in der Seelsorge!) aufgewertet.

Denn, so führt Stollberg in diesem Zusammenhang aus: „Der häufig gemachte Grundfehler besteht darin, daß Schöpfer und Geschöpf, aber auch Gott und Mensch als freie Partner gegeneinander ausgespielt werden: Nicht der Mensch, sondern Gott! Dies ist eine Folge des Unglaubens, denn der Glaube darf sich darauf verlassen, daß Gott Mensch – Bruder! – geworden ist, daß Gott die Welt akzeptiert, wie sie ist, daß Gott Schuld vergibt, daß Gott dem *sündigen* Menschen die *Würde* eines Sohnes und Erben zuerkennt, ihn für verantwortlich hält und also ganz ernst nimmt, daß Gott in der uns zugänglichen Gestalt des liebenden und verzichtenden Knechtes seine ihm von uns angedichtete Eitelkeit fahren läßt und nicht als Wächter über ‚Gottes Gottheit' nötig hat."[127]

Entgegen der innerhalb der Seelsorgebewegung verbreiteten Tendenz, aller „verkopften" theologischen Reflexion eine emotional begründete seelsorgerliche *Pragmatik* entgegenzusetzen, geht Stollberg auch in den Praxisbezügen betont theologisch und d.h. *theoriebewußt* vor. Es kommt ihm sehr darauf an, sein Konzept in den theologischen Diskurs „einzubinden". Dabei

---

[126] D. Stollberg, a.a.O., S. 144.
[127] D. Stollberg, a.a.O., S. 146.

gerät er freilich – entgegen seiner Absicht – in Gefahr, trotz deutlicher Verankerung in der lutherischen Denktradition die Spannungsmomente zwischen den sehr verschiedenen anthropologischen Grundannahmen im theologischen und nichttheologischen Bereich auszublenden bzw. harmonisierend aufzulösen.

b) „Seelsorge durch die Gruppe" (1971)

In seiner im Jahre 1971 veröffentlichten Habilitationsschrift „Seelsorge durch die Gruppe"[128] betätigt sich der Poimeniker Stollberg, wiederum äußerst zeitgemäß und die Seelsorgebewegung prägend und vorantreibend, als Vermittler humanwissenschaftlicher Erkenntnisse in den kirchlichen Handlungsbereich.

Eine Legitimation für seine spezielle Aufgabenstellung und sein Vorgehen wird in „naheliegender" Weise gefunden und so formuliert: „Seit je haben Seelsorger mit und in Gruppen gearbeitet. Ja, die Kirche selbst verstand sich stets als eine Gruppe, Familie oder Bruderschaft, als pneumatische Koinonia der Herausgerufenen und der Welt Gegenübergestellten ..."[129] Das ist auch nicht verwunderlich, denn: „Kirche als Kommunikationsprozeß vollzieht sich – psychologisch betrachtet – ausnahmslos durch das Medium zwischenmenschlicher Interaktion und Gruppendynamik. Abgesehen von diesem phänomenologischen Grundprinzip der Kirche als einer funktionalen Gruppen- und Subgruppenstruktur vollzieht sich die *intentionale* Arbeit kirchlicher Gemeinschaften weitgehend in Gruppen."[130] Diese Tatsache ist vor allem im Zusammenhang mit dem Katechumenat, den kirchlichen Lerngruppen, bekannt. Demgegenüber ist dann herauszustellen: „Als nur scheinbar neu erweist sich der intentionale Einsatz der Gruppe im Dienste der – therapeutisch verstandenen – *Seelsorge*. Während funktionale Seelsorge durch Gruppen geschieht, deren Arbeitsstil und Zielsetzung nicht in erster Linie der Lebens- bzw. Konfliktbewältigung ihrer eigenen Mitglieder gilt, sprechen wir von intentionaler Seelsorge durch die Gruppe dort, wo Gruppen eigens zum Zwecke gemeinsamer Lebens- bzw. Konfliktbewältigung gebildet werden."[131] Und weiter: „Der Unterschied zwischen funktionaler und intentionaler Seelsorge durch die Gruppe besteht darin, daß bei letzterer gruppendynamische Gesetzmäßigkeiten bewußt in den heilenden Dienst der Seelsorge gestellt werden."[132]

---

[128] D. Stollberg, Seelsorge durch die Gruppe, vgl. S. 49 Anm. 99.
[129] D. Stollberg, a.a.O., S. 15.
[130] D. Stollberg, a.a.O., S. 17.
[131] D. Stollberg, a.a.O., S. 18.
[132] Ebd.

Auf diesem Hintergrund wird dann ein breiter „Praxis"-Teil entwickelt, der bis in alle Einzelheiten hinein konkrete *Anleitungen* zur Technik der Gruppenbildung und Gruppenleitung im Rahmen des seelsorgerlichen Auftrags der Kirche gibt, sowie typische Mechanismen, Abläufe, Probleme eines unter psychodynamischen Gesichtspunkten wahrgenommenen Gruppenprozesses schildert. Die Verarbeitung der entsprechenden (humanwissenschaftlichen) Literatur gelingt Stollberg ganz offensichtlich professionell. Bei gleichermaßen eindrucksvoller Verwertung einer reflektierten Praxiserfahrung (für einzelne Spezialgebiete kommen hier auch „Mitautoren" zu Wort!) gerät diese Veröffentlichung zu einem fundierten Lehrbuch der „Gruppenarbeit in der Kirche".[133]

In einem (sehr kurzen!) abschließenden Teil „Zur theologischen Interpretation der Seelsorge durch die Gruppe" weist Stollberg nochmals seine (oben schon angesprochenen) theologischen Grundannahmen auf: Die Lehre von der Seelsorge als christologisches Problem: das menschgewordene ‚Wort' als eine Perspektive der Welt mit Veränderungspotenz usw.

Als das spezifische Proprium der Seelsorge durch die Gruppe bezeichnet Stollberg schließlich in der Folge der für ihn typischen Grundeinstellung und Argumentationsweise die „Theologie des Konsensus". Er geht dabei von der Relationalität aller geschichtlich gewordenen und rational erarbeiteten Theologie aus, um schließlich bestimmen zu können: „Als Credo stellt Theologie den *Konsensus* der Glaubenden dar."[134] Eben dieser Konsensus ist von seiner emotionalen Seite her auf jenen besonderen Kommunikationsmodus angewiesen, der im (gezielt institutionalisierten) Gruppengeschehen

---

[133] So der Titel eines sehr viel späteren Fachbuches von *Klaus-Volker Schütz*, Gruppenarbeit in der Kirche. Methoden angewandter Sozialpsychologie in Seelsorge, Religionspädagogik und Erwachsenenbildung, Mainz, 1989 (s.u. S. 202, Anm. 57). Hier auch alle weitere Literatur.
In einem sehr ausführlichen Referat des Buches „Seelsorge durch die Gruppe" schreibt K.-V. Schütz u.a.: „Dietrich Stollberg hat nicht nur die Geschichte und poimenische Theorie der amerikanischen Pastoral-Counseling-Bewegung in die Bundesrepublik gebracht, er gehört auch zu den Pionieren der Gruppenseelsorge in Deutschland. Sein 1971 erschienenes Buch Seelsorge durch die Gruppe ist die erste systematische Einführung in dieses Gebiet, die weder an das Clinical Pastoral Training noch an die anderen amerikanischen Entwürfe gebunden ist und insofern einen eigenständigen europäischen Ansatz darstellt und begründet hat." (S. 298)
Weiter: „Das Buch besticht in seinen praxisbezogenen Teilen durch die Fähigkeit, Grundlagenwissen und Hilfen zur konkreten Gestaltung von Beratungsgruppen organisch miteinander zu verknüpfen. Gerade die methodischen Einzelheiten werden präzise, klar und leichtverständlich entfaltet." (S. 302)

[134] Vgl. D. Stollberg, a.a.O., S. 191.

freigesetzt wird und auf das (Glaubens-)Verhalten des einzelnen sowohl theologie- als auch gemeinschaftsbildend einwirkt. Denn: „Der Konsensus fordert ... einen gewissen Verzicht jedes einzelnen Mitglieds auf absolute Selbstdarstellung und Selbstverwirklichung zugunsten der Gemeinschaft und gemeinsamer Wir-Aussagen."[135]

Mit der Betonung der besonderen kommunikativen Möglichkeiten in Gruppen und deren Nutzung für die Seelsorge bekommt die Poimenik zweifelsohne einen wesentlichen Impuls vermittelt: Die hier geforderte neue Erschließung menschlicher Erlebensformen im Verhaltens- und Glaubensbereich wird hier in einer sehr effektiven Weise der Konkretion zugeführt.

c) „Therapeutische Seelsorge" (1969)

Auf diese frühe Veröffentlichung Stollbergs ist schon ausführlicher eingegangen worden.[136]

Deshalb kann an dieser Stelle ein Hinweis genügen. Wichtigster Schwerpunkt dieses Buches mit seiner inaugurativen Funktion war die Vermittlung der neueren und offensichtlich höchst innovativen amerikanischen Positionen. Dieser von Dietrich Stollberg geleistete Transfer ist nicht nur insofern von Bedeutung, als auf diese Weise neue Denkansätze aufgenommen und modifiziert auf die deutschen Verhältnisse übertragen werden konnten. Von besonderer Wichtigkeit ist darüber hinausgehend auch das Bemühen, die als „Aufbruch" erlebte neue poimenische Situation von ihren Wurzeln her verständlich zu machen und so einen gesonderten Traditionsstrang festzuschreiben.

Stollberg zeichnet in dem genannten Buch in allen Einzelheiten eine bisher von der deutschen Poimenik völlig abgetrennte Entwicklung nach: Diese setzt mit dem eindrucksvollen Versuch einer empirischen Grundierung aller Theologie und Poimenik ein, kommt bald zur Forderung und Durchsetzung einer verbindlichen theologischen Reflexion der veränderten Lage und führt schließlich zur Freisetzung theoretisch fundierter und dennoch betont praxisnaher „Modelle beratender Seelsorge".

Als typische Vertreter dieser phasenhaft verlaufenden Entwicklung werden neben anderen besonders *Anton T. Boisen*, *Seward Hiltner* und *Howard J. Clinebell* dargestellt und kritisch reflektiert.

---

[135] D. Stollberg, a.a.O., S. 194.
[136] S.o. S. 47, Anm. 90

Exkurs: Die amerikanische Seelsorgebewegung als Hintergrund der deutschen Entwicklung

Im gegebenen Rahmen muß es genügen, die poimenischen Konzeptionen der von Stollberg genannten Autoren mit einigen Anmerkungen zu versehen:

a) *Anton T. Boisen* (1876–1965) gilt als eindrucksvolle Pioniergestalt und als der Begründer des „Clinical Pastoral Counseling" in den USA. Er möchte – und das ist sein Spezifikum – die Seelsorge neu und anders als bisher auf religionspsychologische Grundlage stellen. Es geht ihm um eine „empirische Theologie": Geisteswissenschaftliche und naturwissenschaftliche Forschungsmethoden müssen sich ergänzen. Deshalb steht Feldforschung mit entsprechenden Projekten im Vordergrund seiner wissenschaftlichen Arbeit.

Da Boisens Beobachtungen auf einen engen Zusammenhang zwischen gewissen Gemütskrankheiten und bestimmten religiösen Erfahrungen (die heilende oder zerstörende Qualität haben können) schließen lassen, liegen seine Untersuchungen vor allem auf psychiatrischem Gebiet. Als unmittelbar „Betroffener" (er hatte selbst mehrere schizophrene Schübe zu überstehen und zu verarbeiten!) gelangen ihm hier maßgebliche Einsichten in psychische Zusammenhänge. Ziel seiner Forschungsarbeit war es, jene allgemein gültigen Gesetzmäßigkeiten zu erkennen, die neben dem physischen und dem psychischen auch das geistige sowie das *geistliche Leben* bestimmen und aufweisbar strukturieren.[137]

Diese Vornahme hat praktisch-poimenische Konsequenzen! Nach dieser Theologie sollte sich alle kirchliche Praxis nämlich sehr konkret als ein *„Heilverfahren"* verstehen. D. Stollberg umreißt diesen Ansatz deshalb so: „Das heilende Handeln der Seelsorge ist dem ärztlichen Tun nicht nur analog, sondern mit diesem identisch, weil das Auseinanderfallen der sich um den Menschen kümmernden Berufe in einen naturwissenschaftlich-anthropologischen und einen geisteswissenschaftlichen Zweig lediglich eine Arbeitsteilung darstellen darf und weil eine wirklichkeitsgemäße Hilfe immer nur unter Berücksichtigung beider Aspekte, des psychischen und des somatischen möglich ist."[138]

Soviel zu dem „Pionier der Pastoralpsychologie" in den USA, A.T. Boisen, dem Hauptvertreter einer ersten Phase im neuen Seelsorgeverständnis, die etwa die Jahre 1925–1943 umfaßt.[139]

---

[137] Vgl. zu diesem Abschnitt Stollberg, a.a.O., S. 163ff. sowie die ausgezeichnete Zusammenfassung von Boisens Grundgedanken bei R. Riess, Seelsorge, S. 191ff.

[138] Vgl. D. Stollberg, a.a.O., S. 178.

[139] Vgl. zu einer Phaseneinteilung auch die sehr übersichtliche Rezeption der breiteren Ausführungen von D. Stollberg durch K.-V. Schütz, Gruppenarbeit, S. 45ff.

b) Auf dieser Grundlage aufbauend wurde die Mitte der vierziger Jahre zur entscheidenden Zeit einer Weiterentwicklung. 1949 erschien in New York & Nashville das Buch „Pastoral Counseling" von *Seward Hiltner*. Wie sollte es weitergehen? S. Hiltner lag vor allem daran, eine rein pragmatische Einstellung in der Seelsorgeausbildung zu überwinden. Bei den Clinical-Pastoral-Training-Kursen mit der methodisierten „Verbatim-Analyse" konnte und sollte es schließlich nicht nur um eine psychologische Grundlagenunterweisung gehen! Wenn schon fachlich gegründete und psychologisch ausgewiesene *Lebensberatung* als kirchliche Aufgabe angesagt war, dann mußte diese Art der Seelsorge nicht nur individuell ausgerichtet werden, sondern der christlichen Gemeinschaft zugute kommen und in einem *theologischen* Kontext gesehen werden.

D. Stollberg charakterisiert den Ansatz S. Hiltners deshalb so: „In gewisser Weise sind die Ziele der Seelsorge-Beratung die Ziele der Kirche überhaupt: Menschen zu Christus und in die christliche Gemeinschaft zu führen, ihnen zur Anerkennung ihrer Sünde, zur Reue und Annahme der Gnade zu verhelfen und ihnen zu helfen, mit sich selbst und den Mitmenschen ins reine zu kommen und aus Glaube und Vertrauen zu handeln, während sie früher voller Zweifel und Angst gewesen waren. Aufgabe der Seelsorge ist es, Frieden zu bringen, wo vorher Zwietracht herrschte."[140]

Diese Ziele gilt es nicht nur praktisch zu erreichen, sondern auch theologisch zu reflektieren: S. Hiltner nimmt einen Grundgedanken Paul Tillichs auf, wenn er in diesem Zusammenhang dazu auffordert, die Beziehung zwischen Glauben und Leben prinzipiell als ein Korrespondenzverhältnis zu verstehen und dabei Evangelium und Situation, Glaube und Kultur, vor allem aber seelische Erfahrung und theologische Erkenntnis als jeweils *reziproke* Größen anzusehen.[141] Immer geht es dabei darum, von der augenscheinlichen Praxis, die durch die Humanwissenschaften (besonders durch die Psychoanalyse) neu erschlossen wurde, her Theologie zu treiben und erst so die Welt als ein organisches Ganzes zu begreifen. „Wo das Spannungsverhältnis zwischen theologischer Theorie und kirchlicher Praxis in einem konkreten Handlungsfeld als ein sich dialektisch bedingendes Verhältnis erfahren wird, formiert sich bald die Frage, wie Beobachtungen, die einen bestimmten Praxiskontext betreffen, auch stärker in exegetische, dogmatische und ethische Fragestellungen einfließen können. Hiltner hat hierauf eine Antwort versucht", schreibt dazu K.-V. Schütz.[142]

---

[140] Vgl. D. Stollberg, a.a.O., S. 207; vgl. zum Abschnitt *Ders.*, Seward Hiltner, in: *Christian Möller* (Hg.), Geschichte der Seelsorge in Einzelporträts. Bd. 3, Göttingen 1996.
[141] Vgl. dazu auch R. Riess, Seelsorge, S. 203f.
[142] Vgl. K.-V. Schütz, a.a.O., S. 66.

Es geht also in dieser Phase nicht nur darum, den pastoralpsychologischen Ansatz zu systematisieren und theologisch zuzuordnen. Es geht zusätzlich darum, Pastoralpsychologie als ein *hermeneutisches* Prinzip aufzufassen und so konsequent wie möglich in die Theologie einzubringen. Diese besondere Intention zeigt sich dann auch in S. Hiltners (von R. Riess ins Deutsche übersetzt) Buch über psychologische Erschließung theologischer Grundbegriffe.[143]

Alle aus Erfahrungen gewonnenen und gezielt reflektierten Erkenntnisse der Pastoralpsychologie stellen demnach einen beachtlichen Gewinn für alles theologische Denken und seelsorgerliche Handeln dar. Denn – so faßt S. Hiltner seine Aussagen in dem letztgenannten Buch zusammen: „Erst wenn wir die grundlegende Einsicht erfassen, daß die Themen der Theologie auch in der Tiefe begründet sind, in der es dynamische Spannungen und Entspannungen, Gleichgewichtszustände und Gefahren der Einseitigkeit und Entartung gibt, können wir die Themen der Theologie auch tiefer verstehen."[144]

Soviel zu Seward Hiltner als dem Hauptvertreter einer zweiten Phase des neuen Seelsorgeverständnisses in den USA, die etwa die Jahre 1943–1966 umfaßt.

c) Als ein typischer Vertreter der darauf folgenden Phase, die eine zusammenfassende Praxisanleitung bei bemühter theoretischer Grundlegung sowohl im humanwissenschaftlichen wie im theologischen Bereich bietet, kann schließlich *H.J. Clinebell* mit seinem Buch über beratende Seelsorge gelten.[145] Dem Autor geht es darin vor allem darum, eine differenzierte Typenlehre der Beratung zu entwickeln, in neue kreative Methoden der Psychotherapie einzuführen und entsprechende Fähigkeiten entwickeln zu lehren, dabei weniger „aufdeckende" als „stützende" Verfahren in die Seelsorge zu integrieren und all das durch Praxisübungen zu ergänzen.

Soviel an dieser Stelle zu Howard J. Clinebell als einem Hauptvertreter der dritten Phase eines neuen Verständnisses von Seelsorge, die sich von den ausgehenden sechziger Jahren an entfaltete.[146]

Im Hinblick auf die notwendigen Entscheidungsvorgänge im Rahmen einer sachgemäßen Theologie läßt sich im Hinblick auf Stollbergs Gesamtkonzeption festhalten:

---

[143] *Seward Hiltner*, Tiefendimensionen der Theologie. Grundbegriffe des Glaubens aus psychodynamischer Sicht, Göttingen, 1977.

[144] S. Hiltner, a.a.O., S. 165.

[145] *Howard J. Clinebell*, Modelle beratender Seelsorge, München, 1971 in deutscher Übersetzung.

[146] Zu Einzelheiten dieses Konzeptes s.u. S. 189, Anm. 29, im Rahmen des Themas „Beratende Seelsorge".

1) Bei dieser „typischen" Poimenik geht es sehr wohl um jene natürlichen Grundlagen, die im Rahmen der Schöpfungsordnung bleibend zum Tragen kommen. Sie sind nicht nur allgemein als göttliches „Gesetz" der Welt eingestiftet. Sie lassen sich auch in der zwischenmenschlichen Beziehungsstruktur als Spuren einer „heilsamen Vergangenheit" aufspüren und mit Hilfe des Evangeliums in einen zukunftsoffenen Neubeginn überführen.

2) Ein Verbundsystem von seelsorgerlicher Konfliktbearbeitung und konkreter Gemeindeeinbindung ist bei dieser Seelsorgekonzeption nicht zwingend vorausgesetzt. Zwar fungiert auch hier „Kirche" als glaubensprägende Größe und als wesentliches Strukturelement seelsorgerlichen Handelns! Ihre gestaltende Kraft spiegelt sich aber eher in der einzelnen zwischenmenschlichen Beziehung wider als daß sie deren äußeren Rahmen bildet.

3) Die Frage nach dem Verhältnis von befreiendem Denken und bekennendem Zeugnis ist bei Dietrich Stollberg folgerichtig in die von ihm vertretene Dialektik von Gesetz und Evangelium eingebunden: Das Denken und Handeln erkennt erst an seiner eigenen Grenze die glaubensbedingte Voraussetzung allen Verstehens. Insofern wird vernünftiges Denken mit der (Lebens-)Zeit zum Glauben und Bekennen herausfordern.

In diesem Sinne entspricht alle Seelsorge einer „therapeutischen Maßnahme", die das „Zeugnis" naturgemäß nicht ausklammert, es aber (im Gegensatz zu aller „kerygmatischen Seelsorge) in ihrem praktischen Vollzug eher relativiert.

3. Der Ruf nach unmittelbarem Bezug auf biblische Aussagen und Handlungsanweisungen: Jay E. Adams

Ihre *Begründung* findet Seelsorge bei dieser wiederum typischen Einstellung in einer biblizistisch geprägten und fundamentalistisch unterlegten Glaubensgewißheit. Dies erscheint aller Wahrnehmung im anthropologischen Bereich, aber auch aller theologischen Reflexion, vorgeordnet. Deshalb liegt bei diesem Ansatz die Betonung stets auf der unmittelbaren Inanspruchnahme biblischer Einzelaussagen.

Der Zuspruch des Evangeliums wird als eine zeitlos formulierte und damit als grundsätzlich von jedermann verstehbare Größe aufgefaßt. Voraussetzung dafür, daß die Botschaft der Bibel nicht nur konfliktlösend, sondern auch direkt psychotherapeutisch helfend wirksam werden kann, ist freilich ein eindeutiges als solches zur Sprache gebrachtes Sündenbekenntnis des Betroffenen.

Zur Zielsetzung gehört eine hier und jetzt erlebbare Befreiung des Menschen: Seelsorge ist darauf ausgerichtet, den einzelnen Ratsuchenden von der hinter allem nur denkbaren Übel stehenden Sündenwirksamkeit in konkreter Bezugnahme auf diesen ursächlichen Zusammenhang zu überzeugen. In der Folge kann der Zuspruch des Evangeliums ebenso konkret zur Befreiung führen und damit die Konfliktlösung einleiten. Dieses Konzept ist wiederum als eine gezielte Gegenbewegung gegen die bisher genannten Konzeptionen entstanden. Es wird in dieser reaktiven Vorgehensweise erst recht verständlich.

Ein wesentlicher Impuls zu entsprechendem Handeln sowie zu dessen Konzeptualisierung kommt wieder aus den USA: Jay E. Adams, Professor für Praktische Theologie und Leiter eines Seelsorgezentrums, veröffentlicht seine beiden Bücher „Befreiende Seelsorge" („Competent to Counsel", 1970; deutsch 1972, 5. Aufl. 1980) und „Handbuch der Seelsorge" („The Christian Counselor's Manuel", 1973; deutsch 1976ff).

Worum geht es ihm und geht es jetzt? „Als Gemeindepfarrer bemühte sich Adams um eine vollmächtige Seelsorge. Enttäuscht von den Fachbüchern wandte er sich schließlich der Bibel zu und befragte sie nach Richtlinien für die Seelsorge."[147] Die Bibel wird so in der Folge einer ebenso durchgehenden wie prinzipiellen Enttäuschung an aller gängigen Seelsorge und der dahinterstehenden theologischen Reflexion zum eigentlichen poimenischen Lehrbuch mit direkten Handlungsanweisungen. Dem entsprechenden Seelsorgekonzept soll in zwei Schritten nachgegangen werden.

a) „Befreiende Seelsorge" (1970/1980)

Adams hat sich offensichtlich sowohl mit der modernen Seelsorgeliteratur als auch mit der modernen Psychiatrie und Psychotherapie sehr intensiv auseinandergesetzt und fand sich dabei zunehmend in Verzweiflung über deren Wirkungslosigkeit vor.[148] In dieser Lage wendete er sich in neuer bzw. intensivierter Wahrnehmungseinstellung der Heiligen Schrift zu: „Ich entdeckte, daß die Bibel viel aussagt über die Beratung von Menschen mit persönlichen Nöten. Schwierige Fragen tauchten auf, zum Beispiel, wie Besessenheit und Wahnsinn sich zueinander verhalten. Ich fing an, nach dem ursächlichen Zusammenhang von persönlicher Schuld und seelischen Störungen zu forschen, wovon offenbar in den Psalmen 31, 38 und 51 die Rede ist. Ferner scheint Jakobus zu bestätigen, wie wichtig sowohl das Sündenbekenntnis als auch die ärztliche Behandlung bei gewissen körperlichen Krankheiten ist ..."[149]

---

[147] Vgl. den Klappentext zu „Befreiende Seelsorge"; vgl. Anm. 148.
[148] Vgl. *Jay E. Adams*, Befreiende Seelsorge. Theorie und Praxis einer biblischen Lebensberatung, Giessen/Basel, 5. Aufl. 1980, S. IXff. (Einleitung).
[149] J. E. Adams, a.a.O., S. XII.
Die entsprechende Textstelle, Jak. 5, 14-16, lautet: „Ist jemand unter euch krank, so lasse er die Ältesten der Gemeinde zu sich rufen, und sie sollen ihn mit Öl salben im Namen des Herrn und über ihm beten! Das Gebet des Glaubens wird

Und Adams fährt fort und wendet sich gegen alle Seelsorgebewegung und die mit ihr unweigerlich verbundene Integration psychologischer Erkenntnisse und Methoden: „Wir müssen uns gegen die christliche Bemäntelung rein weltlicher Lehren über den Menschen zur Wehr setzen. Die Seelsorge ist heute leider weitgehend von ihnen geprägt. Christen sollen diese Lehren durchschauen und deren grundsätzlich unchristliche Voraussetzungen sehen. Meine Schlußfolgerungen sind nicht von wissenschaftlichen Ergebnissen abgeleitet. Meine Methode geht von folgenden Voraussetzungen aus: Ich akzeptiere die Bibel als voll vertrauenswürdigen Maßstab für Glauben und Handeln ... Zwei Dinge sind noch festzuhalten. Erstens: Ich bin mir voll bewußt, daß meine Interpretation biblischer Texte nicht unfehlbar sind. Zweitens: Ich habe nicht die Absicht, Ergebnisse wissenschaftlicher Forschung zu mißachten. Sie sind mir im Gegenteil willkommen als Ergänzung und Illustration. Sie stellen auch falsche, menschliche Interpretation der Bibel in Frage und zwingen den Christen zu genauem Schriftstudium. Auf dem Gebiet der Psychiatrie hat jedoch die Wissenschaft leider zu einem beträchtlichen Teil humanistischem Philosophieren und plumpen Spekulationen weichen müssen."[150]

Auf dieser Basis betätigt sich Adams zunächst als Apologet: In einem Kapitel „Christentum und Psychiatrie heute"[151] grenzt er sich vor allem scharf gegen Freud ab und tut das in scheinbarer Übereinstimmung mit den neuesten Erkenntnissen der Psychiatrie: „Die Lehren Freuds waren eine der Hauptvoraussetzungen, die zum allgemeinen Zusammenbruch des Verantwortungsgefühls in der modernen amerikanischen Gesellschaft geführt haben."[152] „Ein weiteres Übel kommt von der Ansicht, psychische Störungen als Krankheiten zu betrachten."[153] Vor allem aber: „Freud nennt die biblischen Berichte ‚Märchen'. Religion, so sagt er, wurde der Bedürfnisse des Menschen wegen erfunden. Wenn einer erwachsen wird, braucht er die

---

den Kranken retten, und der Herr wird ihn auferstehen lassen, und wenn er Sünden getan hat, wird ihm vergeben werden. So bekennt nun einander die Sünden und betet füreinander, damit ihr gesund werdet."
Vgl. zu Jak. 5, 14 auch *Martin Dibelius*, Der Brief des Jakobus, in: Meyers Kommentar XV, Göttingen, 11. Aufl. 1964, S. 300: „Das Ganze ist ein Exorzismus; wie bei solchen Wunderkuren oft populär-medizinische Mittel verwendet werden, so geschieht es hier und Mk 6,13 mit dem Öl; man will aber nicht seine angebliche oder wirkliche therapeutische Wirkung ausnutzen, sondern es als Vermittler einer durch den Namen beschworenen göttlichen Kraft verwenden. Der Erfolg des ganzen Aktes besteht ja auch nicht nur in der Heilung, sondern auch in Sündenvergebung."

[150] J. E. Adams, a.a.O., S. XIX.
[151] J. E. Adams, a.a.O., S. 1ff.
[152] J. E. Adams, a.a.O., S. 4.
[153] J. E. Adams, a.a.O., S. 6.

Religion nicht mehr. Christen sollten diese Voraussetzung Freuds kennen, bevor sie seine Prinzipien übernehmen. Sie liegt allem, was er geschrieben hat, zugrunde." „Freud hat die Menschen nicht verantwortungslos gemacht; aber er hat eine philosophische und pseudowissenschaftliche Grundlage geliefert, auf der verantwortungslose Menschen ihr Verhalten rechtfertigen können. Freud ist nicht Urheber der Übel unserer modernen Gesellschaft, sondern nur ein komplizierender Faktor. Die tiefste Ursache ist die Sünde des Menschen."[154] Dagegen steht dann: „Der Geist Gottes ist der Urheber jeder echten Persönlichkeitsveränderung, die eine Heiligung des Gläubigen bedeutet."[155]

Auch die Übernahme der psychologischen Einsichten und Methoden von Carl Rogers ist abzulehnen, denn: „Die Grundvoraussetzung seines Systems steht in voller Übereinstimmung mit dem liberalen und humanistischen Gedankengut, daß nämlich die Fähigkeit zur Lösung der menschlichen Probleme im Menschen selbst liege."[156] Deshalb werde im Rahmen dieser Psychologie auch immer wieder versucht, Hilfe zur Selbsthilfe anzubieten und dabei direkte Ratschläge tunlichst vermieden. Das aber bedeutet praktisch: „Trotz aller gegenteiligen Beteuerung hat der Rogerssche Berater kein wirkliches Interesse am Patienten. Der Patient ist zu ihm gekommen mit einem Problem, für das er eine Lösung sucht. Aber dieser sieht ihn nur als Träger von Gefühlen. Was der Patient denkt, ist für ihn bedeutungslos. Das Problem ist zufällig, und Fakten müssen zur Seite geschoben werden, weil sie ablenken."[157]

All diesen poimenischen Irrwegen gegenüberstehend wird von Adams daraufhin die sog. „nuthetische" Beratung begründet und anempfohlen. Grundlage sind die neutestamentlichen Begriffe „nouthesia" bzw. „noutheteo". Das damit bezeichnete „Vermahnen" übersetzt Adams durchgehend mit „nuthetisch zurechtweisen", d.h. sich gegenseitig geistlich zurechthelfen, sich nuthetisch um den anderen kümmern.[158] „Nuthesia" wird als ein Ziel der Heiligen Schrift angesehen. Sie geschieht aus Anteilnahme und aus reiner Liebe heraus. Sie ist die wirklich „bevollmächtigte Seelsorge", indem sie mit den sündhaften Verhaltensweisen konfrontiert: „Anstelle von Ausreden und Abschieben von Schuld verlangt nuthetische Seelsorge das Aufsichnehmen von Verantwortung und Tadel, das Eingeständnis von Schuld, das Bekenntnis von Sünde und das Trachten nach Vergebung in Christus."[159]

---

[154] J. E. Adams, a.a.O., S. 15f.
[155] J. E. Adams, a.a.O., S. 19.
[156] J. E. Adams, a.a.O., S. 71.
[157] J. E. Adams, a.a.O., S. 78.
[158] J. E. Adams, a.a.O., S. 37.
[159] J. E. Adams, a.a.O., S. 48.

Auf diese Weise nuthetisch zu beraten, wird dann im Hinblick auf den praktizierenden Seelsorger methodisiert und schlägt sich in „Grundsätzen der nuthetischen Beratung" nieder.[160] (Anleitung zur Selbstzucht, Verhalten im Gespräch, Erweiterung zur Teamseelsorge, Wahrnehmung von Körpersignalen.) Immer wieder geht es in vielen Einzelheiten darum, den Weg zu neuer Begegnung zwischen Mensch und Mensch, d.h. zu wirklicher Kommunikation freizuräumen und sich dabei klarzumachen: „Probleme der Kommunikation sind Folge der Sünde im Garten Eden, deshalb können sie nie mit Methoden nach Rogers oder Freud oder mit denjenigen der Verhaltensforschung gelöst werden. Nur Gott, der den Menschen erschaffen hat, kann ihm den Weg zurück zur verlorenen Harmonie und vollkommenen Gemeinschaft weisen."[161]

Gegen Schluß des Buches faßt Adams sein Anliegen zusammen: „Ich habe versucht, das Problem der Seelsorge von der Bibel her neu zu durchdenken (nicht erschöpfend, nur andeutungsweise), und ich bitte deshalb, daß meine Arbeit auch von der Bibel her kritisiert wird. Jesus Christus ist die Mitte aller Seelsorge."[162]

b) „Handbuch der Seelsorge" (1973/1976)

Mit seinem „Handbuch"[163] knüpft Adams unmittelbar an die „Befreiende Seelsorge" an und baut auf ihr auf.

Ein erster Teil behandelt „Die an der Beratung beteiligten Personen": Die Hauptperson ist nach biblischem Vorbild der Hl.Geist als Stellvertreter Jesu: „Jesus ließ seine Jünger nicht im Stich: Der Beistand, den er ihnen versprochen hatte, sollte sie beraten und führen, wie er es getan hatte." „Für Johannes ist dieser Beistand der Heilige Geist, der Geist der Wahrheit, der selber die Quelle der Wahrheit ist und zur Wahrheit führt."[164]

Die zweite Person ist der Seelsorger. Er soll seinen legitimen Platz als Prediger und Hirte der Gemeinde endlich wieder einnehmen und damit seiner eigentlichen Berufung gerecht werden. Denn: „Von der Bibel her läßt sich ein eigenes Fachgebiet wie das der ‚Psychotherapie' nicht rechtfertigen. In der Schrift werden nur drei Ursachen *persönlicher* Lebensprobleme unterschieden: dämonische Einflüsse (vor allem Besessenheit), persönliche Sünde und organische Krankheit. Zwischen diesen drei Ursachen besteht Wechselwirkung. Alle menschlichen Probleme lassen sich unter diesen drei Stichworten einordnen, die keinen Raum lassen für ein viertes: nichtorganische

---

[160] J. E. Adams, a.a.O., S. 162ff.
[161] J. E. Adams, a.a.O., S. 209.
[162] J. E. Adams, a.a.O., S. 224.
[163] *Jay E. Adams*, Handbuch der Seelsorge, Gießen, 1976.
[164] J. E. Adams, a.a.O., S. 11.

seelische Erkrankungen. Im biblischen Schema ist meines Erachtens kein Platz für Psychiater/Psychotherapeuten als eigenständige Spezialisten für Probleme."[165] „Hier geht es mir um zwei Dinge. Erstens: Der Psychiater sollte wieder Medizin praktizieren; das wäre seine legitime Aufgabe. Zweitens: Der Prediger sollte wieder zu seiner von Gott aufgetragenen Aufgabe zurückkehren, die man ihm aus der Hand genommen hat (was er oft nicht ungern geschehen ließ)."[166]

Die dritte Person ist der Ratsuchende. Für ihn gilt: „Kein Mensch hat mit noch nie dagewesenen Schwierigkeiten zu kämpfen. Paulus kann der Gemeinde in Korinth schreiben, daß sich die Erfahrungen der Israeliten, die ja auch in einer völlig anderen Zeit und Kultur lebten, auch auf sie anwenden lassen. Daraus schließen wir: Es gibt keine einzigartigen Probleme. Es gibt nur eine begrenzte Anzahl von Grundthemen der Sünde."[167] „Und darüber hinaus gibt es eine biblische Lösung für jedes Problem."[168]

Es folgt daraus: „Christen halten zuversichtlich daran fest, daß sich das Verhalten schnell und gründlich ändern kann – entgegen aller Meinungen, eine nennenswerte Veränderung sei nicht oder nur über einen sehr langen Zeitraum möglich. Das ist eine der wichtigsten Voraussetzungen für den Seelsorger. Er glaubt an Bekehrung und an die umgestaltende Kraft des Heiligen Geistes. Er glaubt, daß ein Mensch, der seiner sündhaften Natur entsprechend sündhafte Verhaltensmuster eingeübt hat und dem durch Erziehung und Vorbilder Falsches gelehrt worden ist, ein lebendiger Christ werden kann, der neue, geistgewirkte Charakterzüge entwickelt."[169]

Ein zweiter Teil des Buches behandelt „Grundlegende Voraussetzungen für die Seelsorge". Aufgezählt werden hierbei

a) *Theologisch-biblische Ausbildung:* „Eine theologisch-biblische Ausbildung ist die wichtigste Voraussetzung für diesen Dienst. Die menschlichen Nöte sind vielfältig; wer ihnen begegnen will, muß systematische Kenntnisse des Wortes Gottes und seiner Grundsätze besitzen."[170]

b) *Hoffnung vermitteln:* „Ein Seelsorger muß in erster Linie ein Mann der Hoffnung sein. Wenn er selbst nicht glaubt, daß dem anderen geholfen werden kann, verbreitet er Hoffnungslosigkeit. Er muß völlig davon überzeugt sein, daß Gott zu seinen Verheißungen steht. Nur so kann er glaubwürdig von der Hoffnung auf Veränderung sprechen."[171]

---

[165] J. E. Adams, a.a.O., S. 14.
[166] J. E. Adams, a.a.O., S. 15.
[167] J. E. Adams, a.a.O., S. 25.
[168] J. E. Adams, a.a.O., S. 26.
[169] J. E. Adams, a.a.O., S. 31f.
[170] J. E. Adams, a.a.O., S 33.
[171] J. E. Adams, a.a.O., S. 40.

c) *Gebet*: „Gebet kann auch als Hausaufgabe vorgeschlagen werden. Alle Ratsuchenden werden dazu aufgefordert, regelmäßig zu beten; aber manchmal beinhaltet die Arbeit an der Lösung des Problems auch ein ganz bestimmtes Gebet."[172]

d) *Intakte Gemeinden*: „Gemeindezucht soll in Liebe geübt werden. Sie soll der Ehre Gottes und der Reinheit der Gemeinde dienen (vgl. 1.Kor. 5,7) und den Schuldigen zu Gott zurückführen." „Christus hat die Versöhnung der Gemeindezucht gegenübergestellt. Seelsorge bemüht sich darum, Gemeindeausschluß zu verhindern, indem sie sich nach Kräften für die Versöhnung einsetzt. Gemeindezucht und Seelsorge sind also unlösbar miteinander verknüpft. In der Anweisung Jesu zur Versöhnung und Gemeindezucht liegt also große Hoffnung. Er hat damit gesagt, daß er in seiner Gemeinde keine ungelösten zwischenmenschlichen Probleme will, und er hat uns ein wirkungsvolles Mittel gegeben, solche Knoten zu entwirren. Jedes Problem kann auf Gottes Weise gelöst werden."[173]

e) *„Ablegen" und „Anziehen"*: Nur so kann Schuld vergeben und vergessen werden und damit eine Erneuerung der Beziehung erfolgen. Deshalb gilt. „Wenn die Vergebung nicht nach einiger Zeit das Vergessen nach sich zieht, sollte der Seelsorger nach dem Grund suchen. Vielleicht findet er dann, daß derjenige, dem Unrecht geschehen ist, in Selbstmitleid darüber brütet. Solches Brüten widerspricht der Vergebung, wie sie die Bibel meint. Vergebung heißt, das Nachsinnen über die Sünde, die man vergeben hat, loslassen. Vergebung ist das Versprechen, die Sache nicht mehr vorzubringen, weder vor dem Schuldigen noch vor anderen, *noch vor sich selbst*. Wer weiter über vergebener Schuld brütet, bricht dieses Versprechen."[174]

f) *Biblische Methoden*: Es ist zu beachten: „Die Methodik einer Beratung ist verquickt mit der Philosophie, die dahinter steht."[175] Und: „Ausgangspunkt für christliche Seelsorge ist also der christliche Glaube. Auf diesem Fundament baut die Methodik auf, und sie bleibt in Übereinstimmung mit ihm. Auch Menschen, die nicht an Gott glauben, handeln in manchen Bereichen richtig. Aber der Christ hat den Vorteil eines festen Bezugspunktes: die Bibel. Von ihm aus kann er die Erkenntnisse und Methoden anderer kennenlernen, beurteilen und auch anwenden, soweit sie mit den biblischen Prinzipien übereinstimmen." „Um eine biblische Methodik zu entwickeln, sind kritische Sorgfalt, viel Zeit und großer Einsatz nötig. Wir alle stehen erst am Anfang dieser Aufgabe."

---

[172] J. E. Adams, a.a.O., S. 51.
[173] J. E. Adams, a.a.O., S. 55f.
[174] J. E. Adams, a.a.O., S. 62.
[175] J. E. Adams, a.a.O., S. 67.

Der umfangreichste dritte Teil des Buches behandelt die „Praxis der Seelsorge". Einzelne Problemsichten und Handlungsanweisungen seien schwerpunktmäßig herausgestellt:

„Das Problem heißt Sünde" und „Seelsorge ist Kampf" gegen den „Satan und seine Kumpane".[176] „Ein Seelsorger weiß, daß er mit seiner Arbeit in Opposition zur Welt, zum ‚natürlichen Menschen', zum Teufel steht ... Seelsorge muß daher als geistlicher Kampf verstanden werden ... Der Feind muß in allen Bereichen geschlagen werden."[177]

Da es unendlich viele „Ausdrucksformen der Sünde" gibt, ist es die Aufgabe des Seelsorgers, das Gemeinsame hinter diesen individuellen Ausdrucksformen zu entdecken und den Problemen passende Bibelstellen und Erfahrungen aus der Seelsorge gegenüberzustellen.[178]

---

[176] J. E. Adams, a.a.O., S. 85.
[177] Ebd.
[178] J. E. Adams, a.a.O., S. 91f.
Hier führt Adams charakteristischerweise zwei psychosomatische Problemfälle an und auch näher aus:
„*Madeleine* leidet unter heftigen Kopfschmerzen. Alles weist darauf hin, daß die Kopfschmerzen auf Verkrampfungen zurückzuführen sind (organische Ursachen – wie etwa ein Gehirntumor – also ausgeschlossen wurden, K.W.). Die Schmerzen sind sehr unangenehm und manchmal so stark, daß Madeleine sich weder auf die Arbeit konzentrieren noch sich entspannen kann.
Christiane leidet von Zeit zu Zeit unter Durchfall, manchmal so schwer, daß sie das Haus nicht verlassen oder an Familienanlässen nicht teilnehmen kann. Die Ärzte können keine Krankheitsursache feststellen.
Die Symptome (Kopfschmerzen, Durchfall) sind sehr verschieden. In beiden Fällen ergaben das Arbeitsblatt ‚Problemstrukturen' (ein Aufgabenpapier, in dem vom Klienten alle positiven und negativen Ereignisse, Situationen und Tätigkeiten einer Woche tabellarisch erfaßt werden sollen, K.W.) und die Informationen, die sich der Seelsorger erfragt hatte, daß Madeleine und Christiane immer dann unter Kopfschmerzen bzw. Durchfall litten, wenn sie einer Streßsituation ausweichen wollten. Sie hatten einen unterschiedlichen Stil für ihre Ausweichmanöver entwickelt, aber sie taten im Grunde genau dasselbe. „Der Seelsorger konzentrierte sich auf die Ursache, nachdem er die Einstellung zu Personen und Problemen beachtete, die jeweils mit den Kopfschmerzen (Durchfall) zusammenhingen, und analysierte die Folgen (Verantwortung umgehen, Menschen und Situationen ausweichen). Auf diese Weise gelang es in beiden Fällen, das Problem an der Wurzel zu fassen und zu lösen."
Das Beispiel zeigt sehr deutlich, wie bei diesem Vorgehen psychosomatische Zusammenhänge zwar als solche sehr genau wahrgenommen werden, die dahinterliegenden Ambivalenzgefühle bzw. neurotischen Strukturanteile jedoch gar nicht ins Gesichtsfeld treten. So wird ein appellatives Vorgehen vorgeschlagen, das seinen stark moralistischen Charakter nicht verleugnen kann und im Rahmen einer deutlichen Ideologiebildung seine Wirksamkeit entfaltet.

Hier wird ebenfalls eine „Typisierung" deutlich. Sie gerät aber nicht zur Orientierungshilfe, um individuelle Ausprägungen des Erlebens als solche zu erkennen, sondern sie dient dazu, „passende" und d.h. wiederum „typische" Bibelstellen zu finden.

Besonders einschneidend wirkt sich diese seelsorgerliche Grundeinstellung im Umgang mit depressiven Verstimmungszuständen aus. Als deren Ursache wird die falsche (sündhafte) Handhabung eines (Lebens-)Problems angenommen. Die sündigen Gewohnheiten (wie etwa eingeschliffene Nachlässigkeit und Faulheit, Schuldgefühle wegen einer bestimmten Sünde, Selbstmitleid, Eifersucht, negative Gefühle, die aus Groll, Sorgen usw. entstanden sind) haben Sogwirkung: „Das ist ein Teufelskreis, der einen in Hoffnungslosigkeit und Schuld versklavt, bis hin zu der Passivität, die man Depression nennt."[179]

Demgegenüber wird dann ausgeführt: „Es muß gar nicht erst zu einer Depression kommen, wenn das ursprüngliche Problem richtig angegangen wird. Eine Depression ist nichts Unausweichliches, sie kommt nicht wie ein Schicksal über einen. Sie ist auch nie so weit fortgeschritten, daß man nichts mehr dagegen tun könnte. Der Teufelskreis kann an jedem Punkt durch biblische Handlungsweise und mit der Kraft des Heiligen Geistes durchbrochen werden. Es gibt Hoffnung für den Depressiven; denn die Depression ist Folge der Sünde, und Jesus Christus hat die Sünde und ihre Folgen überwunden. Wenn eine Depression irgend eine unberechenbare Krankheit wäre, die einen einfach überkommt, für die man deshalb nicht verantwortlich ist und gegen die man nichts unternehmen kann, dann wäre alle Hoffnung dahin."[180]

---

[179] J. E. Adams, a.a.O., S. 271.
[180] J. E. Adams, a.a.O., S. 272. Auf S. 272ff. werden dann sehr konkret sog. „Hilfen für depressive Menschen" genannt: „Was kann der Seelsorger tun? Zuerst sucht er nach komplizierenden Faktoren. Depressive Menschen versäumen oft ihre unangenehmen Pflichten, wie Wäsche bügeln, gewisse Aufgaben im Geschäft usw."(S. 272). „Er erklärt den Ratsuchenden, wie eine Depression entsteht, daß es die Tendenz des menschlichen Herzens ist, den negativen Gefühlen nachzugeben, statt das zu tun, was richtig ist. Dann entwickelt er mit ihm (oder ihr) einen Plan, um die Depression zu bekämpfen. In jenem Fall, in dem die ungebügelte Wäsche jeweils den ersten Schwall von negativen Gefühlen auslöste, gab der Seelsorger folgenden Rat: ‚Jedesmal, wenn Ihnen das Bügeln zuwider ist, tun Sie folgendes: 1. Machen Sie sich trotzdem sofort dahinter, *egal wie Sie sich fühlen*! Bitten Sie Gott um Hilfe. 2. Sagen Sie Ihrem Mann, daß Sie Schwierigkeiten haben, damit er Ihnen Mut macht und darauf achten kann, daß Sie die Wäsche bügeln, auch wenn Sie keine Lust dazu haben! 3. Wenn Sie mit Bügeln im Rückstand sind, blasen Sie alles andere (Fernsehen, Plauderstündchen bei Nachbarinnen usw.) ab und gönnen Sie sich keine Extras bis Sie mit Bügeln fertig sind." usw., usw. (S. 273, es folgen Anweisungen zu drei weiteren Schritten)

In der Tat liegt hier ein Angelpunkt im Umgang mit Depressionen! Wenn Jay E. Adams schreibt „Einem depressiven Menschen die Hoffnung nehmen, ist gefährlich, denn das könnte ihn zum Selbstmord führen"[181], muß er sich mit dem gezielten Vorwurf auseinandersetzen, daß eben diese gefährliche Situation die direkte Folge seines – beim heutigen Wissensstand faktisch unverantwortlichen – Vorgehens sein kann. Wer nach solcher Seelsorge dennoch wieder depressiv reagiert, muß sich als völlig der „Sünde" verfallen und jetzt selbst von Gott verlassen fühlen.

Welche Entscheidungen im Rahmen einer sachgemäßen Theologie sind im Hinblick auf diese „typische" poimenische Konzeption feststellbar?

1) Die Anknüpfung an die erhaltene „ursprüngliche Struktur" einer Gottesbeziehung zeigt sich bei Adams vor allem in seiner ethischen, ja moralistischen Grundeinstellung. Es gilt, alle Anstrengungen zu unternehmen, um durch gezielte Sündenbekämpfung im alltäglichen Verhaltensbereich die grundsätzliche Verbundenheit eines Menschen mit Gott neu erlebbar zu machen. Die andauernde Veränderungsbedürftigkeit drückt sich dabei in einem (mehr oder weniger offensichtlich) sündenbedingten Leidensdruck aus, der sich u.a. psychosomatisch äußern kann.

2) Die Gemeinschaft resp. Gemeinde, der ein Christ notwendigerweise zugeordnet ist, bekommt in diesem Kontext eine besondere Funktion. Seelsorgerliches Handeln zielt durchaus auf Einbindung in das kirchliche Leben ab. Die entsprechende Zugehörigkeit zu einer vom Glauben geprägten Gruppe dient dabei aber vor allem der Absicherung gegen Sittenverfall im allgemeinen und der sittlichen Bewahrung des einzelnen.

3) Alles Denken ist dem Glauben als Folgeerscheinung zu- bzw. untergeordnet. Damit steht das „Zeugnis" als seelsorgerlicher Wirkfaktor unabdingbar im Vordergrund. Es kann im Konfliktfall (z.B. mittels des Gebets) sogar als „therapeutische Maßnahme" fungieren.

Wie bei diesen sehr konkreten Hinweisen deutlich wird, ist hier der typischen Unstrukturiertheit und Antriebsschwäche des depressiven Verhaltens ein besonderer Konditionierungsversuch gegenübergestellt. Abgesehen davon, daß dieses Vorgehen bei bestimmten Zustandsbildern durchaus Wirkungen zeitigt, dann aber die Frage nach der bleibenden Abhängigkeit von (seelsorgerlich) stützenden Beziehungspersonen dringend gestellt werden muß, wirkt dieser Versuch im ganzen hochproblematisch. Der von Adams selbst herausgestellte „Teufelskreis" depressiver Befindlichkeit wird in der Regel durch ein solches Vorgehen nach möglichen Anfangserfolgen verstärkt: Der depressive Ratsuchende fühlt sich dann noch hoffnungsloser in seine Lage verstrickt, weil er sogar die so gutgemeinten und biblisch fundierten Anweisungen des Seelsorgers nicht „schafft", sich in der Folge als ein besonders hartnäckiger Sünder erlebt und den Kampf aufgibt.

[181] J. E. Adams, a.a.O., S. 278.

IV. Typen der christlichen Seelsorge

Dargestellt wurden drei konzeptionelle Bearbeitungen des traditionsreichen Themas „Christliche Seelsorge", die wir vom jeweiligen (theologischen und anthropologischen) Ansatz, der jeweiligen (zeitgemäßen und reaktiven) Schwerpunktbildung und der jeweiligen (einflußnehmenden und schulenbildenden) Wirkung her als *typisch* bezeichnet haben.

Typische Entwürfe sind allerdings nicht nur auf dem Hintergrund bzw. als Konsequenzen unterschiedlicher theologischer Einstellungen oder unterschiedlicher Glaubensmodalitäten zu sehen! Sie spiegeln gleichermaßen sehr unterschiedliche *Besorgtheiten* wider. Es sind Besorgtheiten, die auftauchen und strukturierend wirken, wenn es zum einen um ein den Menschen wirkungsvoll veränderndes, zum anderen um ein sowohl vor Gott als auch vor den Menschen verantwortbares helfendes Handeln gehen soll. Sie lassen sich im Anschluß an die drei aufgeführten Paradigmen jetzt benennen als

a) Besorgtheit wegen der Relativierung oder des drohenden Verlustes eines theologisch reflektierten Propriums der Seelsorge;

b) Besorgtheit wegen der Relativierung oder des drohenden Verlustes des verstehenden Kontaktes zu den zeitgenössischen Ratsuchenden in ihrer heute gegebenen (Er-)Lebenssituation;

c) Besorgtheit wegen der Relativierung oder des drohenden Verlustes eines notwendig zeitkritischen Rückbezugs in der Daseinsgestaltung auf biblische Normen und Aussagen.

Naheliegenderweise lösen solche Besorgtheiten ebenso wie die mit ihnen verbundenen typischen Reaktionen das Bestreben aus, den in diesem Kontext befürchteten *Vereinseitigungstendenzen* ausgleichend und vermittelnd zu begegnen.

Das kann zum einen so geschehen, daß zwischen den typischen Positionen zahlreiche „Mischformen" entwickelt und vertreten werden. Diese im Sinne einer Orientierungshilfe zu erfassen und zu ordnen, gerät dann zu einer besonderen Aufgabe.[182]

Zum anderen kann das Zuordnungs- und Vermittlungsbemühen aber auch in der Eröffnung historischer Vergleichsmöglichkeiten gesehen werden. Entsprechende Engagements haben die jeweilige Dominanz der typischen Einstellungen von vornherein begleitet.[183]

---

[182] Vgl. dazu das Kapitel „Die gegenwärtige Lage", s.u. S. 172ff.

[183] Als Beispiele seien hier schon genannt *Werner Jentsch*, Handbuch der Jugendseelsorge. Geschichte – Theologie – Praxis, Gütersloh, viele Teilbände 1963f. (s.u. S. 229, Anm. 152); *Friedrich Wintzer* (Hg.), Seelsorge. Texte zum gewandelten Verständnis und zur Praxis der Seelsorge in der Neuzeit, München, 1977; *Eberhard Winkler*, Erfahrung und Verkündigung in der Seelsorge, ThLZ (107) 1982, Sp. 321ff.

Das läßt an dieser Stelle fragen: Ist eine Beschäftigung mit der Geschichte der Seelsorge bzw. Poimenik nur in der genannten Absicht vorteilhaft? Oder bedeutet sie auch darüber hinausgehend für den modernen Seelsorger/die moderne Seelsorgerin eine Horizonterweiterung, auf die man bei allem entsprechenden Aufwand aus benennbaren Gründen nicht verzichten sollte?

C. Die Geschichte der christlichen Seelsorge von deren Anfängen bis zur Gegenwart

Die Frage, weshalb sich für Seelsorger und Seelsorgerinnen eine Beschäftigung mit der Geschichte ihrer Tätigkeit lohnt, findet keine schnelle oder gar selbstverständliche Antwort. Diese Antwort will vielmehr unter poimenischem Vorzeichen genau reflektiert und von der Sache her begründet sein. Zu dieser Reflexion und Begründung gehören u.a. die folgenden Überlegungen:

Alle wirksame Seelsorge ist naturgemäß „Zeitgerechte Seelsorge"![1] Sonst könnte sie den Zeitgenossen und die Zeitgenossin wohl kaum erreichen! Was aber wirklich zeitgemäß ist, läßt sich nur bestimmen und erleben, wenn es von dem, was zu anderen Zeiten möglich und nötig war, unterschieden und abgehoben werden kann. Insofern sind Seelsorger und Seelsorgerinnen ganz allgemein gehalten, sich um historisches Denken, Fühlen, Handeln und Glauben zu bemühen, wenn sie sich die Besonderheit ihres heutigen Vorgehens sowie dessen zeitgerechte Form klarmachen wollen.

Dieses Bemühen entspricht allerdings durchaus nicht nur einem abstrakt-wissenschaftlichen Interesse! Es hat vielmehr direkte Auswirkungen auf die Praxis. Ein seelsorgerlicher Akt kann nämlich von mehr oder weniger lebendigem *Geschichtsbewußtsein* getragen und strukturiert sein. Etwa muß solches Geschichtsbewußtsein durchaus nicht zum Selbstverständnis eines Ratsuchenden (im Konfliktfall) gehören. Er kann sein Leben – auch sein Glaubensleben! – vorwiegend „geschichtslos", d.h. von situativen Problemen besetzt, von situativen Bedürfnissen und Erwartungen ausgefüllt, von situativer Betroffenheit bewegt führen und führen wollen.

Deshalb kann es durchaus zur seelsorgerlichen Aufgabe gehören, die geschichtliche Dimension menschlichen Daseins ins Spiel zu bringen und ein dementsprechendes Gespür für Zusammenhänge zu erwecken, die die Zeit und die Einzelexistenz übergreifen.

Je besser das gelingt, desto mehr ist damit gleichzeitig eine für die seelsorgerliche Begegnung wichtige Einstellung gefördert. Es ist dies die Einstellung, die als notwendig erkannte Verhaltensänderung im Konfliktfall nicht nur als punktuelles Ereignis, sondern als in der Zeit stattfindenden und damit als geschichtsbezogenen Lernprozeß zu begreifen.

---

[1] So der Titel von Heft 20 der Schriftenreihe „Missionierende Gemeinde", hg. von *Elisabeth Baden, Hermann Klemm*, u.a., Berlin und Hamburg, 1971. Hier sind Memoranden und Aufsätze „Zur Lage und Erneuerung des seelsorgerlichen Dienstes der Kirche" aus dieser Zeit zusammengestellt.

Dieser Lernprozeß eröffnet im positiven Fall einen ungewohnten, bisher verschütteten Zugang zu ebenso hilfreichen wie tröstlichen Vorerfahrungen, denen nicht nur das individuelle Herkommen, sondern auch das Herkommen aus einer langen christlichen (Verhaltens-)Tradition zugrunde liegt. Geschichte ebenso sach- wie zeitgemäß ins Bewußtsein zu heben heißt in diesem Sinne, einen sowohl individuell als auch überindividuell erworbenen Erfahrungsschatz neu zugängig zu machen.

Die Förderung eines heutzutage häufig kaum aktivierten, gegebenenfalls aber sehr hilfreichen oder sogar notwendigen Geschichtsbewußtseins gehört deshalb sicher zu den besonderen Fähigkeiten im Rahmen seelsorgerlichen Handelns. Diese Fähigkeit kann aber kaum ausgebildet werden, wenn der Seelsorger/die Seelsorgerin nicht selbst die *Geschichte ihrer eigenen beruflichen Tätigkeit* bzw. ihres eigenen Vorgehens mit Interesse besetzt. Nur so wird sich auf diesem Gebiet ein Informationsvorsprung erwerben lassen. Es ist ein sachlich-fachlicher Informationsvorsprung, der dem Ratsuchenden bei gemeinsamen Auseinandersetzungen um dessen individuelle Glaubensgeschichte (direkt oder indirekt) zur Verfügung gestellt werden kann.

Gleichzeitig geht es dabei stets auch um die kontinuierliche Auseinandersetzung mit dem eigenen Selbstverständnis als Seelsorger und als Seelsorgerin. Auf dieser Basis läßt sich die gezielte Beschäftigung mit der Geschichte des seelsorgerlichen Handelns jetzt im einzelnen mit den folgenden Erwartungen verbinden:[2]

a) Ich übe (beruflich) eine Tätigkeit aus, die ein benennbares und historisch bestimmbares Herkommen hat. Ich finde mich also zusammengestellt mit einer Tradition vor, die mich bereits erprobtes und bewährtes seelsorgerliches Verhalten in zeitgemäß veränderter Form fortsetzen läßt.[3] Dieser Zusammenhang mit einer spezifischen Tradition bewahrt mich einerseits vor dem Gefühl der Vereinzelung. Er bewahrt mich andererseits vor dem Gefühl, mein seelsorgerliches Vorgehen in einer buchstäblich „beispiellosen" und unabgegrenzten Weise (vor Gott und den Menschen) verantworten zu müssen. Meine *Identität* als Seelsorger/Seelsorgerin wird hierbei durch die *Nähe* zur Tradition gespeist.

---

[2] Zu diesem Abschnitt vgl. die einleitenden Bemerkungen des Kapitels „Aus der Geschichte der Seelsorge seit der Zeit der Reformation" in: *Werner Schütz*, Seelsorge. Ein Grundriß, Gütersloh, 1977, S. 9ff.

[3] W. Schütz schreibt dazu (a.a.O., S. 9): „Man kann nicht aus der Geschichte lernen, indem man unmittelbar aus ihr Erkenntnisse, Regeln und Weisungen für die Gegenwart gewinnt. Unsere Situation ist nie mit irgend einer Lage der Vergangenheit völlig gleichzusetzen; immer muß Identität und Nichtidentität, Kontinuität und Nichtkontinuität, Analogie und Andersartigkeit von Situation und Umfeld bedacht werden."

b) Ich übe (beruflich) eine Tätigkeit aus, deren lange Vorgeschichte mit ihren einzelnen Epochen viele fragwürdige Momente und für mich schwer nachvollziehbare Glaubenseinstellungen, Denkweisen und Handlungsbegründungen einschließt. Das fordert zu vergleichenden Betrachtungen heraus und läßt nach den Hintergründen des einen oder anderen seelsorgerlichen Verhaltens fragen. Meine *Identität* als Seelsorger/Seelsorgerin ist von dieser kritischen und selbstkritischen Auseinandersetzung mit ganz anders gelebten und von eigenen Einstellungen auffällig unterschiedenen Verhaltensweisen abhängig. Sie wird hierbei aus der *Distanz* zur Tradition gespeist.

c) Ich übe (beruflich) eine Tätigkeit aus, die mich um einer dabei ständig angestrebten Horizonterweiterung willen möglichst viele historische Erinnerungen aufarbeiten läßt. Diese Aufarbeitung historischer Ereignisse zur Förderung eines zunehmenden Erfahrungs- und Erkenntnisprozesses ist auf ein gut ausbalanciertes Verhältnis von Nähe und Distanz zu historischen Abläufen angewiesen – soll dieser Prozeß nicht in bloßen Wiederholungen stekkenbleiben.[4] Meine *Identität* als Seelsorger/ Seelsorgerin bewährt sich immer dort, wo die historischen Erinnerungen auf der Basis dieser *Balance zwischen Nähe und Distanz* nicht nur erschlossen, sondern in einer für das gegenwärtige Handeln sinnvollen Weise aufgearbeitet werden.

Welche Zugänge zur Geschichte der Seelsorge ergeben sich auf dieser Grundlage?

I. Die biblischen Wurzeln

1) Ausgangspunkt für den Versuch einer Erschließung dessen, was Christentum eigentlich „von vornherein" mit Seelsorge zu tun hat, ist naheliegenderweise die *Gestalt Jesu Christi* selbst.[5] Welche innovative Funktion seine

---

[4] W. Schütz merkt an: „Geschichte kann man nicht wiederholen, man kann sie nur wieder-holen und fruchtbar machen." (Ebd.).

[5] Daß Jesu Leben und Wirken selbst wiederum nicht ohne dessen Einbindung in eine religiöse und damit seelsorgliche Tradition denkbar ist, läßt natürlich auch nach den biblischen Wurzeln seelsorgerlichen Handelns im Alten Testament und nach deren bleibender Bedeutung und Wirkung fragen. Als Einstiegsliteratur kann dabei das Kapitel „Grundstrukturen jüdischer Seelsorge", in: *Thomas Bonhoeffer*, Ursprung und Wesen der christlichen Seelsorge, München, 1985, S. 30ff. dienen.
Als Grundzüge dieser Seelsorge im Alten Testament der Bibel werden hier herausgestellt: Im Mittelpunkt des alttestamentlichen Glaubens und damit untrennbar verbunden steht das Gesetz. In ihm hat Gott eine einzigartige Sozialordnung offenbart. Das hat zur Folge: „Abfall vom Gesetz würde Ausschluß aus dem Heilszusammenhang und tödliche Verlorenheit bedeuten." (S. 30)

(*hinter* allen neutestamentlichen Berichten als wirksam anzunehmende) Person für den seelsorgerlichen Bereich tatsächlich hatte, ist heutzutage nicht nur eine Frage der historischen Forschung. Es ist im hier gegebenen Zusammenhang auch eine Frage der poimenischen Interpretation und Definition. Dabei lassen sich einige typische Auffassungen bzw. Wahrnehmungseinstellungen herausarbeiten:

a) Jesus von Nazareth wird von seinem (in den biblischen Berichten geschilderten) individuellen Auftreten, von seiner inneren Einstellung und von seiner *Wirkung* auf die damalige Umwelt her als Inaugurator alles seelsorgerlichen Verhaltens gesehen. Jesus ist mit all dem als Person so vorbildhaft, daß dadurch bleibende Maßstäbe für alle christliche (und d.h. ihm „nachfolgende") Seelsorge gesetzt werden.[6]

In Spannung zu dieser „orthodoxen Seelsorge" stehen dann die seelsorgerlichen Auswirkungen der alttestamentlichen Weisheitsliteratur. Diese will dazu verhelfen, die Enttäuschung an dieser Welt, am Geschichtsverlauf in bestimmten Zeiten, an der Unergründlichkeit der Weisheit und des Willens Gottes zu verarbeiten. (Ein Beispiel dafür ist u.a. Hiob – vgl. dazu auch *Volker Weymann*, Hiob, in: C. Möller (Hg.), Geschichte. Bd. 1, S. 35ff.)

In der apokalyptischen Literatur (z.B. beim Propheten Daniel) wird davon ausgegangen, daß aller Zeit des irdischen Elends mit aller Angst seelsorgerlich eine kommende „bessere Welt" entgegenzusetzen ist: „Das Herz des Apokalyptikers ist bei der neuen Welt und ihrer Herrlichkeit, die verborgen, im Himmel schon bereit steht und demnächst auf Erden herabkommen wird." (T. Bonhoeffer, a.a.O., S. 34)

Es muß nicht verwundern, daß besonders die Psalmen von ihrem seelsorgerlichen Gehalt her als zeitlos wichtige Literatur aus dem Alten Testament erlebt und in modernen poimenischen Zusammenhängen zitiert werden. *Ingo Baldermann* charakterisiert sie (in: C. Möller (Hg.), a.a.O., S. 23ff.) als Lebensworte, Klage, angstlösende Anrede, die auf den lebendig gegenwärtigen Gott ausgerichtet ist, zur Sprache der Seele geraten können und damit gleichzeitig als Mittel einer Erlebensdifferenzierung dienen. Alles in allem werden die Psalmen so zu einem Instrument des Lobes. Gerade so wirken sie ungebrochen zeitnah. Denn: „Die Sprache des Lobes wächst weder in den Psalmen noch irgendwo sonst in der Bibel aus der Erfahrung einer neuen heilen Welt, sondern sie findet ihre Konturen überhaupt erst im Angesicht der tiefen Bedrohung. Gerade so bewahrt sie uns vor dem Verstummen; ja, die Sprache des Lobes beginnen wir wohl überhaupt erst jetzt im Angesicht der globalen Bedrohung wirklich zu begreifen. Jedenfalls gehen wir völlig anders damit um als noch unsere Großväter; will mir scheinen: Die Sprache des Lobes hat jetzt erst wirklich ihre Stunde" (I. Baldermann, a.a.O., S. 33).

[6] Als herausgegriffene Beispiele können dienen:
a) *Ernst Christian Achelis*, Lehrbuch der Praktischen Theologie. 2. Band, Leipzig, 2. Aufl. 1898. Da heißt es in dem Kapitel „Umriss der Geschichte der speziellen kirchlichen Seelsorge" (S. 184ff.): „Der *Form* nach kann von spezieller kirchlicher Seelsorge erst mit dem Dasein der Gemeinde und mit der Funktion der Gemeinde-

b) Nicht nur die Erscheinung Jesu Christi, sondern auch die damit verbundene Etablierung des Christentums in dieser Welt wird zum *Konstitutivum* einer lebensgestaltenden Glaubenshaltung, die in dieser Welt den Gang der Dinge zu ändern vermag. Seelsorge wird mit dieser Intention auf das engste mit der christlichen Weltanschauung als solcher verbunden.[7]

c) Jesus Christus, der auferstandene Herr und Herrscher der Welt, wirkte und wirkt als ein *Urbild* der Seelsorge bzw. der Gestalt des Seelsorgers. Er ist damit die ideale Bezugsgröße für eine Grunderfahrung, die zeitlos ein neues Lebensgefühl zu vermitteln vermag.[8]

---

organe namens der Gemeinde geredet werden. Der *Sache* nach haben wir die spezielle kirchliche Seelsorge in dem gesammelten Wirken des Herrn Jesu an den ungezählten Einzelnen, die aufgrund seiner Heilsverkündigung und Selbstoffenbarung teils von der Hirtenstimme (Mt. 11, 28ff.) angelockt zu ihm kamen, teils von ihm aufgesucht wurden (Lc. 15, 1-10) ..." (S. 185)

b) *Oskar Pfister*, Analytische Seelsorge. Einführung in die praktische Psychoanalyse für Pfarrer und Laien, Göttingen, 1927. Hier heißt es über Jesus u.a.: „Alle Mühseligen und Beladenen, alle geistig Armen, alle Leidtragenden, Friedlosen, Gequälten, der göttlichen Liebesgaben Beraubten, von bösen Geistern Besessenen, von Gottes Wegen Abgewichenen glichen in seinen Augen Schafen, die keinen Hirten haben, und ihn jammerte ihrer." (S. 5)

[7] Beispiel hierfür ist etwa a) *Heinrich Adolf Köstlin,* Die Lehre von der Seelsorge nach evangelischen Grundsätzen, Berlin, 2. Aufl. 1907. Im Rahmen einer Begriffsbestimmung heißt es da (S. 2f.): „Von einer *Sorge* für die Seele kann also im eigentlichen Sinne des Wortes nur da gesprochen werden, wo die Seele als die für ihr Geschick *verantwortliche* Trägerin *der Persönlichkeit* gefaßt wird." Und neben anderen Voraussetzungen ergibt sich daraus, „... daß von Seelsorge im strengen Sinne des Wortes nur auf dem Boden der *christlichen* Weltanschauung gesprochen werden kann. Für diese ist die Seele Organ und Trägerin des Geistes und des Lebens für den aus irdischen Stoffen gebildeten Leib, sie ist die Trägerin der Selbstheit, des Ich, der Persönlichkeit, die Trägerin des geistigen Lebens...Die Seelsorge bestimmt sich also hier zur Bemühung um die Seele im Interesse ihrer Entwicklung, Entfaltung und Bewahrung zum ewigen Leben. Das ewige Leben ist in Jesus Christus erschienen und gegeben."

b) Diese Sicht kommt ebenfalls zum Tragen bei *Otto Baumgarten*, Protestantische Seelsorge, Tübingen, 1931. Dort heißt es (S. 5): „Die tiefste Begründung der Seelsorge liegt in der Auffassung des Heils der Seelen als *soteria*, als Herausreißung, Rettung aus der verlorenen, untergehenden Welt, hinein in die Schar der wenigen Erwählten. Nicht um Ausbildung der Seelen zur vollen Auswirkung aller Anlagen in Harmonie, sondern um Rettung der fern von Christus, fern von Gott verlorenen Seelen handelt es sich. Dieser religiöse Absolutismus, der auf der negativen Beurteilung des Welt-, des Natur- und Kulturwesens beruht, trägt im Neuen Testament alle Seelsorge."

[8] Exemplarisch dafür sind zwei Bestimmungen der Seelsorge aus der Mitte des 20. Jahrhunderts.

d) Jesus als der Christus vermittelt und verkörpert vor allem ein völlig verändertes *Wirklichkeitsverständnis*. Christliche Seelsorge bekommt von diesem Mittlertum her ihre eigentliche Aufgabe zugewiesen. Sie soll Menschen instand setzen, dem irdischen Dasein und dessen (wie lange auch immer noch anhaltenden) Bestand unter eschatologischem Vorzeichen zu begegnen, der „Welt" also ebenso kritisch wie kreativ gegenüberzutreten.[9]

---

a) *Alfred Dedo Müller,* Grundriss der Praktischen Theologie, Berlin, 1954, sieht zunächst in einer Zusammenschau von Joh. 10 und Ez. 34 die Grundlage dafür, daß Urbedeutung und Urgesetz seelsorgerlichen Handelns ins Bild kommen kann, nämlich in dasjenige vom „guten Hirten", der dann in Jesus Christus heilsam und endgültig verwirklicht ist. Denn: „Alle Seelsorge hat unzweifelhaft ihr Urbild in Christus. Ganz schlicht: die Seelsorge gehört zum Wesen der Kirche, weil Christus Seelsorge getrieben hat und weil er auch als Erhöhter immer Seelsorger ist" (S. 279f.). Als Voraussetzung dafür gilt immer wieder der Hinweis auf Joh. 10: „Der ‚Hirte' ist mächtiger als alle Feinde, denn er ist der ‚Sohn' des ‚Vaters', und der ‚Vater ist größer denn alles" (Vers 29). Zugleich ist er der ‚gute' Hirte. Er überwältigt nicht, er schenkt." (S. 298) Und: „Dieses in Joh. 10 beschriebene Urbild der Seelsorge wäre keine Macht der Menschheitsgeschichte geworden, wenn es nur Botschaft und keine *real erfahrbare Macht* gewesen wäre: befreiende Macht, total und personal, leibhaft und innerlich zugleich ..." (S. 299)
b) Auch *Otto Haendler,* Grundriß der Praktischen Theologie, Berlin, 1957) setzt urbildhafte Erfahrungsmöglichkeiten voraus und zieht daraus bestimmte Konsequenzen: „Seelsorge ist nämlich wesenhaft nicht nur in der Kirche da, und man verzichtet auf ihre Weite und Tiefe, wenn man zu rasch sie als eigentlich kirchliches Anliegen und als nur in der Kirche eigentlich möglich stempeln will. Sie ist tatsächlich auch außerhalb der Kirche, sie ist als formende Einwirkung von der Religion aus in anderen Religionen, und sie ist ohne Religion!" (S. 372)
Dann kann es heißen: „ So ist schon das ganze *Alte Testament* seelsorglich: das Urwort vom Menschsein „Gott schuf den Menschen ihm zum Bilde" (Gen. 1, 27) ist ein durchaus seelsorgliches Wort, und alle Verkünder, auch Priesterkodex, Jahwist, Elohist sind im Grunde Seelsorger ..." (Ebd.). Auf diesem Hintergrund freilich „... ist das *Neue Testament* nun der eigentliche Quellgrund aller Seelsorge der Christenheit, ... weil es der ex natura sich einstellenden und unausweichlichen Situation, daß hier und dort und allerorten seelsorglich gehandelt werden muß, ihre Ausrichtung und ihre Füllung gibt" (Ebd.). Denn hier wird Gott in *Christus* neu erkannt und erfahren und damit der seelsorglichen Dynamik die entscheidende Potenz zugeführt. Denn: „Gerade die Christuserfahrung durchdringt und durchformt das ganze Leben, eben in dieser Zentralität ist sie universal, eben in ihrer Einzigartigkeit total. So erfüllt sie das Neue Testament und eben von ihr ist es Zeugnis. Aber dies Zeugnis ist genuin Seelsorge, es bezeugt seine Wahrheit nicht anders, denn als Hilfe für den Menschen." (S. 373)
Erst in der „Christusverkündigung" entspricht Seelsorge damit einer Sorge „... um den ganzen Menschen für den ganzen Menschen." (Ebd.)

[9] In besonders eindrucksvoller Weise wird dieser Aspekt ausdifferenziert und aufwendig mit historischem Material belegt bei T. Bonhoeffer, Ursprung, vgl. Anm.

Aus diesen verschiedenen Grundeinstellungen ergibt sich als erste Schlußfolgerung: Mit dem konstitutiven Hinweis auf Jesus Christus begründet sich Seelsorge zuerst und zunächst als eine einzigartige Möglichkeit des Lebens in dieser Welt. Es ist die Möglichkeit, dem bestehenden Zustand einer ebenso quälend unbefriedigenden wie offenkundig zerfallenden Wirklichkeit etwas heilsam Neues entgegenzusetzen. Diese Alternative zu den realen Umständen schöpft ihre kreativen Möglichkeiten aus dem identifikatorischen Glaubensbezug auf Jesus von Nazareth. Er ist der zunächst mit den Menschen lebende, dann gekreuzigte und schließlich auferstandene Herr. Die

---

5. Die Realitätsproblematik fungiert als Grundannahme: „Die Frage, was im vitalen Sinne wirklich sei, ist eine Grundfrage der menschlichen Existenz und deshalb ein Grundproblem der Seelsorge" (S. 16). Die mit dem Kommen Jesu Christ verbundene eschatologische Naherwartung bringt aber ein höchst gebrochenes Verhältnis zur *bestehenden* Realität zum Ausdruck. Die offene Frage, ob Jesus Christus ein Irrlehrer sei oder der einzigartige Mittler einer veränderten Wirklichkeit, kam mit dem Kreuzesgeschehen in eine natürliche Krise. Mit Auferstehung und Ostern aber verbindet sich dann in entscheidender Weise der Glaube daran, daß mit Jesus Christus, der in einzigartiger Weise Gottes Vergebung realisiert und damit den Zerfall der alten Realität in Gut und Böse „aufhebt", eine neue Schöpfung der alten gegenübertritt. Nach dem Zusammenbruch alter Erwartungen und Hoffnungen am Kreuz wird die Identifikation mit dem Auferstandenen deshalb zur Teilhabe an einer neuen, ganz anderen Wirklichkeit, die der alten gegenübertritt: „In der eschatologischen Situation, in der sich die Jünger befinden – und das heißt: in der sie die Welt sehen –, ist Versöhnung nicht eine Lebensmöglichkeit neben anderen, sondern die einzige Lebensmöglichkeit, ohne welche die Welt in Stücke bricht. In Jesus war ihnen die grundlegende Versöhnung Wirklichkeit geworden. Nach seiner Exekution durch eine Welt, die sich nicht versöhnen ließ, ist er ihnen als König derjenigen Welt erschienen, in der wahre Zukunft liegt." (S. 26)
Von dieser „welt"-kritischen Einstellung her kann „Ursprung und Wesen" christlicher Seelsorge gerade nicht darin gesehen werden, Christen an die bestehenden Umstände anzupassen oder auch nur sie in diese fromm einzupassen! Vielmehr geht es bei aller Sorge um die Seele um eine „Selbständigkeit gegenüber der Welt"! Glaubenshilfe als Lebenshilfe bedeutet dann gerade nicht jene heute zumeist so verstandene individuelle Hilfe zur veränderten und verbesserten Gestaltung des Lebens im Rahmen der empirisch erfahrbaren Wirklichkeit! Von Jesus Christus ausgehend und an die Auffassung seiner unmittelbaren Jüngerschaft anknüpfend ist die seelsorgerliche Aufgabe jedenfalls zunächst ganz anders motiviert: „Die junge Christenheit arbeitete an dem Problem einer radikalen Zerfallenheit mit der Welt, an der gemessen das Problem des Individualismus oberflächlich ist. Für die Bewältigung ihres Stück Arbeit kam einzig das gemeinsame Durchhalten einer Christusnachfolge von ganzem Herzen, von ganzer Seele, von ganzem Gemüte und mit allen Kräften in Frage." (S. 29)
Dieses Seelsorgeverständnis konnte freilich nicht „zeitlos" durchgehalten werden! Denn: „Aus dem jungen Christentum wurde eine geschichtserfahrene Kirche. Das Realitätsproblem wurde dadurch vernünftig relativiert ..." (ebd.)

mit seinem Namen verbundene Proklamation einer neuen Wirklichkeit birgt inmitten der alten Vorfindlichkeiten ein *kritisches* und ein *tröstendes* Moment in sich: Es geht für den veränderungsbedürftigen Menschen sowohl um Umkehr (Buße) als auch um die Zusage, sich in jeder Situation auf einen „Hirten" verlassen zu können.

2) Abgesehen von der generellen Bezugnahme auf Jesus Christus erscheint in der Poimenik der Hinweis auf Bibelstellen, die dessen innovatives Wirken in den Zeiten der Gemeindebildung verarbeiten, unverzichtbar. Dabei ist die Fülle der in diesem Zusammenhang angeführten neutestamentlichen Bibelstellen sehr eindrucksvoll.[10] Als Beispiel für eine entsprechende Zusammenstellung, aber auch für den Stellenwert einzelner biblischer Aussagen im Rahmen einer konzeptualisierten *Poimenik* kann das folgende Zitat dienen: „Solange es Kirche gibt, haben ihre Mitglieder sich gegenseitig geholfen, wie dies in allen menschlichen Solidargemeinschaften der Fall ist. Was wir heute unter S. verstehen, wird im NT u.a. mit Begriffen wie *Trösten* (2. Kor. 13,11; 1. Thess. 4,18; 5,14), *Ermahnen* (1. Thess. 2,11; 5,11; 1. Tim. 4,13 u.a.), *Zurechthelfen* (Gal. 6,1), *Beistehen* (Phil. 4,3), *Füreinander – Sorge – Tragen* (1. Kor. 12,25; 2. Kor. 11, 28), *Einander – Dienen* (1. Petr. 4,10) bezeichnet. Diese bibl. Begriffe beschreiben allgemein menschliche Sozialfunktionen, sind theol. unspezifisch und entsprechen nicht den Wurzeln unseres Begriffs Seel-Sorge. S. ist in der ersten Christenheit ... ein selbstverständlicher Aspekt des Gemeindelebens. Wir haben es mit *funktionaler* S. zu tun. Eine spezielle Ausgliederung des seelsorgerlichen Beistands erfolgt zunächst auf charismatischer Basis durch einzelne."[11]

Die Etablierung der Seelsorge (in welcher Form und unter welcher Bezeichnung auch immer) wird hier einleitend mit dem Hinweis versehen: „solange es Kirche gibt". Alles seelsorgerliche Handeln ist also von seinen benennbaren Anfängen her auf das engste mit der kirchlichen Gemeindebildung verknüpft. Oft ergeben sich dementsprechend die Hinweise auf die (seit dem 18. Jahrhundert sog.) *Pastoralbriefe*: Werden doch ihre Adressaten als pastorale Repräsentanten von gemeindeleitenden Funktionen und damit als „Hirten" angesprochen.[12]

---

[10] Dieser Eindruck einer so großen Fülle von Belegmöglichkeiten weitet sich natürlich noch aus, wenn der neutestamentliche Rahmen gesprengt erscheint und auf atl. Stellen und Basisaussagen zur Seelsorge verwiesen wird. Vgl. dazu S. 79, Anm. 5.

[11] So *Dietrich Stollberg* in seinem Art.: Seelsorge, EKL 4, Sp. 173ff., Zitat Sp. 175f.; vgl. zusätzlich bei den schon genannten Autoren E. Chr. Achelis, a.a.O., S. 186; O. Baumgarten, a.a.O., S. 5ff.; O. Haendler, a.a.O., S. 372f.; A.D. Müller, a.a.O., S. 298ff.

[12] *Reinhard Schmidt-Rost*, Art.: Seelsorge, WdC, S. 1136f., sieht die seelsorgerliche Funktion der Pastoralbriefe darin, daß sie als Beiträge zur Konsolidierung einer christlichen Lebensordnung in den frühkatholischen Gemeinden aufgefaßt werden können.

Mit eben dieser Ausdifferenzierung von spezifischen „Ämtern" in den christlichen Gemeinden der frühkatholischen Zeit verbindet sich in der poimenischen Literatur der Neuzeit eine ganz spezifische Ekklesiologie und mit dieser wiederum ein klassischer „protestantischer" Systematisierungsversuch: <u>Von der reformatorischen Seelsorgebestim-mung wird ein katholischer Begriff von Seelsorge als möglichst deutlich unterschieden abgehoben.</u> Letzterer wird in aller Regel als eine problematische Fortentwicklung einer spezifisch „altkirchlichen" Auffassung von Seelsorge eingeschätzt. Die mit dieser Einschätzung verbundene Kritik wird damit historisch begründet.[13]

Wie weitgehend läßt sich von diesen biblischen Wurzeln her die Struktur seelsorgerlicher Bemühungen in den einzelnen kirchengeschichtlichen Epochen nachzeichnen, um daraus Impulse für ein modernes Seelsorgeverständnis abzuleiten oder aber aus möglichen Fehlentwicklungen zu lernen? Welche Einstellungen zu Gott, Welt und Mensch muten aus heutiger Sicht lediglich „historisch" an, und welche Grundfragen haben ihre Aktualität bis heute erhalten? Welche seelsorgerlichen Handlungsanweisungen wirken in diesem

---

[13] Der Stellenwert dieser strikten Differenzierung wird allerdings sehr unterschiedlich (und zunehmend als weniger entscheidend) eingeschätzt. Eine entsprechende Linie läßt sich an folgenden Aussagen ablesen: So vertritt etwa H. A. Köstlin (unter der Überschrift „Die Seelsorge nach römisch-katholischer Auffassung", Lehre, S. 4ff.) die evangelische Distanzbewegung mit der kritischen Bemerkung (S. 8): „Es leuchtet ein, daß die spezifisch katholische Prägung des Begriffs der Seelsorge und der seelsorgerlichen Methode Hand in Hand geht mit der Ausbildung des römischen Amtsbegriffs." Und in Abhebung davon (ebd.): „Die Auffassung der *Urkirche* kennt eine Seelsorge im katholischen Sinne der Seelenleitung und Seelenbeherrschung, demgemäß ein Amt der Seelsorge nicht."
Das damit verbundene kritische Moment wird schon kompensiert bei O. Baumgarten, Seelsorge, S. 11: „Wir müssen als Protestanten uns vor allem hüten, über katholische Seelsorge in Bausch und Bogen abzuurteilen. Die Praxis ist auch da (mehr als von Institutionen) von der Stärke geistlichen Lebens abhängig. Natürlich kann es bei hierarchischen Institutionen keine außeramtliche Seelsorge geben; aber wo jene mit geistlichem Leben zusammentreffen, da findet sich auch im Katholizismus wahrhafte Seelsorge."
A.D. Müller beschreibt den Beichtvorgang, Grundriss, S. 304ff., sachlich und zugleich relativ detailliert. Er leitet den Abschnitt (S. 304) mit der Aussage ein: „Die wichtigste Ordnung, die die katholische Kirche für die Seelsorge geschaffen hat, ist das *Beichtinstitut.*" Dieser Bestimmung kann er dann sowohl das altkirchliche als auch das reformatorische Seelsorgeverständnis profiliert gegenüberstellen.
Schließlich schildert D. Stollberg den historischen Entwicklungsgang seelsorgerlichen Handelns ohne jede Betonung von wesensverändernden Brüchen und redet lieber von „unterschiedlichen Akzentuierungen" (Art. Seelsorge, S. 178). Wichtige Entwicklungsschritte der Poimenik im 20. Jahrhundert werden von ihm folgerichtig mit evangelischen *und* katholischen Autoren belegt.

Zusammenhang zeitgebunden oder aber zeitübergreifend? Die Beschäftigung mit den historischen Daten der Seelsorge bedeutet, sich im Sinne dieser und ähnlicher Fragestellungen einem die gegenwärtige Wahrnehmung erweiternden Lernprozeß auszusetzen.

II. Seelsorge zwischen Urkirche und Reformation

Geschichtliche Überblicke kommen nicht ohne die formale Annahme besonderer „Einschnitte" aus, die der Willkür nicht entbehrt. Dennoch ist auch bei einer „Geschichte der Seelsorge" solches Vorgehen als zuordnendes Prinzip ebenso unverzichtbar wie unter einem ganz bestimmten Aspekt von der Sache her notwendig: Nicht nur, daß sich die tiefgreifenden Unterschiede, die die äußeren Umstände und die sozialen Bedingungen betreffen, bei dieser Vorgehensweise deutlicher aufzeigen lassen! Diese benennbaren Unterschiedenheiten betreffen auch sehr unterschiedliche *Modalitäten des Erlebens* in verschiedenen historischen Epochen. Seelsorgerliches Handeln zu ganz anderen Zeiten und in ganz anderen Ausprägungen wäre ohne das Hilfsmittel einer schematisierenden Einteilung weder in seinen „ursprünglichen" und sich jeweils „zeitgemäß" verändernden Intentionen zu erfassen noch einer kritisch vergleichenden Auseinandersetzung mit den heutigen Gegebenheiten zuzuführen.[14]

1. Die Zeit bis zur „Konstantinischen Wende"

Das Äquivalent dessen, was wir heute als christliche Seelsorge bezeichnen, umfaßt bis hin zu jenem großen Einschnitt, den die Anerkennung als Staatsreligion für das Christentum bedeutete, immerhin fast drei Jahrhunderte seiner Glaubensgeschichte. Welcher Erlebens-hintergrund läßt sich in seinen Schwerpunkten als seelsorgerlich relevante Bezugsgröße eruieren?[15]

---

[14] Das *psychologische* Problem, eine Geschichte der Seelsorge zu schreiben, spricht O.Haendler an. Danach muß es immer darum gehen, aus dem „literarischen Niederschlag der Sorgen um Menschen ... Schlüsse zu ziehen, noch besser: den Herzschlag erspüren, umso unmittelbarer, je näher unserer Zeit. Und dieses Erspüren des Herzschlages wäre das eigentliche Anliegen einer Geschichte der Seelsorge." (Grundriß, S. 371). Genau solches „Erspüren" im Sinne eines empathischen Nachvollzugs läßt sich heute im Rahmen der Möglichkeiten einer gezielt angewandten *Psychohistorie* (Beispiel: *Erik H. Erikson*, Der junge Mann Luther, Frankfurt, 1975) ausdifferenzieren und in zunehmendem Maße verobjektivieren.

[15] Zum folgenden Abschnitt ist vor allem T. Bonhoeffer, Ursprung, zu vergleichen und in den Einzelheiten erweiternd heranzuziehen.

a) Gläubige Christenmenschen mit einem anderen Wirklichkeitsbegriff (s.o. S. 8f.) mußten zwangsläufig mit den Gesetzmäßigkeiten dieser Welt kollidieren. Ihr daseinsbestimmender Sonderstatus führte nicht nur zu besonders „außergewöhnlich" gestalteten Lebensformen, sondern wollte vor allem auch psychisch verarbeitet sein. Ein nicht nur mögliches, sondern ständig drohendes *Martyrium* verstärkte naturgemäß die tief verankerte Überzeugung, daß die ganze sonstige Welt ganz konkret „des Teufels" wäre.

Gegen die damit unweigerlich verbundene (Lebens-) Angst mußten Abwehrstrategien entwickelt und seelsorgerlich unterstützt werden:
– Da der dämonische Teufel auch in die eigenen Reihen verheerend einbrechen konnte, war *Exorzismus* als Gegenmittel angesagt.[16]

---

[16] So überschreibt bereits *August Hardeland*, Geschichte der speciellen Seelsorge in der vorreformatorischen Kirche und in der Kirche der Reformation, Berlin, 1898, ein Kapitel „Die Seelsorge am Dämonischen" und führt darin einleitend aus: „Die Erregung der bösen Gedanken führt die alte Kirche wie die mittelalterliche Kirche nicht immer auf bloß indirekte Wirkung dämonischer Kräfte zurück. Die Bekämpfung der bösen Gedanken ist auch als Kampf wider den Teufel und seine Engel aufgefaßt und wird in dem Fall, wo der Mensch zum willenlosen Werkzeug eines unreinen Geistes geworden ist (Besessenheit), mit der Waffe des Exorcismus vorgenommen. Die Kraft der Austreibung unsauberer Geister gehört mit zu den übernatürlichen Mitteln, mit denen die Kirche der Anfangszeit den auch der Welt ins Auge fallenden Beweis lieferte, dass sie nicht von der Welt sei." (S. 180f.) Das Thema Exorzismus wird auch von A.D. Müller besonders hervorgehoben. Er schreibt über das „Amt des Exorzisten" im Rahmen der altkirchlichen Seelsorge: „Die Verlegenheit, die dieses Amt unserem Rationalismus naturgemäß bereitet, darf uns nicht darüber hinwegtäuschen, daß es sich hier um ein zentrales, seelsorgerliches Anliegen der Alten Kirche handelt." (Grundriss, S. 301)
„Daß Dämonen und gottfeindliche Mächte *personal* gedacht werden, macht einen ungebrochenen Exorzismus und das damit verbundene magische Verständnis heute höchst problematisch. Auch in der katholischen Seelsorge, die (im Rahmen des „Rituale Romanum", also in der offiziellen Sammlung der geltenden Riten) den „Großen Exorzismus" nach wie vor in seltenen Ausnahmefällen (und mit besonderer Bischofsgenehmigung) als mögliches seelsorgerliche Mittel beinhaltet, wird grundsätzlich ein zeitgemäßes Verständnis dieser so leicht mißverständlichen Maßnahme gefordert. So muß eine pastoralpsych. qualifizierte seelsorgerliche Beratung jeder liturg. und sakramentalen Verdeutlichung der Befreiung vom Bösen durch Christus vorausgehen. Ebenfalls ist immer die Kooperation mit Psychiatern und Therapeuten zu suchen." (*Heinrich Pompey*, Art.: Exorzismus, EKL 1, Sp. 1237ff., Zitat Sp. 1240)
Daß sich ein nichtmagisches, dabei durch rechtverstandene Aufklärung aber vertieftes Verständnis von biblisch begründeten Exorzismus auch in heutiger Zeit wider allen nach wie vor verbreiteten Aberglauben nahelegt, will E. Thurneysen dadurch verdeutlichen, daß er in „Die Lehre von der Seelsorge" (s.o S. 31ff.) ein Kapitel (S. 280ff.) mit „Seelsorge als Exorzismus" überschreibt.

– Da Abfall vom Evangelium, Irrglaube, aber auch der Durchbruch „weltlicher" Bedürfnisse das Heil der Seelen gefährdeten, war die *Drohung mit ewiger Verdammnis* als Gegenmittel angesagt.

– Da der Glaubensgehorsam auch im Leiden und damit die Nachfolge Christi in der Praxis des alltäglichen Lebens äußerste Anstrengung bedeuteten und für den einzelnen zur faktischen Überforderung zu werden drohten, war neben unabdingbarer Gemeindebildung auch eine strenge *Gemeinschaftsdisziplin* als Gegenmittel angesagt.

Nur so konnte die christliche „Gegenwelt" unter den gegebenen Bedingungen geistig und seelisch „verwirklicht" werden! (Daß die Kanonbildung der neutestamentlichen Schriften in der Mitte des 2. Jahrhunderts abgeschlossen wurde, läßt sich unter poimenischen Gesichtspunkten u.a. auch als seelsorgerlich wirksame *Reaktionsbildung* auf die alltägliche Überlebensangst der Gläubigen als Christen auffassen: Mit diesem Schriftenkomplex erschien die neue Lebenswirklichkeit „endgültig" strukturiert und als mögliche Existenzform bestätigt).

b) Eines wurde durch die seelsorgerlichen Maßnahmen der „Hirten" und Helfer in den verschiedenen Ämtern der Gemeinden freilich nicht verhindert: Mit dem Abflauen der Naherwartung einerseits und einer zunehmenden Christenzahl andererseits mußte die Betroffenheit des einzelnen durch die ebenso einzigartige und unerhörte Vergebungs- und Gnadenzusage des Evangeliums naturgemäß *verflachen*. Einfache Mechanismen des Erlebens (wie Zuordnung zu einem hierarchischem Denken unter Glaubensgenossen, Organisationszwänge, Verantwortlichkeitssplitting, moralisch vorgezeichnete Verhaltensschemata usw.) setzten sich gegenüber einem „ursprünglichen" und d.h. höchst anspruchsvoll differenzierten Glaubensverständnis durch.

Wenn ein den damaligen Umständen (und psychischen Gegebenheiten!) entsprechendes seelsorgerliches Vorgehen aus heutiger Sicht ebenfalls zu „groben Mitteln" greift, sollte das freilich nicht zu Fehlschlüssen verleiten

---

Eine gründliche Auseinandersetzung mit der Thematik und der Notwendigkeit ihrer (poimenischen) Reflexion angesichts der heute wieder zunehmenden magischen Praktiken in den modernen (Satans-)Kulten bieten *Hans-Martin Barth, Heinz Flügel, Richard Riess,* Der emanzipierte Teufel, München, 1977. H-M. Barth bestätigt für unseren Zusammenhang u.a. den historischen Tatbestand: „Im Zusammenhang mit der Taufe hat die Alte Kirche neben der Abrenuntiation den Exorzismus geübt: Die Entsagung allein reichte nicht aus, der Teufel mußte ausgetrieben werden. ... Für die Alte Kirche stand der Exorzismus über die Taufpraxis hinaus im Kontext eines blühenden heidnischen und vor allem jüdischen Exorzismuswesens, das Leiden aller Art zu bannen vermochte. Die frühe Christenheit aber stellte mit ihren exorzistischen Erfolgen offenbar alle anderen Exorzismen in den Schatten. Ein Heer von Exorzisten befand sich im Einsatz; ihr Auftreten war so normal, daß ihnen in der Hierarchie des Klerus nur die unterste Stufe zuerkannt wurde." (S. 162f.)

und zu vorschnellen Abwertungen führen. Besteht doch die seelsorgerliche Aufgabe nicht nur darin, ein jeweils zeitgemäß vertieftes Glaubensverständnis zu erreichen! Sie besteht auch darin, Konfliktlösungsmodelle zu entwickeln, die der allgemeinen Lebensart einer Epoche entsprechen und nur unter deren Vorzeichen wirksam werden.

Die großen Schwierigkeiten einer adäquaten seelsorgerlichen Reaktion auf den eben genannten Verflachungsprozeß und auf dessen konkreten Niederschlag in der jungen christlichen Kirche zeigt sich vor allem in den so lang anhaltenden Auseinandersetzungen um den rechten Gebrauch und die rechte Gewichtung der *Buße*. Daß die unmögliche oder doch mögliche Wiederholbarkeit des sündenbekennenden Einsichtsverhaltens sowohl die theologischen Geister als auch die christlichen Gemüter so andauernd und so intensiv bewegte, weist – poimenisch gesehen – auf eine ebenso spezifische wie kollektive *Verhaltensunsicherheit* der Christenmenschen in der Alten Kirche hin.[17]

Welche seelsorgerlich wirksamen Maßnahmen waren bei solcher Verunsicherung angebracht? Konnte die mit dem einmaligen und unwiederholbaren Bußakt verbundene *Idealbildung* (unverletzliche Bewahrung des Taufsiegels) wirklich daseinsbestimmend sein und bleiben?[18] War der ge-

---

[17] Heranzuziehen ist im Folgenden der „Exkurs: Zweite Buße", in: *Georg Strecker*, Die Johannesbriefe, 1989, S. 299. Einleitend heißt es hier über die urchristliche Bußpraxis in vor- und nebenjohanneischer Zeit, daß zunächst „... von Fall zu Fall über den Sünder entschieden wurde, ohne daß eine institutionelle Grundlage mit einem entsprechenden Normensystem vorhanden war." Geschildert und belegt wird dann die Zunahme des Rigorismus unter der Vorgabe, daß die Einmaligkeit des Opfers Christi eigentlich keine wiederholte Vergebung zuläßt und vor allem aus dem Motiv heraus, „ ... des Problems der zunehmenden Glaubensschwäche und des Abfalls in nachapostolischer Zeit Herr zu werden. Um die Wende des zweiten zum dritten Jahrhundert verweigerten *Montanisten*, im dritten Jahrhundert *Novatian* und seine Anhänger die Wiederaufnahme von Abgefallenen ..." (S. 300)
Die rigorosen Positionen mußten freilich zu den faktischen Gegebenheiten in den Gemeinden in Widerspruch geraten. Von daher sind die Bestrebungen zu verstehen, die Sünden „handhabbar" zu klassifizieren. Deshalb wurden gegenüber dem „eigentlich" unwiederholbaren Buß- und Vergebungsakt in der Taufe dennoch zusätzlich „letzte Bußangebote" installiert. Sie bezogen sich auf Situationen, in denen die endgültige Vernichtung drohte. Gleichzeitig war damit die Institution „Kirche" als Vermittlungsinstanz und „Ort der Buße" stärker ins Spiel gebracht.
Ein entsprechendes Übersichtsschema bietet G. Strecker, a.a.O., S. 302.
Unsere poimenische Fragestellung kann deshalb (darauf fußend und verweisend) mit Hinweisen auf besonders charakteristische Positionen auskommen.
[18] *Paulus* denkt und argumentiert in diesem Zusammenhang ganz eindeutig vom „Wohl des Ganzen" her und relativiert von hier aus die Belange des einzelnen: Es

taufte Christ nicht dennoch einem ebenso natur- wie umweltbedingten *Anpassungsdruck* ausgeliefert, so daß „Todsünden" wie Götzendienst, Glaubensverrat, Christusleugnung, aber auch Mord und Totschlag sowie Hurerei und Unzucht dem einzelnen Christen (oder in Zeiten der Verfolgung auch ganzen Gruppen) immer wieder „passierten"? War es seelsorgerlich durchzuhalten, daß diese schweren Verfehlungen einzelner Glieder die „Gemeinde des Herrn" nicht nur geängstigt und distanziert reagieren ließ, sondern daß die betreffenden Sünder auch ein für allemal der Vergebung entbehren sollten und vom Seelenheil ausgeschlossen wurden? Mußten deshalb nicht mildere Formen der seelischen Disziplinierung angezeigt und angebracht erscheinen und eine „erweiterte" Bußmöglichkeit nahelegen? Oder aber war diese Milde als unverantwortliche Kompromißbildung der Ausverkauf der Kirche, der sogar die Gründung einer „Gegenkirche" (Montanismus) provozierte?

---

geht ihm eindeutig um die Reinheit und unversehrte Gottbezogenheit der christlichen *Gemeinde*. Deshalb muß diese (vgl. z.B. 1. Kor. 5,1-13) nicht nur streng auf ihre „Außenbezüge" zur Welt achten, sondern ihre Glieder werden im Sinne eines andauernden Selbstreinigungsprozesses (V.13: „Tut ihr selbst von euch hinaus, wer da böse ist!") mit harten Maßnahmen konfrontiert. Demnach ist es unabdingbar nötig, unzüchtige Leute wie den Blutschänder „... dem Satan zu übergeben zum Verderben des Fleisches, damit der Geist am Tage des Herrn gerettet werde." (V.5)
Wenn in diesem Kontext und bei solchem Alternativdenken des Apostels überhaupt von „Seelsorge" die Rede sein kann, dann noch am ehesten hinsichtlich einer Art von „Gruppenseelsorge": Um der glaubenskonstitutiven und tragfähigen Gemeinschaft willen müssen destruktive Elemente konsequent ausgeschlossen werden. Sonst kann diese Gemeinschaft dem einzelnen keinen Nutzen bringen! So kommt es, „ ... daß der Verfluchte aus dem Leib Christi in den Raum des Zornes gestoßen wird ..." (vgl. *Hans Conzelmann*, Der erste Brief an die Korinther, Göttingen, 11. Aufl. 1969, S. 118)
Was dort mit ihm geschieht, bleibt vom Text her unklar (oder ist gleichsam Gottes Problem!). Bemerkenswert ist: „An Gelegenheit zur Buße (etwa im Jenseits) ist nicht gedacht ..." (H. Conzelmann, a.a.O., Anm. 40). Sie interessiert hierbei offensichtlich nicht! Anders gesagt: Das seelsorgerliche Interesse am Individuum relativiert sich in diesem Kontext eindeutig im Hinblick auf das Interesse an der Gemeinschaft, bzw. der „Heiligkeit der Kirche".
So hebt auch *Kristlieb Adloff*, Paulus, in: C. Möller (Hg.), Geschichte. Bd. 1, S. 55ff.) im Hinblick auf den Apostel und unter der Überschrift „Apostolische Lebensberatung (1.Kor. 7)" hervor: „Im konkreten Verhalten des einzelnen steht immer das Ganze auf dem Spiel: die Gemeinde und ihr Herr, eben der alles umfassende Friede als Signum des Gottesreiches (Röm. 14,17) ..." (S. 59) Der Autor stellt im Hinblick auf die „Wirkungen" allerdings auch fest: „Ob es sinnvoll ist, Paulus unter die ‚Seelsorger' einzureihen, mag man fragen. Aber zu denken gibt er einer heutigen Lehre von der Seelsorge allemal." (S. 64)

Immer neu wurden buchstäblich „Himmel und Hölle in Bewegung gesetzt", um die brennende Fragestellung einer lebbaren Lösung zuzuführen.
Jedenfalls: Der Weg von der Glaubensannahme eines einmaligen Bußaktes als bleibendes Verhaltensregulativ über die Ermöglichung eines erneuten Bußaktes nach Abfall oder angesichts des Todes bis hin zur (mittelalterlichen) Beichte als lebensbegleitende Abfolge von einzelnen Sündenbekenntnissen war mühsam und konfliktreich genug! Dabei läßt sich deutlich ein Trend von der gemeinschaftsbezogenen Seelsorge her zur Einzelseelsorge hin bemerken, ohne daß damit freilich eine Alternative verbunden sein kann.
Es könnte sein, diese Differenzierung und Veränderung hängt u.a. damit zusammen daß dem deutlicher „herausgestellten" Seelsorger die eigene Besonderheit und auch Einsamkeit als Christ und Amtsträger in seiner jeweiligen Zeit immer erfahrungsnäher geriet und von dieser „stellvertretenden" Erfahrung her die Frage nach individueller Lebens- und Glaubensgestaltung in den Vordergrund rückte. Jedenfalls zeigt sich der genannte Trend, aber auch die spezifische „Rollenzuweisung" an einen vorbildhaften Seelsorger im Fortgang der Dinge immer deutlicher.

Ein weiterer Schritt ist der *Hebräerbrief*. Er weicht der Möglichkeit einer Wiederholungsbuße aus der Sorge heraus aus, dies müsse zwangsläufig zur Laxheit im Glauben führen. „Er kämpft gegen ein Nachlassen der geistlichen Kampfmoral in der Gemeinde, welche weder die eschatologische Bedrohtheit des Menschen mitsamt seiner Welt noch auch die Überwindung dieser Bedrohtheit durch Christus, an welche man durch die Taufe Anschluß genommen hat, noch entscheidend ernst nimmt." (T. Bonhoeffer, a.a.O., S. 93) Deshalb muß eine zweite Buße als christlich widersinnig nachdrücklich abgelehnt werden: „Denn es ist unmöglich, die, so einmal erleuchtet sind und geschmeckt haben die himmlische Gabe und teilhaftig geworden sind des heiligen Geistes und geschmeckt haben das gütige Wort Gottes und die Kräfte der zukünftigen Welt und dann doch abgefallen sind, wiederum zu erneuern zur Buße, sie, die für sich selbst den Sohn Gottes abermals kreuzigen und zum Spott machen." (Hebr. 6, 4-6)
Damit ist der Akzent deutlich verschoben! Unter der Überschrift „Die Unmöglichkeit, die Umkehr zu erneuern" schreibt *Otto Michel, Der Brief an die Hebräer,* 11.Aufl., 1960, S. 150ff.): „Hb 6,4-6 will nicht eine Grenze für die Vergebung Gottes aufrichten, auch nicht Gefallene aus der Gemeinde ausschließen, sondern eine Warnung vor dem Abfall aussprechen." (S. 151)
Wenn T. Bonhoeffer demgegenüber betont von einer Vergebungseinschränkung spricht, so läßt er diese dennoch verständlich erscheinen: „Die Begrenztheit der Vergebung, die eine zweite Buße verbietet, beruht darauf, daß die Sünde und Gerichtsangst, der die Vergebung gilt, nicht primär Lehrinhalt, sondern Erfahrung ist und also auch die Vergebung geschichtliche, persönliche, deshalb wesentlich einmalige Tat, keineswegs aber für baldige Wiederholung unverbindlich zur Verfügung stehendes Verfahren ist." (T. Bonhoeffer, a.a.O., S. 94)

Das Schwanken zwischen bleibender Vergebungsoffenheit einerseits und zunehmend eingeengtem (kirchlichen) Rigorismus andererseits läßt sich sehr eindrucksvoll am theologischen Entwicklungsgang und Lebensweg des Kirchenvaters *Tertullian* (ca. 160 bis ca. 220) ablesen. In seiner berühmten Schrift „de poenitentia", um 200 entstanden, verwendet er sehr sprechende Bilder[19]: In der Folge einer ersten Buße, die mit der Taufe aufs engste zusammengehört, gewöhnt sich der Mensch an die Furcht vor Gott. Das führt zu einer andauernden Bußgesinnung, die eigentlich vor allem sündhaften Handeln bewahren müßte. Deshalb sollte kein Christ mit einer zweiten Bußmöglichkeit rechnen! Das nämlich wäre so, als ob ein schon einmal mühsam bei Schiffbruch Geretteter sich nochmals aufs offene Meer wagen würde!

Nun aber ist der Teufel unendlich schlau und verführt einen Christenmenschen dennoch. Deshalb droht strikter Ausschluß aus der Gemeinde, weil ja um des göttlichen Gesetzes willen Strafe sein muß. Da aber gibt der gütige Gott noch *eine* letzte Gelegenheit! In einer (einzigen!) zweiten Buße läßt er durch seine Kirche Vergebung zusprechen. So stellt er noch einmal eine Planke zur Rettung Schiffbrüchiger zur Verfügung. Bezahlt werden muß diese außerordentliche Tat Gottes allerdings durch ein gezielt entsagungsvolles Leben.

Zusammenfassend schreibt G. Strecker: „Hier ist die einmalige Kirchenbuße als feststehende Einrichtung bezeugt und als zweite *planca salutis* bezeichnet, die den in der Taufe geschenkten Gnadenzustand wiederherstellt. Sie ist ein *opus* mit genugtuender Kraft; denn in Sack und Asche, unter Gebet, Fasten und Tränen hat sich der Sünder vor dem Klerus, den Märtyrern und der ganzen Gemeinde öffentlich zu demütigen, um Gott und der Kirche *satisfactio* zu leisten."[20]

Wie aber, wenn einem Theologen eben diese „Amtskirche" nicht klar und konsequent genug handelt, sie das „Recht Gottes" nicht verteidigt, die „disciplina" des Glaubens, die sich mit Gehorsam, Askese und Martyrium verbinden sollte, nicht durchzusetzen vermag? Dann muß man diese Kirche „aus Glaubensgründen" verlassen und sich einer anderen, einer „wahren Kirche" (mit wiederum nur einer Bußmöglichkeit!) anschließen!

Die letztlich als im eigentlichen Sinne seelsorgerlich verstandene Haltung verbindet sich unter solchen „Umständen" mit der harten Zumutung, in eine anders (und scheinbar besser!) strukturierte Glaubensgemeinschaft zu wechseln.

Die eindrucksvollen *Veränderungen* im (Glaubens-)Leben des Tertullian spiegeln sich auch in dessen wechselnder Einstellung zu einer anderen prägenden Gestalt des 2. Jahrhunderts wider: zu Hermas. Kann er sich nämlich zunächst durchaus auf dessen pastorale Schriften berufen, so nennt er ihn später und mit zunehmender moralistischer Attitüde einen „apogryphus Pastor moechorum", also einen „Hirten der Ehebrecher".[21]

---

[19] Vgl. zum folgenden auch *Reinhold Seeberg,* Lehrbuch der Dogmengeschichte. Bd. 1, Leipzig, 1908, S. 365ff.
[20] G. Strecker, Johannesbriefe, S. 301f.
[21] Vgl. neben R. Seeberg, a.a.O., S. 367 auch *E. Molland,* Art.: Hermas, RGG³, Bd. 3, Sp. 242.

Dabei gehört nun aber dieser *Hirt des Hermas* aus poimenischer Sicht zu den interessantesten Figuren dieser Zeit. Seine (um 140 entstandene und seit dem Ende des 2. Jahrhunderts so benannte) über lange Zeiten hinweg besonders einflußreiche Schrift „Der Hirt" ist eine breit angelegte Bußpredigt[22]: Das Weltende steht wieder einmal unmittelbar bevor. Was hat die „Kirche" als ewige Repräsentanz des ferngerückten Christus auf Erden dieser wieder aktualisierten, unabgegrenzten Bedrohung entgegenzusetzen? Was wird die prophetische Hirtengestalt des „Engels der Buße" den mit der Taufgnade nur allzu lasch umgehenden Gläubigen offenbaren? „Was die ‚Kirche' und der ‚Hirte' als Ersatz für den gegenwärtigen Christus zu sagen haben, ist weitgehend Weisheit und Ethik aus heidnischen und jüdischen Quellen".[23]

Der Tenor lautet jedenfalls: Auch in einem so hautnah apokalyptischen Bezugsrahmen muß der weltangepaßte Gläubige angesichts seiner verschenkten Taufgnade nicht einfach verzweifeln. Letzte Gelegenheit zur Buße vor dem Weltende ist offenbart worden! Allerdings: Eile tut not! Denn: „Die eschatologische Naherwartung ist hier nicht mehr Ausdruck des Fundamentalproblems der Existenz, sondern eine pädagogische Hilfsvorstellung. In der Dimension der Zeit entspricht die drängende Eile dem autoritären Druck in der moralischen Struktur."[24]

Seelsorgerliches Handeln arbeitet so vor allem mit der ängstigenden Vorstellung, als Mensch und Christ das eigentlich Heilsnotwendige eines (nahen) Tages einfach ein für allemal „verpaßt" zu haben.

Daß es demgegenüber für den Christen nicht nur verderbliche Anpassung an diese Welt, sondern auch glaubensentsprechende Einpassung geben kann, vertritt sehr eindrucksvoll *Klemens von Alexandria* (gest. vor 215). Indem er den Christenglauben gegenüber dem Vorwurf des Aberglaubens und der Unbildung verteidigt, gliedert er ihn gleichzeitig bewußt in die Geistesgeschichte seiner Zeit ein. Kritische Distanz zur hellenistischen Philosophie bedeutet für ihn mitnichten deren Verwerfung!

Dann aber muß er das „Proprium" des Christenglaubens und Christenlebens um so deutlicher herausarbeiten: Es gilt durch Mäßigung der Affekte einen zwar leib- und weltbezogenen, aber zunehmend gottnahen Zustand der Begierdelosigkeit und Bedürfnisfreiheit („Apathie") zu erreichen. Denn irdische Güter sind sehr wohl Gaben Gottes, sie müssen nur recht gebraucht werden. Diese Haltung hat direkte Folgen für den hilfreichen Umgang der Christen untereinander: „Die Seelsorge des Klemens unterdrückt und bekämpft weniger als sie erhebt – durch Wellen sozusagen, auf einem Ozean von Traditionen der Humanität."[25]

Das Bemühen dieses Lehrers an der alexandrinischen Katechetenschule um eine glaubensgerechte Einpassung des Christen in seine Zeit zeigt sich besonders in dessen Predigt über die möglichen Gewissenskonflikte eines

---

[22] Vgl. T. Bonhoeffer, a.a.O., S. 94ff.
[23] T. Bonhoeffer, a.a.O., S. 95.
[24] T. Bonhoeffer, a.a.O., S. 96.
[25] T. Bonhoeffer, a.a.O., S. 100; zum ganzen Abschnitt vgl. S. 98ff. unter der bezeichnenden Überschrift „Kultur als Heilsgabe".

begüterten Glaubensgenossen im Hinblick auf die biblische Perikope vom reichen Jüngling (Mk. 10, 17-27).[26]

Können Christenglaube und Reichtum gleichzeitig erlebt und gelebt werden? Die später andrängenden sozialen Fragestellungen bahnen sich hier an. Der Bearbeiter des Textes, *Manfred Wacht*, urteilt über Klemens[27], „... daß die Frage nach der Vereinbarkeit von Reichtum und christlicher Existenz für ihn nicht nur ein theologisches Problem war, sondern er sich aus tiefer seelsorgerlicher Verantwortung zu einer Stellungnahme gedrängt sieht." Und Klemens selbst rät dem christlichen Reichen, der wohl Besitz haben kann, aber seine Seele davon affektfrei unabhängig halten sollte, sehr konkret zur kontinuierlichen Seelsorge: „Deshalb ist es unbedingt notwendig, daß du, der du vornehm und reich und mächtig bist, einen Mann Gottes über dich setzt, der dich zum Kampfe schult und der dein Lebensschiff lenkt. Scheue dich wenigstens vor einem einzigen, fürchte dich wenigstens vor einem einzigen, nimm dir vor wenigstens auf einen einzigen zu hören, wenn er freimütig redet und dich streng zurechtweist und dabei doch freundlich für dich sorgt!"[28]

Daß solche seelsorgerlich begleitete „Einpassung" mit den äußeren Umständen in dieser Welt versöhnt, zeigt eine Entwicklung an, deren vorläufiger Endpunkt dann im frühen 4. Jahrhundert liegt: Das Christentum wird Staatsreligion! Auch diese Entwicklung wird durch eine „Gegenbewegung" im seelsorgerlichen Bereich kompensiert: Etwa um 300 beginnt die Einflußnahme der sog. *Wüstenmönche*, der Anachoreten, der Eremiten, also jener weltflüchtig frommen Gestalten, die sich zu völliger Askese in die (zunächst) menschenleere Einöde zurückziehen. Die von ihnen überlieferten Lebensbilder und Aussagen sind in den sog. „Apophthegmata patrum" – Ap. – vereinigt, deren Sammlung bereits im 5. Jahrhundert begonnen und später erweitert wurde.[29]

Die für Klemens so bedeutsame Perikope vom reichen Jüngling wird zum wichtigen Vergleichspunkt für einen charakteristischen Einstellungswechsel: Durch eben diese Beispielgeschichte im Neuen Testament wird z.B. *Antonius* (hochbetagt gest. 356 und ältester bekannter Eremit) versuchen, allem „drohenden" Reichtum und damit der Gesellschaft seiner Zeit zu entfliehen und in die Wüste zu gehen. Seinem Beispiel folgten unabgegrenzt viele und repräsentierten so als gesuchte Lebens- und Glaubensberater einen ganz besonderen Stil von Seelsorge. Deren typische Merkmale lassen sich wie folgt beschreiben:

a) Sehr ähnlich wie bei Klemens wird dem Ratsuchenden die notwendige Beziehung zu einer geistlichen *Vatergestalt* empfohlen: „Die Altväter spra-

---

[26] Vgl. *Klemens von Alexandrien*, Welcher Reiche wird gerettet werden?, SKV 1, München, 1983.
[27] A.a.O., S. 75.
[28] Abschnitt 41,1, vgl. a.a.O., S. 57f.
[29] Die Literaturangaben finden sich bei *Manfred Seitz*, Wüstenmönche, in: C. Möller (Hg.), Geschichte. Bd. 1, S. 81ff. Zum folgenden ist vor allem diese Abhandlung heranzuziehen.

chen: Wenn jemand zu einem Mann Vertrauen hat und sich ihm ganz unterstellt und übergibt, dann braucht er nicht so sehr auf die Gebote Gottes zu achten, sondern er soll sich vielmehr jenem geistlichen Vater übergeben mit seinem ganzen Willen. Denn wenn er ihm in allem völlig gehorcht, wird er vor Gott in keine Sünde fallen."[30]

b) Das massive Leiden unter dieser Welt schlägt hart aufs Gemüt und regt zu einer durchgehenden *Bußgestimmtheit* an. Die „Apophthegmata" beginnen nicht eben zufällig mit der Aussage: „Als der Altvater Antonius einmal in verdrießlicher Stimmung und mit düsteren Gedanken in der Wüste saß ..."[31]
So kann T. Bonhoeffer für die innere Befindlichkeit (und das seelsorgerliche Handeln!) der Wüstenmöche schlußfolgern: „Faktisch ist die Grundmöglichkeit, der Erwartung Gottes zu entsprechen, Bußtrauer. Wer nicht in dieser Grundhaltung steht, kann nur ein Verführer sein, der im Begriff steht, seinen Mitmenschen den Gottesfrieden zu rauben."[32] Als kompensatorische Möglichkeit wird deshalb immer wieder die „Beweinung" des sündigen Daseins vorgeschlagen.

c) Die Vereinzelung des um seinen Glauben so asketisch bemühten Individuums führt offensichtlich zu einer dramatischen Auseinandersetzung mit den antinomischen Kräften in der eigenen Seele. Im Erlebensstil der damaligen Zeit schlägt sich das in den als besonders intensiv geschilderten *Dämonenkämpfen* nieder.[33] Dazu führt T. Bonhoeffer unter pastoralpsychologischem Vorzeichen aus: „Die Schwäche, Ausgeliefertheit, Angewiesenheit des eigenen Ich zwischen himmlischen und höllischen Mächten ist eine den Einsiedler immer wieder ereilende Erfahrung. Es ist eine vereinsamende Erfahrung, in welcher kaum ein Mensch dem anderen helfen kann."[34] Wohl aber kann diese Erfahrung gleichsam „stellvertretend" gemacht werden: Vom Kampf der Heiligen in der Wüste profitieren die christlichen Zeitgenossen in der Welt, wenn sie mit ihnen Kontakt suchen.

d) Seelsorgerliche Anweisungen durch die Väter in der Wüste werden gehäuft in die Form kurzer und prägnanter *Spruchweisheiten* gekleidet. Dieses Vorgehen entspricht offensichtlich einer Erwartungshaltung seitens der zahlreichen Ratsuchenden: „Vater, sage mir ein Wort! Wie kann ich das Heil erlangen?"[35] Die Antworten wirken auf den ersten Blick hin oft wie vorgefertigte Überlegungen: „Es sprach der Abbas Gregorius: ,Drei Dinge verlangt Gott von jedem Getauften: einen rechten Glauben von ganzer Seele, Wahrheit auf der Zunge, Keuschheit in den Dingen des Leibes'".[36]
Der Vorteil solcher kompakten Sprüche ist, daß sie sich leicht einprägen. Sie verurteilen nicht in erster Linie vergangenes oder gegenwärtiges Verhal-

---

[30] Ap.1163, vgl. M. Seitz, a.a.O., S. 98, nach dem zitiert ist.
[31] Ap. 1, vgl. M. Seitz, a.a.O., S. 84.
[32] T. Bonhoeffer, a.a.O., S. 111.
[33] Vgl. M. Seitz, a.a.O., S. 99f.
[34] T. Bonhoeffer, a.a.O., S. 109.
[35] Ap. 476, vgl. M. Seitz, a.a.O., S. 91.
[36] Ap. 174, vgl. M. Seitz, a.a.O., S. 92.

ten, sondern sind auf zukünftige Lebensgestaltung ausgerichtet. Auch wenn die Weisungen „Mirakelcharakter" annehmen können[37], hat das gegebenenfalls einen vorteilhaften Aspekt: Ihre situative Auslegung durch den Ratsuchenden konterkariert ein allzu stereotypes Anwendungsverhalten und regt zu eigener Reflexion an.

2. Die Zeit bis zur Reformation

Aus einer Seelsorge zu Schutz und Trutz gegen eine verfolgende Umwelt wird im Rahmen der Staatsreligion eine Seelsorge, deren tröstender und glaubensstärkender Charakter sich mehr und mehr mit Aufgaben der *Erziehung* der einzelnen Mitbürger und Zeitgenossen zu einer sozial tragfähigen Gemeinschaft verbindet. Entwickeln doch Staat und Kirche in zunehmender Weise parallele Organisationsstrukturen! Es ist eine Parallelität, die einerseits zu epochalen Machtkämpfen zwischen beiden Institutionen führt, die andererseits aber auch Aufgabenteilung zuläßt.

Beide Momente prägen nicht nur das Dasein des einzelnen in seinen (jeweils zeitbedingten) äußeren Umständen! Sie konstellieren auch dessen spezifische Konflikte, formen damit seine Seele und geben der Seel-Sorge einen dementsprechend vorgezeichneten „Sitz im Erleben". So lassen sich durch die wechselnden Zeiten hindurch sehr verschiedene Ausrichtungen seelsorgerlichen Handelns feststellen, die jeweils zum zentralen Anliegen ihrer Vertreter geraten und den Stil ihres Vorgehens beeinflussen.

a) Hauptmerkmale der inneren Auseinandersetzung in der ersten Zeit eines Miteinanders von Kirche und Staat sind eine neue seelsorgerliche Beschäftigung mit den krassen sozialen Unterschieden in der Gesellschaft, damit eng verbunden die Suche nach der Verhältnissetzung der (auf das Innenleben des einzelnen ausgerichteten) *vita contemplativa* und der (auf die christliche Gestaltung der Welt ausgerichteten) *vita activa* sowie die Beschäftigung mit Amt und geistlicher Potenz des seelsorgerlichen „Hirten". Denn: „Seelsorge im eigentlichen Sinn ... war nach altostkirchlicher Überzeugung, wie bei den ägyptischen Mönchen, ein unverfügbares, charismatisches Geschehen. Seelsorger konnte nur ein Individuum sein, welches selbst im Neubeginn aus der Vergebung steht, ein ‚geistlicher Mensch'".[38]

In jedem Fall wird der Übergang von vorwiegender *Gemeinschaftsseelsorge* zu betonter *Einzelseelsorge* immer deutlicher vorangetrieben. Gleichzeitig wird das *Amt* des Seelsorgers in zunehmendem Maße differenzierenden Reflexionen unterzogen und dabei in seiner Wichtigkeit und Unverzichtbarkeit bestätigt.

---

[37] So T. Bonhoeffer, a.a.O., S. 112.
[38] T. Bonhoeffer, a.a.O., S. 139.

Sucht man in der genannten Zeit nach prägenden Gestalten, so fällt auch unter poimenischen Gesichtspunkten in der östlichen Kirche ein Dreigestirn ins Blickfeld. Es geht um die „drei Kappadozier", also um Basilius von Cäsarea, um Gregor von Nyssa und um Gregor von Nazianz. Sie haben das, was wir heute Seelsorge nennen, jeweils mit besonderer Akzentuierung und deutlicher Wirkungsgeschichte vertreten.

a) *Basilius von Caesarea* (der Große, 330–379) gilt allgemein als Vater des ostkirchlichen Mönchtums und als bedeutender Theologe hinsichtlich der Ausgestaltung der Trinitätslehre. Er ist daneben ein Seelsorger, der als Bischof und Metropolit von Kappadozien die geistliche Verantwortung für das Seelenheil seiner Gläubigen mit einem eindrucksvollen sozialen Engagement verbindet.

Er fordert einerseits (auf dem Hintergrund seiner eigenen asketischen Vorerfahrungen) das geregelte Dasein in der Lebensgemeinschaft der Gläubigen. Er kann sich kein christliches Leben, keine wirkliche Nachfolge Jesu ohne eine grundlegende Buße vorstellen und führt die Beichtpflicht ein.[39] Andererseits ist er derjenige, der Armenpflege und Krankenhäuser einrichtet und nicht müde wird, an das soziale Gewissen der Christen zu apellieren.

Immer wieder vergleicht er Seelenverderbnis mit körperlicher Krankheit: „Mit dem Bekenntnis der Sünde verhält es sich so wie mit der Aufdeckung körperlicher Krankheiten. Wie die Menschen nicht alle ihre körperlichen Erkrankungen bekanntgeben und nicht den ersten besten, sondern nur den Heilkundigen, so muß auch die Anzeige der Sünde nur vor solchen geschehen, welche sie auch heilen können ..."[40]

Der einerseits weltüberwindende, andererseits weltgestaltende Impetus läßt Basilius selbst als Seelenhirt und als Kirchenpolitiker in deutlicher Spannung leben. Aus eben dieser Spannung heraus wird auch verständlich, daß ihm das Festhalten an irdischen Gütern immer wieder als seelsorgerlicher Angriffspunkt erscheint. Wieder ist es die biblische Sequenz vom reichen Jüngling, die ihn zu Mahnreden an die Reichen herausfordert. Über alle moralischen Appelle hinaus signalisiert er dabei ein erstaunliches Gespür für psychologische Zusammenhänge bzw. psychische Eigengesetzlichkeiten. So heißt es in seiner Predigt „An die Reichen": „Allein nicht der Kleider oder Nahrung wegen ist der Reichtum den meisten sehr begehrenswert; es handelt sich vielmehr um eine vom Teufel ersonnene Taktik, die die Reichen vor tausend Gelegenheiten zum Aufwande stellt, so daß sie (schließlich) das Überflüssige und Unnötige als etwas Notwendiges anstreben und nicht genug Ansprüche an das Leben machen können." „Es ist wie bei Trunkenbolden: Je mehr Wein man ihnen gibt, desto stärker wird ihr Hang zum Trinken. So

---

[39] Vgl. T. Bonhoeffer, a.a.O., S. 125; zum ganzen Abschnitt S. 120ff.
[40] Kl. Reg. 229, vgl. *Wolfgang A. Bienert*, Basilius von Cäsarea, in: C. Möller (Hg.), Geschichte. Bd. 1, S. 113ff., nach dem zitiert wird, S. 117. Anschließend heißt es an dieser Stelle: „Leibliche und geistche Gesundheit hängen für Basilius, der sich in seinem Studium auch mit medizinischen Fragen beschäftigt hat, eng zusammen."

verlangen auch die reichen Emporkömmlinge, je mehr sie haben, nach noch mehr und nähren durch den jeweiligen Zuwachs nur immer mehr die Krankheit, so daß ihr Streben ins Gegenteil umschlägt."[41]

So entspricht unchristliche Weltverflochtenheit letztlich einem krankhaften Suchtverhalten, eine Grundeinstellung, die sich auch bei Gregor von Nazianz (s.u. S. 99f.) findet.

b) *Gregor von Nyssa* (der Bruder von Basilius, ca. 330–395) hat sein Werk unterstützt, fortgesetzt und in bestimmter Weise vertieft. Auch ihm geht es um die rechte Zuordnung des Christen in eine kirchliche Gemeinschaft, die sich nunmehr mit dem Staat versöhnt hat. Dabei wird (wie T. Bonhoeffer anhand der eigenen Übersetzung eines Briefes in Einzelheiten darlegt) das Folgende deutlich:[42]

Einmal wird der einzelne Christ seelsorglich zu einer sehr persönlichen Auseinandersetzung mit seiner höchst individuellen Seelenmischung von Vernunft, Begehren und deren mehr oder weniger verderblichen Folgen herausgefordert. Zum anderen werden seine (sündhaften) Verhaltensweisen bis ins Detail ausdifferenziert, dann aber auch systematisiert und rubriziert. Dementsprechend abgestuft sind dann auch die Maßnahmen zur langsamen und bußträchtigen Wiedereingliederung in die Gemeinde: Es dauert jahrelang, bis der Büßer über Teilnahmeerlaubnis zum Gottesdienst, Mithören, Mitbeten wieder zum Abendmahl zugelassen wird. „In Fällen besonders ernsthafter Buße, wo sich auch der Lebenswandel deutlich zum Besseren wendet, kann der verantwortliche Seelsorger, wenn er dabei das Wohl der gesamten Gemeinde im Auge hat, die Zeit der Beschränkung auf das Hören abkürzen, den Gefallenen auch früher unter den Büßern wieder zum Gemeindegebet zulassen und wiederum auch diese Zeit abkürzen und ihn früher zum Abendmahl zulassen."[43]

Dieser Modus einer ebenso intensiven wie ausgedehnten „Kirchenzucht" hat mehrere Aspekte: An die Stelle der seelsorglichen Aufforderung an den Sünder zur bußfertigen Selbstbestrafung tritt jetzt die Kirchenstrafe. Deren Öffentlichkeit entspricht deutlich dem neuen sozialen Eingebundensein des christlichen Gemeindelebens in die bürgerlichen Lebensvollzüge der Zeitgenossen. Dieses Vorgehen kann sich zum einen als sehr wirksame therapeutische Maßnahme erweisen: Die schlußendliche Zulassung zum Abendmahl entspricht dann dem Abschluß eines „heilsamen" Prozesses im psychischen Bereich. Zum anderen etabliert sich Seelsorge mit einem so weitgehend ausdifferenzierten Anordnungs- und Anwendungspotential gleichzeitig als pädagogisch hochwirksame „Statuszuweisung"[44]: Dem zu so langem und öffentlich sichtbaren Bußprozeß angehaltenen Christenmenschen wird Tag für Tag vor Augen geführt, wo er innerlich und äußerlich steht und zu welchem Ziel er bei einem Neuanfang im Glauben gelangen kann.

---

[41] *Basilius von Cäsarea*, Mahnreden, SKV 4, S. 50f. und 56.
[42] T. Bonhoeffer, a.a.O., S. 130ff.
[43] T. Bonhoeffer, a.a.O., S.133.
[44] Vgl. T. Bonhoeffer, a.a.O., S. 138f.

c) *Gregor von Nazianz* (329/30–390/91), der dritte im Bunde, ist ein Studienkollege und Freund des Basilius. In der Geschichte der Seelsorge ist er der Repräsentant einer spezifischen „Zerreißprobe" des Seelsorgers: In der Spannung zwischen einer subjektiven Überforderung durch sein kirchlich-öffentliches Hirtenamt in schwerer Zeit und dem Gehorsam gegen Gott flieht er immer wieder und muß doch zurückkehren.[45]

Die Aufgabe ist schwer und anspruchsvoll: „Weder halte ich es noch hielt ich es für einerlei, ob man eine Herde Schafe oder Rinder hütet oder ob man Seelen leitet."[46] Die dabei erlebte Überforderung hängt u.a. mit einer zunehmenden Idealbildung zusammen: Gegenüber der christlichen Lebenswelt in ihrer ganzen Alltäglichkeit soll der Geistliche Vollkommenheit und ungebrochenen Gottesgehorsam vorleben. So bleibt in Schwellensituationen nur die (wiederholte) Flucht und gerät doch stets zu erneuter Selbstbesinnung: Der Gehorsam gegen Gott und die (geistlichen) Väter, aber auch die Erwartungen der Gemeinde führen zur pflichtschuldigen Rückkehr.

Auf dem Hintergrund dieses Erlebens entsteht die erste klassische Pastoraltheologie. In deren Rahmen sind vor allem zwei seelsorgerliche Einstellungsmomente beachtenswert: Zum einen erscheint alle seelsorgerliche Tätigkeit wiederum sehr betont am medizinischen Modell orientiert. Die Rolle des Geistlichen wird nicht mehr mit einem politischen Amt verglichen, wie es die durchgehende Gehorsamsstruktur im Umgang miteinander eigentlich nahelegt. Dieser Rolle entspricht vielmehr eine heilende Tätigkeit: „Die geistige Führung wird deshalb in Analogie zur Medizin gesehen, weil wir im Grunde daran kranken, daß wir im Wirbel dieser Welt vom göttlichen Frieden so weit entfernt sind."[47] Zum anderen wird menschliches Erleben im pastoraltheologischen Rahmen typisiert, um daraufhin persönlichkeitsspezifisch wahrgenommen zu werden: Der eine reagiert mitnichten wie der andere! Insofern muß der „Hirte" auf die verschiedenste Weise mit den nur scheinbar gleichen und doch höchst unterschiedlichen Einstellungs- und Verhaltensweisen umgehen. Eine menschenfreundliche Differenzierung, die allerdings seine Aufgabe nicht gerade erleichtert![48]

Denn dieser Ausdifferenzierung der Wahrnehmungsmöglichkeiten entspricht auch diejenige der Handlungsaspekte. Das zeigt sich auch im sozialpoimenischen Bereich. So rät Gregor für den auch für ihn unverzichtbaren Umgang mit den Armen: „Lerne vom Unglück des Nächsten! Gibst du dem Dürftigen auch nur weniges, es ist nicht nur wenig für den, dem es an

---

[45] Vgl. die 2. Rede in: *Gregor von Nazianz*, Reden – deutsch – . Rede 1-20. Bibliothek der Kirchenväter 59, Kempten/München, 1928; sowie deren Darstellung bei T. Bonhoeffer, a.a.O., S. 140ff.

[46] Vgl. *Leonhard Fendt*, Grundriß der Praktischen Theologie für Studenten und Kandidaten, Tübingen, 2. Aufl. 1949.

[47] T. Bonhoeffer, a.a.O., S. 143; vgl. aber auch die entsprechenden Einstellung bei Basilius.

[48] Vgl. T. Bonhoeffer, a.a.O., S. 145.

allem gebricht, aber auch nicht in den Augen Gottes, sofern es seinem Willen entspricht. Hast du keine große Gabe, so zeige guten Willen! Hast du nichts, so schenke deine Tränen! Barmherzigkeit, die von Herzen kommt, ist große Beruhigung für den, der im Unglück ist. Aufrichtiges Mitleid ist große Erleichterung im Elend."[49]

b) All diese herausgehobenen Momente sind als seelsorgerliche Grundeinstellung naturgemäß auch in den folgenden Jahrhunderten und im westkirchlichen Bereich von bleibender Bedeutung. Ergänzung findet das damit verbundene Vorgehen durch weitere, jeweils mit den Zeitumständen korrespondierenden Schwerpunktbildungen und Akzentsetzungen. So verbindet sich mit der glaubensbezogenen und glaubensfördernden Seelsorge in der Alten Kirche zunehmend die *intellektuelle Auseinandersetzung* mit der zeitgenössischen (heidnischen, aber auch kirchlich-dogmatischen) Weltanschauung und Weltbewältigungsstrategie. In dieses Vorgehen eingebunden ist ein bemerkenswertes Interesse an einer *Seelsorge an Seelsorgern*, aber auch an *Seelsorge an der eigenen Seele*. Als herausragend wichtiges Element treten daneben *Lebensordnungen* für die klösterliche Gemeinschaft, aber auch für den einzelnen Christen im allgemeinen Weltbezug in den Vordergrund.

Schließlich werden eben diese regulativen und daseinsstrukturierenden Momente pastoralen Vorgehens hinsichtlich einer ebenso gezielten wie selbstkritisch wahrgenommenen *Einflußnahme* resp. *Machtausübung* durch den Seelsorger in einer Zeit zunehmenden kirchlichen Machtbewußtseins reflektiert und psychologisch unterlegt.

a) Als Theologe mit enormer Wirkungsgeschichte auch in poimenischer Hinsicht ist *Augustin* (354–430) anzusehen.[50] Sucht man in dem breiten Rahmen des augustinischen Denkens nach besonderen Merkmalen einer seelsorgerlichen Einstellung dieses (erst im Mannesalter bekehrten) weltgewandten Mannes, der – zunächst als Rhetor ausgebildet – mit 42 Jahren ein Bischofsamt übernahm und das kirchliche Leben seiner Zeit entscheidend mitgestaltete, so lassen sich vor allem folgende Momente hervorheben:

Zum einen begegnet Augustin dem gebildeten Heidentum seiner Zeit als Christ mit intellektuellem Anspruch. Christlicher Glaube ist demnach nicht nur auf die äußeren (staatlichen) Umstände und (politisch-sozialen) Gegebenheiten hilfreich auszurichten.[51] Er entspricht auch über das Vehikel der Vernunft einer zeitgemäßen Weltsicht und Einsicht in das Wesen des Menschen und wirkt sich in diesem Sinne konfliktlösend und tröstlich auf dessen

---

[49] *Gregor von Nazianz*, Reden, SKV 5, XIV. Rede „Über die Liebe zu den Armen", S. 33ff., Zitat S. 57.
[50] Vgl. zum Abschnitt *Alfred Schindler*, Augustin, in: C. Möller (Hg.), Geschichte. Bd. 1, S. 189ff.
[51] Vgl. das zu Basilius von Caesarea Gesagte, S. 97f.

Selbstverständnis aus.[52] So konkurriert der Theologe und Christ mit heidnischen Daseinsdeutungen gezielt auf der intellektuellen Ebene. Seelsorgerlich wirkt sich diese besondere innere Haltung immer dort aus, wo auch der nachdenkende und gebildete Mitmensch durch eine im Christenglauben verankerte Wissenserweiterung orientiert und getröstet wird: Bringt doch alle dementsprechende geistige Bemühung und ein dementsprechendes (moralisches) Handeln dem Ziel näher, Gott zu „genießen" bzw. die Seelenruhe (des sonst „unruhigen" Herzens) in Gott zu finden.

Zum anderen setzt diese Grundeinstellung ein hohes Maß an jenem psychologischen Wahrnehmungs- und Einfühlungsvermögen frei, das uns bei Augustin in besonders subtiler Ausformung begegnet. Das zeigt sich z.B. in Augustins Buch „de catechizandis rudibus", entstanden zwischen 399 und 405.[53]

„Seelsorge am Seelsorger" ist in dieser Schrift Augustins besonders in dem Kapitel „Wie der Katechet den Überdruß vermeiden und die Freude am Lehren erreichen kann ..." spürbar.[54] Da heißt es u.a. sehr praxisnah und realitätsbezogen: „Wirklich beschwerlich aber ist es, einen Vortrag bis zum vorgesehenen Ende durchzuhalten, wenn wir beim Hörer kein Zeichen der Regung feststellen, sei es daß er aus religiöser Furcht nicht wagt, durch ein Wort oder eine Geste seine Zustimmung kundzutun, sei es daß persönliche Schüchternheit ihn daran hindert, sei es daß er unsere Ausführungen nicht versteht, sei es, daß er sie gering achtet. Da wir ja nicht in sein Inneres blicken können, über die Gründe also im Unklaren sind, müssen wir in unserem katechetischen Gespräch alles versuchen, was ihn aufrütteln und gleichsam aus seinem Versteck herauslocken könnte."[55] „Oft kommt es auch vor, daß einer, der anfänglich bereitwillig zuhörte, später, sei es vom Zuhören, sei es vom Stehen ermüdet, seinen Mund nicht mehr für ein Wort der Zustimmung, sondern zum Gähnen öffnet und damit sogar gegen seinen Willen zu erkennen gibt, daß er am liebsten weggehen möchte. Sobald wir das bemerken, müssen wir seine Aufmerksamkeit wieder wecken, indem wir etwa eine mit Humor gewürzte und zum Thema, das wir gerade behandeln, passende Bemerkung einflechten, oder indem wir etwas erzählen, was großes Erstaunen und Verblüffung oder aber Schmerz und Klage hervorruft. Vorzugsweise sollte die Zwischenbemerkung mit ihm selbst zu tun haben, damit er, an einem wunden Punkt getroffen, wieder wach wird. Andererseits darf sie nicht

---

[52] Vgl. zur Dialektik von Erkenntnis und Glaube im Denken und Handeln Augustins *Gerard O'Daly*, Art.: Augustins Theologie, EKL 1, Sp. 326ff., bes. Sp. 327.
[53] Vgl. *Aurelius Augustinus*, Vom ersten katechetischen Unterricht, neu übersetzt von Werner Steinmann, bearbeitet von Otto Wermeling, SKV 7, 1985; vgl an dieser Stelle auch A. Hardelands Ausführungen zur Seelsorge Augustins, Geschichte, S. 73ff. Hier schreibt A. Hardeland: „Die Bedeutung der Katechese für die spezielle Seelsorge kennen zu lernen, mag ein Blick auf Augustins Schrift de catechizandis gethan sein." (S. 76) Das wird dann im einzelnen ausgeführt.
[54] Vgl. Augustinus, a.a.O., S. 36ff.
[55] Augustinus, a.a.O., S. 44.

durch Schroffheit sein empfindliches Gemüt verletzen, soll es vielmehr durch den persönlichen Ton für uns gewinnen."[56]

Die Auseinandersetzung mit der eigenen seelischen Befindlichkeit und deren Verwobenheit in das Glaubenserleben aber findet ihren klassischen Niederschlag in den um 400 entstandenen und bis heute viel gelesenen „Bekenntnissen" des Kirchenvaters.[57] Hier reflektiert der Autor etwa mit erstaunlicher Sensibilität für psychologische Zusammenhänge die Relation von Gedächtnis und Gefühl, fragt z.B. wie man an überstandene Traurigkeit froh und an frühere Fröhlichkeit traurig zurückdenken kann. Diese Erinnerungsfähigkeit läßt das Gedächtnis dann zum Strukturelement seelischen Erlebens werden, denn „... das Gedächtnis ist gleichsam der Magen der Seele, Freude und Trauer wie süße und bittere Speise; einmal dem Gedächtnis übergeben, sind sie gleichsam in den Magen eingegangen, der sie verwahren, aber doch nicht schmecken kann."[58]

Solche Auseinandersetzung mit dem eigenen Seelenleben soll sich dann aber der Gotteserfahrung zuordnen. Wer Gott kennengelernt hat, kann ihn nicht vergessen, aber dennoch nicht fassen und binden. Denn: „Da ich Deiner inne werden wollte, bin ich durch jene Teile, die auch die Tiere haben, hinausgeschritten, weil ich dort, unter lauter Bildern körperlicher Dinge, Dich nicht finden konnte. Und ich kam zu jenen Teilen, wo ich die Bewegungen meines Gemütes verwahre, und ich fand Dich nicht. Und ich drang bis zum Sitze meines Geistes selbst – ihn hat der Geist in meinem Gedächtnis, weil ja auch der Geist im Erinnern sich erfährt –, und auch dort warst Du nicht."[59] Das ist letztlich nicht verwunderlich, denn – so Augustin weiter – :„... was frage ich hier nach einem Ort, wo Du wohnst, als wäre da Raum und Ort! Genug, ich weiß, Du bist darin; denn ich bewahre Dich im Geiste, seit dem Tage, da ich Dich kennenlernte, und ich finde Dich dort, wo ich Deiner eingedenk werde. Wo also habe ich Dich gefunden, daß ich Dich kennenlernte? Wo anders als in Dir, über mir?"[60]

Der Klärungsvorgang hinsichtlich des Glaubens im Umgang mit der eigenen Seele bleibt aber dennoch nicht in der Selbstbezogenheit stecken. Er drängt vielmehr zur kontinuierlichen seelsorgerlichen Kommunikation. Heißt es doch vor den eben zitierten Reflexionen: „Was das erinnernde Bekenntnis fruchtet, weiß ich ja und habe es gesagt. Aber wie es heute um mich steht, eben jetzt, da ich meine Bekenntnisse niederschreibe, auch das möchten viele wissen, die mich kennen und doch nicht kennen ... Und so wollen sie es aus meinem Bekenntnis erfahren, was ich da innen eigentlich bin, wohin sie keinen Zugang haben."[61]

---

[56] Augustinus, a.a.O., S. 45f.
[57] *Augustinus*, Bekenntnisse. Übersetzt von Joseph Bernhart, Nachwort und Anmerkungen von Hans Urs von Balthasar, Frankfurt a.M./Hamburg, 1956.
[58] Augustinus, a.a.O., S. 183.
[59] Augustinus, a.a.O., S. 192.
[60] Augustinus, a.a.O., S. 193.
[61] Augustinus, a.a.O., S.172f.

Der Kreis schließt sich also dort, wo Seelsorge an der eigenen Seele in seelsorgerliche Mitteilung an den Mitmenschen umschlägt.

b) Ebenfalls über die Zeit hinweg sind auch die Regeln des *Benedikt von Nursia* (480 – etwa 560) wirksam geblieben.[62] Deren seelsorgerliche Wirkung durch alle folgenden Epochen der Kirchengeschichte hindurch lassen sich übergreifend mit deren jeweiligen Lebenseinstellungen verbinden und im hier gegebenen Rahmen auf hauptsächliche Stichworte beziehen:

Generell von Bedeutung ist, daß hier die Grundregeln einer Lebensordnung formuliert und als ‚rituelle Strukturierung der Zeit' so flexibel lebbar gestaltet sind, daß sie bleibend als Lebenseinstellung wirksam werden konnten. Sie sind gleichzeitig auf ein daseinsbestimmendes Gemeinschaftsbild bezogen. Der ‚Abt' fungiert als Lehrmeister und Seelenführer. Er verantwortet als die herausgehoben prägende Gestalt die Eingliederung des einzelnen in die bleibende Gemeinschaft in einer seelsorgerlichen Weise, die strikt auf die individuellen Belange bezogen bleibt.

Auf dieser Basis wird von Bedeutung, daß der situativen Befindlichkeit jedes Individuums mit ‚discretio' (die ‚maßvolle Unterscheidung' als der ‚Mutter aller Tugenden') begegnet wird und so eine für alles seelsorgerliche Vorgehen konstitutive Verhaltensweise eine zentrale Stellung bekommt. Zur Zielsetzung einer solchen Seelsorge gehört daraufhin, daß alle Traurigkeit und alles ‚Murren' als Ausdruck einer ebenso grundsätzlich möglichen wie situativ bezogenen Lebens-Unlust in Einstimmung in das (gemeinschaftlich erlebte) Gotteslob überführt werden kann. In diesem Sinne wird etwa als Regel formuliert: „Der Abt bemühe sich auf jede Weise, Sorge zu tragen um Brüder, die gefehlt haben. Denn: ‚Nicht die Gesunden brauchen den Arzt, sondern die Kranken'. Deshalb muß er wie ein erfahrener Arzt alle Mittel anwenden. Er schickt Senpekten vor, das heißt ältere, erfahrene Brüder, die den schwankenden Bruder fast unvermerkt trösten, ihn zu Demut und Genugtuung bewegen und ‚trösten, damit ihn nicht allzu große Traurigkeit überwältigt'. Vielmehr soll man nach den Worten des Apostels ‚ihm gegenüber Liebe walten lassen', und alle sollen für ihn beten. Der Abt wende äußerste Sorgfalt an, bemühe sich mit viel Taktgefühl und eile, um kein ihm anvertrautes Schaf zu verlieren."[63]

Diese Struktur und Lebenseinstellung verbindet sich mit den auf eine Klostergemeinschaft ausgerichteten Gelübden. Diese umfassen die Beständigkeit (‚stabilitas', als Ausharren in der Berufung und Bleiben in der Klostergemeinschaft, die „stabilitas loci" wird erst später betont), den klösterlichen Lebenswandel („conservatio morum", die Verzichtleistung einschließt und Demut zur Folge hat) und den Gehorsam (als vor allem auf die Vatergestalt des Abtes ausgerichtete „oboedientia").[64]

---

[62] Vgl. zum Abschnitt *Gerhard Voss*, Benedikt von Nursia, in: C. Möller (Hg.), Geschichte. Bd. 1, S. 209ff.
[63] Die Benediktsregeln, Kap. 27, 1-5, zitiert nach G. Voss, a.a.O., S. 216.
[64] Vgl. zu den Gelübden auch *Wolfgang A. Bienert*, Art.: Benediktiner, EKL 1, Sp. 424ff.

Von Benedikt von Nursia sind damit seelsorgerlich wirksame Impulse ausgegangen, die eine lebensbegleitende Auseinandersetzung mit der Dialektik zwischen (kontemplativer) Besinnung auf die christlichen Glaubens- und Wahrheitsfragen und der (aktiven) Tätigkeit im Dienste der Realitätsbewältigung zur Folge haben können.

c) Gezielte Einflußnahme, ja Machtausübung, als langzeitig sehr wirksame seelsorgerliche Intention findet sich besonders ausgeprägt bei *Gregor dem Großen* (etwa 540–604), bevorzugt in seinem „liber regulae pastoralis".[65]

Wieder ist ein herausragender weltlicher Beruf Erfahrungsbasis für sein geistliches Amt (wie bei Augustin), wieder spielt das Fluchtmotiv bei der Amtsübernahme eine Rolle.[66] Einen Schwerpunkt der ‚regula pastoralis' bildet das Interesse mit dem immer noch weiter ausdifferenzierten biblischen Bild vom Hirten und dessen Träger. Denn weil die ‚cura animarum' als die ‚Kunst aller Künste' begriffen wird, wächst die Verantwortung gegenüber möglichem Machtmißbrauch und fordert den ‚Seelenleiter' im ‚heiligen Führungsamt' zu ständiger Selbstprüfung heraus. So kann gesagt werden: „Der selbstkritische Umgang mit der Macht ist für Gregor eine entscheidende Frage zur Einübung in die Seelsorge."[67]

In der ‚regula pastoralis' selbst heißt es dementsprechend:[68] „Oft jagt die Übernahme der Seelenleitung das Herz in die verschiedenartigsten Dinge hinein, und jeder Mensch wird unfähig für das einzelne, wenn er, verwirrten Geistes, sich in viele Dinge zu teilen hat"; „er bekümmert sich um die Anordnung äußerer Dinge und weiß vieles zu denken, während er seiner selbst uneingedenk ist und sich selbst nicht kennt. Indem er sich, mehr, als notwendig ist, in äußere Dinge einläßt, vergißt er gleichsam, infolge seines Aufenthalts am Wege, sein eigentliches Ziel. So wird er dem Streben nach Selbsterkenntnis entfremdet und sieht nicht einmal die Verluste, die er erleidet, und weiß nicht, wie viele Fehler er begeht (I,4)." Deshalb: „Keiner wage das Führeramt anzunehmen, wenn in ihm noch ein Laster in Verdammnis bringender Weise herrscht; denn der soll nicht Mittler für die Sünden anderer sein, den noch eigene Sünde verunstaltet (I,11)." Die mit dieser ständig nötigen Selbstprüfung verbundene Zielvorstellung ist klar: „So weit muß die Handlungsweise des Vorstehers die des Volkes überragen, als das Leben eines Hirten verschieden zu sein pflegt von der Herde (II,1)."

Selbstkritisch erworbene Vorbildhaftigkeit wird so zum Agens seelsorgerlichen Handelns und verbindet sich mit einem ganz offensichtlich ausgezeichneten (pastoral-)psychologischen Gespür für Situationen, Belange und individuelle Konfliktbildung im Hinblick auf die vom ‚rector animarum' geleiteten „Seelen".[69]

---

[65] Zum Abschnitt vgl. *Christian Möller*, Gregor der Große, in: Ders. (Hg.), Geschichte. Bd. 1, S. 223ff.; ferner H. A. Köstlin, Lehre, S. 22ff.
[66] Vgl. C. Möller, a.a.O., S.226.
[67] C. Möller, a.a.O., S. 227.
[68] Vgl. H. A. Köstlin, nach dem zitiert wird, a.a.O., S. 23f.
[69] Vgl. auch den „Anhang" bei C. Möller, a.a.O., S. 241f. mit dem Hinweis auf die dementsprechende Aktualität einer so strukturierten Seelsorge.

c) Mittelalterliche Seelsorge bietet auf den ersten (modernen) Blick hin so etwas wie ein höchst spannungsreiches Kontrastprogramm: Da wird einerseits mit härtester Konsequenz zur *machtbetonten Durchsetzung* des christlichen Glaubens in dieser Welt mit allen weltlichen und geistlichen (seelsorgerlichen!) Mitteln aufgerufen. Daneben kommt es andererseits zu einer besonders gefühl- und affektvollen Betonung von Liebe und Barmherzigkeit. Da wird einerseits das mühselige und anstrengende Erdendasein einer geradezu schonungslosen Disziplinierung unterworfen. Daneben aber steht andererseits das visionäre Bild vom „eigentlichen" Leben.

Diese Doppelschichtigkeit spiegelt sich auch darin wider, daß einer ebenso sinnenhaften wie grobschlächtigen Volksfrömmigkeit eine symbolhaft erweiterte, d.h. alle irdischen Befindlichkeiten transzendierende Auffassung menschlicher Existenz korrespondiert. So gesehen ist das menschliche Dasein dann von jener „wahrhaften (und d.h. mystisch verbindenden) *Innerlichkeit* getragen, die eine letztlich wirksame und glaubensentsprechende Lebenskunst repräsentiert und dabei sogar in Gefahr gerät, mit Ketzertum gleichgesetzt zu werden.

Nur so kann sich schließlich das zunehmende gläubige Interesse an einer „devotio moderna" als einer nicht nur hinter Klostermauern möglichen *Nachfolge* im Sinne der ursprünglichen biblischen Vorbilder und Anweisungen als spannungsreich konträrer Entwurf zu den sichtbaren Umständen entwickeln und in frommen Sentenzen niederschlagen. Es sind Lehrsätze voller seelsorgerlicher Weisheit, die eine unmittelbare Lebensnähe verraten und doch über alle irdischen Erfahrungen hinausweisen wollen.

a) Bei *Bernhard von Clairvaux* (1090–1153) ist das seelsorgerliche Handeln zum einen auf dem Boden einer klösterlichen Lebensweise mit neuer Betonung einer strengen Askese angesiedelt. Es will zur freimachenden Entsagung von aller weltlichen Besorgtheit beitragen.[70] Zum anderen ist Bernhard der Prediger einer strikten Ein- und Unterordnung hinsichtlich des kirchlichen Machtgefüges bis hin zur Kreuzzugspredigt mit all ihren verheerenden Folgen. Im Hinblick darauf gilt, was A. Hauck so beschreibt: „Bernhard hatte den Ton getroffen, der die Deutschen packte, indem er das Bild des Herrn ihnen vor Augen stellte und ihnen dann die Frage vor Augen hielt, ob sie sein Land der Herrschaft der Ungläubigen überlassen wollten, das Land, wo er mehr als dreißig Jahre mit den Menschen wandelte ... Und nicht genug daran: der Krieg um das heilige Land erscheint bei ihm wie eine Schlacht in dem großen Kampf, der zwischen Gott und dem Teufel geführt wird."[71]

---

[70] Vgl. zum Abschnitt *Bernardin Schellenberger*, Bernhard von Clairvaux, in: C. Möller (Hg.), Geschichte. Bd. 1, S. 247ff.
[71] *Albert Hauck*, Kirchengeschichte Deutschlands. Bd. IV, Berlin, 1958, S. 935.

Aber dieser Einstellung und Handlung korrespondiert – merkwürdig abgespalten, dabei kompensatorisch und „aufhebend" zugleich – ein seelsorgerlicher Aufruf. Es ist der Aufruf, allen Seelennöten in diesem Umfeld mit einer alles verstehenden und aufnehmenden (geradezu „mütterlichen"!) Liebe zu begegnen und sich dabei von einem grundlegenden Erbarmen leiten zu lassen. Bernhard beschreibt deshalb Liebe und Erbarmen besonders engagiert und eindringlich.[72]

Zunächst heißt es grundlegend: „Ihr wollt also von mir wissen, warum und wie Gott geliebt werden soll. Ich antworte: Der Grund, Gott zu lieben, ist Gott. Das Maß ist, ohne Maß zu lieben" (I,1). Dann führt Bernhard u.a. aus und beschreibt damit seelsorgerliche Wirksamkeiten: „Wahre Liebe ist mit sich selbst zufrieden. Sie hat ihren Lohn: eben das, was sie liebt. Denn was immer du um einer anderen Sache willen zu lieben scheinst, du liebst doch das, wohin die Absicht deiner Liebe geht, und nicht das Mittel, wodurch sie dorthin strebt. Paulus verkündigt nicht das Evangelium, um zu essen, sondern er ißt, um das Evangelium verkünden zu können; eben deshalb weil er nicht die Speise liebt, sondern das Evangelium. Wahre Liebe sucht keinen Lohn, aber sie verdient ihn." (VII,17) „Dann wird deine Liebe sowohl maßvoll als auch gerecht sein, wenn du das, was du dem eigenen Vergnügen entziehst, der Not des Bruders nicht versagst. So wird die selbstsüchtige Liebe zur Nächstenliebe, wenn sie sich auf die Allgemeinheit ausdehnt" (VIII,23).

Erbarmen ist nur unter den jetzigen, den unheilvoll irdischen Bedingungen eine „not-wendige" Einstellung, denn: „Wie soll man dort noch an das Erbarmen denken, wo man nur mehr der gerechten Taten Gottes gedenkt? Und dort, wo kein Raum mehr sein wird für das Unglück und keine Zeit für das Erbarmen, wird es schließlich auch das Gefühl der Barmherzigkeit nicht mehr geben können" (XV,40).

So geht es bei dieser Auffassung von Seelsorge und der dementsprechenden Ausprägung einer seelsorgerlichen Grundhaltung um eine diffizil reflektierte Gefühlszuwendung. Diese kann freilich mit einem nicht nur bejahten, sondern gleichsam „rücksichtslos" geförderten christlichen Aktionismus auf Kosten sündiger oder einfach „fremder" Menschen verbunden sein.

Eine wichtige Zeitgenossin Bernhards, die als hochbedeutende Frauengestalt des 12. Jahrhunderts gilt, ist *Hildegard von Bingen* (1098–1179). Sie ist die große Seherin ihrer Epoche, bekannt und wirkungsvoll durch ihre Visionen, die sie als eine „Posaune Gottes" in eine Zeit hineinträgt, in der alle Seelenpflege und Seelsorge zu verkommen scheint.[73] Eng an Bernhards Denken angelehnt, wird sie von ihm in ihrem Wirken bestätigt.

Unter direktem Hinweis auf ihre Schriften schreibt A. Hauck über die Art ihrer Visionen: „Das aber, was ihre Seele erfüllte, glaubte sie in seltsam

---

[72] Vgl. De diligendo Deo – Über die Gottesliebe –, in: *Bernhard von Clairvaux*, Sämtliche Werke lateinisch/deutsch, hg. von Gerhard B. Winkler u.a., Innsbruck, 1990.

[73] Vgl. zum Abschnitt *Margot Schmidt*, Hildegard von Bingen, in: C. Möller (Hg.), Geschichte. Bd. 1, S. 265ff.

phantastischen Visionen als etwas ihr Geoffenbartes zu schauen. Dabei handelte es sich nicht um ekstatische Zustände, man möchte eher von einer ungewöhnlichen plastischen Kraft ihrer Phantasie reden; schon das achtjährige Kind wunderte sich darüber, daß es das, was es in der Seele hatte, ebenso deutlich sah, wie die Dinge draußen. Und diese Gabe blieb auch der Greisin."[74]

Von dieser Fähigkeit zu einer „aktiven Imagination" her ist sicher auch ihre seelsorgerliche Intention und eindrückliche Wirkung zu verstehen. Ihr Vermögen, eigene und fremde Seelenzustände ebenso detailliert wie intuitiv wahrzunehmen, verbindet sich mit einem Interesse für Phänomene der außermenschlichen Natur. Hildegard gilt von ihren medizinischen und naturwissenschaftlichen Schriften her als erste deutsche Naturwissenschaftlerin und Ärztin.[75]

Hildegard sieht den Menschen innerlich ständig auf der Suche. Aber diese Suchbewegung ist doppeldeutig und von daher einer unterscheidenden (Glaubens-)Wahrnehmung zuzuführen. Da heißt es einerseits von den Menschen[76]: „Überall suchen sie jenen Geschehnissen auf die Spur zu kommen, die uns die Welt doch nur durch Zeichen andeutet. Indem sie so verfahren, halten sie das falsche Wissen für die Wirklichkeit selbst und täuschen sich und andere. Denn was immer ohne Gott gesucht und ohne Gott gefunden wird, geht dem Verderben entgegen" (LVM I,105). Andererseits muß deutlich sein: „... der göttliche Blick erwägt auf das genaueste, mit welcher Einsicht sie im Spiegel des Glaubens auf ihn schauen und mit welcher Aufmerksamkeit sie ihn in Lauterkeit suchen" (LVM V,75). Darüber hinaus wird (vgl. die Benediktsregeln!) die „Discretio" neu betont: Unterscheidungsgabe und Maßhalten geraten zur äußerst wichtigen Fähigkeit bzw. Einstellung. Denn überall drohen Maßlosigkeit, Hybris und damit verbunden Chaos vor allem im moralischen Bereich. Die entsprechenden Gefahren gilt es (eben mit Hilfe der „Discretio") bewußt zu machen. Stets geht es darum, die tieferen Zusammenhänge zu sehen und zu erforschen. So heißt es etwa unter der Überschrift „Die Seele und ihre Kräfte" bei der Seherin und Naturforscherin Hildegard: „Ein Zelt für den Willen ist im Herzen des Menschen das Gemüt. Die Erkenntnis, der Wille und alle Seelenkräfte entsenden, je nach ihrer Stärke, ihren Hauch in dieses Zelt. Sie alle werden in ihm erwärmt und verschmelzen miteinander. Inwiefern? Wenn der Zorn aufsteigt, so schwillt die Galle an und ergießt ihren Brodem in das Zelt, und so kommt das Zorneswerk zustande ... Eine gewisse Traurigkeit kann aus den Säften, die rings um die Galle lagern, in diesem Zelt entstehen. Wenn nicht die Gnade Gottes schnell herbeieilt und

---

[74] A. Hauck, a.a.O., S. 419.
[75] Vgl. M. Schmidt, a.a.O., S. 266.
[76] *Hildegard von Bingen*, Der Mensch in der Verantwortung – Liber Vitae Meritorum. Übersetzt und erläutert von Heinrich Schipperges, Salzburg, 1972, zitiert bei M. Schmidt, a.a.O., S. 270.
[77] *Hildegard von Bingen*, Wisse die Wege – scivias, ins Deutsche übertragen von Maura Böckeler, Salzburg, 1954, S. 131.

die Seele befreit, so entwickelt sich diese Niedergeschlagenheit zur geistigen Lähmung und erzeugt Überdruß, Verhärtung und Halsstarrigkeit im Menschen. Sie unterbindet die Schwungkraft der Seele."[77]

Auf dem Hintergrund solcher Sicht und Erkenntnis kann Hildegard von Bingen dann versuchen, im Hinblick auf ein gottgewolltes Dasein vertiefte Einsicht in die Erlebensabläufe zu vermitteln.

b) Mit *Meister Eckart* (etwa 1260 – etwa 1328) ist in diesem Zusammenhang eine mittelalterliche Persönlichkeit mit einem Schrifttum benannt, das sich durch eine tiefgründige Innerlichkeit auszeichnet. Um dessen Verständnis haben sich die Nachfahren unter den verschiedensten Voraussetzungen immer wieder bemüht. Bei diesem theologischen Denker wird die menschliche Seele auf der Matrix eines durch symbolhaftes Denken strukturierten Weltbildes zum Instrument besonderer Existenz- und Gotteserfahrung.[78]

Eine Seelsorge auf dieser Erlebensbasis richtet sich zum einen gegen alle mit Glaubenserwartungen besetzten Übungen, die sich in Äußerlichkeiten und frommer Magie erschöpfen und dennoch dem psychischen Ausgleich dienen sollen.[79] So können sich die Menschen seiner Zeit letztlich nicht mehr absichern! „Der Seelsorger Eckart kämpft lebenslänglich in fast jeder Predigt gegen dieses Sekuritätsbedürfnis: Greift nicht so gierig nach Gott! Alles Jagen und Rennen nach Gnadenmitteln, Sakramenten, Messen, Wallfahrten, guten Werken nützt euch nichts, wenn ihr diese Sucht nicht aufgebt, wenn ihr nicht gelassen ausgeht aus eurem engen, ängstlichen und gierigen Ich, wenn ihr nicht auf den Genuß der Dinge, der Welt verzichtet und dann Gott hereinlaßt in den Raum, den ihr ihm erst freimachen müßt", schreibt F. Heer.[80]

Meister Eckart kann voller Menschenkenntnis „Lebemeister statt Lesemeister" sein und sehr praktisch predigen: „Der Mensch würde wahrlich reich an Tugenden, wenn er sich prüfte, an welcher Stelle seine größte Schwäche läge, auf daß er hier besserte und seinen Fleiß daran kehrte, die zu überwinden."[81]

Bei all dem aber drängt die an allem Verhalten beteiligte Seele unabänderlich auf die Vereinigung mit Gott. Sie läßt so alle Seelsorge zur Gottsuche werden. Heißt es doch von der Seele: „Sie kann nicht ertragen, daß irgendetwas über ihr sei. Ich glaube, sie kann nicht einmal ertragen, daß Gott über ihr sei; ist er nicht in ihr und hat sie's nicht eben so gut wie er selber, so kann sie nimmer ruhen."[82]

Diese „mystische Vereinigung" als Antwort auf die menschliche Sinnfrage ist (seelsorgerliche) Grundannahme und Zielsetzung zugleich. Denn: „Der

---

[78] Vgl. zum Abschnitt *Josef Sudbrack*, Meister Eckart, in: C. Möller (Hg.), Geschichte. Bd. 1, S. 287ff.
[79] Vgl. J. Sudbrack, a.a.O., S. 293f. zu dem praktisch-pastoralen Interesse Meister Eckarts.
[80] *Friedrich Heer*, in: *Meister Eckart*, Predigten und Schriften. Ausgewählt und eingeleitet von Friedrich Heer, Frankfurt a.M./Hamburg, 1956, S. 21.
[81] Meister Eckart, Predigten, S. 205.
[82] Meister Eckart, a.a.O., S. 206.

Seelengrund ist zugleich Analogon Gottes und univok eins mit Gott ... Die unio ist keine Vereinigung zweier im Gefühl oder Willen, kein unitum esse, sondern unum esse."[83]

c) Entscheidend von dieser Intention einer glaubensbezogenen Innerlichkeit inmitten der Alltagswelt ist *Thomas a Kempis* (etwa 1380–1471) geprägt. Aber diese Innerlichkeit hat für ihn auch ganz praktischen Folgen! Seine „Vier Bücher der Imitatio Christi" (eine von ihm selbst oder eine von anderen gestaltete Zusammenstellung umlaufender Spruchsammlungen?) zeigen die geistliche Nähe zu der Laienbewegung der Brüder und Schwestern vom gemeinsamen Leben.[84] Seelsorgerlich verstanden repräsentieren sie die damalige „Devotio moderna": Ursprüngliche Volksfrömmigkeit wird in ihrer elementaren Weisheit erschlossen und in ebenso leicht faßliche wie direkt anwendbare Lebensregeln überführt.

So heißt es in der „Nachfolge"[85] etwa: „Die meisten ziehen Wissen einem rechten Leben vor, darum irren sie oft und bringen wenig oder gar keine Frucht" (I 3, 24). „Die äußere Tröstung wird dem inneren, göttlichen Trost sehr abträglich" (I 11, 20). „Zuerst naht dir ein leiser Gedanke, dann ein starkes Bild, dann das Gefallen daran und ein frecher Anstoß, schließlich sagt der Wille ja. So wird der Böse Feind nach und nach Herr des Ganzen, wenn ihm nicht anfänglich widerstanden wird" (I 13, 22-23). „Selig, wer seine Sterbestunde allezeit vor Augen hat und sich täglich zum Sterben rüstet. Des Morgens glaube nicht, den Abend zu erleben. Des Abends wage nicht, dir den Morgen zu versprechen. Sei allezeit bereit und lebe so, daß dich der Tod nie überrascht" (I 23,15,17-19). „Schaffe zuerst Frieden in dir, dann kannst du andere zum Frieden führen. Ein Friedfertiger stiftet mehr Nutzen als ein Gelehrter" (II 3, 1-2). „Manche haben selbst keinen Frieden und lassen auch die anderen nicht in Frieden. Sie fallen anderen zur Last, sich selbst aber am meisten. Gleichwohl besteht unser ganzer Friede in diesem armen Leben eher im demütigen Ertragen des Unangenehmen als im Nichtempfinden" (II 3,16.18). „Eia, Herr Gott, mein heiliger Liebhaber, mein ganzes Innere jubelt bei deinem Kommen" (III 5,4). „Sobald du, Herr, mich ansiehst, werde ich stark und mit neuer Freude erfüllt" (III 8,6).

Die Beispiele zeigen neben den deutlichen Hinweisen auf ebenso erfahrbare wie lebenserleichternde Gottesnähe ein hervorragendes Empfinden für förderliche oder hemmende Einstellungen und Verhaltensweisen. Sie nützen dem einzelnen im Umgang mit sich selbst und mit anderen. Aus poimenischer Sicht ist die außerordentliche Wirkung dieser lapidaren „Sprüche" daran gebunden, daß hier natürliche Menschenkenntnis in vertiefte Glaubenserfahrung integriert erscheint.

---

[83] *Otto Langer*, Mystische Erfahrung und spirituelle Theologie. Zu Meister Eckarts Auseinandersetzung mit der Frauenfrömmigkeit seiner Zeit, München, 1987, S. 20.

[84] Vgl. hierzu und zum Abschnitt *Gerhard Ruhbach*, Thomas von Kempen, in: C. Möller (Hg.), Geschichte. Bd. 1, S. 341ff.

[85] *Thomas von Kempen*, Die vier Bücher der Nachfolge Christi, übers. von Paul Mons, Regensburg, 1959, zitiert nach G. Ruhbach, a.a.O., S. 345ff.

III. Die Reformation und deren Folgezeit

Mit der Reformation bekommt Seelsorge als wesentliche Dimension kirchlichen Handelns nicht nur ganz neue Akzente, sondern einen geradezu ausschlaggebenden Stellenwert. Man versteht das andrängende Bedürfnis zur Umgestaltung der kirchlichen Verhältnisse, den abweisbaren Drang zu einer Reform an Haupt und Gliedern der Kirche kaum richtig, wenn man damit nicht auch ein Verständnis der Reformation als einer *seelsorgerlichen Bewegung* verbindet.

Als Inaugurator dieser Neugestaltung verkörpert dabei *Martin Luther* (1483–1546) unter poimenischen Gesichtspunkten am deutlichsten den Übergang von mittelalterlicher Seelsorgepraxis zu einem modernen Verständnis von dem, was den Menschen konflikthaft bewegen kann und was in diesem Kontext ein vertieftes Glaubensverhalten auf der Basis eines in bisher unbekannter Weise getrösteten Gewissens zu entbinden vermag.

Daß mit der sich ausbreitenden Reformation bei den neuen seelsorgerlichen Bemühungen an sehr verschiedene Traditionsstränge angeknüpft wurde, kann kaum verwundern. So wird mit *Huldrych Zwingli* (1484–1531) ein sehr anderer Typus seelsorgerlicher Verhaltensstrukturierung zur Wirkung gebracht: Der Christ fährt in seinem Leben am besten, wenn ihm mit der unverzichtbaren Hilfe der Gemeinschaft die Annäherung an eine ideale christliche Einstellung gelingt, die es geistlich mit allen möglichen Mitteln erzieherisch zu unterstützen gilt.

Martin Bucer (1491–1551) vertieft und ergänzt mit seinen Veröffentlichungen zur Sache diesen Eindruck. Er entwickelt auf dem genannten Hintergrund erstmals eine reformatorisch-theologisch begründete Theorie der Seelsorge.

Schließlich wird der altchristliche Gedanke, Seelsorge als einen Eingliederungsvorgang in die Gemeinde zu verstehen, mit neuem Nachdruck von *Johann Calvin* (1509–1564) vertreten. Die Teilnahme des erwählten Christenmenschen am inneren Wachstum der Gemeinde ist als heilsnotwendiger Vorgang einsichtig zu machen, dann aber auch in konsequenter Strenge zu kontrollieren.

Gegen Ende dieser Epoche des Neuaufbruchs weist selbst der Wittenberger Reformator auf die Notwendigkeit von Glaubensverhören hin. Er nimmt damit seine anfänglich optimistische Einstellung hinsichtlich der Gestaltungskraft und geistlichen Initiative des einzelnen Christen deutlich zurück. So aber wird der Eindruck verstärkt, daß im Rahmen der reformatorischen Seelsorgebewegung und in deren Folge durch das nächste Jahrhundert hindurch wieder zunehmend pädagogisch vorgezeichnete Maßnahmen ergriffen und weiterentwickelt werden. Offensichtlich scheint es auch einer protestantischen Seelsorge nur auf diese Weise möglich, Christenmenschen im Konfliktfall geeignete Handlungsweisen vermitteln zu können.

a) Bei *Martin Luther* gerät das „getröstete Gewissen" zur eigentlichen Zielvorstellung. Dabei werden zunächst sehr unterschiedliche seelsorgerliche Traditionen in ihren jeweiligen Auswirkungen aufgenommen und in einem innovativen Reformprozeß entweder vertieft oder bekämpft.[86] Naturgemäß steht der Reformator als theologisch gebildeter Mönch in der geistlichen Nachfolge der überkommenen Bußtheologie und Beichtpraxis seiner Kirche.[87]

Aber ebenso naturgemäß sind seine Stellungnahmen zu Theorie und Praxis der Seelsorge auch als Reaktion auf die spezielle Kirchengeschichte Deutschlands zu verstehen.[88] Denn mit der Verbreitung des Christentums unter den germanischen Völkern war hinsichtlich des Themas „Seelsorge durch Buße und Beichte" ein besonderer Akzent gesetzt worden. Unter den Frankenherrschern und besonders unter Karl dem Großen wurde die im täglichen Christenleben eher verflachte altkirchliche Bußpraxis zu neuer Wirksamkeit gebracht und in die Privatbeichte des einzelnen vor einem Mönch oder Priester überführt.

Der entsprechende Entwicklungsgang läßt sich in groben Strichen wie folgt nachzeichnen, mit der „Umformung" in der Reformation in Verbindung bringen und diese verständlich machen:

Bereits der irische Mönch und Klostergründer *Columban von Luxeuil* (gest. 615) vertrat in Franken in seinen Mönchsregeln sittliche Forderungen, die von äußerster Strenge waren, dabei aber auf dem Festland eine erstaunliche Breitenwirksamkeit über die Klostermauern hinaus erzielten. Die Durchsetzung dieser Mönchsregeln entsprach dabei der damaligen Auffassung von Seelsorge. Die sog. „poenitentialia" wurden eingeführt. Es waren Bußbücher mit einer genauen Auflistung sehr konkreter Sünden: Gewalttätigkeit der Geistlichen und der Laien, massive Unzucht bis hin zur Sodomie, unmäßiges Fressen und Saufen, Bindungen an heidnische Kulte und Sitten usw.

Im Sinne eines straffen Kontrollsystems wurden seelsorgerliche Maßnahmen mit z.T. höchst brutalem Einschlag getroffen, um das individuelle bzw. soziale Verhalten so weitgehend wie möglich den allgemeingültigen weltlichen und geistlichen Regeln zu unterwerfen. „Für die einzelnen Sünden wird eine je nach ihrer Schwere verschieden lange Bußzeit bestimmt und dieselbe wohl noch verschärft durch sonderliches Fasten und Almosengeben, durch Verbannung aus der Heimat oder durch Eintritt in ein Kloster", schreibt A. Hauck.[89] Und D. Rössler führt dazu aus: „Die Beichte gewinnt dabei die Funktion der Instanz, die mögliche Grenzüberschreitungen kontrolliert und ihre Folgen durch die Buße aufhebt." Sie leitet dabei aber gerade keinen

---

[86] Vgl. zum Abschnitt *Klaus Winkler*, Zumutung.
[87] Vgl. zum folgenden auch *Walter Uhsadel*, Evangelische Beichte in Vergangenheit und Gegenwart, Gütersloh, 1961.
[88] Vgl. A. Hauck, Kirchengeschichte. Bd. I, S. 249ff und Bd. II, S. 264ff.; sowie *Dietrich Rössler*, Grundriß der praktischen Theologie, Berlin/New York, 1986, S. 156ff.
[89] A. Hauck, a.a.O., Bd. I, S. 259.

pädagogischen Prozeß ein, sondern „... gewinnt ihre Bedeutung dadurch, daß sie die Zugehörigkeit zu einer objektiven Lebensform überwacht, aus der gerade alles bloß Zufällig-Individuelle ausgeschieden ist."[90]

Zwei Jahrhunderte später schärft der gelehrte Theologe *Alkuin* (etwa 730–804) wiederum eine besondere Bußdisziplin ein. Karl der Große sieht darin eine Unterstützung seiner politischen Ambitionen resp. seiner Expansionspolitik. Beichte ist zwar noch nicht direkt allgemeine Christenpflicht! Immerhin werden alle Priester der Kirche verpflichtet, ein Pönentiale zu besitzen und die Beichte bei Bedarf zu hören. Nur so scheint eine „christliche Disziplinierung" der Volksmassen durchführbar.

Noch später kommt es im Zuge der „Selbstverwirklichung der Papstkirche" im Jahre 1215 zu dem auch für die Seelsorge sehr folgenreichen IV. Ökumenischen Laterankonzil. Diese Kirchenversammlung verpflichtet jeden Gläubigen strikt, einmal im Jahr und jedenfalls in Verbindung mit dem Hl. Abendmahl vor seinem Pfarrer die Beichte abzulegen. Diese auf eine sittlich-moralische Ein- und Anpassung, aber auch auf die Sakramentalisierung der Lebensvollzüge ausgerichtete Buß- und Beichtpraxis verstand sich selbst als Seelsorge. Das läßt M. Luthers ebenso beunruhigte wie engagierte und theologisch aufwendige Reaktion auf diese bedenkliche Entwicklung verstehen.

Aber auch ein geradezu entgegengesetzter Traditionsstrang ist hervorzuheben. M. Luther ist außerordentlich von Augustins Denken und von dessen Bekehrungserleben (s.o. S. 100ff.) fasziniert.[91]

Er läßt sich in seinen Studien im Kloster ebenfalls von den Schriften des Tübinger Theologen Gabriel Biel (gest. 1495) stark beeinflussen und übernimmt dessen Grundeinstellung, daß im Verhältnis zu Gott der menschliche Wille zu den entscheidenden Strukturelementen gehört. Unter diesem Vorzeichen gerät nämlich (bei Biel und bei Luther) im Kontext des traditionsreichen Bußgeschehens die strenge Beobachtung psychischer Abläufe zur besonderen seelsorgerlichen Aufgabe.[92] Die „contritio", die allumfassende Reue, wird in ihren einzelnen Affektzuständen peinlich (und peinigend!) genau ausdifferenziert. M. Luther erlebt besondere Formen der Selbstquälerei, bis ihn sein verehrter Lehrer Johann von Staupitz (1469–1524) davon überzeugen kann, daß wahre Buße mit der Liebe zu Gott beginnt, mit Jesus Christus zusammenstellt und von daher in tröstliche Gewißheit zu überführen ist.[93]

Auf dieser Grundlage geschieht dann M. Luthers reformatorischer Durchbruch zu einer strikten Neugestaltung von Beichte und Seelsorge: Es war konsequent auf jedes „Selbstgericht" (im Sinne eines Eigenverdienstes) mit der begleitenden Maßnahme einer peinlich genauen Zergliederung des Fehlverhaltens zu verzichten. Die nach wie vor unverzichtbare Beichte bedurfte einer neuen Zuordnung. Sie war mehr und mehr aus dem sakramentalen

---

[90] D. Rössler, a.a.O., S. 157.
[91] Zu den Einzelheiten vgl. A. Hamel, Der junge Luther und Augustin, Gütersloh, 1934.
[92] Vgl. dazu *Reinhard Schwarz*, Vorgeschichte der reformatorischen Bußtheologie, Berlin, 1968, S. 126f.
[93] Zu den Einzelheiten s. auch K. Winkler, Zumutung, S. 34ff.

(Buß-)Verständnis zu entlassen. Das Gefälle zwischen Priester und Laie mußte auch hierbei im Hinblick auf das jetzt angestrebte allgemeine Priestertum aller Gläubigen relativiert werden. Die Funktion des Gewissens war neu bestimmt, seine Tröstung geriet jetzt zur hauptsächlichen Aufgabe.[94]

In der *Praxis* des Seelsorgers M. Luther ging es auf dieser Grundlage zentral um das „Emporziehen" aus der niederdrückenden, scheinbar aussichtslosen Lebenssituation. Das geschah etwa durch die konfrontative Erinnerung des einzelnen Ratsuchenden an die mögliche Glaubensidentifizierung mit dem leidenden und überwindenden Christus. Als z.B. einem Ehepaar der Sohn gestorben war, tröstete M. Luther die Trauernden (etwa 1531) mit den Worten: „Also auch Ihr, wenn Ihr mit Maße getrauert und geweinet habt, sollt Ihr Euch wiederumb trösten, ja mit Freuden Gott danken, daß Euer Sohn ein solch schönes Ende genomen hat und so fein in Christo entschlafen ist, daß kein Zweifel sein kann, er muß in der ewigen Ruhe Christi sein, süßiglich und sanft schlafen." Aller seelsorgerliche Trost war für den Reformator immer nur Weitergabe dessen, was er selbst gesagt hat, nämlich „... der Herr und höchste Tröster Jesus Christus, der Euren Sohn lieber denn ihr selber gehabt ..."[95]

Mit diesem Trostverständnis Luthers verbindet sich eine eindrucksvolle Wirkungsgeschichte. Die Aufforderung des Reformators, sich mit Christus in tröstender Weise zu identifizieren, findet sich klassisch bereits in den „Vierzehn Tröstungen" von 1519.[96] Es ist eine Schrift an den schwerkranken Kurfürsten Friedrich den Weisen. Luther schreibt ihm dort u.a.: „Ich kann nicht verhelen, daß ich Christi Stimme aus Eurem Leib und Fleisch mir zurufen und sagen höre: ‚Siehe, ich liege hier krank!' denn solche Übel wie Krankheiten und dgl. erleiden nicht wir Christen, sondern Christus selbst, unser Herr und Heiland, in dem wir leben."[97]

In den nachfolgenden Auseinandersetzungen mit Luthers entsprechender Auffassung und Bestimmung ist der Trostbegriff für die unterschiedlichen Seelsorgekonzeptionen immer neu zur besonderen Herausforderung geraten: Wie weitgehend bleibt Trost streng im „extra nos" verankert (und wird aber gegebenenfalls für viele Menschen heute zum faktisch „unbegreiflichen" Angebot einer für sie „fremden Welt" und damit zur „Vertröstung")? Wie

---

[94] Vgl. K. Winkler, Zumutung, S. 54ff.
[95] *Martin Luther*, Briefwechsel 6, Nr. 1876, in: D. Martin Luthers Werke. Kritische Gesamtausgabe. Weimar, 1883ff., WA 1930ff.; hier zitiert nach *Reiner Kreft*, Praktische Seelsorge in Martin Luthers Briefen, in: Berliner Hefte für evangelische Krankenhausseelsorge, Nr. 49, Berlin, 1983, S. 63.
[96] *Martin Luther*, Vierzehn Tröstungen für Mühselige und Beladene (tessaradecas consolatoria pro laborantibus et oneratis), übersetzt und eingeleitet von Bischof D. Heckel, in: Schriften der Luther-Agricola-Gesellschaft in Finnland, Nr. 3, Helsinki, 1941.
[97] Vgl. M. Luther, a.a.O., S. 62.
Zum ganzen Abschnitt und Thema ist zudem heranzuziehen *Christian Möller*, Martin Luther, in: Ders. (Hg.): Geschichte. Bd. 2, S. 25ff.

weitgehend muß Trost seine Kernbotschaft mit Impulsen aus den Humanwissenschaften verbinden, um gegenwärtig noch als solcher verstanden und angenommen werden zu können (und wird dabei gegebenenfalls zum vordergründigen Entlastungsangebot und damit zur bloßen „Vertröstung")?

C. Schneider-Harpprecht faßt die Problematik zusammen[98]: „So stellt sich für die Seelsorge die Aufgabe, Menschen in Stress- und Krisensituationen so zu trösten, daß für sie ihre Situation transparent werden kann für die Begründung ihrer Identität in der Verbundenheit mit der bei Gott verborgenen neuen Ganzheit menschlichen Lebens in der Person Jesu Christi ... Die kritische humanwissenschaftliche Analyse der Praxis des christlichen Trostes trägt dann nicht nur dazu bei, Erfahrungen zugänglich zu machen. Sie nötigt Theologie immer wieder zu der Frage nach der Transparenz kirchlicher Praxis für das Unverfügbare und behaftet sie so bei der Verpflichtung für ihre ‚Sache'."

Von seinem ganz anderen Ansatz und Zuordnungsmodell her geht V. Weymann[99] aus. Zunächst behandelt dieser Autor die Umstrittenheit des Trostes: „Trost ist ein situationsbezogener, damit aber umstrittener Vorgang: bezogen auf Situationen, da Menschen in ihrer Trostlosigkeit sich trostbedürftig finden, wobei sich zeigen wird, wieweit Trost die Situation trifft und verwandelt oder über sie hinweggeht und ihr zu entkommen sucht."[100] Weymann bietet in seiner „Wegskizze" grundlegend „Biblische Aufschlüsse zu ‚Paraklese' und ‚Trost'". Er konfrontiert den Trostbegriff mit religionskritischen Anfragen (Marx, Freud), aber auch mit „Wahrnehmungen von Schriftstellern" (Rilke, Dürrenmatt). Mit all dem will der Autor „Trost als Perspektive christlicher Seelsorge" fassen. Dabei ist Trost nicht zuletzt als Sprachgeschehen zu reflektieren, denn „Seelsorgliche Verantwortung bleibt angewiesen auf eine Sprache, die alle Register des Menschlichen zum Klingen bringt, also nicht zuletzt auf biblische Sprache ..."[101] „Angewiesen auf biblische Sprache, um das Leben in seiner Widersprüchlichkeit und Vielstimmigkeit wahrzunehmen, bleibt seelsorgliche Verantwortung ebenso auf Hellhörigkeit angewiesen gegenüber einem Verkommen der Sprache, etwa dem Verkommen von Trost zu Vertröstung."[102] In der Folge kann gelten: „Trost stiftet Gemeinschaft, in der nicht die einen die Trostbedürftigen bleiben und die andern allein die Tröstenden sind. Denn zu trösten vermag nur, wer nicht unangefochten, sondern auf Trost selbst angewiesen ist ..."[103] „Damit wird Trostgemeinschaft als seelsorgliche Dimension christlicher Gemeinde offengehalten."[104] Jedenfalls ist die immer neu offene Frage nach dem

---

[98] Vgl. *Christoph Schneider-Harpprecht*, Trost in der Seelsorge, Stuttgart, 1989, S. 341.
[99] Vgl. *Volker Weymann*, Trost? Orientierungsversuch zur Seelsorge, Zürich, 1989.
[100] V. Weymann, a.a.O., S. 11.
[101] V. Weymann, a.a.O., S. 91.
[102] V. Weymann, a.a.O., S. 93.
[103] V. Weymann, a.a.O., S. 98.
[104] V. Weymann, a.a.O., S. 99.

rechten Trost zur rechten Zeit im Rahmen protestantischer Seelsorge bleibend an die entscheidenden Anstöße durch Martin Luther gebunden.

b) Der Seelsorger hat dem reformatorisch geprägten Christenmenschen die Annäherung an eine ideale christliche Einstellung zu vermitteln! Mit seiner anläßlich einer theologischen Disputation im Jahre 1524 gehaltenen Predigt, die unter dem Titel „Der Hirt" im Druck erscheint, will *Huldrych Zwingli* paradigmatisch das Bild eines rechten evangelischen Pfarrers und Seelsorgers zeichnen.[105] Mit dieser Absicht bezeichnet Zwingli zunächst Jesus Christus als den eigentlichen Repräsentanten des alten biblischen Bildes vom Hirten und führt dann über die rechten Hirten seiner Zeit aus: „Darum ist es auch notwendig, dass alle, die unter seine Schafe als Hirten gesandt werden, ihr Amt und ihren Auftrag von keinem anderen Vorbild verwalten lernen, als von dem einzigen, wahren Gotteswortes, daß sich in dem Herrn Jesus Christus, Gottes wahrem Sohn, sichtbar und aufs allerdeutlichste ausgesprochen hat ..."[106]

Diese Amtsträger haben gegenüber allem Laster ein sittliches Wächteramt, das beim einzelnen beginnt, dabei aber stets die Gemeinschaft im Auge hat: „Es muß gewacht und gewehrt werden; denn Gott sendet seine Propheten zeitig genug, um die sündige Welt zu warnen, wie Jer. 25 und 29 zu lesen ist. Und nachdem die Warnung gekommen ist, so hilft nichts mehr als ändern und bessern; denn wo das nicht geschieht, so steht grösseres Übel vor der Tür, und das von Tag zu Tag, bis dass das ganze Volk verderbt wird."[107]

Um das Ziel zu erreichen, sind die verschiedensten Mittel seelsorgerlich einzusetzen: „Gerade wie der Hirt etliche Schafe schlägt, etliche mit der Hand, etliche mit dem Fuss vorwärts stößt, etliche mit Pfiffen treibt, etliche mit dem Salzgeleck nachzieht, hinwiederum etliche, wenn sie schwach sind, trägt, etliche zu Hause läßt, bis sie erstarken: so tut er doch dies alles zum Besten seines Herrn, damit ihm die Schäflein gemehrt, sauber und gesund werden. Ebenso soll der Hirt Gottes alle Dinge aus Liebe tun, um die Schafe Gottes zu mehren und zu erbauen."[108]

Die Sozial- und Kirchenkritik manifestiert sich dann u.a. in der Warnung an die falschen Hirten: „Darum, o Ihr falschen Hirten, wenn noch ein Fünklein in Euch ist, das noch meint, es gebe einen Gott, wenn ein Tropfen Menschenliebe in Eurem Herzen ist, so schont um Gottes und der menschlichen Gesellschaft willen das arme Volk, daß Ihr so lange nach dem Worte Gottes habt Hunger leiden lassen und dem ihr dabei unerträgliche Lasten aufgebürdet habt, vor allem Ihr hohen Bischöfe, und lasst es aus dem Gefängnisse heraus und verwirrt nicht die ganze Welt um Eurer Habsucht und Prachtliebe willen."[109]

---

[105] *Huldrych Zwingli*, Auswahl seiner Schriften, hg. von *E. Künzli*, Zürich/Stuttgart, 1962, S. 169ff.

[106] H. Zwingli, a.a.O., S. 170.

[107] H. Zwingli, a.a.O., S. 172.

[108] H. Zwingli, a.a.O., S. 175.

[109] H. Zwingli, a.a.O., S. 178; zum Abschnittt vgl. auch *Samuel Lutz*, Huldrych Zwingli, in: C. Möller (Hg.), Geschichte. Bd. 2, S. 65ff.

S. Lutz schreibt dazu zusammenfassend: „Zwinglis gesamte Tätigkeit läßt sich im weitesten Sinn als Christusverkündigung begreifen. Die Seelsorge als solche kann deswegen nach seinem Verständnis nicht ein Teilgebiet des Pfarramtes neben anderen sein. Sie geschieht in allem Wirken, Reden und Handeln, das am Evangelium seinen Ansporn nimmt, oder sie geschieht überhaupt nicht."[110]

Die Zielsetzung des seelsorgerlichen Erziehungswerkes durch den besorgten Hirten wird von Zwingli auch sehr deutlich in der Schrift von 1523 „Wie man edle Jünglinge heranbilden soll"[111] ausgesprochen: „Darauf also soll ein Jüngling sehen, beizeiten darnach zu trachten, ein guter Mensch zu werden, rein und möglichst gottähnlich. Gott nützt jedermann, schadet niemand, es sei denn, dass einer sich selbst zuerst geschadet hat; so ist der Gott am ähnlichsten, der allen zu nützen, allem alles zu werden bestrebt ist und sich allen Unrechtes enthält. Das ist eine schwere Aufgabe im Hinblick auf unsere Kräfte, aber dem Gläubigen ist alles möglich Mark. 9, 23."[112]

Bei solch einem seelsorgerlichen Erziehungswerk muß es nach reformierter Einsicht stets gleichzeitig darauf ankommen, Gemeinden zu schaffen und geistlich so zu strukturieren, daß sie sich als organisiertes Kollektiv seelsorgerlich betätigen und auswirken können.[113]

c) Der Ansatz zu einer reformatorischen Poimenik, also einer Theorie der Seelsorge, schlägt sich besonders wirkungsvoll in *Martin Bucers* Schrift „Von der waren Seelsorge und dem rechten Hirtendienst, wie derselbige in der Kirchen Christi bestellet und verrichtet werden solle, durch Martin Bucer" aus dem Jahre 1538 nieder.[114]

Zunächst geht es um eine Abgrenzung und Neuorientierung: Die ursprüngliche Stellung der „waren Bischöfe" und Seelenhirten und mit ihr die Seelsorge ist verfälscht worden. Sie bedarf dringend der Erneuerung: „Nun leyder haben die paepstler auß disem allen ein vergeben und abgöttisch gespreng gemachet ... darumb auch kein wunder, das am Kirchendienst allenthalb leyder noch so fil und grosser mangel erscheinet. Der Herr welle uns verleihen, das wir alle dise mengel einmal recht erkennen und mit ernst besseren, wie es uns auch warlich zum höchsten vonnöten ist, wöllen wirs anders nit dahin kommen lassen, das der Herr auch von uns sein reich nehme und gebe es einem volck, das frucht bringe."[115]

Deshalb muß es vorab auch darum gehen, sich als Christ über die eigene Stellung und Funktion im Heilswerk Jesu Christi klar zu werden. Das bedeutet gleichzeitig, sich selbst im rechten biblischen Bezug als Organ und Diener im Rahmen seines umfassenden Hirtenamtes (an den Christen und Nicht-

---

[110] S. Lutz, a.a.O., S. 71.
[111] H. Zwingli, Auswahl, S. 163ff.
[112] H. Zwingli, a.a.O., S. 165.
[113] Vgl. dazu auch H. A. Köstlin, Lehre, S. 70ff.
[114] *Martin Bucers* deutsche Schriften. Bd. 7, hg. von *Robert Stupperich*, Gütersloh, 1964, S. 67ff.
[115] M. Bucer, a.a.O., S. 140.

christen!) wahrzunehmen: „Dann wie fil der Christen sind, so sind sie doch ein leib Christi; Darumb befindet sich imer einer des anderen in Christo, warer Christlicher befindlichkeit, welche ja die aller herztlichste und thetlichste sein müs. In einem jeden ist und wurcket der geist Christi und würcket zü gemeiner uffbawung des gantzen leibs und aller glider."[116]

Dieser reformatorische Ansatz hat praktische Folgen! Verstehen sich nämlich die einzelnen Christenmenschen in diesem Sinne als Werkzeuge des in der Kirche allein regierenden „Hauptes"[117], so sind sie als die wahren Kirchendiener dazu geschickt, „die fünff furnemen werck der Seelsorg"[118] in Angriff zu nehmen. Diese lassen sich wie folgt zusammenfassen: Es geht a) darum, die noch vom Herrn durch lockeres Leben oder auch falschen Gottesdienst Entfremdeten seiner Gemeinde zuzuführen; es geht b) darum, die früher schon Zugehörigen, aber jetzt durch Leben oder falsche Lehre Verführten wieder herbeizubringen; es geht c) darum, den Sündern innerhalb der Kirche zu ihrer Besserung zu verhelfen; es geht d) darum, die trotz ihres Christentums matt, schwach oder krank im Glauben Dahinlebenden zu stärken und innerlich gesunden zu lassen; es geht schließlich e) darum, die bemühten und eingegliederten Christen vor Abfall zu bewahren und sie in ihrem guten Verhalten zu fördern.[119]

Aus der genauen Ausdifferenzierung der in den einzelnen Problemkreisen auftauchenden inneren und äußeren Konfliktlagen ergibt sich eine seelsorgerliche Funktionsverteilung im Dienste des allgemeinen christlichen Erziehungsprozesses hin zum gemeinsamen geistlichen Fortschritt: „Eyn yeder Christ solle dem anderen dazü helffen und rathen, nach seinem besten vermögen, das er vor allem argen behütet und mit allen gütern versehen werde. Fürnemlich aber sollen sich befleissen, die üver andere ettwas gewalt haben, als haußvätter, leermeyster, Und ob denen allen die gemeynen obren."[120]

Das allgemeine Priestertum der Gläubigen wird von dieser Bestimmung her zu einem Angelpunkt protestantischer Seelsorge. Getragen von einem strikten Erwählungsbewußtsein, das die Glieder der Kirche betrifft und auszeichnet, wird so die Wirkung des Hl. Geistes praktisch erfahrbar. Dabei gerät eine durchorganisierte Kirchenzucht mit dem Idealbild einer ebenso durchorganisierten christlichen Stadt zum Mittel einer Seelsorge im Vollzug.[121]

R. Friedrich formuliert den theologischen Ansatz Bucers so: „Luther sprach vom Wohnen Christi in den Herzen der Menschen, Bucer vom Wirken des Hl. Geistes im Inneren der Gläubigen. Er stand der Urstandstheologie näher, in der mit der augustinischen Tradition der ursprüngliche

---

[116] M. Bucer, a.a.O., S. 101.
[117] M. Bucer, a.a.O., S. 103.
[118] M. Bucer, a.a.O., S. 141.
[119] Vgl. auch die Zusammenfassung bei D. Rössler, Grundriß, S. 161.
[120] M. Bucer, a.a.O., S. 214.
[121] Vgl. zum Abschnitt vgl. auch *Reinhold Friedrich*, Martin Bucer, in: C. Möller (Hg.), Geschichte. Bd. 2, S. 85ff.

Mensch als ‚imago Dei' verstanden war und die Aufgabe des getauften Christen in der Erneuerung dieses Ebenbildes gesehen wurde. Er betonte diese Erneuerung als gegenwärtige Aufgabe des Christen und sah darin die Wirksamkeit des Hl. Geistes. Dadurch sollte jeder Christ zunehmen am ‚inwendigen Menschen' und zugleich eine ‚reformatio' der Kirche erfolgen."[122] Und W. Schütz kann über Bucers Schrift urteilen: „Das Ganze ist ein neuer und großartiger Entwurf der Seelsorge. Er ist nicht vom Bußsakrament her bestimmt und nicht nur Tröstung des angefochtenen Gewissens. Die ganze Schrift ist bestimmt von dem theologischen Leitbild der Kirche als dem Leibe Christi, dessen Glieder in allen Nöten einander zu dienen, zu raten und zu helfen haben."[123]

d) Bei *Johann Calvin* (1509–1564) geht es schwerpunktmäßig um die seelsorglich überwachte Eingliederung in die Gemeinde. Dabei bilden theologische Einsicht, kirchliches Verantwortungsbewußtsein und Sorge um das Seelenheil des christlichen Mitmenschen eine komplexe Einheit, die sich in einem gezielt kontrollierenden Betreuungssystem niederschlägt. Der seelsorgerliche Wert des entsprechenden Vorgehens ist naturgemäß bleibend zwiespältig beurteilt worden.[124]

Calvin geht es jedenfalls um eine straffe Leitung der Seelen. Deshalb wird die Beichte als Mittel der direkten Einflußnahme auf den Gläubigen weiterhin einen hohen Stellenwert behalten. Alle Seelsorge bleibt dabei in die Kirchenzucht eingebettet: Es kommt zu einer Staffelung von Ermahnungen und entsprechender Strafmaßnahmen im Falle sittlichen Versagens bzw. kirchlichen Fehlverhaltens. Die in das seelsorgliche Vorgehen fest etablierten Hausbesuche durch eine Zwei-Personen-Gruppe (Pastor und Presbyter) haben Prüfungs- und Aufsichtscharakter. Die würdige Teilnahme am Abendmahl wird an ein Kontrollsystem gebunden. Regelmäßige Besuche bei Kranken und Gefangenen gehören zu den Anordnungen an die Seelsorger. Alles in allem entsteht so eine Seelsorge, die vom theologischen Lehrgebäude sowie vom dominanten Gemeindegedanken her die gelungene christliche Lebensführung als Beleg für Erwählung und Fortschritt im Erziehungswerk empfindet.[125]

Wie weitgehend dabei Calvin (in durchaus imponierender Weise!) alle Emotionalität immer wieder in Zucht nimmt und in seine theologische Grundüberzeugung einbettet, zeigt der seelsorgerliche Trostbrief von 1541 in einem Trauerfall.[126] Der Reformator schreibt hier an einen Herrn de Richebourg, dessen Sohn zusammen mit seinem Lehrer an der Pest gestorben ist: „Als ich zuerst die Nachricht vom Tode des Magisters Claude und Ihres Sohnes Louis erhielt, war ich so erschreckt und bedrückt im Gemüt, daß ich

---

[122] R. Friedrich, a.a.O., S. 87.

[123] W. Schütz, Seelsorge, S. 22.

[124] Vgl. zum Abschnitt. W. Schütz, a.a.O., S. 22ff., bei dem die positive Einschätzung allerdings deutlich überwiegt.

[125] Vgl. dazu *Jean-Daniel Benoît*, Seelsorge und Theologie in der Institutio, in: *Jürgen Moltmann* (Hg.), Calvin-Studien, Neukirchen, 1960, S. 1ff.

[126] *Johannes Calvins* Lebenswerk in seinen Briefen. Eine Auswahl von Briefen Calvins in deutscher Übersetzung von *Rudolf Schwarz*. Bd. 1, Tübingen, 1909, S. 123ff.

mehrere Tage nicht anders konnte als weinen. Und obwohl ich mich an der Gegenwart Gottes etwas stärkte und mich tröstete an der Hilfe, die er uns im Unglück bietet, so kams mir vor den Leuten doch vor, als sei ich nicht mehr ich selbst. Wahrhaftig, zu all meinem gewohnten Tun war ich nicht mehr fähig, wie wenn ich selbst halb tot wäre ... Ich erzähle Ihnen das alles, damit die Gründe und Ermahnungen, mit denen ich Sie jetzt trösten möchte, bei Ihnen auch das nötige Gewicht haben, damit Sie nicht etwa denken, mir sei es leicht, standhaft und tapfer zu sein, wenn es sich um die Trübsal eines Anderen handelt."[127]

„Das ists in einem Wort, was Sie tun müssen: Ihren Sinn auf die Gedanken richten, die unser guter Meister uns oft genug und immer wieder dartut in der Schule wahren Glaubens ... Der Herr hat den Sohn zu sich zurückgenommen, den er Ihnen gegeben und gleichsam zur Bewahrung Ihren Händen anvertraut hat. Da verlieren ihre Macht und fallen hin die leeren, ungeschickten unvernünftigen Klagen, die man hört aus dem Munde törichter Leute: O blinder Tod! O ungerechtes Schicksal! O schreckliches Unglück, unvermeidlich und widerwärtig! O grausames Geschick! Der Herr, der ihn bestimmt hat, für eine gewisse Zeit seinen Aufenthalt zu nehmen in diesem Leben, hat ihn nun zurückgerufen ... Er nahm ihn wahrlich zurück, einerseits, weil es dem Knaben nützlich war, zu scheiden von der Welt, andrerseits weil es Ihnen gut war, daß er Ihnen genommen wurde, und es ein Mittel für Sie war, seis sich zu demütigen, seis zu bewähren, was das heißt, Geduld haben."[128]

„Hüten Sie sich also, Ihren Sohn zu betrauern als einen Verlorenen, da Sie doch erkennen, daß der Herr ihn bewahrt, daß er ewig der Ihrige bleibe, während er jetzt doch nur provisorisch auf einen Augenblick Ihnen anvertraut war."[129] „Leben Sie wohl, hochberühmter und von mir in Gott hochverehrter Herr. Der Herr Christus behüte Sie und Ihr Haus und leite Sie alle mit seinem Geist, bis Sie dahin kommen, wohin Louis und Claude vorausgegangen sind."[130]

H. Scholl schreibt zunächst über dieses Vorgehen: „Ein Hauptaspekt der calvinischen Seelsorge ist es, daß der einzelne Seelsorgefall nicht zu trennen ist von der Gemeinde und diese nur Gemeinde ist, wenn neben geregeltem Gottesdienst, Unterricht und sozialem Engagement auch der Einzelne seelsorgerlich getragen wird von der mündigen und verantwortlichen Abendmahlsgemeinde."[131] Calvins Wirken bezeichnet Scholl dann weiter als „Seelsorge im Umkreis von Gotteslehre, Erwählung und Ekklesiologie".[132] Er betont hierbei die unauflösliche Verbindung von „Seelsorge und Christologie" bei Calvin: „Die Tatsache, daß nach Calvin Kirchenzucht in ihrem eigentlichen Sinn kein Machtmittel, sondern eine Hilfe für die Seelsorge sein

---

[127] J. Calvin, a.a.O., S. 123.
[128] J. Calvin, a.a.O., S. 124.
[129] J. Calvin, a.a.O., S. 126.
[130] J. Calvin, a.a.O., S. 127.
[131] *Hans Scholl*, Johannes Calvin, in: C. Möller (Hg.), Geschichte. Bd. 2, S. 103ff.; Zitat S. 110.
[132] H. Scholl, a.a.O., S. 117.

will, bestätigt sich darin, daß Calvins Christologie, also die eigentliche Innenseite seiner Gotteslehre, sehr deutliche, spezifisch seelsorgerliche Aspekte aufweist. Calvins Christologie trägt ein scharfes Profil, das dem scharfen Profil seiner Seelenlehre entspricht."[133]

In extremen Situationen stößt der Seele nämlich das zu, was Christus seiner menschlichen Natur nach in der „Höllenfahrt" erlebte: Verzweiflung, Gewissensangst, absolute Gottferne. In der entsprechenden Zusammenschau hat alle Seelsorge in der Nachfolge von Calvins Theologie ihren unbedingten Bezugspunkt.

e) Wie schließlich der anfängliche Appell an die „Selbstverwaltung" des eigenen Seelenheils in evangelischer Freiheit sehr bald der Ernüchterung wich, faßt W. Schütz treffend in dem Abschnitt „Das Glaubensverhör bei Luther" zusammen.[134] Im Zusammenhang mit den in Verflachung und Glaubens-Verwahrlosung übergehenden kirchlichen Zuständen sieht sich Luther in den späten zwanziger und dreißiger Jahren des 16. Jahrhunderts zunehmend gezwungen, im Kontext von Abendmahlszulassung und Gemeindeerziehung sog. „Glaubensverhöre" zu fordern, also Kontrollmaßnahmen wiederzubeleben. „So dringen pädagogische Maßnahmen, kirchliche Unterweisung, moralische Erziehung und die Handhabung der Kirchenzucht aufs neue als Motive in die Beichte ein", schreibt W. Schütz.[135]

Diese Ernüchterung hinsichtlich der reformatorischen Idealbildung, in deren Rahmen das einsichtige Gewissen des einzelnen als Regulator des (Glaubens-)Verhaltens dienen sollte, setzt sich bis in die Zeit der Orthodoxie hinein fort. Sowohl die lutherischen als auch die reformierten Kirchenordnungen des 16. Jahrhunderts sind ein beredtes Zeugnis dafür.

Eine ausführliche Darstellung findet sich auch bei A. Hardeland in den Kapiteln „Die kirchenordnungsmäßige Ausgestaltung des Beicht- und Busswesens" und „Die Vorschriften der Kirchenordnungen über den Krankenbesuch."[136] Dessen übergreifendes Urteil lautet dann: „Die Kirchenzucht wird damit in den Bereich des Sakramentalen erhoben. Gott selber handelt durch den Träger des Amts mit dem in Zucht Genommenen (niedersächsische KO)."[137]

Auch W. Schütz[138] stellt heraus, wie die Beichte als notwendige Routinemaßnahme im Erziehungsprozeß zum Glauben hin plötzlich neu betont werden muß. In ihrem Umkreis und in Verbindung mit der Zulassung zum Hl. Abendmahl bilden das seelsorgerliche Gespräch und das Glaubensverhör ein festes Verbundsystem. Die leidige Verklammerung aller seelsorgerlichen Einwirkung auf den einzelnen Christen mit der Kirchenzucht führt zu gestaffelten Strafmaßnahmen, die entweder durch die (lutherische) Obrigkeit oder durch die (reformierte) Gemeinde selbst vollzogen wurden. Durch klare

---

[133] H. Scholl, a.a.O., S. 120ff.; Zitat S. 120.
[134] W. Schütz, Seelsorge, S. 14ff.
[135] W. Schütz, a.a.O., S. 16.
[136] A. Hardeland, Geschichte, S. 311ff. und S. 326ff.
[137] A. Hardeland, a.a.O., S. 320.
[138] W. Schütz, a.a.O., S. 23ff.; S. 30ff.; S. 33ff.

Rollenzuweisung wird Seelsorge als disziplinierende Begleitung in allen Lebenslagen verstanden.

Schon vorher schreibt A. Köstlin: „Tut die Obrigkeit des christlichen Gemeinwesens in ihrem Teil ihre Schuldigkeit, und erfüllt das ministerium verbi seine Pflicht, sichert jene den Dienst des Heilsworts, und verwaltet dieses den Dienst nach des Herrn Willen und Ordnung, so ist das Heil der Seelen, soweit überhaupt menschliche Einrichtungen dazu mithelfen können, gesichert."[139]

Selbst die verpflichtende Regelung der Seelsorge an Kranken und Gefangenen bekommt unter diesen Umständen den Charakter einer notwendigen pädagogischen Unternehmung. A. Hardeland referiert die niedersächsische KO von 1585, wenn er über die Maßnahmen gegenüber einem kranken Menschen, „der sich geraume Zeit von der Kirche fern gehalten habe", schreibt: „Auf wiederholte Aufforderung soll der Geistliche zum Kranken gehn, einen zweiten Prediger zum Zeugen mitnehmen, auch Nachbarn gegenwärtig sein lassen und nun eindringlich dem Kranken wegen seines lasterhaften Lebens Vorhalt machen. Ist der Kranke hierfür empfänglich, so dass der Prediger bei ihm Reue bemerkt, so kann er die Absolution und das heil. Abendmahl empfangen. Solchen Kranken allen Trost zu versagen, hält die KO. für nicht zu verantworten, da Jesus am Kreuze einen Schächer begnadigt habe."[140]

So kommt es zunehmend zur Einbettung aller christlichen Glaubensäußerungen in die immer weitergehend im Detail ausformulierten Kirchenordnungen als dem normativen Gerüst des Gemeinwesens. Erst im Zeitalter der Orthodoxie und im Zusammenhang mit den allgemeinen Verwüstungen des 30jährigen Krieges verloren die Kirchenordnungen ihre (so oder so) gestaltende Kraft. Der Zerfall der kirchlichen Disziplin läßt nach neuen Formen seelsorgerlichen Handelns fragen.

IV. Die Zeit des Pietismus und des Rationalismus

Im genannten Zeitraum kommt nacheinander ein geistiges und geistliches „Gegensatzpaar" zum Tragen, dessen jeweilige Auswirkungen bis in die Gegenwart spürbar geblieben sind:

a) Mit der Epoche des *Pietismus* im (späten) 17. und 18. Jahrhundert erfährt die Seelsorge wiederum einen entscheidenden Gestaltwandel: Das individuelle Glaubenserleben wird allgemein in einer bisher nicht vorhandenen Intensität wahrgenommen. Seelsorger nehmen „von Mensch zu Mensch" Einfluß auf das Glaubens- und Alltagsleben der Mitchristen. Diese sollen sich erweckt und wiedergeboren vorfinden und daraufhin ihrer *Heiligung* widmen können.

---

[139] Vgl. H. A. Köstlin, Lehre, S. 61.
[140] A. Hardeland, a.a.O., S. 332.

Allem mechanisierten und damit seelenlos äußerlichen Frömmigkeitsgehabe, wie es sich etwa in den sinnentleerten Beichtsitten der Kirche zeigt, wird konsequent der Kampf angesagt. Dafür verdient jetzt das subjektive Erleben der Heilsbotschaft die volle seelsorgerliche Aufmerksamkeit. So entsteht – abgehoben von der großen Menge – eine spezifische Gemeinschaftsform (Konventikel), in deren Rahmen christliche (Laien-)Brüder und (Laien-)Schwestern auf der Grundlage einer kollektiven emotionalen Gestimmtheit einander mit Rat und Tat beistehen. Glaubensanfechtungen und Glaubenszweifel werden so am ehesten „aufgehoben" und in „Erbauung" überführt. Die Beteiligten wollen einander zu einem von der Heiligung durchwirkten und damit für andere beispielhaften Lebenslauf verhelfen und so – durchaus auch nach außen wirkend – Gemeindeaufbau betreiben.[141]

Die einzelnen Schwerpunkte des entsprechenden seelsorgerlichen Vorgehens sind dabei vor allem mit drei Namen verbunden:

Philipp Jacob Spener (1635–1705) wird als Seelsorger das *allgemeine* (geistliche) *Priestertum* mit neuem geistlichen Interesse besetzen.

August Hermann Francke (1663–1727) wird dem von ihm in seiner Zeit erlebten Verfall des Christentums ein neues, geistlich begründetes *Ordnungsmodell* gegenüberstellen.

Nikolaus Graf von Zinzendorf (1700–1760) wird im Rahmen der Brüdergemeine eine Seelsorge etablieren, die den ebenso gezielt zusammengesetzten wie überschaubaren *Gruppen* zunehmend geistliche Bedeutung zumißt und dabei die persönlichsten Belange des einzelnen mit dem Gemeingeist zu verbinden sucht.

So kann mit D. Rössler[142] für diesen Zeitabschnitt festgestellt werden: „Seelsorge ist das Gespräch über den individuellen Fall des Lebens und des Glaubens im Leben, und zwar an deren großen wie an deren einfachsten Fragen."

a) *Philipp Jacob Spener* (1635–1705), allgemein als „Vater des Pietismus" bezeichnet, ist besonders durch seine Schrift „Pia Desideria" von 1675 bekannt geworden.[143] Mit ihr legt er eine Art seelsorgerlich wirksamer Programmschrift vor, in der sich die Hoffnung auf Besserung der kirchlichen Verhältnisse niederschlägt.[144]

---

[141] Vgl. H.A. Köstlin, a.a.O., S. 79.
[142] D. Rössler, Grundriß, S. 165.
[143] Vgl. zu deren Entstehung – Echo – Gestalt *Dietrich Blaufuß*, in: Philipp Jacob Spener, Schriften. Bd. I. Eingeleitet von Erich Beyreuter/Dietrich Blaufuß, Hildesheim/New York, 1979, S. 43ff.
[144] Vgl. zu den Schwerpunkten von Speners gesamter Wirksamkeit W. Schütz, a.a.O., S. 37ff.; zu Einzelheiten *Johannes Wallmann*, Philipp Jakob Spener, in: C. Möller (Hg.), Geschichte. Bd. 2, S. 261ff.

Wie das allgemeine Priestertum eine erneute Anregung erfahren soll, zeigen die folgenden Ausschnitte aus der „Pia Desideria"[145] sehr deutlich: „Mit fleissiger lesung der H. Schrift selbs/ sonderlich aber deß N. Testaments. Das ist je nicht schwer / daß jeglicher Hausvatter seine Bibel oder auffs wenigste das Neue Testament bey handen habe / und taeglich etwas in solchem lese / oder wo er je deß lesens unerfahren / ihm von andern lesen lasse"[146] „Daß nehmlich jeglicher Christ nicht nur selbs / sich und was an ihm ist / gebeth / dancksagung / gute werck / allmosen / etc.zu opffern / sondern in dem Wort deß Herrn emsig zu studiren / andere / absonderlich seine haußgenossen / nach der gnade die ihm gegeben ist zu lehren / zu straffen / zu ermahnen / zu bekehren / zu erbauen / ihr leben zu beobachten / vor alle zu beten / und vor ihre seligkeit nach mueglichkeit zu sorgen gehalten seye. Wo dieses den leuten erstlich gewiesen / so wird damit jeglicher so vielmehr acht auff sich geben / und deß jenigen sich befleissen / was zu seiner und deß nebenmenschen erbauung gehoerig"[147]

Auch in der intimsten Gemeinschaft ist für Spener der eine des anderen Priester: „Also haben sich Ehegatten untereinander zu gebrauchen, daß sie in dem Geistlichen suchen sich an und miteinander zu erbauen, daher sie einander mit gutem Exempel vorgehen und zur Nachfolge locken, miteinander beten und ihre Hauskirche halten, auch die Liebe, die sie untereinander haben und üben, ihnen stets eine Erinnerung der Liebe Gottes und ihres Bräutigams sein lassen sollen ...", schreibt er z.B. in geistlichen Verhaltenshinweisen zum Leben in der Ehe.[148]

Dieselbe Tendenz wird nochmals deutlich, wenn Paul Grünberg[149] im Kapitel „Seelsorge" kommentierend ausführt: „... eine ganz spezielle Aufgabe weist Spener der Privatseelsorge des Geistlichen zu, oder besser gesagt, eine ganz besondere Richtung gibt er derselben im Zusammenhang mit seiner ganzen Auffassung der kirchlichen Lage und mit seinen kirchenreformerischen Zielen. Der Prediger soll nämlich bei seiner der ganzen Gemeinde pflichtmäßig zugewandten seelsorgerlichen Bemühung doch besonders der ‚willigen Seelen' sich annehmen, die schon einen besonderen Zug zum Reiche Gottes haben, dieselben untereinander bekannt machen, damit sie sich auch gegenseitig fördern, und so eine Sammlung von ‚Kernchristen' zuwege bringen, die als ‚rechtschaffene Exempel wahrer Tatchristen' auf die anderen wirken, und aus denen gegebenenfalls Laienpresbyter und Gehilfen des Pfarrers entnommen und gebildet werden können. Nach dieser Seite bespricht und behandelt Spener die seelsorgerliche Tätigkeit des Pfarrers am häufigsten ..."[150]

---

[145] *Philipp Jacob Spener*, Pia Desideria, hg. von Kurt Aland, Berlin, 2. Aufl. 1955.

[146] Ph. J. Spener, a.a.O., S. 54.

[147] Ph. J. Spener. a.a.O., S. 59.

[148] *Philipp Jakob Speners* deutsche und lateinische theologische Bedenken. In einer zeitgemäßen Auswahl hg. von F. A. E. Hennicken, Halle, 1838.

[149] In *Philipp Jakob Spener*, Schriften. Bd. I., Teilband 2. Spener als praktischer Theologe und kirchlicher Reformer, Hildesheim/New York, 1988.

[150] P. Grünberg, a.a.O., S. 104.

Speners deutliche und immer wieder herausgestellte „Furcht vor der Seelsorge bis hin zur „panischen Aversion" erklärt sich nach J. Wallmann[151] gerade nicht als die Folge einer möglichen persönlichen Ungeschicklichkeit und Kontaktschwäche. Diese Haltung sei vielmehr als eine Reaktion des engagierten Kirchenreformers auf den Verfall der Kirchenzucht und auf die fatale Praxis der damals üblichen Beichtstuhlseelsorge zu werten. Zu überlegen ist freilich, ob Speners Intention, die Seelsorge zur Förderung und Erbauung der „Willigen" hauptsächlich in die Konventikel, also in die geistlichen Gesprächskreise, zu verlagern, in diesem Zusammenhang nicht eine verständliche Kompromißleistung darstellt: Der einzelne Seelsorger wird offensichtlich durch die Delegation des zentralen seelsorgerlichen Anliegens auf die Gruppe entlastet. Daß Spener (wie Luther) als ein herausragender „Briefseelsorger" gelten kann[152], verstärkt den Eindruck, daß sich hier ein persönliches Distanzbedürfnis kompensatorisch auf das betont subjektive Erleben aller seelsorgerlichen Zuwendung ausrichtet.[153]

b) Mit *August Hermann Francke* (1663–1727) erfährt eine auf Erweckung basierende, durchaus mit persönlicher Gelehrsamkeit verbundene, straff organisatorisch ausgerichtete Frömmigkeit und Seelsorge einen ebenso eigentümlichen wie wirkungskräftigen Akzent. Wie bei Spener (mit dem Francke Kontakt hatte) geht es zunächst um Reformarbeit und Beseitigung der katastrophalen kirchlichen Zustände. Auch hier gerät die verwahrloste Beichtpraxis zur besonderen Herausforderung. Dann aber verbindet sich die mit aller Konsequenz bis hin zur Härte angegangene Disziplinierungsaufgabe an Individuum und Gemeinschaft vor Ort mit der Idee einer grundsätzlich möglichen Weltveränderung. Zum einen wird der „Bußkampf" zur bleibenden Voraussetzung der persönlichen Bekehrung. Zum anderen aber bekommt neben der kontinuierlichen Selbstbesinnung und Disziplinierung der wiedergeborenen Gläubigen Seelsorge etwas mit der umfassenden Erneuerung der bestehenden Verhältnisse zu tun. „Individuelle Seelsorge und Verbesserung der Welt müssen sich gegenseitig ergänzen. So entsteht der Plan zu einem seminarium universale, einer Pflanzstätte für die Herausbildung von Werkzeugen Gottes, die in aller Welt das Evangelium ausbreiten sollen."[154]

Es mußte in einem bis in alle Einzelheiten durchreflektierten Lernvorgang etwas getan werden für die Armen und Waisen, die Kinder, die Schüler und Studenten, die Lehrer und Geistlichen. So entsteht vom Standort Halle ausgehend ein Schulsystem, das sich (von der Kinderunterrichtung für Arme, Bürgerliche und Adlige im „Pädagogium" bis hin zu Internaten und zu Seminaren für Lehrerbildung) in konzentrischen Kreisen erweitert. Es werden weltweite Verbindungen und ökumenische Freundschaften gepflegt.

---

[151] J. Wallmann, a.a.O., S. 263ff.
[152] Vgl. J. Wallmann, a.a.O., S. 268f.
[153] Seitere exemplarische Texte zu den Themen „Seelsorge und Gemeindeaufbau" sowie „Trost in Glaubensanfechtung" bei J. Wallmann, a.a.O., S. 271ff.
[154] W. Schütz, a.a.O., S. 42, zum Abschnitt S. 40ff.

Die Zeit des Pietismus und des Rationalismus 125

Alle Realitätsbewältigung durch den gläubigen Christen erscheint eingebunden in eine von asketischen Forderungen und eingeübten Verzichtsleistungen durchdrungene Grundhaltung: In den „Pflanzstätten der zu verändernden Welt" gibt es ein eigenartig pädagogisierendes Kontrollsystem. Es ist darauf ausgerichtet, den natürlichen Spieltrieb, den Genuß von Musik, die arbeitsfreie Zeit von Kindesbeinen an so weitgehend wie möglich einzuschränken.

Die Seelsorge in diesem Kontext und mit diesen Mitteln kam damals dennoch einem breiten Bedürfnis entgegen: A. H. Francke galt als einer der großen Seelsorger in Deutschland, bei dem die Menschen in großer Zahl Rat und Hilfe in Konfliktsituationen einholten.

Die Schriften A. H. Franckes erfreuten sich einer weiten Verbreitung. In der auf die erschreckenden Zustände ausgerichteten Abhandlung „Kurzer und einfältiger Entwurf von den Mißbräuchen des Beichtstuhls" von 1697 schreibt er etwa: „Es ist die Sache vom Beichtstuhl und dessen Mißbräuchen/ GOtt lob! auff die Bahn gebracht. Das ist die Angst- und Marter-Banck aller treuen Knechte GOttes: Gleichwie es hingegen der Teuffel zu einer lustigen Zoll-Bude gemacht für die Miethlinge und Bauchdiener."[155] „... Hierbey findet sich ... dieser Mißbrauch/ daß die Leute/ wenn sie diese Beicht-Formel erst lernen/ nicht auf den Verstand gewiesen werden/ sondern bloß allein die Worte/ welche sie doch nicht verstehen/ auswendig lernen ..."[156] „DIe Mittel solchen Mißbräuchen des Beichtstuhls abzuhelffen/ sind ... daß man die discipline ecclesiasticam, wie sie ... in der ersten Kirche gewesen/ wieder exercire/ und weil man ja die heucheley dulden muß/ doch zum wenigsten keine öffentlichen Sünder in der Kirche leide."[157]

Deshalb muß der Beichtvater und Seelsorger u.a. „... Nicht allein öffentlich catechisieren/ sondern auch privatim dergleichen thun ... Mit andern Seel-Sorgern conferiren/ und sehen/ wie sie es machen. Endlich ... muß man einen jedweden nach seinem besonderen Zustand tractieren. Etliche kommen ohne einige Busse/ ja mit offenbaren Kennzeichen der Unbußfertigkeit zum heiligen Abendmahl; und solche muß man abweisen: Etliche kommen mit Angst über ihre Sünden; und diesen muß man den Trost mittheilen ..."[158]

In den Thesen „Schriftmäßige Lebensregeln" von 1689 heißt es neben einer Fülle anderer Verhaltensanweisungen für den Christen in der (durch sein Vorbild zu verbessernden) Welt u.a.: „Wenn dir jemand widerspricht/ so sey ja wohl auf deiner Hut. Denn es ist die rechte gelegenheit/ dich in Gesellschaft zu versündigen. Leidet Gotes Ehre/ und des Nechsten Bestes nicht darunter/ so laß es gehen. Man streitet offt viel/ und wenn der Streit aus ist/ so ist es gleich viel daran gelegen/ wer recht hat. Wenn aber je eine Verantwortung nöthig ist/ so hüte dich ja vor aller ungestümen Gemüthsbewegung. denn das ist nur ein fleischlicher Eyfer. Hast du aber die Wahr-

---

[155] *August Hermann Francke*, Werke in Auswahl, hg. von Erhard Peschke, Berlin, 1969, S. 92.
[156] A. H. Francke, a.a.O., S. 93.
[157] A. H. Francke, a.a.O., S. 103.
[158] A. H. Francke, a.a.O., S. 106.

heit vernehmlich und mit guten Gründen vorgestellet/ so sey zu frieden/ mit weiterem Zancken wirst du wenig gewinnen. Den Widerpart wird der Sache mehr nachdencken/ wenn er siehet/ daß du deiner Sachen gewiß bist und nicht streiten wollest. Lernet er auch nicht mehr von dir/ so lernet er doch Sanfftmuth und Bescheidenheit aus deinem Exempel."[159]

Grundzüge eines Erziehungskonzepts finden sich in der Schrift „Kurzer und einfältiger Unterricht, wie die Kinder zur wahren Gottseligkeit und christlichen Klugheit anzuführen sind" von 1702: „Cultura animi oder die gemüths Pflege ist das einzige Mittel/ wodurch dieser Hauptzweck in Anweisung der Jugend erhalten wird."[160] „Die wahre Gemüths-Pflege gehet auff den Willen und Verstand. Wo man nur auff eines unter beyden sein Absehen hat/ ist nichts gutes zu hoffen. Am meisten ist wohl daran gelegen/ daß der natürliche Eigen Wille gebrochen werde. Daher am allermeisten hierauff zu sehen. Wer nur deßwegen die Jugend unterrichtet/ daß er sie gelehrter mache/ siehet zwar auff die Pflege des Verstandes/ welches gut aber nicht genug ist. Denn er vergisset das beste/ nemlich den Willen unter den gehorsam zu bringen/ und wird deswegen endlich befinden/ daß er ohne wahre Frucht gearbeitet. Hingegen muß auch der Verstand heilsame Lehren fassen/ wann der Wille ohne Zwang folgen soll."[161] „Hiernechst ist zu mercken/ daß insonderheit drey Tugenden seynd/ welche man vor allen suchen muß den Kindern bei noch zarten Jahren einzupflanzn/ so sie anders zu einer gründlichen und beständigen GOttseligkeit sollen angeführet werden/ nemlich: Liebe zur Wahrheit/ Gehorsam und Fleiß. da denn die entgegengesetzten Laster zugleich mit eben so grossem Ernst vermieden werden/ nemlich Lügen, Eigen-Wille und Müssig-gang."[162]

c) *Nikolaus Graf von Zinzendorf* (1700–1760) wird im Laufe seiner theologischen Entwicklung gegenüber Spener und Francke sehr eigene Akzente setzen. „Das theologische Programm, für das die Brüdergemeinde fortan einstand, formulierte er so: ‚die Inthronisierung des Lammes Gottes, als eigentlichen Schöpfers, Erhalters, Erlösers und Heiligmachers der gantzen Welt, und die Catholizität seiner Leidenslehre, als einer in theoria et praxi Universaltheologie'", schreibt D. Meyer.[163]

Er wird eine originelle Organisationsform und Ausprägung des Glaubensverhaltens inaugurieren und damit eine räumlich und zeitlich äußerst weitreichende und nachhaltige Wirkung auf die Poimenik ausüben. Im deutlichen Gegensatz zu der ebenso straffen wie autoritären Gliederung und Führungsstruktur in der Hallischen „Pflanzstätte" wird in der Brüdergemeine ein ganz spezieller „Gruppengeist" gefördert, der seine eigene Methodik entwickelt und die strukturierende Organisationsform eher locker und flexibel freisetzt. Das erweckliche Christentum im Sinne Zinzendorfs verbindet sich von

---

[159] A. H. Francke, a.a.O., S. 353.
[160] A. H. Francke, a.a.O., S. 125.
[161] A. H. Francke, a.a.O., S. 126.
[162] A. H. Francke, a.a.O., S. 137.
[163] *Dietrich Meyer*, Nikolaus Ludwig von Zinzendorf, in: C. Möller (Hg.), Geschichte. Bd. 2, S. 299ff., Zitat S. 303.

vornherein mit Familiensinn und Freundschaftspflege. Die gegenseitige Erbauung der gläubigen Christen erfolgt bei strikter Anerkennung einer unaustauschbaren Individualität und Besonderheit des einzelnen. Alle Kommunikationsformen basieren auf einem mit Bedacht strukturierten Beziehungsgefüge. In dessen Rahmen finden sich dann die „Chöre" (nach Stand und Geschlecht), die „Klassen" (nach Problemlage und Aufgabenstellung) und die „Banden" (nach Neigung und mitmenschlichem Interesse) zusammengestellt vor. So entsteht eine variable Gruppenkultur, die in seelsorgerlicher Weise sowohl der praktischen Lebenshilfe dient als auch das Glaubensleben in eine andauernde förderliche Bewegung versetzt.[164]

Dabei ist die für jede Gruppenbildung wichtige Leitungs- und Autoritätsfrage durch die als umfassend und absolut verstandene Christusbezogenheit der Gemeinschaft und des einzelnen gelöst: Das „inthronisierte Lamm Gottes" fungiert als der direkte Willensträger allen Geschehens und Verhaltens – bis hin zur Kundgabe seiner Absicht im orakelhaften Gebrauch des „Loses" in Entscheidungsfragen. Die Beziehung des einzelnen Gläubigen zu ihm ist die zu einem autoritativ (oder autoritär?) handelnden Theokraten, dem aber die Einzelseele – bis hin zu massivem Kitsch! – schwärmerisch nahestand.[165]

So ergibt sich durch Verstärkung und Neuprägung der Konventikelidee einerseits und der ganz individuellen Christusbezogenheit andererseits eine geistliche Unabhängigkeit, die bei ausgeprägtem Missionseifer bis in konfessionelle bzw. kirchenpolitische Fragestellungen hineinreicht. Denn, so schreibt D. Meyer: „Seelsorge hieß für Zinzendorf, die eigene Konfession zu relativieren und die ökumenische Gemeinschaft der Kinder Gottes in aller Welt zu bejahen und zu fördern."[166] Auf diese Weise werden Lebensgestaltung, Realitätsbewältigung und Konfliktbearbeitung nicht so sehr mit der Steuerung durch Vernunft und Tugendnormen verknüpft, sondern mit „beziehungsreich" erlebten „Empfindungen", bzw. Erfahrungen in Zusammenhang gebracht.

Zinzendorf selbst bringt seine Grundgedanken in Schriften, Homilien, theologischen und dahin einschlagenden Bedenken, Reflexionen usw. vielfältig zum Ausdruck. In einer Rede von 1557 heißt es:[167] „Diese beständige Betrachtung des Todes unseres Heilands tötet uns wirklich an den schlechten Ecken, nicht nur in der Imagination, im Gemüt und Gedanken, sondern in der Tat und in der Wahrheit und macht den Geist und dem Gemüt ein solides Wesen. Das Andenken des Todes unseres Freundes attachiert ungemein. Es ist eine mystische Arznei, die durch den Glauben wirkt – durch den Glauben, der beständig vom Heiligen Geist belebt wird, der darauf acht gibt, uns alle Tage neues Leben zu geben, aber ein Leben, das sterbend ist mit Ihm,

---

[164] Zu Struktur und Funktion der „Banden" im einzelnen vgl. deren ausführliche Darstellung durch *Peter Zimmerling* in dessen sorgfältiger Arbeit „Seelsorge in der Gemeinschaft. Zinzendorf als Seelsorger", theologische beiträge (26) 1995, S. 75ff.

[165] Vgl. dazu auch H. A. Köstlin, Lehre, S. 82f. und die kritische Stellungnahme zu diesem Tatbestand.

[166] D. Meyer, a.a.O., S. 306.

[167] *Nikolaus Graf von Zinzendorf,* Ueber Glauben und Leben. Ausgewählt und zusammengestellt von Otto Herpel, Sannerz 1925, S. 21f.

eine Sehnsucht, die nicht aufhört als mit unserem zeitlichen Leben, wann wir unsere sterblichen Glieder ablegen und zu ihm fahren."

In einer 1741/42 auf einer Amerikareise gehaltenen Rede heißt es: „Was ist Wahrheit? Wahrheit ist, was sich an unserem inwendigen Menschen so wahr und unwidersprechlich beweist, als sich Essen und Trinken, an unserem Gaumen und Magen beweist; als sich Krankheit und Gesundheit, Hitze und Kälte an unserem Körper beweist. So muß sich alles an unserem inwendigen Menschen beweisen, was uns wahr sein soll. Das Evangelium ist eine gute Botschaft von derselben seligen Wahrheit, die sich an unseren Herzen so gewiß beweist, als es gewiß ist, daß wir leben; als gewiß ist, daß wir wachen; als es gewiß ist, daß wir ein Herz haben."[168]

In einer Sammlung von Lehrprinzipien, im Jahre 1770 zusammengestellt, findet sich die Aussage: „Die allgenugsame Herzreligion ist zwischen dem Heiland und der Seele allein. Sobald es aber heißt: Jesus und ich und der und der, so wird's gleich eine Gemeine. Da ist der Heilige Geist Prophet, der Heiland Priester und wir zwei oder soviel deren sind, die sind das Kirchlein."[169]

Die mystische Versenkung in die „Seitenhöhle" des gekreuzigten Herrn ist ein bekannter Akzent Zinzendorf'scher Frömmigkeit. In der dreißigsten Homilie über die Wunden-Litaney der Brüder von 1747 ist zu lesen: „Wenn nun also die Menschen an sich selbst verzagen, wenn sie keine weitere Ursache mehr anzuführen wissen, wenn sie von sich selbst gar nichts rühmen, und keinen Gedanken mehr haben können, warum sie sollten selig werden, aber hundert Ursachen, warum sie müßten verloren gehen: so ist ihnen ein offenes Tor aufgemacht, so ist ihnen des Heilands/seine geöffnete Seite zu einem freyen offenen Wege, zu einem offenen Born, wie es im Propheten steht, wider alle Sünde und Ungerechtigkeit, da fliehen sie hin, da ist Platz für alle." [170]

b) In der Zeit der *Aufklärung* und des *Rationalismus* und damit vor allem im (späten) 18. Jahrhundert wird hinsichtlich des Pietismus eine Poimenik des „Gegensatzes" entwickelt. Ein deutlich verändertes Menschenbild verlangt auch deutlich veränderte seelsorgerliche Maßnahmen: Der Seelsorger wird zum Lehrer der Weisheit und Tugend. Der Mensch soll zu sich selber finden unter der Zielvorstellung eines hier und jetzt erfüllten Lebens.

Das bedeutet: Die freiheitlichen Möglichkeiten der individuellen Gewissensbildung sind zu respektieren – alle pietistische „Bedrängnis der Einzelseele" als zudringlich zu unterlassen. Statt dessen geht es um Erziehung zu religiös-sittlicher Selbständigkeit.[171] Zur Vermittlung einer menschenwürdi-

---

[168] N. Zinzendorf, a.a.O., S. 29.
[169] N. Zinzendorf, a.a.O., S. 96.
[170] *Nikolaus Ludwig von Zinzendorf*, Hauptschriften in sechs Bänden. Bd. III, hg. von Erich Beyreuter und Gerhard Meyer, Hildesheim, 1963, S. 313. Weitere exemplarische Texte bei D. Meyer, a.a.O., S. 306ff.
[171] So führt etwa A. H. Niemeyer in seinen „Grundsätzen" (*August Hermann Niemeyer*, Grundsätze der Erziehung und des Unterrichts für Eltern, Hauslehrer und

gen Daseinsgestaltung durch (eine an der Vernunft ausgerichteten, aufgeklärten) Religiosität dienen nicht mehr Beichtstuhl und Kirchenzucht, sondern *„freundschaftliche Gespräche"*, bzw. ein unaufdringlicher *„Privatumgang"*.

Bei alledem ist eine ebenso nutzbringende wie menschenfreundliche Konkretisierung der Seelsorge angesagt: Gefangenen ist menschenwürdig zu begegnen, verzweifelte Gemütslagen sind als Krankheiten zu behandeln. Der Seelsorger soll sich nicht nur im Umgang mit seelischen Nöten, sondern (vor allem auf dem Lande) auch mit leiblichen Beschwerden auskennen.[172]

Kurz: Alle helfenden Tätigkeiten zu Nutzen der individuellen Konfliktberatung und zu Nutzen der Gesellschaft haben einen Bezugspunkt: Immer geht es um die voranzutreibende „Bildung des Menschengeschlechts". Diese entspricht der eigentlichen Absicht und Anordnung Gottes.[173]

a) Als ein wesentlicher Vertreter einer seelsorgerlichen Weisheits- und Tugendlehre im Rahmen der Aufklärungstheologie ist *Johann Joachim Spalding* (1714–1804, ab 1764 Propst und Konsistorialrat in Berlin) zu nennen. In seiner aufsehenerregenden Schrift „Betrachtungen über die Bestimmung des Menschen" von 1748 schreibt er zu dem Thema „Tugend": „Indessen soll doch dieß beständig meine Hauptsache seyn, daß ich die höhern und edlern Triebe meiner Seele nicht unterdrücken, noch übergehen möge; diese Triebe, von denen ich deutlich genug erkenne, daß sie billig regieren müssen. Ich will dahin trachten, daß die Neigung der Güte, die mir eingepflanzt ist, immer mehr gestärket, und auf alle mögliche Weise befriediget werde. Die Glückseligkeit des menschlichen Geschlechts, die mich so angenehm rühret, soll unveränderlich ein Gegenstand meiner ernstlichsten Bestrebungen, und meine eigene Glückseligkeit seyn. Wenn ich den Unschuldigen vertheidiget, den Elenden geholfen, den Nothleidenden gerettet sehe, so will ich mich dem Vergnügen, das ich darüber fühle, gänzlich überlassen, und mir diese Zärtlichkeit meiner Seele zu einer Ehre anrechnen, da sie so tief und wesentlich

---

Schulmänner, Halle, 4. Aufl. 1801) unter der Überschrift „Erziehung im weitesten Sinne" aus: „Alles nun, was dem Menschen zur Entwicklung seiner in ihm schlummernden Kräfte verhilft, und das aus ihm bildet, was er zu werden fähig ist, kann man seine *Ausbildung* oder seine *Erziehung* in der *weitern Bedeutung* des Wortes nennen. In diesem Sinne wird sich die *Erziehung* nicht blos auf die Jahre der Kindheit und Jugend einschränken, sondern, da die menschlichen Kräfte, wenigstens die geistigen, eines beständigern Zuwachses von Vollkommenheit fähig sind, auch in den reifern Jahren fortgehen. Das ganze Leben, und überhaupt jeder frühere Zustand des Daseyns, selbst jenseits dieses Lebens, wird als Erziehung für den folgenden Zustand betrachtet werden können." (1.Teil, S. 4)

[172] Vgl. W. Schütz, a.a.O., S. 49.

[173] Für H. A. Köstlin ist in diesem Kontext vor allem *Johann Gottfried Herder* (1744–1803) ein wichtiger Gewährsmann. Der habe der Kirche in „herrlichen Worten" ins Gedächtnis gerufen, was die wahre Aufgabe eines idealen Seelsorgers sei, nämlich im Namen Gottes und in priesterlicher Weise Menschen zum Edlen hin zu bilden (a.a.O., S. 87f.).

in meiner Natur gegründet ist ... Gerechtigkeit gegen alle Menschen, Aufrichtigkeit in meinem ganzen Verhalten, Dankbarkeit gegen Vaterland und Wohlthäter, Großmuth gegen Feinde selbst, und eine in dem weitläufigsten Verstande allgemeine Liebe. Diese natürlichen und unmittelbaren Ausflüsse einer inneren Richtigkeit, darin die Gesundheit und die Zierde meines Geistes bestehet, dieß soll mein angenehmstes und beständigstes Geschäfte sein. Ich will mich gewöhnen, das Gute, das Glück, die Schönheit, die Ordnung allenthalben, wo ich sie sehe, mit Lust zu sehen."[174]

b) Der „Seelsorge im Zeitalter der Aufklärung" widmet sich mit besonderem Interesse, deutlicher Sympathie und großer Detailkenntnis W. Schütz.[175] Zur grundsätzlichen Einstellung hinsichtlich einer christlichen Lebensbewältigung in dieser Epoche schreibt er: „Ziel der Seelsorge sind Glückseligkeit, Beruhigung, Zufriedenheit und Genügsamkeit. Auch das darf nicht so platt eudämonistisch verstanden werden, wie es für unsere durch Kant geschulten Ohren klingen mag. Glückseligkeit ist das Zurechtkommen und Fertigwerden des Menschen mit seiner vernunftgemäßen Bestimmung, ist die moralische, vernünftige Selbstverwirklichung des eigenen Wesens; Beruhigung und Zufriedenheit ist das Zum-Ziel-Gekommensein des Menschen in der Sinnfindung seines Daseins. Dabei klingen Geborgenheit, Mut zum Sein, Sinnerfüllung des Lebens, Zuversicht und Hoffnung als Grundhaltung aller Frömmigkeit mit."[176]

Als herausragende Vertreter benannt und mit charakteristischen Aussagen zitiert werden von W. Schütz in diesem Zusammenhang *Siegmund Jacob Baumgarten* (1706–1757, Inspektor an den Franckeschen Stiftungen in Halle sowie Professor an der dortigen Universität, der Theologie betont auf der Basis einer neuen wissenschaftlichen Weltbetrachtung betreiben möchte) und *August Hermann Niemeyer* (1754–1828, Urenkel A. H. Franckes, als Theologe und Pädagoge ab 1799 Direktor der Franckeschen Stiftungen und ebenfalls Hallenser Universitätsprofessor).

Ergänzend sei an dieser Stelle ein Gutachten S. J. Baumgartens in einer Eheproblematik angeführt.[177] Es zeigt deutlich die seelsorgerliche Einstellung seines Verfassers. Baumgarten nimmt im „Zwey und zwanzigsten Stück, von einem verworrenen Ehehandel" als theologischer Gutachter zur (Rechts-)Lage einer unglücklichen Frau Stellung, die – durch schwere Schicksalsschläge bedingt – eine Zweitehe einging, ohne rechtlich von ihrem ersten Mann geschieden zu sein. Eingangs gleicht seine ausführliche Antwort auf den „überschickten Casus" einer einfühlsamen Anamnese: „Lucia ist gebohren anno 1705. Ihr Vater war ein Bösewicht, der als ein Tyrann in seinem Hausse gelebet, Weib und Kind mörderisch tractiret, und sie endlich in boßhafter Weise verlassen. Dieses tyrannische Verfahren, samt Hunger und anderem Elend, bewog Luciam, daß

---

[174] *Spaldings* Bestimmung des Menschen –1748 – und Wert der Andacht. Mit einer Einleitung neu hg. von Horst Stephan, in: Studien zur Geschichte des neueren Protestantismus, Gießen, 1908, S. 22.
[175] W. Schütz, a.a.O., S. 44ff.
[176] W. Schütz, a.a.O., S. 45.
[177] *Siegm. Jac. Baumgartens* theologische Bedencken. Vierte Sammlung, Halle, 2. Auflage 1749, S. 1ff.

sie im 14ten Jahr ihres Alters, ohne Vorbewußt ihrer Eltern, hinweg und hieher nach ... gegangen, da sie sich um 4 fl. Jahr-Lohn verdinget ..."[178]

Auf dieser Erlebnisbasis heiratete Lucia dann mit 23 Jahren einen Mann, der es ihrem Vater gleichtat. „Diese Ehe konnte nicht anders als unglücklich seyn. Der Mann war ein Ertz-Dieb. Er kam niemals nach Hauß, daß er nicht zum wenigsten ein Sacktuch, Dose, Glaß und dergleichen mitbrachte; bisweilen war auch der Raub wichtiger. Er wollte Luciam anhalten, ihm denselben zuverwahren, wogegen sie sich aber setzte ..."[179] Der Ehemann schlägt und quält seine Frau erbarmungslos, wird wegen krimineller Delikte der Stadt verwiesen, nimmt wohl Kriegsdienste an und gilt seitdem als verschollen.

Um einen zweiten Mann heiraten zu können, gibt Lucia den ersten für tot aus, bekennt aber diese Tat ihrem Beichtvater. Der wiederum bittet nun um Rat, ob man zustimmen könne, in der zweiten Ehe zu bleiben und ob und auf welche Art die Obrigkeit informiert und ihrerseits zu einer Entscheidung bewegt werden könne.

In einfühlsamer Weise zeigt Baumgarten nach ausführlichen „Bedencken" auf, daß weder Lucia selbst noch der Beichtvater verpflichtet seien, der Obrigkeit etwas anzuzeigen, sondern daß es darum gehe, die Frau seelsorgerlich auf eine immerhin mögliche Entdeckung vorzubereiten und sich eines geordneten Lebens in der zweiten Ehe zu befleißigen. Denn: „Bey solcher Ungewisheit ihres äusseren Zustandes kan und mus Lucia diese gantze Sache mit hertzlichem Gebet, und gelassener Unterwerfung unter götlichen Willen der guten Hand GOttes anbefehlen; mit dem festen Zusatz, im Fal es GOtt ohne ihr Zutun offenbar werden lasse, sich weder mit Verleugnung der Wahrheit vor der Obrigkeit noch sonst durch unerlaubte Mittel und Beschönigung ihrer Vergehung aufs neue zu versündigen ..."[180] Inzwischen stehe auch der Teilnahme am Abendmahl nichts im Wege.

Baumgarten erweist sich so „zwischen den Zeilen" eines theologischen Gutachtens über einen in der Tat „verworrenen" Konfliktfall als ebenso hoch sensibler wie pragmatisch denkender Seelsorger.

V. Die Zeit von Schleiermacher bis zur „Dialektischen Theologie" vor und nach dem Zweiten Weltkrieg

Die Zeit des 19. und 20. Jahrhunderts ist für die Seelsorge eine Epoche der Ausdifferenzierung und der allmählichen Konsolidierung als (mehr oder weniger) selbständige Wissenschaft. Deren Werdegang ist eng mit der neuen theologischen Fachbezeichnung „Praktische Theologie" verbunden. Ihre Inauguratoren (Schleiermacher und Nitzsch) lassen zunächst die Unterdisziplin „Seelsorge" als ein theoretisch begründetes Teilgebiet erscheinen. Es ist ein Gebiet, das sich parallel zu (und in Verbindung mit) den anderen

---

[178] S. J. Baumgarten, a.a.O., S. 3.
[179] S. J. Baumgarten, a.a.O., S. 4.
[180] S. J. Baumgarten, a.a.O., S. 60.

theologischen Fächern auf die praktischen Erfordernisse einer Zeit einzustellen unternimmt und das bald seine eigene „Wissenschaftsgeschichte" hat. Dieser umfassende Akt einer theologischen Einstellung auf praktische Belange hat sehr verschiedene Komponenten. Diese stellen eine jeweils zeitgemäße Problemsicht dar. Sie eröffnen damit eine ganz bestimmte Wahrnehmungs- und Zuordnungsmöglichkeit für die zeitgenössische Konfliktbearbeitung unter dem Vorzeichen des christlichen Glaubens. Dabei lassen sich im Grobraster[181] die folgenden Momente herausstellen:

a) In dieser Zeit kommt es zu umwälzenden Erkenntnissen im Bereich der Anthropologie, die sich (über philosophische, sozialwissenschaftliche und psychologische Vertreter wie Ludwig Feuerbach, Karl Marx, Friedrich Nietzsche, Sigmund Freud) in elementarer Weise mit einer Religionskritik verbinden und so die Poimenik zwangsläufig zu neuen Reflexionen über den „Menschen vor Gott" herausfordern.[182] Dieser „Mensch vor Gott" hat sich zunächst einen bestimmten Verhaltenskodex anzueignen: Der Christen-

---

[181] Verwiesen sei an dieser Stelle auf zwei Veröffentlichungen, die – einander ergänzend – eine systematische Zuordnung der verschiedenen poimenischen Entwürfe des 19. und 20. Jahrhunderts anbieten bzw. die Möglichkeit eröffnen, sich „im Originalton" über Einzelheiten und „Kernaussagen" zu informieren:
Wolfgang Offele, Das Verständnis der Seelsorge in der pastoraltheologischen Literatur der Gegenwart, Mainz, 1966, hat eine Übersicht über katholische und evangelische Konzeptionen von Seelsorge von den 20er bis hin zu den 60er Jahren des 20. Jahrhunderts erarbeitet, dabei die Auswirkungen theologischer Schwerpunktbildungen auf die Poimenik besonders gut sichtbar gemacht und die einzelnen Auffassungen unter übergreifenden Gesichtspunkten zusammengestellt. Bei F. Wintzer (Hg.), Seelsorge. Texte zum gewandelten Verständnis und zur Praxis der Seelsorge in der Neuzeit, bekommt der Leser exemplarische Texte von Schleiermacher bis hin zu Autoren der Gegenwart angeboten und kommentiert. Unter beständigem Hinweis auf diese grundlegenden Veröffentlichungen werden im folgenden zur Charakterisierung von Hauptvertretern der Poimenik in der genannten Zeitspanne lediglich *Vignetten* zusammengestellt. Sie sollen die Hauptgedanken eines Autors benennen, eine typische Aussage als kurze Leseprobe zugänglig machen bzw. als „Motto" herausstellen und vor allem zu intensiverer Beschäftigung mit den historischen Vertretern der Poimenik anregen. Geordnet sind diese Vignetten nach dem Erscheinungsjahr der aufgeführten Hauptwerke. Herrn Dr. theol. Martin Jochheim verdanke ich wichtige Hinweise auf Sekundärliteratur.

[182] Vgl. dazu das Kapitel „Religionskritik und der Vorwurf einer schädlichen Regressivität", in: *Klaus Winkler*, Werden wie die Kinder? Christlicher Glaube und Regression, Mainz, 1992, S. 71ff.
Daß das Thema weiterhin höchst aktuell ist zeigt die Abhandlung „Kirche: Angst produzierend – Angst reduzierend. Eine religionskritische Konfrontation", in: *Hermann M. Stenger*, Für eine Kirche, die sich sehen lassen kann, Innsbruck/Wien, 1995, S. 134ff.

mensch zeichnet sich als solcher in der Gesellschaft durch glaubensbezogene Tugenden ab. Diese gilt es seelsorgerlich bewußt zu machen und zu unterstützen. Die dementsprechende poimenische Einstellung wird allerdings später theologisch zunehmend in Frage gestellt.

b) In dieser Zeit wird die Poimenik zunächst noch weiter durch die Einflüsse einer erfahrungsbezogenen *Pastoraltheologie* geprägt. Gleichzeitig und parallel dazu erfolgt aber auch die Einordnung der Disziplin „Seelsorge" in eine sich ausdifferenzierende wissenschaftliche Theologie sowie die Zuordnung zu den sich immer weitergehend etablierenden Humanwissenschaften (Soziologie, Psychologie, Sozialpsychologie). Aber auch ein *Konkurrenzverhalten* zu den verschiedensten Formen „weltlicher Seelsorge" wird aktiviert.

Das führt einerseits zu einer auf Kooperation ausgerichteten „Gebietsaufteilung" mit einander überschneidenden Grenzen.[183] Es führt andererseits zu problemträchtigen Verhältnissetzungen, die als andauernd offene Fragestellungen von Zeit zu Zeit neu zur Bearbeitung anstehen. In jedem Fall gerät jetzt die unausweichliche Bezugnahme auf das empirisch vorgezeichnete Verständnis psychischer Vorgänge zur Herausforderung, auch kirchlicherseits der sich entsprechend ausweitenden Bildungsaufgabe gerecht zu werden. Dieser Aufgabe korrespondiert gleichzeitig diejenige, ein theologisches *Proprium* der Poimenik angebbar zu machen. Das Thema „Seelsorge und Psychotherapie" wird in diesem Zusammenhang zum festen Bestandteil der „Lehre von der Seelsorge". Es gerät dabei mehr und mehr zur „Bekenntnisfrage".

c) In dieser Zeit führt die Herausbildung einer speziellen Seelsorge, die sich von der Pastoraltheologie je länger desto deutlicher abheben möchte, zu Konsequenzen im *Ausbildungsbereich*. Je bestimmbarer individuelle Gegebenheiten und Eigenschaften des Einzelchristen (mit ebenso persönlichkeitsspezifischem Gemeinschaftsbezug) in den Blick kommen, desto drängender muß die Frage nach der entsprechenden Befähigung des Seelsorgers/der Seelsorgerin werden, Erlebensdifferenzierungen als solche wahrzunehmen, im Glaubensbereich wiederzuerkennnen und gezielt auf sie einzugehen. Poimenik wird über die charakterliche Eignung und Vorbildhaftigkeit des

---

[183] So etwa in der auf neue Zusammenarbeit zwischen Poimenik und Medizin ausgerichteten „Europäischen Arbeitsgemeinschaft Arzt und Seelsorger". Sie wird 1925 in Berlin als Arbeitsgemeinschaft „Arzt und Seelsorger" mit einer gleichnamigen Schriftenreihe gegründet und 1954 zur Europäischen Arbeitsgemeinschaft erweitert. Heute trägt sie den Namen „Internationale Gesellschaft für Tiefenpsychologie". Ihre Veröffentlichungen, hg. von *Wilhelm Bitter*, unter Titeln wie „Psychotherapie und Seelsorge" (1952), „Angst und Schuld in theologischer und psychotherapeutischer Sicht" (1953), „Vorträge über das Vaterproblem in Psychotherapie, Religion und Gesellschaft" (1956), „Die Wandlung des Menschen in Seelsorge und Psychotherapie" (1956) u.v.a. haben viel Beachtung gefunden.

Seelsorgers/der Seelsorgerin hinaus zum gesonderten Lehrgebiet. Auf diesen allgemeinen Grundlinien lassen sich die folgenden Akzentsetzungen bzw. Schwerpunktbildungen beobachten und in Form von Vignetten kurz darstellen:

1. Friedrich Daniel Ernst Schleiermacher (1768–1834)

Im Gegensatz zum Pietismus gilt es in ganz neuer und ungewohnter Weise die *Freiheit* des Individuums und dessen Gewissensbildung ohne fremde Einmischung und nur durch inneren Austausch zu respektieren. Der einzelne Mitchrist ist zwar bei Bedarf (und d.h. vor allem bei innerer Isolierung vom Ganzen der Gemeinde) mit einem seelsorgerlichen Standpunkt klar zu konfrontieren. Das aber muß unter Zurückstellung der persönlichen Eigentümlichkeiten des Seelsorgers geschehen. Denn dieser sollte sich ja vor allem die geistige *Mündigkeit* seiner Mitchristen besonders angelegen sein lassen. Seelsorge ist deshalb in ihren Einzelmaßnahmen als sittliche Entscheidungshilfe auf typisch menschliche Situationen und einzelne Lebenslagen ausgerichtet. Dann nämlich gerät sie nicht zu einer eher außergewöhnlichen Notfallhilfe für so oder so Gestrauchelte. Sie bedeutet vielmehr auf einer strikten Vertrauensbasis die Förderung der Lebensqualität und geistigen Klarheit der Gläubigen. Sie ist ein spezifisches Beziehungsangebot, das möglicher „Unmündigkeit" förderlich aufhebend begegnet. Gerade so dient sie der christlichen Gemeinschaft, die ihre religiöse Befindlichkeit im Gottesdienst darstellt.

Denn: „... jedes Gemeindeglied steht in unmittelbarem Verhältnis zu dem göttlichen Wort, kann sich aus demselben selber berathen, und kann zu seinem Verständnis des göttlichen Wortes und seiner Subsumtion der einzelnen Fälle unter die in dem göttlichen Wort gegebenen Regeln, Vertrauen haben oder nicht; nimmt es den Geistlichen in Anspruch, so ist es ein Zeichen, daß dies Vertrauen fehlt. Das beweist zunächst, daß die Thätigkeit des Geistlichen im Religionsunterricht und die Erklärung des göttlichen Wortes im Gottesdienst nicht hinreichend gewesen ist und ihren Zwekk nicht erfüllt hat. Nun ist aber jeder schuldig das zu ergänzen was er an der Vollkommenheit seiner Pflichtthätigkeit hat fehlen lassen, und so wie ein Gemeindeglied den Geistlichen in Anspruch nimmt zu einem solchen Verhältniß, kann er sich unmöglich demselben verweigern. Daraus entsteht der Kanon: *überall wo solche Anforderung an den Geistlichen geschieht, hat er sie dazu zu benutzen die geistige Freiheit des Gemeindegliedes zu erhöhen und ihm solche Klarheit zu geben, daß jene Anforderung nicht mehr in ihm entsteht.*"[184] Und: „Einzeln können solche Mitglieder der Gemeine Gegenstän-

---

[184] *Dr. Friedrich Schleiermacher*, Die praktische Theologie nach Grundsätzen der evangelischen Kirche, hg. von *Jacob Frerichs*, Berlin, 1850, S. 430f.

de für die Seelsorge werden, welche ihrer Gleichheit mit den andern durch innere oder äußere Ursachen verlustig gegangen sind; und die Beschäftigung mit diesen nennt man *Seelsorge* im engeren Sinne."[185]

Seelsorge zielt auf Wiedereinstimmung in die Gemeinde durch achtungsvolle Aufhebung vorhandener Unmündigkeit und Förderung der individuellen geistigen Freiheit ab.

2. Claus Harms (1778–1855)

Den Studierenden und Interessenten ist für das pfarramtliche Wirken als *Prediger* („wie ihn die Pastoraltheologie thun lehrt hinsichtlich der Predigt, der Kinderlehre und der Vorbereitung der Konfirmanden"), als *Priester/Liturg* („wie ihn die Pastoraltheologie sein und thun lehrt hinsichtlich des öffentlichen Gottesdienstes und der mehreren einzelnen priesterlichen Handlungen") und als *Pastor* („wie ihn die Pastoraltheologie thun lehrt hinsichtlich der besonderen Seelsorge, des Schulwesens, des Armenwesens und der mehreren persönlichen Verhältnisse") in Form von Reden ein pastoraltheologischer Leitfaden an die Hand zu geben. Denn: „Pastoraltheologie ist eine geordnete, Licht und Luft gebende Lehre, wie die Zwecke des Predigtamtes erreicht werden unter bewandten Umständen."[186]

Seelsorge begründet sich dabei so: „... der Pastor muß selbst den Prediger zuweilen vertreten, ich meine, wohin des Predigers Wort, auf der Kanzel gesprochen, nicht kommt, dahin muß der Pastor dieses Wort tragen, selbst tragen oder dafür sorgen als Seelsorger der ganzen Gemeinde, daß es keinem Menschen und keinem Dorf an Gotteswort fehle."[187]

Ein Beispiel für solch ein zum einzelnen getragenes Gotteswort ist etwa der seelsorgerliche *Krankenbesuch*: „... ein Krankenbesuch hat nichts Auffallendes und Besorglichmachendes, wenn man es von uns gewohnt ist, daß wir

---

[185] *Friedrich Schleiermacher*, Kurze Darstellung des theologischen Studiums zum Behuf einleitender Vorlesungen, hg. von *Heinrich Scholz*, Darmstadt, 1969, S. 114 (§ 299). Zum Abschnitt vgl. auch F. Wintzer, a.a.O., S. 1ff.; W. Schütz, Seelsorge, S. 50ff; D. Rössler, Grundriß, S. 166ff; *Volker Weymann*, Friedrich Daniel Ernst Schleiermacher, in: C. Möller, Geschichte. Bd. 3, S. 21ff. Dazu *Diether Gerbracht*, Die Gemeinde und der Einzelne. Das Verständnis der Seelsorge bei Friedrich D.E. Schleiermacher. Eine Anfrage an die Seelsorge-Diskussion. Mit einem Beitrag zur Wirkungsgeschichte von Friedrich D.E. Schleiermacher, Diss. (masch.), Göttingen, 1977.

[186] Vgl. *Claus Harms*, Pastoraltheologie in Reden an Theologie-Studierende. Nach der Originalausgabe (1830–1834) aufs neue herausgegeben in zwei Teilen. Erster Teil, Gotha, 2. Aufl., 1891, S. 15. Dazu *Matthias Schulz*, Der Begriff der Seelsorge bei Claus Harms und Löhe, Gütersloh, 1934.

[187] C. Harms, a.a.O. Zweiter Teil, 1893, S. 174.

überhaupt zu Leuten gehen. Ist das Abendmahl begehrt und gegeben worden, dann wissen wir Bescheid, dann haben wir eine offene Thür, allein darauf sollen wir eben nicht warten ... aber zu hüten haben wir uns davor, daß man nicht ungebührlich weit uns in die Krankengeschichte hineinziehe oder gar uns ganz umspinne mit ihr und unsere Rede ... Was man nicht alles erlebt! Einmal sollte ich einer Tochter versprechen, daß ich mit ihrer kranken Mutter kein Wort vom Tode sprechen wollte; alsdann könnte ich gern an deren Bett treten; natürlich ließ ich mir diese Bedingung nicht machen und ging wieder weg. Aber wenn wir mit Kranken reden wollen, so müssen wir allerdings auch zu reden wissen, zu reden haben, zu reden und zu beten gelernt haben ... Lernen Sie, lernen Sie, was in Schmerzen und Not, in Ängsten und Tod eine Seele aufrichten und trösten kann."[188]

Seelsorge ist Predigt bei denen, die das Gotteswort nicht in der Kirche hören können.

3. Ludwig Hüffell (1784–1856)

In noch ungebrochener Weise wird der Versuch unternommen, den evangelischen Geistlichen als Seelsorger in seiner Sorge „für den Zustand der Gesamtheit der Kirche", den „Zustand der Gesamtheit seiner Gemeinde" und schließlich „für die einzelnen Glieder seiner Gemeinde" für verantwortlich zu erklären und mit geeigneten Ratschlägen auszurüsten. Alle diese Ratschläge erfolgen konsequent vom Ganzen her zum Einzelnen hin.

Dann läßt sich zunächst definieren: „Die Seelsorge ist diejenige Thätigkeit des evangelischen Geistlichen, welche, außerhalb der Grenzen eigentlicher gottesdienstlicher Verrichtungen, den Zustand der Kirche, der Gemeinde und der einzelnen Glieder in derselben besonders überwacht, leitet, fördert und durch geeignete Mittel zur vollen Einheit des Glaubens zu bringen sucht. Bei dieser Ueberwachung, Leitung und Förderung der Kirche, der Gemeinde und der Individuen handelt es sich freilich zunächst um die moralischen Zustände, also um die eigentliche *cura animarum*; allein die äußern Verhältnisse, welche auf die innern einen so großen Einfluß haben, können nicht umgangen werden und treten sonach auch in die Sphäre der Seelsorge."[189]

Neben der „Aufsicht über die äußere Lebensweise", der Sorge um den „sittlichen Zustand der Einzelnen in der Gemeinde", der Sorge für Menschen „in besonderen Lagen und Verhältnissen" (Kranke, Personen, die einen Eid ablegen sollen, Gefangene, Selbstmörder, Delinquenten vor dem Hochgericht) sind es „Unglückliche und Leidende", welche des besonderen

---

[188] C. Harms, a.a.O., S. 177f.
[189] Vgl. *Ludwig Hüffell*, Wesen und Beruf des evangelischen Geistlichen. Erster Band, Giessen, 4. Auflage 1843, S. 307.

seelsorgerlichen Zuspruchs bedürfen: „Unter den Unglücklichen, von welchen es sich handelt, werden solche verstanden, welche es wirklich sind, nicht aber eingebildet Unglückliche, Schwermüthige u. dergl. m. Es sind also Menschen, welche durch schwere Unglücksfälle ihr Vermögen, ihren Unterhalt und ihre Nahrung verloren haben, oder solche, welche andere harte Prüfungen zu bestehen haben; denn leider ist die Masse des menschlichen Elendes sehr groß. Jeder Unglückliche nun sucht Theilnahme; der Bessere den Trost der Religion ... Alles kommt hier zunächst darauf an, daß der Geistliche mit dem Unglücklichen nicht nur in einem guten, sondern in einem wirklich freundschaftlichen Verhältnisse steht und das alles Fremdartige entfernt ist; denn nur an des treuen Freundes Brust vermag sich der Kummer des Leidenden zu ergießen und dieser Erguß ist an sich schon Trost. Ueberhaupt aber muß hier bemerkt werden, daß es nicht der bloße Geistliche, als solcher, sondern der *geistliche Freund* ist, der wahrhaft zu trösten vermag. Ferner muß dieser geistliche Freund der rechte Mann seyn, an dessen religiöser und moralischer Kraft man sich wirklich halten und aufrichten kann. Niemand ist unwirksamer, überflüssiger und sogar für den Unglücklichen widerlicher, als ein fader leerer Schwätzer, ohne alle eigene Kraft, in dessen Mienen man schon die Herzlosigkeit ausgedrückt findet, und vor dem man sich flüchtet oder verleugnen läßt, wenn er mit einem Besuche droht."[190]

Seelsorge ist Sorge für das Kirchen- und Gemeindeganze, die die tröstliche geistige Freundschaft zum einzelnen sucht.

4. Carl Immanuel Nitzsch (1787–1868)

Nunmehr ist Seelsorge theologisch und definitorisch wirklich „auf den *Begriff* zu bringen": „*Eigenthümliche Pflege der Seelen oder specielle Seelsorge* ist die *amtliche* Thätigkeit der christlichen Kirche, welche der Erhaltung, Vervollkommnung, Herstellung des geistlichen Lebens wegen auf das *einzelne Gemeindeglied* gerichtet ist, folglich nach den *eigenthümlichsten persönlichen Zuständen und Bedürfnissen* bemessen sein und am meisten vom *ganzen persönlichen Eindrucke des Seelsorgers* unterstützt werden muß."[191] Wichtig ist: „Die Bestimmung eines jeden Gliedes ist *Mitglied* zu werden, und die Bestimmung der Gemeine, in die Einzelnen eingepflanzt zu werden."[192]

---

[190] L. Hüffell, a.a.O., S. 394f.
[191] Vgl. *Carl Immanuel Nitzsch*, Praktische Theologie. Dritter Band. Erste Abtheilung: Die eigenthümliche Seelenpflege des evangelischen Hirtenamtes mit Rücksicht auf die innere Mission, Bonn, 2. Auflage 1868, S. 67; zum Abschnitt vgl. auch F. Wintzer, a.a.O., S. 21ff. Dazu *Ulrich Nembach*, Seelsorge nach Karl Immanuel Nitzsch, ThZ (28) 1972, S. 331ff.
[192] C. I. Nitzsch, a.a.O., S. 68.

Dabei lassen sich die biblischen Grundannahmen und Anweisungen nicht getrennt von den ethischen und diakonischen Aufgaben in der *Gegenwart* verwirklichen, wenn „die jetzt erkennbaren Zustände" der menschlichen und kirchlichen Lebenspraxis christlich gestaltet werden sollen. Der Seelsorger muß in diesem Umfeld auf seinen guten Namen achten, über seelsorgerliche Gaben und Bildung, aber als rechter „Seelenarzt" auch über „diagnostische Befähigung" verfügen: „Diese erstreckt sich aber nicht darauf, für jedes einzelne Symptom einen Grund und für jedes ein Heilmittel zu suchen, sondern darauf, *aus der Zeichen und Züge Gesammtheit* sich ein *Bild von der inwendigen Lage* und Bedürftigkeit des Individuums zu entwerfen."[193]

Weiter muß der Seelsorger aus „therapeutischer Tüchtigkeit" heraus „heilen und pflegen", dabei den „Schatz der Wahrheit" mit „Lehrhaftigkeit" im „seelsorgerlichen Verkehr" zur Geltung bringen, mit der „Gabe des Gebets" unterstützen und durch „begleitendes Handeln" festigen (wenn es z.B. „... um Zulassung und Duldung all der Klagen und Anklagen, Zweifel und Fragen, in welchen sich etwa ein beschränkter Verstand und ein eitles Herz redselig ausspricht ..." geht).

Ziel aller Seelsorge ist jedenfalls die *Orthotomie* (d.h. die rechte Austeilung und Anwendung des göttlichen Wortes zur Vermittlung des göttlichen Trostes) im Hinblick auf den *leidenden*, den *sündigen* und den *irrenden* Menschen. Bei alldem ist die zunehmende Entkirchlichung der Bevölkerung ein Beweggrund, um den seelsorgerlichen Einsatz immer gleichzeitig „*missionarisch*" (gemeindebildend) zu verstehen. „Der Verarmung, dem Proletariat, und der zufälligen Tagelöhnerei hat der Zeitgeist von der argen Art zugleich kräftige Irrthümer, starke Vorurtheile gegen die Kirche und das Christenthum eingeimpft ... Der missionarische Seelsorger hat bei Gelegenheit einleitender oder nachfolgender Auffassungen des Individuums nicht die Vorurtheile zu scheuen ..."[194] Er hat vielmehr als „Kind der Zeit" zu wirken.

Deutlich ist: Dem Seelsorger muß (bei einer durchgehend religiös, nicht psychologisch vorgezeichneten Anthropologie!) genügend *Menschenkenntnis* bzw. Seelenerkenntnis zur Verfügung stehen, so daß die Austeilung des göttlichen Wortes an den einzelnen wirklich gezielt geschehen kann. So wird über die Befähigung des Seelsorgers gesagt: „Wir sinnen billig dem Seelenpfleger *Menschenkenntnis* an, daß er sich auf das menschliche Herz und Wesen nach dem Maße unserer Beschränktheit recht gründlich verstehe ... Intensiv größere Menschenkenntnis begründet sich mit der *Selbsterkenntnis* zugleich."[195]

---

[193] C. I. Nitzsch, a.a.O., S. 113.
[194] C. I. Nitzsch, a.a.O., S. 122.
[195] C. I. Nitzsch, a.a.O., S. 114.

Theologisch klar definierte Seelsorge setzt Eingebundensein in die Zeitumstände sowie gegenwartsnahe Menschenkenntnis und Selbsterkenntnis voraus.

5. Auguste Vinet (1797–1847)

Mit Hilfe einer praxisnahen „*Pastoral-Theologie*" sind Anweisungen für das individuelle und innere, das (auf andere Menschen) bezügliche oder soziale und eben das pastorale Leben zu geben. So soll es gelingen, eine vorbildhafte geistliche *Charakterkunde* zu erstellen. Neben Ausführungen zum Gottesdienst im allgemeinen, zum Zeugnisamt der Predigt und zur „Katechisation" ist ein breiter Abschnitt der „Speciellen Seelsorge oder pastoralen Gemeindepflege" gewidmet. Hier erfolgt die „Einteilung des Stoffes" in *Seelenzustände* bzw. *Gemütsverfassungen* (entschieden fromme Personen, Erweckte, Gleichgültige, Ungläubige, Stoiker etc.) einerseits und in *„Äußere Lebenslagen"* (Kranke, Geisteskranke, „zwistige Personen", Armenpflege) andererseits. So gelingt es, in typisierender Weise „Klassen von Individuen" aufzustellen, wie sie sich in jeder Gemeinde finden.

Für die „specielle Seelsorge" sind dann „Bedingungen und Eigenschaften" nötig, welche zu deren Ausübung erforderlich erscheinen. Neben Gesundheit, Geistesgegenwart, Kenntnis der Gemeinde und Sorge für ein gutes Einvernehmen mit ihr werden interessanterweise auch sehr modern anmutende „psychologische Kenntnisse" vorausgesetzt: „Manche setzen die Denklehre (Logik) an die Stelle der Seelenkunde (Psychologie), doch mit großem Unrecht und zu großem Schaden. Die Logik ist geradlinig und durchschneidet die Thatsachen der sittlichen Welt; die Psychologie gleicht einer krummen Linie und ist biegsam. Die Psychologie der Bücher ist sehr nützlich als Grundlage der Untersuchungen, aber nichtig ohne Erfahrung und Selbsterforschung. Richtige Selbsterkenntniß führt zur richtigen Kenntniß Andrer. Man muß sich freilich darauf gefaßt machen, gar manchen moralischen Combinationen zu begegnen, die man schwerlich vorhergesehen und die uns unmöglich geschienen. Daraus folgt aber nur, daß man die Thatsachen in den Thatsachen selbst, mit Unbefangenheit und empfänglicher Gelehrigkeit, studiren muß."[196]

Unter der Voraussetzung solcher Einsichten kann sogar gesagt werden: „*In manchen Seelen* geht das Werk der Gnade nicht nur jedem Andern, sondern ihnen selbst *unbewußt* vor sich. Mit außerordentlicher Gelehrsamkeit von Gott begabt, nehmen sie die Wahrheit zur Gottseligkeit oder

---

[196] Vgl. *Auguste Vinet's* Pastoral-Theologie oder Lehre vom Dienst am Evangelium. Deutsch bearbeitet (nach der Pariser Ausgabe von 1850) von *Hermann Gustav Hasse*, Grimma, 1852, S. 203.

nimmt vielmehr diese in ihnen so unbemerkt wie das Wasser die Formen des Gefäßes an. Auch sie sind nicht von Geburt christlich, werden es aber mit so wenig Anstrengung, daß sie ihrer Natur zu verdanken scheinen, was Andre nur um den Preis mühseliger Kämpfe und langwierigen Nachdenkens erlangen."[197]

Seelsorge ist Obhut über anvertraute Seelen in deren innerer und äußerer Lebenslage.

6. Wilhelm Löhe (1808–1872)

Wiederum soll im Rahmen einer klassisch gewordenen *Pastoraltheologie*, die dem evangelischen Geistlichen ebenso sachgemäße wie erprobte und tragfähige Verhaltensweisen vermitteln möchte, gleichzeitig zur rechten Seelsorge angeleitet werden. Der Weg ins Amt, aber auch die einzelnen Aspekte der Amtstätigkeit werden in einem „Ersten Bändchen" (1852) detailliert beschrieben, problematisiert, kommentiert (z.b. „Die Kandidatenjahre"; „Erstes Auftreten im Amt"; „Wandel", d.h. etwa „Einrichtung des Pfarrhauses, des Tisches, der Kleidung", „Verhältnis zu Frauen", „Verhalten gegen Arme" usw.). In einem „Zweiten Bändchen" behandelt der Verfasser dann die verschiedenen Arbeitsgebiete des geistlichen Amtes. In diesem Kontext nimmt er auch „Zur Seelsorge" Stellung.

Wichtig ist ihm, „pastorale und psychische Zustände" voneinander abzuheben. Soll er nicht mißbraucht werden, ist seelsorgerlicher Zuspruch nämlich auf klare Bewußtseinslage seitens des Empfangenden angewiesen. Deshalb sollte der Seelsorger mit dem Arzt möglichst „in Liebe und Freundschaft" zusammenarbeiten.

Über seine eigenen „seelsorgerischen Mittel" heißt es dann: „Alles kann auf den Menschen wirken, gut oder böse, recht oder verkehrt. Wer nicht zieht, verzieht – ist ein Erfahrungssatz der Pädagogen. Wer den Beruf der Seelsorge hat, von dem wird eine Wirkung ausgehen, gleichviel, ob sie nun die rechte sei oder eine falsche. Es kommt dabei vor allem auf die rechten Mittel an. Die rechten seelsorgerlichen Mittel sind aber schon genannt und behandelt: Predigt, Katechese, Liturgie, kurz Gottes Wort und die heiligen Sakramente. Es ist allerdings eine zu enge Begrenzung der Seelsorge, wenn man bloß bei dem öffentlichen und gewöhnlichen Gebrauch dieser Mittel stehen bleibt und fertig ist, sowie man gepredigt, katechisiert, liturgisiert und das Sakrament verwaltet hat. Es muß zum allgemeinen und öffentlichen Gebrauch des Wortes auch der besondere und außerordentliche kommen, den man eben unter dem Namen Privatseelsorge zusammenfaßt ... Die Privatseelsorge ist etwas Außerordentliches und gehört mit ihrem ganzen

---

[197] A. Vinet, a.a.O., S. 216.

Segen erst dem, an welchem die großen Mittel der allgemeinen Seelsorge ihre Wirkung getan haben. Für unbekehrte Leute gibt es keine *andere* Seelsorge als Predigt und Katechese, das empfindet man oft an Krankenbetten der Gottlosen."[198]

Darüber hinausgehend ist jeder „Methodismus" zu vermeiden: „Die einfache Regel ist: Gebrauche die alten Mittel in alter Weise und bleibe im Lehren, Lernen und Erfahren, in Anfechtung und Gebet, auf daß du zum Seelsorger reifest. Du wirst öffentlich und sonderlich, vielleicht in hundert und tausend Weisen deinen Pfarrkindern nahekommen können, aber übertreib es auf keine Weise, mit keinem Mittel, mit keiner Gabe. Tue in Einfalt das Deine. Brauche betend die uralten Mittel auf jede Weise, die sich indiziert, und laß Gott sorgen, wie es geraten werde."[199]

Seelsorge ist der erzieherische Gebrauch geistlicher Mittel.

7. Alexander Schweizer (1808–1888)

Im Zuge der neuen wissenschaftlichen Einstellung des „Praktischen Theologen" muß dieser eine klare Bestimmung seines Fachgebietes vornehmen, denn: „Die Abgrenzung eines besonderen pastoralen Gebietes läßt sich nur aus der Gliederung der ganzen praktischen Theologie ableiten."[200] Daraufhin kann definiert und in die „erkannten Hauptaufgaben" gegliedert werden: „Die Pastoraltheorie ist also die Theorie der pfarramtlichen Seelsorge oder der geistlichen Einwirkung auf die außer dem Cultus zerstreut gegebenen Glieder und Gruppen der Gemeinde."[201] Und: „Im pastoralen Kirchendienst machen sich drei Hauptsachen geltend, welche irgendwie allen Pastoraltheorien vorgeschwebt haben, die hütende Aufsicht, als erkennende Seelsorge, sodann das directe Einwirken als behandelnde Seelsorge, endlich das Einwirken unseres sittlichen Lebens auf die Gemeindegenossen als pastorale Moral."[202]

---

[198] *Wilhelm Löhe*, Der evangelische Geistliche. Dem nun folgenden Geschlechte evangelischer Geistlichen dargebracht. 1852/1858, in: Ders., Gesammelte Werke. Bd. 3/2, hg. von *Klaus Ganzert*, Neuendettelsau, 1958, S. 7ff; Zitat S. 266ff; zum Abschnitt vgl. auch *Gerhard Schoenauer*, Wilhelm Löhe, in: C. Möller, Geschichte. Bd. 3, S. 103ff. Dazu *Klaus Ganzert*, Zucht aus Liebe. Kirchenzucht bei Wilhelm Löhe, 1948.

[199] W. Löhe, a.a.O., S. 269.

[200] Vgl. *Alexander Schweizer*, Pastoraltheorie oder die Lehre von der Seelsorge des evangelischen Pfarrers, Leipzig, 1875, S. 8; zum Abschnitt vgl. auch F. Wintzer, a.a.O., S. 18ff.

[201] A. Schweizer, a.a.O., S. 15.

[202] A. Schweizer, a.a.O., S. 29.

In der „aufsehend erkennenden Seelsorge" geht es vor allem um Aufsichtspflichten und Strukturierungsmaßnahmen (von der Buchführung über die Hausbesuche bis hin zur Beobachtung des Besuches von Gottesdiensten). Als dominierend erscheint dabei ein wirkungsvolles Ordnungssystem: „Buchführung und Hausbesuche können die Aufgaben der erkennenden Seelsorge nur unvollständig lösen. Man weiß nicht von Allen, welche krank liegend gern besucht würden, nicht von allem Aergerlichen, dem sich begegnen ließe; Vieles verbirgt sich sobald der Pfarrer nahe kommt, Anderes kann unrichtig von ihm aufgefaßt werden. Darum hat er was sich persönlich nicht erreichen läßt, mittelbar durch Andere kennen zu lernen, die sehen und erfahren was ihm entgeht. Eine Ergänzung des persönlichen Nachgehens ist unentbehrlich, so sehr daß dieselbe nicht dem Zufall überlassen bleiben darf. Darum wird das Kirchenregiment eine für diese ergänzende Mitwirkung geeignete Organisation einrichten, die der Pfarrer zu benutzen und zu beleben hat, sei sie daneben auch für andere Gemeindezwecke thätig."[203]

In der „behandelnden (als der eigentlich speziellen) Seelsorge" geht es vor allem um die geistliche Einwirkung und Mitarbeit in besonderen Lebenssituationen (wie Ehescheidung, Verbrecherbeichte usw., aber auch Bezug auf das Armenwesen, auf Schul- und Jugendpflege usw, als „freie Seelsorge" um sündige, irrende und unglückliche Menschen). Denn: „Die Seelsorge ist die pastorale Pflege der einzelnen Glieder zur Erweckung, Erhaltung, Förderung und Herstellung ihres christlichen Geisteslebens gemäß ihren persönlichen Zuständen."[204] Und: „Schon jeder Christ als solcher hat die moralische Pflicht und den moralischen Anspruch, seinem Bruder seelsorgerlich beizustehen; für das geistliche Amt ist diese Pflicht und dieses Recht ein positives geworden ..."[205] Zum praktischen Vorgehen heißt es in diesem Zusammenhang: „An das Erwecken des Schuldbewußtseins und der Reue ist das Auffrischen des gläubigen Vertrauens auf die vergebend erlösende Gnade anzuschließen, ein seelsorgerliches Zudienen des Evangeliums."[206]

Schließlich dienen die Ausführungen über „Die mitwirkende pastorale Moral" dazu, ein Charakteristikum der rechten Seelsorgerpersönlichkeit zu entwerfen und einzuschärfen (etwa Hinweise auf Einswerden der Person mit dem Beruf; auf häusliches, geselliges, bürgerliches Leben des Pfarrers, sein sittliches Benehmen u.v.a.). Denn: „Die pastorale Moral lehrt den Pastor *sein* Leben so zu gestalten, daß dadurch sowohl seine *seelsorgerliche Kraft* als auch die *Empfänglichkeit der Gemeinde* für sein seelsorgerliches Wirken gesteigert werde."[207]

---

[203] A. Schweizer, a.a.O., S. 56.
[204] A. Schweizer, a.a.O., S. 168.
[205] A. Schweizer, a.a.O., S. 171.
[206] A. Schweizer, a.a.O., S. 183.
[207] A. Schweizer, a.a.O., S. 214.

Seelsorge entspricht einem geistlichen und persönlichen Ordnungsdenken auf allen Lebensgebieten.

8. Christian Palmer (1811–1875)

Seelsorge wird pastoraltheologisch gefaßt, in die allgemeine „Pastoration" eingefügt, aber hier von der „pastoralen Thätigkeit für die Gemeinde im Ganzen" abgehoben. Nur so ist verbürgt, daß das *Sittliche* gewährleistet, das *Pädagogische* verfolgt und sich der Seelsorger in diesem Rahmen zum „Erzieher der Gemeinde" berufen weiß. Speziell hat er die „Ascetik", d.h. die Lehre von der Selbsterziehung mit der Zielsetzung „Mündigseyn der Einzelnen" zu fördern.

Wie aber paßt das seelsorgerliche Mittel der Beichte zu dieser angestrebten Mündigkeit? Gerade in diesem Punkt muß „der Individualität des einzelnen Christen Rechnung getragen werden", damit die Umsetzung des Sittlichen ins Kirchliche gelingen kann. Dabei kann aller pastorale Verkehr zwar in wahrhaft evangelischer Weise an den rein menschlichen Verkehr anknüpfen. Auf den regulären *Hausbesuch* aber ist als auf etwas „Unangemessenes und Unfruchtbares" besser zu verzichten.

Auf solcher Basis besteht die „specielle Seelsorge" dann u.a. in Fürsorge für die Armen, im Krankenbesuch, in Seelsorge für Trauernde und für Gefangene. Besonders hervorgehoben und differenziert behandelt wird die „Seelsorge bei Geisteskranken" und die „Seelsorge beim Militär".

Der Pastor und Träger des geistlichen Berufes muß zur Vorbereitung und zur Ausübung seiner Tätigkeit freilich kontinuierlich an sich selbst arbeiten. Denn: „Jener Zweig der geistlichen Wirksamkeit, den wir Seelsorge nennen, erheischt ein durchaus freies, rein persönliches Verhalten des Seelsorgers zum Gemeindegenossen. Da ist keinerlei äußere Form, an der er, sei es durch geschriebenes Gesetz oder durch Herkommen, gebunden wäre, wie dies auch in Predigt und Katechese der Fall ist; es ist einzig und allein seinem Gewissen und seiner persönlichen Weisheit anheimgegeben, wie er verfahren will. Er steht als sittliche Person vor seinem Pfarrkinde, das beiderseitige Verhältniß ist ein völlig freies, nur eben durch den ethischen Zweck bedingtes."[208]

Seelsorge dient der Freisetzung einer sittlichen Grundhaltung durch kirchliche Vermittlung.

---

[208] Vgl. *Dr. Christian Palmer*, Evangelische Pastoraltheologie, Stuttgart, 2. Aufl. 1863, S. 14.

9. August Friedrich Christian Vilmar (1800–1868)

Die Pastoraltheologie ist als eine auf die „Erlebnisse der Kirche" bezogene *Erfahrungswissenschaft* zu verstehen. Seelsorge hat dementsprechend die traditionellen christlichen Werte immer neu ins Bewußtsein zu heben und in der Gemeinde hochzuhalten. Sie muß dabei vor allem der „Signatur der Zeit" und ihren Auswirkungen kritisch begegnen. Mit der „innern Mission", die ja als Reaktion auf gravierende gesellschaftliche Probleme entstanden ist, kann es allerdings nur eine sehr vorsichtige Zusammenarbeit geben, weil „... diese innere Mission sich als *bekenntnislos* und *unkirchlich* zeigt." Dagegen sind *Kirchenzucht* und *Kirchenordnung* die eigentlich wirksamen seelsorgerlichen Mittel. Die Wiederherstellung der *Privatbeichte* und des *Beichtsiegels* erscheinen unerläßlich.

Neben Seelsorge in Beziehung auf Irrtum, Sünde, Laster (also bei Seperatisten und Irrgläubigen, aber auch Unzüchtigen, Trinkern etc.) und Seelsorge in Beziehung auf leiblich und geistig Angefochtene (also Arme, Kranke Sterbende etc.) ist ausführlich „Von der Seelsorge in der Familie und im Nachbarleben" die Rede. Hier wird z.B. ausgeführt: „Erste Regel ist die: darauf zu achten und danach in bestimmtester Weise durch die Kirchenältesten fragen zu lassen, ob der Katechismus den Hausvätern und Müttern bzw. den übrigen Gliedern der Familie wörtlich zu Gebote stehe; es ist ein ordentliches sittliches Leben in der Familie nicht möglich, wenn nicht der *Dekalog* so fest steht, daß er jede Stunde gebraucht werden kann; wird dieser Gebrauch verlassen, so kommt allerhand verkehrtes Wesen zur Herrschaft, was bei fester und steter Handhabung des Dekalogs nicht wohl möglich ist."[209]

„Ein Punkt, der in der Seelsorge dem Pfarrer die größten Schwierigkeiten macht, sind die *Ehestreitigkeiten*. Die allgemeine Regel ist: Der Pfarrer darf sich nicht unaufgefordert in jeden Ehezwist mischen, von dem er hört. Zwistigkeiten, oft sehr herbe, kommen in vielen Ehen vor und werden durch das Eheverhältnis selber wieder beseitigt, während das Dazwischentreten einer dritten Person den Bruch nicht heilt, sondern erweitert und oft unheilbar macht ... Nur wird darauf unaufhörlich hinzuweisen sein, daß der Zwist auch mit *Gottes Wort* niedergelegt und nicht äußerlich verkleistert und zugepflastert werden müsse. Zwistigkeiten, die durch leichtsinniges Darüberhinweggehen beigelegt werden, brechen bei der geringsten Veranlaßung wieder aus, während da wo um Gottes Willen Vergebung gesucht und gewährt wird, der Zwist beseitigt ist und bleibt."[210]

Seelsorge bedeutet heilsame geistliche Aufsicht wider die Verfallserscheinungen in Gemeinde und Gesellschaft.

---

[209] Vgl. *August Friedrich Christian Vilmar*, Lehrbuch der Pastoraltheologie. Nach dessen akademischen Vorlesungen hg. von *K. W. Piderit*, Gütersloh, 1872, S. 159.

[210] A. F. C. Vilmar, a.a.O., S. 163.

10. Carl Adolf August von Zezschwitz (1825–1886)

Alle Seelsorge hat grundsätzlich die „Erhaltung auf der Höhe der Cultusstufe" bzw. „des Communionlebens" anzustreben. Insofern eignet aller Poimenik zunächst ein *prophylaktischer* Charakter. Darüber hinausgehend aber sind die Gemeindeglieder für jene Lebensform vorzubereiten, „... in der sich die Eigentümlichkeit socialen Kirchenlebens von dem social geformten Weltleben unterscheidet."[211] Diese Aufgabe kann als *progressive* Seelsorge bezeichnet werden.

Wo die Mittel beider Vorgehensweisen nicht ausreichen, weil bei den Gemeindegliedern Willigkeit und Fähigkeit zur nötigen „Selbsterziehung" fehlen, muß schließlich von einer *disciplinar – reconciliatorischen* Seelsorge gesprochen werden. Sie fügt als „außerordentliche Tätigkeitsform" mit der „repressiven Zucht", aber auch mit der „innren Mission" der Poimenik eine organische Funktion an. Zum Tragen kommen dabei bestimmte Grundregeln resp. seelsorgerliche Verhaltensweisen.

Im Rahmen der prophylaktischen Seelsorge kann etwa gesagt werden: „Die Seele des seelsorgerlichen Verkehrs auch ist ja höhere Freundschaft; aber doch ohne die anderseitigen Wesensmerkmale der letzteren nach Seite der Exclusivität oder Spezialnähe ... Aber Freund und für das seelsorgerliche Gespräch solcher Freundschaft gleich zugänglich und Vertrauensmann soll überhaupt der Hirte für *alle* Gemeindeglieder sein, und geradezu als Hindernis dieser höchsten Aufgabe muss es gelten, wenn der Pfarrer mehr noch als Gesellschafter oder als Standesvertreter, nach Liebhabereien oder besonders nach ausgesprochenen politischen Parteigrundsätzen, als Mann eines bestimmten Kreises, denn als Hirte und Freund der ganzen Gemeinde erscheinen kann."[212]

Für die progressive Seelsorge gilt dann (am Beispiel Betreuung der christlichen Ehe): „Aber nicht nur Conflicten des ehelichen Lebens zu begegnen, sondern ganz als allzeit eingeladener Freund des Hauses darf das die Kirche vertretende Seelsorgeamt da sich betrachten, wo für die Gründung des Hauses der Segen der Kirche begehrt worden ist. Ausdrücklich in der Form des teilnehmenden Freundes begrüsst dann der Pfarrer auch ohne speciellen Anlaß die von ihm eingesegneten jungen Leute einige Zeit ... so soll auf jenem ein persönliches Vertrauensverhältnis begründet werden, das für alle weiteren Erfahrungen des Haus- und Familienlebens den Seelsorger als nächsten Freund und Ratgeber suchen und finden lehrt."[213]

---

[211] Vgl. *Carl Adolf von Zezschwitz*, System der Praktischen Theologie. Paragraphen für academische Vorlesungen. Leipzig, 1876, S. 478.
[212] C. A. v. Zezschwitz, a.a.O., S. 513f.
[213] C. A. v. Zezschwitz, a.a.O., S. 547.

Für die disciplinar-reconciliatorische Seelsorge läßt sich als Beispiel anführen: „Wo wiederholten Ermahnungen beharrliche Unbussfertigkeit entgegengesetzt wird, muss die Sentenz des Ausschlusses von dem Abendmahlsgenusse mit der Gemeinde, wie von allen Ehrenrechten der Communionglieder ausgesprochen werden, – ob in öffentlicher Versammlung oder vor versammeltem Kirchenvorstande, und dann in Gegenwart des Schuldigen, bildet keinen wesentlichen Unterschied."[214]

Immer geht es weniger um Strafe als um Anstoß zur sittlichen Besserung! „Insofern bildet die disciplinarische Tätigkeit der Kirche selbst schon einen directen Uebergang zu der Lehre von der christlichen Barmherzigkeit; eben darum aber weil Reconciliation das Wesensinteresse aller Kirchendisciplin ist."[215] Und: „... in specifischer Form aber und besonderen Notständen gegenüber tritt damit als eigentümliche Tätigkeit in ihr Recht, was man nach bereits traditionell gewordenem Sprachgebrauche ‚innere Mission' heisst."[216]

Seelsorge muß vom freundschaftlichen Verkehr bis zur repressiven Zucht reichen, um sowohl das kirchliche wie das soziale Leben auf der grundsätzlich erreichten Höhe zu halten.

11. Theodosius Harnack (1817–1889)

Durch Seelsorge wird die *Selbsterbauung der Kirche* als Heilsgemeinde in der Welt unterstützt und vorangetrieben. Von daher ist zu verstehen, „... *dass die Privatbeichte und Privat-Absolution das Centrum der geordneten Seelsorge ist, und dass alle anderen Mittel nur ungenügende Surrogate sind, die erst ihren Werth in Verbindung mit jener erhalten.*"[217]

Die „Stoffeinteilung" gliedert sich daraufhin in die Abschnitte: Von den Vorbedingungen; von der Seelsorge in Beziehung auf die ganze Gemeinde; von der Seelsorge in Beziehung auf die einzelnen.

Zu den *Vorbedingungen* gehört vor allem die Person des Pastors. Er muß die rechte „Herzenseinstellung und Glaubensgesinnung ", haben, über den „diagnostischen Blick" und über „therapeutische Fertigkeit" (zu heilen und zu pflegen) verfügen. Er muß Menschenkenntnis, theoretische Kenntnis, Kenntnis der Heiligen Schrift („... um in allen Fällen ein passendes Wort derselben zur Hand zu haben"[218]) besitzen und dabei auch „praktisch"

---

[214] C. A. v. Zezschwitz, a.a.O., S. 579.
[215] C. A. v. Zezschwitz, a.a.O., S. 586.
[216] C. A. v. Zezschwitz, a.a.O., S. 588.
[217] Vgl. *Theodosius Harnack*, Praktische Theologie. Bd. 2. Geschichte und Theorie der Predigt und Seelsorge, Erlangen, 1878, S. 307. Dazu *Heinrich Wittram*, Die Kirche bei Theodosius Harnack. Ekklesiologie und Praktische Theologie, Göttingen, 1963.

veranlagt sein: „Als *praktische* Gabe bezeichnen wir, nächst der Lehrgabe und besonders der des Gebets, die persönliche Erscheinung des Geistlichen, vor Allem die Geistesgegenwart und die Unerschrockenheit desselben, da er öfters in die Tiefen eines großen Verderbens und namenlosen Elends zu schauen hat."[219] Zu den „Gelegenheiten" der Seelsorge gehören dann vor allem die „amtlich geordneten Berührungen mit der Gemeinde", aber auch „Vorfälle im Familienleben".

„Die *Mittel*, die uns für die Seelsorge zu Gebote stehen, sind theils pastorale, theils liturgische ... Die liturgischen Mittel sind: das Gebet mit dem Betreffenden, der feierliche ihm im Namen Gottes ertheilte Segen, die Absolution, als Centrum der Seelsorge, und das Abendmahl ..."[220] Bei der pastoralen *Gemeindeleitung* handelt es sich vor allem um „Die indirecte Erzielung der christlich-kirchlichen Gesinnung und Gesittung in den Gemeinden."[221] Hierbei geht es um den „intellektuellen", „physischen und ökonomischen Zustand" der Gemeinde, also um deren Bildung, aber auch um „Elend und Krankheit, Noth und Armuth". Es geht um den Umgang mit dem „widerchristlichen Socialismus" ebenso wie um „Die krankhaften Haupterscheinungen des Glaubens".

Schließlich wird die pastorale Gemeindeleitung in Beziehung auf die *einzelnen* Seelen- und Lebenszustände abgehandelt: „Die Seelsorge in Beziehung auf den Einzelnen hat es mit den Gemeindegliedern zu thun nach ihren persönlichen Herzenszuständen und nach ihren bestimmten Lebensverhältnissen. Dort soll sie unterweisen und erziehen, hier heiligen und segnen."[222] Das seelsorgerliche Handeln betrifft Irrende, Bekümmerte, (evtl. „habituelle") Sünder, aber auch Meineidsverwarnung und Kirchenzucht. Es ist aber auch auf die allgemeinen „Lebensumstände" (z.B. die Ehe) ausgerichtet, die es in der rechten christlichen Weise der Benediktion zu „weihen" gilt.

„Alles zusammenfassend haben wir in diesem ganzen Capitel zu handeln von der Verwaltung des Wortes, theils sofern es ein *lösendes* und ein *bindendes* ist, ein sündenvergebendes, neues Leben schaffendes und ein richtendes, strafendes der festgehaltenen Sünde gegenüber, doch zum Heil, zur Befreiung der Seele von der Macht und Herrschaft der Sünde; Theils sofern es ein *heiligendes*, segnendes ist, in Beziehung auf Verhältnisse, Aufgaben und Lagen des Lebens."[223]

Seelsorge steht im Dienste der Segnung und Heiligung des Lebens zur Erbauung der Kirche.

---

[218] T. Harnack, a.a.O., S. 336.
[219] T. Harnack, a.a.O., S. 337.
[220] T. Harnack, a.a.O., S. 349.
[221] T. Harnack, a.a.O., S. 387.
[222] T. Harnack, a.a.O., S. 448.
[223] T. Harnack, a.a.O., S. 449.

12. Ernst Christian Achelis (1838–1912)

Seelsorge gründet sich strikt auf die Heilswohltat und den Heilswillen Christi. Dabei fordert „Der unendliche Wert der Menschenseele"[224] dazu heraus, *gemeindebildend* tätig zu werden. Hat doch die Kirche gleichsam „Mutterrechte" und „Mutterpflichten" – bis hin zum immer wieder umstrittenen, aber notwendig spontanen Hausbesuch bei verschiedensten Anlässen. Neben der unverzichtbaren wissenschaftlich-theologischen Bildung der dafür zuständigen Seelsorger ist deren kirchlich-religiöse und sittliche Ausbildung in einem *Vikariat* zu fordern, damit so die selbstkritischen, dann aber auch „diagnostischen" und „therapeutischen" Fähigkeiten entwickelt und verstärkt werden können. Nur so kann ein Seelsorger seinem Auftrag tatsächlich gerecht werden. Denn: „Wo eine christliche Gemeinde ist, da muss ein Hort für die Irrenden, Sündigenden, Schwachen sein, ein Amt, das zurechtweist, tröstet, verbindet, versöhnt, wo zurechtzuweisen, zu trösten, zu verbinden, zu versöhnen ist, ein Hirtenamt, *das die Lämmer in seine Arme sammelt und an seinem Busen trägt und die Schafmütter führt*, das dem Verlorenen nachgeht und es sucht, bis es gefunden und zur Herde heimgetragen ist."[225]

Seelsorge ist gezielte Gelegenheit zur Gemeindepflege durch dafür zugerüstete Amtsträger.

13. Heinrich Adolf Köstlin (1846–1907)

Die *Gemeinde* als Trägerin des Heilswortes ist das naturgemäß handelnde Organ der Seelsorge. Sie allein bringt den einzelnen in eine lebendige Verbindung mit Christus. Dessen Wort muß diesem einzelnen gezielt zugesagt werden. Nur so erhält Seelsorge ein unverwechselbares *Proprium*: Alle seelsorgerliche Hilfe ist eingebaut in eine aktive Gemeinde, die eben nicht nur eine rechtlich organisierte Gemeinschaft, sondern Gemeinde des Wortes Gottes in der Person Jesu Christi ist. Von ihr gehen alle erzieherischen und pflegerischen Einwirkungen aus. Von ihr ausgehend sind alle Organisationsfragen zu sehen und zu lösen und die Einwirkungen auf das Gewissen zu dessen freier Entscheidung anzustreben. Die Selbsttätigkeit des freien Christenmenschen ist von diesem bleibenden Gemeindebezug abhängig. Die Hebung der Frömmigkeit im Volke beginnt hier.

In diesem Sinne heißt es: „Die Gemeinde ist Organ der Seelsorge, sofern und soweit sie die Trägerin des Heilsworts, des Evangeliums ist. Dies ergibt

---

[224] Nach *Adolf von Harnack*, Wesen des Christentums. 5. Aufl. 1901, S. 44 (??).
[225] Vgl. *E. Christian Achelis*, Lehrbuch der Praktischen Theologie. Zweiter Band, S. 207.

sich aus Begriff und Wesen der Seelsorge nach evangelischer Auffassung ... Die erste und wichtigste Aufgabe der Gemeinde als Seelsorger-Gemeinde ist also, dafür Sorge zu tragen, daß Jesus Christus selbst durch sein Wort stetig auf sie einwirke, daß das Evangelium in ihr lebendig sei, ‚das Wort Gottes reichlich unter ihr wohne' (Col. 3, 16), alle Gemeindeglieder erreiche und zwar ein jedes in der Weise, die seinem individuellen Bedürfnis, seiner Reife- und Erkenntnisstufe, wie seiner Seelenlage entspricht, ihm verständlich ist und von ihm für sein persönliches Glaubensleben verwertet werden kann."[226]

Seelsorge geht von der Gemeinde aus, die auf je ihre Weise dem einzelnen das Wort Gottes sagt.

14. Emil Sulze (1832–1914)

Es gilt, die veränderte volkskirchliche Lage theologisch zu reflektieren und von daher Seelsorge neu zu beleben. Erreicht doch die Predigt immer weniger Menschen in direkter Weise, und schon von daher kann Seelsorge nicht allzu dicht auf den Gottesdienst bezogen sein. Christliche Religion wird vielmehr nur dort erlebbar bleiben, wo sie im Zusammenhang mit *Lebensproblemen* vor Ort gesehen ist. Verkündigung geschieht am ehesten dort, wo sie sich (in Bezug auf klar gegliederte Gemeinden mit überschaubarer Struktur) mit Bildungsaufgaben verbindet und das ethische Handeln fördert. Dabei ist der Gedanke des *allgemeinen Priestertums* gerade in der Seelsorge noch konsequenter als bisher durchzusetzen: „Die Aufgabe ist die, alle Mitglieder der Gemeinde, die zu ihr befähigt sind, zur Seelsorge nicht bloß heranzuziehen, sondern zu ihrer Wahrnehmung zu verpflichten. Wir brauchen Laienseelsorger (Presbyter). Ein Bau besteht nur dann, wenn jeder einzelne Stein wohl behauen ist. Und eine Gemeinde kann nur bestehen, wenn jedes einzelne ihrer Mitglieder wahrhaft christlich erzogen wird. Dafür können unmöglich die Geistlichen allein einstehen. Dafür müssen aus der Gemeinde selbst die erforderlichen Arbeiter hervorgehen."[227]

Seelsorge ist bei nachlassender Kirchlichkeit besonders als Laienseelsorge ebenso gefragt wie gemeindetragend.

---

[226] Vgl. *D. Dr. Heinrich Adolf Köstlin*, Die Lehre von der Seelsorge nach evangelischen Grundsätzen, S. 94f. und 97; zum Abschnitt vgl. F. Wintzer, a.a.O., S. 25ff., der Texte aus der 1. Aufl. des Werkes von 1895 anführt.

[227] Vgl. *Emil Sulze*, Die evangelische Gemeinde (1891), veränderte Ausgabe, Leipzig, 1912, S. 34; nach F. Wintzer, a.a.O., S. 38. Dazu D. Gerbracht, Gemeinde, a.a.O., S. 71ff.

15. Paul Drews (1858–1912)

Es sind verschiedene *Frömmigkeitsformen* wahrzunehmen, um Seelsorge darauf beziehen zu können. Ist doch nun einmal ein Bauer in anderer Weise fromm als ein Fabrikarbeiter, ein Theologe anders als ein Mediziner! Dabei kommen auch persönlichkeitsgebundene Einstellungen und Verhaltensweisen, also eine „*religiöse Volkskunde*" in den Blick. Schließlich spielen auch die jeweiligen kirchlichen Verhältnisse in den einzelnen landeskirchlichen Gebieten eine nicht unbeträchtliche Rolle.

Für all diese „differentialdiagnostischen" Erwägungen sind allerdings die akademisch-theologisch vorgebildeten Seelsorger nicht gerüstet. Sie handeln von ihren theoretischen Lernerfahrungen her schematisch und müssen daran in der Praxis scheitern. Das muß geändert werden! Deshalb: „Wenn der theologische Praktiker, der Pfarrer, in fruchtbarer, zielbewußter und ihn selbst befriedigender Weise das Evangelium verkündigen will, so muß er genau unterrichtet sein über den Stand des religiösen Lebens der Kreise, auf die er wirken soll. Er muß wissen, was hier wirklich religiöser Besitz, was hier religiöses Bedürfnis ist; welche Art die Frömmigkeit ist, von der in der Tat das Leben getragen und bestimmt wird; was man als Hemmnisse der Frömmigkeit empfindet, was man von überlieferter Frömmigkeit nur äußerlich, gewohnheitsmäßig, aus Nachahmungstrieb festhält. *Denn wir Menschen sind, sowohl was die einzelnen Individuen als auch was die gesonderten Gesellschaftsgruppen anlangt, durchaus nicht in ein- und derselben Weise fromm.*"[228]

Seelsorge hat sich auf die unterschiedlichen Formen religiösen (Er-)Lebens einzustellen.

16. Friedrich Niebergall (1866–1932)

Die Pflege des einzelnen ist als eigentliche Seelsorge von der Gemeindearbeit als erzieherische Arbeit an Gruppen bzw. am Ganzen deutlich zu unterscheiden. Der Seelsorger wirkt als solcher weniger kraft seines Amtes, sondern vor allem kraft seiner *Persönlichkeit* und seiner psychologisch reflektierten *Erfahrungen* mit Menschen und mit den Dingen dieser Welt. Nur so kann er auf das Ergehen, das Verhalten, das Glauben der Menschen in deren realen Umgebung Einfluß nehmen, Hilfsmittel anbieten, über Gruppenbildung „Wege in die Gemeinde" ebnen. Dabei soll sich der Seelsorger bei aller religionswissenschaftlichen Ausrichtung, bei allem Weltverständnis und aller Weltläufigkeit aber klar an seinen ebenso spezifischen wie begrenzten

---

[228] Vgl. *Paul Drews*, ‚Religiöse Volkskunde', eine Aufgabe der praktischen Theologie, Monatsschrift für kirchliche Praxis 1 (1901), S. 1ff; Zitat S. 1; zum Abschnitt vgl. F. Wintzer, a.a.O., S. 54ff.

geistlichen Auftrag halten und niemals „zum Hausknecht oder Mädchen für alles in der Gemeinde herabsinken." Denn: „Man soll in jeder Beziehung immer vor allem Seelsorger bleiben und stets fragen, ob das, was man tun möchte oder soll, in irgendeinem Verhältnis zu der Aufgabe steht, Menschen zur eignen Persönlichkeit Vertrauen einzuflößen und einen Anlaß zu einer, wenn auch wortkargen Seelsorge bietet. Wir sind dazu da, um den Menschen mit sich selbst und mit Gott in Übereinstimmung zu bringen, ihn zu entlasten und zu belasten, je nachdem er das eine oder das andre nötig hat. Aller Standesgutmütigkeit und aller Vielgeschäftigkeit gegenüber muß immer diese Grenze beachtet werden: was dazu keinen Weg bedeutet, geht uns nichts an; und vor allem, was uns nicht bekannt oder geläufig ist, geht uns nichts an."[229]

Seelsorge verbindet den geistliche Auftrag mit (psychologischer) Persönlichkeitsbildung.

17. Werner Gruehn (1887–1961)

Es besteht die dringende Notwendigkeit, sich stärker um die psychologisch-irdische Seite der Seelsorge zu bemühen. Nur so läßt sich einer falschen mystisch-magischen Auffassung vom Worte Gottes etwas Unmißverständliches entgegensetzen. Deshalb ist die pneumatisch-transzendente Seite der Seelsorge von deren psychologisch-irdischer Seite als zwei Pole desselben Handelns zu unterscheiden, aber aufeinander zu beziehen. „Darum wird Seelsorge in vollem Sinne nie dort ausgeübt werden können, wo eine ihrer beiden Seiten auf Kosten der anderen bevorzugt wird, sondern nur dort, wo beide Seiten sich zu einer alles Seelische und Überseelische umfassenden Arbeitsweise zusammenschließen und ergänzen."[230]

Allerdings bekommt unter diesem Vorzeichen die Psychologie eine besondere Betonung. „... denn wissenschaftliche Arbeit verheißt dort am sichersten Erfolg, wo der Gesamtkomplex der unbekannten Faktoren nicht jenseits des rational Erfaßbaren liegt, sondern mindestens wesentliche und wichtigste Teile der Gesamtaufgabe mit rationalen Mitteln lösbar sind. Dadurch werden die Ergebnisse der psychologischen Wissenschaft zum ge-

---

[229] Vgl. *Friedrich Niebergall*, Praktische Theologie. Lehre von der kirchlichen Gemeindeerziehung auf religionswissenschaftlicher Grundlage. Zweiter Bd., Tübingen, 1919, S. 376. Dazu *Lothar Carlos Hoch*, Seelsorge und Gemeinschaft. Das menschliche Bedürfnis nach Gemeinschaft in der deutschen protestantischen Seelsorgeliteratur von Friedrich Niebergall bis zur Gegenwart, Diss. (masch.), Marburg, 1979, S. 9ff.

[230] Vgl. *Werner Gruehn*, Seelsorge im Licht gegenwärtiger Psychologie, Schwerin, 1926; zum Abschnitt vgl. auch W. Offele, Verständnis, S. 216ff. Dazu L.C. Hoch, a.a.O., S. 26ff.

gebenen Ausgangspunkt aller Arbeit am Ausbau einer exakten wissenschaftlichen Seelsorge. Die Psychologie wird zum allgemeinwissenschaftlichen Fundament dieser ebenso zarten und tiefen wie schwierigen Wissenschaft."[231] Diese Herausstellung der Wichtigkeit psychologischer Kenntnisse bringt den auf diese Weise *empirisch* verankerten Seelsorger in Analogie zum Arzt, besonders zum messerscharf schneidenden und gerade so heilenden Chirurgen. Dennoch ist seelsorgerliches Tun nicht mit Psychotherapie zu verwechseln! Denn – pneumatisch gesehen – führen die seelsorgerlichen Wege einzigartig von Gott zur Seele und von der Seele zu Gott.

Seelsorge ist pneumatisch gegründet, hat dabei aber die empirische Psychologie als eine konstitutive Bezugswissenschaft aufzufassen.

18. Oskar Pfister (1873–1956)

Auch und gerade in der Seelsorge sind *unbewußte* Motive hinter religiösen und sittlichen Nöten zu entdecken und aufzuarbeiten. Die anthropologisch neuen und umwälzenden Einsichten der Psychoanalyse Sigmund Freuds sind als besonders wichtig, ja unverzichtbar für alles seelsorgerliche Handeln anzusehen. Nur mit deren Hilfe ist es in der Moderne möglich, die christliche *Liebe* – von Jesus vorbildhaft verkörpert und vorgelebt – durch eine „analytische Seelsorge" zu verwirklichen. Denn viele Konflikte, Notstände, Krankheiten werden durch die Erschließung der unbewußten Erlebens- und Handlungsebene infolge der „Triebverdrängung" überhaupt erst verständlich und zugänglich! So läßt sich herausstellen: „Als „analytische Seelsorge" bezeichnen wir diejenige Tätigkeit, welche *durch Aufsuchung und Beeinflussung unbewußter Motive religiöse und sittliche Schäden zu überwinden trachtet.*"[232] „Durch langjährige Untersuchungen hat sich herausgestellt, daß die meisten und tiefsten Verdrängungen dann zustande kommen, wenn ein sittlicher Konflikt vorliegt. Die Psychoanalyse hat durch diese Erkenntnis die ungeheure Macht des Gewissens von einer gänzlich neuen Seite her festgestellt. Keine frühere Seelenkunde konnte die Wichtigkeit des sittlichen Bewußtseins für den Aufbau des Lebens so tief und klar erfassen."[233]

---

[231] S. Gruehn, a.a.O., S. 27.
[232] Vgl. *Oskar Pfister*, Analytische Seelsorge. Einführung in die praktische Psychoanalyse für Pfarrer und Laien, Göttingen, 1927, S. 10, zum Abschnitt vgl. F. Wintzer, a.a.O., S. 62ff. Dazu *Eckart Nase*, Oskar Pfisters analytische Seelsorge. Theorie und Praxis des ersten Pastoralpsychologen, dargestellt an zwei Fallstudien, Berlin/New York, 1993; *Martin Jochheim*, Seelsorge und Psychotherapie. Studien zur Lehre von der Seelsorge bei O. Pfister, E. Thurneysen und W. Uhsadel, Diss. (masch.), Kiel, S. 6ff.
[233] O. Pfister, a.a.O., S. 13.

„... wir legten großes Gewicht auf den Umstand, daß die Analyse vor allem auf die *unbewußten* Triebkräfte der Seele ausgehe. Weiß Jesus etwas von ihnen, und beschäftigt er sich seelsorgerlich mit ihnen? – Es ist offenbar der Fall."[234] „Es wäre töricht, von Jesus zu erwarten, daß er die Entstehung und die Wirkungen der dunklen Tiefenmächte wissenschaftlich untersucht hätte. Ebensowenig kann man von ihm eine Theorie der Seelsorge erwarten. Aber in seiner Heilandstätigkeit erkennen wir deutlich Züge, die mit der analytischen Seelsorge grundsätzlich übereinstimmen. Jesus legt Gewicht auf *Bekenntnis* und *Aussprache* des begangenen Unrechts."[235] „So hat er auch das Verlangen nach Liebe, Geltung und Freiheit nicht etwa zu ersticken versucht, sondern im Gegenteil geläutert und gestärkt. Höchste Liebe ist ihm, wie der analytischen Seelsorge, das oberste Ziel der Seelsorge."[236] Seelsorge hat in der Psychoanalyse eine natürliche Verbündete.

19. Paul Blau (1861–1944)

Seelsorge ist möglichst weit zu fassen. Unter ihr ist jede Tätigkeit zu verstehen, die sich auf die *Seele* eines Menschen richtet, sofern dies zu deren *Heil* geschieht. Insofern ist zunächst alles pastorale Handeln seelsorgerlich. Als solches gerät es zur zentralen Intention jeder pfarramtlichen Tätigkeit, die überall – bis hin zu den Verwaltungsaufgaben! – zum Tragen kommen sollte. Der Mannigfaltigkeit der Seelenzustände entspricht dabei eine Mannigfaltigkeit der Vorgehensweisen: Es gibt dementsprechend didaktische, paränetische und anorthotische (aufrichtende, tröstende) Seelsorge. Laien-

---

[234] O. Pfister, a.a.O., S. 21.
[235] O. Pfister, a.a.O., S. 21f.
[236] O. Pfister, a.a.O., S. 24. In der Folge dieser Pioniertat Oskar Pfisters sind seitens der Poimenik bis zur Gegenwart weitere Zuordnungs- und Integrationsversuche mit verschiedenen der sich immer breiter ausdifferenzierenden *tiefenpsychologischen* Richtungen unternommen worden. An herausragender Stelle ist die Verbindung mit *Carl Gustav Jung* (1875–1961) zu nennen, der 1932 eine eigene Abhandlung „Über die Beziehung der Psychotherapie zur Seelsorge" (Zürich, 3. Aufl. 1948; GW XI, 1973) mit harmonisierender Tendenz verfaßt hat und dessen Einfluß auf die spätere Pastoralpsychologie durchgehend groß geblieben ist.
Einflußreich wurde in diesem Zusammenhang auch die sog. Daseins- bzw. Existenzanalyse. Zu den einzelnen Veröffentlichungen im hier behandelten Zeitabschnitt (verbunden mit den Namen Igor A. Caruso, Viktor E. Frankl, Felicia Froboese-Thiele, Viktor. E. Frhr. v. Gebsattel, Johanna Herzog-Dürck, Hans Schär, Hans Trüb, Gerhard P. Zacharias u.a.) vgl. die Literaturliste bei *Otto Haendler*, Grundriß, S. 139ff. Pfister selbst veröffentlichte 1944 sein monumentales Werk „Das Christentum und die Angst", jetzt Frankfurt a.M/Berlin/Wien, 1985.

seelsorge gehört dabei untrennbar zum Gemeindeverständnis, dem die Lehre vom Priestertum aller Gläubigen zugrunde liegt.

Dem korrespondiert aber dann die herausragende Bedeutung des Pfarramtes für die Seelsorge. Der Pfarrer und seine Seele bleiben der Ausgangspunkt alles seelsorgerlichen Nachdenkens und Handelns. Deshalb heißt auch die Devise: Seelsorge den Seelsorgern – in der Universitätszeit, in Seelsorgekursen, Freizeiten, Seelsorgeheimen, durch aedificatio mutua, aber auch durch „Selbstseelsorge". Alles in allem heißt das: „Wir wollen keine Pastorenkirche sein. Das sei ferne! Aber doch hängt das Schicksal unserer Kirche ganz wesentlich ab von dem Zustand, in dem der Pfarrerstand sich befindet. Die Kirche kann Massenaustritte vertragen, ohne daran zugrunde gehen zu müssen; aber sie kann nicht Pfarrer vertragen, die den Namen haben, daß sie leben und tot sind. Das macht die Frage der Pastorenseelsorge zu einer brennenden Frage der kirchlichen Gegenwart."[237]

Seelsorge ist die „Seele" aller kirchlichen Tätigkeit und in diesem Sinne in der Pfarrerschaft zu verankern.

20. Martin Schian (1869–1944)

Wichtig ist es, den zeitgemäßen Gemeinschaftsgedanken und die ebenso zeitgemäßen psychologischen Erkenntnisse in der Poimenik zu verankern. Seelsorge darf jedenfalls „keinerlei Bevormundung" bedeuten: *„Seelsorge im evangelischen Sinn ist also eine die christliche Freiheit des anderen sorgsam achtende, aber um der Liebe willen keine Mühe scheuende Sorge für den Christenstand des Bruders."*[238]

„Wege der Seelsorge" sind neben der mündlichen Aussprache und dem „gedruckten Wort" auch die *„Gruppenseelsorge"*. Ein „lebendiger Gemeindegeist" ist allgemein zu fördern und wird auch zum „Organ der Seelsorge". Auf seiner Basis können neben dem Pfarrer auch die „theologisch gebildete Pfarrgehilfin" und der „schlichte Gemeindehelfer" seelsorgerlich eingesetzt werden. Die traditionelle „Kirchenzucht" ist in eine „berechtigte Gemeindezucht" zu überführen. Immer geht es in der „persönlichen Seelsorge" um die „Herstellung eines persönlichen Verhältnisses von Mensch zu Mensch. Wichtig ist in diesem Kontext z.B. der in evangelischer Freiheit verantwortete Gebrauch des Gebets: „Es ist keine richtige Forderung, daß jedes seelsorgerliche Gespräch mit einem Gebet zu schließen habe. Ob der Pfarrer mit einem Gemeindeglied beten will, das muß von dem Verlauf des Ge-

---

[237] Vgl. *Paul Blau*, Pfarramt und Seelsorge, Hamburg, 1927, S. 163.
[238] Vgl. *Martin Schian*, Grundriß der Praktischen Theologie, Gießen, 2. Aufl. 1928, S. 276.

sprächs abhängen. Nur wenn es zur vollen Gemeinsamkeit innerer Stimmung geführt hat, hat ein Gebet sein Recht."[239]

Neben Ausführungen über „die besonderen Fälle der Seelsorge" geht es dem Verfasser dann gezielt um die allgemeine Förderung des religiösen und sittlichen, bzw. des kirchlichen und gemeindlichen Lebens. In diesem Rahmen wird die Arbeit der Inneren Mission in ihren verschiedenen Zweigen ausdrücklich und ausführlich gewürdigt: Die soziale Frage zwingt sehr konkret zu neuem poimenischen Nachdenken über die einzelnen Gebiete der Wohlfahrtspflege bzw. der „äußeren Fürsorge" und christlichen Liebestätigkeit.

Seelsorge ist auch als persönliche Seelsorge ein Teil der organisierten Förderung des (religiösen) Gemeinschaftslebens und eingebettet in die sozialen Aufgaben der Kirche.

21. Eduard Thurneysen (1888–1974)

(Seine Lehre von der Seelsorge ist als ein typisches Paradigma bereits ausführlich dargestellt, s.o. S.31ff. Im historischen Kontext geht es an dieser Stelle um seine Veröffentlichung von 1928.) Den sich mit der Psychologie verbündenden Seelsorgeentwürfen im genannten Zeitabschnitt muß eine systematisch-theologische Konzeption entgegengesetzt werden. Seelsorge ist (unter Berufung auf die Reformationszeit!) deshalb so konsequent und ausschließlich wie möglich auf die *Rechtfertigungslehre* zu beziehen. Denn: „Seelsorge ist nicht Sorge um die Seele des Menschen, sondern um den Menschen als Seele. Und wir verstehen darunter: der Mensch wird auf Grund der Rechtfertigung gesehen als der, den Gott anspricht in Christus. Dieses Sehen des Menschen als einen, auf den Gott seine Hand gelegt hat, ist der primäre Akt aller Seelsorge. Solches Sehen hat freilich – das muß von Anfang an mit aller Deutlichkeit ausgesprochen werden – nichts zu tun mit irgendeiner psychologischen Feststellung. Es ist ein reiner Akt des *Glaubens*."[240] Und: „Man könnte alles Gesagte zusammenfassend davon reden, daß es sich bei der Seelsorge um ein neues Sehen und Verstehen des Menschen, ein Sehen und Verstehen des Menschen von Gott her handle. Und sofern zur Vorbereitung dieses im Akt der Seelsorge sich vollziehenden Sehens und Verstehens und daraus sich ergebenden Ansprechens des Menschen eine grundsätzliche Rechenschaft über den Menschen dienlich sein kann, und diese Rechenschaft in Anlehnung an den Sprachgebrauch Psychologie genannt werden sollte, so wäre endlich noch ein Wort zu sagen von einer von den hier gezeichneten Voraussetzungen aus zu gewinnenden *neuen*

---

[239] M. Schian, a.a.O., S. 280f.
[240] *Eduard Thurneysen*, Rechtfertigung, S. 197ff., Zitat S. 209.

Psychologie. Denn den Menschen als unter Gericht und Gnade Gottes gerufen betrachten, das ist zweifellos etwas ganz anderes als ihn unter den Voraussetzungen betrachten, unter denen gemeinhin Psychologie betrieben wird."[241]

Seelsorge ist ausschließlich auf theologische Basisaussagen zu beziehen und als Rechtfertigungsgeschehen zu gestalten.

22. Emil Pfennigsdorf (1868–1952)

Neben der allgemeinen Seelsorge (cura generalis, in Jugendunterricht, Predigt, Innerer Mission, Volksmission) hat auch die persönliche Seelsorge (cura specialis, als individuelle Darbietung des göttlichen Wortes) das Ziel, „... die Einzelnen in den Zusammenhang der gläubigen Gemeinde einzuordnen und dahin zu wirken, daß in der Gemeinde und allen ihren Ordnungen der Geist Christi als die letztbestimmende Kraft lebendig werde."[242]

Dabei ist das zeitgenössische „individualistische Ideal der Persönlichkeit" ebenso zu berücksichtigen wie korrigierend zu ergänzen. Die „pädagogisch-therapeutische Seelenpflege" und die „Seelenpflege des Wohlfahrtsstaates" sind von den wahren Problemen und Aufgaben der Seelsorge zu unterscheiden: *„Seelsorge im evangelischen Sinne ist demnach das aus dem Glauben geborene Streben, anderen Menschen mit dem Wort der Wahrheit so zu dienen, daß sie sich in persönlicher Wahrhaftigkeit für Gott zu entscheiden vermögen."*[243]

Es ist „diagnostische Befähigung" (nach C.I. Nitzsch) bzw. „Menschenkenntnis" (betreffend Individualität, Charakter, Unterschied der Geschlechter, Temperament, Veranlagung, soziale Einflüsse) ebenso anzustreben wie „therapeutische Befähigung". Dabei gilt: *„Je selbständiger, lebendiger und tiefer das Leben ist, das der Seelsorger in Gebet und Umgang mit Gottes Wort führt, umso sicherer wird sein Blick für die inneren Nöte der anderen* und umso mehr entwickelt sich seine Fähigkeit, mit den Müden und Angefochtenen zu reden ‚zu rechter Zeit'."[244]

Bei alledem ist für die gesamte Praktische Theologie vorausgesetzt, daß ihr *Hilfswissenschaften* (neben den anderen theologischen Disziplinen Kirchenkunde, Volkskunde, Psychologie) zur Verfügung stehen und als solche in Gebrauch genommen werden. „Religiöse Psychologie" ist unverzichtbar, denn: *„Zu wissen, was eigentlich einem Erlebnis das Gepräge des Religiösen*

---

[241] E. Thurneysen, a.a.O., S. 217.
[242] Vgl. *Emil Pfennigsdorf*, Praktische Theologie. Ein Handbuch für die Gegenwart. Bd. 1., Gütersloh, 1929; Bd. 2, 1930, Zitat Bd. 2, S. 589.
[243] E. Pfennigsdorf, a.a.O., Bd. 2, S. 610.
[244] E. Pfennigsdorf, a..a.O., Bd. 1, S. 621.

gibt, ist für den Praktiker, der solche Zustäne hervorrufen oder doch beeinfussen soll, von größter Wichtigkeit."[245]

Seelsorge ist auf der Basis einer im Verbund mit Hilfswissenschaften erarbeiteten Menschenkenntnis Hilfe zu einer persönlichkeitsbezogenen Entscheidung für Gott.

23. Otto Baumgarten (1858–1934)

Zu vertreten ist eine Seelsorge, die nicht im Predigtdienst aufgeht, sondern sich um die sozialen und politischen Verhältnisse zu kümmern versteht. Sonst gerät sie leicht zur hilflosen Vertröstung. Wichtig ist ein nicht gelehrtes, sondern gelebtes Christentum, das der eine Christ dem anderen Christen (so mit ihm im Gespräch wie eine Mutter mit ihrem Kind) seelsorgerlich zu vermitteln hat. Unter diesem Vorzeichen sind biblische Aussagen und Ansprüche auf die seelischen Bedürfnisse des einzelnen auszurichten. Für diese „cura specialis" ist eine spezifische Kompetenz des Seelsorgers zu entwickeln, und ein „liebeswarmes und fachgerechtes" Studium der sozialen Situation gehört dazu. „Somit wird klar, daß der Seelsorger unserer Tage seine Aufgabe nicht bloß bei den Einzelnen haben kann, da diese unlösbar verwickelt sind in den geschichtlichen Prozeß des sozialen und wirtschaftlichen Lebens des Volkes. Der Seelsorger muß vielmehr auch auf diesen sozialen Gesamtprozeß und auf die ihn dokumentierende öffentliche Meinung Einfluß zu gewinnen trachten, um diesem die christlich-sittlichen Maßstäbe zu erhalten. Vor allem führt die Arbeit an den Massennöten zu einer solchen Auffassung des religiösen Lebens, zu dem Wunsch, die Gemeinde, die feiernde wie die in der Liebe tätige, zu einer solchen sozialen Kraft zu machen."[246] „Angesichts der .... naheliegenden Versuchung zu pietistischer Isolierung der Seelen, die wir pflegen, die sich pflegen lassen, ist zu betonen, daß der Seelsorger den Christen stets als Glied des Leibes Christi, der kirchlichen, aber auch der bürgerlichen Gemeinschaft, des Volkes zu betrachten hat. Die gesund reformatorische Schätzung der Nation, des Volksganzen muß in unserer Zeit der Massenzusammenballung zu einer *sozialen Auffassung* des Einzelnen in der Verwachsenheit mit dem Ganzen leiten."[247] „Der ganze Erfolg der seelsorgerlichen Arbeit hängt ab von dem

---

[245] E. Pfennigsdorf, a.a.O., Bd. 1, S. 15.
[246] Vgl.*Otto Baumgarten*, Seelsorge, S. 59; zum Abschnitt vgl. F. Wintzer, a.a.O., S. 41ff. Dazu *Joachim Scharfenberg*, Otto Baumgarten und die Seelsorge heute, in: *Wolfgang Steck*, Otto Baumgarten. Studien zu Leben und Werk, Neumünster, 1986, S. 129ff; *Hasko von Bassi*, Otto Baumgarten: ein „moderner Theologe" im Kaiserreich und in der Weimarer Republik, Frankfurt a.M. u.a., 1988.
[247] O. Baumgarten, a.a.O., S. 64.

richtigen Zuteilen des Worts, der Individualisierung nach Zeit, Ort und Person. Kanzelreden mit überfließendem Trost oder polternder Buß- und Strafrede sind geradezu heillos, nicht minder das bloße Vorbringen dessen, wonach die Ohren jücken."[248]

Seelsorge als gezieltes Handeln ist im sozialen und politischen Kontext zu sehen.

24. Hans Asmussen (1898–1968)

(Zu den Einzelheiten seiner Seelsorgekonzeption s.o. S.31, Anm. 45; S. 36, Anm. 59). Gerade in politisch und kirchenpolitisch hochkomplizierter Zeit ist ein „unzeitgemäßes Buch" über Seelsorge so zu schreiben, daß die reformatorische Sicht einer Trennung von Gesetz und Evangelium unverfälscht und ohne Zugeständnis an den Zeitgeist zur Geltung gebracht wird. „Unter Seelsorge versteht man nicht diejenige Verkündigung, welche in der Gemeinde geschieht, sondern man versteht darunter *das Gespräch von Mann zu Mann*, in welcher dem einzelnen auf seinen Kopf zu die Botschaft gesagt wird." ... „Seelsorge *ist wirkliches Gespräch, welches vom Seelsorger ausgeht, und in welchem der Seelsorger mit Würde und Takt die Führung hat.*"[249] „Seelenführung ist die bewußt und unbewußt geschehende Erziehung der Gemeine ... *Seelsorge und Seelenführung* verhalten sich wie *Gesetz und Evangelium*. So wie es keine Evangeliumsverkündigung bei Verachtung des Gesetzes gibt, gibt es keine Seelsorge abgesehen von der Seelenführung. Und so gewiß die Gesetzlichkeit ohne evangelische Verkündigung zu einer greulichen Irrlehre wird und mit tödlicher Sicherheit im Pharisäismus endet, ist Seelenführung ohne Seelsorge eine Hochburg des gesetzlichen Pharisäismus in der Kirche und erzieht zu Feinden des Kreuzes Christi."[250]

Seelsorge ist in ihrem Vollzug zu differenzieren und dabei auf die reformatorische Lehre von Gesetz und Evangelium zu beziehen.

25. Walter Hoch (1907–?)

Mit Nachdruck ist die Auffassung zu vertreten, daß Seelsorge wirklich evangelische Seelsorge ist und bleibt, also von der ganzen Gemeinde getragen wird, sich dabei aber von bloßer (Armen-)Fürsorge, von Rechtspflege und Heilkunde klar abgrenzt. Dann gehören Erbauung, Tröstung, Wiedergeburt, Rechtfertigung, Erlösung und Heiligung, Heilung, Gemeinschafts-

---

[248] O. Baumgarten, a.a.O., S. 115.
[249] *Hans Asmussen*, Seelsorge, S. 15 und 16. Dazu *Wolfgang Lehmann*, Hans Asmussen. Ein Leben für die Kirche, Göttingen, 1988.
[250] H. Asmussen, a.a.O., S. 43.

bildung zu den Zielen, die eine wirkliche Seelsorge zu verfolgen hat. Sie gilt es, praxisbezogen auszudifferenzieren, dabei aber jeweils mit ihren biblischen Grundlagen verbunden zu halten. Bei alldem kommt der „Schlüsselgewalt" des Seelsorgers und somit der (im protestantischen Raum weithin vernachlässigten) *Beichte* und *Absolution* auch für die Gegenwart besondere Bedeutung zu. Auch über den Charakter und die Funktion des Beichtgeheimnisses ist in diesem Zusammenhang neu nachzudenken.

Schließlich gilt nach vielen praktischen Hinweisen (z.B. zum Gebetsgebrauch, zum Einsatz von Amtsautorität, zur Deckungsgleichheit von Erziehung und Seelsorge bei Jugendlichen usw.): „Denken wir zurück an die besondere Eigenart aller evangelischen Seelsorge, daß sie immer danach trachten wird, sich selber aufzuheben, sich selber aufzulösen, sich entbehrlich zu machen, das alles aber in Bezug und in der klaren Richtung auf die Gemeinde, indem der einzelne durch die besondere Betreuung als genesenes Glied der Gemeinde wieder zugeführt werde, so haben wir hier ein Ideal und ein Ziel zugleich, das die hier brennenden Fragen wenigstens nach einer Seite hin befriedigend beantwortet. Als Diener der Gemeinde dienen wir zu ihr hin als Seelsorger."[251]

Seelsorge geschieht unter Betonung der evangelischen Beichte von der Gemeinde her und auf die Gemeinde hin.

26. Otto Riecker (1896–1989)

Erst die *Konkretisierung*, der Gang ins Einzelne und Tatsächliche, ist das Merkmal wirklicher „Seelenführung". Voraussetzung dafür ist eine ärztlich-priesterliche Grundhaltung des wahren Helfers, der stets selbst Seelsorge in Anspruch nehmen sollte. Ziel seelsorgerlichen Handelns ist es, einen anderen zur *Hingabe* zu führen. Im „anknüpfenden Gespräch" ist das rechte „Offensein" gefordert, um den „Weg ins Persönliche" zu finden, dieses Persönliche aber auch (nach dem Vorbild des Arztes) in seiner eigentlichen Struktur zu „hören und sehen" bzw. aus Gestik und „unbewußten Bewegungen" zu erschließen. Von der Not gilt es zur Schuld vorzustoßen, soll der „Durchstoß zur Selbsteinsicht" gelingen. „Praktische Lebenshilfe" (bei Kenntnis der „Grundlinien der Psychotherapie") geht dem voraus.

Wirklich erreichte „Hingabe" führt zu einem evangelischerseits oft vernachlässigten Akt der „Wiedergutmachung", d.h. des veränderten und verändernden Handelns. In allen typischen oder besonderen seelsorgerlichen Fällen muß es immer wieder darum gehen, „Seelenführung" als „Verwirklichung" zu begreifen. Denn: „Es ist mit der schwächste Punkt des uns so

---

[251] Vgl. *Walter Hoch*, Evangelische Seelsorge. Ein Handbuch für Pfarrer und Laien, Berlin, 1937, S. 222.

lieben Protestantismus, daß er sein großes Gotteserlebnis, die Rechtfertigung aus Gnaden, in der Durchführung vielfach in die Unanschaulichkeit des Herzens allein gestellt und eine Schule neuerdings auch noch alle Gefühle und Empfindungen verpönt hat ... In Wirklichkeit aber ist der innere Werdegang eines Sünders sehr viel konkreter. Er hat *wirkliche* (konkrete) Sünden und er schlägt sich mit diesen herum, er braucht einen *wirklichen* Weg, mit diesen in dem Sinn ‚fertig zu werden', daß er praktisch Hilfe und Erlösung für sie findet, er begegnet einem *wirklichen* Gott in einem oft sehr *wirklichen* Gericht und in einer *wirklichen* Vergebung unter dem Kreuz des *wirklich* gestorbenen Heilands, nicht so gedankendünn und blutlos, wie das viele wollen, und geht *wirkliche* Wege der Erfüllung in Christus."[252]

Seelsorge muß sich auch und gerade als protestantische Seelsorge konkret ausdrücken und konkret auswirken.

27. Wolfgang Trillhaas (1903–1995)

Menschen können an Menschen Seelsorge üben, weil Christen Glieder des Leibes Christi sind, von daher alle zur Herde Christi gehören und Kirche bilden. Alle Sorge um den einzelnen ist als pastorales Amt der Kirche auf diesem Hintergrund zu sehen. Dieser einzelne ist vor Vereinzelung und Vereinsamung dadurch zu bewahren, daß er sich (durch Empfang der Sakramente) Christum, der in seiner Gemeinde verborgen gegenwärtig ist, neu einverleibt erleben kann. So kann zum Sinn der Seelsorge gesagt werden, „... daß sie kein auf zwei Menschen beschränktes isoliertes Geschehen ist. Sie vollzieht sich im Rahmen der Gemeinde. Die Gemeinde ist der Leib Christi, das geistliche Haus, sie ist ein Volk, sie hat leibliche Bedürfnisse. Seelsorge ist deshalb nicht auf das Seelische beschränkt, sondern sie begreift das Leibliche mit ein. Darin liegt es nun begründet, daß wir von *Stufen der Seelsorge* sprechen. Jede Stufe hat ihren Wert in sich, aber erst in der Zusammenfassung aller Stufen haben wir ein Bild von der ganzen Seelsorge."[253] Die einzelnen Stufen der Seelsorge sind dann: Als Seelsorger die Glieder der Gemeinde *kennenlernen*; als Seelsorger etwas zu *hören* bekommen; als Seelsorger über den *Zuspruch* von *Trost* und *Weisung* sowie über das *Gebet* zu verfügen.

Seelsorge läßt den einzelnen an der Erbauung und Besorgung der Gemeinde als des Leibes Christi teilnehmen.

---

[252] Vgl. *Otto Riecker*, Die seelsorgerliche Begegnung, Gütersloh, 1947, S. 187f.; (Neuauflage durch W. Jentsch 1986) Dazu *Otto Rieger*, Mit sechzig fing mein Leben an, Neuhausen-Stuttgart, 1977.
[253] *Wolfgang Trillhaas*, Der Dienst der Kirche am Menschen, München, 1950, S. 93; zum Abschnitt vgl. W. Offele, a.a.O., S. 194ff. Dazu L.C. Hoch, a.a.O., S. 40ff.

28. Alfred Dedo Müller (1890–1972)

Seelsorge hat ihr *Urbild* in Christus als dem guten Hirten. Sie ist eine der in sich selbständigen Formen, in denen sich Kirche verwirklicht. Stets ist nach dem *theologisch-christologischen* Sinn seelsorgerlicher Tätigkeit zu fragen, aber auch nach deren *anthropologischen* und *kosmologischen* Sinn. Denn neben der Orientierung an Christus ist der Bezug auf ein aktualisiertes biblisches Menschenbild und auf die Welt, in der wir leben, unabdingbar. So dient Seelsorge der Grundorientierung des Daseins, die alle „Weltfragen" von der Gottesfrage her zu beantworten versucht und auf diese Weise Arbeit am Reich Gottes leistet. Heißt es doch zusammenfassend: „*Seelsorge ist die in der Nachfolge Christi begründete Glaubens- und Lebenshilfe, die dem einzelnen zu persönlicher Erfüllung, zur Eingliederung in den Leib Christi und zur Bewährung in allen Fragen der Weltdeutung und Weltordnung verhelfen will.*"[254]

Seelsorge ist auf den Guten Hirten bezogene Bewährungshilfe in allen Fragen der Lebens- und Weltbewältigung.

29. Otto Haendler (1890–1981)

Seelsorge ist in der geistig-seelischen Situation der Zeit so zu gestalten, daß sie zu einem ganzheitlich personalen und speziell problemgerechten „Dienst am Menschen" gerät. Dann erfaßt sie die konkrete Situation des einzelnen, kann dessen Lebenssinn deuten, seine Einzelexistenz erhellen und bei alledem zum konstitutiven Element der Kirche werden. Dabei gehören *psychologische* Prinzipien und Kenntnisse konstitutiv zum Vollzug der Seelsorge. Deren Grundlage aber ist eine theologische Verarbeitung der biblischen Anthropologie unter Voraussetzung ihres *Offenbarungscharakters*. Von ihm hängt der Auftrag des Seelsorgers in einmaliger Weise ab. Denn: „*Theologische Prinzipien* zur Durchführung der Seelsorge ergeben sich aus der Offenbarung deshalb, weil der Träger der Verkündigung, und somit auch der Seelsorger, zwar nicht ein anderer Mensch ist, als andere, wohl aber eben als sündiger und begnadeter Mensch mit einem besonderen Auftrag kommt. Ein Auftrag, der durch die Person ausgeführt wird, verbindet sich mit ihr, und sie hat sich mit ihm zu verbinden. Das gilt überall im Leben, und es gilt umso mehr, als der Auftrag aus einer das irdische Sein überragenden und in es eindringende Welt (Wirklichkeit) stammt. Die daraus resultierenden

---

[254] *Alfred Dedo Müller*, Grundriss, S. 286; zum Abschnitt vgl. W. Offele, a.a.O., S. 165ff. Dazu *Gottfried Kretzschmar*, Die Bedeutung Alfred Dedo Müllers für die Praktische Theologie, in: Hans-Martin Müller/Dietrich Rössler (Hg.), Reformation und Praktische Theologie. FS W. Jetter zum 70. Geburtstag, Göttingen, 1983, S. 131ff.

Prinzipien sind geistlich in ihrem Charakter und weltlich in ihrer Struktur, jedes unbeschadet des anderen. Der Auftrag ist wirklich aus der Welt der Offenbarung, aber er wird mit menschlicher Sprache, im menschlichen Gespräch, mit menschlichem Denken und Fühlen, in menschlicher Fähigkeit und Unvollkommenheit vollzogen. Diese Mittel des Vollzugs sind wirklich weltlich, aber der Auftrag ist und bleibt dennoch und darin eindeutig geistlich. In der Einheit dieser beiden Linien hängen alle Probleme der Pastoraltheologie und der Seelsorge."[255]

Seelsorge ist die weltlich-psychologisch vollzogene, aber in der biblischen Offenbarung begründete Hilfe zu einer zeitgemäßen Existenzerhellung.

30. Adolf Allwohn (1893–1975)

Mit Seelsorge ist jedenfalls ein Beitrag zur evangelischen *Pastoralpsychologie* zu leisten. Zunächst muß die ursprüngliche Einheit von Verkündigung und Heilen, von Sündenvergebung und Krankenheilung neu erkannt werden. Zur „Vergegenwärtigung des Heilens Jesu" gehört es, die Erkenntnisse der Tiefenpsychologie einzubeziehen. Bei aller Unterschiedenheit in den Grundannahmen liegt nämlich auch in der Bibel „eine aufdeckende Seelenkunde" vor.

Auf dieser Grundlage werden dann die einzelnen Lebensbereiche in den verschiedenen Altersstufen, aber auch im Hinblick auf körperliche und psychische Krankheiten usw. durchschritten und entsprechende medizinisch-psychologische Informationen mit seelsorgerlichen Intentionen verknüpft. Ein zweiter Teil „Das heilende Wort und die Praxis" betont (über die Brücke des theologischen Inkarnations-Begriffs) nochmals die enge Verbindung zwischen Heil und Heilung im „priesterärztlichen Handeln".

Als unerläßlich erscheint die „existentielle Begegnung" als Voraussetzung dafür, „... daß die *grundlegenden Lebensfragen*, die eigentlichen Existenznöte, zum Gegenstand des Austausch gemacht werden."[256] Weiter wird der Führung des Gesprächs eine sehr praxisbezogene Aufmerksamkeit gewidmet. Dabei ist wichtig: „Jedes Seelsorgegespräch muß die *innere Tendenz zum Beichtgespräch* haben, wenn es auch nicht immer tatsächlich in ein solches einmündet."[257] Aber: „*Der Wiedereinführung der Beichte muß ... die Erneue-*

---

[255] Vgl. *Otto Haendler*, Grundriss, S. 321. Dazu *Gerhard Bartning*, Das Ende der Theologenangst vor der Tiefenpsychologie. Zum 100. Geburtstag des Pastoralpsychologen Otto Haendler, in: Quatember (54) 1990, S. 203ff.; *Kerstin Voigt*, Otto Haendler – Leben und Werk, Frankfurt/Berlin/Bern, 1993, bes. S. 107ff.

[256] *Adolf Allwohn*, Das heilende Wort. Zwiesprache mit dem ratsuchenden Menschen unserer Zeit, Göttingen, 1958, S. 197. Dazu L.C. Hoch, Seelsorge, S. 113ff.

[257] A. Allwohn, a.a.O., S. 208.

rung der heilenden Seelsorge vorgeordnet werden."[258] Schließlich handelt der Verfasser über „Die Person des Seelsorgers", deren Vorbereitung zum Seelsorgedienst, deren auszubildende Fähigkeiten zur rechten Kontaktnahme durch bewußte Pflege der Ich-Du-Beziehung und deren Dienst in der Gemeinde. Denn: „Seelsorge ist eine *Funktion der Gemeinde* als des Leibes Christi."[259] Und abschließend heißt es: „Im ganzen geht es darum, daß die in der Bewußtseinskultur der Neuzeit eingetretene Verkürzung des Werkes Jesu Christi beseitigt wird. Es geht darum, daß das Wort Gottes in der seelsorgerlichen Begegnung in der Weise Fleisch wird, daß die Menschen christlich-gründliche Hilfe erfahren. Es geht darum, daß die heilende Seelsorge Jesu in unserer Mitte Gestalt gewinnt und daß wir in ihr die Nähe des Reiches Gottes glaubend erfahren."[260]

Seelsorge muß die Verbindung von Heil und Heilung neu entdecken und tiefenpsychologisch fundiert vertreten.

31. Theodor Bovet (1900–1976)

Es kommt darauf an, im poimenischen Bereich wiederholt, aber auch zeitgemäß die Fragen zu stellen: „Was ist Seelsorge?", „Was ist der Mensch?" Der Ansatz des Arztes Bovet ist durchaus traditionsgebunden: „Seelsorge besteht darin, daß jeder einzelne Mensch als Glied in Gottes Reich angesprochen wird, daß jedem einzelnen auf den Kopf zu gesagt wird, daß Christus ihn liebt."[261]

Diese ist sehr wohl gegenüber Medizin und Psychologie, aber auch gegenüber Dogmatik und Predigt abzugrenzen, wiewohl es hier wie dort um die „Sorge um die ganze Person, um die Ganzheit des Menschen" geht. Auch die Frage nach dem Menschen(-bild) wird unter dem personalen Aspekt und dabei deutlich traditionell beantwortet: Die *Person* als unteilbare Ganzheit des Menschen hat Leib, Seele, Geist als ihre Aspekte bzw. Dimensionen. Sie lebt immer „in Beziehung" und ist als solche „Ebenbild Gottes". Dieser Ganzheit droht die „Entpersönlichung": „In dem Maß, als wir die Ganzheit und Freiheit und Verantwortung unserer Person gefährden oder aufgeben, lösen wir die Partnerschaft mit Gott auf und verfallen damit den widergöttlichen Mächten."[262]

---

[258] A. Allwohn, a.a.O., S. 213.
[259] A. Allwohn, a.a.O., S. 240.
[260] A. Allwohn, a.a.O., S. 247.
[261] *Theodor Bovet*, Lebendige Seelsorge. Eine praktische Anleitung für Pfarrer und Laien, Tübingen, 3., stark überarbeitete und erweiterte Auflage 1962, S. 13.
[262] T. Bovet, a.a.O., S. 64.

Damit ist das zentrale Kapitel dieser Seelsorgelehre vorbereitet: „Der Mensch und die Mächte". (Hier werden die „Kundgebungen Verstorbener", Süchte", „entfremdete Geschlechtlichkeit" und „Zerfall der Gemeinschaft" usw., aber auch „Heilige Menschen", „Gebetsheilungen" usw. eingehend besprochen). Bei all dem geht es für den Verfasser um die Annahme guter und böser Mächte, die zwischen den Personen, aber unabhängig von diesen, wirken: „Wesentlich bleibt aber, daß der Mensch allen diesen außerpersönlichen Mächten gegenüber größter Zurückhaltung bedarf. Er soll nicht selber Engel herbeirufen oder Dämonen bekämpfen, sondern er soll sich ganz und gar auf Christus verlassen."[263]

Auf diesem Fundament wird eine auf sehr konkrete und alltägliche Gegebenheiten bezogene Glaubens- und Lebenskunde entfaltet, die mit Begrifflichkeiten wie „Sünde" und „Unrecht" usw. arbeitet und dabei „Heil" und „Bleiben in Christo" vermitteln möchte. Dabei sind die „Gelegenheiten der Seelsorge" ebenfalls nach überkommener Einteilung bzw. Problemkomplexen abgehandelt. Exemplarisch sei auf die Seelsorge auf dem Gebiet der Ehe hingewiesen. Hier geht der Verfasser (in sehr problematischer Weise!) von der „Person der Ehe" aus: „Praktisch bedeutet das, daß der Seelsorger die Ehekandidaten auf diesen einzigartigen Charakter der Ehe aufmerksam machen muß. Sie gehen nicht irgendeinen Vertrag ein, sondern sie werden miteinander eine neue Person, und keine Macht der Welt kann diesen Vorgang rückgängig machen. Sie begeben sich dadurch außerdem miteinander in eine neue Partnerschaft mit Gott, und das wird ihr Leben aufs tiefste verändern. Es bedeutet unter anderm den allmählichen Tod ihrer bisherigen individuellen Persönlichkeit."[264] Bei alldem ist z.B. Geschlechtlichkeit in zeitgenössisch befreiender Weise behandelt. Sie darf nicht geleugnet oder gar verdrängt werden. Allerdings gilt: „Vor der Ehe ist die Geschlechtlichkeit in Entwicklung und Vorbereitung begriffen. Jeder Versuch, sie *isoliert* zu befriedigen, allein oder mit einem nichtehelichen Partner, will stückweise erleben, was in ein Ganzes hineingehört, und gleicht damit dem Genuß einer unreifen Frucht."[265]

Das Schlußkapitel gilt der „Person des Seelsorgers". Es entspricht unter den genannten Vorzeichen einer psychologisch unterlegten Pastoraltheologie. Alles in allem muß sich der Seelsorger in einer defizitär veränderten Welt bewähren, wobei sich aber auf allen Gebieten des Lebens bereits eine „Wiedergeburt" ankündigt: „In dieser Welt geht es nicht darum, Menschen zu einer neuen Weltanschauung, zu einer neuen Religion oder zu einer neuen Ideologie zu überzeugen ... Vielmehr ist jetzt die Zeit gekommen, wo die

---

[263] T. Bovet, a.a.O., S. 113.
[264] T. Bovet, a.a.O., S. 173.
[265] T. Bovet, a.a.O., S. 176.

Gegenwart Christi existentiell in der menschlichen Begegnung bezeugt wird."[266]

Seelsorge muß sich praxisnah der modernen Lebenswelt stellen, dabei aber ihre traditionelle Struktur durchhalten.

32. Dietrich Rössler (geb. 1927)

Das Menschenbild innerhalb neuerer poimenischer Konzeptionen (besonders Asmussen, Thurneysen, Trillhaas) ist mit demjenigen im modernen medizinischen Denken zu vergleichen und von daher den exklusiven Anspruch der Theologie auf den „*ganzen Menschen*" kritisch zu hinterfragen. Gibt es doch in der modernen Seelsorgelehre und in der neuen Medizin mit derem profanen anthropologischen Wesensbegriff eine gemeinsame Bewegung! „Damit entsteht die Frage, ob diese zunächst formale Übereinstimmung auch eine sachliche ist, worin ihre Begründung liegen könnte und wo ihre Grenzen sind."[267]

Zunächst sind „... Seelsorgelehre und anthropologische Medizin zutiefst verbunden durch die ihnen gemeinsame Relativierung einer Daseins- und Weltauslegung, die aus der wechselseitigen Begründung von exakter Wissenschaft und Philosophie hervorgegangen war und die zu Recht als ‚naturwissenschaftliche' bezeichnet werden kann"[268]. Vor allem aber ist es die Frage nach dem „ganzen Menschen", die eine Wendung zur Anthropologie charakterisiert und die fundamental vom Gegensatz zur einzelwissenschaftlichen Vergegenständlichungen des Menschen bestimmt ist bzw. die „Partial-Objektivationen in der Einzelforschung" zu überwinden trachtet.

Zeigt sich dementsprechend im ganzen Bereich der Anthropologie eine identische Grundstruktur, so ist die Seelsorgelehre in für sie ebenso ungewohnter wie eindrucksvoller Weise darin *eingeschlossen*. „Diese Einsicht in die strukturelle Identität mit der allgemeinen Anthropologie steht nun jedoch in krassem Widerspruch zum Selbstverständnis der Seelsorgelehre."[269] Vertritt diese doch den Anspruch, *alle* innerweltliche Anthropologie transzendierend relativieren zu können bzw. zu müssen. „Die Wende im Selbstverständnis der wissenschaftlichen Anthropologie wird in dieses Bild nicht aufgenommen und bleibt für die Interpretation der Profanität ohne Bedeu-

---

[266] T. Bovet, a.a.O., S. 250.
[267] Vgl. *Dietrich Rössler*, Der ‚ganze' Mensch. Das Menschenbild der neueren Seelsorgelehre und des modernen medizinischen Denkens im Zusammenhang der allgemeinen Anthropologie, Göttingen, 1962, S. 87.
[268] D. Rössler, a.a.O., S. 89.
[269] D. Rössler, a.a.O., S. 93.

tung ... Dieses Bewußtsein der prinzipiellen Exklusivität für das wahre Verständnis des menschlichen Wesens hat offenbar die Auseinandersetzung mit der neueren profanen Anthropologie ebenso prinzipiell verhindert."[270] Der profanen Anthropologie wird die Anerkennung ihres gewandelten Selbstverständnisses verweigert. Sie hat in den Grenzen einer exakten Naturwissenschaft zu bleiben! „Damit wird jedoch das Urteil unausweichlich, daß das Bewußtsein der Exklusivität der Seelsorgelehre den Blick für ihre strukturelle Identität mit der allgemeinen Bewegung der Anthropologie verstellt. In diesem Sinn erhoben steht der Anspruch solcher Exklusivität im Gegensatz zur Wirklichkeit. Es ist wahrscheinlich, daß in diesem Gegensatz ein wesentlicher Grund für den oft beklagten Wirklichkeitsverlust der Seelsorge liegt, und es kann kaum fraglich sein, daß damit ein entscheidendes Problem für die neuere Seelsorgelehre gegeben ist."[271]

Seelsorge sollte ihren Anspruch auf ein exklusives Menschenbild überdenken, um einem faktischen Wirklichkeitsverlust zu entgehen.

33. Adelheid Rensch (geb. 1913)

Zielvorstellung soll sein, eine seelsorgerliche *Gesprächskultur* zu fördern und damit die gottgewollte Gestaltung aller Lebensbeziehungen zu ermöglichen. Der entsprechende Reflexionsgang einer christlichen Psychologin führt (bei beständigem Bezug auf die Theologie A. D. Müllers) von den äußeren Bedingungen zu den inneren: „Die Gestaltung des äußeren Rahmens" wird zunächst bedacht. „Es ist erstaunlich, wie bald und umweglos sich auch gehemmte Menschen unter günstigen Gesprächsbedingungen schon bei der ersten Begegnung offenbaren. Im allgemeinen schenken die späten Abendstunden eine solche gute Gesprächsatmosphäre."[272]

Ein Abschnitt über „Die Methodik des Gesprächs" (Herstellung der Beziehung, psychologische Erhellung der persönlichen Umstände, Erhellung der Glaubensstruktur und der Lebensgeschichte, gesprächsmethodische Hinweise zum gezielten Umgang mit Glaubensfragen und zum Verkündigungsverhalten) schließt sich an und vermittelt praktische Umgangsformen: „Der Seelsorger darf der verantwortungsschweren Aufgabe nicht aus dem Wege gehen, nach eingehender Diagnose des Partners und seiner Lage einen Rat zu erteilen. Kaum nötig zu sagen, daß diese Ratschläge nicht wie Rezepte gegeben werden ... Der Partner wird zu Vorschlägen und Entscheidungen aufgefordert. Diese von ihm gesehenen Möglichkeiten werden miteinander

---

[270] D. Rössler, a.a.O., S. 94.
[271] D. Rössler, a.a.O., S. 96.
[272] *Adelheid Rensch*, Das seelsorgliche Gespräch. Psychologische Hinweise zur Methode und Haltung, Göttingen, 1963, S. 26.

beraten und kritisch geprüft, so daß ungangbare Wege verworfen und neue gesucht werden ... Man tut gut, in der beratenden Phase nicht nur zu sprechen, sondern auch zu praktizieren. Wir sagten schon, daß der Seelsorger einfache Meditationen mit dem Partner selbst durchführen sollte, um ihn in diese Praxis einzuführen. Auch ergeben sich Möglichkeiten meditierender Betrachtung bei der Verkündigung ganz ohne Zwang. Gegebenenfalls soll der Seelsorger auch mit dem ihm Anvertrauten beten."[273]

Ein dritter Abschnitt handelt eher grundsätzlich „Vom Geheimnis der Begegnung". Hier steht etwa die „geistliche Grundhaltung" ebenso zur Debatte wie die Zurüstung auf das seelsorgerliche Gespräch als „lebenslängliche, im Verborgenen geleistete *Arbeit an der eigenen Person*. Die rechte Verhältnissetzung von Nähe und Distanz zum Gesprächspartner (bzw. die Übertragungs- und Gegenübertragungsproblematik) wird als besondere Aufgabe beschrieben: „Auch der Seelsorger muß versuchen, seine Betreuten von sich abzulösen, indem er sie reifen läßt für die Gemeinschaft im Heiligen Geist mit dem Vater, dem Sohn, den vollendeten Gerechten und Nächsten. In diesem Geist kann der Umsorgte auch dem Seelsorger trotz Distanz, ja äußerer Trennung nah und verbunden bleiben."[274] Ein Anhang „Gesichtspunkte für die Diagnose (Aufbau der Person)" entspricht einem erprobten psychologischen Modell und ist auf praktische Vorgehensweisen ausgerichtet.

Seelsorge ist zwar theologisch abzusichern, kann und soll daraufhin aber im Rahmen psychologischer Gesprächsmethodik und Persönlichkeitskenntnis vollzogen werden.

34. Hans-Otto Wölber (1913–1989)

Seelsorge ist konsequent als das personal verantwortete Apostolat des uneingeschränkten *Erbarmens* mit den leidenden, verlorenen und damit christusnahen Menschen unserer Zeit zu verstehen und zu praktizieren. Gefragt ist Trost ohne Bedingung! Ist doch die Rechtfertigungslehre, und d.h. die theologia crucis und nicht die theologia gloriae, die Wurzel der Sorge um den Menschen. Es ist jene Sorge Gottes um den Menschen, mit der wir uns als Seelsorger zu identifizieren haben. Denn das Erbarmen ist keine bloße Problematik, sondern kommt durch diese „Boten Gottes" als Wagnis ihres Tuns auf die Erde. Immer handelt es sich in der Seelsorge um das *Wagnis* des Erbarmens: „Die Entscheidung für das Wagnis des Erbarmens ist eine Tat des Glaubens daran, daß Gott größer ist, als wir je ermessen, in seiner

---

[273] A. Rensch, a.a.O., S. 167.
[274] A. Rensch, a.a.O., S. 205.

Liebe verborgener, als wir je erkennen, und in seiner Kraft mächtiger, als wir je empfinden können. Wenn die Reformation um der Tröstung des Gewissens willen zur Entdeckung des reinen Evangeliums vorstieß, dann ist es doch offensichtlich so, daß Gott selber seine Lebendigkeit, welche die institutionelle Kirche verdeckt hat, wieder enthüllte. Die Proklamation des reinen Evangeliums von der Rechtfertigung des Menschen war die Anerkennung einer die Kirche immer wieder eröffnenden, lebendigen Theologie. Und so meinen wir also, daß die Kirche der Reformation dies eine und einzige zuerst und um jeden Preis zu treiben hat, was wir den Geist der Theologie nannten. Dieser Geist bestimmt ihr Gewissen."[275]

Seelsorge handelt von einer Weltordnung des Erbarmens.

35. Walter Uhsadel (1900–1985)

Dem *Amt* der Seelsorge ist neue Bedeutung zuzumessen. Ist doch die mit dem Namen Bultmann verbundene Unterscheidung zwischen charismatisch-konstitutiver Tätigkeit und institutionell-regulativem Amt nach Ansicht des Verfassers nicht durchzuhalten! Dann nämlich wäre seelsorgerliches Handeln letztlich auf die charismatische Geisteskraft einzelner Christen bezogen oder sogar angewiesen. Vielmehr gilt es, das neutestamentliche „Amt", das die Reformatoren für ihre Zeit neu geprägt haben, für unsere Gegenwart zu interpretieren und in seiner seelsorgerlichen Funktion neu zu entdecken. Nur daraufhin (und zugleich im Hinblick auf die biblische Anthropologie und deren Seelenverständnis) kann vom Wesen der Seelsorge klar geredet werden. Das von Christus selbst gestiftete Amt und das allgemeine Priestertum bedingen einander. Unter diesem Vorzeichen kann Seelsorge dann ebenso Lebenshilfe für den einzelnen bedeuten wie dem Aufbau der Gemeinde dienen. Im Rahmen von „Formen der Einzelseelsorge" wird „*Die evangelische Beichte*" besonders herausgestellt. Gemeinschaftspflege und diakonischer Dienst beziehen sich auf die Lebensformen der Gemeinde. Denn: „Der Seelsorger, der weiß, daß ihm das Amt übertragen worden ist, das Jesus Christus gestiftet hat, steht eben nicht der Gemeinde vor, am allerwenigsten kraft seiner Theologie, er tritt nicht aus der Reihe, sondern verwirklicht sein Amt mitten unter der Gemeinde des allgemeinen Priestertums in brüderlichem Dienst, eben dadurch das allgemeine Priestertum weckend, belebend, stärkend."[276]

Seelsorge ist und bleibt gerade als evangelische Seelsorge an ein rechtverstandenes Amt gebunden.

---

[275] *Hans-Otto Wölber*, Gewissen, S. 47f. Dazu W. Offele, Verständnis, S. 254ff.
[276] *Walter Uhsadel*, Evangelische Seelsorge, Heidelberg, 1966, S. 39. Dazu M. Jochheim, Seelsorge, S. 156ff.

VI. Zur Geschichte der christlichen Seelsorge

Kehren wir nach diesem weitmaschigen Durchgang durch die Geschichte der christlichen Seelsorge nochmals zu unserer Ausgangsfrage zurück: Weshalb lohnt sich für Seelsorger und Seelsorgerinnen solch eine Beschäftigung mit der Geschichte ihrer Tätigkeit? Die dazu eingangs formulierten Anmerkungen lassen sich jetzt wie folgt ergänzen:

a) Je klarer uns „Bilder der Vergangenheit" bezüglich des seelsorgerlichen Handelns ins Bewußtsein treten, desto deutlicher wird gleichzeitig, daß sich charakteristische Reaktionen auf bleibende Grundfragen und Grundmotive durch die Zeiten hindurch kennenlernen und feststellen lassen: Es wiederholen sich von Zeit zu Zeit ganz bestimmte und eigentümliche Formen und Akzentsetzungen in geradezu verläßlicher Weise. Das kann für den Seelsorger und die Seelsorgerin von heute immer dann zu einer wichtigen Orientierungs- und Zuordnungshilfe werden, wenn es zum einen um die Auseinandersetzung mit der fast unabgegrenzt erscheinenden Fülle des Stoffes geht und zum anderen die Erarbeitung eines eigenen *Standortes* und *Standpunktes* ansteht.

Geschichtliches Denken im Rahmen der Poimenik erleichtert jedenfalls die Möglichkeit, die sehr verschiedenen Ausdrucksformen heutiger Seelsorge und deren Konzeptualisierung in ein übergreifendes Verstehensmuster mit charakteristischen Akzentsetzungen und Schwerpunktbildungen einfügen. Es erleichtert ebenfalls, sich in diesem Zusammenhang nicht nur eine eigene Position zu erarbeiten, sondern sich damit auch für einen bestimmten Traditionsstrang zu entscheiden.

b) Sich um die Geschichte des seelsorgerlichen Handelns zu bemühen, kann Seelsorger und Seelsorgerinnen dazu anregen, sich auch im Rahmen der notwendigen Identitätsfindung einer gezielten *Erinnerungsarbeit* zu widmen. Sich vergangener Ereignisse und Erfahrungen sowohl im individuellen als auch im überindividuellen Bereich so zu „er-innern", daß daraus Gewinn für die Gegenwart entsteht, setzt freilich die intensive Beschäftigung mit bestimmten Fragestellungen voraus. Diese lassen sich u.a. so formulieren: Welche Erinnerungen an geschichtliche Ereignisse, Auffassungen und Handlungsweisen auf dem Gebiet der Seelsorge interessieren (oder auch faszinieren!) mich besonders? Welchen anderen bleibt meine Aufmerksamkeit wiederholt entzogen oder welche stoßen mich sogar „merkwürdig" ab?

So zu fragen bezieht sich auf die These, daß jedes auffällige Interesse oder auffällige Desinteresse im Hinblick auf allgemeine historische Entwicklungen seinen Grund in der persönlichen Geschichte des einzelnen hat. Die entsprechenden Zusammenhänge wahrnehmen und ergründen zu wollen, kultiviert nicht nur die genannte Erinnerungsarbeit! Es läßt auch die eigenen und anderen Einstellungen im Hinblick auf den Gang der Dinge im seelsorgerlichen Bereich geschichtsbezogen in Frage stellen und damit flexibel behandeln. Es fordert außerdem zu einer sachbezogenen Neugier, d.h. im gegebenen Kontext zu einem erweiterten Studium der Geschichte der Seelsorge heraus.

c) Eine interessierte Beschäftigung mit der Geschichte macht es möglich, sich als Selsorger oder als Seelsorgerin im Hinblick auf die historische Entwicklung in Theorie und Praxis selbst sowohl einen *Problemkatalog* als auch einen *Katalog der verschiedenen Zielvorstellungen und Vorgehensweisen* zu erarbeiten. Auf diese Weise lassen sich Traditionsstränge aufdecken, die über heute notwendigen Akzentsetzungen und Schwerpunktbildungen nachdenken lassen. Es lassen sich aber auch ausgeschlossene oder verdrängte Sichtweisen bemerken, als besondere Herausforderung auffassen und mit offenen Fragestellungen der Gegenwart in Verbindung bringen.[277]

---

[277] Die nachstehenden Überlegungen sind dementsprechend als persönlicher Eindruck und d.h. gleichzeitig als ein *Vorschlag* aufzufassen, der nicht einfach übernommen werden, sondern zu analogen Reflexionen anregen sollte:
Versucht man anhand der angeführten Beispiele die historischen Handlungsanweisungen für eine seelsorgerliche Tätigkeit bzw. das jeweilige Motto der pastoraltheologischen und poimenischen Entwürfe auf eine Reihe von *Kernaussagen* zu zentrieren, so lassen sich diese in folgenden Stichworten wiedergeben:
Gemeindebezug, Buße, Kirchenzucht, Hirtenbild, Seelenarzt, Lebensregeln, Leitungsamt, Gewissenstrost, Seelenerziehung, edles Menschentum, Selbsterkenntnis, Menschenkenntnis, Freundschaft, Laienseelsorge, soziale Verantwortung usw.
Diese Stichworte wiederum spiegln etliche immer wiederkehrende *Grundantinomien* wider, die einer seelsorgerlichen Einstellung unterlegt sein können. Sie fordern je nach situativer Notwendigkeit oder kompensatorisch entgegengesetzter Intention zu einer positionellen Stellungnahme mit (einseitiger) Schwerpunktbildung heraus. Im Rahmen einer solchen antinomischen Struktur kommen etwa zu stehen:
Buße, Kirchenzucht, Seelenerziehung, Lebensregeln versus Gewissenstrost; Leitungsamt, Hirtenbild, Seelenarzt versus Laienseelsorge; Gemeindebezug versus Selbstfindung, edles Menschentum, Freundschaft; Selbsterkenntnis versus Menschenkenntnis, soziale Verantwortung.
Hinter all diesen einzelnen Spannungsmomenten kommt letztlich ein elementarer Gegensatz zum Tragen: Zwar geht es in den verschiedenen Auffassungen von Seelsorge stets um bessere Realitätsbewältigung! Offen bleibt dabei aber die Frage, ob diese besser durch ein kritisches *Gegenüber* zur „weltlichen" Situation oder besser durch Glaubenshilfe als „weltlich" *einpassende* Lebenshilfe verwirklicht werden kann.
Deutlich muß bei all diesen Gegensätzen freilich sein, daß es sich hierbei nicht um alternative Möglichkeiten des Lebens und Erlebens handelt. Vielmehr geht es um Pole, zwischen denen durch die Zeiten hindurch eine Ambivalenzspannung entstanden und erhalten geblieben ist. Dies drängt je nach den historischen Umständen zu schwerpunktsetzenden Lösungen „vor Ort", und sie spiegelt sich ebenfalls in den verschiedenen poimenischen Entwürfen der Gegenwart wider.

d) Bei alldem kann eine gezielte und „er-innernde" Auseinandersetzung mit der Geschichte der Seelsorge zum Anlaß werden, besondere Betrachtungen anzustellen. Es sind die Betrachtungen darüber, ob und wie weitgehend hinter den historischen Kämpfen und Gegensätzen jene Grundantinomien zum Tragen kommen, die dem Seelsorger und der Seelsorgerin auch in den Konflikten der Ratsuchenden begegnen. Sicher kann es dabei nicht darum gehen, historische bzw. gesellschaftliche Entwicklungen und individuelle Lebensverläufe kurzschlüssig analog zu setzen! Sehr wohl lassen sich im Rahmen seelsorgerlichen Handelns aber Spannungsmomente wahrnehmen, die die verschiedenen Versuche menschlicher Lebensbewältigung in einer zeitunabhängigen Weise begleiten. Eine entsprechende Wahrnehmungseinstellung (sowohl gegenüber dem historischen Material als auch innerhalb der seelsorgerlichen Begegnung) zu entwickeln, kann gleichzeitig auf eine *Tradition konfliktlösender Entspannungsmöglichkeiten* aufmerksam machen. So wiederum wird eine Geschichte der Konfliktbewältigung und des wirksamen christlichen Trostes zugängig.

Eine Beschäftigung mit der Geschichte der Seelsorge führt schließlich auch dazu, die eigene konzeptionelle Stellungnahme des einzelnen Seelsorgers und der einzelnen Seelsorgerin in einer konstruktiven Weise zu verzögern. Es ist dies eine Verzögerung, die vor kurzschlüssig aufwandersparender und vorschneller Identifikation mit einem der gegenwärtig vorliegenden poimenischen Entwürfe bewahrt. Sie ist Voraussetzung dafür, eine angebbare eigene theoretische Konzeption mit deren praktischen Folgen als Ergebnis eines ebenso historisch verwurzelten wie individuell erlebten Entwicklungsprozesses anzustreben.

D. Die gegenwärtige Lage

Wie gestaltet sich die Lage der Poimenik in der Gegenwart? Welche Kräfte führen zu welchen Schwerpunktbildungen? Welche gegensätzlichen Grundannahmen und Zielvorstellungen werden dabei sichtbar? Welche Auswirkungen zeigen sich daraufhin und welche neuen Aufgaben treten als dringlich in den Vordergrund?

Eingangs muß von der Schwierigkeit die Rede sein, die vorhandene Situation einigermaßen übersichtlich zu erfassen: Die gegensätzlichen Positionen mit ihren zahlreichen Modifikationen werden naturgemäß nicht so vertreten, daß sich daraus geschlossene Fronten oder klar voneinander abgrenzbare Schulrichtungen ergeben. Zu beobachten sind vielmehr gegenseitige Annäherungen und konstruktive Kompromißbildungen. Ebenso treten neu unterscheidende oder trennende Momente bei sich verändernden Fragestellungen auf.

Die im folgenden vorgelegte Erfassung poimenischer Konzeptionen und deren Zuordnung zu bestimmten Grundeinstellungen sollte deshalb als der Versuch gewertet werden, im Hinblick auf die theoriebildende und die praktische Arbeit der Generation von Seelsorgern und Seelsorgerinnen in den letzten drei Jahrzehnten eine Art *Übersichtskarte* zu erstellen. Die darin eingezeichneten und voneinander abgehobenen Regionen sind oft von Wegen durchzogen, die eine Abgrenzung durchbrechen, Brückenfunktion haben und Positionen bzw. „Orte" in einem anderen Zuordnungsbereich miteinander verbinden. Insofern sollte die hier angebotene Zusammenstellung verschiedener poimenischer Entwürfe zu bestimmten Gruppen mit charakteristischen Merkmalen durchaus dazu herausfordern, spielerisch ganz andere und eigene Zuordnungsmöglichkeiten zu erproben. Auf diese Weise kann es am besten gelingen, sich von der Vielfalt und Vielschichtigkeit der poimenischen Ansätze und Handlungsweisen nicht irritieren zu lassen, sondern sich zu einer ebenso auf das Umfeld bezogenen wie eigenständigen Stellungnahme herausgefordert zu wissen.

Als umgreifende Einsicht scheint die Poimenik der Gegenwart allerdings ein Doppeltes zu prägen: Unabhängig von allen Richtungskämpfen oder von unterschiedlichen Begründungsmustern und Zielvorstellungen gilt die Bezugnahme auf die *Humanwissenschaften* (und in deren Folge mit den unterschiedlichsten Formen säkularer „Seelsorge") auch im 20. Jahrhundert als unabdingbar. Die Frage „Wie hältst du's mit der Psychologie" ist zur Gretchenfrage geworden – meist auch und gerade unterschwellig dort, wo sie betont ausgespart erscheint.[1]

---

[1] Vgl. dazu die ebenso gründliche wie aufschlußreiche Untersuchung von *Martina*

Des weiteren zeigt sich die Poimenik der Gegenwart in den einzelnen Ausprägungen ebenso unabdingbar auf ein *ganzheitliches Denken* ausgerichtet – so unterschiedlich der bisweilen stark strapazierte Begriff der Ganzheit auch gefüllt sein mag.² Dabei fordert folgende Beobachtung zu einer theologischen Reflexion heraus: Eine Poimenik, die sich unter systematisch-

---

Plieth, Die Seele wahrnehmen. Zur Geistesgeschichte des Verhältnisses von Seelsorge und Psychologie, Göttingen, 1994. Die Verhältnissetzung beider Disziplinen ist nach M. Plieth „um der Wirklichkeitsgehalte der von mir vertretenen Wahrheit" willen unabdinbar und auf die „Auseinandersetzung mit konkurrierenden Wahrheitsansprüchen" angewiesen. „Wahrheit kann und darf demgemäß nicht als ein bis ins Detail festgelegtes Glaubens- oder Sinn-System verwaltet und autoritativ vermittelt bzw. ‚eingeprägt' (‚eingestiftet') werden; sie muß vielmehr – auch im Gegenüber zu anderen Wissenschaften und deren Vertretern – als in einem offenen Prozeß zu findende, zu verstehende und einzuübende dynamische Größe beschrieben werden." (S. 255)

Im selben Kontext wird neuerdings auch der Vorschlag gemacht, den Konstruktivismus ernsthafter in die Poimenik zu integrieren und so das Verhältnis von Seelsorge und Psychologie erkenntnistheoretisch zu bestimmen. Das geschieht in der Studie von *Norbert Ammermann*, Zur Konstruktion von Seelsorge, Erkenntnistheorie und Methodenfrage unter dem Aspekt der Psychologie der persönlichen Konstrukte und auf dem Hintergrund konstruktivistischer Erkenntnistheorien, Frankfurt a.M./Berlin/Bern, 1994. Auf der Basis der Psychologie der persönlichen Konstrukte geht es dem Autor um die Aufforderung zu einer jeweils individuellen erkenntnistheoretischen Reflexion eigener Voraussetzungen: „Dahinter steht die grundsätzliche Aufgabe, die Art und Weise meiner Erkenntnisleistung zu erarbeiten. Im einzelnen bedeutet das, zu erarbeiten, ob und an welche Gegenüber der Seelsorgeausbildungsgruppe, des Ausbildungsjahrganges, der Kirchenleitung wie Gemeinde ich ausschließende, konstellarische, verbindende Konstrukte anlege." (S. 253) So nämlich wird nach Meinung des Autors bewußter, daß nicht so sehr die Situation den Seelsorger und die Seelsorgerin bestimmt, sondern daß diese Situation ebenso durch deren Vorgehensweise im genannten Sinne bestimmt wird.

² Ein differenzierender Umgang mit dem Ganzheitsbegriff wird empfohlen im *Ulrich Eibach*, Heilung für den ganzen Menschen? Ganzheitliches Denken als Herausforderung von Theologie und Kirche. Theologie in Seelsorge, Beratung und Diakonie. Bd. 1, Neukirchen-Vluyn, 1991.

Danach entspricht ganzheitliches Denken unabweisbar einer zeitgenössischen Lebenseinstellung: „Die Forderung nach einer ganzheitlichen Betrachtung der Wirklichkeit ist in den Rang eines höchsten ethischen Postulats gerückt." (S. 50) Oft verdrängt oder vergessen wird bei aller pragmatischen Vorteilhaftigkeit eines solchen Denkansatzes dabei, wie begrenzt die Wahrnehmungsfähigkeit des Menschen ist und bleibt. „Die Theologie hat also kritische Distanz zu wahren gegenüber allen Theorien, die vorgeben, den Schlüssel zur wahrhaften Erfassung der ganzen Wirklichkeit und die Methoden zu besitzen, die Ganzheit der Wirklichkeit herzustellen. Statt einer unkritischen Forderung nach ganzheitlicher Existenz

theologischem Vorzeichen vor allem einer geisteswissenschaftlichen Tradition verpflichtet weiß, wird bevorzugt einen Ganzheitsbegriff zugrunde legen, der *von vorn herein* eine transzendente und eine immanente Wirklichkeit umfaßt. Sie wird dann von diesem Standort aus die empirischen Erkenntnisse der Gegenwart im anthropologischen Bereich mehr oder weniger relativieren, wenn es um deren Funktion in einem poimenischen Kontext geht. Dagegen wird eine Poimenik, die sich vor allem erfahrungsbezogen die Wirklichkeit erschließen möchte, Ganzheitlichkeit eher durch eine *fortschreitende Transzendierung* immanenter Erlebensbereiche erreichen und zugänglich machen wollen. Sie wird von daher die empirischen Erkenntnisse der Gegenwart im anthropologischen Bereich auch im poimenischen Kontext als eine über sich selbst hinausweisende Basis nutzen wollen.

Sehen wir recht, so stehen sich innerhalb der so gekennzeichneten Situation heute in der Poimenik vor allem zwei Grundeinstellungen bzw. denk- und handlungsbestimmende Richtungen gegenüber:

Wir können auf der einen Seite von der das seelsorgerliche Denken und Handeln nach wie vor einflußreich bestimmenden *Seelsorgebewegung* sprechen. Obwohl kein einheitliches Gebilde, erscheint sie dennoch als relativ geschlossene Größe, deren Vertreter an einer Fortschreibung und Weiterentwicklung ihres besonderen poimenischen Ansatzes arbeiten. Diese Bewegung ist auch weiterhin als ein prägender und strukturierender Faktor hinsichtlich der poimenischen Theorie und Praxis in der Gegenwart anzusehen.[3]

---

zu verfallen, sollte die Kirche für mehrdimensionale Annäherung an die Vielfalt des Lebens eintreten und dafür, daß jede wissenschaftliche Methode sich der Begrenztheit ihrer Sichtweise bewußt bleibt und nicht falschen Totalisierungen verfällt; sie sollte also die Ganzheit als *Geheimnis* stehenlassen, das sich letzlich nur Gott erschließt." (S. 73f.)

[3] Zur Geschichte der Seelsorgebewegung vgl. *Martin Jochheim*, Die Anfänge der Seelsorgebewegung in Deutschland. Ein Beitrag zur neueren Geschichte der Pastoralpsychologie, ZThK (90), 1993, S. 462ff.
Der Autor stellt zunächst heraus: „Die Seelsorgebewegung beförderte einen neuen Typ Pfarrer." (S. 462) Besonders aufschlußreich ist das Kapitel „Zur Vorgeschichte: Pastoralpsychologie in Deutschland". Hier werden u.a. die Namen von Wilhelm Stählin, Alfred Dedo Müller, Otto Haendler, Walter Uhsadel und Adolf Köberle genannt und auf deren Verwurzelung in der liturgischen Bewegung (bzw. der „Michaelsbruderschaft") hingewiesen: „Es scheint, als ob es eine heimliche, aus der Jugendbewegung hervorgegangene theologische ‚Schule' gegeben hätte, die der Wahrnehmung des Menschen in seinen leiblichen und seelischen Aspekten in der Theologie zu ihrem Recht verhelfen wollte. Diese theologische Richtung hat weder die christologische Konzentration der Dialektischen Theologie mitgemacht (Stählin lehnte die Barmer Theologische Erklärung ab, weil der erste Glaubensartikel nicht genügend berücksichtigt worden sei) noch deren *allein inhaltlich* bestimmten Verkündigungsbegriff übernommen." (S. 466)

Wir können auf der anderen Seite von einer Bündelung von Bestrebungen sprechen, die sich (in einem mehr oder weniger betonten Gegenüber zur Seelsorgebewegung) in der Seelsorge der Gegenwart durchgehend auf sehr unterschiedliche Weise um *Restitution* und *Kontinuität* bemühen und unter dieser Prämisse in zunehmendem Maße bestimmend wirken und Einfluß nehmen.[4]

Durch eine Poimenik, die sich zwischen *Fortsetzung der Seelsorgebewegung* einerseits und den *Bemühungen um Restitution und Kontinuität* andererseits bewegt, erscheint demnach deren gegenwärtige Gesamtlage bestimmt. Um beide Seiten von einander abzuheben, zu kennzeichnen und in ihrem jeweiligen Selbstverständnis zu verdeutlichen, soll im folgenden nach den hier und dort vertretenen *Desideraten* gefragt werden: Was erscheint im poimenischen Bereich einerseits oder andererseits als dringend wünschenswert und was wird vermißt? Wo ist eine Lücke zu bemerken und ein Mangel auszugleichen? Anders gesagt: Was tut in der gegebenen Lage besonders not, wenn es denn um rechte Seelsorge gehen soll – eine Seelsorge, die das einzulösen vermag, was ihrem (geschichtlichen) Auftrag entspricht? Je nach Grundeinstellung treten besondere Desiderate als wesentliche Gestaltungselemente einer „Lehre von der Seelsorge" in den Vordergrund.

I. Die fortgeführte Seelsorgebewegung

1. Erstes Desiderat: Betonte Zeitgemäßheit

Vorausgesetzt wird ein defizitärer Zustand: Die ehrwürdige Disziplin Poimenik ist trotz allen angestrengten Bemühens offensichtlich in Gefahr zu

---

Bei detailliertem Aufweis der einzelnen Traditionsstränge hat nach M. Jochheims Urteil „... die neuere Seelsorgebewegung einen wichtigen Anteil an den Veränderungen innerhalb der Kirche im Prozeß der Anpassung an die Erfordernisse einer hochindustrialisierten, säkularen Gesellschaft." (S. 493)

[4] Bei einer solchen Bezeichnung und Einstufung muß allerdings bewußt gehalten werden, daß der Begriff „Restitution" nicht in irgendeiner Weise mit Rückschrittlichkeit in Verbindung gebracht werden sollte und damit abwertend in Gebrauch genommen wäre. Erscheint „Kontinuität" konnotativ mit „Verläßlichkeit" verbunden und damit in der Regel als positiv eingeschätzte Größe, so ist bei „Restitution" ebenso regelhaft Mißverständnissen vorzubeugen: Restitutives Handeln wird hier begriffen als von der Absicht getragen, ursprünglich bestimmenden Kräfte, die zum Nachteil der gegenwärtigen Situation verschüttet erscheinen, wieder zur Wirkung zu verhelfen.

[5] Vgl. *Heinz Doebert*, Neuordnung der Seelsorge. Ein Beitrag zur Ausbildungsreform und zur heutigen kirchlichen Praxis, Göttingen, 1967.

einer Theorie zu verkommen, deren faktische *Unwirksamkeit* bedrängend deutlich wird. Sie erscheint den Erfordernissen der Gegenwart mit deren zeitspezifischem Konflikterleben nicht mehr zu entsprechen. Deshalb ist dringend eine „Neuordnung der Seelsorge" angesagt[5] und von den Praktikern gefordert. Denn die „... Krise der Poimenik ist bereits derartig in Chronizität übergegangen, daß die Kirche ganz offensichtlich mit dieser Krise der Poimenik zu leben weiß. Sie gleicht darin einem unheilbar Kranken, der es lernen muß und gelernt hat, mit seiner Krankheit zu leben."[6]

Aber gelingt es, diese Krisis als Verheißung zu begreifen?[7] Können sich die theologischen Fachpoimeniker in dieser Notlage einer krisenhaften Unzeitgemäßheit wirklich am eigenen Zopf aus dem Sumpf ziehen? Eher sind zeitgemäße Bundesgenossen aus dem humanwissenschaftlichen Bereich gefragt – selbst solche, denen der Sinn nach allem anderen als nach Poimenik steht. So wird nach allen hoch ambivalent besetzten Auseinandersetzungen der Seelsorger mit der Psychoanalyse in der ersten Hälfte des 20. Jahrhunderts bei deren neuer gesellschaftlicher Akzeptanz nach dem Zweiten Weltkrieg auch ganz neu „Sigmund Freud und seine Religionskritik als Herausforderung für den christlichen Glauben" empfunden.[8] Scheint es doch gerade im Hinblick auf den Wiener Seelenarzt dringend an der Zeit zu sein „... auch unter Theologen – der Frage näherzutreten, ob nicht seine Denkmodelle einiges Wichtige für die Theologie, speziell für deren praktisch-theologische Abteilung, zu bieten haben."[9]

---

[6] Vgl. H. Doebert, a.a.O., S. 13. Mit dem amerikanischen Soziologen David Riesman sieht er den Grund dafür u.a. darin, daß „Der heutige Mensch auf dem Wege von der Innenlenkung zur Außenlenkung" (S. 74) ist. Von der „Krankenhausseelsorge als Grundtypus der Seelsorge" (S. 92) ausgehend fordert H. Doebert vom therapeutischen Auftrag der Seelsorge her einen von Grund auf erneuerten Aufbau des poimenischen Studiums.
Ebenfalls auf dem Hintergrund einer breiten Erfahrung als Krankenhauspfarrer erscheint im gleichen Jahr eine spezielle Poimenik zu einem allgemeinen Zeitphänomen: *Georg Walter*, Seelsorge an Neurosekranken, Stuttgart, 1967.

[7] So Manfred Seitz, in: *Eberhard Jüngel/Karl Rahner/Manfred Seitz*, Die Praktische Theologie zwischen Wissenschaft und Praxis, München, 1968, S. 65.

[8] Vgl. *Joachim Scharfenberg*, Religionskritik.

[9] J. Scharfenberg, a.a.O., S. 11. In seinem einflußreichen Buch bietet der Autor eine detaillierte Einführung in den persönlichen Werdegang und wissenschaftlichen Weg Freuds. Er schildert dessen Bild im Spiegel der theologischen Literatur und findet den Vergleichspunkt zwischen Psychoanalyse und Seelsorge im Phänomen „Sprache": Der Heilung durch Sprache in der Psychotherapie wird eine theologische Hermeneutik des Sprachgeschehens gegenübergestellt. Der entsprechende Vergleich vermag zumindest einen konstruktiv-kritischen Dialog einzuleiten. In ähnlicher Weise kann nach Scharfenberg dann auch Freuds Religionskritik in Form wichtiger Anstöße theologisch-selbstkritisch verarbeitet werden.

Daß es „Seelsorge praktisch" neu zu realisieren gilt, gerät zum Gebot der Stunde: Offensichtlich ist man in dieser Hinsicht in den USA viel weiter und geht unbefangener daran, auf dem Hintergrund einer liberalen Theologie und mit Bezug auf einen pragmatischen Empirismus in den Humanwissenschaften die Seelsorge in Bewegung zu bringen.[10] Aus den Niederlanden kommen ähnliche Anstöße.[11]

Gleichzeitig kann aber die mehr oder weniger importierte, vielleicht sogar fremdbestimmte *Aufbruchsstimmung* nicht einfach (theologisch) unbefangen in eine möglichst effektive Seelsorgepraxis umschlagen! Da ist in der Tat ein Funktionswandel der Religion in der Gesellschaft und damit derjenige der Seelsorge unübersehbar. Dabei muß die Krise der Seelsorge zwangsläufig auch zu einer Identitätskrise des Seelsorgers/der Seelsorgerin geraten, der/die im professionellen Bereich gleichsam unter „Kommunikationsstörungen" leidet, ohne in die Lage versetzt zu sein, diese aufzuheben. Die spezifische Auseinandersetzung mit den neuen „weltlichen" Möglichkeiten, für die Seelen der Zeitgenossen zu sorgen, gerät zur generellen Auseinandersetzung mit der allgemein erlebten *Säkularisierung* alles Welt- und Beziehungserlebens. Eine theologisch reflektierte Poimenik kann diese Entwicklung weder ausblenden und in ihren Erscheinungsformen einfach ablehnen noch sich diesem Gang der Dinge einfach ausliefern! Vielmehr sind in einer Seelsorge, die zeitbezogen sein will, Orientierung, Analysen, Alternativen neu gefragt.[12] Denn, so muß bewußt gemacht werden: „Kirche verwirklicht

---

[10] Vgl. *Dietrich Stollberg*, Seelsorge praktisch, Göttingen, 1970. Von diesem schmalen Band, der nebyen Aufsätzen zur seelsorgerlichen Praxis Teile von D. Stollbergs Dissertation (s.o. S. 47f.) mit Darstellung der amerikanischen Modelle umfaßt, gehen wichtige Impulse für die deutsche Seelsorgebewegung aus.

[11] So vor allem zunächst durch H. Faber und E. van der Schoot (s.u. S. 180, Anm. 18). Zur Differenzierung der verschiedenen „Stränge" der Seelsorgebewegung aus Deutschland, den USA und Holland, vgl. auch M. Jochheim, Anfänge.

[12] Vgl. R. Riess, Seelsorge. Orientierung, Analysen, Alternativen, s.o. S. 3, Anm. 5. Riess möchte in diesem Rahmen das Problem der Zuordnung von Seelsorge und Psychotherapie als Paradigma für die unvermeidliche Auseinandersetzung mit der Säkularisierung als Grundproblem gegenwärtiger Poimenik verstanden wissen. In Abhebung von den bisher tragenden poimenischen Konzeptionen wird für ihn die „partner-zentrierte" Seelsorge auf dem Hintergrund einer theologisch durchreflektierten Rezeption der Psychologie resp. Psychotherapie zum modernen Mittel der Wahl.
Ganz im Sinne dieser Tendenz der Seelsorgebewegung argumentiert auch *Gabor Hézser* in seiner Dissertation „Der Beistand als eine Grundfunktion der Seelsorgepraxis" (Maschinenschrift Bielefeld/Bethel 1983). In seiner Arbeit versucht der Autor „... im Sinne eines Querschnitts das Verständnis der Grundfunktion in Seelsorgekonzepten der Nachkriegszeit darzustellen und die praktische Verwirklichung des *Beistandes als Grundfunktion* in der therapeutischen Seelsorge zu

sich mit Hilfe von Kommunikation im Kontinuum der einen Welt. Seelsorge geschieht daher nicht in der Diastase, weder im Ghetto noch in der Diaspora. Sie geschieht als Diakonie inmitten der ‚säkularen Stadt'."[13]

Um diesem modernen Anspruch gerecht werden zu können, sind Seelsorger und Seelsorgerinnen zunächst dazu angehalten, sich auf diesem bisher mehr oder weniger fremden Sachgebiet der Humanwissenschaft zu *informieren*. Folgerichtig bieten christlich engagierte Ärzte z.B. Einführungen in Allgemeine Neurosenlehre und in psychiatrische Krankheitsbilder für Vikare und interessierte Theologen unter dem Stichwort „Seelsorgepraktikum" an.[14]

---

beschreiben" (S. 6). Der humanwissenschaftliche Hintergrund mit seinen verschiedenen „Schulen" und Praxismodellen wird im Schlußteil der Veröffentlichung aufgeschlüsselt und detailliert erläutert. Er tritt bereits deutlich in der anfänglichen *Begriffserklärung* zutage: „Beistand bezeichnet eine bestimmte Einstellung und Haltung des Seelsorgers. Beistand ist sowohl Fremd-(Partner) bezogen als auch Ichbezogen: Er beschreibt auch den Umgang des Seelsorgers mit sich selbst. Beistand als Einstellung und Haltung steht in organischer Beziehung zu der persönlich aufgearbeiteten Theorie des Seelsorgers. Der Beistand wird in der seelsorgerlichen Begegnung als permanente und für die Beziehung konstruktive Grundhaltung empirisch erkennbar und wirksam (auch bei der Anwendung direktiver Methodenelemente). Beistand läßt sich mit Phänomenen wie Achtung, Toleranz, Geltenlassen und ‚mäeutisches Dabeisein' umschreiben Äquivalente Funktionen in der Psychotherapie sind: therapeutische Abstinenz, Empathie, Wertschätzung und Kongruenz (S. 5f.).

[13] R. Riess, a.a.O., S. 243.
[14] Vgl. *Karl Horst Wrage/Peter Petersen*, Seelsorger und Therapie. Einführung in die Neurosenlehre und Psychiatrie. Seelsorgepraktikum 1, hg. von Dr. med. Karl Horst Wrage, (Leiter des Sozialmedizinischen Amtes der Ev.-luth. Landeskirche Hannover), Gütersloh, 1971.
Ein ähnliches Anliegen vetreten *Hubert Feiereis* (als Arzt) und *Hans-Joachim Thilo* (als Theologe und Psychotherapeut) in ihrem Buch „Basiswissen Psychotherapie. Kleines Repititorium der wichtigsten Grundbegriffe tiefenpsychologisch orientierter Psychotherapie", Göttingen, 1980.
Den Standpunkt der Komlexen Psychologie C.G. Jungs im Umgang mit seelischen Erkrankungen im Seelsorgebereich vertritt *Helmut Hark*, Religiöse Neurosen. Ursachen und Heilung, Stuttgart, 1984 (3. Aufl. 1990). Auch in seinen anderen Veröffentlichungen macht H. Hark sich zu einem einflußreichen Repräsentanten Jungscher Tiefenpsychologie im poimenischen Bereich: Ders., Der Traum als Gottes vergessene Sprache, Düsseldorf, 5. Aufl. 1989; Ders., Mit den Engeln gehen. Die Botschaft unserer spirituellen Begleiter, München, 1993 (ein Buch, in dem es dem Autor um die „spirituellen Führungskräfte" geht: „Unter spirituellen Führungskräften verstehe ich ... etwas Ähnliches wie den Guru der östlichen Welt oder den inneren Lehrer oder spirituellen Führer. In den Imaginationen und großen Träumen sprechen diese spirituellen Führungskräfte Weisheiten, Lebenseinsichten oder Weisungen aus, die nicht einfach ausgedacht worden sind, sondern aus der geistigen Welt oder dem spirituellen Selbst empfangen werden." (S. 107)

Zu informieren gilt es auch über die Geschichte der abweisenden oder sich annähernden Umgangsformen zwischen den Vertretern von Psychoanalyse und Religion bzw. von Psychotherapie und Seelsorge. Denn neben Phasen des Streites und der Abgrenzung gibt es solche der „Grenzüberschreitungen" von beiden Seiten her und der Entwicklung von Kooperationsmodellen. Diese Geschichte einer höchst zwiespältigen Beziehung zwischen kirchlicher Seelsorge und säkularer Seelenbehandlung aus den Jahren 1910 bis 1974 gilt es jetzt als gegenwartsnahe Fragestellung ins Bewußtsein zu heben.[15]

Dabei wird dem Zuordnungsmodus von Seelsorge und Psychotherapie naturgemäß auch weiterhin ein besonderes wissenschaftliches Interesse gewidmet. Muß doch im Sinne der veränderten poimenischen Situation deutlich gemacht werden, „... daß die Verhältnisbestimmung von Seelsorge und Psychotherapie als ständige Aufgabe zu begreifen ist."[16]

Zeitgemäß zu reagieren heißt zu dieser Zeit aber auch, sich als Bewegung zu organisieren: Am 11.4.1972 wird die „Deutsche Gesellschaft für Pastoralpsychologie" (DGfP) gegründet. Deren Aufgaben sind u.a.: Wissenschaftliche Entwicklung und Erforschung pastoralpsychologischer Methoden und ihrer Anwendung in der Praxis; Förderung der Koordination und Kooperation verschiedener pastoralpsychologischer Richtungen; Entwicklung von Ausbildungsstandards u.s.w.

Von entscheidender Bedeutung ist dabei, daß sich diese Vereinigung der deutschen Vertreter der Seelsorgebewegung von vornherein aus verschiedenen Sektionen zusammensetzt. Zunächst sind dies die Sektionen Tiefenpsychologie, Klinische Seelsorgeausbildung und Gruppendynamik/Sozialpsychologie. Später kommen die Sektion Personenzentrierte Psychotherapie

---

[15] Vgl. *Eckart Nase/Joachim Scharfenberg* (Hg.), Psychoanalyse und Religion, Darmstadt, WdF S. 275, 1977; *Volker Läpple/Joachim Scharfenberg* (Hg.), Psychotherapie und Seelsorge, Darmstadt, WdF S. 454, 1977; *Günther Rudolf Eisele*, Das Verhältnis von Theologie und Psychologie in der Seelsorge von 1925 – 1965, Berliner Hefte für Evangelische Krankenhausseelsorge, o.J., Nr. 47.

[16] Vgl. *Klaus Winkler*, Seelsorge und Psychotherapie, PZJ XV, Zitat S. 384. Der Band „Transzendenz, Imagination und Kreativität", hg. von Jean Condrau, bringt im Rahmen dieses Standardwerkes der Psychologie übrigens eine Fülle von Abhandlungen zum Thema Psychologie und Religion bzw. psychotherapeutisches und seelsorgerliches Handeln (u.a. von Autoren wie J. Scharfenberg, R. Riess, H.C. Piper, R. Goetschi).
Heranzuziehen ist auch die übersichtliche Darstellung der Verhältnissetzung beider Wissenschaften als Problemgeschichte von *Dietrich Rössler* im Abschnitt „Seelsorge und Psychotherapie", in: *Friedrich Wintzer*, Praktische Theologie, Neukirchen-Vluyn, 1982, S. 116ff.

und die Sektion Gestaltseelsorge und Psychodrama in der Pastoralarbeit hinzu.[17]

Sehr schnell wird deutlich, daß *Tiefenpsychologie* (als Bezugspunkt und Grundparadigma der deutschen Seelsorgebewegung) nur eine der Partnerwissenschaften der Seelsorge im Rahmen der Pastoralpsychologie sein kann. Hat doch der Gang der Seelsorgebewegung von Amerika über die Niederlande vor allem das klientenzentrierte Psychotherapiekonzept von Carl R. Rogers und damit eine Verbindung mit der daraus weiterentwickelten Gesprächstherapie (vor allem nach Reinhard und Annemarie Tausch) in die Wege geleitet. Fortan wird eine Anzahl wesentlicher Veröffentlichungen unter dem Vorzeichen der Pastoralpsychologie bevorzugt mit gesprächstherapeutischen Elementen verbunden sein.[18]

---

[17] Zu allen Einzelheiten vgl. *Joachim Scharfenberg*, Pastoralpsychologische Aus- und Fortbildung, PZJ XV, S. 385ff.

Hinzuweisen ist auch auf *Jürgen Ziemer*, Pastoralpsychologisch orientierte Seelsorge im Horizont einer säkularen Gesellschaft, WzM (45) 1993, 144ff.; sowie das Themaheft „Seelsorgebewegung. Rückblick – Standortbestimmung – Aufgaben, WzM (45) 1993, H. 8, S. 433ff.

Kritisch zur Seelsorgebewegung vgl. *Rolf Schieder*, Seelsorge in der Postmoderne, WzM (46) 1994, S. 26ff., mit dem provokanten Eingangssatz: „Die Tage der sogenannten Seelsorgebewegung sind gezählt" und der These, daß Seelsorge in der Postmoderne die Sorge um das Selbst-Sein-Können des einzelnen sein müsse. Kritisch auch *Manfred Hauschild*, Ist die Seelsorgebewegung am Ende?, WzM (45) 1993, 260ff. Hier wird die gegenwärtige Debatte um die Zukunft der Seelsorgebewegung als Generationskonflikt verstanden.

[18] „Die Gesprächsführung nach Carl R . Rogers und das seelsorgerliche Gespräch" ist bereits ein Grundthema des für die Seelsorgebewegung initialen Buches von *Heije Faber/Ebel van der Schoot*, Praktikum des seelsorgerlichen Gesprächs (übersetzt von H.-C. Piper), Göttingen, 1968 (bes. S. 27ff); weiteres s.o. S. 34, Anm. 56. Die Veröffentlichungen vieler Autoren, die unter dem Desiderat „Beratung" aufgeführt werden, ist ohne diesen Bezug und Ansatz nicht denkbar.

Hervorzuheben ist an dieser Stelle auch *Matthias von Kriegstein*, Gesprächspsychotherapie in der Seelsorge. Grundkurs nicht-direktiver Gesprächsführung in Schule und Gemeinde, Stuttgart, 1977. Das Buch bereitet den Boden für diese Vorgehensweise vor und bietet erfahrungsbezogene Anweisungen und Musterbeispiele für Schule und Erwachsenenbildung.

Als besonders tragfähig erweist sich in diesem Kontext *Helga Lemkes* Begriff der „annehmenden Seelsorge" (vgl. die verbreiteten und einflußreichen Bücher dieser Autorin: Theologie und Praxis annehmender Seelsorge. Stuttgart, 1978; Verkündigung in der annehmenden Seelsorge, Stuttgart, 1981; Seelsorgerliche Gesprächsführung. Gespräche über Glauben, Schuld und Leiden, Stuttgart, 1992). Grundlegend wird bei dieser Autorin an zentralen Stellen auf die „Grundvariable" einer humanistischen Psychologe – Echtheit (Kongruenz), Akzeptanz und Empathie – als Basis des partnerschaftlichen Gesprächs Bezug genommen und mit den theologischen Voraussetzungen im Einklang gesehen.

Auch die sog. *„Themenzentrierte Interaktionelle Methode"* nach Ruth Cohn hat (in Verbindung mit dem Rogersschen Ansatz) relativ früh ihren Niederschlag in einer Seelsorgekonzeption gefunden. Diese spiegelt damit die Suche nach einem allgemein zugänglichem wie praktisch wirksamen Verfahren ebenso wider wie das Bemühen, den „öffentlichen Erwartungen an die Seelsorge" so zeitgemäß wie möglich entsprechen zu können.[19]

Schon in ihrem ersten Buch (1978) beschreibt H. Lemke programmatisch ihr Integrationsmodell: „Macht die Fähigkeit zur Selbstaktualisierung und der Weg zur Selbstkongruenz die christliche Lehre von der Sündhaftigkeit des Menschen und sein Angewiesensein auf die Erlösung durch Christus überflüssig? Handelt es sich bei Rogers um eine Befreiung des Menschen aus eigener Kraft, die einer Art Selbsterlösung gleichkommt?" (S. 37). „Das Gegenteil ist der Fall: Dadurch, daß das Vertrauen in den Menschen aus Gnade und Erlösung abgeleitet wird, ist diese sogar Voraussetzung für einen Theologen, der die klientenzentrierte Gesprächsführung in die Seelsorge übernehmen möchte. Sein Tun macht das Handeln Gottes nicht überflüssig, sondern gründet darauf und macht es glaubhaft." (S. 43) Katholischerseits schreibt zunächst *Alwin J. Hammers* über „Gesprächspsychotherapeutisch orientierte Seelsorge", in: *Joachim Scharfenberg* (Hg.), Freiheit und Methode. Wege christlicher Einzelseelsorge, Wien/Göttingen, 1979, S. 83ff. A.J. Hammers möchte in dieser Abhandlung „Die Relevanz der Grunddimension der klientenzentrierten Gesprächspsychotherapie für die seelsorgerliche Gesprächsführung" theoretisch begründen und praktisch belegen.
Auch der (katholische) Theologe und Psychologe *Joseph Schwermer* legt eine Reihe von Veröffentlichungen auf dieser Grundlage vor: Psychologische Hilfen für das Seelsorgegespräch, München, 2. Aufl. 1981; Das helfende Gespräch in der Seelsorge, Paderborn, 2. Aufl. 1983 (hier besonders wichtig das Kapitel „Gewissensentscheidung und partnerzentrierte Gesprächsseelsorge" mit einem Abschnitt „Zur Psychologie des Gewissens" und der Aussage über „Das Wesen der echten Entscheidung" (S. 138): „Eine echte Entscheidung beendet eine Situation existentieller Unorientiertheit (in der es also keine bereits ausgearbeiteten und für das Individuum feststehenden Normen des Verhaltens gibt) dadurch, daß sie einen Zukunftsentwurf ergreift, der sich als stimmig mit letzten Anliegen und Orientierungen der Person erweist, als stimmig für diesen Menschen."); Den Menschen verstehen, Paderborn, 1987.
Ebenso möchte *Robert Froidl* in seinem Buch „Die klientenzentrierte Gesprächsführung in der Seelsorge", Frankfurt a.M., 1988, „... alle, die im Seelsorgebereich Verantwortung tragen, ermutigen, sich der ‚Klientenzentrierten Gesprächstherapie' zu bedienen, als einer Gesprächsmethode, in der das Sprechen und Handeln selbst bereits verkündigenden Charakter haben kann" (Vorwort).

[19] Vgl. *Matthias Kroeger*, Themenzentrierte Seelsorge. Über die Kombination von klientenzentrierter und themenzentrierter Arbeit nach Carl R. Rogers und Ruth C. Cohn in der Theologie, Stuttgart, 1973.
Eine wissenschaftstheoretisch fundierte Rezeption der TZI in theologisches Denken versucht die umfangreiche Studie von *Dieter Funke*, Verkündigung zwischen Tradition und Interaktion, Frankfurt a.M./Bern/New York/Nancy, 1984.

Mit teilweise äußerst kritischer Einstellung gegenüber allen anderen (vor allem tiefen-)psychologischen Ansätzen verbindet sich wenig später auch ein nachdrückliches Eintreten für die *Klinische Verhaltenstherapie* als angewandte experimentelle Psychologie, wenn es um die humanwissenschaftliche Partnerwissenschaft für die Seelsorge geht.[20]

Für die poimenische Praxis vgl. *Hartmut Raguse*, Was ist Themenzentrierte Interaktion?, WzM (34) 1982, S. 308ff.

Auch *Dietrich Stollberg* veröffentlicht eine praxisbezogene Darstellung dieser Vorgehensweise unter dem Titel: Lernen, weil es Freude macht. Ein Einführung in die Themenzentrierte Interaktion, München, 1982.

Zusätzlich heranzuziehen ist schließlich auch das Büchlein *Cornelia Löhmer/ Rüdiger Standhart*, Themenzentrierte Interaktion (TZI). Die Kunst, sich selbst und eine Gruppe zu leiten, Mannheim, 1992.

[20] Vgl. *Gerhard Besier*, Seelsorge und Klinische Psychologie. Defizite in Theorie und Praxis der ‚Pastoralpsychologie', Göttingen, 1980. G. Besier geht es um eine Art Aufklärung gegenüber den (nach seiner Ansicht nicht wissenschaftlich arbeitenden) psychologischen Richtungen, die sich im Rahmen der Pastoralpsychologie vorwiegend durchgesetzt haben: „Rund die Hälfte der mit psychotherapeutisch orientierten Verfahren arbeitenden Pfarrer haben nie andere Methoden als die von ihnen praktizierten kennengelernt. Es wäre deshalb durchaus denkbar, daß die empirisch validierten Techniken der Klinischen Verhaltenstherapie sie überzeugen könnten." (S. 205)

Zur konträr kritischen Auseinandersetzung mit diesem kritischen Ansatz vgl. die Rezension dieses Buches von *Heinrich Pompey*, WzM (33) 1981, S. 247ff.

Heranzuziehen ist in diesem Kontext auch *Traugott Schall*, Seelsorge und Klinische Psychologie, WzM (34) 1982, S. 391ff.

Verhaltenspsychologische Voraussetzungen prägen auch das im ganzen gesehen sehr informative Buch von *Walter Rebell*, Psychologisches Grundwissen für Theologen. Ein Handbuch, München, 1988. Es bietet eine Art psychologisches Kompendium für Nichtpsychologen an (Psychologie als Wissenschaft und in ihren Teildisziplinen) und behandelt dann u.a. sehr gründlich die Gebiete Pastoralpsychologie, Sozialpsychologie im kirchlichen Bereich, psychologische Bibelauslegung und Psychologie der Predigt). Rebell, der in seiner kritischen Haltung G. Besier deutlich nahesteht, beschreibt seinen eigenen Ansatz dann eher allgemein und damit ebenso richtig wie unspezifisch: „Pastoralpsychologisch orientierte Seelsorge ist ganzheitliche Seelsorge, die den Menschen nicht nur in seinem religiösen Sein erfaßt, sondern auch in seinem psychischen und sozialen. Pastoralpsychologisch orientierte Seelsorge ist es darum nicht nur um eine Entfaltung und Reifung des Glaubenslebens zu tun, sondern es geht ihr zugleich um eine Entfaltung der Persönlichkeit und um harmonische Beziehungen des Ratsuchenden mit anderen Menschen." (S. 197) „Daß eine so verstandene ganzheitliche Seelsorge, in welche Psychologie integriert ist (als unverzichtbares diagnostisches Instrumentarium und auch als Hilfe bei der Neustrukturierung der Persönlichkeit und der sozialen Beziehungen), evangeliumsgemäße Seelsorge darstellt, sollte von niemandem angezweifelt werden." (S. 199)

Auch die *Gestalttherapie* nach Fritz Perls (und Hilarion Petzold in Deutschland) ist im Rahmen einer auf sie bezogenen „Gestaltsseelsorge" mit der Zeit zum integrierten Bestandteil pastoralpsychologischen Vorgehens geworden.[21]

Schließlich kann in diesem Rahmen auch „Seelsorge als Sinn-Sorge" im Hinblick auf die *Logotherapie* Viktor E. Frankls entworfen werden, „... da die Theologie eine unmittelbare Affinität zu derjenigen Kategorie hat, die im Zentrum der Logotherapie steht; nämlich die Kategorie ‚Sinn'".[22]

---

[21] Vgl. *Kurt Lückel,* Begegnung mit Sterbenden. Gestaltseelsorge in der Begleitung sterbender Menschen, München/Mainz, 1981, 5. Aufl. 1994 (s.u. S. 439f.), aber auch das Themaheft „Gestalttherapie in der Seelsorge", WzM (33) 1981, S. 1ff. sowie *Hilarion Petzold*, Integrative Gestalttherapie in der Ausbildung von Seelsorgern, in: *Joachim Scharfenberg* (Hg.), Freiheit, S. 113ff.

[22] Vgl. *Wolfram Kurz,* Seelsorge als Sinn-Sorge. Zur Analogie von kirchlicher Seelsorge und Logotherapie, WzM (37) 1985, S. 225ff., Zitat S. 225.
Neben *Elisabeth Lukas*, Psychologische Seelsorge. Logotherapie – die Wende zu einer menschenwürdigen Psychologie, Freiburg i.Br., 1985, die eine gute *psychologische* Einführung in die Logotherapie bietet, vgl an dieser Stelle weiterführend vor allem *Karl-Heinz Röhlin*, Sinnorientierte Seelsorge. Die Existenzanalyse und Logotherapie V.E. Frankls im Vergleich mit den neueren evangelischen Seelsorgekonzeptionen und als Impuls für die kirchliche Seelsorge, München, 2. Aufl. 1988.
Demnach kann „Seelsorge als Logotherapie im kirchlichen Kontext" (S. 173) verstanden werden. Denn: „Weil die Welt Schöpfung ist, setzt die sinnorientierte Seelsorge das Sein von Sinn voraus, auch wenn dieser Sinnglaube im Hier und Jetzt nicht immer bestätigt wird und so auf die Dimension des Über-Sinnes, die neue Schöpfung Gottes verweist. Die sinnorientierte Seelsorge motiviert den ratlosen und verzweifelten Menschen zur Sinnfindung und Wertverwirklichung in der Beziehung zum Mitmenschen, in der Gestaltung der Welt und in der Relation zum Grund des Sinnes, zu Gott. Sinnorientierte Seelsorge geht davon aus, daß der Mensch in seinem Verantwortlichsein und Schuldigwerden immer schon vor der bedingungslosen Gnade Gottes umschlossen ist." (S. 175f.)
Zu weiteren psychotherapeutischen Ansätzen, die für die seelsorgliche Arbeit Bedeutung gewonnen haben (wie z.B. Psychodrama, Transaktionsanalyse, systemische Psychotherapie bzw. Familientherapie u.s.w.) informiert in entsprechenden Fachartikeln das ebenso fundierte wie umfangreiche zweibändige (kath.) Werk *Jürgen Blattner, Balthasar Gareis, Alfred Plewa* (Hg.), Handbuch der Psychologie für die Seelsorge (Bd. 1: Psychologische Grundlagen; Bd. 2: Angewandte Psychologie), Düsseldorf, 1992 u. 1993. In den zahlreichen Fachartikeln werden psychologische Grundbegriffe sowie Therapierichtungen erklärt und vorgestellt und in Einzeldarstellungen gegebenenfalls kritisch beleuchtet. Intendiert ist bei diesem Sammelwerk (das z.B. neben Artikeln über Wahrnehmung, Emotion, Sprache, Grundlagen der Entwicklungspsychologie usw. auch Abhandlungen über Religiosität, gelebten Glauben, Krisen des Lebens und seelsorgliche Gesprächsführung enthält) eine verbesserte Nutzung neuester psychologischer Er-

Zeitgemäß (und an der Zeit!) erscheint nicht zuletzt, daß sich auf dem Hintergrund der Seelsorgebewegung im Rahmen der Praktischen Theologie bzw. Poimenik eine Unterdisziplin _Pastoralpsychologie_ als wissenschaftliches Teilgebiet etabliert. Einzelne Perspektiven und Grundfragen werden zunehmend systematisiert, wissenschaftlich reflektiert, auf Praxisfelder ausgerichtet und unter übergreifenden Gesichtspunkten zusammengestellt. Intensiv fortgeschrieben wird so nach dem Selbstverständnis der Pastoralpsychologen der „... Eindruck vom geschichtlichen Prozeß und von der gegenwärtigen Position eines jungen Faches, das seinen Schwerpunkt in der Praxis hat und zugleich als Forschungsdisziplin im Bereich der wissenschaftlichen Praktischen Theologie zunehmend an Bedeutung gewinnt."[23]

kenntnisse im kirchlichen Raum. Dabei wird den Bezügen zur Seelsorge aber schwerpunktmäßig Raum gegeben. Wichtig ist das Werk nicht zuletzt durch seine spezifizierten Literaturangaben.

[23] So _Richard Riess_ (Hg.), Perspektiven der Pastoralpsychologie, Göttingen, 1974 (Vorwort). Der von ihm herausgegebene Sammelband vereinigt Aufsätze verschiedener Pastoralpsychologen unter den Überschriften „Texte zur Theorie" und „Probleme der Praxis" und fordert im ganzen zu einer noch weitergehenden Theoriebildung auf.

Den ersten in sich geschlossenen Entwurf in dieser Richtung legt später unter psychoanalytischem Vorzeichen _Joachim Scharfenberg_ unter dem Titel „Einführung in die Pastoralpsychologie", Göttingen, 1985, vor. Hier gelingt die Ausrichtung von Grundannahmen und konzeptionell verbundenen Einzelerkenntnissen auf Tätigkeitsfelder und spezielle Situationen ebenso wie die Vermittlung eines Lernprozesses hinsichtlich des Erwerbs von pastoralpsychologischer Kompetenz.

Trotz des einschränkenden Untertitels ist das gesamte Wissensgebiet dann katholischerseits bearbeitet bei _Isidor Baumgartner_, Pastoralpsychologie. Einführung in die Praxis heilender Seelsorge, Düsseldorf, 1990. Im Unterschied zu Scharfenbergs Entwurf werden hier die verschiedenen Therapieansätze und Schulen eher additiv auf das seelsorgerliche Vorgehen bezogen und anhand eines biblischen Schlüsseltextes (Gang nach Emmaus, Lk. 24, S. 13ff.) auf seine theologische Grundkonzeption bezogen. Dabei ist Pastoralpsychologie als Symbol der Krise, als Symbol einer dialogischen Theologie und als Symbol einer heilenden Seelsorge aufgefaßt (S. 85ff.). Unter Hinweis auf eine ähnliche Äußerung J. Scharfenbergs formuliert I. Baumgartner: „Pastoralpsychologie bedeutet somit _Zeitgenossenschaft_, ist Sinnbild einer Kirche und Theologie, die mit dem Volke Gottes und mit der Menschheit insgesamt unterwegs ist. Man identifiziert sich mit ihr in dem Anliegen, den Kern der christlichen Überlieferung aus der Gegenwart von den je neu gestellten Fragen der Menschen neu zu begreifen." (S. 88)

Eine „Erweiterung des theologischen Paradigmas" durch eine pastoralpsychologische Denk- und Handlungsweise erhofft sich _Ursula Pfäfflin_ in ihrem Buch „Frau und Mann. Ein symbolkritischer Vergleich anthropologischer Konzepte in Seelsorge und Beratung", Gütersloh, 1992. Sie untersucht das Thema „Frau und Mann" in den Anthropologien Karl Barths, Eduard Thurneysens, Dietrich Stollbergs und des Amerikaners S. Browning und stellt dabei als einschneidendes

Hinzuweisen ist in diesem Kontext auch auf einen Arbeitszweig mit indirekter seelsorgerlicher Wirksamkeit: Von der (Tiefen-)Psychologie und Pastoralpsychologie sind sehr wichtige Impulse für einen neuen hermeneutischen Zugang zu *biblischen Texten* ausgegangen.[24]

Defizit fest: „Die Tatsache, daß die untersuchten Konzepte ihre Erweiterung des theologischen Paradigmas nicht mit der Wiedereinbringung weiblicher Elemente in die Theologie identifizieren, liegt also in ihrer Verhaftung in einer langen Tradition begründet, in welcher Frauen mit dem minderen Teil der Schöpfung in Verbindung gebracht, als bedrohlich angesehen und dadurch immer mehr aus der Realität der Gestaltung von Theologie und Kirche gedrängt wurden." (S. 164) So schlägt es sich jedenfalls in der jeweils gebrauchten Symbolik nieder und führt (auch im Hinblick auf den Einfluß der Pastoralpsychologie) zu der kritischen Schlußbildung: „Die Verhaftung androzentrischer Wertesysteme wirkt sich mehr oder weniger so aus, daß die Wirklichkeit des Lebens verschiedener Frauen und Männer in ihrer Vielfalt und Differenziertheit nicht erkannt und damit das befreiende Potential der biblischen Symbolik der Ebenbildlichkeit Gottes nicht zur Geltung gebracht wird." (S. 169)
Das Teilgebiet „Pastoralpsychologie" in *Raimund Blühm* u.a., Kirchliche Handlungsfelder. Grundkurs Theologie 9, Stuttgart, 1993, S. 60ff. umfaßt die Abschnitte I. Grundsätze pastoralpsychologischen Denkens und Vorgehens (*Klaus Winkler*); II. Pastoralpsychologisches Vorgehen im Trauerfall (*Friedrich-Wilhelm Lindemann*); III. Aus- und Fortbildung in Pastoralpsychologie (*Michael Klessmann*). Aufsätze verschiedener pastoralpsychologischer, theologischer und psychologischer Autoren sind schließlich zu finden in *Michael Klessmann/Kurt Lückel* (Hg.), Pastoralpsychologische Herausforderungen. Zum Dialog zwischen Theologie und Humanwissenschaften. FS Klaus Winkler, Bielefeld, 1994.

[24] Vgl. J. Scharfenberg, Einleitung, S. 181ff.; W. Rebell, Grundwissen, S. 222ff. Als klassischer Einstieg in diese Thematik kann gelten *Yorick Spiegel* (Hg.), Psychoanalytische Interpretation biblischer Texte, München, 1972; ein Sammelband, der ältere und jüngere Arbeiten umfaßt.
Fortgeführt wird dieser Ansatz vom selben Herausgeber in: Doppeldeutlich. Tiefendimension biblischer Texte, München, 1978. In Einzelabhandlungen werden hier Themen (Wunsch, Sexualität, Glück, Gottesbilder), Zugänge (Traumdeutung, biblische Imagination, Bild-Interpretation, Meditation) und Methoden (Individualpsychologische oder kollektivistische Interpretation? Tiefenpsychologische oder historisch-kritische Exegese?) dargestellt und diskutiert.
„Gedanken zur psychoanalytischen Deutung von biblischen Texten" steuert *Hartmut Raguse*, WzM (38) 1986, S. 18ff. bei.
Ebenfalls zu nennen ist *Christoph Schneider-Harpprecht*, Psychoanalytische Bibelauslegung, WzM (43) 1991, S. 323ff.
Das Postulat einer „empirisch-deskriptiven Bibelpsychologie, die sogar zu einer selbständigen praktisch-theologischen Disziplin geraten sollte, vertritt *Anton Bucher*, Bibel-Psychologie. Psychologische Zugänge zu biblischen Texten, Stuttgart, 1992. Der Autor verbindet sein Anliegen mit der Darstellung der verschiedenen psychologischen Ansätze zur Bibelauslegung.

Zum Ausdruck einer Pastoralpsychologie, die die theologische Verarbeitung seelsorgerlichen Handelns mit praktischer Kompetenz zu verbinden sucht, gerät schließlich auch der Begriff *Lebensdeutung*. „Seelsorge als Lebensdeutung" will schon erprobte psychologische Konzepte (wie z.B. das von Erik H. Erikson) in intensivierter und erweiterter Form seelsorgerlich in Gebrauch nehmen: „Das bedeutet nicht nur, Scham von Schuld zu unterscheiden und Abhängigkeit von moralischem Versagen. Es bedeutet vor allem, Befreiung und Erlösung zum Thema seelsorgerlicher Gespräche werden zu lassen."[25]

Als Zusammenfassung der bisherigen Arbeiten bei einem eigenen sehr tragfähigen Ansatz (unter Bezug auf D.W. Winnicotts psychologischem Konzept vom sog. „Übergangsobjekt", vgl. u. S. 470, Anm. 369 läßt sich schließlich das Werk von *Wolfgang Drechsel*, Pastoralpsychologische Bibelarbeit, Stuttgart, 1994, verstehen. Der Verfasser dieses Standardwerkes bietet zugleich einen wesentlichen Beitrag zu einer wissenschaftstheoretisch fundierten Verhältnissetzung von Theologie und Humanwissenschaften.

[25] Vgl. *Gert Hartmann*, Lebensdeutung. Theologie für die Seelsorge, Göttingen, 1993. In dem Buch finden sich neben theoretischen und methodischen Erläuterungen erzählende oder auch besinnliche Passagen zu den Themen Symbolgebrauch und Symbolverständnis, Verantwortlichkeit und Schuld, Abhängigkeit als Geschöpf u.v.m.
Unter dem Stichwort „Zugänge" eröffnet G. Hartmann z.B. seine Reflexionen mit Assoziationen zu drei Vater-Unser-Bitten (Unser täglich Brot gib uns heute – Vergib uns unsere Schuld, wie auch wir vergeben unseren Schuldigern – Führe uns nicht in Versuchung, sondern erlöse uns von dem Bösen), die drei Aspekte der Wirklichkeit widerspiegeln und zu entsprechenden Nachdenklichkeiten und Meditationsübungen auffordern. Anhand von Fallbeispielen, Gesprächsprotokollen und Übungen werden die psychologischen Hintergründe des Erlebens zugängig gemacht und daraus praktische Folgerungen für die Seelsorge gezogen.
Der „Seelsorger als Vermittler einer Lebenslehre" ist ebenfalls ein zentrales Kapitel in der (kath.) Poimenik von *Josef Goldbrunner*, Seelsorge als attraktive Aufgabe. Bausteine zu einer Pastoraltheologie, Würzburg, 2. Aufl. 1990. In diesem Kapitel (S. 107ff.) schreibt der Autor, daß der Guru, der Psychotherapeut und der Meister typische Figuren unserer Zeit darstellen, die alle mit Lebenslehren verbunden sind. Von ihnen zu lernen gehöre sicher zum „Vorfeld priesterlicher Existenz", könne aber dennoch eine (utopische?) Reform des Theologiestudiums auf den Weg bringen, die sowohl in der theologischen wie in der spirituellen Ausbildung in neuer Weise lebensbezogene Schwerpunkte zu setzen vermag.
Einen entsprechenden Lernvorgang unterstützen will auch *Willy Obrist*. In seinem Buch „Tiefenpsychologie und Theologie. Aufbruch in ein neues Bewußtsein", Zürich, 1993, schreibt er einleitend: „In diesem Buch wollen wir uns mit der Entdeckung und Erforschung des Unbewußten befassen und überlegen, was für Konsequenzen sich daraus für Theologie und Kirche ergeben." (S. 7) Gegenüber allem, seiner Meinung nach unzeitgemäßen Positivismus geht es dem Autor

2. Zweites Desiderat: Intensivierte Beratungsarbeit

Faßt man den Begriff „Beratung" ganz allgemein, so hatte Seelsorge auf irgendeine Weise in allen Phasen ihrer Geschichte einen Beratungsaspekt: Leute mit Lebensproblemen suchen naturgemäß einen Mitmenschen auf, der vom Erfahrungsvorsprung oder seiner gesellschaftlichen Rolle her in der Lage ist, ihnen zur Veränderung der vorhandenen Notlage einen geeigneten Rat zu erteilen.[26] Mit der Seelsorgebewegung bekommt der Begriff „*Beratung*" allerdings eine engere und damit besondere Bedeutung: Beratung im kirchlichen Bereich soll jetzt ein spezielles Fachgebiet mit professioneller Struktur werden und als solches der Behandlung von Konflikten dienen. Beratungsarbeit in diesem Sinne soll dem gesellschaftlichen Wandel und der entsprechend veränderten Bedürfnislage entsprechen.[27] Beratungsgeschehen soll sich schließlich nicht im Gegensatz zur traditionellen Seelsorge vorfinden, sondern als deren integraler Bestandteil und zeitgemäße Ausdrucksform verstanden werden. „Beratung hat also nichts mehr mit ‚verbindlicher Weisung' gemeinsam. Dies ist eine Konsequenz, die sich aus der veränderten Weltsituation heute ergibt."[28]

---

vor allem um einen erweiterten Empiriebegriff, auf dessen Basis der Konflikt zwischen Theologie und Tiefenpsychologie einer Aufarbeitung zugeführt werden könnte. Bei besonderer Affinität zur Psychologie C. G. Jungs fragt W. Obrist schließlich auch nach Konsequenzen für die Seelsorge: „Ich sehe vor allem deren zwei: erstens das Abrücken von zwei Verhaltensweisen, die aus den überholten Arten des Weltverstehens hervorgegangen sind (vom Sakramentalismus und von der Belehrung), zweitens das Zurückgreifen auf eine Praxis, die im frühen Christentum zu hoher Blüte gebracht, dann aber vernachlässigt worden ist: auf die ‚Kunst' der Spiritualität." (S. 266)

[26] Vgl. *Dietrich Ritschl*, Art.: Beratung, EKL, 1, Sp. 431ff., bes. Absch. 4; vgl. dazu *Henning Schröer*, Art.: Beratung, TRE V, S. 589ff. (Lit.!) mit der Bemerkung: „In der Tat muß das Verhältnis von Beratung und Seelsorge zu einem friedlichen Streit um die Deutung und Erschließung menschlicher Wirklichkeit im Horizont der biblischen Erfahrungen und Verheißungen führen." (S. 549)

[27] Vgl. z.B. die Themahefte „Psychologische Beratung als Aufgabe der Kirche", WzM (36) 1984, H. 4, S. 179ff. und „Psychologische Beratung in der Kirche", WzM (42) 1990, H. 1, S. 1ff.
Vgl. auch *Friedrich-Wilhelm Lindemann*, Art.: Kirchliche Beratungsstellen, EKL 2, Sp. 1226ff., wo von „dem wachsenden Bedürfnis nach Hilfe in Lebenskrisen, Beziehungskonflikten und psychischen Schwierigkeiten" (Leitlinien 1981) in der kirchlichen Bevölkerung die Rede ist (Sp. 1226).
Zur Geschichte, zur theologischen Einbindung und Zuordnung der Beratungsarbeit vgl. in anderem Kontext die Ausführungen von *Helmuth Halberstadt* (s.u. S. 380, Anm. 46).

[28] Die Begriffe „seelsorgerliches Gespräch" und „seelsorgerliche Beratung" werden dabei weithin synonym gebraucht. Das zeigt sich schon bei *Hans-Joachim Thilo*,

Dabei tritt die „Beratende Seelsorge" anfangs mit dem Anspruch geschichtlicher Notwendigkeit, ja mit einem unübersehbaren *Sendungsbewußt-*

Beratende Seelsorge. Tiefenpsychologische Methodik dargestell am Kasualgespräch, Göttingen, 1971, S. 11. H.-J. Thilo (vgl. auch S. 360, Anm. 4) kommt im 2. Teil seiner programmatischen Veröffentlichung (S. 107ff.) auf die „Kasualhandlungen als beratende Seelsorge" zu sprechen. Vor diesem Abschnitt behandelt er ausführlich „Die Methodik der Gesprächsführung".
Einleitend aber geht es dem Autor zunächst grundlegend um das „Wesen des Gesprächs" (S. 15ff.). Demnach sind Gespräch und Verkündigung bleibend Konstitutiva der Seelsorge als solcher. Aber dann ist es „... ein Umbruch in der Wertung evangelischen Handelns überhaupt, wenn wir der Seelsorge als Gespräch in der Dimension des Heilens heute eine entscheidende Funktion zuweisen und wir uns die Methodik dafür von der Psychoanalyse, der case-work-Arbeit und der heute so oft zitierten Verhaltenspsychologie geben lassen" (S. 16). Dabei ist „Verkündigung" allerdings so zu fassen, daß „κηρύσσειν" (als „Heroldsruf" zur Ansage der Frohen Botschaft) das verkündigte Geschehen selbst in actu realisiert und in seiner Konsequenz für das Leben und die Ganzheit des Menschen sichtbar werden muß. „Dies würde also einer der theologischen Ansatzpunkte, um das Verhältnis von Gespräch und Verkündigung zu beschreiben. ‚Seelsorgerliches Gespräch' würde dann also nicht sich darin legitimieren müssen, ob die Botschaft Jesu Christi expressis verbis oder in irgendeiner ‚religiösen Form' angeboten wird, sondern dadurch, daß die Realität des Leben bringenden und Heil gebenden Christus sich im Gespräch ereignet und damit vollzieht." (S. 22)
In dieser Weise ein Gepräch als Verkündigungsmedium aufzufassen und praktisch zu gestalten, was allerdings nicht möglich ist ohne eine entsprechende „Selbsterfahrung und Selbstkenntnis des Gesprächsleiters." (vgl. S. 28ff.)
Viel allgemeiner und bei betonter Trennung von Seelsorge und Psychotherapie wird psychologisches Wissen in dieser Phase ebenso sachgerecht wie pragmatisch ergänzend eingebracht in *Reinhold Ruthe*, Seelsorge – wie macht man das? Gesprächshilfen für die beratende Seelsorge, Wuppertal, 1973. Der Autor wendet sich mit seinem über die Seelenlage der Ratsuchenden und die möglichen Hintergründe von Konfliktsituationen aufklärenden Lehrbuch „... an Christen, die sich um eine vertiefte Seelsorge-Ausbildung bemühen, ebenso an junge Menschen in der Ausbildung zum Theologen, Prediger, Katecheten, Diakon, Jugendleiter und Erzieher. Es soll ihnen helfen, die eigenen Fähigkieten in der Seelsorge zu verbessern und den Ratsuchenden Glaubens- und Lebenshilfe zu geben" (S. 4). Denn: „Wer Jesus Christus gefunden hat, ist nicht von Problemen, Fehlhaltungen, Neurosen, Konflikten und psychischen Störungen frei. Wer glaubt und betet, hat noch Probleme, Schwierigkeiten und Konflikte. Wer etwas anderes sagt, kann viele gutwillige Christen an Gott irre werden lassen. Er benutzt seinen Glauben wie eine magische Kraft. Doch Gott hat uns seinen Beistand verheißen und nicht die Beseitigung aller Probleme." (S. 11) Deshalb ist das „Zusammenwirken von Psychologie und Seelsorge" unabdingbar! Deutlich muß sein: „Die Seelsorge bedarf der Psychologie. Der Seelsorger braucht psychologische Erkenntnisse, wenn er das Wort Gottes zielsicher anbringen will. Seelsorge ist ohne klare

sein auf: Eine in dieser Form erneuerte Seelsorge soll zur Erneuerung der Kirche führen! Dann „... wird für die Kirche ein neuer Abschnitt im Dienst an den Mühseligen und Beladenen beginnen."[29] Die ebenso notwendige wie heilsame *Ernüchterung* läßt nicht lange auf sich warten: Die in dieser Phase gleichzeitig vollzogene Etablierung kirchlicher Beratungsstellen auf übergemeindlicher Ebene verläuft durchaus nicht ohne konkurrierendes Verhalten und damit alles andere als spannungsfrei!derung[30] Allmählich ergibt sich dann anstatt eines umfassenden Reformprogramms eher ein Modell konstruktiver *Arbeitsteilung*. Beratende Seelsorge verankert sich neben der überkommenen Seelsorge in den Gemeinden. Anders gesagt: <u>Die Seelsorge als „Krisenberatung"</u> wird in Beratungsstellen durchgeführt und auf diese konzen-

---

Diagnostik verschwommen und oft wenig fruchtbar. Der Seelsorger braucht Kenntnis vom Menschen, wenn er die Botschaft vollmächtig ausrichten will. Jeder Hörer ist anders. Jeder Mensch beurteilt, interpretiert und empfindet die Botschaft anders. Der Seelsorger hat es mit dem Sitz im ‚Leben' zu tun. Leben ist aber das Zusammenwirken von Leib und Seele." (S. 19) Die Funktion der psychologischen Kenntnisse als ein die „eigentliche" seelsorgerliche Aufgabe informativ „unterstützendes" Wissen ist hier noch dominierend.

[29] Vgl. *Howard J. Clinebell*, Modelle, S. 13. Der Autor fährt (S. 13f.) fort: „Dieser Aufbruch hat in der Kirchengeschichte keine Parallele. Nie zuvor hatten wir so viele Möglichkeiten, wie sie sich uns heute durch die Erneuerung von Seelsorge und Beratung, durch die Reformbewegung in den Kirchen, durch all die erregenden Erkenntnisse der Humanwissenschaften und die neuartigen Techniken der Psychotherapie eröffnen. Wenn man all das in den Dienst der beratenden Seelsorge einbringt, wird sich durch die Kirchen ein Strom der Heilung ergießen." Im Anschluß an das einleitende Kapitel mit diesem Aufruf-Charakter und einem theologischen Begründungsversuch für beratende Seelsorge bietet diese aus dem Amerikanischen übersetzte Veröffentlichung dann eine sehr brauchbare Übersicht über eine Vielzahl von Beratungsformen und Beratungsanlässen, Beratungsproblemen, Beratungszielen. So wird z.B. (in Kap. VI) auf „Familientherapie und Transaktionsanalyse" eingegangen. Die Informationen sind sachgemäß und vor allem anwendbar dargestellt. Abgedruckte Gesprächssequenzen erleichtern das Verständnis, praktische Übungen werden vorgeschlagen. So kann etwa in nachvollziehbarer Weise vom Autor gefolgert werden: „Der Seelsorger, dem aufgeht, was der Familienorganismus alles tiefgreifend impliziert, wird wahrnehmen, daß damit ein richtiger Wendepunkt für seine Tätigkeit in der Ehe- und Familienberatung gegeben ist. Er wird sich z.B. mehr auf die *gesamte Interaktion der Familie* konzentrieren anstatt darauf, wie die Eltern ihren Einfluß auf die Kinder ausüben. In der herkömmlichen Erziehungsberatung fühlen sich die Eltern häufig dadurch unter Druck gesetzt, daß man sie daran erinnert, welche Folgen die Sünden der Väter psychologisch für ihre Kinder haben könnten."(S. 115)

[30] Vgl. dazu auch die Veröffentlichung *Yorick Spiegel* (Hg.), Pfarrer ohne Ortsgemeinde. Bericht, Analysen und Beratung, München/Mainz, 1970. (s.u. S. 450, Anm. 317)

triert.[31] Die allgemeine (eigentliche?) Seelsorge arrangiert sich mit der Einstellung, besondere „Fälle" (mit psychischen Auffälligkeiten oder mit nach psychotherapeutischen Lösungsmöglichkeiten drängenden Konflikten) dorthin zu überweisen. Umgekehrt versuchen die Mitarbeiter in vielen Beratungsstellen, ihre Klientel auf die Möglichkeit einer seelsorgerlichen Beziehung in ihren Kirchengemeinden hinzuweisen und bei entsprechender Einstellung sachbegründet in das ortsgebundene Gemeindeleben einzubinden.

Dabei gilt die Devise: Beratende Seelsorge mit dem schwerpunktbildenden Charakteristikum der Krisenintervention ist in der sachentsprechenden Form jedenfalls *Teamarbeit*: „Die Vielschichtigkeit der Konfliktlagen der Ratsuchenden ... erfordert eine aus verschiedenen Grundberufen zusammengesetzte *Beratergruppe* (z.B. Diplom-Psychologe/in, Arzt/Ärztin, Sozialarbeiter/in bzw. Heilpädagoge/in, Jurist/in, Theologe/in) mit spezieller Zusatzausbildung ..."[32]

Das alles erscheint von der Sache her ebenso zeitgemäß wie unabdingbar, wirft aber unter poimenischem Gesichtspunkt sofort Fragen auf.

Zum einen stellt sich die Frage nach dem *Proprium*, d.h. nach der unauswechselbaren Besonderheit der Seelsorge in diesem Kontext nicht mehr nur theoretisch, sondern ganz praktisch am „Arbeitsplatz": Wie und wann ist von den Ratsuchenden das gefragt, was (verbal und nonverbal) der seelsorgerlichen Antwort bedarf und über die (sozial-psychologisch vermittelte) Krisenbewältigung im Sinne einer Einpassung in die Realität hinausgeht? Setzt das Team im ganzen durch Vernetzung des humanwissenschaftlichen und kirchlich-poimenischen Gedankengutes seelsorgerliche

---

[31] Vgl. an dieser Stelle *David K. Switzer*, Krisenberatung in der Seelsorge. Situationen und Methoden, München/Mainz, 1975 (dazu s.u. S. 414f. Dort auch weitere Hinweise zum Begriff „Krise" bzw. dem Umgang mit ihm in der Poimenik. Neben dem herausgehobenen Beispiel „Der Pfarrer als Krisenhelfer in der Trauerkrise" bietet das Buch in einem zweiten Teil „Humanwissenschaftliche Beiträge zur Krisenintervention" (S. 119ff.).
In einem Nachwort von *Werner Becher* mit dem Titel „Seelsorge und Sozialpsychiatrie" (S. 192ff.) heißt es zusammenfassend unter der Überschrift „Von der Spezialisierung zur Kooperation von Seelsorger und Psychiater" (S. 195) über den Beitrag D. K. Switzers: „Er beschreibt die Krisenintervention, die aus der methodisch unreflektierten Krisenseelsorge entstanden ist und in der Sozialpsychiatrie weiterentwickelt wurde ... So ist ein eigenartiger Kreislauf entstanden. Eine traditionelle Methode der Seelsorge ist nach ihrer Verfeinerung zu einem speziellen Instrument der Psychiatrie geworden. Nach ihrer Rückgewinnung für die kirchliche Seelsorge hilft sie dem Pfarrer bei einer Grundfunktion seiner Tätigkeit in der Gemeinde."

[32] Vgl. F.-W. Lindemann, Beratungsstellen, Sp. 1226.

Potenzen und Kompetenzen frei? Was unterscheidet die kirchliche Beratungsstelle von einer parallel arbeitenden Einrichtung in kommunaler Trägerschaft? Ergeben sich in der Praxis Spannungen zwischen einem seelsorgerlichem Handeln der Kirche zur rechten Hand (in den Gemeinden) und zur linken Hand (in den sich „weltanschaulich zurückhaltenden" Beratungsstellen)?

Die beschwerliche Frage nach dem Proprium kann dabei ausgeklammert, unter pragmatischem Vorzeichen als solche entwertet oder durch formale kirchliche Zuordnungsmodalitäten im Hinblick auf die Beratungsarbeit relativiert werden. Andererseits bietet dann gerade die beratende Seelsorge mit ihrer Teamstruktur die Möglichkeit, sich dieser Frage nicht nur abstrakt, sondern tatsächlich „im Vollzug" zu stellen und an Ort und Stelle eine tragfähige Umgangsform mit dem ebenso zentralen wie offenen Problem zu finden. Auf dieser Basis legt sich dann „... ein Lösungsmodell nahe, das die Einheit kirchlichen Handelns im Aushalten der Spannung zum Ausdruck bringt, und zwar sowohl auf der personellen Ebene der die Praxis tragenden einzelnen, auf der unmittelbaren Ebene der Praxisvollzüge, wie auf der Ebene der theologischen Reflexion."[33]

---

[33] So *Karl-Fritz Daiber* in dem Aufsatz „Diskreditiert die Beratungsarbeit die Kirche? Kirchensoziologische Überlegungen zur Beratungsarbeit", WzM (35) 1983, S. 148ff., Zitat S. 156.
Noch vorher hatte *Ekkehard Guhr* seine ebenso die Situation der Beratungsarbeit wissenschaftlich reflektierende wie positionelle Untersuchung zum Thema vorgelegt: Personale Beratung. Voraussetzung und Methode, Göttingen, 1981. E. Guhr entwickelt von einem sozialempirischen Personbegriff her sein Konzept der personalen Beratung: „Die Person ist mit denjenigen Faktoren, mit denen sie die Beziehung zur Umwelt eingeht, definierbar." (S. 65) Er konfrontiert dieses Konzept mit den Beratungsmodellen der medizinischen Psychotherapie und der beratenden Psychologie und behandelt schließlich ausführlich die personale Beratung im Kontext der Praktischen Theologie.
In der Folge wird von E. Guhr die weitere Diskussion um „eine realitätsgerechte Praxis in der Kirche, insbesondere in der Seelsorgelehre" gefordert. Zu seinem von diesem Beratungskonzept abgeleiteten „Verbesserungsprogramm" in diesem Bereich gehört u.a.: „Die Einbeziehung der Situation als einer grundlegenden theologischen Kategorie der Lebenseinheit der Wirklichkeit in die Praxis. Wird sie als empirisches Feld und als Ort der Verkündigung akzeptiert, so kann sie zu einer ganzheitlicheren Begegnung mit der Wirklichkeit führen, die durch eine partizipierende Auseinandersetzung mit ihr gekennzeichnet ist. Sie kann sichern, daß sich das Erkennen auch in der Theologie in der Wirklichkeit vollzieht und der Erkennende als ein Teil der Wirklichkeit selber definiert bleibt. Auf diesem Wege kann das Denken, Reden und Handeln in der kirchlichen Praxis nicht an einer gedachten, sondern an der angetroffenen Wirklichkeit orientiert werden."
(S. 229)

Zum anderen wird die *Methodenfrage* in diesem Kontext erneut akut: Gibt es so etwas wie eine eigenständige Methode seelsorgerlichen Vorgehens? Können humanwissenschaftliche Methoden ohne Auslieferungs-, Verfremdungs- und schließlich Aushöhlungseffekt übernommen werden? Nicht zufällig werden diese Fragestellungen im Rahmen einer beratenden Seelsorge immer wieder ventiliert.[34] Wieder gibt es für die Poimenik hierbei weder eine allgemeingültige noch eine bleibend feststehende Antwort! Denn „Das Methodenproblem in der evangelischen Seelsorge" ist alles andere als neu und begleitet den Wandel der Zeiten. Das muß so sein, wenn der Begriff „Methode" nicht nur ein begrenztes „know-how" abdeckt, sondern für unseren Zusammenhang besonders weit gefaßt wird. Das nämlich bedeutet für die (beratende) Seelsorge: „Es wird von bestimmten methodisch zu nennenden Haltungen und Einstellungen ausgegangen (Einstellung zur Seelsorgebeziehung, Rolle des Seelsorgers u.s.w.), nach den die Methode bestimmenden Zielen und dem theoretischen Bezugsrahmen gefragt und die Methode bis hinein in einzelne technische Schritte verfolgt." [35]

Auch das Bemühen um eine theologisch resp. poimenisch reflektierte und verantwortete Methodik gerät damit (gemeinsam mit demjenigen um eine Zuordnung der Humanwissenschaften) zur offenen Frage und damit zur bleibenden Aufgabe. Das schließt ein zeitgemäß pragmatisches Vorgehen im Zuge und in der Folge der beratenden Seelsorge nicht aus: In einer sich in Deutschland schnell durchsetzenden Weise geht es in den Seelsorgevollzügen jetzt vor allem um ein leicht zugängliches *Modell-Lernen*. Es handelt sich hierbei um eine dialektische Verschränkung von kognitiven und emotionalen Lernprozessen, die rationale Erkenntnisse und Erfahrungswerte miteinander verbinden. Denn „Erfahrung umfaßt immer den ganzen Menschen, nicht etwa nur seinen Intellekt. Sie verändert und fließt in ein verändertes Verhalten ein ... Sie schlägt sich also nicht in erster Linie in

---

[34] So handelt H.-J. Thilo schwerpunktmäßig von der Methodik der Gesprächsführung (Seelsorge, S. 40ff.).
H.J. Clinebell stellt die jeweils verwendbare Methode vielfach in umfassender Weise dar (Modelle, S. 43ff.).
D.K. Switzer zeigt „Methoden der Krisenberatung" auf (Krisenberatung, S. 37ff.).
Schließlich veröffentlicht *Joachim Scharfenberg* (Hg.) einen Sammelband über die „Wege christlicher Einzelseelsorge" unter dem bezeichnenden Titel „Freiheit und Methode", Wien/Göttingen, 1979.

[35] Vgl. *Volker Läpple*, Das Methodenproblem in der evangelischen Seelsorge, in: J. Scharfenberg (Hg.), Freiheit, S. 15ff., Zitat S. 15.
V. Läpple geht der faktischen Methodik einzelner sehr unterschiedlicher Seelsorgekonzeptionen nach und konstatiert dabei neben einem Einstellungswandel in der Gesellschaft (nach D. Riesmann) interessanterweise auch einen Wandel in der Gewissensstruktur (dazu vgl. unten S. 274ff.).

einem *vermehrten* Wissen nieder. Eher kann man von einem *veränderten* Wissen, von Einsicht sprechen."[36]

Diese Wahrnehmungseinstellung hat praktische Konsequenzen: Wer die Methodik der Gesprächsführung beratender Seelsorge bzw. der hilfreichen Krisenintervention erlernen will, setze sich deshalb nach dem Vorbild der Gesprächspsychotherapie mit (abgedruckten oder selbst erstellten) *Gesprächsprotokollen* bzw. deren genauer Analyse auseinander. Er überprüfe dabei die Wirkungen resp. die emotionalen Betroffenheiten, die von diesen Protokollen ausgehen. Er „verstehe" bei alldem gleichzeitig typische Frage- und Antwort-„Spiele", sich unfruchtbar wiederholende Abläufe, aber bemerke auch zunehmend treffsicher versteckte Problemlagen und indirekte Anfragen in den seelsorgerlichen Gesprächen.[37]

---

[36] Vgl. *Hans-Christoph Piper*, Kommunizieren lernen in Seelsorge und Predigt. Ein pastoraltheologisches Modell, Göttingen, 1981, S. 50.

[37] *Hans-Christoph Pipers* verschiedene Veröffentlichungen können als prototypische Beispiele für diese Art des Vorgehens bzw. des Modell-Lernens gelten. Bereits 1973 erscheint sein später weit verbreitetes Buch „Gesprächsanalysen", Göttingen, 4. Aufl. 1983, dem bald ein Band „Predigtanalysen", Göttingen/Wien, 1976, folgt.
An dieser Stelle besonders herausgehoben werden soll H.-C. Pipers Veröffentlichung „Der Hausbesuch des Pfarrers. Mit einem Beitrag von *Eleonore Olszowi*", Göttingen, 1985. Der Band bietet zum einen Zugang zur gesamten einschlägigen Literatur bezüglich des über viele Entwicklungsphasen der Pastoraltheologie und Poimenik hinweg umstrittenen und immer wieder reflektierten Hausbesuch durch den Seelsorger/die Seelsorgerin.
Wichtig ist hier z.B. der Hinweis auf *Carl D. Altgelt*, Der Hausbesuch. Eine Frage der pastoralen Seelsorge, Berlin, 1897. Dieser Autor stellt die Diskussion um den „systematischen" Hausbesuch im 19. Jahrhundert dar und sammelt Argumente für ihn.
Nachzutragen wäre freilich ein weiterer Hinweis auf *August Hardeland*, Geschichte, bei dem – angefangen mit Clemens von Alexandrien über die abendländischen Kirchenväter und die Zeit der nachreformatorischen Orthodoxie bis hin zur Seelsorge im 19. Jahrhundert – der Hausbesuch immer wieder Erwähnung findet. Pipers Buch bringt dann aber vor allem eine Reihe von Gesprächsprotokollen (Beispiele und Reflexionen) aus den gegebenen Anlässen des Hausbesuchs sowie ein Supervisionsmodell in diesem Kontext (Beobachtungen und Auswertungen von E. Olzowi). Zielsetzung ist jedenfalls die „Ermutigung zum Hausbesuch".
Strukturell ganz ähnlich arbeitet auch *Hans van der Geest*, Unter vier Augen. Beispiele gelungener Seelsorge, Zürich, 1981, in dem der Hausbesuch ebenfalls ein besonderes Interesse findet. Er leitet – sein methodisches Vorgehen erklärend – diesen Band so ein: „ In diesem Buch habe ich 27 Beispiele gelungener Seelsorge gesammelt. Jede Begegnung wird ausführlich erzählt. In dieser Erzählung findet nicht nur der Gesprächsinhalt Beachtung, sondern alles, was dem betreffenden Seelsorger aufgefallen und wichtig geworden ist. Jede Erzählung wird von Kommentaren begleitet, die die Begegnung zusätzlich erhellen und bewerten." (S. 13)

Als beratende Seelsorge entwickelt seelsorgerliches Handeln schließlich eine deutliche Tendenz zur _spezialisierten Beratung_. Charakteristisch dafür sind die seit den 70er Jahren in loser Folge erscheinenden Bände einer „Beratungsreihe". Sie erscheinen – in ebenfalls für die gesamte Richtung charakteristischer Weise – im ökumenischen Verbund.[38]

In denselben Zusammenhang gehören auch Veröffentlichungen, die sich mit der Frage nach der Glaubensmöglichkeit in akuten Krankheitsfällen oder aber mit krisenhaften Leidenssituationen resp. spezifischen Krankheitsbildern beschäftigen und im entsprechenden Bezug darauf seelsorgerlich arbeiten wollen.[39]

Nachdem unter diesem Motto „Lebenssituationen", „Grundstimmungen" und „Besondere Initiativen des Seelsorgers" durchschritten sind, faßt der Autor in Auseinandersetzungen mit zeitgenössischen Seelsorgeauffassungen und nach einem speziellen Hinweis auf den entlastenden Charakter des recht verstandenen kirchlichen _Amtes_ für den seelsorgerlich Handelnden seine Konzeption so zusammen: „Die Frage, ob die Begegnung einen kerygmatischen oder einen diakonischen Charakter bekommen soll, ist zweitrangig. Der Seelsorger ist nicht unbedingt Prediger oder Helfer. Aber er ist unbedingt freundlich. Freundschaft ist ein besseres Orientierungsbild für den Seelsorger als Verkündigung oder Dienst. Wenn die Koinonia das Seelsorgeverständnis bestimmt, muß die Frage, ob eine Wortverkündigung nötig ist, nicht ausdrücklich erwogen werden. Sie erfolgt, wo der Kontakt das angemessen erscheinen läßt. Ebensowenig muß der Seelsorger die seelischen Probleme seines Gegenübers entdecken. Er ist nicht frustriert, wenn er keine therapeutischen Ziele verfolgen kann. In einem Zusammensein freundschaftlicher Art hat sowohl das Interesse am Mitmenschen als auch die Lust und die Bereitschaft zur Verkündigung Raum." (S. 235)

[38] Vgl. Beratungsreihe. Herausgegeben von Richard Riess und Hermann Stenger, München/Mainz, 1974ff. mit Themen wie „Nach der Trennung" (D. Stollberg), „Kinder in Entwicklungskrisen: Was können Eltern tun?" (H. u. C. Clinebell), „Selbstmord – Appell an die anderen" (E. Ringel), „Kranksein – Erleben und Lernen" (H.-C. Piper), „Junge Erwachsene auf dem Weg zur Selbstfindung" (H. Faber), „Emanzipation in der Familie" (K. Winkler) etc.

[39] Als Beispiele seien hier stellvertretend für die umfangreiche Literatur auf diesem Gebiet die folgenden Veröffentlichungen genannt:
Erika Schuchard, Warum gerade ich...? Leiden und Glauben. Pädagogische Schritte mit Betroffenen und Begleitenden, Offenbach, 4. erw. Aufl., 1987. „Die Studie versuchte, aus einem veränderten Blickwinkel, nämlich aus der Sicht unmittelbar vom Leid Betroffener, Glaube und Seelsorge ins Zentrum zu rücken, und das in empirischer Bestandsaufnahme und theoretischem Nachdenken." (S. 112) Aus insgesamt 500 Biographien erhebt die Autorin zunächst _drei zentrale Grunderfahrungen_: Betroffene fühlen sich meist als passives Objekt und nicht als Subjekt, mit dem Gott in Verbindung steht und das von der Seelsorge ernstgenommen wird. Sie erleben dabei Verkündigung eher als Vertröstung denn als Trost und den Seelsorger als einen Rollenträger, der persönlich kaum betroffen ist.
Vier Thesen der Verfasserin schließen sich an: Viele Betroffene halten trotz dieser

Daneben kann beratende Seelsorge aber schließlich auch krisenhafte Momente oder problematische Einstellungen der Kirche als Ganzes einer seelsorgerlichen Maßnahme zu unterziehen versuchen und damit an das Moment der Kirchenreform ebenso gezielt wie partiell anknüpfen. Denn Ärger und Aggression in der Kirche schlägt leicht in Ärger und Aggression gegen die Kirche um![40] So ist eine beratende Seelsorge stets auch eine Sorge um den Zustand der Kirche.

Negativerfahrungen am Glauben fest. Christlicher Glaube kann darum krisenverarbeitend und katharisch im Hinblick auf die Aggression wirken. Nicht die leidgeprüften Behinderten sind unser Problem, sondern wir werden ihnen zum Problem. Jedenfalls braucht die Gemeinde/Gesellschaft die vom Leiden Betroffenen, wie diese die Gemeinde/Gesellschaft brauchen.

Ähnlich nach dem Muster einer Beratung in spezieller Notsituation geht als weiteres Beispiel der amerikanische (und katholische) Autor *Roy W. Fairchild* in seinem Buch „Seelsorge mit depressiven Menschen" (in der Reihe ‚Heilende Seelsorge'), Mainz, 1991 vor. Einleitend geht es um Informationen über Sachverhalte: Die Depression mit ihren verschiedenen Gesichtern wird als eine Gruppe von Symptomen dargestellt, der entsprechende Forschungsstand beschrieben. Das bereitet eine gezielte Begegnung des Seelsorgers/der Seelsorgerin mit depressiven Menschen vor, in deren Rahmen in Zusammenarbeit mit medizinischen und psychologischen Fachkräften dann „Strategien zur Aktivierung von Hoffnung" zu entwickeln sind. Nach differenzierter Einsichtsvermittlung an die Adresse des seelsorgerlich Handelnden und nach ganz praktischen Hinweisen heißt es dann: „Unsere Ganzheit und unsere Hoffnung sind abhängig davon, einen Weg zu finden, der die Polaritäten und Paradoxe unseres Lebens annimmt und versöhnt ... Die christliche Überzeugung besagt, daß durch das Kreuz Christi Gegensätze zusammengehalten werden wie die Vertikale und die Horizontale, und daß wir schließlich den Konflikt überwinden werden" (S. 119).

[40] Als Beispiel für dieses Vorgehen sei genannt *Michael Klessmann*, Ärger und Aggression in der Kirche, Göttingen, 1992. Der Autor geht von einem typischen Dilemma der Christen aus, die keine geeignete Umgangsform mit der Aggression zu entwickeln vermochten. Nach breitem Diskurs der humanwissenschaftlichen Aggressionstheorien wird die Aggressionsvermeidung in der Kirche an Beobachtungen und Beispielen aufgewiesen. Gefordert wird eine neue Streitkultur, die aber ihre Voraussetzungen hat. Denn: „Wenn sich das Verständnis von Ärger und Aggression in der Kirche ändert, wird sich auch die Vorstellung von dem, was Liebe ist, verändern müssen (S. 169). „Liebe ist nur zum geringeren Teil ekstatische Verschmelzung zweier Menschen oder alles verstehende Harmonie und Milde; es ist gerade eine der schlimmen Irreführungen der Gegenwart, daß Liebe und Partnerschaft fast ausschließlich mit Glück und Harmonie assoziiert wird. Zum größten Teil ist Liebe aktive Auseinandersetzung mit dem, was am anderen fremd und unverständlich ist und bleibt." (S. 170f.)

Dieselbe Problematik wird vorher bereits behandelt von *Wulf-Volker Lindner*, Seelsorger und Aggression, WPKG (65) 1976, S. 34ff. Wichtig für unserern

3. Drittes Desiderat: Praxisbezogene Ausbildung

Wenn innerhalb der Seelsorgebewegung von Beginn an eine Forderung als besonders dringlich empfunden wird, dann diejenige nach einer Reform der *Ausbildung* im Seelsorgebereich. Der als schwerwiegend empfundene Mangel an Praxisnähe der theologischen Bemühungen um den Menschen soll als besonderes Defizit so schnell und direkt wie möglich angegangen und so weitgehend wie möglich ausgeglichen werden. In diesem Kontext wird der Begriff „*Training*" plötzlich zu einem Leitbegriff.[41] Ein regelrechtes Seelsorge-Training erscheint in der Tat notwendig! Aus der amerikanischen Bezeichnung „Clinical Pastoral Education"(CPE) wird dabei in Holland „Clinical Pastoral Training" (CPT) und schließlich später in Deutschland die „Klinische Seelsorge-Ausbildung" (USA).

Was ist nun an diesem Lernprogramm für Seelsorger und Seelsorgerinnen so neu und anders? „Der wichtigste Grundsatz des CPT ist das ‚learning by doing'. Nur indem er tatsächlich Seelsorge ausübt, lernt der Pfarrer mit

---

Kontext ist besonders der Abschnitt „Aggression als Problem für christliche Frömmigkeit und theologisches Denken." (S. 43ff.)
Schießlich ist zu dieser Thematik auch heranzuziehen *Hans-Joachim Thilo*, Wie ein Stachel im Fleisch. Aggresssion und Sexualität in den Religionen, München, 1993.

[41] Er wird aus der amerikanischen Seelsorgebewegung mit ihrer Forderung nach „Clinical Pastoral Education (CPE)" übernommen. *Edward E. Thornton* beschreibt diese Ausbildungsform (EKL 1, S. 761f.) so: „CPE ist eine Spezialausbildung für den Pfarrdienst, die Theologiestudenten und Pastoren unter Supervision in eine Begegnung mit lebendigen menschlichen Lebenszeugnissen (living human documents) führt mit dem Ziel, ihre Identität als Pastoren, ihre zwischenmenschliche Geschicklichkeit und ihr geistliches Leben zu entwickeln; ferner um ihre Befähigung zu pastoralpsych. Beurteilung zwischenberuflicher Zusammenarbeit, Gruppenarbeit, Seelsorge und Beratung sowie pastoraltheol. Besinnung zu fördern." (Sp. 761)
Der Begriff „clinical" (oder dt. „klinisch") ist historisch zu verstehen: CPE begann im Zusammenhang mit seelsorgerlicher Arbeit in der Klinik. Er wird später in der allgemeinen Bedeutung „auf ein empirisches Arbeitsfeld bezogen" gebraucht und als Hinweis auf die Methode verwendet. (Vgl. die weiteren Ausführungen des genannten Art. zur Geschichte des CPE seit den 20er Jahren unseres Jahrhunderts und zu dessen Verbreitung in aller Welt)
Auf Versuche, in den frühen sechziger Jahren im französischen Raum von jesuitischer Seite ein pastoralpsychologisches Ausbildungszentrum (Vermittlung gruppendynamischer Erfahrung, Gesprächstraining, Einzelsupervision) zu etablieren und Ausbildungsgänge zu organisieren, wird aufmerksam gemacht durch die verdienstvolle Arbeit von *Walter Buchmann*, Seelsorge und Psychologie bei Louis Beirnaert. Ein Beitrag zur französischen Pastoralpsychologie, Diss. (masch.), Marburg, 1983.

Menschen umzugehen, lernt er sie in ihrer eigenen Welt zu verstehen. Er lernt überdies in diesem Kontakt mit anderen – durch die Art und Weise, wie sie auf seine Haltung reagieren – sich selber kennen ... Der Lernprozeß in einem CPT-Kurs unterscheidet sich von diesem ‚Durch-das-Leben-selbst lernen' im Prinzip nur darin, daß der oben erwähnte Test (d.h. der Lerneffekt, der von der Praxis ausgeht, K.W.) in einem Training auf methodische Weise geschieht."[42]

Neben den methodischen Gesprächsanalysen (aber auch Predigtanalysen) gehört die „Einübung von Kommunikation in der Gruppe" zu den festen Bestandteilen dieses Ausbildungsprogramms.[43]

Theologen und Theologinnen für ihre seelsorgerliche Tätigkeit besser vorzubereiten und weiterzubilden soll bald auch mit Hilfe der Arbeit in sog. *Balintgruppen* erreicht werden.[44]

---

[42] So *Wybe Zijlstra* in seinem für die ganze Ausbildungsrichtung grundlegenden Buch „Seelsorge-Training. Clinical Pastoral Training", München/Mainz, 1971, S. 13. Das Buch – ursprünglich eine Dissertation – bietet eine umfassende Darstellung des Ausbildungssystems in Trainingskursen. Behandelt werden Organisationsfragen ebenso wie Einzelelemente seelsorgerlicher Praxisgestaltung, daneben Gruppengespräche, Gesprächsprotokolle und deren Analysen, aber auch Grundfragen des damit verbundenen Lern- und Gruppenprozesses und das besonders wichtige Thema Supervision und Rolle des Supervisors. Denn: „ Supervision im Sinne, wie wir den Begriff im CPT verwenden, ist eine spezifische Ausbildungsmethode, welche die Veränderung in der Person des Kursteilnehmers fördern helfen will, damit dieser imstande ist, Selbsterfahrung, Information und fachliche Fähigkeiten so zu integrieren, daß er damit arbeitet, d.h. die ihm auferlegte Arbeit besser als bisher erfüllen kann." (S. 147)

[43] Dabei spielt das sog. „feedback" eine wesentliche Rolle: „Nach *jedem* Gruppengespräch werden die Teilnehmer aufgefordert, ihre Empfindungen, die sie während des Gesprächs gehabt haben, zu äußern. Dabei geht es darum, daß sie allmählich lernen, auch ihre eigenen natürlichen Gefühle zu offenbaren. So werden sie sich der Kommunikationsstörungen bewußt – so werden sie auf ihre eigene Problematik aufmerksam, die ihnen in der Kommunikation in der Gruppe wie in ihren seelsorgerlichen Kontakten immer wieder im Wege stehen. Das Gruppengespräch (und das persönliche Gespräch mit dem Supervisor) bietet den Raum, in dem diese persönliche Problematik aufgearbeitet werden kann. Die Gruppe wird zum Übungsfeld, auf dem die Kommunikation eingeübt wird." (*Hans-Christoph Piper,* Klinische Seelsorge-Ausbildung. Clinical Pastoral Training, Berliner Hefte für ev. Krankenhausseelsorge, 30, S. 10)

[44] Eine einführende Darstellung dieser Vorgehensweise sowie einen ersten Bericht über die Zusammenarbeit von Theologen und Psychologen zur Verbesserung der Kommunikationsfähigkeit, aber auch über die besonderen Probleme der Seelsorger und Seelsorgerinnen dabei bietet der Band: *Hermann Argelander* (Hg.), Konkrete Seelsorge. Balintgruppen mit Theologen im Sigmund-Freud-Institut, Frankfurt a.M., 1973. Im einführenden Text (S. 1) heißt es da: „Balintgruppen

Bald liegt auch (unter besonderem Bezug auf die sog. *Transaktionsanalyse*[45]) das Curriculum für die Theorie und Praxis des beratenden Gesprächs im Rahmen eines bis in alle Einzelheiten durchreflektierten und durchkomponierten Ausbildungskurses für die Telephonseelsorge (s.u. S. 468ff.) vor. Es wird als Informationsquelle und als Ratgeber für praktische Übungen und didaktische Vorgehensweisen zur unentbehrlichen Grundlage für viele analoge Aus- und Fortbildungsprogramme.[46]

Repräsentative Beiträge von Autoren, die sich Seelsorgebewegung verpflichtet fühlen, sind von Werner Becher in dem Sammelband „Seelsorgeausbildung" zusammengestellt.[47] In ihm werden unter dem Generalthema „Seelsorger lernen Seelsorge"[48] neben der Reflexion von Grundfragen die

---

arbeiten nach einem Konzept, daß der Arzt und Psychoanalytiker M. Balint zu Beginn der fünfziger Jahre dieses Jahrhunderts entwickelt hat. Die Balintgruppenarbeit konzentriert sich auf unbewußte Vorgänge im Berufsfeld – zum Beispiel von Ärzten und Seelsorgern –, und zwar bei der Ausübung der Berufspraxis. Das Ziel ist die bessere Ausbildung der Teilnehmer für ihren Umgang mit Menschen, insbesondere die Ausbildung eines tieferen Verständnisses für die unbewußten Prozesse zwischen Arzt und Patient, Seelsorger und Ratsuchendem. Eine Balintgruppe besteht normalerweise aus 6 bis 8 Teilnehmern, die sich wöchentlich unter der Leitung von ein oder zwei Psychoanalytikern treffen. Besprochen werden konkrete „Fälle" aus der Praxis, die jeweils eines der Gruppenmitglieder spontan aus dem Gedächtnis vorträgt. Aufgabe der Gesamtgruppe ist es, aus diesem Bericht das unbewußte seelische Konfliktfeld der in dem vorgetragenen „Fall" Handelnden herauszuarbeiten."

Zu verändern gilt es bei diesem Ausbildungsangebot einen alle wirksame Seelsorge verhindernden Zustand der „Pseudokommunikation". In ihrem Beitrag „Einige zentrale Probleme der Balintgruppenarbeit mit Pfarrern" (H. Argelander (Hg.), a.a.O., S. 189ff.) beschreiben *Klaus Horn* und *Hilmar Tillack* in Verbindung mit diesem Zustand besonders eindrücklich „die Hilflosigkeit ... des Pfarrers." (S. 195)

[45] In der sog. Transaktionsanalyse (TA) des amerikanischen Psychoanalytikers Eric Berne werden auf der Grundlage der Einsichten Freuds in einer Strukturanalyse die psychischen Ich-Zustände (sog. „Eltern-Ich", „Erwachsenen-Ich", „Kindheits-Ich") voneinander abgehoben. Es wird untersucht, in welcher Konstellation sie miteinander verbunden sind, und welche Verhaltens- bzw. Kommunikationsstruktur sich aus der Dominanz eines der Ich-Anteile ergibt. Interaktionsmuster werden so leichter versteh- und gegebenenfalls korrigierbar. (Vgl. dazu einführend *Helmut Harsch*, Theorie und Praxis des beratenden Gesprächs. Ausbildungskurs der Evangelischen Telefonseelsorge, München, 2. Aufl. 1972).

[46] Vgl. Helmut Harsch, a.a.O. Anm. 531.

[47] *Werner Becher*, Seelsorgeausbildung. Theorien, Methoden, Modelle, Göttingen, 1976. Behandelt werden neben theologischen, psychologischen und soziologischen Grundfragen verschiedene Ausbildungsformen und Ausbildungsmodelle sowie eine gezielt ausgewählte Literaturliste zur Seelsorgeausbildung.

[48] So die Überschrift des einleitenden Artikels von W. Becher, a.a.O., S. 7ff.

verschiedenen Vorgehensweisen im Bereich poimenischen Lernens und Lehrens verdeutlicht. Als ein wesentliches Moment sind dem Band die „Ausbildungsstandards der Deutschen Gesellschaft für Pastoralpsychologie (DGfP)" angefügt. Sie machen das Bestreben deutlich, klare Richtlinien und benennbare Inhalte für den gesamten Bereich der poimenischen Ausbildung zur Verfügung zu haben, um hier nach und nach ein bestimmtes *professionelles Niveau* durchsetzen und garantieren zu können.[49]

Als vorläufig aufwendigster Versuch in dieser Richtung kann Wybe Zijlstras „Handbuch zur Seelsorgeausbildung" gelten.[50] Der Autor stellt Absicht und Vorgehensweise deutlich heraus. Demnach „... ist es notwendig, zunächst etwas über die Beziehungen der Fachwissenschaften zu Philosophie und Theologie zu sagen. In den Fußstapfen Tillichs sehe ich als allgemeine Zielrichtung der Philosophie das Entdecken von Strukturen in der Wirklichkeit als Ganzes mit Hilfe der Vernunft. Das Material dazu wird der Philosophie durch die Fachwissenschaften angereichert. Die Theologie hat das Ziel, den Inhalt des christlichen Glaubens im Auftrag der Kirche zu durchdenken. Weil es ums Denken geht, muß sie von den Werkzeugen (Konzepten, Kategorie) Gebrauch machen, die ihr die Philosophie bietet. Das hat sie schon immer getan ... Die Fachwissenschaften und die Philosophie sind nicht nur ‚Hilfswissenschaften' der Theologie. In einer Zeit wie der unseren, in der sich die Welt so schnell verändert, muß die Theologie das Gespräch mit den Fachwissenschaften und vor allem mit der Tiefenpsychologie aufnehmen. Beide haben viele Fragen aneinander. Von beiden Seiten ist der

---

[49] Diese Standards sind auch zu Richtlinien für die institutionalisierten Weiterbildungsprogramme in den einzelnen Landeskirchen geworden. So wurden in den einzelnen Regionen mehr und mehr KSA-Zentren eingerichtet, die im Rahmen eines Kurssystems mit aufeinander aufbauenden Einzelkursen eine Weiterbildung bis hin zum KSA-Supervisor und eigenverantwortlichen Kursleiter vermitteln.
Da der Zugang zu psychoanalytischen Aus- und Weiterbildungsinstituten für Theologen unmöglich geworden ist, bieten einzelne Landeskirchen und Universitätsinstitute eine Ausbildung zum „Pastoralpsychologischen Berater" an, die von den Auswahlkriterien und vom Aufwand her durchaus als Äquivalent zur Psychoanalytiker-Ausbildung gesehen werden kann. (U.a. 200 Stunden Lehranalyse, Nachweis theoretischer Kenntnisse, kontrollierte Beratungspraxis.)
Eine knappe Zusammenfassung dessen, was „Pastoralpsychologische Aus- und Fortbildung" in ihren verschiedenen Ausprägungen anstrebt und beinhaltet, findet sich in *Joachim Scharfenbergs* (bereits erwähnten, ebenso überschriebenen) Artikel, PZJ XV, S. 385ff. (s.o. S. 180, Anm. 17); eine informative Übersicht ist außerdem zu finden bei *Michael Klessmann,* Aus- und Fortbildung in Pastoralpsychologie, in: R. Blühm u.a., Handlungsfelder, S. 92ff.
[50] *Wybe Zijlstra,* Handbuch zur Seelsorgeausbildung. Aus dem Niederländischen übersetzt von Reinhard Miethner, Gütersloh, 1993.

Wille zum Gespräch kaum vorhanden – zum Schaden beider."[51] Das umfangreiche Handbuch ist insofern repräsentativ für große Teile der Seelsorgebewegung mit ihren Ausbildungsbemühungen, da es einerseits durch reichliche Information Sachwissen vermittelt und andererseits mit Hilfe einer gezielt ausgewählten (und daher „passenden" und nicht anstößigen) Theologie eine Integration humanwissenschaftlicher Erkenntnisse in systematisch-poimenisches Denken vertritt.

4. Viertes Desiderat: Veränderte Gruppenarbeit

Eine grundlegende Revision der bisherigen kirchlichen Arbeit in Gruppen gerät zu einem hervorragenden Aufgabengebiet im Rahmen der Seelsorgebewegung. Zwischen zwei bedeutsamen Monographien entstehen – neben zahlreichen Einzelveröffentlichungen – von 1970 bis 1990 zwei wichtige Sammelbände zu diesem konfliktreichen Thema.

Schon 1971 veröffentlicht D. Stollberg seine Habilitationsschrift „Seelsorge durch die Gruppe", denn: „Kirche als Kommunikationsprozeß vollzieht sich – psychologisch betrachtet – ausnahmslos durch das Medium zwischenmenschlicher Interaktion und Gruppendynamik."[52] Die Arbeit des

---

[51] W. Zijlstra. a.a.O., S. 15.
Geht es im ersten Teil des Handbuchs um „Grundstrukturen des menschlichen Seins" (u.a. mit breiten Ausführungen zu den Begriffen „Bewußtsein" und „das Unbewußte"), so bildet das die Grundlage für eine kurzgefaßte, aber aspektreiche „Neurosenlehre" im zweiten Teil mit gut informierenden Passagen. Ein dritter Teil behandelt dann „Religiöse Erfahrung" mit der sympathischen Schlußaussage: „Eine religiöse Erfahrung wird nur zur Glaubenserfahrung, wenn man zu einer Entscheidung und zur Hingabe kommt. Unklar bleibt, ob die Fähigkeit zu religiöser Erfahrung aufgrund von Anlage und psychischer Struktur das Vorrecht einer bestimmten Gruppe ist oder ob diese Möglichkeit jedem Menschen von Natur aus eigen ist." (S. 255) Behandelt wird daraufhin ebenfalls „Die neurotische Pervertierung der religiösen Erfahrung" als besondere Herausforderung für die Kompetenz des Seelsorgers.
Schließlich gibt ein vierter Teil die theologische und kulturhistorische Meinung des Autors zum Thema „Glauben in einer funktionalen Zeitepoche" wieder. Demnach gilt: „Alle menschliche Kommunikation ist Kommunikation durch Wort und Geist." Hieraus ergeben sich die „Möglichkeiten zur Offenbarung." (S. 400ff.) Denn: „Die christliche Religion trägt genauso wie Israel bis in unsere Tage noch ein religiöses Gewand. Aber das religiöse Gewand ist nicht das Wesentliche. Das Wesentliche ist das Geheimnis, das mitten im Leben steht ... Es hat mit dem Leben selbst zu tun, in der Weise, wie wir miteinander und mit uns selbst kommunizieren." (S. 404f.)
[52] D. Stollberg, Gruppe, S. 17.
J. W. Knowles Buch „Gruppenberatung", München/Mainz, ebenfalls 1971 in deutsch erschienen, wird in seiner englischen Fassung von D. Stollberg schon als bekannt vorausgesetzt. Vgl. auch den Abschnitt S. 85ff.

Seelsorgers/der Seelsorgerin in dieser Form ist also nicht völlig neu und ungewohnt! Nur gilt es eben heutzutage, und d.h. mit modernen Erkenntnissen ausgestattet, das Gruppengeschehen als solches durchschaubarer zu machen. Und es geht darum, es in ganz ungewohnter Funktion zur Selbsterfahrung der Teilnehmer und Teilnehmerinnen bzw. zu deren Bewußtheitserweiterung, Erlebensdifferenzierung und Kommunikationsverbesserung zu nutzen. Die Gemeinden sind auf diese veränderte Gruppenfunktion vorzubereiten, denn: „Intentionale Seelsorge durch die Gruppe im spezifischen Sinne unstrukturierter (d.h. nicht durch von ‚außen' vorgegebene Themen und Autoritätsfunktionen bestimmter) Gruppenberatung ist den Gemeinden weithin völlig unbekannt ..."[53] Die Seelsorger und Seelsorgerinnen sind deshalb zu informieren, einzuüben, mit entsprechender Kompetenz zur Gruppenleitung auszustatten. In diesem Sinne bekommt D. Stollbergs Veröffentlichung den Charakter eines Lehrbuchs, das mit Theorie und Praxis moderner Gruppenarbeit vertraut macht.[54]

Drei Jahre später veröffentlichen *Karl-Wilhelm Dahm* (ev.) und *Hermann Stenger* (kath.) die Berichtsammlung „Gruppendynamik in der kirchlichen Praxis". In diesem Band werden Formen der Gruppenarbeit in der Militärseelsorge, in der Vikarsausbildung, mit kirchlichen Führungskräften sowie in der klinischen Seelsorgeausbildung beider Konfessionen dargestellt und einer theologischen Reflexion unterzogen.[55]

---

[53] D. Stollberg, a.a.O., S. 27.

[54] So werden im zweiten und dritten Teil Anleitungen für die Praxis gegeben, die von der Zusammenstellung der Gruppe ausgehend über die Frequenz der Zusammenkünfte bis hin zu der Schilderung typischer Abläufe im Gruppenprozeß und der Leiterrolle und der Differenzierung bestimmter Zielgruppen reichen.
Ein vierter Teil dient der theologischen Interpretation dieses Vorgehens. Hier ist Seelsorge als christologisches Problem gefaßt: Es wird eine „Theologie des Konsensus" als das spezifische Proprium der Seelsorge durch die Gruppe gefordert. Denn zum einen gilt auch hier: „Das Proprium aller kirchlichen Arbeit besteht in der Erkenntnis bzw. ‚Empfängnis' und Weitergabe bzw. ‚Geburt' des Wortes Gottes bzw. des Christus als des wahren Menschen." (S. 186) Zum anderen kann in diesem Kontext gesagt werden: „Als Credo stellt Theologie den *Konsensus* der Glaubenden dar. Dieser realisiert sich u.a. als Vergegenwärtigung der gemeinsamen Geschichte zur Aufrechterhaltung der Identität der Gruppe und des einzelnen in der Gruppe (dogmatisch-kultischer Aspekt), als Norm des Handelns der Gruppe wie des einzelnen Gruppenmitglieds (ethischer Aspekt), als Norm des Selbstverständnisses gegenüber Dritten (apologetischer und missionarischer Aspekt)." (S. 191f.)

[55] Vgl. *Karl-Wilhelm Dahm/Hermann Stenger* (Hg.), Gruppendynamik in der kirchlichen Praxis. Erfahrungsberichte, München/Mainz, 1974.
Vorher hatte *Tobias Brocher* als Psychoanalytiker (in dem von *Werner Becher* herausgegebenen Band „Klinische Seelsorgeausbildung – Clinical Pastoral Edu-

Einen zweiten Sammelband stellt Joachim Scharfenberg unter dem Titel „Glaube und Gruppe" zusammen.[56] Hier werden jetzt (nach den eingangs nötigen Erfahrungsberichten) Grundfragen des theologischen und kirchlichen Umgangs mit dem Phänomen Gruppendynamik bzw. spezifische Problemstellungen aus der kontroversen Diskussion aufgegriffen und diskutiert. Einige seien exemplarisch genannt: Welche religiöse Dimension hat die Gruppenbildung? Kann Gruppenteilnahme süchtig machen? Welche theologischen Argumente sprechen für die Arbeit in Gruppen mit seelsorgerlicher Zielsetzung?

Die bisher umfangreichste Auseinandersetzung mit der gesamten Fragestellung und mit der in zweieinhalb Jahrzehnten in Gang gekommenen Diskussion bietet Klaus-Volker Schütz in seiner 1989 als Buch veröffentlichten Dissertation „Gruppenarbeit in der Kirche".[57] Die gesellschaftspolitische Ausrichtung ist als durchtragende Tendenz unübersehbar und bestimmend.

---

cation", Frankfurt, 1972), einen Aufsatz veröffentlicht: „Die Funktion von Gruppe und Gruppendynamik in der klinischen Seelsorgeausbildung" (S. 120ff.).
Peter Frör vertrat schon früh (1974) den historischen Aspekt mit einem Aufsatz „Gruppenseelsorge in der klinischen Tradition: Das Beispiel der Banden Herrnhuts", in: R. Riess, Perspektiven, S. 79ff. Er faßt seinen Eindruck zusammen: „Für uns, die wir auf dem Wege sind, die Gruppenseelsorge wieder neu zu entdecken, stellt sich die Frage, was wohl am Beispiel der Banden Herrnhuts erstaunlicher ist: der Mut und der Anspruch des seelsorgerlichen Ansatzes oder die Konsequenz, mit der er ohne ausgefeilte methodische Hilfen in die Tat umgesetzt wurde." (S. 94; dazu vgl. im historischen Abschnitt auch S. 116ff.)
Einen Hinweis verdient in diesem Zusammenhang auch das von *Adolf Däumling* und *Liesel-Lotte Herkenrath* herausgegebene Sonderheft zum Thema in einem nicht-theologischen Medium: Themaheft „Gruppendynamik im kirchlichen Feld", Zeitschrift „Gruppendynamik", H. 5, 1975.
Schließlich liefert *Arnd Hollweg* einen interessanten Beitrag zum Trend dieser Zeit mit dem Buch „Gruppe, Gesellschaft, Diakonie. Praktische Erfahrungen und theologisches Erkennen", Stuttgart, 1976. Zuvor war A. Hollweg auf diesem Gebiet schon mit seinem Werk „Theologie und Empirie. Ein Beitrag zum Gespräch zwischen Theologie und Sozialwissenschaften in den USA und Deutschland", Stuttgart, 1971, hervorgetreten und hatte hier vor allem erkenntnis- und wissenschaftstheoretische Themen abgehandelt. Das Verhältnis von „Gruppe und Gemeinde" wird hierbei zu einem der Paradigmen für die immer wieder und immer neu anstehende Verhältnisklärung im Blick auf Theologie und Empirie.

[56] *Joachim Scharfenberg* (Hg.), Glaube und Gruppe. Probleme der Gruppendynamik in einem religiösen Kontext, Wien/Freiburg/Basel/Göttingen, 1980.

[57] K.-V. Schütz, Gruppenarbeit; s.o. S. 60, Anm. 133. Geboten wird eine detaillierte Rezeptionsgeschichte der Methoden angewandter Sozialpsychologie in der Praktischen Theologie. Dargestellt und kritisch reflektiert ist in diesem Rahmen zunächst die Diskussion um die Gruppe in der nordamerikanischen Seelsorgebewegung und später in den protestantischen Kirchen der Gegenwart. So entsteht

Der Autor begründet die neue Sicht der Dinge mit der zunehmenden Befürchtung nachdenklicher Kräfte der Kirche, sich im Wirkungszusammenhang des gesellschaftlichen Strukturwandels dysfunktional zu erleben, „... weil die Diskrepanz zwischen der sich ständig wandelnden Gesellschaft und der gewachsenen und tradierten Struktur wuchs. Eine Revision der Gruppenarbeit schien hier Auswege zu bieten. Man hoffte auf Subjektivität und Kollektivität in neuer, überschaubarer Spannung. Die Anpassung traditioneller Formen der Gruppenarbeit an neuere Methodologien spiegelt offenkundig veränderte soziale Tatbestände. Die generelle Veränderung der kulturellen Bedingungen der technisch-industriellen Gesellschaft im 20. Jahrhundert ist die übergreifende Problematik, die mitbedacht sein will."[58]

Die nach wie vor bestehende Schwierigkeit sieht K.-V. Schütz in der Vernachlässigung der Rezeption sozialpsychologischer Gehalte ausgerechnet in der Pastoralpsychologie. Seiner Meinung nach entstehen so aus verschiedensten Gründen inhärente Widersprüche, die die Chancen und die Effektivität eines gruppendynamischen Vorgehens im kirchlichen Raum mindern. So kommt es zu einem Plädoyer des Autors für eine viel weitergehende Offenheit, das freilich die offene Frage nach der rechten Zuordnung von Theologie und Humanwissenschaften weniger zu beantworten als zu aktualisieren vermag: „Wenn die Praktische Theologie die Gruppenverfahren nicht länger als isolierte Methodologien aufnähme, und sie sich stattdessen in ein Gespräch mit dem *Gesamt* der sozialpsychologischen Erkenntnis begäbe, würden sich viele der bestehenden Mißverständnisse wahrscheinlich auf ein verschwindend geringes Maß reduzieren, und die Praktische Theologie müßte auch auf diesem Feld nicht länger reine Hilfswissenschaft sein. Sie könnte auch in der Seelsorgelehre wieder stärker ihre prospektive Funktion wahrnehmen und hätte nicht nur damit zu tun, das, was die angewandte Sozialpsychologie der kirchlichen Arbeit als Handwerkszeug zu bieten hat, mit immensem Argumentationsaufwand nachträglich als theologisch legitim zu identifizieren. Hier wäre ernsthaft zu fragen, ob ein solch grundsätzlicher Ansatz letzten Endes nicht in den Entwurf einer Sozialpsychologie des Religiösen zu münden hätte."[59]

Mit betonter Zeitgemäßheit, intensivierter Beratungsarbeit, praxisbezogener Ausbildung und veränderter Gruppenarbeit prägte und prägt die sich fortentwickelnde *Seelsorgebewegung* das „Klima" in der poimenischen Landschaft ebenso maßgeblich wie nachhaltig. Mit kritischen Fragestellungen

---

eine erste „Geschichte" dieser Entwicklung mit Einbettung in die Diskussion von Grundfragen der Pastoralpsychologie. Sehr hilfreich ist dabei das umfangreiche Verzeichnis aller einschlägigen Literatur.
[58] K.-V. Schütz, a.a.O., S. 16.
[59] K.-V. Schütz, a.a.O., S. 356.

und Infragestellungen ist sie dabei von Anfang an konfrontiert gewesen. Das schließt einerseits nicht aus, daß viele von pastoralpsychologischen Einsichten getragene Vorgehensweisen inzwischen im kirchlichen Raum und im Bereich der Praktischen Theologie (sowie durch sie vermittelt in anderen theologischen Disziplinen) als selbstverständliche Bestandteile poimenischen Handelns übernommen wurden und weiter übernommen werden.

Dennoch ist eine breite *Gegenströmung* nicht zu übersehen. Wie läßt sich diese verstehen, und unter welchen verschiedenen Vorzeichen schlägt sich diese konzeptionell nieder? Das schon eingangs (s.o.S. 172ff.) geschilderte Systematisierungs- und Zuordnungsproblem wird hier nochmals überdeutlich: Die zahlreichen der genannten Bewegung gegenüberstehenden poimenischen Entwürfe sind kaum einheitlich zu fassen. Schwerpunktbildungen doppeln sich oft, Integrationsmodelle vermitteln sich unter verschiedenen Zielvorstellungen. Zuordnende Zusammenstellungen können deshalb in manchen Fällen leicht herbeigezwungen oder sogar willkürlich wirken.

Eine Zusammenstellung soll dennoch versucht werden: Angenommen wird ein gemeinsamer Nenner für diejenigen Richtungen, die sich innerhalb der poimenischen Gesamtentwicklung während der letzten drei Jahrzehnte deutlich von der Seelsorgebewegung unterscheiden, abgrenzen und so oder so in Theorie und Praxis einen anderen Weg gehen wollen.

II. Die auf Restitution und Kontinuität ausgerichteten Bestrebungen

1. Erstes Desiderat: Neue systematisch-theologische Einbindung der Seelsorge

Die Krise der kirchlichen Seelsorge ist nicht nur von den Vertretern der kirchlichen Seelsorgebewegung empfunden und auf deren Art beantwortet worden. Gemeinsam mit einem evangelischen und einem katholischen Systematiker veröffentlicht der Praktische Theologe Manfred Seitz Ende der sechziger Jahre eine Schrift „Die Praktische Theologie zwischen Wissenschaft und Praxis".[60] M. Seitz fordert die Theologengeneration darin auf, die Krisis als Verheißung zu begreifen. Die Erneuerung der Praktischen Theologie und damit vor allem auch der Seelsorge wird hier von der Wiederbelebung einer evangelischen *Aszetik* erwartet. Mit dieser Erwartung und Aufforderung verknüpft sich nicht der Ruf nach neuer Erbaulichkeit! Vielmehr geht es bei der angestrebten Krisenbewältigung um Rückbesinnung auf biblische Angebote und deren systematisch-theologische Verarbeitung.

---

[60] E. Jüngel/K. Rahner/M. Seitz, Theologie.

Auch zwei Jahre später stellt Manfred Josuttis in einem Literaturbericht heraus, daß fast alle Veröffentlichungen zur Seelsorge aus dieser Zeit stereotype Klagen enthalten. Der Begriff gelte als ungeeignet, die Ausbildung als ungenügend, die Praxis als unbefriedigend.[61]

Ein Umdenken bzw. ein Neuansatz war also ganz allgemein angesagt. Ging es bei all dem um das, was Gert Otto damals „Die Verlegenheit der Th(eologie) im allgemeinen, der Pr(aktischen) Th(eologie) und kirchlichen Praxis im besonderen" nannte?[62] Hing der beklagte Realitätsverlust in der Seelsorge bzw. deren Wirkungslosigkeit mit der von G. Otto konstatierten Negation des Theorie-Praxis-Bezuges in Theologie und Kirche zusammen?

Unter den sehr verschiedenen Antworten auf diese Frage tritt bald eine sehr deutlich hervor, die zugleich als kritischer Gegenentwurf zur immer mehr Einfluß nehmenden Seelsorgebewegung empfunden werden mußte.

---

[61] *Manfred Josuttis*, Seelsorge und Psychologie, in: Verkündigung und Forschung. Beihefte zur Ev. Theologie, H. 1, München, 1970 .

[62] Vgl. *Gert Otto*, Zur gegenwärtigen Diskussion in der Praktischen Theologie, PThH, S. 9ff. (Zitat S. 10). In diesem Handbuch wird das Gebiet „Seelsorge" (S. 425ff.) von *Walter Neidhart* abgehandelt. Nach einer Begriffsklärung setzt der Autor mit einer Verhältnisbestimmung von „Theologie" und „Seelsorge" ein. Denn: „Definition und Umschreibung der S(eelsorge) hängen von der jeweiligen theologischen Position ab." (S. 426) Von der sind dann die verschiedenen Typen von Seelsorgelehren im deutschsprachigen Raum abzuleiten. Auffällig breiten Raum nimmt daraufhin die Klärung des Verhältnisses von „Psychotherapie und Seelsorge" ein. W. Neidhart spricht hier von einer „Entlastung der Seelsorge durch die Psychotherapie" unter der Voraussetzung, daß die Theologen nicht in der problemgeladenen Frage nach der rechten Grenzziehung stecken bleiben. „Die S(eelsorge) darf darum die Herausforderung durch die therapeutische Haltung nicht überhören, sonst wird ihr Reden von der unbedingten Liebe Gottes zum Sünder unglaubhaft." (S. 436)

Der Artikel zeigt deutlich, daß im Zuge einer allgemein als notwendig erscheinenden Krisenbewältigung auch vor und außerhalb der deutschen Seelsorgebewegung die Poimenik geradezu unbefangen in einer offenen Lernsituation gegenüber der Psychotherapie gesehen werden konnte. Die betonte Offenheit schien der veränderten Lage sowie der Einsicht zu entsprechen, die Kontinuität des traditionellen seelsorgerlichen Vorgehens dem neuesten Erkenntnisstand gemäß bewahren zu können. Später wird W. Neidhart immer wieder versuchen zu vermitteln. Obwohl er Helmut Tackes Position in dessen Buch „Glaubenshilfe als Lebenshilfe" (s.u. Anm. 63) durchaus nicht teilt, fragt er als Rezensent (ThPr (12) 1977, S. 323) sehr wohlwollend nach dessen Zielvorstellungen: „Will er einer Polarisierung entgegenwirken, die psychologisch orientierten Seelsorgelehrer dazu aufrufen, ihr Proprium nicht preiszugeben, und bei anderen Verständnis dafür wecken, daß der Seelsorger von der Psychotherapie lernen muß?"

H. Tacke wiederum kann sich durch diese Frage in der von ihm intendierten Rolle durchaus bestätigt fühlen (vgl. H. Tacke, Glaubenshilfe als Lebenshilfe, s. die folgende Anm. 63)

Helmut Tacke (1928–1988) versteht sich selbst als vehementer, aber gesprächsbereiter Kritiker dieser Bewegung. Er möchte – und das ist im gegebenen Zusammenhang der wesentliche Punkt – mit dieser Kritik bewußt die Linie der *kerygmatischen Seelsorge* fortsetzen und das Werk E. Thurneysens (s.o. S. 31ff.) aktualisieren. Mit diesem Anliegen, das sich in dem Buch „Glaubenshilfe als Lebenshilfe" niederschlägt, wird er mit seiner Meinung sofort zum Kristalisationspunkt einer ebenso erregt geführten wie engagierten Diskussion um eine „wirklich" zeitgemäße Poimenik.[63]

1) H. Tackes Buch umfaßt fünf Reflexionsgänge. Ein erster nimmt Stellung „Zum Funktionswandel der Seelsorge". H. Tacke führt aus, daß man bei dem breiten Angebot kirchenkritischer Poimenik zwar gegenwärtig durchaus von einer „Stunde der Seelsorge" reden könne! Nur frage sich eben: „Wird die *kirchliche Seelsorge* an dieser allgemeinen Seelsorgekonjunktur unbekümmert teilnehmen können, oder wird sie nicht vielmehr veranlaßt sein, sich auf ihren eigenen Ansatz bewußt zu konzentrieren?"[64] Zwar komme die „beratende Seelsorge" offensichtlich einer breitgefächerten Erwartungshaltung entgegen. Damit könne aber gleichzeitig eine höchst problematische Absage an die Verkündigung des Evangeliums, ein Verzicht auf das Proprium der Seelsorge verbunden sein. Deshalb müsse es jetzt darum gehen, die in der Tat unverzichtbare Dialektik von Glaubenshilfe und Lebenshilfe wieder mit dem richtigen Vorzeichen zu versehen. In der Folge solcher Überlegungen definiert H. Tacke dann: „Seelsorge ist praxisbezogene Vermittlung des Evangeliums in Form eines freien Gesprächs, in dem die Seelsorge Gottes zur Sprache kommt. Das seelsorgerliche Ziel besteht in der Hilfe zum Glauben, so daß der Glaube sich als Lebenshilfe erweisen kann."[65]

2) Ein zweiter Reflexionsgang wendet sich gegen die „Divinisierung des Humanen" in der Seelsorgebewegung.[66]

---

[63] *Helmut Tacke*, Glaubenshilfe als Lebenshilfe. Probleme und Chancen heutiger Seelsorge, Neukirchen-Vluyn, 1975. Zitiert wird hier nach der 2. Aufl. von 1979, die den unveränderten Nachdruck lediglich durch ein Nachwort und Register ergänzt. Dieses Nachwort, als „Anhang: Zum Stand der Diskussion" konzipiert, lohnt sich als Einstimmung in die sich an das Buch anschließende Auseinandersetzung zu lesen. Besonders die kontroverse Diskussion mit D. Stollberg (S. 292f.) ist aufschlußreich für die Schwierigkeiten des Dialogs in dieser Phase der Auseinandersetzung.

[64] H. Tacke, a.a.O., S. 10.

[65] H. Tacke, a.a.O., S. 32.

[66] Der zentrale Vorwurf lautet: „Wenn die ‚kerygmatische Seelsorge' die Situation der Begegnung nur als *Voraussetzung* für die Verkündigung eines vorgegebenen Evangeliums eingeschätzt hat, so entdeckt die ‚beratende Seelsorge' das Evangelium im Vollzug der Begegnung selbst. Es ist kein formuliertes, kein inhaltlich festgelegtes Evangelium, sondern es besteht im Erfahren der tragfähigen Relation,

Der dritte Reflexionsgang behandelt „Das seelsorgerliche Gespräch". H. Tacke setzt sich hier zunächst vom Umgang mit dieser Begrifflichkeit in der Seelsorgebewegung ab: Gespräch als solches ist noch kein Wirkfaktor, der über das Humanum hinausweisen könnte! In diesem Kontext komme es vielmehr darauf an (hier befindet sich Tacke in formaler Übereinstimmung mit E. Thurneysens Rede von der „Bruchlinie" – s.o. S. 33ff.), die „Grenzen des Gesprächs" zu markieren. Seelsorge muß damit rechnen, daß der belastete Mensch der Gegenwart keine Gesprächsfähigkeit mehr besitzt.[67]

In einem vierten und für seine Position gewichtigsten Reflexionsgang unternimmt H. Tacke dann den Versuch, seine Konzeption systematisch-theologisch zu untermauern. Er tut es unter der Überschrift „Annahme und Rechtfertigung" und unter besonderem Hinweis auf einen programmati-

---

[67] im Prozeß des Angenommenwerdens und im Erschließen eines verborgenen, nun aber aktivierten seelischen Potentials" (H. Tacke, a.a.O., S. 41). Von dieser Gegenüberstellung her setzt sich H. Tacke dann vor allem von Carl R. Rogers mit seinem optimistischen, auf ‚inneres Wachstum' und ‚Selbstverwirklichung' ausgerichteten Menschenbild ab und sieht in seiner Folge das Beraten auf- und das Bezeugen abgewertet.
Vielmehr muß gelten: „Evangelische Seelsorge geschieht im Namen Gottes. Vom Glanz und vom Schutz dieses Namens ist das Gespräch in der Seelsorge von vornherein umschlossen. Der Name ist die Voraussetzung dafür, daß es ohne Angst verläuft. Mitgebracht wird ja nicht nur die Angst des hilfesuchenden Menschen, sondern auch die Angst des Seelsorgers, der sich auf das Hören und Reden nicht verlassen kann. Die Angst wird relativiert durch die Gegenwart des Namens. Dieser Name ermöglicht Gelassenheit und entkrampft die seelsorgerliche Begegnung. Kein missionarischer Erfolgszwang, kein Bekehrungsmethodismus wird von einer Seelsorge zugelassen, die unter dem Namen Gottes steht. Die Anwesenheit des Namens gibt dem Gespräch uneingeschränkte Freiheit." (H. Tacke, a.a.O., S. 77.)
Von dieser Position aus kritisiert Tacke besonders den Ansatz J. Scharfenbergs in „Seelsorge als Gespräch" (s.u. S. 220ff.) und dessen polemischen Umgang mit den Konzeptionen H. Asmussens und E. Thurneysens. Denn nicht das „gelungene Gespräch" ist ja nach H. Tacke bereits mit Seelsorge gleichzusetzen. Auch ist das forciert gepflegte Hören nach seiner Meinung zu ausschließlich in den Vordergrund getreten und hat das biblisch bezogene Reden verdrängt. Deshalb muß das *parakletische Reden* als die spezifische Sprache wirklich kirchlicher Seelsorge wieder neu herausgestellt werden. Dieses parakletische Reden hat drei Ausrichtungen: „Das Moment des ‚Herbeirufens' führt zu einem partnerzentrierten Ansatz und verpflichtet die Seelsorge zu situationsbezogener Bezeugung des Evangeliums. Der Aspekt des parakletischen *Ermahnens* fordert konkretes Ansprechen der Probleme und verweist zugleich auf die evangelische Motivation der *Lebenshilfe*. Das parakletische *Trösten* schließlich ist die zentrale Aufgabe der Seelsorge. Es geht um den ‚Trost Gottes' in seiner Korrelation zum trost-losen Menschen." (H. Tacke, a.a.O., S. 101)

schen Aufsatz Hans-Joachim Iwands, der das biblisch-reformatorische „pro me" als soteriologische Kernaussage in seinem modernen theologischen (und frommen!) Gebrauch *mißbräuchlich* verwendet sieht.[68] Worum geht es dabei? Es geht um die theologische Aussage, daß als Christ mein erlöstes „Ich" zwar unabdingbar zu mir gehört, gleichzeitig von mir und meiner erfahrbaren Existenz so distanziert und „in der Geschichte Jesu Christi verborgen" ist, daß es nur und allein im Glauben „zum Zentrum meiner Selbst" gerät. Unter das Vorzeichen des „Mißbrauchs" gerät diese Grundannahme des christlichen Glaubens immer, wenn eben diese ausschließlich *geistlich* aufzuhebende Distanz im alltäglichen Erleben nicht gewahrt bleibt. Dann ist das jeweils eigene Sein des Menschen nicht mehr am Sein Christi orientiert, sondern fällt mit diesem in eins! Dann ist das Evangelium nicht mehr situations*bezogen,* sondern es ist situations*immanent*! Dann werden „Inkarnation" und „Empathie" zu deckungsgleichen Begriffen, die ein und dasselbe Erleben bezeichnen! Dann gerät die „soteriologische Differenz" zwischen göttlichem und menschlichem Verhalten außer Kurs! Dann gilt in der Tat das, was nach H. Tackes Meinung die Seelsorgebewegung vertritt: „Das menschliche Akzeptieren trägt und verwirklicht Gottes Akzeptieren. Wenn Menschen einander annehmen, ereignet sich die Rechtfertigung Gottes." Und als ihr Kritiker stellt er fest: „Diese Konstruktion, die zu einer dominanten Stellung innerhalb moderner Seelsorgeentwürfe gekommen ist, hat also ein Analogieschema aufgelöst zugunsten der Identifikation." Er fährt fort: „Die Konsequenzen einer solchen Neufassung der Rechtfertigungslehre für die Seelsorge sind erheblich. Als ihr gewichtigstes Defizit darf der Ausfall der *Christologie* genannt werden."[69]

In der Folge dieses schwerwiegenden Moments stellt H. Tacke dann die für seine poimenische Konzeption entscheidende Frage: Ist der Seelsorger „Therapeut oder Zeuge"?[70] Genau das aber entscheidet sich – bei bleibender Affinität des so Fragenden zur „Wort-Gottes-Theologie" – an der Stellung des modernen Seelsorgers zum *Wort*. Nicht die subjektive, persönliche „Glaubwürdigkeit" des seelsorglich Handelnden wird also zum Wirkmoment – so wichtig sie ist und bleibt! Nein: „Die einzig mögliche ‚Glaubwürdigkeit' des Seelsorgers kann nur darin bestehen, daß er die Aufmerksamkeit von sich selbst abweist und die legitime Glaubensrelation bei Namen nennt. Es ist die Intention des Glaubens, an Christus und an dem ihn bezeugenden Wort zu hängen und – um des Menschen willen – nicht am

---

[68] *Hans-Joachim Iwand*, Wider den Mißbrauch des ‚pro me' als methodisches Prinzip in der Theologie, EvTh (14) 1954, S. 120ff.
[69] Zu den Zitaten vgl. H. Tacke, a.a.O., S. 142, zum Abschnitt S. 137ff.
[70] H. Tacke, a.a.O., S. 147ff.

Menschen."[71] Nur so kann letztlich – entgegen dem immer wieder drohenden Moralismus in einer so oder so „gesetzlich" arbeitenden Seelsorge – „Das Gesetz Christi"[72] und damit das seelsorgerliche Grundgesetz situationsverändernd zum Tragen kommen, daß nämlich der eine Mensch des anderen Last trägt.

Ein fünfter und abschließender Reflexionsgang behandelt auf dieser Basis praxisorientiert das Thema „Seelsorge und Glaubenshilfe".[73]

Abschließend wird die Intention dieses Seelsorgekonzepts nochmals auf den entscheidenden Punkt gebracht: „Evangelische Seelsorge ist aufgetragen, in Treue die ihr anvertraute Erkenntnis festzuhalten, daß der sorgende Mensch unserer Zeit in Christus sein verborgenes Leben hat (Kol. 3,2), das schon jetzt sein Dasein ergreift und bestimmt. Der existentiellen Interpretation der Christologie entspricht die christologische Interpretation der Existenz, die im Wissen des Glaubens darum weiß, daß unser Leben dem auferstandenen Herrn gehört und daß es seine Kontinuität in der Treue Gottes hat."[74]

---

[71] H. Tacke, a.a.O., S. 151.

[72] H. Tacke, a.a.O., S. 161ff.

[73] Charakteristische Themen sind dabei: Eine partnerschaftliche Seelsorge, die ihren Namen wirklich verdient, weil die Gottesrelation alle menschliche Unterschiedenheit und Rollenbesetzung relativiert; – eine Seelsorge der Glaubensrelation, die Glauben auf tatsächliches Leben bezieht sowie auf dessen kommunikationsstiftende Kraft vertraut, ohne doch „Glaubenshilfe" dabei von einer religiösen Kraft im Menschen, sehr wohl aber vom „Humanismus Gottes" im Sinne Karl Barths abhängig zu machen; – eine Seelsorge, die das Ich relativiert und damit die Identitätsfrage bei theologisch konsequenter Einstellung mit der unbedingten Annahme eines „extra nos" verknüpft; – eine Seelsorge, die tatsächlich Glaubenshilfe als Lebenshilfe zu vermitteln vermag, weil sie entdecken hilft, daß (besonders in Leidensmomenten) die menschliche Situation und die Situation Gottes in unmittelbare Beziehung zueinander treten und gerade dadurch Trost entbunden wird; – eine Seelsorge an Trauernden, die bei allem notwendigen psychologischen Verstehen des Trauerprozesses vor allem versucht, den Betroffenen die Geschichte von der Treue Gottes nahezubringen; – eine Seelsorge zwischen Glauben und Schauen, die sich gerade im Durchhalten jener Spannung bewährt, die zwischen dem Jetzt des Glaubens und dem Dann des Schauens aller göttlichen Verheißung besteht.

[74] H. Tacke, a.a.O., S. 282.
In H. Tackes posthum veröffentlichter Vortrags- und Aufsatzsammlung „Mit den Müden zur rechten Zeit zu reden. Beiträge zu einer biblisch orientierten Seelsorge", Neukirchen-Vluyn, 1989, wird die Grundlinie des positionellen Anliegens dieses Poimenikers in einzelnen Stellungnahmen zu Schwerpunkten der Auseinandersetzung weiter verdeutlicht. Von besonderer Bedeutung für zukünftige Diskussionen könnten in diesem Kontext Bemerkungen sein, die H. Tacke in

Soviel zu der einflußreichen poimenischen Konzeption Helmut Tackes, der die Restitutions- und Kontinuitätsbestrebungen besonders deutlich repräsentiert und eine neue Grundsatzdebatte wenn auch nicht ausgelöst, so doch intensiviert hat.

Sehr bemerkenswert ist in diesem Kontext, daß Rudolf Bohren im Jahre 1982 eine Biographie und kritische Würdigung Eduard Thurneysens vorlegt.[75] Der Autor war selber über die Art seiner zunehmenden Erkenntnis überrascht: „Aus einer Verteidigungs- und Streitrede für ihn wurde mehr und mehr eine Anfrage an ihn selbst, und der Infragegestellte bekam ein Gewicht, das der Verteidigte nicht hatte. Das Gespräch mit ihm verdichtete sich zu einer Anfrage an die Kirche und Theologie der Gegenwart."[76]

R. Bohren konstatiert nämlich, daß E. Thurneysen in seiner Zuordnung von Seelsorge und Psychologie seinem ursprünglichen Ansatz in dem Aufsatz „Rechtfertigung und Seelsorge" von 1928 (s.o. S. 40ff.) nicht treu geblieben sei, wenn er später in seiner „Lehre von der Seelsorge" die Psychologie als „Hilfswissenschaft" definiert und als solche ausdrücklich anerkannt habe (s.o. S. 39f.). In der frühen Schrift werde dagegen herausgestellt, daß es sich in der Seelsorge um ein neues Sehen und Verstehen des Menschen von Gott her handle, daß mit diesem neuen Sehen auch eine „neue Psychologie" verbunden sei, die die alte (d.h. humane) Psychologie konsequent unter ein eschatologisches Vorzeichen stelle. „Während in ‚Rechtfertigung

---

einem Vortrag „Konsequenzen der Theologie Karl Barths für die Praxis der Seelsorge" von 1980 macht (S. 153ff.). Hier schreibt er zum einen: „Indem Karl Barth die Christologie zur Basis der Anthropologie gemacht hat, kommt es zu wichtigen Erklärungen in einem Bereich, der in der Seelsorge eine entscheidende Rolle spielt. Ich meine die Spannung von Nähe und Distanz. Es gibt eine Neigung, diese Spannung in der Gottesbeziehung des Menschen aufzulösen." (S. 153)
Die Herausbildung der einander so entgegengesetzten Positionen wie „kerygmatische Seelsorge" und „Seelsorgebewegung" sieht er dann in der Vereinseitigung je eines Momentes. In der Gottesbeziehung wird dann entweder eine „Distanz ohne Nähe" oder aber eine „Nähe ohne Distanz" angenommen. Nur – so meint H. Tacke dann zum anderen – eine „Christologie als Basis der Anthropologie" im Sinne Karl Barths kann hier das rechte Gleichgewicht schaffen. Auf diesem Hintergrund kann er dann die erstaunliche Feststellung treffen: „An dieser Stelle fasziniert mich der Gedanke, daß es zwischen der Theologie Karl Barths und der heutigen Seelsorgebewegung eine geheime und vielleicht beiden Seiten gar nicht so sehr sympathische Gleichgestimmtheit geben könnte – nämlich die sozusagen von Haus aus positive Einschätzung des Menschen und seiner Möglichkeiten. Das Fundament dieser Position ist jeweils verschieden, aber eine gewisse Vergleichbarkeit scheint gegeben zu sein." (S. 159)

[75] Vgl. R. Bohren, Prophetie.
[76] R. Bohren, a.a.O., S. 5.

und Seelsorge' der Sehakt zuerst kam, wurde später die Psychologie dem Sehen vom Wort Gottes her vorgeordnet ...", schreibt R. Bohren. „Wenn ich recht verstanden habe, war 1928 die Weisheit aus dem neuen Sehen, der Kunst der Wahrnehmung hervorgegangen, jetzt kam sie aus psychologischer Kenntnis und diente der ars bene dicendi, der Kunst des rechten Redens."[77]

Und er schlußfolgert im Hinblick auf E. Thurneysen: „Man hört oft, seine ‚Lehre von der Seelsorge' habe in der Praxis seiner Schüler versagt. Mit seinem Begriff der Seelsorge als Verkündigung hat er den Seelsorger in der Tat weitgehend allein gelassen. Ich sehe einen Grund zum Versagen seiner Theorie in der Praxis seiner Schüler im Fehlen einer Lehre vom Sehen ... Brächten wir den ‚primären Akt aller wirklichen Seelsorge' neu zu Ehren, würde sich auch die Praxis erneuern. Eine ‚neue Psychologie' wäre ‚Prophetie' in Hinsicht auf den einzelnen. In ihr wäre der Streit zwischen Seelsorge und Psychologie zu Ende geführt."[78]

Und – so ist hinzuzufügen – die Kontinuität mit den „ursprünglichen" poimenischen Einsichten wäre erhalten und kritisch fortgesetzt.

Unter der Überschrift „Grundlegungen der Seelsorge" verantwortet Reimund Blühm den Abschnitt „Begriff und Theorie der Seelsorge" in einem Handbuch aus den frühen 80er Jahren.[79] Nach einleitenden Begriffsbestimmungen und dem Aufweis biblischer „Beweggründe zur Seelsorge" kommt es zu einer breit ausgeführten Verhältnisbestimmung von Theologie und Humanwissenschaften resp. Seelsorge und Psychologie/Psychotherapie. Die

---

[77] R. Bohren, a.a.O., S. 225.

[78] R. Bohren, a.a.O., S. 225f.
Vgl. hierzu auch das Themenheft: Eine neue Psychologie? Zum 100. Geburtstag von E. Thurneysen, PTh (77) 1988/10, S. 425ff.; besonders den Aufsatz von *Rudolf Bohren*, Macht und Ohnmacht der Seelsorge, S. 463ff. Danach geht es vor allem um den in der Seelsorge wirksamen *Geist*. Die Verhältnisbestimmung von Heiligem Geist und menschlichem Geist muß neu verdeutlicht werden. „Thurneysen denkt hier in christologischen Kategorien des ‚unvermischt' und ‚ungetrennt', das sind Kategorien, die zur Bestimmung von Heiligem Geist und menschlicher Seele nicht ausreichen. Das Fehlen der Pneumatologie und damit das Nichtbeachten der Kategorie der Vermischung gibt den Ausführungen Thurneysens einen Hauch von Doketismus, von Unwirklichkeit, der in der Praxis von seiner tiefen Menschlichkeit überwunden wurde." (S. 465f.)
Dagegen ist für R. Bohren der Unterschied von alter und neuer Psychologie so zu bestimmen: „... säkulare Psychologie ist eine Wissenschaft aufgrund gehabter Erfahrungen und Beobachtungen – *biblische, spirituelle und damit neue Psychologie ist demgegenüber eine Wissenschaft von künftiger Erfahrung*, eine Art Futurologie der Seele, wobei anzumerken wäre, daß keine Futurologie von gehabter Erfahrung abstrahieren kann." (S. 467)

[79] Handbuch der Seelsorge, bearbeitet von *Ingeborg Becker, Karl-Heinrich Bieritz, Reimund Blühm* u.a.. Berlin, 1983, S. 21ff. (HbSS)

entsprechenden Auseinandersetzungen und Reflexionen sind unabdingbar, aber zugleich klar abgrenzend: „Die Beziehungen zwischen Seelsorge und Psychotherapie können fruchtbar sein, doch können beide einander selbstverständlich keineswegs ersetzen. Die Unterschiede sind markant. Die Psychotherapie gehört in den Bereich der Psychologie und Medizin, die Seelsorge in den der Theologie und der Kirche."[80]

Grundlegend für diese Unterscheidung sind dann „Begriff und theologische Interpretation der Seelsorge": „Ursprung der Seelsorge ist das Evangelium. Von ihm empfängt sie ihre Wirkungskraft und Orientierung. Das Evangelium ist die Nachricht von der Liebe Gottes, die in Jesus Christus geschichtliches Ereignis geworden ist und inhaltlichen Ausdruck gefunden hat und die allen Heil bringt, die auf sie eingehen."[81] Im engeren Sinne systematisch-theologisch positionell heißt es dann: „Angesichts dessen, daß die Seelsorge in den letzten Jahrzehnten fast ausschließlich christologisch und soteriologisch begründet worden ist, erscheint es an der Zeit zu betonen, daß das Ja zum Menschen und zum Leben, das so vielfältig gefährdet ist, seine Basis schon in Gottes Ja zu seiner Schöpfung hat. Ohne eine Belebung der Theologie der Schöpfung bzw. des Glaubens an den Schöpfer wird das Ja zum Leben, zum Dasein schlechthin immer schwerer zu sprechen und mühsamer zu begründen sein"[82]

In diesem Entwurf werden – bei aller Variabilität in den theologischen Bezügen – Restitutionsbestrebungen deutlich, die sich vor allem in einer neuen Betonung der überkommenen „Gebietstrennung" von Seelsorge und Psychotherapie widerspiegeln.

Dabei wird das in allen modernen Seelsorgekonzeptionen unverzichtbare Thema „Seelsorge und Psychotherapie" wenige Jahre zuvor von Ernst-Rüdiger Kiesow in dem umfangreichen „Handbuch der Praktischen Theologie" noch deutlich flexibler gehandhabt.[83] E.-R. Kiesow wendet sich zunächst gegen E. Thurneysens Begriff der „Hilfswissenschaft", wenn er schreibt: „Alles, was wir theologisch und seelsorgerlich in bezug auf den Menschen denken und tun, setzt die erforschbare Wahrheit über ihn voraus. Berücksichtigen wir sie nicht, so verstießen wir gegen unseren eigenen Auftrag; denn Gott hat uns nicht an vermeintlich sich ewig gleichbleibende oder dogmatisch zurechtgemachte, sondern eben an wirkliche, d.h. geschichtlich sich verändernde

---

[80] R. Blühm, a.a.O., S. 47.
[81] R. Blühm, a.a.O., S. 48.
[82] R. Blühm, a.a.O., S. 49.
[83] Vgl. Handbuch der Praktischen Theologie. Bearbeitet von *Heinrich Ammert/ Jürgen Henkys/Gottfried Holtz*, u.a., Berlin, Dritter Band, 1978, S. 141ff. (HPTh(B)).

Menschen gewiesen."[84] Er möchte allerdings (berechtigterweise) Tiefenpsychologie nicht mit „der" Psychologie gleichsetzen, sondern plädiert (problematischerweise) für eine weltanschaulich neutralere (!?!) marxistische Psychologie, in der es keinen Psychologismus gäbe.[85]

Vorher setzt diese alle gängigen Einzelthemen und Problemstellungen aufgreifende und gründlich bearbeitende Konzeption E.-R. Kiesows ebenfalls mit „Grundfragen der Seelsorge" ein: „Seelsorge als Begegnung mit dem einzelnen gründet im Evangelium Jesu Christi und dient der Versöhnung des Menschen mit Gott."[86]

Die systematisch-theologische Einbindung dieser Poimenik, die sich der seelsorgerlichen Konkretion theologischer und anthropologischer Sachverhalte in ein besonderes gesellschaftliches Umfeld verpflichtet fühlt, drückt sich am eindrucksvollsten in ihrer Grundintention aus. Unter der Überschrift „Das Leitbild der Mündigkeit" schreibt E.-R. Kiesow: „Nur die Orientierung auf den mündigen Christen kann heute zeit- und evangeliumsgemäß sein." Und: „... die Tendenz zum eigenen Urteil und zur begründeten Überzeugung, die nicht bloß auf Autorität hin übernommen wird, bestimmt die Auswahl und Verarbeitung der angebotenen Standpunkte. Davon muß der Seelsorger ausgehen ... Die christliche Verkündigung hemmt nicht, sondern fördert auf dem Weg zur Mündigkeit. Indem sie die Souveränität und Unverfügbarkeit Gottes bezeugt, weist sie den Glauben an die einzige absolute Macht und relativiert damit alle illegitimen Mächte oder überlebten Normen, die zur Unmündigkeit des einzelnen und der Gemeinschaft beitragen können."[87]

Als ein typisches Beispiel einer systematisierenden Einbindung der verschiedenen poimenischen Tendenzen unter Verweis auf deren historische Wurzeln ist schließlich Dietrich Rösslers Behandlung des Themas „Seelsorge" in seinem profunden „Grundriß der Praktischen Theologie" von 1986 anzusehen.[88] D. Rössler schließt hier die Poimenik in das umfassende (und damit alle Zeitströmungen integrierende) Gebiet der *Diakonie* ein. So kommt er über die christlich motivierte Hilfe, auf die ein einzelner Mensch ganz allgemein „in einer Situation der Bedürftigkeit oder der Not" angewiesen ist, über eine Darstellung der Inneren Mission und Diakonie im 19. und 20. Jahrhundert zum Gebiet „Beratung als Institution". Die kirchlich-beratende Tätigkeit wird so als ein der eigentlichen Seelsorge vorgegebenes Thema

---

[84] E. R. Kiesow, a.a.O., S. 181.
[85] E. R. Kiesow, a.a.O., S. 182.
[86] E. R. Kiesow, a.a.O., S. 146.
[87] E. R. Kiesow, a.a.O., S. 164.
[88] D. Rössler, Grundriß.

begriffen. Erst innerhalb dieser Reflexionsbewegung, die sich gleichsam von außen nach innen in konzentrischen Kreisen bewegt, werden „Die Entstehung der evangelischen Seelsorge" als geschichtlicher Abriß geboten, „Grundzüge der Seelsorgelehre" nach klassischem Schema (Seelsorge und Psychologie, allgemeine und spezielle Seelsorgelehre) behandelt und durch einen Exkurs zur Praxis der Seelsorge ergänzt.[89]

So spiegelt sich bereits im Aufriß deutlich das Bestreben wider, mit modernen Strömungen oder auch vorhandenen Gegensätzen im poimenischen Raum *integrativ* umzugehen. Ausgerichtet ist diese Konzeption auf eine ebenso geschichtlich eingebettete wie systematisch begründete „Lehre von der Seelsorge". Über den Fortschritten durch neue Impulse ist das restitutive Element nicht zu vernachlässigen, wenn es nach D. Rössler heute darum geht, Poimenik aufgrund der Erfahrungen in den letzten Jahrzehnten wirklich situationsentsprechend zu betreiben.

---

[89] Die inhaltliche Position D. Rösslers wird aus den folgenden Ausführungen deutlich. So schreibt er über die Aufgabe der Seelsorge: „In einem ganz generellen Sinn läßt sich diese Aufgabe im Begriff der ‚Lebensgewißheit' zusammenfassen: Seelsorge ist Hilfe zur Lebensgewißheit; sie soll die Lebensgewißheit stärken, fördern, erneuern oder begründen. Dabei ist vorausgesetzt, daß Lebensgewißheit notwendig zum Bestand eines christlichen Begriffs menschlicher Existenz hinzugehört, aber auch, daß diese Lebensgewißheit verloren oder gestört oder beschädigt werden kann und daß also aus einem solchen Mangel an Lebensgewißheit die Aufgabe der Seelsorge entsteht und begründet wird." (D. Rössler, a.a.O., S. 182)

Das wird dann von D. Rössler unter drei Aspekten näher erläutert: Lebensgewißheit ist Gewißheit über den Grad meiner Existenz (S. 182ff.); Lebensgewißheit ist ferner Gewißheit im Blick auf die Orientierung im Leben (S. 184f.). Schließlich heißt es mit besonderem Bezug auf die diakonische Einbindung der gesamten Seelsorgekonzeption: „Lebensgewißheit ist Gewißheit in Bezug auf die Gemeinschaft des Lebens. Mit anderen verbunden zu sein und sein zu können, setzt die begründete Fähigkeit zu gegenseitigem Vertrauen voraus und also der Gewißheit, ohne Auflagen und Vorbehalte akzeptiert zu sein. Freilich ist dabei nicht schon das Bewußtsein ausreichend, bloß geduldet und hingenommen zu werden, es bedarf vielmehr der Gewißheit, in der Gemeinschaft oder Gruppe bedeutungsvoll und mit unverwechselbarem Gewicht eine eigene Rolle zu spielen. Störungen dieses Verhältnisses können durch Krisen, durch Konflikte oder durch persönlichkeitsspezifische Faktoren hervorgerufen werden. Oft genug wird in solchen Fällen die Restitution der Gemeinschaftsbeziehungen eine therapeutische Aufgabe. Aber in der Irritation dieser Gewißheit zeichnet sich stets eine bestimmte Perspektive ab: Hier wird die seelsorgerliche Zuwendung als Beistand und als exemplarischer Fall vorbehaltlos gewährter Gemeinschaft erwartet. Seelsorge ist hier eine diakonische Aufgabe." (S. 185)

Exkurs: Diakonie und Seelsorge

Grundlegend definiert D. Rössler zunächst: „Diejenige Praxis, die sich im Namen des Christentums und im Auftrag der Kirche einem einzelnen Menschen zuwendet, der in einer Lage kreatürlichen Leidens und also in einer Situation der Bedürftigkeit oder der Not auf Hilfe angewiesen ist, wird zusammenfassend als Diakonie bezeichnet."[90]

Auf der Basis dieser Grundbestimmung läßt sich Seelsorge auch als ein wesentlicher Teil des sozialen Dienstes der Kirche verstehen. Sie vermittelt sich dann als ein diakonisches Handeln unter spezifischem Vorzeichen. Damit entwickelt sie eine gesellschaftspolitische Dimension. Diese wiederum beschreibt R. Boeckler[91] im ganzen so: „Sie ist heute gefordert als christl. Antwort auf die Desintegrationstendenzen der modernen Industriegesellschaft."[92] Denn: „Das Zeugnis des gelebten Glaubens wird von vielen Zeitgenossen leichter verstanden als das der kirchl. Predigt. Für die einzelnen Gemeinden wird viel davon abhängen, ob die Kirche der Zukunft eine diakonische Kirche sein wird."[93]

Seelsorge, will sie sich wirklich auf den ganzen Menschen beziehen, muß in diesem Kontext davon ausgehen, daß der Mensch nicht nur im Hinblick auf seine Gottesbeziehung ein defizitäres Wesen ist. Er ist offensichtlich auch ein Mängelwesen hinsichtlich seiner grundsätzlich möglichen Lebensqualitäten! Anders gesagt: Der geistig-seelische Bereich und der körperlich-soziale Bereich sind auf den einzelnen Handlungsfeldern der Seelsorge (siehe Abschnitt E) nicht ohne nachteilige Folgen zu isolieren. Beide Bereiche sind vielmehr so zu erfassen und zu behandeln, daß die dialektische Beziehung zwischen ihnen in den einzelnen Konfliktfällen des Lebens den davon Betroffenen immer bewußter wird. Gerade diese Bewußtheit entspricht einem wesentlichen Handlungsaspekt christlichen Umgangs miteinander: Leib und Seele werden stets in ihrem untrennbaren „Zusammenspiel" der aktiven Nächstenliebe anempfohlen. Deshalb muß es darum gehen, innerhalb dieses „Zusammenspiels" die genannte Dialektik als ein bewegliches und innovatives Element zu erhalten und nicht in klischeehaften Handlungsvollzügen diakonischer (und damit eben auch seelsorgerlich tätiger!) Organisation und Institution untergehen zu lassen.

Ein dementsprechendes Problembewußtsein vermittelt z.B. das Themaheft „Diakonie als Institution" von WzM (44) 1992, H. 4 und darin bes. die Abhandlungen von K.-F. Daiber und A. Jäger.

---

[90] D. Rössler, a.a.O., S. 139.
[91] *Richard Boeckler*, Art.: Diakonie, EKL 1, Sp. 850ff.
[92] R. Boeckler, a.a.O., Sp. 851.
[93] R. Boeckler, a.a.O., Sp. 859.

K.-F. Daiber[94] führt hier aus, daß die theologischen Postulate diakonischen Handelns unter den Bedingungen der empirischen Kirche mit ihren einzelnen Organisationsformen und (weltlich eingepaßten) Ordnungen immer erst (und immer wieder neu!) verwirklicht werden müssen. Dabei „... besteht in der gegenwärtigen Diskussion des Kirchenrechts eine große Einigkeit darüber, davon auszugehen, daß trotz Beachtung der empirischen Handlungsbedingungen, die in der Kirche keine anderen sind, als in andereren gesellschaftlichen Handlungsbereichen, dem Einfluß des Evangeliums als Inspiration zu Glaube, Hoffnung und Liebe auch in den Ordnungen selbst Raum zu schaffen sei. In den Ordnungen selbst besagt: die Bedingungen vor Ort müssen analysiert und erkannt sein, um dies zu ermöglichen".[95]

Die bleibend problematische Einordnung organisierter diakonischer Tätigkeit in die Empirie sozialen Handelns in unserer Gesellschaft bearbeitet A. Jäger[96] unter einem ganz anderen Aspekt. Demnach wirkt es sich nicht spezifisch christlich, sondern pathologisierend aus, wenn sich die institutionelle Diakonie in Leitungsfragen den modernen Führungstheorien verschließt. Denn: „Die Grundmotivation des Ganzen, in der Nachfolge Jesu den unter die Räuber geratenen die nötige Hilfe zukommen zu lassen, verbietet jede menschenverachtende Form der Leitungsarbeit. Die Chancen besonders eines wertorientierten Managements aber liegen darin, daß diese innere Achse des Ganzen von der Mitte her gefördert, gestärkt, gehegt und gepflegt wird. Zeitgemäßes Management ist dann kein Hindernis, um den Auftrag Jesu in einer sehr anders gewordenen Zeit zu erfüllen, sondern ein brauchbares Werkzeug, das der ganzen Einrichtung zugute kommt."[97]

Hinsichtlich der unabgegrenzt zahlreichen Veröffentlichungen zum Thema „Diakonie" ist auf den umfassenden und verdienstvollen Literaturbericht von H. Lorenz zu verweisen.[98].

Im gegebenen Zusammenhang ist zu beachten: Der für alles diakonische Handeln unabdingbar wichtige dialektische Bezug zwischen Leib und Seele des „ganzen Menschen" korrespondiert so gesehen mit einer mehrfach gegliederten Problemlage. Diese ist auch unter poimenischem Aspekt immer neu zu bedenken. Denn ständig geht es auch beim seelsorgerlichen Handeln:

---

[94] *Karl-Fritz Daiber*, Die diakonische Anstalt als Dienstgemeinschaft, WzM (44) 1992, S. 139ff; *Ders.*, Seelsorge und Diakonie, in: *Hartmut Kreß/Karl-Fritz Daiber*, (Hg.) Theologische Ethik – Pastoralsoziologie, Grundkurs Theologie, Bd. 7, Stuttgart, 1996, S. 215ff.

[95] K.-F. Daiber, Die diakonische Anstalt als Dienstgemeinschaft, a.a.O., S. 197.

[96] *Alfred Jäger*, Modernes Management in der Diakonie – Chancen und Gefahren, WzM (44) 1992, S. 204ff.

[97] A. Jäger, a.a.O., S. 212.

[98] *Heinz Lorenz*, Diakonie, in: Verkündigung und Forschung (35), 2-90, S. 36ff.

a) um eine Dialektik zwischen Wort und Tat (Leitfrage: Wann und wo sind Worte „im Namen Gottes" konkret hilfreich oder unverständlich und wirkungslos?);

b) um eine Dialektik zwischen Initiative und Organisation (Leitfrage: Wo fördert und wo hemmt eine etablierte Hilfsorganisation die spontane mitmenschliche Tat?);

c) um eine Dialektik zwischen christlich-kirchlich und sozial-staatlich verantworteten Maßnahmen gegenüber Notlagen und deren Bewältigung (Leitfrage: Wie vorteilhaft und wie nachteilig wirkt sich die allgemeine Säkularisierungstendenz auf eine funktionale Zusammenarbeit von Kirche und Staat im sozialen Bereich aus?);

d) um eine Dialektik zwischen einer diakonischen Hilfe vor Ort und einer weltweiten Hilfe an notleidenden Bevölkerungsgruppen (Leitfrage: Welche Verhältnisbestimmung und welche Schwerpunktsetzung erfordert der Umgang mit mangelnder Lebensqualität in unserem Land und derjenige mit katastrophalen Notlagen in bestimmten Gebieten der Erde?).

Bei einer so gesehenen Frage- und Aufgabenstellung kann gleichzeitig deutlich werden, daß seelsorgerlich verantwortete diakonische Tätigkeit für die Gesamtpoimenik auch kritische Züge tragen kann: Hinsichtlich der Dialektik zwischen seelischer Not einerseits und Mangel an Lebensqualität andererseits muß die entsprechende Balance offensichtlich immer wieder angemahnt und gegenüber einer „spirituellen" oder einer sozialengagierten Vereinseitigung eingefordert werden. Die Notwendigkeit dieses kritischen und kompensatorischen Momentes zeigt auch die Entstehungsgeschichte der modernen Diakonie und deren Fortentwicklung seit dem 19. Jahrhundert (kurzgefaßt, aber als wesentlich herausgestellt bei D. Rössler[99]). Die entsprechende Tendenz drückt sich schon in der Bezeichnung „Innere Mission" aus, die seit Johann Hinrich Wicherns Initiative 1848 repräsentativ für christlich-kirchliche Bemühungen im sozialen Raum geworden ist: Von deren Einrichtungen sollten Impulse für eine kirchliche Erneuerung innerhalb der fest etablierten christlichen Gemeinschaft ausgehen. Das mußte u.a. zu Auseinandersetzungen mit Vertretern einer sich von dieser Art des Vorgehens abgrenzenden Poimenik führen. Insofern ist und bleibt es wichtig, daß es auch bei getrennten Organisationsformen (zunächst von Werken der Inneren Mission, dem „Hilfswerk der EKD" nach dem zweiten Weltkrieg und ab 1976 dem „Diakonischen Werk" als Zusammenschluß aller entsprechenden Aktivitäten in einem eingetragenen Verein) nicht zu einem bloßen Nebeneinander von institutionalisierter Kirche und institutionalisierter Diakonie kommt. Immer wieder ist vielmehr vor Ort eine sinnvolle Arbeitsteilung zu praktizieren, die einmal die gegenseitigen „dialektischen" Bezogenheiten als ein konstitutives Element des jeweiligen Handlungsvollzugs begreift

---

[99] Vgl. D. Rössler, a.a.O., S. 141ff.

und zum anderen die Seelsorge als gemeinsame Aufgabe und damit als ein natürliches Bindeglied versteht.[100]

2. Zweites Desiderat:
Bezug auf eine schriftgebunden spirituelle Theologie

Ist die Zeit der Krise vor allem Aufruf zur Besinnung auf verschüttete (Glaubens-)Möglichkeiten? Liegt das Ziel der Besinnung vor allem in einer veränderten geistlichen Haltung? Ist von daher am ehesten einer drohenden „Auslieferung" an die Psychologie zu wehren? Wie ist gleichzeitig zu begründen, daß sich die moderne Seelenkunde nicht einfach aus der Poimenik ausklammern läßt?

Diese und ähnliche Fragen positiv zu beantworten unternimmt an herausragender Stelle Manfred Seitz. Schon in seinen frühen „Überlegungen zum Verhältnis von Theologie und Psychologie"[101] postuliert er eine konstruktiv-konfrontative Haltung: „1. Die Theologie muß sich ganz auf die Psychotherapie einlassen. 2. Die Theologie muß ganz Theologie bleiben. 3. Die Theologie muß sich gleichzeitig an der wahrnehmbaren, psychologisch erschließenden Wirklichkeit des Menschen und an der sich offenbarungsmäßig erschließenden zu glaubenden Wirklichkeit Gottes orientieren."[102] Psychotherapie stehe wie alle Wissenschaft in Gefahr, sich gegen Gott zu verschließen. Deshalb müsse es keine Preisgabe psychologischer Erkenntnisse geben! Für eine wahrhaft parakletische Seelsorge aber gilt für M. Seitz schon an dieser Stelle: „ ... *Berufung zum Reich* hat absolute Priorität, wenn die Kirche Kirche und unangepaßt bleiben will."[103]

Neue „Überlegungen zu einer biblischen Theologie der Seelsorge"[104] sind gefordert, um eben dieser drohenden Anpassung zu wehren. Denn diese notwendige Frage nach der biblischen Theologie werde kaum noch gestellt. „Sie spielt ... eine höchst untergeordnete und nebensächliche Rolle, wenn man nicht ihr völliges Fehlen konstatieren will."[105] Damit zugleich trete das

---

[100] Vgl. dazu auch TRE, Art. Diakonie. Bd. 8, Berlin/New York, 1981, S. 621, 641, bes. 648f.

[101] *Manfred Seitz*, Überlegungen zum Verhältnis von Theologie und Psychologie, in: *Friedhardt Gutsche* (Hg.), Mut zur Seelsorge. Die Grenzen der Fachleute und die Möglichkeiten der Gemeinde. Mit Beiträgen von *Rudolf Affemann, Friedhardt Gutsche, Werner Jentsch* und *Manfred Seitz,* Wuppertal, 1974, S. 18ff.

[102] M. Seitz, a.a.O., S. 27.

[103] M. Seitz, a.a.O., S. 30.

[104] Vgl. die Abhandlung „Überlegungen zu einer biblischen Theologie der Seelsorge", in: *Manfred Seitz*, Praxis des Glaubens. Gottesdienst, Seelsorge und Spiritualität, Göttingen, 1978.

[105] M. Seitz, a.a.O., S. 87.

verkündigende Element in der Seelsorge zurück oder verschwinde ganz. Als Reaktion auf diese für ihn ganz offensichtliche Fehlentwicklung will M. Seitz erneut und vertieft nach einer biblischen Theologie der Seelsorge fragen. Denn: „In ihr legt der Glaube in strenger Schriftbezogenheit Rechenschaft über seinen Grund und Gegenstand ab."[106] Deshalb muß es auch zunächst um eine gezielte Rezeption der Aussagen Alten und Neuen Testaments zum Gegenstand christlicher Seelsorge gehen.[107] Dabei wird deutlich: Es handelt sich fundamental um ein Werk Gottes an den Menschen. Aufzusuchen ist „Die Offenbarung der Seelsorge Gottes in Jesus Christus und in den Diensten der Gemeinde".[108] Da sind die vorlaufenden Linien im Alten Testament; da findet die Sorge Gottes um uns ihren endgültigen Ausdruck in der Person Jesu.[109] Was an Jesus sichtbar wird, geht in der Gemeinde und durch sie weiter. Denn: „Das Sich-Kümmern der neutestamentlichen Gemeinde geschieht in der Gliedschaft des einen Leibes an allen und durch alle Gemeindeglieder."[110]

So wird die „beratende Seelsorge" von einer „paraklestischen Seelsorge" gerade nicht einfach ausgesetzt, wohl aber überformt und „aufgehoben": Das unveräußerliche Proprium einer paraklestischen Seelsorge als „Berufung zum Reich" macht sie zu einer „nach-therapeutischen Seelsorge".[111] Voraussetzung für diesen Modus seelsorgerlichen Handelns in einer Welt, in der der einzelne sich leicht isoliert, einsam, entwurzelt fühlen muß, ist freilich

---

[106] M. Seitz, a.a.O., S. 88.

[107] Bei Bezugnahme auf W. Jentsch und unter Berufung auf Paul Tillich schreibt M. Seitz: „Demnach ist ‚Sorge' nach theologischem Verständnis die Christus entsprechende, ganzheitlich-fürsorgliche Hinwendung zum konkreten Menschen. Nicht das Ängstliche, sondern das Sich-Erbarmende, und seine Dichte macht den Sorgecharakter der Seelsorge aus. Das aber kann nur von dem her gesagt werden, der umherzog, das Leid der Menschen genau ins Auge faßte und darüber – wie es Mt. 9,36 – von einer durch und durch gehenden Erschütterung über die Daseinsnot des Menschen ergriffen wurde. In dieser Menschlichkeit Jesu haben wir also die sich unseren Augen enthüllende Sorge Gottes um seine Geschöpfe vor uns, die uns berechtigt, den Begriff als Suchhilfe zu gebrauchen." (M. Seitz, a.a.O., S. 89f.)

[108] M. Seitz, a.a.O., S. 90ff.

[109] M. Seitz formuliert das so: „Gott hat seine Sorge begonnen. In Jesus wird sie sichtbar. In ihm findet nun das, was anhob und in vorlaufenden Linien auf ihn hindrängte, seinen endgültigen, unvergleichlichen Ausdruck." (M. Seitz, a.a.O., S. 91)

[110] M. Seitz, a.a.O., S. 94.

[111] Diese Sichtweise schlägt sich auch in dem nieder, was M. Seitz im Hinblick auf das praktische Üben in poimenischen (Lehr-)Veranstaltungen „Exemplarische Seelsorge" nennt (vgl. seinen Aufsatz „Exemplarische Seelsorge – Begriff, Aufgabe und Methode.", in: M. Seitz, Praxis, S. 109ff.).

unbedingte Verläßlichkeit in der Annahme. „Hier liegt die Aufgabe der seelsorgerlichen Gemeinde. Die Gemeinde als Ort der Sinnfrage und als Societas von Verläßlichkeit! Darum geht es."[112]

Zur zentralen Frage gerät bei alldem jedenfalls das Verhältnis von Seelsorge und geistlichem Leben. Die Ausübung der Seelsorge ist an persönliche Voraussetzungen gebunden, die über gute Menschenkenntnis oder psychologische Fähigkeiten hinausgehen.[113] Wenn nämlich gilt: „Ziel der Seelsorge ist die letzte Rettung des Menschen, und zwar rettet Gott durch Christus"[114], dann bedeutet das zum einen: „Seelsorge im christlichen Sinne kann nur üben, wer sein Verhältnis zu Gott, zur Welt und zu den Menschen durch Christus bestimmen läßt".[115] Und es bedeutet zum anderen: „Man kann Subjekt der Seelsorge nur sein, wenn man gleichzeitig Objekt der Seelsorge Jesu ist".[116] Die Frage nach dem rechten Seelsorger ist also stets auch die Frage nach dessen bewußter Spiritualität, dessen ständigem Ringen um eine geistliche Haltung, die Lebensformen des Glaubens in der Welt nicht nur predigt, sondern in der Nachfolge Christi vorlebt.

Mit seinem Buch „Seelsorglich predigen"[117] legt Christian Möller eigentlich eine Homiletik vor, verdeutlicht in dieser Veröffentlichung aber gleichzeitig die Grundzüge seines poimenischen Konzepts. Er merkt selbst an, daß sich seine Überlegungen in vieler Hinsicht mit Ansätzen decken, wie sie bei M. Seitz deutlich werden.[118]

Geht es dem Autor um eine „Predigt, die den Gott alles Trostes hören läßt" und um eine „Gemeinde, die den Erschöpften aufatmen läßt", so im gleichen Entwurf und Kontext auch um eine „Seelsorge, die den Verstummten zu Wort kommen läßt".

Im Zentrum allen seelsorgerlichen Handelns steht die Paraklese![119] Dabei tut in der gegebenen Situation zunächst einmal Seelsorge an Seelsorgern not![120]

---

[112] Vgl. den Aufsatz „Seelsorge als Verläßlichkeit", in: *Manfred Seitz*, Erneuerung der Gemeinde. Gemeindeaufbau und Spiritualität, Göttingen, 1985, S. 130ff., Zitat S. 132.

[113] Vgl. zu diesem Abschnitt M. Seitz' Aufsatz „Seelsorge und geistliches Leben", in: Ders.: Erneuerung, a.a.O., S. 143ff.

[114] M. Seitz, a.a.O., S. 153.

[115] M. Seitz, a.a.O., S. 154.

[116] M. Seitz, a.a.O., S. 157.

[117] *Christian Möller*, Seelsorglich predigen. Die parakletische Dimension von Predigt, Seelsorge und Gemeinde, Göttingen, 1983.

[118] M. Seitz, a.a.O., S. 72, Anm. 11.

[119] Ch. Möller faßt die wesentlichen Momente der biblischen Paraklese so zusammen: „1. Die Paraklese hat den Charakter eines werbenden, einladenden, dringlichen Rufens, das ebenso dem sich verhärtenden wie dem trostbedürftigen

Zu wünschen wäre weiterhin, „... daß in der verworrenen Situation gegenwärtiger Predigt- und Seelsorgelehre auf Luther als Prediger und Seelsorger aufmerksamer gehört würde."[121] Die „Consolatio fratrum bei Luther" wird deshalb von Ch. Möller anhand eines Briefes des Reformators an seinen schwermütigen Freund Spalatin (von 1544) herausgearbeitet.[122] Dabei nimmt Luther die Schuld seines schwermütigen Freundes so ernst, wie dieser sich selbst mit seinen Vorwürfen ernst nimmt. Ch. Möller folgert: „Es könnte sein, daß sich heute immer mehr Depressionen ausbreiten, weil immer weniger Menschen mit ihrer Schuld ernstgenommen und befreiend darauf angesprochen werden."[123] Im Kampf gegen das Böse bekommt deshalb die Seelsorge auch heute eine exorzistische Dimension zugesprochen.

Wenn bei alledem nach Ch. Möller Seelsorge als „Alltägliche Seelsorge in der christlichen Gemeinde" mehr sein möchte als die Übertragung des Verhältnisses von Therapeut und Klient auf das seelsorgerliche Handeln in der Kirche, dann muß sie nach biblischem Verständnis eine „Seelsorge aus Sorge um Defizite des Menschen" werden, die dennoch grundsätzlich aufgehoben sind. Denn: „Wenn ... die Bibel den Menschen in Jesus Christus als eine ‚neue Kreatur' (2. Kor. 5,17) anspricht, so bekommt sie den Men-

---

Menschen gilt, um ihn in die Gemeinschaft mit dem Volk Gottes wie mit dem Leib Christi zurückzurufen.. Die Erfahrung des Trostes Gottes wie die Unbedingtheit des um Gottes willen Gebotenen gibt der Paraklese den Glanz der Sprache. 2. Paraklese kann nur von dem ausgehen, der sie ‚durch das Erbarmen Gottes' (Röm. 12,1) mit dem Gerufenen ausrichtet. Sie ist ein Ruf, in den sich der Rufer selber mit einschließt, also ein gegenseitiges Zurufen, Mahnen und Trösten. 3. Paraklese ist provoziert von den offenen und verborgenen Hilferufen der Mühseligen und Beladenen, der Erniedrigten und Beleidigten." (Ch. Möller, a.a.O., S. 78)

[120] Ch. Möller fragt diesbezüglich: „Könnte die Schwäche evangelischer Seelsorge heute vielleicht auch darin ihre Ursache haben, daß es wohl noch nie so wenig Seelsorge unter Seelsorgern, mutua consolatio fratrum, gegeben hat wie gegenwärtig in der Evangelischen Kirche?" (Ch. Möller, a.a.O., S. 105)

[121] Ch. Möller, a.a.O., S. 92.

[122] Sie läßt sich durch den „Ruf in die Trostgemeinschaft wider die Isolation der Schwermut" charakterisieren. Dabei ist „Das ‚peccatum magnificare' als Teil der Paraklese" zu verstehen.(es gilt also zunächst „die Sünde groß zu machen"). So kann der „Ruf in die Trostgemeinschaft wider die Macht des Bösen" zu stehen kommen. Der tröstende Bruder übernimmt seine Rolle als Paraklet und damit „das Trostamt". Er wird den des Trostes Bedürftigen mit „Weisung an das Nächstliegende" aufhellen, denn: „So will mutua consolatio fratrum darauf hinaus, daß der Getröstete nicht bloß Objekt des Trostes ist, sondern schließlich auch selbst tätig wird, um aktiver Partner jenes Geschehens zu werden, von dem er durch seine Schwermut isoliert war." (Vgl. zum ganzen Abschnitt Ch. Möller, a.a.O., s. S. 96ff.; Zitat S. 102)

[123] Ch. Möller, a.a.O., S. 104.

schen primär nicht als ein defizitäres Wesen in den Blick, sondern als Adressaten von Gottes Liebe, also nicht von der Sorge her, sondern von der Freude daran, daß für den Menschen als begnadigten Sünder gesorgt ist."[124] Geht es von daher gesehen um die „Besorgung des Leibes Christi in seinen Gliedern", so hat alltägliche Seelsorge[125] stets in gegenseitiger οἰκοδομή zu geschehen.

Einen völlig anderen Charakter trägt *Hermann Eberhardts* „Praktische Seel-Sorge-Theologie", die einen Standort anzeigt, der sich von demjenigen, den M. Seitz einnimmt in wesentlichen Punkten unterscheidet. Eine formale Übereinstimmung liegt dabei aber darin, daß hier wie dort der strikte *Bibelbezug* als Basis und als dominantes Kriterium einer modernen Poimenik angenommen ist.[126] Dieser Autor will zwischen Seelsorgebewegung und Bibelorientierung, aber auch zwischen Erfahrung und theologischem Systemdenken vermitteln. Mit den auf Kontinuität und Restitution ausgerichteten poimenischen Entwürfen verbindet ihn, daß er „Das biblische Verständnis von Seele" im Alten und Neuen Testament breit entfaltet, eine Vielzahl von Begriffsanalysen vorlegt und diese auch auf das griechische Umfeld der Bibel ausweitet. So kommt er zu einer „ganzheitlichen biblischen Psychologie": Der Begriff „Seele" umgreift danach mehr als das irdische Leben und ist jenseits aller Trichotomie und Subjekt-Objekt-Spaltung anzusiedeln. Dabei ist der „Geist" eine lebendige Dimension der Seele, die wiederum auch nicht vom Leib getrennt verstanden werden kann.[127]

---

[124] Ch. Möller, a.a.O., S. 113.

[125] Mit Hilfe der seelsorgerlichen Kraft der Liturgie; mit Hilfe des Gebets, das den Redenden immer wieder in einen Hörenden verwandelt; mit Hilfe eines Priestertums aller Gläubigen, das den Pastor dennoch mit einer Hirtenrolle ausstattet. Denn es gilt: „Je deutlicher er seinen Hirtendienst in Solidarität mit den alltäglichen privaten Hirten seiner Gemeinde versteht und ausübt, desto mehr wird das einer Seelsorge zugute kommen, die sich an der Alltäglichkeit des Lebens orientiert." (Ch. Möller, a.a.O., S. 121) Und Ch. Möller fährt bei deutlicher Absetzung von allen Bestrebungen der Seelsorgebewegung fort: „So kann etwa der bewußte Verzicht auf eine humanwissenschaftliche Spezialausbildung den öffentlich für alle in der Gemeinde zuständigen Pastor in einer umso größeren Nähe zu denen halten, die auf ihre private Weise in einer zuweilen ganz verblüffenden Weise Hirten für Schwache und Verlorene sind. Er wird aber auch um so eher für die zuständig sein, die sich auf einzelne Tätigkeiten in ihrem Beruf spezialisiert haben. Indem der Pastor von vornherein darauf verzichtet, mit ihnen zu konkurrieren oder sie nachzuahmen, wird er umso eher ein unverkrampftes Verhältnis zu ihnen bekommen und Sprache für sie finden." (ebd.)

[126] H. Eberhardt, Praktische Seel-Sorge-Theologie.

[127] Aus diesem Ganzheitsverständnis ergibt sich dann für H. Eberhardt der Begriff der „lebendigen Seele", die sich in der genannten Mehrdimensionalität „in Beziehung" setzt und verwirklicht: „In-Beziehung-sein ist das tägliche Brot der Seele.

H. Eberhardt verbindet sein (mit systematisch-theologischen Reflexionen unterlegtes) Modell der „Mehrdimensionalität" mit einer neuen „Anschauung von Seele". Von daher kommt es in seinem Buch einerseits zu einer kritischen Auseinandersetzung mit den Seelsorgelehren seit 1928 als mit einer „Problemgeschichte eindimensionaler Sicht von ‚Seele'". Zum anderen ergibt sich eine breit entfaltete Seel-Sorge-Lehre auf der Grundlage der „Biblischen Psychologie" unter der Zielvorstellung, eine Brücke zwischen „Dogma" und „Pragma" bilden zu können.

Daß dieser poimenische Entwurf mit seiner eigenwilligen Gedankenführung in kein Schema paßt, macht seinen „anstößigen" Charakter aus. Hinter dem kritischen Rundumschlag und den nicht immer nachvollziehbaren Reflexionsgängen werden dem problembewußten Leser gleichzeitig eine Menge einschlägiger Informationen vermittelt. –

Dem von M. Seitz vertretenen spirituellen Ansatz und Anliegen wieder viel näher steht Henri J.M. Nouwen. Mit seiner „Schöpferischen Seelsorge"[128] vertritt er eine (kath.) Pastoraltheologie, auf deren Basis Seelsorge

---

Deshalb stellt KOINONIA auch die angemessene Leitkategorie der Seelsorge dar. ‚Martyria', ‚diakonia' und ‚leiturgia' vermögen vielleicht zu beschreiben, was jeweils besonders dran ist, die Funktion der Leitkategorie aber können sie nicht übernehmen, weil sie jeweils nur anteilig abzudecken in der Lage sind, was Sorge um ‚Seele', im Sinne der Gleichung: Seele=Leben=In-Beziehung-sein, beinhaltet. Nicht zufällig wohnt jeder der drei von der Tradition überkommenen Leitkategorien im übrigen die Neigung inne, die Seele als ‚Objekt' der Sorge zu sehen. Sie können ihren Sitz im Leben eines Seelsorge-Verständnisses, das von der ‚Sorge' her entwickelt wurde, nicht ohne weiteres abstreifen. Unter der Leitkategorie der KOINONIA hingegen gewinnt Seel-Sorge m.E. theologisch wie psychologisch angemessenes und praktisch eindeutiges Profil." (H. Eberhardt, a.a.O., S. 268f.)

[128] *Henri J. M. Nouwen*, Schöpferische Seelsorge. Mit einem Vorwort von *Rolf Zerfaß*. Übersetzung aus dem Englischen von *Bernhardin Schellenberger*, Freiburg/Basel/Wien, 1989.
Seelsorge als „Gastfreundschaft" auf der Grundlage einer spirituellen Haltung wird von *Rolf Zerfaß* selbst vorher vertreten in seinem Buch „Menschliche Seelsorge. Für eine Spiritualität von Priestern und Laien im Gemeindedienst", Freiburg i.Br., 1985. Spiritualität meint danach die Haltung des Christen, der sich in der Nachfolge Christi seinem Geist öfnet: „Auf diesem Hintergrund geht es hier um eine gemeinsame Spiritualität von Priestern und Laien im pastoralen Dienst. Seelsorge ist heute nirgends mehr von Priestern alleine zu leisten (wenn dies je der Fall war)", schreibt der katholische Poimeniker (S. 9f.) und empfiehlt in diesem Rahmen gastfreundliche Seelsorge als Alternative zum üblichen Umgangsstil des Menschen in unserer Gesellschaft: „Seelsorge, die sich als Gastfreundschaft begreift, ist eine *freischaffende Weise der Zuwendung* zum anderen. Freiräume zu schaffen ist in unserer hektischen, besetzten, verplanten Welt nicht nur ein Kunststück, sondern schon ein Wunder im theologischen Verständnis: ein Akt der Austreibung der Dämonen. Denn die Dämonie unserer Terminka-

mehr als die Ausübung eines Berufes sein will. Aufzuweisen ist, „... daß es bei der Seelsorge einen inneren Zusammenhang gibt zwischen der beruflichen Tätigkeit und dem eigenen geistlichen Leben."[129] Dabei „... ist die Identität des Seelsorgers, wie sie in seinem praktischen Dienst sichtbar wird, die Frucht der unauflöslichen Spannung zwischen Selbstbejahung und Selbstverleugnung, Selbsterfüllung und Selbstentäußerung, Selbstverwirklichung und Selbsthingabe."[130] So wird z.B. vom biblischen Modell des Bundes her der notwendige Abschluß eines verläßlichen Vertrags in der seelsorglichen Beziehung erst in seinem eigentlichen Wesen sichtbar. Spiritualität und Seelsorge bedingen einander, weil nur so der Weg der Kontemplation eröffnet wird, der zum wachen Zustand des Menschen führt: „So besehen, ist Kontemplation nicht nur ein wichtiger Aspekt im Leben des Priesters oder eine unerläßliche Bedingung für eine fruchtbare Seelsorge. Seelsorge *ist* Kontemplation."[131]

Wenn der Kern des seelsorglichen Auftrags darin gesehen wird, *Bilder* von Gottes Heilszusage zu vermitteln, so kann die Aufgabe der Seelsorge hauptsächlich darin gesehen werden, den Menschen den meditativen Zugang zu den Bildern der Bibel zu eröffnen. Das unternimmt der Ordensgeistliche Anselm Grün in dem Band „Bilder von der Seelsorge".[132]

Neutestamentliche Heilungs- und Begegnungsgeschichten mit Jesus werden hier von ihrem jeweiligen Bildcharakter her assoziativ erweitert und

---

lender besteht darin, das gesamte Leben vorweg so zu verplanen, daß für echte Überraschungen, für wirkliche Einbrüche des Fremden kein Raum mehr ist." (S. 24)

[129] H. J. Nouwen, a.a.O., S. 13.

[130] H. J. Nouwen, a.a.O., S. 89.

[131] H. J. Nouwen, a.a.O., S. 104. Im direkten Anschluß daran heißt es: „Von daher läßt sich Einzelseelsorge nie auf die Anwendung irgendwelcher Fertigkeiten oder Techniken einschränken, denn letztlich besteht sie im ständigen Suchen nach Gott im Leben der Menschen, denen wir dienen wollen."

H. Nouwen bettet diese Gedanken zur Seelsorge ein in Ausführungen zum Unterricht, zur Predigt, zur Unternehmensorganisation und zur gottesdienstlichen Feier. Er bietet also eine Praktische Theologie in nuce unter dem Vorzeichen der Spiritualität.

Einen ähnlichen Standpunkt vertritt auch *Wunibald Müller*, Erkennen – Unterscheiden – Begegnen. Das seelsorgliche Gespräch, Mainz, 1991. Einleitend zu seinem vor allem auf gute seelsorgliche *Diagnostik* ausgerichteten Buch schreibt er (S. 10f.): „Es ist vor allem die mystische Fähigkeit des Seelsorgers, die in einzigartiger Weise in seiner Begegnung mit den Ratsuchenden zum Tragen kommen soll. Von hier nehmen seine Antworten letztlich ihren Ausgang. Von hier geht der Impuls, das Wort, die Kraft aus, die es vermögen, in der anderen Person jene Saiten zum Klingen zu bringen, die bisher stumm waren ..."

[132] *Anselm Grün*, Bilder von der Seelsorge. Biblische Modelle einer therapeutischen Pastoral, Mainz, 1991.

auf gegenwärtige Lebensumstände bezogen. Denn: „Der Mensch lebt von Bildern. Ohne Bilder nehmen wir gar nicht wahr, was unser Leben ausmacht. Erst Bilder erschließen uns den Reichtum unseres Daseins ... Sie lassen in allem etwas von der wahren Bedeutung aufblitzen und letztlich von Gott selber."[133] Bei dieser Vorgabe, die sich u.a. deutlich auf C.G. Jungs Lehre von den Archetypen stützt, läßt sich sagen: „Die biblischen Bilder von der Seelsorge lassen unsere Begegnungen und Gespräche in einem neuen Licht erleben."[134] –

Einen ebenso theoretisch fundierten wie praktisch ausgerichteten Versuch, zur Seelsorge anzuleiten, legt Peter Bukowski mit seinem Buch „Die Bibel ins Gespräch bringen" vor.[135] *Daß* die Bibel mit ihren Texten ins Gespräch zu bringen ist, ist für den Autor eine poimenische Voraussetzung, die bei strikter Berufung auf H. Tackes Ansatz nicht fraglich sein kann, sondern nur der Unterstreichung bedarf.[136] *Wie* der biblisch begründete Glaube dann im einzelnen in der Seelsorge wirksam wird und *wo* die Bibel sich vor Ort konkret ins Gespräch bringen läßt, gilt es daraufhin zu entfalten. Das setzt Reflexionen über das Verhältnis von Theologie und Psychologie[137] ebenso in Gang wie ein Nachdenken über das Wesen des seelsorgerlichen Gesprächs und über gesprächsgerechtes Verhalten.[138]

---

[133] A. Grün, a.a.O., S. 11.

[134] A. Grün, a.a.O., S. 12. So wird etwa unter der Überschrift „Frieden für den, der sich verausgabt (Mk. 5, 21-43)" ausgeführt: „Bei der blutflüssigen Frau muß ich an die vielen Menschen denken, die sich für andere aufopfern und dabei unbewußt doch nur selber Bestätigung und Anerkennung erwarten. Sie geben von Vermögen für andere, sie spenden Geld, sie geben alles her. Doch diese Selbstlosigkeit führt sie nicht in eine innere Weite und Freiheit. Sie empfinden keine Zufriedenheit, sondern fühlen sich leer und ausgebrannt ... Solche Menschen kann man nicht heilen, indem man ihnen noch mehr abverlangt, noch mehr Opfer, noch mehr Einsatz für ihre Familie. Sie müssen in der Begegnung erst erfahren, daß sie so, wie sie sind, wertvoll sind." (S. 34f.)

[135] *Peter Bukowski*, Die Bibel ins Gespräch bringen. Erwägungen zu einer Grundfrage der Seelsorge, Neukirchen-Vluyn, 1994.

[136] P. Bukowski, a.a.O., S. 11 schreibt: „Wir können die Bibel ins Gespräch bringen, weil und sofern ihre Botschaft für unser Gegenüber heilsam und zur Bewältigung seiner augenblicklichen Lage hilfreich ist. Kürzer und etwas salopp formuliert: Wir können die Bibel ins Gespräch bringen, weil es praktisch ist."

[137] Der Autor geht davon aus, „... daß man psychologisch geschulte und theologisch profilierte Wahrnehmung nicht gegeneinander ausspielen sollte. Es handelt sich um zwei Perspektiven, die jeweils ihr Recht und für die Seelsorge ihren Wert haben, weil beide dazu beitragen (können), unser Gegenüber und das, was ihn oder sie bewegt, zu verstehen." (P. Bukowski, a.a.O., S. 19)

[138] Es heißt es z.B.: „In der Seelsorge gilt es, die Bibel gesprächsbereit einzubringen, also nicht gegen die Dynamik des Gesprächs und erst recht nicht als Abbruch desselben." (P. Bukowski, a.a.O., S. 28)

Die Formen des Bibelgebrauchs werden in vielen Einzelheiten erörtert (Wenn wir danach gefragt werden – wenn wir nicht gefragt werden – wenn die Bibel Sprachhilfe zu den Themen „Wut" und „Müdigkeit" zu leisten vermag – wenn es um die Kunst geht, ein Gespräch zu beenden und eine „biblische Bündelung" angezeigt sein könnte[139] und wenn es um die rechte Art des Betens und des Segnens im seelsorgerlichen Kontext geht). Als „wachstumsfördernde Maßnahmen" für den Seelsorger und die Seelsorgerin sind jedenfalls Menschenkenntnis[140] zu erwerben und Bibelkunde zu betreiben.[141] Denn: „Wachstum wird gefördert durch Hinhören, wie die Bibel als Seelsorgerin zu uns redet. Daneben sollten wir auch aufnehmen, was sie uns an Menschenkenntnis zu lehren weiß. Denn sie ist ja die große Menschenkennerin ..."[142]

Schließlich unternimmt es Rolf Sons in der Fortsetzung und systematisch-theologischen Ergänzung der M. Seitz'schen Position einer parakletischen Seelsorge bilanzierend die Entwicklung der evangelischen Seelsorge in der Gegenwart nachzuzeichnen.[143] Er gibt einen Abriß der Seelsorgebewegung sowie der Auseinandersetzung mit ihr. Er bietet im Anschluß daran eine Übersicht über weitere Fragestellungen und Paradigmen der gegenwärtigen Poimenik (u.a. auch über J. Adams biblisch-therapeutische Seelsorge und die Seelsorge im Rahmen der charismatischen Bewegung), um daraufhin feststellen zu können: „Das Spektrum der evangelischen Poimenik im Anschluß an die Seelsorgebewegung hat sich erweitert. Dies dokumentierten Neuaufbrüche im evangelikalen und charismatischen Bereich. Auffallend ist, daß diese Neuaufbrüche der Psychotherapie gegenüber offen sind bzw. sie bewußt einbeziehen."[144] In der Folge startet der Autor seinerseits einen neuen Versuch, Seelsorge und Psychotherapie einander zuzuordnen. Seine „Biblisch-theologische Grundlegung der Seelsorge" stützt sich dabei vor allem auf die Ausführungen von M. Seitz, aber u.a. auch auf diejenigen von W. Jentsch (s.u. S. 230f.) und H. Eberhardt (s.o. S. 222f.).

---

[139] „Die biblische Bündelung hat ihren Ort in der Phase des Abschieds, wo es um Rückschau und gemeinsame Bewertung geht." (P. Bukowski, a.a.O., S. 92)

[140] „SeelsorgerInnen sind deshalb gut beraten, wenn sie sich neben der grundlegenden und unverzichtbaren Arbeit an Selbsterfahrung und Gesprächsführungskompetenz nach und nach Kenntnisse über besondere Lebenssituationen, Problemkonstellationen, Krankheitsbilder und anderes zulegen." (P. Bukowski, a.a.O., S. 105)

[141] „Wir werden die Bibel umso fließender ins Gespräch bringen können, als wir sie unsererseits als Seelsorgerin in Anspruch nehmen." (ebd.)

[142] P. Bukowski, a.a.O., S. 108.

[143] *Rolf Sons*, Seelsorge zwischen Bibel und Psychotherapie. Die Entwicklung der evangelischen Seelsorge in der Gegenwart, Stuttgart, 1995.

[144] R. Sons, a.a.O., S. 148.

Nachgezeichnet werden auch die neueren Entwicklungen in Psychologie und Psychotherapie mit der (zunehmenden) Kritik an der Psychoanalyse und der (zunehmenden) Aufwertung der Verhaltenstherapie. Die erneute Konfrontation von Seelsorge und Psychotherapie unter veränderten Bedingungen erfolgt dann aus der Perspektive von M. Luthers Zwei-Reiche-Lehre. Aus dieser Lehre heraus entwickelt der Autor seine These von der „Unterscheidung und Komplementarität".[145] Das geschieht unter der gleichzeitigen Voraussetzung einer ganzheitlichen Schau des Menschen, die wiederum der lutherischen Sicht der Wirklichkeit so entspricht, wie sie sich in der Zwei-Reiche-Lehre niederschlägt: „Unter den Aspekten Unterscheidung, aber nicht Trennung, Zusammenschau, aber nicht Vermischung, war es möglich, das Verhältnis von Seelsorge und Psychotherapie differenziert und zugleich konstruktiv wahrzunehmen. Seelsorge und Psychotherapie können sich in dieser Hinsicht ergänzen. Die Psychotherapie erscheint als eine Komplementärwissenschaft der Seelsorge ... Wo die Seelsorge und die Psychotherapie, verbunden durch eine ganzheitliche Schau des Menschen, zusammenarbeiten, kommt es zu einem Verständnis der Seelsorge, das weder die Gottesbeziehung des Menschen außer acht läßt, noch seine psychologische und soziale Bedingtheit ausklammert."[146] –

Damit schließt sich im Hinblick auf ein bibelorientiertes Seelsorgeverständnis, das sich systematisch-theologisch ausweist und auf spirituelle Haltung abzielt, vorläufig ein Kreis: Die Herausforderung durch die Psychologie muß angenommen werden. Es kann aber nicht um ein offenes Konkurrenzverhältnis gehen, denn die neu und nachdrücklich geforderte Rückbesinnung auf die biblischen Grundlagen lassen ein „umfassendes" Gottes- und Menschenbild zur Voraussetzung werden. Es ist eine Voraussetzung, die alle prinzipielle Infragestellung poimenischen Handelns durch eine „weltliche Seelsorge"[147] von vornherein zu relativieren unternimmt.

---

[145] R. Sons, a.a.O., S. 200.

[146] R. Sons, ebd. Klar muß bei einer solchen Verhältnisbestimmung allerdings sein, daß sie lediglich eine orientierende Zuordnung unter einer die gesamte Fragestellung umfassenden theologischen Prämisse darstellt. Sie klärt sozusagen die „innerbetriebliche" Strukturierung des Problems. Ein interdisziplinärer Dialog würde dann beginnen, wenn die theologischen (Voraus-)Setzungen des Autors kritisch in die Fragestellung einbezogen werden könnten und es daraufhin zu einer Konfrontation der ganz unterschiedlichen anthropologischen Grundannahmen von Seelsorge und Psychotherapie käme.

[147] Als origineller, ja radikaler Exponent solch einer zu relativierenden Poimenik kann hierbei *Walter Bernet* mit seiner Veröffentlichung (unter dem von S. Freud entlehnten Titel) „Weltliche Seelsorge. Elemente einer Theorie des einzelnen", Zürich, 1988, genannt werden. Das Buch will sich nicht direkt auf die Praxis beziehen. „Es untersucht nur die Bedingungen, unter denen eine Theorie prak-

3. Drittes Desiderat:
Historische Rückbesinnung und Eröffnung von Vergleichsmöglichkeiten

Rückbesinnung tut not und hilft weiter, wenn es um neue Klarheit und Wirkkraft von Seelsorge in der verwirrenden und krisenhaften poimenischen

tisch werden kann, aber auch praktisch werden *muß*. Darin ist es letztlich doch eminent praktisch. Es richtet sich an alle, die sich beruflich mit anderen Menschen beschäftigen. Weltliche Seelsorge möchte ihnen helfen, sich um die Stärkung des Ichbewußtseins zu kümmern, aber nicht um eine ganzheitliche Verwirklichung des Selbst" (S. 10). In diesem Anliegen weiß sich der Autor in herausragender Weise Freud und der Psychoanalyse verpflichtet. Gegenüber der kerygmatischen Poimenik und in Fortführung der (nach W. Bernet grundsätzlich „theoriefeindlichen") Seelsorgebewegung will der Autor mit der Untersuchung des „Phänomens des einzelnen" einen heute notwendigen Theoriebeitrag leisten. So wird „Der Einzelne als Irrlicht und Störenfried" (d.h. als einsamer Pfarrer und vereinzelter Mensch gegenüber der Gemeinde) in seiner kurz geschilderten kirchenhistorischen Einbindung beschrieben. Obwohl sich im 20. Jahrhundert die kirchlichen Verhältnisse so grundlegend verändert haben, gilt nach wie vor und jetzt sogar zugespitzt: „Der Pfarrer ist allein, der Pfarrer ist ein ‚exeptioneller' Einzelner geworden, ein ‚outsider'. Sein *Gegenüber* verselbständigt sich, löst sich von der Gegenstellung ab. Die Integration des Pfarrers in der säkularen Gesellschaft wird zu einem Problem, das schwer zu meistern ist." (S. 43)

Deshalb lohnt es zu fragen, was „Der Einzelne in Seelsorge und Psychotherapie" eigentlich für eine Stellung hat. Konvergieren oder divergieren hier die Grundeinstellungen? „... es erhebt sich die Frage, ob Theologie und Psychologie in gleicher Weise auf den Einzelnen ausgerichtet sind, oder ausgerichtet werden können. Und das wiederum heißt: Es fragt sich, ob sowohl die Theologie, wie die Psychologie Theorien des Einzelnen, des Subjekts sein können und wollen." (S. 52)

Von dieser Fragestellung her kommt W. Bernet (im Bemühen um die „Geschichte des Verständnisses des Einzelnen") zu einem Vergleich zwischen theologischer und tiefenpsychologischer (psychoanalytischer) Hermeneutik. Er beschreibt und deutet die Psychoanalyse Freuds selbst als eine strikte Theorie des Einzelnen, die die entsprechende Praxis strukturiert. Das geschieht so engagiert, weil für W. Bernet schließlich „... die Figur des Analytikers dennoch *die* Folie der Figur des Seelsorgers ist und bleibt." (S. 126)

Es bleibt übrig, „Das Spezifische der Seelsorge gegenüber der Psychotherapie" herauszuarbeiten. Wird in der Psychoanalyse zum Konstitutivum, daß der Analytiker sich (samt seiner Weltanschauung) „versagt", weil er nach seiner Kunstregel keine Antwort zu geben hat, so wird der Seelsorger gerade diese Kunstregel modifizieren müssen und sich so vom Psychoanalytiker unterscheiden. Er wird im Gegensatz zu ihm auf die „Nennung Gottes" nicht verzichten können. Er wird dabei auf das letztendlich hilfreiche „Sich-versagen" um des anderen willen dennoch Bezug nehmen. Denn: „Am Kreuz wird Gott nicht ohnmächtig, aber er versagt sich. Er versagt sich als Antwort und als Antwortender. Er versagt alle Antwort. Er versagt aber auch den Menschen, die auf das Kreuz sehen, allzuviel über ihn zu sagen. Am Kreuz wird Gott zum Inbegriff der Frage. Gott muß

Situation geht! Als Ausdruck dieser Einstellung soll einleitend eine Seelsorgelehre aus dem Jahre 1970 Erwähnung finden. Hans Wulf versteht sein Buch „Wege zur Seelsorge"[148] als eine in der gegebenen Situation dringend benötigte Orientierungshilfe. Es müssen Überblicke gegeben und von Zeit zu Zeit Grundrisse gezeichnet werden. Denn: „Mangelt es an solchen Bestandsaufnahmen, so wird der Wert der vielen Einzelarbeiten auf diesem Gebiet bedroht. Sie werden zu Monologen, denn der Kreis derer, die sie hören und beantworten sollten, schrumpft zusammen."[149] Die Absicht des Autors, vor der sich etablierenden Seelsorgebewegung zu warnen und gleichzeitig einen integrativen Ansatz zu liefern, ist unverkennbar. Deshalb dürfe man sich auch nicht auf die evangelischen Erscheinungen beschränken: „Die Erwägungen und Ausführungen der katholischen Theologen gehören stets dazu."[150]

Ebenso unverkennbar ist aber auch die Tendenz, in gezielter Weise an die Tradition anzuknüpfen. Auf die Frage, wie es in der Seelsorge weitergehen wird, ist als eine zeitgemäße Antwort natürlich eine Klärung des Verhältnisses zur Psychotherapie anzustreben. Dann aber gerät die Rückbesinnung zur (positiv bewerteten) konkreten Vorhersage: „Die Schaffung einer Ordnung in der evangelischen Seelsorge, die Verbindung ihrer vielfältigen Zweige, kann zu einem Rückgriff in die Vergangenheit führen. Man wird aufnehmen, was zunächst liegen gelassen wurde. So erscheint die These von *Asmussen* und *Thurneysen* in einem neuen Licht."[151] –

Das anhaltende Bestreben, innerhalb der verwirrenden poimenischen Vielfalt durch Rückbezug und historische Einbindung integrative Möglichkeiten zu entdecken, findet seinen weiteren Vertreter in Werner Jentsch. Seit 1965 veröffentlichte er nach und nach sein ebenso aufwendiges und vielbändiges wie eindrucksvolles „Handbuch der Jugendseelsorge".[152] Der letzte Band erschien 1986. Das Gesamtwerk wird so zum Spiegel der Auseinandersetzung um die Poimenik innerhalb von mehr als zwei Jahrzehnten.

---

genannt werden, um der Frage, um der endlichen Vernunft willen, die allein aus dem Vereinzelten den Einzelnen konstruieren, rekonstruieren kann." (S. 135)

[148] Vgl. *Hans Wulf*, Wege zur Seelsorge. Theorie und Praxis einer offenen Disziplin, Neukirchen-Vluyn, 1970.

[149] H. Wulf, a.a.O., S. 11

[150] Ebd.

[151] H. Wulf, a.a.O., S. 196. Die Neubewertung Thurneysens sollte in der Tat fünf Jahre später durch H. Tacke (s.o. S. 207ff, Anm. 67) eingeleitet werden.

[152] W. Jentsch, Handbuch; Bd. I: Geschichte der Jugendseelsorge, 2. Auflage 1977; Bd. II: Theologie der Jugendseelsorge, 2. Auflage 1977; Bd. III: Praxis der Jugendseelsorge. Mittel. – 1. Halbb.: Information und Interpretation 1973; 2. Halbb.: Dokumente und Analysen 1973; Bd. IV: Praxis der Jugendseelsorge. Wege. – 1. Halbb.: Stufenseelsorge 1981; 2. Halbb.: Gesprächs-Seelsorge 1986.

Daß dieser einordnend historischen Aufarbeitung der Seelsorgegeschichte ein vergleichender Aspekt im strukturellen Bereich korrespondieren kann, zeigt sich besonders deutlich in dem (W. Jentschs monumentales Gesamtwerk zusammenfassenden) Band „Der Seelsorger".[153] Hier unternimmt es dieser Autor, eine „personorientierte" Poimenik zu schreiben, denn: „Wer ein Leben lang in der Seelsorge tätig war, weiß, daß die *Person* des Seelsorgers eine Schlüsselstelle einnimmt."[154] Dabei ist – ganz im Sinne der als notwendig erscheinenden Restitution und Kontinuität – pastorale Existenz (neben einer reflektierten Menschlichkeit) überhaupt nur als geistliche Existenz zu verwirklichen (z.B. durch besonderen Umgang mit der Bibel, durch Gebet und Beichte unter Brüdern). Betont ist also auch hier die spirituelle Grundeinstellung. Die pastorale Kompetenz hinsichtlich des seelsorglichen Handelns ist ebenso bibelbezogen wie theologisch fundiert zu erwerben und historisch zu vernetzen: „Die alten Seelsorgeelemente der Väter wie das Paränetische (ermahnen und aufmerksam machen), das Parakletische (trösten und zurechtweisen) und das Hodogenetische (wegweisen und beraten) verdienen für den Pfarrer wiederentdeckt und neu interpretiert zu werden."[155]

Die kritisch-vergleichende Auseinandersetzung W. Jentschs betrifft dann „Die drei Schlüsselbegriffe der Seelsorge heute" mit dem Ergebnis einer biblisch-spirituell verantworteten und begründeten Integration: „Befreiung zur Seelsorge heißt Freiwerden zu einem Auftrag Jesu. Er lautet: Beraten, Bezeugen und Befreien."[156] Bei solcher Vorentscheidung können dann alle noch so unterschiedlichen und mit den Humanwissenschaften auf verschiedenste Weise verbundenen poimenischen Entwürfe handlungsstrategisch erfaßt, einander in einer Synopse vergleichend zugeordnet und als mehr oder weniger geeignete „Hilfen für das Helfen" detailliert dargestellt bzw. der Nutzung anheimgestellt werden. Wenn dabei heutigen Tages Seelsorge an den oft verunsicherten, gescheiterten, überforderten Seelsorgern besonders notwendig erscheint, so reagiert W. Jentsch darauf mit einem Kernsatz, der für sein gesamtes Werk bezeichnend ist: „Lassen wir in der Seelsorge an Seelsorgern nur Christus reden. Was der macht, ist immer gut."[157] –

Rückbesinnung als gestaltendes Prinzip der Poimenik wird auch von Werner Schütz in seiner „Seelsorge" vertreten.[158] Seinen Grundriß aus dem

---

[153] *Werner Jentsch*, Der Seelsorger. Beraten – Bezeugen – Befreien. Grundzüge biblischer Seelsorge, Moers, 1982.
[154] W. Jentsch, a.a.O., S. 10.
[155] W. Jentsch, a.a.O., S. 65.
[156] W. Jentsch, a.a.O., S. 117.
[157] W. Jentsch, a.a.O., S. 25.
[158] W. Schütz, Seelsorge; vgl. die häufigen Hinweise auf den historischen Teil seines Buches in Kapitel C.

Jahre 1977 faßt er bezeichnenderweise so zusammen: „Es ist ein weiter Weg von der mittelalterlich scholastischen Beichtlehre, von Luthers reformatorischer Kritik und seiner Erneuerung des Buß- und Beichtwesens bis zur Seelsorgebewegung in der Gegenwart und bis zu den modernen Methoden der Gesprächstherapie, der psychologischen Beratung und der psychoanalytischen Behandlung. Viele Probleme haben sich auf diesem Wege gestellt ..."[159]

Weil die Theorie mit der Praxis und die Praxis mit der Theorie zu verbinden ist, um poimenische Wirksamkeit zu erzielen, ist mit den modernen psychologischen Erkenntnissen zu rechnen und mit ihnen umzugehen. („Die Beziehungen zwischen Psychotherapie und Seelsorge können also nur die der Ergänzung und Kooperation sein."[160]) Alle Methodik aber kann nach Meinung des Autors ebensowenig wie abstrakte Dogmatik oder Ethik jene praktische Erfahrung ersetzen, die der Seelsorger gezielt zu erwerben hat. („Lernen läßt sich Seelsorge nur durch das Praktizieren von Seelsorge."[161]) Zu beachten ist jedenfalls: „Definieren wir Seelsorge in einem umfassenderen Sinne als jegliche Form der Glaubens- und Lebenshilfe der Kirche für den einzelnen, üben wir sie im Kontext der Gemeinde und im Rahmen unseres seelsorgerlichen Auftrags, so ist es unaufgebbar, daß im seelsorgerlichen Gespräch der Horizont der Transzendenz sich über allem menschlichen Fragen und Suchen auftun muß, soll dem hilfsbedürftigen Menschen recht und entscheidend geholfen werden."[162]

Von seinen historischen Untersuchungen her kommt es bei W. Schütz zu einer erneuten Gewichtung der (ev.) Beichte. Ihm liegt an deren Erneuerung, weil ja mit ihr ein Problem angesprochen ist, „... daß wie kein anderes Jahrhunderte hindurch die Geschichte der Seelsorge geprägt und beherrscht hat."[163] Das veränderte moderne Schulderleben erfordert auch dementsprechend modifizierte Beichtformen.[164] So ist seelsorgerliches Handeln auf die Entdeckung seiner historischen Wurzeln angewiesen, um Zeitgemäßheit durch Rückbesinnung auf alte Erfahrungsschätze zu erreichen und bei aller unausweichlichen Modernität des seelsorgerlichen Handelns dennoch Kontinuität zu wahren. –

---

[159] W. Schütz, a.a.O., S. 246.
[160] W. Schütz, a.a.O., S. 121.
[161] W. Schütz, a.a.O., S. 249.
[162] W. Schütz, a.a.O., S. 247.
[163] W. Schütz, a.a.O., S. 180 .
[164] Deshalb heißt es zunächst: „... die Seelsorge ist Voraussetzung und Umfeld der Beichte; Seelsorgefähigkeit führt erst zur Beichtfähigkeit; Beichte ist von der Seelsorge umschlossen." (W. Schütz, a.a.O., S. 185) Daraus folgt dann für W. Schütz: „Seelsorge wird sich für das Erneuern und Praktizieren einer freiwilligen Beichte in all ihren Formen und Spielarten einsetzen." (S. 189)

Einen Hinweis verdienen an dieser Stelle auch die im historischen Teil schon genannten und oft zitierten Bücher von Friedrich Wintzer als Herausgeber[165] aus dem Jahre 1977 und von Thomas Bonhoeffer[166] aus dem Jahre 1985.[167] Beide Autoren sehen in der zunehmenden „Geschichtslosigkeit" moderner Poimenik ein verflachendes Element mit entsprechend negativen Folgen für Theorie und Praxis.

Dieselbe Besorgnis teilt auch Eberhard Winkler, wenn er 1982 dazu auffordert, „... den Austausch mit der Tradition der Seelsorge aufzunehmen."[168]

Schließlich ist auch Reinhard Schmidt-Rosts Monographie „Seelsorge zwischen Amt und Beruf" zu nennen, wenn nach hilfreicher historischer Rückbesinnung gefragt wird.[169] Der Autor stellt zunächst „Traditionsge-

---

[165] F. Wintzer, Seelsorge.

[166] T. Bonhoeffer, Ursprung.

[167] F. Wintzer leitet die Herausgabe klassischer Seelsorge-Texte mit einer breit ausgeführten „Einführung in die wissenschafts- und problemgeschichtlichen Fragen der Seelsorge" ein. Er schreibt – seine eigene Intention charakterisierend –, daß die neuere Entwicklung durch eine eigentümliche Distanz gegenüber den Gestaltungsformen und -kräften früherer Seelsorge gekennzeichnet sei, die auch die Auseinandersetzung mit den Entwürfen Thurneysens und Asmussens bestimme. Er fährt dann fort: „Aber gerade auch diese Seelsorgelehren lassen sich ohne die Berücksichtigung der Problemgeschichte der Seelsorge nicht verstehen, weil ihre Programme nicht ungeschichtlich erörtert und verstanden werden können. Die Impulse und Frömmigkeitsstrukturen früherer Seelsorgepraxis wirken in der gegenwärtigen Volkskirche ebenfalls weiter. Erwartungen gegenüber und Enttäuschungen mit der kirchlichen Seelsorge lassen sich ohne die Beachtung dieser Nachwirkungen in der Regel nur ungenügend erklären und verstehen." (F. Wintzer, a.a.O., S. XIIIf.)

T. Bonhoeffer begründet sein Vorgehen mit der Feststellung: „Die Seelsorge hat recht unreflektiert Interventionstechniken der modernen Psychotherapie übernommen, ohne deren unlösbaren Zusammenhang mit bestimmten Philosophien zu bedenken." (T. Bonhoeffer, a.a.O., S. 12) Verfolgt man diesen Zusammenhang als prinzipielle Fragestellung, so werden plötzlich die heute als selbstverständlich angenommenen Bestimmungen christlicher Seelsorge von ihren Voraussetzungen her fragwürdig. Das fordert zur Eröffnung geschichtlicher Vergleichsmöglichkeiten heraus. T. Bonhoeffer schreibt in diesem Sinne: „Unsere Bemühung gilt jedoch gerade dem Ziel, die Problematik dieser Voraussetzung historisch sichtbar zu machen. Dies bedingt eine Verschiebung des Interessenschwerpunktes in die Dimension der allgemeinen Geistesgeschichte. Wir können uns nur durch die in Betracht gezogene Texte an die geistesgeschichtliche Bedingtheit jeder Seelsorge und jeder Seelsorgetechnik erinnern lassen." (S. 12f.)

[168] *Eberhard Winkler*, Erfahrung und Verkündigung in der gegenwärtigen Seelsorge, ThLz (107) 1982, Sp. 321ff.

[169] *Reinhard Schmidt-Rost*, Seelsorge zwischen Amt und Beruf. Studien zur Entwick-

bundene und moderne Seelsorge" einander gegenüber. Danach ist von einer modernen Seelsorge erst seit dem 19. Jahrhundert zu sprechen: „Dann erst tritt die Tradition einer christlichen Gesellschaftsordnung als Orientierungsrahmen für die Seelsorge zurück."[170] In der Spannung zwischen Tradition und moderner Gesellschaftsordnung muß sich die evangelische Seelsorge ihrer Identität immer wieder neu vergewissern.

Dabei ist damit zu rechnen, daß sich die individualistische Seelsorge der Gegenwart an Fragen ihrer gesellschaftlichen Einordnung wenig interessiert zeigt. Vielmehr macht sie den einzelnen Menschen zum Maßstab des seelsorgerlichen Handelns und möche ihm vor allem diakonisch-beraterisch zur Seite stehen. In der Folge dieser Einstellung muß nach einer Poimenik gefahndet werden, die auf mehr und anderes ausgerichtet ist: Verselbständigung des einzelnen im Glauben und damit gleichzeitig Lebensorientierung, Vermittlung von Halt anhand der christlichen Überlieferung, die Bekenntnisbewußtsein fördert. Das angestrebte Ziel R. Schmidt-Rosts ist hierbei eine „Seelsorge als Suche nach dem verheißenen Heil".[171]

Nicht auf Nothilfe und normalisierende Einordnung ist danach Seelsorge in erster Linie ausgerichtet, sondern auf *Bedeutungsgewinn* für den einzelnen und d.h. auf Lebensgewißheit, die aus dem Wort ebenso entsteht wie aus einer wissenschaftlichen Konstruktion von Wirklichkeit, die damit an paulinisches und reformatorisches Gedankengut anknüpft. Seelsorgerliches Handeln ist dabei darauf ausgerichtet, lebendige Vorstellungen von Heil freizusetzen. Sie muß sich also als eine Sorge verstehen, die sich nicht nur auf Teilbereiche des Erlebens bezieht: „Seelsorge als Sorge ist vielmehr grundlegend eine inhaltlich bestimmte Einstellung zur begegnenden Realität, eine Interpretationsweise, eine Betrachtungsperspektive, ein Modus des Verstehens."[172] Es ist eine Sorge, die ebenso darauf ausgerichtet ist, empfangenes Heil zu begreifen, wie Glaube, Hoffnung und Liebe als die alten christlichen Grundbegriffe in jeweils erfaßbare Gegenwart zu übersetzen.

Ehe R. Schmidt-Rost nun aber das angestrebte Ziel der Seelsorge in dieser Weise formuliert, erfolgt unverzichtbar ein ausführlicher Gang durch die Geschichte. Es gibt ein Kapitel „Zur Genealogie der modernen speziellen Seelsorgelehre seit dem 19. Jahrhundert: Von der amtlichen zur wissenschaftlichen Seelsorge und Seelsorgelehre."[173] Hier geht es dem Autor darum, Konstruktionsmerkmale der speziellen Seelsorgetheorie des 19. Jahrhunderts herauszuarbeiten und deren Zusammenhang mit poimenischen

---

lung einer modernen evangelischen Seelsorgelehre seit dem 19. Jahrhundert, Göttingen, 1988.
[170] R. Schmidt-Rost, a.a.O., S. 11.
[171] R. Schmidt-Rost, a.a.O., S. 117 (als Kapitelüberschrift).
[172] R. Schmidt-Rost, a.a.O., S. 125.
[173] R. Schmidt-Rost, a.a.O., S. 31ff.

Theoriebildungen in der Gegenwart in exemplarischer Weise zu erkennen, „... und zwar nicht nur im Sinne einer zeitlichen Kontinuität der Fortführung einmal geprägter Denk- und Handlungsmuster, sondern auch im Sinne eines Problemzusammenhangs ..."[174]

Es gibt weiter ein Kapitel „Von der speziellen wissenschaftlichen Seelsorge zur Seelsorge als diakonische Spezialaufgabe".[175] Es hat die Funktion, auf Folgeerscheinungen der wissenschaftlichen Seelsorgelehre des 19. Jahrhunderts in der Gegenwart aufmerksam zu machen.[176]

Immer wieder zielt R. Schmidt-Rost darauf ab, wesentliche Traditionsstränge deutlich werden zu lassen, Zusammenhänge aufzuspüren und daraus Anhaltspunkte für die gegenwärtig geforderte Gestaltung der Seelsorge zu gewinnen. Er wird damit zum Repräsentanten einer Poimenik, die historische Rückbesinnung innovativ nutzen möchte, um vergleichend und integrativ zugleich mit der gegebenen Lage im poimenischen Bereich umgehen zu können.

4. Viertes Desiderat: Erarbeitung veränderter Perspektiven und unterscheidbarer Zielvorstellungen

Bei alldem tut eine kontinuierliche Grundsatzdebatte not! Die Rezeption psychologischer resp. humanwissenschaftlicher Methodik ist wichtig und nicht rückgängig zu machen. Darf sie aber von der Grundfrage dispensieren, welche theoretischen Implikationen mit ihrer Anwendung in verschiedenster Weise ins Spiel gekommen sind? Bleibt diese Fragestellung ausgeklammert, so verkommt die seelsorgerliche Praxis unter der Hand leicht zu einer zeitangepaßten Pragmatik mit nur allgemeinen (abstrakt-theologischen) Zielvorstellungen, denen dann leicht eine sehr konkrete Gleichgültigkeit gegenüber weltanschaulich differenzierenden Fragestellungen korrespondiert. So aber verliert die Poimenik ihren Entscheidungscharakter und damit ihr Profil!

Gerade diese Entscheidung zwischen möglichen Alternativen fordert Manfred Josuttis als unabdingbar ein, wenn er im Hinblick auf die gegenwärtige Grundsatzdiskussion innerhalb der Poimenik schreibt: „Pointiert könnte man sie auf folgende Fragen bringen: Ist der im Glauben gerechtfertigte Sünder oder der in die religiöse Lebensordnung der Kirche integrierte Mensch der Moderne oder der von seinen Kommunikationsblockaden befreite Mensch das Ziel der seelsorgerlichen Beratung? Bildet die Proklama-

---

[174] R. Schmidt-Rost, a.a.O., S. 74.
[175] R. Schmidt-Rost, a.a.O., S. 77ff.
[176] Sie z.B. auf die wachsende Orientierung der Seelsorger am (Fach-)Arzt, die Überführung der Seelsorge in Fürsorge, die zunehmende Ausrichtung auf beratende Seelsorge unter sozialwissenschaftlich-diakonischem Vorzeichen usw.

tion des Reichs, der natürlich-religiöse Kosmos einer transindividuellen Lebensordnung oder das psychische Bedürfnis nach aktiver und passiver Liebe den Ansatz für die seelsorgerliche Beratung? Und besteht die grundlegende Methode seelsorgerlicher Begegnung im Zuspruch der Gnade, der auf eine Phase intensiven Zuhörens folgt, in der partnerschaftlichen Eingliederung in die transsubjektive und transrationale Lebenswelt der mysterienhaften Kirche oder in der Verwendung der unterschiedlichen methodischen Möglichkeiten zur Stärkung der Kommunikationsfähigkeit?"[177] Und er setzt als eigene Zielangabe der offenen Frage entgegen: „Seelsorge ist Praxis des Evangeliums in der Form beratender und heilender Lebenshilfe mit dem Ziel der Befreiung des Menschen aus der konkreten Not seiner jeweiligen Lebensverhältnisse."[178]

Bei solcher Zielsetzung geht es um die erfahrbare Vermittlung des biblischen Evangeliums, das an die Gestalt Jesu von Nazareth gebunden ist. So ist der Bezug zur Tradition gewährleistet. Dieser Bezug muß freilich in der Begegnung und Beratung, d.h. in der Befreiung eines Menschen aus seiner konkreten Not wirklich erfahrbar werden. So gesehen bedingen sich Wort und Tat in der Seelsorge stets gegenseitig – eine Dialektik, die sich praktisch in sehr vielfältiger Form ausdrücken kann. „Beraten" oder „Bezeugen" gerät deshalb für M. Josuttis zur falschen (weil nur dogmatisch motivierten) Alternative. Das eine und andere ist als jeweilige Schwerpunktsetzung von der Situation des seelsorgerlichen Gesprächspartners her zu vollziehen. Bei der seelsorglich unverzichtbaren Integration des einzelnen in ein (so oder so bestimmtes) „umfassendes Ganzes" darf allerdings die gesellschaftliche Dimension, also der Gemeinschaftsbezug hier und jetzt nicht vernachlässigt werden.

Daneben ist aber auch gegenüber allen An- und Einpassungsstrategien der emanzipatorische Aspekt zu betonen, soll Seelsorge wirklich mit dem angestrebten Befreiungsakt gleichgesetzt werden können. Als eine der Zielsetzungen kann M. Josuttis deshalb auch formulieren: „Der Mensch soll in der seelsorgerlichen Beratung sein Ich entdecken und leben lernen."[179] Diese Zielsetzung umfaßt dann die Sicherung materieller Bedürfnisse wie die Auseinandersetzung mit politischen, sozialen und religiösen Zwängen ebenso wie die Individualisierung der Frage nach dem Sinn des Daseins: „So besteht die Lebenshilfe der Seelsorge darin, daß der einzelne in der Gemeinschaft schrittweise und stückweise zu leben lernt."[180] –

---

[177] *Manfred Josuttis*, Praxis des Evangeliums zwischen Politik und Religion. Grundprobleme der Praktischen Theologie, München, 2. Aufl. 1988, S. 105.
[178] M. Josuttis, a.a.O., S. 109.
[179] M. Josuttis, a.a.O., S. 114.
[180] M. Josuttis, a.a.O., S. 115.
Ergänzt hat M. Josuttis seine poimenische Konzeption durch eine in zwei Bänden

Ist nun solch ein (im Hinblick auf Beraten und Bezeugen) integratives Vorgehen ein Vermittlungsversuch, der allgemein zu tragen vermag? Daß unter dem Stichwort „Integration" auch ein „Brückenbau" verstanden werden kann, mit dessen Hilfe entscheidende Differenzen zwischen alternativen poimenischen Positionen kurzschlüssig überspielt oder auch geleugnet werden können, möchte Klaus Harms in einem Grundsatzartikel herausstellen.[181] Sollen die bestehenden Differenzen in Grundfragen nicht nur oberflächlich zugedeckt, sondern *theologisch* überwunden werden, so muß konsequent an die Wurzeln der Seelsorge erinnert werden. In, mit und unter allen seelsorgerlichen Gesprächen gilt es, Erinnerungen an Grunddaten wachzuhalten: An die Hoffnung, die Paulus auf den Hl. Geist setzt, an die biblisch bezeugte Zugehörigkeit zum Leibe Christi usw. „Seelsorge ist dann Konkretisierung der Situation in Richtung auf die Grundsituation coram deo auf dem Wege der Erinnerung (an Taufe, Beichte und Gebet)."[182] So wird bei klarer theologischer Unterscheidung von (menschlich vermittelbarem) Wohl und (göttlich vermitteltem) Heil die für K. Harms heute angesagte Zielvorstellung schließlich so formuliert werden: „Seelsorge als Erinnerung kann Menschen helfen, des Geheimnisses von Sein und Zeit innezuwerden. Sie kann mit der modernen Seelsorge das Wohl des Menschen heilend, lindernd, helfend herbeiführen. Und sie wird im Gebet und im Hinweisen auf die Handreichungen des Heiligen Geistes das Heil des Menschen zur Sprache bringen ..."[183]

---

niedergelegte Pastoraltheologie: „Der Pfarrer ist anders; Der Traum des Theologen – Aspekte einer zeitgenössischen Pastoraltheologie", Bd. 1 und 2, München, 1982 und 1988. Hier werden Grundfragen pastoraler Existenz (z.B. Beziehungen zu Amt und Gemeinde, aber auch Umgang mit Macht, Zeit, Geld, Sexualität usw. ebenso reflektiert und diskutiert wie Grundkonflikte und Lebensprobleme eines besonderen Berufes in seinem modernen Umfeld) praxisnah behandelt. Der Autor betrachtet die Pastoraltheologie als eine unverzichtbare Ergänzung zur Praktischen Theologie, weil nur so Wissenschaft und Erfahrung fruchtbar aufeinander bezogen bleiben. So heißt es programmatisch: „Die Pastoraltheologie behandelt einen *Teilbereich* der Praktischen Theologie, und zwar denjenigen, in dem es um die spezifische pastorale Tätigkeit des Pfarrers geht" (Bd. 1, S. 19). Mit dieser Definition betrifft pastoraltheologisches Denken im Sinne evangelischer Theologie den Seelsorger und die Seelsorgerin in hervorragender Weise.
Eine umfassende Darstellung pastoraltheologischen Denkens und Handelns in der Geschichte bietet *Gerhard Rau*, Pastoraltheologie. Untersuchungen zur Geschichte und Struktur einer Gattung praktischer Theologie, München, 1970.

[181] *Klaus Harms*, Seelsorge als Erinnerung, DtPfrBl (89) 1989, S. 173ff.
[182] K. Harms, a.a.O., S. 175.
[183] K. Harms, a.a.O., S. 176. Unter Hinweis auf die Theologie Gerhard Ebelings sollte nach K. Harms in der Seelsorge immer wieder verdeutlicht werden, daß hinter aller menschlichen Wirklichkeit die uns zugewandte Wirklichkeit Gottes

Mit dem Ziel, eine *elementare Poimenik* zu finden und zu gestalten, entstand Reinhold Gestrichs Buch „Hirten füreinander sein".[184] Als Weg zur Seele nutzt der Autor die „Urbilder des 23. Psalms", denn: „Eines der religiösen Symbolbilder, die die Figur des Seelsorgers prägen, ist das Bild des Hirten."[185] Auf diesem Hintergrund geht es um Wahrnehmung und Reflexion der Phänomene, die zur Seelsorge herausfordern, also um das, „... was die *Seele* zu allen Zeiten von Gott ersehnt und sich auch von der Seelsorge wünscht."[186]

Dabei wird der Seelsorger selbst als Symbolfigur verstanden, „... deren Präsenz wichtiger ist als ihre Aktion, deren Repräsentanz mehr ermöglicht als ihre methodische Prägnanz."[187] Anhand der einzelnen Psalmverse wird das Hirtenbild entfaltet, die Gemeinde als Seelsorgerin herausgestellt, der Ich-Bezug des Glaubens ebenso wie Passage-Feier und Hausbesuch behandelt („Er führt mich auf rechter Straße ..."), Leid und Finsternis in der Gemeinde mit Trost konfrontiert. Es werden soziale Brennpunkte angesprochen und Seelsorge als Gastfreundschaft und in ihrem Bezug zur Rechtfertigung definiert. Der Schlußvers („... und ich werde bleiben im Hause des Herrn immerdar.") gibt R. Gestrich abschließend Gelegenheit, über die seelsorgerliche Wirkung des Gottesdienstes und über die Seelsorge an Sterbenden nachzudenken, aber auch über alles Irdische hinauszuweisen. Denn: „Wo wir als Seelsorger/innen zu den Menschen kommen, stoßen wir auch auf das innere Sich-Ausstrecken nach der anderen Welt, das wir ebenso von uns selber kennen. Es ist ein stilles Fühlen, ein ungewisses Ahnen, ein Hoffen oder Träumen, ein unsicheres Für-Möglich-Halten oder ein glaubensstarkes Wissen."[188] In diesem Kontext wird das Hirtentum Jesu schließlich zum wichtigsten Leitbild und zur Hilfe. –

---

zur Sprache kommt. In der Folge kann der Autor das Geheimnis der Selbsterfahrung in der Gotteserfahrung, das Geheimnis der Kommunikation im Gebet, das Geheimnis der Klage im Glauben an die Barmherzigkeit Gottes als in der jeweiligen Vertiefung vorgegeben sehen.

[184] *Reinhold Gestrich*, Hirten füreinander sein. Seelsorge in der Gemeinde, Stuttgart, 1990. Auf S. 16 schreibt der Autor: „Ich suche nach einer Poimenik, die elementar ist in einem dreifachen Sinne: – als Erkenntnis des Grundlegend-Menschlichen, der Grundsituationen des Lebens, in denen Seelsorge eine Hilfe sein kann; – als Erkenntnis des Religiös-Ursprünglichen, der Grundbedürfnisse der Seele, die nach religiöser Fürsorge rufen; – als Erkenntnis des Beruflich-Einfachen, einer Grundseelsorge, die diese Bedürfnisse als ihr Element erkennt und akzeptiert."

[185] R. Gestrich, a.a.O., S. 8.
[186] R. Gestrich, a.a.O., S. 9.
[187] R. Gestrich, a.a.O., S. 19.
[188] R. Gestrich, a.a.O., S. 163.

Aber ist nicht wiederum auch der Begriff „Hilfe" zu problematisieren? Das zu tun unternimmt z.B. Henning Luther in seiner Abhandlung „Alltagssorge und Seelsorge".[189] Einleitend stellt er fest: „Der Streit um die Seelsorge gleicht nicht selten einem Nebenkriegsschauplatz, auf dem der nicht ausgetragene Kampf um das ,rechte Theologieverständnis' geführt wird, bzw. neue Kämpfe entfacht werden."[190] H. Luther will auf beiden Seiten der zwei poimenischen Grundeinstellungen „berechtigte Motive entziffern". Wie kann dann die (sich ausdifferenzierende) Kritik an der modernen Seelsorgebewegung neu aufgeschlüsselt werden? Stimmt der Vorwurf, in ihr und durch sie würde das eigentliche Anliegen christlicher Seelsorge banalisiert? Geht es hier nur um eine religiös verbrämte Technik der Lebensbewältigung? Was aber wäre dann demgegenüber die „andere" Intention einer Lebenshilfe, die sich gleichzeitig als Glaubenshilfe begründet?

H. Luther möchte – im Anschluß an M. Heideggers Terminologie – *Alltagssorge* von *Seelsorge* unterscheiden: „Alltagssorge sorgt sich um das Gelingen der Anpassung an die konventionellen, gesellschaftlich normierten Verhaltenserwartungen."[191] Dabei kommt die Erfahrung zum Tragen, daß gelingendes Leben nicht im Horizont dieses Erfahrungspotentials aufgeht. Zwar kann „man" der Alltäglichkeit verfallen! Aber: „Seelsorge durchbricht dann die Eindimensionalität bloßer Alltagsroutine und versucht jenes Reflexionspotential freizusetzen, das dem ,Ich' eine Distanzierung von bloß vorgegebenen, zugemuteten konventionalisierten Lebensformen ermöglicht."[192] So geht Seelsorge kritisch über Alltagssorge hinaus. Sie ergreift Partei für den „noch nicht vorhandenen Menschen". So schafft sie entgegen aller bloßen Anpassung Freiheit. Von ihrem Gefragtsein her gerät sie zur Bearbeitung von Grenzsituationen (z.B. Tod und Sterben). Nicht Resozialisierung, Rehabilitierung ist dabei ihr Ziel, nicht Aufhebung einer personalisierten „Entfremdung", die als bloßes Versagen am Bestehenden erlebt wird, nein: „Die Begegnung mit von Grenzsituationen betroffenen Menschen führt zur Infragestellung der Normalität unserer Alltagswelt."[193] Angesichts des Todes verstehen wir unser Leben verändert.

Solche Einsichten sollten nach H. Luther zu einem Wandel in der seelsorgerlichen Kommunikationsstruktur führen: Kein Defizitmodell mehr mit Hilfsangeboten zur Wiedereingliederung mit zwangsläufigem Oben-

---

[189] *Henning Luther*, Alltagssorge und Seelsorge. Zur Kritik am Defizitmodell des Helfens, in: *Ders.*: Religion und Alltag, S. 224ff.
[190] H. Luther, a.a.O., S. 224.
[191] H. Luther, a.a.O., S. 227.
[192] H. Luther, a.a.O., S. 228.
[193] H. Luther, a.a.O., S. 233.

Unten-Gefälle! Keiner ist nicht betroffen! „Wenn wir aber alle betroffen sind, läßt sich die seelsorgerliche Beziehung grundsätzlich nur in der Einstellung der Solidarität vollziehen."[194] Daraus resultiert als Zielvorstellung: Alles geschieht miteinander und gegenseitig! „In diesem solidarischen ‚Mit' wäre der ‚leidende' Andere, der Schwache eben als solcher ernstgenommen, der nicht nur Hilfe empfängt, sondern auch Hilfe gibt."[195] Wo diese Einsicht fehlt, wird nach H. Luther Seelsorge in der Tat banal! –

Unter gänzlich anderem Aspekt, aber ebenfalls als Programm für eine neue Seelsorge (aus katholischer Sicht) möchte Guido Kreppold seinen poimenischen Entwurf verstanden wissen.[196] Zielvorstellung ist die nahtlose Integration nichtchristlicher Lebens- und Glaubensweisheit! Unter Hinweis auf die Tiefenpsychologie C.G. Jungs hält der Autor ein „Plädoyer für eine integrierende Seelsorge":[197] In deren Rahmen ist – vor allem im Hinblick auf einen erweiterten Symbolgebrauch – grundsätzlich dann von der Psychotherapie zu lernen, wenn diese nur unter einem christlichen Vorzeichen verstanden wird. Denn: „In Wirklichkeit hat jede Not, jedes Problem nicht

---

[194] H. Luther, a.a.O., S. 234.
[195] H. Luther, a.a.O., S. 228.
In *Josef Müllers* Lehrbuch „Pastoraltheologie. Ein Handbuch für Studium und Seelsorge", Graz/Wien/Köln, 1993, bezieht sich *Heribert W. Gärtner* ausdrücklich auf H. Luthers Ansatz (S. 55). Unter der Überschrift „Seelsorge als Kunst und Kunstlehre" geht es diesem Mitautor um „... die Entwicklung einer ‚personalen Identität' und ‚pastoralen Kompetenz' im Kontext *kognitiver, emotionaler* und *sozialer* Lernfelder" (S. 40). „Der Seelsorger sollte etwas vom Leben und Glauben verstehen und dieses Verstehen als seelsorglichen Stil leben und formulieren können" (S. 41). Nur so kann ihm die „Begleitung von Glaubens- und Lebensgeschichten" gelingen!
Im ganzen bietet dieses katholische Handbuch eine Übersicht über die gegenwärtig aktuellen Themen der Poimenik, reflektiert die einzelnen methodischen Ansätze (stellenweise in ökumenischer Ausweitung) und stellt dabei immer wieder die *Gemeinde als Lebensraum des Glaubens* in den Vordergrund: „Zwar gibt es bis heute keine umfassende ‚Theologie der Gemeinde'. Das konkrete Erscheinungsbild der Gemeinden wird u.a. durch die Spannung zwischen dem herkömmlichen Ansatz der ‚Volkskirche' und dem Leitbild der ‚Gemeindekirche' bestimmt. Dennoch bilden Gemeinden, in denen Glauben überzeugend gelebt wird, ein *bleibendes* Bezugsfeld für Seelsorge und Pastoral" (S. 124). Umfassend wird als Motto herausgestellt: „Das zentrale Grundmotiv der einzelnen Kapitel dieses Buches und zugleich den Schlüssel für das Wahrnehmen der Wirklichkeit und deren Deutung bildet der *Lebenszusammenhang*. Die Forderung nach einer ‚lebensfördernden Pastoral' gründet im Ja Gottes zum Menschen und zur Welt." (S. 13)
[196] *Guido Kreppold*, Der ratlose Mensch und sein Gott: Programm für eine neue Seelsorge, Freiburg/Basel/Wien, 1994.
[197] G. Kreppold, a.a.O., S. 45ff.

nur eine individuelle, sondern auch eine soziale und eine geistig-transzendente Dimension."[198]

Für die seelsorgerliche Praxis kommt es jedenfalls darauf an, die weltliche Sinnkrise durch Begegnung mit östlicher Weisheit ebenso zu kompensieren wie die Kraft der frühen Kirche und ihrer Symbolik wiederzuentdecken. Als Perspektive und Zielvorstellung für die Zukunft entsteht so der Auftrag, spiritueller Tiefe Raum zu geben. Dabei geht es gerade nicht um die forcierte Erzeugung religiösen Erlebens! „In einer spirituellen Praxis jedoch, bei der die Stille absoluten Vorrang hat – wie etwa in der gegenstandslosen Meditation, wird menschliches Tun und Denken zurückgenommen und dem unverfügbaren Wirken Gottes Raum gegeben."[199] Die neue pastoraltheologische Perspektive wird hier also gerade nicht von einer neuen theologischen Fundierung erwartet bzw. in der gezielten (wissenschaftlichen) Auseinandersetzung der Poimenik mit den Humanwissenschaften und deren ganz anderen (anthropologischen) Grundannahmen gesehen! Vielmehr wird für eine „Entgrenzung" christlicher Seelsorge plädiert. Sie ist dann eine Seelsorge, die die verschiedenen Zugangsformen zu vertieftem Erleben religiös unterlegt. (Daß solch ein Amalgam von überkommener christlicher Symbolik, östlicher Weisheit und selektiv genutzter Tiefenpsychologie gegenwärtig einer breiten Erwartungshaltung entgegenkommt, sollte die kritische Auseinandersetzung mit diesem poimenischen Ansatz nicht aussetzen!)

5. Das „außerordentliche" Desiderat: Konsequenter Bezug auf biblische Weisungen und charismatische Gaben

Nun kann so viel Bemühung um die Entwicklung geeigneter Zielvorstellungen und um Integration anderer (humanwissenschaftlicher) Umgangsformen mit ratsuchenden Menschen allerdings auch als viel zu indirekt und umständlich empfunden werden. Fällt diese Indirektheit und Umständlichkeit möglicherweise sogar zusammen mit einer gewissen Glaubensferne? Ist kirchliche Seelsorge (wie die Kirche selbst!) hier letztlich in lähmender Weise vom Zeitgeist angesteckt? Vielleicht ist sie damit unfähig geworden, mit einer sehr direkten und unmittelbar möglichen Einwirkung Gottes auf menschliche Nöte und Gebrechen zu rechnen und diese auch zu erleben! Sind deshalb jenseits aller historischen Gräben die biblisch dokumentierten charismatischen Möglichkeiten dafür begabter Seelsorger und Seelsorgerinnen auch heute zu aktualisieren? Oder sind sogar die Aussagen der Bibel

---

[198] G. Kreppold, a.a.O., S. 43. Unter dieser Vorgabe schreibt G. Kreppold: „... ich begann, religiöse Themen aus psychologischer, d.h. lebensnaher, verständlicher Sicht aufzugreifen. Neben Gesprächen bot ich Meditation und eutonische Übungen an, ebenso Gottesdienste in meditativer Form." (S. 63)
[199] G. Kreppold, a.a.O., S. 215.

selbst von therapeutischer Qualität, die besonders dann zum Tragen kommt, wenn moderne psychologische Erkenntnisse in den Dienst biblischer Anweisungen gestellt und gerade so auf ihren wahren Ursprung zurückgeführt werden?

Das Spektrum seelsorgerlicher Bemühungen um die Ableitung heilender Kräfte aus dem ebenso unmittelbaren wie persönlichen Gottesbezug ist breit. Entsprechende Richtungen und Bewegungen möchten sich im poimenischen Bereich einen Platz erobern.

Rückzuverweisen ist an dieser Stelle zunächst auf die bereits ausführlich dargestellte *nuthetische Seelsorge* Jay E. Adams (s.o. S. 68ff.) und damit auf eine in evangelikalen Kreisen der Kirche weithin vertretene Position. Hier ist das ebenso offene wie strittige Verhältnis zur Psychotherapie in ganz bestimmter Weise geklärt: Alle Psychotherapie (es sei denn das eng gefaßte psychiatrische Vorgehen!) ist der Feind, der säkulare „Affe" der echten Seelsorge, die in Form einer biblischen Lebensberatung den „verkehrten" Bemühungen weltlicher Provenienz entgegenzusetzen ist. Dabei ist die Bibel in direkter Weise als Lehrbuch der Seelsorge in Gebrauch zu nehmen: „Darum muß ein Seelsorger in der Bibel zu Hause sein. Eine theologisch-biblische Ausbildung ist die wichtigste Voraussetzung für diesen Dienst. Die menschlichen Nöte sind vielfältig; wer ihnen begegnen will, muß systematische Kenntnisse des Wortes Gottes und seiner Grundsätze besitzen."[200]

Gegen Kenntnis der Bibel wird kaum etwas einzuwenden sein! Problematisch ist lediglich ein „Schriftgebrauch", der eine theologisch höchst bedenkliche „Anwendungsstruktur" entwickelt.

Nicht zufällig bezieht sich Hansjörg Bräumer auch auf J.E. Adams, wenn er bald ein wesentliches Stichwort aufgreift und von der Notwendigkeit einer „pneumatischen Seelsorge" spricht.[201] In dieser (den evangelikalen Kreisen bzw. der „Bekenntnisbewegung" nahestehenden) Seelsorge geht es allein um Errettung und Bekehrung, um Sünde und Gnade, um Gerettet- und Verlorensein. Als Träger des „Amtes der Schlüssel", das Jesus auf Petrus (und seine Nachfolger) übertrug, hat der Seelsorger die Vollmacht zu binden und zu lösen. Er ist der Lehrer, der Konsequenz und Wirkungsweise der Schuld verdeutlicht. Er ist der Richter, der die Absolution zuspricht oder verweigert. In der Ausübung dieser Vollmacht, die zur bemühten Auseinan-

---

[200] J. E. Adams, Handbuch, a.a.O., S. 33. Dazu vgl. auch R. Sons, Seelsorge, a.a.O., S. 81ff.

[201] *Hansjörg Bräumer*, Pneumatische Seelsorge, in: *Horst Reller* und *Adolf Sperl* (Hg.), Seelsorge im Spannungsfeld Bibelorientierung – Gruppendynamik? (Zur Sache – Kirchliche Aspekte heute – Heft 16), Hamburg, 1979, S. 35ff.
Mit seinen einzelnen Beiträgen von Verfassern aus sehr verschiedenen Lagern macht der Band die Auseinandersetzungen und Frontenbildungen in den ausgehenden siebziger Jahren deutlich.

dersetzung mit der Sünde (besonders mittels der Beichte) herausfordert und so auf Bekehrung und Rettung abzielt, besteht nach H. Bräumer pneumatische Seelsorge.

Mit dem Stichwort „pneumatische Seelsorge" aber wird der Blick gleichzeitig auf die radikalisierte Form einer Zusammenstellung von „Geist" und seelsorgerlichem Handeln gelenkt: Ebenfalls aus den USA (wo sie in den 60er Jahren in Kalifornien beginnt) erreicht die „charismatische Bewegung" Deutschland und berührt hier die pneumatische Szene. Was liegt dieser Bewegung zugrunde?

Praktiziert wird ein intensiver Glaube an die Erneuerung des Christentums in dieser Welt durch den Hl. Geist, wenn dessen Gegenwart durch die Wiederbelebung der urchristlichen Gnadengaben, der Charismen, in den gottesdienstlichen Versammlungen sichtbar erlebt wird. Dann geschehen (immer noch und immer wieder!) Zungenreden, Prophetie, Heilung durch Handauflegung und Gebet als „regel-mäßige" Ereignisse. Dann kommt es zu einer neuen inneren Bewegtheit, Dynamik, Enthusiastik. In Unterscheidung zu evangelikalen Kreisen wird der Geist vor Schrift und Bekenntnis gesetzt. Im Unterschied zur Pfingstbewegung soll (nach ursprünglichen Vorstellungen) keine Sonderkirche gebildet werden. Denn: „Ihr Ziel ist die charismatisch erneuerte Kirche, die eine eigene charismatische Bewegung überflüssig macht", heißt es 1976 in den „Theologischen Leitlinien" jener Bewegung (die sich seit 1984 „Geistliche Gemeindeerneuerung" nennt).[202]

---

[202] Zu Geschichte, Struktur und Praxis dieser Bewegung vgl. vor allem *Hans-Diether Reimer*, Wenn der Geist in der Kirche wirken will. Ein Vierteljahrhundert charismatische Bewegung, Stuttgart, 1987.
Hinzuweisen ist auf *Wolfram Kopfermann*, Charismatische Gemeinde-Erneuerung. Eine Zwischenbilanz, Hochheim 1981 (2. Aufl. 1983). Zur Seelsorge heißt es hier: „Ein weiterer Bereich spiritueller Erfahrung innerhalb der charismatischen Bewegung ist der der Seelsorge. Dabei werden in unterschiedlichem Ausmaß psychologische Erkenntnisse einbezogen, doch liegt der Nachdruck auf der Erwartung, daß der Heilige Geist selber Menschen verändert." (S. 20)
Heribert Mühlen (Hg.) bietet unter dem Titel „Geistesgaben heute", Mainz, 1982, eine Aufsatzsammlung mit Beiträgen evangelischer und katholischer Autoren zu den hauptsächlichsten Themen der Bewegung. (Die Abhandlungen sind überschrieben: Charisma und Kirche – Neue Gestalt des Christseins – Umkehr als Voraussetzung prophetischen Redens – Die Prophetengabe – Innere Heilung – Heilung der persönlichen Geschichte – Heilungsdienst in der Gemeinde – Das Sprachengebet – Die gesellschaftskritische Dimension der Charismen – Charisma und Gesellschaft.)
Kritisch-polemisch äußert sich *Uwe Birnstein*, Neuer Geist in alter Kirche. Die charismatische Bewegung in der Offensive, Stuttgart, 1987.
„Neues aus der religiösen Szene Amerikas" berichtet und beurteilt *J. Russell Hale* in dem Aufsatz „Die Zähmung der Charismatiker", PTh (77) 1988, S. 509ff., mit

Im gegebenen Zusammenhang ist vor allem von Bedeutung, wie die Seelsorge im Rahmen dieser charismatischen Erneuerungsbewegung verstanden wird. Nach Hans-Diether Reimer geht es hier im Gegensatz zu einer Seelsorge, die als Glaubens- und Lebenshilfe Konflikte lösen möchte, um die Vermittlung einer unmittelbaren Gotteserfahrung: „... sie bildet das Herzstück der charismatischen Bewegung: Hier wird der Mensch ‚bekehrt'; er wird durch das Eintreten Gottes in seinen Lebenskreis umgewandelt. Deshalb sind Worte wie ‚Lebensübergabe' oder ‚Annahme des eigenen Todes' in manchen Kreisen zu Grundworten der charismatischen Erneuerung geworden. Diese Bewegung hat also Entscheidungscharakter, was natürlich auch ihre Seelsorge bestimmt."[203] Das alles dominierende Schlüsselwort ist „Geist": „Geist geschieht! Er ist immer und ausschließlich ‚spiritus in actu'".[204] Das führt zu einer tragenden Grundeinstellung: „Die ‚Empirie', der Erfahrungsschatz der Zeitgenossen, bestimmt das, was Menschen für ‚möglich' halten. Wenn nun aber Gott oder ‚der Geist' einbricht in unser Leben, dann wird da eine neue Kraft wirksam, die uns über die Möglichkeiten, die wir aus uns selbst haben bzw. die wir aus uns selbst setzen, hinausreißt. Also ist mit ‚Geist' ganz eindeutig das Ungewohnte, ja Außerordentliche angesprochen."[205] Der Geist ist Ausdruck der Gegenwart Gottes oder Christi als deren „dynamische Gegenwart": „Die Gegenwart Gottes im Geist stellt den Menschen in den geistmächtigen Raum Gottes ..."[206]

Diese Glaubenshaltung hat Folgen: Stets ist der „gegenwärtige Gott" zuerst da – erst von ihm her ist der Mensch vorhanden. Gott will dabei nicht irgendwann und irgendwie, sondern jetzt und hier direkt wirken. Wird das ernst genommen, so sind Heilungen von allen Gebrechen grundsätzlich auch hier und jetzt zu erwarten, denn Gott durchbricht konkret die Grenzen des Möglichen. Das wiederum muß zu einer dankbaren Grundhaltung in allen Lebenslagen führen, die sich u.a. im Gebet und in der Segnungshandlung niederschlägt. So geprägt wird der gläubige Mensch zum Werkzeug Gottes, der durch ihn hindurch handelt: „Immer wieder macht ein ‚charismatischer' Seelsorger die Erfahrung, daß er plötzlich einen bestimmten Eindruck hat: Intuitiv kommt ihm ein Gedanke, ein Bild, das er in das

---

dem Schlußsatz: „Der Geist der Sektiererei steht an der Tür der wohlerzogenen Christenheit und ist immer bereit, zur Erneuerung und Reform Hand anzulegen." (S. 518)
Vgl. weiter *Klaus Winkler*, Geisterfüllte Gemeinde – eine Herausforderung an uns, in: werkstatt gemeinde. Ideen-Berichte-Materialien, Göttingen, Jg. 7 /Februar 1989, S. 44ff.; dazu auch R. Sons, Seelsorge, S. 112ff. (Lit.!).

[203] H.-D. Reimer, a.a.O., S. 83.
[204] H.-D. Reimer, a.a.O., S. 84.
[205] H.-D. Reimer, a.a.O., S. 85.
[206] H.-D. Reimer, a.a.O., S. 87.

Gespräch einbringt."²⁰⁷ Gerade so handelt er im Namen Jesu Christi, den er (in verantwortlicher Weise) repräsentiert. Gerade so entsteht eine „Seelsorge des geistlichen Handelns".²⁰⁸

<u>Es fragt sich, ob im Hinblick auf diese Prämissen und diesen Rahmen von einer „Lehre von der Seelsorge", einer Poimenik im eigentlichen Sinne die Rede sein kann.</u> Wenn Gott so direkt und ausschließlich durch den Menschen hindurch handelt, ist naheliegenderweise alle Lehr- und Lernbarkeit ausgesetzt. Sie ist durch eine am „eigentlichen" Seelsorgegeschehen lediglich partizipierende (aus Glauben heraus teilhabende) Einstellung mit entsprechenden Konsequenzen im Verhaltensbereich ersetzt. Folgerichtig kann eine heute die gesamte Poimenik herausfordernde Verhältnisbestimmung zur Psychologie auch nur mit Desinteresse besetzt erscheinen.²⁰⁹

Aber ist dieses Desinteresse im Hinblick auf das heute vorgegebene „Gegenüber" Psychologie resp. Psychotherapie innerhalb der Kirche breitenwirksam durchzuhalten? Angesichts wachsender Zahlen psychisch belasteter und psychisch kranker (Christen-)Menschen läßt sich die Frage nach einem legitimierten Gebrauch psychotherapeutischer Wege und Mittel auch seitens der Seelsorge auf Dauer offensichtlich nicht zurückweisen. Ist der tiefen Überzeugung, Seelsorge habe den Hl. Geist als eigentlichen Wirkfaktor im

---

[207] H.-D. Reimer, a.a.O., S. 91.

[208] R. Sons, a.a.O., S. 115ff., stellt heraus: Zu unterscheiden ist in der seelsorgerlichen <u>Praxis</u> 1) der Dienst der <u>Heilung</u>, wobei Heilung nicht nur die (durchaus auch erwartete!) medizinische Beseitigung bestimmter Krankheitssymptome betrifft, sondern umfassend den ganzen Menschen in seiner geistigen, körperlichen, biographischen und sozialen Dimension meint; 2) der Dienst der <u>inneren Heilung</u>, durch den quälende Gefühle (wie Selbstmitleid, Depression, Schuld, Haß usw.) mit Hilfe des Hl. Geistes in Gefühle innerer Freude und Gelassenheit verwandelt werden; 3) der Dienst der <u>Befreiung</u> von (den als real existierend angenommenen) Dämonen und Mächten der Finsternis.

[209] Es sei denn, man erfaßt in diesem Kontext mit R. Sons (a.a.O., S. 122ff.) auch die <u>„Deutsche Gesellschaft für christliche Psychologie e.V."</u> (IGNIS), die dezidiert ein neues Paradigma von „Psychologie" in der Nähe einer Seelsorge des geistlichen Handelns etablieren und dabei auf alle konventionelle Psychologie (als auf eine reine „Defektpsychologie") verzichten möchte. Eine neu entwickelte <u>„vollständige Psychologie"</u> soll die Grenzen empirischer Erfahrbarkeit sprengen, transzendentale Bezüge bzw. außersinnliche Erfahrungen in den „wissenschaftlichen" Diskurs einbeziehen und so den üblichen Erfahrungsraum erweitern. Dabei wird die Bibel als einziges Fundament einer solchen Psychologie benutzt. Die Gottesbeziehung des Seelsorgers/Therapeuten wird zum grundlegenden Kriterium eines seelsorgerlichen Handelns, das den Menschen als ein primär geistiges Wesen anspricht und mit charismatischen Mitteln auf seine Probleme eingeht. (Zu den Einzelheiten und zur Literatur vgl. R. Sons, a.a.O.)

konkreten Fall anzusehen auf der einen Seite und den humanwissenschaftlichen Einblicken in das Seelenleben auf der anderen Seite nicht doch mit einem Kompromiß zu begegnen? –

Den ebenso aufwendigen wie eindrucksvollen Versuch dazu unternimmt die sog. Biblisch-Therapeutische Seelsorge (BTS), die sich in einer „Deutschen Gesellschaft für Biblisch-Therapeutische Seelsorge (DGBTS)" organisiert, ein standardisiertes Ausbildungsprogramm entwickelt hat und im Rahmen der Kirche (vor allem in Ausrichtung auf psychisch belastete Christen) wirken will.[210] Als unbedingte Grundannahme, die die Normen- und Wahrheitsfrage einschließt, „... kommt der Leitung des Seelsorgers durch den Heiligen Geist bei der biblisch-therapeutischen Seelsorge eine zentrale Bedeutung zu. So wie zur angemessenen Wahrheitsfindung aus der Bibel die Leitung des Heiligen Geistes hinzugehört, benötigt der Biblisch-therapeutische Seelsorger diese Leitung bei der Auswahl des für den jeweiligen Seelsorgefall entsprechenden therapeutischen Handwerkszeugs. Das Zusammenklammern von biblischer Norm und auszuwählender therapeutischer Methode durch die Wirksamkeit des Heiligen Geistes (Joh. 16,13) ist damit ein grundlegendes Konzept der Biblisch-therapeutischen Seelsorge. Geradezu selbstverständlich wird auf diesem Hintergrund auch, daß handwerkliche Methoden, die im Widerspruch zur biblischen Lehre stehen, nicht einsetz-

---

[210] Vgl. als Einstieg in die Materie und Problemlage *Michael Dieterich*, Psychotherapie – Seelsorge – Biblisch-therapeutische Seelsorge, Neuhausen-Stuttgart, 1987 und dort bes. S. 88ff. die „Richtlinien der Deutschen Gesellschaft für Biblisch-Therapeutische Seelsorge (DGBTS)".
M. Dieterich ist seit 1995 Leiter eines in Stuttgart neu errichteten Forschungsinstituts der DGBTS. Das Hochschulinstitut umfaßt die Gebiete Seelsorge, Theologie, Psychologie und Psychotherapie. Hochschulrechtlich ist das Institut an die staatlich anerkannte Theologische Hochschule Friedensau (bei Magdeburg) der evangelischen Freikirche der Siebenten-Tags-Adventisten angebunden. Hier hat M. Dieterich außerdem den Lehrstuhl der Sozialpädagogischen Fakultät inne.
Ergänzend ist auf den „Studienführer zur Ausbildung in biblisch-therapeutischer Seelsorge" (Stand 1. Dezember 1995; Geschäftsstelle der Deutschen Gesellschaft für biblisch-therapeutische Seelsorge – Hackstr. 60 – D 70 190 Stuttgart) hinzuweisen. Hier finden sich u.a. (S. 11) Angaben zu Ausbildungsdauer („Die gesamte Kurszeit umfaßt mindestens 56 Tage") und Zulassungsvoraussetzungen („Der Besuch des Grundkurses ist an keine besondere Voraussetzung gebunden. Erwartet wird ein klares Bekenntnis zu Jesus Christus. Eine vorherige aktive Seelsorgearbeit in der Gemeinde ist hilfreich").
Der trennende Unterschied zu den poimenischen Ausbildungsprogrammen im Rahmen der Seelsorgebewegung wird beim Lesen dieses „Studienführers" sofort deutlich.

bar sind."[211] Von dieser Prämisse her kann dann hinsichtlich der heute bekannten und gebrauchten psychotherapeutischen Verfahren (je nach Symptomatik des Ratsuchenden) eine Methodenpluralität entfaltet werden.[212] Das ist allerdings nur dadurch möglich, daß alle gängigen Verfahren grundsätzlich einer „Ideologiekritik" unterzogen werden. Dabei wird die kritische Infragestellung einzelner Therapieformen durch die empirische Forschung als Beleg für einen grundsätzlich vorhandenen, aber nicht akzeptablen „ideologischen Überbau" der sich gegenseitig kontrovers begegnenden Therapieformen angesehen.[213]

Daß sich aus dieser die zeitgemäßen Grundfragen zumindest aufnehmenden und ausdifferenzierenden „Kompromißleistung" und Vorgehensweise für Christenmenschen ganz praktisch sehr hilfreiche seelsorgerliche Situationen ergeben können, muß nicht bestritten werden. Als problematisch ist dieses Konzept dort einzuschätzen, wo die ebenso konstitutive wie forcierte Fremdkritik im Ideologiebereich alle notwendige Selbstkritik auf diesem Gebiet von vornherein ausschließt. Die intendierte Trennung von Ideologie und Methode muß sich bei näherem Hinsehen als Fiktion erweisen! Ein wissenschaftlicher Diskurs aber ist (nicht nur, aber auch in der Poimenik) immer dann unmöglich gemacht, wo ein nicht mehr hinterfragbares Welt- und Menschenbild nicht mehr deutlich als Glaubensaussage fungiert. Es wird dann als empirisch wirksames, sich aber dennoch als der empirischen Bestimmung entziehendes Datum behandelt. Die (unbeabsichtigte) Folge ist dann nicht so sehr eine seelsorgerliche Wirkungslosigkeit im

---

[211] M. Dieterich, a.a.O., S. 51. In ebenso vorsichtiger wie deutlicher Absetzung von der charismatischen Seelsorge heißt es S. 38: „Es ist Zeit, Kraft, Geld, Fachkenntnis therapeutischer Methoden und vor allem die Grundhaltung der Barmherzigkeit vonnöten – und man muß arbeiten. Wenn unser Herr es für richtig hält, eine ‚schnelle Heilung' zu schenken, dann wollen wir ihm danken und ihn preisen. Er hat uns aber auch gezeigt, wie wir Menschen über längere Zeit hinweg therapeutisch-seelsorgerlich begleiten und ihnen helfen können, auch zu einem langen Weg ein Ja zu finden."

[212] So heißt es in den Richtlinien (unter II,3; a.a.O., S. 89): „Biblisch-therapeutische Seelsorge greift zurück auf erprobte und bewährte Erkenntnisse und Methoden klassischer Seelsorge sowie der empirischen Psychologie und Psychotherapie."

[213] M. Dieterich, a.a.O., S. 45.
Zusätzlich ist hinzuweisen auf *Michael Dieterich*, Handbuch Psychologie und Seelsorge, Wuppertal und Zürich, 1989. Hier will der Autor ein Lehrbuch mit ausgefächertem Informationsmaterial vorlegen, „... das Erkenntnisse aus der modernen Psychologie und Therapie so darstellt, daß sie zum einen einem bibeltreuen Weltbild verpflichtet sind und zum anderen aber auch dem gegenwärtigen Stand der Fachwissenschaften entspechen." (S. 9)

Rahmen eines selektiv-therapeutischen Vorgehens als vielmehr eine faktische (und theologisch nicht vertretbare) Einengung im Glaubensbereich.[214]

Es geht in der Seelsorge ganz offensichtlich um sehr verschiedene Desiderate, die nebeneinander bestehen und ein Verbundsystem bilden oder aber sich im Rahmen einer poimenischen „Richtung" bündeln können! Seelsorger und Seelsorgerin sind an dieser Stelle wiederum aufgefordert, die Informationen und Eindrücke nochmals zu überdenken: Aus welchem Grund und in welcher Weise fordert die erfolgte Orientierung zunehmend zu einer eigenen *Stellungnahme* heraus? Konkret gefragt heißt das: Welche Desiderate der zeitgenössischen Poimenik erscheinen mir am ehesten den Erfordernissen seelsorglichen Handelns in der gegebenen Situation dem einzelnen und der Gesellschaft zu entsprechen? Welche Art des Vorgehens deckt sich gleichzeitig mit meinen bisherigen Erfahrungen, aber auch mit neu erworbenen Einsichten hinsichtlich meiner persönlichen Neigung und möglichen Kompetenz? Mit welchen der so verschiedenen Desiderate ist mir am ehesten eine verstehende *Probeidentifikation* möglich und weshalb fällt mir das bei anderen auffällig schwer?

Die durch solche o.ä. Fragestellungen unterstützte Positionsfindung innerhalb des poimenischen Spanungsfeldes soll jetzt abschließend durch zwei Reflexionsgänge herausgefordert werden. Es werden 1. die Gegensätze in der gegenwärtigen Situation anhand zweier ausgewählter Seelsorgelehren nochmals konfrontativ einem Vergleich unterzogen. Es wird 2. die bisher vorläufig gegebene Definition dessen, was Seelsorge nach dem hier vertretenen Verständnis ist, wieder aufgegriffen und einer positionellen Bestimmung zugeführt.

III. Die seelsorgerliche Aufgabe heute: Gespräch mit vorausgesetztem Ziel

Das *Gespräch* zwischen Seelsorger/Seelsorgerin und ratsuchenden Menschen in einem Gegenüber zum einzelnen oder auch zu einer Gruppe gilt heute als zentrales und unverzichtbares Mittel seelsorglichen Handelns. Das dürfte quer durch alle poimenischen Richtungen und Parteien hindurch unstrittig sein. Wie aber wird dieses Gespräch im einzelnen und vom einzelnen verstanden? Auf welchen Hintergrund des theologischen resp. poimenischen

---

[214] Zur kritischen Auseinandersetzung mit der BTS vgl. auch die Rezension des Buches von M. Dieterich durch *Martin Hagenmaier*, in: WzM (41) 1989, S. 124ff.

Denkens wird es geführt und mit welcher seelsorgerlichen Zielvorstellung verbunden? Wie schlagen sich die genannten zwei Grundeinstellungen (s.o. S. 135) in einer jeweils spezifischen Auffassung von Wesen und Funktion des seelsorgerlichen Gespräches nieder? Vor allem aber: Wie ist das aller seelsorgerlichen Maßnahme vorausgesetzte *Ziel* nicht nur zum einen klar zu bestimmen, sondern auch mit der praktischen Gesprächsführung so zu verbinden, daß Unverbindlichkeit im Glaubensbereich vermieden wird und dennoch Freiheit im Handlungsbereich erhalten bleibt?

1. Seelsorge als Gespräch versus Gespräch als Seelsorge

Auf der Suche nach der entsprechenden (schlußendlich unweigerlich positionellen!) Antwort soll zunächst die Polarisierung innerhalb der gegenwärtigen poimenischen Situation nochmals auf den Punkt gebracht werden. Als ein Pionier und typischer Repräsentant der fortgesetzten Seelsorgebewegung kann gegenwärtig nach wie vor *Joachim Scharfenberg* gelten. Als ein typischer Vertreter der entgegengesetzten Bemühungen um Restitution und Kontinuität wird *Martin Nicol* angesehen und eingeführt. Die Konzeptionen beider Theologen werden unter den eben genannten Fragestellungen konfrontiert. Das legt sich auch insofern nahe, als ihre poimenischen Entwürfe den (fast) gleichen Titel in einer ebenso bezeichnenden wie aufschlußreichen Variation tragen: „Seelsorge als Gespräch" und „Gespräch als Seelsorge".

a) Seelsorge als Gespräch

Schon im Jahre 1972 erscheint die Seelsorgelehre des Praktischen Theologen und Psychoanalytikers Joachim Scharfenberg unter dem Titel „Seelsorge als Gespräch" und erlebt als bleibend einflußreiches Buch bis zum Jahre 1991 fünf Auflagen.[215] Der Autor behandelt eingangs ausführlich das Thema „Seelsorge und Sprache" und setzt sich in diesem Rahmen kritisch mit der vorgefundenen Situation auseinander. Herausgestellt wird der Mißbrauch des Gesprächs in der evangelischen Seelsorge. „Sehr viele Vorstellungen vom Gespräch innerhalb der neueren Seelsorgeliteratur müssen als Fehlformen des Gesprächs angesehen werden, weil sie zu einem autoritären und methodistischen Mißbrauch der Sprache verführen und leicht in den Sog klerikaler Selbstbehauptungstendenzen geraten. Sprachlicher Umgang zweier oder

---

[215] *Joachim Scharfenberg*, Seelsorge als Gespräch. Zur Theorie und Praxis der seelsorgerlichen Gesprächsführung, Göttingen, 5. Aufl. 1991.

mehrerer Menschen bedeutet den Verzicht auf Exaktheit im mathematischen Sinne, auf Objektivität im erkenntnistheoretischen Sinne sowie auf Information im autoritären Sinne. Durch seine grundsätzliche Zirkelstruktur kann im Gespräch dem Menschen seine Freiheit zugestellt und ihm ein Einübungsraum dieser Freiheit zur Verfügung gestellt werden. Mit der Einführung der Sprache als Therapeutikum hat die Tiefenpsychologie – darin hellsichtigen Seelsorgern ähnlich – ein Paradigma für den nichtautoritären zwischenmenschlichen Umgang im Gespräch geschaffen."[216] Der springende Punkt dieser Kritik lautet: „Autoritär muß jede Gesprächsführung genannt werden, die das Gespräch nur dazu benutzen will, um etwas Vorgegebenes, an der Vergangenheit orientiertes, Bekanntes und Verfügbares ‚auszurichten'. Das Sprachgeschehen wird also hier in verobjektivierender Weise ebenso eingeengt, wie überall da, wo man nach einer vorgegebenen Methode verfahren will, die in einer unwandelbaren Grundstruktur stets das Gleiche, wenn auch in einer dem Einzelfall angepaßten Modifikation vollziehen will."[217]

Demgegenüber führt J. Scharfenberg zunächst ins Feld, daß in der Metalinguistik der neueren Zeit eine dualistische Sprachtheorie[218] entwickelt wird: Da gibt es im Sprachdenken einerseits einen deutlichen Zug zum Objektiven und zur Information. Aber andererseits wird heute stärker die Zirkelstruktur der Sprache herausgearbeitet, „.... die Objekt und Subjekt zusammenschließt im immer neuen Ereignis und sich von dem Exaktheitsideal früherer Zeiten löst."[219] Sprache strukturiert demnach Wirklichkeit und bildet sie nicht nur ab. In ihr drückt sich der Mensch nicht nur aus, sondern empfängt etwas, weil alles Verstehen nicht nur die zunehmende Erschließung der Sachverhalte betrifft, sondern als Funktion der Beziehung und der Gemeinschaft aufgefaßt werden kann.

Auf dieser Basis fungiert für J. Scharfenberg das Sprachgeschehen als Brücke zwischen Theologie und Humanwissenschaften (sprich Psychologie bzw. Tiefenpsychologie). Es ist eine Brückenbildung „jenseits" einer im poimenischen Bereich bisher strikt vorgenommenen Trennung: Da wird einerseits eine objektivierende Methodik im Dienste der empirisch-anthropologischen Forschung angenommen. Mit ihrer Hilfe vermag der Mensch sich nur aus sich selbst heraus zu begreifen. Er bleibt aber mit all seinen innerweltlichen Erklärungsversuchen zwangsläufig „subjektiv" in sich selbst verschlossen. Da wird zum anderen eine umfassende und der empirischen

---

[216] J. Scharfenberg, a.a.O., S. 12.
[217] J. Scharfenberg, a.a.O., S. 19.
[218] J. Scharfenberg, a.a.O., S. 33.
[219] J. Scharfenberg, a.a.O., S. 34.

Sicht unzugängliche Wirklichkeit angenommen, von ihr ausgehend die eigentliche Ganzheit des Menschen eingefordert und Seelsorge daraufhin als Verkündigung des „Wortes" (Gottes), das „von außen" auf den Menschen trifft, heilsam zur Sprache gebracht.

J. Scharfenberg möchte dieses Gegenüber und damit die Trennung auflösen. Sein „Brückenbau" geschieht, indem er „Heilung als Sprachgeschehen" definiert. Damit knüpft er einerseits an den Zusammenhang zwischen Heilung und Sprache in der Bibel an.[220] Er weist andererseits auf Johann Christoph Blumhardts Denken und Wirken hin, der den verlorengegangenen Sinnzusammenhang zwischen biblischem Wort und Heilung wieder bewußt und in seiner Wirkung erlebbar gemacht habe. Was dabei in, mit und unter der Anwendung der mythologischen Begrifflichkeit der Bibel erreicht wurde[221], läßt sich freilich erst dann verstehen, wenn man dieses biblisch begründete und im Glauben verankerte Geschehen nicht als zusätzliche Möglichkeit und damit als ergänzend, sondern *gleichzeitig* humanwissenschaftlich erfaßt: „Erst die Tiefenpsychologie stellt eine Begrifflichkeit bereit, die uns das Phänomen *Blumhardt* verstehen läßt."[222]

Das ist kein Zufall! In S. Freuds Erkenntnissen und der daraus abgeleiteten Umgestaltung der Beziehung zwischen Arzt und Patient sieht J. Scharfenberg eine genaue Parallele: Hier wie dort geht es um „Heilung durch Sprachgeschehen". Hier wie dort sind im Rahmen dieses Geschehens beide Gesprächspartner (in einer nicht nur dialogischen, sondern dialektischen Verzahnung!) an der „Deutung" von lebenshemmenden Momenten und damit an einer erweiterten Wirklichkeitserschließung beteiligt.

Was aber bedeutet diese Aufdeckung einer so genauen Parallelität der Abläufe für die Konzeption J. Scharfenbergs? Das faktische Nebeneinander von Theologie und Humanwissenschaften und in der Folge das Nebeneinander von seelsorgerlichem Handeln und psychotherapeutischer (psychoanalytischer) Behandlung zeigt so zwar die grundsätzliche Möglichkeit eines Perspektivenwechsels bei (weltanschaulich) verschiedener „Sicht der Dinge" an. Die verschiedenen Gesprächssituationen selbst aber sind jedenfalls Ausdruck ein und desselben Sprachgeschehens, das sich unter theologischen oder unter humanwissenschaftlichen Prämissen deuten läßt, aber in seiner

---

[220] Vgl. J. Scharfenberg, a.a.O., S. 35f. mit den Hinweisen auf Ps. 107,20; Weisheit Salomons 16,12; Joh. 1,4; 5,26 usw.

[221] Nach J. Scharfenberg ereignet sich Aufsprengung des rein instrumentalen Charakters der Sprache, Artikulationsmöglichkeit für ichfremde Seelenanteile, Freisetzung einer psychosomatischen Betrachtungsweise, Befreiung von vergangenem Erleben und Öffnung für zukünftig sinnvolles Erleben (vgl. J. Scharfenberg, a.a.O., S. 39f.).

[222] J. Scharfenberg, a.a.O., S. 39.

dialogisch-zirkelhaften Struktur jedenfalls eine besondere Art von Gespräch darstellt: In ihm herrscht Partnerschaftlichkeit statt Autoritätsgefälle, in ihm werden deutend Wandlungsbereitschaft gefördert und Freiheit dem anderen und sich selbst gegenüber bewußt gemacht und eingeübt und mit all dem ethische Entscheidungsfähigkeit entwickelt. Denn – so ist vom Gespräch jetzt zu sagen – : „In ihm erschließen sich Möglichkeiten, an die keiner der beiden Partner vorher gedacht hat. Es ist dies jedoch eine Erfahrung, die in jedem Beratungsgespräch gemacht werden kann. Es dürfte eine Schicksalsfrage für die Lebensäußerungen der Kirche sein, ob das Gespräch in ihr zum Strukturelement werden kann. Unser Vorschlag geht dahin, gerade hierin das seelsorgliche Element kirchlichen Handelns zu sehen."[223]

Nach dieser Grundlegung werden von J. Scharfenberg Grundformen des Gesprächs (freies Gespräch, Lehrgespräch, Explorationsgespräch) entwickelt. Die „helfende Beziehung" wird als „Hilfe zur Selbsthilfe" gekennzeichnet. Das eigentliche Seelsorgegespräch wird als durch „existentielle Offenheit" und seinen „Verzicht auf falsche Autorität" charakterisiert. In für das Gesamtkonzept konstitutiver Weise strukturiert sich dann für den Autor „Die interpersonale Dynamik des Gesprächs" durch Verwendung der psychoanalytischen Begriffe „Übertragung" und „Gegenübertragung". Denn: „Jedes Gespräch ist geprägt durch die Lebens- und Erfahrungsgeschichte beider Partner, die sich mehr oder weniger unbewußt in die gegenwärtige Situation eindrängt. Die Psychotherapie trägt diesem Tatbestand Rechnung, indem sie ganz bewußt ihre Aufmerksamkeit auf die Phänomene Übertragung und Gegenübertragung richtet. Auch jede andere Gesprächsbeziehung muß darauf gefaßt sein, daß sie sich durch Übertragung von der Wirklichkeit entfernt und damit einen illusionären Charakter erhält. Je stärker eigene Gegenübertragungsäußerungen kontrolliert sind, umso leichter wird es auch gelingen, typische Verhaltensweisen des Gegenübers als Übertragung zu erkennen und damit den drohenden Teufelskreis zu durchbrechen."[224]

Abschnitte über Mittel und Methoden sowie über kritische Punkte der Gesprächsführung schließen sich an, ehe zum Schluß für „Die Gesprächsreihe" – als fruchtbar für die Seelsorge – plädiert wird.

Jedenfalls möchte das Buch neue Einsichten „anstößig" vermitteln. Es muß zum Widerspruch derer führen, denen poimenisch vor allem an Restitution und Kontinuität gelegen ist.

Im gegebenen Kontext ist an dieser Stelle vor allem zu fragen, welche *Implikationen* diesen Entwurf „im Grunde" auszeichnen und wie weitge-

---

[223] J. Scharfenberg, a.a.O., S. 43.
[224] J. Scharfenberg, a.a.O., S. 65; weitere Ausführungen zu den Begriffen „Übertragung" und „Gegenübertragung" finden sich S. 68ff. und S. 73ff.

hend sich darin ebenso typische wie strukturgebende Einstellungen der *Seelsorgebewegung* widerspiegeln. Sehen wir recht, so wird nach J. Scharfenberg im Gespräch die *Zielvorstellung* seelsorgerlichen Handelns (Heilung von allen daseinseinengenden Befindlichkeiten) von den Beteiligten gemeinsam freigesetzt. Vorausgesetzt ist dabei, daß sich alle erlebbare Wirklichkeit des Menschen „im Sprachgeschehen" konstituiert. Alles Glaubensverhalten besteht sozusagen in der Annahme dieser Wirklichkeit, Seelsorge dient (parallel zur Psychoanalyse) deren Erschließung. Diese Erschließung menschlicher Wirklichkeit dient in Ausrichtung auf den im Leid verflochtenen und konfliktbehafteten Menschen gleichzeitig der Aufarbeitung dessen, was sich fehlentwickelt hat: Gottgewollte Wiederherstellung (Rekonstruktion des Menschen[225]) ist angesagt!

---

[225] So überschreibt *Dietrich Rössler* einen oft zitierten Aufsatz zur poimenischen Lagebestimmung (WzM (25) 1973, S. 181ff.) mit dem Untertitel „Ziele und Aufgaben der Seelsorge in der Gegenwart". Gekennzeichnet ist diese gegenwärtige Seelsorge danach besonders durch folgende Ausrichtung: „Die Seelsorge unserer Tage ist ‚beratende Seelsorge'. Sie gründet sich auf eine Pastoralpsychologie, auf die klinisch-pastorale Ausbildung und auf die Psychoanalyse" (S. 182). Damit gleichzeitig aber ist sie (durchaus in der Tradition Schleiermacherscher Gedanken!) in das Grundmodell von Krankheit und Therapie eingetragen. Das wiederum fordert zur Klärung des Verhältnisses zur Psychotherapie heraus.
Wie aber kann „beratende Seelsorge" von ihrer eigenen Zielsetzung her „Gewinn" vermitteln? Hierzu formuliert D. Rössler: „Die Grundidee dieser Seelsorge ist die Idee der Rekonstruktion, präziser: Die Idee der Rekonstruierbarkeit des Menschen. Geht man davon aus, daß Seelsorge in jedem Fall Veränderung dessen will, mit dem sie befaßt ist, so gibt es zur Rekonstruktion nur eine Alternative: Die Veränderung durch einen einzelnen und einzigartigen Akt, durch ein plötzliches, einmaliges Geschehen, das die Biographie des Betroffenen in zwei Teile zerbricht. Das Grundmodell dafür ist die Bekehrung. Die Idee der Rekonstruktion geht dagegen davon aus, daß die notwendige Veränderung schrittweise erreicht werden muß und erreicht werden kann." (S. 187) Und weiter: „Das Verfahren, dessen sich die Rekonstruktion bedient, ist das Gespräch. Es soll ein methodisches und durchgebildetes Gespräch sein, das sich nicht von selbst versteht, sondern vom Seelsorger erlernt und eingeübt werden muß." (S. 188)
Fraglich ist nach D. Rössler allerdings, wie die „beratende Seelsorge" mit den überdimensionierten Fremderwartungen, die mit ihr auf den Pfarrer und Seelsorger treffen, umgehen wird und wie sie bei alldem das „spezifisch Christliche" zum Ausdruck bringen kann. D. Rössler schließt deshalb seinen kritischen „Lagebericht" von 1973 mit dem Hinweis ab: „Um ein vernünftiges und sachgemäßes Instrument für den Beruf des Pfarrers zu sein, muß die Seelsorge die Funktion zur Geltung bringen, in der nach der Logik ihrer Prinzipien sowohl ihre Möglichkeiten wie ihre Grenzen liegen: Die Assistenz bei der alltäglichen Rekonstruktion individuellen Lebens". (S. 196)

Mit der Aufhebung der Trennung von empirisch zugänglicher Wirklichkeit und von außerhalb der Empirie her objektiv tragender und ergänzender Wirklichkeit ist auch die Trennung von Heilung und Heil (resp. Wohl und Heil) unfunktional geworden.

Kurz gesagt: Das seelsorgerliche Gespräch weist sozusagen in eine immer weitergehend erschließbare Wirklichkeit hinein. Dieser Richtungsangabe entspricht nicht nur eine (philosophisch unterlegte) *Denkbewegung*, sondern auch eine (theologisch unterlegte) *Glaubensbewegung*: Christentum wird zur Herausforderung, sich mit Gottes Hilfe als Mensch fortschreitend zu verwirklichen. Genau damit ist ein Hauptanliegen der Seelsorgebewegung vertreten: Gegenüber aller Selbstgefährdung der konventionellen Seelsorge durch ein zwar theologisch „richtiges", dabei aber wirklichkeitsfernes Handeln soll das seelsorgerliche Gespräch gezielt den als gottfern angenommenen Realitätsverlust aufheben. Und: Die (wohlreflektierte und durchaus nicht spannungsfreie) Zusammenarbeit mit den Humanwissenschaften garantiert in unverzichtbarer Weise Wirklichkeitsnähe. Dieses Anliegen wird von J. Scharfenberg ebenso innovativ wie polarisierend paradigmatisch vertreten.[226]

---

[226] Eine kritische Auseinandersetzung mit dem Ansatz Joachim Scharfenbergs und mit der durch ihn repräsentierten Pastoralpsychologie bietet *Isolde Karle,* Seelsorge in der Postmoderne. Eine Kritik der psychoanalytisch orientierten Seelsorgelehre, Neukirchen-Vluyn, 1996.

Die Autorin schreibt (S. 73): „Wenn ich mich im folgenden exemplarisch mit der Pastoralpsychologie von Joachim Scharfenberg auseinandersetze, dann gilt mein Interesse primär der Frage, ob das psychoanalytische Paradigma für die moderne Poimenik tatsächlich leisten kann, was es zu leisten verspricht bzw. was man sich von ihm erhofft. Es wird zu prüfen sein, ob eine Seelsorge in der Moderne, die die soziale Lagerung von Individuen, ihre Chancen und Probleme, ihre Identitätsfolien und Selbstbeschreibungen in der funktional differenzierten Gesellschaft adäquat erfassen und beschreiben möchte, gut beraten ist, ihre Wahrnehmungsperspektive primär psychoanalytisch zu fundieren."

Diese Frage wird nach einer Einführung in N. Luhmanns Theorie der sozialen Systeme und nach einer detaillierten und um objektivität bemühten Darstellung der theologischen resp. pastoralpsychologischen Konzeption Joachim Scharfenbergs klar verneint. So heißt es (S. 119): „Die psychoanalytische Denktradition geht im allgemeinen davon aus, daß *individuelle* und *soziale* Konflikte letztlich als ein und dasselbe verstanden werden können. In der Konsequenz führt die psychoanalytische Perspektive Scharfenbergs dazu, gesellschaftliche Probleme immer auf innerpsychische Konflikte zurückzuführen und zu reduzieren."

Weiter wird dann ausgeführt (S. 119f.): „Ganz anders aber beschreibt die soziologische Systemtheorie den Zusammenhang von Individualität und Sozialität. Sie unterscheidet psychische und soziale Prozesse grundsätzlich und geht davon aus, daß in der Gesellschaft Prozesse ablaufen, die gerade nicht auf psychische Befindlichkeiten reduziert werden können. *Die Gesellschaft hat keine Psyche.*" Praktische Konsequenz sollte deshalb nach I. Karle eine neu reflektierte Aus-

b) Gespräch als Seelsorge

Martin Nicols Buch „Gespräch als Seelsorge" aus dem Jahre 1990 läßt sich bei all seiner um Ausgleich bemühten Tendenz durchaus auch als Gegenentwurf zu J. Scharfenbergs Konzeption lesen.[227] Das wird allerdings erst allmählich deutlich. Zunächst fasziniert der gleiche Ausgangspunkt: Es geht in M. Nicols Untersuchung um „... Fragmente im Blick auf eine wiederzugewinnende oder doch zumindest neu wahrzunehmende Sprache: Sie wollen dazu helfen, zunächst die Sprache über das Gespräch neu zu buchstabieren, um in der Folge ein verändertes Gespräch selbst Gestalt werden zu lassen."[228] Es geht darum, „... eine Sprache wieder- oder neuzugewinnen: die Sprache über das Gespräch oder, nunmehr genauer, die Sprache über das Seelsorgegespräch als existentielles Gespräch."[229]

Und M. Nicol definiert: „Es handelt sich, erstens, um ein Gespräch zwischen zwei Menschen, eventuell auch einer kleinen Gruppe, um ein existentielles Gespräch also insofern, als sich keiner der Gesprächsteilnehmer dem Gesprächsgeschehen entziehen kann; Gegenstand sodann des Gesprächs ist, verbalisiert oder nicht, das Leben der Gesprächsteilnehmer in seiner existentiellen Dimension, d.h. insofern sie davon innerlich betroffen sind; es wird drittens auf existentielle Weise gesprochen, also nicht rational-verobjektivierend, sondern erlebnis- oder erfahrungsmäßig, den Menschen in seiner Ganzheit aus Intellekt und Affekt betreffend."[230] Wichtig ist, daß das existentielle Gespräch nicht vonvorn herein identisch mit einem seelsorgerlichen Gespräch ist.[231] Seelsorge ist vielmehr durch seine bestimmte Zielsetzung ein ausgesprochener Sonderfall des existentiellen Gesprächs!

Bekommt dieser Sonderfall dann auch über den relativ geschlossenen Raum der seelsorgerlichen Situation hinaus seine Bedeutung für existentielle Gesprächssituationen im weiten Raum einer „Kultur des Gesprächs"? Kann es aber hierbei tatsächlich um mehr gehen als um das Vergleichen und um das Zuordnen verschiedener (theologischer und psychologischer) Sprachen

---

differenzierung von Beratung und Seelsorge, aber auch von Psychologie und Theologie sein (vgl. S. 239). Dieses Desiderat verbindet sich mit dem Ziel, entgegen aller Eingliederung in die säkulare Beratungsszene die *Kirche* und *Gemeinde* als Matrix und eigentliches Arbeitsfeld wieder zu entdecken, zu stärken und gerade so für die Gesellschaft neu interessant zu machen.

[227] *Martin Nicol*, Gespräch als Seelsorge. Theologische Fragmente zu einer Kultur des Gesprächs, Göttingen, 1990.
[228] M. Nicol, a.a.O., S. 11.
[229] M. Nicol, a.a.O., S. 15.
[230] M. Nicol, a.a.O., S. 13.
[231] Auch die Gesprächsführung S. Freuds bzw. der Psychoanalyse kann beispielsweise „existentiell" im definierten Sinne sein.

auf der Reflexionsebene der Wissenschaft? Sollte von daher die seelsorgerliche Sprache vielleicht versuchen, sich vermehrt an die Sprache der Dialogphilosophie anzulehnen?[232] Oder könnte der Erfahrungsbegriff als Integrationsfaktor zwischen den Sprachverständnissen von Theologie und Psychologie vermitteln? Immer wieder droht einseitige Auslieferung an eine humanwissenschaftliche Begrifflichkeit oder an ein wissenschaftliches Sprechen, das nicht als unmittelbarer Ausdruck lebendigen Erlebens dienen kann. „Gesucht ist also einerseits ein spezifisch theologischer Erfahrungsbegriff, andererseits eine Möglichkeit so zu sprechen, daß noch vor aller wissenschaftlich-verobjektivierenden Reflexion lebendiges Gesprächserleben angemessen zur Geltung gebracht werden kann. Mit solchem Sprechen ist dann das wissenschaftliche Sprechen in Beziehung zu setzen."[233] Hier klafft nach M. Nicol in der poimenischen Literatur eine Lücke! Die unauflösbare Wechselbeziehung von Sprache und Sache ist nicht deutlich genug erkannt![234]

Diesem Defizit ist deshalb im seelsorgerlichen Gespräch mit einer besonderen „Wahrnehmung" neu zu begegnen: „,Wahrnehmung' bezeichnet in einem einzigen Begriff sowohl die Praxis solchen Gesprächs und das sie begleitende Erleben wie auch das erkennende Sprechen, in dem solches Erleben in einem bestimmten Deutehorizont zur Sprache gebracht wird."[235] Dieser umfassende Begriff „Wahrnehmung" relativiert alles (existentielle wie wissenschaftliche) Sprechen und bestimmt es als einen Teil seiner selbst. „Wahrnehmung" im genannten Sinne beeinflußt beide Gesprächsformen und -möglichkeiten und läßt sie gleichzeitig von einer Metaebene aus betrachten: „Vielleicht fällt uns das Sprechen *im* Gespräch oft so schwer, weil wir nicht angemessen *über* das Gespräch zu sprechen vermögen."[236] Solches Sprechen über das Gespräch hat zugleich eine wichtige praktische Funktion: Es kann zu einer Kultur des Gesprächs beitragen, kann dessen Wesen als „lebendiges Gespräch" deutlich ins Bewußtsein heben.

In dieser Kultur ist dann ein Modell des seelsorgerlichen Gesprächs anzusiedeln, das im Wechselspiel zwischen Theorie und Praxis einem andauernden Veränderungsprozeß unterworfen ist. Kann es doch die zukünftige Wahrnehmung von Gespräch nicht aus vergangener Wahrnehmung ablei-

---

[232] Sie das *Hubert Windisch* in seiner Monographie „Sprechen heißt lieben. Eine praktisch-theologische Theorie des seelsorgerlichen Gesprächs", Würzburg, 1989, vorschlägt.
[233] M. Nicol, a.a.O., S. 16f.
[234] Vgl. M. Nicol, a.a.O., S. 17. Hierbei bezieht sich M. Nicol besonders auf Gerhard Ebeling und Hans-Georg Gadamer.
[235] Ebd.
[236] Ebd.

ten, ohne sich letztlich dem Wirken und Dabeisein des lebendigen Gottes zu verschließen!

In der Folge dieser Vorgaben zur von ihm intendierten Etablierung einer „Kultur des Gesprächs" nimmt M. Nicol dann „Anstöße aus der Geschichte" (des 19. Jahrhunderts) auf und schließt in diesen Abschnitt auch ein Kapitel „Das Gespräch als Therapeutikum: Sigmund Freud" ein.

Was ergibt dieser Rückbezug zur Tradition? Wie verschieden auch immer bei den unterschiedlichen Gesprächsmodellen vom (religiösen) Schleiermacher angefangen bis hin zum (areligiösen) Freud der Deutehorizont für die einzelnen Vertreter einer Gesprächskultur auch gewesen sein mag: Bei allen nahm das „Gesprächserleben" eine wichtige Stelle im Nachdenken ein. Es wurde jedenfalls von der eigenen Person ganzheitlich wahrgenommen und strukturierte den ihr gemäßen biographischen, bildungsmäßigen und sozialen Hintergrund. Dabei war die jeweilige Erfahrungsqualität dieses Erlebens durch den je eigenen Deutehorizont bestimmt. Umgekehrt aber qualifizierte eben dieser Deutehorizont die Wahrnehmung bzw. Ausübung des „existentiellen Gesprächs" sowohl nach der erkenntnismäßigen als auch nach der praktischen Seite und findet in einem Gesprächsmodell seinen Niederschlag.

Dieses Gesprächsmodell wiederum arbeitet implizit oder explizit mit einem ganz bestimmten Paradigma der Gesprächsführung: Es kann von partnerschaftlicher Gegenseitigkeit getragen sein (Schleiermacher). Es kann eine analytische Partnerschaft (als hermeneutisch-zirkuläre Verschränkung) der Gesprächspartner darstellen (Freud). Sobald allerdings die These von einer natürlichen Religiosität oder einem idealen Menschenbild dabei ins Spiel kommt, macht sich leicht ein charakteristisches Gefälle in der Gesprächsbeziehung bemerkbar: „Der eine Partner weiß um die wesentliche Bestimmtheit des Menschseins und erwartet, daß der andere zu eben dieser Erkenntnis gelangt."[237]

Alle diese Modelle existentieller Sprache sind freilich noch keine spezifisch seelsorgerlichen Gespräche! Diese Qualifikation erhält das Gespräch erst im Deutehorizont evangelischer Seelsorge. Wie aber repräsentieren dann die einzelnen Gesprächsauffassungen im poimenischen Bereich der Gegenwart diesen unverzichtbaren Deutehorizont, der das seelsorgerliche Gespräch tatsächlich zum Sonderfall des existentiellen Gesprächs macht?[238]

M. Nicol wählt als exemplarische Gesprächskonzeptionen moderner Seelsorge diejenigen J. Scharfenbergs und H. Tackes (unter hauptsächlichem Hinweis auf deren Bücher „Seelsorge als Gespräch" und „Glaubenshilfe als

---

[237] M. Nicol, a.a.O., S. 104.
[238] Vgl. M. Nicol, a.a.O., S. 104: „Wenn wir nach existentiellem Gespräch im Deuteraum des christlichen Glaubens fragen, so richtet sich der Blick zwangsläufig auch auf Praxis und Theorie des seelsorgerlichen Gesprächs."

Lebenshilfe") aus. Gefragt wird jeweils nach der Stellung des Gesprächs im Seelsorgekonzept, nach dem methodischen Vorgehen im seelsorgerlichen Gespräch, nach der Beziehung zwischen den Gesprächspartnern und nach dem Gesprächsgeschehen und seiner Deutung. Wie M. Nicol in detaillierter Untersuchung herausarbeiten möchte, werden beide Entwürfe mit ihren Grundaussagen zum Gespräch und dessen Funktion in der Seelsorge der wesentlichen und eigentlichen Verhältnissetzung von seelsorgerlichem und existentiellem Gespräch *nicht* gerecht. J. Scharfenberg bringe das Gesprächsgeschehen maßgeblich in psychologischen Kategorien zur Sprache. Auf diese Weise aber relativiere er den theologischen Deutehorizont.[239] H. Tacke habe das „Wort" (und damit das „Wort Gottes") auf die verbale Struktur eingeengt verstanden.[240]

So gilt einerseits, daß beider Konzepte die wirkliche Partnerschaft im Gespräch zwar postulieren, aber dennoch hier wie dort ein konzeptionell verankertes Gefälle zwischen den Gesprächspartnern greifbar wird.[241] Deshalb urteilt M. Nicol schließlich: „Es bleibt festzuhalten, daß weder Scharfenberg noch Tacke in ihren gesprächsorientierten Entwürfen von Seelsorge das existentielle Gespräch befriedigend als wirkliches Gespräch in die Seelsorge und damit in den Deutehorizont des christlichen Glaubens einzeichnen."[242]

Dieses Mißlingen wird dann vom Autor durch die Geschichte der Poimenik seit Schleiermacher exemplarisch verfolgt. Jeweils komme es unter den verschiedenen Paradigmen und Modellvorstellungen entweder zu einem „Austeilungsgefälle" zwischen den Gesprächspartnern oder aber zu einer eingeschränkten Wahrnehmung des Gesprächsgeschehens. Das gelte schließlich auch für die heute geläufige Fragestellung, ob eher das kerygmatische oder aber das therapeutische Gespräch die Seelsorge konstituiere.[243]

Wie aber kann Seelsorge dann überhaupt als „Sonderfall des existentiellen Gesprächs" bzw. als ein zu partnerschaftlicher Gegenseitigkeit verpflichtetes Gespräch entworfen werden? M. Nicols eigene Zielvorstellung läßt sich

---

[239] Vgl. M. Nicol, a.a.O., S. 115ff.

[240] M. Nicol, a.a.O., S. 125 heißt es: „Die ganze Weite des theologischen Nachdenkens über das Wort Gottes ist damit auf ein intellektualistisch-verbalistisches Verständnis reduziert."

[241] Vgl. a.a.O., S. 127.

[242] M. Nicol, a.a.O., S. 128.

[243] M. Nicol schreibt a.a.O., S. 157 dazu: „Offenbar kann das seelsorgerliche Gespräch in beiden Fällen nur sehr eingeschränkt als wirkliches Gespräch wahrgenommen werden. Vielmehr stellt sich die prinzipielle Frage, ob Seelsorge überhaupt als Gespräch – und das heißt im Duktus dieser Untersuchung: als existentielles, partnerschaftlicher Gegenseitigkeit verpflichtetes Gespräch – entworfen werden könne. Genau dieser Versuch aber soll mit dem nun zu entwerfenden Gesprächsmodell unternommen werden."

so nachzeichnen: Dem „wirklichen Erleben" der Gesprächspartner (vorbereitet im romantisch-pantheistischen Deutehorizont des 19. Jahrhunderts) als Grundlage soll die Suche nach einer Möglichkeit korrespondieren, das Gespräch durchgehend in einem theologischen Deutehorizont wahrzunehmen. Damit wird das Folgende erreicht: Die Qualifizierung des Erlebens zu einem (alle Wirklichkeitsbezüge einschließenden) religiösen Erleben ermöglicht einerseits die Integration wissenschaftlicher (z.B. psychologischer) Erkenntnisse ohne gleichzeitige Auslieferung an verobjektivierende Vorgehensweisen und das damit unabdingbar verbundene Gefälle-Paradigma.

Und weiter: Die Bemühungen der neuen Poimenik, vom Oben-Unten-Schema zwischen Seelsorger und Ratsuchenden endlich loszukommen, werden andererseits von den grundlegenden Einsichten über das „existentielle Gespräch" in entscheidender Weise unterstützt. Das „Paradigma partnerschaftlicher Gegensätzlichkeit" erscheint dadurch nicht mehr als ein nur mehr oder weniger verwirklichtes Postulat. Es läßt sich in M. Nicols Modell wirklich praktizieren.

Eben dieses Modell wird daraufhin zunächst als Entwurf vorgestellt und dann einer poimenischen Reflexion unterzogen. Thesenartig gefaßt treten dabei folgende Punkte in den Vordergrund: Als existentielles Gespräch im Deutehorizont des christlichen Glaubens ist Gespräch in der Seelsorge weder Verkündigung noch Therapie. Es weiß sich partnerschaftlicher Gegenseitigkeit (wie im existentiellen Gespräch zwischen Freunden) verpflichtet. Gemeinsames Ziel ist es, an einem Gesprächsgeschehen existentiell teilzuhaben, das beide Partner in einem hermeneutischen Zirkel umschließt.

So qualifizierte Gespräche finden sich in traditionell seelsorgerlichen Gesprächen intendiert, sind aber nicht auf diese beschränkt. Wesentlich ist und bleibt jedenfalls, daß es ohne Deutehorizont, der im Sprechen selbst wahrgenommen wird, zu keiner eigentlichen Gesprächserfahrung kommt. Diese besteht – allgemein gesehen – darin, daß ein Gesprächsgeschehen als gedeutetes Erleben zugänglich gemacht und in eine entsprechende Erfahrung überführt wird. Das spezielle Gespräch in der Seelsorge kann als solches also überhaupt erst im Deutehorizont des christlichen Glaubens wahrgenommen werden.

Und dann weiter: Zu dieser Wahrnehmung gehört unabdingbar eine Sprache, die existentielles Sprechen über das Gespräch ermöglicht und gleichzeitig der Wirklichkeitswahrnehmung im genannten Deutehorizont dient. Dabei muß eine naheliegende Orientierung an biblischen Redeweisen, Bildern und Geschichten die Integration von Elementen psychologischer Sprache nicht ausschließen, wenn sicher ist, daß die Sprache des christlichen Glaubens eine Sprache des ganzen Menschen ist. Nur so nämlich erfaßt sie in unauflöslichem Zusammenhang die verbale und die nonverbale Ebene.

Wenn nun bei alledem im poimenischen Bereich das Gespräch geübt werden sollte und in diesem Zusammenhang „Gespräche über Gespräche" gezielt zu führen sind, so läßt sich zu diesen Erfordernissen sagen: „Ausbildung in seelsorgerlichem Gespräch geschieht als Ausbildung der Sprache des christlichen Glaubens im Gespräch über das Gespräch."[244]

Den Abschluß des Buches bildet das Kapitel „Das Gesprächsmodell in poimenischer Reflexion", auf das wenigstens kurz hingewiesen werden soll: Als eine grundlegende theologische Voraussetzung wird hier von M. Nicol genannt, daß sich die Wahrheit des Wortes Gottes überhaupt erst im Gespräch ereignen kann – und zwar als Erfahrung, die freilich als solche wiederum theologisch zu qualifizieren ist.[245]

Als „Handeln am anderen" gerät Seelsorge allerdings immer wieder leicht zu einem Handeln mit „Austeilungsstruktur", die freilich in bestimmten Situationen ihren Sinn hat und behalten wird.[246]

Nun ist aber Gespräch primär Erfahrung! Es verkörpert den Ort der Sprachbildung und gegebenenfalls der Sprachproblematik. Es ist dabei dezidiert auf die bisher unausgesprochenen Situationen, die an den Rand des vertrauten Sprach- und Lebensbereichs führen, ausgerichtet. So aber ergibt sich zwangsläufig eine „Widerständigkeit des Gesprächs" gegenüber aller bloßen Austeilungsstruktur der Seelsorge. Nach M. Nicol ist diese vielmehr als „wahrnehmende Seelsorge" zu konzipieren. Diese „wahrnehmende Seelsorge" läßt sich dann abschließend unter vier Aspekten beschreiben: Existentielles Sicheinlassen auf ein Geschehen; deutendes Sprechen; die Wahrheit des Wortes Gottes zur Geltung kommen lassen; in dem von dieser Wahrheit Gottes strukturierten Beziehungsgeschehen sich selbst und den anderen wahrnehmen.

Wiederum ist in unserem Zusammenhang zu fragen, welche *Implikationen* mit diesem Entwurf transportiert werden und wie weitgehend sich jetzt typische und strukturgebende Einstellungen der Bemühungen um Restitution und Kontinuität widerspiegeln. Sehen wir recht, so wird von M. Nicol die *Zielvorstellung* seelsorgerlichen Handelns in einer immer weitergehenden Erschließung der Wahrheit gesehen, auf die es sich im existentiellen Gespräch zunehmend einzulassen gilt. Vorausgesetzt ist dabei, daß alle Wirk-

---

[244] M. Nicol, a.a.O., S. 170. Daß M. Nicol in diesem Zusammenhang auf das KSA-Modell zurückgreift, es modifiziert in Gebrauch nehmen und auf seine Grundannahmen und Zielvorstellungen ausrichten möchte, zeigt nochmals deutlich sein durchgehendes Bemühen um Integration hinsichtlich sehr verschieden vorgezeichneter poimenischer Elemente und Vorgehensweisen.

[245] Vgl. dazu im einzelnen M. Nicol, a.a.O., S. 173ff.

[246] So heißt es: „Der tröstliche Zuspruch auch in Form eines Bibelspruchs, die fachlich gesicherte therapeutische Einflußnahme, der Kasualgottesdienst einschließlich des Krankenabendmahles, diakonisches Handeln, Beichte, Gebet und manches mehr bleiben Mittel austeilender Seelsorge oder könnten es, den Umständen entsprechend, wieder stärker werden." (M. Nicol, a.a.O., S. 179)

lichkeit eines angebbaren Deutehorizonts bedarf, um vom einzelnen als seine eigene Lebenssituation betreffend und umfassend erlebt werden zu können. (Existentielles) Gespräch als Seelsorge führt zu einer fortschreitenden Partizipation an der alles umfassenden Wirklichkeit Gottes. Sich grundlegend am gottgewirkten Heilsgeschehen teilnehmend vorzufinden, fällt nicht direkt mit dem irdischen Wohl (resp. der Heilung bzw. Konfliktlösung) zusammen! Es läßt aber alles entsprechende Erleben in existentieller Vertiefung und d.h. in einem neuen Licht und in veränderter Be-Deutung erscheinen.

Kurz gefaßt: Das seelsorgliche Gespräch weist sozusagen über eine bisher erfahrene Wirklichkeit hinaus! Diese Richtungsangabe entspricht wiederum nicht nur einer (philosophisch unterlegten) *Denkbewegung*, sondern auch einer (theologisch unterlegten) *Glaubensbewegung*: Christentum wird zum möglichen Sonderfall der menschlichen Existenz in bezug auf die Wahrheitserfahrung! So aber wird in hochdifferenzierter und aufwendiger Weise ein Hauptanliegen der Bemühungen um Restitution und Kontinuität vertreten: Gegenüber aller gefürchteten Auslieferung der Seelsorge an säkulare Methoden und (humanwissenschaftliche) Menschenbilder kommt es in der Seelsorge darauf an, einen christlichen Deutehorizont umfassend wirksam werden zu lassen. Seelsorgliches Handeln muß darauf ausgerichtet sein, einer existenztragenden und -gestaltenden Wahrheit innezuwerden. Dieses Anliegen wird von M. Nicol ebenso bewußt traditionsbezogen wie integrativ im Hinblick auf vorliegende Positionen vertreten.[247]

2. Die Grundstruktur seelsorglichen Handelns im Gespräch

Diese beiden Seelsorgepositionen wurden mit gutem Grund als „Gegenentwürfe" in der heute gegebenen Situation bezeichnet. Dennoch läßt sich in ihnen bei deutlich unterschiedlicher Begründung und Zielvorstellung eine übergreifende Grundstruktur poimenischen Denkens und Vorgehens erkennen. Diese *Grundstruktur seelsorglichen Handelns* gilt es nunmehr herauszustellen. Das soll durch eine Präzisierung der eingangs (s.o. S. 3) als „vorläufig" eingeführten allgemeinen Definition geschehen, Seelsorge sei als *Freisetzung eines christlichen Verhaltens zur Lebensbewältigung* zu verstehen. Nach erfolgtem Durchgang durch die Typik, Geschichte und gegenwärtige Lage der Seelsorge in Deutschland werden jetzt fünf die grundlegenden Aussagen umfassenden und konzentrierenden *Feststellungen* getroffen.

---

[247] Zur kritischen Auseinandersetzung mit M. Nicols Gesprächstheorie fordert eine Monographie zum selben Thema heraus, die der gegenwärtigen Poimenik ebenfalls wichtige Impulse zu vermitteln vermag: *Eberhard Hauschildt*, Alltagsseelsorge. Eine sozio-linguistische Analyse des pastoralen Geburtstagsbesuches, Göttingen, 1996.

a) Seelsorge ist strukturiertes Geschehen

Die intendierte Freisetzung lebensverändernder und zukunftsoffener Möglichkeiten geschieht in einem *Gespräch*, das zwischen zwei (oder mehreren)

> Der Autor schreibt über den Entwurf und das Vorgehen M. Nicols (S. 70): „Nicols Arbeit hat das Problembewußtsein weiter verschärfen können. Sein Ausgleichsversuch bringt aber letztlich nicht weiter. Die einfache Synthese durch Rückzug auf die existentielle Dimension erweist sich als Sackgasse: Auch im idealen Gespräch tauchen die altbekannten Probleme wieder auf. Der Ausweg müßte in der entgegengesetzten Richtung zu suchen sein. Nicht eine Vereindeutigung des Gesprächs auf das eigentliche Gespräch hin, sondern gerade die Wahrnehmung der unabgegrenzten Vielfalt der Situationen ist zu beachten." Den Hintergrund des entsprechend veränderten Programms bildet bei E. Hauschildt ein völlig anderer Zugang zum seelsorglichen Gespräch.
> Zum einen geht es für ihn um eine strit empirische Vorgehensweise: Er führt sozio-linguistische Analysen von Alltagsgesprächen durch und untersucht dabei den Geburtstagsbesuch als pradigmatische Situation für das alltägliche Gespräch mit Hilfe verschiedener sozio-linguistischer Methoden. Bevorzugt wird die sog. ethnomethodologische „Conversations Analysis" verwendet. Zu ihr heißt es (S. 104f.): „Sie nimmt ihren Ausgang beim Alltagsgespräch. Sie konzentriert sich konsequent auf den interaktiven Charakter des Gesprächs, seine Mechanismen und Gesprächstypen. Sie vermag Gesprächsmechanismen sowohl unter Absehung von seiner situativen Verortung verallgemeinernd zu erfassen wie auch den singulären Fall zu beschreiben. Sie hat sich bei nicht institutionalisierten wie bei stark institutionalisierten Gesprächsformen bewährt. Sie legt nicht fest, was Seelsorge sein sollte, aber sie bietet ein Instrumentarium, um detailliert darzulegen, wie Alltagsseelsorge durch Gespräche abläuft, mit welchen Mitteln sie von beiden Seiten her organisiert wird."
> Zum anderen schlägt E. Hauschildt (im Hinblick auf M. Nicols Einsatz bei Schleiermacher) einen veränderten und die Fragestellung erweiternden historischen Zugang zur Gesprächskultur und seelsorglichen Gesprächsführung vor: Er nimmt eine „Synthetisierung von Urbanitas und religiöser Gesprächsgemeinschaft" als besondere Folge von Philipp Jakob Speners entsprechender Aktivität im 17. Jahrhundert ist von daher die Herausbildung des neuzeitlichen Seelsorgergesprächs mit seinen verschieenen Akzentuierungen in den einzelnen poimenischen Entwürfen ab. – Verpflichtet fühlt der Autor sich jedoch bei allem und vor allem einer Theorie und Theologie des Alltags. –
> Die Gesprächsanalysen pastoraler Geburtstagsbesuche aufgrund von Tonbandaufzeichnungen bei Gebrauch der genannten Methodik bilden den zweiten Teil des Buches. Als typisches Vorgehen sei hier der Umgang mit dem sog. Small talk (S. 157ff.) bei einem Geburtstagsbesuch herausgegriffen. Hierzu heißt es etwa (S. 163): „Aus bestimmten Wertungssignalen und bestimmten Interaktionssequenzen besteht das Repertoire der Interaktionsmittel des Small talk. Die soziale Funktion des Small talk regiert hier über die verbalen Inhalte. Aber diese fallen nicht einfach aus; sie werden vielmehr ebenfalls der Funktion unterworfen. Small talk enthält Themen. Es werden zum Small talk solche Themen gewählt, die das soziale Band besonders gut knüpfen können. Sie dürfen nicht kontrovers sein und

Personen stattfindet.[248] Es ist ein Gespräch, das mit einer für alle Beteiligten immer deutlicher erkennbaren und benennbaren Absicht geführt wird: <u>Der bestehende Zustand eines ratsuchenden Menschen soll durch situative Zusammenarbeit unter bestimmten Vorzeichen gezielt verändert werden.</u>

---

müssen von beiden Seiten thematisiert werden können. Am allerbesten und in nahezu jeder denkbaren Situation erfüllt diese Qualifikation das sicherste und klassische Thema: das Wetter." Und weiter (S. 175): „Small talk vollzieht Solidaritätmanagement; dieser Funktion wird das Thematische untergeordnet ... In der Alltagssituation bieten Small talk wie handlungsbegleitende Dialoge eine Hilfe. Sie erleichtern das Miteinandersprechen und die prekäre Situation des Besuchtwerdens, weil sie den Übergang in das ‚richtige' Gespräch erleichtern bzw. Alternativen zu diesem bieten." –

In einem dritten Teil stellt E. Hauschildt dann schließlich Ergebnisse und Konsequenzen für die Seelsorgetheorie und -praxis heraus. Er fragt u.a. (S. 402): „Welchen religiösen Status haben die Ergebnisse dieser Arbeit? Meine theologische Antwort darauf lautet: Sie haben nur einen indirekt religiösen Status, denjenigen nämlich, den die religiöse Tradition mit dem Begriff ‚Gesetz' beschreibt. Wir werden dessen ansichtig, unter welchen Bedingungen sich das allgemeine Priestertum entfaltet. Es steht unter dem Gesetz des Unterschiedes von professioneller Kompetenz und Laienkompetenz, es steht unter dem Gesetz der gemeinsamen Laienkompetenz, an der wir alle teilhaben." Dieses Gesetz ist freilich nicht mit dem Evangelium zu verwechseln! Denn (S. 404): „Es wäre theologisch alles verloren, würden nun diese Bedingungen zur normativen Vorgabe erklärt, d.h. würde Laienkompetenz im wissenschaftlichen Sinne einfach mit dem allgemeinen Priestertum identifiziert. Damit wäre die Besonderheit Gottes nivelliert." Vielmehr sollte das Konzept des allgemeinen Priestertums nicht einem ontologischen Status entsprechen, sondern heuristisch verwendet werden (S. 404): „ ... Wo und wie werden Christen bzw. Menschen überhaupt einander unter den Bedingungen von Laienkompetenz zu Priestern?" Unter dieser Fragestellung kann E. Hauschildt dann die Schlußfolgerung ziehen (S. 405): „<u>Allgemeines Priestertum – das heißt: die Augen offen halten für das, was an Christlichem im Alltag geschieht.</u>"

[248] Zum Stichwort Freisetzung s.o. S. 3f.
Vgl. dazu auch die Ausführungen des (kath.) Autors *Thomas Henke* unter der Kapitelüberschrift „Innovative Seelsorge als Freisetzung der von Gott eröffneten neuen Möglichkeiten", in: *Ders.*, Seelsorge und Lebenswelt. Auf dem Wege zu einer Seelsorgtheorie in Auseinandersetzung mit soziologischen und sozialphilosophischen Lebensweltkonzeptionen, Würzburg, 1994, S. 464ff. Dort heißt es u.a.: „Im Seelsorgeprozeß werden die Beteiligten mit dem ungelebten Leben, mit den verpaßten Chancen, dem Schuldiggebliebensein und zugleich mit den offenen, noch nicht entfalteten Möglichkeiten konfrontiert. Seelsorge optiert also für eine offene Zukunft des Subjekts für die noch zu entwickelnden Lebensmöglichkeiten von Gott her ... Dabei gehen die seelsorgerlich Handelnden davon aus, daß das Potential zur innovativen Veränderung jeweils im anderen selbst als seine bisher unrealisierte Lebensmöglichkeit liegt. Sie sind sich zum anderen

Unter dieser Absicht erweist sich das seelsorgerliche Gespräch als ein jedenfalls *begründetes* Gespräch. Diese Begründung findet sich einerseits in der zur Aussprache drängenden Not- bzw. Konfliktsituation des Ratsuchenden. Sie findet sich andererseits im Auftrag des Seelsorgers/der Seelsorgerin. Dieser Auftrag ist wirksam, wie immer er im einzelnen und vom einzelnen theologisch verstanden, anthropologisch „angenommen" und in seelsorgerliches Handeln umgesetzt wird.

Bestimmt ist dieser Charakter des seelsorgerlichen Gesprächs zur Freisetzung neuer Lebensmöglichkeiten dabei grundlegend durch eine von üblichen Begegnungen abgehobene *Vertraulichkeit*.

Das bedeutet zum ersten: Gegenseitiges Vertrauen ist nicht einfach vorgegeben und als Willensakt zu vollziehen. Es wird vielmehr durch die mit dem Begegnungsgeschehen verbundene Auflösung von projektiven (Selbst-)Mißverständnissen allmählich hergestellt. Vertrauen behält so die Merkmale einer Zielvorstellung mit Annäherungscharakter. Durch eine vorausgesetzte (und vereinbarte) Vertraulichkeit wird diese Zielvorstellung gefördert.

Es bedeutet zum zweiten: Der eine Gesprächspartner traut dem anderen zu, daß er sich in, mit und unter seiner Sprache verständlich offenbart (und damit als Mitmensch zugänglich macht), aber ihn nicht verrät (und damit angreifbar macht).

Es bedeutet zum dritten: Mitteilungen über das Gespräch (z.B. bei der Besprechung einer Protokollnachschrift oder eines Gedächtnisberichtes in der poimenischen Lehr- und Lernsituation) müssen die Intimspäre des Ratsuchenden und des Seelsorgers/der Seelsorgerin unbedingt wahren und deren Identifizierbarkeit ausschließen.

Der *Verlauf* des seelsorgerlichen Gesprächs ist weder zufällig noch willkürlich. Trotz seiner unabdingbar freien und für alle Arten von Äußerungen und Einfällen offenen Gestalt (von Bericht und Anfrage über die Auseinandersetzung bis hin zur Antwort oder Klage) hat es eine prozeßhafte Struktur: Es gibt einen Endpunkt, der sich vom Ansatzpunkt unterscheiden soll. Von daher ist die seelsorgerliche Begegnung als Gesprächsreihe anzustreben. Zwar kann ein einmaliges Gespräch unter bestimmten Umständen angesagt und hilfreich sein. Der so vermittelte Anstoß zur Veränderung bzw. Problem-

---

bewußt, daß die letzte Einlösung der Fülle der Lebensmöglichkeiten noch aussteht. Sie erwarten deshalb die Zukunft von Gott her und verstehen ihr eigenes seelsorgerliches Handeln als in der Hoffnung begründeten, zum Handeln herausfordernden Vorgriff auf die endgültige Verwirklichung der Freiheitsmöglichkeiten menschlichen Lebens." (S. 466)
- Bei diesen Annahmen rekonstruiert seelsorgliches Handeln nach T. Henke im praktischen Vollzug die (Lebens-)Geschichte des einzelnen aus der Perspektive des Glaubens.

bewältigung muß dann aber vom Ratsuchenden allein in einem inneren Verarbeitungsprozeß überführt werden. Dagegen bietet die Gesprächsreihe die Chance einer Prozeßbegleitung und damit die Gelegenheit, verhaltensbezogene Korrekturvorschläge nicht nur grundsätzlich zu reflektieren, sondern wiederholt und wiederholend auf verschiedene (Erlebens-)Situationen auszurichten.

Das seelsorgerliche Gesprächgeschehen umfaßt, beeindruckt und prägt stets alle daran Beteiligten. Dabei ist eine *Partnerschaft* in gleichberechtigter Gegenseitigkeit keine Basis der Begegnung, die vorausgesetzt werden könnte. Sie ist vielmehr eine Beziehungsqualität, die es wiederum erst zu erreichen gilt: Auszugehen ist von einem gesellschaftlich überkommenen und biographisch verankerten Rollenverständnis (mit seiner „natürlichen" Aufteilung in ratsuchenden und ratgebenden Gesprächspartner). Von daher kommen in aller Regel zunächst ganz bestimmte Erwartungshaltungen und Reaktionsbildungen ins Spiel. Diese reaktivieren die sonst erlebten pädagogischen Situationen und tragen sie automatisch in das seelsorgerliche Gespräch ein. So wird die allmähliche Überführung ebenso gewohnter wie erwarteter pädagogischer Maßnahmen in eine seelsorgerliche Auseinandersetzung im genannten Sinne zu einem wichtigen Teil der Begegnung selbst. Anders gesagt: Es muß hierbei gemeinsam gelernt und erfahren werden, daß der Rollenverteilung mit ihrem Gefälle zwischen den Beteiligten ohne Schaden, aber mit Gewinn „aufhebend" begegnet werden kann. Wirkliche und wirksame Partnerschaft läßt sich also weder von vornherein annehmen noch festlegen. Sie will vielmehr immer wieder und immer neu festgestellt werden. Gerade an diesem Vorgang kann exemplarisch deutlich werden, daß seelsorgliches Gespräch notwendig einer allmählichen Freisetzung bisher nicht gelebter und damit „un-wirklicher" Möglichkeiten dient und daß diese Freisetzung umgekehrt auf das strukturierte seelsorgerliche Gespräch angewiesen ist.

b) Seelsorge ist umfassend deutendes Geschehen

Es gibt im seelsorgerlichen Gespräch nichts Unbedeutendes, denn das Verhalten zur Lebensbewältigung ist unteilbar! Deshalb hat alles, was im Verlauf dieses Gespräches gesagt wird oder geschieht, Anspruch darauf, mit *Bedeutung* ausgestattet zu werden. Es wird in einer alle Wahrnehmung zugleich auslösenden und deutend zuordnenden Perspektive gesehen. Dabei ist die besondere Perspektive des christlichen Seelsorgers/der christlichen Seelsorgerin im seelsorgerlichen Gespräch generell bereits bekannt und dennoch immer wieder speziell bekannt zu geben: Hier wird alle Lebensproblematik in der Perspektive des christlichen Glaubens gehört und daraufhin besprochen.

Damit steht das Gesprächsgeschehen unter der Maxime: Menschliches Leben mit all seinen Facetten ist geschaffenes, bejahtes und begleitetes

Dasein durch Gott in Christo. Was immer im seelsorgerlichen Gespräch erlebt und behandelt wird, gerät unter diesen Gesichtspunkt.

Die ebenso unverzichtbare wie problematische Rede von der *Ganzheitlichkeit* des Menschen wird in diesem Kontext weniger mit ontologischen Kategorien verbunden. Unter poimenischer Perspektive bedeutet sie vielmehr ganz praktisch: So zäh und beharrlich der Mensch (und Ratsuchende) auch dazu neigt, seine Lebenswelt in wichtiges und unwichtiges Geschehen oder Befinden aufzuspalten – im seelsorgerlichen Gespräch wird sein Verhalten jedenfalls „im ganzen" gesehen!

Auf dieser Basis sind unter anscheinend banalem Erleben und Erzählen zunehmend „*Kerne des Betroffenseins*" bzw. Elemente eines elementaren (existentiellen) Berührtseins zugänglich zu machen. Sie sind mit „Interesse" zu besetzen und schließlich „zur Sprache" kommen zu lassen.

Das Geübtsein in einer „sympathischen" (d.h. zur Persönlichkeit des Seelsorgers/der Seelsorgerin passenden) Methode und die intuitiv eingesetzte Verwendung von Erfahrungswissen fügen sich dann zur *Kunst der* (für die Beteiligten buchstäblich „aufschlußreichen") *Gesprächsführung* zusammen.

Je intensiver sich dabei im Gesprächsverlauf eine Auseinandersetzung ergibt, je mehr banales Randerleben sich auf das eigentliche Problemfeld konzentrieren läßt, desto weniger indirekt und umso mehr trifft die seelsorgerliche Perspektive frontal auf die bisher problemhaft gebrochene *Lebensperspektive* der Ratsuchenden. Hierbei muß sich konkret erweisen, daß es sich in diesem Gesprächsgeschehen gerade nicht um eine „missionarische Gelegenheit" im Dienste der Perspektive des Seelsorgers/der Seelsorgerin handelt! Vielmehr geht es bleibend um die Begegnung zwischen verschiedenen Menschen mit deren *ganzem* Anderssein und Fremdsein. Es ist ein Anderssein, das sich in seiner individuellen Nuancierung auch individuelle Religionskritik einschließen und verarbeiten kann. Verbindend wirkt über diese bleibende Unterschiedenheit hinweg nämlich nicht nur eine (möglichst deckungs-)gleiche Glaubenseinstellung! Verbindendend wirkt vor allem eine analoge *Flexibilität* im Umgang mit der jeweils eigenen (Glaubens-)Perspektive. Diese anzustreben und d.h. sich gegenseitig zu dieser Flexibilität zu verhelfen, gehört zu den unverzichtbaren Zwischenschritten im seelsorgerlichen Gespräch.

Alle intendierten Veränderungen, die sich mit einem Bedeutungswechsel im ganzheitlichen Erleben des einzelnen notwendig verbinden, sind letztlich auf diesen wachsend flexiblen Umgang mit Einstellungen und Überzeugungen angewiesen. Es ist ein Umgang, der sich von klaren Positionen im seelsorgerlichen Gespräch beeindrucken und nachdenklich machen läßt, ohne sich ihnen aus Angst oder Not einerseits und Mitempfinden andererseits heraus einfach unkritisch anzuschließen.

c) Seelsorge ist glaubensbezogenes Geschehen

Das seelsorgerliche Gespräch ist grundsätzlich darauf ausgerichtet, die anstehenden Auseinandersetzungen über die bloße Mitteilung einer allgemeinen christlichen Lebensperspektive hinaus mit der individuellen *Glaubensfrage* zu verbinden. Nur so läßt sich allgemeines Verhalten jeweils „vor Ort" als ein wirksam „christliches Verhalten" qualifizieren.

Was bedeutet das im einzelnen? Die allgemein gefaßten und in ihren Umrissen meist bekannten Gesichtspunkte einer christlichen Lebensführung sind noch relativ leicht zu vermitteln und gegebenenfalls mit Gegenmeinungen zu konfrontieren! Das hängt damit zusammen, daß unter dieser Perspektive vorwiegend systematisch-theologisches und/oder anthropologisches Nachdenken zum Tragen kommt. In der entsprechenden Auseinandersetzung kann deshalb vorwiegend *kognitiv* diskutiert und argumentiert werden. Die Öffnung und Erweiterung dieser Auseinandersetzung im Hinblick auf die Glaubensfrage ist dann allerdings ein weiterer Schritt. Er ist ebenso schwierig wie gewichtig.

Dieser Schritt ist so *schwierig*, weil mit der Glaubensfrage eine „innerste Überzeugung", d.h. eine lebensstrukturierende Befindlichkeit berührt wird. Diese aber ist unter ihrem rationalen Begründungsgefüge (und Schutzmantel!) mit hochempfindsamer Emotionalität besetzt. Solch einem „fraglosen Überzeugtsein" eignet dabei eine selbstverständliche Plausibilität! Das seelsorgerliche Gespräch berührt also bei näherem Hinsehen mit der Glaubensfrage den empfindsamsten Bereich eines Individuums. Es unternimmt es, diesen Bereich in den zwischenmenschlichen Raum zu transportieren. In der Tat ein schwieriges Unternehmen!

Dieser Schritt ist so *gewichtig*, weil man sich letztlich nur mit seiner Hilfe der eigentlichen Zielvorstellung einer Seelsorge nach unserem Verständnis wirklich nähern kann: Freisetzung eines christlichen Verhaltens zur Lebensbewältigung! Verstehen wir nämlich unter Lebensbewältigung einen individuellen, in seiner biographischen Abhängigkeit einmaligen und d.h. unaustauschbar identischen Vorgang, den der einzelne zu leisten hat, dann zeitigt das Folgen im seelsorgerlichen Bereich: An entscheidender Stelle muß die ebenso persönlich wie individuell „er-lebte" Grundüberzeugung ins Gewicht fallen! Es muß also die Glaubensfrage gestellt werden, wenn denn ein neuer Lebensbewältigungsmodus wirklich den *ganzen* Menschen betreffen soll!

Dabei sollte sich der Seelsorger/die Seelsorgerin allerdings über weitere Konsequenzen im klaren sein: In diesem Zusammenhang (gemeinsam und partnerschaftlich) die Glaubensfrage zu stellen, bedeutet, ein (eigenes und fremdes) *Bekenntnis* einzufordern bzw. zu provozieren. Soll ein Glaubensbekenntnis „zur Sprache kommen", braucht es eine dafür tragfähige Situation. Es braucht als identitätsstiftendes und d.h. ebenso unaustauschbar einzigar-

tiges wie verletzbares Basiselement des individuellen „Selbstbewußtseins"
einen angstfreien Raum. Nur ein solch innerer Raum ohne Angst gestattet
persönlichste Mitteilungen, ohne daß sich anschließende Gefühle der Scham,
des Zweifels oder gar der Auslieferung und Selbstaufgabe einstellen. Zu einer
dementsprechenden „Sprachfindung" verhilft der Beistand eines Gesprächspartners, der den Betroffenheitsgrad des Mitmenschen zu ermessen und zu
achten vermag, der es wagt, (sich) vor ihm zu „bekennen". Das seelsorgerliche Gespräch zielt auf die Herstellung einer so verstandenen Bekenntnissituation ab.

Erst im Rahmen dieser Situation kann das nach unserem Verständnis
eigentliche *Proprium* der seelsorgerlichen Arbeit zum Tragen kommen: Die
Ermöglichung eines persönlichkeitsspezifischen Credos. Mit dieser Bestimmung
und Aufgabe sind folgende Überlegungen verbunden:

Zum *ersten* bedeutet die Ermöglichung des persönlichkeitsspezifischen
Credos in diesem Kontext für den einzelnen einen *Entlastungsakt*: Er kann
aussprechen, was ihn „zutiefst" bewegt! Er erfährt im seelsorgerlichen Gespräch, daß der christliche Glaube nicht nur mit allgemeinen Vorstellungen
und Einstellungen gleichgesetzt werden muß oder Gestalt gewinnen darf,
weil „man" sonst nicht „richtig", nicht „wie die anderen" glaubt und deshalb
bange sein muß, vielleicht „eigentlich" gar nicht dazuzugehören.

Er erfährt im seelsorgerlichen Gespräch weiterhin, daß es möglich ist und
Gewinn bringt, nach der persönlichkeitsspezifischen Art und Weise des
Glaubenslebens zu fragen, dessen Einbettung in das sonstige (charaktertypische) Handlungsgefüge eines Individuums zu verstehen, die biographische geprägte Ausformung seines Gottesbildes bemerken und als gültig
„annehmen" zu dürfen. Er kann die Funktion des Glaubens unter dem
Vorzeichen eines „Sitzes im Erleben" wahrnehmen und auf seine mehr oder
weniger konflikthafte Lebenslage beziehen.

Zum *zweiten* bedeutet die Ermöglichung eines persönlichkeitsspezifischen
Credos die Herausforderung zu einer erweiterten *Kommunikationsform,* die
emotionale Befindlichkeiten mitteilbar machen möchte und durch gegenseitige Mitteilung immer weitergehend zu erschließen vermag. Es kommt also
darauf an, die individuell ausgeprägten Erlebensformen im Glaubensbereich
und die damit verbundene persönlichkeitsspezifische Ausbildung eines tragfähigen Bekenntnisses im seelsorgerlichen Gespräch je länger desto mehr
kommunikabel zu machen. Die Partnerschaft in gleichberechtigter Gegenseitigkeit zwischen Seelsorger/Seelsorgerin einerseits und den Ratsuchenden
andererseits hat hier ihre wesentliche und entscheidende *Bewährungsprobe* zu
bestehen: Indem der eine Gesprächspartner ausdrückt und zur Sprache
bringt, wie ihn Glaubenserleben persönlich betrifft, stößt er den anderen
Gesprächspartner zu analogen Mitteilungen an. Bekenntnisse können so
jenseits der allgemeingültigen Formulierungen angesprochen und in Beziehung gebracht werden. Sie wirken konstruktiv-kritisch aufeinander ein.

Deutlich sollte dabei allerdings sein: Dieser intime seelsorgerliche Akt muß durchaus nicht zu individualistischer Einengung führen und den für beide Beteiligten unverzichtbaren Gemeinschafts- oder Gemeindebezug konterkarieren! Die Kirche als „Gemeinschaft der Gläubigen" und als ein spirituell wirksamer „Hintergrund" des seelsorgerlichen Geschehens konstituiert sich nach der hier vertretenen Auffassung freilich nicht vorwiegend aus der Gleichheit des Erlebens. Solche Kirchlichkeit besteht eher im gegenseitigen Verstehen der verschieden möglichen Vorfindlichkeiten im selben christlichen Glauben.

Der Paulustext von den verschiedenen Gaben, die doch in einem Geiste wirksam werden (1.Kor. 12,4ff.), regt dann allerdings in spezifischer Weise zum Nachdenken an. Er regt dazu an, nicht nur die verschiedenen Handlungsfunktionen der einzelnen Christen, sondern schon deren verschiedene Erlebensmuster und strukturell bedingten Lebenseinstellungen als jeweils besondere Gabe Gottes zu definieren, mit der der eine Christenmensch dem andern dienen (d.h. ihm kritisch oder kompensatorisch begegnen) kann.

Zum *dritten* bedeutet die Ermöglichung eines persönlichkeitsspezifischen Credos die ständige Fortschreibung eines für das seelsorgerliche Gespräch heute unverzichtbaren *Klärungsprozesses*: Die Verhältnisbestimmung von Theologie bzw. Poimenik und Humanwissenschaften bzw. Psychologie hat hier ihren konkreten Ort und Sitz im Leben. Dabei gilt: Ohne vorgelagerte Reflexion der theologischen Voraussetzungen ergibt sich keine Bekenntnismöglichkeit für den christlichen Glauben. Ohne vorgelagerte Reflexion der humanwissenschaftlichen Voraussetzungen bleibt die persönlichkeitsspezifische Erlebensform des Glaubens unfaßbar.

In diesem Kontext drückt das persönlichkeitsspezifische Credo gerade nicht ein harmonisiertes Miteinander (oder auch Durcheinander!) theologischer und humanwissenschaftlicher Aspekte aus! Vielmehr schlägt sich die bleibende Grundspannung zwischen diesen verschiedenen Aspekten mit verschiedenen (weltanschaulichen) Implikationen in der lebensbegleitenden Dynamik persönlichkeitsspezifischen Bekennens nieder: Immer neu und immer wieder droht ein Bekenntnis sich „unpersönlich" zu verfestigen und in Ideologie umzuschlagen. Dieser Gefahr ist mit humanwissenschaftlicher Kritik (und gegebenenfalls Sebstkritik) zu begegnen. Immer wieder und immer neu droht ein Bekenntnis sich zu verflüchtigen, unverbindlich zu geraten und damit funktionslos zu werden. Dieser Gefahr ist mit theologischer Kritik (und gegebenenfalls Selbstkritik) zu begegnen.

So gesehen finden die theoretischen Auseinandersetzungen um die rechte Zuordnung von Poimenik und Psychologie im seelsorgerlichen Gespräch ihr eigentümliches Erfahrungsfeld, das für eine nicht statisch verharrende, sondern sich ständig selbst reformierende Theoriebildung zum wesentlichen Bezugspunkt werden kann.

Zum *vierten* bedeutet die Ermöglichung eines persönlichkeitsspezifischen Credos eine Basis für gezielt vermittelten *Trost*. Freisetzung von Bewältigungskräften unter christlichem Vorzeichen schließt den tröstlichen Zuspruch des Evangeliums von der gnädigen und bedingungslosen Zuwendung Gottes ja gerade nicht aus, sondern setzt ihn „ganz allgemein" als erfahrbaren Glaubensgrund voraus. Je weitergehend ein persönlichkeitsspezifisches Credo zur Sprache kommt, desto eher kann es seelsorglich gelingen, aus der prinzipiellen Teilhabe am gottgewollten Trostgeschehen ein individuelles Trosterleben abzuleiten. Es ist dies ein Trosterleben, das mich als besonderen Menschen auch besonders (d.h. in besonderer Weise und damit auch besonders intensiv) betrifft und mich in meiner Situation als leidertragender oder als konfliktbewältigender Mensch jedenfalls mit *existenzbejahender Gewißheit* ausstattet.

Den Gedankengang abschließend erscheint eine Anmerkung nötig: Die Glaubensfrage so oder so zu stellen, kann einem Leistungsprinzip des Seelsorgers/der Seelsorgerin entsprechen. Selbstredend *muß* diese Frage nicht in jedem einzelnen Gespräch expressis verbis auftauchen oder gar abrupt gestellt werden, um das seelsorgliche Gespräch überhaupt als solches zu qualifizieren. Sehr wohl aber ist für dieses Gespräch bzw. für die Gesprächsreihe ein „Klima" konstitutiv, das gleichsam zur Glaubensfrage *verlockt*! Dieses Klima läßt sich durch die *Haltung* des Seelsorgers/der Seelsorgerin im Gespräch fördern oder auch hemmen.

d) Seelsorge ist lebensgestaltendes Geschehen

Im seelsorglichen Gespräch ist der Zusammenhang zwischen der Glaubensfrage und dem daraus folgenden *Verhalten* eines Menschen herzustellen. Nur so ist die Lebensbewältigung konkret vollziehbar. Praktisch geht es dabei darum, ob, wie und wie weitgehend ein Mensch seinen eingeschliffenen Haltungen und Gewohnheiten etwas entgegensetzen kann oder ob er sich ihnen gegenüber wie einem (Lebens-)Schicksal ausgeliefert vorfinden muß. Der Seelsorger/die Seelsorgerin kommt von daher nicht umhin, sich mit den ethischen Grundfragen und den ethischen Fragestellungen unserer Zeit so weitgehend vertraut zu machen, daß eine sachentsprechende Reaktion auf offene Verhaltensprobleme der Ratsuchenden möglich wird und eine lediglich „gefühlsmäßige" Einschätzung der Problemlage zu relativieren vermag.

Das seelsorgliche Gespräch bekommt in diesem Rahmen eine ganz bestimmte Aufgabe: Es soll helfen, die in aller Regel „bedrückende" Verhaltensproblematik im Konfliktfall zu *versachlichen*. Das wiederum bedeutet praktisch: Alle zum Thema Lebensgestaltung gehörende biblische Rede von der Sünde des Menschen und der Vergebung Gottes ist in ihrem praktisch-seelsorglichen Gebrauch genau zu reflektieren: Von *Sünde* ist immer (erst) dann zu reden, wenn sich mit diesem Begriff seitens des

Ratsuchenden nicht eine (von ihm selbst) moralisch bewertete Verhaltenssequenz verbindet. Nur unter dieser Bedingung geschieht ein verändertes und veränderndes Handeln nicht nur aus Angst vor Strafe. Eine Verhaltensänderung ermöglicht sich vielmehr aus Einsicht bzw. unter dem Eindruck einer Sehnsucht nach gottgewollt identischem Handeln an und mit der eigenen Person.[249]

Und weiter: Von *Vergebung* ist im seelsorglichen Gespräch immer (erst) dann zu reden, wenn mit dieser Rede gleichzeitig erlebt und verstanden werden kann, daß diese Rede nicht aus der Verantwortung für eine zukünftig bessere Beziehungsgestaltung entläßt. Nur so stellt sie nämlich gleichzeitig den wesentlichen Anreiz für eine entsprechende Anstrengung dar.[250]

Mit der dementsprechenden Versachlichungstendenz verbindet sich im seelsorglichen Gespräch gehäuft die Einleitung eines notwendigen *Ernüchterungsvorgangs*: Die Wunschvorstellung, bei gutem Willen und aus frommem Glauben heraus alles ändern zu können, ist ebenso zu „enttäuschen" wie die Wunschvorstellung, nichts ändern zu müssen, weil ja sowieso letzlich alles gott- oder schicksalsbezogen determiniert sei.

Bei alldem ist die vom Evangelium zugesagte und im Glauben angenommene „Hilfe Gottes" bei aller notwendigen Verhaltens- und Lebensänderung im seelsorglichen Gespräch auch nicht als *Beruhigungsfaktor* zu bestätigen! Diese mögliche „Hilfe Gottes" wird vielmehr als eine Anregung zum *Gebet* zur Sprache zu bringen sein. Gebet ist dabei freilich nicht als eine (wenn auch noch so angstbesetzt und flehentlich vorgetragene) direkte „Lenkung Gottes" verstanden, wenn es gilt, menschliches Verhalten „anders" zu lenken! Gebet (vor Ort oder als Empfehlung) ist hier vielmehr als allgemeine oder situative *Aktualisierung von Gottvertrauen* aufgefaßt.

Jedenfalls schließt sich an dieser Stelle ein Kreis: Die Frage, ob und wie sich ein Mensch seine Lebenslage zu gestalten vermag, steht im direkten Zusammenhang mit der Frage nach seiner (persönlichkeitsspezifischen) Glaubenseinstellung. Die entsprechende Einsicht zu vermitteln, erweist sich als die zentrale der Aufgaben des seelsorglichen Gesprächs.

e) Seelsorge ist emanzipatorisches Geschehen

Im seelsorglichen Gespräch ist auf die Einsicht hinzuarbeiten, daß alle seelsorgliche Hilfe konsequent als *Hilfe zur seelsorglichen Selbsthilfe* zu verstehen ist. Nur so korrespondiert die Freisetzung eines christlichen Ver-

---

[249] Weiteres zur direkten oder indirekten „Rede von der Sünde" im „Umgang mit Anspruch" s.u. S. 331, Anm. 79.
[250] Zu den Einzelheiten des Schuld- und Vergebungsproblems s.u. S. 351ff.

haltens zur Lebensbewältigung mit der tatsächlichen Eigenständigkeit eines Individuums. In diesem Zusammenhang legt sich an erster Stelle die Aufhebung einer ebenso verständlichen wie den Auseinandersetzungsprozeß auf Dauer hemmenden Fehlerwartung nahe. Es ist die (direkt oder indirekt geäußerte) Fehlerwartung, sich im Hinblick auf beschwerliche oder auch quälende Lebenssituationen vom Seelsorger/von der Seelsorgerin heilsam „behandeln" lassen zu können. Im seelsorglichen Gespräch ist deshalb von Stufe zu Stufe immer neu darauf aufmerksam zu machen, daß an die Stelle einer passiven Erwartungshaltung ein neuer aktiver Umgang des Ratsuchenden mit sich selbst treten kann. Dieser veränderte Umgang mit sich selbst erscheint immer dann als Zumutung vertretbar, wenn eine „trostlose" Situation oder ein fortgeschrittener Zustand körperlicher, geistiger und seelischer Schwachheit nicht in erster Linie die ungebrochen helfende Zuwendung des Seelsorgers/der Seelsorgerin einfordert.

Von seelsorglicher Selbsthilfe ist nicht umsonst im Zusammenhang mit dieser Zumutung die Rede: Geht es doch darum, die Ratsuchenden zunächst zur Entdeckung und zur Aktivierung ihres (persönlichkeitsspezifischen) *Glaubenspotentials* zu veranlassen, um ihnen so (mit der Zeit und auf Dauer) selbständige Erfahrungen mit diesen eigenen Kraft- und Lebensreserven zu ermöglichen.

Belastende Situationen bzw. (Lebens-)Konflikte werden auf diese Weise gerade nicht schlagartig ausgesetzt oder sofort in schmerzfreie Erlebenszonen überführt! Sie geraten aber unter eine andere Perspektive, werden mit einer „neuen Sicht" konfrontiert und jetzt verändert angehbar. Das alles schließt im partnerschaftlich-seelsorglichen Gespräch natürlich weitere Hinweise und Einflußnahmen seitens des Seelsorgers/der Seelsorgerin nicht aus! Diese Hinweise können u.a. die folgenden Punkte betreffen:

Zum *ersten* ist alle Realität, die es zu bewältigen gilt, jedenfalls die Realität unserer Zeit. In ihr spiegeln sich die heute gegebenen Umstände in einem „Zeitgeist" nieder. Indem die zeitgenössische Philosophie, die (unter welchem Vorzeichen auch immer) diesen „Zeitgeist" beschreibt, ihm aber auch entspricht, ermöglicht sie jedenfalls eine *Distanzbewegung* gegenüber einem nur scheinbar selbstverständlichen Lebensstil in unserer Zeit oder gegenüber (Mode-)Trends, die das Verhalten des einzelnen bestimmen. Je mehr der Seelsorger/die Seelsorgerin sich abstrahierendes philosophisches Denken und Deuten der (gegenwärtigen) Wirklichkeit zugängig gemacht hat, desto konkreter kann er zum Nachdenken darüber anstoßen, welche Zeitumstände und gesellschaftlichen Komponenten an ihrer individuellen Konfliktbildung beteiligt sein können. Im seelsorglichen Gespräch kann also eine gewisse *Bildung* der Beteiligten auf diesem Gebiet der denkerisch-philosophischen Bewältigung gegenwärtiger Zeitläufe für die Realitätsbewältigung des einzelnen zur wichtigen Komponente einer realitätsgerechten Aufgabenstellung und Zielsetzung werden.

Zum *zweiten* sollte im seelsorgerlichen Gespräch aktualisiert werden, daß zusammen mit der Frage nach einer möglichen Lebens- und Realitätsbewältigung stets auch die Frage nach der möglichen *Einbindung in die Gemeinschaft* resp. *Gemeinde* zu stellen ist. Wiederum ist gegebenenfalls zunächst einer Fehlerwartung aufhebend zu begegnen: Der Gedanke einer „seelsorgerlichen Selbsthilfe" kann durchaus mit der Vorstellung verbunden sein, mit wachsender Glaubensstärke nicht nur auf Gott und sich allein angewiesen zu sein, sondern auch den individuellen „Lebenskampf" in einsamer Größe allein bestehen zu können oder zu müssen.

Daß dabei die als unverzichtbar bezeichnete Gesprächsituation zum „Selbstgespräch" verkommt (und so letztlich mit einer Größenvorstellung korrespondiert!), ist im seelsorgerlichen Gespräch nicht nur mit einer Problemanzeige zu versehen. Es ist vielmehr mit einem *Auftrag* zu verbinden: Es ist der (eher innere als äußere) Auftrag, gerade auch als „Seelsorger/in in eigener Sache" Beziehung zu einer Gemeinde zu pflegen (oder sich den Zugang zu ihr zu erschließen), die sich der geforderten Lebensbewältigung als *Symbolgemeinschaft* stellt. Der Begriff „Symbolgemeinschaft" zeigt an, daß gerade die Ermöglichung eines „persönlichkeitsspezifischen Credos" und die dadurch ausgedrückte Glaubenshaltung und Glaubensaktivität auf Gemeinschaft unter einem (christlichen) Symbolsystem angewiesen ist.[251] Es ist ein Symbolsystem, daß sich bei aller individuellen Modalität des Glaubensvollzugs zu einem gemeinsamen und in dieser Gemeinsamkeit verbindlichen *Glaubensbekenntnis* verdichtet und in ihm zum Ausdruck kommt.

Auch das seelsorgerlich vorgezeichnete Handeln an der eigenen Person und Problematik bezieht sich also immer wieder auf das unverzichtbare Handeln „per mutuum colloquium et consolationem fratrum" im Sinne der Reformatoren.[252] Es bleibt so gebunden an eine „Seelsorge der Schwestern- und der Bruderschaft", die gegenüber aller Vereinzelung des Individuums das tröstende und das kritische Moment „von außen" verwaltet.

Ob und in welcher Form sich dabei für den einzelnen die Teilnahme am gegenwärtigen kirchlichen Gemeindeleben im seelsorgerlichen Gespräch als Gegenstand der Überlegung nahelegt, ist sicher von den äußeren Gegeben-

---

[251] Zum Symbolbegriff s.u. Seelsorge an Trauernden S. 424ff.

[252] Vgl. an dieser Stelle *Jürgen Henkys*, Seelsorge und Bruderschaft. Luthers Formel ‚per mutuum colloquium et consolationem fratrum' in ihrer gegenwärtigen Verwendung und ursprünglichen Bedeutung, Stuttgart, 1970. Der Autor möchte darauf aufmerksam machen, wie kontrovers das Verständnis der oft zitierten Formel in der neueren Seelsorgeliteratur ist. Für unseren Gedankengang wichtig ist vor allem die „Zusammenfassung" (S. 37ff.). Hier wird die Wechselseitigkeit nicht nur des Gesprächs, sondern auch der *Tröstung* besonders hervorgehoben.

heiten, den jeweiligen Vorerfahrungen und von Einstellungsfaktoren[253] abhängig. Ebenso sicher ist eine wie immer auch im einzelnen gestaltete Partizipation an der christlichen Symbolgemeinschaft ein von Zeitströmungen letztlich unabhängiges Postulat im Rahmen seelsorglichen Handelns.

Zum *dritten* sollte im Prozeßverlauf eines seelsorglichen Gesprächs mit der Zeit einsichtig werden, daß keine Lebensbewältigung in der Folge einer Besinnung auf die eigene Glaubensbasis ohne eine sehr konkrete *geistliche Disziplin* auskommen kann. Das betrifft zum einen die geistliche Besinnung als Moment der alltäglichen Lebensgestaltung. Es betrifft zum anderen die Zuordnung zu den genannten „Schwestern und Brüdern" unter dem gleichen Glaubensbekenntnis. Stimmt nämlich die oben entwickelte Formel: „Kein christlicher Glaube ohne christliche Glaubensgemeinschaft", so werden von dieser Gemeinschaft Forderungen ausgehen, die vom einzelnen im Hinblick auf seinen Individualismus mehr oder weniger aufwendige Verzichtleistungen und Einpassungsbemühungen einfordern. Die damit notwendig verbundene innere und äußere Disziplin ist wiederum als Haltung nicht einfach vorauszusetzen! Sie ist vielmehr im Hinblick auf konkrete Anlässe und Gegebenheiten verständlich zu machen und in flexibler Weise einzuüben.

Verzichtet eine Gemeinschaft bzw. Gemeinde ihrerseits auf alle Maßnahmen einer „Kirchenzucht" in diesem Sinne, macht sie sich bald selbst zu einer ebenso billig erreichbaren und unverbindlichen und damit letztlich entbehrlichen Größe. Zu unterscheiden ist solche Disziplin im Dienste einer geprägten Gemeinschaft freilich immer wieder und immer neu von starren Gruppennormen, wie sie der Selbsterhaltung von Institutionen dienen. Für diese Unterscheidung ein Gespür zu entwickeln, sollte das seelsorgliche Gespräch Gelegenheit geben.

Es geht in der Seelsorge der Gegenwart ganz offensichtlich um Gespräche zwischen gleichgestellten Partnern. Wie allerdings dieses Gespräch zu strukturieren und zu führen ist, welche Einzelelemente in seinem Rahmen für unverzichtbar gelten, vor allem aber auf welches Ziel es ausgerichtet wird, ist eine Frage der jeweiligen poimenischen Position. Nach langer Vorarbeit gilt es diese jetzt einzunehmen! Sie ist Voraussetzung einer selbständig verantworteten, mit der eigenen Person identischen seelsorglichen Gesprächsführung in deren praktischem Vollzug.

Das schließt einen kontinuierlichen Lernprozeß, Bemühungen um weitere Informationen und möglichen Erfahrungszuwachs natürlich nicht aus!

---

[253] Dazu s.o., S. 19, Anm. 52 ‰..

Anlaß zu diesem kontinuierlichen Nachdenken und Einfühlen möchte das folgende Kapitel bieten, das sich im Rahmen unserer poimenischen Lagebeschreibung mit der Struktur des modernen *Gewissens* beschäftigt.

IV. Die ethische Struktur der Seelsorge

Durch Seelsorge soll der konfliktbehaftete Mensch ebenso fundamental in seiner (zeitlosen) Wesensart wie auch in seinem gegenwärtigen (zeitgenössischen) Erlebensmodus bzw. in seiner dementsprechenden Befindlichkeit erreicht werden. Das aber erfordert in der seelsorgerlichen Situation die Möglichkeit einer Bezugnahme auf die gegenwärtig wirksame (zeitgemäß vorherrschende) *Gewissensstruktur* und deren (er-)lebensmäßigen Hintergrund.[254]

1. Die Verhaltenssteuerung durch das Gewissen

Ausgegangen wurde bei der Bestimmung dessen, was Seelsorge heute bedeutet, von einem weit gefaßten Begriff des *Verhaltens*, der sowohl das äußere wie auch das innere (Probe-)Handeln des Menschen einschließt.[255] Eben dieses mehr oder weniger wirkungsvolle resp. folgenreiche Handeln des einzelnen Individuums ist durch Entscheidungen (zwischen verschiedenen Möglichkeiten in den zunächst alltäglichen „Konflikt"-Situationen) bestimmt. Solche unausweichlichen und notwendigen Entscheidungen können als (mehr oder weniger stereotype oder auch charaktertypische) Reaktionen auf situative Lebenslagen gefällt werden. Sie können aber auch plötzlich als hoch problematisch erlebt werden und dann „offene Konflikte" freisetzen.

Solche „offenen Konflikte" wiederum aktivieren bei den davon Betroffenen Fragen nach einer das weitere Vorgehen tragenden *Überzeugung* und deren Folgen, wenn die einfache Orientierung an den „üblichen" und „ty-

---

[254] Von einem „neuen ethischen Typus" spricht auch *Viktor Boge* in seiner lesenswerten Studie „Ethische Antinomik. Das Leben bleibt widersprüchlich", Hannover, 1990. Über seinen Ansatz, der den „Absolutsetzungen bisheriger Ethiken" kritisch begegnen will, schreibt er: „Die grundlegende, außerordentliche Relevanz kommt dabei der inhärenten Antinomik aller ethischen Werte zu. Sie ist immer unaufhebbar in jedem ethischen Wert beschlossen und für das sittliche Entscheiden und Handeln vorgegeben. Sie ist die conditio sine qua non aller ethischen Überzeugungen und alles sittlichen Handelns. Ohne ihre Berücksichtigung muß eine Ethik in Kollision mit der Realität geraten." (S. 34f.)

pischen" Verhaltensweisen nicht mehr zur Orientierung ausreicht. Gefordert ist dann ein Überzeugungshandeln, das eine Verantwortungs- und Glaubensproblematik einschließt und damit zur Bezugnahme auf das verhaltenssteuernde Gewissen unter besonderen Umständen führt.[256] Im Falle eines seelsorgerlichen Umgangs mit der konflikthaften Lebenslage rückt damit gleichzeitig die ethische Struktur aller Seelsorge ins Gesichtsfeld.[257]

Wird in diesem Kontext und auf diese Weise die Funktion des Gewissens herausgestellt und betont, so ist das Verständnis und der Gebrauch dieses Begriffs allerdings sehr genau zu bestimmen. Sonst liegt es nahe, in Mißverständnissen steckenzubleiben. Theologisch gesehen geht es bei alldem gerade nicht um eine moralische Instanz, auf die seelsorgerliches Handeln mehr oder weniger sublim ausgerichtet werden sollte! Das macht z.B. Gerhard Ebeling sehr deutlich. Er arbeitet in ständiger Bezugnahme auf die zentrale Bedeutung des rechtverstandenen Gewissensbegriffs bei Martin Luther heraus, daß auch das transmoralisch aufgefaßte Gewissen keinesfalls in direkter Weise mit der „Stimme Gottes" gleichgesetzt werden sollte. Ebensowenig gehen von ihm einzelne Weisungen aus, die im Konfliktfall nur anzuwenden wären. Vielmehr ist von einem basalen *Beziehungsbegriff* her stets der „ganze Mensch" in seiner jeweiligen Umwelt angesprochen.

Denn, so schreibt Gerhard Ebeling: „Nur dann sind durch den Gewissensbegriff Gott und Mensch wirklich in Beziehung gesetzt, wenn untrennbar die Welt mit dabei ist. Wie auch von Welt im strengen Sinne nur die Rede

---

[255] Die Bezeichnung „Probehandeln" ist von *Sigmund Freud* übernommen. Er bezeichnet (z.B. in der Abhandlung „Formulierungen über die zwei Prinzipien des psychischen Geschehens", GW VIII, S. 329ff.) die wachsende Fähigkeit des Individuums zu *denken* mit diesem Ausdruck und bestimmt damit die Denkfunktion unter psychodynamischem Gesichtspunkt.
Zum ganzen Abschnitt vgl. vor allem *Eilert Herms,* Die ethische Struktur der Seelsorge, PTh (80) 1991/1, Themenheft: Seelsorge und Ethik, S. 40ff. Ebenfalls zum Thema äußert sich *Dietrich Stollberg*, Schweigen lernen. Zu Seelsorge und Ethik, in: *Christoph Bizer/Jochen Cornelius-Bundschuh/Hans-Martin Gutmann* (Hg.), Theologisches geschenkt. FS für Manfred Josuttis, Bovenden, 1996, S. 366ff. mit weiteren Literaturhinweisen. Hinzuweisen ist in diesem Zusammenhang auch auf den Abschnitt „Ethik – Religion – Alltagsreligiosität" bei E. Hauschildt, a.a.O., S. 274ff.

[256] Vgl. auch S. 239f. mit dem Hinweis, daß die Glaubensfrage zur Gewissensfrage wird.

[257] „Die vorgeschlagene ethische Interpretation der Seelsorgepraxis als ganzer läuft darauf hinaus, das seelsorgliche Handeln als einen aufgabenspezifischen Spezialfall von ethisch hochqualifiziertem Handeln anzusehen und die Ethik selber als Theorie der Seelsorge in Anspruch zu nehmen", schreibt E. Herms, a.a.O., S. 60.

sein kann in Relation auf das Gewissen und damit in Beziehung sowohl zum Menschsein wie zu Gott. Das Gewissen wäre dann zu verstehen als das Zusammentreffen, das Miteinander-präsent-werden von Mensch, Gott und Welt."[258]

Das aber bedeutet: Der Mensch „hat" nicht irgend ein Gewissen! Er ist selber im ganzen „Gewissenssache". Denn: „Er *ist* letztlich Gewissen und geht letztlich Gewissen an."[259] Ist doch für Ebeling das Gewissen gleichzeitig der Ausdruck für die *Sprachlichkeit* des Menschen. Diese wiederum muß für das menschliche Wesen als konstitutiv angesehen werden. Ermöglicht doch die „Sprachlichkeit" dem Menschen sowohl das „Sprechen" als auch das „Hören" (vgl. die Bedeutung beider Begriffe im Kontext poimenischer Konzeptualisierungen)!

Ein weiterer Gedankengang schließt sich unmittelbar an: „Gewissensgewißheit im strengen Sinne kann nur als Glaubensgewißheit bestehen, die das Personsein betrifft, nicht dagegen – oder nur in von daher abgeleiteter Weise – als moralische Gewissheit in bezug auf die absolute Richtigkeit und Reinheit der einzelnen Tat."[260]

Daß sich nämlich ein grundsätzlich so verstandenes Gewissen am ehesten mit „Überzeugungshandeln" verbindet und nicht als „moralisierende Normen-Repräsentanz" mißverstanden werden sollte, formuliert Traugott Koch im gleichen Band so: „Das Gewissen ist das person-bestimmende Innerste des Menschen, das Zentrum seiner selbst, das ihn Subjekt sein läßt und in welchem er solche Überzeugungen (nämlich Gutes und Wahres als Möglichkeit wahrzunehmen und sich dafür zu entscheiden, K.W.) nicht zuletzt für sein eigenes Wollen und Handeln zu eigen hat. Aber das Gewissen ist nicht nur gleichsam der ‚Sitz' der Überzeugungen eines Menschen; er verleiht solchen Überzeugungen zugleich eine erhöhte Verbindlichkeit. Und diese stärkere Verbindlichkeit besteht in nichts anderem als darin: daß ich von dem, was mein Gewissen betrifft, unbedingt und ganz betroffen bin."[261]

Für unseren Zusammenhang läßt sich anmerken: Wird Seelsorge als „Freisetzung eines christlichen Verhaltens zur Lebensbewältigung" definiert,

---

[258] *Gerhard Ebeling*, Theologische Erwägungen über das Gewissen, in: *Jürgen Blühdorn* (Hg.), Das Gewissen in der Diskussion, WdF XXXVII, Darmstadt, 1976, S. 142ff., Zitat S. 147 = G. Ebeling, Wort und Glaube, Tübingen, 2. Aufl. 1962, S. 429ff.

[259] G. Ebeling, a.a.O., S. 147f.

[260] *Gerhard Ebeling*, Leitsätze zu: Das Gewissen in Luthers Verständnis, in: Was ist das Gewissen? EKD Texte 8, hg. vom Kirchenamt der EKD, 1984, S. 2ff., These Nr. 61.

[261] *Traugott Koch*, Autonomie des Gewissens als Prinzip einer evangelischen Ethik?, in: EKD Texte 8, S. 12ff., Zitat S. 17.

so bietet sich die Bezugnahme auf einen in dieser Weise *ganzheitlich* verstandenen Gewissensbegriff geradezu an. Liegt bei dieser Bestimmung doch ein Gewissensbegriff vor, der gerade nicht moralisierend die Auswirkungen eines kritisch zu hinterfragenden oder aber anzustrebenden Verhaltens ins Blickfeld rückt! Erst in einem ganzheitlichen Verständnis entspricht dieser Begriff heute einem poimenisch vertretbaren Menschenbild.

2. Die gegenwärtig wirksame Gewissensstruktur

Die konstitutive Bezugnahme eines poimenischen Konzepts auf den Gewissensbegriff stellt sich freilich alles andere als unumstritten dar. Nach wie vor besteht die Tendenz, ihn im Rahmen der (natürlichen) *Religiosität* des Menschen zu begreifen und mit dieser zusammen unter dem Vorzeichen einer „Wort-Gottes"-Theologie so konsequent wie möglich zu relativieren.[262] Sonst stehe doch wieder eine heimlicher Heilsanspruch des Menschen aufgrund einer „autonomen" Selbstrechtfertigung ins Haus! „Bei Barth führt die Kritik an der Autonomie des individuellen Gewissens so weit, daß der Gewissensbegriff, bei Martin Luther noch ein theologischere Zentralbegriff, als ethischer oder gar theologischer Leitgedanke fast völlig negiert wird", beschreibt Hartmut Kreß diese Position.[263]

Naheliegenderweise wird sich deshalb eine Poimenik in der theologischen Nachfolge dieses Ansatzes kaum in herausragender Weise auf einen Gewissensbegriff stützen. Sie wird peinlich genau vermeiden wollen, das als Offenbarungsgeschehen verstanden „Wort Gottes" mit einer „Stimme Gottes im Gewissen" in eins zu setzen. Die angestrebte „Bruchlinie" im Gespräch (Thurneysen) wäre im Rahmen dieser Denkbewegung zugunsten einer „Selbsttranszendierung" ausgesetzt. Alle seelsorgerlich herbeigeführte Veränderung des Individuums bliebe damit letztendlich „Menschenwerk". Das Proprium der Seelsorge würde letztlich verraten. Der säkularen Psychotherapie könnte keine eigenständige Position entgegengesetzt werden.

Diese Konseqenz muß bei neu aufgenommener Reflexion der Themen „Anthropologie", „Offenbarung", „Gesetz und Evangelium" im Kontext einer zeitgemäßen „Lehre von der Seelsorge" freilich nicht unbedingt gezo-

---

[262] Daß damit eine veränderte Zuordnung der gesamten Ethik verbunden ist, beschreibt z.B. *Dietz Lange* in seinem Buch „Ethik in evangelischer Perspektive", Göttingen, 1992, in seinem Abschnitt über Karl Barth (S. 33ff.) und konstatiert dort dieser Position „... einen in die Gegenwart hinein kaum zu unterschätzenden Einfluß." (S. 40)
[263] *Hartmut Kreß*, Individualität und Gewissen, PTh (80) 1991, S. 86ff., Zitat S. 92. Ergänzend ist hinzuweisen auf Ders., Abschnitt „Gewissen und Personenwürde. Zur anthropologischen Grundlegung der Ethik", in: H. Kreß/K.F. Daiber, Theologische Ethik, S. 95ff.

gen werden. Neben der eben genannten Einstellung im systematisch-theologischen und poimenischen Bereich gibt es einen ganz anderen Traditionsstrang, der offensichtlich gegenwärtig stark an Bedeutung gewinnt. Das wiederum hängt offensichtlich mit neuen Auseinandersetzungen um den Begriff der „Individualität" zusammen. So schreibt etwa Hartmut Kreß: „Ein hervorragendes Kennzeichen der neuzeitlichen evangelischen Theologie ist darin zu sehen, daß sie nachdrücklich den Eigenwert, die Würde des individuellen Menschseins sowie die unhintergehbare Bedeutung der Gewissensverantwortung jedes einzelnen Menschen betone."[264] Er erinnert in diesem Zusammenhang an den Lutherforscher Karl Holl und dessen Aussage, daß der Protestantismus als solcher eine Gewissensreligion sei.[265] Dann allerdings muß ebenso differenziert wie präzise beschrieben werden, welche tragfähige Bestimmung sich heutzutage und unter den hier und jetzt gegebenen Umständen für eine (poimenische) Verwendung des Gewissensbegriffs eignet. Das führt zunächst zu einer Auseinandersetzung mit der höchst wechselvollen Geschichte dieses Begriffs.[266]

---

[264] H. Kreß, Individualität, S. 86.
[265] Vgl. *Karl Holl*, Ges. Aufsätze zur Kirchengeschichte I, Luther, Tübingen, 6. Aufl. 1932.
[266] Eine sehr instruktive Einführung bietet dazu *Heinz D. Kittsteiner*, Die Entstehung des modernen Gewissens. Frankfurt/Leipzig, 1991. Der Autor bietet eine „Begriffsgeschichte als Kulturgeschichte". Für unseren Kontext wird der (freilich theologischerseits auch ganz anders interpretierbare) Vergleich zwischen Luther und Kant besonders interessant: „Der Kantische ‚gute Wille' hätte Luther als eine titanische Auflehnung gegen das Versöhnungswerk Jesu Christi erscheinen müssen. Luthers Gewissen ist nach Norm und Kraft ein Bestandteil des Heilshandelns Gottes mit den Menschen; es ist zutiefst heteronom. Autonomie, Selbstgesetzgebung aber ist die Grundlage der menschlichen Würde bei Kant." (S. 283) Mit der Gegenüberstellung von Heteronomie und Autonomie ist aber zugleich die Beschreibung einer grundsätzlichen Bipolarität des Gewissensbegriffs und eines damit verbundenen Spannungsbogens, der zu einer zwischen beiden Polen (jeweils „zeitgemäß", im Grunde aber prinzipiell) hin und her schwankenden Moralitätsbegründung (und damit Verhaltensstrukturierung!) führt. Zwar scheint es so, als ob die verschiedenen Bestimmungen des Gewissens in Reformation und Aufklärung einander ausschlössen. Die jeweiligen kulturellen Bezüge weisen den jeweils verwendeten und weltanschaulich begründeten Gewissensbegriff aber nach Kittsteiner kontinuierlich über sich selbst hinaus. Denn: „Dann zeigt sich, daß in allen Entwürfen für ein Gewissen immer zugleich Lösungen für gesellschaftliche Probleme mitgedacht waren, das gilt für den moraltheologischen Diskurs ebenso wie für den moralphilosophischen. Die Semantik dieser Diskurse beschreibt zwar eine innere, handlungsleitende Instanz im Menschen, deren Normen und deren verpflichtende Kraft verändern sich aber mit jedem neuen Weltbild, das eine Gesellschaft von sich ausbildet. Vom Gewissen gibt es überhaupt kein ein für allemal sicheres Wissen; vielmehr ist es so, daß das Gewissen ungeachtet seiner

Die ethische Struktur der Seelsorge   279

In der Folge muß es dann freilich gezielt um eine wichtige Differenzierung gehen: Zunächst ist das (historisch frühere) sog. *heteronome* Gewissen (mit seiner Affinität zur Verfügung „von außen", zur auferlegten Normierung, zur „Herrschaft des bloß Behaupteten und mithin Willkürlichen"[267]) von dem (historisch folgenden und der Aufklärung verpflichteten) sog. *autonomen* Gewissen abzuheben.

Ein autonomes Gewissen wiederum kann theologisch gesehen nicht einfach als fortschrittlich und erstrebenswert bezeichnet werden. (Das ergibt sich aus den Auseinandersetzungen mit entsprechenden religionsphilosophischen Bestimmungen bei Immanuel Kant und Friedrich David Ernst Schleiermacher ebenso wie aus dem Gegensatz zur religionskritischen Analyse der Gewissensfunktion bei Sigmund Freud. Ebenso ist hinter die Positionen Karl Barths oder Dietrich Bonhoeffers[268] nicht einfach zurückzukehren.) Als eine heute tragfähige theologische Bestimmung wird deshalb diejenige eines sog. *relationalen* Gewissens vorgeschlagen. Damit soll sowohl der bloßen „Außenlenkung" des „heteronomen Gewissens" als auch der zu starken „Ich-Zentrierung" des autonomen „Gewissens" etwas entgegengesetzt werden. Denn mit der neu gewählten Begrifflichkeit „... sieht die theologische Anthropologie den Menschen *in Relationen*, in unterschiedliche Beziehungsfelder hineingestellt."[269] Historische Bezüge sind dabei durchaus herstellbar![270]

bipolaren Struktur in jeder Diskursgeneration neu durchdacht und bestimmt werden muß. Der Begriff des ‚Gewissens' ist nur der Inbegriff aller Erfahrungen, die je mit ihm gemacht worden sind." (S. 289f.)
Ohne die weltanschaulichen Voraussetzungen und Implikationen übernehmen zu müssen, legt es sich von diesen Aussagen Kittsteiners für unseren Kontext in der Tat nahe zu fragen, in welcher Weise die Funktion und Struktur des Gewissens heutzutage neu zu erfassen sei. Die Übertragung dieser Fragestellung in den poimenischen Bereich gilt auch für die Schlußbildung dieses Autors hinsichtlich der gegenwärtigen Situation, d.h. der Moderne, „... die im Bewußtsein der Diskrepanz von Sein und Sollen die Verbesserung der Welt in Angriff genommen hat. Diesem Angriff ist mit einer erneuten Zumutung zu begegnen: es kommt nicht darauf an, die Welt zu lieben, wie sie sein könnte, sondern die Welt zu lieben, wie sie ist." (S. 411f.)
Die im gegebenen Zusammenhang aufgeworfene Frage nach der heute vorherrschenden Gewissensstruktur und deren Bedeutung für das seelsorgerliche Handeln wird an dieses Postulat anknüpfen können.

[267] Vgl. T. Koch, a.a.O., S. 14.
[268] In seiner „Ethik", München, 1949, beschreibt *Dietrich Bonhoeffer* das autonome Gewissen als Ausdruck der Selbstrechtfertigung und Selbstüberhöhung des Menschen. Denn der Ruf des Gewissens „... ist ... das eigene Ich in seinem Anspruch, ‚wie Gott' ... sein zu wollen in der Erkenntnis des Guten und des Bösen." (S. 188; zitiert nach H. Kreß, a.a.O., S. 94)
[269] H. Kreß, a.a.O., S. 98.
[270] So schreibt H. Kreß, a.a.O., S. 98f.: „Ein relationales Gewissensverständnis

Im gegebenen Kontext ist anzumerken, daß mit diesen verschiedenen Bestimmungen des Gewissen jedenfalls sehr direkt der Handlungsbereich strukturiert erscheint. Das als relational bestimmte Gewissen läßt sich sicher am ehesten mit unserer Definition von Seelsorge verbinden, die in der Bearbeitung von (Beziehungs-!)Konflikten unter einer besonderen Voraussetzung ihre eigentliche Aufgabe sieht.

Nun sind aber – deuten wir die „Zeichen der Zeit" recht – die eben genannten Relationen gegenwärtig unter ein bestimmtes Vorzeichen geraten. Nicht eben zufällig werden die gegebenen Umstände und ihre Auswirkungen im gesellschaftlichen und individuellen Bereich sehr kritisch als „Das Zeitalter des Narzißmus" bezeichnet.[271] Verbunden wird diese Zeitkritik mit den Hinweisen auf den Verfall des historischen Zeitgefühls, die Verdrängung des religiösen durch therapeutisches Denken, den Abschied von der Politik, die fragwürdigen Formen von Bekenntnis und Selbstenthüllung, die innere Leere usw.[272]

Die beständigen und eindrücklichen Hinweise auf den klinischen Befund und die pathologischen Zustandsbilder des sog. „sekundären Narzißmus" (verstanden als beziehungshemmende „Spätfolge" einer im Lauf der Entwicklung ungenügend aufgearbeiteten frühkindlichen „Selbstbezogenheit" des Individuums) lassen dann leicht vergessen, daß das narzißtisch vorgezeichnete Erleben vieler Zeitgenossen von diesen zunächst und zuerst als „psychischer Alltag" empfunden wird und damit zur offensichtlich notwendigen Bewältigungsstrategie hinsichtlich der Realität gerät. Als solches aber ist es konstitutiv an der (zwischenmenschlichen oder auch innerseelischen) Konfliktbildung beteiligt. Es prägt in diesem Zusammenhang auch die Gewissensstruktur.

Ehe auf diese besondere Gewissensstrukturierung eingegangen wird, ist allerdings eine weitere Feststellung zu treffen. Die Ablösung eines heteronomen von einem autonomen bzw. die Ermöglichung eines relationalen Gewissens wird in aller Regel zuerst als eine *historische Abfolge* im Rahmen einer sich fortentwickelnden Kultur- und Geistesgeschichte gesehen. Für das poimenische Anliegen ist es besonders wichtig, diese Bestimmungen unter

---

    wurde bereits von Luther dargelegt, indem ihm zufolge das Gewissen den Menschen ... in unterschiedliche Beziehungen einstellt: Im Gewissen wird dem einzelnen Menschen seine Beziehung zum Gesetz, zum Evangelium, auch zum Tod, zum Bösen, andererseits zum Wort Gottes, zu Christus erfahrbar. Der theologische Gewissensbegriff erfaßt auf diese Weise die im 20. Jahrhundert von der dialogischen Philosophie (M. Buber, F. Rosenzweig u.a.) erörterte relationale oder dialogische Existenz des Menschen."

[271] Vgl. dazu das Buch des amerikanischen Historikers und Kulturkritikers *Christopher Lasch* (1932 – 1994), Das Zeitalter des Narzißmus, München, ungekürzte Ausgabe 1986.

[272] Vgl. C. Lasch, a.a.O., S. 19ff.

einem zusätzlichen Aspekt zu sehen. Die genannte Abfolge läßt sich nämlich auch im Lebenslauf des einzelnen Menschen wahrnehmen. Das heranwachsende Individuum durchschreitet in seinem Entwicklungsgang einzelne Stufen der moralischen Entwicklung mit einer dementsprechend ausgebildeten und damit wechselnden Strukturierung des Gewissens.[273] Erwachsene wiederum können in ihrem charaktertypischen „Verhalten" schwerpunktmäßig auf eine kindhafte Stufe des moralischen Erlebens und der dementsprechenden Gewissensstruktur fixiert geblieben sein.

Das alles hat sehr direkte Folgen für die Seelsorge! Alle in ihrem Kontext auftauchenden und anzugehenden Problemkonstellationen korrespondieren mit einer *persönlichkeitsentsprechenden* Prägung des Gewissens. So zeigen sich in der „Lebenspraxis" entweder vorwiegend heteronome, autonome oder auch relationale Züge und bestimmen das Verhalten.[274]

---

[273] Vgl. hierzu vor allem *Ann Colby/Lawrence Kohlberg*, Der kognitionszentrierte entwicklungspsychologische Ansatz, PZJ VII, Piaget und die Folgen, S. 348ff. mit den Ausführungen zur moralischen Urteilsbildung und speziell die Übersichtstabelle „Die sechs moralischen Stadien" S. 357.
Zum Vergleich und zur Modifikation ist auch heranzuziehen *Fritz Oser/Paul Gmünder*, Der Mensch – Stufen seiner religiösen Entwicklung, Gütersloh, 2. Aufl. 1988.
In seiner Darstellung bzw. Rezeption dieses Ansatzes beschreibt *Friedrich Schweitzer*, Lebensgeschichte und Religion. Religiöse Entwicklung und Erziehung im Kindes- und Jugendalter, München, 2. Aufl. 1991 dessen besondere Intention: „Unter dem Aspekt des Erkennens und Verstehens kommt es bei der moralischen Entwicklung weniger auf bestimmte Werte und Normen an als darauf, wie Werte und Normen begründet werden." (S. 112)
Den Vergleich mit tiefenpsychologischen Aspekten bieten *Dietrich Stollberg*, Das Gewissen in pastoralpsychologischer Sicht, WuD (11) 1971, S. 141ff. und katholischerseits *Antoni J. Nowak*, Gewissen und Gewissensbildung heute in tiefenpsychologischer und theologischer Sicht, Wien/Freiburg/Basel, 1978.
Ebenfalls aus katholischer Sicht schreibt *Hermann Stenger* seine Abhandlung „Gewissen – Schuld – Angst – Vergebung", in: *Ders.*: Verwirklichung unter den Augen Gottes. Psyche und Gnade, Salzburg, 1985, S. 43ff.
Zur Gewissensbildung vgl. auch *Hans-Jürgen Fraas*, Die Religiosität des Menschen. Ein Grundriß der Religionspsychologie, Göttingen, 1990, S. 185f. mit der zusammenfassenden Definition: „Das Gewissen als Akt der Selbstbeurteilung ist gleichermaßen Ausdruck der dialogischen Struktur des Menschseins und – in deren konkreter Ausformung – des Eingebundenseins in einen naturhaften, sozialen und transzendentalen Kontext." (S. 186) Die Nähe dieser Formulierung zur oben beschriebenen Abzielung auf ein „relational" strukturiertes Gewissen ist offensichtlich.

[274] Ist in diesem Zusammenhang von einem „theonomen Gewissen" die Rede, so muß deutlich sein, daß ein „auf Gott bezogenes Gewissen" gerade nicht automatisch mit einer heteronomen Gewissensstruktur in eins fallen muß. Vielmehr wird sich der Bezug zwischen Gewissen und Gott aus allen strukturbildenden Positionen heraus herstellen (oder vermeiden!) lassen.

Bei all diesen individuellen Verschiedenheiten ist immer gleichzeitig davon auszugehen, daß die Gewissensbildung des einzelnen unabdingbar *kollektiven* Einflüssen unterworfen ist. Vorausgesetzt, die Annahme eines „Zeitalters des Narzißmus", in dem wir gegenwärtig leben und uns „verhalten", entspricht einer stimmigen Wahrnehmung, so kann das in der Tat nicht ohne prägenden Einfluß auf die Herausbildung einer zeitgemäßen Gewissensstruktur und damit auch auf religiöses Erleben und den vorherrschenden Modus des (christlichen) Glaubens bleiben. Das gilt besonders bei der weiteren Annahme, daß der Gewissensbegriff für das protestantisch-theologische Menschenbild wieder zunehmend eine konstitutive Bedeutung zugesprochen bekommt. Dann ist zu fragen, wie sich das „Zeitalter des Narzißmus" auf die Gewissensbildung im allgemeinen und auf die persönlichkeitsentsprechende Gewissensstruktur des einzelnen (christlichen) Zeitgenossen konkret auswirkt. Welche „zeitgemäßen" Veränderungen lassen sich feststellen, und welche Konsequenzen ergeben sich daraus für das seelsorgerliche Handeln?

Die These der hier vertretenen poimenischen Position lautet: *Überkommener Protestantismus und aktueller Zeitgeist verbinden sich heute in der Tendenz, das sog. „relationale Gewissen" sehr problembewußt anzustreben. Weit weniger bewußt geblieben ist dabei die Notwendigkeit, statt des traditionellen „erschrockenen Gewissens" zunehmend ein „gekränktes Gewissen" als Erlebensstruktur wahrzunehmen. Diese Wahrnehmung oder ihr Ausfall aber haben unmittelbare Folgen für die Seelsorge und zwar sowohl für deren Theoriebildung als auch für deren Praxis.*

Daß in Erziehung und Seelsorge heutzutage „vor Ort" immer neu eine Überführung von heterogenen und autonomen Gewissensreaktionen in solche eines relationalen Gewissens angestrebt werden sollte, ist nach dem Gesagten naheliegend. Welche strukturellen Veränderungen aber sind darüberhinausgehend unter dem Eindruck eines vom Narzißmus geprägten Umfeldes wahrzunehmen? Eine Antwort könnte sich aus der Gegenüberstellung der traditionellen protestantischen Formel vom „erschrockenen Gewissen" mit der Beobachtung eines „gekränkten Gewissens" ergeben. Wie lassen sich beide Erlebensweisen voneinander abheben? Unter dieser Fragestellung soll die These von einer veränderten Gewissensstruktur näher erläutert werden.

Mit dem Ausdruck „erschrockenes Gewissen" ist auf eine charakteristische Formulierung Philipp Melanchthons Bezug genommen. Im Zusammenhang mit der reformatorischen Betonung einer Glaubensgerechtigkeit „ohne des Gesetzes Werke" schreibt er (im XX. Artikel der Confessio Augustana): „Wiewohl nun diese Lehre bei unversuchten Leuten sehr veracht wird, so befindet sich doch, daß sie den bloden und erschrockenen Gewissen sehr trostlich und heilsam ist. Denn das Gewissen kann nicht zu Ruhe und Friede kummen durch Werk, sondern allein durch Glauben ..."[275]

Hinter diesen Worten wird die Forderung nach einer protestantischen Grundhaltung deutlich, die sich – jenseits aller „selbstbewußt" mitarbeitenden „Werkgerechtigkeit" – in heilsam erschreckender Weise der menschlichen Grenzen bewußt ist und sich dementsprechend „erschrocken" dem „Gegenüber" Gottes und seiner Gnade anheimstellt. Dabei liegt der springende Punkt im möglichst konsequenten Verzicht auf jedwede wie auch immer geartete Eigenleistung in bezug auf die als heilsnotwendig und verhaltensprägend verstandene Veränderung des (sündigen) Menschen. Das in rechter Weise reagierende Gewissen „erschrickt" also immer dann, wenn sich ein menschliches Verhalten durchsetzt, das sich bei der alltäglichen, aber auch der lebenslangen und daseinsbegleitenden Realitätsbewältigung nicht ständig seiner grundsätzlichen Begrenzung bewußt ist und bleibt. Bei dieser Grundeinstellung wird in der praktischen Daseinsgestaltung grund-

---

[275] Vgl. „Die Bekenntnisschriften der evangelisch-lutherischen Kirche", Göttingen, 2. Aufl. 1955, S. 77f. Die das Gewissen betreffende Formulierung aus der Reformationszeit gilt als so typisch, daß sie später als zusammenfassende Überschrift über verschiedene Schriften des Autors dienen kann: *Philipp Melanchthon*, Vom erschrockenen Gewissen. Ausgewählt und herausgegeben von *Wilhelm Heinsius*, München, 1931 (Klassische Erbauungsschriften des Protestantismus 6).
Besonders deutlich wird das „Erschrecken" des Gewissens in seiner typischen Ausrichtung und Erlebensqualität in Melanchthons Schrift „Eine kurze Vermahnung, daß alle Christen schuldig sind, dem Exempel des bekehrten Schächers nachzufolgen" von 1540. Zunächst ist die Reaktion eines „erschrockenen Gewissens" mit einem glaubensgründenden Gefühl von *Betroffenheit* gleichgesetzt. Weil Gott die Welt so geliebt hat, daß er seinen einzigen Sohn für sie gab (Joh. 3,16), kann gesagt werden: „Derhalben sollen wir solche gewisse Anzeigung der väterlichen Liebe gegen uns, so durch den Tod Christi geschehen und bestätigt, nimmermehr aus unsern Augen und Herzen kommen lassen und daraus erkennen und lernen, was für ein erschrecklicher und grimmiger Zorn Gottes wider die Sünde der Menschen sein muß, dieweil solcher durch keine Kreatur, Opfer oder Vermögen, sondern allein durch den Tod des Sohns Gottes hat können gestillt und versöhnt werden mögen." (Ph. Melanchthon, a.a.O., S. 29) Daneben aber wird durch die Warnung, sich mit den offensichtlich vom Teufel besessenen („verbannten") Leuten, z.B. den Papisten, einzulassen, im Rahmen des „erschrockenen Gewissens" das glaubensfördernde Gefühl der *Bedrohung* herausgestellt: „Das Gebot, solche verbannte Leute zu fliehen, ist allenthalben von den heiligen Propheten wiederholet und wird uns vielmals in der heiligen Schrift vorgehalten. Wer aber solches verachtet, derselbige wird selbst erfahren, so er mit solchen Leuten Gemeinschaft haben wird, daß er durch sie auch mit der Zeit wird vergiftet und mit dem Teufel, der sie jetzund wider Christum reizt und treibt, auch besessen und in greuliche Irrtümer und gottlos Wesen wird geführet werden, daraus er nachmals nicht leichtlich oder vielleicht sein Leben lang nicht wird kommen mögen. Solch greuliche Strafe sollen alle gottesfürchtigen Herzen betrachten, daß sie sich davor wissen zu hüten." (Ph. Melanchthon, a.a.O., S. 52f.)

sätzlich relativ, ob sich die Gewissensstruktur eher heteronom oder autonom oder relational ausgebildet hat: Folgen des so oder so „erschrockenen Gewissens" sind allemal mehr oder weniger massive *Schuldgefühle*, die sich mit Sündenbewußtsein sowie Angst vor Strafe bzw. dem Verlust göttlicher oder menschlicher Zuwendung und Liebe (konform mit Trennungsängsten und Isolierungsgefühlen) verbinden. Daß sich eine so vorgezeichnete Gewissensstruktur unmittelbar in den (zwischenmenschlichen) Konfliktkonstellationen und damit in deren seelsorgerlicher Bearbeitung niederschlägt, dürfte unmittelbar einleuchten.

In jedem Fall spiegelt sich in der Formulierung vom „erschrockenen Gewissen" eine protestantische Grundeinstellung wider, die nach wie vor dem „Zeitgeist" der Reformationszeit zu entsprechen versucht, diesen also tradiert und für die Gegenwart erhalten oder neu entdecken möchte.[276]

Auch die Rede vom „gekränkten Gewissen" ist mit erläuternden Anmerkungen zu versehen. Diese Rede bezieht sich auf die heutzutage deutlich zunehmende Strukturierung des Gewissens unter dem Vorzeichen *narzißtischen Erlebens*. Die heute allgemein verbreitete Verwendung des Begriffes „Narzißmus" birgt zunächst die Gefahr in sich, ihn so weit zu fassen, daß er unter den Stichworten „Selbstgefälligkeit", „Selbstbewunderung", „Selbstverherrlichung" usw. die negativen Strebungen des Individuums gegenüber den eigentlichen Anforderungen der Gesellschaft ausdrückt und damit von vornherein zu einem wesentlichen Element der Zeit- und Kulturkritik gerät.[277] Demgegenüber ist es grundsätzlich und im besonderen Hinblick auf die Poimenik von Vorteil, die Wurzeln dieser spezifischen Begrifflichkeit im psychoanalytisch erfaßten und gedeuteten Menschenbild zur Kenntnis zu nehmen.[278]

Danach gilt zunächst: Hier geht es nicht nur um pathologische Zustände! Anders gesagt: Pathologische Zustände sind nicht isoliert und abgespalten von den als „normal" geltenden Charakterbildern zu sehen. Vielmehr gibt die Annahme einer in ihren Grundzügen vergleichbaren Entstehungsge-

---

[276] Sehr deutlich zeigt sich diese Tendenz in unserem Kontext etwa bei G. Ebeling, der in der Frage eines grundlegenden Gewissensbegriffs dessen strikte Zurückführung auf die entscheidenden und unübertroffenen theologischen Reflexionen Martin Luthers fordert.

[277] Vgl. C. Lasch, Zeitalter, S. 49ff.

[278] Dabei kann dem ohne weiteres zugestimmt werden, was C. Lasch so formuliert: „Die Psychoanalyse erklärt den Zusammenhang zwischen Gesellschaft und Individuum, Kultur und Persönlichkeit gerade dann am besten, wenn sie sich auf die sorgfältige Untersuchung von Individuen beschränkt. Sie sagt über die Gesellschaft am meisten dann aus, wenn sie es am wenigsten beabsichtigt." (C. Lasch, a.a.O., S. 52)

schichte bei sog. „Symptomträgern" und sog. „Charaktertypen" wichtige Aufschlüsse über ebenso allgemeines wie „typisches" menschliches Verhalten.[279]

Im hier gebenen Zusammenhang wird das spezifische Erleben eines (Beziehungs-)Konflikts unter dem Vorzeichen des narzißtischen Einstellungsmodus als ein heute *allgemeingültiges Phänomen* aufgefaßt. Eine davon abhängige Gewissensstrukturierung erfährt seine Ausprägung dann in Korrelation mit Einpassungsleistungen in ein Umfeld, das auf narzißtische Reaktionsweisen besonders anspricht. Psychoanalytisch gesehen wird das dementsprechende Erleben des einzelnen am ehesten als Relikt einer psychischen Bewältigungsstrategie in frühester Kindheit zugänglich und verständlich.

Worum geht es bei dieser Hypothese im einzelnen? Um nicht der von Vernichtungsängsten unterlegten Gestimmtheit absoluter Winzigkeit und totaler Abhängigkeit völlig ausgeliefert zu sein, setzt die Psyche des Kleinkindes in kompensatorischer Weise *Größenphantasien* frei. Diese wiederum vermitteln eine absolut ausgeglichene (gleichsam „paradiesische") Gefühlslage und damit den Eindruck, sich in einem umfassenden Sinne (und bei mehrfacher Wortbedeutung) als „aufgehoben" zu erleben. Es ist ein Zustand, der sich u.a. in religiösen Bildern niederschlagen kann und schon von daher ein neues theologisches Nachdenken auszulösen vermag.[280]

---

[279] Auf die Einzelheiten des Freudschen Narzißmuskonzepts und dessen Ausdifferenzierung durch seine Nachfolger sowie auf die Auseinandersetzungen im Rahmen der sog. Narzißmusdebatte muß im gegebenen Kontext nicht näher eingegangen werden. Für unseren Gedankengang können Literaturhinweise genügen: Einstieg und Einblick in die komplizierte Thematik vermittelt neben der kurzen, aber treffenden Darstellung bei C. Lasch, a.a.O., S. 55ff., z.B. das Buch „Die neuen Narzißmustheorien: zurück ins Paradies?", hg. vom *Psychoanalytischen Seminar Zürich*, Frankfurt a.M., 1981. Es bietet neben einer Darstellung der Freudschen Theorie zum Thema eine gründliche Auseinandersetzung mit den Hauptvertretern der neueren Narzißmustheorien H. Kohut und O. Kernberg.
Eine Darstellung und Analyse der Problematik des Narzißmus (bis hin zu Fallbeispielen und Therapievorschlägen) findet man bei *Stephen M. Johnson*, Der narzißtische Persönlichkeitsstil, Köln, 1988.

[280] Literaturangaben zur Verhältnissetzung von Theologie und Narzißmustheorie finden sich z.B. auch bei *Martin Schreiner*, Gemütsbildung und Religiosität, Göttingen, 1992, S. 168, Anm. 8.
Die Zuordnung von Theologie und Psychoanalyse im Rahmen einer Auseinandersetzung mi dem Narzißmusproblem unternimmt *Hans-Günter Heimbrock* in seiner Monographie „Phantasie und christlicher Glaube. Zum Dialog zwischen Theologie und Psychoanalyse", München/Mainz, 1977.
Ein umfangreiches Nachschlagwerk zum speziellen Thema Narzißmus und Poimenik legt schließlich *Herman van de Spijker* unter dem Titel „Narzißtische

Nun aber ist diese frühkindliche Erlebensphase durchaus nicht in jedem Fall mit dem Heranwachsen bzw. mit dem Erwachsenwerden des einzelnen Individuums vollständig überwunden! Vielmehr bleibt der einzelne an den für ihn besonders „eindrücklichen" Erlebensphasen ein Leben lang mehr oder weniger verhaltensbestimmend hängen. Solche psychischen Fixierungen an ein bestimmtes Basalerleben können auch als Relikte narzißtischer Befindlichkeit ein Individuum bleibend prägen, seine Lebenseinstellung bestimmen und seine Beziehungen einfärben. Sie werden bei alldem auch sein Gewissen strukturieren. Sie werden das umso deutlicher tun, je mehr ein narzißtisch unterlegtes Verhalten gegenwärtig offener zutage tritt und sich als kollektives Phänomen zeigt.

In der Folge ist die narzißtisch eingestellte und ausgerichtete Persönlichkeit durch eine charakteristische Gefühlswelt gekennzeichnet, der in sehr anstrengender oder sogar quälender Weise ein _antinomisches Spannungspotential_ unterlegt ist. So bestehen etwa Gefühle der unabgegrenzten Überlegenheit in allen möglichen Lebenslagen neben Gefühlen völliger Leere, Bedeutungslosigkeit oder totaler Resignation; Gefühle der (unerkannten) Genialität und besonderen Begabung neben Gefühlen der völligen Inkompetenz und Nutzlosigkeit; Gefühle der Macht über Gott und die Welt neben Gefühlen ohnmächtiger Wut und grundloser Verzweiflung. Urplötzlich kann der Wechsel von einem Extrem in das andere erfolgen.

Diese Kennzeichnung betrifft in direkter Weise auch die Gewissensstruktur. Das unter dem Einfluß narzißtischen Erlebens konstituierte Gewissen eines Individuums reagiert weniger (erschrocken) auf normative Ansprüche resp. auf verinnerlichte Verbote und Gebote. Es ist also nicht in erster Linie auf das sog. „Überich" im Sinne S. Freuds bezogen. Dieses Gewissen reagiert eher auf die angestrebten, aber nur mehr oder weniger oder auch gar nicht erreichten _Idealvorstellungen,_ die ein Mensch aus bewunderten „Vorbildern" gewonnen und verinnerlicht hat. Erst deren Deckungs-

---

Kompetenz – Selbstliebe – Nächstenliebe", Freiburg/Basel/Wien, 2. Aufl., 1995 vor. Das Buch versucht eine neu durchdachte, dabei bleibend biblisch begründete Zuordnung von Selbstliebe und Nächstenliebe, schließt eine ebenso breit angelegte wie gründliche Darstellung der Narzißmustheorie Freuds in deren einzelnen Phasen ein und fordert schließlich Seelsorger und Seelsorgerinnen zum Erwerb einer „narzißtischen Kompetenz" heraus. Diese beschreibt der Autor (S. 26, modifiziert S. 345) als: „... die Fähigkeit und die Zuständigkeit eines Menschen, durch die Entwicklungen des Lebens hindurch und in den verschiedenen Begegnungen mit und Beziehungen zu Menschen jeder Sorte gekonnt, wohlwollend und wohltuend zwischen Nächstenliebe und Selbstliebe zu balancieren ..."

[281] Zu diesem Begriff vgl. vor allem _Janine Chasseguet-Smirgel,_ Das Ichideal. Psychoanalytisches Essay über die ‚Krankheit der Idealität', Frankfurt, 1981.

gleichheit mit den alltäglichen Handlungsvollzügen eines Individuums vermittelt diesem den Eindruck, vor Gott und der Welt, aber auch vor sich selbst, ein wertvoller Mensch zu sein.

Das Gewissen fungiert jetzt in einem ganz bestimmten Spannungsfeld: Es geht um die Spannung zwischen einer dem *Ich-Ideal*[281] entsprechenden Verhaltensweise einerseits und der alltäglichen Erfahrung des Versagens vor den eigenen Idealen, der faktische Ohnmacht, des Ausgeliefertseins an kleinliche Denk- und Handlungsweisen mit allen daraus folgenden Konflikten andererseits. So aber entsteht leicht ein Zustand ständiger Gefährdung des Selbstwertgefühls. Das mit dieser Erlebensweise verbundene Gewissen spiegelt dann die ‚tiefe Bewegung' im Individuum wider, die dessen ständigen Wunsch entspringt, „... die Kluft auszufüllen zwischen dem Ich, wie es ist und wie es sein möchte ..."[282] Es wird im Versagensfall zum *gekränkten Gewissen*!

Das bedeutet faktisch: Ein auf dieser Basis „gewissenhafter" Mensch fragt in inneren und äußeren Konfliktsituationen nicht in erster Linie nach richtigen oder falschen Handlungsweisen. Er fragt vielmehr nach dem individuellen Vermögen oder Unvermögen im Hinblick auf eigen-sinnige oder eigen-ständige Konfliktlösungsmodelle. Er entwickelt im Hinblick auf einen ungelösten (oder auch unlösbaren!) Konflikt im Falle des „unmoralischen" oder „sündigen", d.h. ethisch nicht vertretbaren Handelns weniger Schuldgefühle als vielmehr Gefühle des *Versagens*, begleitet von Empfindungen tiefster *Scham* und unabgegrenzten *Selbstzweifels*. Auf sein aktiviertes Gewissen hin reagiert er weniger detailbezogen schuldbewußt als ganzheitlich gekränkt. Die entsprechende Kränkbarkeit etabliert sich dann gern als unfreiwillig zugeordnete Lebensbegleitung und wird so zu einer (heute weit verbreiteten) Verhaltenskomponente.

Das wiederum hat besonderen Einfluß auf den Umgang des Betroffenen mit Kritik und Selbstkritik: Bei habitualisierter Kränkbarkeit wird Detailkritik leicht in narzißtischer Entweder-Oder-Mentalität als Totalkritik wahrgenommen und verarbeitet. Das wiederum bedeutet: Ein in Einzelheiten kritisierter Mensch fühlt sich sofort im ganzen in Frage gestellt. Das aber kann einen auf detaillierte Kritik und Selbstkritik in der Regel angewiesenen Veränderungsprozeß sehr hemmen. Eine (seelsorgerliche) Innovation in dieser Richtung muß also unter den geschilderten Bedingungen mit einem spezifischen Widerstand rechnen.

Nochmals ist anzumerken: Die Tendenz des einzelnen, von seiner individuellen Lebensgeschichte her ein weniger „erschrockenes" als vielmehr „gekränktes" Gewissen auszubilden, muß sich natürlich dann verstärken, wenn auch der sog. „Zeitgeist" dieser Variante menschlichen Erlebens ent-

---

[282] J. Chassequet-Smirgel, a.a.O., S. 15.

gegenkommt. Was als kollektives bzw. gesellschaftliches Phänomen akzeptiert ist, erscheint immer weniger als auffällig und immer mehr als selbstverständlich.

Für unseren Zusammenhang bedeutet das: Wird im Rahmen der poimenischen Theoriebildung von einer ethischen Struktur der Seelsorge ausgegangen, so wird diese „zeitgemäße" Art der Gewissensbildung unbedingt besondere Aufmerksamkeit finden müssen. Allerdings ist bei solcher „Lage der Dinge" zu beachten, daß das „erschrockene" (vorwiegend auf das Überich bezogene) und das „gekränkte" (vorwiegend auf das Ichideal bezogene) Gewissen auch in der gegenwärtigen Praxis keine Alternative bilden. Viel eher geht es um individuelle Schwerpunktbildungen, die sich in der Folge einer ebenso individuellen Lebenserfahrung mit unterschiedlichen Fixierungspunkten des Verhaltens in der Kindheitsgeschichte entwickelt haben.

Es geht damit um Mischformen, die der jeweiligen Individualität des einzelnen zuzuordnen sind. Deshalb ist im Rahmen konkreter seelsorgerlicher Arbeit in jedem Einzelfall die *persönlichkeitsspezifische Gewissensstruktur* zu erschließen. Der entsprechende Bezug auf eine persönlichkeitsbezogene Gewissensbildung und Gewissensspannung ist vor allem dann zu wahren und in der Praxis zu „ent-decken", wenn es bei einer seelsorgerlich eingeleiteten und begleiteten Auseinandersetzung im Konfliktfall um die Fragen nach dem jeweiligen Gottes- und Menschenbild sowie nach dem Erleben von Angst, Schuld und Vergebung geht. Unter den genannten Voraussetzungen und Bedingungen besonders „gewissenhaft" zu *hören*, daraufhin aber auch ebenso verstehend wie gezielt „ins Gewissen zu *reden*", muß dort unverzichtbar erscheinen, wo es tatsächlich hier und jetzt zur Freisetzung eines christlichen Verhaltens zur Lebensbewältigung kommen soll.

Jedenfalls korrespondiert die Ermöglichung eines persönlichkeitsspezifischen Credos mit einer ebenso aufwendig reflektierten wie sorgfältig praktizierten Bezugnahme auf die individuelle Gewissensstruktur.

E. Lebenskonflikte in der Seelsorge

Daß Konflikte als daseinsbestimmend angenommen werden, ist bereits herausgestellt worden. Ebenso wurde die allgemeine Bestimmung von Seelsorge als Freisetzung eines christlichen Verhaltens zur Lebensbewältigung schon eingangs durch eine besondere Bestimmung ergänzt: Danach kann Seelsorge auch als Bearbeitung von Konflikten unter einer spezifischen Voraussetzung verstanden werden (s.o. S. 3). Hieran ist jetzt anzuknüpfen.

Alles konflikthafte Verhalten hat seine Wurzeln einerseits im individuellen Erfahrungsbereich: Wünsche und Zumutungen werden persönlich erlebt. Deren mehr oder weniger mögliche oder nötige Verwirklichung führt oft zu innerer Zerissenheit und wirkt sich daraufhin im Beziehungsbereich aus.

Konflikte werden andererseits aber auch in der Form typischer Abläufe erlebt. Sie haben eine immer wiederkehrende charakteristische Gestalt und entsprechen damit gleichzeitig einer charaktertypischen Ambivalenzerfahrung. Insofern liegt die Anahme nahe, daß alles Konflikterleben neben seiner persönlichen Ausprägung und typischen Gestalt auf *Grundantinomien* im menschlichen Dasein ausgeht: Immer wieder und immer neu ist zwischen basalen Bedürfnissen zu unterscheiden, die einander entgegenstehen und doch unter den realen Anforderungen des Daseins „irgendwie" in Einklang gebracht werden müssen. In der Folge dieser Grundantinomien komm es für den einzelnen „natürlicherweise" ein Leben lang von Zeit zu Zeit zu schwer erträglichen, weil spannungsreichen Lebenslagen: Übliche Einstellungen und gewohnte Handlungsabläufe geraten durch neue Erfahrungen und ungewohnte Geschehnisse durcheinander. Je weitergehend dabei gleichzeitig eine daseinsbegleitende Grundproblematik zum Tragen kommt, desto näher liegt es, daß sich Wiederholungssituationen ergeben und sich schließlich zu einem bestimmten *Lebenskonflikt* verfestigen.

Lebenskonflikte drängen auf Abhilfe! Sie werden so einerseits häufig zum auslösenden Moment für ein Bedürfnis nach Seelsorge. Sie fordern andererseits in spezifischer Weise zum seelsorgerlichen Handeln heraus.

Wir definieren daraufhin für das seelsorgerliche Geschehen eine Basisannahme:

Menschliche Lebenskonflikte beziehen sich auf Grundantinomien. Sie setzen sich dabei aus verschiedenen, sehr komplexen Erlebenskomponenten zusammen, zwischen denen schmerzhafte bzw. leidvolle Spannungen entstanden sind. Einzelelemente eines Lebenskonflikts sind Angst- und Glaubenserleben sowie Anspruchs- und Schulderleben. Dabei haben individuelle Lebenskonflikte eine individuelle Entstehungsgeschichte, tragen aber auch typischen Charakter. Lebenskonflikte sind unausweichlich.

Für den Seelsorger/die Seelsorgerin geht es bei der Bearbeitung von solchen Konflikten stets um den gezielten Umgang mit den genannnten Elementen und damit zunächst um Information, d.h. um das Wissen um deren Entstehungs- und Ausprägungsgeschichte. Es geht ebenso um Kenntnisse hinsichtlich ihrer Funktion.

Dabei sind gewisse Paarbildungen in der Definition schon angedeutet worden: *Angst* und *Glaube* werden als „Gegensatzpaar" betrachtet, ebenso *Anspruch* und *Schuld*. Alle genannten Komponenten bilden dabei ein Verbundsystem: Sie „verknoten" sich in aller Regel, wobei es zu bestimmten Schwerpunktbildungen kommt.

I. Umgang mit Angst

Angst und Glaube werden nach unserer Definition in einer dialektischen Bezogenheit zueinander gesehen und dargestellt. Dabei muß allerdings deutlich sein: Die zeitliche Abfolge in der Behandlung dieser Stichworte sagt im Hinblick auf beide Phänomene nichts über ein Ursprungs- und Folge-Erleben aus! Praktisch heißt das: (Christlicher) Glaube ist im poimenischen Bereich gerade nicht so aufzufassen, als entstünde er in der Folge der Angst und wäre lediglich ein Mittel zu deren Abwehr![1] Alle weiteren Ausführungen sind auf diese Feststellung angewiesen.

---

[1] Diese generelle Feststellung ist wichtig im Sinne oft notwendiger Apologetik: Auch im Rahmen seelsorglichen Vorgehens als einer gezielten Konfliktbearbeitung gilt es, „von vornherein" einem ganz bestimmten Vorbehalt entgegenzutreten. Es ist der Vorbehalt, die (christliche) Religion bzw. der Glaube sei „nichts als" ein Mittel zur Aufhebung oder Kompensation von Angst vor der Welt bzw. vor der Realität. Mit dieser reduktionistischen Einstellung verbindet sich dann naheliegenderweise eine ebenso prinzipielle Religionskritik wie praktische Abwehrhaltung: Glaube wird zum „Ausweichverhalten" in bezug auf die wirklichen Anforderungen des Lebens erklärt. In der Konsequenz vermittelt dann auch alle Seelsorge lediglich entsprechende Ausweichmöglichkeiten. Die in ihrem Rahmen nur scheinbar angestrebte Lebensbewältigung fällt in eins mit einer Aufforderung zum realitätsfernen Rückzug aus dieser Welt.
Das Spannungsverhältnis zwischen Angst und Glaube als differenzierteres Bezugssystem zweier elementarer Lebensäußerungen zu sehen, kann in diesem Zusammenhang deshalb zum ersten Inhalt eines seelsorglichen Gesprächs geraten.
Zu vgl. ist in diesem Kontext immer noch *Oskar Pfisters* Untersuchung „Das Christentum und die Angst", Frankfurt a.M./Berlin/Wien, 1985, die von dem liberalen Theologen und Psychoanalytiker (s.o. S. 152f.) bereits 1944 vorgelegt wurde. In diesem klassischen Werk wird zunächst eine Theorie der Angst (bei neurotischen und normalen Einzelpersonen) entwickelt. Ein zweiter (histori-

1. Angst, Furcht und das offene Problem einer Zuordnung: Sören Kierkegaard

Umgang mit Angst – wie immer man dieses Phänomen erlebt und deutet – gehört in jedem Fall zum seelsorgerlichen Handeln und Können! Dahinter steht der folgende Tatbestand: Angst wird als ein im menschlich-zwischenmenschlichen Bereich (aber auch im Beziehungsdreieck Gott-Welt-Mensch) ubiquitär wirksames Erlebenselement angenommen. Praktisch heißt das: Es gibt keinen Menschen ohne Angsterleben! Der eine Mensch unterscheidet sich vom anderen Menschen nur durch sein jeweils besonderes *Verhalten* gegenüber der Angst. Deshalb geht Angst auch in verschiedenen Ausformungen jedenfalls in die Konfliktbildung ein bzw. ist an ihr strukturierend beteiligt.[2]

Zunächst geht es in diesem Zusammenhang um eine im poimenischen Bereich besonders wichtige Erlebensdifferenzierung: Angst ist von Furcht zu unterscheiden! *Angst* zeichnet sich dadurch aus, daß sie „objektlos" auftritt und die Psyche in einen diffusen Zustand des unbegrenzten Bedrohtseins bis hin zur Panik versetzt.[3] Dagegen ist *Furcht* stets auf ein Objekt gerichtet: Ein

---

scher) Teil handelt von Angstlösung und Angstbildung in der israelitisch-christlichen Religionsgeschichte von der vormosaischen, altsemitischen Religion über Jesus, den Katholizismus, die Reformation bis hin zur Aufklärung und dem Neuprotestantismus. Schließlich möchte ein dritter „religionshygienischer" Teil die grundsätzliche Lösung des Angstproblems durch das Christentum vermitteln. Herzustellen ist danach „Der Sinn des christlichen Liebesprinzips: Die innere Einheit der Gottes-, Nächsten- und Selbstliebe als lebensnotwendiges Ideal" (S. 452), denn unter anderen angsthygienischen Forderungen an einzelne Glaubenslehren gilt: „Die ganze Gotteslehre muß überstrahlt sein von dem im Sinne Jesu verstandenen Satz ‚Gott ist Liebe'. Die Bestimmung Gottes als des liebreichen Vaters muß beinhaltet werden, wie es bei Jesus geschah, als Güte, Gerechtigkeit, Milde aber auch als ungeheuer sittlicher Ernst, der vor Zufügung schwerer Strafleiden nicht zurückschreckt, gerade weil er von der Güte geleitet ist." (S. 481) Das Buch wird in seiner Wiederauflage 1975 (Olten und Freiburg i.Br.) von *Thomas Bonhoeffer* eingeleitet und durch Hinweise auf die Weiterentwicklung der Angstlehre (z.B. durch die Narzißmustheorie) ergänzt.
Zum Verhältnis von Angst und Glaube vgl. schließlich grundlegend *Gunda Schneider-Flume*, Angst und Glaube, ZThK (88) 1991, S. 478ff. Im gegebenen Zusammenhang ist zunächst die „Einführung" in diese Abhandlung wichtig.

[2] Zur Wortherkunft und -bedeutung vgl. Der Große Duden. Band 7. Etymologie, S. 25: „Angst w: Die auf das dt. und niederl. Sprachgebiet beschränkte Substantivbildung (mhd. angest, ahd. angust, niederl. angst) gehört im Sinne von ‚Enge, Beklemmung' zu der idg. Wortgruppe von *eng*. Vgl. z.B. aus anderen idg. Sprachen lat. angustus ‚eng', angustiae ‚Enge, Klemme, Schwierigkeiten'."

[3] *Beispiel:* Examensangst! Sie erscheint zunächst deutlich begrenzt zu sein: Es droht schlicht und einfach ein Nichtbestehen einer Prüfung. Bei näherem Hinsehen

Mensch fürchtet sich vor einem fest umrissenen Geschehen mit absehbaren Folgen. Er geht deshalb „tapfer" diesem Ereignis entgegen (beweist Mut), oder er weicht dem gefürchteten Geschehen aus (zeigt sich feige).[4]

Gleichzeitig wird sehr deutlich, daß sich eine Abgrenzung zwischen Angst und Furcht im Erleben, aber auch in der empirisch vorgezeichneten Theorie nur sehr schwer vollziehen läßt.[5] Dennoch legt sich eine Differenzierung für die Praxis des Seelsorgers/der Seelsorgerin aus zwei Gründen nahe: Zum einen sind im Gegensatz zu Furchtreaktionen alle Angstzustände so konsequent wie möglich von jedwedem Willensappell und einer (im Versagensfall daraus abgeleiteten) moralischen Bewertung zu befreien. Zum anderen gilt es, im seelsorglich-konfliktlösenden Umgang mit Angst diese so weitgehend wie möglich in Furcht umzusetzen und sie damit einer objektivierenden Bearbeitung zugänglich zu machen.

(und Hinfühlen!) wird bald deutlich: Bei Versagen werden scheinbar ebenso unübersehbare wie unabgegrenzte Folgen für den gesamten Lebensaufbau und evtl. auch für das Beziehungsgefüge erwartet. Diese nicht faßbaren Folgeerscheinungen machen den eigentlichen Angstcharakter des Examens aus.

[4] *Beispiel*: Der praktisch eingeforderte (aber oft bildhaft gebrauchte) „Sprung ins Wasser" beim Schwimmunterricht.

[5] So schreibt *Reinhard Schmidt-Rost*, Art.: Angst und Furcht, WdC, S. 65: „A. als einem Wesenszug menschl. Existenz wird gegenwärtig ein hohes Maß an öffentl. Aufmerksamkeit gewidmet. Als ein Gefühl, als ein phys. und psych. wirkender Reiz und Vorgang wird A. in den verschiedenen Wissenschaften vom Sein und Leben des Menschen untersucht und gedeutet. Eine Unterscheidung von A. und F. als diffuses bzw. objektbezogenes Gefühl wird verwendet, läßt sich aber im allg. Sprachgebrauch nicht einwandfrei nachvollziehen."

Noch deutlicher relativiert wird die Unterscheidung von Angst und Furcht bei *Eugene E. Levitt*, Die Psychologie der Angst, Stuttgart/Berlin/Köln/Mainz, 5. Aufl. 1987. In diesem Buch, das auch als wissenschaftlich gediegener Überblick über die verschiedenen Angsttheorien sowie über den heutigen Stand der Angstforschung heranzuziehen ist, schreibt der Autor: „Man hat Versuche unternommen, zwischen den beiden unterschiedlichen Konstrukten, die *Angst* und *Furcht* heißen, aufgrund des Reizes, der die Reaktion hervorruft, der Spezifität der Reaktion und der Proportionalität der Reaktion zu unterscheiden. In der klinischen Situation mag jeder dieser Parameter eine gewisse Brauchbarkeit besitzen, doch sind sie für die Forschung und daher auch für die Theorie wertlos ... Daher dürfte es sich empfehlen, in den meisten Fällen jede Unterscheidung zwischen Angst und Furcht zu unterlassen und als austauschbare Bezeichnungen mit vielleicht unterschiedlichen geringfügigen Bedeutungsschattierungen zu betrachten." (S. 20)

Warum es sich lohnt, im Bereich seelsorglichen Handelns an der „gewissen Brauchbarkeit" einer Differenzierung festzuhalten und diese zu unterstreichen, dürfte sich aus den weiteren Ausführungen und Beispielen ergeben.

Da Angst ein so grundsätzliches Problem ist, nimmt es nicht wunder, daß sich die verschiedensten (human-)wissenschaftlichen Disziplinen um dieses Phänomen bemüht haben: Im gegebenen Kontext sollen wenigstens knappe Hinweise auf theologische, philosophische und psychologische Umgangsformen mit dem Angstproblem erfolgen.

Eine „zwischen" den Wissenschaften verhandelte „offene Frage" wird sich dabei für das seelsorgerliche Vorgehen als von besonderer Bedeutung erweisen. Es ist die Frage, ob Angst zu den unabdingbaren und damit *konstitutiven Elementen* menschlichen Lebens und Erlebens gehört oder ob es ein das volle Leben und Erleben beeinträchtigendes *Epiphänomen* ist, an dessen Auflösung als einer bloßen Begleit- und Folgeerscheinung dann im Konfliktfall zu arbeiten wäre.

In neuerer Zeit steht sowohl für die theologische als auch für die philosophische Erfassung und Zuordnung des Phänomens Angst der Name *Sören Kierkegaard*. Eine seiner bekanntesten Schriften heißt: „Der Begriff Angst".[6] Wir fassen die für unseren Kontext besonders wichtigen Gedankengänge zum „Paradigma Kierkegaard" mit erläuternden Bemerkungen so zusammen:[7]

Für Kierkegaard *ent*steht und *be*steht die Angst im Unterschied von Furcht (zunächst!) jenseits von Gut und Böse. Mythologisch gesprochen ist sie „vor dem Sündenfall" anzusiedeln. Dabei wird (im Einklang mit der Entwicklungspsychologie) vorausgesetzt, daß die Unterscheidung von Gut und Böse eine erworbene Fähigkeit des Menschen darstellt. Diese Fähigkeit der moralischen Differenzierung kommt in einer doppelten Zuordnung zum Tragen: Sie greift zum einen erst von einem bestimmten *Zeitpunkt* an, der sich in der Entwicklungsgeschichte des einzelnen festmachen läßt (Das Gewissen muß „gebildet", ein Pflicht- und Verantwortungsgefühl psychisch etabliert sein.). Dann erst kann ein heranwachsender Mensch Gut und Böse voneinander abheben! Sie ist zum anderen mit einem bestimmten *Bewußtheitszustand* verbunden, d.h. die grundsätzlich schon erworbene Fähigkeit muß situativ auch aktualisiert werden. (Das Gewissen „meldet" sich, reagiert beunruhigt.)

Wie gesagt, Angst besteht zunächst(!) jenseits von Gut und Böse, also jenseits der Gewissensbildung und jenseits einer „gewissenhaften" Beunruhigung. Das aber bedeutet gleichzeitig: Der Angst korrespondiert (wiederum zunächst!) die „Unschuld", verbunden mit Unwissen und mit dem (psychi-

---

[6] *Sören Kierkegaard*, Der Begriff Angst, GW 11. u. 12. Abteilung, Düsseldorf, 1958, bes. S. 39–44.

[7] Ähnlich knappe Zusammenfassungen finden sich z.B. bei den Praktischen Theologen *Otto Haendler*, Angst und Glaube, Berlin, 1950, S. 14ff. und *Martin Schreiner*, Gemütsbildung, Göttingen, 2. Aufl. 1994, S. 79f.

schen) Schlafzustand. Gibt es doch noch keine „vom wachen Geist" (d.h. von erworbenen Wissen und entsprechend erwachter Bewußtheit) geleistete Zuordnung! Dagegen ist Furcht auf diese Zuordnungsmöglichkeit angewiesen. Ihr korrespondiert die „Schuld", d.h. das Wissen und die Bewußtheit, es sei an mir oder durch mich etwas falsch gemacht worden. Eben das erkennt der von bloßer Angst besetzte Mensch (noch) nicht!

In diesem jenseits von Gut und Böse angesiedelten Angstzustand gilt vielmehr nur eine einzige Alternative: Alles ist mit mir zusammen „irgendwie" da. Darin bin ich mir (in entängstigender Weise!) sicher. Oder: Alles ist mit mir zusammen vom „Nicht-mehr-dasein", vom Vernichtetwerden, vom *Nichts* bedroht. Eben diese Bedrohung hat nichts mit meinem Verhalten zu tun. Sie geschieht, ohne daß eine (wissende) Zuordnung (Warum? Durch wessen Tun oder Lassen?) nachvollziehend oder antizipierend möglich wäre. Das alles bedeutet: Zuerst und zunächst kommt die Angst jenseits von Gut und Böse zum Tragen. Sie hat als ihr Gegenüber das „*Nichts*".

Nun aber kann der Mensch eben nicht ein Leben lang oder gar ewig „Jenseits von Gut und Böse" bleiben. Verliert er in, mit und unter seinem Entwicklungsgang vom bewußtheitsfernen zum zuordnend geistigen Wesen dann auch die Angst? Mitnichten! Auch unter den veränderten psychischen und geistigen Bedingungen bekommt sie ein für das eigentliche „Humanum" des Menschen wesentliche Funktion: Angst korrespondiert mit der *Freiheit*! Sie repräsentiert diese Freiheit an entscheidender Stelle.

Wie ist das im einzelnen zu verstehen? Ohne Angst hätte der Mensch bei näherem Hinsehen keine Wahlmöglichkeiten. Ohne Angst erschiene ihm seine Welt als absolut sicherer „Gang durch die Zeiten". Denn Gut und Böse gerieten mit zunehmend zuordnendem Geist einfach zur richtigen oder falschen Handlungsweise. Es käme dann nur darauf an, mit Hilfe wissender und geistiger Tätigkeit zwischen erhaltenden und bedrohlichen Maßnahmen zu unterscheiden. Ein erstrebenswerter Zustand? Kaum! Wäre doch der Mensch (aus der täuschenden Vorstellung heraus, durch Wissen und „zuordnenden Geist" seine Existenz selbsttätig bewahren zu können) jetzt angehalten, ja gezwungen, stets das (scheinbar!) Richtige zu tun! Er hätte keine Wahl zwischen verschiedenen Möglichkeiten der Realitätsbewältigung: Stets könnte es nur darum gehen, das offensichtlich existenzhemmende Böse auszuschließen und das offensichtlich existenzfördernde Gute auszuführen. Seine Existenz als Mensch in dieser Welt mit Sicherheit ausstatten zu wollen, kann aber nur einer *Täuschung* entsprechen.

Noch weiter: Eben die Vorstellung, sich auf diese Weise in Sicherheit bringen zu können, gerät zur grundlegenden Täuschung „nach dem Sündenfall". Denn die Welt ist nur ein scheinbar sicherer „Gang durch die Zeiten"! Sie ist eben nicht ewig beständig, sondern hat das „Nichts" als ein ständiges Gegenüber. Wenn dem aber so ist, bekommt die Angst auch „nach dem Sündenfall" (als Fall aus der Unschuld heraus) eine wichtige Funktion: Sie weist beständig darauf hin, daß die Möglichkeit des „Nichts" ja bleibend vorhanden ist.

Und immer noch weiter: Je mehr die Angst selbst vom „wachen Geist" (der dabei nicht mehr nur im bloßen Zuordnen von Gut und Böse steckenbleibt!) erfaßt wird, desto deutlicher wird auch, daß diese Angst einem Urphänomen menschlicher Existenz entspricht. Sie erweist sich als „Urwissen" im Hinblick darauf, daß die Annahme eines Ewigkeitswertes von Gut und Böse, von Richtig und Falsch eine Täuschung oder sogar die Täuschung schlechthin ist. Nein! Alles Weltliche ist Endlichkeit! Alles Gute und alles Böse ist relativ! Alles Bemühen, sich durch richtiges Handeln absichern bzw. bedrohliches Handeln vermeiden zu können, ist zum Scheitern verurteilt. Es gibt keinen „Gang der Dinge", keinen in sich zwingenden Geschichtsablauf von der Unsicherheit her zur Sicherheit hin! Und weil das so ist, muß der Mensch sich „aufs Ungewisse hin" ständig neu zwischen Gut und Böse (zwischen relativ absichernd und relativ bedrohlich) entscheiden. Es ist immer gleichzeitig eine Entscheidung aus der Angst heraus, daß dabei ständig und überall das Nichts droht.

So zeigt gerade der „wache Geist" (bei Wahrnehmung des ihm unterlegten und von ihm zur Bewußtheit hin erschlossenen „Urwissens") von der Angst dem Menschen auf, daß er sich ständig vor die Wahl gestellt erleben muß: Welches Verhalten wird sich als gutes (absicherndes) und welches als böses (bedrohliches) erweisen? Mit dieser Wahlmöglichkeit erlebt der Mensch gleichzeitig Freiheit. Es ist eine Freiheit, bei der ihm schwindlig wird: Die zur Freiheit führende und in aller Freiheit mitschwingende Angst gerät so zum „Schwindel der Freiheit". Er wird zum Attribut reifen, differenzierten, erwachsenen Menschseins.

In diesem Kontext ist Angst in der genannten Einbindung und Zuordnung zu einem Grundelement, einem *Konstitutivum des Humanum* geworden. (Das – noch – „geistlose" Geschöpf, das Kind, das Tier *hat* sicher Angst, aber es *kennt* sie nicht. Sie liegt seinem Erleben, seiner Bewußtheit fern. Es wird total von ihr „verschluckt". Die Angst hat das Geschöpf, nicht das Geschöpf hat die Angst.)

Sehr deutlich kommt bei diesem Entwurf auch das ins Spiel, was wir heute „Ambivalenz des Angsterlebens" nennen würden: „Angst ist eine sympathetische Antipathie und eine antipathetische Sympathie", schreibt Kierkegaard.[8]

---

[8] S. Kierkegaard, a.a.O., S. 40.
Die geschilderte Erlebenssituation entspricht deutlich dem Tatbestand dessen, was der Psychoanalytiker Michael Balint als „Thrill" bzw. als „Angstlust" beschrieben hat. (Vgl. *Manon Hoffmeister*, Michael Balints Beitrag zur Theorie und Technik der Psychoanalyse, PZJ III, S. 250ff.

Ohne Angst versteht der Mensch weder sich selbst noch die Welt. Ohne Angst verkommt der Mensch zu einem Zerrbild seiner selbst. Angst macht Sinn! Sie ist von daher unabdingbar für eine tragfähige Weltanschauung.[9]

2. Therapeutischer Umgang mit Angst: Siegmund Freud

Nun ist das Angsterleben in der (Lebens-)Praxis freilich alles andere als eine angenehme oder auch nur anregende Grundempfindung. Der Mensch ist zwar (vielleicht!) geistig-psychisch „ärmer" ohne Angst. Er leidet in aller Regel aber ganz gehörig unter ihr bzw. unter ihren Folgen. Deshalb liegt die Frage nahe, wie er ihr „aufhebend" begegnen kann. Es fragt sich sogar, ob sie nicht „wie eine Krankheit" zu behandeln und d.h. so weitgehend wie möglich einzudämmen, ja aus dem Dasein zu verbannen ist.

Könnte es also nicht doch sein, Angst tritt „nur" als Epiphänomen, d.h. als Begleit- und Folgeerscheinung besonders belastender, frustrierender, einschränkender Umstände auf? Wäre es nicht denkbar, diese ließen sich grundsätzlich alle bearbeiten, selbst wenn das in der Praxis nicht immer gelingen sollte? Muß Angst also nicht vor allem von ihren direkten und indirekten Erscheinungsbildern her *therapeutisch* angegangen werden? Hat alle gute Seelsorge dann die Aufgabe der Angstüberwindung – und sei es im Rahmen einer „eschatologischen Vorwegnahme" des unabdingbar irdischen Leidens an dieser Welt, so wie sie ist, aber nicht unbedingt sein müßte?[10]

Dort heißt es (S. 276) bei der Beschreibung des Phänomens im Zusammenhang mit dessen „spielerischer" Umsetzung in einer Schaukel oder in einem Karussell: „... während einigen Leuten schlecht vor Angst wird – sie klammern sich verzweifelt fest, sind erlöst, wenn sie wieder den festen Boden unter den Füßen spüren – erleben andere die Angst lustvoll – sie genießen das Wagnis, die bewußte Herausforderung einer äußeren Gefahr in der zuversichtlichen Hoffnung, die Furcht durchzustehen und beherrschen zu können."

[9] Zur Erläuterung dessen, was gemeint ist, können (charakteristisch für diesen Traditionsstrang des Denkens) einige Zitate aus *Martin Heidegger*, Sein und Zeit, Tübingen, 6. Aufl. 1949, dienen: „Die Grundbefindlichkeit der Angst ist eine ausgezeichnete Erschlossenheit des Daseins." (S. 185) „Das Wovor der Furcht ist ein je innerweltliches, aus bestimmter Gegend, in der Nähe sich näherndes abträgliches Seiendes, das ausbleiben kann." (S. 185) Jedoch: „Das Wovor der Angst ist das In-der Welt-sein als solches ... Das Wovor der Angst ist kein innerweltliches Seiendes. Daß das Bedrohende nirgends ist, charakterisiert das Wovor der Angst." (S. 186) Denn: „... wovor die Angst sich ängstet, ist das ‚In-der Welt-sein-selbst'." (S. 187) Und schließlich: „Das Sichängsten erschließt ursprünglich und direkt die Welt als Welt." (S. 187)

[10] Joh. 16, 33 („In der Welt habt ihr Angst; aber seid getrost, ich habe die Welt überwunden") läßt sich ja durchaus so interpretieren, daß der Mensch nicht ein Leben lang auf das angstfreie „Reich Gottes" warten muß! Er kann vielmehr in der Glaubensidentifikation mit Jesus Christus eine „überwundene Welt" und

Die Frage wird noch brennender, wenn man sich mit den verschiedenen Angsttheorien im psychologisch-medizinisch-therapeutischen Bereich beschäftigt. Hier wiederum ist die psychoanalytische Auffassung (mit all ihren Wandlungen) von Wesen und Funktion der Angst besonders einflußreich geworden.[11]

Zunächst soll das breitgefächerte Phänomen „Angst" mit seinen faßbaren Erscheinungsformen näher betrachtet werden. Dann wird am „Paradigma Freud" (parallel zum „Paradigma Kierkegaard") der positionelle Aspekt näher zu erläutern sein.

Angst ist nicht zu sehen, zu hören, zu riechen! Wohl aber sind „Auswirkungen" zu beobachten, Folgeempfindungen zu registrieren. Sie lassen nach Angst fragen, auf sie zurückschließen. (D.h. ich sehe als Seelsorger/Seelsorgerin einem Ratsuchenden Angst nur „indirekt" an: Ich erschließe sie aus seinem Verhalten.)[12] Dabei werden Körperempfindungen, die als Folgeerscheinungen der Angst gelten, in der Regel von einem als beklemmend und einengend erlebten Gefühl begleitet. „Angst ist also ein psychosomatischer Vorgang ...", d.h. sie ist durch körperliche Vorgänge und seelisches Erleben gleichzeitig gekennzeichnet.[13]

Systematisiert man die „Auswirkungen der Angst"[14], so lassen sich unterscheiden: Veränderungen der Verstandesfunktion (z.B. kopflose Panikreaktionen); Veränderungen der Körperfunktionen (wie gerade aufgezählt); Veränderung des Verhaltens (Angst bewirkt Angriff; Angst bewirkt Flucht; Angst bewirkt Bindung).[15]

---

damit einen angstfreien Zustand „vorwegnehmen". (Dann fragt sich allerdings auch, ob bleibende Angst als ein Zeichen von „Glaubensschwäche" zu gelten hätte!)

[11] Für den hier gegebenen Zusammenhang sind als einführende Veröffentlichungen zu nennen: *Dieter Eicke,* Angst, PZJ II, S. 515ff.; *Holger Bertrand Flöttmann,* Angst. Ursprung und Überwindung, Stuttgart/Berlin/Köln, 2. verb. Aufl. 1990.

[12] Zunächt ist hierbei zu beachten, welche Körperempfindungen im Umfeld der Angst auftauchen können. Einige Beispiele: Inneres Zusammenziehen, Spannungen im Leib (Magengegend, Herzgegend, Kopf, Unterleib); Schwindelgefühle (vgl. ‚Schwindel der Freiheit' bei S. Kierkegaard!); Übelkeit bis zum Erbrechen; Zittern der Gliedmaßen; Schweißausbruch; Beschleunigung der Herztätigkeit; erregte Atmung; Durchfall usw. – Vgl. die Auflistung und Erweiterung bei H.B. Flöttmann, a.a.O., S. 25f.

[13] Vgl. D. Eicke, a.a.O., S. 517.

[14] Vgl. H.B. Flöttmann, a.a.O., S. 23ff.

[15] Dabei muß der Seelsorger/die Seelsorgerin freilich beachten, daß der wahrnehmende Umgang mit Gefühlen im zeitgenössischen Umfeld alles andere als selbstverständlich ist. Die Gefühlswelt wird oft komplex „zurückgestellt", „zurückgehalten", „verdrängt". Viele Gefühle sind deshalb zunächst nur als eigentlich von

Das alles bedeutet: Angst gehört zu den „irgendwie" zwar jedermann bekannten, meist aber nur indirekt erschließbaren und vom Gefühlserleben her nur mehr oder weniger mitteilbaren Phänomenen.

Auf diesem allgemeinen Hintergrund soll nun das „Paradigma Freud" eingeführt werden. S. Freuds Name steht für ein wichtiges und einflußreiches Erklärungsmodell von menschlicher Angst mit dem Ziel ihrer Aufhebung. Worum geht es hier?[16] Wiederum fassen wir die für unseren Kontext wichtigen Gedankengänge mit erläuternden Bemerkungen zusammen:

Angst bekommt für den Menschen eine fest umrissene Funktion: Sie ist ein basal erlebter Hinweis auf Bedrohtsein, ein Signal, daß eine Gefahr droht! (Zu einem späteren Zeitpunkt der Theoriebildung wird dieser Zustand von S. Freud unter dem Begriff „Signalangst" gefaßt) Die beschriebenen Spannungsgefühle beziehen sich also auf einen (die Existenz) gefährdenden Zustand. Sie sind in einer typischen Weise mit einer besonderen Befindlichkeit verknüpft: Hilflosigkeit. Die Zustände von Angst und Hilflosigkeit bedingen einander: Es ist nichts mehr zu machen!

Aber nun: Möglicherweise machen *äußere Ereignisse* angst! Sie werden unterschätzt, überschätzt oder auch richtig eingeschätzt, machen jedenfalls „aus äußerem Anlaß" angst.[17] Ziel der Angst ist es dabei, solche Gefahren so schnell und so weitgehend wie möglich zu beseitigen oder ihnen zu entgehen.[18]

Jedoch weiter: Möglicherweise bedrohen mich nicht äußere, sondern *innere Ereignisse!* Meine eigenen Triebe, Bedürfnisse, Strebungen bringen mich (scheinbar?) in Gefahr![19]

---

der Situation her zu erwartende, aber im bewußten Erleben *fehlende* Gefühle („Gefühlslücken") zu bemerken. Mit diesem Tatbestand ist bei Angstgefühlen besonders zu rechnen. Seelsorgliches Handeln kann deshalb u.a. darin bestehen, sich und dem Ratsuchenden selbst einen Zugang zur Gefühlswelt zu ermöglichen.

[16] Vgl. als wichtigste Arbeit in diesem Zusammenhang *Sigmund Freud*, Hemmung, Symptom und Angst, GW XIV, S. 111ff. (1926)
Zur Funktion des Angstbegriffs in S. Freuds Religionskritik vgl. G. Schneider-Flume, Angst, S. 482ff.

[17] *Beispiele*: Ein Auto fährt auf einen Menschen zu, ein wildes Tier steht ihm plötzlich gegenüber, es droht ihm eine Hungersnot oder auch ausgelacht und verspottet zu werden usw.

[18] *Beispiel*: Aus Angst nicht zum Examenstermin erscheinen, evtl. plötzlich krank werden.

[19] Hinter dieser Erkenntnis steht die bekannte Triebtheorie S. Freuds, in deren Rahmen gehemmte oder gehinderte Triebbefriedigung dem ursprünglichen Lustempfinden ein eindrucksvolles Unlustempfinden korrespondieren läßt, wenn ein Trieb in einer von den realen Gegebenheiten her „unmöglichen" Situation durchzubrechen droht.

Unklar bleibt dabei zunächst: Soll der Mensch im Zuge seiner frühen Entwicklung, d.h. seiner „Einpassung" in die Umwelt mit der Zeit mehr Angst vor seinen Trieben oder vor den Ereignissen/Gegenständen in seiner Umwelt haben? Beides macht hilflos! Beides ist dialektisch aufeinander bezogen, denn: „... Triebanspruch und äußere Gefahr stehen in einer „Äquivalenzrelation", im spiegelbildlichen Verhältnis zueinander, können sich also vertreten", schreibt Werner Loch.[20]

In jedem Fall steht die Lust ständig in Gefahr, in Unlust umzuschlagen! Genau dieser Umschlag aber ist die Basis für dann auftretende Angstspannungen! Das Individuum muß nach einem Kompromiß suchen, um nicht ganz auf Triebbefriedigung verzichten zu müssen, dabei aber den Unlustgefühlen möglichst zu entkommen. Es reagiert deshalb auf doppelte Weise „vor-sichtig": Einmal lernt es aus einer (zunächst eher „automatischen") Vermeidungshaltung heraus, sich zu erinnern, nachzudenken, eine „Lage" zu beurteilen. Das wiederum bedeutet: Gegenüber dem reinen Lustprinzip etabliert sich ein sog. *Realprinzip*. Bedürfnis und Lust können nicht mehr einfach gelebt, ihre Energie kann nicht mehr einfach entladen werden. Sie bleibt aus Gründen der Realitätseinpassung ungelebt. Sie wird verdrängt.

Dieser ungelebte Trieb- und Erregungszustand aber hat Folgen: Die psychische Triebkraft („Libido") – wenn sie nicht abgeführt werden kann – verwandelt sich in Angst, „wie Wein in Essig".[21] Aus diesen Einsichten entsteht Freuds erste Angsttheorie: *Die Verdrängung macht Angst.*[22]

Nun stellt aber die Etablierung eines Realprinzips mit allen seinen Verdrängungsfolgen nur den einen Aspekt des „Er-lebens" dar. Lernt doch das Individuum in ihrer Folge nicht nur Gefahren zu entgehen! Es lernt auch sein Verhalten zu kontrollieren und zu steuern.[23] Damit aber tritt die Angst

---

[20] *Werner Loch*, Begriff und Funktion der Angst in der Psychoanalyse, in: *Ders.*, Zur Theorie, Technik und Therapie der Psychoanalyse, Frankfurt, 2. Aufl. 1976, S. 14.

[21] Hierbei kommt das sog. „topische Modell" S. Freuds zum Tragen, d.h. triebenergetisch wird von ihm jetzt (im Hinblick auf die einander ergänzenden Seelenzustände „bewußt" und „unbewußt") gefolgert: Weil Bedürfnisse nicht (immer) bewußt gelebt werden können, sondern der Verdrängung ins Unbewußte unterliegen, schlägt die sie tragende Energie in einen *Zustand der Angst* um. (Die Funktion der Angst als „Signal" steht bei diesem Stand der Erkenntnis nicht im Vordergrund)

[22] Mit der Folgerung: Wer als Therapeut/in (oder Seelsorger/in) die Verdrängung fachgerecht aufhebt, hebt damit gleichzeitig auch die Angst auf.

[23] Anschaulich wird dieses Realprinzip und dessen Etablierung von S. Freud etwa ein Vierteljahrhundert später ins Bild gebracht, indem er gegenüber dem „topischen Modell" jetzt seine sog. „Strukturtheorie" entwickelt. Danach wird die Psyche durch die „Instanzen" Es – Ich – Überich strukturiert und in ihrer

nicht mehr nur als „Zustand" auf. Sie tritt *funktional* in den Dienst der Anpassung. Sie wird im eigentlichen Sinne zur Signalangst. Sie zeigt die Gefahr eines inneren oder äußeren (moralischen!) Zusammenbruchs an. Sie warnt (aus realistischen Erfahrungen oder aber aus der neurotischen Fehlverarbeitung traumatisierender Erlebnisse heraus!) vor drohenden Überforderungen nach dem Motto: Verdrängen ist immer noch das kleinere Übel! Angst *schützt* also auch vor allen Arten von (neurotisch bedingten und unbewußt verankerten) Überforderungen durch das Leben. Aus der Einsicht in diese Funktion entstand Freuds zweite Angsttheorie: *Die Angst macht die Verdrängung*.[24] So viel zu den beiden Angsttheorien S. Freuds und deren Hintergrund.[25]

Angst kann zum einen als Zustand oder zum anderen in ihrer Funktion gesehen wird: Sie hat aber jedenfalls etwas mit verhinderten Bedürfnissen zu tun. Sie ist die Folge ungelebten Daseins. Deshalb repräsentiert sie in aller Regel ein „un-sinniges" Verhalten. Sie ist deshalb so weitgehend wie möglich aufzuheben.

Damit stehen sich eine philosophische und eine psychoanalytische Auffassung von Angst zunächst einmal schroff gegenüber.[26] Wie ist mit der Spannung zwischen beiden Positionen theoretisch und (praktisch-)theologisch umzugehen?

Dynamik bestimmt. Das Verhalten erscheint jetzt nicht mehr nur durch Triebe und Anpassungsleistungen, sondern auch durch Normen bestimmt. Im Zusammenhang mit der Elternbeziehung und deren spezifischer Struktur (Ödipuskomplex) entsteht ein „Gewissen", das die einzelnen (Trieb-)Handlungen reguliert.

[24] Mit der Folgerung: Wer die starren oder sogar sadistisch rigiden „Überichforderungen" therapeutisch oder seelsorgerlich mildert, macht damit auch die darauf bezogene Angst funktionslos und damit überflüssig.

[25] Zu Freuds beiden Angsttheorien vgl. auch *Udo Eberenz*, Art.: Angst, in: *Siegfried Keil* (Hg.), Familien- und Lebensberatung. Ein Handbuch, Stuttgart, 1975, S. 57ff.

[26] Eine Synthese wird auch von psychoanalytischer Seite, z.B. von Werner Loch, versucht. Er entfaltet eine Möglichkeit der Zusammenschau, bei der doch gleichzeitig die Schwerpunkte verteilt werden. Er bezieht sich darauf, daß auch nach Freud die Angst letztlich als die letzte Gefahr diejenige der Vernichtung meint, welche analytisch nicht zu fassen ist. Loch schreibt dazu: „Hier trifft sich eine tiefe Einsicht Freuds mit der Kernaussage der Existenzphilosophie: „Die Angst offenbart das Nichts ... Freilich, als praktische Ärzte haben wir das Ziel, unseren Patienten ein Leben in größerer Fülle zu ermöglichen, und es ist uns nicht darum zu tun, die sich in diesem Zusammenhang eröffnenden Spekulationen zu verfolgen. Wir wollen versuchen, unseren Patienten bei der Aufgabe sachverständig zu helfen, mit der Angst, diesem Grundexistential der conditio humana, fertigzuwerden, denn wir können mit Kierkegaard sagen: Wer daher gelernt hat, sich zu ängstigen nach Gebühr, der hat das Höchste gelernt ..." (W. Loch, a.a.O., S. 23)

3. Seelsorgliche Angstbearbeitung und ihre Praxis

Naheliegenderweise ist Seelsorge – von welcher Position her sie auch immer in die Praxis umgesetzt werden mag – ohne Angstwahrnehmung und Angstbearbeitung nicht vorstellbar. Der entsprechende Umgang mit diesem Phänomen setzt deshalb zunächst ein Wissen resp. ein Informiertsein im Hinblick auf die sehr unterschiedlichen Erklärungs- und Zuordnungsmodelle voraus, die das ubiquitär erlebbare Angstphänomen zu fassen suchen.

Gefragt ist dann aber über das bloße kognitive Wissen bzw. Informiertsein hinaus noch eine besondere Fähigkeit. Es ist dies eine (durchaus trainierbare!) Fähigkeit zum *Perspektivenwechsel*.

Was heißt das konkret? Gemeint ist damit die subjektive Möglichkeit eines geordneten Wechsels in der Wahrnehmungseinstellung bezüglich der Theorie und der Praxis. So kommt es beim gezielten Umgang mit verschiedenen Ängsten (in verschiedenen Konfliktkonstellationen bei verschiedenen Menschen in verschiedenen Lebenssituationen und unter verschiedenen Umständen) darauf an, auch ganz verschiedene, ja konträre Einsichten aktualisieren zu können. Die Aufforderung zum Perspektivenwechsel bedeutet dann, sich in diesem Zusammenhang auch einen „fremden" Blickwinkel für eine begrenzte Dauer probeweise zu eigen zu machen. Ein solcher Wechsel in der Perspektive ist allerdings darauf angewiesen, daß das eine Individuum gegenüber dem anderen Individuum *Empathie* zu entwickeln vermag, sich also ohne fixierende Sympathie- und Antipathiegefühle begrenzt in einen „fremden" Seelenzustand, eine ganz andere Verhaltensweise, aber auch in eine abgelehnte Theorie einfühlen und eindenken kann. Seelsorgliche Praxis ist im Umgang mit Angst auf diese Fähigkeit zum Perspektivenwechsel besonders angewiesen und setzt dabei ebenso einen genügenden Informationsstand wie eine genügende Empathieleistung voraus.

Es geht um ein erdachtes Beispiel zum Umgang mit den verschiedenen Zuordnungsmöglichkeiten des Angsterlebens und zu der Notwendigkeit dementsprechender Situationsanalysen:

Zwei Seelsorger/Seelsorgerinnen haben sich unter philosophischem und psychoanalytischem Vorzeichen über das Phänomen „Angst" informiert. Sie vertreten jetzt (in einem ausgedachten Disput) zwei sich gegenseitig offensichtlich ausschließende Standpunkte. *Die Meinung des ersten Seelsorgers*: Angst ist eine notwendige Grundbefindlichkeit, die dem Menschen das Dasein erst so recht eröffnet. Ein Individuum erlebt die Welt und sich selbst tiefer, wenn es sich der Angst ohne Ausweichmanöver zu stellen vermag. *Die Meinung des zweiten Seelsorgers*: Angst ist eine Folgeerscheinung unbewußter Konflikte. Sie muß so weitgehend wie möglich aufgelöst werden, damit der von ihr betroffene Mensch wieder frei atmen kann.

Jetzt sind folgende Situationen denkbar:

ad 1) Zum ersten Seelsorger kommt eine ratsuchende Frau. Sie sagt: „Ich kann nicht mehr schlafen. Nachts wache ich wiederholt auf. Nichtige Anlässe gehen mir nicht aus dem Kopf. Sie versetzen mich in eine unerklärliche Panikstimmung. Ich bin zwar froh, wenn es dann endlich wieder Tag wird, fühle mich dann aber müde und kaum arbeitsfähig. Mein Mann sagt, ich solle mich besser zusammennehmen. Es gehe uns doch gut, und er liebe mich. Aber das ändert nichts an meinem inneren Getriebensein. Was soll ich bloß tun?"

Der Seelsorger ist ergriffen von dieser Notlage und fühlt sich zugleich merkwürdig erregt. Er sagt: „Einerseits verstehe ich Ihre Bedrückung sehr wohl: Sie tragen sehr schwer an diesem Zustand! Zum anderen sollten Sie sich aber einer Tatsache bewußt werden: Sie haben gerade durch ihre Angst Zugang zu Wirklichkeiten, die vielen Menschen verschlossen bleiben. Das sollten Sie einmal bedenken! In diesem Sinne sollten Sie ihre Angst bewußt annehmen."

Die Frau reagiert einerseits erleichtert, andererseits irritiert: „Ach, so kann man das also auch sehen! Ich weiß nur nicht, ob mir diese Einstellung gelingt. Ein guter Rat! Aber ich habe Angst, ihn in der entscheidenden Situation zu vergessen. Jedenfalls vielen Dank, ich werde mich bemühen!"

2) Im Hause des zweiten Theologen findet ein offener Diskussionsabend zum Thema „Moderne Daseinsgestaltung und christlicher Glaube" statt. Etwa zwanzig Interessierte haben sich eingefunden. Ein Teilnehmer sagt: „Wichtig ist für mich in diesem Zusammenhang der Begriff der Angst. Ich glaube, da hat uns Kierkegaard etwas Wesentliches zu sagen, um menschliches Dasein überhaupt verstehen zu können." Der Seelsorger fragt ihn: „Haben Sie entsprechende Erlebnisse, daß ihnen der Angstbegriff so wichtig erscheint?" Der Teilnehmer erwidert: „Nein, mich interessiert einfach das Problem. Ich denke viel darüber nach und lese auch entsprechende Literatur."

Der Seelsorger geht engagiert auf ihn ein: „Das kann kein Zufall sein! Überlegen Sie doch einmal, warum gerade Sie soviel über Angst nachdenken! Bitte nehmen Sie es nicht persönlich, aber vielleicht hat es in Ihrer Kindheit oder Jugend besonders bedrohliche Situationen gegeben, vor denen Ihre Eltern sie nicht bewahren konnten. Sie sollten dem einmal nachgehen!" Der Teilnehmer reagiert mit deutlichem Unwillen: „Aber nein, mich interessiert doch das Denken von Kierkegaard, sein philosophischer bzw. theologischer Ansatz!"

Der Seelsorger fühlt sich bestätigt: „Na eben! Kierkegaard hatte ja bekanntlich einen ihn quälenden Vater. Sein ganzes Denken ist ohne diese traumatisierenden Jugenderlebnisse gar nicht denkbar. Gerade deshalb finde ich es doch so aufschlußreich, daß Sie sich gerade auf Kierkegaard, den genialen Mann mit den neurotischen Ängsten beziehen!" Der Teilnehmer wirkt jetzt resigniert: „Das kann schon so sein! Aber das meine ich doch alles gar nicht!"

Seelsorger und Diskussionsteilnehmer beenden den Dialog mit dem Gefühl, daß der jeweils andere gar nicht verstehe, worauf es im Grunde ankommt.

→ Was ist in beiden Szenen eigentlich abgelaufen?

Formal gesehen etwas Gleichförmiges. Beide Seelsorger gehen von ihrem – jeweils berechtigten – Standpunkt aus auf das Angsterleben ein. Und weiter: Beide Seelsorger irren sich in der Einschätzung der inneren Befindlichkeit ihrer Gesprächspartner. So endet die Szene in jedem Fall in einer zunehmenden Mitteilungs- und Verstehensschwierigkeit. Das kann auch bedeuten: Der eigentlichen Anfrage wird hier und dort unter Betonung der jeweils ganz anderen Wahrnehmungseinstellung *ausgewichen*! Was ist gegen diesen unbefriedigenden Verlauf zu tun?

a) Man könnte die beiden Seelsorger je nach Bedarf einsetzen oder gegebenenfalls *austauschen*. Das liegt vom bisherigen Selbstverständnis der meisten Seelsorger und Seelsorgerinnen nicht nahe und wird in aller Regel schon an den äußeren Gegebenheiten scheitern.

b) Man kann auch versuchen, eine *Situationsanalyse* und eine *Problemanalyse* durchzuführen und parallel zu schalten. In diesem Falle sollte zunächst die Situationsanalyse durchgeführt werden. (*Eingangsfrage*: Welche Situation fordert welchen Aspekt im seelsorgerlichen Umgang mit der Angst heraus? – *Grundregel*: Auf eine Einzelanfrage sollte so wenig wie möglich generalisierend eingegangen werden. In einer freien Gruppensituation schließt sich dagegen ein psychologisierendes Vorgehen im Hinblick auf den einzelnen aus. – *Differenzierung*: Situationen, die für den individuellen Aspekt des Angsterlebens tragfähig sind, sind von Situationen, in denen der theoretisierende, allgemein zuordnende Aspekt zur Sprache kommt, differentialdiagnostisch zu unterscheiden.)

Daraufhin kann die Problemanalyse in den Vordergrund treten. (*Eingangsfrage*: Wie betroffen, erregt, gequält oder aber distanziert, interessiert, angeregt wird das Thema „Angst" zur Sprache gebracht? – *Grundregel*: Es gilt zunehmend zu erfassen, ob – vom Ratsuchenden und Seelsorger zusammen in einer Art „psychischem Verbundsystem" – dem Angstproblem schon gezielt und konfrontierend oder aber noch verdeckt und ausweichend begegnet wird bzw. begegnet werden kann. – *Differenzierung*: Es gibt die verschiedensten Lebenssituationen und -konstellationen, die als solche Angst auslösen und nach entsprechenden Zusammenhängen fragen lassen. Es gibt die verschiedensten Biographien, die zu spezifischen, an das einzelne Individuum gebundenen Ängsten führen und nach den entsprechenden Lebensereignissen forschen lassen. Es gibt die verschiedensten Arten von Angst, die mehr oder weniger tiefgreifend angesetzt sind, mehr oder weniger bedrohlich erlebt werden, mehr oder weniger hierarchisch gestaffelt auftreten, mehr oder weniger verdeckt ihre – z. B. psychosomatische – Wirkung entfalten können.

→ Wenden wir diese Grundeinsichten und Vorgehensweisen jetzt nochmals auf unsere zwei Beispielszenen an, so läßt sich zusätzlich sagen: Für die Ratsuchende in der ersten Szene kann natürlich eines Tages tatsächlich die Frage wichtig werden, ob hinter der von ihr geschilderten *Angstsymptomatik* letztendlich auch weltanschauliche (Glaubens-)Probleme stehen, die ihr momentan noch gar nicht bewußt sind, bzw. denen sie jetzt noch ausweicht. Nur muß eben der akut wirksame und dominierende quälende Angstzustand zuerst und zunächst bearbeitet werden, um die Psyche der Betroffenen für weitere Fragestellungen und Auseinandersetzungen in dieser Richtung überhaupt „beweglich" zu machen. Hier hat Seelsorge sehr viel mit Geduld zu tun und verstrickt sich oft in Kurzschlüssigkeit.

Ebenso kann bei dem Diskussionsteilnehmer in der zweiten Szene, der sich *philosophisch* interessiert zeigt, ein verdecktes persönliches Angstproblem eine Rolle spielen. Dieses ins Bewußtsein zu heben, wäre sicher nicht in einer thematisch ausgerichteten Gesprächsrunde und d.h. in direkter Konfrontation möglich. Denkbar wäre allerdings, daß im selben Kontext die „ganz andere Betroffenheit" anderer Gruppenteilnehmer den Kierkegaard-Verehrer zur Nachdenklichkeit über neue und für ihn ungewohnte Fragestellungen anregt, die subjektive Erlebenskomponenten einschließen und verändert gewichten.

Diesen Exkurs abschließend muß noch betont werden, daß das noch immer wieder genannte und in jeder Konstellation mögliche *Ausweichverhalten* in diesem Kontext niemals in einem abwertenden Sinne anzusprechen, sondern als wichtiger Teil der Angstproblematik selbst ernstzunehmen und zu behandeln ist. Angstabwehr kann schützen und hemmen! Die Entscheidung darüber, welche dieser beiden Funktionen situativ die „not-wendigere" ist, setzt deshalb eine besondere seelsorgerliche Kompetenz voraus.

Schließlich: Beiden Seelsorgern ist eine Reflexion des ihnen eigenen Verhaltens, eine Auseinandersetzung mit dem ganz anders vorgezeichneten Verhalten und in der Folge ein Nachdenken im Sinne des genannten Perspektivenwechsels zu empfehlen.

Auf dem Hintergrund dieser Fähigkeit zum Perspektivenwechsel und zur Empathie bei erforderlichem Informationsstand kann nun eine weiter Differenzierung erfolgen: Angst – sei sie nun so oder so verstanden und zugeordnet – ist nicht nur von der Furcht abzugrenzen. Es gibt darüberhinausgehend auch sehr unterschiedliche Angsterlebnisse und Angstqualitäten! Deshalb lautet im einzelnen Konfliktfall für den Seelsorger/die Seelsorgerin eine entscheidende Frage: Welche *Art* von Angst spielt im Einzelfall eine wesentliche Rolle?

Dabei gilt als Faustregel: Je zeitlich und entwicklungsmäßig *früher* eine angstauslösende Situation erlebt worden ist, desto bedrohlicher, in Frage stellender, existentiell verunsichernder, aber auch die Existenz prägender wird sie empfunden und als solche Empfindung ein lebelang in bestimmten Situationen reproduziert. So gesehen kann man von einer gewissen „Staffelung" des Angsterlebens reden: „Jüngere" Ängste aus späteren Lebensphasen bauen auf „früher" erworbene Ängsten auf. Diese wiederum gehen auf „noch früheren", d.h. der Geburt näheren Situationen existentieller Ängstigung zurück. Es liegt deshalb nahe, bei Bemühung um Angstdifferenzierung die entsprechend verschiedenen Angsterlebnissen auch jenen (frustrierten) Bedürfnissen zuzuordnen, die in den aufeinanderfolgenden psychischen Entwicklungsphasen zum „Intensivpunkt des Erlebens" werden.[27]

Auf dem Hintergrund dieser Erlebensdifferenzierung läßt sich jetzt unsere Faustregel bezüglich der Angststaffelung so fortschreiben: Je früher in der Psychogenese eine Angst verankert ist, desto weniger konkret erinnerlich, d.h. „gegenstandsloser" erscheint sie und desto *furchtferner* wird sie erlebt. Aufgabe der Seelsorge ist deshalb, den Versuch zu unternehmen, eine fortschreitende „Vergegenständlichung" von Ängsten im Konfliktfall zu bewirken. Geht es doch darum, den Punkt der Auseinandersetzung mit notmachenden „Befürchtungen" einzugrenzen und auf eine konkrete Aufgabenstellung hin zu konzentrieren. Dabei kann im Hinblick auf die unterschiedliche Entstehungsgeschichte der einzelnen Angsterlebnisse im Kontext einer weniger oder mehr fortgeschrittenen psychischen Entwicklung die folgende (noch sehr grobe!) Differenzierung von Vorteil sein:

Es lassen sich in der seelsorgerlichen Auseinandersetzung mit Konfliktsituationen z.B. unterscheiden

– Angst vor Bedeutungslosigkeit, Mangel an weiblicher oder männlicher Eindeutigkeit und Attraktivität;

– Angst vor Strafe und Gewissensnot;

– Angst vor Verlust an Zuwendung und Besitz bzw. vor Isolierung und Verarmung;

– Angst vor Nähe (die erst verwöhnen und dann plötzlich abbrechen könnte) oder vor zunehmender Unbezogenheit bis hin zum „Ichzerfall".

Schließlich ist der seelsorgliche Umgang mit Angst unter den gegebenen Umständen noch mit einem „besonderen Hinweis" zu versehen: Stimmt die These von einer zunehmend narzißtischen Erlebensstruktur, so verbindet sich mit den genannten Ängsten und ihrer Staffelung oft genug eine diesen Einzelängsten unterlegte und sie begleitende und verstärkende *Selbstwertproblematik*. Zutiefst geht es dann um (totale) Versagensängste, um Verlust des (gesamten) Selbstwertgefühls. Das so betroffene Individuum fühlt sich nicht nur vor sich selbst und den Menschen, sondern auch vor Gott nichts wert. Tröstliche Vorstellungen greifen dann ebenso wenig wie (biblische) Belege des Gegenteils, weil die unendliche Angst, letztlich doch nicht lebens- und erlösungswert, sondern ganz und gar *verloren* zu sein, nicht nur die Gedanken, sondern auch die Gefühle überfluten. Die gezielte Aufdeckung und allmähliche Relativierung dieser mit allen (Selbst-)Zweifeln verbundenen Angst gehört unbedingt zu den besonderen Herausforderungen des seelsorglichen Handelns: Jeder Versuch einer Umwandlung dieser

---

[27] Hier muß an dieser Stelle ein Hinweis auf die Grundzüge der Freudschen psychogenetischen Entwicklungspsychologie als auf ein mögliches Wahrnehmungs- und Zuordnungsraster unter anderen genügen:
Danach treten mit dem Eintritt des Menschen in die Welt zu allererst Bedürfnisse nach (Haut-)Kontakt und nach intentionalem (d.h. auf die Umwelt ausgerichteten) Bezug auf. Fehlt hierbei die ausreichende Bedürfnisbefriedigung, kann es z.B. zu schwer faßbaren Ängsten im Beziehungsbereich kommen.
Werden ähnlich frühe und zentrale Bedürfnisse nach Nahrungszuwendung nicht erfüllt, so kann sich Angst vor dem Zukurzkommen im Leben einnisten.
Später deutlicher hervortretende aggressive Bedürfnisse können bei frustrierender Unterdrückung zu Ängsten im weiten Bereich der Auseinandersetzung führen.
Treten schließlich in der Kindheitsentwicklung auch sexuelle (genitale) Bedürfnisse in den Vordergrund des Erlebens und können aus verschiedensten Gründen nicht „ausgelebt" werden, sind möglicherweise Ängste im Bereich der Geschlechtsrolle und Fähigkeit zur Partnerschaft die Folge.
Einzelheiten zu diesem wichtigen Thema werden später noch unter dem Stichwort „Anspruchsverhalten" (s.u. S. 330ff.) zur Sprache gebracht.

„ganzheitlichen" Angst in partiell und situativ erlebte Angst und von da in Furcht muß die Frage nach dem Umgang mit Glauben in diesem Prozeß besonders dringlich werden lassen.

Zusammenfassend läßt sich an dieser Stelle festhalten: Ein erlebensdifferenzierender Umgang mit Angst gehört zu den Voraussetzungen einer seelsorgerlichen Konfliktbearbeitung. Die entsprechende Anforderung an den Seelsorger/die Seelsorgerin lautet, Angst von Furcht abgrenzen zu können, sich verschiedene (erkenntnis- und handlungsstrukturierende) Zugänge zum Phänomen „Angst" offenzuhalten und sowohl verschiedene Inhalte und Arten von Angst als auch eine Staffelung von Angstmomenten wahrzunehmen.

II. Umgang mit Glaube

Wenn Glaube nicht nur als eine Folgeerscheinung der Angst, als Angstabwehr, begriffen wird, ist nach seinem eigentlichen Verhältnis zur Angst, gleichzeitig aber vor allem nach seiner Funktion in (Lebens-)Konflikten zu fragen.[28] In Analogie zum Angsterleben fassen wir Glaube als Ausdruck einer

---

[28] Daß Angst eben nicht ein Glaubensdefizit anzeigt, wird von G. Schneider-Flume eindrücklich und theologisch präzise (u.a. in der kritischen Auseinandersetzung mit Eugen Drewermann) herausgearbeitet. In Hinblick auf das offensichtlich angstvolle Sterben Jesu wird zunächst gefragt: „Wie verhalten sich Angst und Glaube zueinander, wenn Christen sich nicht, orientiert am vermeintlich angstfreien Vorbild Jesu von Nazareth, aus der Welt verabschieden können in die Innerlichkeit? Wessen können Glaubende auch in der Angst gewiß sein, wenn es angesichts des Kreuzes nicht mehr möglich ist, zu einem himmlischen Übervater zu fliehen?" (G. Schneider-Flume, Angst, S. 491)
Zunächst heißt das: „Angst wird, indem sie von Gott erfahren wird, intensiviert, weil die reale Not und Bedrängnis noch einmal erfahren wird als Bedrohung der Beziehung zu Gott." (S. 492) Das aber bedeutet: „Der von der Angst der Welt nicht unberührte Gott wird, das ist die Hoffnung des christlichen Glaubens, aus der Angst herausführen." (S. 493) Deshalb „... kann auch der christliche Glaube nicht von Angstfreiheit reden, sondern nur zur Angstfähigkeit ermutigen, zu der Fähigkeit, Gefahren wahrzunehmen und vernünftig damit umzugehen, getragen von dem Vertrauen, daß keine Angst gottverlassen und deshalb ohne Hoffnung ist. Um kein Mißverständnis aufkommen zu lassen, ist sogleich hinzuzufügen: Glaube ermutigt zur Angstfähigkeit, er garantiert sie nicht. Auch Christen können in Angst vergehen". (S 494)
Aber die Fixierung an eine jedenfalls angstmachende, als entsprechendes Schicksal erlebte Realität ist nicht das letzte Wort, denn der Glaube, daß Gott mit mir in der Angst ist, „... erschließt das Symbol des Trostes neu entgegen einem eindimensionalen Wirklichkeitsverständnis. Es ist die Perspektive der Barmherzigkeit Gottes, der die Realität schöpferisch erneuert". (ebd.)

elementaren Befindlichkeit auf, die sich als *vitale Erwartung an das Dasein* (oder mit Dietrich Rössler als „Lebensgewißheit", s.u. S. 312) beschreiben läßt.[29] Glaubensbefindlichkeit steht damit von vornherein in einem Spannungsverhältnis zur Lebensangst, die diese Erwartung in ein psychisches Spannungsfeld transponiert und ebenso vital in Frage stellt.

In weiterer Analogie zur Angst fassen wir Glaube als ein auf die Entwicklung des Menschen bezogenes Erleben auf. Der genannten Staffelung des Angsterlebens entsprechen unter dem gleichen Aspekt „Schichten des Glaubens".[30] Wenn „Grundformen der Angst"[31] in konstitutiver Form an der Charakterbildung beteiligt sind, so ist das sicher ebenso von „Grundformen des Glaubens" anzunehmen: Im Charakteraufbau setzt sich den typisch *an*spannenden Angstmomenten ebenso typisch *ent*spannende Daseinsfreude (als Glaubensmoment) entgegen. Dabei sind Anspannung und Entspannung als komplementäre Modalitäten des Erlebens zu verstehen.

Umgekehrt ist der jeweilige Modus des Glaubens in seiner individuellen Prägung vom Charaktertyp des einzelnen abhängig. Gerade von dieser Einsicht her ist ja an poimenisch entscheidender Stelle von der Ermöglichung eines persönlichkeitsspezifischen Credos die Rede gewesen. Darauf wird auch im Rahmen unserer Frage nach dem seelsorglichen „Umgang mit Glaube" zurückzukommen sein (s.u. S. 323f.).

Zu dieser Vorbemerkung gehört weiter der Hinweis auf eine Eingrenzung: Auf systematisch-theologische Reflexionen und auf entsprechende Bestimmungen dessen, was christlichen Glauben als solchen ausmacht, kann nur ganz punktuell und lediglich unter poimenischem Aspekt eingegangen werden. Prinzipielle Fragestellungen zum Thema „christlicher Glaube" kommen also nur so weitgehend zur Sprache, wie sie im Konfliktfall gehäuft zu seelsorglichen Reaktionen Anlaß geben. Unter dieser Prämisse liegt es nahe, wahrzunehmen, welche Elemente und Formen des Glaubens in die jeweiligen (Lebens-)Konflikte und deren Bewältigung eingebunden sind und welchen (paradigmatischen) Stellenwert sie für seelsorgliches Handeln bekommen können.

---

[29] Die Frage, ob ein Mensch „glaubt" oder „nicht glaubt", stammt aus einem anderen Kontext des Erlebens. Sie betrifft nicht die hier versuchte Definition des Glaubens, sondern bezieht sich auf die Alternative, als erwachsener Mensch Glaube auf einen Wirklichkeitsbegriff beziehen zu können, der sich (im Rahmen des christlichen Symbolsystems) auf eine Gottesidee ausrichtet oder das nicht zu tun und damit weltanschaulich „gottlos" anders zu reagieren.

[30] In seiner immer noch grundlegenden Studie „Angst und Glaube" unterscheidet *Otto Haendler* im Hinblick auf diese „Schichten des Glaubens" 1. Urglaube; 2. Kernglaube; 3. Randglaube (S. 84ff.).

[31] So F. Riemann, der in seinem gleichnamigen Buch Freuds Gedankengut in modifizierter Form zu einer Charakterkunde verarbeitet.

1. Elemente des Glaubens

a) Neugier

Sich als ein Individuum konstituieren und daraufhin gegenüber einem Umfeld passiv und aktiv „lebendig" zu fühlen setzt unter allen gegebenen Umständen *Neugier* voraus. Neugier hat etwas mit „Interesse" zu tun, wobei eine „Analyse des Zusammenhangs von Erkenntnis und Interesse" heutzutage philosophische Geister ganz offensichtlich umzutreiben vermag.[32] Neugier führt den mehr und mehr zu Bewußtsein kommenden, d.h. leiblich-seelisch-geistig wachsenden Menschen an „seine" Realität heran. Aus dem neugierigen Zusammentreffen mit dem, was es alles gibt, erwächst dem Individuum zunehmend mehr *Verstehen* dessen, was die Welt ist, zu der er gehört.

Eine der bekanntesten und charakteristischsten Möglichkeiten, um Neugier auszudrücken, ist zu *fragen*. Biographisch schlägt sich diese Möglichkeit in dem (berühmt-berüchtigten) Fragealter des in gesunder Weise neugierigen Kindes nieder. Von da ausgehend ist und bleibt ein Mensch allerdings dann innerlich umso lebendiger, je offener und wißbegieriger er ein Leben lang weiterfragt. Sehen wir recht, so ist Glaube zuerst und zunächst in solcher auf alles Erlebbare ausgerichteten Frage beheimatet.

Nicht zufällig unterscheidet ein Theologe wie Gerhard Ebeling in diesem Kontext allerdings verschiedene Arten von Fragen.[33] Man kann danach nach Dingen fragen, die einen eigentlich gar nichts angehen. Man kann bei diesem Fragen auch von „Wissensinteresse" geleitet sein.[34] Dann aber heißt es: „Es gibt freilich Fragen von noch anderer Art, nämlich solche, die mich nicht nur in dieser oder jener Hinsicht, sondern in meinem Selbstsein angehen. Das gilt z.B., wenn ich nach der geistigen Situation der Gegenwart frage oder danach, was eigentlich Liebe heißt, oder danach, was es um den Tod ist. Auch wenn bei Behandlung solcher Fragen nicht ausdrücklich von

---

[32] Vgl. *Jürgen Habermas*, Erkenntnis und Interesse, Frankfurt a.M., 1968/1973, S. 9.

[33] Vgl. *Gerhard Ebeling*, Das Wesen des christlichen Glaubens, Tübingen, 1959, S. 1.

[34] Vgl. G. Ebeling, a.a.O., S. 1f. Ebeling bewertet allerdings das Phänomen der Neugier ganz anders als wir das in diesem poimenischen Kontext tun! Deshalb kann er (S. 1) schreiben: „Das Interesse des Fragens kann reine Neugier sein. Es kann aber auch echter Wissensdrang sein. Im ersten Fall fragt man nach dem, was einen streng genommen nichts angeht, obschon man mit seiner Neugier brennend daran interessiert ist."
Rückfrage: Was gibt es in dieser Welt, was einen letztlich eigentlich nichts angeht? Daß Neugier aus Gründen des Taktes und der Kränkungsvermeidung situativ „ausgesetzt" werden sollte, ist eine ganz andere Sache!

mir die Rede ist, kann doch gar nicht anders darüber geredet werden als so, daß faktisch doch von mir die Rede ist. Und zwar darum, weil es sich um Fragen handelt, von denen ich selbst betroffen bin, weil ich selbst in ihnen vorkomme, selbst in ihnen in Frage stehe."[35] Das wiederum bedeutet: „Die Beantwortung solcher Fragen enthält notwendigerweise eine Aussage auch über mich selbst. Darin liegt aber noch ein Weiteres: Da ich sowohl der bin, der *fragt*, als auch zu dem gehöre, was *erfragt* wird, bin ich zugleich der, der *gefragt* ist, zur Antwort herausgefordert ist und die Antwort, die hier zu geben ist, mitzuverantworten hat." „Deshalb handelt es sich auch um Fragen, die nicht endgültig zu beantworten und somit zu erledigen sind."[36]

Halten wir an dieser Stelle fest: Glaube hat etwas mit von Neugier getragenem Fragen zu tun. Alles Fragen – wie umweltbezogen oder die eigene Existenz betreffend es auch immer ausgerichtet sein mag – läuft in irgendeiner Weise auf ein zunehmendes *Verstehen* übergreifender Zusammenhänge in dieser Welt hinaus.[37]

---

[35] G. Ebeling, a.a.O., S. 2.

[36] G. Ebeling, a.a.O., S. 3.

[37] Daß mit diesem Zugangsweg, der dem Phänomen „Glauben" poimenisch gerecht zu werden sucht, gleichzeitig religionspsychologisches und religionspädagogisches Terrain betreten wird, ist ebenso naheliegend wie unvermeidlich. So überschreibt F. Schweitzer, Lebensgeschichte, ein zentrales Kapitel „Gott und die Welt verstehen" und behandelt hier vor allem den Einfluß der sog. „Kognitiven Psychologie" in der Nachfolge Jean Piagets (S. 106ff.).
Ausgegangen wird hierbei von einer die geistige, seelische und auch religiöse Entwicklung eines Individuums vorantreibenden *Stufenfolge*. F. Schweitzer findet das für die religiöse Entwicklung problematisch. Er schreibt: „Hier ist es zwar möglich, Stufen des religiösen Urteils bzw. des Glaubens im Sinne von Ganzheiten zu identifizieren. Ob es aber eine innere Logik gibt, die die Stufen so verbindet, daß sie im strengen Sinne aufeinander aufbauen, scheint mir noch ungewiß. Dieser offenen Forschungslage wird man wohl am ehesten gerecht, wenn man einerseits die von der kognitiv-strukturellen Psychologie beschriebenen Stufen als hilfreiche Deutung akzeptiert, im Hinblick auf den hierarchischen Charakter der Stufenfolge jedoch Vorsicht walten läßt." (S. 163)
Diese Vorsicht kann sich in unseren Gedankengang ohne weiteres einfügen.
Unterstützt wird eben dieser Gedankengang auch in dem Buch von *James W. Fowler*, Stufen des Glaubens. Die Psychologie der menschlichen Entwicklung und die Suche nach Sinn, Gütersloh, 1991. J. W. Fowler beginnt sein einleitendes Kapitel „Menschlicher Glaube" (S. 25ff.) mit einem Fragenkatalog für erwachsenen Seminarteilnehmer (z.B. „Für was setzt du dich ein und für was läßt du dich einsetzen ...?", „Für welche Dinge, Träume, Ziele oder Institutionen gibst du dein Leben hin ...?", usw.)
Er fährt dann (S. 25f.) fort: „Das sind Fragen des Glaubens. Sie wollen uns helfen, den dynamischen, prägenden Prozeß kennenzulernen, der uns das Leben sinnvoll erscheinen läßt. Sie wollen uns dabei helfen, über Wert- und Machtzentren nachzudenken, die unser Leben tragen."

b) Einpassung

Ein weiterer Gedankengang muß folgen: Mit neugierigen Fragen erobert sich ein Mensch sein Umfeld durch erweitertes Verstehen. Er muß sich aber gleicherweise in dieses Umfeld *einpassen*! Auch das ist eine Lebens- (und Glaubens-!)Aufgabe! Der Begriff „Anpassung" ist in diesem Zusammenhang mißverständlich. Nicht gemeint ist jedenfalls ein (kindlicher oder erwachsener) Opportunismus mit der Attitüde der Unterwerfung. (Diese Differenzierung ist auch bei unserer Ausrichtung auf das Phänomen „Glaube" von entscheidender Bedeutung!). Gemeint ist vielmehr ein sowohl (das Umfeld verändernder) alloplastischer als auch ein (die eigene Person verändernder) autoplastischer Einpassungsvorgang des Individuums in die Umwelt nach dem Konzept des „fitting together", d.h. des sich Einspielens auf das Gegenüber und mit dem Gegenüber.[38] So eben erweitert ein Individuum seine soziale Kompetenz.

Eben dieser Einpassungsvorgang hat nun aber sehr viel mit *Nachahmung* bzw. *Identifikation* zu tun.[39] Der Begriff der Identifikation soll im folgenden so gebraucht werden, daß ein Individuum die (Lebens-)Einstellungen und (Glaubens-)Vorstellungen seiner nahen Beziehungspersonen samt deren sozialem Kontext und deren direkten Folgen im Handlungsbereich ebenso unbefangen wie unreflektiert übernimmt und als eigenes Verhalten verinnerlicht.

Noch einmal wird bei dieser Begriffsbestimmung entscheidend wichtig, daß wirklich von „Einpassung" und nicht von „Anpassung" die Rede ist. Denn einmal gilt: „Beim Aufbau von Haltungen als Grundmodellen der Lebenspraxis spielen das Mit-Tun (pragmatische Komponente), das Mit-

---

In einem völlig anderen Kontext ist damit die von uns vertretene Grundintention zum Tragen gebracht.

[38] Vgl. dazu auch von psychologischer Seite *Heinz Hartmann*, Ich-Psychologie und Anpassungsproblem, Stuttgart, 2. Aufl. 1970.

[39] Einzelheiten zur Definition und Verhältnissetzung dieser beiden Begriffe sind vor allem dem Buch von *Albert Bandura*, Lernen am Modell. Ansätze zu einer sozial-kognitiven Lerntheorie, Stuttgart, 1976, zu entnehmen. Hier heißt es (S. 11): „In der theoretischen Diskussion unterscheidet man die Nachahmung sehr häufig von der Identifikation, die sich ergibt, wenn das Individuum den Modellierungseinflüssen (d.h. dem Lernen am Beispiel im Hinblick auf soziale Modelle, K.W.) ausgesetzt wird. Nachahmung wird im allgemeinen als die Reproduktion diskreter Reaktionen definiert, während über die Verwendung des Begriffs Identifikation wenig Einverständnis herrscht. Einige Autoren verstehen darunter die Übernahme verschiedener Verhaltensmuster ..., andere meinen die symbolische Repräsentation des Modells ..., wieder andere gehen von gleichen Bedeutungssystemen ... oder gleichen Motiven, von gleichen Werten und Idealen oder gleichem Bewußtsein ... aus."

Fühlen (affektive Komponente) und das Mit-Denken (kognitive Komponente) eine Rolle."[40] Das bedeutet: Ohne Einpassung ist keine individuelle (Glaubens-)Entwicklung denkbar. Zum anderen aber heißt es im selben Kontext: „Eine Frage ist, ob der Mit-Glaube des Kindes mit den Bezugspersonen als eine Vorform eigenständigen Glaubens abzuwerten oder aber als vollwertige altersgemäße Glaubensweise anzusehen ist. Wenn das Kind in seinem Angewiesensein auf den sozialen Kontext bzw. die Bezugsgruppe dennoch nicht als unfertiger Erwachsener, sondern Kindsein als Modus des Menschseins (Langeveld) anzusehen ist, so wird das auch für seine Glaubensweise zu gelten haben – allerdings nur so lange wie es eben Kind ist. Ein Festhalten an religiösen Verhaltensformen aus Gewohnheit im Erwachsenenalter zeugt entweder von einer unreifen Persönlichkeitsstruktur überhaupt oder von der Absprengung des religiösen Sektors von der Persönlichkeit, einem regressiven Verhalten und damit ebenso einer Minderung der Persönlichkeit."[41] Anders gesagt: Die Anpassung droht die Einpassung immer wieder einzuholen und zu verkehren. Hierauf wird auch und gerade im Glaubensbereich ein besonderes Augenmerk zu richten sein.

Halten wir jetzt wiederum fest: Glaube kommt nicht nur über der von Neugier getragenen Frage zum Verstehen der Welt! Er wird über den Weg der in die Umwelt einpassenden Identifikation mit (glaubenden) Beziehungspersonen auch als Übereinstimmung mit seinem Umfeld erlebt. Damit sind bereits zwei wesentliche Erlebenselemente des Glaubens herausgestellt. Es läßt sich hinzufügen: Geht es im Zusammenhang mit dem Erleben des Verstehens seiner selbst und der Welt gleichzeitig um die *Erweiterung des Erlebenshorizontes*, so im Zusammenhang mit dem Erleben der Übereinstimmung um die Bildung von zunehmender *sozialer Kompetenz*.

c) Gewißheit

Es muß im gegebenen Kontext weiter um das Erleben einer (Lebens- und Glaubens-)*Gewißheit* gehen. Als Gewißheit begreifen wir zuerst und zunächst einen psychischen Zustand, der ursprünglichen Angstspannungen ebenso ursprünglich als ein ganz anderes Erleben entgegenwirkt: Ich lebe situativ *an*gespannt oder situativ *ent*spannt, aber dabei dennoch jedenfalls kontinuierlich. Alle mögliche oder nötige Absicherung wird hergestellt, um diese äußere und innere Kontinuität des individuellen Lebens zu erhalten. Von psychologischer Seite her hat E.H. Erikson diesen Zustand in einem berühmt gewordenen und oft in den verschiedensten Kontexten gebrauchten Begriff als „Urvertrauen" beschrieben, dem freilich ein ebenso elemen-

---

[40] So H.-J. Fraas, Religiosität, S. 71 unter Hinweis auf *Rolf Oerter*, Moderne Entwicklungspsychologie, Donauwörth, 2. Aufl. 1968, S. 290.
[41] H.-J. Fraas, a.a.O., S. 72.

tares „Urmißtrauen" von vornherein spannungserhaltend korrespondiert.[42]

Aber auch im theologischen Bereich bekommt der Begriff „Gewißheit" einen besonderen Stellenwert: „Evangelische Gewißheit ... ist zugleich Lebensgewißheit und Glaubensgewißheit", schreibt Dietrich Rössler.[43]

Für Eberhard Jüngel ist die Glaubensgewißheit dann „... vor allem deshalb von Bedeutung, weil sie das Ich in eine andere Einstellung als die der Sicherstellung bringt. Wer einer Sache gewiß ist, bedarf der Sicherstellung nicht. Und wer einer Person gewiß ist, bedarf der Sicherung erst recht nicht. Sicherstellung ist die methodische Konsequenz des Zweifels und die existentielle Folge des Mißtrauens. Gewißheit ist hingegen das Implikat eines Vertrauens, das – im Hinblick auf Personen – seinerseits vom Vertrauen dessen getragen ist, dem vertraut wird. Wo aber Vertrauen von Vertrauen getragen wird, bedarf es der Sicherstellung nicht. In der Relation gegenseitigen Vertrauens vollzieht sich vielmehr ganz von selbst so etwas wie eine elementare *Entsicherung*. Gewißheit hat als Implikat von Vertrauen eine entsichernde Funktion."[44]

Das aber heißt praktisch: Ohne eine solche „entsicherte" Gewißheit ist letztlich kein Identitäterleben und auch kein Selbstwertgefühl vorstellbar und auf den Glauben zu beziehen![45] Wir fassen dabei *Identität* als die besondere menschliche Fähigkeit auf, sich in den Wechselfällen des Lebens mit all den damit verbundenen Veränderungen, Spannungen und Zumutungen dessen gewiß zu sein, das Dasein als ein und derselbe Mensch in unaustauschbarer Weise erleben zu können. Und wir verstehen *Selbstwertgefühl* im gleichen Kontext als jene Einstellung zu sich selbst, die Lebensmut aus dem Gefühl schöpft, dabei „ganz gewiß" von Gott und der Welt als Individuum (an-)erkannt und bestätigt zu werden.

Als ein Zwischenergebnis läßt sich jetzt zusammenstellen: Glaube kommt – von konstruktiver Neugier getragen – zum *Verstehen* des eigenen Daseins in der Welt. Er wird über den Weg einer gelungenen Einpassung als *Übereinstimmung* mit der Umwelt erlebt. Und er gerät im Zusammenhang mit einer inneren (Lebens-)Gewißheit zum Basiselement eines daseinsbegleitenden *Identitäts- und Selbstwertgefühls*. Und weiter: Geht es im Zusammenhang mit dem Glaubensbegriff zunächst um eine *Erweiterung des Er-*

---

[42] Vgl. *Erik. H. Erikson*, Kindheit und Gesellschaft, Stuttgart, 5. Aufl. 1974, bes. das Kapitel „Das Wachstum des Ich", S. 183ff.

[43] D. Rössler, Grundriß, S. 349. Hier finden sich auch weiterführende Literaturangaben.

[44] E. Jüngel, Gott, S. 228.

[45] Vgl. dazu *Michael Klessmann*, Identität und Glaube. Zum Verhältnis von psychischer Struktur und Glaube, München/Mainz, 1980; *Hans-Jürgen Fraas*, Glaube und Identität. Grundlegung einer Didaktik religiöser Lernprozesse, Göttingen, 1983.

lebenshorizontes und dann um zunehmende *soziale Kompetenz*, so kommt es im gleichen Kontext unter dem Stichwort „Gewißheit" schließlich zur Entfaltung von *Lebensmut*. Es ist leicht erkenntlich, daß damit ganz wesentliche Elemente genannt sind, wenn es „im Konfliktfall" um eine notwendige Veränderung der Lage geht.

Eine weitere Überlegung ist anzuschließen: Betrachtet man die Funktion des Glaubens unter den hier vertretenen Aspekten, so ist außer den genannten Lebenseinstellungen auch auf jene daraus *abgeleiteten* Verhaltensweisen hinzuweisen, die sich mit dem Glaubenserleben verbinden können. Sie lassen sich wie folgt erfassen und zuordnen:

Auf dem Hintergrund des genannten Verstehens kann aus Glauben heraus ein neues Handeln evoziert und strukturiert werden. Dann gewinnt ein Mensch zusätzlichen *Handlungsspielraum*.[46] Auf dem Hintergrund der genannten Übereinstimmung kann Glaube eine *Bekenntnis* evozieren und strukturieren. Dann steht ein Mensch auch im Rahmen mitmenschlicher Einbindungen bewußt zu seinem individuellen „Vor-Urteil". Er verhält sich damit nicht mehr nur so, wie „man" sich innerlich und äußerlich verhält, also bei aller Einpassung nicht einfach „angepaßt".[47] Auf dem Hintergrund der genannten Gewißheit kann Glaube dazu verhelfen, Krisen zu meistern und die damit verbundenen *Entscheidungssituationen* zu evozieren und strukturieren. Dann stellt sich ein Mensch einer ungewohnt schwierigen Lebenslage und weicht ihr nicht problemverleugnend aus.[48]

Soviel zu den Elementen des Glaubens.

> Das Stichwort „Gewißheit" legt es besonders nahe, sich darüber klarzuwerden, wie und in welcher Weise sich Gewißheit im Glauben als psychologischer Vorgang erfassen oder sogar psychologisch „erklären" läßt. Die offene Frage nach einer tragfähigen Zuordnung von Theologie und Psychologie

---

[46] *Beispiel*: Eine „aus dem Glauben heraus" lebende und nachdenkende Frau lernt es, in der lebensbegleitenden Auseinandersetzung mit ihren heranwachsenden und sich verselbständigenden Kindern immer besser zwischen Schuld und Schuldgefühlen so zu unterscheiden, daß sie sich daraufhin weniger mit Selbstvorwürfen quälen muß, sondern bei Beziehungs- und Erziehungsproblemen gezielter (und erweiterter!) zu handeln vermag.

[47] *Beispiel*: a) Ein junger Mann tritt einer kirchlichen Jugendgruppe bei, obwohl seine plötzliche „Religiosität" in seiner Familie auf völliges Unverständnis stößt und seinen Eltern sogar Sorge macht. b) Eine junge Frau aus bewußt christlicher Familie wird Mitglied einer linken Gruppierung, die alle Religiosität „verlacht".

[48] *Beispiel*: Eine junge Frau mit Eheproblemen verzichtet unter den gegebenen Bedingungen auf den Versuch, die eigene Berufsplanung und ihren deutlichen Kinderwunsch auch in ihrem besonderen Fall vereinen zu können. Sie entscheidet sich für das eine (oder das andere) nach langer innerer Auseinandersetzung. Sie ist sich dann aber ihrer Sache gewiß und vermag sie jetzt mit Selbstbewußtsein und Lebensmut anzupacken.

stellt sich hier an zentraler Stelle. Deshalb wird im Hinblick auf das konstitutive Glaubenselement „Gewißheit" die folgende Differenzierung vorgeschlagen werden: Es gilt im seelsorgerlichen Umgang mit Glaubenserleben zwischen einem Reduktionspsychologismus, einem Erfahrungspsychologismus und dem notwendigen Gebrauch psychologischer Einsichten und Erkenntnisse klar zu unterscheiden.

a) *Reduktionspsychologismus*: Psychologische Erkenntnisse werden von den am seelsorgerlichen Gespräch Beteiligten ungebrochen „weltanschaulich" besetzt und daraufhin im Glaubensbereich angewandt. Das kann aktiv und passiv, angriffig und abwehrend geschehen.

Die *aktiv-angriffige* Form steht unter „aufklärerischem" Vorzeichen: Glaubensformen, Glaubensinhalte, Glaubensäußerungen sollen in ein psychologisches Verstehensmodell hinein aufgelöst werden. Glaube ist dann letztlich ‚nichts als' ein psychologischer Tatbestand.

Daneben existiert eine *passiv-abwehrende* Form. Im Hinblick auf die aktiv-angriffige ist sie gleichsam die „Kehrseite der Medaille": Man sollte sich niemals zu weit auf die Psychologie oder gar Psychoanalyse einlassen! Sonst könnte sich herausstellen, daß die Psychologen mit ihrem Vorgehen den Glauben der Christenmenschen „zersetzen, zerlegen, kaputtmachen", eben auf die „Nichts-als"-Formel reduzieren. „Gewißheit" hängt damit vom forcierten Gebrauch oder forcierten Nichtgebrauch psychologischer Einsichten ab.

b) *Erfahrungspsychologismus*: Hierbei wird davon ausgegangen, daß der christliche Glaube in seinen einzelnen Ausprägungen, aber auch in seinen dogmatischen Festlegungen allgemein gültige und tiefe Wahrheiten in sich birgt. Diese müssen freilich noch psychologisch erschlossen und damit erst in ihrer wirklichen und eigentlich wirksamen Weise „erfahrbar" gemacht werden. Der Glaube ist als solcher ernstzunehmen, spiegelt aber nur in indirekter Weise eine letztlich auch direkt erfahrbare Wirklichkeit wider. D.h. es wird in ihm gewissermaßen „vorläufig" gelebt, was „zusätzlich" psychologisch aufgehellt und in seinem tieferen Sinn erkannt werden sollte.

Zunächst erscheint christlicher Glaube hierbei nicht so sehr bekämpft als vielmehr „aufgehoben" zu sein. Erst bei näherem Hinsehen wird deutlich, in welchem Maße dabei christlicher Glaube einseitig zu einer „grundlegenden" psychologischen Einsicht hin relativiert erscheint. Eben diese Einseitigkeit ist aber gerade das Problematische! Natürlich können bei wechselseitiger Einflußnahme theologischer und humanwissenschaftlicher Erkenntnisse (tiefen-)psychologische Zugänge und Einsichten im Hinblick auf das Glaubensverhalten, aber auch auf biblische Texte wertvolle Verstehenshilfe leisten und hermeneutisch genutzt werden! Diese besondere hermeneutische Fragestellung ist aber sowohl erkenntnistheoretisch als auch wissenschaftstheoretisch genau zu begründen.

In unserem Zusammenhang ist deshalb allem Erfahrungspsychologismus mit der genauen *theologischen* Bestimmung des Erfahrungsbegriffs im Hinblick auf Glaubensaussagen zu begegnen. Dabei kann sowohl grundsätzlich als auch speziell für unseren poimenischen Kontext gelten, wenn D. Lange schreibt: „Die Mitteilung von Erfahrung führt also auch und gerade im Bereich des Glaubens zu keiner Sicherheit gewährenden Eindeutigkeit, sondern bleibt dem Zweifel ihrer Glaubwürdigkeit ausgesetzt."[49] Auch Eilert

Herms führt im Hinblick auf die reformatorische Bestimmung und Rede von der Gnaden-Erfahrung sehr deutlich aus, daß die Selbsterfahrung des Menschen „traditionskritisch" zu erfassen und in der Reihenfolge dieser Gnaden-Erfahrung nachzuordnen ist: „Das Erste und Entscheidende ist nicht das Innewerden der eigenen Affektlage (der eigenen Stimmungen und Gefühle), sondern das Innewerden von Sinn und Wahrheit des Evangeliums. Dieses begründet die Gewißheit des dem Sünder geltenden göttlichen Gnadenwillens. Diese Gewißheits-E. ist diejenige Gnaden-E., an die sich der Glaube hält und die dann ihrerseits den ihr entsprechenden Affekt der ‚Liebe', des ‚Vertrauens' zu Gott und der ‚Fröhlichkeit' begründet. Von dieser komplexen reformatorischen Fassung des Begriffs der Gnaden-E. gehen alle späteren für die ev. Theologie und Frömmigkeit typischen Bezugnahmen auf ‚E.' als Glaubensfundament aus ..."[50] Schließlich gibt Eberhard Jüngel der hier behandelten Fragestellung einen deutlichen Akzent, wenn er von einer „... durch das Wort vom Kreuz ermöglichte(n) Erfahrung mit der Erfahrung" spricht.[51] „Gewißheit" kann also mit sehr unterschiedlichen Erfahrungsbegriffen verbunden erscheinen.

c) *Erlebensdifferenzierender Gebrauch psychologischer Einsichten*: Seelsorgerlicher Umgang mit Glaubensgewißheit und Lebenskonflikten kann sich bei all diesen „Gefahren" dennoch nicht ohne Schaden einer in ihrer Funktion allerdings genau reflektierten psychologischen Wahrnehmungseinstellung verschließen. Gilt es doch im Konfliktfall immer wieder mit ihrer Hilfe vor allem die ebenso möglichen wie häufigen Verhaltenseinschränkungen durch „ganz gewisse" Einstellungen im Glaubensbereich dem bewußten Erleben zugängig zu machen. Was und wie das gemeint ist, läßt sich am besten an einem Beispiel verdeutlichen:

Ein Mann und eine Frau mittleren Alters kommen zu einem Seelsorger. Sie leben seit zwei Jahren getrennt, weil ihnen beiden ein Zusammenleben ohne gegenseitige Persönlichkeitsdemontage nicht mehr vorstellbar erscheint. Die äußeren Umstände sind, soweit das unter den gegebenen Umständen möglich ist, geordnet.

Der Mann möchte nun gern eine andere Partnerin heiraten und sich deshalb in absehbarer Zeit scheiden lassen. Gerade das aber lehnt die Ehefrau – obwohl sie ihren Mann nicht in ein gemeinsames Leben zurückholen möchte – mit großer Entschiedenheit ab. Nach ihren Gründen befragt, sagt sie, sie sei Christin. Von ihrem Glauben her sei die Ehe unauflöslich. Über Glaubensüberzeugungen aber wolle und könne sie mit ihrem ungläubigen Mann nicht diskutieren. Natürlich habe das Verhältnis zu ihrem Mann auch etwas mit Unverträglichkeiten zu tun, die sich psychologisch erklären ließen! Aber der Glaubensbereich sei auch in dieser Hinsicht etwas ganz anderes und jedenfalls tabu. Der Ehemann reagiert auf diese Aussage hin resigniert und

---

[49] *Dietz Lange*, Erfahrung und die Glaubwürdigkeit des Glaubens, Tübingen, 1984, S. 103.

[50] *Eilert Herms*, Art.: Erfahrung. 2. Theologisch, EKL 1, Sp. 1067ff.; Zitat Sp. 1069.

[51] E. Jüngel, Gott, S. XIII.

entmutigt. Da der Seelsorger ja auch Christ sei, erwarte er von ihm eigentlich keine Hilfe und sei nur mitgekommen, um seiner Frau die entsprechende Bitte nicht abzuschlagen. Die Frau dagegen wirkt sicher und gefaßt.

Zu unterstellen ist zunächst, daß die Ehefrau subjektiv ehrlich handelt. Sie ist von der Angemessenheit und Richtigkeit ihres Verhaltens voll überzeugt. Vom Bewußtsein her ist sie mit der gemachten Glaubensaussage voll identifiziert. Insofern kann es bei der notwendigen Problematisierung bzw. Infragestellung ihres Verhaltens nicht um einen moralischen Vorwurf gehen. Dieser Vorwurf kann auch dann nicht erhoben werden, wenn bei dem geschilderten Beispiel außerordentlich naheliegt, daß Kränkungen, (unbewußte) Rachegefühle und aggressive Tendenzen eine Rolle spielen und sich gleichsam „christlich rationalisiert" zeigen. (Unter „Rationalisierung" ist dabei psychologisch eine Erlebens- und Vorgehensweise verstanden, deren eigentliche Motive nicht erkannt werden und die sich hinter formal logischen oder moralischen Argumenten verbergen.)

Der für die seelsorgerliche Auseinandersetzung schwierige, aber wichtige Punkt liegt vor allem darin, daß im vorliegenden Fall seitens der Frau eine Glaubensüberzeugung prinzipiell nicht zur Debatte gestellt werden darf. Anders gesagt: Eine bestimmte Erlebensweise des Glaubens wird relativ willkürlich zur „Tabu-Zone" erklärt. Sie wird damit aus der Kommunikation ausgeschlossen. Sie erscheint unter dem Vorzeichen einer zumindest partiellen Ideologisierung.

Das wirkt sich nicht nur in *destruktiver* Weise problemfixierend und konfliktstabilisierend, sondern auch kommunikationshemmend und damit beziehungsstörend aus! Auf diese Art und Weise aber beschränkt sich ein Glaubensverhalten im Konfliktfall selber in seinen Möglichkeiten. Um diese Zusammenhänge zu durchschauen, als solche gegebenenfalls anzusprechen und sich der entsprechenden Einstellung jedenfalls nicht auszuliefern, sind Seelsorger und Seelsorgerinnen auf ebenso gediegene wie handhabbare psychologische Kenntnisse angewiesen. Diese konterkarieren dann nicht die theologische (bzw. ethische) Beurteilung dieses Konfliktfalles! Sie lassen sich aber gegenüber den negativen Wirkungsmöglichkeiten eines Glaubensverhaltens einsetzen. Sie lassen sich damit in der seelsorgerlichen Praxis so in Gebrauch nehmen, daß ein verändertes und in Hinsicht auf eine Konfliktlösung *konstruktives* Glaubensverhalten freigesetzt und mit „Gewißheit" ausgestattet werden kann.

2. Formen des Glaubens

a) Ritualisierung

Für viele Menschen, mit denen es Seelsorger und Seelsorgerinnen zu tun bekommen, spielen überkommene (und übernommene) Glaubensrituale eine wichtige Rolle; diese werden aber oft zwiespältig erlebt. Ritualisierungen scheinen die glaubensbezogene Gewißheit wiederum *absichern* zu wollen. Deshalb wird ritualisiertes Glaubensleben sehr leicht in einem abwertenden Sinne[52] mit Routine-Verhalten gleichgesetzt. Dann scheint das, was alltäglich Ausdruck einer christlichen Glaubensüberzeugung sein soll, nicht mehr mit wacher Aufmerksamkeit und aktualisierter Emotionalität besetzt zu sein. Es gerät vielmehr offensichtlich zum ebenso gedankenlosen wie gefühlsleeren *Wiederholungsmechanismus*.

Bei einer solchen Einschätzung wird leicht vergessen, daß die Ritualisierung einer ganz elementaren Beziehungsstrukturierung entspricht und vom frühesten Stadium an den vertrauensfördernden Umgang der Mutter mit ihrem Säugling prägt. Handelt es sich in Gestik, Mimik, Lautgebung, körperlichem Kontaktverhalten doch um ein „Wechselspiel" zwischen Personen, die auf das engste miteinander verbunden sind, ohne doch auf Dauer in dieser Weise „ungetrennt" beieinander bleiben zu können. Dabei bekommt das Ritual den „Sinn", in immer wiederkehrenden Intervallen Beziehung als „sicher und gewiß" erleben zu lassen und dabei gleichzeitig etwas einzuüben, was einem traditionellen Modus der Beziehungsgestaltung entspricht und in die Gesellschaft mit ihren überkommenen Ritualen „einpaßt".[53] Das im Rahmen religiöser Verhaltensweisen gelebte und erlebte Ritual überträgt diese (im Rahmen der notwendigen Trennungsvorgänge von den Elternfiguren allmählich abgelöste) Beziehungsstruktur „mit der Zeit" als spezifisches Glaubensverhalten auf Gott. Er ist es, der jetzt das Gesichertsein und die Gewißheit des auf die Umwelt bezogenen Individuums in allen Lebenslagen repräsentiert. „Die emotionale Wirkung ist ein Gefühl *transzendierter Trennung* und zugleich ein Gefühl der *Bestätigung als herausgehobenes Einzelwesen*", schreibt E.H. Erikson.[54]

Genau diese Gefühlslage bekommt als spezifisches Glaubensverhalten dann eine bestimmte Funktion. Denn der Glaube – so formuliert es Werner Jetter – „... wird durch das ritualisierte Angebot von der Daueraufgabe entlastet, sich in jeder persönlichen Lebensschwierigkeit neu definieren zu

---

[52] Die vorschnelle Abwertung alles absichernden Verhaltens unter kurzschlüssig theologisierendem Vorzeichen wird dort zum seelsorgerlichen Problem, wo in ihrer Folge ganz bestimmte psychologische Gegebenheiten verzerrt oder zumindest unscharf wahrgenommen werden: Absicherungstendenzen sind ebenso wie das Gewißheitsstreben elementare Lebensbedürfnisse. Sich allein in der direkten Gottesbeziehung „abgesichert" vorfinden und bei dieser Gewissheit auf natürliche Lebens-„Versicherungen" verzichten zu können, stellt eine so reife psychische Leistung dar, daß sie von vielen um ihren Glauben bemühten Christenmenschen zwar als notwendige Zielvorstellung, zugleich aber auch als faktische Überforderung erlebt werden muß – zumal das mehr oder weniger große Absicherungsbedürfnis in seinem wesentlichen Kern auch eine Frage des *Charaktertyps* sein dürfte. Im poimenischen Bereich sollten deshalb die Erlebensmodalitäten „Gewißheit aus Glauben" und „Abgesichertsein im Glauben" nicht einfach in einem wertenden Sinne alternativ gegenübergestellt, sondern in ihrer dialektischen Verzahnung erkannt werden.

[53] Vgl. zu diesem Gedankengang vor allem die klassische Arbeit von *Erik H. Erikson*, Die Ontogenese der Ritualisierung, Psyche (XXII) 1968, S. 481ff.

[54] E. H. Erikson, a.a.O., S. 484.

müssen."⁵⁵ Freilich ebnen sich individuelle Glaubenskreativitäten mit all ihren Risiken in absichernder Weise ein: „Rituale wollen Dauer und schließen sich gern an etwas an, das schon dauerhaft erscheint. Sie sind im buchstäblichen Sinne die geborenen Traditionsvermittler", führt Werner Jetter weiter aus⁵⁶, um dann schließlich festzustellen: „Alles Rituelle hat ambivalenten Charakter".⁵⁷

Setzt man eben diesen Ambivalenzcharakter voraus, so läßt sich jetzt eine Alternative festhalten: Entweder ein Ritual ermöglicht grundsätzlich Symbolerleben. In diesem Sinne kann Hans-Günter Heimbrock betonen, „... daß Partizipation an Ritualen – zumal in modernen Gesellschaften – auf persönliche Erlebnis-, Verstehens-, und Deutungsprozesse abzielt, die über pure Rezeption hinausgehen."⁵⁸ Oder aber ein Ritual verführt zum reinen Klischee-Verhalten bzw. bleibt in ihm stecken: Statt einer Re-Symbolisierung erfolgt eine De-Symbolisierung im Erlebens- und Handlungsbereich.⁵⁹

An genau dieser Stelle sollte die seelsorgliche Auseinandersetzung im Konfliktfall ansetzen: Es geht nicht in erster Linie darum, Absicherungs-

---

[55] *Werner Jetter*, Symbol und Ritual. Anthropologische Elemente im Gottesdienst, Göttingen, 1978, S. 94.

[56] W. Jetter, a.a.O., S. 96.

[57] W. Jetter, a.a.O., S. 108.

[58] *Hans-Günter Heimbrock*, Gottesdienst: Spielraum des Lebens. Sozial- und kulturwissenschaftliche Analysen zum Ritual in praktisch-theologischem Interesse, Kampen/Weinheim, 1993, S. 53. Heimbrock behandelt an dieser Stelle im Hinblick auf D.W. Winnicott „Religiöse Rituale als Übergangsobjekte" (S. 52f.). Denn: „Damit kann man Rituale als einen ,intermediären Bereich' zwischen Ich und Welt identifizieren. Religiöse Rituale, so betrachtet, können Menschen den Erfahrungsraum zwischen ,ich' und ,Realität' analog den frühen ,Übergangsobjekten' eröffnen. In ihnen spielt handelndes Verfügen wie auch Begegnung mit dem ,nicht-ich' eine zentrale Rolle. Man kann sogar die psychologische Bestimmung der religiösen Rituale gerade darin erkennen, daß die Differenz von ,ich' und äußerem Objekt ,als ein Wesen mit eigenem Recht' (Winnicott) buchstäblich und übertragen ,auf dem Spiel' steht. Damit steht Ritualerfahrung, psychologisch gesehen, in Beziehung zur Ich-Entwicklung; Rituale können eine Funktion dabei übernehmen, indem sie symbolischer Ausdruck für das Gewahrwerden der Grenzen der Verfügungsmacht des Ich werden." (S. 53)

[59] Dazu vgl. *Alfred Lorenzer*, Kritik des psychoanalytischen Symbolbegriffs, Frankfurt a.M., 1970. Hier liest man zusammenfassend: „Die Merkmale dieses klischeebestimmten Verhaltens sind ...: fehlende Erkennbarkeit – Determiniertheit – unverzögerte Entladung – Irreversibilität – Unabhängigkeit und Tendenz zum Einschleifen – Umweltverhaftung, d.h. Verhaftung an einer ,Szene' und ,szenische Reproduktion', d.h. Wiederholungszwang – entwicklungsgeschichtliche Verankerung. Alle diese Merkmale teilt das klischeebestimmte Verhalten, wie es als Folge einer Verdrängung vorkommt, mit den tierischen Lebewesen, die ein Auslöseschema erwerben." (S. 103f.)

mechanismen grundsätzlich in Frage zu stellen und alternativ zu einer sicheren Gewißheit zu behandeln. Es geht aber sehr wohl darum, rituelles Verhalten so „locker" gestalten zu helfen und mit einem „spielerischen Charakter" zu versehen, so daß es in Symbolerleben umschlagen kann.

b) Dogmatisierung

Oft haben Seelsorger und Seelsorgerinnen mit Menschen umzugehen, die sich entweder an christlichen *Dogmen* stoßen oder aber auch in einer charakteristischen Starrheit an sie klammern. Es sollte deshalb in diesem Zusammenhang auch um das Verhältnis von Glaube und Dogmatisierung gehen.

Allgemein wird ein sog. „dogmatischer Glaube" leicht in einem wiederum abwertenden Sinne mit Ideologiebildung, Fanatismus oder blindem Fundamentalismus gleichgesetzt. Und wieder ist in diesem Kontext auf den Ambivalenzcharakter der entsprechenden „Einstellung" aufmerksam zu machen. Schon Otto Haendler schreibt in seiner Monographie „Angst und Glaube": Dogmatisch bestimmter Glaube ist nicht dadurch charakterisiert, daß man sich nur für die Lehre interessierte. Seine Kraft und sein Problem liegen vielmehr darin, daß dem Subjekt für alle Fragen die Lehre der eigentliche Zugang ist." „Die dogmatische Gestaltung hat faszinierende Kraft, weil sie, recht genommen, beglückend und befreiend in die Substanz der Wahrheit hineinführt." Dennoch: „... die Stärke des dogmatisch bestimmten Glaubens erschöpft sich nicht in der Fruchtbarkeit, die sie für das Subjekt hat. Die gemeinsame Erkenntnisarbeit schafft mit ihrer Lehre den Grundriß des Erkenntnisfeldes, der ein Zurechtfinden und ein Erfahren weithin ermöglicht. Dogmatik ist die Ordnung, die den Besitz gebrauchsfertig macht, und die Gestaltung, die ihn assimilationsfähig macht."[60]

Es dürfte freilich auch deutlich sein, daß der seelsorgerliche Umgang mit dogmatisch bestimmtem Glauben neben der Möglichkeit einer positiven Anknüpfung auch mit der nur allzu oft damit verbundenen *Ideologiebildung* rechnen muß.[61]

Was ist im gegebenen Zusammenhang darunter zu verstehen? Es soll damit eine emotional vorgezeichnete Wahrnehmungseinschränkung bezeichnet werden. Ein Ausspruch, der sich an ein Gedicht von Christian Morgenstern anlehnt, gibt das Gemeinte treffend wieder. Man sagt von bestimmten Menschen, daß sie gewissermaßen „beschränkt" (dabei aber doch mit einer penetranten Zielstrebigkeit!) durchs Leben gehen, weil für sie „... nicht sein

---

[60] O. Haendler, Angst, S. 107.
[61] Zur verschiedenen Verwendung und zur Differenzierung dieses Begriffs vgl. *Kurt Lenk* (Hg.), Ideologie, Neuwied/Berlin, 4. Aufl. 1970; dazu *Jakob Barion*, Was ist Ideologie?, Bonn, 3. Aufl. 1974.

kann, was nicht sein darf".⁶² Wer so lebt, hat es kaum nötig, Kritik und Infragestellungen an sich herankommen zu lassen.

Eine speziell auf den Glauben ausgerichtete Ideologiebildung zeichnet sich dann eben vor allem durch eine rigide Dogmatisierung der christlichen Glaubensinhalte aus. Dann meint ein Mensch und Zeitgenosse, etwas Bestimmtes nicht tun, denken oder fühlen zu können, weil man es „als Christ" prinzipiell nicht dürfe. Das aber bedeutet: Die innere und äußere Realität wird überhaupt nur soweitgehend wahrgenommen, wie diese Wahrnehmung zur (beschränkten und beschränkenden!) Weltanschauung paßt.⁶³ Anders gesagt: An die Stelle einer realitätsbezogenen Glaubens*flexibilität* bekommt Glaubens*stabilität* sozusagen einen Wert in sich. Das wirkt sich dort negativ aus, wo es auf Kosten der Wirklichkeitsnähe geht. Hier hat die seelsorgerliche Auseinandersetzung im Konfliktfall anzusetzen.

Eine bloß intellektuelle Infragestellung der dogmatisierten oder aber ideologisch verarbeiteten Glaubens*inhalte* wird dabei allerdings die Absicherungstendenz des Gegenübers in aller Regel eher verstärken. Sie kann sich dann in einer charakteristischen Abwehrhaltung niederschlagen. Diese besteht darin, die tatsächliche oder scheinbare bzw. angenommene Konfliktsituation im Rahmen einer rein rationalen Auseinandersetzung klären zu wollen. Die prompte Folge ist oft ein rechthaberisch vorgezeichneter Schlagabtausch mit Argumenten, die immer deutlicher „willkürlich herbeigeholt" erscheinen. Je dogmatistischer (oder aber ideologischer) ein Gesprächspartner dabei agiert und reagiert, desto mehr ist er von der alles beherrschenden Angst geplagt, durch ein Nachgeben oder eine eingeräumte Korrektur im Detail seine gesamte Weltanschauung und Überzeugung zu verraten. Mit dieser Angst ist zu rechnen und im Konfliktfall in erster Linie umzugehen. Wird sie nämlich zuerst und bei Vorgabe analoger Befindlichkeiten auf Seiten des Seelsorgers/der Seelsorgerin angesprochen, so bekommt der emotionale Aspekt des „Streitgesprächs" einen wesentlichen Stellenwert zugesprochen, ohne daß der dogmatisierende Gesprächspartner sein damit verbundenes Absicherungsbedürfnis schlagartig in Frage gestellt erleben muß.

Ein in dieser Weise dogmatisierend erlebter Glaube mag zwar in vielen Fällen als rechthaberisch vorgezeichnet und damit als „un-sympathisch" empfunden werden! Er ist dennoch als „typischer" Glaube so weitgehend wie möglich von seiner positiven Funktion her zu erfassen und möglichst angstfrei kommunizierbar zu machen. In jedem Fall ist er seelsorgerlich als Teil einer persönlichen Lebensgestaltung zu verstehen. Er ist in diesem Rahmen differenzierend zu behandeln und entweder als ein einengendes und damit konfliktverstärkendes oder aber als ein orientierendes und damit lebenserleichterndes Element zu beurteilen.

---

⁶² Das Gedicht heißt: Die unmögliche Tatsache, in: *Christian Morgenstern*, Sämtliche Werke, Zürich, 2.Aufl. 1990, S. 125.

c) Institutionalisierung

Seelsorger und Seelsorgerinnen treffen sehr häufig auf Menschen, für die ein christlich geprägtes Dasein mit einer verfaßten *Kirche* entweder untrennbar verbunden ist oder aber glaubenshemmend verquickt erscheint. So soll in diesem Zusammenhang (zumindest kurz) vom Verhältnis von Glaube und Institution die Rede sein. Auch hier ist Abwertung schnell im Spiel, wenn im Gegensatz zum vermeintlich individuellen und „freien" Glauben vom einengenden „Kirchenglauben" gesprochen wird. Die entsprechende Problematik ist jedenfalls mit Aufmerksamkeit zu besetzen und einer Versachlichung zuzuführen. Worum geht es dabei im einzelnen?

Zunächst gilt generell: Institutionen sind unverzichtbarer Teil unseres gesellschaftlichen Zusammenlebens. Zu ihrer Bestimmung werden die verschiedensten Theorien bemüht.[64] In diesem allgemeinen Rahmen muß man sich klarmachen: „Das religiöse Handeln, das als Äußerung greifbar wird, ist also soziales Handeln. Die religiöse Institution, die solches Handeln ermöglicht, tritt damit in den Kreis der elementaren sozialen Institutionen, die generell das gesellschaftliche Handeln strukturieren. Deshalb lassen sich auch für die religiöse Institution diejenigen Momente nachweisen und darstellen, die in den verschiedenen theoretischen Begründungen für das Wesen der Institution überhaupt geltend gemacht werden ..." schreibt D. Rössler.[65]

Poimenisch gesehen und damit auf Konfliktbewältigung eingestellt befinden wir uns mit der Institutionalisierung des Glaubens ebenso direkt wie praktisch im Bereich der *Autoritätsproblematik*[66]. Denn Institutionen üben Macht aus – auch, wenn es sich um eine „kirchliche Institution" handelt! Institutionen entwickeln eine charakteristische Eigengesetzlichkeit – auch, wenn es sich dabei um eine „kirchliche Institution" handelt! Diese Macht und Eigengesetzlichkeit muß dazu führen, jedes subjektive Anliegen (ob es berechtigt erscheint oder nicht) dem verwalteten „Ganzen" zuzuordnen.[67]

---

[63] In seinem Buch „Kreativität als Chance", München/Zürich, 1974 schreibt *Paul Mattussek* zu unserer Fragestellung aus psychoanalytischer Sicht (S. 137): „Für diesen hauptsächlich inhaltlich verstandenen Begriff von Ideologie interessiert sich der Psychoanalytiker weniger als für die Haltung, mit der ein bestimmtes Glaubens- oder Moralsystem gelebt wird. Eine dieser möglichen Haltungen wird als ideologische charakterisiert. Sie liegt dann vor, wenn der Inhalt der Ideologie nur ein ‚Vorwand' ist, um unbewußte, für das Ich unakzeptable Triebregungen vom Bewußtsein fernzuhalten."

[64] Zu den Einzelheiten vgl. D. Rössler, Grundriß, S. 407ff.

[65] D. Rössler, a.a.O., S. 417.

[66] Vgl. zu diesem Stichwort auch S. 431 mit der dort genannten Literatur.

[67] Eine dafür typische ambivalente Einstellung seitens des Seelsorgers/der Seelsorgerin spiegelt sich etwa in Aussagen gegenüber Ratsuchenden wie der folgenden

Das alles bedeutet in unserem Zusammenhang: Das Moment der „Neugier" ist schnell begrenzt, die „Gewißheit" erscheint durch den überdeutlichen Hang zur Absicherung des Bestandes konterkariert. Eine Affinität zur „Ritualisierung" und „Dogmatisierung" bleibt erhalten. Klar betont aber erscheint vor allem die jetzt (vermeintlich) autoritär geforderte *Einpassungsleistung* im Glaubensbereich. Hier hat die seelsorgerlich vorgezeichnete Auseinandersetzung mit dem „Problem Kirche" (als Institution) im Einzelfall einzusetzen.

Zu fragen ist dann sehr konkret, auf Grund welcher Erfahrungen die (notwendige) Einpassung als (unverträgliche oder sogar unerträgliche) Anpassung erlebt wird. Zu fragen ist weiter, welches Protestverhalten als begrenzte Maßnahme unter den gegebenen Bedingungen ebenso berechtigt wie sinnvoll erscheint. Gerade in diesem empfindlichen Bereich ist seelsorgerlich sehr genau eine *destruktive* Auseinandersetzung (Folge: Resignativer Rückzug mit innerer oder äußerer „Abspaltung") von einer *konstruktiven* Auseinandersetzung (Folge: Innovative Einsichten auf der einen und anderen Seite mit Eröffnung veränderter Handlungsmöglichkeiten) zu unterscheiden. In jedem Falle gilt es, entgegen einer oberflächlichen Abwertungsreaktion einer tragfähigen Verhältnissetzung von Glaube und Institution erhöhte Aufmerksamkeit zu widmen, wenn Ausdrucks- und Erlebensformen des Glaubens poimenisch zur Debatte stehen.[68]

Wiederum läßt sich ein Zwischenergebnis formulieren: Der gläubige Mensch muß sich mit verschiedenen Formen seines (christlichen) Glaubens sowohl identifizieren als auch kritisch auseinandersetzen. Dabei stehen sich durchgehend das Moment der sich wiederholenden *Absicherung* und das Moment einer förderlichen *Strukturierung* der Handlungsvollzüge im Glaubensbereich gegenüber. Zwischen beiden Momenten kann es zu charakteristischen Spannungen kommen, die an einer Konfliktentstehung beteiligt sind. Als Zielvorstellungen im Hinblick auf einen bewußteren und damit verbesserten Umgang können dabei gelten:

Eine *Ritualisierung* des Glaubens ist von Klischee-Verhalten abzuheben und so weitgehend wie möglich in *Symbolerleben* zu überführen. *Dogmati-*

---

wider: „Als Mensch und Christ verstehe ich Ihre Einstellung, Ihren Protest, Ihre Aufregung sehr wohl! Als Vertreter der Landeskirche muß ich Ihnene allerdings nüchternerweise sagen ..."

[68] Vgl. dazu auch *Hans-Joachim Schliep*, Seelsorgebewegung und Kirchenleitung. Zwischen Initiative und Institution, WzM (45) 1993, S. 443ff. Da heißt es u.a. (S. 453): „Negativ wäre eine Ausblendung eines wichtigen Lebensbezugs, nämlich des manchmal beschwerlichen und entfremdenden, aber doch unverzichtbaren und unumkehrbaren Eingebundenseins des Individuums in Institutionen zu verzeichnen; man müßte wohl auch von einer Abblendung der Machtthematik sprechen."

sierendes Glaubensverhalten ist zwar von seinen *ideologischen Verzerrungen* her in Frage zu stellen, aber in seiner *Orientierungsfunktion* zu bestätigen. Die unverzichtbare *Institutionalisierung* des Glaubens ist von belastender Autoritätsproblematik zu trennen und als konstruktive *Auseinandersetzung* mit der organisierten Kirche zu unterstützen.

Und auch in diesem Zusammenhang lassen sich etliche weitere Überlegungen anschließen: Strukturierter Glaube wird zur Voraussetzung, sich auch im Konfliktfall auf eine nicht nur durchgehende, sondern auch angebbare *Überzeugung* verlassen zu können. Dabei kann eine dogmatisch ausgestaltete Glaubensorientierung insofern wegweisend sein, als sie feste Bezugspunkte des Erlebens als *konfliktunabhängig* versteht. Von daher muß dann verändertes Handeln nicht unabgegrenzt verunsichern. Schließlich kann ein geklärtes Verhältnis zum kirchlich institutionalisierten Glauben auch mit den *kollektiv* gemachten Erfahrungen im Umgang mit Konfliktsituationen hilfreich verbinden.

Soviel zu den Formen des Glaubens.

3. Auf den Glauben ausgerichtete Seelsorge

Seelsorgerlicher Umgang mit den Elementen und Formen des christlichen Glaubens sollte grundsätzlich auf eine Erweiterung der inneren (und daraufhin äußeren) *Erlebensmöglichkeiten* eines konfliktbehafteten Menschen ausgerichtet sein.

Das betrifft zum einen nochmals die Verhältnissetzung von Angst und Glaube: Im Falle eines Konflikts können Ängste die Wirklichkeit zugängig machen und dabei Glaubensreserven zur Realitätsbewältigung aktivieren. Ängste können aber ebenso lähmen und den Glauben bei sich durchsetzenden Absicherungstendenzen zu „toten Werken" verkommen lassen. Glaube kann die Kontinuität der Daseinsbejahung erlebbar machen und so zur Basis der Lebensbewältigung werden. Er kann sich aber auch jeder differenzierenden Auseinandersetzung durch die Errichtung von kognitiven und emotionalen „Tabu-Zonen" entziehen. Die Ausdifferenzierung und Erweiterung des Erlebens soll dazu führen, mit all diesen Möglichkeiten im Konfliktfall zu rechnen, sie in sachbezogene Auseinandersetzungen zu überführen und dadurch im Verhaltensbereich *Veränderungen* einzuleiten.

Das betrifft zum anderen nochmals die zentrale Bemühung um die Ermöglichung eines persönlichkeitsspezifischen Credos (s.o. S. 267ff.). Sie ist unverzichtbar darauf angewiesen, Glaubensfragen ebenso elementar wie offen zu stellen und gerade auf diese Weise (Lebens-)Konflikten mit der Freisetzung eines christlichen Verhaltens zu begegnen. Geht es doch bei dieser Zielsetzung nicht zuletzt darum, (konflikthafte) Herausforderungen im Beziehungsbereich in zunehmender Bewußtheit von einem festen „inneren Standort" aus annehmen zu können. Dieser vermittelt einerseits von seiner *Plausibilitätsstruktur*[69] her eindeutige Gefühlsidentität. Er schließt andererseits die Reflexion und Infragestellung seiner selbst nicht aus. Er sollte als der unverwechselbare „innere Standort" eines Individuums nicht nur kommunikabel sein (bzw. seelsorgerlich kommunikabel gemacht werden). Er sollte im Einzelfall auch mit seinen Elementen und in seinen Formen der eigenen psychischen Entwicklungsgeschichte und der daraus resultierenden charaktertypischen Verhaltens- und Glaubensstruktur entsprechen.[70] Seelsorgerlicher Umgang mit diesen einzelnen Elementen und Formen des Glaubens sollte bei aller notwendigen Auseinandersetzung in den einzelnen Konfliktkonstellationen stets gleichzeitig auf einer entsprechenden *Einsicht* aufbauen bzw. gemeinsam mit dem Ratsuchenden auf sie hinarbeiten.

Auch der seelsorgerliche Umgang mit dem Glaubenserleben ist mit einem „besonderen Hinweis" zu versehen. Der im Zusammenhang mit den Versagensängsten und Selbstwertproblemen genannten narzißtischen Erlebenskomponente kann im Glaubensbereich ein mehr oder weniger subtiles, mehr oder weniger offenes oder verheimlichtes *Erwählungsbewußtsein* entsprechen. Der so Betroffene ist dann zutiefst davon überzeugt, daß Gott in, mit und unter aller Alltäglichkeit und Konfliktanfälligkeit dennoch Besonderes mit ihm vorhat. Nur dieses Bewußtsein und sonst nichts macht seinen Wert aus. Das läßt ihn an seinen Mitmenschen eher (in einem höheren Auftrag) „handeln" als mit ihnen partnerschaftlich kommunizieren und bringt dementsprechend (Lebens-)Konflikte mit sich.

---

[69] Vgl. dazu *Klaus Winkler*, Psychoanalytische Aspekte des Glaubens, in: *Friedrich Harz/Martin Schreiner* (Hg.), Glauben im Lebenszyklus. FS für Hans-Joachim Fraas, München, 1994, S. 95ff.

[70] Dieser Verhaltens- und Glaubensstruktur entspricht naheliegenderweise auch ein dementsprechendes *Gottesbild*. An dieser Stelle kann nur im Grobraster auf folgendes hingewiesen werden:
Allgemein wird Gott als „Vatergestalt" erlebt und angesprochen als „Vater unser im Himmel". Die Übereinstimmung dieser Rede von Gott mit der prägenden Vaterauseinandersetzung in der eigenen Biographie ist immer wieder herausgestellt worden.
Ein Individuum kann aber auch aus einem analog prägenden Muttererleben heraus ein Gottesbild entwickeln. Dann kommt im Frömmigkeitserleben nicht mehr so sehr der ordnende und normensetzende Vater-Gott zum Tragen. Geglaubt würde vielmehr in erster Linie an einen ausgleichenden, versorgenden, Harmonie schaffenden Gott mit deutlich mütterlicher Attitüde.
Noch anders muß sich eine Gottesvorstellung ausbilden, wenn es ein Mensch in seinem gesamten Lebenslauf mit den Einwirkungen und Auswirkungen aus dem narzißtischen Lebensbereich zu tun hat. Dann wird sein Gottesbild gegebenenfalls mit unabgegrenzten Größenvorstellungen und Allmachtsphantasien korrespondieren.

Die gezielte Aufarbeitung dieser inneren Haltung und deren Rückführung auf ein realitätsbewußtes Selbstbewußtsein erfordert insofern besonderes seelsorgliches Geschick (und Taktgefühl!), als hierbei durch unvermeidbare Kränkungs- und Entfremdungsphasen hindurch ein Beziehungsangebot aufrechtzuerhalten ist. Es ist ein seelsorgliches Beziehungsangebot, das unabhängig von der Haltung eines Ratsuchenden besteht, der sich aus seiner Selbsteinschätzung heraus grundsätzlich „nichts sagen lassen" möchte.

Sowohl das Thema „Angst" als auch das Thema „Glaube" ist jeweils auf ein Erleben zu beziehen, das im Konfliktfall dazu herausfordert, so ausdifferenziert wie möglich und in seiner ebenso speziellen wie subjektiven Ausprägung erfaßt zu werden. Seelsorgliches Handeln sollte also so weitgehend wie möglich von einer *Erlebensdifferenzierung* in beiden Bereichen ausgehen. Es sollte auf den persönlichkeitsspezifischen Modus einer (Lebens-)Angst ebenso ausgerichtet sein wie auf den persönlichkeitsspezifischen Modus des Glaubens im Einzelfall.

III. Umgang mit Anspruch

Auch das Wort „Anspruch" ist eine emotional hochbesetzte Vokabel im Horizont einer seelsorglichen Wahrnehmungseinstellung im Konfliktfall: Wie ist mit der breiten Skala von Ansprüchen des Menschen an das Leben sachgemäß christlich umzugehen? Wo geraten diese Ansprüche im einzelnen zu Auslösern von Angstspannung und werden mit ihr zusammen bekämpft? Wie lassen sich Anspruchserleben und Glaubenserleben ent-spannt und d.h. angstfrei aufeinander beziehen?

Das Christentum (und mit ihm zusammen die christliche Seelsorge!) hat seine besondere Geschichte mit dem, was bei diesen und ähnlichen Fragestellungen alles an Konnotationen und Zwiespältigkeiten mitschwingt! Geht es doch in diesem Zusammenhang um Triebgeschehen – Antrieb – Bedürfnis – mehr oder weniger leidenschaftliches Verlangen.[71] Diese Leidenschaft in ihren mannigfaltigen Ausprägungen „im einzelnen" so zu leben, daß dennoch „im ganzen" Kultur, und in deren Rahmen Glaubenskultur *ent*stehen und *be*stehen kann, ist als Aufgabe offensichtlich in jeder Zeit und für jede Zeit neu zu bewältigen. So ist die Geschichte des Christentums (und mit ihr die Geschichte des christlichen Glaubens und der christlichen Seelsorge) gleichzeitig die Geschichte einer Auseinandersetzung um ein menschenwürdiges Anspruchserleben!

Sie ist aber ebenso gleichzeitig bis zur Gegenwart die Geschichte der Auseinandersetzung mit einer bald besser, bald schlechter begründeten *Vor-*

---

[71] Vgl. *Friedrich Büchsel*, Art.: θυμός, ἐπιθυμέω, ThWNT 3, S. 168ff.

wurfshaltung geblieben: In der christlichen Kirche und mit ihr in der christlichen Seelsorge werde „Angst" und „Glaube" gegen „Anspruch" eingesetzt und ausgespielt. Es werde (vielleicht aus gutem Glauben heraus) eine grundsätzliche Zurückstellung aller menschlichen Ansprüche und damit im Grunde Unmenschliches verlangt. Der einzelne Mensch werde so nicht christlich befreit, sondern christlich verbogen. Aller Zwiespältigkeit auf diesem Erlebensgebiet, aber auch dieser Vorwurfshaltung und der mit ihr verbundenen Problematik seelsorgerlich begegnen zu können bedeutet gleichzeitig nach *konstruktiven* Umgangsformen zu suchen, wenn im Konfliktfall vom Anspruch die Rede sein muß. Entgegen allem komplexen Gebrauch und pauschalem Urteil ist deshalb auch hier möglichst genau zu differenzieren und sehr gezielt nach dem „Sitz im Erleben" zu fragen, wenn es um „ἐπιθυμία" im weitesten Sinne des Wortes geht.

1. Herkunft und Differenzierung des Anspruchserlebens

Es gibt kein Individuum, das nicht im Laufe seiner Entwicklung gelernt hätte, mehr oder weniger gezielt oder aber mehr oder weniger verdeckt „Anspruch" zu erheben! Anders gesagt: Grundsätzlich hat das Anspruchsverhalten jedenfalls eine wichtige Funktion im Leben. Zu fragen sein wird allerdings, wie mit den dahinterstehenden Bedürfnissen und Strebungen im einzelnen (und im Einzelfall!) umzugehen ist. Denn Anspruchsverhalten ist in jedem Falle zu gestalten! Es fragt sich nur wie bzw. unter welcher Prämisse das dann geschieht bzw. geschehen kann oder soll.

a) Zunächst bietet sich eine erste Unterscheidung an. Anspruch gilt *zum einen* als ein elementares Bedürfnis und wird dementsprechend unterstützt. Dahinter stehen die folgenden Einsichten: Ehe ein Mensch überhaupt Anspruch erheben kann, wird er als zunächst als kleinkindhaftes Gegenüber „angesprochen" und ist auf diese lebensnotwendige „Ansprache" angewiesen.[72] Zuwendung und Zuspruch korrespondieren offensichtlich mit einem existentiellen Begehren. Sie werden von einer mehr oder weniger freundlichen Umwelt mehr oder weniger intensiv „zur Verfügung gestellt". Dabei gerät das „Sich-zur-Verfügung-stellen" sehr bald von der aktiven zur reaktiven Maßnahme: Es wird in zunehmendem Maße von wachsenden „Ansprüchen" dirigiert. Sehr bald verfügt der Säugling nämlich über immer mehr Möglichkeiten (Lächeln, aber vor allem Strampeln und Schreien), um sich

---

[72] Einen ebenso fundierten wie leicht lesbaren Einstieg in die entsprechende Erkenntnislage und Problematik bietet *Ilsabe von Viebahn*, Seelische Entwicklung und ihre Störung, Göttingen, 1972. Nach wie vor sehr informativ ist das klassische Werk von *René A. Spitz*, Vom Säugling zum Kleinkind, Stuttgart, 4. Aufl. 1974; dazu *Walter Spiel*, Das erste Lebensjahr, in: Die Psychologie des 20. Jahrhunderts XI (1980), S. 59ff.

Zuwendung zu verschaffen. Dieser basal wirksame Anspruch entspricht naturgemäß einem gänzlich unreflektierten Verhalten. Deshalb erscheint es allen Beteiligten auch als völlig selbstverständlich.

Sehr bald aber passiert hierbei etwas (auch für unseren speziellen Zusammenhang) sehr Einschneidendes: Die „Zuwendung" wird von einer „Zumutung" unterbrochen: Schon dem Säugling werden nach und nach deutliche Verzichtleistungen abgefordert.[73] Er muß warten lernen. Er muß Bedürfnisse aufschieben lernen. Vor allem aber: Dieser mühsame Lernprozeß wird je länger, desto deutlicher und bewußter mit einem *Leistungsprinzip* verbunden. Unausweichlich hat ein heranwachsendes Kind zu begreifen: Nur wer selber etwas Besonderes leistet, darf auch besondere Ansprüche stellen! Als gängiges Lebensmotto wird immer klarer: Nur dem Tüchtigen gehört die Welt![74]

Aber Anspruch gilt *zum anderen* auch als eine höchst beschwerliche Lebensäußerung und wird dementsprechend in Frage gestellt, ja bekämpft. In einer bestimmten Form gilt er als besonders schwer erträglich, als kaum akzeptabel in Familie und Gesellschaft. Er gilt sogar als „neurotisch" und damit als letztlich krankhaft. So eingeschätzt wird Anspruch immer dann, wenn er vom genannten Leistungsprinzip völlig abgekoppelt auftritt.

Wie sieht das im einzelnen aus? Ein erwachsener Mensch beträgt sich in diesem Fall zumindest partiell psychisch wie ein Kleinkind. Die Ansprüche, die er wie selbstverständlich an seine Beziehungspersonen und Mitmenschen stellt, stehen in keinem Verhältnis zu einer Eigenleistung. „Die anderen" haben für ihn dazusein. Sie haben für ihn zu sorgen. Sie sollen ihm vor allem jedwede Verantwortung abnehmen, ihn ohne Gegenleistung mögen und lieben. Wer sich in dieser Weise unabgegrenzt anspruchsvoll gibt, zeigt damit gleichzeitig einen defizitären Lernprozeß in einem sehr wichtigen (Er-)Lebensbereich auf: Er hat aus den verschiedensten Gründen nicht gelernt (nicht lernen können), Leistung und Zuwendung, Geben und Nehmen aufeinander zu beziehen. Vielleicht ist es für ihn zu einem Gewöhnungseffekt geworden, verwöhnt, verhätschelt und dabei gleichzeitig unselbständig gemacht und erhalten zu sein. Nun bleibt ihm nichts weiter übrig, als in auffälliger Weise Ansprüche zu stellen und mit dieser provokativ fordernden Haltung und

---

[73] Vgl. dazu *Harald Schultz-Henckes* Ausführungen über „Das Durchsetzen der primären Kinderwünsche" und „Die Einschränkung der primären Kinderwünsche", in: *Ders.*, Einführung in die Psychoanalyse, Göttingen, 1927, Unveränderter Nachdruck 1972, S. 14ff.

[74] Zu Einzelheiten vgl. auch R. Oerter/L. Montada, Entwicklungspsychologie, S. 652ff. Hier sind die Zusammenhänge von Erwartungen aus der Umwelt, aber auch vom (verinnerlichten) Anspruch an sich selbst mit dem daraus resultierenden Tüchtigkeitsgefühl aufgezeigt.

ausbeuterischen Einstellung die verdeckte Angst zu kompensieren, allein und auf sich selbst gestellt zu sein und dabei im Grunde hilflos wie ein Kind im Leben dazustehen.

Naheliegenderweise kann sich diese verdeckte Hilflosigkeit und Lebensangst sehr trotzig und aggressiv geben. Das wirkt naturgemäß sehr unsympathisch und kann die betroffene Umgebung sehr quälen. Sie ist aber gerade nicht in erster Linie mit *moralischem Versagen* gleichzusetzen! Geht es doch bei näherem Hinsehen eher um eine psychische „Entwicklungsstörung", die als solche wahrzunehmen und zu bearbeiten ist.

Bei alldem sollte deutlich geworden sein: Aller „natürlich" zum (Er-)Leben gehörige Anspruch hat schon ganz allgemein gesehen einen „doppelten Boden": Er kann mehr oder weniger leistungsbezogen und auch mehr oder weniger realitätsbezogen sein. Er kann als ein angemessener Anspruch auftreten oder zur beziehungsstörenden Anspruchlichkeit geraten.

b) Eine weitere Differenzierung des Anspruchserlebens soll nun im Hinblick auf ein christliches Verhalten versucht und auf die seelsorgerliche Konfliktbearbeitung bezogen werden.[75] Das, was wir im Rahmen eines „anspruchsvollen" Grundbedürfnisses als triebhaftes „Begehren" oder leidenschaftliches „Verlangen", aber eben auch als „Begierde" bezeichnen und zuordnen können, kann von (Christen-)Menschen, die ihr Leben nach bestimmten Zielvorstellungen gestalten wollen, besonders zwiespältig empfunden sein.[76] So entsteht nicht nur, aber auch und oft gerade in diesem

---

[75] Das soll unter Hinweis auf die sog. Neo-Psychoanalyse von Harald Schultz-Hencke geschehen. Hierzu etliche Literaturangaben:
Zur Einführung vgl. *Esther* und *Wolfgang Zander*, Die Neo-Psychoanalyse von Harald Schultz-Hencke, in: Die Psychoanalyse des 20. Jahrhunderts III (1977), S. 426ff., sowie *Harald Schultz-Hencke*, Lehrbuch der analytischen Psychotherapie, Stuttgart, 1965; *Ders.*, Der gehemmte Mensch, Stuttgart, 1967; *Ders.*, Die psychoanalytische Begriffswelt. Überarbeitet und herausgegeben von *Eduard Jorswieck*, Göttingen, 1972; dazu aber auch allgemeiner *Lawrence A. Pervin*, Persönlichkeitstheorien, München/Basel, 2. Aufl. 1987.

[76] So heißt es in dem genannten Artikel zum Begriff ἐπιθυμία im ThWNT von F. Büchsel, der durchaus den unterschiedlichen Gebrauch dieses Begriffes im NT und damit seine ambivalente Grundstruktur deutlich macht, schlußendlich doch: „Die ἐπιθυμία ist bei Paulus, der im NT allein eine ausführliche Lehre vom sündigen Menschen bietet, die Erscheinungsform der im Menschen vorhandenen, ihn beherrschenden Sünde, ..." (F. Büchsel, a.a.O., S. 171) „Was das NT von der epiqumia sagt, hat seinen Sinn nicht als eine das Menschenwesen reflektierend zergliedernde Feststellung, sondern als ein Stück Bußpredigt." (ebd.). „Die ἐπιθυμία ist verkrampfte Selbstsüchtigkeit." (S. 172).
Und *Rudolf Bultmann* führt dazu aus unter der Überschrift „Fleisch und Sünde" (in der Theologie des Paulus): „Es ist klar: ein Leben kata sarka ist ein Leben des epiqumein, des selbstmächtigen Trachtens." (Theologie des Neuen Testaments, Tübingen, 9. Aufl. 1984, S. 242)

Kontext eine Haltung, die entweder durch Betonung oder durch Hemmung oder sogar durch Verdrängung einzelner Bedürfnisse im Leben und an das Leben ganz individuell bzw. „persönlichkeitsspezifisch" geprägt ist.

Anders ausgedrückt: In verschiedenen Phasen der körperlichen, seelischen und geistigen Entwicklung eines Individuums entstehen im Bedürfnisbereich „*Intensivpunkte des Erlebens*". Diese können dann einen Menschen mehr oder weniger fixieren, je nachdem ob sie mehr ausgelebt (und durchschritten) oder mehr gehemmt/zurückgehalten und damit mehr (fest-haltend) erfahren wurden. So eben kommt es zu Bedürfnisentfaltungen, die dann in charakteristischer Weise denken, fühlen, handeln, glauben (sich verhalten!) lassen.[77] Eine christliche Einstellung und dementsprechende Erziehung kann eine Anspruchshaltung dabei in entscheidender Weise prägen und gestalten.

Oder noch anders formuliert: Der *Gesamtanspruch* auf Leben in dieser Welt wird in sehr verschiedener Weise ausgedrückt, vertreten, verkörpert, mitgeteilt und bei alldem in seinen Einzelbedürfnissen mehr oder weniger offen oder verdeckt durchzusetzen versucht.[78] Auch bei der Strukturierung

---

[77] Zu betonen ist in diesem Zusammenhang, daß dieses bedürfnisbezogene Verhalten in seiner charaktertypischen Ausprägung eine Lebensform zwar gestalten, aber nicht determinieren kann! Das einzelne Individuum ist also seinem typischen Verhalten ebenso wie seinem Charakter keinesfalls einfach ausgeliefert! Gerade in der Spannung zwischen Wollen und Können wird in diesem Zusammenhang die Möglichkeit ethischen Verhaltens, also eines verantworteten Anspruchserlebens freigesetzt und diese ist seelsorgerlich intendiert.
H. Schultz-Hencke geht von einem dem Menschen eingestifteten „Antriebsleben" aus, das sich aus verschiedenen autochthonen *Strebungen* zusammensetzt, die sich in der Einzelentwicklung bei phasenbedingter Schwerpunktbildung entfalten, durch Härte und Verwöhnung „gehemmt" sein können, aber jedenfalls eine lebensnotwendige Dynamik entwickeln.(vgl. H. Schultz-Hencke, Lehrbuch, S. 23ff.)

[78] Dabei lassen sich folgende Grundbedürfnisse (nach H. Schultz-Hencke und für unseren Zusammenhang lediglich im Grobraster) von einander abheben (vgl. auch oben S. 305, Anm. 27):
1. Da ist das Grundbedürfnis nach Kontakt und Beziehungsaufnahme (intentionales Antriebserleben). Es schlägt sich u.a. in einem *Anspruch auf Zuwendung* nieder.
2. Da ist das Grundbedürfnis nach Anreicherung im Prozeß des Gebens und Nehmens (kaptativ-orales Antriebserleben). Es schlägt sich u.a. in einem *Anspruch auf Besitz* nieder.
3. Da ist das Grundbedürfnis nach Durchsetzung, Positionalität und Einflußnahme (retentiv-anales sowie aggressiv-geltungsstrebiges Antriebserleben). Es schlägt sich u.a. im *Anspruch auf Macht* nieder.
4. Da ist das Grundbedürfnis nach Erotik und Sinnlichkeit (urethrales sowie liebend sexuelles Antriebserleben). Es schlägt sich u.a. in einem *Anspruch auf Geschlechtlichkeit* nieder.

dieses umfassenden Anspruchs ist die christliche Weltanschauung eines Individuums naturgemäß ganz wesentlich beteiligt.

Zusammenfassend läßt sich jetzt auf den Ausgangspunkt unserer Überlegungen zurückkehren: Der *Anspruch auf Leben* wie ihn jedes Individuum unabdingbar und eben „individuell" vertritt, aber auch eine ebenso individuelle *Anspruchlichkeit* in *bezug auf Leben*, ist je nach biographisch entwicklungsgeschichtlicher „Herkunft" (Psychogenese) und Glaubenseinstellung ein persönlichkeitsspezifisch „gemischtes" Erleben! Seelsorgerlich ist es in diesem Kontext von Vorteil, die prägenden und das (Anspruchs-)Verhalten strukturierenden „Schwerpunkte des Erlebens" wahrzunehmen. Es lohnt sich, auch auf dem Gebiet des „Anspruchs" resp. des Antriebserlebens jene *Erlebensdifferenzierung* fortzusetzen, die schon in den Bereichen „Angst" und „Glaube" vorgeschlagen wurde. Der seelsorgerliche Umgang mit Anspruchsverhalten im Konfliktfall wird von dieser Einstellung und dem damit verbundenen Informationsvorsprung deutlich profitieren.

2. Anspruch und Anspruchlichkeit unter dem Vorzeichen eines christlichen Verhaltens

Wie ist mit den genannten Gegebenheiten und Zwiespältigkeiten poimenisch sachgemäß umzugehen? Es gibt keinen glaubensbewußten Christen, der seine Ansprüche bei näherem Nachdenken und gezielter Reflexion einfach in den Angeboten dieser Welt aufgehen lassen möchte. Nicht eben zufällig ist die mögliche Ineinssetzung von Anspruch und Begierde aufgrund der „biblischen Aussagen und Verhaltenshinweise" so deutlich angesprochen worden! Ebensowenig zufällig lauten die drei alten Mönchsregeln Armut, Keuschheit und Gehorsam! Sie zielen also darauf ab, den wesentlichen Ansprüchen etwas entgegenzusetzen, um sich ihnen so wenig wie möglich ausliefern zu müssen. Wenn ein Christ aufgefordert wird, die Welt, in der man unweigerlich in Angst gerät (Joh. 16,33), im Glauben und d.h. in der Zusammenstellung mit Jesus Christus zu überwinden, so beginnt die besondere „Auseinandersetzung" mit den Gesetzmäßigkeiten dieser Welt sehr konkret im Anspruchsbereich.

Es liegt nahe, sich dieser innerweltlichen Machtausübung durch eine besondere *Anspruchslosigkeit* so weitgehend wie möglich zu entziehen. Denn sich den eigenen begehrlichen Ansprüchen und von Natur aus egoistischen Strebungen einfach zu überlassen, bedeutet ja gleichzeitig eine Auslieferung an die Eigengesetzlichkeit alles Irdischen und wird damit von der Bibel als *Sünde* qualifiziert.

Wie aber kann das ohne folgenschwere „Entzugserscheinungen" geschehen? Wie kann es gelingen, der natürlichen Macht der Bedürfnisse etwas auf Dauer Wirksames entgegenzusetzen? Wie ist Ansprüchen heute so zu begegnen, daß sie weder einfach verdrängt noch einfach „hemmungslos" ausgelebt werden?

Die nächstliegende Antwort lautet: Im Einklang mit biblischen Aussagen ist alles natürliche Anspruchsverhalten zu relativieren, so daß es die Psyche eines Menschen nur soweitgehend besetzt, wie das zum „Überleben" unter den gegebenen Umständen in dieser Welt unbedingt notwendig ist. Bei näherem Hinsehen wird die Bedürfnislage also ganz und gar nicht einfach negiert! Das Anspruchsverhalten wird mitnichten seiner eigenen Auflösung anempfohlen! Vielmehr geht es darum, alle so oder so ausgeprägten Ansprüche mit dem *Anspruch des christlichen Glaubens* zu konfrontieren, d.h. gegenüber allen „natürlichen" Ansprüchen einen „Glaubensanspruch" zu erheben.

Damit ist eine Zielvorstellung verbunden, die im Falle des seelsorgerlichen Umgangs mit Konflikten grundsätzlich große Bedeutung gewinnt. Dem Anspruch der Bedürfnisse wird hier der Anspruch des Glaubens in einer dialektischen Bezugnahme entgegengesetzt. Beide sollen vom Gläubigen in eine *Balance* gebracht werden, was jedenfalls mit einer psychischen Leistung verkoppelt ist und damit diesen Aspekt als (lebens-)wichtig unterstreicht. Die Möglichkeit des einzelnen Individuums, diese Balance in seinem Christenleben zu verwirklichen, hat aber in direkter Weise etwas mit dessen Gottvertrauen zu tun: Nur dieses (alle entsprechenden Auseinandersetzungen durchziehende Gottvertrauen) ermöglicht eine zwischen dem weltlichen und dem göttlichen Anspruch ausbalancierte *Daseinsbejahung*.

Dieses Gottvertrauen ermöglicht es, dem Gefühl einer sündhaften Verstrickung[79] in die innere Welt der andrängenden Bedürfnisse, der leiden-

---

[79] Es legt sich nahe, die immer wieder poimenisch reflektierte Frage, ob im seelsorgerlichen Gespräch heute direkt oder indirekt von *Sünde* gesprochen werden kann (s.o. S. 36ff. zu E. Thurneysen und S. 65ff. zu Jay E. Adams), auch im Kontext des „Umgangs mit Anspruch" zu reflektieren. Unstrittig dürfte sein, daß ein christliches Verhalten zur Lebensbewältigung grundsätzlich die Auseinandersetzung mit dem Thema „Sünde" einschließt: Die Wahrnehmung dessen und Konfrontation mit dem, was den einzelnen schuldhaft von Gott, den Mitmenschen und seiner eigenen Gottesebenbildlichkeit trennt, ist unverzichtbarer Bestandteil der von uns vertretenen Konfliktbearbeitung unter spezifischen Vorzeichen.
Wie aber kann im Umfeld einer modernen Lebenseinstellung der Begriff „Sünde" seelsorgerlich so in Gebrauch genommen werden, daß er nicht automatisch (und trotz aller kognitiv-theologischen Aufklärungsversuche!) mit einem Vorurteil behaftet und damit in der emotionalen Abwehr steckenbleibt?
Generell vorgeschlagen wird zum einen, die Rede von der Sünde im seelsorgerlichen Gespräch nicht zu automatisieren: Es ist jeweils von der Einzelsituation her zu entscheiden, ob sie überhaupt verstanden werden kann oder nicht und damit auch angebracht ist oder nicht. Speziell vorgeschlagen wird zum anderen, diesen Entscheidungsakt mit der Wahrnehmung der jeweiligen Anspruchshaltung resp. Anspruchsproblematik zu verbinden: Je unvermittelt konfrontativer die Rede von der Sünde *gegenüber* den Ansprüchen eines Menschen zu stehen kommt, desto „lebensfeindlicher" muß sie empfunden werden. Je mehr sie dagegen als notwen-

schaftlichen Strebungen und der sich durchsetzenden Begierden die Gewißheit einer dennoch ungebrochenen Gottesbeziehung entgegenzusetzen.[80] Der Mensch kann sich gegenüber Gott und Mitmensch „vertrauend" vorfinden![81]

---

dige Infragestellung eingeschliffenen Verhaltens so zur Sprache kommt, daß sie trotz ihrer Härte und der mit ihr verbundenen Kränkung als *zuwendender* Akt erlebt werden kann, desto offener kann sie gehört und desto besser verstanden werden. Dann nämlich kommt sie einem basalen Anspruch des Menschen *entgegen*!
In der Praxis sollte die unverzichtbare Rede von der Sünde im Rahmen seelsorgerlichen Handelns hinsichtlich ihrer (schon) direkten oder (noch) indirekten Ausdrucksform jedenfals von diesen Überlegungen und von dieser Bezugnahme abhängig gemacht werden.

[80] An dieser Stelle ist nochmals auf den schon zitierten (s.o. S. 311) Begriff „Urvertrauen" hinzuweisen, der von dem Psychoanalytiker E.H. Erikson eingeführt wurde. Der Vertrauensbegriff wird in seiner Konzeption einmal psychogenetisch und d.h. lebensgeschichtlich verankert und zum anderen von vorn herein in Korrespondenz mit dem Begriff „Urmißtrauen" gesehen. Die Dialektik zwischen „Urvertrauen" und „Urmißtrauen" ist unauflöslich! Diese Bestimmung ist für den seelsorgerlichen Umgang mit „Gottvertrauen" und mit „Glaubenszweifel" von erheblicher Bedeutung.
Zu allen Einzelheiten vgl. E.H. Erikson, Kindheit, dort besonders das Kapitel „Das Wachstum des Ich", S. 183ff.
Erikson setzt hier Urvertrauen gegen Urmißtrauen, Autonomie gegen Scham und Zweifel, Initiative gegen Schuldgefühl, Leistung gegen Minderwertigkeitsgefühl, Identität gegen Rollenkonfusion, Intimität gegen Isolierung, zeugende Fähigkeit gegen Stagnation und Ich-Integrität gegen Verzweiflung. In der Bewältigung bestimmter Schritte von einem Erlebensschwerpunkt zum nächsten, die zu neuen Erfahrungsbereichen führen und jeweils durch eine starke Gegenmöglichkeit gefährdet werden, entscheidet sich so für den einzelnen die tragfähige Beziehung zu Religion, zu Recht und Ordnung, zu positiven Leitbildern, zur Arbeitswelt, zu sozialen Werten und zur Politik, zur eigenen und anderen Geschlechtlichkeit, zur notwendigen Generationsfolge, zur begrenzten Lebenszeit und der Tatsache des Todes.
Die entsprechenden und notwendig krisenhaften Auseinandersetzungen im Übergang von einer Lebensstufe zur anderen können auch als jeweils gelingender oder mißlingender Umgang mit dem Anspruchsverhalten gelesen werden!

[81] Vgl. hierzu auch *Hans-Joachim Fraas,* Religiöse Erziehung und Sozialisation im Kindesalter, Göttingen, 1973.
H.-J. Fraas setzt sich im Hinblick auf eine basal vertrauende Lebenseinstellung ausführlich mit Eriksons Bestimmungen auseinander und tut das unter dem bezeichnenden Titel „Die strukturellen Wurzeln der Religiosität" (S. 90ff.). Hier stellt er heraus, „… daß das frühkindlich erworbene Urvertrauen die religiöse Haltung bedingt". (S. 104) Das bedeutet dann im Hinblick auf eine entsprechende Erfahrungsvermittlung: „Die Mutter handelt – im Sinne Luthers – an Gottes Statt, sie ist die Stellvertreterin Gottes, wie denn auch die Urerfahrung mütterlicher Fürsorge zum Bild für Gottes Handeln werden kann: „Ich will euch

Aber er muß nicht „vertrauensselig" auf Gott und die Welt reagieren! Die genannte Balance wird durch eine feste Glaubenseinstellung nicht automatisch zu einem statischen Element der Christenseele! Wie sich (nach E.H. Erikson) „Urvertrauen" und „Urmißtrauen" von vornherein und dann lebenslang in gegenseitiger Bezogenheit gegenüberstehen, so im Hinblick auf den Gottes- und Weltbezug auch „Gewißheit" und „Ungewißheit". Das bedeutet zum einen: Unsicherheit im Umgang mit Anspruch, aber auch Unsicherheit im Umgang mit Gottvertrauen resp. Glaubenszweifel stehen ständig neu zur Bewältigung an. Das bedeutet zum anderen: Die Dialektik zwischen Gewißheit und Ungewißheit, Sicherheit und Unsicherheit im Umgang mit dem Anspruch dieser Welt prägt dann auch jene Haltung, die wir an anderer Stelle als „Glaubensanspruch" bezeichnet haben. Selbstgewisser Anspruch und selbstunsichere Ansprüchlichkeit liegen oft zum Verwechseln nahe beieinander – auch im Glaubensbereich! Der fromme Anspruch des Christenmenschen, mit Gottes Hilfe um Jesu Christi willen der Angst in der Welt nicht mehr in der üblichen Weise ausgeliefert sein zu müssen, sondern diese Weltangst glaubend überwunden zu haben, kann nur allzu leicht in *fromme Ansprüchlichkeit* umschlagen. Diese Ansprüchlichkeit zeichnet sich dadurch negativ aus, daß sie sich mit einem Gefühl von „innerer Überlegenheit" verbindet, das sich häufig hinter einer betonten Bescheidenheits- oder auch Demutshaltung versteckt. In der Folge korrespondiert der Christenglaube mit *Weltverkennung* und einer für die zwischenmenschlichen Beziehungen höchst nachteiligen *Angstverleugnung* und fordert seelsorgerliches Handeln heraus.[82]

---

trösten, wie einen seine Mutter tröstet (Jes. 66,13)." (S. 104f.) Aber dann heißt es bezeichnenderweise: „Die Reflexion muß später hinzutreten, um einen personalen Selbst- und Weltentwurf zu ermöglichen. Deshalb ist das Urvertrauen noch nicht material mit dem Gottvertrauen identisch, wohl aber strukturell." (S. 105)

Der Bestimmung des Phänomens „Urvertrauen" als strukturelles Element bzw. als Teil einer inhaltlich zu füllenden Erlebensstruktur kann unter den hier gegebenen Gesichtspunkten nur zugestimmt werden! Nur wird dabei im Hinblick auf die genetisch bestimmbare Komponente des Gottesglaubens leicht vergessen, daß auch in dieser Beziehung das „Urmißtrauen" strukturell „von vornherein" wirksam ist und seine Bedeutung gewinnt. Auch hier gilt: Es geht um seine strukturierende Wirkung und nicht um Inhalte, wenn neben das Gottvertrauen der Zweifel an Gott tritt. Vor allem aber geht es in diesem Zusammenhang um die mehr oder weniger ausgeprägte Fähigkeit zur (konstruktiven!) Religionskritik. Diese nur als Ausfall von Vertrauen bezeichnen zu wollen oder mit Glaubensdestruktion gleichzusetzen, hieße die Gottesbeziehung an entscheidender Stelle zu vereinseitigen bzw. zu reduzieren.

[82] *Beispiel*: Zu einer Seelsorgerin kommt ein junger Mann in die Sprechstunde und breitet sofort sein Anliegen aus. Er möchte später Arzt werden, sagt der 17jährige. Leider würden ihn seine Eltern, beide mittlere Angestellte und berufstätig, über-

3. Seelsorgerliche Bearbeitung des Anspruchserlebens als gezielter Umgang mit Verdrängung und Verzicht

Bedürfnisse und Ansprüche können also mehr oder weniger gelebt werden, mehr oder weniger als solche erkannt und anerkannt sein, mehr oder weni-

---

haupt nicht verstehen und nie verstanden haben. Vor allem würden sie ihn bei seiner beruflichen Zielvorstellung nicht unterstützen. Vielleicht sei da ein Weg über die Kirche möglich: Wenn diese die Kosten für ein Studium und eine Ausbildung übernähme, könne er ja z.B. Arzt in der „Dritten Welt" werden, wie dazumal Albert Schweitzer.

Als die Seelsorgerin anmerkt, das alles habe ja vorerst noch Zeit, der junge Mann solle erst einmal sein Abitur machen, dann könne man weitersehen, wird dieser wütend und offensichtlich heftig. Er fühle sich von aller Welt nicht verstanden und im Stich gelassen: Von den Eltern, die immer nur auf guten Schulleistungen bestünden, von der Kirche, die einen gläubigen Anhänger, wie er es sei, nicht zu schätzen wüßte. Aber er werde eines Tages ein berühmter und segensreich wirkender Arzt sein. Gott selber werde auf seiner Seite stehen!

Näheres Nachfragen seitens der Seelsorgerin ergibt, daß der junge Mann große Schulschwierigkeiten hat und immer wieder ein Schulabbruch droht. Offensichtlich ist er intellektuell zwar ausreichend begabt, leidet aber an massiven Arbeitsstörungen. Wie er nach längerem Zögern berichtet, sitze er stundenlang vor bestimmten Aufgaben oder Arbeiten, ohne jedoch dabei voranzukommen. Dann spiele er Gitarre. Aber auch die gute Qualität seines Gitarrespiels werde weder von seinen Eltern noch von seinen (wenigen) Freunden wahrgenommen. Überhaupt hätten ihn seine Eltern völlig falsch erzogen! Sie hätten mit Sicherheit durch ihre Unfähigkeit, mit ihm als Einzelkind in der frühen Entwicklungsphase liebevoll umzugehen, seinen jetzigen Zustand herbeigeführt und im Grunde auch zu verantworten. Seine Kontaktschwierigkeiten – der junge Mann hat keine Freundin – hingen sicher mit diesem völlig verfehlten Erziehungsstil zusammen. Bei alldem hätten sie ihm aber seinen Glauben nicht nehmen können. Im Gegensatz zu ihnen fühle er sich als überzeugter Christ, dem Gott in jeder Lebenslage beistehe.

Zwar sei ihm bisher seitens der Eltern und Mitmenschen eigentlich nur Schmerz zugefügt worden. Aber eines Tages werde sich ja all diese Anstrengung auszahlen: Dann würde er sein hochgestecktes Berufsziel erreicht haben und vielen Menschen ein Helfer sein. Wenn die Seelsorgerin ihm auch keine konkrete Unterstützung anbieten könne, um seine Pläne im Dienste einer guten Sache zu verwirklichen, so solle sie doch wenigstens moralisch beistehen und sein Vorhaben bestätigen.

Die Seelsorgerin ist zunächst irritiert und betroffen von soviel augenscheinlichem Illusionismus. Erst allmählich durchschaut sie die Hintergründe der realitätsfremden Erwartungshaltung des jungen Mannes an Gott und die Welt: Unbefriedigend gelebtes Dasein mit wahrscheinlich hoher Abhängigkeit von den (möglicherweise ebenso unbezogenen wie verwöhnenden) Eltern soll und muß ohne eigentliche Eigenleistung von Gott (bzw. den Schicksalskräften hinter dem eigenen Lebenslauf) ausgeglichen werden. Aus einer Erwartungshaltung, die sich immer und immer wieder an den Realitäten stößt, ist eine „fromme" Anspruchs-

ger intensiv ins Bewußtsein treten. Wie ist mit dieser Verschiedenheit im (individuellen, aber auch kollektiven) Erleben umzugehen? Sind diese Verschiedenheiten nur quantitativer oder sind sie auch qualitativer Natur? Geht es um unterschiedliche körperliche und psychische Ausstattungen, oder geht es um grundsätzlich für jedermann mögliches, aber im Einzelfall oft „ungelebtes (Er-)Leben"? Den Hintergrund dieser und ähnlicher Fragestellungen bildet heutzutage die mögliche Annahme eines in, mit und unter dem Bewußtsein sich ereignenden *unbewußten* Erlebens.

Unbewußt heißt nicht psychisch unbedeutend! Im Gegenteil: Das Unbewußte ist voller abgedrängter, d.h. im Bewußtsein „aus Erfahrung" nicht (mehr) zugelassener Bedürfnisse, Vorstellungen und Verhaltensmöglichkeiten, gegen deren bewußtes Erleben ein (moralischer) *Widerstand* besteht. Sie sind einer Verdrängung anheimgefallen und so zu *latenten* Bedürfnissen geraten.[83]

---

haltung geworden, die den göttlichen Ausgleich ebenso angstbesetzt wie drängend einfordert.

Die Seelsorgerin bietet dem jungen Mann kontinuierliche Gesprächskontakte an. Sie will versuchen, sein reales Können herauszufinden, seine Selbstunsicherheit durch Hinweise auf vorhandene Tüchtigkeit zu mildern, sein Gottvertrauen u.a. auch auf eigene Leistungen zu beziehen und so über den Weg von zumutbaren „Ent-Täuschungen" seelsorglich zu einer ernüchterten Lebensbewältigung beizutragen.

[83] Wie schon im Kapitel „Umgang mit Angst" bzw. im Zusammenhang mit den verschiedenen Angsttheorien deutlich wurde, ist der Begriff „Verdrängung" als eine Grundannahme der Psychoanalyse zu verstehen. S. Freud selbst schreibt: „Die Unterscheidung des Psychischen in Bewußtes und Unbewußtes ist die Grundvoraussetzung der Psychoanalyse und gibt ihr allein die Möglichkeit, die ebenso häufigen als wichtigen pathologischen Vorgänge im Seelenleben zu verstehen, der Wissenschaft einzuordnen. Nochmals und anders gesagt: die Psychoanalyse kann das Wesen des Psychischen nicht ins Bewußtsein verlegen, sondern muß das Bewußtsein als eine Qualität des Psychischen ansehen, die zu den anderen Qualitäten hinzukommen oder wegbleiben mag." Vgl. zum ganzen Abschnitt *Sigmund Freud*, Das Ich und das Es, GW XIII, Frankfurt, 5. Aufl. 1967, S. 235ff.; Zitat S. 239. Für unseren Zusammenhang bedeutet das: Es gibt eine Bedürfnislage, in der die einzelnen Bedürfnisse und deren Repräsentanten im Vorstellungsbereich zwar Träger psychischer Energie sind, aber dennoch das Bewußtsein nicht erreichen. Über diese latenten Bedürfnisse, die erst bewußt gemacht werden müssen, um voll ins Erleben eingegliedert werden zu können, heißt es: „Den Zustand, in dem sich diese vor der Bewußtmachung befanden, heißen wir *Verdrängung*, und die Kraft, welche die Verdrängung herbeiführt und aufrecht gehalten hat, behaupten wir während der analytischen Arbeit als *Widerstand* zu spüren. Unseren Begriff des Unbewußten gewinnen wir also aus der Lehre von der Verdrängung. Das Verdrängte ist uns das Vorbild des Unbewußten." (S. 241)

Einmal hat diese Verdrängung ins Unbewußte ihre Gründe![84] Zum anderen werden hier verdrängte Bedürfnisse mit einem Deutungssystem verbunden, das deren Folgen unbedingt als lebenshemmend, ja letztendlich als krankmachend einschätzt. In diesem Sinne sind nicht gelebte, aber unbewußt vorhandene Ansprüche ein geradezu gefährliches Potential, dessen Auswirkungen sich als geradezu *lebensfeindlich* erweisen müssen. So lautet denn der jetzt tiefenpsychologisch begründete und damit wissenschaftlich unterlegte Vorwurf an den christlichen Glauben und seine kirchliche Institutionalisierung: Hier werden natürliche Bedürfnisse bzw. Ansprüche des Menschen eben nicht in den Glaubensanspruch hinein „aufgehoben", sondern verdrängt. Dann liegt der Gedanke nahe, daß zumindest bestimmte „bedürfnishemmende" Formen des Glaubensverhaltens schädlich sind, das Leben „lustlos" machen, ja sog. „ekklesiogene Neurosen" hervorrufen. So gesehen erscheint jetzt der Anspruch des Christenmenschen, die Welt im Glauben zumindest „vorläufig" überwunden zu haben, möglicherweise die Tendenz auszudrücken, gerade nicht der Weltangst kompensatorisch begegnen zu wollen, sondern *aus Angst* vor sonst scheinbar drohendem Verlust der Gottesbeziehung (resp. dem Verlust der christlich-gläubigen Gemeinschaft) die eigenen Bedürfnisse und Ansprüche zu verleugnen.

Es sei denn, diese „Zurückhaltung" im natürlichen Bedürfnis- und Anspruchsbereich erscheint „sinn-voll", wird ihrerseits bewußt vollzogen und muß dann gar nicht unabdingbar zu den genannten negativen Folgen führen! Es sei denn, ein Leben unter dem Glaubensanspruch bekommt eine Qualität, die den Umgang mit den sog. „natürlichen" Bedürfnissen und Ansprüchen nicht von Angst bestimmt sein läßt, sondern die „Spielräume des Verhaltens" erweitert und dabei im Umgang mit verschiedenen Erlebensmomenten eine von zunehmender Bewußtheit getragene Wahlfreiheit aktualisiert und praktiziert.

Damit aber sind wir bei dem nicht unkomplizierten Begriff des *Verzichts*. Was ist damit im Rahmen unserer (seelsorgerlich motivierten) Auseinandersetzung mit dem Anspruchsverhalten im einzelnen gemeint? Im theologisch-ethischen Bereich werden die Begriffe *Verzicht* und *Askese* herkömmlich synonym gebraucht.[85] Von daher liegt es nahe, ihn automatisch mit der

---

[84] Vgl. dazu auch J. Laplanche/J.-B. Pontalis, Vokabular, S. 582 zum Stichwort „Verdrängung": „Im eigentlichen Sinne: Operation, wodurch das Subjekt versucht, mit einem Trieb zusammenhängende Vorstellungen (Gedanken, Bilder, Erinnerungen) in das Unbewußte zurückzustoßen oder dort festzuhalten. Die Verdrängung geschieht in den Fällen, in den die Befriedigung eines Triebes – der durch sich selbst Lust verschaffen kann – im Hinblick auf andere Forderungen Gefahr läuft, Unlust hervorzurufen."

[85] Vgl. zum Folgenden den Abschnitt unter der Überschrift „Verzicht" in D. Lange, Ethik, S. 376ff.

Assoziation „ungelebtes Leben" bzw. „verdrängter Anspruch" trotz grundsätzlich vorhandener Erlebensmöglichkeiten zu verbinden. <u>Löst man diese Synonymität auf, so wird es leichter, das Erleben von Verzicht mit Einsicht in die eigene Begrenztheit bei aller natürlichen Anspruchshaltung sowie mit der Einsicht in die Notwendigkeit solidarischen Handelns zu verbinden.</u>[86]

---

[86] Vgl. an dieser Stelle den Art.: Verzicht, WdC, S. 1324ff. Hier schreibt *Udo Tworuschka*: „Nach einer Zeit der Diffamierung wird über V. und Askese in der westl. Kultur wieder differenzierter geurteilt. Anlaß zu ihrem *Glaubwürdigkeitsverlust* war das Christentum selbst mit einer verengenden Deutung der Hl. Schrift, als fordere sie in ihrer Gesamtheit die Verachtung der Welt, wogegen sich andere Strömungen konkreter christl. Lebensverwirklichung offensichtl. nicht durchzusetzen vermochten. In neuer Zeit trugen zur Abwertung von V. und Askese Tendenzen bei, die sich unter dem Stichwort ‚Recht auf Lust' zusammenfassen lassen, da sie den eigentl. Zweck des Daseins einschichtig als Lustgewinn definieren und ablehnend gegenüberstehen. Damit hängt eine verengte, unter die Faszination uneingeschränkter Kreativität geratene Sicht von Selbstverwirklichung zusammen. Die Rehabilitierung des V.'s hat ihre Ursachen nicht nur in individuellen *Gegenerfahrungen*, die Freiheit und Glück mehr behindern als fördern, sondern vor allem in den einengenden und destruktiven Folgen solcher Lebenshaltungen für Gesellschaft, soziales Klima, Selbstentfaltung (Identität) und Umwelt." (S. 1324)
Hier ist die Problematik der Verdrängung von Ansprüchen und Triebbedürfnissen nicht in dem von uns gemeinten Sinne erkannt. Vielmehr machen die negativen Folgen der Verzichtsdiffamierung ihrerseits Angst. Die neue Verzichthaltung gerät so wiederum zum *Angsterlebnis*. Das Einsichtverhalten der betreffenden und betroffenen Zeitgenossen erscheint dazu relativiert.
Dagegen entspricht es der hier vertretenen Auffassung, wenn *Georg Beirer* im selben Art. schreibt: „V. ist von Anfang an in die zwischenmenschliche Beziehung integriert. Er zielt auf die Einübung humaner Verhaltensweisen gegen andere, auf die Verwirklichung von Freiheit und Liebe in kultivierter Mitmenschlichkeit, auf Dialogfähigkeit (dies ist vor allem die Fähigkeit, zuhören zu können) und ein vorgängiges Vertrauensverhältnis. Im V. kann sich der Mensch vor dem Anspruch des anderen zurücknehmen und wird fähig, aus freier Verantwortung sein Verlangen nach Macht, Besitz und Genuß nicht verwirklichen zu müssen. Zum heutigen Ethos des V.'s gehört es, die eigenen Lebenserwartungen, Ansprüche und Zukunftsvorstellungen im Geiste der Solidarität mit Randgruppen und zukünftigen Generationen zu überprüfen, zivilisator. Bedürfnisse und Lebensstandards zu reduzieren, ehe wir dazu gezwungen werden, sowie sich gegenüber der Ideologie des schrankenlosen Verbrauchs in Selbstbeschränkung zu behaupten, Fortschritt und Mitmenschlichkeit zu fördern." (S. 1325)
Hier ist zwar auch nicht gänzlich auf bedrohliche Hinweise verzichtet, jedoch kommt der Duktus des Ganzen dem nahe, was die Psychoanalyse im Gegensatz zur Verdrängung als „Sublimierung" versteht: Triebverzicht um eines erstrebenswerten, höheren Zieles willen.

Jedenfalls ist eine sog. Verzichtleistung immer wieder und immer neu daraufhin zu hinterfragen, welche Verdrängungsanteile im konkreten Fall im Spiele sind und was sich aus einer verzichtenden Haltung entwickelt, wenn diese Verdrängung aufgehoben wird. Kommt dann plötzlich und unvermutet (Verlust-)Angst ins Spiel (so daß eine erneute Verdrängung naheliegt)? Oder wird die Aufhebung der Verdrängung (im Sinne Joachim Scharfenbergs) zur besonderen „Herausforderung für den christlichen Glauben"?[87] Dann nämlich wären im daraufhin folgenden Handeln weniger Ängste, vielleicht aber mehr Schmerz und Trauer als begleitende Gefühle im Spiel. Erst deren Verarbeitung und Überwindung würden den „bewußten" Verzicht ermöglichen und als solchen kennzeichnen.

Es scheint zunächst, als kennzeichnete Dietz Lange grundsätzlich denselben komplizierten Sachverhalt nur in einem anderen (dem ethischen) Kontext, wenn er ausführt: „Der Begriff des Verzichts enthält eine doppelte Polarität, nämlich einerseits die Spannung von Aktivität der Selbstdisziplin und Passivität des Gewähren- und Wachsenlassens, andererseits den Gegensatz von erzwungenem Verzicht und freiwilligem Opfer. In der abendländischen Kultur ist zumeist das Element der Selbstdisziplin einseitig überbetont worden. Das gilt sowohl für die religiöse Tradition der beiden großen christlichen Konfessionen als auch für die philosophische Ethik. An Gegenbewegungen hat es zwar nicht gemangelt. Sie haben zweifellos bedeutende Impulse gegeben ... Nicht selten haben jedoch solche Gegenbewegungen ihrerseits einseitige Akzente gesetzt ... Worauf es demgegenüber beim Verzicht entscheidend ankommt, das ist die in Analogie zur theologischen Denkfigur von Gesetz und Evangelium stehende Dialektik von Selbstdisziplin und Gewährenlassen."[88]

Erst bei näherem Hinsehen wird deutlich, daß hier sehr leicht ein Mißverständnis entstehen kann: Dann wäre diese ausgeglichene Erlebens- und Verhaltensweise mit einer Einstellung gleichgesetzt, die gleichsam komplex und von vornherein ausgewogen von einem Individuum zum anderen (vielleicht im Sinne eines pädagogischen Vorbildhandelns!) weitergegeben werden kann. Das eigentliche seelsorgerliche Problem aber liegt in der strikten „Nichtübertragbarkeit" dieser vom einzelnen immer wieder mühsam herzustellenden Ausgeglichenheit zwischen Selbstdiziplin und Gewährenlassen. Anders gesagt: Im individuellen Erleben ein (schon) Verzichten*können* von einem (noch) Verdrängen*müssen* klar zu unterscheiden, ist eine lebenslange Aufgabe! So gesehen kann Verzicht auf „Anspruch" in seinen einzelnen Ausprägungen oder gar auf „Anspruchlichkeit" in Form eingeschliffener

---

[87] Vgl. an dieser Stelle nochmals J. Scharfenberg, Sigmund Freud und seine Religionskritik als Herausforderung für den christlichen Glauben.
[88] D. Lange, Ethik, S. 378.

Verhaltensweisen sogar als das besondere Risiko gelten, auf Dauer eine wirkliche Verzichtleistung erbringen zu wollen und dabei doch immer wieder Verdrängungsmechanismen anheimzufallen.[89] Wieder einmal bedeutet dann die seelsorgerliche Begleitung einer entsprechenden Auseinandersetzung die Begleitung eines längeren Prozeßgeschehens!

Unter poimenischem Aspekt weniger mißverständlich geht Dietz Lange vor, wenn er dann fortfährt: „Die andere Polarität ist diejenige von erzwungenem Verzicht und freiwilligem Opfer. Einen durch Schicksal erzwungenen Verzicht auf Lebensmöglichkeiten zu ertragen ist eine in der Wohlstandsgesellschaft weithin verdrängte Aufgabe."[90] Demgegenüber gilt es dann unvermeidliches *Leiden* so zu akzeptieren, wie „... das im Falle einer aussichtslos werdenden Lebenssituation als letzte Äußerung sittlicher Würde übrigbleibt: die bewußte Bejahung der erzwungenen Passivität ohne Resignation."[91] Hier wird die „verdrängte Aufgabe" als solche beim Namen genannt und in ein Postulat überführt, in dessen Kontext sich ein schmerzlicher Bewußtwerdungsprozeß zumindest sehr nahe legt und naturgemäß von andauernden Rückfällen bedroht erscheint.

---

[89] *Beispiel*: Ein Lehrer mittleren Alters kommt zu einem Seelsorger, um mit diesem über die Probleme seines Sohnes im Pubertätsalter und über dessen Verhalten im Konfirmandenunterricht zu sprechen. Man habe sich mit der Erziehung dieses Kindes viel Mühe gemacht, und es sei bitter, wie undankbar sich der Sohn durch sein Verhalten erweise. Im Laufe des Gesprächs berichtet der Ratsuchende auch ganz nebenbei von seinen eigenen Konflikten in der Schule und mit den Kollegen. Er habe vor einem Jahr um der hiesigen Schulverhältnisse willen nach reiflicher Überlegung eine ziemlich große Verzichtleistung erbracht: Die ihm angebotene Stelle eines Schulleiters habe er ausgeschlagen, um die Schule am Ort in einer schwierigen Umstellungsphase nicht im Stich zu lassen. Man solle ja in so einer Situation nicht nur an sich selbst und die eigenen Belange denken. Er stehe nach wie vor zu diesem Entschluß, müsse sich aber umso mehr wundern, was ihm die Kollegen bei anfänglich hoher Belobigung seiner Entscheidung jetzt Tag für Tag an Ärgerlichkeiten und an egoistischer Rücksichtslosigkeit zumuteten. Nach wie vor fühle er sich gebraucht, ertappe sich aber doch immer öfter bei dem Gedanken, bei nächster Gelegenheit die Schule zu wechseln.
Der Seelsorger bemerkt sehr wohl, daß hinter der berichteten Verzichtleistung ein massives Unbehagen zum Tragen kommt. Er sieht in der gegebenen Situation allerdings keine Möglichkeit, die signalisierte Anspruchs-, bzw. Verzichts- und Verdrängungsproblematik vertiefend anzusprechen. So fordert er den Besucher lediglich auf, sich in den kommenden Ferien einmal Zeit für sich selbst zu nehmen und sich mit seiner Lebensplanung gezielter und intensiver als bisher zu beschäftigen.

[90] D. Lange, Ethik, S. 379.

[91] Ebd.

Derselbe Tenor kommt zum Tragen, wenn Dietz Lange im Rahmen dieser Polarität zwischen erzwungenem Verzicht und freiwilligem Opfer weiter ausführt: „Das freiwillige Opfer dagegen ist ein geläufiges ethisches Thema. In der Theologie figuriert es nicht selten geradezu als Modell für die ἀγάπη. Das ist sicherlich von der Theologie des Kreuzes her auch gerechtfertigt. Doch stellt diese Art des Verzichts keineswegs ein Privileg christlicher Ethik dar, selbst in der äußersten Form des Lebensopfers nicht. Nichtsdestoweniger ist eine solche Forderung, wiewohl prinzipiell rational begründbar, von allen Arten des Verzichts aktuell wohl am schwersten einsichtig zu machen, weil sie an die freie Selbstbestimmung des Menschen selbst rührt."[92] Hier wird nüchtern konstatiert und differenziert wahrgenommen, mit welchen Spannungen hinsichtlich der Verzichtleistungen in der Praxis zu rechnen ist und daß es nicht genügen kann, diese bestehende Problematik christlich-ideologisch zu überspielen.

Anschließend weist Dietz Lange darauf hin, „... daß freiwillige Verzichtsleistungen ebenso wie Handlungen ihren Ursprungsort immer nur im einzelnen Willen haben. Sie betreffen insofern zwar zunächst nur Planung und Gestaltung individuellen Lebens, sind jedoch eine unerläßliche Voraussetzung für so etwas wie einen kollektiven Verzicht, so sehr ein solcher darüber hinaus administrativer und politischer Zwänge bedarf."[93] Hier ist mit dem Begriff „Zwang" die Frage wieder offen, wie denn der „einzelne Wille" auf die unvermeidlichen Ambivalenzgefühle einwirkt, die jeden Zwang „zwangsläufig" begleiten: Läßt er in der Tat gegenüber den naturgemäßen Ansprüchen des Individuums einen Sublimierungsvorgang zu, dem eine deutliche Bewußtseinserweiterung korrespondiert? Oder kaschiert er „willensstark" eine „Flucht nach vorn" in eine rational (und rationalisierend!) begründete Position, die dennoch auf Verdrängung von wichtigen individuellen Bedürfnissen und Persönlichkeitsanteilen beruht?

Wie gesagt, poimenisches Handeln kommt im Hinblick auf die Verzichtproblematik im Konfliktfall nicht umhin, diese „offene Frage" immer wieder zu stellen.[94] In dieser seelsorgerlichen Grundeinstellung wirkt es sich dann

---

[92] D. Lange, a.a.O., S. 379f.
[93] D. Lange, a.a.O., S. 380.
[94] Diese „offene Frage" stellt sich naturgemäß sehr intensiv angesichts des herannahenden Verzichts auf das Leben als solches. Unter dem Stichwort „Verzicht" sollen deshalb einige grundsätzliche Hinweise auf die Seelsorge am alten Menschen erfolgen:
Die seelsorgerliche Einstellung auf diese Lebensphase sollte zunächst jedenfalls davon ausgehen, daß Verzicht als allgemeine Lebensleistung einzustufen ist: Verzichten zu *müssen* gehört zu den Grunderfahrungen des menschlichen Daseins; verzichten zu *können* ist eine Kunst, die lebenslang eingeübt sein will. Mit dem Älter- und Altwerden nimmt die Spannung zwischen „müssen" und „kön-

sehr unterstützend aus, wenn Dietz Lange gegen Schluß seiner Reflexionen über den Verzicht schreibt: „Bei alldem ist schließlich nicht zu übersehen, daß auch der Verzicht an der Zwiespältigkeit alles Ethischen teilhat."[95]

Der seelsorgerliche Umgang mit Anspruch soll wiederum mit einem „besonderen Hinweis" versehen werden: Eine narzißtische Grundkomponente des Anspruchsverhaltens kann in der Praxis dort sehr deutlich werden, wo ein Ratsuchender die Möglichkeiten und Fähigkeiten des Seelsorgers/der Seelsorgerin mit den ihm eigenen „höchsten Ansprüchen" gleichsetzt oder aber dem Seelsorger/der Seelsorgerin gegenüber einen auffällig hohen Grad von Anspruchlichkeit entwickelt. Dann ist einmal mit mehr oder weniger massiven Enttäuschungsreaktionen gegenüber dem Seelsorger/der Seelsorgerin zu rechnen, die in sehr kränkender Weise vom Ratsuchenden ausgesprochen werden können, auf welche dieser aber möglichst früh angesprochen und vorbereitet werden sollte. Zum anderen ist dem Ratsu-

---

nen" oft konfliktauslösend zu. Unter diesem Vorzeichen kommt es im Prozeß des Alterns zu schmerzlichen Erfahrungen auf dem Gebiet des Durchsetzens von Ansprüchen und der dementsprechenden Einflußname auf andere. Damit verbunden ist häufig eine Infragestellung des Selbstwertgefühls. Die spezifische Verzichtsleistung des Alters mit seinen abnehmenden Kräften in allen Verhaltensbereichen wirft dann (charakter-)typische Fragestellungen auf:
1. Gelingt es, in der Spannung zwischen bleibendem (Lebens-)Neid und zunehmender Dankbarkeit (für das bisher gelebte Dasein) eine Verzichtleistung zu erbringen?
2. Gelingt es, in der Spannung zwischen den ständig drohenden Trennungsvorgängen bezüglich des gewohnten Umfeldes und seelisch strukturierenden Erinnerungen eine Verzichtleistung zu erbringen?
3. Gelingt es, in der Spannung zwischen (Lebens- und Todes-)Angst und hoffnungserhaltenden Glauben eine Verzichtleistung auf nur scheinbar absichernde Verhaltensweisen so zu erbringen, daß angstlösende Gewißheit freigesetzt wird?
Ein gezieltes seelsorgliches Vorgehen ist auf die Auseinandersetzung mit solchen und ähnlichen Fragestellungen angewiesen. Das neben der einfühlsamen Einstellung dafür nötige Wissen kann u.a. aus der folgenden Literatur erschlossen werden:
Ursula Lehr, Psychologie des Alterns, Heidelberg, 4. Aufl. 1979; *H. P. Tews*, Soziologie des Alterns, Heidelberg, 3. Aufl. 1979; *Hans-Joachim Thilo*, Auf unsere alten Tage, Göttingen, 1987; *R. Boeckler/Klaus Dirschauer* (Hg.), Emanzipiertes Alter. Bd. 1 (Ein Sachbuch), Bd. 2 (Ein Werkbuch), Göttingen, 1990; *A. Niederfranke u.a.* (Hg.), Altern in unserer Zeit, Heidelberg/Wiesbaden, 1992. Für die sehr komplizierte seelsorgliche Begleitung altersverwirrter Menschen sind die ebenso theoretisch fundierten wie einfühlsam wahrnehmenden und praxisbezogenen Veröffentlichungen von *Klaus Depping* heranzuziehen: Altersverwirrte Menschen seelsorglich begleiten, Bd. 1/Bd. 2, Hannover, 1993.

[95] D. Lange, a.a.O., S. 380.

chenden ebenso verstehend zugewandt wie konsequent handelnd klar zu machen, daß der Seelsorger/die Seelsorgerin nicht nur für ihn allein da sein bzw. zu jeder (Tag- und Nacht-)Zeit zur Verfügung stehen kann.

Unsere Ausführungen zum Thema „Umgang mit Anspruch" lassen sich so zusammenfassen: Wann immer unter seelsorgerlichem Vorzeichen bzw. in einem dementsprechenden Konfliktfeld von *Anspruch* die Rede ist, sollte sehr gezielt nach dessen „Sitz im Erleben" des einzelnen gefragt werden. So gerät ins Gesichtsfeld, welche Funktion ein partieller *Anspruch* in bestimmten Situationen oder eine durchgehende *Anspruchshaltung*, aber auch eine leistungsverweigernde *Ansprüchlichkeit* im Gesamtverhalten eines Menschen haben. In jedem Fall ist nach Möglichkeiten zu suchen, Angsterleben und Glaubenserleben mit dem Anspruchserleben in Verbindung zu bringen und in diesem Kontext *Verdrängung* von Anspruch bewußt zu machen sowie notwendige *Verzichtleistungen* zu ermöglichen. Bei diesen Bemühungen wird ebenso naturgemäß wie sachentsprechend die Frage auftauchen, ob und wie weitgehend ein Individuum durch seine Ansprüche an anderen und vor Gott *schuldig* wird und wie dann mit dieser Folgeerscheinung seelsorgerlich umzugehen ist.

IV. Umgang mit Schuld

Daß menschliche (Lebens-)Konflikte den einzelnen jedenfalls auch mit der Frage nach möglicher *Schuld* und deren Bestimmung konfrontieren sollten, gehört zu den Basisannahmen jeder christlichen „Lehre von der Seelsorge" mit dem dahinterstehenden Menschenbild und ist eine Voraussetzung seelsorgerlichen Handelns. Die Selbstverständlichkeit dieser Annahme ist freilich kritisch zu hinterfragen: Liefern wir uns als Theologen, Poimeniker, Christen vielleicht allzu betont einem niederdrückenden *Schuldprinzip* aus? Wird damit der schon angeführte Vorwurf, alle natürlichen Ansprüche eines Menschen seien durch den christlichen Glauben von vornherein diskriminiert, nicht nochmals bestätigt? Leben wir infolge der prägenden Auswirkungen des Christentums durch die Jahrhunderte hindurch in einer Art „Schuldkultur" und sind damit auf eine Religion eingeschworen, die ebenso unausweichlich wie unheilvoll an schuldaufhebende und damit autoritär waltende Instanzen ausliefert? Sollten wir deshalb eine Religiosität resp. einen Christenglauben „jenseits des Schuldprinzips" anstreben?[96] Diese und

---

[96] Vgl. dazu *Joachim Scharfenberg*, Jenseits des Schuldprinzips?, in: *Ders.*, Religion zwischen Wahn und Wirklichkeit. Gesammelte Beiträge zur Korrelation von Psychoanalyse und Theologie, Hamburg, 1972, S. 189ff.

ähnliche Fragen sind keineswegs als unsinnig oder gar als jedenfalls religionsfeindlich abzutun! Sie lassen vielmehr nach einem poimenisch vertretbaren Umgang mit Schuld fragen.

Das liegt auch von daher nahe, daß die Frage nach der Schuld und nach der individuellen Beteiligung des einzelnen an dieser quälenden, den Menschen umtreibenden Befindlichkeit zeitunabhängig ihre Eindrücklichkeit bewahrt hat und so oder so zu einer Bewältigung herausfordert. Wie Angst, Glaube, Anspruch scheint auch Schuld ein konstitutives Element menschlichen Daseins zu sein. Wer keine Schuld empfinden kann, gilt als „Unmensch"! Schuld ist nicht aufzulösen, sie ist zu übernehmen und zu verantworten. Fraglich ist dabei lediglich, *wie* das geschehen kann.

Nach wie vor gilt Martin Luthers eindrucksvoller (und häufig peinlich kurzschlüssig als Aufforderung zum laisser-faire-Stil mißverstandene!) Satz aus seinem Brief an Melanchthon vom 1.8.1521, in dem es heißt: „Esto peccator et pecca fortiter, sed fortius fide et gaude an Christo, qui victor est peccati, mortis et mundi." („Sei Sünder und sündige tapfer, aber noch tapferer glaube und freue dich in Christo, der Sieger ist über Sünde, Tod und Welt.")[97]

Darüber hinausgehend aber fragt es sich, ob heutzutage ein lediglich auf das Individuum bezogener Schuldbegriff einer Ausweitung bedarf und gesellschaftsbezogene Aspekte stärker zu betonen sind.[98]

Auf diesem Hintergrund hat sich der Seelsorger/die Seelsorgerin um das Schulderleben in unserer Zeit und um dessen Niederschlag im Konfliktfall des einzelnen zu kümmern und sich auch hier um eine Erlebensdifferenzierung zu bemühen.

1. Schuld und Schuldgefühl

Bei Vergleichen und Konfrontationen von theologischen und psychologischen Aussagen über den Menschen ist der *Schuldbegriff* bzw. die Bewertung menschlicher Schuldhaftigkeit seit Jahrzehnten ein zentraler Punkt der Auseinandersetzung um das der Wirklichkeit in Wahrheit entsprechende

---

[97] SA.B 2, S. 372, 82-90.
[98] So führt z.B. *Hermann Häring,* Art.: Sünde und Schuld. B. Systematisch-theologisch, WdC, S. 1205ff., aus: „Das Verhalten der Kirchen im Nationalsozialismus, die gegenwärtige soziöokon. Weltsituation und die globale Herausforderung zur Bestandserhaltung von Menschheit und Natur gegenüber Überrüstung und Ausbeutung haben den Blick für die polit., sozialen und strukturellen Dimensionen von S.(ünde) und Sch.(uld) geschärft ..., sodaß sich eine globale *Neudefinition* von S.(ünde) und Sch.(uld) im Sinne einer individuell zu realisierenden Gesamtverantwortung für das vom Tode bedrohte Leben ankündigt." (S. 1207)

Menschenbild.⁹⁹ Die Debatte ging und geht darum, ob und wie eine theologisch fundierte und formulierte „Schuld vor Gott und den Menschen" als ein wesentliches Element christlichen Glaubens und christlichen Lebens von dem abzugrenzen ist, was z.B. die Psychoanalyse eindrucksvoll als einengenden, lebensfeindlichen, ja neurotisierenden „Schuldkonflikt" bezeichnet.

Worum handelt es sich bei dieser grundsätzlichen Fragestellung im einzelnen? Zunächst ist wichtig: Je nach dem individuellen Entwicklungsgang, dem familiären Erziehungsstil und den dabei kultivierten Anspruchshaltungen und -formen wird sich ein Mensch in der Folge verschiedenster Handlungen und Konfliktsituationen auch auf verschiedene Weise schuldig fühlen. Dieses Schuldempfinden ist in aller Regel mit Angst gekoppelt: Es geht um Angst vor einer (mehr oder weniger abgegrenzten und überschaubaren) *Strafe* und als deren Modifikation um Angst vor *Liebesverlust* bis hin zum Beziehungsabbruch. Letzterer ist besonders dann zu befürchten, wenn sog. „egoistische" Ansprüche sich gegen berechtigte Erwartungen der Umwelt durchzusetzen drohen.

Es geht hinsichtlich der Bewältigung solcher Schuldängste um einen „inneren Weg" vom Kind zum Erwachsenen, der (entwicklungspsychologisch gesehen) in einzelnen *Phasen* resp. *Stufen* abläuft. Im Gesamtzusammenhang der Persönlichkeitsentwicklung führt diese Stufenabfolge zu der Fähigkeit, ein moralisches Urteil zu bilden und damit Schuld und Schuldigwerden bei sich selbst und bei anderen einzuordnen und einzuschätzen.¹⁰⁰ Diese Ent-

---

⁹⁹ Vgl. die in diesem Zusammenhang zu „Klassikern" gewordenen Monographien: *Helmut Harsch*, Das Schuldproblem in Theologie und Tiefenpsychologie, Heidelberg, 1965; sowie *René Goetschi*, Der Mensch und seine Schuld, Zürich, 1976. Der Stand der gegenwärtigen Diskussion um das Schuldproblem spiegelt sich in einem Sammelband wieder, in dem Aufsätze von Theologen der verschiedenen Disziplinen über Schulderfahrung, Opfervorstellung und Versöhnungsprozesse zusammengestellt sind: *Richard Riess* (Hg.), Abschied von der Schuld? Zur Anthropologie und Theologie von Schuldbewußtsein, Opfer und Versöhnung, Stuttgart, 1996.
Eine Verhältnissetzung von theologischer und psychoanalytischer Anthropologie am Beispiel der Begriffe „Sünde" und „Identität" bietet *Gunda Schneider-Flume*, Die Identität des Sünders. Eine Auseinandersetzung theologischer Anthropologie mit dem Konzept der psychosozialen Identität Erik H. Eriksons, Göttingen, 1985.

¹⁰⁰ Im Rahmen einer besonderen (der kognitiven) Entwicklungspsychologie ist – wie schon erwähnt (s.o. S. 281f.) – die Beschreibung einzelner moralischer Stadien durch *Lawrence Kohlberg* sehr bekannt geworden. Kohlberg teilt die Entwicklung des moralischen Urteils und des entsprechenden Verhaltens in sechs Stadien ein: Von einer anfänglichen heteronomen Moralität, die durch das Vermeiden von Strafe durch Autoritäten gekennzeichnet ist, führt der „normale" Entwicklungsgang in einzelnen Stufen über Regelbefolgung, Erwartungsentsprechung, Pflicht-

wicklung ist naheliegenderweise eng verknüpft mit der Gewissensbildung und deren individueller Prägung. Gerade im Hinblick auf diese Gewissensbildung und des damit verbundenen Schulderlebens hat die Psychoanalyse einen ganz wesentlichen Beitrag zur Erlebensdifferenzierung beigetragen. Er ist aus den gegenwärtigen (poimenischen) Diskussionen und Reflexionen nicht wegzudenken, ohne daß diese sich selbst beschränken.

Zu unterscheiden sind demnach *Schuld* und *Schuldgefühle*: Während sich Schuld (in gewisser Analogie zu Furcht, s.o. S. 291ff.) auf eine reale Verfehlung (wie immer die im einzelnen und vom einzelnen beurteilt werden mag) bezieht, ist Schuldgefühl (in gewisser Analogie zur Angst, s.o. ebd.) unbezogen oder an offensichtlich völlig inadäquaten, d.h. von anderen nicht nachvollziehbaren „Versäumnissen" und „Versagensmomenten" festgemacht.[101] Wie bei der Angstentstehung folgerte S. Freud auch in diesem Zusammenhang, daß sich Schuldgefühle deshalb so oft auf gar nicht begangene Taten beziehen, weil hierbei unbewußte psychische Prozesse eine Rolle spielen: Es geht um verdrängte Triebregungen, die in diesem Kontext vor allen im aggressiven Bereich liegen.

Als Grundmodell kann die folgende Psychodynamik beschrieben werden: Jede zwischenmenschliche Beziehung ist von *Ambivalenzgefühlen* geprägt. Während um der Beziehungserhaltung willen die zuwendenden und verbindenden Gefühle so bewußt wie möglich gehalten werden, sind die aggressiven und befremdlichen Gefühle oft der Verdrängung ausgesetzt. Als unbewußte Potenz wirken sie aber dennoch. Sie werden mit unterschwelligen Phantasien ausgestattet, die sich auf geliebte Person beziehen und wie reale Taten zu treffen und zu schädigen scheinen. Auch diese angestaute aggressive Phantasietätigkeit (bis hin zu unheimlichen Todeswünschen) bleibt unbewußt. Sie zeigt sich nur in unbezogenen bzw. als „unsinnig" erlebten Schuldgefühlen. Diese treten umso stärker auf, je angstbesetzt härter die individuelle Gewissensbildung erfolgt ist (in S. Freuds Terminologie: je strenger und rigider das „Überich" regiert[102]).

---

erfüllung, soziale Verantwortung bis hin zu der Möglichkeit, nach selbstgewählten ethischen Prinzipien zu leben.
Als Einstieg sei noch einmal empfohlen: A. Colby/L. Kohlberg, Urteil.

[101] Zur Verhältnissetzung von Schuld und Schuldgefühl vgl. auch das Kapitel „Die Bedeutung der Beziehung zwischen Seelsorger und Gemeindeglied für den Umgang mit Schuldgefühlen" in: *Udo Rauchfleisch*, Beziehungen in Seelsorge und Diakonie. Mit einem Geleitwort von Rolf Zerfaß, Mainz, 1990, S. 53ff. Hier wird die Wichtigkeit einer Differenzierung zwischen neurotischen und adäquaten Schuldgefühlen deutlich gemacht und im einzelnen ausgeführt.

[102] Im einzelnen führt *Sigmund Freud* in der Arbeit „Das Unbehagen in der Kultur", GW XIV, S. 486f., aus: „Wir kennen ... zwei Ursprünge des Schuldgefühls, den aus der Angst vor der Autorität und den späteren aus der Angst vor dem Über-

Wer dieses Erklärungs- und Verstehensmodell als Seelsorger/Seelsorgerin zur Kenntnis nimmt, dem steht in der Tat im entsprechenden Konfliktfall eine gleichsam „differentialdiagnostische" Aufgabe ins Haus. Er muß unterscheiden lernen, wann eher eine realbezogene *Schuld* vor Gott und an den Menschen zur Debatte steht und wann eher an *Schuldgefühle* zu denken ist, die sich auf unbewußte Phantasien beziehen.[103] Diese Differenzierung legt

> Ich. Das erstere zwingt dazu, auf Triebbefriedigung zu verzichten, das andere drängt, da man den Fortbestand der verbotenen Wünsche vor dem Über-Ich nicht verbergen kann, außerdem zur Bestrafung. Wir haben auch gehört, wie man die Strenge des Über-Ichs, also die Gewissensforderung verstehen kann. Sie setzt einfach die Strenge der äußeren Autorität, die von ihr abgelöst und teilweise ersetzt wird, fort. Wir sehen nun, in welcher Beziehung der Triebverzicht zum Schuldbewußtsein steht. Ursprünglich ist ja der Triebverzicht die Folge der Angst vor der äußeren Autorität; man verzichtet auf Befriedigungen, um deren Liebe nicht zu verlieren. Hat man diesen Verzicht geleistet, so ist man sozusagen mit ihr quitt, es sollte sich ein Schuldgefühl erübrigen. Anders ist es im Falle der Angst vor dem Über-Ich. Hier hilft der Triebverzicht nicht genug, denn der Wunsch bleibt bestehen und läßt sich vor dem Über-Ich nicht verheimlichen. Es wird also trotz des Verzichts ein Schuldgefühl zustande kommen, und dies ist ein großer Nachteil der Über-Ich-Einsetzung, wie man sagen kann, der Gewissensbildung. Der Triebverzicht hat nun keine voll befreiende Wirkung mehr, die tugendhafte Enthaltung wird nicht mehr durch die Sicherung der Liebe gelohnt, für ein drohendes äußeres Unglück – Liebesverlust und Strafe von Seiten der äußeren Autorität – hat man ein andauerndes inneres Unglück, die Spannung des Schuldbewußtseins, eingetauscht ... Die zeitliche Reihenfolge wäre also die: zunächst Triebverzicht infolge der Angst vor der Aggression der äußeren Autorität, – darauf läuft ja die Angst vor dem Liebesverlust hinaus, die Liebe schützt vor dieser Aggression der Strafe, – dann Aufrichtung der inneren Autorität, Triebverzicht infolge der Angst vor ihr, Gewissensangst. Im zweiten Falle Gleichwertung von böser Tat und böser Absicht, daher Schuldbewußtsein, Strafbedürfnis. Die Aggression des Gewissens konserviert die Aggression der Autorität."

[103] *Beispiel*: Eine kürzlich verwitwete Frau, Mitte vierzig, kinderlos, kommt in die Sprechstunde des Gemeindepastors und berichtet diesem von ihren nagenden Schuldempfindungen. Im Zusammenhang mit dem nach langem Leiden erfolgten Tod ihres schwer zuckerkranken Mannes, den sie über Jahre aufopfernd gepflegt hat, komme sie von ihren äußerst heftigen Selbstvorwürfen nicht los. Die Gedanken kreisten immer wieder um denselben Punkt, nämlich „irgendwie" schuld am Tode ihres Mannes zu sein.
Dabei sucht die Frau ihren inneren Zustand an einem Faktum festzumachen: Am Vorabend des als unausweichlich schon lange gefürchteten, aber letztlich doch unerwartet eingetretenen Todesfalls habe sie zwei Stunden lang eine Nachbarin besucht und ihren ungeduldig wartenden Mann damit sehr ärgerlich gemacht. Auch das sei eine gewohnte Reaktion gewesen, die sie zunächst auch nicht sonderlich tragisch genommen hätte. Am nächsten Tag sei der Mann dann nach plötzlicher akuter Verschlimmerung seines Zustandes und nach Einlieferung in ein Krankenhaus verstorben. In den darauffolgenden Tagen sei sie vor Trauer wie

sich im praktischen Bereich auch dann nahe, wenn (ähnlich wie bei Angst und Furcht) eine Abgrenzung schwer möglich ist und im theoretischen Bereich ein theologischer Schuldbegriff kaum von dieser doppelten Schuldzuordnung abhängig sein dürfte.[104] Dient sie doch in jedem Einzelfall dazu, dort Erleichterung zu vermitteln und kreatives Nachdenken zu ermöglichen, wo bisher ebenso quälende wie letztlich unbegreifliche Schuldempfindungen nicht angebar erschienen und einer Konflikt- und Lebensbewältigung als bleibend hemmende Faktoren im Wege stehen mußten.

gelähmt gewesen. Der genannte Vorfall am Vorabend des Todestages sei ihr erst später wieder eingefallen. Seit diesem Einfall könne sie die Selbstvorwürfe nicht mehr abschütteln. Wiederholte Kirchenbesuche sowie die für sie außergewöhnliche Teilnahme am Abendmahl hätten nichts genützt. Sie werde einfach das niederdrückende Gefühl nicht los, sich an ihrem Ehepartner schwer versündigt zu haben.
Ein(e) mit der Differenzierung von Schuld und Schuldgefühl vertraute(r) Seelsorger(in) wird schnell erkennen, daß der Frau weder mit tröstlichem Zureden noch mit unvermitteltem Zuspruch des Evangeliums zu helfen ist. Eine intellektuelle „Aufklärung" über mögliche psychodynamische Zusammenhänge der quälenden Beschwernis ist in den seltensten Fällen angebracht und wirksam. Möglicherweise besteht so das seelsorgerliche Handeln darin, die Ratsuchende für den Versuch einer psychotherapeutischen Behandlung zu erwärmen bzw. sie im Hinblick auf eine solche Maßnahme zu entängstigen. Dem würde sich das Angebot von weiteren seelsorgerlichen Gesprächen *nach* erfolgter Psychotherapie anschließen.
Dieses Vorgehen mit dem Vorschlag einer solchen „Arbeitsteilung" geschieht auf dem Hintergrund der Annahme, daß die deutlich überwertigen Schuldgefühle auf ein unbewußtes aggressives Potential gegen den ewig kranken und dabei ewig nörgelnden Ehemann zurückzuführen sind. Dieses Potential wollte und konnte die entsagungsvolle und sich aufopfernde Ehefrau bei sich selbst nicht wahrhaben. Erst in der Folge einer gezielten therapeutischen Aufarbeitung der genannten Schuldgefühle kann mit der Ratsuchenden der Frage nachgegangen werden, in welcher Weise und unter welchem persönlichen Vorzeichen „Schuld vor Gott und den Menschen" als basale Beziehungsstörung in das menschliche Zusammenleben einfließen kann und auf Vergebung (s.u. S. 351ff.) angewiesen ist.

[104] Vgl. hierzu W. Pannenberg, Anthropologie, besonders das Kapitel „Zentralität der Sünde", S. 77ff.
Grundsätzlich ist davon auszugehen, daß der Begriff der *Verantwortung* die verschiedenen Arten von Schulderleben umgreift. So heißt es (S. 133): „Nur ein Begriff von Verantwortung allerdings, der nicht einseitig an dem des Handelns orientiert ist, sondern auch das Unterlassen und also den eigenen Zustand mit einschließt, kann diesem Sachverhalt gerecht werden."
Im Hinblick auf die mögliche Verbindung des Schuldbegriffs mit verschiedenen humanwissenschaftlichen Aggressionstheorien kann W. Pannenberg übrigens durchaus der Hypothese Freuds eine klärende oder sogar aufklärende Wirkung zugestehen: „Hier ist die Notwendigkeit der Selbstüberwindung im Prozeß der Selbstwerdung berücksichtigt." (S. 145)

2. Schuld und Normengebrauch

Schuld (und Schuldgefühl) hängt mit Gewissensbildung und mit Gewissensanspruch, aber auch mit Akzeptanz und Geltung von *Normen* zusammen. Deshalb ist ein Umgang mit Schuld stets gleichzeitig ein Umgang mit den gültigen Normen.

Das Verbundsystem von Seelsorge und Normenvermittlung hat eine Geschichte, deren eigentümlichen Folgewirkungen unter einer uns heute möglichen Wahrnehmungseinstellung sehr genau zu beachten sind.[105] Durchgehend wird nämlich gerade bei nachdenklichen Zeitgenossen die Befürchtung laut, mit dem Vollzug der Seelsorge gewollt oder ungewollt eine persönlichkeitseinengende Verhaltensregulation zu transportieren. Diese wiederum würde sich konkret als autoritäre *Vereinnahmung* in einem zentralen Verhaltensbereich auswirken.[106]

Die entsprechende Spannung zwischen einer auf normatives Vorgehen ausgerichteten und einer im Hinweis- und Anweisungsbereich möglichst abstinenten Haltung des Seelsorgers/der Seelsorgerin beruht nicht zuletzt auf den hierbei sehr unterschiedlichen (dabei auch „gemischten") *Rollenerwartungen* seitens der Ratsuchenden. Es lohnt sich für die Seelsorge, wenn seelsorgerlich Handelnde sich mit diesen besonderen Erwartungshaltungen seitens der Ratsuchenden beschäftigen und auseinandersetzen.

Zu fragen und dabei voneinander abzuheben ist dabei: 1) Verkörpert der Seelsorger/die Seelsorgerin für den Ratsuchenden eine normensetzende Elternautorität, die in frühkindlich erfahrener und damals bewährter Weise verhaltenssteuernd in Konflikte eingriff? 2) Verkörpert der Seelsorger/die Seelsorgerin als moralstrukturierende Instanz für den Ratsuchenden eine bürgerliche Normativität, die bei aller christlichen Attitüde Wiedereingliederungshilfe in die allgemeine Verhaltensnormalität leisten möchte?

---

[105] Diese Geschichte reicht von Schleiermacher (vgl. dazu *Friedrich Wintzer*, Seelsorge zwischen Vergewisserung und Wegorientierung, PTh (80) 1991, S. 17ff.) bis hin zur „Seelsorgebewegung" in der Gegenwart.

[106] So kommt es immer wieder zu Kompromißbildungen, wie der in diesem Kontext durchaus zweideutige terminus technicus „Beratende Seelsorge" (s.o. S. 187ff.) zeigt: Einerseits ist „Beratung" gerade als die Aufhebung alter Beziehungsmuster zwischen dem Seelsorger/der Seelsorgerin und seinem/ihrem konfliktbehafteten Gegenüber gemeint. Andererseits ist aber auch bei konsequenter Abzielung auf die angestrebte Eigenständigkeit des Ratsuchenden ein Verhalten des Seelsorgers/der Seelsorgerin ohne Verhaltenstransfer, Orientierungshilfe und Identifikationsangebot nicht vorstellbar. Nicht von ungefähr hat als eine Art Gegenschlag gegen die Seelsorgebewegung die sog. „nuthetische Seelsorge" (s.o. S. 68ff., 241ff.) mit einer unverhüllt normativen Vorgehensweise an Einfluß gewonnen. Darin zeigt sich deutlich, daß die mit dem Normengebrauch verbundene Ambivalenz auch heutzutage nicht einfach als aufgelöst gelten kann.

3) Verkörpert der Seelsorger/die Seelsorgerin für den Ratsuchenden eine „christliche Lebensordnung", die aller üblichen Verhaltensweise mit deren offensichtlicher Problematik gegenüber eine betont frömmigkeitsbezogene und damit konfliktärmere Verhaltensweise empfiehlt?

Die Wahrnehmung und die sich anschließende Auseinandersetzung mit solchen und ähnlichen Rollenerwartungen sollten eine doppelte Reaktionsmöglichkeit auslösen:

Zum einen muß es darum gehen, die einzelnen Erwartungen als faktisch gegeben und damit im Gespräch als Ausgangspunkt einer notwendigen Beziehungsklärung zu betrachten. Das bedeutet aber gerade nicht, sich ihnen unkritisch anzuschließen oder gar auszuliefern. Die sachgemäße Behandlung dieser Problematik hat dabei die Möglichkeit einer inneren *Rollendistanzierung* seitens des Seelsorgers/der Seelsorgerin zur Voraussetzung. Wünschenswert ist also ein flexibler und situationsbedingt modifizierbarer Umgang mit deren eigenem Rollenverhalten nach dem Motto: Ich habe die Rolle, aber nicht die Rolle hat mich!

Zum anderen muß es darum gehen, eine ganz bestimmte Rollensicherheit zu haben und zu zeigen: Der Rollenträger/die Rollenträgerin kann sich mit dem, was er/sie im normativen Bereich repräsentiert und repräsentieren möchte, durchaus auch identifizieren und dadurch glaubhaft wirken. Nur so wird Seelsorge für den Ratsuchenden bei der Lösung von Problemen wirklich „eine Rolle spielen" können.

Auf diesem Hintergrund und bei solcher Ausgangslage lassen sich jetzt einzelne Zielvorstellungen für den seelsorgerlichen Umgang mit dem normenabhängigen Verhalten herausstellen:

a) Seelsorge – will sie wirklich auf eine Strategie konkretistischer Handlungsanweisungen verzichten – kommt auch und gerade in diesem Kontext nicht ohne ein konsequentes Prozeßdenken aus. Seelsorgerliches Handeln ist hier in erster Linie Anstoß zu einer erst „mit der Zeit" wahrnehmbaren und erfahrbaren *Entwicklung* im Verhaltensbereich. Im einzelnen Konfliktfall ist deshalb zu fragen, von welchem Ausgangspunkt (d.h. von welcher schon erreichten inneren Entwicklungsstufe) her und auf welches erreichbare Ziel (in der weiteren Entwicklung) hin ein Individuum ethisch reflektierend zu handeln vermag. Es ist daran anschließend zu fragen, wie weitgehend durch den Fortschritt im genannten Entwicklungsgang tatsächlich ein individueller Erfahrungszuwachs zum Tragen kommt und in welcher Richtung eine Veränderung sowohl im Einstellungs- wie auch im Handlungsbereich erwartet werden kann.[107]

---

[107] *Beispiel*: In einer akuten Ehekrise bittet eine junge Frau die ihr gut bekannte Seelsorgerin weinend um einen konkreten Rat. Deren Aufforderung, nochmals gemeinsam die vorhandene Situation genau durchzusprechen und so eine Entscheidungsfindung einzuleiten, kann die Frau in ihrem derzeitigen Zustand

b) In der Seelsorge ist dem/der einzelnen Ratsuchenden im Rahmen des eben beschriebenen Prozesses prinzipiell ein Weg von der Identifikation mit *allgemeingültigen* Normen her bis hin zu einer *individuellen* Normenaneignung und -verarbeitung zuzumuten. Dieser Weg ist als wesentliche und wichtige Teilaufgabe der angestrebten Konfliktauflösung ins Bewußtsein zu heben. Nur so ist nämlich ein bestimmter Lern- und Auseinandersetzungsprozeß denkbar. Es ist ein innerer Weg, in dessen Verlauf es gelingen kann, jener Tendenz auf die Spur zu kommen, mit deren Hilfe sich ein Mensch durch flache Internalisierung allgemeiner Normen möglichst viel psychischen Aufwand ersparen möchte. Jedes aufwandersparende Verhalten auf diesem Gebiet wirk sich jedoch *konfliktstabilisierend* aus und muß deshalb als solches angesprochen und bearbeitet werden. Nur in Korrespondenz mit dieser Teilaufgabe läßt sich überdies im Verhaltensbereich eine konstruktive *Fähigkeit zu Kritik und Selbstkritik* entwickeln.[108]

c) In der Seelsorge ist dem Ratsuchenden in diesem Kontext schließlich zu vermitteln, daß (Christen-)Glaube in bezug auf Normen nicht einfach indifferent mit einer situativ auftretenden emotionalen *Befindlichkeit* bzw. einem entsprechend unstrukturierten *Frömmigkeitsgefühl* in eins fällt. Sonst bekommt alle Frömmigkeit eine Affinität zu eher willkürlichen und durch-

---

offensichtlich nicht Folge leisten. Immer wieder fragt sie die Gesprächspartnerin flehentlich: „Bitte, sagen sie mir: Soll ich meinen Mann verlassen oder nicht?" Die Seelsorgerin bricht bald ihre Bemühungen ab, die Ratsuchende zu einer inneren Mitarbeit zu bewegen. Sie findet einen Kompromiß und sagt (ebenso antwortverweigernd wie handlungsanweisend): „Sie sind im Moment in einem Ausnahmezustand und von daher nicht in der Lage, eine Entscheidung zu treffen. Ändern Sie Ihre äußeren Umstände nicht, bis Sie zur Ruhe gekommen sind. Ich schlage Ihnen einen zweiten Gesprächstermin in den kommenden Tagen vor. Dann sehen wir gemeinsam weiter. Versuchen Sie bis dahin durchzuhalten, ihre Erregung in den Griff zu bekommen, und rufen Sie mich an, wenn Ihnen das zu schwer werden sollte."
Die Seelsorgerin verspricht sich von diesem Angebot, die situativ ausgesetzte Selbständigkeit im Handlungsbereich später dennoch wieder ansprechen zu können und so an die Stelle eines (jetzt regressiv kindhaften) plötzlichen Entschlusses eine (dann wieder „erwachsene" und faktenbezogene) Urteilsfindung treten zu lassen.

[108] *Beispiel*: Der Vater eines 12jährigen Jungen mit Verweigerungshaltung in der Schule erklärt in der aus diesem Anlaß aufgesuchten kirchlichen Lebensberatungsstelle wiederholt, er könne sich überhaupt nicht erklären, wie das alles kommen könne. Seine Frau und er hätten das Kind erzogen wie alle anderen Eltern auch. Es habe ihm an nichts gefehlt, und man könne sich nichts vorwerfen. Der Mann ist schwer zu bewegen, jenseits der Kriterien für eine allgemein „richtige" oder allgemein „falsche" Erziehung auf die Frage nach individuellen Verhaltensweisen und deren normativ prägenden Einfluß auf die Beziehung zu dem Sohn einzugehen.

bruchartigen Verhaltensweisen. Sie erschöpft sich dann aber auch automatisch mit deren Abklingen. Vielmehr muß es darum gehen, glaubensbezogene Verhaltensmaximen als verbindliche Größen so erlebbar zu machen, daß dabei gleichzeitig im Einzelfall aus starren Einstellungen innerlich bewegliche und bewegende Einsichten werden können.[109]

3. Schuld und Vergebung in der Seelsorge

Schuld und Vergebung bilden im christlichen Glauben und seiner theologischen Verarbeitung, aber auch in der Poimenik und im praktischen seelsorgerlichen Handeln ein ganz spezifisches Verbundsystem: Alle Wahrnehmung von Schuld und alle Auseinandersetzung mit ihr ist auf dem vom Zentrum des Christenglaubens her möglichen Zuspruch von *Vergebung* ausgerichtet.[110] Das entbindet nicht von der poimenischen Aufgabe, auch in diesem Bereich eine auf das einzelne Individuum ausgerichtete Erlebensdifferenzierung vorzunehmen. Denn auch die Rede von der Vergebung betrifft den einen Menschen nicht in gleicher Weise wie den anderen! Unabhängig von der theologischen Bestimmung, wie Vergebung auf der Basis göttlichen Gnadenhandelns in bezug auf alle seine Geschöpfe eigentlich gemeint ist, sind folgende Grundmuster des Erlebens vorstellbar und voneinander abzuheben:

a) Vergebung wird als ein Akt empfunden, der Schuld im Sinne einer eingetretenen Ungerechtigkeit, einer Störung der Beziehung durch Vertrauensbruch, einer folgenschweren Normenverletzung wieder „in Ordnung

---

[109] *Beispiel*: Eine alte Dame und Großmutter weist alle Bitten seitens eines Sozialhelfers zurück, ihrem beschäftigungslosen Enkel mit deutlichen Verwahrlosungszügen und einer massiven Alkoholproblematik immer wieder Geld zuzustecken und damit allen Resozialisierungsbemühungen in den Rücken zu fallen. Sie sei nun einmal gutherzig und könne das Elend des Jungen nicht tatenlos mitansehen. Da Gott es ihr selbst ein Leben lang materiell und überhaupt habe gutgehen lassen, fühle sie sich aus ihrem christlichen Gewissen heraus gedrängt, den Enkel in seiner schwierigen Lage zu unterstützen. Sie könne zwar einsehen, daß jungen Leuten gegenüber eine gewisse Konsequenz nötig sei, wolle aber nicht versprechen, ihre Haltung aufgrund dieser Einsicht zu ändern.

[110] *Wilfried Härle*, Art.: Rechtfertigung, TRT 4, S. 200ff., faßt dieses Herzstück des reformatorischen Anliegens in knapper Form so zusammen: „Rechtfertigung betrifft (a) die Beziehung des Menschen zu Gott, die über Sein oder Nichtsein, Heil oder Unheil des Menschen entscheidet; sie setzt (b) eine Situation voraus, in der diese Beziehung durch die Sünde des Menschen bedroht, gestört oder zerstört ist; und sie ist (c) die (Wieder-)Herstellung einer für den Menschen heilvollen Beziehung zu Gott." (S. 200)
Eben diese „(Wieder-)Herstellung einer für den Menschen heilvollen Beziehung zu Gott" (und in der Folge zu den Mitmenschen!) ist ohne vergebendes Handeln nicht denkbar.

bringt". Ein Mensch mit entsprechender Charakter-(und Gewissens-!)Bildung wird die Möglichkeit der Vergebung immer dann für angebracht und „vernünftig" halten bzw. sie verantwortlich gewähren oder annehmen können, wenn von dieser spezifischen Maßnahme offenkundig _nützliche Wirkungen_ für ein Beziehungsgefüge ausgehen. Sind diese nicht zu erwarten, macht ihn die Rede von der Vergebung eher mißtrauisch. (Motto: Wird hier nicht das Erleben von _Gut und Böse_, von richtiger und falscher Möglichkeit relativiert und damit das Zusammenleben gefährdet?) Mit dieser möglichen Reaktion hat der Seelsorger/die Seelsorgerin zu rechnen und umzugehen, wenn er/sie im Rahmen eines seelsorgerlichen Gesprächs von Vergebung redet.

b) Vergebung wird als ein Akt empfunden, der Schuld zu beseitigen vermag, damit im Beziehungsbereich ausgleichend wirkt und Harmonie (wieder) herstellt. Ein Mensch mit entsprechender Charakter- (und Gewissens-!)Bildung wird die Möglichkeit der Vergebung immer dann für angebracht und „geboten" halten, bzw. sie verantwortlich gewähren oder annehmen können, wenn von dieser spezifischen Maßnahme offenkundig _versöhnende Wirkungen_ für ein Beziehungsgefüge ausgehen. Treten diese nicht ein, so kann die Rede von der Vergebung in mehr oder weniger drängender Art und Weise wiederholt und als naheliegende Problemlösung empfohlen werden. Dann wird oft einer „Annahme" zugestimmt, die doch psychisch nicht zu greifen scheint und dann leicht in Zweifel an der eigenen Würdigkeit und Annahmefähigkeit umschlägt. (Motto: Trifft das, was für alle gelten kann, im konkreten Fall wirklich auch auf mich völlig unwürdigen und _wertlosen Menschen_ zu?) Mit dieser möglichen Reaktion hat der Seelsorger/die Seelsorgerin zu rechnen.

c) Vergebung wird als ein Akt empfunden, der „innere Größe" widerspiegelt und damit alle Schuld sowie alle Scham im Hinblick auf geschehene Handlungen und Verhaltensweisen innerlich zur völligen Nebensache macht bzw. „aufhebt". Dieses Erleben korrespondiert allerdings einseitig mit der aktiven Position im zwischenmenschlichen Vergebungsgeschehen: Ein Mensch mit entsprechender Charakter- (und Gewissens-!)Bildung kann einem Mitmenschen in großmütiger und scheinbar souveräner Weise Vergebung _anbieten oder vermitteln_. Selbst Vergebung von Gott und den Menschen anzunehmen bzw. zugesprochen oder vermittelt zu bekommen fällt dagegen extrem schwer. Denn solche Zuwendung „nötig" zu haben und damit vom Zuspruch und der Zuwendung eines Gegenübers (innerlich) abhängig zu werden, kränkt unabgegrenzt und aktiviert gerade jene unklaren Scham- und Schuldgefühle, die es durch den Vergebungsakt aufzuheben gilt. (Motto: Werde ich dadurch, daß mir „von oben" etwas vergeben wird, nicht automatisch in meinen latenten _Winzigkeitsängsten_ und Kleinheitsgefühlen bestätigt?) Mit dieser möglichen Reaktion hat der Seelsorger/die Seelsorgerin zu rechnen.

Wenn also Schuld und Vergebung ein festes Verbundsystem bilden, so ist nicht nur von Schuld, sondern auch von Vergebung seelsorgerlich so zu reden, daß deren von der jeweiligen Persönlichkeitsstruktur bedingte *Erlebens-* und *Verstehensweise* vorausgesetzt und zugängig gemacht, aber nicht durch allgemeine Aussagen „überspielt" wird.

Seelsorger A.B., 35 Jahre alt, verheiratet, zwei Kinder, seit acht Jahren im Amt als Gemeindepastor tätig, sitzt in einem Nebenraum des Gemeindehauses dem ihm etwa gleichaltrigen Ehepaar C.E. und D.E. gegenüber. Die beiden Eheleute, die im Ort gemeinsam ein Ladengeschäft betreiben, kinderlos sind und regelmäßig an einem kirchlich organisierten Diskussionsabend teilnehmen, haben den Pfarrer, der sie vor sechs Jahren getraut hat, nach entsprechender Absprache wegen eines akuten Eheproblems aufgesucht.

Die auslösende Situation stellt sich wie folgt dar: Während der Ehemann um des Geschäfts willen zu Hause geblieben sei, habe sich die Ehefrau vor zwei Monaten einen Kurzurlaub geleistet, dabei einen für sie in unbegreiflicher Weise anziehenden Mann kennengelernt, sich mit ihm auch auf ein Verhältnis eingelassen, dieses aber mit dem Ende des Urlaubs beendet. Dieses Erlebnis, aber auch ihr Erstaunen darüber, daß ihr so etwas überhaupt passieren könne, habe Frau E. ihrem Mann nach der Rückkehr relativ unbefangen mitgeteilt. Wider Erwarten sei dieser aber aus allen Wolken gefallen. Seitdem krisele es in ihrer Ehe, da sich der Ehemann über diesen Vorfall bis heute nicht beruhigen könne.

Zunächst habe er seine Frau immer wieder mit bohrenden Nachfragen bedrängt und sie damit in eine verzweifelte Stimmung gebracht. Später habe er unbedingt den Namen des anderen Mannes wissen wollen, um diesen aufsuchen und zur Rede stellen zu können. Auf die Weigerung der Frau hin sei die Spannung zwischen beiden Ehepartnern immer größer geworden. Man begegne sich nur noch gereizt, habe allerdings gemeinsam den Eindruck, hier sei ein Einbruch geschehen. Deshalb suche man zur Klärung der Lage einen kompetenten Dritten auf.

Den Seelsorger engagiert die geschilderte Situation sehr. Er versucht, einen Klärungsprozeß einzuleiten und fordert die Ehepartner in diesem Zusammenhang dazu auf, jeweils den Kernpunkt ihres Betroffenseins aufzuspüren und auszusprechen. Es stellt sich heraus, daß sowohl Frau E. als auch Herr E. bei sich selbst eine tiefe Verunsicherung wahrnehmen. Beiden geht es darum, ob und wie weitgehend man sich aufeinander verlassen kann oder aber voneinander verlassen fühlen muß. Die bisher als selbstverständlich tragend empfundene Beziehung zwischen beiden Eheleuten ist durch den Vorfall offensichtlich gestört und fragwürdig geworden. Das wiederum wird von beiden als ein sehr quälender Zustand erlebt.

Im Kontext der für die Beteiligten offenkundigen Beziehungsstörung wird nun seitens des Pfarrers nach etlicher Zeit die christliche Rede von Vergebung ins Spiel gebracht. Der Seelsorger formuliert die dementsprechenden Aussagen sehr behutsam. Er macht auf die Aussichtslosigkeit gegenseitiger Schuldvorwürfe aufmerksam und bezeichnet das einander Vergeben im zwischenmenschlichen Bereich als die Kunst, über den eigenen Schatten zu springen. Übrigens habe nach der doch gemeinsamen christlichen Weltanschauung dieses Verhalten seinen Ursprung und seinen Bezugspunkt in der Haltung Gottes. Christlicher Glaube sei seinem Selbstverständnis nach Vergebungsglaube.

Durch diese Aussagen bekommt das seelsorgerliche Gespräch eine eigentümliche Wende. Hatten die beiden Eheleute bisher trotz ihrer unterschiedlichen Standorte innerhalb der Krisensituation eher analoge Betroffenheit zum Ausdruck gebracht, so beginnt jetzt ein heftiger Wortwechsel, in den sehr bald auch der Seelsorger involviert ist. Die Situation ist jetzt von der Auseinandersetzung, ja dem Streit, darüber geprägt, was die nur allzu bekannte christliche Forderung, Vergebung sei anzunehmen und zu gewähren, im konkreten Fall für den einzelnen für Konsequenzen habe. Darüber wird keine Einigung erzielt. Dem Seelsorger gelingt lediglich, die Fortsetzung des Gesprächs zu einem späteren Zeitpunkt anzubieten und mit diesem Vorschlag von beiden Ehepartnern akzeptiert zu werden.

Wie sich leicht nachvollziehen läßt, kommen in dieser (konstruierten!) Szene die oben genannten Grundmuster des Erlebens im Hinblick auf das Vergebungshandeln zum Tragen. Der Ehemann entspricht am ehesten dem unter a) geschilderten Erlebenstyp: Er denkt schwerpunktmäßig von einem starken Ordnungsempfinden her. Seine Gewissensbildung und -reaktion spiegelt die Internalisierung eines als „vernünftig" empfundenen Normensystems wider, das vom Grundschema „Gut und Böse" bzw. „richtig oder falsch" her auf den Konflikt zugeht und das Richtige und Wahre gegebenenfalls auch aggressiv durchzusetzen versucht, um innerlich wieder Ruhe zu finden. Der Seelsorger macht (wahrscheinlich unter dem Vorzeichen einer ähnlichen Gewissensstruktur) dieselbe Grundhaltung zur Grundlage seines Vorgehens, hat dabei aber im Unterschied zu dem Ehemann alle aggressiven Verhaltenskomponenten so konsequent wie möglich „ausgeschlossen" und in eine harmonisierende Erlebensweise überführt. Er entspricht damit am ehesten dem unter b) geschilderten Erlebenstyp.

Schließlich wird von der Ehefrau eine Art, mit Vergebung umzugehen, demonstriert, die es nahelegt, auf eine von narzißtischen Verhaltenskomponenten getragene Gewissensbildung zu schließen. Dieser Erlebenstyp wurde unter c) geschildert. Eine der Vergebung bedürftige Schuld empfindet sie „natürlicherweise" dann nicht, wenn vermutbare Scham- und Versagensgefühle (Etwa: Bin ich nach jahrelanger kinderloser Ehe eine „richtige", d.h. liebenswerte Frau?) gerade durch ein Erlebnis kompensiert wurde, das ihr Selbstwertgefühl offensichtlich zu heben vermochte.

Auch am Schluß dieses Kapitels soll der „besondere Hinweis" erfolgen: Je narzißtischer unterlegt und auf ein leicht „gekränktes Gewissen" bezogen ein Mensch und Zeitgenosse sein Verhalten eingerichtet hat, desto weniger wird er an einer Unterscheidung von Schuld und Schuldgefühl interessiert sein. Sind seine Schuldempfindungen doch sowieso von den allgemein gültigen Normen nur mehr oder weniger abhängig und eher auf sein ureigenstes „Ich-Ideal" bezogen. Vor diesem „Ich-Ideal" zu versagen oder zu bestehen, ist dann ein Erleben, das sich von den üblichen Moralvorstellungen abhebt.

Viel eher erscheint alle Verantwortung vor Gott und den Menschen hinsichtlich einer emotional hochbesetzten „Selbstverantwortung" relativiert.

Vom Seelsorger/der Seelsorgerin ist gegenüber dieser Erlebens- und Verhaltensstruktur eine hilfreiche Haltung verlangt, die sich zunächst in einer ganz bestimmten „Zurückhaltung" äußert. Diese besteht darin, die hochempfindlichen und von Kränkungsvorgängen besonders gequälten Menschen mit dieser Einstellung nicht von vornherein und grundsätzlich als problematisch zu hinterfragen. Anzusetzen ist im Konfliktfall vielmehr bei partiellen und d.h. überschaubaren Bewältigungsaufgaben, deren Lösung im positiven Fall allmählich eine ernüchterte Selbst- und Fremdeinschätzung ermöglicht.

Der Abschnitt läßt sich zusammenfassen: Seelsorgerlicher Umgang mit Schuld setzt heutzutage eine mögliche Unterscheidung von *„Schuld"* und *„Schuldgefühl"* voraus. Zu fragen ist hierbei weiter nach dem – je nach individueller Entwicklungsgeschichte – sehr unterschiedlichen Bezug auf Normen. Dieses differenzierende Vorgehen bekommt seine Bedeutung dort, wo es für jedes Individuum darum geht, die jeweilige Anspruchslage verantwortlich in die Daseinsgestaltung einzufügen. Dabei ist die Korrespondenz von *Schuld* und *Vergebung* ebenfalls einer Erlebensdifferenzierung zu unterziehen.

War im Zusammenhang mit den Spannungspolen Angst und Glaube von einem erstrebenswerten „inneren Standort" die Rede (s.o. S. 325f.), so ist jetzt im Hinblick auf das Spannungsgefüge *Anspruch* und *Schuld* daran anzuknüpfen. Auch die Auseinandersetzung mit Anspruch und Ansprüchlichkeit einerseits und mit Schuld und Schuldgefühl andererseits stellt hinsichtlich dieser Vorgabe besondere Anforderungen an den einzelnen Menschen: Soll er doch von diesem „inneren Standort" aus sowohl ein grundsätzliches *Verantwortungsgefühl* entwickeln als auch im konkreten (Konflikt-)Fall *persönliche Verantwortung* übernehmen können. Das aber bedeutet: Er muß konstruktives und destruktives Verhalten bei sich und bei anderen nicht nur als solches einzuschätzen wissen. Er muß auch ersteres gegen letzteres durchsetzen und in ein konfliktauflösendes Verhalten überführen.

Im Rahmen einer in diesem Sinne zunehmend selbstverantworteten Handlungsfähigkeit wird es dann darauf ankommen, *Schuldigwerden* vor Gott und an anderen nicht zu verdrängen, sondern auszuhalten und zu verarbeiten. Wer dazu fähig ist, wird gleichzeitig nach seiner inneren Möglichkeit gefragt sein, primär *Vergebung* annehmen und sie in der Folge gewähren zu können. Nur so läßt sich ein Kreis schließen, der antinomisches Erleben nicht nur zu umfassen, sondern auch „aufzuheben" vermag.

V. Christliche Seelsorge als Konfliktbearbeitung

Noch einmal ist jetzt darauf einzugehen, daß Seelsorge als *Bearbeitung von Konflikten unter einer spezifischen Voraussetzung* bestimmt wurde.

Zu erinnern ist zunächst daran, daß Konflikte sich von wirksamen Grundantinomien des Erlebens her verstehen lassen, die zu spannungsreichen Situationen und Lebenslagen führen können. Durch die Elemente Angst und Glaube, Anspruch und Schuld, die innerhalb eines Verbundsystems zu Gegensatzpaaren geraten und dementsprechend Schwerpunkte der Auseinandersetzungen bilden, erscheint das Konflikterleben dann im einzelnen strukturiert. Auf dieser Basisannahme zielt die seelsorgerliche Bearbeitung von (Lebens-)Konflikten darauf ab, durch neue Umgangsformen mit Angst, Glaube, Anspruch, Schuld bzw. durch eine auf diese Elemente ausgerichtete *Erlebensdifferenzierung* im Rahmen eines Prozeßgeschehens *konfliktlösend* wirksam zu sein.

Als Zielvorstellung gilt dabei: Die von Spannung getragenen Zustände werden einem Entspannungsvorgang zugeführt. Hinsichtlich der genannten Grundantinomien ist wieder ein ausgewogener Zustand hergestellt. Eingeengtes und fehlfixiertes Verhalten ist mit neuer Handlungsfreiheit ausgestattet. Das wiederum hat einen veränderten Umgang mit der Realität und deren Niederschlag in den zwischenmenschlichen Beziehungen zur Folge. Es kann die Freisetzung eines Verhaltens gelingen, das der Lebensbewältigung besser entspricht als das zuvor möglich war. Durch die Überführung eines bestimmten Verhaltens in ein verändertes Verhalten mit vergrößertem Handlungsspielraum wird bisheriges Erleben zu einem veränderten und d.h. erweiterten Erleben.

Dabei soll das seelsorglich angestrebte neue Verhalten (und Erleben) aber gleichzeitig als ein *christliches* Verhalten (und Erleben) qualifiziert sein! Seine Freisetzung ist deshalb mit einer weiteren Zielvorstellung verbunden: In, mit und unter allem seelsorgerlichen Handeln geht es konstitutiv um die *Ermöglichung eines persönlichkeitsspezifischen Credos.* (s.o. S. 267ff.) Diese Vorgabe wiederum läßt alle seelsorgerliche Konfliktbearbeitung unter einer *spezifischen Voraussetzung* geschehen: Als *ein* Element des (Konflikt-)Erlebens *unter anderen* im Spannungsfeld der Grundantinomien repräsentiert Glaube die „vitale Erwartung an das Dasein". (s.o. S. 307f.) Er fungiert als ein „innerer Standort", dem Plausibilitätsstruktur und Gefühlsidentität eignen und der sich gegebenenfalls auf ein bestimmtes Gottesbild bezieht. (s.o.S. 324f.)

Als *christlich* qualifiziertes Element des (Konflikt-)Erlebens repräsentiert Glaube bei all dem die Verankerung und die Ausrichtung des persönlichkeitsspezifischen Credos auf den *Gott der Bibel,* der alle notwendig individuellen Gottesbilder sowohl begründet als auch relativiert. Glaube repräsentiert damit gleichzeitig neben der formalen Möglichkeit des individuellen Bekennens den *inhaltlichen* Bekenntnisakt des Individuums. Es ist ein christlicher Bekenntnisakt, in dessen Folge sich der einzelne als ein vom Gott des Alten und des Neuen Testaments geschaffener, erlöster und begleiteter Mensch glaubend vorfindet und daraufhin verhält!

Unter dieser „spezifischen Voraussetzung" seelsorglich zu handeln, eignet der Konfliktbearbeitung unter christlichem Vorzeichen eine besondere Erlebensqualität. Diese besteht darin, daß im Falle der erreichten Konfliktlösung resp. einer verbessertern Lebensbewältigung mit dem Gefühl der Erleichterung ein besonders ausgerichtetes Gefühl der *Dankbarkeit* korrespondiert. Es ist eine Dankbarkeit, die die vitale Erwartung an das Dasein bzw. die Lebensgewißheit nicht nur *allgemein* bestätigt sieht, sondern sich darin im Glauben von *Gott* bestätigt erfährt und von daher den unausweichlichen Lebenskonflikten einerseits und den Einzelkonflikten im Alltag andererseits im buchstäblichen Sinne des Wortes „getrost" begegnen kann.

F. Handlungsfelder der Seelsorge

Alle (Lebens-)Konflikte werden in Zusammenhang mit bestimmten *Lebensereignissen* im Entwicklungsgang des einzelnen und dabei jedenfalls „vor Ort" und in einem bestimmten Umfeld ausgetragen! Darauf hat sich moderne Seelsorge einzustellen, will sie den Ratsuchenden wirklich in deren Lebenswelt und dem darauf bezogenen Verhalten begegnen und im gezielten Umgang mit Angst und Glauben, Anspruch und Schuld nicht nur eine „allgemeine" Konfliktbearbeitung betreiben. So hat es der Seelsorger/die Seelsorgerin zum einen mit der jeweiligen *Lebensphase* mit einer dementsprechenden Problemkonstellation zu tun. Zum anderen können sich Ratsuchende in Situationen befinden, die durch bestimmte *äußere Bedingungen* besonders geprägt sind. So bestehen neben den individuellen Problemkonstellationen verschiedene Handlungsfelder der Seelsorge.

Damit verbindet sich sofort eine *Grundsatzfrage*: Christliches Verhalten zur Lebensbewältigung ist eben nicht nur von einer langen Tradition, sondern auch von seinen Basisannahmen her ohne christlichen *Gemeinschaftsbezug* nicht denkbar! Das aber bedeutet faktisch: Christliches Verhalten ist stets auch Gemeinschaftsverhalten unter einer speziellen Voraussetzung. Wie aber ist diese unaufgebbare Wechselwirkung unter den heute gegebenen Umständen konkret zu „verorten"? Muß der für den Ratsuchenden als letztlich „not-wendig" angenommene spezifische Gemeinschaftsbezug jedenfalls und unbedingt als Bezug auf eine *Kirchengemeinde* verstanden werden? Geht es also nach wie vor darum, die in den verschiedenen Lebensabschnitten auftauchenden (typischen) Konflikte bei aller individuell biographischen Verankerung auf das überkommene kirchliche Angebot besonderer Handlungen in den einzelnen Lebensübergängen zu beziehen?[1] Lassen sich damit die sog. „Kasualien" bleibend als Anknüpfungspunkte resp. Anlässe und damit als „Hilfsmittel" seelsorgerlichen Handelns in verschiedenen Lebensphasen oder auch krisenhaften und konfliktanfälligen Übergängen begreifen?

Bezeichnenderweise ist heute diese Funktion der kirchlichen Amtshandlungen umstritten und damit einer vermehrten (praktisch-)theologischen

---

[1] Vgl. dazu *Joachim Matthes*, Kirchenmitgliedschaft im Wandel. Untersuchungen zur Realität der Volkskirche. Beiträge zur zweiten EKD-Umfrage ‚Was wird aus der Kirche?', Gütersloh, 1990, darin besonders *Peter Cornehl*, Teilnahme am Gottesdienst. Zur Logik des Kirchgangs – Befund und Konsequenzen, S. 15ff. und hier den Abschnitt „Gottesdienst und Lebenszyklus". (S. 32ff.)

Reflexion ausgesetzt![2] Doch haben die Kasualien ihren herausfordernden Charakter bezüglich eines seelsorgerlichen Vorgehens auch unter offensichtlich sehr veränderten Bedingungen beibehalten.[3] Dieses Faktum schlägt sich bereits eindrucksvoll in zwei schon genannten Lehrbüchern sehr unterschiedlicher Provenienz nieder, deren Abfassung fast vier Jahrzehnte ausein-

---

[2] Im allgemeinen Sprachgebrauch umfassen diese „Kasualien" die traditionellen Handlungen der Kirche parallel zu den menschlichen Entwicklungsstadien, also Taufe, Konfirmation, Trauung, kirchliches Begräbnis. Bei sehr unterschiedlicher Einzelbewertung (Sonderstatus der Taufe als Sakramentsfeier und gesonderte Behandlung der Konfirmation im Kontext der Religionspädagogik) werden alle Kasualien jedenfalls als Dienst der Gemeinde bzw. als Angebot der organisierten christlichen Gemeinschaft an den einzelnen aufgefaßt. Unter diesem Vorzeichen haben sie dann verschiedene Dimensionen: Sie machen mit der Tradition des Glaubens vertraut, gliedern in diese Tradition ein und erhalten sie lebendig.
Sie sind Anlaß, um das „Wort Gottes" so zu verkündigen, daß es im Hinblick auf besondere Lebensereignisse als aktuell erlebt werden kann.
Sie bieten schließlich eine besondere Gelegenheit, dort *seelsorgerlich* tätig zu werden, wo besondere Lebenseinschnitte und Lebensübergänge auch eine besondere Konfliktbearbeitung (oder auch Krisenbegleitung) nahelegen.
Zu den entsprechenden praktisch-theologischen Auseinandersetzungen um die Kasualien vgl. z.B. die Abhandlungen von *Rainer Volp*, *Peter C. Bloth*, *Karl-Heinrich Lütcke* und *Traugott Stählin* in dem Abschnitt „Die Kasualpraxis", HPTh 3, S. 150ff. (Lit.!) *Traugott Stählin* formuliert (in seiner Abhandlung über „Die Bestattung", a.a O., S. 195ff.) den Schnittpunkt der anhaltenden Auseinandersetzung im theologischen Bereich mit all seinen konkreten Folgen dabei so: „Ob er will oder nicht, der Pfarrer ist nicht nur freier Verkündiger des Evangeliums, sondern auch gebundener ‚Funktionär' eines Handlungsablaufs, der rituell wesentlich mehr determiniert ist, als es einer ‚rein' kerygmatischen Theologie recht sein kann." (S. 197)
Eine sehr übersichtliche Einführung in die praktisch-theologische Problematik bietet D. Rössler, Grundriß, S. 198ff. Hier wird ebenso die bleibende praktische Bedeutung der Amtshandlungen für die Gemeindefrömmigkeit, aber auch die für das Glaubensleben konstitutive Leistung der Liturgie bzw. des Ritus sowie der kirchliche Bezug auf die Lebensgeschichte herausgestellt.
Für die gesamte Fragestellung kann weiter auf *Theophil Müller*, Konfirmation, Hochzeit, Taufe, Bestattung. Sinn und Aufgabe der Kasualgottesdienste, Stuttgart, 1988, hingewiesen werden.

[3] So schreibt etwa D. Rössler unter der Überschrift „Die Bedeutung der Amtshandlungen", daß Amtshandlungen eine kaum zu überschätzende Bedeutung für die Bewältigung der Übergänge im Lebenszyklus haben, das Verhältnis zu Religion und zur Kirche in dieser Form einer ‚lebenszyklischen' Frömmigkeit zu gestalten vermögen und faßt dann zusammen: „Damit rücken für die gesamte Praxis der Amtshandlungen deren seelsorgerliche Perspektiven in den Vordergrund. Das gilt nicht nur für die im engeren Sinne seelsorgerlichen Aufgaben, sondern auch für die seelsorgerlichen Aspekte der liturgischen Handlungen und der Kasualreden." (D. Rössler, a.a.O., S. 204)

ander liegt: Auf den ersten Blick hin orientiert Hans Asmussen sein Buch „Die Seelsorge" in den Jahren 1933/34 ebenso an den Kasualien wie Hans-Joachim Thilo seine „Beratende Seelsorge" im Jahre 1971.[4]

Bei näherem Hinsehen macht sich jedoch gerade auf diesem Gebiet einer speziellen Zuordnung von Seelsorge und Lebenseinschnitt oder Lebensereignis „mit der Zeit" eine wichtige Akzentverschiebung bemerkbar: Eine

---

[4] Zu Hans Asmussens „Die Seelsorge", und seiner strikt auf die Gemeindesituation und „Die Sprechstunde des Pastors" bezogene Differenzierung von „*Seelsorge*" und „*Seelenführung*" sind zunächst die bisherigen Ausführungen (s.o. S. 158f., bzw. S. 36, Anm. 59) zu vergleichen. Ergänzend soll an dieser Stelle auf das Folgende hingewiesen werden: Nach der Grundlegung seiner lutherisch vorgezeichneten Auffassung vom Wesen einer protestantischen Seelsorge konkretisiert Asmussen seine Lehre thematisch zugeordnet in Kapiteln mit den Überschriften: Der Seelsorger und die Taufe, der Seelsorger und die Ehe, der Seelsorger und der Trauerfall und die Seelsorge an Kranken und Sterbenden.
Daß bei all dem Gemeindesituation wie selbstverständlich vorausgesetzt ist, wird an Aussagen Asmussens wie der folgenden deutlich: „Wesentlich für die Seelsorge ist, daß sie *Gespräch* ist. Das unterscheidet sie grundsätzlich von der Predigt. Der Seelsorger und sein Gemeindeglied, an dem er Seelsorge treibt, müssen in der Seelsorge beide zu Worte kommen." (H. Asmussen, Seelsorge, S. 19)
Demgegenüber möchte Hans-Joachim Thilo, einer der Väter der Seelsorgebewegung, in seiner „Beratenden Seelsorge" (s.o. S. 187f., Anm. 28) zwar seine tiefenpsychologische Methodik ebenfalls am Kasualgespräch „darstellen". Nach breiter Einführung in die tiefenpsychologische Begriffswelt und die entsprechende Methodik der Gesprächsführung behandelt er deshalb an entscheidender Stelle das Thema: „Der pastoral-psychologische Ort der Kasualhandlung als beratende Seelsorge." (H.J. Thilo, Seelsorge, S. 107ff.) Daß Thilo hierbei aber die Kasualie in einer ganz bestimmten Art und Weise, und d. h. von einem im Vergleich mit Asmussen bereits stark veränderten Amts- und Gemeindeverständnis her im Sinne seines eigentlichen Anliegens „nutzt", wird in seiner Distanzierung von einer „Theologie des Amtes" deutlich. Er schreibt zunächst: „... nicht vom Amt des Amtsträgers her ist Seelsorge geordnet und zugeordnet, sondern von dem Auftrag des Christen in der Nachfolge Jesu. Wer hier zu früh vom Amt redet, begrenzt schon wieder seelsorgerlichen Dienst in unzulänglicher Weise und verkürzt den Begriff der Verkündigung auf Lehre und Anrede hin ..." (S. 107)
Und er fährt daraufhin fort: „Es geht zunächst immer um einen Kasus, um einen ganz speziellen Fall. Dieser Fall ist nicht etwa *die Trauung* oder *die* Taufe oder *das Begräbnis*, sondern es ist der Kasus *dieser* beiden Menschen, die miteinander die Ehe eingehen wollen, *dieser* Eltern, die ihr Kind zur Taufe bringen, dieser Hinterbliebenen, die einen Menschen zu Grabe geleiten. An diesem speziellen Fall menschlicher Situation will das Wort Gottes sich als Kraft, als Hilfe, als Trost erweisen, und zwar in gerade dieser Stunde an eben diesen Menschen, an eben diesem Ort." (S. 109)
Die Schwerpunktverlagerung in der relationalen Zuordnung von Kasualie und Individuum dürfte deutlich geworden sein.

Strukturierung der einzelnen Lebensphasen durch den gesellschaftlich getragenen Bezug auf das umfassende kirchliche Angebot eines tragfähigen *Ritus in besonderen Lebenslagen* wird von zunehmend weniger Zeitgenossen unter den stark veränderten Lebens- und Arbeitsbedingungen an zunehmend weniger Orten als „selbstverständlich" vorausgesetzt und angenommen. Im poimenischen Bereich führt das zu einer doppelten Konsequenz:

Zum einen sollte dieser gesellschaftliche Wandel gerade nicht den Verzicht auf seelsorgerliche Begleitung in besonders konfliktanfälligen bzw. konfliktbesetzten Lebenslagen nahelegen. Ein solcher Verzicht muß nämlich fälschlicherweise voraussetzen, daß das Bemühen um eine Konfliktlösung oder Verhaltensänderung ohne traditionell kirchliche Einbindung nicht mehr als „christliches Verhalten" angestrebt werden könnte!

Zum anderen muß dann aber bei fortschreitender Relativierung der traditionellen Kasualien im allgemeinen Bewußtsein auch nicht auf möglichen Gemeindebezug oder aber auf neu zu konzipierenden *Gemeindeaufbau* unter den veränderten (äußeren und inneren) Bedingungen verzichtet werden. Eine solche Einstellung setzt fälschlicherweise voraus, daß Seelsorge sich in erster Linie um eine möglichst reibungslose und dabei christlich getönte Einpassung in bestehende Trends innerhalb der Gesellschaft zu kümmern hätte!

Sowohl theologisch als auch poimenisch vertretbar erscheint uns dagegen unter den vorhandenen Bedingungen eine Seelsorge, die das Individuum jedenfalls in seinen verschiedenen Lebensphasen so konsequent wie möglich im Kontext der jeweiligen *Alltagswelt* sieht und versteht.[5]

---

[5] Nochmals ist in diesem Zusammenhang auf die sehr wichtigen Überlegungen hinzuweisen, die Thomas Henke in seiner Seelsorgekonzeption (T. Henke, Seelsorge und Lebenswelt) ebenso differenziert wie kenntnisreich entfaltet. Hier stellt der Autor zunächst fest, daß „Alltag" und „Lebenswelt" zwar nahezu Modewörter geworden sind, von der Poimenik aber bisher kaum *systematisch* rezipiert wurden. Diesem Defizit will er begegnen. „Dabei gehen die Überlegungen von der These aus, daß Seelsorge als kommunikatives Handeln sich immer schon (ob intendiert oder nicht) auf dem Hintergrund alltäglicher Lebenswelt ereignet, zur Erhaltung, Erneuerung und Veränderung der alltäglichen Lebenswelt beiträgt und in gesellschaftliche Zusammenhänge eingebunden ist." (S. 15)
Bei der vorhandenen und sich verwirrend auswirkenden *Mehrdeutigkeit* des Begriffs „Lebenswelt" formuliert Henke im Hinblick auf Seelsorge seine Position dann so: „Zum einen entscheiden wir uns für eine *formale* Lebenswelt-Konzeption, die von konkreten Inhalten historisch-gesellschaftlicher ‚Lebenswelten' absehend, allgemeine Strukturen der Lebenswelt, ihre Horizontfunktion, ihre kritische Veränderbarkeit, ihre geschichtliche Relevanz und ihre geschichtliche Dimension rekonstruktiv und zugleich pragmatisch analysiert. Zum anderen wird nicht ein transzendentalphilosophisch konzipierter Lebensweltbegriff zugrundegelegt, sondern die *alltägliche Lebenswelt*, wie sie dem alltäglichen kommu-

Dieses Verständnis von Seelsorge wird einerseits die Erkenntnisse der Humanwissenschaften hinsichtlich der spezifischen Lebensbedingungen in der gegenwärtigen Gesellschaft und deren biographischer Verarbeitung durch den einzelnen in Gebrauch nehmen. Aus diesem Verständnis heraus wird es andererseits gerade nicht darum gehen können, den Gemeindebezug (und damit gleichzeitig den Bezug des seelsorgerlichen Handelns auf die Kasualien!) abzulösen oder im Bedarfsfall durch situative Gruppenbildungen mit privatisierten Ritualbildungen zu ersetzen. Eher muß es darauf ankommen, den Gemeindebegriff so auszuweiten, daß dessen „Ortsgebundenheit" auch auf einer veränderten Erlebensebene angesiedelt werden kann.[6] Eine veränderte Auffassung vom „*Pfarr-Amt*" auf dem Hintergrund eines veränderten Gemeindeverständnisses hängt damit eng zusammen.

Übergreifendes Prinzip sollte es jedenfalls sein, Lebenskonflikten in der praktischen Seelsorge auch unter bisher ungewohnten gesellschaftlichen

---

nikativen Handeln als Hintergrund und Ressource dient und zugleich in dieser alltäglichen Praxis konstituiert wird." (S. 165)

Bei alldem entspricht der Begriff der „Lebenswelt" demjenigen der „Alltagswelt" im hier gemeinten Sinne. Von diesen Bestimmungen ausgehend kommt Henke dann zu seinen Ausführungen über „Erinnern und Erzählen als kommunikatives Handeln in der Lebenswelt" (S. 217ff.) zum Thema „Erinnern und Erzählen von (Lebens-)Geschichte(n)".

Daß dieser heute notwendige Bezug der Seelsorge auf die Alltagswelt nicht mit „Alltagssorge" und deren Behebung in eins fällt, ist auch das besondere Anliegen Henning Luthers in dem Aufsatz „Alltagssorge und Seelsorge: Zur Kritik am Defizitmodell des Helfens". (s.o. S. 238, Anm. 189)

[6] Hinzuweisen ist an dieser Stelle auch auf die Studie des Anthropologen *Marc Augé*, Orte und Nicht-Orte. Vorüberlegungen zu einer Ethnologie der Einsamkeit, Frankfurt a.M., 1994. Der Autor geht davon aus, daß im Zeitalter der „Übermoderne", die durch drei Figuren des Übermaßes (nämlich die Überfülle der Ereignisse, die Überfülle des Raumes und die Individualisierung der Referenzen) gekennzeichnet ist, ein völlig neues Erleben des „Ortes" zum Tragen kommt. Er beschreibt die Lage so: „So wie ein Ort durch Identität, Relation und Geschichte gekennzeichnet ist, so definiert ein Raum, der keine Identität besitzt und sich weder als relational noch als historisch bezeichnen läßt, einen Nicht-Ort. Unsere Hypothese lautet nun, daß die ‚Übermoderne' Nicht-Orte hervorbringt, also Räume, die selbst keine anthropologischen Orte sind ..." (S. 92f.) Und dann weiter: „Der Raum des Nicht-Ortes schafft keine besondere Identität und keine besondere Relation, sondern Einsamkeit und Ähnlichkeit." (S. 121)

Dennoch müssen wir uns als Zeitgenossen in diesem Wechsel bzw. innerhalb dieses Durcheinanders von noch erlebbaren Orten und ebenso schon erlebbaren Nicht-Orten zurechtfinden. Die entsprechenden Reflexionen Marc Augés können deshalb auch im Hinblick auf den „Ort des Glaubens" bzw. dessen Ineinssetzung mit dem Erleben von Kirche und Gemeinde sehr nachdenklich machen.

Bedingungen tatsächlich *lebensnah* begegnen zu können. In diesem Sinne ist im Hinblick auf Gemeindebildung und Gemeindegestaltung unter poimenischen Aspekt nach Konzeptionen gefragt, die diese Lebens- und damit eben auch Alltagsnähe nicht abspalten, sondern einschließen. Wie aber sieht das ebenso konkret wie zeitgemäß in unserer gegenwärtigen Lebenswelt aus?

I. Seelsorge in einzelnen Lebensphasen

Der Ablauf eines Menschenlebens ist nicht nur durch einzelne Entwicklungsphasen mit jeweils altersspezifischer Verhaltensstruktur gekennzeichnet! Die in allen Lebensabschnitten notwendige Lebensbewältigung führt unter dem Vorzeichen der erreichten Lebensstufe auch zu gesonderten Konfliktsituationen und Konfliktkonstellationen. Das macht eine darauf ausgerichtete Differenzierung seelsorgerlichen Handelns notwendig.

1. Seelsorge an Kindern und Jugendlichen

Das Bemühen um einen gezielt seelsorgerlichen Umgang mit Kindern ist nicht zufällig erst jüngeren Datums. Das hängt offenbar mit Momenten zusammen, die sich als eine grundsätzliche Zurückhaltung auf diesem Gebiet unter doppeltem Vorzeichen begreifen lassen:
Zum einen haben Christenmenschen ein ganz besonderes Verhältnis zum Kindheitsstatus. Von daher galt (und gilt!) das Kind von seiner seelischen und geistigen Ausstattung her als relativ „unschuldig", damit auch nur sehr bedingt konfliktfähig und in dieser „harm-losen" Befindlichkeit sogar als „vorbildlich". Die zentrale biblische Aufforderung, umzukehren und wie die Kinder zu werden (Matth. 18,1-6) konnte von einem verkürzenden Verständnis her dieser Auffassung Vorschub leisten.[7] Wenn auf diesem Hintergrund das Kind als noch schwach, dabei aber gleichzeitig vor den „eigentlichen" Konflikten der Erwachsenen bewahrt wahrgenommen wird, wird ihm in der Tat keine eigenständige Realitätsbewältigung zugetraut werden können. Infolgedessen kann es mit seinen besonderen Eigenarten und Erlebensmodalitäten vielleicht (unter einem deutlich nostalgischen Vorzeichen!) als moralisches *Vorbild* dienen.[8] Es wird dabei durchaus för-

---

[7] Dazu vgl. K. Winkler, Kinder, s.o. S. 132, Anm. 182.
[8] Daß eine solche Einstellung durchaus auch mit modernem Denken einhergehen kann, zeigt etwa das Buch des amerikanischen Anthropologen und Verhaltensforschers *Ashley Montagu*, Zum Kind reifen, Stuttgart, 1984. Dort wird (S. 15) ausgeführt: „Welches sind aber nun diejenigen kindlichen Verhaltensmerkmale,

dernde Zuwendung nötig haben und erfahren können – nur eben keine Seelsorge!

Nun setzt sich aber zunehmend die von modernen pädagogischen und entwicklungspsychologischen Erkenntnissen gestütze Einsicht durch, daß die „Welt des Kindes" alles andere als eine „heile Welt" ist, bzw. daß also durchaus von einem besonderen kindlichen Konflikterleben und von Problemen kindlich-individueller Lebensbewältigung gesprochen werden muß. Damit stellt sich auch die Frage nach der Notwendigkeit und den Möglichkeiten einer Seelsorge im Kindes- und Jugendalter ganz neu. Wenn daraufhin seelsorgerliches Handeln an Kindern und Jugendlichen nicht nur als angezeigt, sondern als dringend erforderlich erscheint, so geschieht das offensichtlich in Analogie zur gegenwärtigen Lage der Poimenik mit doppelter Schwerpunktbildung und einer entsprechenden Schlußfolgerung:

a) *Zum einen* hat seelsorgerlicher Umgang mit Kindern, Jugendlichen und deren Problematik eine besondere Nähe zu *(religions-)pädagogischen Maßnahmen,* die allerdings ihrerseits entwicklungspsychologische Kenntnisse voraussetzen. Diese Nähe und Verbundenheit erscheint umso plausibler, je ungebrochener der (Erlebens-)Weg von der Kindheit zum Erwachsensein mit Reifungs- und Entwicklungsprozessen gleichgesetzt wird, die es nur zu entfalten und zu steuern gilt.[9] In der Tat sind ja Bemühungen um eine christlich verantwortete „Religiöse Erziehung und Sozialisation im Kindes-

---

die so wertvoll sind und die der Mensch allmählich verliert, wenn er älter wird? Wir brauchen nur die Kinder zu beobachten, um diese Merkmale deutlich vor uns zu sehen: Wißbegierde ist eines der wichtigsten; ferner gehören dazu Phantasie, Freude am Spiel, Aufgeschlossenheit, Experimentierbereitschaft, Flexibilität, Humor, Energie, Empfänglichkeit für neue Ideen, Ehrlichkeit, Lernwilligkeit und schließlich die vielleicht verbreitetste und wertvollste Eigenschaft, die Liebesbedürftigkeit und Liebesbereitschaft. Alle normalen Kinder, soweit sie nicht schon von ihren älteren Mitmenschen verdorben worden sind, zeigen diese Eigenschaften an allen Tagen ihres kindlichen Lebens."

In der Folge dieser Einstellung brauchen in der Tat nur durch das Leben „verdorbene", d.h. in aller Regel erwachsene Menschen Seelsorge.

[9] Unter diesem Vorzeichen hat schon *Heinz Remplein* über Jahrzehnte in kirchlichen Kreisen Einfluß ausgeübt und den erzieherischen Umgang mit Kindern bestimmt. (Vgl. *Heinz Remplein,* Die seelische Entwicklung in der Kindheit und Reifezeit. Grundlagen und Erkenntnisse der Kinder- und Jugendpsychologie, München, 1954 – Sonderausgabe – Nur für den kirchlichen Dienstgebrauch.) Remplein schreibt in einer „Grundlegung" (S. 11f.): „Die Kindes- und Jugendpsychologie nimmt ihren Ausgang von der Tatsache, daß das Seelenleben des Menschen nichts Fertiges, Starres, bei der Geburt einmal Gegebenes und bis zum Tode Gleichbleibendes ist, daß vielmehr das seelische Leben genau so wie das leibliche einer Entwicklung unterliegt, mit anderen Worten, daß es sich aus keimhaften Anfängen entfaltet, bis es zu dem wird, als was es am erwachsenen Menschen begegnet."

alter"[10] und um die gezielte Verhältnissetzung von „Lebensgeschichte und Religion"[11] nur schwer von einem seelsorgerlichen Umgang mit Menschen in frühen Lebensjahren abzuheben oder gar abzutrennen. Folgerichtig ist in

> Die Zielrichtung ist deutlich. Denn vor allem „... leistet die Kindes- und Jugendpsychologie der Pädagogik unersetzliche Dienste, und in der Tat sind viele Neuerungen und Verbesserungen des modernen Erziehungswesens den neu gewonnenen Erkenntnissen der Kindes- und Jugendlichenpsychologie zu verdanken." (S. 29)
> Das große Verdienst eines Buches, das seinerzeit aufklärend und erkenntnisfördernd wirkte, ist gewiß nicht geschmälert, wenn seine Grundannahmen heute relativiert und kritisch in Frage gestellt oder ergänzt gesehen werden müssen.

[10] Vgl. das weit verbreitete Buch von H.-J. Fraas, Erziehung, s.o. S. 322, Anm. 81. Hier formuliert der Religionspädagoge die Zielvorstellung seines Vorgehens so: „Der Beitrag der religiösen Erziehung besteht darin, den Glauben im Modus der Reflexion ins Spiel zu bringen, d.h. eine Haltung anzubahnen, in der der Mensch durch die Distanz der Reflexion hindurch eine existentielle Unmittelbarkeit zu Gott neu zu gewinnen vermag." (S. 26) Über das Moment der „Anbahnung einer Haltung" wird im Kontext einer Seelsorge an Kindern noch zu reden ein.

[11] Vgl. hierzu F. Schweitzer, Lebensgeschichte, (Lit.!). Hier heißt es zusammenfassend: „Die Grundaufgabe einer entwicklungsbezogenen religiösen Erziehung läßt sich als *Begleitung* der Entwicklung oder, wie K. E. Nipkow formuliert, als ‚Lebensbegleitung' beschreiben. Der Begriff ‚Begleitung' betont einerseits die Eigenständigkeit, die der Entwicklung gegenüber der Erziehung zukommt. Wie alle Entwicklungsprozesse wird auch die religiöse Entwicklung nicht von der Erziehung hervorgebracht und kann von dieser auch nicht beliebig geformt werden. Die Entwicklung vollzieht sich jedoch – und das ist der zweite Aspekt, den der Begriff der Begleitung einschließt – auch nicht von selbst oder unabhängig von der Umwelt, in der Kinder und Jugendliche aufwachsen. Die religiöse Entwicklung ist als ein umfassender Lernprozeß zu verstehen, in den das bewußte erzieherische Handeln ebenso einfließt wie die Erfahrungen, die Kinder und Jugendliche in einer Gesellschaft machen. Schließlich bedeutet Begleitung – und insofern unterscheidet sie sich von der Auffassung von ‚Entwicklung als Ziel der Erziehung' –, daß es nicht nur auf den Fortschritt zu höheren Stufen ankommt, sondern auch darauf, gleichsam mit Kindern auf ihrem Entwicklungsstand und bei ihren Fragen und Bedürfnissen zu verweilen." (S. 241)
Besonders im Hinblick auf das hier herausgestellte „Verweilen bei den Fragen und Bedürfnissen der Jugendlichen" ist der Bezug zur Seelsorge zu reflektieren. Die konstruktive Verzahnung von Entwicklungspsychologie und Religionsunterricht kommt schließlich dezidiert zum Tragen in dem Band *Friedrich Schweitzer, Karl Ernst Nipkow, Gabriele Faust-Siel*, Religionsunterricht und Entwicklungspsychologie. Elamentarisierung in der Praxis, Gütersloh, 1995. Grundsätzlich geht es in diesem Gemeinschaftswerk um „Entwicklungspsychologisches Sehen im Unterricht". Besonders wird der tragende Begriff „Elementarisierung" erläutert und angewendet, wenn es um die Vermittlung von „Sachverhalten" in einem Lehr- und Lernprozeß geht: „Von seiten der Lehrenden soll ein elementarisierendes

der Religionspädagogik an entscheidender Stelle von „Lebensbegleitung" die Rede.[12]

Diese „Lebensbegleitung" kann dann (im Kontext einer entsprechenden praktisch-theologischen bzw. poimenischen Position) mit *„Begleitung der Gemeinde"*, die das Kind oder der Jugendliche in helfender und orientierender Weise erfährt, in eins gesetzt werden. Das macht z.B. die folgende Definition von „Kinderseelsorge" deutlich: „Ausgangspunkt aller Überlegungen zu einer Kinderseelsorge sollten die Kinder selbst sein. Insofern es das Leben der Kinder erfordert, muß es zu einer seelsorgerlichen Bemühung seitens der Gemeinde kommen. Die Bereitschaft und Verpflichtung, sich dieser Aufgabe zu stellen, gründet im Evangelium Jesu. Wo wir als Gemeinde durch das Leben der Kinder in unserer Mitte herausgefordert werden zu hilfreichem Dienst, da werden wir uns nicht versagen dürfen. Kinderseelsorge gehört in den Zusammenhang einer diakonischen Beauftragung der Gemeinde", schreibt Götz Doyé programmatisch.[13]

Und er fährt spezifizierend fort: „Auch wenn alle kirchliche Kinderarbeit eine deutliche seelsorgerliche Dimension hat, ist nicht alles, was in ihr geschieht, Seelsorge am Kind. Zur Seelsorge gehört die einzelne Person des Kindes, denn Seelsorge hat ihrem Wesen nach immer eine Ausrichtung auf den einzelnen, auch da, wo sie in und durch Gruppen geschieht. Daher ist Seelsorge am Kind die bewußte und gezielte Hinwendung zum einzelnen Kind innerhalb der kirchlichen Arbeit mit Kindern, welche sich vornehmlich in Gruppen vollzieht. In dieser bewußten Zuwendung erfährt das Kind die Begleitung der Gemeinde in Situationen, in denen es der Begleitung und Orientierung besonders bedarf."[14]

---

pädagogisches *Sehen* und *Handeln* gefördert werden, hinsichtlich der Lernenden interessieren die Formen elementarer *Auseinandersetzung* und *Aneignung*". (S. 24) Von seelsorglicher Konsequenz ist die damit verbundene Aussage, daß im Erlebensbereich das Elementare als das strukturell „grundlegend Einfache" gleichzeitig das „subjektiv Authentische" ist. Denn: „Eine nur von anderen übernommene, nachgesprochene Sache ist nicht authentisch zur eigenen Sache geworden. Zusammengefaßt erscheint unter diesem Aspekt Elementarisierung als *Relevanzproblem im Sinne lebensbedeutsamer Erschließung.*" (S. 29) Hieran ist nämlich anzuknüpfen, wenn es im Glaubensbereich um Identifikations- und Identitätsfragen geht (s.o. S. 310f.).

Der in seinen wissenschaftlichen Ausführungen in Teilen abstrakt formulierte Band ist dennoch ausgesprochen praxisbezogen und mit Beispielen und Vorschlägen durchsetzt. In einem Anhang bietet er außerdem „Kurzdarstellungen" der in gängigen „Stufen der moralischen und religiösen Entwicklung" (S. 212ff.; zum Vergleich S. 306, Anm. 30).

[12] Vgl. dazu nochmals die Ausführungen in Anm. 10.
[13] Vgl. *Götz Doyé*, Kinderseelsorge, HbSS, S. 241ff., Zitat S. 241.
[14] G. Doyé, a.a.O., S. 242.

Die enge Verbindung zwischen Pädogogik und Poimenik wird unter dem Stichwort „Lebensbegleitung" sehr deutlich. Dennoch läßt sich eine klar getrennte Ausrichtung beider Disziplinen herausstellen: Danach ist alle *Religionspädagogik* und religiöse Sozialisation eher in einem allgemeinen Sinne auf „Gemeinde" resp. auf christliche Gemeinschaft zu beziehen. Sie kann in der Verbindung mit dem schulischen und dem familiären Bereich als gesellschaftliche Aufgabe unter einem besonderen Vorzeichen aufgefaßt werden. Dagegen wird *Kinderseelsorge* in erster Linie als Teil einer im engeren Sinne gemeindebezogenen Seelsorgekonzeption verstanden.[15] Sie wird folgerichtig in der konkreten Kirchengemeinde „verortet". Das schließt eine intensive Beschäftigung mit den speziellen Nöten und Problemen des kindlichen Individuums natürlich nicht aus.[16]

Freilich muß sich diese differierende Ausrichtung auf (christliche) Gemeinschaft oder aber (kirchliche) Gemeinde unter bestimmten (gesellschaftlichen) Bedingungen als immer weniger praktikabel erweisen.[17] Noch sehr

---

[15] G. Doyé zitiert in diesem Zusammenhang a.a.O., S. 242, eine Bestimmung von Eberhard Winkler als für seine eigene Position „grundlegend": „Seelsorge kann weder theologisch angemessen interpretiert noch praktisch wirksam geübt werden, wenn sie nicht zur Sache der Gemeinde wird." (Vgl. *Eberhard Winkler*, Grundfragen der Seelsorge heute, in: Die Christenlehre 1 (1974), S. 3ff., Zitat S. 4)

[16] In diesem Kontext nennt G. Doyé dann „Bereiche" unter der Fragestellung: „Wo bedürfen Kinder der Begleitung, Zuwendung und Orientierung?" (G. Doyé, a.a.O., S. 243) Als Grundprobleme und damit als typische Konfliktkonstellationen im Rahmen der Kinderseelsorge stellt er dann (S. 245f.) heraus: Geborgenheitsdefizite, Konflikte mit Normen und Autoritäten, empfundene Ungerechtigkeiten, negative Gruppenpositionen, offene Fragen von Glauben und Wissen.

[17] Das zeigt sehr eindrucksvoll *Manfred Haustein* in seiner ebenso fundierten wie differenzierten Abhandlung über „Jugendseelsorge" im selben „Handbuch der Seelsorge" (HdSS, S. 253ff.). M. Haustein bietet eine breitgefächerte Übersicht über „Typische pubertäre Merkmale, Tendenzen, Verhaltensweisen und ihre seelsorgerliche Berücksichtigung" (genannt werden Identifizierung, Radikalität und Unbedingtheit, die „philosophische" Reflexion, Bereitschaft zur Aktion, das Experimentieren). Er geht dann auf „Partnerbeziehung und Geschlechtlichkeit" ein und kommt schließlich zum Thema „Jugendseelsorge durch die Gruppe". In diesem Kontext (und bei dieser Altersstufe!) kommt der kirchliche Gemeindebezug nur am Rande und eher beiläufig vor: „Die Integrationsfähigkeit der kirchlichen Jugendgruppe als Sammelform der Gemeindejugend hängt entscheidend daran, daß ihr wesentliche Merkmale der informellen Gruppe wie Spontaneität, Kreativität, Unternehmungsinitiative, ein möglichst großes Maß an Selbstbestimmung und Mitspracherecht usw. eingeräumt werden, wobei die Kunst darin liegt, daß sie dem Leiter dennoch nicht entgleitet." (S. 265) Und weiter: „Das Gruppenklima muß dazu förderlich sein, im ‚Wir' verantwortlich und angstfrei ‚Ich' zu sagen." (S. 266)

deutlich prägt das Moment einer als selbstverständlich vorausgesetzten Verbundenheit mit gemeindebezogener Seelsorge jedenfalls Werner Jentschs vielbändiges (zwischen den Jahren 1965 und 1986 veröffentlichtes) „Handbuch der Jugendseelsorge".[18] Der Autor nutzt den Begriff der „Jugendseelsorge" (als einer der in der Poimenik bisher eher vernachlässigten Seelsorge!), um einen Überblick über das Gesamtgebiet „Seelsorge" mit all seinen Randgebieten und vielschichtigen Problemstellungen unter einem zentralen Gesichtspunkt vorlegen zu können.[19] Die Bände dieses Handbuchs mit seinen Namen- und Bibelstellenregistern, aber auch den synoptischen Zusammenstellungen geraten so zu einem sehr nützlichen poimenischen *Nachschlagwerk*, das alle wesentlichen Fragestellungen einer zeitgemäßen „Lehre von der Seelsorge" ebenso zu katalogisieren wie zu deuten unternimmt.

Damit sollte in diesem Bereich eine poimenische Schwerpunktsetzung deutlich geworden sein, die sich besonders in der engen Verbindung zur Pädagogik, aber auch in dem besonders gewichteten Bezug auf die (Kirchen-)Gemeinde zeigt.

b) *Zum anderen* ist der seelsorgerliche Umgang mit Kindern und Jugendlichen heute aber ebenfalls auf die *therapeutische* Ausformung der modernen Kinder- und Jugendlichenpsychologie bezogen. Daß die Zusammenarbeit

---

Sehr deutlich wird hier der Akzent darauf gelegt, dem Individuum unter den besonderen Bedingungen einer bestimmten Altersphase seelsorgerlich gerecht zu werden. In offensichtlicher Nähe zur Religionspädagogik steht dabei die (religiöse) Sozialisation und d.h. Eingliederung in die übergreifende Gemeinschaft im Mittelpunkt des poimenischen Interesses.

Hinzuweisen ist im gegebenen Zusammenhang auch auf *Reinhold Ruthe*, Praxis Jugendseelsorge, Wuppertal/Zürich, 1990. Hier findet sich eine Mischung von Verstehenshilfen und Vorschlägen zu praktischen Umgangsformen mit Konflikten einerseits (z.B. Abschnitte wie „Der Seelsorger betreibt keine Symptomkosmetik", „Der Sündenbock spiegelt ein Familienproblem wider" usw.) und Empfehlung einer konservativ christlichen Grundhaltung andererseits (z.B. Abschnitte wie „Probleme haben mit Sünde zu tun", „Der Geschlechtsverkehr verhindert das Kennenlernen" usw.).

[18] Vgl. die Darstellung dieses Ansatzes im Abschnitt D, S. 229.
[19] So werden etwa im ersten Band unter dem orientierenden Stichwort „Sorge um die Jugend" die einzelnen Epochen der Kirchengeschichte (angefangen von der Alten Kirche über die Reformation, über das 17. und das 18. Jahrhundert als die beiden „pädagogischen" Jahrhunderte bis hin zur Gegenwart durchschritten und ausgewertet.
Im zweiten Band ist über dem umfangreichen Sammeln und Ordnen all dessen, was seelsorgerliches Handeln (am jungen Menschen) ist und sein kann, „... ein eigener Beitrag zur Lehre von der Seelsorge überhaupt entstanden, sozusagen am Modellfall des jungen Menschen" (so W. Jentschs Ankündigung in Bd. I, a.a.O., S. 14).

von Seelsorgern und Seelsorgerinnen mit dieser Partnerwissenschaft und ihrer institutionalisierten Praxis eine zunehmend einflußreiche Rolle spielt, ist unter den gegenwärtig gegebenen Bedingungen naheliegend.

Beispiele besonders gelungener Integrationsarbeit hinsichtlich verschiedenster humanwissenschaftlicher Disziplinen und deren Anliegen bietet ein weiteres „Handbuch zur Beratung und Seelsorge an Kindern und Jugendlichen".[20] Unter den thematischen Zuordnungen „Kontinuitäten der frühen Jahre" (Seelsorge an Eltern und Kindern bis hin zur Adoleszenz), „Krisen des Wachsens" (Seelsorge in besonderen Situationen wie Scheidung der Eltern, Trennung, Krankheit, Tod und Behinderung usw., aber auch Umgang mit Aggressivität, Sexualität, Verhaltensabweichungen, Sucht, Glaubenskrisen usw.), „Kontexte in Kindheit und Jugend" (Seelsorge an alleinerziehenden Müttern und Vätern, in Heimen, im Umfeld von Ausbildungsstätten, im Kontext der Bibel als Anstoß, Inhalt und Weg usw.) werden Lebensstationen und -konstellationen unter poimenischen sowie pädagogischen, (sozial-)psychologischen Gesichtspunkten von fast 50 Fachleuten mit den verschiedensten Spezialgebieten erfaßt und mit reichen Literaturangaben versehen.

Im abschließenden Teil erfolgen nochmals „Konzentrationen des Themas". Christoph Bizer überschreibt hier seine Abhandlung: „Auf dem Wege zu einer praktischen Anthropologie des Kindes und des Jugendlichen"[21] und führt darin u.a. aus: „Sind Kindheit und Jugend eigenständige Weisen des Menschseins, dann bleibt die Frage wach, wie dieses Menschsein denn nun beschaffen sei. Kindheit und Jugend werden zum Gegenstand empirischer Forschung und anthropologischer Rückfrage. Die Struktur der forschenden Frage selbst impliziert ihr Ergebnis: Kinder und Jugendliche sind unter wechselnden Bedingungen immer wieder anders. Veränderungen im gesellschaftlichen Leben verändern Kindheit und Jugend ... Mit anderen Worten: Kindheit und Jugend sind *gesellschaftlich* ‚gemacht'; sie sind Ergebnis komplexer gesellschaftlicher Prozesse und bringen an den Tag, was in der Welt der Eltern widersprüchlich gelebt wird."[22] Auf dieser Basis wird dann die aktuelle poimenische Situation und Aufgabe formuliert: „Seelsorge – eine Spannung zwischen theologischer Prämisse und der Wahrnehmung von Leben."[23]

Gerade weil es im gegebenen Kontext darum geht, das christliche Glaubensbekenntnis öffentlich bekannt zu halten, sollte der seelsorgerliche Akt nicht darin bestehen, mit Hilfe theologisch richtiger Lehrsätze unbezogen zu

---

[20] Vgl. *Richard Riess* und *Kirsten Fiedler* (Hg.), Die verletzlichen Jahre. Handbuch zur Beratung und Seelsorge an Kindern und Jugendlichen, Gütersloh, 1993.
[21] Vgl. seine so überschriebene Abhandlung in R. Riess/K. Fiedler (Hg.), a.a.O., S. 743ff.
[22] C. Bizer, a.a.O., S. 744.
[23] C. Bizer, a.a.O., S. 751ff.

„verkündigen" oder „Zeugnis abzulegen" und damit nur zu erreichen, daß das „allgemeine Anthropologentum aller Menschen" dogmatisierend „überspielt" wird. Vielmehr gilt es, die ganze Melodie des Lebens als Gabe Gottes zu sehen und „wissentlich/unwissentlich" zur Ehre Gottes spielen zu lassen. So nämlich läßt sich dann als eine Basisannahme der Seelsorge in diesem Bereich feststellen: „Der Spiel-Raum, in dem sich das Kind und der Jugendliche selber erspielen, erhält unter der christlichen Prämisse theologische Dignität."[24]

Abschließend formuliert Richard Riess unter der Überschrift „Wenn ihr nicht werdet wie die Kinder ..." dann „Einsichten und Ausblicke zum Konzept der verletzlichen Jahre".[25] Er thematisiert nochmals die Intention eines hilfreichen Umgangs von (erwachsenen) Seelsorgern mit Kindern und Jugendlichen: „Das höchst lebendige Leben des Kindes ist oft in das langsam wachsende Leben des Erwachsenen hinein aufgehoben: mit seinem schöpferischen Potential und seinem Reichtum, seiner Erschütterung und seinem Rückfall. So entsteht ein Ineinander an Zeit – an Erinnerung und Erlebnis und Entwurf, eine *Synchronie*, keine Spaltung. Die Wirklichkeit, wie wir sie aus der Kindheit empfangen, bleibt von der Kindheit her durchscheinend und auf die Kindheit hin durchlässig. Es ist eine *Anthropologie der Weltoffenheit*, der wir hier ... das Wort reden wollen."[26]

Soviel zu diesem neueren Standardwerk der Kinder- und Jugendlichen-Seelsorge, das neben den schon genannten reichen Literaturhinweisen auch ein ausdifferenziertes Sachregister bietet.

Gleichzeitig sollte damit in diesem Bereich eine poimenische Schwerpunktsetzung deutlich geworden sein, die sich besonders in einer engen Verbindung zu den therapeutisch arbeitenden Humanwissenschaften und einer dementsprechenden Beratungstätigkeit zeigt.[27]

---

[24] C. Bizer, a.a.O., S. 752.

[25] Vgl. seine so überschriebene Abhandlung in R. Riess/K. Fiedler (Hg.), a.a.O., S. 757ff.

[26] R. Riess, a.a.O., S. 776.

[27] Das Moment einer besonderen Ausrichtung auf die individuellen Bedürfnisse und Möglichkeiten des Kindes und des jugendlichen Menschen muß sich bei *Lebensgefährdung* und in *Grenzsituationen* des (jungen) Lebens naheliegenderweise am deutlichsten als Postulat erweisen. So nimmt nicht wunder, daß in jüngerer Zeit die Seelsorge an kranken und an sterbenden Kindern zunehmend Beachtung findet und als wichtiger Teil der Poimenik reflektiert wird.
Marielene Leist behandelt in ihrem Buch „Kinder begegnen dem Tod", Gütersloh, 1979, die besondere psychische Lage von Kindern, die in ihrem Beziehungsbereich Sterben und Tod erleben müssen. Berichtet wird hier im einzelnen aus tiefenpsychologischer Sicht von Todesangst und Schuldproblematik, von Phasen des Trauerns und von Abwehrmechanismen. Aufgezählt werden aber auch Fak-

c) Der Abschnitt soll mit Schlußfolgerungen bzw. mit einer Überlegung zur grundsätzlichen Zielsetzung einer Kinder- und Jugendlichen-Seelsorge abgeschlossen werden. Zuerst muß gelten, daß die genannten Schwerpunktbildungen in diesem poimenischen Teilbereich sicher nicht alternativ gegen-

> toren für einen möglichen Verarbeitungsmodus der Todeserfahrung im Umkreis des Kindes. Die innere Auseinandersetzung bekommt einen besonderen Intensitätsgrad, wenn das Kind selbst vom Tod bedroht ist.
> Das Ergebnis eines Symposions ist der von *Heinz Otto Braun* herausgegebene Sammelband „Seelsorge am kranken Kind", Stuttgart 1983. Er umfaßt Beobachtungen, Einsichten und Erfahrungsberichte aus kinderärztlicher, pflegerischer, seelsorgerlicher Sicht, aber auch eine konkret auf das poimenische Anliegen bezogene theologische Begriffsbestimmung zum Generalthema dieses Sammelbandes.
> Psychoanalytische Einsichten in leicht faßbarer Form vermittelt sehr praxisbezogen *Tobias Brocher:* Die Funktion von Gruppen und Gruppendynamik in der klinischen Seelsorgeausbildung, in: Becher, W. (Hg.): Klinische Seelsorgeausbildung, Frankfurt a.M. 1972, S. 120ff.
> Einen besonderen Hinweis verdient das Themaheft „Seelsorge im Krankenhaus", WzM (39) 1987, S. 385ff. Hervorzuheben ist hier vor allem der Artikel von *Dorothea Bobzin* „Seelsorge im Kinderkrankenhaus – Versuch eines Konzepts" (S. 403ff.). Sehr detailliert und erfahrungsbezogen beschreibt die Verfasserin seelsorgerliche Aufgaben in Blick auf die Kinder, im Blick auf die Eltern und im Blick auf die Mitarbeiter. Da bestimmten Fähigkeiten und Eigenschaften des Seelsorgers/der Seelsorgerin in diesem Umfeld ausschlaggebende Bedeutung zukommt, mahnt die Autorin schließlich dringend anstehende Maßnahmen an: „Wünschenswert wäre ein Drei-Phasen-Modell der Aus- und Fortbildung, welches für alle in Kinderkliniken oder auf Kinderstationen tätigen Seelsorger bindend sein und arbeitsbegleitend erfolgen sollte: Nach der Grundausbildung sollten Vertiefungskurse stattfinden, die sich mit thematischer Bearbeitung von Problemfeldern der Kinderklinik befassen wie z.B.
> – Begleitung schwerstkranker und sterbender Kinder und trauernder Eltern, chronisch kranker Kinder und deren Eltern, mißhandelter Kinder und deren Eltern, von Klinikpersonal;
> – Umgang mit biblischen Geschichten und mit Märchen;
> – Umgang mit kirchlichen Handlungen wie Taufe (Nottaufe), Konfirmation, Beerdigung;
> – Gestaltung von Kindergottesdiensten. Schließlich sollten Supervisionskurse angeboten werden." (S. 411)
> Fragt man aufs Ganze gesehen nach einer spezifischen seelsorgerlichen Kompetenz in Bezug auf Kinder und Jugendliche, so wird deutlich, daß gerade von der entsprechenden Arbeit im Krankenhaus wesentliche Impulse für Wahrnehmungs- und Handlungsdifferenzierungen im gesamten Bereich der Kinder- und Jugendlichen-Seelsorge ausgehen können. Hingewiesen sei außerdem auf den schmalen Band *Dorothea Bobzin,* Das behalt ich mir. Begegnungen mit Kindern im Krankenhaus, Hannover, 1993.

einander zu stehen kommen sollten! Ihre verschiedenen Bezugsmöglichkeiten und Vorgehensweisen sind vielmehr je nach den Gegebenheiten „vor Ort" variabel einzusetzen und zu nutzen.

Im Anschluß an C. Bizer und R. Riess, aber auch unter Hinweis auf die entscheidende Frage nach der heute verhaltensbestimmenden Gewissensstruktur sollte ein seelsorgerlicher Bezug auf die genannte Altersgruppe im Hinblick auf eine zunehmend selbständige Lebensbewältigung dabei aber jedenfalls das Thema „Gottesbeziehung und Kreativität" im Auge behalten. Dabei kann eine Bestimmung dessen, was „Kreativität" meint und bedeutet, in diesem Kontext durchaus flexibel gehandhabt werden.[28] Der wesentliche Punkt liegt für uns im möglichst angstfreien Umgang mit progressiver Phantasietätigkeit in Korrelation mit konstruktiven Regressionsmöglichkeiten.

Was ist damit gemeint? Zum einen gilt: Kindliche Phantasietätigkeit, die in der infantilen Wunschwelt gründet, aber im positiven Fall als Vorwegnahme kommender Möglichkeiten in „exakte Phantasie"[29] übergeht und als solche maßgeblich an der Lebensgestaltung beteiligt ist, kann durch pädago-

---

[28] Vgl. dazu einführend *Wolfgang Metzger*, Schöpferische Freiheit, in: Die Psychologie des 20. Jahrhunderts XV (1979), S. 1069ff.
Kreativität als Lebensthema behandelt das Buch von *Erika Landau*, Kreatives Erleben, München/Basel, 1984. In den zusammenfassenden Gedanken zur kreativen Erziehung heißt es hier: „Die kreative Einstellung zur Erziehung strebt eine lebendige Beziehung zwischen den flexiblen menschlichen Fähigkeiten und den Herausforderungen und Bedürfnissen einer sich ständig ändernden Welt an. Dies bedeutet, daß die Kenntnisse und das Wissen der gegenwärtigen Kultur nicht durch das Einpauken ‚heiliger Tatsachen', nicht durch gieriges Ansammeln von Wissen, sondern unter Ausnutzung der kreativen Wechselwirkung durch Erforschung gelernt werden sollten. Die bewußte Erkenntnis von Einzigartigkeit sollte anstelle engherziger Konkurrenz stehen." (S. 107)
Weiter ist heranzuziehen *S. Preiser*, Kreativitätsforschung, Darmstadt, 2. Aufl. 1986. Geboten wird u.a. eine knappe Zusammenstellung der „Merkmale der kreativen Persönlichkeit" (etwa die grundsätzliche Fähigkeit, Assoziationen frei fließen zu lassen und in flexibler Weise Neues zu denken, so daß Erlebensmöglichkeiten wie Engagement, innere Unabhängigkeit, Feinfühligkeit für das Problem, geistige Beweglichkeit, Fassungsvermögen, Bewertungsfähigkeit, Geduld freigesetzt werden).
Zusätzliche Hinweise auf problematisierende Fragestellungen bietet *Reinhard Schmidt-Rost*, Art.: Kreativität, WdC, S. 686.

[29] Vgl. zu diesem Ausdruck H. Schultz-Hencke, Lehrbuch, S. 132. Der neofreudianische Psychoanalytiker greift hier einen Ausdruck Goethes auf, stellt die „exakte Phantasie als eine wesentliche Funktion der Lebensbewältigung heraus und bezeichnet sie als die „menschliche Fähigkeit, vorweg mit einiger Korrektheit zu planen." Ein entsprechender Ausfall kann dann von ihm auch als „Mangel an vorausschauender Vernunft" eingestuft werden (S. 314).

gische, psychologische, aber eben auch seelsorgerliche Maßnahmen gehemmt oder gefördert werden. In jedem Fall liegt hier ein wesentlicher Punkt (ermöglichter oder verunmöglichter) Kreativitätsentfaltung und damit der gesamten Persönlichkeitsentwicklung. Zum anderen sollte ein Kind, ein Jugendlicher, aber auch ein Erwachsener die Möglichkeit haben (oder gegebenenfalls wieder erlernen!), aus der alltäglichen Anstrengung in einen entspannten und situativ konfliktfreien Zustand zu regredieren, ohne zu befürchten, in diesem Zustand verhaftet zu bleiben und dadurch „lebensuntüchtig" zu werden bzw. vor den Anforderungen des Lebens zu „versagen".

In diesem Zusammenhang ist eine wichtige Differenzierung des Psychotherapeuten M. Balint von Nutzen.[30] Er unterscheidet eine maligne (bösartige, krankhafte) Regression von einer benignen (gutartigen, gesunden). Maligne Regression entzieht sich der notwendigen Daseinsbewältigung. Dann braucht ein (heranwachsendes) Individuum ständig Mitmenschen, die sich um es kümmern, es ständig auffangen und halten. Maligne Regression muß jede Phantasietätigkeit einschränken! Sie kann sich auch in einer entsprechenden Gottesbeziehung niederschlagen und dann zu einer entsprechend „malignen" Frömmigkeitshaltung führen!

Dagegen bezeichnet Balint die benigne Regression als eine zwischenzeitliche Rückzugsmöglichkeit aus der (über-)anstrengenden Alltagswelt, um gleichsam „in Ruhe" zu jenen Kraftquellen zurückzukehren, die in früheren (vor allem den frühesten) Daseinsbereichen liegen. Hier nämlich galt und gilt (im regressiven Zustand einer zurückgezogenen Entspannung wieder): „Das Subjekt ist mit sich allein, sein Hauptbestreben besteht darin, etwas aus sich selbst heraus zu erschaffen, diese Etwas kann, aber muß nicht unbedingt ein Objekt sein. Ich schlage vor, hier von der Ebene des Schöpferischen oder der Kreativität zu sprechen."[31] Benigne Regression regt die Phantasietätigkeit zu „spielerischer" Aktivität an! Auch diese Möglichkeit und Fähigkeit wird sich in der Gottesbeziehung wiederfinden lassen und kann zu einer im genannten Sinne „benignen" Frömmigkeitshaltung führen.

Ein weiterer Schritt ist zu vollziehen: Angstfrei sowohl daseinsstrukturierendes Phantasieren als auch kräftespendendes Regredieren und damit verbunden Kreativität zuzulassen und „unbekümmert" erleben zu können, hat in direkter Weise etwas mit der *Gewissensbildung* und *Gewissenspflege* zu tun! Daß das Christentum weit verbreitet immer noch mit einer besonders moralischen Gewissensfunktion gleichgesetzt wird, beschreibt der unter pastoralpsychologischem Vorzeichen um eine seelsorgerliche Glaubenser-

---

[30] Vgl. hierzu *Michael Balint*, Therapeutische Aspekte der Regression. Die Theorie der Grundstörung, Stuttgart, 1970 (= Regression. Therapeutische Aspekte und die Theorie der Grundstörung, Stuttgart, 1987; vergriffen).

[31] M. Balint, a.a.O., S. 35.

ziehung sehr bemühte R. Tschirch unter der Überschrift „Erziehung des Gewissens" deshalb so: „Gut und Böse, Erlaubt und Verboten, Dürfen und Nicht-Dürfen, Mein und Dein – diese Unterscheidungen soll ein Kind in sein Gewissen aufnehmen. Und so entspricht es auch einer verbreiteten populären Anschauung."[32] Da die Autorität der Eltern unweigerlich „gewissenhaft" internalisiert wird liegt alles daran, nichtautoritär auf Kinder einzuwirken und die natürliche (noch ambivalenzfreie) Schwarz-Weiß-Moral des kindlichen Individuums zu kompensieren, aber nicht als bleibende Moral festzuschreiben. „Damit ist auch schon der Weg angedeutet, den Eltern einschlagen sollten, wenn ihnen daran liegt, daß ihr Kind nicht einfach eine Vielzahl ‚moralischer Reflexe' erwirbt, sondern ein reifes, sachliches, freies Gewissen, das von Einsicht und Verantwortung gesteuert und von Einfühlung in den anderen und Rücksichtnahme auf ihn bewegt wird", schreibt R.Tschirch.[33]

Er stellt die entscheidende Frage: „Moral aus Angst oder Einsicht und Liebe?"[34] und entwickelt als Zielvorstellung für sein Erziehungsmodell „Das persönliche Gewissen". Gerade dieser Begriff zeigt, „... wie sehr Eltern daran liegen muß, daß ihre Kinder ein Gewissen erwerben, das gerade nicht perfekt ist, sondern offen und flexibel bleibt, das Spielraum hat, um zu lernen, und sich auf neue und wechselnde Situationen einstellen kann, eben auch auf Situationen, die wir für unsere Kinder gar nicht voraussehen können."[35]

Daß dies alles auch für den *seelsorgerlichen* Umgang mit Kindern und Jugendlichen Geltung hat, muß nicht noch besonders betont werden. Aller-

---

[32] *Reinmar Tschirch*, Gott für Kinder. Religiöse Erziehung. Vorschläge und Beispiele, Gütersloh, 10. Aufl. 1993; Zitate nach 1. Aufl 1974, S. 99.

[33] R. Tschirch, a.a.O., S. 112.

[34] R. Tschirch, a.a.O., S. 116.

[35] R. Tschirch, a.a.O., S. 131.
Hinzuweisen ist in diesem Zusammenhang auch auf die praktisch-theologische Untersuchung von *Reinmar Tschirch*, Bibel für Kinder. Die Kinderbibel in Kirche, Gemeinde, Schule und Familie, Stuttgart/Berlin/Köln, 1995. Der Autor schreibt „Zur Forschungslage: Kinderbibel – ein in der Theologie vernachlässigtes Medium" (S. 16) und findet: „Gemessen etwa an der Aufmerksamkeit, die der Revision des Lutherbibeltextes seinerzeit in der kirchlichen Öffentlichkeit bei Theologen und Nichttheologen zukam, findet das Problem, wie man Kindern biblische Stoffe im Medium der Buchgattung ‚Kinderbibel' in ihre Sprache ‚übersetzt', in ihr Denken hinein vermittelt, keineswegs die Beachtung, die ihm angemessen wäre. Weder ist die Übersetzungsarbeit, die Kinderbibeln in Illustration und Textgestaltung leisten, theologisch hinreichend reflektiert noch ist deren Wirkung auf das lesende Kind systematisch untersucht" (S. 14). Dem will der Autor in dieser ebenso theoriebewußten wie praxisbezogenen Studie abhelfen.

dings ist aber zu betonen, in welchem Maße diese Postulate einer nichtautoritären und möglichst angstfreien Gewissensbildung verstärkt und modifiziert Geltung bekommem, wenn eine vorwiegend narzißtische Gewissensstruktur als heute verbreitet angenommen wird: Hinsichtlich der geforderten Annäherung an eine möglichst weitgehende *Angstfreiheit* muß dann stets auch die drohende „Gewissensangst" oder erleichternde „Gewissenssteuerung" bei kränkendem Versagen und beschämender Untüchtigkeit (vor Gott und den Menschen!) zusätzlich im Blick bleiben. Hinsichtlich der Phantasie geht es jetzt auch um drohende „Gewissensangst" oder erleichternde „Gewissenssteuerung", wenn (kindliche und noch unrealistische, also kaum „exakte") Größenvorstellungen fixierend wirken und (vor Gott und den Menschen) die Selbsteinschätzung verzerren. Hinsichtlich der Regression ist angezeigt, drohende „Gewissensangst" oder erleichternde „Gewissenssteuerung" dort wahrzunehmen, wo ein momentaner Rückzug aus scheinbar oder tatsächlich unerträglichen Beziehungskonstellationen in ebenso quälenden wie isolierenden Haß (auf Gott und die Menschen) umschlagen kann.

Alles in allem aber wird es unter den heute gegebenen Bedingungen in der Kinder- und Jugendseelsorge an hervorragender Stelle darauf ankommen, ein Gottesbild zu vermitteln, in dessen Rahmen Gott nicht (als scheinbar autoritäre Instanz) in erster Linie Gehorsam und Einpassung in die bestehenden (elterlichen) Verhältnisse einfordert und erst in der Folge eines entsprechend „treuen" Verhaltens Angstfreiheit und Geborgenheitsgefühle entstehen. Konfliktsituationen müßten in diesem Kontext als defizitärer Zustand des Versagens erlebt werden. Dagegen ist mit den Kindern und Jugendlichen zusammen nach einem Gottesbild zu fragen, daß der menschlichen Kreativität insofern entgegenkommt, als es Neugier, Forscherdrang, Experimentierfreude nicht als beziehungsfeindliche Verselbständigungstendenz einschätzt oder gar von vorn herein mit sündiger (vielleicht typisch narzißtischer?) menschlicher Hybris gleichsetzt. Innovatives Handeln müßte dann angstbesetzt sein und stünde im Konfliktfall nicht mehr als kreative Suche nach dem Ausweg zur Verfügung.

Schließlich ist unter poimenischen Gesichtspunkten die Frage einer Verhältnisbestimmung von Gottesbeziehung und Kreativität im Leben des Kindes und der Jugendlichen eng mit derjenigen nach einem sich allmählich entwickelnden und sich dabei fortschreitend stabilisierenden Gefühl der *Dankbarkeit* (s.o. S. 357) verknüpft zu sehen. Vorhandene und aktiv wahrgenommene Kreativität kann eine Affinität zu selbstbezogenen Größenvorstellungen bekommen, die jede Abhängigkeit von Gott als störende Begrenzung erleben lassen. In diesem Zusammenhang ist Dankbarkeit – christlich gesehen – eine unverzichtbare Einstellung, um solch ein narzißtisch getöntes „Selber-sein-wie-Gott" des kreativen Menschen zu kompensieren. Mit solcher Dankbarkeit ist zugleich eine Grundbefindlichkeit des christlich Glaubenden wieder auf den Begriff gebracht: Auch der kreativste Mensch schafft sich eben nicht selber. Er verdankt sein Leben Gott als seinem Schöpfer. Auf dieser Matrix des Erlebens wird Kreativität zur Gabe Gottes: Sie ist eine Vor-Gabe, die zur Auf-Gabe gerät und so kreative Aktivität zur Daseins- und Weltgestaltung freizusetzen vermag.

Seelsorge an Kindern und Jugendlichen hat deshalb „unter allen Umständen" bzw. im Zusammenhang mit allen Gegebenheiten letztendlich auf die *Freisetzung von Dankbarkeit* hinzuwirken.

Den Kinder- und Jugendseelsorgern stehen heute in zunehmender Zahl die Kinder- und Jugendpsychotherapeuten gegenüber. Nach einem sehr anspruchsvollen und aufwendigen Weiterbildungsprogramm lassen sich diese fachspezifisch ausgebildeten Psychotherapeuten entweder in freier Praxis nieder oder arbeiten im Rahmen einer der von den Kommunen getragenen Erziehungsberatungsstellen. Damit stellt sich das Problem eines Nebeneinander, Gegeneinander oder Miteinander von säkularer und kirchlicher Sozial- und Beratungsarbeit auch an dieser Stelle. In Parallele zu den staatlich bzw. kommunal getragenen Einrichtungen sind kirchlicherseits sowohl im katholischen wie auch im evangelischen Raum in jeder Landeskirche ebenfalls mit Fachleuten besetzte Beratungsstellen entstanden. Die Ausführungen zur „intensivierten Beratungsarbeit" der Kirche (s.o. S. 187ff.), aber auch diejenigen zum Verhältnis von Diakonie und Kirchengemeinde (s.o. S. 215ff.) sollen deshalb im hier gegebenen Zusammenhang ergänzt werden:

Erziehungsberatung im Rahmen der Kirche hat sich in der Regel zusammen mit Ehe- und Lebensberatung institutionalisiert und als wichtige Einrichtung „zwischen" der gemeindemäßig organisierten Kirche und den mehr oder weniger darauf bezogenen Bevölkerungsschichten etabliert. Es wurden (nach dem 1. Weltkrieg) zunächst den allgemeinen Bedürfnissen entsprechende Hilfsmöglichkeiten angeboten und organisiert, die sich später (nach dem 2. Weltkrieg) immer deutlicher fachpsychologisch ausrichteten.[36]

Die Geschichte der evangelischen Beratungsarbeit und deren Einbindung in die Tätigkeiten der einzelnen Landeskirchen resp. in diejenigen des Diakonischen Werkes, aber auch die damit verbundene Problematik einer theologischen Begründung und Fundierung dieser Einrichtungen sowie der Verhältnissetzung von psychologischer Behandlung und Seelsorge beschreibt sehr detailliert und sachkundig der Theologe und Psychoanalytiker Helmut Halberstadt in einer besonderen Untersuchung.[37] In zwei Hauptteilen wer-

---

[36] Vgl. dazu etwa *David Jordahl*, Das Verhältnis zwischen kirchlicher Beratungsarbeit und Seelsorge. Mit besonderer Berücksichtigung der Beratungsarbeit in der Evangelischen Kirche von Kurhessen-Waldeck, Frankfurt a.M., 1988.

[37] *Helmut Halberstadt*, Psychologische Beratungsarbeit in der evangelischen Kirche. Geschichte und Perspektiven, Stuttgart, 1983.

den hier I. Geschichte und Organisation und II. Konzeptualisierung und Perspektiven der psychologischen Beratungsarbeit ausführlich abgehandelt.

Aufmerksamkeit verdient dabei die Art der theologischen Begründung von Beratung. Hierzu schreibt Halberstadt unter Bezug auf das entsprechende Vorbild Jesu und seiner Jünger, die dem ganzen Menschen in allen seinen Nöten mit ihrer zeugnishaften Hilfe dienen wollten: „Beratung als Auftrag der Kirche kann nur so geschehen, daß die Ganzheitlichkeit nicht aus dem Blickfeld verloren geht. Sonst wäre die Beratung etwas, was die Kirche auch anderen Institutionen überlassen könnte. Durch den Auftrag Jesu ist die Kirche bevollmächtigt, den Menschen auch in ihren Konflikten und Beziehungsstörungen, die sie im Alltag erleben, zu helfen."[38]

In diesem Sinne kann von ihm dann Beratungsarbeit der Diakonie zugeordnet werden, denn: „Der diakonische Auftrag wird ganzheitlich verstanden, d.h. der Mensch ist mit seiner ganzen Person gemeint."[39] Freilich darf es auch für H. Halberstadt keine theologisch unreflektierte Trennung zwischen den Aufgaben der Gemeinde und den Aufgaben eines in sich geschlossen organisierten „Diakonischen Werkes" mit seinen verschiedenen Aktivitäten geben. Sonst droht eine Einstellung, in deren Rahmen die (psychologisch ausgerichtete) Beratungsarbeit kirchlicher- und theologischerseits eben nicht integriert, sondern eher deligiert wird. Erst wenn hier eine vertretbare Bezogenheit und Aufgabenteilung erreicht ist, kann gelten: „Wenn Beratung als diakonische Arbeit verstanden wird, wird das Auswirkungen haben auf die Mitarbeiter in den psychologischen Beratungsstellen. Aus dem Vorwurf, daß psychologische Beratungsarbeit in der Kirche nichts anderes sei als sonstige Sozialarbeit, wird dann ein diakonischer Dienst werden, der in Diakonie und Kirche eingebettet ist. Wenn das Liebesgebot aus dem Neuen Testament die Arbeit der Beratung in der Kirche begründet, dürfte die Zeit zu einer Neuorientierung in der Beratungsarbeit gekommen sein. Mit der Beratung von Menschen in seelischen Notlagen und Beziehungskonflikten erfüllt die Kirche den neutestamentlichen Auftrag zur Heilung. Von daher ist Beratung im tiefsten Sinne Diakonie."[40]

All das ist auf die allgemeine Beratungsarbeit bezogen, trifft aber auf die Arbeit mit Kindern und Jugendlichen, also auf die Erziehungsberatung, in einem besonderen Maße zu: Je deutlicher der Alters- und Erfahrungsabstand zwischen einem noch heranwachsendem Kind oder Jugendlichen und einem schon Erwachsenen mit Fachwissen und bereits gefestigter Lebensorientierung in einer (seelsorgerlichen) Beziehung zum Tragen kommt, desto näher liegt eine „Behandlung", und damit die direkte und gezielte Anwen-

---

[38] H. Halberstadt, a.a.O., S. 167.
[39] H. Halberstadt, a.a.O., S. 169.
[40] H. Halberstadt, a.a.O., S. 171f.

dung psychologischer Kenntnisse. Eine problembewußte Verhältnissetzung von Seelsorge und Psychologie resp. Psychagogik gerät also im Falle der Kinderseelsorge zur besonders naheliegenden Herausforderung und Aufgabe.

Angenommen wird diese Herausforderung unter ganz anderen Prämissen auch in einem Buch von M. Dieterich.[41] Hier wird eine institutionalisierte Einbindung in die sog. „biblisch-therapeutische Seelsorge" (s.o. S. 245f.) vertreten, deren Grundannahmen so beschrieben werden: Danach „... sollten wir davon ausgehen, daß nicht alle Beschwerden durch Erkenntnisse aus der Psychologie, Pädagogik und Medizin erklärbar sind. Man kann sie zwar mit empirischen Methoden überprüfen und beschreiben, aber die Ursache ist nicht immer eindeutig auszumachen. Als Christen müssen wir einsehen, daß die ganze Wirklichkeit Gottes sichtbare und unsichtbare Anteile hat."[42] In ein didaktisch zu verstehendes Vorstellungsmodell gebracht kommt zur vertikalen Ebene der sichtbaren, innerweltlichen Wirklichkeit die horizontale Ebene der unsichtbaren Gegenwart Gottes (und seiner ebenso unsichtbaren Gegenkräfte!) zu stehen bzw. zur Auswirkung: „Die ganze Wirklichkeit Gottes ist dann nicht nur die flache Ebene unseres Modells, dort spielt sich nur das sichtbare und empirisch erklärbare Geschehen ab. Es kommt die im Bild senkrecht dazu stehende unsichtbare Welt Gottes und des Feindes hinzu ... Die unsichtbare Wirklichkeit Gottes läßt sich ja prinzipiell nicht durch unsere Sinnesorgane oder Medien erfassen und erklären."[43]

So gibt es immer noch und immer wieder beschreibbare, aber nicht erklärbare oder empirisch-therapeutisch beeinflußbare Phänomene im Krankheits- oder Verhaltensbereich! Die entscheidende Schlußfolgerung lautet dann: „Der nichtgläubige Forscher wird in solchen Fällen, die den bekannten Naturgesetzen nicht folgen, vielleicht von einer Singularität, von der Unschärfe oder von der Motivation, die aus dem Chaos kommt, sprechen. Für den Christen ist es ohne Schwierigkeiten möglich, hier vom ‚Wunder', vom ‚Eingreifen Gottes' – jedoch auch von der Wirklichkeit okkulter Mächte, die ihren Ort ebenfalls in der unsichtbaren Wirklichkeit haben auszugehen ... Für den Naturwissenschaftler versagen hier die möglichen Zusammenhänge – und sie sind auch für den Christen nicht zu verstehen, sondern nur als Glaubender zu erfassen."[44]

---

[41] *Michael Dieterich* (hg. unter Mitarbeit von Monika Büchel, Else Diehl u.a.), Praxisbuch Seelsorge an Kindern: in Liebe leiten, Neuhausen-Stuttgart, 1993.
[42] M. Dieterich, a.a.O., S. 15.
[43] M. Dieterich, a.a.O., S. 18.
[44] M. Dieterich, a.a.O., S. 19.

Was in dem genannten Buch nach diesem Versuch einer Zuordnung von Psychologie (bzw. empirischer Wissenschaft) und (Kinder-)Seelsorge im einzelnen zur „Situation des Kindes", zur „Entwicklungspsychologie", zum „Umgang mit Problemen" usw. von den Autoren ausgeführt wird, wirkt durchaus nicht unreflektiert biblizistisch! Es wirkt auch nicht vordergründig moralistisch im Stile eines einengend frömmelnden Umgangs mit Kindern und deren Problemen! Immer wieder wird vielmehr vor einer entsprechenden Kurzschlüssigkeit gewarnt und dabei ausführlich über empirisch-psychologische Daten informiert! Dennoch muß der fatale Eindruck entstehen, daß hier in der Praxis der (Kinder-)Seelsorge ein spezifischer Transzendenzbegriff so instrumentalisiert erscheint, daß er im Problemfall resp. in der Konfliktsituation zur unsachgemäßen „Flucht in den Glauben" verführt. An die Stelle der Konfliktlösung tritt dann ein in höchst mißverständlicher Weise pragmatisierender Verweis auf ein direktes (und d.h. unausweichliches!) Einwirken von unsichtbaren und ungreifbaren, dabei aber theologisch unreflektiert personifizierten Mächten und Kräften. Im Falle der Kinder- und Jugendseelsorge müssen sich solche modellhaft ins Bild gebrachten „Hintergrundannahmen" bei aller scheinbaren Offenheit gegenüber modernen Einsichten der Psychologie und Pädagogik auf Dauer kontraproduktiv oder sogar gefährlich auswirken: Die unverzichtbaren theologischen Reflexionen und Einsichten bezüglich einer Korrelation von Immanenz und Transzendenz verkommen hier auf der Ebene der Seelsorgepraxis nur allzu schnell zu der (direkten oder indirekten) Aufforderung, eine doppelte und damit zwangsläufig höchst „doppelbödige"!) Wirklichkeit anzunehmen.

Genau solch eine „Spaltung" aber wird die mit jedem Konfliktfall verbundenen Ängste höchstens kurzfristig und oberflächlich „aufheben" bzw. kompensieren. Sie wird trotz aller gutwilligen Bemühungen unter dem Vorzeichen einer biblisch-therapeutischen Seelsorge auf Dauer gesehen diese Ängste eher verstärken – nicht nur, aber besonders bei Kindern und Jugendlichen! Dieser grundsätzliche Vorbehalt gegenüber dem „Ansatz" dieser Seelsorgekonzeption, der die komplizierte Verhältnissetzung von Seelsorge und Psychotherapie mühelos zu bewältigen scheint, schließt nicht aus, daß von dem genannten Buch in Einzelheiten und Detailfragen wertvolle Anregungen ausgehen können.

2. Seelsorge bei Partnerschafts- und Familienproblemen

Richtet sich Seelsorge gezielt auf Problemlagen und Konflikte in Partnerschaft, Ehe und Familie aus, so wird damit fast regelhaft ein besonders „heißes Eisen" angefaßt. Das hat verschiedene Gründe und muß in deren Folge nicht verwundern.

Zunächst gilt hierbei allgemein: Innere Notlagen werden umso zögerlicher und befangener „veröffentlicht" und einer „Behandlung von außen" zugeführt, je offensichtlicher sie jener sensiblen zwischenmenschlichen *Intimsphäre* angehören, deren Gestaltung die Beteiligten mit einer hohen Erwartung an sich selbst und an das ihnen so eng verbundene Gegenüber ausgestattet haben.

Innere Notlagen erscheinen auch umso weniger angehbar, je deutlicher bei ihrer Erfassung, Beurteilung und Bearbeitung gleichzeitig allgemeingültige und überkommene *Normen* der Umwelt ins Spiel kommen bzw. jetzt konkret als Maßstab im allerpersönlichsten Bereich gelten sollen.

Innere Notlagen werden schließlich umso schwerer vor sich selbst und vor anderen eingestanden, je mehr sie einer festen und verhaltensprägenden *Glaubenseinstellung* zu widersprechen scheinen und bei ihrem Auftreten als deren Infragestellung erlebt werden.

Partnerschafts- und Familienprobleme gehören zu dieser Art innerer Notlagen, die aus den genannten Gründen in komplexer Weise mit inneren Niederlagen gleichgesetzt und nur unter starkem „Leidensdruck"[45] geäußert und der Seelsorge zugänglich gemacht werden.

Seelsorge in Partnerschaft und Familie bedeutet aber auch unter einem weiteren Aspekt, ein „heißes Eisen" anzufassen! Nicht nur das Verständnis, sondern auch das Erleben von Partnerschaft, Ehe und Familie scheint gegenwärtig einem außerordentlich starken *Wandel* unterworfen zu sein. Das erscheint unstrittig! Strittig oder zumindest unklar (und damit verunsichernd!) ist dagegen, ob (und gegebenenfalls wie!) auch (eine kirchlich eingebundene) Seelsorge diesen Wandel tatsächlich wahrnimmt und mit welcher Tendenz sie im einzelnen darauf reagiert. Zwar ist man auch unter kirchlicher Ägide sichtlich bemüht, „zeitgemäß" auf Fragen zur heutigen Partnerschafts- und Familiengestaltung einzugehen.[46] Aber können die

---

[45] Mit „Leidensdruck" ist hierbei ein Zustand gemeint, in welchem in der akuten Notlage die Angst vor dem (Dauer-)Konflikt quälender und größer ist als die Angst vor den eben aufgeführten hemmenden Momenten gegenüber einer Mitteilung an einen Seelsorger oder einer Seelorgerin.
Die Beschreibung der Mitteilungshemmungen kann übrigens auch verstehbarer machen, warum die im Zusammenhang mit Partnerschaft, Ehe und Familie erlebten Schwierigkeiten ganz offensichtlich eher und leichter in einer entsprechenden Beratungsstelle ausgesprochen und einer konfliktlösenden Auseinandersetzung zugeführt werden können. Berater und Beraterin in diesen Institutionen werden im Gegensatz zu Seelsorgern und Seelsorgerinnen eher als distanzierte Fachleute mit geringem Bekanntheitsgrad erlebt.

[46] Das wird keiner leugnen wollen, der etwa die Arbeit und die Veröffentlichungen des 1964 gegründeten „Ev. Zentralinstituts für Familienberatung" in Berlin zur Kenntnis nimmt (vgl. dazu H. Halberstadt, Beratungsarbeit, S. 69ff.). Die Aufgaben dieses hauptsächlich von der EKD getragenen Instituts sind in dessen Satzung so formuliert worden: „Betrieb und Unterhaltung des Zentralinstituts sollen der Aus- und Fortbildung von Beratern auf dem Gebiet der Erziehungs-,

Vertreter von Kirche und (kirchlicher) Seelsorge bei allen entsprechenden Bemühungen von deren Grundannahmen und Kernaussagen her wirklich „modern" denken, empfinden und handeln, ohne ihre traditionellen Grundsätze bezüglich Ehe und Familie zu verleugnen? Haben sie an einem besonders empfindsamen Punkt genügend Abstand gewonnen zu jener Einstellung, die Hans-Joachim Thilo mit dem Hinweis charakterisiert: „Christliches Denken über die Ehe ist weithin von Normen bestimmt worden, die sehr viel weniger von biblischen, als vielmehr von bürgerlich-konservativen Vorstellungen beherrscht wurden und mehr auf die Zeitumstände abgerichtet waren, als die Verfechter jener feststehenden (statischen) Normen es erkennen konnten oder wollten?"[47]

Deutlich sollte sein: Bei allen sicher sehr unterschiedlichen seelsorgerlichen Reaktionen auf diese Feststellung ist in diesem Zusammenhang gleichermaßen ein die sachliche Wahrnehmung unterstützender *Distanzierungsakt* gegenüber überkommenen Werten und Normen gefragt: Er wird zur Grundlage für die heute notwendige seelsorgerliche Flexibilität, wenn es darum gehen muß, der Pluralität des Erlebens und Verhaltens in diesem Bereich heutzutage wirklich zu entsprechen. Er ermöglicht es gleichzeitig, auch in diesem Problembereich konfliktaufhebend zu handeln und sich dabei doch nicht einfach gesellschaftlichen Trends auszuliefern. Für die Arbeit des Seelsorgers und der Seelsorgerin kann deshalb in diesem speziellen Kontext auch in spezieller Weise als grundlegend der Satz gelten: „Distanznahme ist ein elementarer Akt individueller Freiheit."[48] Er gilt für den

---

    Eltern-, Jugend-, Verlobten-, Ehe- und sonstigen Lebensberatung dienen, ferner der Aus- und Fortbildung von Fachkräften für die Aufgabe der Vorbereitung auf Ehe und Familie und von Dozenten für die Arbeit an Ehe- und Elternschulen." Als tragender Einstellungsmodus für diese Arbeit wird dann z.B. formuliert (vgl. H. Halberstadt, a.a.O., S. 72): „Die Beratungsarbeit ist ein ständiger Prozeß lebendiger Auseinandersetzung mit dem Ratsuchenden und seinen Problemen. Das bedingt eine fortlaufende Auseinandersetzung des Beraters mit sich selbst, seinen Einstellungen, Wünschen, Hoffnungen, Norm- und Wertvorstellungen." Die hier demonstrierte Flexibilität im Umgang mit Wert- und Normvorstellungen wird offensichtlich in einer gewissen Abgrenzung zur Seelsorge im allgemeinen gesehen.

[47] *Hans-Joachim Thilo*, Ehe ohne Norm? Eine evangelische Ehe-Ethik in Theorie und Praxis, Göttingen, 1978, S. 9.

[48] So *Trutz Rendtorff* in der Abhandlung „Postmoderne Ansichten über modernes Christentum", in: *Ders.*, Theologie in der Moderne. Über Religion im Prozeß der Aufklärung, Gütersloh, 1991, S. 323ff., Zitat S. 324. Dort heißt es dann wenig später: „Modernität pluralisiert, und die Moderne ist ein Hort für Pluralität. Darum wird sie von der Partei der Eindeutigen auch nicht geliebt. Liebhaber der Pluralität sind Freunde der modernen Welt, nicht unkritische Freunde oder blinde Liebhaber, sondern gerade so, wie Pluralität eben Distanznahme möglich

Seelsorger/die Seelsorgerin genauso wie für den Ratsuchenden: Schwerpunkt eines seelsorgerlichen Umgangs mit Problemen der Partnerschaft und Familie muß es sein, unter den gegebenen Umständen auf individuelle Freiheit abzuzielen, zu ihr zu verhelfen oder aber ihre Erhaltung zu unterstützen.

Unter welchen Gesichtspunkten soll das gegenwärtig verwirklicht werden?

a) (Stichwort: Besorgtheit) Naheliegenderweise läßt sich auch bei grundsätzlicher Akzeptanz dieser Aufgabe die komplizierte Lage im partnerschaftlichen und familiären Beziehungsbereich theologisch sehr unterschiedlich interpretieren. So kann die gegebene Situation zum *einen* mit einer (vorwiegend konservativ ausgerichteten) *Besorgtheit* verbunden werden und seelsorgerlich zu einer dementsprechenden Vorgehensweise führen. In deren Folge ist vor allem ein zeitkritisches Vorgehen gefragt und wider das schwindende Normenbewußtsein im Bereich von Ehe und Familie einzusetzen ist. Wie sind daraufhin im Rahmen einer gegenwartsnahen Poimenik die für einen Christenmenschen heute gangbaren Wege zu finden? Es muß vor allem zunächst um *Verlustverarbeitung*, dann aber um die Eröffnung besserer Möglichkeiten zur *Neugestaltung* verloren gegangener *Ordnungen* gehen!

So stellt etwa M. Seitz fest: „... In der Frömmigkeit der früheren Zeit, die uns geprägt hat und in der wir verwurzelt sind, stand die Gottesbeziehung im Mittelpunkt. Wer sich vertrauensvoll auf Gott verließ, war fromm ... In der Frömmigkeit der heutigen Zeit, die uns aufgegeben ist und nach der wir suchen, wird die Weltbeziehung in den Mittelpunkt gestellt. Wer sich um Frieden zu denen in der Nähe und in der Ferne bemüht und seinen Teil an lebensbehilflicher Verantwortung trägt, ist fromm."[49] Das ist zunächst als eine sachliche Feststellung gemeint. Diese könnte auf den ersten Blick hin ein verändertes Normenerleben lediglich konstatieren. Der zeitkritische Aspekt, der vom Verlustgedanken ausgeht und eine „not-wendige" Rückgewinnung verlorengegangener Werte und Möglichkeiten intendiert, zeigt sich aber klar und eindeutig, wenn es wenig später heißt: „Heute sind die Zyklen der Natur und des Kirchenjahres weitgehend abgelöst durch den Rhythmus der technisch-industriellen Welt, der uns allen seine Gesetzmäßigkeiten aufzwingt. Ihnen ist unser Leben unterworfen. Auch das Gemein-

---

macht. Distanzierte Kirchlichkeit und distanzierte Modernität ergänzen sich hier gegenseitig. Es läßt sich darum immer schon voraussagen, daß Theoriedebatten über das jeweilige Wesen der Neuzeit in einen substanziellen Pluralismus der hier möglichen Einstellungen münden. Das ist kein Plädoyer für pure Beliebigkeit. Auch hier werden Ansprüche auf Wahrheit und Realität vertreten. Sie werden durch Pluralität nicht gegenstandslos, sondern eher wahrhaftiger und realitätsgerechter."

[49] *Manfred Seitz,* Christsein heute. Gelebter Glaube zwischen überlieferter Form und neuer Gestalt, in: Ders., Erneuerung, S. 57ff., Zitat S. 58.

schaftserleben ist im Umbruch begriffen. Der gemeinsame Tag ist durch die mobile Gesellschaft, nicht zuletzt durch die Schulen, zerstört, und Ehe, Familie, Nachbarschaft und überschaubare Gemeinde haben ihre tragende Kraft verloren. Ohne die Stützung durch Zyklus und Gemeinschaft stehen wir vor der Aufgabe, unser Leben vor Gott zu gestalten. Hier haben wir das spirituelle Problem in seinem spezifisch modernen Charakter! Christsein ohne Zyklus und Gemeinschaft! Was sollen wir tun?"[50]

Es folgt in eindrucksvoller Weise eine Diagnose gegenwärtiger christlicher Befindlichkeit: „Wir verfügen nicht mehr über die uns anvertraute Zeit; wir wohnen in der menschlichen Gesellschaft unbehaust; wir sind gerufen, vor Gott zu leben, und werden zeitlos und ortlos vom Leben verbraucht."[51] Und Manfred Seitz fährt fort: „Die Kritiker schlagen als Alternative vor, von dieser Situation zur Tradition zu gehen. Wir folgen ihnen."[52]

Entgegen aller Flucht nach vorn in das „ganz Neue" wird gründliche Neuorientierung durch Besinnung und Hören auf die ursprünglichen Weisungen der Bibel (z.B. Micha. 6,8) nahegelegt. Die hierbei zu entdeckende *Spiritualität* muß freilich feste Gestalt annehmen, sonst ist sie chancenlos gegen die „Übermacht der Verhältnisse". Denn: „Nur was Gestalt hat, kann mit ihnen konkurrieren."[53] Das muß ganz speziell auch für die Gestaltung von Partnerschaft in Ehe und Familie gelten! Steht doch hier für den einzelnen die Aufgabe von Lebensgestaltung und Lebensbewältigung in unserer Zeit ganz unmittelbar und erlebnisnah an!

Deshalb liegt es auch besonders nahe, gerade in diesem Bereich die Maßstäbe des Evangeliums zu einer angebbaren christlichen „Grundorientierung" zu verschmelzen, diese im Konfliktfall in Anspruch zu nehmen bzw. in der Seelsorge zu vertreten. So setzt E.-R. Kiesow in diesem Kontext die biblische Sicht des Menschen als *Sünder*, der ständig vom Bösen versucht wird und ohne Gottes Hilfe immer wieder schuldhaft alle mitmenschlichen Beziehungen belastet oder gar zerstört, als entscheidenden Punkt voraus. Gerade diese Negativbestimmung kann dann bei einem rechten seelsorgerlichen Gebrauch der damit verbundenen Einsichten *entlastende* Wirkung haben: „Ein idealistisches oder romantisches Bild vom stets liebevollen Partner oder eine Überschätzung der eigenen Chancen zum konfliktfreien Zusammenleben kommt für Christen nicht in Frage, weil sie ihr Versagen im Tun um das Gute als Ausdruck der Sünde erfahren und die heilenden Kräfte von außen, von der Wirklichkeit Gottes, nicht aus moralischen Anstrengun-

---

[50] M. Seitz, a.a.O., S. 62.
[51] M. Seitz, a.a.O., S. 63.
[52] Ebd.
[53] M. Seitz, a.a.O., S. 64.

gen erwarten."⁵⁴ Auch unter diesen Vorgaben ist freilich die veränderte äußere und innere Situation von Menschen in Partnerschaften und Familien von heute als aktuelle Herausforderung an die Kirchen zu begreifen und daraufhin zu fragen, wie ihr konkret zu begegnen ist.

Soviel zum seelsorgerlichen Umgang mit Partnerschafts- und Eheproblematik unter dem Vorzeichen einer Poimenik, die sich vorwiegend der Restitution und Kontinuität verpflichtet weiß.

Einen Versuch, einerseits der Lage gerecht zu werden und andererseits Orientierungshilfe zu bieten, stellen u.a. kirchliche Denkschriften dar⁵⁵. Die Einwirkung solcher Verlautbarungen auf die konkrete seelsorgerliche Situation muß allerdings nüchternerweise als sehr begrenzt eingeschätzt werden. Eine „Erklärung der Deutschen Bischofskonferenz und des Rates der Evangelischen Kirche in Deutschland ‚Ja zur Ehe'" von 1981⁵⁶ kann diesen Eindruck verstärken, wenn es dort u.a. heißt: „Das ausdrückliche und öffentlich gesprochene Ja zum gemeinsamen Leben ist eine Hilfe zur Dauer der Liebe in den wechselnden Situationen der ehelichen Gemeinschaft. Es macht die Verantwortung der Liebe sichtbar. Die ausdrückliche Form der Ehe zeigt an, daß die Liebe nicht immer wieder neu von vorn anfängt, sondern in den Schritten eines gemeinsamen Lebens ihre Erfüllung suchen soll. Darum befreit das Eheversprechen von der Willkür und den wechselnden Einstellungen beider Partner in ihrem Verhältnis zueinander und weist sie immer wieder auf das hin, was sie aneinander bindet."⁵⁷ „Die Ehe, die von einem freien Ja der Partner herkommt, bildet eine Gemeinschaft des Lebens, die nun wichtiger ist als die unmittelbare Selbstverwirklichung des einzelnen für sich."⁵⁸ „Viele junge Menschen lehnen heute die Form der öffentlich geschlossenen Ehe ab, weil sie darin keinen Sinn für einen personalen Lebensprozeß der Liebe erblicken können und ihre Entleerung zu bloßer Förmlichkeit befürchten. Sie haben oft schlechte Vorbilder des Ethos der Ehe erfahren, wo z.B. das Eheversprechen als uneingeschränktes Verfügenkönnen des einen über den anderen und als Erlaubnis zur Rücksichtslosigkeit mißbraucht worden ist. Wir rufen darum alle Eheleute auf, ein zuversichtliches Beispiel ihrer Lebensgemeinschaft zu geben."⁵⁹

---

⁵⁴ *Ernst-Rüdiger Kiesow*, Seelsorge an Ehe und Familie, in: I. Becker/K.-H. Bieritz/R. Blühm u.a., Handbuch, S. 337ff., hier besonders das Kapitel „Die Aufgabe christlicher Grundorientierung in der Seelsorge", S. 351ff., Zitat S. 351.
⁵⁵ Vgl. als Beispiel „Die Denkschriften der Evangelischen Kirche in Deutschland", unter diesem Titel vor allem Bd. 3/1 „Ehe, Familie, Sexualität, Jugend", Gütersloh, 1982, 2. Aufl. 1988.
⁵⁶ Vgl. den genannten Bd. 3/1 der Denkschriften, S. 63ff.
⁵⁷ Vgl. a.a.O., S. 65.
⁵⁸ Vgl. a.a.O., S. 66.
⁵⁹ Vgl. a.a.O., S. 66f.

Solche und ähnliche Verlautbarungen treffen sicher auf einen breiten Erwartungshorizont seitens einer Gesellschaft, die auf die Orientierungsfunktion der Kirche(n) im allgemeinen Verhaltens- und Einstellungsbereich eingestellt ist. Wenn „Kirche" als Institution im gesellschaftlichen Umfeld zu Basisfragen des Miteinanders der Zeitgenossen etwas zu sagen hat, muß sie das auch „verlautbaren" und diese Erklärungen zur gegenwärtigen Lage in Kirche und Gesellschaft als allgemeinverbindlichen christlichen Verhaltenshinweis formulieren. Die für diese Veröffentlichungen Verantwortlichen bzw. die dafür eingesetzten Kommissionen müssen sich dann freilich auch auf die konstruktiv-kritischen Infragestellungen solcher Texte einstellen und einlassen. Nur so bekommen diese kirchlichen Verlautbarungen tatsächlich eine Chance, in Teilen der Bevölkerung orientierend zu wirken.

Diese kritischen Anfragen können z.B. (gesellschafts-)politisch vorgezeichnet sein. So äußert sich etwa M. Josuttis in einem Artikel zu solchem Vorgehen kirchlicher Gremien sehr kritisch: „Die kirchlichen Stellungnahmen zur Ehe- und Familienproblematik tragen einen eindeutig defensiven Charakter." „Im Bereich von Ehe und Familie hat die Kirche erklärtermaßen keine Impulse zur Veränderung oder zur Erprobung in der Gesellschaft geben wollen. Vielmehr hat sie mit öffentlichen Stellungnahmen Entwicklungen aufzuhalten und zu korrigieren versucht."[60] Diese konservative Einstellung scheint dann für Josuttis so begründet: „In Ehe und Familie ereignet sich die Reproduktion der Kirche, des Staates und des Konnexes zwischen Kirche, Staat und Gesellschaft. Hier gibt es noch eine Institution, die scheinbar auf biblischer Weisung beruht und für die das Wirken der Kirche noch immer gewünscht ist."[61]

Man muß durchaus nicht die gesellschafts- und kirchenpolitische Einstellung Manfred Josuttis' teilen und kann doch sein kritisches Engagement notwendig oder zumindest sehr nachdenkenswert finden. Eben dieses kritische Engagement im Hinblick auf amtliche Verlautbarungen der Kirche ist nämlich vom Seelsorger und von der Seelsorgerin prinzipiell zu fordern und in deren Handeln einzubeziehen. Nur so geraten die aufwendig erstellten kirchlichen Orientierungsversuche nicht zu faktisch wirkungslosen Absichtserklärungen oder Pflichtübungen, die zwar zur Kenntnis genommen, aber kaum mit der Praxis in Verbindung gebracht werden.

Hinsichtlich der zitierten Textpassagen könnten die engagiert-kritischen Rückfragen aus poimenischer Sicht etwa wie folgt lauten:

1) Muß eine gemeinsame Erklärung höchster katholischer und evangelischer Kirchenvertreter zur Ehe statt des intendierten Eindrucks von Geschlossenheit nicht eher latente Ängste vor autoritären Machtstrukturen und

---

[60] *Manfred Josuttis*, Zur Ehe-Politik der EKD, EvTh (X) 1982, S. 271ff., Zitat S. 272.

[61] M. Josuttis, a.a.O., S. 289.

deren (versteckten moralischen) Ansprüchen aktualisieren? (Anders gesagt: In der seelsorgerlichen Situation ist jedenfalls die Funktion von verständnisvoll begründeten „Mahnworten" und deren Verarbeitung im Erleben des einzelnen wahrzunehmen und kritisch zu überprüfen.)

2) Kommen in Verlautbarungen wie diesen nicht unweigerlich Idealvorstellungen so zum Tragen, daß sie zwar als grundsätzlich erstrebenswert, aber praktisch unerreichbar empfunden werden müssen? (Anders gesagt: In der seelsorgerlichen Situation ist hinsichtlich einer notwendigen Veränderung des Verhaltens im Konfliktfall jedenfalls zu fragen, ob ein Ratsuchender durch das Angebot einer Zielvorstellung eher angespornt wird und neuen Mut faßt oder ob er eher entmutigt und resignativ reagiert, weil solch ein Ziel zu erreichen unter seinen besonderen Umständen unmöglich erscheint).

3) Ist es für kirchliche Verlautbarungen wirklich unverzichtbar, den appellativen Charakter allgemeiner Aufrufe zu tragen und dadurch ebenso generalisierend und auf ein Kollektiv bezogen wie individuell unverbindlich zu wirken? (Anders gesagt: In der seelsorgerlichen Situation ist in jedem Einzelfall wahrzunehmen, in welcher Bezogenheit auf allgemeingültige ethische Grundsatz- und Entscheidungsfragen ein Ratsuchender seine persönliche Problemlage überhaupt zu sehen und zu verstehen vermag.)

Es dürfte deutlich geworden sein, in welchem Maße Denkschriften und öffentliche Verlautbarungen der Kirche bezüglich ihrer Nützlichkeit und ihrer Nutzung in der konkreten Seelsorgesituation auf die kritische Reflexion ihres Inhalts ebenso wie auf die Überprüfung ihrer Rezeptionsmöglichkeit im individuellen Problemfall angewiesen sind.

b) (Stichwort: Kompliziertheit) Zum *anderen* läßt sich ein ganz anders vorgezeichneter poimenischer Zugang zur Lage, der sich eher in die „beratende Seelsorge" einfügt, so beschreiben: Die heute auftretende Schwierigkeit eines christlichen Verhaltens im Partnerschafts-, Ehe- und Familienbereich liegt zuerst und zunächst in der Kompliziertheit der Sache begründet. Immer geht es gleichzeitig in besonders konfliktträchtiger Weise um Sexualität, um Bindungsfähigkeit, um Möglichkeit und Grenzen der (sog. „festen") Paarbildung, um (familiäre) Gruppenkonstellationen, um Trennungsvorgänge, um Nachkommenschaft und um verantwortlichen Gesellschaftsbezug. All diese in sich äußerst problemträchtigen Beziehungsaspekte bilden dann aber im praktischen Zusammenleben ein Bezugssystem: Entstehen auf einem der genannten Gebiete des Erlebens Konfliktsituationen, so sind die anderen Gebiete unweigerlich in die Problematik bzw. in die anstehende Auseinandersetzung einbezogen.

Das kann den Seelsorger/die Seelsorgerin dazu veranlassen, stets von einer vorausgesetzten Gesamtproblematik her die einzelnen seelsorgerlichen Fragestellungen zu entfalten und praktisch anzugehen.

Dabei ist sicher zunächst zu beherzigen, was Hans-Joachim Thilo unter der Kapitelüberschrift „Die Wandlung der Normen" schreibt: „Nichts wäre verfehlter, als wenn wir annehmen würden, daß das Problem der sich wandelnden Moralvorstellungen gerade im Hinblick auf Ehe und Sexualität nur ein Problem unserer Zeit wäre."[62] Normenwandel mit all seinen Folgeerscheinungen im Beziehungsbereich kann also sicher auch heute bitter beklagt werden. Er ist bei näherem Hinsehen dennoch nicht Ausdruck einmalig defizitärer Befindlichkeit generell belasteter Zeitgenossen in einer besonders benachteiligten Epoche! Deshalb legt es sich in der Folge dieser Einsicht gerade nicht nahe, seelsorgerlich hauptsächlich an der Wiedergewinnung von in, mit und unter der Zeit „verlorengegangenen" Einstellungen und Verhaltensweisen im Bereich von Ehe und Familie zu arbeiten. Viel dringender ist es, gezielt nach den _Besonderheiten_ heutigen Erlebens im gesamten zwischenmenschlichen Beziehungsbereich zu fragen und diese daraufhin unter den bleibend normativen Gesichtspunkten einer dennoch „zeitgemäßen" Bewertung und Beurteilung zu unterziehen.

Eine für die Gegenwart ganz wesentliche und verhaltensprägende Besonderheit im Beziehungserleben läßt sich dabei so beschreiben: Sie liegt in der grundsätzlich zunehmenden Wahrnehmung und Tolerierung von _Ambivalenzgefühlen_ und deren _Umsetzung in Handlungsvollzüge_ und das wiederum ganz besonders im partnerschaftlichen und familiären Bereich. Hier gilt es vor allem, den am seelsorgerlichen Gespräch Beteiligten eine deutlich veränderte Sichtweise zu erschließen! Denn traditionellerweise werden Ambivalenzgefühle in der Gesellschaft ebenso wie in der Kirche (und hier besonders in Ausrichtung auf das Glaubensleben) synonym mit _Unentschiedenheit_ und _Zwiespältigkeit_ gesehen und dementsprechend negativ besetzt. Gelten sie doch in der zwischenmenschlichen Beziehung als bloße „Verhinderer" einer als fraglos erstrebenswert eingeschätzten „spannungsfreien" Harmonie. So gesehen geraten sie zu Störfaktoren hinsichtlich einer seelischen, geistigen und geistlichen Übereinstimmung zwischen den einander nicht nur äußerlich, sondern auch innerlich „nahen" Beziehungspersonen in Partnerschaft, Ehe, Familie.

Diese Einstellung entspricht unter dem Einfluß moderner humanwissenschaftlicher Erkenntnisse immer weniger dem deutlich veränderten Erlebens-, Zuordnungs- und vor allem auch Bewertungsmodus im Hinblick auf ambivalente Befindlichkeit! Ambivalenz (als das gleichzeitige Vorhandensein gegensätzlicher Gefühlsregungen) wird in zunehmendem Maße als _beziehungsprägendes_ Erlebenselement erkannt und bejaht. Folgerichtig kann ambivalentes Verhalten auch in Beziehungskonflikten zunehmend offen ausgehandelt werden, weil es immer weniger (aus Angst vor „Harmonieverlust"!) aus dem Bewußtsein ausgeschlossen oder auch verdrängt erscheint. Damit verbindet sich automatisch ein veränderter sozialer Umgang miteinander.

---

[62] H.-J. Thilo, Ehe, S. 80.

Im Zusammenhang mit der gegebenenfalls ebenfalls veränderten Gewissensstruktur kommt es auch allgemein zu einer veränderten Bewertung einzelner Verhaltensweisen in Ehe und Familie![63] Konflikte werden weniger als „Unglück" oder aber als „moralisches Versagen" betrachtet. Sie sind freilich deshalb nicht weniger schmerzlich und quälend! Die mit ihnen verbundenen *Spannungszustände* werden ja in der Praxis des Alltags bei weitem nicht immer ausgehalten oder in ein verbessertes Miteinander der Beteiligten überführt. Sie werden viel eher einfach *ausagiert* und das viel unbefangener als in früheren Zeiten. Sie werden also vorschnell und relativ unvermittelt in Handlungen umgesetzt, die als solche die Situation automatisch verändern, dabei aber eine (gemeinsame) Reflexion über die tatsächliche „Not-Wendigkeit" dieses Verhaltens praktisch ausschließen.[64]

Das alles bedeutet jedenfalls: Eine betont „zeitgerechte Seelsorge" im Bereich von Partnerschaft und Familie wird den genannten „Besonderheiten" in der gegenwärtigen Beziehungsgestaltung samt deren Kompliziertheit

---

[63] Die neue Bewertung ambivalenten Erlebens wird eindrücklich dargestellt und von ihren psychologischen und philosophischen Hintergründen her entwickelt in E. Otscheret, Ambivalenz. Die Autorin bezieht sich u.a. auf Martin Bubers „Dialogik als geistiges und seelisches Prinzip", die ihrerseits die „Normalität und Notwendigkeit der Ambivalenz" voraussetzt. In diesem Rahmen heißt es dann zusammenfassend: „Die Beschäftigung mit der Dialogik hat gezeigt, daß grundsätzlich jedes Denken, Fühlen und Handeln von inneren und äußeren Einflüssen, von gegensätzlichen Gefühlen, Erwartungen und Zielsetzungen geleitet ist. Die Ambivalenz mit ihren widersprüchlichen Inhalten spiegelt die vielgestaltige Umwelt des Menschen. Seelische Gesundheit beinhaltet die Fähigkeit, diese Spannungen und Widersprüche wahrzunehmen und mit ihnen umzugehen, sich mit ihnen auseinanderzusetzen und sie auszuhalten; sie sind nicht nur als belastend, sondern auch als entwicklungsfördernd, als Chance, zu betrachten, d.h. bewußt mit ihnen zu leben." (S. 147)
Und weiter: „Die Forderung, bewußt mit Ambivalenz und Widersprüchen zu leben, sie nicht so schnell wie möglich ‚lösen' oder ‚auflösen' zu wollen, stellt die klassische Harmonievorstellung in Frage: Nicht das Vorhandensein stärkerer Konflikte in Individuum, Familie oder Gesellschaft zeigt einen pathologischen Zustand, sondern die Unfähigkeit, derartige Spannungen auszuhalten. Die Betonung muß von der Konfliktbewältigung oder -lösung auf die ‚Konfliktfähigkeit' verlagert werden, denn eine weitgehende Konfliktfreiheit kann zur Stagnation führen." (S. 151)

[64] Der Begriff „Agieren" stammt aus der Psychoanalyse. Mit *Helmut Thomä/Horst Kächele*, Lehrbuch der psychoanalytischen Therapie. 1. Grundlagen, Berlin/Heidelberg/New York, 1986, „... liegt es nahe, diesen Terminus zur Beschreibung averbalen oder unreflektierten Verhaltens heranzuziehen". (S. 315) Damit bekommt er im Zusammenhang mit Ambivalenzkonflikten eine negative Tönung: Es wird mehr oder weniger blind gehandelt anstatt konfliktbewußt nachgedacht. Es kommt also zu einer Art „Flucht aus dem Spannungszustand".

ganz besonderer Beachtung schenken. Sie wird die überkommenen Fragestellungen einer christlichen Lebensform nicht relativieren, sondern unter veränderten Bedingungen neu stellen. Sie wird im Zusammenhang und Zusammenspiel mit all diesen Fragen aber eine spezifische Wahrnehmungseinstellung entwickeln: So gesehen wird es im Konfliktfall und bei dessen seelsorgerlicher Bearbeitung stets gleichzeitig darauf ankommen, Ambivalenzgefühle und Spannungszustände im Beziehungsbereich nicht nur als unvermeidlich zu konstatieren. Es ist gleichzeitig danach zu suchen, wie diese anstrengenden Befindlichkeiten im Einzelfall vom Ratsuchenden in ein „christliches Verhalten" eingegliedert werden können, ohne verdrängt oder angstbesetzt ausagiert werden zu müssen. Welche Fragestellungen und Problemkreise stehen dabei im einzelnen zur Reflexion an?

Die Einsicht, es im Bereich der Partnerschafts- und Familienseelsorge mit einer besonders vielschichtigen Gesamtproblematik zu tun zu haben, kann den Seelsorger/die Seelsorgerin *zum einen* dazu veranlassen, jeden individuellen Konflikt von einem alle Einzelprobleme umfassenden Gesichtspunkt her anzugehen. Dann bilden Sexualität, Partnerschaft, Ehe und Familie ein *Verbundsystem*. In dessen Rahmen kann es dann zu bestimmten Schwierigkeiten auf dem einen oder dem anderen Gebiet kommen, die aber stets „zusammengehören". So stellt etwa Hans-Joachim Thilo im Hinblick auf biblische Aussagen fest: „Es erhebt sich also die Frage, ob wir im Alten Testament schon von einer Eheethik sprechen können oder ob wir es hier mit einer Familienethik zu tun haben. Da die Sexualität keinen Eigenwert in den religiösen Anschauungen Israels gehabt hat, die Frau aber in Israel eine weitaus geachtetere Stellung innehatte als in den gleichzeitigen Kulturen, wird das Wort von der Familienethik anzuwenden sein."[65] Oder an späterer Stelle im Hinblick auf das Neue Testament: „Es scheint so zu sein, daß das Thema ‚Ehe' für Jesus höchstens Randbedeutung gehabt hat. Ausführlichere Darstellungen über die Ehe der Christen bzw. über das eheliche Verhalten finden sich erst in der Briefliteratur des Neuen Testaments."[66] In deren Kontext aber ist dann der Bezug auf die Gemeinde eine Kernaussage: „Hier ist die Dyade eingebettet in eine neue andere Gemeinschaft, die die eheliche Dyade nicht zerstört, sondern stützen soll."[67] Dann gilt allerdings

---

[65] H.-J. Thilo, Ehe, S. 24.
[66] H.-J. Thilo, a.a.O., S. 26.
[67] H.-J. Thilo, a.a.O., S. 41, wo H.-J. Thilo fortfährt: „Wir können hier einen modernen Grundsatz unserer heutigen Eheberatung bestätigt finden, wonach sich gerade auch die junge Ehe nicht abkapseln soll, sondern sich in ihrer ehelichen Existenz bewußt in andere, größere Gemeinschaften einzugliedern hat."

auch: „Eheethik ist dabei zugleich Sexualethik."⁶⁸ Das biblische Menschenbild wird hier zum festen Bezugspunkt für ein umfassendes Verständnis von Partnerschaft, Ehe und Familie.⁶⁹ Von diesem Verständnis her gilt es dann seelsorgerlich so zu handeln, daß vom Einzelkonflikt her dessen Einfügung in einen übergreifenden Zusammenhang angestrebt wird.

Gerade diese Einbettung in das genannte Verbundsystem kann zum *anderen* aber ebenso gezielt relativiert werden, um den einzelnen Segmenten im Bereich von Partnerschaft, Ehe und Familie eine umso intensivere Aufmerksamkeit zukommen lassen zu können.

In der Folge wird *erstens* christliches Verhalten speziell im Umgang mit *Sexualität* herausgestellt, reflektiert und auf die zeitgemäßen humanwissenschaftlichen Erkenntnisse auf diesem Sektor des Erlebens bezogen. Dabei gerät zeitgemäße Seelsorge einmal zur Aufgabe, in einer deutlich veränderten gesellschaftlichen Situation mit „neuer Offenheit" gegenüber allem sexuellen Erleben dennoch alle ambivalente Befindlichkeit in diesem sensiblen Bereich zuerst wahrzunehmen, daraufhin zu verbalisieren und verarbeiten zu helfen. Sie gerät ebenfalls zu der Aufgabe, in diesem Zusammenhang alles Agieren auf seine (Abwehr-)Funktion hin zu befragen und dabei nach flankierenden Möglichkeiten einer „inneren" Auseinandersetzung mit dem Triebgeschehen zu suchen. Und sie gerät schlußendlich zu der Aufgabe, allen Tendenzen einer Abspaltung des sexuellen Erlebens vom übrigen Erleben (bei Einschluß des Glaubenserlebens) zu wehren. Demgegenüber ist zu fragen, welche integrativen Möglichkeiten einem Individuum zur Verfügung stehen. Diese wiederum sind im Sinne einer verbesserten Bezogenheit auf die Gesamtheit und Vielschichtigkeit der mitmenschlichen und der eigenen Belange freizusetzen und zu verstärken.

Problematik im sexuellen Bereich gehört zu den besonders häufigen, dabei aber auch besonders schambesetzten und damit verborgenen Befindlichkeiten. Wenn sich auf diesem Gebiet in den letzten Jahrzehnten ein *Wandel zur Offenheit* bemerkbar macht, so ist dieser Wandel auch unter seelsorgerlichem Aspekt zu begrüßen und zu unterstützen.

Immer noch zeitgemäß und unter poimenischen Gesichtspunkten lesenswert ist eine Studie des Theologen und Sozialethikers S. Keil zum Thema Sexualität.⁷⁰ Der Autor stellt einleitend fest: „Anders als in früheren

---

⁶⁸ H.-J. Thilo, a.a.O., S. 45.

⁶⁹ Folgerichtig faßt Thilo seine exegetischen Hinweise deshalb in die Feststellung zusammen, „... daß sich eine evangelische Eheethik zwar nicht losgelöst von der Exegese der Bibel darstellen läßt, daß man aber zugleich auch diese exegetische Arbeit nicht in dem Sinne zur Grundlage ihres Fragens und Forschens machen kann, daß man praktische Verhaltensweisen für unsere Zeit daraus ableiten könnte" (ebd.).

⁷⁰ *Siegfried Keil*, Sexualität. Erkenntnisse und Maßstäbe, Stuttgart/Berlin, 1966.

Zeiten ist die Geschlechtlichkeit in der Gegenwart zu einem offenen Problem geworden ... Aus allen Gesprächen, Artikeln, Referaten und Diskussionen zu diesem Thema wird deutlich, daß nicht nur die Erörterungen des Problems offen geführt werden, sondern daß sich auch die Vorstellungen von Recht und Unrecht, von Erlaubt und Verboten zu einer vorher nie zutage getretenen Pluralität der Meinungen hin geöffnet haben."[71] Nach Untersuchungen zum Verhältnis von Gesellschaftsstruktur und Geschlechtsverhalten sowie der theologischen und sozialethischen Bewertung der Situation kommt S. Keil zu dem Schluß: „... Die zunehmende Individualisierung des Lebens erhöht die Möglichkeit des Gelingens zwischenmenschlicher Beziehungen im Sinn der Personhaftigkeit und verstärkt gleichzeitig die Gefahr der Verfehlung personaler Existenz auf dem Wege der Funktionalisierung einerseits und der Vermassung und Außenlenkung andererseits. Das zeigt sich auch und gerade im Zusammenleben von Mann und Frau. Die Situation ist offener geworden für ein besseres Gelingen der Geschlechtsgemeinschaft und für seine völlige Verfehlung."[72]

Bleibend informativ und aus dem Bereich der Sexualpädagogik sowie gut in den Seelsorgebereich zu übertragen ist eine psychoanalytisch fundierte Schrift von T. Brocher[73]

Zur Grundlagenliteratur bezüglich der Themen Theologie und Kirche in ihrer Verhältnissetzung zur Sexualität zählen nach wie vor die Bücher von H. Ringeling (ev.) und S. H. Pfürtner.[74]

Als Vertreterin der Klinischen Seelsorgeausbildung (KSA) legt M. Lücht-Steinberg Gesprächsanalysen zum Thema vor.[75] Sexualität wird in diesem Buch vor allem als ein wichtiges Verhaltenselement von Menschen in besonderen Not- und Lebenslagen behandelt. Vom genannten Ansatz des Buches her wird der ebenso wechselnden wie vielfältigen Rolle des Seelsorgers/der Seelsorgerin, die jeweils mit den verschiedenen Erwartungen der Ratsuchenden korrespondiert, besondere Aufmerksamkeit geschenkt.

Der therapeutische Bereich ist mit seinen vielen Aspekten nuancenreich vertreten in der von A. Massing und I. Weber herausgegebenen Aufsatzsammlung über „Lust und Leid" sexuellen Erlebens.[76] Bemerkenswert ist in

---

[71] S. Keil, a.a.O., S. 9.
[72] S. Keil, a.a.O., S. 233.
[73] *Tobias Brocher*, Psychosexuelle Grundlagen der Entwicklung. Informationen für Lehrer und Eltern, Opladen, 1971.
[74] *Hermann Ringeling*, Theologie und Sexualität, Gütersloh, 2. Aufl. 1969 und *Stephan H. Pfürtner*, Kirche und Sexualität, Reinbek, 1972.
[75] *Margot Lücht-Steinberg*, Seelsorge und Sexualität. Gesprächsanalysen aus der klinischen Seelsorgeausbildung, Göttingen, 1980.
[76] *Almuth Massing/Inge Weber* (Hg.), Lust & Leid. Sexualität im Alltag und alltägliche Sexualität, Berlin/Heidelberg/New York, 1987.

diesem Band zum einen der zwar sehr einseitige, aber dennoch nachdenkenswerte Beitrag von G. Schürgers „Kirche und Sexualität"[77] mit einem Fallbericht zum Pathologisierungsthema. Hervorzuheben ist auch die Abhandlung von K. Gerlichter „Sexualität im Alter"[78]. Sie vermittelt neben wissenschaftlichen Befunden in eindrucksvoller Weise Erfahrungen aus einer Beratungsstelle.

Durch seine Ausrichtung auf emotionale Differenzierung und Erlebniserweiterung zeichnet sich ein Buch von W. Bartholomäus aus und kann deshalb als gute Ergänzung zu dem genannten Sammelband herangezogen werden.[79]

Der Pionier der Seelsorgebewegung und kirchlichen Beratungsarbeit, Hans-Joachim Thilo, legt ein Buch über die religiöse Verarbeitung der menschlichen Triebe vor[80]. In seiner Monographie bringt der Autor konstruktiv kritisch die „Krise des abendländischen Christentums" mit dessen Machtstreben und Triebfeindlichkeit in Verbindung und untersucht vergleichend den Umgang mit Aggression und Sexualität in den anderen Weltreligionen.

Schließlich widmet G. Hartmann in seinem auf die „seelsorgliche Praxis von PfarrerInnen", aber auch auf die Arbeit von PsychologInnen ausgerichteten Buch „Lebensdeutung" ein ganzes Kapitel der „Sexualität als geschöpfliche Lust und Kreativität".[81] Der Konflikt Israels mit den kanaanäischen Kulten spiegelt danach einen Grundkonflikt zwischen dem Orgiastischen und dem Heiligen wider, das doch in einer ständigen, nur symbolisch und poetisch vermittelbaren Wechselwirkung steht. Nur: „Wir haben keine Sprache, die uns angemessen von der Sexualität sprechen ließe. Es ist wie überall, wo wir es im Alltäglichen mit dem Unverfügbaren und Geheimnisvollen zu tun haben: Was sich wirklich abspielt, und was wir dabei erleben, läßt sich eben nur in poetischer und symbolischer Sprache beschreiben. Und wo uns die symbolische Sprache entzogen ist, gelingt auch die poetische nur schwer."[82] Und: „Vielleicht erschiene Sexualität leichter als etwas Menschliches und wäre leichter menschengemäß zu gestalten, wenn es gelingen würde, sie in die Spiritualität zu integrieren."[83]

Wenn sich Seelsorger und Seelsorgerinnen mit den sexuellen Problemen der Ratsuchenden in zunehmend offener Weise konfrontiert sehen, so ist der

---

[77] Vgl. *Georg Schürgers*, in: Lust & Leid, S. 123ff.
[78] *Karl Gerlichter*, a.a.O., S. 297ff.
[79] W. *Bartholomäus*, Unterwegs zum Lieben, München, 1988.
[80] Vgl. H.-J. Thilo, Stachel.
[81] G. Hartmann, Lebensdeutung, S. 263ff.
[82] G. Hartmann, a.a.O., S. 265.
[83] G. Hartmann, a.a.O., S. 281.

sachgemäße Umgang mit diesem so wichtigen menschlichen Erlebensbereich besonders von einer doppelten Voraussetzung abhängig: a) Wer sich helfend mit dem gestörten, verhinderten, belasteten Sexualleben anderer befaßt, sollte sich mit seiner eigenen Sexualität (auch als einem Teil seines christlichen Verhaltens!) so weitgehend wie möglich erlebensdifferenzierend auseinandergesetzt haben. Sonst drohen sich sehr schwer kontrollierbare eigene Angst- und Unsicherheitsmomente so durchzusetzen, daß sie die seelsorgerliche Situation nicht nur belasten, sondern auch unbemerkt steuern. b) Wer heutzutage Bedrückungen auf sexuellem Gebiet aufhebend begegnen will, sollte grundsätzlich darüber informiert sein, daß (pathologische) Betroffenheit und Verzagtheit auf sexuellem Gebiet von vielen Zeitgenossen in verändert strukturierter Weise erlebt werden: Sie sind abnehmend mit Schuldgefühlen und zunehmend mit Versagensgefühlen verbunden. Darauf sollte sich seelsorgerliches Vorgehen einstellen.

Es wird *zweitens* christliches Verhalten mit den Fragen nach Beziehungs- und Bindungsfähigkeit, im Hinblick auf *Partnerschaft* und deren Gestaltung, und auf die *Ehe* verbunden und daraufhin der Dialog mit den humanwissenschaftlichen Einsichten auf diesem Gebiet eröffnet. Hier wird sich zeitgemäße Seelsorge zum einen der Aufgabe stellen, Bindungswünsche und Bindungsängste in ihren vielfältigen Ausdrucksformen zugängig zu machen und besonderes Ambivalenzerleben ebenso wie besonderes agierendes Handeln auf sie zu beziehen. Sie wird sich zum anderen die Aufgabe stellen, eheliche und nichteheliche Paarbildungen und Beziehungsverläufe und die mit ihnen korrespondierenden Trennungsvorgänge kritisch helfend zu begleiten. Sie wird sich schließlich der Aufgabe stellen, die in diesen Zusammenhängen ständig drohende Ideologiebildung aufzulösen und in ein kontinuierliches Bemühen um eine sowohl der Individualität entsprechende als auch normenbewußte Lebensform zu überführen.

Als Einstiegsliteratur sollen an dieser Stelle folgende Veröffentlichungen genannt werden:

Die biblisch-exegetischen Aspekte des christlichen Eheverständnisses finden sich in einer grundlegenden Monographie von H. Baltensweiler.[84]

Psychologische Grundeinsichten vermitteln nach wie vor sehr theoriebewußt und doch leicht zugängig und praxisnah das Ehepaar A. Heigl-Evers und Franz Heigl.[85] Unter psychoanalytischen Gesichtspunkten und bei ständigem Bezug auf „Szenen mit Kommentar" werden hier u.a. die Haupt-

---

[84] *Heinrich Baltensweiler*, Die Ehe im N. T., Zürich, 1967.
[85] *Anneliese Heigl-Evers/Franz Heigl* in den drei tiefenpsychologischen Studien „Geben und Nehmen in der Ehe", 3. Aufl. 1971; „Gelten und Geltenlassen in der Ehe", 2. Aufl. 1963; „Lieben und Geliebtwerden in der Ehe", 2. Aufl. 1971; alle Stuttgart.

konflikte des Menschen in der Ehe sowie die Gefühlsbeziehungen in der Ehe herausgestellt und reflektiert. Die Gesamtintention des Werkes kann auch in der Seelsorge zu einer heilsamen, weil realitätsentsprechenden Ernüchterung beitragen. Sie wird so formuliert: „Wir haben die Absicht, das Gebiet des zwischenmenschlichen Kontaktes in einer seiner intimsten Formen, in der Ehe, sowohl interessierten Eheleuten wie auch den mit Eheproblemen befaßten Experten näherzubringen ... Es liegt uns daran, eine gerade bei der Erörterung von Ehefragen naheliegende Gefahr zu vermeiden: Ideale aufzuzeigen, ohne anzugeben, welche innerseelischen Hindernisse ihrer Verwirklichung entgegenstehen. Zur Aufdeckung dieser Hindernisse ist es notwendig, zu den unbewußten Beweggründen des Erlebens und Verhaltens vorzudringen. An diesen nicht-bewußten Motiven scheitern erfahrungsgemäß immer wieder der gute Wille und der gute Vorsatz, das Zusammenleben in der Ehe zu bessern."[86]

Einen bemerkenswerten therapeutischen Ansatz bietet der Psychiater J. Willi in einem Buch über die Zweierbeziehung.[87] Progammatisch heißt es darin: „Die Begriffe der regressiven und progressiven Position sind in diesem Buch von zentraler Bedeutung. Regressive und progressive Position werden fortan ausschließlich als neurotische Abwehrhaltung verstanden: Regression als ein Zurückfallen auf kindliche Verhaltensweisen, Progression als ein Versuch, eigene Schwäche mit ‚Erwachsenheitsfassade' zu überspielen."[88] „Bei gestörten Ehepaaren sehen wir besonders häufig die Verbindung eines Partners, der das Bedürfnis nach überkompensierender Progression hat, mit einem Partner, der das Bedürfnis nach regressiver Befriedigung hat. Sie verstärken und fixieren sich gegenseitig in diesem einseitigen Verhalten, weil sie sich wechselseitig in diesen Funktionen benötigen. Die neurotische Verstrickung eines progressiven mit einem regressiven Partner wird in diesem Buch eingehend als Kollusion beschrieben."[89] Das therapeutische Ziel liegt dann „... im Suchen einer Beziehungsform, die den Neigungen und Eignungen der Partner optimal entspricht, in der sich die Partner in ihrer eingeschränkten Beziehungsmöglichkeit akzeptieren, in echter Freiheit, aber auch in echter Solidarität und Verantwortung dem Partner, der Familie und der Umgebung gegenüber."[90]

---

[86] A. Heigl-Evers/F. Heigl, Gelten und Geltenlassen, S. 7.
[87] *Jürg Willi*, Die Zweierbeziehung. Spannungsursachen-, Störungsmuster-, Klärungsprozesse-, Lösungsmodelle. Analyse des unbewußten Zusammenspiels in Partnerwahl und Paarkonflikt: Das Kollusions-Konzept, Reinbek, 1975.
[88] J. Willi, a.a.O., S. 23.
[89] J. Willi, a.a.O., S. 24.
[90] J. Willi, a.a.O., S. 263.

Als Standardwerk sei in diesem Kontext nochmals genannt H.-J. Thilo, „Ehe ohne Norm?".[91]

Anstöße zum seelsorgerlichen Umgang mit veränderten Bedingungen für das Zusammenleben gehen weiter von einer Veröffentlichung von H. Gaßmann als Herausgeber unter betont lutherischem Vorzeichen aus.[92]

Auf der Basis der Gesprächspsychotherapie bietet der Pfarrer und Diplompsychologe Traugott Ulrich Schall eine fundierte Anleitung zur Eheberatung durch Seelsorger/Seelsorgerinnen in den Kirchengemeinden an.[93] Das Buch stellt einen didaktisch sehr geschickt aufgebauten und (vor allem gesprächs-)psychologisch fundierten Lehrgang dar, der mit detailliert reflektierten Beispielszenen arbeitet, thematische Schwerpunkte abhandelt, dabei in instruktiver Weise sachbezogene Grundkenntnisse vermittelt und den gesamten Lernprozeß mit Übungen verbindet. Dieses Vorgehen ist in der Tat dazu angetan, wie intendiert, „die Rückkehr von Eheberatung in die Seelsorge der Kirchgemeinde" unter dem Motto zu fördern: „Eheberatung als Seelsorge und Seelsorge als Eheberatung sind ein Baustein dazu, daß Seelsorge in der Gemeinde konkret bleibt."[94]

In der kritischen Auseinandersetzung mit drohender Anpassung an den Zeitgeist und durch erneute Betonung fundamentaltheologischer Sätze zur Ehe sehen die Autoren *Oswald Bayer*, *Horst Georg Pöhlmann*, *Ulrich Eibach*, *Gerhard Hennig* und *Manfred Seitz* ihr gemeinsames Ziel und stellen ihre Auffassungen in einem Sammelband zusammen.[95] Die genannten Autoren wissen sich „... in der neutestamentlichen Überzeugung verbunden, daß das geschlechtliche Zusammenleben von Mann und Frau seinen rechten Ort in der Ehe hat."[96] Deshalb muß deutlich sein: „... in Fragen der Sexualität, Ehe und Familie ist es nicht hilfreich, die gesamtgesellschaftlichen Wandlungen nur zu spiegeln und pluralistisch beliebig die Achseln zu zucken .... So mündet der Versuch, die gegenwärtigen Verhältnisse und Erwartungshaltungen zu verstehen, nicht in das Ansinnen, sich kritiklos anzupassen. Vielmehr wollen die Autoren das Salz der Kritik nicht schuldig bleiben und – positiv – dafür eintreten, inmitten neuer Chancen und Gefährdungen jenes alte Wort zu hören, das unüberbietbar neu ist: das Evangelium in

---

[91] S.o. S. 381, Anm. 47.
[92] *H. Gaßmann*, (Hg.), Ehe – Institution im Wandel. Zum evangelischen Eheverständnis heute, Hamburg, 1979.
[93] *Traugott Ulrich Schall*, Eheberatung-Konkrete Seelsorge in Familie und Gemeinde, Stuttgart/Berlin/Köln/Mainz, 1983.
[94] T. U. Schall, a.a.O., S. 19.
[95] *Oswald Bayer* (Hg.), Ehe. Zeit zur Antwort, Neukirchen-Vluyn, 1988.
[96] O. Bayer (Hg.), a.a.O., S. 9.

seinem großen ‚Du darfst', wie es zu Sexualität und Ehe gesagt ist."[97] Auf dem Hintergrund dieser dezidiert zeitkritischen (und dabei auch selektiv kirchenkritischen!) Einstellung greift der Band dann die heute diskutierten Fragestellungen zur partnerschaftlichen Lebensgestaltung auf und zielt auf Orientierung im Rahmen einer seelsorgerlichen Ethik ab.

In umgekehrter Richtung kritisch engagiert verstehen sich die verschiedenen Autoren eines Buches über Ehe unter ganz besonderen Bedingungen.[98] Hier wird die Pfarrehe als der herausgehoben exemplarische Ort für die Krise der Ehe als Institution gesehen. „Mindestens im Fall des Christentums kann man verständlich machen, warum eine theo-logische Interpretation von Sexualität beinahe unmöglich geworden ist, so daß sich das Phänomen auf die moralische Problematik reduzieren mußte", schreibt M. Josuttis in seinem Beitrag „Das heilige Leben".[99]

Dietrich Stollberg beendet seinen Beitrag „Pastoralpsychologie des Seitensprungs": „Pfarrer müssen dazu ermutigt werden, ihre Verkündigung und ihr tatsächliches Leben nicht ängstlich auseinanderzuhalten, ihre Verkündigung aber andererseits nicht ethizistisch und normativ, sondern doxologisch-bekenntnishaft zu verstehen. Wir sind nicht die Moralwächter der Nation, sondern Kritiker der Moral und Zeugen evangelischer Freiheit. Glaubwürdigkeit heißt gerade nicht Befolgung konventioneller Gesetzlichkeit, sondern Mut zum Risiko eines eigenverantwortlichen Lebens, das diesen Namen – ‚Leben'- auch verdient."[100] Es erscheint nach diesen und ähnlichen Meinungsäußerungen nur folgerichtig, wenn *Albert Stein* den Band mit „Überlegungen für einen besseren Umgang mit Ehescheidungen im Pfarrhaus" abschließt.[101]

Wider ein „neo-romantisches Liebesideal", aber um aufzuweisen, daß „... eine lebendige erotische Liebe *und* eine verläßliche Dauerhaftigkeit keine Widersprüche sind, vielmehr daß beide aus dem Wesen der Geschlechterliebe heraus sogar notwendig zusammengehören", schrieb der Theologe und

---

[97] O. Bayer (Hg.), a.a.O., S. 9f.
[98] *Manfred Josuttis/Dietrich Stollberg* (Hg.), Ehe-Bruch im Pfarrhaus. Zur Seelsorge in einer alltäglichen Lebenskrise, München, 1990.
[99] M. Josuttis, a.a.O., S. 11ff., Zitat S. 17.
[100] D. Stollberg, a.a.O., S. 150ff., Zitat S. 168. Hinzuweisen ist auch auf *Wolfgang Winter*, Fremdgehen. Pastoralpsychologische Erwägungen zu einem schwierigen Phänomen, in: C. Bizer/J. Cornelius-Bundschuh/H.-M. Gutmann (Hg.), Theologisches geschenkt, S. 289ff. Auf dem Hintergrund von Erfahrungen in einer kirchlichen Eheberatungsstelle wird hier in ebenso verständnisvoller wie verantwortlicher Weise „Zu einer Kultur des Umgangs mit dem Phänomen Fremdgehens" (S. 392) aufgefordert.
[101] A. Stein, a.a.O., S. 239ff.

Transaktionsanalytiker H. Jellouschek ein Buch zu typischen emotionalen Konstellationen in der Paarbeziehung.[102]

Zum Problem der *Ehescheidung*[103] ist hinzuweisen auf ein Büchlein über Trennungserleben von D. Stollberg[104]. Den Umgang mit psychischen Problemen in der entsprechenden Situation beschreibt J. Bojanovsky[105].

Auch der Psychoanalytiker H. Petri beschäftigt sich mit der besonderen Situation und Gefühlslage des Verlassenseins und entsprechend hilfreichen Umgangsformen.[106] Ausgehend von der „Trennung als archetypischer Erfahrung" kann es erst nach den bewußt durchlittenen Phasen der Trennung und der Trauer zu Versöhnung kommen, wobei der Autor einerseits festhält: „Versöhnung ist die schwerste und reifste Leistung des Menschen im Umgang mit inneren und äußeren Konflikten"[107], andererseits herausstellt: „Die Versöhnung mit dem eigenen Selbst ist die Basis, auf der die Versöhnung mit dem andern möglich wird".[108]

Zur Frage des Verhältnisses von Ehe und sog. *„nichtehelichen Lebensgemeinschaften"* nimmt M. Wingen ebenso kundig wie engagiert Stellung.[109]

Der Band umfaßt neben einer detaillierten Beschreibung der Problemlage und Zahlenangaben auch Rechtsfragen und familienpolitische Schlußfolgerungen. Abschließend wird u.a. festgestellt: „Nach allem, was sich bisher hinsichtlich der im Inland und Ausland verstärkten Ausbreitung nichtehelicher Lebensgemeinschaften in ihren unterschiedlichen Formen auf dem Hintergrund des historischen Wandels von Ehe und Familie abschätzen läßt, handelt es sich um eine auf längere Dauer angelegte Entwicklung. Sie bedingt bemerkenswerte Modifizierungen des Prozesses der Familienbildung. Unsere pluralistische Gesellschaft führt auch zu stärker pluralen Formen des Zusammenlebens. Möglicherweise hat sie mit der massenhaften Verbreitung von nichtehelichen Lebensgemeinschaften eine

---

[102] *Hans Jellouscheck*, Die Kunst als Paar zu leben, Stuttgart, 2. Aufl. 1992, Zitat S. 15.

[103] Vgl. dazu zunächst die entsprechenden Kapitel bei H.-J. Thilo, Ehe, a.a.O., S. 259ff.; E. R. Kiesow, Seelsorge an Ehe, a.a.O., S. 352f.; R. Riess/K. Fiedler, Jahre, S. 121ff. und 564ff.

[104] *Dietrich Stollberg*, Nach der Trennung. Erwägungen für Geschiedene, Entlobte, Getrennte und – Verheiratete, München/Mainz, 1974.

[105] *Jörg Bojanovsky*, Psychische Probleme bei Geschiedenen, Stuttgart, 1983.

[106] *Horst Petri*, Verlassen und verlassen werden. Angst, Wut, Trauer und Neubeginn bei gescheiterten Beziehungen, Stuttgart, 3. Aufl. 1992.

[107] H. Petri, a.a.O., S. 163.

[108] H. Petri, a.a. O., S. 171.

[109] *Max Wingen*, Nichteheliche Lebensgemeinschaften. Formen – Motive – Folgen, Osnabrück/Zürich, 1984.

neue Phase ihrer Entwicklung erreicht."[110] „Umso wichtiger erscheinen in zukunftsorientierter Sicht auch jene Positionen und gesellschaftlich wirksame Voten, die, in der Tradition der geistigen Grundlagen unserer Kulturordnung stehend, überkommene (also sog. bürgerliche) Ehemuster nicht einfach als geniun ‚christlich' mißverstehen. Im Raum eines christlichen Lebens- und Eheverständnisses wird vielmehr – vorerst noch vereinzelt und etwas verhalten, aber auf Dauer sicherlich richtungweisend – heute schon Ehe nicht als Kopie des Modells der bürgerlichen Ehe aufgefaßt."[111]

Auch eine kirchenamtliche Stellungnahme zu dieser Lebensform liegt vor.[112] Hier gilt das grundsätzlich zum seelsorgerlichen Gebrauch von Denkschriften Gesagte (s.o. S. 384ff.) Der problembewußten Sicht und dem problemdifferenzierenden Vorgehen folgt in dieser Schrift der Schluß: „Die Ehe ist die Grundgestalt für das Zusammenleben von Mann und Frau, gegen deren Entwertung und Relativierung sich die Kirche wendet. Nichteheliche Lebensgemeinschaften sind der Ehe nicht gleichzustellen und nicht zu verrechtlichen. Die in solcher Gemeinschaft leben, behalten ihren Platz in der christlichen Gemeinde. Die Ehe als umfassende und verläßliche Lebensgemeinschaft von Mann und Frau ist Gottes Gabe und Aufgabe für uns."[113]

Im seelsorgerlichen Umgang mit diesem gegenwärtig oft leidenschaftlich diskutierten und konfliktträchtigen Komplex einer christlich so oder so zu verantwortenden Lebensgestaltung in unserer Gesellschaft sollten im konkreten Einzel- und Bedarfsfall stets die folgenden Fragestellungen eine Rolle spielen: Wie weitgehend hat die Ablehnung der förmlich geschlossenen Ehe durch ohne Trauschein zusammenlebende Paare etwas mit einer vielschichtigen _Autoritätsproblematik_ zwischen den Generationen, aber auch in der Auseinandersetzung mit Institutionen wie Kirche und Staat zu tun? (Könnte es im konkreten Fall gelingen, dem eingeschliffenen Austausch von Argumenten durch die Eröffnung neuer und bisher unvermuteter Fragestellungen einen neuen Impuls zu geben?) Und: Wie weitgehend wird die offensive Möglichkeit, von dem traditonell gelebten Ehemodell ausgehend in eine offene _Konkurrenz_ zu den Versuchen einer veränderten Form des Zusammenlebens einzutreten, von Kränkungsvorgängen konterkariert? (Wird also die zeit- und gesellschaftskritische Infragestellung überkommener Normen und Lebensweisen kürzschlüssig mit einer persönlichen Infragestellung gleichgesetzt und demensprechend in kränkender Weise als Entwertung aller bisherigen Einstellung erlebt und bekämpft?)

---

[110] M. Wingen, a.a.O., S. 109.
[111] M. Wingen, a.a.O., S. 111.
[112] Ehe und nichteheliche Lebensgemeinschaften. Positionen und Überlegungen aus der Evangelischen Kirche in Deutschland. EKD Texte 12, hg. vom Kirchenamt der Evangelischen Kirche in Deutschland – EKD – 1985.
[113] EKD-Texte 12, S. 17.

Emotional hoch besetzte Diskussionen gab und gibt es zum Thema *Homosexualität* in Kirche und Gesellschaft. Für die Seelsorge in diesem Zusammenhang wichtig ist zunächst ein Buch von H. G. Wiedemann.[114] Das zentrale Anliegen wird vom Autor in der Einleitung so formuliert: „Aufgrund jener leidenschaftlichen Diskussion, in der mir viele Anklagen und viel Leiden an der Kirche vorgelegt wurden, kam ich zu dem Schluß: ‚So kann das nicht bleiben. Deine Angst und die Angst anderer Menschen zerstören das Leben anderer Menschen.' Darum ist dieses Buch so etwas wie eine Abrechnung mit der Angst vor der Homosexualität. Ich habe sie heute überwunden und bin dadurch reicher geworden."[115] Das Buch bietet einerseits eine Auseinandersetzung mit Themen wie Aufffasungen und Definitionen von Sexualität, kirchliche Sexualmoral, Homosexualität und Bibel, Orientierungshilfe durch evangelische Ethik etc. Es bietet andererseits Interviews mit Experten, Selbstaussagen Betroffener, aber auch praktische Hinweise auf (Selbsthilfe-)Gruppen und Beratungsstellen.

Ergänzt wird dieses Standardwerk durch den nach wie vor aktuellen Sammelband über Homosexualität im Pfarramt.[116] Zusammengestellt werden in diesem Buch Gutachten und Stellungnahmen, die einerseits grundsätzliche Aussagen beinhalten, andererseits in einer breit angelegten „Dokumentation" die Erregung und die Reflexionen widerspiegeln, die der „Fall" eines homosexuellen Pfarrers in einer Landeskirche ausgelöst hat. Die gesamte Veröffentlichung versteht sich als ein „Plädoyer für eine Christianisierung der Kirche im Umgang mit den Homosexuellen", wie ein Beitrag aus diesem Sammelband überschrieben ist.[117] Dessen homosexueller Autor möchte sicher gleichzeitig die offenbar unausweichliche Verhärtung der Fronten demonstrieren, wenn er zum Thema „Seelsorge an Homosexuellen" u.a. ausführt: „Ich denke, der Kirche steht eher eine Phase der Selbstbesinnung an, bevor sie sich berufen glauben kann, uns seelsorgerlich zu begegnen."[118]

Die „Gegenstimme" wird in der Schrift eines Landesbischofs vertreten.[119] Nach sorgfältiger Reflexion der Diskussionslage und der einander

---

[114] *Hans Georg Wiedemann*, Homosexuelle Liebe. Für eine Neuorientierung in der christlichen Ethik, Stuttgart, 1982, 3. Aufl. 1991.
[115] H. G. Wiedemann, a.a.O., S. 9.
[116] *Helmut Kentler* (Hg.), Die Menschlichkeit der Sexualität. Berichte – Analysen – Kommentare ausgelöst durch die Frage: Wie homosexuell dürfen Pfarrer sein?, München, 1983.
[117] Vgl. den Titel des Beitrags von *Rolf Pingel*, a.a.O., S. 194ff.
[118] R. Pingel, a.a.O., S. 223.
[119] *Horst Hirschler*, Homosexualität und Pfarrerberuf, Vorlagen – Heft 28/29, Hannover, 1985.

entgegengesetzten Argumentationstypen im kirchlichen Raum wird die unaufgelöste Ambivalenz dem Phänomen „Homosexualität" gegenüber dann wie folgt zum Ausdruck gebracht: (Zur Homosexualität als solcher heißt es:) „Es ist eine in einer wichtigen Hinsicht – Beziehung zum andersgeschlechtlichen Partner und Weitergabe des Lebens – eingeschränkte Lebensmöglichkeit. Sie ist ein Schicksal, das ein Christ im Glauben zu verarbeiten versuchen wird. Dies Schicksal stellt ihn weder unter noch über den heterosexuell geprägten Christen. Ich mute also dem homosexuell empfindenden Christen zu, daß er uns als Landeskirche dieses etwas paradox anmutende Nebeneinander abnimmt: In homosexueller Partnerschaft lebende Pastoren sind wegen der orientierenden Wirkung bei uns nicht möglich. Auch vom homosexuellen Mitchristen dürfte in dem Sinne keine orientierende Wirkung ausgehen, daß bisexuell geprägte Mitchristen ermutigt würden, eine latente homosexuelle Anlage zu aktivieren. Aber gleichzeitig, meine ich, müßte die christliche Gemeinde es umsichtig akzeptieren können, daß ein homosexueller Mitmensch, der eine Langzeitbindung einzugehen versucht, für sich das kleinere Übel wählt und daß das ein Grund zur Freude ist ... Ist solch ein freundlicher, akzeptierender, durchaus unterscheidender, aber nicht abwertender Umgang noch möglich in einer Kirche, die das Pfarrersein dem versagt, der mit einem homosexuellen Partner leben will? Ich weiß, es sieht etwas nach der Quadratur des Kreises aus. Aber ich sehe keinen anderen Weg."[120]

Katholischerseits nimmt sich u.a. der Pastoralpsychologe W. Müller des Themas Homosexualität bei Abzielung auf einen seelsorgerlichen Umgang mit dieser (Er-)Lebensform an.[121] Nach einem Abschnitt über „Ergebnisse und Auswertung der wissenschaftlichen Homosexualitätsforschung"[122] bemüht sich der Autor nicht nur um „Theologische Grundlagen und pastoraltheologische und -psychologische Perspektiven für die pastorale Praxis mit homosexuellen Menschen".[123] Er behandelt auch „Spezielle Bereiche der Seelsorge und Beratung für homosexuelle Menschen"[124] mit besonderer Berücksichtigung der Situation homosexueller Priester, Ordensmitglieder usw.

In den „Schlußgedanken" heißt es dann: „Wer bereit ist, sich der Seelsorge für homosexuelle Männer und Frauen zu öffnen, muß damit rechnen, daß er sich selbst zum Feind hat. Wer wirkungsvoll in der Seelsorge für

---

[120] H. Hirschler, a.a.O., S. 39.
[121] *Wunibald Müller*, Homosexualität – eine Herausforderung für Theologie und Seelsorge, Mainz, 1986.
[122] W. Müller, a.a.O., S. 19ff.
[123] W. Müller, a.a.O., S. 60ff.
[124] W. Müller, a.a.O., S. 129ff.

homosexuelle Männer und Frauen arbeiten will, muß sich selbst kennen. Er darf sich Fragen, deren Beantwortung zunächst unangenehm sein könnte, nicht entziehen. Was empfindet er gegenüber der Homosexualität und homosexuellen Männern und Frauen? Sind es negative Gefühle? Was steckt dahinter? Ist es zum Beispiel Angst, verführt zu werden? Glaubt er, daß eigene homossexuelle Gefühle, die er ahnt, bisher aber unterdrückte, plötzlich aufbrechen würden? Wie kann er seine möglicherweise wahrgenommenen homosexuellen Gefühle positiv für seine Arbeit nutzen, wo können sie ihn in Konflikte bringen? Das sind nur einige mögliche Fragen, denen er sich stellen muß, will er verhindern, daß bei ihm unbewußte Kräfte im Fahrersitz Platz nehmen und ihn steuern, statt daß er im Bewußtsein seiner Gefühle offen und ehrlich, mag das zunächst auch höchst unangenehm, belastend und mit großen Schwierigkeiten verbunden sein, seinen Dienst an homosexuellen Menschen wahrnimmt."[125]

Mit einer Veröffenlichung von 1996 liegt eine neue kirchenamtliche Verlautbarung zum Thema Homosexualität vor.[126] In diesem ungewöhnlich problemoffenen und innovativ ausgerichteten Text wird zunächst auf die breitgefächerte Diskussion um das nach wie vor gesellschaftlich, kirchlich und wissenschaftlich umstrittene Phänomen „Homosexualität" eingegangen. Dabei gilt für die kirchliche Stellungnahme bei aller Offenheit gegenüber modernen Sichtweisen grundsätzlich: „Ausschlaggebendes Kriterium ist nach reformatorischem Verständnis das biblische Zeugnis, zu dem Aussagen über den Menschen, über seine Sexualität und über homosexuelle Praxis gehören."[127] Dieses Kriterium ist freilich hermeneutisch genau zu reflektieren, um einer drohenden Kurzschlüssigkeit zu wehren.

Behandelt werden in dieser Schrift daraufhin „Formen des Zusammenlebens in Schrift, Bekenntnis und gegenwärtiger Lehre" sowie die Stellung homosexueller Menschen in Kirche und kirchlichem Amt. Bemerkenswert ist hierbei der flexible und praxisbezogene Umgang mit der alten und nach wie vor offenen Frage nach einer unveränderbaren oder korrigierbaren Prägung durch Homosexualität.[128]

Einen Kompromiß stellt die Beantwortung der aktuellen Frage nach Homosexualität im Pfarramt in der gegebenen Situation dar: „In einer solchen Situation ist es *nicht* vertretbar, das Pfarramt generell für homosexuell lebende Menschen zu öffnen. Wohl aber kann verantwortet werden,

---

[125] W. Müller, a.a.O., S. 221.
[126] *Mit Spannungen leben.* Eine Orientierungshilfe des Rates der Evangelischen Kirche in Deutschland zum Thema „Homosexualität und Kirche". EKD-Texte 57, hg. vom Kirchenamt der EKD, Hannover, 1996.
[127] A.a.O., S. 13.
[128] A.a.O., S. 37ff.

dies nach gründlicher Prüfung in *Einzelfällen* zu tun, nämlich dort, wo die homosexuelle Lebensweise ethisch verantwortlich gestaltet wird und die folgenden Kriterien erfüllt sind."[129] Diese besonderen Kriterien (z.B. Vereinbarkeit mit Intimität und Taktgefühl, mit Bekenntnis und Lehre usw.) werden dann im einzelnen aufgelistet.

Besonders heftige Diskussionen dürfte der abschließende Teil über die „Segnung homosexueller Menschen" auslösen. Zur Auseinandersetzung steht dabei an, ob „Segen als Aufwertung der gleichgeschlechtlichen Partnerschaft"[130] wirksam wird, oder ob dabei „... der Leitbildcharakter von Ehe und Familie undeutlich wird, möglicherweise sogar verloren geht ..."[131]. Vorgeschlagen wird eine Segnung unter bestimmten Bedingungen: „In jedem Fall muß für alle Beteiligten erkennbar sein: Gesegnet wird nicht die gleichgeschlechtliche Lebensgemeinschaft als Form des Zusammenlebens, sondern gesegnet werden Menschen, und zwar in diesem Falle homosexuell geprägte Menschen, die allein oder in einer gleichgeschlechtlichen Lebensgemeinschaft ethisch verantwortlich leben."[132]

In der mit Sicherheit weiter andauernden Auseinandersetzung mit dem Konfliktpotential „Homosexualität und Kirche" sollte sich ein bemüht *seelsorgerlicher* Umgang mit diesem besonderen Feld partnerschaftlichen und zwischenmenschlichen Erlebens von den folgenden Überlegungen leiten lassen:

Die ständig (bei kaum verändertem Erkenntnisstand) neu ventilierte Frage nach *Herkunft* und *wissenschaftlicher Erfassung* der homosexuellen Prägung liefert ganz offensichtlich keinen konfliktlösenden Beitrag für konkrete Problemlagen. Sie immer wieder in der *poimenischen* Diskussion aufzuwerfen, entspricht deshalb in aller Regel einer Fluchtbewegung.

Dasselbe gilt für einen sich ständig wiederholenden Rückgriff auf biblische Aussagen zu Homosexualität, der dann eine wirklich „christliche" und damit für Christen verbindliche Grundannahme vermitteln soll. Eben dieser Rückgriff verfestigt immer dann die bestehenden Positionen in der (dann praktisch unauflösbar affektiv gesteuerten) Auseinandersetzung, wenn er nicht gezielt um die hermeneutische Fragestellung um den rechten Schriftgebrauch erweitert wird!

Dagegen sollte im seelsorgerlichen Umgang mit Problemen in der Folge von Homosexualität vor allem die *Angstbearbeitung* in den Vordergrund treten: Angst des Seelsorgers/der Seelsorgerin vor verdeckter Eigenproblematik, Angst vor gesellschaftlicher und kirchlicher Diskriminierung, Angst

---

[129] A.a.O., S. 43.
[130] A.a.O., S. 49f.
[131] A.a.O., S. 53.
[132] A.a.O., S. 54.

vor scheinbar „typischer" homosexueller Beziehungsproblematik, Angst vor unabgegrenzter Verbreitung von „Andersartigkeit" und damit verbunden Angst vor „Verfall" der Gesellschaft, vernichtende Angst vor *Aids*. Die rechte seelsorgerliche Umgangsform mit solchen und ähnlichen Ängsten zu finden, ist deshalb ein so schwieriges und psychisch aufwendiges Unterfangen, weil all diese ängstigenden Befindlichkeiten mehr oder weniger direkt die Identitätsfrage (Wer bin ich „im Grunde" als Mann, als Frau?) berühren. Dann aber ist bei (In-)Fragestellungen mit entsprechend intensiven Kränkungsvorgängen und deren Abwehr durch Ideologiebildung zu rechnen und auf diese einzugehen.

Es wird *drittens* christliches Verhalten auf die Belange der *Familie* und der *Familiengestaltung* ausgerichtet und in dieser speziellen Ausrichtung humanwissenschaftlich verknüpft. Eine zeitgemäße Seelsorge wird sich hier zum einen der Aufgabe widmen, die vom einzelnen erlebte Herkunftsfamilie mit den von ihr ausgehenden positiven und negativen Prägungen einer persönlichkeitsbezogenen Bearbeitung zugänglich zu machen, so daß auch die hier angesiedelten Ambivalenzgefühle verstehbar werden und das von ihnen abhängige Agieren eingeschränkt wird. Sie wird sich zum anderen der Aufgabe widmen, ein so oder so geplantes, bestehendes, sich weiterentwickelndes Familienleben in seiner spezifischen Rollenverteilung als gleichberechtigtes Zusammenspiel aller Beteiligten zu verdeutlichen. Sie wird sich bei alledem der Aufgabe widmen, in einem recht verstandenen Sinne Emanzipation in der Familie und durch die Familie verwirklichen zu helfen und so das Streben nach Eigenständigkeit und innerer Unabhängigkeit aller Familienglieder aufgreifen und verstärken.

Als ebenso informativ wie lesenswert erweist sich eine über Jahrzehnte zurückliegende Untersuchung zur Veränderung im familiären Denken und Handeln von H. Begemann[133] Im Vorwort heißt es hier programmatisch und mit deutlichem Bezug auf auch noch gegenwärtig aktuelle Fragestellungen: „Das Ziel der Untersuchung ist, die partnerschaftliche Familie, welche die patriarchalische abgelöst hat, ihre Autoritäts- und Gemeinschaftsverhältnisse, theologisch zu begründen, wobei die Bemühung um eine evangelische Lehre von der Gruppe und der Institution das geheime Unterthema bildet."

Als ein klassisches Orientierungsbuch hat sich ebenfalls die Monographie des Psychoanalytikers H.-E. Richter erwiesen.[134] Besonders beachtenswert

---

[133] *Helmut Begemann*, Strukturwandel der Familie. Eine sozialtheologische Untersuchung über den Strukturwandel von der patriarchalischen zur partnerschaftlichen Familie, Hamburg, 1960.
[134] *Horst-Eberhard Richter*, Patient Familie. Entstehung, Struktur und Therapie von Konflikten in Ehe und Familie, Reinbek, 1970.

ist die Herausarbeitung von „Typen der Charakterneurosen"[135] mit der Beschreibung der angstneurotischen, der paranoiden und der hysterischen Familienstruktur. Einmal gilt auch hier das (s.o. S. 25ff.) grundsätzlich über Typisierungen Gesagte. Zum anderen ist davon auszugehen, daß neurotische Zuspitzungen durchaus ihre milderen Ausprägungen im allgemeinen und üblichen Familienleben haben.

Ebenso nach wie vor informativ und zu Einzelproblemen als einführend heranzuziehen ist das bereits erwähnte Handbuch mit deutlich innovativen Tendenzen im Bereich moderner familiärer Lebensgestaltung[136] mit Stichworten wie Alter, Angst, Anpassung bis hin zu Vormundschaft, Wehrdienst, Wohnberatung.

Hinsichtlich des sog. systemischen Ansatzes in der Auseinandersetzung mit Familienstruktur und -problematik (behandelt wird nicht mehr nur eine Einzelperson, sondern das ganze Beziehungsnetz, in das dieses Individuum eingebettet ist!) sind als hinführende Literatur die Bücher von H. Stierlin und V. Satir zu nennen.[137] Als Motto dieses spezifischen Ansatzes, der auch für die praktische Seelsorge zunehmend an Bedeutung gewinnt, kann gelten: *„Alle Bestandteile, die in einer Familie Geltung haben, sind veränderbar und korrigierbar* – der Selbstwert des Individuums, die Kommunikation, das System und die Regeln –, und zwar zu jeder Zeit."[138]

Um Emanzipation im Rahmen der Familie geht es in einer der EKD-Veröffentlichungen.[139] Zur Einführung in die vielschichtig erarbeitete Studie, die sich unter theologischen und gesellschaftlichen Aspekten zur Situation der Frau, aber auch des Mannes und der Familie äußert, heißt es unter der Überschrift „Merkmale des Wandels": „Emanzipation ist in christlichem Sinne eine Befreiung von sich selbst und von den ‚fremden Göttern' unserer Zeit zu sich selbst, zu Gott und dem Nächsten. Der Begriff ist nach allgemeinem Verständnis zunächst überwiegend politisch und pädagogisch geprägt. Dennoch ist er in diesem Zusammenhang nicht vermeidbar; er kann aber interpretiert werden und ist dann für eine kirchliche Stellungnahme brauchbar. Das Schwergewicht liegt hierbei in der im christlichen Glauben begründeten ganzheitlichen Sicht der Frauen- und Männerfrage und umfaßt das Glauben und das Handeln, das Bewußtsein und die Gestaltungen der Lebensformen und Ordnungen."[140]

---

[135] H.-E. Richter, a.a.O., S. 73ff.

[136] S. Keil (Hg.), Familien- und Lebensberatung.

[137] *Helm Stierlin*, Von der Psychoanalyse zur Familientherapie, Stuttgart, 1975, 2. Aufl. 1980, sowie *Virginia Satir*, Selbstwert und Kommunikation. Familientherapie für Berater und zur Selbsthilfe, München, 1975.

[138] V. Satir, a.a.O., S. 9.

[139] Die Frau in Familie, Kirche und Gesellschaft, vorgelegt von einem Ausschuß der Evangelischen Kirche in Deutschland, Gütersloh, 1979, 2. Aufl. 1980.

[140] A.a.O., S. 10; im Anhang S. 176ff. (Lit.!).

Ein Sammelband, von K. Schneider herausgegeben, bietet einen guten Überblick über die verschiedenen theoretischen Positionen und Behandlungskonzepte der Familientherapie, eine Liste der Standardwerke und ein Glossar familientherapeutischer Begriffe.[141]

Einen Einblick in die institutionalisierte kirchliche Familienberatung gibt ein Themaheft der WzM.[142] Hervorzuheben ist hier besonders der Aufsatz von I. Roessler und B. Schneider.[143]

In Ergänzung zu ausgewogen argumentierenden und auch auf die besonderen Aufgaben der Kirche ausgerichteten Studien ist das eher kämpferische Buch von E. R. Greenglass[144] und hier besonders das Kapitel „Familie und Geschlechterrolle"[145] zu lesen. In ihren „Schlußfolgerungen" tritt die Autorin vehement für fällige Veränderungen und Entwicklung neuer sozialer und politischer Handlungsweisen ein, denn: „Die auf dem konventionellen, geschlechtsspezifischen Rollenteilungssystem basierende und von der traditionellen Familie propagierte Sozialisation vermag Mann und Frau nicht adäquat auf neue Familienstrukturen vorzubereiten, Strukturen, in denen sie sich später vielleicht wiederfinden."[146]

Die Darstellung der Entwicklung kirchlicher Leitbilder und evangelischen Engagements bei der Gestaltung der Sozialisationsbedingungen findet sich in einem Aufsatzband von S. Keil.[147] Besonders informativ ist hier die Abhandlung „Leitbilder und Formen kirchlichen Familienengagements".[148] In ihr werden die sehr unterschiedlichen familienpolitischen Positionen der katholischen und der evangelischen Kirche voneinander abgehoben.

Eine Verlautbarung in knappster Form stellt die gegenwärtige Position der evangelischen Kirche dar. Sie will als „Beitrag zum Dialog" verstanden werden.[149]

---

[141] *Kristina Schneider* (Hg.), Familientherapie in der Sicht psychotherapeutischer Schulen, Paderborn, 1983, 2. Aufl. 1985.
[142] SzM (36) 1986, H. 4, S. 179ff.
[143] *Ingeborg Roessler/Barbara Schneider*, Familientherapie – ein Arbeitsfeld der Beratungsstellen, a.a.O., S. 221ff.
[144] *Esther R. Greenglass*, Geschlechterrolle als Schicksal. Soziale und psychologische Aspekte weiblichen und männlichen Rollenverhaltens, Stuttgart, 1986.
[145] E. R. Greenglass, a.a.O., S. 145ff.
[146] E. R. Greenglass, a.a.O., S. 184.
[147] *Siegfried Keil*, Lebensphasen, Lebensformen, Lebensmöglichkeiten. Sozialethische Überlegungen zu den Sozialisationsbedingungen in Familie, Kirche und Gesellschaft, Bochum, 1992.
[148] S. Keil, a.a.O., S. 30ff.
[149] Ehe und Familie 1994. Ein Wort des Rates der Evangelischen Kirche in Deutschland aus Anlaß des Internationalen Jahres der Familie 1994. EKD-Texte 50, hg. vom Kirchenamt der Evangelischen Kirche in Deutschland, Hannover, 1994.

Hinzuweisen ist schließlich auf ein aus dem Amerikanischen übersetztes Buch von J. Patton und B. H. Childs über eine bewußt christliche Seelsorge im Bereich von Ehe und Familie unter modernen Bedingungen.[150] Es steht unter dem Motto: „Wir hoffen, daß dieses Buch nicht nur die Liebe zwischen den Generationen fördert, sondern daß es auch auf seine Weise etwas zu dem sagt, was es heißt, als Christ Mensch zu sein."[151] Aufgegriffen werden alle gängigen Fragestellungen des familiären Zusammenlebens (wie Ehevorbereitung, Ehe, Familie, Scheidung, Zweitfamilie) und „im Beziehungsfeld der Generationen" reflektiert. Durchgehend wird dabei „Das Miteinander der Generationen als Aufgabe der beratenden Seelsorge" herausgestellt. Die Zielvorstellung ist bei aller modernen pastoraltheologischer Methode (z.B. Analysen wörtlicher Gesprächsszenen) eher konservativ christlich: „Wir wollen ein normatives Bild vom Menschen als einem liebevollen, in Generationen eingebundenen Geschöpf entwerfen ... Wir formulieren eine Definition von ‚Familie', die für alle Menschen mit christlicher Überzeugung verbindlich sein kann."[152]

Weiterhin ist in diesem Zusammenhang das Folgende zu beachten: Auf dem Hintergrund des gesellschaftlichen Strukturwandels der Familie wird die Frage nach der *Eigenständigkeit* dort besonders brennend, wo es um die Lebensgestaltung allenstehender Menschen geht. Nimmt doch deren Zahl in unserer Gesellschaft ständig zu!

Als Einführung in die Problematik, aber auch als praktischer Ratgeber kann ein Buch der Psychotherapeutin E. Jaeggi dienen.[153] Die Verfasserin geht u.a.[154] der von der modernen Lebens- (und Gewissens!-)Prägung her besonders interessanten Frage nach „Wie narzißtisch sind die Singles? Oder: Die neue Autonomie". Und sie zieht das „Fazit: Singles haben bessere Chancen, erwachsen zu werden".[155] Denn: „Da Singles nicht mehr den überkommenen Normen einer relativ ‚unanstößigen' Lebensform, der Ehe, folgen, ist ihre persönliche Gestaltungskraft in besonderem Maße gefragt. Was als allgemeine gesellschaftliche Norm vage bleiben muß – die Forderung, einer möge autonom und in seiner Eigenständigkeit ganz individuell leben –, das wird nun dem einzelnen Single als Forderung persönlich aufgebürdet. Er muß in mühevoller täglicher Kleinarbeit zu erringen versuchen,

---

[150] *John Patton/Brian H. Childs*, Generationsübergreifende Ehe- und Familienseelsorge, Göttingen, 1995.
[151] J. Patton/B. H. Childs, a.a.O., S. 15.
[152] J. Patton/B. H. Childs, a.a.O., S. 40.
[153] *Eva Jaeggi*, Ich sag' mir selber Guten Morgen. Single – eine moderne Lebensform, München/Zürich, 1992, Neuausgabe – und bisher 5. Auflage – 1994.
[154] E. Jaeggi, a.a.O., S. 21ff.
[155] E. Jaeggi, a.a.O., S. 257ff.

was ihm ein gesellschaftliches Schicksal zugemutet hat: alleine zu leben und dabei seine kreativen Kräfte zu entfalten."[156]

Die bisher gründlichste Auseinandersetzung mit dem Thema unter theologisch-poimenischem Vorzeichen liegt mit einer Monographie von I. Liebau vor.[157] Die drei Teile dieses Buches behandeln „Probleme Alleinstehender" (aufgefächert als Verlustprobleme, emotionale Probleme sowie Identitätsprobleme), „Chancen Alleinstehender (deren Entwicklungsmöglichkeit sowie mögliche Gefühlsentfaltung und Identitätsfindung) und die „Seelsorgerliche Begleitung Alleinstehender" (mit theologischen Reflexionen, Berichten über Praxismodelle und der Dokumentation einer Fragebogenuntersuchung). In diesem Rahmen heißt es etwa zur Identitätsproblematik: „Besonders wegen der starken gesellschaftlichen Orientierung an Beziehung, Ehe und Familie ist es für die ledigen Alleinstehenden schwer, eine Identität als Alleinstehende zu entwickeln. Sie befinden sich häufig – tatsächlich oder gedanklich – auf der Suche nach einer Partnerschaft und sträuben sich dagegen, sich zunächst als einzelne, alleinstehende Menschen zu begreifen.[158] Dann aber wird auch gesagt: „Die Partnerlosigkeit stellt den Menschen verstärkt auf sich selbst. Er kann sich nicht über die Beziehung zu einem Partner/einer Partnerin definieren und wird deshalb mehr mit seinem Alleinsein konfrontiert, seinem Sein als einzelner, der immer auch ein bezogenes Wesen ist. Es geht also in besonderer Weise um seine Individualität, um die Beziehung zu sich selbst. Damit fördert die Partnerlosigkeit die Chance zur Selbsterkenntnis und *Identitätsfindung* überhaupt."[159]

Zum Thema „Alleinsein und Glaube" wird u.a. ausgeführt: „*Glaube* kann zum einen eine Erfahrung von Vereinzelung, Verlassenheit und Beziehungslosigkeit bewirken, weil er einen Individualisierungsprozeß in Gang setzt, der auch diese negativen Konsequenzen einschließt. Und Glaube kann zum anderen auf Einssein, Identität und All-eins-sein hinzielen, weil der Mensch als einzelner vor Gott tritt und die Individualisierung auch die positive Auswirkung hat, zur eigenen wesensmäßigen Bestimmung des All-eins-seins zurückzukehren."[160] Im Rahmen einer den alleinstehenden Menschen in den verschiedenen Schritten seiner inneren Entwicklung auf der Basis des Rechtfertigungsglaubens wahrnehmender und annehmend begleitender Seelsorge kann dann gesagt werden: „Eine adäquate Wahrnehmungseinstellung des/der Seelsorger/in gegenüber Alleinstehenden kann nur eine

---

[156] E. Jaeggi, a.a.O., S. 259.
[157] *Irmhild Liebau*, Alleinstehende. Probleme – Chancen – Seelsorgerliche Begleitung, Göttingen, 1994.
[158] I. Liebau, a.a.O., S. 94.
[159] I. Liebau, a.a.O., S. 157.
[160] I. Liebau, a.a.O., S. 185.

solche sein, die *vorbehaltlos offen* ist für das, was Alleinstehende erleben, die den Alleinstand *vorurteilsfrei* betrachtet, ihn in seinen besonderen Schwierigkeiten, aber auch Möglichkeiten erkennt und nicht abwertet oder gar ablehnt."[161]

Als Aufgabe einer Seelsorge im Bereich der Familiengestaltung, die sich bewußt auch auf Alleinstehende bezieht, läßt sich damit zusammenfassend formulieren: Immer weitergehend muß es um das Bestreben gehen, eine *Emanzipation* des einzelnen in der Familie und durch die Familie zu ermöglichen und zu fördern. Dabei gilt:

1) Die Unsicherheiten und Probleme um die Emanzipation in der Familie sind meist Folgen einer Reihe nicht bewältigter Ambivalenzkonflikte. Diese sind als solche wahrzunehmen und in ihrer problembewußten Aufhebung zu unterstützen.

2) Zur Selbstfindung braucht der Mensch die Gruppe. Unser gegenwärtiges Familienleben ist immer wieder daraufhin zu befragen, ob es sich als ein optimales Gruppenerleben erweist. Jedenfalls ist es darauf als auf eine wichtige Zielvorstellung auszurichten.

3) Um für den einzelnen die Chancen zu erhöhen, seine Emanzipation mehr und mehr zu verwirklichen, ist eine noch weitergehend geöffnete Familie mit variablen Außenbezügen und flexibler Rollenverteilung anzustreben. Zu dieser Öffnung gehört auch die Akzeptanz und Zuordnung von Daseinsformen, wie sie die sog. Alleinstehenden entwickeln und zunehmend mit einer spezifischen Lebensqualität besetzen.

c) Auch die in diesem Abschnitt genannten Aufgaben lassen sich in einer Überlegung zur *Zielsetzung* einer Seelsorge bei Partnerschafts- und Familienproblemen zusammenfassen:

Die Frage nach den Umgangsformen und Beziehungsmodalitäten der Partner und der Familienglieder untereinander ist stets zugleich die Frage nach einer recht verstandenen *Toleranz*. Daß auch in diesem Lebensbereich christliches Verhalten mit tolerantem Verhalten verbunden wird, ist sicher dann einsichtig zu machen, wenn als höchst problematische Alternative eine die Beziehungsstrukturen verfestigende Ideologiebildung angenommen werden muß. Toleranz als Duldsamkeit und als Anerkennung der jeweils anderen Verhaltensstruktur und Verhaltensweise im religiös-weltanschaulichen wie im zwischenmenschlichen Erleben wird heute meist im politischen Raum gefordert.[162]

---

[161] I. Liebau, a.a.O., S. 248.
[162] So bei *Trutz Rendtorff*, Ethik. Grundelemente, Methodologie und Konkretionen einer ethischen Theologie. Bd. 2, Stuttgart/Berlin/Köln/Mainz, 1981, S. 92ff., wo es u.a. über Toleranz heißt: „... als ethischer Anspruchsgehalt ist sie nicht nur Sache der Gesinnung, sie ist in der Struktur demokratischer Entscheidungspro-

Was für das Gemeinwesen im ganzen gilt, muß sehr sicher „vor Ort" im Kreis der nahen Beziehungspersonen erfahren und eingeübt werden, wenn es denn um gelebte Emanzipation, gelebte Individualität, gelebte Selbstbestimmung, dann aber auch um gelebten Christenglauben unter Partnern und in der Familie gehen soll. Dabei kommt es ethisch wie poimenisch gesehen besonders darauf an, „... bereits in der theoretischen Begründung der Toleranz die faktische Neigung zur Unduldsamkeit als das zu erkennen, was sie so dringlich macht."[163] Hier im Partnerschafts- und Familienbereich kann die Einübung von Toleranz durch den unausweichlichen Umgang besonders eng aufeinander bezogener Individuen konkret gemacht und zu einem Punkt der Anknüpfung und Vertiefung werden:

Seelsorgliches Handeln wird hierbei zum einen darauf ausgerichtet sein, ein *einfühlendes Verstehen* unter Partnern und nahen Beziehungspersonen auch dort zu fördern oder neu zu eröffnen, wo diese sich in der Folge eines langen Zusammenlebens „ganz und gar" zu kennen glauben. Hierbei bisher unentdeckte Erlebenskomponenten (bis hin zu unausgesprochenen Glaubenseinstellungen) sich gegenseitig zugängig zu machen, ist immer neu gefordert.[164] Das Wagnis, einander immer noch besser kennenzulernen zu wollen, aber auch zu müssen, ist gleichzeitig immer auch eine Folge erweiterter Toleranz!

Seelsorgliches Handeln in diesem Lebensbereich wird zum anderen darauf ausgerichtet sein, die *Rücknahme von Projektionen* zu unterstützen, die zwischen Mann und Frau oder zwischen Eltern und Kindern eine ideologisierende Rolle spielen.[165] Hier gilt es einzuüben, den anderen nicht

---

zesse selbst namhaft zu machen. Für die Demokratie gilt eine verbindliche Toleranzforderung." (S. 92) Von diesem Ausgangspunkt her ist dann nicht nur festzuhalten: „Für diese Toleranzbreite ist die Anerkennung der Glaubensfreiheit das sowohl historisch wie systematisch wichtigste Exempel. In Glaubensfragen kann es keine Mehrheitsentscheidung geben." (S. 93)
Es muß unter seelsorglichem Vorzeichen auch gefolgert werden, daß es im partnerschaftlichen und familiären Bereich von der unmittelbaren Bezugsgruppe abweichendes Glaubenserleben so angstfrei wie möglich zu tolerieren gilt.

[163] D. Lange, Ethik, S. 492.

[164] Im Hinblick auf diesen Verstehensakt wird empfohlen *Hanko Bommert*, Grundlagen der Gesprächspsychotherapie, Stuttgart/Berlin/Köln/Mainz, 3. Aufl., 1982. Unter dem analogen Stichwort „Einfühlendes Verstehen" heißt es da: „Einfühlendes Verstehen bedeutet, den inneren Bezugsrahmen eines Individuums mit den emotionalen Komponenten und den dazugehörenden Bedeutungen so genau wahrzunehmen, als ob man das andere Individuum selbst wäre, ohne jedoch jemals diese ‚Als-ob-Qualität' zu verlieren." (S. 23)

[165] Die Projektionsmechanismen zwischen Mann und Frau sind in besonders eindrücklicher Weise in der sog. Komplexen Psychologie C.G. Jungs beschrieben und werden hier unter der Bezeichnung Animus- und Animaproblematik abge-

auf Grund eigener (früherer oder sogar frühkindlicher) Vorerfahrungen mit nahen Beziehungspersonen so zu sehen, wie er zu sein hat oder zu sein scheint. Vielmehr gilt es, ihn so wahrzunehmen, wie er „anders", aber wirklich ist und in diesem (oft ent-täuschenden!) Anderssein anerkannt und toleriert werden will.

Das bedeutet sicher nicht, alles ganz andere Verhalten problemvermeidend und konfliktaussparend dulden zu müssen! Im Rahmen eines christlichen Verhaltens Anderssein nicht nur zu erkennen, sondern auch zu akzeptieren, schließt den eigenen (Glaubens-)Standpunkt gerade nicht aus! Auch hier gilt, was Dietz Lange schreibt: „In jedem Fall aber schließt Toleranz – bei allem Bewußtsein der eigenen Fehlbarkeit – die feste Überzeugung nicht aus, sondern ein, und bedeutet deshalb kein indifferentes Gewährenlassen, sondern verändert die Art der Austragung von Konflikten durch die subjektive Spannung zwischen dem Willen zu überzeugen und der Bereitschaft zur Selbstkritik."[166]

---

handelt. Vgl. z.B. *Carl Gustav Jung*, Die Beziehung zwischen dem Ich und dem Unbewußten, Zürich, 1950, S. 117ff.

Jung schreibt weiter in einem Brief: „Was Sie mir erzählen, ist eine typische Geschichte; sie handelt von dem, was ich als Projektion der Anima auf eine Frau oder des Animus auf einen Mann bezeichne. Die Anima ist das Seelenbild des Mannes, in Träumen oder Phantasien durch eine weibliche Figur dargestellt. Die Anima symbolisiert die Beziehungsfunktion. Der Animus ist das Bild der geistigen Kräfte einer Frau, in einer männlichen Figur symbolisiert. Sind Mann oder Frau dieser inneren Kräfte (sic!) nicht bewußt, dann erscheinen sie in der Projektion." (*Carl Gustav Jung*, Briefe III. 1956–1961, Olten/Freiburg i.Br., 1973, S. 139). Man muß Jungs Auffassung von dem, was typische weiblich oder typisch männlich ist, nicht im ganzen übernehmen und kann doch mit Gewinn die Grundstruktur der hier geschilderten Psychodynamik seelsorgerlich zu nutzen versuchen.

Zu den Projektionsmechanismen im familiären Bereich vgl. *Horst-Eberhard Richter*, Eltern, Kind und Neurose, Reinbek, 1969.

[166] D. Lange, a.a.O., S. 493.

In der umfangreichen Untersuchung *Jürgen Blattner,* Toleranz als Strukturprinzip. Ethische und psychologische Studien zu einer christlichen Kultur der Beziehung, Freiburg/Basel/Wien, 1985, werden der Beziehungsaspekt und damit zugleich der ethische Bezug besonders herausgearbeitet. Schon in der Einführung heißt es, Toleranz sei „... Aufbruch in die positive *Beziehung*. Toleranz ist uns kein Vollzug des distanzierten Schweigens oder der Billigung aus dem Abstand heraus. Was wir erschließen wollen, ist jene Bedeutung ihres Muts, in der sie der Tragkraft der Beziehung unbedingt vertraut. Toleranz, wie wir sie anzielen, ist die Tugend der Beziehung, die es wagt, der Andersartigkeit des Lebens mit treuester Nähe zu antworten." (S. 27)

Die entsprechende Einstellung wird dann allerdings mit einer sie zuerst freisetzenden Aufgabe verknüpft, die gerade im hier gegebenen Kontext der (ehelichen und familiären Partnerschaft) eine besondere Bedeutung gewinnt: „Tole-

Daß der gezielte Umgang mit Projektionen ebenso wie die in diesem Kontext angestrebte tolerante Einstellung neben den zwischenmenschlichen Beziehungen und einem dementsprechenden Menschenbild auch die individuelle Gottesbeziehung bzw. das individuelle Gottesbild betreffen, hat schon sehr früh der Praktische Theologe Otto Haendler betont.[167]

Seelsorgerliches Handeln wird sich desweiteren auf die Erweiterung der Fähigkeit ausrichten, auch im Partnerschafts- und Familienbereich *verschiedene Gewissensstrukturen* tolerieren zu können. Allgemein gesehen gilt hier der Satz: „Wirkliche Toleranz bleibt ... nur erhalten, wenn die unterschiedlichen Gewissensforderungen zur gemeinsamen Suche nach einem verbindenden Einverständnis führen."[168] Nehmen wir auch in diesem Zusammenhang ein Nebeneinander und Miteinander von einem „erschrockenen" und einem „gekränkten" Gewissen (s.o. S. 282ff.) an, so ergibt sich daraus allerdings zusätzlich eine spezielle Aufgabe: Es muß in den Blick geraten und im Blick bleiben, das partnerschaftliche und familiäre Zusammenleben nicht nur kritisch zu überprüfen, ob und wie weitgehend einzelne Moralvorstellungen und normative Bindungen des einen auch „unbedingt" für den

---

ranz bedeutet Befähigung, aus Einsicht in die Bedingungen und in die Wirklichkeit intoleranter Beziehungsschranken verantwortliche Konsequenzen zu ziehen und bewußt in beziehungsfördernde Verhaltensweisen umzusetzen. Damit wird allerdings deutlich, daß es um ein Lernen, ja um ein Umlernen geht. Die Durchschlagskraft von Vorurteilen, von individueller Lern- und Lebensgeschichte ist zu stark, als daß man urplötzlich von einem auf das andere (sittliche) Gleis umsteigen könnte." (S. 224)

Und unter der Überschrift: „Als ‚Kultur der Beziehung' ist Ethik notwendigerweise eine Ethik der Toleranz" (S. 381) heißt es schließlich unter Hinweis auf den Glaubensaspekt und damit wiederum bedeutsam für die poimenische Reflexion der Beziehungsstruktur im hier behandelten Bereich: „Ethik der Toleranz heißt ... ganz wesentlich eine Ethik gelebter Beziehung, aber als solche eine Ethik des Austauschs und der Weggemeinschaft. Für eine Ethik der Beziehung ist Glaube kein bloßes Erbstück, kein bloßer Bestand an Wahrheiten, den man bewahrt, indem man ihn festgeschnürt von Generation zu Generation weitergibt. Glaube ist vielmehr die Geschichte eines Menschen, der sich aufmacht in die Beziehung zu sich, zum anderen, zu Gott. Glaube ist jene Kraft aus Jesus Christus als seiner ewigen Mitte heraus, die das Leben dieses Menschen deutet und diesem Leben Impulse setzt. Glaube ist so aber auch jene Offenheit, die mit Überraschungen rechnet, mit dem in das Leben dieses Menschen eingreifenden Gott." (S. 385)

[167] Vgl. *Otto Haendler*, Tiefenpsychologie, Theologie und Seelsorge. Ausgewählte Aufsätze. Herausgegeben von *Joachim Scharfenberg* und *Klaus Winkler*, Göttingen, 1971; bes. die Aufsätze „Unbewußte Projektionen auf das christliche Gott-Vaterbild und ihre seelsorgliche Behandlung" (S. 11ff.) und „Der kerygmatische Christus und seine Verzeichnung in Glauben und Unglauben". (S. 132ff.)

[168] Vgl. *Achim Dunkel*, Art.: Toleranz, WdC, S. 1267.

anderen gelten müssen oder können. Diese kritische Überprüfung ist auch dahingehend auszudehnen, ob und wie weitgehend die jeweils eigenen *Idealvorstellungen* unhinterfragt „für alle" gelten sollen oder aber ob und wie weitgehend selbstentwertende *Versagensgefühle* auf die nahe Bezugsgruppe übertragen werden.

<u>Seelsorgerliches Handeln wird in diesem Kontext last not least darauf ausgerichtet sein, diese auch im Rahmen eines christlichen Verhaltens zur Lebensbewältigung unaufgebbare Toleranz von *Vergebung* zu unterscheiden und beide Erlebens- und Vorgehensweisen nicht undifferenziert in eins fallen zu lassen.</u> Vergebung ist gerade nicht dasselbe wie Toleranz! Eine tolerante Grundhaltung ist nicht mit dem stets neu innovativen und situativ „not-wendigen" Einzelakt der „Vergebung aus Glauben" gleichzusetzen! Zwar ist Toleranz als eine flankierende Maßnahme der Seele dort dringend gefragt, wo es (in der seelsorgerlichen Praxis) darum geht, wahrzunehmen und zu verarbeiten, daß verschiedene Menschen höchst unterschiedlich erleben, was es heißt, Vergebung zu empfangen oder auch zu gewähren. (s.o. S. 351ff.) Gerade an diesem zentralen Punkt christlichen Glaubens ist deshalb Toleranz mit dem (im engen Beziehungsbereich oft besonders schmerzlich empfundenen) Anderssein aufeinander angewiesener (Christen-) Menschen sehr praktisch angesagt und sehr konkret „not-wendig". Darüber hinausgehend aber ist Vergebung im Rahmen der Seelsorge als ein Akt zu verstehen, der alle zwischenmenschlichen Beziehungen nicht nur einem zunehmenden Verstehen verdankt, sondern im Glauben ein ebenso beziehungsstiftendes wie beziehungserhaltendes Handeln Gottes voraussetzt.

3. Seelsorge an Trauernden und Sterbenden

Durch die Zeiten hindurch ist das Daseinserleben jedes einzelnen Individuums „von der Wiege bis zum Grabe" von *Trennungsvorgängen* und deren mehr oder weniger glückender Verarbeitung[169] geprägt: Trennung vom Mutterleib, Trennung von Eltern, Geschwistern, später Partnern und Kin-

---

[169] Die positive Verarbeitung von Trennungsvorgängen als lebenslange Aufgabe wird zu einem Grundmotiv in der schon genannten Monographie von I. Liebau, Alleinstehende, s.o. S. 407, Anm. 157. Danach „... impliziert die *Trennung* viele positive Möglichkeiten und hinterläßt nicht nur eine innere Leere aufgrund des Verlustes. Sie bedeutet die Chance und nahezu Voraussetzung für die weitere *persönliche Entwicklung* und Reifung, für die Prozeßhaftigkeit des individuellen und sozialen Lebens, für den lebendigen Ausdruck von Gefühlen und das Lernen von Einsamkeitsfähigkeit" (S. 154, hier auch die wichtigen Literaturhinweise, u.a. auf *Hans Jürgen Schultz* (Hg.), Trennung, Stuttgart, 1984 und – S. 158 – auf *Judith Viorst*, Mut zur Trennung. Menschliche Verluste, die das Leben sinnvoll machen, Hamburg, 1988).

dern bis hin zu Trennung vom Leben überhaupt.[170] Daneben tritt die Trennung von zunächst verhaltensprägenden Wunsch- oder Idealvorstellungen, von „liebgewordenen" Sichtweisen, Einstellungen und Überzeugungen.

Dabei ist alles Trennungserleben besonders eng mit Angsterleben, aber auch mit Protesterleben verbunden.[171] Diese beiden Erlebenselemente intensivieren sich naturgemäß in der Auseinandersetzung mit dem endgültigen Trennungsvorgang innerhalb der zwischenmenschlichen Beziehung, dem anderen oder dem eigenen Tod.

Sterben und Tod steht für die meisten Menschen in naher Verbindung mit dem *Leiden* schlechthin: Hier erfährt jedes Individuum „irgendwann" in meist schmerzhafter Art die absolute Grenze seiner eigenen Möglichkeiten. Zwar werden Sterben und Tod höchst unterschiedlich erlebt. Sie gelten etwa als herausfordernd schicksalhafte Realität, der man sich möglichst mutig zu

---

[170] Die Zusammenhänge zwischen traumatischen (Trennungs- und Verlust-)Erlebnissen bzw. Kummer im (frühesten) Kindheitalter und der Trauer Erwachsener und (größerer) Kinder in den verschiedensten (pathologischen) Trauerzuständen belegt unter psychoanalytischer Wahrnehmungseinstellung und aufgrund umfangreicher Kleinkindbeobachtungen das Standardwerk *John Bowlby*, Verlust, Trauer und Depression, Frankfurt, 1983.

[171] Angsterleben ist dabei als spürbare Befindlichkeit an eine bestimmte Entwicklungsstufe des kindlichen Individuums gebunden. Im Rahmen der kognitiven Theorie des Entwicklungspsychologen Jean Piagets schreiben z.B. *Thérèse G. Décarie* und *Ruth Salomon* (in der Abhandlung „Affektivität und kognitive Entwicklung", in: Die Psychologie des 20. Jahrhunderts VII, 1978, S.401ff.): „Die Angst, die Trennungsangst oder der ‚Trennungsprotest (z.B. durch Schreien, K.W.) von Kindern (die drei Begriffe entstammen unterschiedlichen theoretischen Kontexten, bezeichnen aber allesamt einen besonderen Gefühlszustand, den der Säugling in dem Moment erlebt, wenn er von der Mutter verlassen wird) stehen nach Meinung einer Reihe von Autoren in einem engen Zusammenhang zur kognitiven Entwicklung ... So kann ... Trennungsangst erst dann auftreten, wenn die menschliche Person als substanzhaftes Wesen erfaßt wird ..." (S. 407) Das dialektische Verhältnis von Trennungsangst einerseits und *Bindung* andererseits (die im Fall der situativen Trennung durch Protestschreien des Säuglings neu aktualisiert wird) beschreibt unter lerntheoretischen Gesichtspunkten der Psychologe *Jacob L. Gewirtz* (in der Abhandlung „Soziales Lernen", in: Die Psychologie des 20. Jahrhunderts IV, 1977, S. 383ff., über „Bindung: Begriff und Prozeß" S. 399ff.): „Diese vertrauensvolle Bindung kann Paare wie Mutter und Kind, Mann und Frau, Liebende und Geliebter, Kind und Kind, Mensch und Tier und, in seltenen Fällen, sogar Menschen und unbelebtes Objekt oder unbelebten Raum beinhalten." (S. 399)
In jedem Falle bleiben die hier beschriebenen Befindlichkeiten mit den Momenten *Trennungsangst* und *Trennungsprotest* sowie erreichtes und ständig neu in Frage gestelltes *Bindungserleben* eminent wichtig für den poimenischen Umgang mit Trauer- und Sterbeprozessen.

stellen hat, aber auch als Infragestellung des Lebenssinns, als Prüfung, als Strafe für (verborgene) Verfehlungen, als quälendes Warten, als schreiende Ungerechtigkeit im Einzelfall usw.[172] In bestimmten Fällen ist das Leiden so schlimm, daß der Tod als „erlösend" angenommen wird.

All das bedeutet: Mit dem intensiven Leiden an Sterben und Tod gerät das Individuum fast zwangsläufig in eine *Krise*.[173] Mit eben dieser besonderen Krise seelsorgerlich umzugehen, wird deshalb zu einer speziellen Herausforderung. Wayne E. Oates stellt in diesem Zusammenhang fest: „Jahrhunderte hindurch sah man im Pfarrer den Menschen, der an erster Stelle für den Umgang mit Trauernden zuständig war. Traditionsgemäß war der Pfarrer, der Priester, der Rabbiner von Berufs wegen zuständig für die Belange von Tod und Trennung."[174] Und David K. Switzer merkt an: „Es ist äußerst schwierig, genau zu bestimmen, welche Fälle menschlicher Not für den Seelsorger, der leidenden Menschen zu helfen versucht, am ernstesten und anstrengendsten sind, denn die Anstrengungen wohnen nicht der zerstörerischen Macht gewisser Situationen inne, sondern hängen davon ab, welche Probleme in dem einzelnen Pfarrer einen höheren Grad an Angst erzeugen ... Dennoch würde wohl jeder Pfarrer, der mit Sterbenden und mit Menschen unmittelbar nach dem Verlust eines ihnen sehr Nahestehenden zu tun hat, zustimmen, daß diese Erfahrungen beachtliche gefühlsmäßige Beteiligungen mit sich bringen und ein hohes Maß an Einfühlungsvermögen erfordern. Der Pfarrer muß oft an der Krise der Trauer teilhaben. Er kann ihr nicht ausweichen. Sie ist seine Last und seine Gelegenheit. Wahrscheinlich ist es die Krise, mit der er es am häufigsten zu tun hat." (unter dem Titel „Der Pfarrer und die Krise der Trauer"[175])

---

[172] Vgl. *Klaus Winkler*, Art.: Leiden. V. Praktisch-theologisch, TRE 20, S. 707ff.

[173] Zum Begriff „Krise", seiner ursprünglichen Verwendung im medizinischen Bereich, seiner Ausdifferenzierung und seiner Zentrierung auf das Todeserleben vgl. die Übersicht und Zusammenstellung bei C. Schneider-Harpprecht, Trost, S. 196ff.

[174] *Wayne E. Oates*, Krise, Trennung, Trauer. Ein Leitfaden pstoraler Fürsorge und Beratung. Mit einem Nachwort von *Friedrich-Wilhelm Lindemann*, München, 1977, S. 11.
Lindemann begrüß diese und ähnliche Veröffentlichungen zur speziellen Seelsorge in Trauer- und Trennungssituationen, denn: „Hier ist die Hilfe der Kirchen nach wie vor stark gefragt und selbstverständlich geregelt, insbesondere durch das Ritual der Beerdigung. Im Zusammenhang dieser Amtshandlung haben sich bisher viele Pfarrer als hilflos erlebt, weil sie ihre theologischen Normen und empirische Vorfindlichkeit nicht sinnvoll miteinander verbinden konnten. Die psychischen und sozialen Vorgänge im Trauerprozeß mußten neu entdeckt und mit dem pastoralen Auftrag des Pfarrers neu in Beziehung gesetzt werden." (S. 92)

[175] D. K. Switzer, Krisenberatung, S. 90ff., Zitat S. 90.

Bei all diesen grundsätzlich zu reflektierenden und poimenisch zu verarbeitenden Vorgaben muß nun allerdings auch gefragt werden, welcher *zeittypische* Umgang der Menschen mit Trauer und Tod gegenwärtig ganz bestimmte Auswirkungen zeitigt und zur zeitgemäßen Seelsorge herausfordert. Sehen wir recht, so ist Trauern und Sterben in unserer gegenwärtigen gesellschaftlichen Situation ganz bestimmten *Erlebensbeschränkungen* unterworfen. Wer trauert, sollte demnach – so weitgehend wie es ihm möglich ist – Contenance wahren. Er sollte also möglichst still und zurückgezogen trauern, seinen Schmerz so wenig wie möglich zeigen bzw. „ausagieren".[176] Gerade so aber wird der Trauernde in einer Weise auf sich selbst „zurückgeworfen", die ihn dort „verstummen" läßt, wo die laute „Mit-Teilung" von Seelenschmerz sich nicht nur erleichternd auswirkt, sondern auch zu der Vergewisserung beitragen kann, selbst im Extremfall nicht völlig allein dazustehen. Seelsorge an Trauernden besteht heutzutage deshalb nicht zuletzt erst einmal darin, individuelle, d.h. der Persönlichkeit des einzelnen entsprechende *Ausdrucksformen des Trauerns* ins Bewußtsein zu heben und zu deren Verwirklichung ohne Scham- und Unsicherheitsgefühle zu ermutigen.

Für das moderne Sterben ist es ein Charakteristikum, daß es in Institutionen geschieht.[177] Das kann sehr wohl im Zusammenhang mit einer kollektiven Tabuisierung des Todes gesehen werden.[178] Es nützt aber – auch poimenisch gesehen – herzlich wenig, das oft völlig isolierte und „würdelose"

---

[176] Manfred Josuttis, Praxis, S. 192, stellt z.B. heraus: „Nur sehr zurückhaltendes Trauerverhalten wird gesellschaftlich als normal anerkannt, während extreme Formen früher als Ausdruck des Unglaubens, heute als gesellschaftlich ungehörig und als Folge psychischer Störung angesehen werden."
Vgl. dazu auch *Philippe Aries*, Studien zur Geschichte des Todes im Abendland, München, 1981, S. 60 sowie das Kapitel „Die Verweigerung der Trauer", S. 169ff.

[177] Vgl. dazu *Gerhard Schmied*, Sterben und Trauern in der modernen Gesellschaft, Opladen, 1985.

[178] So spricht Philippe Aries von einem heute „ins Gegenteil verkehrten Tod", wenn er „die Veränderung der Einstellungen zum Tode in den westlichen Gesellschaften" (P. Aries, a.a.O., S. 157ff.) untersucht, von einer „heutigen Verbannung des Todes" (S. 190) und kommt zu dem Ergebnis: „So hat sich während des letzten Drittels dieses Jahrhunderts ein gewaltiges Phänomen verbreitet, das man erst in Umrissen wahrzunehmen beginnt: Der Tod, dieser vertraute Begleiter, ist aus der Umgangssprache verschwunden, sein Name ist zum Verbotsschild geworden. Stellvertretend für Worte und Zeichen, die unsere Ahnen so intensiviert haben, ist eine diffuse und anonyme Angst getreten." (S. 187f.)
Unter diesem Vorzeichen erscheint dann der Tod tabuisiert und als ein Störfaktor innerhalb der modernen Leistungsgesellschaft.

Sterben in Krankenhäusern und Altenheimen allgemein zu beklagen! Vielmehr muß es darum gehen, die natürliche Angst und persönliche Betroffenheit von Sterben und Tod individuell neu anzusprechen, neu auszusprechen und in der Folge neu aushalten zu lernen. Nur so nämlich besteht die Chance, sie nicht mehr aus dem Erleben zu verdrängen und vom Daseinsgefühl in einer modernen, technisch bzw. medizinisch perfektionierten und durchstrukturierten Lebenswelt *abzuspalten* und damit dem emotionalen Zugang zu entziehen.

Es klingt noch sehr nach Notmaßnahme und begrenzt hilfreicher Krisenintervention, wenn Gerhard Schmied sachlich feststellt: „Pfarrer wie Sozialarbeiter können einen Ausgleich zu gewissen technokratischen Tendenzen schaffen, indem sie für die Befriedigung von emotionalen Bedürfnissen sorgen, denen Mediziner und Pflegepersonal auch bei viel gutem Willen neben der Erfüllung ihrer eher praktischen Aufgaben nicht gerecht werden können."[179] Das stimmt sicher und ist – auch institutionell – immer weitergehend zu ermöglichen. Es ist aber darüber hinausgehend unter den gegebenen Umständen seelsorgerlich daran zu arbeiten, im Umgang mit Sterben und Tod gezielt auf *Gruppenbildung* hinzuwirken.

Gruppen von Familienangehörigen und Verwandten, von Freunden und Nachbarn können sich nicht plötzlich im Sterbe- und Todesfall eines Angehörigen oder eines nahestehenden Menschen konstituieren! Systemisches Denken bei der seelsorgerlichen Behandlung von Ehe- und Familienkonflikten (s.o. S. 379f.) sowie „Seelsorge durch die Gruppe" (s.o. S. 200ff.) könnten sehr wohl den heute so ungewohnten Aspekt der Trauer- und Sterbeproblematik von vornherein einschließen und so die Bildung einer Gruppe „im Bedarfsfall" der endgültigen Trennung von einer (dem einzelnen Gruppenmitglied innerlich und äußerlich mehr oder weniger nahestehenden) Beziehungsperson unterstützen.

Unter dem Gesichtspunkt einer möglichen Aktualisierung von Gruppenbezügen in Situationen des Trauerns und Sterbens ist dann auch die Frage nach dem oft geforderten „Zu Hause sterben"[180] und nach der Einrichtung von „Sterbekliniken"[181] zu sehen: Es kann nicht nur darum gehen, die „äußeren" Gegebenheiten so zu verändern, daß sich in der Praxis zwischenmenschliche Beziehungsmöglichkeiten bis buchstäblich „zum letzten Atemzug" nicht von vornherein ausschließen! Es muß vor allem auf eine (Gruppen-)Atmosphäre hingearbeitet werden, die die genannten Erlebenseinschränkungen so angstrelativierend wie möglich aufzufangen und zu kompensieren vermag.

---

[179] Vgl. G. Schmied, a.a.O., S. 57.
[180] G. Schmied, a.a.O., S. 51ff.
[181] G. Schmied, a.a.O., S. 53ff.

So schreibt Cicely Saunders, Gründerin und Leiterin des Hospiz St. Christopher in London: „Die Sterbenden brauchen die Unterstützung und die Geborgenheit einer Gemeinschaft ... die Gemeinschaft braucht die Sterbenden als Anstoß, um über grundlegende Fragen nachzudenken und das Zuhören zu lernen. Wir stehen in der Schuld derer, von denen wir so wichtige Dinge lernen können wie warmherzig zu sein und anderen unsere volle Aufmerksamkeit und unseren ehrlichen Respekt entgegenzubringen."[182] Und S. Stoddard fährt fort: „In Hospizen werden die Kranken nicht an Maschinen angeschlossen, nicht mit Schläuchen und Infusionsnadeln geplagt und nicht durch Medikamente manipuliert, die die Sinne benebeln, ohne den Schmerz zu nehmen. Stattdessen werden ihnen ihre Beschwerden durch Methoden genommen, die zum Teil hochentwickelt sind, oft jedoch erstaunlich einfach und einleuchtend sein können; und es wird ihnen dazu verholfen, ein bewußtes Leben in einer Atmosphäre voller Güte und Zuneigung zu führen, bis der Zeitpunkt ihres natürlichen Todes gekommen ist."[183] Von eben diesen besonderen Methoden handelt das Buch dann im einzelnen.

Ergänzt wird diese Veröffentlichung durch einen sehr informativen Sammelband von H. Beutel und D. Tausch.[184] Der Band behandelt zunächst in einzelnen Abhandlungen verschiedener Fachleute die Angst vor dem Sterben und den Umgang mit ihr und kommt dann zu konkreten Anleitungen für Sterbebegleiter. Ein weiterer Teil zeigt dann „Beispiele der Hospiz-Bewegung in Deutschland". In dessen Einleitung schreibt D. Tausch: „Die Erfahrungen in England und in den USA zeigen, daß sich Angehörige durch die Unterstützung der Hospize und durch die Gewißheit, mit dieser Aufgabe nicht allein gelassen zu sein, häufiger zutrauen, den Sterbenden zu Hause zu pflegen. Wenn nun aber ein Patient alleine lebt oder die Angehörigen zu belastet sind, so kann er im Hospiz in einer familiären Atmosphäre weiterbegleitet werden. Hier wird er von Menschen betreut, die der Begegnung mit Sterben und Tod nicht ausweichen. Hospize sind keine Orte, an denen aktive Sterbehilfe praktiziert wird, wo aber auch nicht um längeres Leben gekämpft wird."[185]

In diesem Sinne ist auch die besonders diffizile und emotional hochbesetzte Diskussion über die Möglichkeit oder Unmöglichkeit einer passiven oder aktiven *Sterbehilfe* unter poimenischem Aspekt jedenfalls auf eine Grup-

---

[182] Vgl. *Sandol Stoddard*, Die Hospiz-Bewegung. Ein anderer Umgang mit Sterbenden, Freiburg i. Br., 1987, Zitat S. 18.
[183] Ebd.
[184] *Helmuth Beutel/Daniela Tausch* (Hg.), Sterben – eine Zeit des Lebens. Ein Handbuch der Hospizbewegung, Stuttgart, 1989.
[185] D. Tausch, a.a.O., S. 154f.

penbildung hin auszurichten. Nur so kann das grundsätzliche und offensichtlich noch längst nicht ausdiskutierte Problem auch bei fester Positionalität der Diskussionsbeteiligten weiter als offene Fragestellung behandelt werden. Nicht zufällig werden in der einschlägigen Literatur die unterschiedlichen Einstellungen und Ansichten oft nebeneinander gestellt.

So faßt ein Band über Sterbehilfe[186] Beiträge von Julius Hackethal als bekanntem Befürworter, Elisabeth Kübler-Ross, Ulrich Eibach, Christa Meves, Hans Henning Atrott als dem damaligen Präsidenten der „Deutschen Gesellschaft für Humanes Sterben, Peter M. Reisert und Helmut Thielicke zusammen. Als zentraler, die vorliegende Literatur gezielt auswertender Artikel kann hier derjenige von Ulrich Eibach gelten. Unter der Überschrift „Recht auf Leben – Recht auf Sterben"[187] differenziert der Autor zunächst die sehr verschiedenen Handlungen und Maßnahmen, die unter den Begriff „Sterbehilfe" subsumiert werden, hält aktive Sterbehilfe weder juristisch noch christlich-ethisch für verantwortbar (denn auch in den ganz seltenen Grenzfällen einer persönlichen Entscheidung zu aktiv-mitmenschlicher Sterbehilfe kann es nicht um Straffreiheit, sondern nur um „... den Mut zu einer echten Gewissensentscheidung und die Bereitschaft zur Verantwortung und zum Tragen der Folgen ..."[188] gehen.

Zur äußerst umstrittenen und das Problem zuspitzenden „Tötung auf Verlangen" führt U. Eibach aus: „Je überzeugender im allgemeinen ein unerträglich qualvoller oder ‚unwürdiger' Zustand als Rechtfertigungsgrund für eine Tötung angeführt werden kann, umso weniger wird das Argument überzeugen, daß es sich hier um eine freie, auf klarer Beurteilungsfähigkeit beruhende Willenskundgebung des Kranken handelt, der man entsprechen müsse."[189]

In einem anderen Sammelband, von J. Jeziorowski herausgegeben[190], schreibt U. Eibach unter der Überschrift „Tod und Menschenwürde"[191]: „Der politische und der rechtliche Kampf für ein humanes Sterben muß in der Tat darauf ausgehen, daß der Wille des Patienten geachtet wird und daß er nicht zum Objekt anderer Menschen oder von eigengesetzlich ablaufenden Strukturen von Krankeninstitutionen wird ... Aufgabe der Medizin kann es also weder sein, einen Menschen um jeden Preis den Schmerz des Sterbens zu ersparen, noch sein Leben mit allen Mitteln zu verlängern oder

---

[186] Sterbehilfe – Mitleid oder Mord?, 1984.
[187] U. Eibach, a.a.O., S. 21ff.
[188] U. Eibach, a.a.O., S. 77.
[189] U. Eibach, a.a.O., S. 65.
[190] *Jürgen Jeziorowski* (Hg.), Leben als Last. Sterbehilfe – Freitod – Menschenwürde, Hannover, 1986.
[191] U. Eibach, in: J. Jeziorowski (Hg.), a.a.O., S. 14ff.

gar den Tod zu bekämpfen. Die allermeisten Fälle qualvollen Sterbens könnten Menschen erspart werden, wenn die Patienten fähig wären, über Tod und Sterben zu sprechen, den Tod als unausweichliche Gegebenheit anzunehmen, wenn Ärzte daraufhin bereit wären, die rechtlich gegebenen Freiräume zum Verzicht auf lebensverlängernde Maßnahmen auszuschöpfen ..."[192] „Wir brauchen also nicht so sehr eine neue Ethik und ein neues Recht, sondern Menschen, die fähig und willens sind, das gegen die Eigengesetzlichkeit der Organisationsstruktur der Medizin und die Trägheit von Menschen durchzusetzen, was sie als gut und richtig erkannt haben."[193]

Die Gegenmeinung im Umgang mit der „unbefriedigenden medizinischen und juristischen Situation" und von der Sache her wird vertreten in einer Veröffentlichung von D. Humphry und A. Wickert, die die aktive Sterbehilfe vehement verteidigen.[194]

Seelsorge in diesem Kontext sollte bei Abzielung auf eine offene (und d.h. auf kontinuierliche und so weitgehend wie möglich ideologiefreie) Diskussion auf die Gruppenbildung von Fachleuten und Betroffenen hinwirken und die daran Beteiligten unterstützen, in genanntem Sinne zu erkennen, was ebenso allgemein wie von Fall zu Fall „gut und richtig" zu tun ist.

Zu welchen Überlegungen und Auseinandersetzung sind Seelsorger und Seelsorgerinnen im Zusammenhang von Trauer und Sterben besonders herausgefordert?

a) Gehen Seelsorger und Seelsorgerinnen mit den unabgegrenzt schmerzlichen Trennungsvorgängen bei Trauer, Sterben und Tod um, so sind sie an zentraler Stelle und in intensivster Weise nach „christlichem Verhalten" bzw. nach dem *Proprium* seelsorgerlichen Handelns gefragt. Die Konfrontation mit dem biblischen Menschenbild ist deshalb in diesen extremen Lebenssituationen besonders dringend und besonders deutlich gefordert.

Daß die Toten radikal und total tot sind, hat Manfred Josuttis zu einer Kernaussage seiner Abhandlung „Der Pfarrer und der Tod" gemacht.[195] „Kein religiöser Ritus, kein erbauliches Vokabular, auch keine nachträgliche Verklärung des Lebens darf darüber hinwegtäuschen, daß der Tod das endgültige Ende für den Menschen bedeutet", schreibt er[196] und stellt das besondere Interesse der Theologen an dieser Bestimmung heraus. Denn die

---

[192] U. Eibach, a.a.O., S. 26.
[193] U. Eibach, a.a.O., S. 27.
[194] *Derek Humphry/Ann Wickett*, Das Recht auf den eigenen Tod und eine menschenwürdige Sterbehilfe. Mit einem Beitrag von Hans Henning Atrott, München, 1987.
[195] In: M. Josuttis, Der Pfarrer ist anders, S. 107ff.
[196] M. Josuttis, a.a.O., S. 114.

biblische Zusage einer allein hoffnungspendenden Gnade Gottes, die keines Anknüpfungspunktes an einen „Seelenrest", der nicht vom Absterben bedroht ist, bedarf, läßt allen „Platonismus des Christentums" als Fehlinterpretation erscheinen.[197]

Die aller unklaren Verschleierung entgegenzusetzende Rede von der Radikalität und Totalität des Todes hat allerdings Folgen für das Erleben der Betroffenen: So wird dem Individuum seine Begrenzung bewußt gehalten und der Verzicht auf Unsterblichkeitsphantasien nahegelegt. So kann es freilich auch manche Last der Vergangenheit ein für allemal abschütteln. So wird es sich gegebenenfalls aber auch den noch lebenden Kräften und Mächten umso mehr ausgeliefert fühlen müssen. So erklärt sich schließlich die mögliche Verzweiflung beim Sterben selbst.[198]

---

[197] Vgl. hierzu vor allem *Eberhard Jüngel*, Tod, Stuttgart/Berlin, 1971. Unter der Überschrift „Entplatonisierung des Christentums – eine theologische Aufgabe" (S. 73f.) heißt es da: „Durch den Tod zur Unsterblichkeit, per aspera ad astra – das ist die Zwangsvorstellung, die ein platonisches Christentum beherrscht hat und von der ein sich entplatonisierendes Christentum jedoch Abschied nehmen muß ... Platons Lösung des Todesrätsel kann die christliche nicht sein." (S. 73) Stattdessen muß es zu einer Umkehr in der Denkbewegung kommen: Statt vom Rätsel des Todes sollte christlich vom Geheimnis des Todes gesprochen werden, statt vom Menschen her auf den Tod hin zu denken, sollte von Gott her auf den Tod zugedacht werden. Nur so nämlich rückt „Der Tod Jesu Christi" und damit „Der Tod als Passion Gottes" (S. 121) in den Mittelpunkt der Auseinandersetzung um die Todesproblematik. Nur so erscheinen „Die zwei Dimensionen des biblischen Todesverständnisses" (S. 145) im rechten Licht. Denn: „Das biblische Verständnis des Todes ist zweidimensional. Es enthält *einerseits* eine *Feststellung* über das Wesen des Todes: der Tod ist das Ereignis der die Lebensverhältnisse total abbrechenden *Verhältnislosigkeit*. Als dieses Ereignis der Verhältnislosigkeit ist er das Ende einer Lebensgeschichte, das Ende der Geschichte einer Seele und ihres Leibes, das Ende also der ganzen Person und eben darin der Ausdruck der Endlichkeit des menschlichen Lebens. Der Mensch ist, wenn er gestorben ist, nur noch das, was er war. Er wird von sich aus hinfort nichts mehr werden und insofern auch nicht mehr sein. Denn Gegenwart ohne Zukunft gibt es nicht, sie wäre keine Gegenwart. Der Gestorbene ‚ist' nur noch in der Weise des Gewesenseins. So freilich gehört jeder Tote in die Geschichte der Welt." (S. 145)
„Die *andere* Dimension des biblischen Todesverständnisses ist die eines *Angebotes*. Angeboten wird die Rede vom *Sieg* des am Tod des Menschen partizipierenden Gottes *über* den Tod. An diesem Angebot scheiden sich Glaube und Unglaube. Der Glaube akzeptiert dieses Angebot. Er entwirft sich damit als *Hoffnung*, und er geht damit eine *Verpflichtung* ein. Hoffnung und Verpflichtung sind begründet im Tod Jesu Christi. Wo der Glaubende vom Tod bedroht wird, kann er den Sieger über den Tod nicht ignorieren." (S. 146)

[198] Vgl. M. Josuttis, a.a.O., S. 118f.

Das Abschütteln von Lasten der Vergangenheit läßt unter seelsorgerlichem Aspekt im hier gegebenen Kontext, aber darüber hinausgehend auch grundsätzlich, nach den besonderen Möglichkeiten der *Beichte* in der seelsogerlichen Situation fragen. Jedenfalls sind Seelsorger und Seelsorgerin dazu herausgefordert, sich diesbezüglich in Besitz einer angebbaren und damit kommunizierbaren theologischen und poimenischen Position zu befinden.

Noch immer ist der schmale Band von W. Uhsadel über Geschichte und Gebrauch der Beichte als Einführung in die moderne Sichtweise geeignet.[199] Zunächst wird hier grundlegend festgestellt: „Die Sündenvergebung ist eine Lebensfunktion der christlichen Gemeinde, an der alle in gleicher Weise beteiligt sind. Im allgemeinen Priestertum übt sie ein jeder vollmächtig aus. Wer sie nicht mehr auszuüben wagt oder nicht mehr an sich ausüben läßt, hat sich innerlich aus dem Lebensraum der Gemeinde entfernt."[200]

Später formuliert P. Gerlitz[201] das heutzutage mit dem Beichtritual verbundene Ambivalenzerleben. In seinem relativ knappen, dabei aber alle Grundfragen aufnehmenden Artikel schreibt er einleitend: „Die B.(eichte) gehört zu den umstrittensten Problemen in der modernen Seelsorge. Denn sie bezeichnet eindeutig einen theologischen Bereich, der von dem autonomen, um seine persönliche Freiheit besorgten und jeder kirchlichen Autorität überdrüssigen Menschen abgelehnt wird. Sie artikuliert aber zugleich das Verlangen eben dieses säkularen Menschen nach Identität und damit nach Befreiung von seinen Zweifeln, die ihn in seiner Person immer wieder in Frage stellen."[202]

Für neues Nachdenken und Handeln in diesem im gegenwärtigen Seelsorgevollzug praktisch stark relativierten oder ausgeblendeten Bereich plädiert ein Sammelband, den E. Henze zusammengestellt hat.[203] In bezug auf unseren Kontext ist zunächst ein zentrales Moment von Belang. Nach E. Henze „... dürfen wir nicht vergessen, daß die Beichte über unsere Welt und Zeit hinausgreift. In der Beichte bleibt der Gedanke lebendig, daß wir ‚alle offenbar werden müssen vor dem Richterstuhl Christi' (2. Kor. 5,10). Mit anderen Worten: Bei der Beichte stehen die ‚letzten Dinge' zur Rede. Die Ewigkeit berührt die Zeit."[204] *Henry Holze* schreibt in seinem Abschnitt „Die Beichte in heutiger Literatur[205] und unter dem Zwischentitel „Sich

---

[199] W. Uhsadel, Evangelische Beichte in Vergangenheit und Gegenwart, Gütersloh 1961.
[200] W. Uhsadel, a.a.O., S. 6.
[201] *Peter Gerlitz*, Beichte, PThH, S. 64ff.
[202] P. Gerlitz, a.a.O., S. 64.
[203] *Ernst Henze* (Hg.), Die Beichte, Göttingen, 1991.
[204] E. Henze (Hg.), a.a.O., S. 15.
[205] Vgl. E. Henze (Hg.), a.a.O., S. 17ff.

nach Beichte sehnen"[206] bei Hinweis auf die Hinterlassenschaft einer Schriftstellerin: „In beiden Tagebuchaufzeichnungen spricht Brigitte Reimann von ihrem Wunsch, glauben zu können. Das ist überraschend bei einer Autorin, die in einer atheistischen Umgebung aufgewachsen war und lebte. Noch überraschender ist, daß mit diesem Wunsch bei ihr verbunden ist die Sehnsucht nach der Beichte, das Verlangen, sich vor einem Priester im Beichstuhl aussprechen zu können. Sie erwartet, dadurch von ‚Bedrückung und Angst' frei zu werden. Bei ihr ist eine Erinnerung, daß Beichte es mit Freispruch, Absolution zu tun hat, und sie hat die Hoffnung, daß erst so wirkliches Leben möglich ist."[207]

Schließlich beschäftigt sich *Dieter Vismann* mit der Relation „Beichte und Abendmahl[208] und schreibt hierzu: „In der Beichte können wir erfahren: unser Dasein ist freies Geschenk und freies Weiterschenken und deshalb im tiefsten Freude. Eine recht verstandene und recht praktizierte Beichte wird deshalb das Abendmahl nicht verdunkeln und belasten. Im Gegenteil, sie wird für das Mahl bereit machen und öffnen und die Erfahrung von Geschenk und Freude am Tisch des Herrn verstärken."[209]

Die Verschiedenheit der Stellungnahmen zur Beichte zeigt zugleich die Aufgabe für Seelsorger und Seelsorgerin an, das unterschiedliche Erleben eines Beichtangebotes als solches wahrzunehmen und darauf sensibel zu reagieren. Diese seelsorgliche Sensibilität kann sich dann praktisch in sehr verschiedenen Verhaltensweisen niederschlagen:

a) Das Mittel der Beichte kann vom Seelsorger/von der Seelsorgerin *wunscherfüllend* gebraucht werden. Wenn Ratsuchende (nicht nur, aber besonders) angesichts des Lebensendes ein Verlangen nach Beichte verspüren, so hat dieses Verlangen seine Wurzeln u.a. in einer sehr langen christlichen Tradition. Beichten bedeutet dann nicht nur ein befreiendes Aussprechen dessen, was individuell bedrückt! Es bedeutet gleichzeitig, sich dieser Tradition und ihrer Wirkungsgeschichte tröstlich bewußt zu werden und mit Hilfe der Beichte an einer zeitübergreifenden Gemeinschaft teilzuhaben. Seelsorgliches Handeln sollte im Falle eines Beichtbegehrens diesen Aspekt im Blick behalten. Nur so kann Fehlerwartungen an die Beichte (z.B. „Das Aussprechen meiner Sünden befreit mich automatisch von allen niederdrückenden Gedanken und deprimierten Gestimmtheiten!") entgegengesteuert werden.

b) Das Mittel der Beichte kann vom Seelsorger/von der Seelsorgerin *zumutend* gebraucht werden. Wenn Ratsuchende (nicht nur, aber beson-

---

[206] H. Holze, a.a.O., S. 21ff.
[207] H. Holze, a.a.O., S. 22.
[208] Vgl. E. Henze (Hg.), a.a.O., S. 51ff.
[209] D. Vismann, a.a.O., S. 54.

ders) angesichts des Lebensendes gedanklich und emotional immer wieder den angstbesetzten Nachweis versuchen, doch nichts Wesentliches versäumt, sondern alles „irgendwie richtig" gemacht zu haben, kann ein auf diese Verhaltenssruktur kompensatorisch ausgerichtetes Beichtangebot eine veränderte Erlebensweise einleiten: Ambivalent besetzte Handlungen der Vergangenheit müssen dann möglicherweise nicht mehr angestrengt „wiederholt" und auf entschuldigende Momente hin grüblerisch untersucht werden. Seelsorgerlich Handelnde sollten bei ihrer Entscheidung, ratsuchende Menschen mit der Beichtmöglichkeit zu konfrontieren, den Zumutungscharakter dieses Vorgehens genau einschätzen können! Das innere Eingeständnis eines Menschen, in seinem bisherigen Leben Gott, anderen Menschen und sich selbst etwas schuldig geblieben zu sein, kann oft nur im Rahmen eines umgreifenden Entängstigungsvorganges zugemutet werden.

c) Das Mittel der Beichte kann vom Seelsorger/von der Seelsorgerin *verzichtend* gebraucht werden. Wenn der bisherige Lebensweg eines ratsuchenden Menschen diesem (nicht nur, aber besonders) angesichts des Lebensendes keinerlei Möglichkeiten eröffnet, einen Beichtvorgang als Bedürfnis zu empfinden und die mit ihm verbundene Erleichterung nachzuvollziehen, ist auf dieses traditionelle Angebot christlicher Seelsorge zu verzichten. Sonst dehnt sich die Ungewohntheit, ja Befremdlichkeit des Beichtvorganges für den dazu unvermittelt aufgeforderten Menschen auf das seelsorgliche Vorgehen im ganzen aus! Seelsorgerliches Handeln sollte in dieser Situation Unvermögen nicht mit Ablehnung gleichsetzen. Es sollte die verhaltenstypische „Verschlossenheit" eines ratsuchenden Menschen achten. Er sollte diese Haltung auch in Konflikt- oder Notsituationen nicht aufbrechen wollen, sondern solidarisches Verstehen vermitteln und ihr den „bedingungslosen" Zuspruch des Evangeliums entgegensetzen.

Der Seelsorger/die Seelsorgerin wird mit diesen verschiedenen und noch weiteren Erlebenskomponenten rechnen müssen. Im Umgang mit ihnen wird besonders deutlich hervortreten, daß die biblischen Aussagen über die Radikalität des Todes ebenso wie diejenigen über die Totalität der Todesüberwindung durch Gott nicht leicht „erlebbar" zu machen sind. Das entspricht nicht nur einer theologischen Unaufgeklärtheit, sondern hat seinen bleibend wirksamen Grund: Alle „natürliche" Trennungsangst produziert ebenso „natürlich" illusionäre Vorstellungen bzw. psychische Hilfskonstruktionen. Sie haben eine „Brückenfunktion", um die über alles gefürchtete Beziehungslosigkeit wenigstens nur „vorläufig" erscheinen zu lassen.

In diesem Zusammenhang wird immer wieder betont, daß Seelsorger und Seelsorgerin zuerst und zunächst mit ihren eigenen Trennungsängsten, ihrer latenten Todesangst umzugehen hätten, ehe sie psychisch in der Lage wären, anderen zu entsprechender Angstfreiheit zu verhelfen.[210] Dieser psy-

---

[210] So z.B. D. K. Switzer, Krisenberatung, S. 90f.

chische Aufwand erscheint in der Tat unabdingbar notwendig. Er kann freilich nicht von demjenigen losgelöst werden, sich im Bereich einer Poimenik im Trauer- und Sterbefall um die eigene *Glaubenskonstellation*, und das bedeutet um die Relation von Angst und Glaube, Anspruch und Schuld intensiviert und auf die spezifische (Seelsorge-)Situation bezogen zu „kümmern".[211]

Des weiteren ist der seelsorgerliche Umgang mit Trauer, Sterben und Tod in herausragender Weise auf den poimenisch reflektierten Gebrauch von *Ritualen* und *Symbolen* angewiesen.[212] In einer natürlichen Reaktion wird die Abschiedsszene von einem durch den (drohenden) Tod getrennten Menschen ganz allgemein von der Gruppe der Trauernden *rituell* strukturiert. Innerhalb dieser die Zeiten und die weltanschaulichen Einstellungen übergreifenden Sitte manifestiert sich auch christlicher Glaube: „Im Beerdigungsritual erscheint das Evangelium in der Form der Religion, indem es, wie die sozialpsychologische Analyse zeigt, bestimmte Bedürfnisse stillt, indem es den Fortbestand und die Identität einer Gesellschaft sichert und indem es dem einzelnen bei der Bewältigung seiner Emotionen hilft", schreibt Manfred Josuttis in diesem Kontext.[213] Und in direkter Abzielung auf die

---

Schon bei *Margaretta K. Bowers* u.a., Wie können wir Sterbenden beistehen, München/Mainz, 2. Aufl. 1971, ist von den Abwehrmechanismen der Gesunden und im Moment nicht direkt von Sterben und Tod Betroffenen die Rede, die auch den Seelsorger/die Seelsorgerin betreffen. Sie können sich in der Regel aus Gründen der eigenen Angst nicht allzu weitgehend mit Sterbenden identifizieren. Das bringt den Pfarrer in eine paradoxe Situation: „Er spricht von Unsterblichkeit und ist sich tief in seinem Innern doch seiner eigenen Sterblichkeit bewußt. Er versucht, den Sinn des Todes zu erklären, obwohl er doch nur Vermutungen und keine Antwort hat." (S. 69)

Die Schilderung dieser Paradoxie trifft auch dann zu, wenn der Pfarrer resp. Seelsorger im Hinblick auf eine „Unsterblichkeit" theologisch andere Positionen vertritt.

[211] Zum Begriff des sich um den Glauben „kümmern" vgl. K. Winkler, Kinder, S. 154ff.

[212] Zu beiden Begriffen ist C. Schneider-Harpprecht, Trost, S. 306ff. heranzuziehen, jetzt besonders mit seinen Überlegungen zum Thema „Rituale als symbolisches Spiel der zur Freiheit Berufenen", S. 310f.

[213] M. Josuttis, Praxis, S. 196, hierzu das Kapitel „Der Vollzug der Beerdigung. Ritual oder Kerygma?", S. 188ff.

Hinsichtlich der sozialpsychologischen Funktion des Beerdigungsrituals definiert M. Josuttis zunächst das Ritual: „Dieser Begriff meint ein System von interaktionellen Vollzügen, durch das eine Gruppe von Menschen für sich und ihre Mitglieder in einer bestimmten Situation die Identität sicherstellen." (S. 189) Durch das Ritual – so heißt es dann – wird der Gesellschaft dazu verholfen, mit dem menschlichen Leichnam als einem aus den Spielregeln des Lebens herausfal-

hierbei unabdingbar notwendige seelsorgerliche Begleitung fährt er an anderer Stelle fort: „Das Ritual kanalisiert Emotionen, aber diese Emotionen der Angst, der Schuld, der Verzweiflung müssen vom Trauernden und mit dem Trauernden durchgearbeitet werden."[214]

Nun verkommen Rituale – wie schon ausgeführt – sehr schnell zu Klischees, wenn sie nicht zu symbolischem Erleben hin geöffnet werden. Gerade im Umkreis des Todes wird die Unterscheidung von *lebendigem Symbol* und bloßem *Zeichen* (zu dem ein Symbol erstarren kann), wie C.G. Jung sie beschrieben und plausibel gemacht hat, besonders wichtig.[215] Während das Zeichen nur im digitalen Sinn informiert und unter diesem ausschließlichen Gesichtspunkt seine mögliche „Bildhaftigkeit" prinzipiell relativiert erscheint, weist das Symbol stets (die direkt erfahrbare Wirklichkeit transzendierend) über sich selbst hinaus und bringt das sonst Unzugängliche „ins Bild": „Das S. ... setzt immer voraus, daß der gewählte Ausdruck die bestmögliche Bezeichnung oder Formel für einen relativ unbekannten, jedoch als vorhanden anerkannten oder geforderten Tatbestand ist."[216]

---

lenden „Außenseitertyp" sowie mit der Tatsache fertigzuwerden, daß sie ein Mitglied verloren hat. Sie wird befähigt, sich auch gegenüber dem Tod ihr (inneres) Gleichgewicht zu erhalten. Innerhalb dieses umfassenden Gruppengeschehens bildet die „Familie" dann eine Untergruppe mit entsprechenden rituellen Bedürfnissen zur Erhaltung der psychischen Balance.

[214] M. Josuttis, a.a.O., S. 199.
Vorher hat M. Josuttis auch in diesem Zusammenhang herausgestellt, daß das Ritual dem einzelnen Trauernden dazu verhilft, ein in die Gesellschaft eingepaßtes Trauerverhalten zu zeigen, sich innerlich leichter vom Verstorbenen abzulösen und bei alldem vom Zwang entlastet zu sein, in der Ausnahmesituation der Trauer originelle Handlungsvollzüge entwickeln zu müssen.

[215] Vgl. dazu auch *Klaus Winkler*, Symbolgebrauch zwischen Partizipation und Regression. C.G. Jung und die Folgen für die Seelsorge, in: *Heinrich Schmid* (Hg.), Mythos und Rationalität, Gütersloh, 1988, S. 334ff., speziell den Abschnitt „C.G. Jung: Das Symbol und der prinzipiell offene Transzendenzbegriff", S. 341ff.
Heranzuziehen ist auch *Jürgen Oelkers/Klaus Wegenast* (Hg.), Das Symbol – Brücke des Verstehens, Stuttgart/Berlin/Köln, 1991. Das Buch umfaßt die Vorträge eines interdisziplinären wissenschaftlichen Symposiums zum Thema „Das Symbol als Brücke des Verstehens in Theologie, Erziehungswissenschaften, Psychoanalyse, Soziologie und Literaturwissenschaft." Für unseren Kontext ist in diesem Band die Aussage des Religionsphilosophen *Anton Grabner-Haider* (in seiner Abhandlung „Religiöse Symbole in der Theologie", S. 31ff.) besonders wichtig: „Sowohl sprachliche Symbole als auch Handlungssymbole sind eng mit *emotionalem Erleben* verbunden. Das können Prozesse der Lebensangst, der Schmerzerfahrung der Schuld und der Destruktivität genauso sein wie Erfahrungen der Lebensfreude, der Sinnlichkeit, der Lust u.a. (S. 36).

[216] C. G. Jung, Typen, S. 643.

Anders gesagt: Durch das Symbol wird etwas sonst Unaussprechliches in unübertreffbarer Weise dargestellt. Da genau dieser Vorgang eben nicht nur den Verstand informiert, sondern die Seele bewegt, liegt es nahe, im Ereignisfall von einem „lebendigen" Symbol zu sprechen, das eine dynamisierende Wirkung hat und so die Intention aktualisiert, allem (freudigen oder traurigen) Erleben „transzendierend" zu begegnen. Es liegt weiter nahe, daß gerade im (seelsorgerlichen) Umgang mit Trauernden und Sterbenden die Arbeit mit in diesem Sinne „lebendigen Symbolen des Glaubens" von ausschlaggebender Bedeutung ist.

b) Wollen Seelsorger und Seelsorgerin sich auf einen trauernden oder einen sterbenden Menschen und seine Situation nicht nur allgemein „mitleidig" sondern sachgemäß helfend einlassen, so sind sie gehalten, sich *spezifische Kenntnisse* über Trauer- und Sterbevorgänge anzueignen. Im Ausnahmezustand der Trauer oder des nahenden Todes ist der Betroffene in aller Regel kaum in der Lage, die vorher vielleicht erworbenen Kenntnisse über Struktur und Wesen menschlicher Reaktionen im existentiellen Bedarfsfall auf sich selbst anzuwenden (selbst wenn er auf diesem Gebiet professionell arbeitet und eine Fachkraft sein sollte!). Dann erscheinen alle kognitiven Einsichten – wie bei jedem anderen intensiv trauernden Individuum – situativ ausgesetzt und durch die alles beherrschenden Gefühle eines unabgegrenzten Seelenschmerzes relativiert.

Zum *einen* setzt Seelsorge im *Trauerfall* seitens derer, die sie praktisch ausüben wollen, besonders unverzichtbar ein Stück klarer *Distanz* zur inneren Lage des akut Trauernden voraus. Sie darf nicht mit einem Mangel an Mitgefühl verwechselt werden. An ihrer Ermöglichung sollte vielmehr gezielt gearbeitet werden. Auf der Basis dieser Grundeinstellung wird es seelsorglich dann vor allem darum gehen müssen, die bedrängenden *Verlustängste* eines trauernden Menschen (bis hin zur Infragestellung der Fähigkeit, ohne die verlorene Beziehungsperson überhaupt weiterleben zu können oder zu wollen!) zu verstehen und kompensieren zu helfen. Es wird weiter darauf ankommen, den Prozeß der *Trauerarbeit* in den einzelnen Phasen seines Ablaufes zu fördern und dabei den jeweils charakteristischen Verarbeitungsmodus zu beachten. Es kann ebenso wichtig sein, die in der Trauersituation andrängenden Zweifel und plötzlichen Infragestellungen bisheriger Lebensmaximen in eine konstruktive Religions- und Glaubenskritik hinein aufzuheben und gerade so ein auch in dieser besonderen Situation tragfähiges Gottvertrauen freizusetzen.

Mit all diesen Einzelmomenten ist Seelsorge im Trauerfall als *Orientierungshilfe* in einem psychischen Ausnahmezustand zu begreifen. Sie ist individuell bezogen anzubieten, aber – wenn möglich – mit dem Erleben von christlicher Gemeinschaft und Gemeinde zu verbinden.

Für den Seelsorger/die Seelsorgerin ist neben der sachlichen Grundhaltung auch erworbenes *Wissen* um die verschiedenen Merkmale und Verlaufsmomente des Trauerprozesses unabdingbar, das in der Gegenwart u.a. mit Hilfe des reichen Literaturangebots auf diesem poimenischen Spezialgebiet erworben werden kann:

Zum geradezu unverzichtbaren „Klassiker" ist hierbei das Werk von Y. Spiegel über den Trauerprozeß zu nennen.[217] Möglichst empirienah will der Verfasser humanwissenschaftliche und theologische Aspekte und damit verschiedene Deutungssysteme hinsichtlich des Trauergeschehens praxisorientiert miteinander zum Tragen bringen und so der theologisierenden Tendenz wehren, lediglich „zusätzlich" für sog. Sinnfragen zuständig zu sein. Denn: „Verzichtet die Theologie darauf, von vornherein an diesem mühsamen Weg von Beobachtungen zur Generalisierung sich zu beteiligen, und wartet sie in vorgeblich kluger Zurückhaltung, bis der Prozeß der Generalisierung abgeschlossen ist, um dann ihre Sinndeutung hinzuzufügen, so kann es allzu leicht geschehen, daß zwei Tunnelröhren, von entgegengesetzten Seiten begonnen, aneinander vorbeigegraben werden."[218]

So referiert Spiegel ebenso umfassend wie detailliert die verschiedenen psychoanalytischen und sozialpsychologischen Theorien zur Trauerarbeit bzw. zur Symptomatik der Trauer als eines Zustandes mit Krankheitswert. Er zeichnet den Verlauf der Trauer in seinen einzelnen Phasen nach (die vier Phasen des Schocks, des kontrollierten Verhaltens, der Regression, der Adaptation), um schließlich über „Die Arbeit des Trauernden" ausführen zu können: „Um den ‚normalen' Trauerprozeß zu gewährleisten, muß der Trauernde eine Reihe von Aufgaben lösen, die sich zusammenfassend beschreiben lassen als Auslösung der Trauer, Strukturierung, Anerkennung der Realität, Entscheidung zum Leben, Aussprechen von gesellschaftlich unakzeptablen Gefühlen und Erfahrungen, Bewertung des Verlustes, Inkorporation des Toten, neue Lebensorientierung."[219]

Zum individuellen Aspekt der Trauer tritt deren gesellschaftlicher Aspekt: Es gilt, den Statusübergang des Toten mit Hilfe von (Beerdigungs-)Ritualen, kontrollierter Klage, Angstreduzierung bis hin zur Veröffentlichung eines neuen Status des Trauernden zu ermöglichen. Zielvorstellung ist hierbei: „... die Erfahrung des Schmerzes wird generalisiert, erscheint nicht mehr nur als das individuelle Problem dieses einen Betroffenen, sondern schließt ihn ein in die Schar derer, die mit der Hilfe des Glaubens oder durch psychische Techniken die Krisis bewältigt haben. Das Ritual bestätigt damit die Werte, die generell von einer Gesellschaft zur Überwindung eines solchen Verlustes eingesetzt werden."[220] In diesem Kontext muß dann auch

---

[217] *Yorick Spiegel*, Der Prozeß des Trauerns. Analyse und Beratung, München, 1973.
[218] Y. Spiegel, a.a.O., S. 15.
[219] Y. Spiegel, a.a.O., S. 86.
[220] Y. Spiegel, a.a.O., S. 123.

von der neu zu reflektierenden Arbeit der „Krisenagenten" (Arzt, Bestatter, Pfarrer) die Rede sein, um deren Arbeit auf die einzelnen Erlebensphasen des Trauerprozesses so konkret und hilfreich wie möglich ausrichten zu können.

In dem breit ausgeführten Abschnitt „Die Mechanismen der Bewältigung" werden schließlich die narzißtischen, die aggressiven und die objektlibidinösen Bewältigungsmechanismen in ihrer Verschiedenheit im einzelnen erklärt, ausdifferenziert und in ihrer jeweiligen Erlebensqualität beschrieben.

Im Epilog: „Der Tod Jesu und die Trauer der Jünger (Joh. 16)" heißt es abschließend: „Trauer kann zu einer Erfahrung werden, die ein menschliches Leben nicht ärmer werden läßt, sondern bereichert und vertieftes Verständnis für den Verstorbenen und für den Trauernden mit sich bringt. Will man den Tod eines nahestehenden Menschen als eine Glaubensprüfung verstehen, dann vor allen Dingen so, daß mit dem Verhältnis zu dem Verstorbenen auch das Verhältnis zu Christus geprüft wird. Ein falsches Glaubensverständnis kann auch das Verständnis dessen verstellen, was im Trauerprozeß vor sich geht."[221]

Der erste Band, aus dem zitiert wurde, ist (auch hinsichtlich der Literaturhinweise) in sich abgeschlossen. Ein zweiter Band liefert Anmerkungen, Exkurse sowie eine Bibliographie.

Den Dialog zwischen einem Homileten und einem Pastoralpsychologen bietet ein Buch von B. Klaus und K. Winkler über die Predigtaufgabe am Grab.[222] Durchgehend unter poimenischen Gesichtspunkten behandeln beide Autoren bei unterschiedlicher Fragestellung und Wahrnehmungseinstellung den kirchlichen Dienst im Trauerfall. Er steht zur Debatte mit seinen Grundfragen (z.B. wird der „Entwurf eines biblisch legitimierten Rituals" vorgelegt), mit Hinweisen zur Gesprächsführung, mit ausführlichen homiletischen und pastoralpsychologischen Überlegungen zur Rede am Grabe, mit Anleitungen zu einer in gezielter Weise persönlichkeitsspezifisch ausgerichteten Trauer-, Glaubens- und Lebenshilfe. Unter dem Titel „Predigtmodelle" kommentieren schließlich beide Autoren gegenseitig Beispiele aus der eigenen Praxis.

Ein umfassendes Lehrbuch zur Sterbe- und Trauerbegleitung stellt eine Monographie von F. Winter dar.[223] Der Autor setzt mit einer „Theorie des Todes" ein, führt den Leser über verschiedene „Deutungen" hin zur „Theologie des Todes" und referiert dabei entsprechende systematisch-theologische Überlegungen. Charakteristisch für das ganze Buch ist das Nebenein-

---

[221] Y. Spiegel, a.a.O., S. 319.
[222] *Bernhard Klaus* und *Klaus Winkler*, Begräbnishomiletik. Trauerhilfe, Glaubenshilfe und Lebenshilfe für Hinterbliebene als Dienst der Kirche, München, 1975.
[223] *Friedrich Winter*, Seelsorge an Sterbenden und Trauernden, Göttingen, 1975.

ander von systematisch-theologischer Einsicht und praktisch-theologischer Nachsicht, wie der Vergleich zweier Textstellen zeigt: „Wo der Tod als Pforte zum Nichts proklamiert wird, kann sich der christliche Glaube das zu eigen machen. Der Tod macht ein Ende mit dem Menschen; aber darin und darüber hinaus lebt der Herr, der aus dem Nichts etwas schaffen kann und will, weil er nicht allein, ohne die Menschheit, die doch seine Schöpfung ist, sein möchte. Die ins Nichts des Todes fallenden Menschen werden völlig neu in ein Sein im Gegenüber zu Gott gesetzt. Sie werden in das Sterben und neue Leben Jesu Christi hineingenommen."[224] Und wenig später: „Aus seelsorgerlichen Gründen ist noch eine Anmerkung zu machen: Wen die Frage nach dem Tod und dessen Transzendenz nicht so umtreibt, daß er die Verheißung der über den Tod währenden Verbundenheit mit Gott für wichtig hält, sollte nicht mit Gewalt überredet werden, in dieser Sache seine Meinung zu ändern. Er darf unter der befreienden Wirkung der Versöhnung hier und heute leben, sich ihr hingeben und sie realisieren bis in den Tod als dem leibseelischen Ende. Daß unter dem Aspekt der christlichen Wahrheit mehr zu sagen ist, bleibt davon unberührt."[225]

Das „Geleit zum Tode" und die „Begleitung der Trauernden (Postmortales Geleit)" werden dann sehr praxisnah (z.B. Wahrheit am Sterbebett – Bestattungshandlung und -rede – bis hin zur ständig notwendigen Vorbereitung auf den Tod) unter der letztlich bestimmenden Fragestellung abgehandelt: „Was kann die christliche Gemeinde tun, damit sie die Verantwortung für das prä- und postmortale Geleit richtig wahrnimmt?"[226]

Ein Kapitel „Modelle für die Verkündigung" mit Andachts- und Bestattungsredebeispielen bei Hinweisen auf deren situative Einbettung schließen ein eher konventionell argumentierendes, dabei sehr gediegen gearbeitetes Lehrbuch ab, dessen Anliegen in der Einleitung so formuliert wird: „Wenn Pfarrer und Gemeindeglieder nicht nur Bestatter, sondern auch Sterbehelfer werden, kann die isolierte Bestattungszeremonie wieder menschlicher und evangeliumsgefüllter werden."[227]

Therapeutisch ausgerichtete Trauerhilfe auf der Grundlage der Psychologie C.G. Jungs bietet V. Kast in einem Buch über die einzelnen Phasen der Trauer.[228] Nicht mehr um einen gleichsam krankhaften Ausnahmezustand soll es gehen: „Wir müssen Wege finden, Trauern als etwas Wesentliches zu

---

[224] F. Winter, a.a.O., S. 39.
[225] F. Winter, a.a.O., S. 40.
[226] F. Winter, a.a.O., S. 131.
[227] F. Winter, a.a.O., S. 11.
[228] *Verena Kast*, Trauern. Phasen und Chancen des psychischen Prozesses, Stuttgart/Berlin, 1982.

sehen, nicht einfach als etwas Pathologisches, und wir müssen Wege finden, miteinander wieder mitttrauern zu Lernen."[229]

Zunächst geht es auf dieser Basis um „Todeserfahrung und Trauer im Spiegel einer Traumserie", denn „Träume als Wegweiser bei der Trauerarbeit" spiegeln zusammen mit den ihnen folgenden Assoziationen bei tiefenpsychologischer Analyse die einzelnen Schritte der Trauerarbeit wider: Die Phase des Nicht-wahrhaben-Wollens, die Phase der aufbrechenden Emotionen, die Phase des Suchens und Sich-Trennens, die Phase des neuen Selbst- und Weltbezugs. Zu beachten ist die Verschiebung der Phaseneinteilung gegenüber derjenigen bei Spiegel bei gleichem Rückbezug beider Autoren auf G.W. Bowlby: Jetzt fällt die sog. kontrollierte Phase eher mit der sog. Schockphase zusammen, die sog. Regressionsphase zeigt sich in Form von „aufbrechenden Emotionen" wie verdecktem Zorn und ‚ewigen' Schuldgefühlen, der sog. Adaptationsphase entspricht dann die Phase des Suchens und Sich-Trennens von der verstorbenen Beziehungsperson.[230] In allen einzelnen Phasen können „Probleme unterdrückter und verschleppter Trauerprozesse" auftauchen und zu bearbeiten sein.

Mit Hilfe einer Gegenüberstellung der Jungschen Begriffe „Symbiose und Individuation" geht es V. Kast darum, die natürlichen, aber letzlich illusionären Verschmelzungstendenzen im Trauerfall langsam aufzuheben und die Annäherungen an eine selbständige Ganzheit des Individuums zu unterstüzen. Geht es doch im menschlichen Dasein grundsätzlich um „Sterben ins Leben hinein – um die ‚abschiedliche' Existenz": „Da der Tod wirklich eine Realität ist, geht es in unserem Leben immer auch um Trennung, um Abschiednehmen ... Deshalb müssen wir lernen, ins Leben hineinzusterben und mit dieser Art von Sterben umzugehen."[231]

Der Theologe W. Pisarski nimmt mit seinem Buch diesen Faden auf.[232] Er verarbeitet die genannten Grundeinsichten in Wesen und phasenhaften Ablauf des Trauerprozesses zu einer praktischen Anleitung, die „Mut zur Trauer" machen möchte: „Der Mensch *braucht* die Trauer! Ich sehe in diesem Wort nicht nur eine Mahnung, sondern auch eine Ermutigung."[233]

Im Handbuch der Seelsorge bearbeitet E. Winkler das hier sehr komplex zusammengefaßte Gebiet „Seelsorge an Kranken, Sterbenden und Trauernden".[234] Er stellt besonders die „Diakonische und kerygmatische Aufgabe im

---

[229] V. Kast, a.a.O., S. 21.
[230] Zu der verschieden möglichen Phaseneinteilung und deren jeweiligem theoretischen Hintergrund vgl. Y. Spiegel, Prozeß, S. 57ff.
[231] V. Kast, a.a.O., S. 142.
[232] *Waldemar Pisarski*, Anders trauern – anders leben, München, 1983.
[233] W. Pisarski, a.a.O., S. 18.
[234] *Eberhard Winkler*, Seelsorge an Kranken, Sterbenden und Trauernden, HbSS, S. 405ff.

Dienst an Trauernden" heraus, wobei der eine Aspekt nicht gegen den anderen zu stehen kommen sollte. Das „Anpassungsproblem" an die Wünsche der oft unkirchlichen und gegenüber der christlichen Verkündigung (noch) verständnislosen Angehörigen ist demnach nicht mit Maßnahmen der Kirchenzucht zu lösen. Vielmehr ist ihm mit einer diakonischen Kasualpraxis, aber auch seelsorgerlich kompensatorisch zu begegnen. Denn: „Das Anpassungsproblem ist durch keine formale Lösung zu beseitigen. Je intensiver der seelsorgliche Kontakt ist, desto mehr verliert es an Gewicht, denn je besser der Prediger die Verstehensmöglichkeiten, die Nöte, Fragen und Hoffnungen der Trauernden kennt, desto mehr Anknüpfungsmöglichkeiten findet er für das Evangelium."[235] Wichtig ist und bleibt für E. Winkler allerdings der Gemeindebezug: „An den diakonischen Aktivitäten wird besonders deutlich, ob der Dienst an den Trauernden lediglich eine ‚Amtshandlung' des Pfarrers ist oder als Aufgabe der Gemeinde verstanden und praktiziert wird."[236]

Von katholischer Seite liegt ein ebenso theoriebewußtes wie praxisbezogenes Buch von R. Bärenz vor.[237] Trauer wird bei Hinweis auf sozialwissenschaftliche und psychologische Erkenntnisse vor allem als „Identitätskrise" verstanden und der Bewältigung, bzw. der seelsorgerlichen Bearbeitung zugeführt. Denn: „Die mit dem Toten gemeinsame Welt und die durch den Toten mitgetragene Identität des Hinterbliebenen ist erschüttert. Tod ist deshalb Identitätskrise."[238]

Als Ausrichtung des gegenwärtigen sowohl (sozial-)psychologischen wie theologisch-poimenischen Erkenntnisstandes auf die Aus- und Fortbildung von Seelsorgern ist eine Monographie von F.-W. Lindemann zu verstehen.[239] Zunächst werden kirchliche und (praktisch-)theologische Umgangsformen in der Begleitung Trauernder im Zeitabschnitt von 1948 bis 1973 kritisch aufgearbeitet bis hin zu der Schlußfolgerung: „Die Auswertung persönlicher Berufserfahrung allein verhilft zu individueller Kompetenz."[240]

Es folgen „Schritte einer Fallbearbeitung als Beispiel für die Auswertung persönlicher Berufserfahrung": Hier wird „gleichsam in mikroskopischer Detailarbeit ein Fall als Modell durchgespielt", um daraus die Konsequenzen zu ziehen „für die allgemeine Aus- und Fortbildung von Seelsorgern", die

---

[235] E. Winkler, a.a.O., S. 424.
[236] E. Winkler, a.a.O., S. 426.
[237] *Reinhold Bärenz*, Die Trauernden trösten. Für eine zeitgemäße Trauerpastoral, München, 1983.
[238] R. Bärenz, a.a.O., S. 38.
[239] *Friedrich-Wilhelm Lindemann*, Seelsorge im Trauerfall. Erfahrungen und Modelle aus der Pfarrerfortbildung, Göttingen, 1984.
[240] F.-W. Lindemann, a.a.O., S. 59f.

psychoanalytisch orientiert ist.[241] Unter Bezug auf eine Balintgruppe mit Pfarrern (s.o. S. 197, Anm. 44) mit einem Fallbericht und einer Beerdigungspredigt, die später vergleichend mit Studenten in einer Seminarveranstaltung diskutiert wurden, nimmt F.-W. Lindemann Gelegenheit, die sog. „Göttinger Stufentechnik der Supervision" vorzustellen, anzuwenden und zu diskutieren. Dieses Modell verbindet sich mit den „vier aufeinander folgenden Schritten: 1. der Fremdwahrnehmung: Was habe ich wahrgenommen? 2. der Selbstwahrnehmung: Wie war mein Erleben? 3. der Selbstwahrnehmung: Welche Einfälle hatte ich dazu? 4. der Schlußbildung über den vom Prediger (oder Seelsorger, K.W.) angesprochenen Konflikt und seine Interpretation des Konflikts."[242] Ein Predigtbeispiel schließt den außerordentlich instruktiven Band mit seinen praktisch „einübenden" Passagen ab.

Anknüpfend an das Dictum „Abschiedlich leben lernen" von V. Kast veröffentlicht M. Schibilsky eine wichtige Studie über den persönlichen und den professionellen Umgang mit der Trauer.[243] Der Autor legt den Schwerpunkt unmittelbar auf den biographischen Ansatz und versteht „Die Trauergeschichte als ein Kapitel Lebensgeschichte".[244] Denn: „Jede Lebenskrise zwingt den Menschen in eine Distanz zu seiner bisherigen Lebensgeschichte. Bewältigung der Gegenwart und Gestaltung der Zukunft sind nur möglich, wenn es uns gelingt, die Krise in unsere Lebensgeschichte einzubeziehen: Die Trauergeschichte wird so zu einem Teil der eigenen Lebensgeschichte. Das ist der entscheidende Grund dafür, warum die Begleitung Trauernder uns zur Auseinandersetzung mit der eigenen Lebensgeschichte nötigt. Dies beherbergt gleichzeitig eine Chance: Wer sich mit der Lebensgeschichte beschäftigt, beschäftigt sich im Kern mit der Frage nach sinnhafter Lebensführung."[245]

Bei Verarbeitung der gängigen Trauertheorien und unter Bezug auf die „Verdinglichung des Todes" in der Gegenwart und deren Folgen für professionelle Trauerbegleiter und neben ganz praktischen Hinweisen kommt Schibilsky zu seinem Hauptanliegen. Er möchte „Trauer als Weg-Geschehen" verstehen und verschiedene Trauer-Stile und Trauer-Typen von einander abheben. Er möchte schließlich „Spiralwege der Trauer" herauszustellen: Bilden nämlich die Gegensatzpaare des Erlebens von „innen" und „außen" sowie von „Vergangenheit" und „Zukunft" das „Kreuz der Wirklichkeit", so beginnt der Weg der Trauerbegleitung gleichsam im Mittelpunkt dieses

---

[241] F.-W. Lindemann, a.a.O., S. 126.
[242] F.-W. Lindemann, a.a.O., S. 137.
[243] *Michael Schibilsky*, Trauerwege. Beratung für helfende Berufe, Düsseldorf, 1989.
[244] M. Schibilsky, a.a.O., S. 52.
[245] M. Schibilsky, a.a.O., S. 53.

Kreuzes und setzt sich in spiralenförmiger Bewegung durch alle Trauerphasen hindurch so fort, daß die genannten Dimensionen immer wieder berührt werden: „Trauern als Weg-Geschehen, das bedeutet: Raum geben und Räume durchschreiten, Innen-Räume, Außen-Räume, Vergangenheits-Räume und Zukunfts-Räume."[246] Auf diese Bewegung ist die „Lebensgeschichtlich orientierte Verkündigung" in einer reflektierten „Grundstruktur", die ihre Annahme und Aufnahme erleichtert, auszurichten.

In einem breiten geschichtlichen und gesellschaftlichen Rahmen ist schließlich die Untersuchung des katholischen Religionsphilosophen A. Grabner-Haider angesiedelt.[247] Hier steht nicht so sehr der einzelne Trauernde im Mittelpunkt des Interesses. Dem Autor geht es „... um die entscheidende Frage, ob und auf welche Weise in einer Glaubens-, Kultur- und Volksgemeinschaft diachron erlebte Schmerz- oder Schulderfahrung weiterwirken."[248] Trauerarbeit ist eine die geschichtlichen Erfahrungen und den jeweiligen Sozialisationsprozeß aufarbeitende Gruppenarbeit, wobei freilich gegenläufige Tendenzen zum Tragen kommen: „Da sind einerseits Personen und Subgruppen, die durch Trauerarbeit und Erinnerung Schmerz- und Schulderfahrungen bewußtmachen und personal integrieren. Und da sind andererseits Personen und Subgruppen, die emotionale Lernprozesse verweigern und negative Einstellungen verstärken."[249] Bei dieser Voraussetzung müssen sich dann die heute bekannten „Methoden der Trauerarbeit", aber auch „Christlicher Glaube als Versöhnungsarbeit" bewähren.

Dabei gibt es allerdings „... neben der *Liebesgeschichte* deutlich eine *destruktive Geschichte* der christlichen Kirche, die wohl bis in die Gegenwart anhält ..."[250] Letztere ist zunächst immer wieder (von den Stichworten Intoleranz und Monopolanspruch angefangen bis hin zu den Stichworten Verfolgungen, aber auch patriarchale Gottesbilder und Menschenbilder) bewußt zu machen und aufzuarbeiten. In einer für diesen bemerkenswerten Ansatz bezeichnenden Weise setzt dann „Konstruktive Trauerarbeit" mit „Konstruktiver Religionskritik" ein, denn: „Religionskritik trägt entscheidend zur Weiterentwicklung von Religion bei."[251] Und: „Grundsätzlich können wir jede Form der Religionskritik als wertvollen Anstoß für nötige Lernprozesse im Glauben sehen."[252]

---

[246] M. Schibilsky, a.a.O., S. 235.
[247] *Anton Grabner-Haider*, Befreiung durch Erinnerung. Trauerarbeit in Kirche und Gemeinde, München, 1990.
[248] A. Grabner-Haider, a.a.O., S. 12.
[249] A. Grabner-Haiber, a.a.O., S. 13.
[250] A. Grabner-Haider, a.a.O., S. 103f.
[251] A. Grabner-Haider, a.a.O., S. 217.
[252] A. Grabner-Haider, a.a.O., S. 249.

Um Lernprozesse und Erinnerungsarbeit in Theologie, Religionsunterricht, liturgisch gestalteteter Trauerbewältigung usw. aber geht es bei der nötigen „Neuevangelisierung" unserer Kultur und im beständigen Hinblick auf die hier anstehende Trauerarbeit mit ihren *politischen* Implikationen, denn: „Eine offene und tolerante Religion, die sich den Zielwerten der Versöhnung und der Nächstenliebe verpflichtet weiß, kann in unserer Kultur einen wesentlichen Beitrag zur Humanisierung und zur Aufrechterhaltung humaner Lebensformen leisten."[253] Was hier über die heute notwendige Trauerarbeit im Bereich religiöser Glaubenssysteme und Institutionen ausgeführt wird, kann sowohl von der Gesamttendenz her als auch in vielen Einzelaussagen in den Bereich individueller Trauerarbeit und der Seelsorge am einzelnen übertragen werden und dabei die Einbindung des Individuums in die kollektive Problematik deutlich werden lassen (so z.B. die wichtige Funktion der Religionskritik im Trauerprozeß und die Aufforderung, sie gerade nicht „aus Angst" um den christlichen Glauben abzuwehren!).

Nicht zufällig nehmen die poimenischen Veröffentlichungen zum Trauerprozeß und zur Seelsorge an Trauernden gegenwärtig einen so breiten Raum ein. Erschien die Beschäftigung mit dem Tod resp. dem Verlust eines nahestehenden Menschen vor zwei bis drei Jahrzehnten noch am ehesten der Säkularisierung entzogen, so ändert sich diese Lage gegenwärtig ganz offensichtlich: Die humanwissenschaftliche Literatur zu diesem Thema hat einen erstaunlichen Aufschwung genommen und Umfang erreicht.[254] Der seelsorgerlichen Hilfe zu einer christlichen Trauerbewältigung wird zunehmend eine therapeutisch gesteuerte Trauerverarbeitung entgegengesetzt. So ist auch auf diesem Gebiet eine Konkurrenzsituation zwischen seelsorgerlichem und humanwissenschaftlichem Vorgehen entstanden und als Herausforderung anzunehmen: Einer alternativen Möglichkeit gegenüber ist die christliche Position umso klarer aufzuzeigen, ohne daß auf einen gegenseitigen Wissens- und Erfahrungsaustausch zwischen „christlicher" und „weltlicher" Trauerbegleitung verzichtet werden sollte.

Wollen sich Seelsorger und Seelsorgerin sachkompetent auf einen *sterbenden* Menschen einlassen, so gilt generell zunächst das, was hinsichtlich des Umgangs mit Trauernden herausgestellt wurde: Es geht auch in dieser letztmöglichen zwischenmenschlichen Begegnungssituation um seelsorgerliche Handlungsfähigkeit, die sich aus der Möglichkeit situativer Distanzierung von Geschehen ableitet; es geht um die Wahrnehmung verschiedener Schritte bzw. Stufen eines Sterbeprozesses; es geht darum, sich auf die jeweils individuelle Art des Sterbens einzustellen.

Darüber hinausgehend will seelsorgerliche Sterbebegleitung einem Menschen in seiner letzten Phase des Erlebens jedenfalls *Erleichterung* vermitteln.

---

[253] A. Grabner-Haider, a.a.O., S. 292.
[254] Vgl. dazu G. Schmied, Sterben, S. 82.

Damit verbindet sich die Hilfe zum *Abschiednehmen* und *Abschiedgeben* im bisherigen Beziehungsbereich. Mit alledem ist Seelsorge an Sterbenden darauf ausgerichtet, das Erleben von *Rückkehr* zu ermöglichen: Ein Mensch kann und darf mit dem nahe bevorstehenden Tod zu jener Ursprungsbezogenheit zurückkehren, die den Ausgangspunkt seines Daseins und seines (christlichen) Glaubens bildet. Unter diesen Gesichtspunkten sollten sich Seelsorger und Seelsorgerinnen auf ihre Aufgabe vorbereiten und in entsprechender Weise informieren.

Die vorliegende Literatur zum seelsorgerlichen Umgang mit Sterbenden ist ebenfalls sehr umfangreich und fordert zu einer gezielten Auswahl heraus:

Eine ausgezeichnete Grundlage, durch den Umgang mit einem sterbenden Menschen zu prinzipiellen Fragestellungen bis hin zur Verhältnisbestimmung von Theologie und Psychologie vorzustoßen, bietet bei allem Zeitkolorit nach wie vor ein Aufsatz des Psychoanalytikers F. Meerwein.[255] Im Zentrum dieser Abhandlung beschreibt Meerwein unter der Überschrift „Trennung und Tod" paradigmatisch einen Sterbeprozeß, bei dem es im Rahmen einer immer weiter fortschreitenden Regression in zunehmendem Maße zu sog. „Externalisierungen" kommt: Alle Verpflichtungsgefühle bzw. Gewissensfunktionen, aber auch alle ordnenden Denkvorgänge werden nach und nach auf den Sterbebegleiter übertragen, um psychisch in die ursprüngliche Abhängigkeits- und Geborgenheitssituation des Menschen zurückkehren zu können und jenseits aller Konfliktmöglichkeiten endlich „Ruhe zu finden".[256]

Sehr bekannt geworden, weil ebenso erfahrungsbezogen wie fachlich fundiert ist das sehr eingängig geschriebene Buch von E. Kübler-Ross.[257] Die Verfasserin wendet sich vehement gegen die heute übliche „Flucht vor der Realität des Todes"[258] und will auf dem Hintergrund ihrer Erfahrungen mit einem (zunächst exemplarischen, später in ähnlicher Form oft wiederholten und weit verbreiteten) interdisziplinären Studienseminar über Sterben und Tod neue Umgangsformen mit sterbenden Menschen sowohl als möglich aufzeigen als auch verbreiten und etablieren helfen. Bei solcher Absicht entwickelt sie aufgrund umfangreicher Interviews mit Kranken im Endstadium ihr Modell von den (idealtypisch) aufeinanderfolgenden Phasen des Sterbeprozesses (Nichtwahrhabenwollen und Isolierung, Zorn, Verhan-

---

[255] *Fritz Meerwein*, Neuere Überlegungen zur psychoanalytischen Religionspsychologie, Zeitschrift für Psychosomatische Medizin und Psychoanalyse (17) 1971, S. 363ff.; wieder abgedruckt in E. Nase/J. Scharfenberg (Hg.), Psychoanalyse und Religion, S. 343ff.; hiernach wird zitiert.
[256] F. Meerwein, a.a.O., S. 355.
[257] *Elisabeth Kübler-Ross*, Interviews mit Sterbenden, Stuttgart/Berlin, 1971.
[258] E. Kübler-Ross, a.a.O., S. 149.

deln, Depression, Zustimmung). Sie bietet damit eine geeignete Orientierungshilfe an, um die innere Situation eines sterbenden Menschen differenzierter wahrnehmen und (seelsorglich) gezielter darauf reagieren zu können.

Zusammenfassend formuliert E. Kübler-Ross ihre Forderung so: „Statt Gesellschaften zu Einfrierung von Toten sollten wir lieber Gesellschaften zur Erörterungen der Fragen von Tod und Sterben gründen, den Dialog über diesen Themenkreis ermutigen und den Menschen helfen, mit weniger Ängsten zu leben, bis sie sterben."[259]

Von den zahlreichen weiteren Veröffentlichungen der Verfasserin sei im gegebenen Zusammenhang noch ihre Veröffentlichung über das Verstehen eines sterbenden Menschen genannt.[260] Das Buch demonstriert anhand vieler Beispiele sehr eindrücklich: Weil sterbende Kinder und Erwachsene ihre tiefsten Ängste und Wünsche nicht direkt ausdrücken können, gebrauchen sie eine symbolische Sprache. Deshalb besteht die dringende Notwendigkeit für Sterbebegleiter, den Gebrauch der Symbolsprache, „... diese Kunst der Kommunikation und Interpretation zu lehren und zu lernen, wo immer sich Gelegenheit dazu bietet."[261]

Ebenfalls zur Basisliteratur zählt der für eine bestimmte Grundeinstellung besonders charakteristische Sammelband von M. K. Bowers.[262] Das Kernstück dieses von verschiedenen Autoren mit psychotherapeutischer, medizinischer, theologischer und psychologischer Vorbildung und Tätigkeit geschriebenen Buches ist das Kapitel „Psychotherapie für Sterbende"[263]. Es drückt zugleich am deutlichsten die von Idealvorstellungen abhängige Grundintention dieser Veröffentlichung aus. Unbedingte Zielvorstellung ist demnach die auch in diesem Kontext nötig erscheinende Stärkung des Lebenswillens: „Das therapeutische Ziel beim sterbenden Menschen besteht darin, dem Leben mehr Sinn zu geben; denn das vermag Leben wiederherzustellen oder trägt zumindest, wenn das nicht der Fall ist, dazu bei, daß die abschließenden Ereignisse an Bedeutungsreichtum gewinnen. Denn angesichts des eigenen Todes erhebt sich der Mensch oft zur vollen Größe seiner menschlichen Existenz. Es kann tatsächlich geschehen, daß er im Sterben den Sinn findet, nach dem er in den vergangenen Ereignissen vergeblich gesucht hatte. Das wäre kein unerhebliches Ziel für den Dienst am sterbenden

---

[259] E. Kübler-Ross, a.a.O., S. 222.
[260] *Elisabeth Kübler-Ross*, Verstehen, was Sterbende sagen wollen. Einführung in ihre symbolische Sprache, Stuttgart, 1982.
[261] E. Kübler-Ross, a.a.O., S. 81.
[262] *Margaretta K. Bowers* u.a., Wie können wir Sterbenden beistehen, 2. Aufl., München/Mainz, 1971.
[263] M. K. Bowers, a.a.O., S. 80ff.

Patienten. Das könnte ein Ziel sein, das der Psychotherapeut, der Arzt, der Geistliche und die Familie des Patienten gemeinsam verfolgen."[264]

Vorher werden allerdings sehr wirklichkeitsnahe Zeitanalysen über die Voraussetzungen modernen Todeserlebens (u.a. über Tabuisierung des Todes, zum Thema „Kein Sterben gleicht dem anderen" usw.) sowie über „Erfahrungen mit Sterbenden" benannt. Anders als bei der Orientierung an Sterbephasen – und diese Wahrnehmungseinstellung gegebenenfalls ergänzend – geht es hierbei eher um beobachtbare „typische" Einstellungen, wie der willkommene oder verdrängte oder der wesensgemäße Tod). Behandelt werden ebenfalls die „Abwehrmechanismen der Gesunden."

Nach dem zentralen Kapitel geht es in weiteren Abschnitten um „Die Wahrheit am Krankenbett", „Die Frage nach dem Sinn von Krankheit und Tod", „Die Bedeutung des Glaubens".

Die auch angesichts des Todes stets sinnsuchend „optimistische" Tendenz im Hinblick auf psychosomatische Zusammenhänge wird in diesem einflußreichen und viel zitierten Buch noch einmal unterstrichen, wenn es schließlich in einem „Ausblick" u.a. heißt: „Eine zum Tode führende Krankheit ist oft der dramatische Abschluß eines Lebenskonfliktes; wenn jedoch der Konflikt gelöst werden kann, kann möglicherweise auch der tödliche Charakter der Krankheit sich ändern."[265]

Ein Buch von H.-C. Piper ist im ausdrücklichen Bezug auf die innovative Arbeit von E. Kübler-Ross entstanden.[266] Der Band umfaßt fünfzehn Protokolle und spiegelt gleichzeitig Stil und Vorgehensweise der „Klinischen Seelsorgeausbildung" in Deutschland wider. In dieser Veröffentlichung geht es deshalb „... bewußt um den subjektiven Eindruck, den ein Gespräch beim Seelsorger hinterlassen hat. Es geht um die eigene Erfahrung, die der Seelsorger am Krankenbett gemacht hat ... Wir erkennen einander nur in der Begegnung, und wir mißverstehen einander nur auf Grund von Kommunikationsstörungen ... Auch in der Gesprächsanalyse auf Grund des vorgelegten Protokolls wird der Seelsorger in erster Linie nach seinem eigenen Erleben gefragt. ‚Wie haben Sie das erlebt?'"[267]

Im abschließenden Teil „Probleme der Begleitung Sterbender" werden Abwehrhaltungen bzw. „Die Unfähigkeit zu sterben" besonders herausgestellt, und es wird auf „Die Sprache Sterbender" eingegangen, etwa: „Viele Menschen planen kurz vor ihrem Tod eine Reise."[268] Aufgezeigt wird auch, „... wie Traummotive und biblische Bilder miteinander zusammenhängen

---

[264] M. K. Bowers, a.a.O., S. 84.
[265] M. K. Bowers, a.a.O., S. 162.
[266] *Hans-Christoph Piper*, Gespräche mit Sterbenden, Göttingen, 1977.
[267] II.-C. Piper, a.a.O., S. 13.
[268] H.-C. Piper, a.a.O., S. 158.

und wie zugleich die Grenzen zwischen Traum und Realität aufgehoben werden."[269]

Eine gelungene Zusammenstellung von wissenschaftlicher Erhebung und Reflexion sowie klinischer Erfahrung und theologisch-seelsorgerlicher Zuordnung findet sich bei E. Engelke.[270] Der Verfasser stellt die in der „Klinischen Seelsorgeausbildung" gewonnenen Erfahrungen aufwendig in einen empirisch abgesicherten Theorierahmen. Geboten wird dem Leser sowohl eine Übersicht über die „Schwerpunkte der neuesten thanatologischen Forschung" und über „Institutionelle Rahmenbedingungen der Begegnung mit Sterbenden" als auch auch eine detaillierte wissenschaftliche Darstellung zum Thema „Sterbenskranke – ihre psychosoziale Situation und ihre Erwartungen an die Kirche". Auf dieser Basis stellt der Verfasser dann sein eigenes methodisches Vorgehen vor, sog. Verbatims (Gesprächsprotokolle) aufgrund retrospektiver Beobachtungen in einer breit angelegten explorativen Studie zu analysieren und die Ergebnissen unter bestimmten Gesichtspunkten und Merkmalen zu systematisieren.

Nach diesen Erhebungen und ihrer Auswertung werden dann „Das Angebot der (katholischen, K.W.) Kirche für Sterbenskranke", aber auch „Die Erwartungen der Sterbenskranken und das Angebot der Kirche" einander gegenübergestellt und ebenso konfrontativ wie kritisch aufeinander bezogen. In der Zusammenfassung nennt E. Engelke als ein nüchternes (und z.B. im Hinblick auf die Ausführungen bei M. Bowers u.a. ernüchterndes! K.W.) Ergebnis: „Fast alle Kranken sind sich ihrer tödlichen Bedrohung bewußt und auch durchaus bereit, darüber mit jemandem zu sprechen. Auffallend ist hierbei, daß die Sprache der Sterbenskranken vor allem durch Symbole und Signale geprägt ist. Der Sterbeprozeß beinahe aller Sterbenskranken ist durch mannigfaltige Konflikte bestimmt. Diese Konflikte haben ihre Wurzel in dem Grundkonflikt: Angst-Hoffnung und Abwehr-Annahme. Kaum ein Sterbender bejaht sein Sterben; eine kleine Gruppe wünscht sich den Tod, um vom Leiden erlöst zu werden. Nur wenige Sterbenskranke bewältigen ihre Situation durch religiöse Bewältigungsformen."[271] Und: „Die Ergebnisse differieren hinsichtlich des Alters, der Geschlechter und der Konfessionszugehörigkeit der Sterbenskranken nur unwesentlich."[272] Der Verfasser fordert abschließend dazu auf, aus dieser Situation Schlüsse für die seelsorgerliche Arbeit zu ziehen, z.B. die starke kommunikative und tröstende Kraft der Symbole und Riten nicht dogmatisch einzuengen, sondern flexibel und bedürfnisoffen zu nutzen.

---

[269] H.-C. Piper, a.a.O., S. 160.
[270] *Ernst Engelke*, Sterbenskranke und Kirche, München/Mainz, 1980.
[271] E. Engelke, a.a.O., S. 172.
[272] E. Engelke, a.a.O., S. 173.

Möglichst ohne Fremdworte und wissenschaftliche Apparate versucht eine ‚Handreichung' für die Betreuung Sterbender auszukommen.[273] Geboten wird eine praktische Anleitung, sich als Begleiter hilfreich bezogen auf sterbende Menschen verhalten zu können. Dabei wird unter einer Fülle von problemanzeigenden (und statistisch unterlegten) Stichworten (einige Beispiele unter vielen anderen: Soziales Sterben, Leid und Schmerz, Sprachliche Hilfe, Familie und Tod usw.) durchgehend ein erlebnisdifferenzierender Einstellungsmodus gefördert.

Exemplarisch dafür ist z.B. das Kapitel „Bedürfnisse Sterbender".[274] Da heißt es etwa: „Wenn wir versuchen, uns gedanklich in unser eigenes Sterben zu versetzen, wird uns gegenwärtig wohl kaum dasselbe einfallen wie im Augenblick des Lebensendes selbst. Vielleicht gelingt es uns aber doch besser, die Gefühle und Bewegungen nachzuempfinden, mit denen Sterbende befaßt sind."[275] Jeder Abschnitt unter den verschiedenen Stichworten schließt mit einem Merksatz und einer Übungsaufforderung „Merke: ..." und „Übe: ..." ab. Da heißt es z.B. unter der Überschrift „Religion und Verhältnislosigkeit"[276]: *Merke*: Leben und Liebe enden nicht im Tod – Der Tod liegt für den Glaubenden stets hinter uns; das einzige, was – menschlich noch unerfüllt, aber göttlich abgeschlossen – vor uns liegt, ist die Liebe" usw. Und später: *„Übe* : ... Beginne den nächsten Tag mit dem Versuch, ihn so zu leben, als wäre es dein letzter Tag. Versuche dann am morgigen Abend eine kleine Besinnung, was an diesem Tag anders gewesen ist als an anderen Tagen: Wieviel Liebe ist dir gelungen?"[277]

Auf dem Boden der „Integrativen Gestalttherapie" steht das weitverbreitete Buch des Theologen und Gestalttherapeuten K. Lückel.[278] Der Verfasser geht von einer sehr persönlichen Position aus: „Mein Sterbethema und mein Lebenshintergrund"[279].

Nach diesem charakteristischen „Einstieg" geht es zunächst um Gestalt-Konzepte und -Hilfen in der Seelsorgebegleitung sterbender Menschen. Es geht weiter um Vermeidung und deren Aufhebung, um Leiblichkeit und Kommunikation, um den Kontext des Sterbenden und um den besonderen Schwerpunkt „Lebensbilanz". Hierzu führt der Verfasser aus: „Das Konzept

---

[273] *Franco Rest*, Den Sterbenden beistehen. Ein Wegweiser für die Lebenden, Heidelberg, 1981.
[274] F. Rest, a.a.O., S. 32ff.
[275] F. Rest, a.a.O., S. 32.
[276] F. Rest, a.a.O., S. 92.
[277] F. Rest, a.a.O., S. 92f.
[278] *Kurt Lückel*, Begegnung mit Sterbenden. ‚Gestaltseelsorge' in der Begleitung sterbender Menschen, München/Mainz, 1981, 5. Aufl. 1994.
[279] K. Lückel, a.a.O., S. 15ff.
[280] K. Lückel, a.a.O., S. 49f.

der Lebensbilanz ist für mich eine der wichtigsten Anregungen aus dem Bereich der integrativen Gestalt-Therapie, um einem sterbenden Menschen zu helfen, daß er sein Leben abrunden und sich auf das Sterben als letzte Lebensaufgabe einlassen kann. Es geht um integrierende Rückschau, um nacherlebendes Aneignen der verschiedenen Lebensphasen, um Aufarbeiten auch von ‚unerledigten Situationen', um Wiederentdecken von ‚vergessenen' oder fragmentierten Szenen des Lebens – um den Versuch, das Leben als Gesamt und Kontinuum zu ‚begreifen', Vergangenes zu vergegenwärtigen, mich mit dem zu ‚identifizieren', der ich war und nun bin – und so Abschnitte, Szenen, Ereignisse meines gelebten Lebens mir zu eigen zu machen."[280]

Als Sprache für das eigentlich „Unsagbare" dienen dabei die Träume: „Die Traumsprache ist die Sprache des ganzheitlichen Erlebens, die dem analytisch-kausalen Tagdenken zwar fremd ist, es aber zugleich komplementär ergänzt. Traum und Reflexion sind zwei Weisen, unsere Wirklichkeit zu erfassen – und beide zusammen ergeben erst die Ganzheit."[281] In diesem Sinne werden sie genutzt, um (wie an Beispielen aufgezeigt wird) die Grenzsituation des Todes integrieren zu helfen.

Des weiteren ist es von entscheidender Wichtigkeit, angesichts des Todes das Leben zu entdecken. Das (gestalttherapeutische) Schlüsselwort heißt „Begegnung" – mit sich selbst, mit der tatsächlichen (Lebens- und Sterbens-) Situation, mit dem seelsorglichen Begleiter, dem dabei eine Rolle zufällt, die ihn selbst „an die Grenz-und Basisfragen unserer gemeinsamen Existenz"[282] führt. Das wird vom Verfasser am Beispiel einer sterbenden krebskranken Frau eindrucksvoll dargestellt.

Das Buch schließt mit kurzen (theoretischen) Exkursen zur Gestalttherapie bzw. integrativen Therapie und einigen Hinweisen auf Besonderheiten der Sterbeseelsorge.

K. Lückels Ansatz wird ergänzt und in einen breiten Kontext einbezogen durch den umfangreichen Sammelband, den I. Spiegel-Rösing und H. Petzold zum Thema herausgegeben haben.[283] Das Buch umfaßt die Beiträge von Autorinnen und Autoren der verschiedensten psychologischen und psychotherapeutischen Richtungen von der Psychoanalyse und Komplexen Psychologie C.G. Jungs über die Daseinsanalyse und Familientherapie bis hin zur Integrativen Therapie bzw. dem Gestaltansatz und K. Lückels Aufsatz „Gestalttherapeutische Hilfen in der Seelsorgebegleitung sterbender Menschen".[284]

---

[281] K. Lückel, a.a.O., S. 86.
[282] K. Lückel, a.a.O., S. 113.
[283] *Ina Spiegel-Rösing/Hilarion Petzold* (Hg.), Die Begleitung Sterbender. Theorie und Praxis der Thanatotherapie. Ein Handbuch, Paderborn, 1984.
[284] I. Spiegel-Rösing/H. Petzold (Hg.), a.a.O., S. 613ff.

Über die schon genannten und in verschiedenen Versionen behandelten Grundfragen und Grundeinsichten hinaus bemüht sich aus katholischer Sicht W. Lauer hinsichtlich dieser Thematik um eine Zusammenschau von Wissenschaft, Ethik und Weltanschauung.[285] Versteht man den „Tod als fundamentales Grenzproblem der Menschheit", so geht es schlußendlich nach „Gedanken über die Erfahrbarkeit des Todes", über „Psyche und Tod", über „Identität und Tod", über „Entwicklung und Tod ..." und über das Verhalten von Sterbenden ..." um „Die Entscheidung: Weltanschauliche Antworten auf Sterben und Tod", die dann freilich im Munde des Verfassers unversehens Bekenntnisform annehmen.

Als Beispiele für unbefriedigende Lösungen nennt er u.a. marxistisch-materialistische Positionen. In seiner Sicht zielen „... die marxistisch-materialistischen Antworten auf die Frage nach dem Tod vorbei. Entweder täuschen sie Erkenntnis vor, wo man nur vom Glauben sprechen kann, und zeigen insofern bereits ein falsches Problembewußtsein, oder aber sie geben eine Glaubensantwort, die jedoch im Hinblick auf die eigentlichen Fragen nach einer wahrhaft menschlichen Sinngebung so unbefriedigend ausfällt, daß man sie als Lösung des Todesproblems nicht nur im Namen des bekenntnishaft vertretenen Christentums, sondern auch im Bezugssystem eines möglichen atheistischen Humanismus für ungenügend erachten muß ..."[286] Denn der in diesem Kontext propagierte ‚natürliche Tod' entpuppt sich als pseudorelegiöse Ideologie. Der mit dieser Ideologie gegebene Verzicht auf Individualität korrespondiert in negativer Auswirkung mit einer tragischen Poesie des ‚roten Helden'.

Demgegenüber geht es in der religiösen Antwort des Christentums um eine „Entscheidung in Gnade: Das Ja zu Kreuz und Auferstehung", denn: „Wer christlich glaubt, glaubt nicht irgendetwas, sondern entscheidet sich für ganz bestimmte Inhalte. Er tritt ein in die Nachfolge Christi, der am Kreuz gestorben und auferstanden ist."[287]

Ebenfalls unter katholischem Vorzeichen, aber bei breitgefächerter Rezeption der einschlägigen protestantischen Fachliteratur, steht eine umfangreiche systematisch-theologische Untersuchung von W. Klein.[288] Sterben und Tod als Anfrage an die Theologie in einer veränderten Welt und unter Bezugnahme auf anthropologisch-philosophische Positionen wird hier vor allem in Hinblick auf ein „Sterben als Vollendung christlicher Lebensverwirklichung" reflektiert.[289]

---

[285] *Werner Lauer*, Sterben und Tod. Eine Orientierungshilfe, München, 1983.
[286] W. Lauer, a.a.O., S. 211.
[287] W. Lauer, a.a.O., S. 258.
[288] *Wolfgang K. Klein*, Christliches Sterben als Gabe und Aufgabe. Ansätze einer Theologie des Sterbens, Frankfurt a.M./Bern/New York, 1983.
[289] W.K. Klein, a.a.O., S. 211.

Im poimenischen Kontext besonders nachdenkenswert erscheint eine Fragestellung, die der Verfasser in betonter Weise historisch verankert bzw. in ihre Vorgeschichte einbettet: In einem „Ausblick: Die Kunst des Sterbens als Kunst des Lebens"[290] fragt der Autor: „Sterben-können durch Sterbenlernen: Wiederbelebung einer christlichen Ars moriendi?"[291] Die Tatsache, daß sich durch die Geschichte des christlichen Glaubens eine ganze Literatur über die „Ars moriendi" zieht, die sich konkret als Anweisung in ein gelingendes christliches Sterben versteht, läßt demnach auch unter den modernen Gegebenheiten fragen: „Wie muß der Christ auf seinen Tod zugehen? Gibt es so etwas wie eine Methode, die die ‚Kunst des Sterbens' ein- und damit dann zu einem christlichen Tod hinführt?"[292] Hierzu liefert der Verfasser zahlreiche weiterführende Literaturangaben zum geschichtlichen Erbe dieser Fragestellung und zu deren Aktualisierung in der Gegenwart unter dem bleibenden Postulat einer „Einheit von Ars vivendi und Ars moriendi".[293] Er ergänzt damit die sonst heute in aller Regel viel eher auf humanwissenschaftliche Erkenntnisse als auf das geschichtliche Erbe bezogenen seelsorgerlichen Bemühungen um ein (im christlichen Sinne) „gelingendes" Sterben.

Ganz im Sinne dieses heute aber jedenfalls unabdingbaren interdisziplinären Dialogs ist aus einer Reihe von Universitätsvorlesungen eine Art Kompendium entstanden, das H.-P. Rosemeier und R. Winau verantworten.[294] Nach einem Vorwort von Jörg Zink werden in diesem Buch die Beiträge zahlreicher Wissenschafler und Fachleute den folgenden Abschnitten bzw. thematischen Überschriften zugeordnet: Der vergangene und der gegenwärtige Tod; der bedachte Tod; der erforschte Tod; der alltägliche Tod; das begleitete Sterben.

Unter der letzten Thematik schreibt J. Mayer-Scheu in diesem Band eine Abhandlung „Seelsorgerliche Begleitung von Sterbenden und ihren Angehörigen im Krankenhaus".[295] Ihm geht es dabei vor allem um Herstellung und Wahrung der „... Chance für ein minimales *Gemeindeverständnis* im weiteren Sinn, das Sterbenden und Trauernden helfen könnte, im Erleben, im Kämpfen und Erleiden ebenso wie im Behandeln und Begleiten – als Mensch menschlicher mit Sterben und Tod umzugehen. Unter den Voraussetzungen einer kontinuierliche Zusammenarbeit von Seelsorgern und Therapeuten

---

[290] W.K. Klein, a.a.O., S. 228ff.
[291] W.K. Klein, a.a.O., S. 228.
[292] Ebd.
[293] W.K. Klein, a.a.O., S. 230f.
[294] *Hans-Peter Rosemeier/Rolf Winau* (Hg.), Tod und Sterben, Berlin/New York, 1984.
[295] *Josef Mayer-Scheu*, in: H.-P. Rosemeier/R. Winau, a.a.O., S. 338ff.

kann eine Krankenstation anfangen, ein Ort zu werden, wo nicht nur Symptome und Körper bis zum letzten Atemzug behandelt werden, sondern auch Leben in der letzten Lebensphase von Menschen erlebt, für den Kranken wichtige Ereignisse begangen und miterlebt werden. Dabei spielt die Beteiligung der wichtigsten Menschen für den Kranken, meist seine Angehörigen, eine große Rolle, aber auch die Anteilnahme der Behandelnden ..."[296]

Das Buch schließt auch Reflexionen über so kontrovers dikutierte Themen wie Sterbehilfe und das Recht auf den eigenen Tod ein und verfolgt damit sein generelles Ziel, in möglichst umfassender Weise zu informieren.

Die letzgenannte Thematik wird ebenfalls neben anderen Aspekten angesprochen in einem von S. Wehowsky herausgegebenen Band.[297] Als besonders wichtig kann der Beitrag eines Arztes gelten, der selbst „Als Patient auf einer Intensivstation" lag und sein Erleben schildert.[298]

Des weiteren ist eine Abhandlung von T. Stählin „Liebe und Tod. Theologische Erwägungen zum humanen Sterben"[299] hervorzuheben. Zum Thema der Wahrheit am Sterbebett heißt es hier: „In der heutigen Medizin hat sich die Überzeugung durchgesetzt, es sei menschlich, dem Patienten das Wissen von seinem bevorstehenden Tod auf keinen Fall aufzudrängen, ja die Praxis ist weit verbreitet, es ihm auszureden. Die Theologie hat die Grenze der seelischen Fähigkeiten aller Beteiligten, auch der Christen zu sehen und mit Takt des Verstandes und des Herzens am Gespräch über diese Probleme, deren Bedeutung für den Menschen von letzter Tragweite sind, teilzunehmen. Sie hat dabei aber in Klarheit die Erkenntnis zu vertreten, daß immer nur der bestandene Tod ein Weg zu neuem Leben ist, der verschleierte oder bewußt verdeckte Tod jedoch Verstrickung und Gebanntsein in den Tod."[300] Auf diesem Hintergrund heißt es dann weiter: „Für diejenigen, die dem Sterbenden nahestehen wollen, scheinen mir vier Dinge entscheidend zu sein: *Präsenz, Anrede, Gebet, Ruhe.*"[301]

In einer Veröffentlichung von W. Schweidtmann erscheint dann das Problem der „Wahrheitsmitteilung zwischen pro und contra" weiter ausdifferenziert.[302] Dabei wird Wahrheit als Entwicklung und Prozeß sowie als

---

[296] J. Mayer-Scheu, a.a.O., S. 340.
[297] *Stephan Wehowsky* (Hg.), Sterben wie ein Mensch, Gütersloh, 1985.
[298] Vgl. a.a.O., S. 73ff.
[299] *Traugott Stählin*, in: S. Wehowsky, a.a.O., S. 40ff.
[300] T. Stählin, a.a.O., S. 49.
[301] Ebd.
[302] *Werner Schweidtmann*, Sterbebegleitung. Menschliche Nähe am Krankenbett, Stuttgart, 1991.

kommunikatives Geschehen bestimmt und im einzelnen einem praktikablen Umgang zugänglich gemacht.[303]

Neben der Auseinandersetzung mit den heute poimenisch anstehenden Fragestellungen und bei einem besonderen Engagement für ein zu verbesserndes Aus- und Weiterbildungsangebot für Seelsorge an Sterbenden rezipiert der Verfasser verdienstvollerweise die „Beiträge der Bewältigungsforschung für das Verständnis von Verarbeitungsprozessen in Krankheit und Sterben".[304] Er setzt sich dabei kritisch-korrigierend mit dem Phasenmodell von E. Kübler-Ross auseinander (s.o. S. 435f.). Von diesem Modell heißt es: „Es ist ein viel zu grobes Raster, um die schwierigen und differenzierten Entwicklungen im Laufe des Bewältigungsprozesses bei einem Menschen angemessen nachzuvollziehen. Außerdem besteht die Gefahr, den individuellen und zweifellos einmaligen Sterbeprozeß der jeweiligen Person in ein Schema zu pressen."[305] Und: „Auf der Suche nach weiterführenden Verständnishilfen wird man am ehesten im Bereich der Streßforschung fündig."[306]

Der neue Ansatz des Verfassers (der sich vor allem mit dem Modell des Streßforschers Richard S. Lazarus verbindet und dabei sowohl psychodynamische als auch neuere lern- und entscheidungstheoretische Konzepte integrieren möchte) erscheint in sich schlüssig und damit sehr bedenkeswert und anregend. Das trifft vor allem dann zu, wenn er nicht alternativ, sondern ergänzend zum Tragen kommt, neue Fragestellungen eröffnet und damit das poimenische Anliegen innovativ vertritt.

Am Ende dieses Durchgangs durch eine Auswahl aus dem reichen Literaturangebot auf diesem Gebiet reizt es, Seelsorger und Seelsorgerinnen zur (wiederholten) Lektüre von Martin Luthers „Sermon von der Bereitung zum Sterben" aufzufordern.[307] In dieser Schrift von 1519, die die Tradition der mittelalterlichen Schriften zur „ars moriendi" unter reformatorischem Vorzeichen fortführt, liefert M. Luther in zwanzig Einzelabschnitten gleichsam ein Zwanzig-Punkte-Programm, das den Charakter der Einübung – fast der Konditionierung! – trägt. Dabei ergeben sich die folgenden Schwerpunktbildungen: Es geht dem Reformator im Hinblick auf einen guten christli-

---

[303] W. Schweidtmann, a.a.O., S. 55ff.
[304] W. Schweidtmann, a.a.O., S. 87ff.
[305] W. Schweidtmann, a.a.O., S. 88.
[306] W. Schweidtmann, a.a.O., S. 89.
[307] *Martin Luther*, Ein Sermon von der Bereitung zum Sterben, in: *Ders.*, Ausgewählte Schriften. Herausgegeben von *Karin Bornkamm* und *Gerhard Ebeling*. Zweiter Band, Frankfurt, 1982, S. 15ff., eingeleitet von K. Bornkamm.
[308] S.o. im Zusammenhang mit den Konzeptionen von M. Seitz, Praxis des Glaubens (S. 195ff.) und Erneuerung der Gemeinde sowie Ch. Möller (S. 197f.).

chen Sterbeprozeß 1) um gelingenden Abschied im Sach- und im Beziehungsbereich; 2) um gezielte Intensivierung der Gottesbeziehung; 3) um bewußt forcierten Gebrauch der Sakramente; 4) um konstruktiven Umgang mit Schreckensbildern; 5) um bedingungsloses Vertrauen auf Gott in Christus; 6) um selbstverständliche Partizipation an einer umfassenden Gemeinschaft. Bei alldem muß immer deutlich vor Augen stehen, daß alle Einzelvollzüge dieses „Programms" Gottes Wirken am Menschen darstellen und nicht als menschliche Leistungen einzuschätzen sind.

Bei der Lektüre dieser über die Zeiten hinweg eindrucksvollen Schrift wird gleichzeitig deutlich, wie einschneidend sich modernes Wirklichkeitsverständnis von demjenigen M. Luthers unterscheidet. Zwischen dem Reformator und den Menschen von heute liegen Veränderungen des Denkens, Fühlens und Handelns, die nicht einfach übersprungen werden können, auch wenn es um den selben Glauben geht! Aber der „Sermon von der Bereitung zum Sterben" eröffnet auch die Möglichkeit eines fruchtbaren historischen Vergleichs: Es können kritische Momente gegenüber scheinbar selbstverständlichen Abläufen und Verhaltensweisen in unserer Gegenwart freigesetzt werden und innovativ wirken. Luthers Umgang mit dem eigenen und mit fremdem Sterben enthält auch heute die selbstkritische Anfrage an unseren Umgang mit uns selbst im Leben und im Sterben. Und er gerät zur Nachfrage, ob wir dabei mit einer gottlosen oder einer gottbezogenen Wirklichkeit rechnen.

c) Wiederum sollen die in diesem Abschnitt genannten poimenischen Fragestellungen und Aufgaben in einer Überlegung zur *Zielsetzung* einer Seelsorge an Trauernden und Sterbenden zusammengefaßt werden. Zum zentralen Schwerpunkt des seelsorgerlichen Handelns muß jetzt die Aufgabe treten, im Hinblick auf die „letzten Dinge" wirksam von *Trost* zu reden und den Trost des Glaubens erlebbar zu vermitteln. Zusätzlich zu den Ausführungen über Trost in anderen poimenischen Kontexten[308] ist an dieser Stelle zu Begriff und Funktion des Trostes angesichts des Todes an das Folgende zu erinnern:

Zunächst ist Trost ein Zentralbegriff in der gesamten bibelbezogenen Geschichte des jüdischen und des christlichen Glaubens: Trost wird im Zusammenhang mit Treue und Festigkeit in einem Bündnis zwischen Partnern, die einander trauen, freigesetzt.[309] In diesem Sinne wird er zum tragenden Beziehungselement zwischen Gott und Mensch: Ein durch das gesamte Dasein mit seiner Lust und seinem Elend hindurchtragendes Erleben von unbedingter *Zusammengehörigkeit* hat zunächst grundsätzlich erleichternden Charakter. Diese Erleichterung als gegenwärtiger Zustand wird

---

[309] Vgl. *Der Große Duden*. Etymologie, S. 721; sowie *Reinhard Schmidt-Rost*, Art.: Trost, WdC, S. 1284f.

dort zum tröstlichen Erleben bzw. führt zum psychischen Zustand des Getröstetseins, wenn er sich vom Individuum mit der Antizipation (der „Vor-Stellung") einer *zukünftigen* Befindlichkeit verbinden läßt. Für alles seelsorgliche Vorgehen im Umgang mit Trauernden und Sterbenden bekommt diese Vorwegnahme von Zukunft im Akt des Tröstens naheliegenderweise einen besonders hohen Stellenwert. Sie wird jetzt zur weltanschaulichen Basisfrage schlechthin. Denn angesichts des Todes wird die begrenzt offene Frage, was die Zukunft bringt, zur unbegrenzt offenen Frage, ob überhaupt Zukunft vorstellbar ist und vorstellbar sein sollte. Sie wird damit für jeden einzelnen zur basalen Herausforderung an den Glauben und dessen vom bisherigen Erleben geprägte und von Symbolen getragenen Vertrauensstruktur.

Tröstende Seelsorge, die diesen Namen verdient, setzt voraus, daß in ihrem Rahmen (rituelle) Handlungen und/oder Mitteilungen an Trauernde oder Sterbende so zum Tragen kommen, daß sie im Einzelfall trosthemmende Ängste zu lösen und trostabwehrende Zweifel zu kompensieren vermögen. Dieses Desiderat ist (im Hinblick auf seine menschenmögliche Seite) nicht nur weitgehend davon abhängig, daß der Seelsorger/die Seelsorgerin sich selbst als ebenso trostbedürftig wie trostempfänglich erlebt hat. Es ist ebenso in einem hohen Maße davon abhängig, daß er/sie gelernt hat, alles Trosterleben als einen in vielen Fällen (oft bis zum letzten Daseinsmoment) andauernden Auseinandersetzungsprozeß zu begreifen: Immer wieder und zunehmend differenzierter ist Trost von *Vertröstung* zu unterscheiden und abzuheben. Anders gesagt: Immer wieder und zunehmend differenzierter ist im Einzelfall „hergebrachter" und buchstäblich „verzweifelt herbeigewünschter" Glaube angst- und spannungslösend zu desillusionieren und gerade so ein ebenso auf das Evangelium bzw. dessen Rechtfertigungsbotschaft bezogener wie persönlichkeitsspezifischer Glauben an die Treue Gottes bzw. die Festigkeit der Gottesbeziehung „tröstlich" zu aktualisieren[310] und „Frieden" der Seele als Widerspiegelung dieses Vorgangs zu erfahren.

---

[310] Zum Thema „Trost und Vertröstung" vgl. an dieser Stelle nochmals C. Schneider-Harpprecht, Trost. Dort ist im gegebenen Zusamemmenhang besonders das Kapitel „Persönlichkeitsspezifische Formen von Trost und Vertröstung" (S. 222ff.) zur Kenntnis zu nehmen. Da heißt es zunächt einleitend und programmatisch, es solle die vorher im einzelnen begründete „... Verbundenheit der Phänomene von Trost und Vertröstung mit dem typischen Schwerpunkt des Erlebens und Verhaltens verschiedener Persönlichkeitsstrukturen ausgeführt werden. Im Mittelpunkt steht dabei die Frage nach der Bedeutung für die Seelsorge. Kann die kirchliche Seelsorge durch eine solche differenzierende Betrachtung ihren Wahrnehmungs- und Handlungsspielraum zugunsten einer nicht nur effektiveren, sondern auch theologisch angemesseneren Praxis erweitern?" (Ebd.)
Nachdem dieser Fragestellung aufwendig nachgegangen wurde, faßt der Autor

Die Art des Trostes, aber auch die Möglichkeit oder Unmöglichkeit zu trösten oder getröstet zu werden, hat wiederum in direkter Weise etwas mit der *Gewissensstruktur* zu tun. Das Faktum, Trost überhaupt nötig zu haben und damit schlußendlich und im Angesicht des Todes die eigenen Begrenztheiten psychisch akzeptieren zu müssen, kann für das Individuum im einen Fall und d.h. mit einem im gesamten Lebenslauf immer wieder neu „gekränkten Gewissen" in das Gefühl der tragisch-grandiosen oder der absolut vernichtenden *Aussichtslosigkeit* umschlagen: Jedwede Erwartung an die Treue und Festigkeit einer Beziehungskonstante erscheint dann als solche sinnlos. Sie geht ins (ebenfalls grenzenlose!) Leere. Im anderen Fall und d.h. bei einer im Lebensverlauf an der kontinuierlichen Bearbeitung des eigenen Narzißmus gereiften Persönlichkeit, wird die unausweichliche Erfahrung letzthinniger Begrenztheit in zunehmender Weise mit *Weisheit* und *Humor* als einer wichtigen inneren Überlegenheitsgeste in das Lebensgefühl integriert.[311]

Das macht Abschiedssituationen und Trennungsvorgänge nicht unbedingt leichter! Aber das von „Lebensverzicht" begleitete Sterben und der unausweichliche Tod müssen dann nicht mehr zwangsläufig mit einer buchstäblich „vernichtenden" Niederlage gleichgesetzt werden. Vielmehr kann der eigene Lebenslauf samt seinem Abschluß als „einzigartig" sinnerfüllt,

---

zusammen: Bei seinen Reflexionen und Zuordnungen „... ging es im Gespräch mit den Humanwissenschaften um das Trostverständnis stets darum, möglichst präzis den Ort der menschlichen Erfahrung zu umschreiben, an dem Trost relevant und der Trost der Rechtfertigung praktisch wird, um daraus seelsorgerliche Konsequenzen zu ziehen" (S. 340f.).

[311] Vgl. dazu *Heinz Kohut*, Narzißmus. Eine Theorie der psychoanalytischen Behandlung narzißtischer Persönlichkeitsstörungen, Frankfurt, 1973, S. 364ff. Dabei ist Humor – allerdings fern von einer fanatischen Fixierung!- durchaus mit Stärkung von Wertvorstellungen und Idealen verbunden und muß diese nicht relativieren (vgl. S. 364f.). Weisheit nennt H. Kohut dann „eine kognitive Position, die man als Gipfel menschlicher Entwicklung sehen kann" (S. 366). Von Dankbarkeit im selben Kontext spricht H. Kohut S. 368; vgl. zusätzlich C. Schneider-Harpprecht, a.a.O., S. 333ff. Hier wird neben der Verbundenheit auch die Abgrenzung des christlichen Humors im Hinblick auf den autonomen, weltlichen Humor angesprochen und anhand der entsprechenden Literatur eine Differenzierung vorgenommen: Erst im „christomorphen Humor" ist eine dem Glauben angemessene Form des Umgangs mit der Wirklichkeit zu entdecken. Macht doch nur dieser Humor transparent für die Gottesbeziehung und entspricht damit erst eigentlich einem „reifen Narzißmus" im Sinne Kohuts, also einem Narzißmus, der sich gegen eigene Größenvorstellungen und Unendlichkeitsphantasien durch das Distanzierungsmittel „Humor" abzugrenzen versteht und dessen „Weisheit" in der Einsicht liegt, für sich selber bei allen heimlichen Sehnsüchten entsprechender Art nicht „Gott" sein oder werden zu können.

d. h. unauswechselbar identisch erlebt werden[312] und dadurch auch in diesem Kontext ein dominantes Gefühl von dankbarer *Gelassenheit* freigesetzt werden, das zu einem „getrösteten Gewissen" führen kann. Auf den Seelsorger/die Seelsorgerin kommt dabei und bei Einsicht in die möglichen Einzelmomente und deren Zusammenhang im komplexen Erleben von Trauer und Tod ein besonders intensiver (und dadurch psychisch sehr anstrengender) Modus des *Begleitens*[313] zu: Auf dem anzustrebenden inneren Weg von einem „gekränkten Gewissen" her zu einem „getrösteten Gewissen" hin ist seitens des trauernden oder sterbenden Individuums oft sehr viel (mit dessen narzißtischer Erlebenskomponente direkt korrespondierende) Enttäuschungswut zu überwinden. Diese kann sich allgemein auf Gott und die Welt richten, aber auch an der Person des Seelsorgers/der Seelsorgerin festmachen. Dann aber besteht die seelsorgliche Aufgabe darin, die Beziehung nicht seinerseits enttäuscht oder hilflos „entsetzt" über das Ausmaß der destruktiven Potenz des „alles" entwertenden und zerstörungswütigen Gesprächspartners abzubrechen. Es gilt vielmehr, die eigene Kränkung auszuhalten und zu relativieren, um in der Folge dieses inneren Prozesses das Kommunikationsangebot so lange und so weitgehend wie möglich aufrecht erhalten zu können. Denn nur das seelsorgliche Angebot einer in dieser Weise durchtragenden Beziehung mit nicht zerstörbarer Kommunikationsmöglichkeit kann schließlich zum Symbol für eine „annehmbare" (Gottes-)Wirklichkeit werden, die nicht enttäuscht, obwohl sie begrenzt.

---

[312] Diese Aussage geschieht in Anlehnung an die Identitätsbestimmung von E. H. Erikson, Kindheit, S. 256. Er schreibt: „Das Gefühl der Ich-Identität ist also die angesammelte Zuversicht des Individuums, daß der inneren Gleichheit und Kontinuität auch die Gleichheit und Kontinuität seines Wesens in den Augen anderer entspricht ..." Der so beschriebene innere Zustand eines Individuums wird nach unserer Einsicht bei Verlust jener „anderen" oder aber im Hinblick auf das nahende Lebensende entweder angstvoll ausgesetzt oder er erscheint in transzendierter Form auf der Grundlage einer ihn letzthin bestätigenden Gottesbeziehung.

[313] Zum Beriff „Begleiten" als zentralen seelsorglichen Akt vgl. auch die zusammenfassenden Ausführungen von *Peter C. Bloth*, Praktische Theologie. Grundkurs Theologie Bd. 8, Stuttgart/Berlin/Köln, 1994, S. 211f. Über andere Tätigkeitsbegriffe hinaus hat die Poimenik demnach „... noch ein ebenfalls vom biblischen ‚Hirten'-Symbol angebotenes Spezifikum zu bedenken. Dafür erscheint das ‚Tätigkeitswort' *Begleiten* als besonders geeignet ... wer einen Menschen *begleitet*, braucht nicht nur Ohren und Mund, sondern auch Füße und Hände" (S. 211).
Im Hinblick auf die verschiedenen Grundannahmen und Schwerpunktbildungen der seit den dreißiger Jahren entstandenen Seelsorgelehre kann Bloth dann sagen: „Dies alles läßt nach einem *Begleiten* fragen, das eine spezifisch ‚poimenische' Qualität christlicher Seelsorge im Blick auf jeden Menschen bewährt, der solcher Sorge bedarf." (ebd.)

Auch und gerade im Hinblick auf die Frage nach der unweigerlichen Lebensenttäuschung und deren Verarbeitung bis hin zum möglichen Trost wird sich der Seelsorger/die Seelsorgerin auf die Glaubensbezogenheit dieses Erlebensprozesses ausrichten wollen und dabei auf die christliche Rede von der *Hoffnung* stoßen.[314]

---

[314] Ebenso nötig wie eine genaue Unterscheidung von Trost und Vertröstung erscheint für die Seelsorge auch die Differenzierung von „Utopie" und „Hoffnung", wenn es denn bleibend um christlich verantwortete Realitätsbewältigung im Leben und im Sterben gehen soll. Hinzuweisen ist an dieser Stelle sowohl auf *Ernst Bloch,* Das Prinzip Hoffnung. Gesamtausgabe in 16 Bänden. Bd. 7/1, Frankfurt a.M., 1977, als auch auf *Jürgen Moltmann,* Theologie der Hoffnung, München, 1966, 12. Aufl. 1985.
In einem Anhang: „‚Das Prinzip Hoffnung' und die ‚Theologie der Hoffnung'. Ein Gespräch mit Ernst Bloch" definiert Moltmann gegenüber dem Philosophen das Spezifikum einer immer eschatologisch vorgezeichneten christlichen Hoffnung und Zuversicht. Er schreibt über diese spezifische Hoffnung: „Sie wird sich zusammen mit dem ‚Prinzip Hoffnung' nicht abfinden mit der gegebenen Wirklichkeit, mit ihren vermeindlichen Zwangsläufigkeiten und den Gesetzen des Bösen und des Todes. Sie wird sich aber auch nicht abfinden mit utopischen Vorentwürfen der Zukunft, sondern wird auch diese überschreiten. Sie wird sie nicht überschreiten in die Leerheit des Offenen, sondern in die Richtung, in die die Verheißung Gottes aus dem Elend der Kreatur weist." (S. 334)
Die entsprechende poimenische Herausforderung, Hoffnung von Hoffnungslosigkeit zu unterscheiden, schlägt sich in der empirisch unterlegten Untersuchung von *Hans Senn,* Der ‚hoffnungslose Fall' in der Gemeindeseelsorge, Göttingen, 1979, nieder. Der Autor stellt einleitend fest: „Menschliches Leben ist oft dadurch gekennzeichnet, daß es in ein Ringen zwischen Hoffnung und Hoffnungslosigkeit gestellt ist. Die in diesen innewaltenden Mächte reißen es, wechseln die Oberhand gewinnend, hin und her, bis schließlich die einen den Widerstand der anderen zu brechen und den Menschen zu überwältigen vermögen." (S. 11)
Verschiedene Fallbeispiele belegen in diesem Buch unter verschiedenen Vorzeichen „Die Erfahrung der Hoffnungslosigkeit". Mit ihr und ihren Folgen seelsorgerlich umzugehen wird dann zur besonders anstrengenden, ja gefährlichen seelsorgerlichen Aufgabe, denn: „Der ‚hoffnungslose Fall' ist eine Belastungsprobe für den Seelsorger, zugleich eine Versuchung, seinerseits von Empfindungen subjektiver Hoffnungslosigkeit wie voreiligem Urteil über subjektive Hoffnungslosigkeit überwältigt zu werden. Er stellt oft eine schwerwiegende Bedrohung seiner Seelengesundheit dar, gegen die sich bei ihm Abwehrkräfte bemerkbar machen. Sie sollen verhindern, daß die Hoffnungslosigkeit des Partners zur eigenen wird." (S. 177f.) Das aber bedeutet: „Es geht darum, unter Beweis zu stellen, daß die Liebe größer ist als die Hoffnung (1. Kor. 13,7), und in Wahrheit niemals vergeht. Stellvertretend wird daher der Seelsorger, trotz der von ihm erfahrenen Anfechtung durch die miterlebte Hoffnungslosigkeit, durch die Liebe in dieser Hoffnung verharren, die nach dem Glauben auch für den Hoffnungslosen besteht." (S. 195)

Seelsorgerlicher Umgang mit biblisch begründeter und christlich zu (er-)lebender Hoffnung korrespondiert dabei in jedem Einzelfall mit unverzichtbaren Ent-Täuschungserlebnissen und notwendigen Ernüchterungsprozessen: Geradezu regelhaft „klammert" sich menschliche Hoffnung zuerst und zunächst an die individuelle *Wunschwelt*. Dieses psychische Verhalten hat seine Wurzeln in der tiefen (kindhaften) Sehnsucht, scheinbar verlorengegangenes oder (noch) nicht gelebtes Dasein schließlich doch „erfüllt" zu bekommen. Auf dieses Verhalten verzichten zu sollen, wird naturgemäß in einer ersten Erlebensphase Angst auslösen. Angstauflösende Seelsorge wird vermitteln wollen, daß es daraufhin in einer zweiten und d.h. wesentlichen Erlebensphase um eine Hoffnung geht, die einer völlig veränderten Erlebensweise und damit einer bislang „unerhörten" Botschaft entspricht. Das aber ist eine Hoffnung, die auch angesichts des Todes „staunende Verwunderung" auszulösen vermag.[315] Seelsorge an Trauernden und Sterbenden bemüht sich unter dieser Zielsetzung um die Freisetzung eines christlichen Verhaltens im letztmöglichen Versuch einer Realitätsbewältigung.

II. Seelsorge in unterschiedlichen Lebenslagen

Seelsorge wird heutzutage in einer gewissen Selbstverständlichkeit nicht nur in den Ortsgemeinden bzw. an deren Gliedern „vor Ort" vollzogen. Es gibt in zunehmendem Maße „Pfarrer ohne Ortsgemeinde"[316]. Diese sind in bestimmten Bereichen „übergemeindlich" und in sog. „Sonderpfarrämtern" seelsorgerlich tätig.[317] Damit wird sowohl einer geschichtlichen Leitlinie als auch der gesellschaftlichen Entwicklung Rechnung getragen.

---

[315] Die hier gewählten Begriffe sind wegen ihrer Doppeldeutigkeit bzw. der mehrfachen Konnotationsmöglichkeit gewählt worden: Die „unerhörte" Botschaft ist die vielleicht bekannte, aber bisher in dieser Weise nicht gehörte, als ganz neu und anders empfundene Botschaft, die im Hinblick auf alles Gewohnte gleichzeitig etwas anstößig Empörendes hat.
Mit der „staunenden Verwunderung" soll gleichzeitig das glauben- und religionsbegründende Erleben des Staunens (vgl. *Georg Bertram*, Art.: θαυμα, θαυμαξω, ThWNT 3, S. 27ff.) wie auch eine Kontingenzerfahrung beschrieben werden, deren verblüffende Seite als nicht erwartetes Wunder erlebt und mit dem gleichgesetzt werden kann, was in der systematisch-theologischen Reflexion als Offenbarungsgeschehen bezeichnet ist.

[316] So der Titel des herausgegebenen Bandes von Y. Spiegel, München/Mainz 1970.

[317] Y. Spiegel schreibt, a.a.O., S. 22: „Es lassen sich unter dem Gesichtspunkt einer Funktionalität, die auch die geschichtliche Dimension einschließt, vier Typen von übergemeindlichen Pfarrämtern herausstellen. (1) Auf die älteste Tradition

Die seelsorgerliche Tätigkeit in besonderen Lebensbereichen mit deren jeweiliger Eigengesetzlichkeit entspricht einer fachlichen *Spezialisierung*. Hierbei ist der entsprechende Entwicklungsgang des poimenischen Selbstverständnisses in diesem Jahrhundert aufweisbar demjenigen im medizinischen Bereich gefolgt: Der immer weitergehenden Ausdifferenzierung der medizinischen Wissenschaft, welche immer mehr Facharztkompetenz benötigt und etabliert, korrespondiert eine parallele Entwicklung in der Poimenik. Auch hier kommt es in zunehmendem Maße zur Einrichtung von Ämtern für die sog. Sonderseelsorge mit Tätigkeitsbereichen außerhalb der Kirchengemeinden. Es sind gleichzeitig Bereiche, die eine besondere Kompetenz erfordern.

Die genannte Parallelentwicklung[318] macht neue *Zuordnungsmodelle* notwendig, die die Tätigkeit von Ärzten, Psychologen und Sozialarbeiter einerseits und diejenige der poimenisch spezialisierten Theologen anderer-

---

kann die *kirchliche Hierarchie* zurückblicken; die hier gebrauchten Amtsbezeichnungen gehen zum Teil bis ins Neue Testament zurück. Das Moment der Herrschaft, das für diese Pfarrämter spezifisch ist, ist heute in bürokratische Macht und Fachwissen umgewandelt. (2) Eine Anzahl von Sonderpfarrämtern beruht auf einer frühen *Interessensidentität von Staat und Kirche*, wie die Schulpfarrer, Pfarrer im Strafvollzug, Militärgeistliche. (3) Auf pietistische Initiative gehen bestimmte Arbeitsbereiche, vor allem die *Diakonie und die Mission*, zurück. (4) Eine Anzahl von übergemeindlichen Pfarrämtern ist begründet in einem *pluralistischen Verständnis von Gesellschaft*."

[318] Die Orientierung des Seelsorgers am Arzt in den letzten eineinhalb Jahrhunderten wird besonders herausgestellt und belegt bei R. Schmidt-Rost, Seelsorge zwischen Amt und Beruf, vor allem S. 63ff. Nach Einschätzung des Autors tut sich damit ein charakteristisches Dilemma auf, das eben in der genannten Korrespondenz auch den poimenischen Bereich betrifft: „Mit der Gründung ärztlichen Ansehens auf dem speziellen Fachwissen, das die wissenschaftliche Medizin erarbeitet hat, wird der Arzt und mit ihm der Seelsorger, soweit er sich in seiner Aufgabenstellung am Arzt orientiert, in einen zwiespältigen Prozeß hineingezogen, dessen Entwicklungsperspektiven für den Berufsausübenden immer weiter auseinandertriften: Fachwissen entwickelt seinen vollen Nutzen erst in einer Fassung, die es von der persönlichen Handhabung des Fachmannes unabhängig macht. Übertragbare Erkenntnisse und Handlungsweisen können von vielen angeeignet werden. Fachwissen macht somit die Fachleute, die es anwenden, prinzipiell austauschbar, jeder kann es erwerben.Und doch wird gleichzeitig die Person dessen, der das Fachwissen einsetzt, für den Anwendungsprozeß um so bedeutungsvoller, je weiter die Spezialisierung fortschreitet ..." (S. 90f.)
In der Folge wird nach R. Schmidt-Rost ein historisch verwurzelter Prozeß vorangetrieben, in dessen Verlauf das Spezialistentum sich institutionalisiert und sich damit gleichsam „notgedrungen" in einen nur noch formal umgreifenden Rahmen einfügt und organisiert. Auch die seelsorgerliche Bearbeitung von Lebenskonflikten wird zunehmend als „beratende Seelsorge" verstanden bzw. an Beratungsstellen und die speziellen Institutionen (wie eben auch Sonderpfarrämter!)

seits betreffen: Es geht dabei um die Abstimmung verschiedener Fachkompetenzen aufeinander. Es geht aber auch um Klärung der Zuständigkeitsbereiche: Wer ist im einzelnen für welche Symptomatik, Problematik, außergewöhnliche Lebenslage usw. zuständig?

Gleichzeitig aktualisiert sich in diesem Zusammenhang nochmals die Frage nach dem rechten „Ort" und der rechten Funktionalität der *Gemeindebildung* als einem wesentlichen Bezugspunkt für seelsorgerliches Handeln. Die Suche nach einer den heutigen Umständen entsprechenden Sozialgestalt der Gemeinden umfaßt auch diejenige nach einer tragfähigen Funktion der Kirche in außerordentlichen Lebenssituationen.[319] Gefragt ist also wiederum (und in diesem Kontext sehr hautnah!) nach Nutz und Frommen der „Volkskirche". Deren überkommene Struktur wird offensichtlich von den Pfarrern und Pfarrerinnen selbst außerordentlich ambivalent erlebt.[320]

---

deligiert, damit aber letztlich eine auf den „ganzen Menschen" ausgerichteten Seelsorge nicht mehr vertreten.

R. Schmidt-Rost hat mit seiner eine geschichtliche Epoche der Poimenik aufarbeitenden Untersuchung auf die tatsächlich drohende Gefahr einer Segmentierung und Einebnung der poimenischen Aufgabe und damit der Aushöhlung ihres Propriums hingewiesen. Er muß sich freilich umgekehrt fragen lassen, ob sich das institutionell organisierte seelsorgerliche Handeln unter den heute gegebenen gesellschaftlichen Umständen und Lebensbedingungen wirklich so prinzipiell von der gegenwärtigen Erfahrung des Alltags abheben und von der unabdinbar mit der Lösung von Lebenskonflikten veknüpften Zukunftsplanung trennen läßt. In Sinne dieser Fragestellung könnte sich der von ihm postulierte Verzicht der Seelsorge auf institutionelle Absicherung in der seelsorgerlichen Praxis von heute als Wunschvorstellung bzw. als von der Wirklichkeit abgehobene Idealbildung erweisen.

[319] Vgl. dazu etwa die Abhandlung *Karl-Fritz Daiber*, Zur Sozialgestalt der Gemeinden, HPTh 3, S. 11ff.
Dort heißt es z.B.: „Trotz der Dominanz der örtlichen Kirchgemeinde ist diese rechtlich organisatorisch nicht der einzige Typus, besonders dann nicht, wenn zusätzliche theologische Kriterien herangezogen werden. Basis für die Gemeindebildung ist nicht nur eine Anzahl von Christen, die durch den gemeinsamen Wohnort verbunden sind, vielmehr können sich gerade, unabhängig vom jeweiligen Wohnort, Christen zusammenfinden, um eine Gemeinde zu bilden. In der Zeit der sich ausweitenden Akademiearbeit wie überhaupt der überparochialen funktionalen Dienste seit den fünfziger Jahren wurde beispielsweise von Parageimenden gesprochen. Diese waren als Gemeindebildungen jenseits der Ortskirchengemeinde vorgestellt; in ihnen sollten sich Menschen aufgrund einer gemeinsamen Lebenslage oder eines gemeinsamen Interesses zu einer christlichen Gemeinde zusammenfinden." (S. 11f.)

[320] Zu diesem ambivalenten Erleben der Volkskirche vgl. *Manfred Josuttis*, Der Pfarrer und die Gemeinde, in: Ders.: Pfarrer, S. 50ff. Danach hängt die hier verankerte Ambivalenz mit der notwendigen Enttäuschung an einer idealen

Neben möglichen theologisch-ekklesiologischen Reflexionen stehen für sie in unserem Kontext recht praktische Fragen zur Diskussion an: Welche Art von „Gemeindeaufbau" setzt für Seelsorge eigentlich die größeren Chancen frei? Und weiter: Muß die seelsorgerliche Beziehung eines „Ratsuchenden in besonderer Lebenssituation" zu einem „Pfarrer ohne Ortsgemeinde" dem seelsorgerlichen Auftrag und Bemühen seines Gemeindepfarrers am Wohnort nicht automatisch in den Rücken fallen? Sehr sicher ist mit diesen Fragestellungen gleichzeitig eine Konkurrenzspannung angesprochen. Ihr ist nicht einfach dadurch auszuweichen, daß man die verschiedene Tätigkeit der Seelsorger und Seelsorgerinnen mit und ohne Ortsgemeinde „harmonisierend" in einem schlichten *Ergänzungsmodell* aufeinander bezieht! Dann wird verleugnet, wie heftig hierbei sehr unterschiedliche Zielvorstellungen hinsichtlich eines zeitgemäßen „Gemeindeaufbaus" aufeinanderprallen!

Viel förderlicher erscheint es in diesem Zusammenhang, sich gegenseitig die sehr verschiedenen Erfahrungen auf den unterschiedlichen Tätigkeits-

> Gemeinde zusammen, denn diese „... stellt auch immer eine projektive Verlängerung der eigenen Sehnsüchte dar". (S. 55) Dagegen steht dann: „Die Volkskirche leistete gegenüber dem Theologen auf jeden Fall dies, daß sie seinem Bedürfnis nach Bildung einer reinen, d.h. auch: einer ihm gemäßen Gemeinde sich in erheblichem Maß widersetzt. Die Menschen, denen er im Alltag begegnet, sind in der Regel nicht so, wie er sie in seinen Phantasien vom wahren christlichen Leben gern haben möchte. Sie sind, in welcher Nähe oder Distanz er zu ihnen im einzelnen auch stehen mag, anders als er. Es gibt zwischen ihnen und ihm gemeinsame Berührungspunkte, aber sie folgen auch anderen Normen, sie fühlen sich auch anderen Interessen verpflichtet, sie vertreten auch andere Meinungen als er. Die volkskirchliche Struktur der Kirche hindert den Pfarrer daran, allen Gemeindegliedern im Verein mit seinen Gesinnungsgenossen das eigene Glaubensverständnis und die eigene Lebenshaltung aufzupressen. Die volkskirchliche Struktur zwingt ihn dazu, auch Gemeindeglieder, die anders sind als er selber, so oder so zu akzeptieren. Das gilt für den einzelnen Pfarrer, aber auch für die Kirche insgesamt." (S. 57f.)
> Grundsätzliche Reflexionen – verbunden mit einer Übersicht über die entsprechenden Arbeiten zur Sache – vermitteln auch *Godwin Lämmermanns* „Überlegungen zu Gemeindeprinzip, Volkskirche und Pfarrerrolle", Theologie Practica (23) 1988, S. 33ff. G. Lämmermann schließt mit einer Feststellung und einer Aufforderung hinsichtlich der Erwartungen der volkskirchlichen Allgemeinheit (die ergänzend zu den Ausführungen von M. Josuttis aufzunehmen sind): „Die allgemeinen Erwartungen böten genügend Gelegenheit, narzißtische Dominanzbedürfnisse zu befriedigen und die Exklusivität des Pfarrerberufes zu verstärken. Diesem aus der Vergesellschaftung des Pfarrerberufs erwachsenen Trend darf aus theologischen Gründen nicht nachgegeben werden." (S. 49) Wenn G. Lämmermann in der dementsprechenden Konsequenz dafür eintritt, daß Erwartungen an die Pfarrerrolle zu Prinzipien eines Gemeindeprozesses gemacht werden sollten, dann vertritt er damit gleichzeitig ein für die gegenwärtige Poimenik wichtiges Anliegen.

feldern als ein jeweils *kritisches Element* zur Verfügung zu stellen. So nämlich könnte die faktische Konkurrenzsituation zur gegenseitigen Herausforderung werden; sie wäre damit positiv genutzt.

Unter dieser Voraussetzung ist konkret zu fragen, welche förderlichen *Impulse* von den einzelnen Gebieten der Sonderseelsorge ausgehen bzw. auf die parochiale Seelsorge übertragen werden können. Es ist ebenso konkret zu fragen, wie das auch umgekehrt immer wieder möglich gemacht werden kann.

1. Seelsorge im Krankenhaus

Seelsorgerliches Handeln im Rahmen des allgemeinen Gesundheitswesens bekommt in der Gesamtpoimenik eine Funktion als besondere Lehr- und Lernsituation hinsichtlich einer modern gestalteten *Krisenintervention*.[321] Die Erfahrungen des Zeitgenossen mit (mehr oder weniger schwerer) Krankheit sind in unseren Breiten in aller Regel zumindest zeitweise gleichzeitig Erfahrungen mit einem Aufenthalt im Krankenhaus. Es ist ein Krankenhaus, das sich durch eine beeindruckend wirksame Organisationsstruktur und durch Anwendung einer hochtechnisierten Apparatemedizin sowie einer unübersehbar ausdifferenzierten Medikation auszeichnet. Daß die heute möglichen Formen einer zuverlässigen und abgesicherten Krankenversorgung ebenso grundsätzlich unverzichtbar wie im einzelnen fragwürdig erscheinen, muß nicht verwundern.[322] Deshalb gilt für alle Krankenhausseelsorge zuerst und zunächst das Postulat: „Die Kenntnis der inneren und äußeren Situation des Kranken unter den Bedingungen der heutigen Medizin gehört zu den Voraussetzungen für jede seelsorgliche Arbeit."[323] Nur unter diesen Voraussetzungen ist die Rolle des Seelsorgers/der Seelsorgerin im modernen Krankenhaus überhaupt definierbar und eine Mitarbeit im

---

[321] Zum Thema „Krisenintervention" vgl. auch die Ausführungen S. 190, Anm. 31.
[322] Vgl. dazu *Otto Döhner* (Hg.), Arzt und Patient in der Industriegesellschaft, Frankfurt a.M., 1973; *Thomas Kohlmann*, Patient und Organisation. Konflikte im Krankenhaus aus medizinsoziologischer Sicht, WzM (38) 1986, S. 391ff.
[323] So D. Rössler, Grundriß, S. 188, wo es im Anschluß heißt: „Kranksein ist fast ausnahmslos, und immer sofern es mit stationärer Aufnahme verbunden ist, ein fremde, bestürzende und in vieler Hnsicht beängstigende Lebenssituation: Die Reaktion des Daseins auf Krankheitsfragen, der erzwungene Verzicht auf wesentliche Verbindungen zum sonst alltäglichen Leben und vor allem in erheblichem Maße auf Selbständigkeit, damit also die Erfahrung der Abhängigkeit und des erzwungenen Angewiesenseins auf fremde Hilfe bilden im Zusammenhang mit der in der Regel überwältigenden und anonymen Welt der technischen Apparaturen und Prozeduren im Krankenhaus eine aufs äußerste belastende und labile Konstellation."

dortigen Team der Ärzte, Pfleger und Helfer nicht von vorn herein ausgeschlossen.[324] So erst kann der Krankenhausseelsorger/die Krankenhausseelsorgerin uneingeschränkt und dadurch unverkrampft jene Erfahrungen sammeln, wie sie einerseits die Basis für eine tatsächlich unaustauschbare Tätigkeit im Krankenhaus sind und wie sie sich andererseits paradigmatisch auch auf den seelsorgerlichen Umgang mit Menschen in anderen Lebenslagen auswirken können.

Was bedeutet unter dieser Vorgabe ein seelsorgerlicher Umgang mit kranken Menschen im einzelnen?

a) Es kann sein, der krankhafte Zustand bindet die gesamten körperlichen, seelischen und geistigen Kräfte so, daß alle zwischenmenschlichen Reaktionen und Selbstreflexionen darauf fixiert oder ausgesetzt erscheinen. Ein (seelsorgerliches) Gespräch im eigentliche Sinne ist kaum noch möglich. Angesichts dieser Lage ist zu fragen, welche (rituellen) Handlungen dem Seelsorger/der Seelsorgerin angemessen und vertretbar erscheinen, um damit einen Kranken mit den ihm noch verbliebenen Beziehungsmöglichkeiten dennoch zu erreichen.

Es kann auch sein, daß die Situation der Krankheit einen Menschen in geradezu exemplarischer Weise dazu anregt, über Daseinsfragen nachzudenken: Über Sinn und Sinnentleerung, über lebendige Zielsetzung und Routine innerhalb seines sonst üblichen und jetzt ausgesetzten Tages- (und

---

[324] *Hans-Christoph Piper*, Art.: Krankenseelsorge, EKL 2, Sp.1456ff., schreibt dazu (Sp. 1459): „Problematisch ist noch immer das *Selbstverständnis* der Krankenhaussellsorge im modernen hochtechnisierten Krankenhaus. Während in den USA und in den von der amerik. Seelsorgebewegung beeinflußten Ländern die Seelsorger fast vollständig in das Pflegeteam im weitesten Sinne integriert erscheinen und dadurch einer gewissen Gefahr des Identitätsverlustes unterliegen, fühlen sie sich in europ. Krankenhäusern (von solchen mit kirchl. Trägern abgesehen) weithin noch als Fremdkörper. Dies kann jedoch auch als Chance für ein alternatives, ganzheitliches Angebot verstanden werden."
Bereits der Pionier dieses poimenischen Arbeitszweigs *Heije Faber* zitiert in seinem Buch „Der Pfarrer im modernen Krankenhaus", Gütersloh, 1974, einen Bericht von W. Zijlstra: „Gedanken zur Aufgabe und Stellung des Krankenhauspfarrers" (S. 75ff.), in dem es (S. 77) heißt: „Die hierarchische Struktur bringt unvermeidlich Konflikte mit sich als Folge von Grenzübertretungen und Autoritätsproblemen. Wirkliche Teamarbeit ist und bleibt in den meisten Krankenhäusern eine heikle Sache, weil persönliche Faktoren eine sachliche Zusammenarbeit stets beeinflussen und durchkreuzen. Eine solche kleine Gemeinschaft erfordert eine Grad des Erwachsenseins und der Reife, den nun einmal die meisten Menschen nicht besitzen."
Umfassend zur Institution „Krankenhaus" vgl. vor allem *Johann Jürgen Rohde*, Soziologie des Krankenhauses. Zur Einführung in die Soziologie der Medizin, Stuttgart, 2. Aufl. 1974.

Lebens-)Ablaufs usw. Dieses durch den ebenso krisenhaften wie beeindrukkenden Gesundheitsausfall ausgelöste *Nachdenken* wird im Individuum freilich eine innere Auseinandersetzung provozieren, die durchaus ihre zwei Seiten hat:

Zum einen setzt sie beim einzelnen möglicherweise neue Einsichten über sich selbst, über die Beziehungswelt, über das damit verbundene Gottesverhältnis frei. Diesen Einsichtsvorgang gegebenenfalls unterstützen und differenzieren zu können muß dem Seelsorger/der Seelsorgerin naheliegenderweise als besondere Gelegenheit zu einem hilfreichen Kontakt erscheinen.

Zum anderen wird aber der genannten inneren Auseinandersetzung seitens der von Krankheit Betroffenen oft ein auffälliger Widerstand entgegengesetzt. Wer sich in solcher Lage zu außergewöhnlichen Auseinandersetzungen anregen läßt, wird gleichzeitig schmerzlich an den „Ernst des Lebens" erinnert. Eine solche Wirkung der Krankheit macht gleichzeitig deren ganze Gefährlichkeit bewußt und weist in erschreckender Weise auf die Bedrohtheit der menschlichen Existenz. hin. In der Folge dieses Erlebens kommt es oft zu einem abwehrenden *Ausweichverhalten* gegenüber aller problemorientierten Nachdenklichkeit, wie sie ja seelsorgerlich vermittelt werden soll. Mit diesem Phänomen hat der Seelsorger/die Seelsorgerin jedenfalls zu rechnen und sachlich umzugehen. Nur so kann es gelingen, den seelsorgerlichen Kontakt nicht von einer vorhandenen oder ausfallenden Nachdenklichkeit abhängig zu machen.

b) Es kann sein, daß Krankheit bzw. Aufenthalt im Krankenhaus seitens der Betroffenen mit veränderter und vermehrter *Aggressivität* beantwortet wird. Die aggressive Gestimmtheit bzw. das dementsprechende Verhalten wendet sich dabei zunächst im Sinne eines Protestes gegen die Krankheit selbst und das mit ihm verbundene „Geschick": Der Mensch will das ihm auferlegte Leiden nicht einfach „widerstandslos", nicht ergeben in sein Schicksal hinnehmen! Eine Zielvorstellung, die die „Ergebenheit in Gottes Willen" zum Inhalt hat, kann in diesem Zusammenhang dem Seelsorger/der Seelsorgerin leicht zur kurzschlüssigen seelsorgerlichen Wunschvorstellung oder gar (unterschwelligen) Forderung geraten, wenn er/sie ein ebenso vitales wie funktionales *Protestverhalten* nicht als solches erfaßt und beurteilt. Dann besteht die Gefahr, es mit mehr oder weniger subtiler (und „unfrommer"!) Uneinsichtigkeit seitens des Kranken gleichzusetzen.[325]

---

[325] Zu vgl. ist an dieser Stelle besonders *Manfred Josuttis* mit seiner Abhandlung „Der Sinn der Krankheit – Ergebung oder Protest", in: Ders., Praxis, S. 117ff. Hier schreibt er bewußt zugespitzt: „Der christliche Glaube verzichtet darauf, in der Erkrankung den Willen Gottes am Werk zu sehen." (S. 128) Denn von der biblischen Tradition her sei Gott ein Feind der Krankheit und das bedeutet: „Wenn diese Aussagen zur Krankheit theologisch berechtigt sind, dann müssen sie Konsequenzen haben für die Praxis des Theologen am Krankenbett." (S. 132)

Aggression im Krankheitsfalle ist vor allem stets auch als Kehrseite der *Angst* des Betroffenen zu begreifen und gerade in ihren auf den ersten Blick hin schwer nachvollziehbaren Ausdrucksformen in diesem Zusammenhang zu sehen.[326] Das gilt auch für den häufigen Fall, daß sich das (verbal-)aggressive Verhalten des Kranken an „der Kirche" oder am Seelsorger/an der Seelsorgerin selbst festmacht. Solches Verhalten scheint die Beziehungsaufnahme zunächst nur zu erschweren, dann zu belasten und schließlich deren Fortsetzung unmöglich zu machen.

Es sei denn, die aggressive Vorgehensweise wird trotz ihres deutlichen Abwehrcharakters als ebenso ambivalent vorgezeichneter wie angstgesteuerter *Kommunikationsversuch* wahrgenommen und gezielt in sachliches Problemerleben bzw. in offene Fragestellungen überführt. Gelingt es, Aggression im letztgenannten Sinne zu verstehen und in ihren verschiedenen Ausdrucksformen kommunikativ zu bewältigen, so läßt sie sich sogar als Potential im Dienste des (Über-)Lebenswillens nutzen: Im seelsorgerlichen Gespräch am Krankenbett kann hinter dem aggressiven Schimpfen die verbitterte Klage, hinter der Klage die vorwurfsvolle Auseinandersetzung, hinter der Auseinandersetzung die bisher noch wahrgenommene (Beziehungs-)Möglichkeit zu Gott und den Menschen entdeckt werden.[327]

Ebenso deutlich sollte in diesem Zusammenhang freilich sein, daß alle emotional verankerten Abwehrhaltungen zwar möglicherweise hinterfragt und in der Folge relativiert, niemals aber durch eine scheinbar die „Mißverständnisse" richtigstellende Argumentation „gebrochen" werden können.

c) Es kann sein, daß Krankheit bzw. Aufenthalt im Krankenhaus seitens der Betroffenen oft mit einer umfassenden *Elementarisierung* des Erlebens verbunden wird. Alles aggressive Aufbegehren gegen die hilflos machenden Umstände (noch oder wieder) abwehrend, paßt sich das kranke Individuum in dieser Form an die Gegebenheiten an. Sieht es sich doch in institutionelle Abläufe eingegliedert, die Menschen und Maschinen gleichermaßen umfassen und ein Klima erzeugen, das in den daran passiv Beteiligten zwangsläufig Regressionsvorgänge in Gang bringt. Wer krank ist und behandelt, gepflegt, in allen Einzelheiten versorgt werden muß, wer also kontinuierlich auf Hilfe angewiesen ist, befindet sich faktisch in der Lage eines abhängigen Kindes. Kranksein *infantilisiert* den (im gesunden Zustand erwachsen reagierenden)

---

[326] Vgl. dazu *Klaus Dörner*, Thesen zu ‚Aggression im Krankenhaus', WzM (38) 1986, S. 422ff. Hier wird beschrieben, daß „… keine Aggression ohne Angst auftritt und … umgekehrt Aggression immer eine der Ausdrucksmöglichkeiten für Angst darstellt" (S. 422). Dabei gilt dann: „… es ist schlechterdings nicht vorstellbar, daß ein Mensch ein Krankenhaus angstfrei aufsucht." (ebd.)

[327] Vgl. zur Ergänzung in Einzelfragen *Klaus Winkler*, Aggressives Verhalten im Krankenhaus, WzM (38) 1986, S. 400ff.; und die weiteren Beiträge in diesem Themaheft unter dem Titel ‚Aggression im Krankenhaus'.

Menschen automatisch![328] Diese Befindlichkeit kann elementare Erlebensweisen in sonst ungewohnter Weise in den Vordergrund treten lassen. Elementare leibliche Bedürfnisse beschäftigen den Kranken andrängend und lassen ihn für entsprechende Zuwendungen besonders empfänglich sein. Die genannte Elementarisierung betrifft aber gleichzeitig das geistig-seelische Erleben. Fragen nach der *Sinnhaftigkeit* eines Lebenslaufes als erst gesunder und nun plötzlich kranker Mensch bekommen so leicht den Charakter eines „kindlichen" Angehens gegen alle die letztthinnige „Aufklärung" verweigernde Erwachsenenwelt: Auf die wichtigsten Fragen bekommt man doch keine oder nur eine ausweichende Antwort. So wird der Seelsorger/die Seelsorgerin zwar gegebenenfalls mit immer denselben Grund-Fragen konfrontiert. Alles Bemühen um sachbezogene Antworten aber fruchtet nichts. Es bleibt schließlich in einer resignativen Gestimmtheit stecken.

Fragen nach Funktion und Ursache der Krankheit können dabei auch in entdifferenzierender Weise mit der *Schuldfrage* verknüpft werden.[329] Das äußert sich schon in der oft eher rhetorisch gestellten Frage „Womit habe ich das verdient?" und kann in ein grüblerisches Beharren auf eine „endlose" Schuldsuche einmünden. Dahinter steht die ebenso kindlich-naive wie verzweifelte Hoffnung, bei Auffindung eines schuldhaften Versagens in der Vergangenheit zukünftige Schuld (und damit Krankheit als deren scheinbare Folge!) vermeiden zu können. Dann wird sich der Seelsorger/die Seelsorgerin hüten müssen, einem so „elementaren" Schuldverständnis ein „eigentlich" christliches Schuldverständnis korrigierend entgegensetzen zu wollen. Seelsorgerlich ist vielmehr zu versuchen, von der elementaren Erlebensform ausgehend innere Entwicklungsschritte einzuleiten, die den gegenwärtigen

---

[328] Vgl. hierzu J. J. Rohde, Soziologie. Unter der Überschrift „Der Patient im Spannungsfeld" führt der Autor z.B. (S. 396) aus: „Der Patient wird, zwar nicht *de jure*, wohl aber *de facto* – entmündigt, wird auf einen Kinderstatus zurückgeworfen, umgeben vom ständigen ‚Sie müssen jetzt dies', ‚Sie dürfen aber doch nicht jenes', ‚Aber, aber – wenn das der Doktor sieht!' Wie ein Kind hat er sich zunächst einmal total zu unterwerfen, damit ‚zu seinem Wohle' etwas an ihm geschehen kann." Und (S. 397) weiter: „Die Institution unternimmt Anstrengungen zur planvollen Infantilisierung auf Zeit; sie ‚verübelt' es zugleich, wenn ihren Anstrengungen gar zu willig, gar zu nachgiebig Folge geleistet wird. Sie will im Grunde nur partielle, sozusagen rationelle Regression und hat dann nicht selten die ganze Regressions*gestalt* vor sich."

[329] Hierzu vgl. *Gerd Overbeck*, Krankheit als Anpassung. Der sozio-psychosomatische Zirkel, Frankfurt a.M., 1984, bes. das Kap. „Krankheitsbegriff und Weltbild", S. 21ff. Hinzuweisen ist ebenfalls auf das Kapitel „Kulturpsychologische Einstellungsverschiebung" bei J. J. Rohde, a.a.O., S. 28ff.
Weiter ist heranzuziehen WzM (43) 1991, S. 383ff.: Themaheft „Zur Bedeutung von Schuldzuschreibungen bei Krankheit, Krisen und Heilung".

Zustand des Kranken ernstnehmen, dabei aber auf eine zukünftige Veränderung der ganzen Fragestellung ausgerichtet sind.

Die elementare Angst vor der Krankheit und deren unabsehbaren Folgen kann auch in Form einer alle vernünftigen Überlegungen „verschluckenden" *Panik* in das Erleben des kranken Menschen treten. Sie wird faktisch zu einem erschreckend unausweichlichen, den Leib und die Seele total beherrschenden Zustand des Kranken, an dem aller Zuspruch abprallt. Hier gerät es zur besonders diffizilen seelsorgerlichen Aufgabe, diesem Zustand dennoch relativierend und differenzierend begegnen zu können und lähmende „Fassungslosigkeit", die ihn begleitet, in konkrete Befürchtungen zu überführen. Sie setzt viel Erfahrung im Umgang mit eigenen Ängsten voraus.

d) Es kann sein, Krankheit bzw. Aufenthalt im Krankenhaus wird seitens der Betroffenen mit der *Fixierung* an die bestehende Symptomatik quittiert. Ein Großteil der Gedanken, Gefühle, Handlungen steht dann in direkter Verbindung zu der mehr oder weniger schmerzhaften und die Beweglichkeit einschränkenden Versehrtheit des Individuums. Sie wird damit zum Mittelpunkt des Erleben: Alle inneren und äußeren Auseinandersetzungen und alle Beziehungsgestaltung werden auf dieses „Zentrum" konzentriert.[330] Von sonst wichtigen oder sogar wesentlichen (z.B. auch weltanschaulichen) Fragestellungen bleibt in dieser Konstellation das Interessse deutlich abgezogen.[331]

Hierbei müssen Seelsorger und Seelsorgerin die Erfahrung am Krankenbett aushalten lernen, daß diese Situation alle Sinn- und Glaubensfragen in den Hintergrund drängt und eine entsprechende Auseinandersetzung (zumindest „vorläufig" noch) verweigert wird.

Soviel zum seelsorgerlichen Umgang mit kranken Menschen und mit deren besonderem Erleben.

Jede geglückte seelsorgerliche *Krisenintervention* im Krankheitsfall ist vom kompetenten Umgang mit den genannten Erlebenskomponenten direkt abhängig. Eine dezidiert *seelsorgliche* Krisenintervention wird in der Folge darauf ausgerichtet sein, in, mit und unter allem Abwehrverhalten sowohl ein basales Zuwendungsbedürfnis als auch ein potentielles Gottvertrauen zu vermuten. In der Folge muß es sich darum handeln, diese möglichen Vorfindlichkeiten in einem Auseinandersetzunsprozeß freizusetzen.

---

[330] Daß dieses Verhalten auch eine andere Seite hat und zunächst sogar einen Fortschritt darstellen kann, weil es die Verleugnung des Krankseins aufhebt, zeigt G. Overbeck, a.a.O., in dem Kapitel (S. 152ff.) „Der Patient und ‚seine' Krankheit". Er schreibt in diesem Zusammenhang: „Es geht also darum, daß Krankheit von den Menschen nicht verleugnet wird, sondern als Teil ihrer Existenz begriffen wird und darum, daß Patienten Krankheit als ihr persönliches Leiden akzeptieren und sich introspektiv nach den Ursachen fragen, dessen Ausdruck das Sich-Krankfühlen sein könnte."

Sie sind zum einen in *Lebensmut* und zum anderen in *Gelassenheit* gegenüber der Lebensgrenze zu überführen. Im Einzelfall kann diese seelsorgerliche Krisenintervention sehr direkt und konkret mit dem in eins fallen, was in mehrerern anderen Zusammenhängen als *Trost* beschrieben wurde und von aller Vertröstung zu unterscheiden ist.

Es ist naheliegend, daß die Handhabung dieser besonderen Aufgabe die Frage nach einer entsprechenden fachlichen Vorbereitung und *Ausbildung* in diesem Seelsorgebereich sehr akut werden ließ. Es ist deshalb kein Zufall, daß die Ausbildungsprogramme im Rahmen der Seelsorgebewegung in enger Anlehnung an die Krankenhaussituation entwickelt worden sind.[332]

Geht man dabei davon aus, daß sich im seelsorgerlichen Umgang mit kranken Menschen sowohl menschliche Lebens- und Glaubensproblematik in herausragender Deutlichkeit zeigt und daß seelsorgerliche Krisenintervention in diesem Erlebens- und Arbeitsbereich dadurch einen paradigmatischen Charakter bekommen kann, so ist daraus eine bestimmte Schlußfolgerung zu ziehen: Es läßt sich leicht erkennen, daß von dieser speziellen seelsorgerlichen Tätigkeit der *Impuls* ausgegangen ist und noch weiter ausgeht, allgemein poimenische *Ausbildungsprogramme* zu entwickeln und das Konzept einer fundierten *seelsorgerlichen Krisenintervention* in den kirchlichen Raum hinein zu erweitern.

Zunächst versucht H. Faber,[333] ein neues Selbstverständnis der Krankenhausseelsorge anzuregen und deren wegweisende Funktion für die Gesamtpoimenik in heutiger Zeit bewußt zu machen. Er vergleicht die Position des Krankenhauspfarrers unkonventionell mit derjenigen eines Zirkusclowns und möchte damit eine tiefe Sinndeutung verbinden. Seine These lautet: „Der Clown im Zirkus ist für ein solches Unternehmen notwendig (ein Zirkus ohne Clown ist kein Zirkus, sondern lediglich eine Aneinanderreihung

---

[331] Die einschränkende Seite dieses Verhaltens beschreibt J. J. Rohde, a.a.O., als Schwerpunkt eines Phasenverlaufs vom beginnenden Symptombewußtsein her bis zur schließlichen Akzeptanz der Krankheit hin, die aber dann deutlich negative Merkmale aufweisen kann: „... Angst, Egozentrismus, Interesselosigkeit bis zur Apathie, emotionale Abhängigkeit und Hypochondrie." (S. 242) Auch hier gilt freilich: „... die krankheitsbedingte Regression ist als Konzentration der Persönlichkeitsenergien auf das Selbst anzusehen, damit der Kampf mit der Krankheit erfolgreich durchgestanden werden kann." (S. 242f.)

[332] Sehr deutlich wird die enge und programmatische Verknüpfung der seit den 60er Jahren in einer „Konferenz" organisierten Krankenhausseelsorge mit Fort- und Weiterbildungsprogrammen, wenn man den bisherigen Werdegang dieses überregionalen Zusammenschlusses verfolgt. Vgl. dazu *Peter Schau*, Die Konferenz für Krankenhausseelsorge in der Evangelischen Kirche in Deutschland (EKD), WzM (42) 1990, S. 390ff., Themaheft „Krankenhausseelsorge".

[333] Vgl. das S. 455, Anm. 324 genannte Buch „Der Pfarrer im modernen Krankenhaus".

von Nummern). Der Zirkusclown hat im Zirkus unter den sonstigen Artisten eine ganz besondere Position. Er steht im Schittpunkt von drei ganz verschiedenen Spannungsfeldern. Da ist zunächst seine Zugehörigkeit zu einem Team und auf der anderen Seite seine große Isoliertheit und Einsamkeit, sodann die Konfrontation mit den Experten und der eigene Status eines (evtl. dafür angesehenen) Dilettanten und schließlich einmal der Zwang, ständig zu studieren und zu trainieren, und zum anderen der Zwang, originell und schöpferisch zu sein. Wahrscheinlich dürfte es jetzt schon klargeworden sein, daß es nicht allzu schwer ist, einige Verbindungslinien vom Clown zum Pfarrer zu ziehen."[334]

In seinen seelsorgerlichen Gesprächen am Krankenbett kann der Pfarrer danach nicht mehr davon ausgehen, als „Vaterfigur in der alten Bedeutung des Wortes" zu wirken. Die Beziehungsebene muß sich verändern, denn: „Die Botschaft des Evangeliums kann erst funktionieren, wenn der Pfarrer wirklich ein (seelsorgerliches) Verhältnis zum anderen gefunden hat. Er muß den anderen verstanden haben, er muß in seine Welt eingegangen sein, er muß bei ihm sein. Sonst bleibt das Gespräch des Pfarrers eine mehr oder weniger autoritäre Anrede aus der Distanz, die nicht mehr zu den gegenwärtigen Strukturen paßt."[335] Auf dieser allgemeinen Grundlage, die nicht nur die veränderte Stellung des Seelsorgers beschreibt, sondern dabei auf eine entsprechend veränderte Einstellung abzielt, entwickelt H. Faber dann sehr praktische Hinweise zum konkreten seelsorgerlichen Umgang mit psychosomatisch erkrankten Patienten sowie Analysen von Gesprächsprotokollen im Sinne des sich in Holland gerade etablierenden „clinical trainings".[336]

Anstöße zu einer neuen Sicht dieses besonderen Arbeitszweiges können nach wie vor von einem verbreiteten und immer wieder zitierten Buch ausgehen, das K. R, Mitchell, ein amerikanischer Krankenhauspfarrer und Supervisor in der klinischen Seelsorgeausbildung, geschrieben hat.[337] Frisch und unbefangen, dabei zweifelsohne mit großer Sachkenntnis geschrieben schöpft das Buch typische Szenen in erfahrungsvermittelnder Weise aus: So kann sich ein Seelsorger anerkannt und gebraucht fühlen! Der Autor verführt freilich dazu, die (in Deutschland besonders gravierenden) institutionellen Schwierigkeiten auf (amerikanisch) elegante Weise zu überspielen. Dadurch gerät der ebenso souverän wie vorbildhaft handelnde „Hospital Chaplain" unversehens zum seelsorgerlichen „Haudegen" im Krankenhausbetrieb. Er vermittelt damit ein Berufsbild, das einerseits Aufforderungs-

---

[334] H. Faber, a.a.O., S.14.
[335] H. Faber, a.a.O., S. 26.
[336] H. Faber, a.a.O., S. 51ff.
[337] *Kenneth R. Mitchell*, Arbeitsfeld: Krankenhaus. Notizen aus dem Alltag eines Krankenhausseelsorgers, Göttingen, 1974.

charakter haben kann, andererseits aber auch jene, die sich unter ganz anderen Verhältnissen durchsetzen müssen, zu entmutigen vermag.

Demgegenüber wird von E. Kleucker die tatsächliche Lage etwa zur gleichen Zeit zwar immer noch als bedrückend krisenhaft aufgefaßt, dabei aber deutlich realitätsbezogener beschrieben.[338] Dem defizitären Zustand (besonders in der Psychiatrie) begegnet Kleucker mit den Forderungen, kirchlicherseits endlich die deutlichen Grenzen des parochialen Denkens hinsichtlich der Krankenhausseelsorge zu akzeptieren und den hier verankerten Spezialauftrag auch mit Möglichkeiten eines speziellen Qualifikationserwerbs zu versehen. Nur so lasse sich schlußendlich eine effektivere Mitarbeit im Team erreichen und es könnte gelingen, „... den Therapeuten eine partnerschaftliche Seelsorge aus dem Gegenüber anzubieten."[339]

Von katholischer Seite her fordern im selben Zusammenhang als Herausgeber einer Veröffentlichung M. Probst und K. Richter zu neuem Nachdenken über einen zeitgemäß *rituellen* Umgang mit Krankheit und Kranken auf.[340] Nach einführenden exegetischen Reflexionen (zur Thematik Krankheit und Heil in der Schrift, Entwicklung des Sakraments der Kranken in der Kirche, Krankensalbung in den anglikanischen und protestantischen Kirchen sowie zu neueren kirchlich-liturgischen Ordnungen und Instruktionen) geht es an zentraler Stelle darum, das erneuerte Verständnis einer Krankensalbung konkret zu förden.

Was hier katholischerseits über den erneuerten Ritus der Krankensalbung (und besonders von Mitautor Klaus Recker über die „Hinführung des Kranken zur Krankensalbung"[341]) gesagt wird, läßt sich unter poimenischen Gesichtspunkten sehr wohl auf die analoge Problematik der protestantischen Abendmahlspraxis am Krankenbett übertragen.

Dieses Thema wird dann auch in einem Büchlein von H.-C. Piper angeschnitten, das im Hinblick auf den Zustand der Krankheit eines Menschen in kompetenter Weise zur Erlebensdifferenzierung anleitet.[342] Der Autor schreibt z.B. hinsichtlich der Krankenheitssituation: „Der Pfarrer wird von uns von vornherein mit den ‚letzten Dingen' unseres Lebens, also auch mit Tod und Sterben in Verbindung gebracht ... Übrigens denken wir beim Angebot des Abendmahls oder des Eucharistieempfangs auch sehr schnell an Tod und Sterbenmüssen, obgleich auch dies eine durch nichts gerechtfertig-

---

[338] *Ernst Kleucker*, Probleme der Krankenseelsorge. Beispiel Psychiatrie, Berliner Hefte für evangelische Krankenseelsorge, Nr. 38, Berlin, 1975.
[339] E. Kleucker, a.a.O., S. 50.
[340] *Manfred Probst/Klemens Richter* (Hg.), Heilsorge für die Kranken und Hilfen zur Erneuerung eines mißverstandenen Sakraments, Freiburg/Wien/Einsiedeln, 1975.
[341] *Klaus Recker*, in: M. Probst/K. Richter, a.a.O., S. 114ff.
[342] *Hans-Christoph Piper*, Kranksein – Erleben und Lernen, München, 3. Aufl. 1980.

te Beschränkung ist. Das Abendmahl ist eines der Zeichen, durch die wir die Vergewisserung empfangen, daß wir nicht isoliert, nicht abgeschnitten vom ‚Lande der Lebendigen' sind."[343]

Einleitend wird hier zunächst sehr konkret und praxiserfahren gefragt „Wie erlebe ich meine Krankheit?" Elementare Fragestellungen, die sich mit dem Kranksein verbinden, werden einfühlsam angesprochen („Womit habe ich das verdient? Wie erlebe ich als kranker Mensch die, die mich pflegen oder besuchen?") Bis hin zur Rekonvaleszenz und neuen Orientierung nach überstandener Krankheit begleitet der Autor den Betroffenen in einer seelsorglichen Weise, die ein diffiziles Verständnis für die Zwischentöne des Erlebens voraussetzt: „Es kann sogar sein, daß wir der Gesundheit gegenüber (die wir doch so sehnlich herbeigewünscht hatten!) ein ambivalentes Verhältnis bekommen. Vor allem, wenn die Welt, die wir uns zurückerobern müssen, für uns auch eine Welt persönlicher Konflikte ist, denen wir durch unsere Erkrankung eine Zeitlang entronnen waren, kann uns die Krankheit zuweilen als die bessere Weise des Lebens vorkommen. Was wir nie für möglich gehalten hätten: Der Abschied aus dem Krankenhaus, der Abschied von der Krankheit kann uns schwerfallen."[344]

H.-C. Piper ist mit diesem Ansatz auch Mitarbeiter eines Sammelbandes, den J. Mayer-Scheu und R. Kautzky zusammengestellt haben.[345] J. Mayer-Scheu hat schon in einer früheren Veröffentlichung über Seelsorge im Krankenhaus[346] den Verzicht auf technisches Instrumentarium und spezielle Methodik als Charakteristikum der Seelsorge im Krankenhaus beschrieben und sein Konzept dort so gekennzeichnet: „Krankenhausseelsorge versteht sich also komplementär zum therapeutischen Team mit eigenem Auftrag gegenüber Patienten und Krankenhausteam. Sie nimmt dabei zunächst die Aufgabe und Dimension des Begleiters des Kranken wahr. Sie möchte den Patienten selbst zur Sprache bringen: Mit seinen Wünschen, seinen Möglichkeiten, seiner Klage – auch gegenüber dem Apparat des technisierten Krankenhauses – und ihm helfen, seine Grenzen zu ertragen und zu akzeptieren."[347]

Mit dem neuen Buch wird in diesem Sinne „... ein Brückenschlag zwischen den therapeutischen und seelsorglichen Berufen zugunsten eines ganzheitlichen Ansatzes im heilenden Handeln aller im modernen Krankenhaus ..."[348] versucht.

---

[343] H.-C. Piper, a.a.O., S. 52.
[344] H.-C. Piper, a.a.O., S. 62.
[345] *Josef Mayer-Scheu/Rudolf Kautzky* (Hg.), Vom Behandeln zum Heilen. Die vergessene Dimension im Krankenhaus, Wien/Freiburg/Basel/Göttingen, 1980.
[346] *Josef Mayer-Scheu*, Seelsorge im Krankenhaus, Mainz, 1977.
[347] J. Mayer-Scheu, a.a.O., S. 37.
[348] J. Mayer-Scheu/R. Kautzky (Hg.), a.a.O., S. 7.

Abschließend unternimmt es J. Mayer-Scheu, der historischen Linie vom ganzheitlich ausgerichteten Heilen zum segmentierten (instrumentalisierten) Behandeln, bzw. dem „Verlust der ‚Cura' im Krankenhaus" von heute mit Hilfe seines Seelsorgekonzepts kompensatorisch zu begegnen.[349] Hier eben gilt es, gezielt (z.B. durch das Angebot sog. Balintgruppen, die die Wechselbeziehungen zwischen Patient/Therapeut und Krankheit bewußt und besser handhabbar machen wollen) daran zu arbeiten, die Haltung zwischen Nähe und Distanz zum Krankheitserleben in der Balance zu halten. „Nur so kann es zu einer Kooperation unter Therapeuten kommen, die die sachliche (naturwissenschaftlich technische) und emotionale (mitmenschliche) Ebene in dynamischem Wechsel für alle erfahrbar miteinander verbindet."[350]

Auch L. Simon beteiligt sich an der Diskussion um die funktionale Einbindung der Seelsorge in den modernen Krankenhausbetrieb.[351] Der katholische Autor bietet eine Übersicht über die literarisch ausgewertete empirische Forschung (vergleichbar mit derjenigen von E. Engelke, s.o. S. 438ff.), um daraufhin mit seiner besonderen Methodik (sog. „halbstandardisierte Interviews", die mit vielen „offenen Fragen" frei formulierte Antworten der Befragten erleichtern) die Erwartungen der Kranken an (katholische und evangelische) Krankenhausseelsorger detailliert auflisten zu können. Als Ergebnis wird dann u.a. herausgestellt: Vorzufinden ist eine eher passiv abwartende, aber im ganzen positive Einstellung zum Seelsorger; es gibt eine enge Verflochtenheit der Erwartungen mit der Lebensgeschichte der Kranken; die menschlichen Eigenschaften des Seelsorgers rangieren vor dessen formalen Attributen und einem rollenspezifischen Verhalte; familiäre Sorgen und Konflikte stehen meist im Vordergrund; die religiöse Dimension ihres Zustands ist den Kranken kaum bewußt, zumal sie die Krankheit kaum als Glaubenskrise erleben usw.

Wichtig für unsere Frage nach der Funktion einer spezialisierten Seelsorge ist dann aber auch das folgende Ergebnis: „Nur einem Fünftel der Patienten ... wäre der Besuch ihres Gemeindepfarrers lieber als der eines speziellen Krankenhausseelsorgers."[352] Die oben (s.o. S. 454ff.) angesprochene Konkurrenzsituation erweist sich in der Praxis eher als eine grundsätzliche Fragestellung unter Seelsorgern und Seelsorgerinnen und weniger als ein konkretes Problem vor Ort.

Auf sog. „narrativen Interviews" mit Krankenhausseelsorgern basiert die außerordentlich aufschlußreiche empirische Erhebung von D. Schwarz.[353]

---

[349] J. Mayer-Scheu, a.a.O., S. 83ff.
[350] J. Mayer-Scheu, a.a.O., S. 102.
[351] *Ludger Simon*, Einstellungen und Erwartungen der Patienten im Krankenhaus gegenüber dem Seelsorger, Frankfurt/Bern/New York, 1985.
[352] L. Simon, a.a.O., S. 128.
[353] *Dieter Schwarz*, Zur Alltagswirklichkeit von Klinikseelsorgern. Persönliche und

Zunächst „... handelt es sich beim narrativen Interview um ein beziehungs- und handlungsschematisches Verfahren, welches auf die Erzählung eigenerlebter Geschichten des Erzählers abzielt. Der immanente Gedankengang der Erzählung ist strukturierendes Prinzip des Interviewablaufs. Die Subjektivität des Erzählers soll im Einbringen und Aufrechterhalten seiner eigenen Relevanzsysteme gewahrt bleiben."[354]

Einleitende Fragen (z.B. Wie kommt ein Besuch bei Kranken zustande? Wie laufen Aufklärungs-/Trostgespräche ab? Welche Möglichkeiten, sich selbst auszusprechen, haben Sie als Seelsorger? usw.) strukturieren das Gespräch, das in der Folge einem soziologisch vorgezeichneten Verfahren der Textinterpretation unterzogen wird. So ergeben sich sehr bemerkenswerte Einsichten „Zum Alltag seelsorgerlichen Handelns und Erlebens im Rahmen des Krankenhauses"[355], also zum besonderen poimenischen Berufsbild. Im Rahmen der Motivationsforschung hinsichtlich eines Berufs als „Sonderseelsorger" (Berufung oder lediglich pragmatische Alternative zum Gemeindepfarramt?) kann z.B. festgehalten werden: „Die Interaktion mit Schwerstkranken, Sterbenden und sonstigen Betroffenen ist für den Sonderseelsorger in der Klinik zentraler Bestandteil seines beruflichen Wirkens. Diese Form intensiver Sorge um ‚real bedrohte Seelen' ist hier nicht Kontrapunkt zu anderen Tätigkeiten eines Gemeindepfarrers ... Seelsorge ist hier vielmehr ständige Konfrontation mit existentieller Bedrohung, mit konkreten existentiellen Fragen und der Notwendigkeit, irgendwelche Antworten darauf zu finden, die ja auch den Seelsorger selbst zufriedenstellen müssen, ist er doch in diesen Fragen allein aufgrund seines Menschseins immer auch ‚selbst betroffen'."[356] Somit ist der Krankenhausseelsorger in zugespitzter Weise Repräsentant eines „helfenden Berufs" innerhalb der Kirche, der „Trost als seelsorgerliche Dienstleistung" vermittelt.[357]

Ähnlich wahrnehmungserweiternde, erlebensdifferenzierende und verhaltensmodifizierende Einsichten hinsichtlich der wechselseitigen Selbst- und Fremdbilder von Klinikpfarrern und schwerkranken Patienten sowie zu Rollenerwartungen und Eigengesetzlichkeiten in der Kommunikationsstruktur bieten die Veröffentlichungen von P. Christian-Widmaier und dem Autorenteam T. Bliesener, H. Hausendorf und C. Scheytt.[358] Beide Bücher

---

professionelle Bewältigungsformen im Umgang mit schwerer Krankheit, Sterben und Tod. Eine kultursoziologische Untersuchung, Frankfurtam a.M./Bern/New York/Paris, 1988.
[354] D. Schwarz, a.a.O., S. 281.
[355] D. Schwarz, a.a.O., S. 300ff.
[356] D. Schwarz, a.a.O., S. 312f.
[357] D. Schwarz, a.a.O., S. 348ff.
[358] *Petra Christian-Widmaier*, Krankenhausseelsorger und todkranker Patient. Im Spiegel ihrer wechselseitigen Wahrnehmung, sowie *Thoma Bliesener/Heiko*

stehen unter dem Vorzeichen einer empirischen Sozialforschung bzw. einer methodologisierten Gesprächsanalyse.

Wiederum unter poimenisch-theologischem Aspekt, aber in verschiedener Ausrichtung äußert sich schließlich R. Gestrich zum Thema in zwei Büchern.[359]

Im ersten Buch möchte der Autor Aufgaben und Ziele der Krankenhausseelsorge unter den verschiedensten Perspektiven fassen: Da geht es breitgefächert um geistliche Grundlagen und geistliche Praxis im Dienste der Leidensbewältigung, um psychologische Aspekte ebenso wie um Lernprogramme, aber auch um den Glauben, die Gesundheit des Krankenhausseelsorgers, seine Einbindung in einen „volkskirchlichen Dienst", seinen Platz in der Institution Krankenhaus. Seine zentrale Aussage formuliert R. Gestrich in der Bestimmung „Krankenhausseelsorge als ‚Ohnmacher' – Dienst am Patienten".[360] Er faßt sie so zusammen: „Der Krankenhausseelsorger soll ... – Im Namen der Ohnmacht gegen den Geist des Alles-Machenwollens stehen und diese Ohnmacht mit-verkörpern. – Im Machrausch sich denjenigen Zuständen zuwenden, bei denen man nichts machen kann. – Selber nichts machen oder manipulieren, anstreben oder bewegen, verändern oder therapieren, sondern einfach dasein. – Mit den Kranken einüben, was das ist, keine Macht mehr zu haben: Lassen, Seinlassen, Loslassen, Zu-frieden sein."[361]

Im zweiten Buch geht es R. Gestrich um gezielte Information über seelsorgerliche und (pastoral-)psychologische Grundeinsichten, um die am Krankenbett Arbeitenden zu verbesserten kommunikativen Hilfeleistungen zu befähigen. Die Themen reichen dabei von Basiseinsichten zur Gesprächsführung über Trost und Wahrheitsmitteilung am Krankenbett sowie über den reflektierten Umgang mit Sterbenden bis hin zur Zusammenarbeit im therapeutischen Team. Neben einer guten Auswahl von Literaturhinweisen arbeitet dieses Buch auch geschickt mit sog. „Lernpunkten" (z.B. „In vielen Fällen muß man aufpassen, daß man sich selbst nicht mit dem verwechselt, dem der Ärger eines Patienten wirklich gilt"[362]). Und es wird schließlich als ein wesentlicher Gesichtspunkt der besonderen poimenischen Aufgabe im

---

Hausendorf/Christoph Scheytt, Klinische Seelsorgegespräche mit todkranken Patienten, beide Veröffentlichungen Berlin/Heidelberg/New York, 1988.

[359] *Reinhold Gestrich*, Am Krankenbett. Seelsorge in der Klinik, Stuttgart, 1987; und Ders.: Das seelsorgerliche Gespräch in der Krankenpflege. Studienbuch für Krankenschwestern, Krankenpfleger, Altenpflegerinnen, Altenpfleger und medizinisch-technische Assistentinnen, Stuttgart/Berlin/Köln, 1991.

[360] R. Gestrich, Krankenbett, S. 110ff.

[361] R. Gestrich, a.a.O., S. 165.

[362] R. Gestrich, Gespräch, S. 74.

Krankenhaus herausgestellt: Zwischen Pflegenden und Seelsorgern sollte es bei alldem jedenfalls um einen gegenseitigen Lernprozeß gehen.

Es läßt sich schlußendlich feststellen: „Die Situation der Seelsorge im multikulturellen Krankenhaus kann als exemplarisch gelten für die Seelsorge in der multikulturellen Gesellschaft insgesamt."[363] Damit ist die von Heije Faber herausgestellte wegweisende Funktion der Krankenhausseelsorge für die Gesamtpoimenik nochmals unterstrichen.

---

[363] *Albrecht Grözinger* in der Zusammenfassung seines Aufsatzes „Seelsorge im multikulturellen Krankenhaus" im gleichnamigen Themaheft von WzM (47) 1995, S. 389ff.
Sehr eindrucksvoll, weil sowohl von präziser psychologischer Information wie von theologisch innovativem Denken getragen, ist das Buch von *Wolfgang Wiedemann*, Krankenhausseelsorge und verrückte Reaktionen. Das Heilsame an psychotischer Konfliktbewältigung, Göttingen, 1996. Der Autor gibt eine ebenso kenntnisreiche wie bildhaft und verständlich ausgedrückte Einführung in die Denk- und Arbeitsformen der modernen Psychoanalyse. Bei besonderer Nähe zu M. Klein und W. Bion betont er dabei die wichtige Weiterentwicklung der Konzepte „Übertragung/Gegenübertragung" sowie „projektive Identifikation" und deren möglichen Gebrauch in der Seelsorge. Zum Begriff „Gegenübertragung" heißt es z.B. ganz praktisch (S. 13f.): „Nach welchen Gesichtspunkten kann ich meine Erlebnisse beschreiben? Ich wähle zwei Gesichtspunkte aus, die ich miteinander verbinde. Der erste ist der Gesichtspunkt der Außenwahrnehmung. Ich nehme wahr, was passiert: Wie die Patienten aussehen, was sie sagen, was sie nicht sagen, wie sie sich bewegen ... aber auch was ich sage und tue. Der zweite ist der Gesichtspunkt der Innenwahrnehmung. Ich nehme wahr, was ich denke, was ich vergesse, welche Idee, Phantasie, Erinnerung mir in den Sinn kommt ... ob ich mich ärgere oder noch länger mit dem Patienten unterhalten möchte, ob ich mich festgehalten fühle oder abgewiesen. Und dann verbinde ich beide Gesichtspunkte, die Außenwahrnehmung und die Innenwahrnehmung – in der Annahme, daß beide etwas miteinander zu tun haben." – Zur „projektiven Identifikation", die einen noch weitergehend elementaren (eben „psychotischen") Kommunikationsmodus darstellt, heißt es etwa (S. 58). „Ganz primitiv gesagt: Man will seine bösen Geister los haben, schickt sie in ein Opfer hinein. Die bösen Geister ergreifen Besitz von dem Opfer, kontrollieren es, steuern es – und kommen nun in der Person des Opfers, das nun als Täter erscheint, wie ein Bumerang auf einen selbst zurück, und man kriegt's mit der Angst zu tun." – Und weiter dazu als Beispiel (S. 59): „... eine Frau erzählt mir vom Tode ihres Kindes, sachlich, wie ein Berichterstatter, als würde sie von jemandem erzählen, den sie persönlich gar nicht kennt, während ich mit den Tränen – meinen oder ihren? – kämpfen muß und den Wunsch verspüre, mich in eine Ecke zu setzen und ohne Ende vor mich hinzuweinen."
Die mit diesen Konzepten verbundene vertiefte Einsicht in die menschliche Psyche wird dann in doppelter Weise als hermeneutischer Schlüssel verwendet: Zum einen geht es um einen neuen (psychologischen, gelegentlich allerdings psychologisierenden) Zugang zu biblischen Texten und dogmatischen Aussagen. Zum anderen geht es um ein neues Verständnis für Patientenverhalten und für

2. Telefonseelsorge

Seelsorgerliches Handeln mit Hilfe des Telefons bekommt in der Gesamtpoimenik eine Funktion als besondere Lehr- und Lernsituation hinsichtlich einer Krisenintervention, die sich ursprünglich auf *punktuellen Kontakt* ausrichtet.[364] Sie ist gleichzeitig dadurch gekennzeichnet, daß sie ohne alle technischen und aufenthaltsverändernden Hilfsmittel auszukommen sucht – es sei denn das Telefon. Von diesem Mittel einer (zumindest auf den ersten Blick hin) unkomplizierten Kontaktaufnahme heißt es in dem schon mehrmals erwähnten Handbuch zur Jugendseelsorge: „Wir leben im Computer-Zeitalter. Kein Wunder, daß der Fernsprecher zum Kommunikationsmittel in der kirchlichen Praxis geworden ist. Und doch ein Wunder, daß dabei ein eigenartiges und gesegnetes Medium der Seelsorge daraus geworden ist, die sogenannte Telefonseelsorge."[365]

Ob und wie weitgehend in diesem Zusammenhang so direkt von einem „Wunder" und einem „gesegneten Medium" zu sprechen ist, lohnt freilich ein differenzierendes Nachdenken. Jedenfalls geht es unter den gegebenen Bedingungen um eine besonders zeitgemäße und d.h. den säkularen Umständen entsprechende Seelsorge[366], deren Geschichte eng mit der allgemei-

---

bisher nicht reflektierte seelsorgerliche Reaktionen. Dabei steht gerade nicht – wie der Buchtitel vermuten läßt – der Umgang mit Psychosekranken im Vordergrund. Behandelt werden vielmehr elementare „psychotische" Reaktionsmöglichkeiten im Krankenhausalltag bei sonst „normalen" Patienten und „normalen" Seelsorgern.
Die Zuordnung von Seelsorge und Psychoanalyse wird bei stetem Bezug auf die Krankenhaussituation in diesem Buch jedenfalls auf einem besonders hohen Niveau diskutiert.
Den Wandel im Erscheinungsbild und im Selbstverständnis der Seelsorge im Krankenhaus beschreibt schließlich umfassend der Sammelband von *Michael Klessmann* (Hg.), Handbuch der Krankenhausseelsorge, Göttingen, 1996. Geboten wird eine Standortbestimmung gegenwärtiger Seelsorge im Krankenhaus mit Erfahrungsberichten und praktischen Informationen. Neben einer Einführung, die die institutions-soziologischen und historischen Aspekte herausstellt, werden in vielen Einzelbeiträgen namhafter Krankenhausseelsorger und -seelsorgerinnen die einzelnen Arbeitsfelder der Seelsorge im Krankenhaus behandelt. Sie werden als ein Schwerpunkt kirchlichen Handelns bezeichnet bzw. in ihrer exemplarischen Funktion für Seelsorge überhaupt verdeutlicht.

[364] Zur Ausweitung dieses ursprünglich punktuellen Kontaktes und dessen Einbettung in ein System von Hilfeleistungen sowie zum gesamten Paradigma „Telefonseelsorge" vgl. *Jörg Wieners* (Hg.), Handbuch der Telefonseelsorge, Göttingen, 1995.

[365] W. Jentsch, Handbuch. Teil IV, 2, S. 926.

[366] So überschreibt *Klaus-Peter Jörns*, Telefonseelsorge – Nachtgesicht der Kirche. Ein Kapitel Seelsorge in der Telekultur, Neukirchen-Vluyn, 1994, in dem Auf-

nen technischen und kulturellen Entwicklung in den letzten Jahrzehnten verknüpft ist.[367]

Die besondere Chance, aber auch die deutliche Grenze der Telefonseelsorge liegt in dieser spezifischen „Zeitgemäßheit": Telefonseelsorge hat eine niedrige *Kontaktschwelle*. Der leicht mögliche Anruf verbindet sofort mit dem Seelsorger/derSeelsorgerin am Telefon. Alles geschieht ohne großen Aufwand und unmittelbar. Er gewährleistet als bloßes Telefonat ohne jede körperliche Nähe und ohne jeden Blickkontakt gleichzeitig bleibende Distanz. Eben dieser *Nähe-Distanz-Kompromiß* ist charakteristisch für die seelsorgerliche Arbeit mittels des Telefons. Er wird flankiert von der strikt einzuhaltenden Anonymität der seelsorgerlichen Berater am Telefon. Diese Anonymität senkt die Hemmschwelle des Anrufers, sich mit seinen mehr

---

satz „Telefon-Seelsorge: ein Phänomen unserer Kultur" einen Abschnitt „Telefonseelsorge will säkulare Seelsorge sein." (S. 17)

[367] Zur Geschichte der Telefonseelsorge, also zu deren Entstehung und bisherigen Entwicklung vgl. *Jürgen Kratzenstein*, Art.: Telefonseelsorge, in: S. Keil (Hg.), Familien- und Lebensberatung, Sp. 1034ff. Ergänzend ist heranzuziehen W. Jentsch, a.a.O., S. 932.
Die ausführlichste Darlegung findet sich bei *Ingo Habenicht*, Telefonseelsorge als Form intentionaler Seelsorge. Geschichte, Phänomene und Theologie. Eine Untersuchung zum ‚Selbstverständnis' der Telefonseelsorge aus poimenischer Perspektive, Hamburg, 1994, S. 54ff. sowie *Ders.*: Die Anfänge der Telefonseelsorge und ihre Institutionalisierung, in: J. Wieners (Hg.), Handbuch, S. 9ff. Eine kurzgefaßte, aber detaillierte Übersicht bietet auch die Zeittafel in diesem Handbuch (S. 227ff.).
Als Eckdaten seien an dieser Stelle genannt: Nach einzelnen Vorläufern (z.B. in den USA) ergreift der englische Pfarrer *Chad Varah* im Jahre 1953 in London die Initiative und fordert in einer Zeitungsannonce dazu auf, sich im Falle suizidaler Situationen und Gefährdungen telefonisch helfen zu lassen. Verschiedene Länder Europas greifen diese Anregung auf und installieren entsprechende Einrichtungen. In der Bundesrepublik Deutschland entstehen 1956 in Berlin („Telefonseelsorge und Lebensmüdenbetreuung" unter *Klaus Thomas*) und Kassel (unter *Otto Stange*) solche Beratungsstellen, bald darauf auch in anderen Großstädten. Es bildeten sich nationale Vereinigungen, die sich 1968 in Brüssel zu einem Internationalen Verband zusammenschlossen. Parallel zur „Evangelischen Konferenz für TS" (Sitz Stuttgart) konstituierte sich die „Katholische Arbeitsgemeinschaft für TS und Offene Tür" (Sitz Frankfurt, später Bonn). Zunehmend wurden die Telefonseelsorgestellen aber bald als ökumenische Institutionen verstanden und eingerichtet.
Die Zahl dieser Stellen ist ständig im Wachsen. Ein „Verzeichnis der Telefonseelsorge-Stellen und verwandten Telefondienste in Deutschland, Österreich und der Schweiz" (Stand 1994) bietet schon K.-P. Jörns, a.a.O., S. 153ff. Auf den neuesten Stand gebracht werden die Verzeichnisse von Telefonseelsorgestellen in Deutschland, Österreich und der Schweiz im „Handbuch der Telefonseelsorge", S. 253ff.

oder weniger schambesetzten und deshalb auch mehr oder weniger direkt oder indirekt geäußerten Problemen einem in ganz bestimmter Form hilfsbereiten Menschen anzuvertrauen. Die besondere Chance dieser Art von Seelsorge wird damit deutlich.

Gleichzeitig ist deren Grenze nicht zu übersehen: Die durch das technische Hilfsmittel „Telefon" auf das Hören und Reden beschränkte gegenseitige Wahrnehmung von Anrufer und Berater vermag diesen Wahrnehmungsmodus zwar sehr konzentriert einzusetzen. Die sonst komplexer wahrnehmenden und damit die poblemdiagnostisch urteilenden Möglichkeiten des Seelsorgers/der Seelsorgerin bleiben dennoch beschränkt. Dieser Beschränkung wiederum korrespondiert die mit der strikten Anonymität verbundene Unverbindlichkeit aller jener problembezogenen Hinweise, die dem Anrufer ein verändertes Verhalten zumuten: Jedes notwendig konfrontative Vorgehen des Seelsorgers/der Seelsorgerin am Telefon ist bei diesem Medium durch die inneren und äußeren Ausweichmöglichkeiten in seiner Wirkung deutlich berenzt.[368] Mit dieser Begrenzung bewußt umzugehen und dabei dennoch die besonderen Chancen zu sehen und zu nutzen, gehört zu den herausfordernden Aufgaben der Telefonseelsorge.

Wie ist bei all diesen Besonderheiten mit diesem neuzeitlichen Medium der Seelsorge umzugehen?

a) Seelsorge in dieser Form scheint offensichtlich dem Erleben von *Isoliertheit* bzw. *Vereinzelung* vieler Menschen zu entsprechen. Ratsuchende sind demnach auf die ebenso anonyme wie jederzeit evozierbare Stimme am Telefon als auf ein „Übergangsobjekt"[369] angewiesen: Die ängstigende Ab-

---

[368] Sehr deutlich wird dieses Ausweichen vor einer wirksamen Problembearbeitung in aller Regel bei den sog. „Daueranrufern", die verschiedene Mitarbeiter zu verschiedenen Tages- und Nachtzeiten in ständiger Wiederholung mit ein und demselben Problem beschäftigen und so ihr faktisches Unvermögen demonstrieren, sich einer Auseinandersetzung im eigentlichen Sinne zu stellen und mit dieser Haltung die Berater deprimieren und demotivieren können.
Zur Hintergrundproblematik vgl. *Jörg Wieners,* Die Krise der Samariter: Die sogenannten Daueranrufer und das Selbstverständnis der Telefonseelsorge, in: *Hans Ulrich von Brachel/Thomas Schramm* (Hg.), Telefonseelsorge – Brennglas krisenhafter Entwicklungen, Freiburg i.Br., 1989, S. 94ff. Hier wird in differenzierender Weise vor einem bloß klischeehaften „Feindbild Daueranrufer" bzw. vor einer Stigmatisierung dieser beschwerlichen Anrufer-Gruppe gewarnt: „Wie bei allen sozialen Stigmatisierungen werden auch hier unbewußte Projektionsvorgänge mitwirken." (S. 100) Eben dies gilt es bewußt zu machen, zum Ausgangspunkt einer neuen Deutung und Bewertung zu machen und in ein neues Selbstverständnis der TS zu integrieren.

[369] Der Begriff „Übergangsobjekt" ist ein wesentlicher Bestandteil der entwicklungspsychologischen Konzeption des Kinderarztes und Psychoanalytikers *Donald W. Winnicotts.* Eingehend dargestellt und in den praktisch-theologischen Kontext

wesenheit einer vertrauenswürdigen Beziehungsperson oder -situation wird durch ein auf Abruf (oder „Anruf") in Gebrauch genommenes „Zwischenwesen" mit imaginären Zügen überbrückt. Dieses „Objekt" (im Kindheitsalter meist eine Puppe, ein sonstiger vertrauter Gegenstand, der gerade „greifbar" ist, aber später auch eine Gebetsformel[370], ein herstellbarer Tagtraum[371]) kann dann kreativ mit Vorstellungen und Phantasien ausgestattet werden. Dieses „Gegenüber" läßt sich *bei* Bedarf einschalten und *nach* Bedarf abschalten. Es hat bei alldem den Charakter einer situativ wirksamen *Erleichterung* oder auch *Enttängstigung*.

b) Seelsorge in dieser Form erweist sich bezeichnenderweise als ein außergewöhnlich breit *akzeptiertes Hilfsangebot*. Es kommt damit einer Erwartungshaltung entgegen, die eine Zuwendung im Konfliktfall deutlich leichter anzunehmen bereit ist, wenn das entsprechende Hilfsangebot nicht an eine persönliche Beziehungsaufnahme gebunden ist. Der Ratsuchende kann dann auf keine Mithilfe bzw. aufwendige innere Auseinandersetzung festgelegt werden. Natürlich läßt sich dieses weitgehend passive Anspruchsdenken mit Verpflichtungsängsten als Ausdruck einer regressiven Befindlichkeit einstufen, die dem bloßen Wort in magischer Weise helfende und

---

überführt wird dieses Konzept in W. Drechsel, Pastoralpsychologische Bibelarbeit, bes. S. 149ff. in dem Kapitel „Die psychoanalytische Konzeption D.W. Winnicotts als Frage nach den ‚Übergängen'". Ausgangspunkt der Überlegungen ist dabei die Annahme eines Entwicklungsstadiums, in dem sich erste Beziehungserfahrungen zwischen „Subjekt" und „Objekt" in einem sog. „Intermediären Raum" niederschlagen: „Ein Bereich, der sich vornehmlich durch einen ‚Zwischen-Charakter' auszeichnet: Zwischen innerer und äußerer Realität. Zwischen Omnipotenz und Demut. Zwischen Subjekt und Objekt." (S. 151f.) Und: „Hier liegt nun die Wurzel eines jeden schöpferischen, kreativen Umgangs mit der Realität. Gleichsam am Ursprung des Realitätserlebens selbst: In der Verwendung des Übergangsobjekts, in welche schöpferische Omnipotenz und dingliche Welt erstmals und gleichermaßen einfließen und sich entfalten; im intermediären Raum." (S. 158)
Es ist leicht nachvollziehbar, daß die von *Martin Weimer*, Telefonseelsorge – das Pfarrhaus des 20.Jahrhunderts, WzM (39) 1987, S. 1ff. beschriebenen Allmachtsgefühle, die sich im uneingeschränkten Gebrauch des Telefons ausdrücken können und eine faktische Ohnmachtssituation ratsuchender Menschen kompensieren, im Rahmen des Winnicott'schen Konzepts verstehbar werden.

[370] Vgl. dazu *Friedhelm Grünewald*, Das Gebet als spezifisches Übergangsobjekt, WzM (34) 1982, S. 221ff.

[371] Hierzu vgl. *Martin Weimer*, Die Religion der Traumatisierten. Erfahrungen und Reflexionen aus der Telefonseelsorge, in: *Hans-Günter Heimbrock/Heinz Streib* (Hg.), Magie – Katastrophenreligion und Kritik des Glaubens. Eine theologische und religionstheoretische Kontroverse um die Kraft des Wortes, Kampen, 1994, S. 259ff., bes. S. 267f.

heilende Wirkung zutraut.[372] Es läßt sich aber auch als unbewußter innerer Protest gegen eine Leistungsgesellschaft verstehen, in der jede Hilfe bezahlt werden muß (und sei es indirekt in Form von Kirchensteuern!). Insofern kann die erstaunlich breite Akzeptanz der TS auch im Zusammenhang mit deren Charakter einer nicht nur völlig kostenlosen, sondern auch einer in diesem Bereich ungewohnt forderungsfreien Hilfeleistung[373] gesehen werden.

c) Seelsorge in dieser Form erweist sich schließlich als attraktiv durch die völlig selektionsfreie *Entgegennahme aller nur denkbaren Anliegen*. Damit kompensiert sie offensichtlich geradezu exemplarisch jenen anscheinend unaufhaltsamen Trend zur Spezialisierung auf dem Gebiet der medizinischen, aber auch der psychotherapeutischen und auch seelsorgerlichen Hilfe.[374] Als solches „Gegengewicht" entspricht sie einem Bedürfnis, in jedem

---

[372] Vgl dazu *Hans-Günter Heimbrock*, Magie, Alltagsreligion und die Heilkraft des Glaubens. Etappen und Probleme theologischer und kulturwissenschaftlicher Magiediskussion, in: Ders./H. Streib (Hg.), a.a.O., S. 17ff. Da heißt es z.B. (S. 17): „Nicht allein in bezug auf Heilung, aber insbesondere dort ist in modernen Gesellschaften der Hang zum Magischen unübersehbar."

[373] Zu dieser „forderungsfreien Hilfeleistung", die möglicherweise an magische Erwartungen anknüpft, diese aber in konstruktiver Weise „aufhebt", gehört sicher auch ein Paradigmenwechsel in Hinblick auf die Gesprächsführung am Telefon, den *Jörg Wieners*, Vorwort zu K.-P. Jörns, Telefonseelsorge, S. 10, so beschreibt: „Es setzt sich in der Telefonseelsorge wohl immer mehr ein Denken durch, das weniger an der ‚Methodik' als an der ‚Dynamik' des Gesprächs orientiert ist. Eine ‚Gesprächsmethodik' muß immer zusätzlich über ‚Gesprächsinhalte' nachdenken. Eine ‚Gesprächsdynamik' dagegen rechnet mit der dynamischen Kraft von ‚Inhalten', von im Gespräch vergegenwärtigten Erinnerungen und Bildvorstellungen."

[374] Vgl. hierzu D. Rössler, Grundriß, S. 454: „Zweifellos ist die Differenzierung eines der wesentlichen Kennzeichen der modernen Gesellschaft. Das soziale Leben hat sich in eine Vielzahl von Lebensbereichen aufgegliedert und aufgeteilt, die untereinander in nur noch schwer erkennbaren Beziehungen stehen."
Dazu R. Schmidt-Rost, Seelsorge zwischen Amt und Beruf, S. 25: „In der verständlichen Sorge um eine Dysfunktionalität von Kirche und Pfarrerstand im Leben der Gesellschaft kam es auch in der Pastoraltheorie zur Definition des Pfarramtes als Beruf – in Anlehnung an den Typus der freien Berufe – und dessen strukturelle Differenzierung in einzelne Aufgaben und Dienste, der soziologischen Erfassung anderer Berufe in der Gegenwart entsprechend." So wird auch im seelsorgerlichen Bereich in zunehmender Weise jeweils ein „Fachmann" bzw. eine spezifische Beratungsstelle im kirchlichen Dienst für die unterschiedlichen Probleme in Ehe und Familie, bei charakterlichen Auffälligkeiten oder im Trauerfall usw. zuständig. Die bei solcher Lage der Dinge oft notwendig erscheinende Delegation eines Ratsuchenden vom zunächst angesprochenen Seelsorger oder Berater zu einem spezialisierten anderen wird dann gehäuft als besondere Anstrengung und Zumutung erlebt.

Einzelfall als „ganzer Mensch"[375] wahrgenommen zu werden und „unter allen Umständen" an der zuständigen Stelle um Hilfe angefragt zu haben.
Soviel zum seelsorgerlichen Umgang mit Ratsuchenden bei Zuhilfenahme des besonderen Mediums „Telefon".
Wieder kann von dieser besonderen Form der Seelsorge ein Impuls für Seelsorge im allgemeinen und umfassenden Sinne in den verschiedensten Bereichen ausgehen. Wie in der Krankenhausseelsorge sind auch hier Ausbildungsprogramme zu fest etablierten Bestandteilen der Arbeit geworden. In der TS werden diese allerdings schwerpunktmäßig auf die zahlenmäßig überwiegende Gruppe der theologisch nicht vorgebildeten Mitarbeiter ausgerichtet. So bekommt in diesem Rahmen die _Laienseelsorge_ ein besonderes Gewicht.[376] Die entsprechenden Erfahrungen sind sicher übertragbar: Ein im Rahmen der TS praktiziertes „allgemeines Priestertum"[377] kann von seiner seelsorgerlichen Potenz und Kompetenz her auch auf anderen poimenischen Arbeitsfeldern neu und verstärkt Beachtung finden.

---

[375] Neben dem Standardwerk von D. Rössler, Der ‚ganze' Mensch, vgl. auch von humanwissenschaftlicher Seite *Hans Rössner* (Hg.), Der ganze Mensch. Aspekte einer pragmatischen Anthropologie, München, 1986.

[376] So schreibt etwa R. Schmidt-Rost, a.a.O., S. 19f., Anm. 22: „Die Impulse zur ‚Neuordnung der Seelsorge' kamen nicht nur aus der Krankenhausseelsorge und dem amerikanischen CPT, sondern sie ergaben sich auch aus den Kontakten zwischen Ärzten und Seelsorgern (vgl. die Schriftenreihe ‚Arzt und Seelsorger', hg. von W. Bitter) und aus der Arbeit der Telefonseelsorge, in der die Mitarbeit der theologischen Laien besonders zur Geltung kam und kommt."
Im „Handbuch der Telefonseelsorge" wird deshalb die „Die Gestalt des Ehrenamtes in der Telefonseelsorge" auch besonders hervorgehoben und reflektiert. Zwar wird in der gegenwärtigen Diskussion zwischen den sog. Laien und den sog. Ehrenamtlichen unterschieden! Zu beachten ist aber: „Eherenamtliche sind oft keine Laien. Allerdings ist gerade die besondere Funktion der Laien im psychosozialen Ehrenamt Gegenstand der Untersuchung und Beachtung geworden. Besonders im Bereich der Krisenintervention und Suizidprophylaxe wird die hilfreiche Auswirkung von Laien konstatiert". (J. Wieners, Handbuch, S. 44)
Die Ausbildung und Supervision dieser ehrenamtlichen Mitarbeiterinnen und Mitarbeitergehört dann allerdings zu den unverzichtbaren flankierenden Maßnahmen.

[377] Zu diesem so eng mit der reformatorischen Theologie verbundenen Begriff sei *Martin Luther*, WA 41, S. 211, 14, zitiert: „Denn obwohl wir nicht alle im öffentlichen Amt und Beruf sind, so soll doch ein jeglicher Christ seinen Nächsten lehren, unterrichten, vermahnen, trösten, strafen durch Gottes Wort, wenn und wo jemand deß bedarf, als Vater und Mutter ihre Kinder und Gesinde, ein Bruder, Nachbar, Bürger oder Bauer den anderen."
Zum ganzen Komplex des „allgemeinen Priestertums" und dessen Auswirkung auf die Seelsorge vgl. auch an dieser Stelle J. Henkys, Seelsorge. Weiter vgl. R. Schmidt-Rost, a.a.O., S. 9ff.

Als programmatisch eröffnende und problemaufweisende Literatur sind die Bücher von E. Stange und C. Varah zu nennen.³⁷⁸

Frau Banine bietet einen Erfahrungsbericht, der bei aller Zeitgebundenheit gut die Atmosphäre im ersten und zweiten Jahrzehnt dieser Arbeit vermittelt.³⁷⁹ Die Autorin ordnet ihre Erfahrungen und Fallgeschichten unter drei großen Problemkreisen, die bleibend als Schwerpunktbildungen gesehen werden können:

a) Die Einsamkeit – Der Selbstmord: „Wenn man nach dem wirklichen Grund der Anrufe bei der Telefonseelsorge sucht, findet man, oft von anderen Dingen verdeckt, den, der ihr Dasein rechtfertigt: die Einsamkeit."³⁸⁰

b) Die Jugend: „Dreißig Prozent der Anrufe bei der Telefonseelsorge kommen von jungen Menschen. Oft sind sie ergreifend, denn diese Anrufe zeugen von einer großen Unruhe."³⁸¹

c) Anrufen und anhören: „Als die Telefonseelsorge entstand, waren die Antworten der Hörer an den Menschen in Not nichts anderes als ein Gespräch von Herz zu Herzen, nichts als der Wunsch, zu helfen und zu lieben, ohne viel Nachdenken über Psychologie, Soziologie, ohne Analyse. Herzensbildung und Intuition genügten. Keine psychologische Ausbildung hätte diese ersetzen können."³⁸²

Daß sich in der Folge aber immer mehr „Fachleute" (wie Ärzte, Juristen, Pädagogen, Psycholologen, Theologen usw.) zur direkten und indirekten Mitarbeit im Rahmen einer Telefonseelsorge bereitfanden, zeigt der Bericht der Autorin über „Ursprung und Leben der Telefonseelsorge"³⁸³ bzw. deren zunehmende Etablierung in den verschiedensten westlichen und östlichen Ländern.

Deshalb muß auch nicht verwundern, daß sehr bald spezifische Ausbildungsprogramme für die Mitarbeiter der TS entwickelt werden. Die Beratungsarbeit am Telefon wird zum auslösenden Faktor für ein weitverbreitetes Lehrbuch von H. Harsch.³⁸⁴ Das Buch, als ein ständig zu ergänzendes „Arbeitsbuch" konzipiert, bietet die detaillierte curriculare Planung eines breit angelegten und in einzelne Phasen gegliederten Ausbildungskurses. Es

---

[378] *Erich Stange*, Telefonseelsorge, Kassel, 1961 und *Chad Varah*, Samariter. Hilfe durchs Telefon, Stuttgart, 1966.

[379] *Banine*, Hilfe per Telefon. Was geschieht in der Telefonseelsorge? Berichte und Beispiele aus der Praxis, Stuttgart, 1973.

[380] Banine, a.a.O., S. 39.

[381] Banine, a.a.O., S. 60.

[382] Banine, a.a.O., S. 87.

[383] Banine, a.a.O., S.122ff.

[384] H. Harsch, Theorie und Praxis des beratenden Gesprächs.

informiert (auf der Grundlage der Transaktionsanalyse, s.o. S. 198, Anm. 45) über die besondere Struktur einer gezielten Gesprächsführung, behandelt die Charakteristica der einzelnen Lebensphasen ebenso wie einzelne Problem- und Sachbereiche (u.a. Abwehrmechanismen, seelische Erkrankungen usw., aber auch rechtliche Probleme und Glaubensfragen). Anleitungen zu Rollenspielen und Übungen sind angefügt. Das Buch ist außerdem nach wie vor eine Fundgrube für weiterführende Literatur im gesamten Bereich Seelsorge und Beratung.

Fortgesetzt wird dieses Angebot für seelsorgerliche Mitarbeiter (am Telefon und darüber hinaus) durch eine Veröffentlichung von H. Frör.[385] Hier werden Arbeitspapiere aus Fortbildungstagungen zusammengestellt und thematisch geordnet.

H. Steinkamp gibt einen kritischen Rückblick auf die ersten zwei Jahrzehnte der institutionalisierten seelsorgerlichen Arbeit am Telefon und vermittelt damit wesentliche Impulse für eine ebenso reflektierte wie modifizierte Weiterarbeit.[386] Geht es in der TS um einen wirklichen „Samariterdienst" im Sinne einer ebenso notwendigen wie spontanen Hilfe oder um eine kirchliche Dienstleistung mit der üblichen Tendenz zur Bürokratisierung? Entspricht möglicherweise gerade die TS einem „Service-Gebaren" der Kirchen, die sich in religionssoziologischer Sicht als gesellschaftliches Teilsystem (N. Luhmann) und als ein moderner Dienstleistungsbetrieb (X. Kaufmann) verstehen lassen? Und korrespondiert eben dieses Gebaren dann mit der „Konsumenten-Mentalität des bürgerlichen Kirchenmitgliedes"? Auf diese Fragestellung bezieht sich der Zielkonflikt der TS: Geht es um (mit Luhmann religiös „absichtslose") Diakonie im Sinne gesellschaftlicher Einpassung? Oder geht es um Seelsorge, die die Glaubensfrage impliziert? Nach Steinkamp sprechen bestimmte Phänomene eher für ersteres und damit für eine Funktion der TS „... als Service-Station, im Sinne der Versuchung, sich unentbehrlich zu machen"[387]. Steinkamp möchte diese Tendenz kritisch aufzeigen und versteht seinen Beitrag „... im Sinne einer deutlichen Option für das Samariterkonzept ..."[388]

Die entsprechende Diskussion wird fortgeführt in einem 1987 erschienenen Themaheft von WzM.[389] Besonders erwähnenswert ist hier der Auf-

---

[385] *Hans Frör*, Vertiefung. Fortbildungskonzepte zu Themen der Seelsorge, München, 1981.
[386] *Hermann Steinkamp*, Zwischen Service-Kirche und Samariterfunktion. Religionssoziologische Anmerkungen zum Gestaltwandel von Telefonseelsorge, WzM (35)1983, S. 292ff.
[387] H. Steinkamp, a.a.O., S. 300.
[388] H. Steinkamp. a.a.O., S. 301.
[389] „Institution Telefonseelsorge: Rahmenbedingungen und Methoden", WzM (39) 1987, S. 1ff.

satz von M. Weimer, Telefonseelsorge – das Pfarrhaus des 20. Jahrhunderts.[390] Ihm liegt die Auffassung zugrunde, die Möglichkeit, Tag und Nacht erreichbar zu sein und d.h. unbeschränkt durch den Anrufer über sich verfügen zu lassen aktualisiere dessen verborgene Allmachtsgefühle. Sie kompensiere auf diese Weise die Ohnmacht gegenüber den erbarmungslos vereinzelnden Umständen unserer Epoche: „Es gehört zum Zeitalter der Erbarmungslosigkeit, daß man Institutionen braucht, die rund um die Uhr für Menschen erreichbar sein müssen, die, sei es in einer akuten Krise, sei es aufgrund einer fixierten Persönlichkeitsstörung, das Erlebnis brauchen, omnipotent zu sein."[391]

Steinkamps Überlegungen scheinen auch durch eine empirische Untersuchung von H. Schmidt als besonders nachdenkenswert bestätigt zu sein.[392] Geboten wird eine ebenso umfangreiche wie ausdifferenzierte Statistik. Sie umfaßt die Zusammensetzung der Gesamtklientel, die verschiedenen Anrufer, deren Anliegen und Verhalten, die einzelnen Problemkonstellationen und deren charakteristische Schwerpunktbildung usw.

Zusammenfassend schreibt Schmidt u.a.: „In der vorliegenden Untersuchung wurde deutlich, daß auch die Telefonseelsorge von der Mehrzahl ihrer Anrufer nicht in Momenten akuter Suizidgefährdung genutzt wurde, sondern überwiegend als Gesprächspartner bei psychischen Schwierigkeiten, Partnerschaftsproblemen, in besonderen Lebenssituationen, bedingt durch Alter und Krankheit, und im Zusammenhang mit abhängigem und süchtigem Verhalten gefordert war. Fast die Hälfte der Anrufer kontaktierte die Telefonseelsorge mehrfach, 20 Prozent sogar andauernd, und ließ es nicht bei einem Gespräch bewenden. Die TS als ‚Notverbandsplatz' als Ort ‚erster Hilfe' wurde von diesem Teil der Klientel zu einer Pflegestelle chronischer Leiden, andauernder psychischer Defekte und sozialer Mißstände umfunktioniert."[393] Hier zeigt sich deutlich, daß das ursprüngliche Konzept einer rein situativen Krisenintervention nicht unverändert durchzuhalten ist, sondern (bis hin zu organisatorischen Fragen) der Erweiterung und Ergänzung bedarf.

Die in der TS schwerpunktmäßig vorgebrachten Probleme (Einsamkeit, Partnerprobleme, Depresssion, Alkoholismus, Suizidalität, Krankheit, Angst und Arbeitslosigkeit) werden in einem Buch von J. Hesse und H.C. Schrader auf ihre Hintergründe befragt und mit ihren Grundmechanismen darge-

---

[390] M. Weimar, a.a.O., S. 38ff. s.o. S. 471, Anm. 369.
[391] M. Weimer, a.a.O., S. 46.
[392] *Hanspeter Schmidt*, Die Klientel der Telefonseelsorge. Versuch einer Identifizierung, Frankfurt/Bern/New York, 1985.
[393] H. Schmidt, a.a.O., S. 367.

stellt.³⁹⁴ Der schmale und komprimierte Band informiert anhand von Stichworten ebenso knapp wie umfassend über alles, was mit der Institution TS zusammenhängt. Er bietet (statistisch erfaßte) Zahlen, Übersichten und Fakten ebenso wie plastische Beispielszenen und Interviews mit Pionieren der TS. Das deutliche Engagement für dieses Medium kann dabei etwa so begründet werden: „Das Medium Telefon kommt ... den ambivalenten Bedürfnissen seines Benutzers entgegen, denn oft sind Wünsche nach Nähe und Distanz gleichzeitig vorhanden. Was im direkten persönlichen Kontakt zum Konflikt führen kann, der deshalb häufig vermieden wird, ist bei der telefonischen Begegnung durch das vom Medium vorgegebene Setting unabänderlich: Nähe und Distanz laufen parallel. Das Telefon gewährleistet somit eine erträgliche Nähe."³⁹⁵ Die Frage nach der kirchlichen Einbindung der TS und nach dem von H. Steinkamp eingeforderten „Samariteraspekt" ist dabei nur beiläufig bzw. als wenig aktuelles Problem behandelt.

Eine Fülle verschiedener Aspekte der seelsorgerlichen Arbeit mittels des Telefons umfaßt ein Sammelband, der von H. U. von Brachel und T. Schramm herausgegeben wurde.³⁹⁶ In ihm werden von verschiedenen Autoren die allgemeine Krise der Beratung ebenso behandelt wie die Strukturprobleme und Entwicklungschancen der Organisation TS sowie Ansätze zu deren Neuorientierung. Denn: „In den unzähligen Alltagsproblemen und persönlichen Krisen der Anrufer und Anruferinnen bilden sich Problembereiche immer deutlicher heraus, die auf eine krisenhafte gesellschaftliche Entwicklung hinweisen. Kontaktverlust, suizidale Krisen und Dauerkrisen sind die Symptome dieser Entwicklung. Mit ihr gerät die psychosoziale Versorgung in ein Krise des Helfens – eine Situation, in der sie häufig eine adäquate Antwort schuldig bleibt."³⁹⁷ Das Buch möchte die im Gange befindliche Konzeptdiskussion fördern und sich mit seinen verschiedenen Beiträgen an der entsprechenden Suchbewegung beteiligen. Der Tenor lautet: Es ist der TS – soll sie als Brennglas der gesellschaftlichen Defizite ihre Krisenintervetionsstruktur effektiv entwickeln – ein ständiger Veränderungsprozeß zuzumuten: „Sowohl die Arbeit mit Gemeinden als auch die Weiterentwicklung einer differenzierten kommunikativen Beratung von Anrufern macht eine Entwicklung der Beratungsorganisation TS unabdingbar notwendig. Die TS muß ihr eigenes System vom geschlossenen System zum offenen System weiterentwickeln."³⁹⁸ Sie muß sich der außerordentlich

---

³⁹⁴ *Jürgen Hesse/Hans Christian Schrader*, Auf einmal nicht mehr weiterwissen. Telefonseelsorge – ein Spiegel unserer Zeit, Frankfurt a.M., 1988.
³⁹⁵ J. Hesse/H. C. Schrader, a.a.O., S. 174f.
³⁹⁶ H. U. von Brachel/T. Schramm (Hg.), Telefonseelsorge.
³⁹⁷ H. U. von Brachel/T. Schramm, a.a.O., S. 7.
³⁹⁸ H. U. von Brachel/T. Schramm, a.a.O., S. 29.

diffizielen Aufgabe stellen, innerhalb der gesellschaftlichen Entwicklung „Sammelbecken für ‚nicht gesellschaftsfähige' Krisen und Nöte bereitzuhalten."[399] Bei solchem Problembewußtsein und einer entsprechenden konzeptionellen Flexibilität könnte die TS schließlich zum „Modell einer ‚alternativen' Diakonie der Kirchen" werden.[400]

Das setzt in zunehmendem Maße eine gezielte Forschung voraus. So steht etwa in einer umfangreichen Untersuchung von C. Müller-Stör der Begriff der Krise und seine konzeptionelle Verarbeitung im Zentrum.[401] In einem ersten Hauptteil „Theoretische Grundlagen" vermittelt der Autor bei umfassender Literaturauswertung einen Überblick über die verschiedenen krisentheoretischen Modellvorstellungen und Konzeptionen. Als ein Ergebnis wird dann herausgestellt: „Nur wenige der Autoren, die sich mit ‚Krise' und ‚Krisenintervention' befassen, thematisieren die Subjektivität der Kriseneinschätzung an sich, d.h. die subjektiven Elemente, die auf Seiten der Einschätzenden den Einschätzungsprozeß beeinflussen oder leiten."[402] Genau hier aber liegt das Interesse des Autors und dies leitet über zum zweiten Hauptteil: „Angewandte Krisenmodelle – Subjektive Krisentheorien". Mit Hilfe spezifischer Erfassungsinstrumentarien werden die Subjektiven (also die spontan angewandten und mit individueller Erfahrung und Emotionalität unterlegten) Krisentheorien einiger Berater und Beraterinnen der Telefonseelsorge erfaßt, analysiert und kategorisiert. Aus dem Vergleich von wissenschaftlich beschriebenen und subjektiv angenommenen Krisenindikatoren ergibt sich für den Autor dann sowohl die dringende Notwendigkeit weiterer Forschung als auch ein Konzept für ein beide Seiten integrierendes Fortbildungsmodell: „Sowohl im Interesse des eigenen Selbstverständnisses der Telefonseelsorge als auch im Interesse der heute ca. 5.700 MitarbeiterInnen und ca. 700.000 Anrufen im Jahr – Zahlen, die in naher Zukunft sprunghaft ansteigen werden – sind Forschungen auf dem Gebiet des Krisenerkennens und der Krisenintervention per Telefon im wahrsten Sinne des Wortes ‚NOT-wendig'."[403]

Ist damit aber zugleich schon in theologisch vertretbarer Weise *seelsorgerlich* gehandelt? Die bisher detaillierteste und auf diese Fragestellung ausgerichtete Untersuchung zum Thema TS liefert I. Habenicht in seiner Monographie zum Thema TS.[404] Das Buch möchte das sich verändernde

---

[399] H. U. von Brachel/T. Schramm, a.a.O., S. 44.
[400] H. U. von Brachel/T. Schramm, a.a.O., S. 76.
[401] *Clemens Müller-Stör*, Subjektive Krisentheorien in der Telefonseelsorge, Tübingen, 1991.
[402] C. Müller-Stör, a.a.O., S. 95.
[403] C. Müller-Stör, a.a.O., S. 406.
[404] I. Habenicht, Telefonseelsorge.

Selbstverständnis und den durch krisenhafte Übergänge hindurchführenden Strukturwandel dieser Arbeit erfassen, die entsprechenden Veränderungsprozesse innerhalb der TS in die Gesamtentwicklung der Poimenik einbinden und von dieser Einbindung her eine zeitgemäße Konzeptionierung der Beratungsarbeit am Telefon vorschlagen. Der Autor bietet eine ebenso tragfähige wie gründliche Verarbeitung der Quellentexte, eine geradezu perfektionistische Auswertung von veröffentlicher und unveröffentlichten Literatur, eine breite Darstellung der geschichtlichen Entwicklung und der Entstehung der differenzierten Organisationsformen sowie Auflistungen und informative Mitteilungen. Bei alldem geht es ihm schwerpunktmäßig (und damit begrenzt) um die *evangelische* Telefonseelsorge in *Deutschland*, um deren Leitlinien und Standarts, deren Mitarbeiter und Klientel. Und es geht um Modifikationen des Selbstverständnis dieser sich immer weiter ausbreitenden Arbeit.

Diese Modifikationen haben für I. Habenicht ihre Entsprechungen bei der sich fortentwickelnden Poimenik innerhalb der letzten Jahrzehnte: Repräsentative Positionen innerhalb der Seelsorge im allgemeinen werden deshalb mit Positionen innerhalb der Telefonseelsorge verglichen und als eng miteinander verzahnt beschrieben. Als Ergebnis seiner aufwendigen Erhebung kann der Autor dann zu dem Schluß kommen, daß Telefonseelsorge in breiter Front (wenn auch unter höchst verschiedenen theologischen Vorzeichen) von ihrer Grundhaltung und intentionalen Wirksamkeit her als *Seelsorge* zu begreifen sei. Ist doch (bei deutlicher Anlehnung des Verfassers an die Position D.Stollbergs) „... Telefonseelsorge bereits durch ihr Handeln im kirchlichen Kontext in der Bindung an das christliche Credo als Seelsorge qualifiziert. Diese Bindung an das Credo aber verschafft ihr inhaltlich große Freiheit."[405] „So ergibt sich auch von hier aus die Notwendigkeit, an dem Selbstverständnis festzuhalten: Telefonseelsorge ist eine Form intentionaler Seelsorge."[406]

Die Frage nach der theologischen Relevanz der TS stellt sich allerdings weiter! K.-P. Jörns veröffentlicht eine Sammlung von programmatischen Vorträgen und Aufsätzen aus den Jahren 1981–1993.[407] Der zweite Teil des Buches („Seelsorge – auch am Telefon – als theologische Praxis") bringt zwar auch einen Abschnitt „Theologisch begründete Telefonseelsorge. Fünfundzwanzig Thesen"[408], der die TS in einer zeittypischen Innovationsfunktion beschreibt. Meist aber nimmt Jörns in diesem abschließenden Teil zu poimenischen Grundsatzfragen im allgemeinen Stellung, so z.B. in ebenso bemerkenswerten wie diskussionsbedürftigen „Thesen zur Seelsorge".

---

[405] I. Habenicht, a.a.O., S. 388.
[406] I. Habenicht, a.a.O., S. 389.
[407] K.-P. Jörns, Telefonseelsorge.
[408] K.-P. Jörns, a.a.O., S. 140ff.

Die Stärke des Buches liegt jedoch sicher in seinem ersten Teil mit dem Untertitel „Telefonseelsorge in Kultur und Kirche". Hier versucht Jörns aus kulturwissenschaftlicher Sicht aufzuweisen, wie die Kennzeichen unserer Kultur, u.a. die zunehmenden „Tele-Beziehungen", sich gerade in dem Phänomen TS besonders deutlich spiegeln.

Sein zentrales Anliegen vertritt der Autor schließlich in dem Beitrag, der den erweiterten Titel des ganzen Bandes trägt: Telefonseelsorge – Nachtgesicht der Kirche, in der Begegnung mit der taggesichtigen Theologie.[409] Taggesichtig ist Kirche und Theologie demnach immer dort, wo sie mit dem Licht der Vernunft vorgeht, die mythischen Erfahrungen funktionalisiert und mit einer dominierenden Rationalität der (menschlichen) Wirklichkeit zwar heilsam klarsichtig und unterscheidungsfähig, dabei aber dennoch eindimensional begegnet. Dann aber tauchen in assoziativer Syntax Irritationen auf, zeigen sich als Bruchstücke verwirrender Befindlichkeiten, als Brennpunkte erinnerten Erlebens, die uns wieder und wieder beschäftigen. Solche archaischen Zustände und Vorfindlichkeiten entsprechen der Nachtgestalt der Seele. Sie sind zumeist an Schlaf- und Ermattungsphasen, aber auch an Alkohol- und Tablettengebrauch gebunden. Daraus folgert Jörns: „Eine Telefonseelsorge ohne Nachtdienst hätte keinen Sinn. Wenn sie verstehen und helfen will, warum das Leben zur Last werden kann, dann muß sie mit dem Nachtgesicht sehen, was in der versunkenen Kultur unserer Seele geschieht und was nachts leichter zur Sprache kommen kann als am Tage."[410]

In diesem Kontext ist der Anruf bei der TS als ein „Ritus besonderer Art" zu verstehen. Er hat in spezifischer Weise mit dem Nachtgesicht zu tun, kanalisiert die vor-individuelle, archaische Seite der Existenz: „Telefonseelsorge als Nachtgesicht der Kirche hat die Möglichkeit dazu zu helfen, daß das Dunkle unserer menschlichen Existenz zumindest in ihrem Einflußgebiet weder als pathologisch therapiert noch als sündhafter Ungehorsam denunziert wird ... durch die Vermittlung der Telefonseelsorge könnte die Kirche den Menschen dazu helfen, daß sie Gott als Begleiter durch die Tage *und* Nächte ihres Lebens annehmen lernen ..."[411] Die Telefonseelsorge bekommt damit deutlich eine theologische Funktion zugewiesen.

Eine pastoralpsychologische Ergänzung findet dieser Ansatz durch die Reflexionen von M. Weimer.[412] M. Weimer schreibt hier u.a.: „Psycho-

---

[409] K.-P. Jörns, a.a.O., S. 68ff.
[410] K.-P. Jörns, a.a.O., S. 83f.
[411] K.-P. Jörns, a.a.O., S. 95.
[412] *Martin Weimar*, Wächter vor dem Unbewußten. Über seelsorgerliche Nachtgespräche, in: Auf Draht. Ein internes Forum zum Austausch von Erfahrungen und Informationen für ehrenamtliche und hauptamtliche Mitarbeiterinnen und Mitarbeiter der Telefonseelsorgestellen und Offenen Türen in der Bundesrepublik Deutschland, hg. von der Ev.-Kath. Kommission für Telefonseelsorge und

dynamisch gesehen ist die Nacht die Zeit der Regression, das heißt, der Rückkehr in sehr frühe Zeiten des Lebens. Als Säuglinge und Kleinkinder waren wir alle darauf angewiesen, daß erwachsene Menschen real anwesend waren, von denen wir annehmen konnten, daß sie uns überwiegend lieben. Seelsorger im Nachtdienst sein heißt also: Eine liebevolle Elternrolle für eine begrenzten Zeit übernehmen."[413]

Auch H. Steinkamp nimmt zur gegenwärtigen Lage nochmals in einem Aufsatz Stellung.[414] Hier „... wird die in immer neuen Facetten erörterte Frage nach dem ‚religiösen' Spezifikum von Telefonseelsorge in Auseinandersetzung mit den gegenwärtigen religionssoziologischen Diskursen um ‚Individualisierung von Religion' und ‚Neue Religiosität' zu präzisieren versucht."[415]

In welchem Maße und Umfang sich die Seelsorge mittels des Telefons in Deutschland bei 800 000 Anrufen jährlich und 6000 Mitarbeitern/Mitarbeiterinnen als eine zeitgemäße Form seelsorgerlichen Handelns in unserer Gesellschaft etabliert hat, macht schließlich das von J. Wieners herausgebene „Handbuch" deutlich.[416] Die Revolutionierung der Telefontechnik ist in diesem Band ebenso ein zentrales Thema wie die Beschreibung der Organisationsstruktur der TS auf lokaler und auf Bundesebene. Das von evangelischen und katholischen Autoren erarbeitete Handbuch mit seinen Artikeln, Tabellen und Literaturhinweisen bekommt so den Charakter eines Nachschlagewerkes. Dieses sollte freilich dazu Anlaß geben, Einzelfragen gesondert zu verfolgen und Problemstellungen zu vertiefen.

3. Militärseelsorge

Seelsorgerliches Handeln im militärischen Bereich bekommt in der Gesamtpoimenik eine Funktion als besondere Lehr- und Lernsituation hinsichtlich einer emotional besetzten und konfliktträchtigen *Zuordnungsproblematik*. Geht es doch um die komplizierte Aufgabe, den kirchlichen Auftrag zur Seelsorge einerseits und eine in ihrer Durchführung hart umstrittene staatsbürgerliche Verpflichtung andererseits sowohl theologisch aufeinander zu beziehen als auch organisatorisch miteinander zu verbinden. Die (mögliche) Krisensituation des einzelnen Individuums ist hierbei paradigmatisch eingebettet in eine (mögliche) Krisensituation, die die Allgemeinheit betrifft: den Einsatz bzw. das Verhalten im Falle eines Krieges im eigenen oder auch in

---

Offene Tür, Bonn (Geschäftsstelle: Kaiserstr. 163, 53113 Bonn), Nr. 22, April 1993, S. 19ff.
[413] Vgl. M. Weimer, a.a.O., S. 19.
[414] *Hermann Steinkamp*, „Wandlungen der Institution Telefonseelsorge – religionssoziologische Überlegungen", WzM (47) 1995, S. 190ff.
[415] H. Steinkamp, a.a.O., S. 190.

einem fremden Land. Die heutzutage offene Frage nach der besseren _Friedens-_
sicherung mit oder ohne Waffen muß dabei in kirchlich verantwortete
Handlungsstrategien überführt und poimenisch konkretisiert werden. Das
ist schon von der Sache her hoch kompliziert und berührt zudem existentielle Belange. Es fordert zwangsläufig zu positionellen Entscheidungen heraus.

Die so oft ventilierte und heftig diskutierte Frage nach einem besser
vorwiegend vom Staat oder besser vorwiegend von der Institution Kirche
getragenen (Beamten-)_Status_ der Militärseelsorger[417] ist der Ausdruck einer
noch weit tiefergehenden Besorgnis. Es ist die Besorgnis, sich ausgerechnet
im seelsorglichen Bereich unter gewissen Bedingungen letztendlich an
entscheidender Stelle _fremdbestimmt_ vorzufinden. Unbestreitbar ist der Einsatz von Militärseelsorgern in verschiedenen geschichtlichen Epochen immer wieder seitens des Militärs (und oft auch seitens der Kirche bzw. der
Militärpfarrer) als einseitig wehrkraftstärkend eingestuft worden.[418] Das

---

[416] J. Wieners (Hg.), Handbuch der Telefonseelsorge.

[417] Um diesen Status und seine Konsequenzen geht es vor allem, wenn nach der Neuvereinigung Deutschlands verschiedene Erfahrungen der einzelnen Landeskirchen in den alten und neuen Bundesländern mit sehr unterschiedlichen Staatsformen aufeinandertreffen. Der seit 1957 in der Bundesrepublik gültige „Vertrag der Bundesrepublik Deutschland mit der evangelischen Kirche in Deutschland zur Regelung der evangelischen Militärseelsorge" steht unter den veränderten politischen Bedingungen kirchlicherseits neu zur Disposition. Soll er (situationsentsprechend modifiziert) in seiner Grundstruktur beibehalten oder aber durch einen einschneidend veränderten Vertrag ersetzt werden?
Bei der (gegenwärtig noch offenen) Entscheidung über diese Frage stehen sich ein „Modell A" und ein „Modell B" gegenüber. (vgl. die graphische Übersicht über den Ist-Zustand sowie die Modelle A und B in: epd-Dokumentation. Evangelischer Pressedienst. Nr. 47/94 (1.Nov. 1994), S. 23).
Im Denk-„Modell A" wird am Status des Militärpfarrers als _Bundesbeamter_ (und grundsätzlich am Vertrag von 1957) festgehalten. Neu etabliert werden soll lediglich eine kirchliche Behörde, die parallel zum – staatlichen – Evangelischen Kirchenamt für die Bundeswehr die Augabe vertritt, die Militärseelsorge in Fragen der Theologie, der Ökumene, der inhaltlichen Gestaltung von Fort- und Weiterbildungsmaßnahmen etc. zu begleiten.
Im Denk-„Modell B" wird der Vertrag zwischen Staat und Kirche an entscheidender Stelle revidiert: Der Militärseelsorger steht danach im unmittelbaren Dienst der EKD, bleibt also _Kirchenbeamter_. Er wird auf Vorschlag des Militärbischofs durch den Verteidigungsminister bestimmten Standorten oder Einheiten zugeteilt. Das – staatliche – Evangelische Kirchenamt für die Bundeswehr wird ebenfalls in das Kirchenamt der EKD eingegliedert.

[418] Vgl. dazu das Kapitel „Militärseelsorgepolitik in Deutschland bis zum Ende des Zweiten Weltkrieges", in: _Jens Müller-Kent_, Militärseelsorge im Spannungsfeld zwischen kirchlichem Auftrag und militärischer Einbindung. Analyse und Bewer-

muß in der Tat keine bleibende Einstellung sein!⁴¹⁹ Es kann aber auch heute der Verdacht bestehen, das christliche Proprium der Seelsorge werde auf diese Weise nach wie vor und gleichsam unvermeidlich durch ein ihm übergeordnetes Fremdinteresse relativiert. Es kann gefürchtet werden, nationale Bindungen und entsprechende Verpflichtungen würden religiös unterlegt. Religion (und damit Seelsorge!) aber ist zwangsläufig immer dann mißbraucht, wenn sie in kollektiven Krisensituationen eine in dieser Weise ausgerichtete Funktion zugewiesen bekommt. Jedenfalls sind theologische Grundfragen so ins Spiel gebracht, daß Auseinandersetzungen um die rechte Konkretisierung des christlichen Glaubens für den Fall eines kollektiven Konflikts besonders naheliegen.

Gleichzeitig wird in diesem Zusammenhang nochmals die *gesellschaftliche Dimension* aller konkreten Seelsorge am Menschen von heute deutlich:

---

tung von Strukturen und Aktivitäten der ev. Militärseelsorge unter Berücksichtigung sich wandelnder gesellschaftlicher Rahmenbedingungen, Hamburg, 1990. S. 7ff. Hinsichtlich der Zeit im (ja grundsätzlich kirchenfeindlichen) Nationalsozialismus schreibt der Autor z.B.: „Ein großer Teil der Wehrmachtsoffiziere war weiterhin überzeugt, daß die christliche Religion ein notwendiges Mittel zur Erziehung der Soldaten und zur Stärkung der Kampfkraft war. Trotz der verordneten weltanschaulichen Neutralität bestand der Oberkommandierende des Heeres, Fritsch, darauf, über jeden Kirchenaustritt eines Offiziers informiert zu werden." (S. 21)

[419] Vgl. Hermann Kunst, in seinem Bericht vor der EKD-Synode 1965 unter der Überschrift „Der Dienst der Kirche an den Soldaten", in: *Hans-Wolfgang Heßler* (Hg.), Pflicht zum Frieden – Evangelische Militärseelsorge. Dokumente und andere Texte zu Geschichte und Situation der evangelischen Militärseelsorge. epd dokumentation, Witten/Frankfurt/Berlin, 1973, S. 68ff.
Der Militärbischof spricht in diesem Zusammenhang von einem grundsätzlich „gewandeltem Verständnis": „Ein hohes Maß an dieser Entwicklung haben die zivilen und militärischen Führungskräfte in und der Bundeswehr. Sie haben unermüdlich und unzweideutig die Truppe belehrt und mit Klarheit durchgesetzt, daß die Eigenständigkeit der Militärseelsorge in all ihren Äußerungen bis hin zum Schrifttum respektiert wurde. Dies hat nicht gehindert, daß den Militärpfarrern je und je das das Mißverständnis über den Dienst der Kirche in der Armee begegnet ist. Es gibt Auffassungen, die Kirche könne zur Aufrechterhaltung der Manneszucht und in der Erziehung zur Pflichterfüllung gerade heute bei der Labilität der Jugend gute Dienste tun. Oder, sie sei nützlich, weil sie mit metaphysischem Grund die Heiligkeit des Eides einschärfe." (S. 68f.) H. Kunst tritt diesem Mißverständnis freilich bleibend „konservativ" und damit bei heutiger Sicht der Problemlage auch erneut mißverständlich entgegen: „So klar wir die Instrumentalisierung der Militärseelsorge widerstanden, so gewiß ist uns freilich, daß der Glaube jeden, auch den Soldaten, zu einem freien Mann macht, der verantwortungsbewußt, ehrlich, fleißig und treu sich in seinem Dienst bewährt." (S. 69)

Kircherseits bleibt es zwar trotz aller deutlichen Meinungsverschiedenheit im einzelnen durchgehend unumstritten, daß Militärseelsorge als solche um des einzelnen Menschen willen unverzichtbar ist. Dabei aber gerät die Auseinandersetzung darüber, in welcher Form und bei welcher Zielsetzung diese besondere Seelsorge in einem besonderen Umfeld verantwortet, organisiert und strukturiert werden kann, gleichzeitig zu einer Vertrauensfrage zwischen Kirche und Staat: Welche sozialethische Einstellung zu Frieden und Krieg mit welchen Folgen im allgemeinen Krisenfall erweist sich unter den gegeben Umständen als beiderseits vertretbar für das seelsorgerliche Handeln am Soldaten? Es ist bezeichnend für die Militärseelsorge, daß diese prinzipielle Fragestellung auch dort eine Rolle spielen muß, wo es praktisch um das individuell krisenhafte Erleben des einzelnen Soldaten und dessen seelsorgerliche Begleitung geht.[420] Das zeigt die anhaltende Debatte um Wesen und Status dieser speziellen Seelsorge.

Offensichtlich gehört die Militärseelsorge wegen der dabei unvermeidlich auftauchenden zwiespältigen Reaktionen und wegen der durch sie ständig neu ventilierten sozialethischen Grundproblematik zu den am wenigsten selbstverständlich vollzogenen Arbeitszweigen der Poimenik. Dennoch: Bei aller Offenheit (oder sogar Unklarheit) hinsichtlich ihrer zukünftigen Funktion und Gestaltung ist und bleibt die Notwendigkeit eines seelsorgerlichen Dienstes an den Soldaten grundsätzlich nicht in Frage gestellt. Offen sind weiterhin kontrovers behandelte Fragen nach dem Inhalt des Auftrags und nach einer ebenso sachgemäß wie kirchlich-theologisch vertretbaren Organisationsstruktur. Zu suchen ist aber auch unter diesen Bedingungen nach den *spezifischen Herausforderungen* oder auch *außergewöhnlichen Möglichkeiten* auf diesem Arbeitsfeld.

Welchen Momenten kann dabei eine hervorragende Bedeutung zukommen:

a) Militärseelsorge hat es naheliegenderweise bleibend mit *Gewissensentscheidungen* zu tun.[421] In ihrem Rahmen kann die Funktion des Gewissens bei lebensgestaltenden Ereignissen und Entschlüssen unter unterschiedli-

---

[420] Ganz praktisch verbindet sich im Hinblick auf die Militärseelsorge hiermit die Frage, ob Seelsorge an Soldaten und deren Familien eigentlich nur in der *Friedenssituation* und d.h. vor Ort im eigenen Lande zu verantworten ist. Dann läge eine *kirchliche* Einbindung der Militärpfarrer mit (organisatorischer und struktureller) Bindung an die Ortsgemeinde näher (Denk-„Modell B"). Sollen dagegen Militärseelsorger die Soldaten auch im *Kriegsfall*, etwa bei Auslandseinsätzen, begleiten, wäre eine Einbindung in die militärische Organisation (Denk-„Modell A") die konsequentere Lösung.

[421] Daß die Entscheidung zwischen Wehrdienst und Zivildienst in diesem Kontext in einem engen Verbundsystem als Gewissensentscheidung behandelt wird, ist alles andere als selbstverständlich. In ihr spiegelt sich ein besonderes Dilemma

chen Gesichtspunkten, aber auch unter den verschiedensten individuellen Voraussetzungen aktualisiert werden: Sich entweder für Wehrdienst oder für Zivildienst entscheiden zu können und zu müssen, sollte jedenfalls gleichermaßen mit „innerem Aufwand" versehen werden. So nämlich kann die Suche nach den entsprechenden Entscheidungskriterien ethisches Empfinden bzw. ethisches Betroffensein als solches paradigmatisch bewußt machen und es dabei anlaßübergreifend als (lebens- oder sogar überlebens-)notwendig erfahrbar werden lassen.

b) Militärseelsorge hat es ebenso naheliegenderweise bleibend mit Autoritätserleben zu tun. Eine auf diesem Gebiet sach- und fachkundige Begleitung derer, die damit sehr direkt und alltäglich konfrontiert sind, kann sich sowohl einsichts- als auch verhaltensdifferenzierend auf die gesamte Lebensgestaltung eines (jungen) Menschen auswirken.[422] Dabei läßt sich

---

wider: Die Enscheidung für den Zivildienst bezieht sich in der Praxis nicht auf einen ebenso aktiven wie alternativen Einsatz zur Friedenssicherung mit anderen Mitteln! Sie leitet sich vielmehr aus der Verweigerung des Wehrdienstes ab und bekommt so den zweifelhaften Charakter des „Ersatzes".
Vgl. dazu auch *Gerhard A. Hoffmann*, Art.: Zivildienst, Wörterbuch des Christentums, S. 1383.
Umso notwendiger erscheint deshalb die seelsorgliche Begleitung eines Entschlusses nach der einen oder der anderen Seite. Es geht dabei eben nicht nur um hilfreiche Information bzw. die bloße Zulieferung wirksamer Argumente! Es geht vor allem um die seelsorgliche Eröffnung der Gewissensdimension in möglichst jedem (Entscheidungs-)Fall! Wenn nämlich *Einstellungen*, die auf individuellen Lebenserfahrungen und dabei erworbenen Einsichten beruhen, wirklich als handlungsbestimmende *Überzeugungen* innerhalb einer Gesellschaft zum Tragen kommen sollen, gerät die wirklich „gewissenhafte" Auseinandersetzung mit den dahinterstehenden Grundannahmen zur Zielvorstellung für jeden Einzelfall. Sonst wirkt lediglich (politischer oder religiöser) Gruppendruck! Anders gesagt: Die bleibende Dialektik zwischen Handlungsvollzügen aus politischen Gründen und aus Gewissensgründen muß der seelsorglichen Reflexion zugängig gemacht werden, wenn es für den einzelnen um die eine oder andere Art und Weise der Friedenssicherung „mit und ohne Waffen" geht.
Vgl. dazu auch T. Rendtorff, Ethik. Bd. II, S. 143, bes. S. 152f.

[422] Vgl. *Dietrich Ritschl*, Art.: Autorität, EKL 1, Sp. 346ff.; hier auch die weiterführende Literatur!
Aufschlußreich für den gegebenen Zusammenhang ist vor allem, was hier über die Typologie der Autorität sowie über deren „Nähe zur Macht" (Sp. 347) geschrieben wird. Der Autor weist abschließend auf einen defizitären Zustand hin, der den (Militär-)Seelsorger bei seiner Arbeit vor Ort dazu herausfordern könnte, einen ausgleichenden Lernprozeß zu intendieren. D. Ritschl schreibt (Sp. 348): „In der heutigen *Umgangssprache* hat A. die Merkmale eines Relationsbegriffs leider verloren, wodurch die so wichtige Suche nach echten Autoritäten und Vorbildern erschwert ist."
Auch *Dietrich Stollberg* definiert (in der Abhandlung „Solange du deine Füße

auch das im Einzelfall höchst verschieden erlebte Eingebundensein in Gruppen (mit der Möglichkeit sehr unterschiedlicher Rollenübernahme) gezielt der individuellen Reflexion öffnen. Eine entsprechende seelsorgliche Begleitung wird dann bestrebt sein, im Zusammenhang mit den Fragen nach natürlicher Autorität oder aber autoritärem Verhalten die tatsächlich vorhandenen Macht- und Ohnmachtstrukturen im Militär durchschaubarer zu machen Sie kann dem Soldaten dadurch helfen, das ihm in dieser Form ungewohnte *Gemeinschaftserleben* bewußter wahrzunehmen und zu gestalten.

Sie kann weiter versuchen, die oft mit dessen spezifischer „Gruppendynamik" verbundenen Angst-, Unterlegenheits- und Versagensgefühle anzusprechen und (im Kontext des christlichen Glaubens) zu bearbeiten. Die dabei gemachten Erfahrungen werden sich auf die Lebensform nach dem Militärdienst als nachhaltig gestaltendes Element übertragen.

c) Militärseelsorge hat es schließlich last not least mit einer unter einer (möglicherweise unter besonders krisenhaften Bedingungen ausgelösten) *Trennungsproblematik* zu tun.[423] Die dabei oft überspielte, sich aber in außergewöhnlicher Lage naturgemäß zuspitzende Verunsicherung, als junger Mensch aus den vertrauten Lebensumständen herausgelöst zu sein oder auch als Berufssoldat über weite Strecken von der Familie getrennt leben zu müssen, kann individuell mehr oder weniger stark belasten. Es kann aber auch konstruktiv prägen. Gleichzeitg kann dieses Erleben jedenfalls zum Anlaß genommen werden, hemmende Abhängigkeitsgefühle und Vereinze-

---

unter meinen Tisch steckst. Zur Auseinandersetzung Jugendlicher mit Autorität, in: R. Riess/K. Fiedler (Hg.), Die verletzlichen Jahre, S. 324ff.): „Autorität ist ein Beziehungsbegriff. Er bezeichnet das Gefälle innerhalb einer Beziehung zwischen einem Mächtigeren und einem Schwächeren" (S. 325). Er führt dann weiter aus: „*Echte Autoritäten* verstehen ihre Funktion stets *subsidiär und temporär*. Sie arbeiten daraufhin, überflüssig zu werden, auch wenn das schmerzlich für sie ist." (S. 330)

Schließlich liefert D. Stollberg auch eine theologische Begründung für den seelsorgerlich vertretbaren Umgang mit der Autoritätsproblematik: „*Martin Luthers Vorstellung von der freien Partnerschaft* zwischen Gott und Mensch im Sinne des allgemeinen Priestertums aller Gläubigen, die zur Unabhängigkeit von irdischen Autoritäten führt, setzt Individuen voraus, die selbst Verantwortung übernehmen können und Selbstvertrauen in zunehmend partnerschaftlicher Auseinandersetzung mit anderen Autoritäten entwickelt haben." (S. 331)

Damit ist eine Zielvorstellung gegeben, die in der Militärseelsorge ihre besondere Aktualisierung und Konkretisierung erfahren kann.

[423] Diese spezifische Trennungsproblematik wird direkt und indirekt angesprochen in dem Dokumentationsband einer Tagung: *Ulrich Jung* (Hg.), Vom Heimatverteidiger zum Uno-Streiter. Rolle und Selbstverständnis der Soldaten. Loccumer Protokolle 28/94, 1994.

lungsängste bewußt zu machen und deren Bearbeitung als grundsätzliche Lebensproblematik seelsorgerlich einzuleiten.

Soviel zu herausragenden Problemen einer Seelsorge im Bereich des Militärs.

Für die Seelsorge im allgemeinen kann auch von der Militärseelsorge wiederum ein entscheidender Impuls ausgehen. Demnach ist es als eine wichtige poimenische Aufgabe zu sehen, politische Meinungen sowie die daraus entstehenden Spannungen und einander gegenüberstehenden Engagements *innerhalb* der Kirche auszuhalten.[424] Es gerät zu einer spezifischen Herausforderung, die dementsprechenden positionellen Stellungnahmen gerade nicht „vom Glauben her" und d.h. dann u.a. mit seelsorgerlichen Maßnahmen relativieren zu wollen, sondern auch im kirchlichen Raum deren konfliktreiche Integration als ein *offenes Prozeßgeschehen* behandeln zu lernen. Unter dieser Zielsetzung wäre dann gemeinsamer Glaube weniger als das „Mittel" zu einer (zumindest situativen!) politischen Neutralisierung in Gebrauch genommen. Er wäre vielmehr die Grundlage dafür, politische Spannungen und Gegensätze vor Ort angstfreier auszuhalten bzw. als konstruktive Elemente einer christlich verantworteten Gemeinschaftsbildung wahrzunehmen.

Daß die Militärseelsorge nach dem 2. Weltkrieg naturgemäß und durchgehend mit der sozialethischen Frage nach der rechten Art der Friedenssicherung im Atomzeitalter verknüpft sein mußte, spiegelt sich bereits in dem von H.-W. Heßler herausgegebenen Dokumentationsband von 1975 eindrücklich wider.[425] Die einzelnen Beiträge werden hier den folgenden Themen zugeordnet: Grundlagen und Anfänge (der Militärseelsorge in der Bundesrepublik, K.W.); das Problem Frieden; Friedensdienst mit und ohne Waffen; Auseinandersetzung mit dem Neomarxismus; zur Frage des Selbstverständnisses; Bildung und Ausbildung in der Bundeswehr; das Bild vom Menschen; die Bundeswehr als Instrument des Friedens; Solidarität, Kommunikation und Seelsorge. Ein Anhang bietet Gesetzestexte und ergänzendes Material.

In diesem Rahmen geht es z.B. G. Picht um „Das neue Bewußtsein".[426] Dem Widerstand kirchlicher Gruppen gegen die Militärseelsorge wird hier mit folgender Argumentation begegnet: In der Auseinandersetzung mit der (heute fragwürdig gewordenen) Tradition der deutschen Militärgeschichte wie in der Gewissensentscheidung im Hinblick auf Entwicklung und Einsatz

---

[424] Vgl. zu diesem Thema das Themaheft von WzM (40) 1988, H.7, mit dem Gesamttitel „Verweigerung und Anpassung – der politische Kontext der Seelsorge".

[425] H.-W. Heßler, Pflicht zum Frieden.

[426] *Georg Picht*, Das neue Bewußtsein, in: H. W. Heßler, a.a.O. S.13ff.

atomarer Waffensysteme werde den Soldaten „durch die Struktur seines Auftrags" am konkretesten etwas zugemutet und als Last auferlegt. Deshalb heißt es dann: „Gerade weil der Soldat gezwungen ist, als der Handhaber militärischer Gewalt im Schatten der Möglichkeit zu leben, daß er zum Funktionär des Schreckens werden könnte, bedarf er der kritischen Solidarität der Kirche und aller Hilfen, die sie ihm zu geben vermag." [427]

Solche und ähnliche Aussagen zur unbedingten Notwendigkeit einer Militärseelsorge sind auf dem Hintergrund offener, aber bedrängend aktualisierter theologischer Fragestellungen zu sehen. So fragt etwa P. Smolka nach einer heute tragfähigen „Theologie des Friedens". [428] Bezugspunkt aller Diskussionen um das Für und Wider einer Militärseelsorge ist dabei immer wieder die sozialethische Frage, ob Friede besser *mit* oder besser *ohne* Waffengewalt zu erhalten oder auch durchzusetzen ist bzw. ob und wie die eine oder die andere „Friedensstrategie" (christlich) verantwortet werden kann.

Deshalb zeigt sich „Das Ringen um eine christliche Sozialethik" als vordringliche Aufgabe. [429] Daß verschiedene Christen hierbei verschiedene politische Grundentscheidungen treffen können, ohne sich dadurch kirchlich und geistlich getrennt vorfinden zu müssen, wird als ein sehr wesentlicher Punkt herausgestellt: „Nicht jeder muß dasselbe tun, aber jeder muß wissen, was er tut." [430] In jedem Fall aber legt die umstrittene Frage nach der Rolle der Seelsorge an den Soldaten der (damaligen) Bundeswehr nahe, mit W. Huber neu „Über den gesellschaftlichen Ort der Kirchen" nachzudenken, wenn denn „Der Beitrag der Kirchen zu einer internationalen Strategie des Friedens" effektiv sein soll. [431]

Der weitere Entwicklungsgang samt Entstehungsgeschichte und einer umfassenden Darstellung von Aufbau, Struktur sowohl der evangelischen als auch der katholischen Militärseelsorge wird neben einem entsprechend erweiterten Dokumentationsteil von P.H. Blaschke und H. Oberhem in einem Band vereinigt. [432] Aus diesem Standardwerk herausgegriffen sei hier das Kapitel „Die Verhandlungen zwischen Staat und Kirche über den

---

[427] G. Picht, a.a.O., S. 23.
[428] *Peter Smolka*, Theologie des Friedens, in: H. W. Heßler, a.a.O., S. 103ff.
[429] P. Smolka, a.a.O., S. 96 sowie *Albrecht v. Mutius*, in: H. W. Heßler, a.a.O., S. 150ff.
[430] Die Heidelberger Thesen. Atomzeitalter, Krieg und Frieden von 1959, in: H. W. Heßler, a.a.O., S. 58f., die zitierte These 11, S. 67.
[431] *Wolfgang Huber*, Über den gesellschaftlichen Ort der Kirche, in: H. W. Heßler, a.a.O, S. 252ff., bes. S. 262ff.
[432] *Peter H. Blaschke/Harald Oberhem*, Militärseelsorge – Grundlagen, Aufgaben, Probleme –, Regensburg, 1985.

Lebenskundlichen Unterricht", weil es besonders deutlich und auf einen konkreten Punkt konzentriert eine ebenso zentrale wie schwierige Fragestellung des Seelsorgeverständnisses in diesem Bereich widerspiegelt.[433]

Worum geht es im einzelnen? Die Funktion eines Lebenskundlichen Unterrichts in den neuen deutschen Streitkräften wird sehr früh zwischen Kirche und Staat ins Gespräch gebracht. Die unterschiedlichen Auffassungen über einen allgemein ethisch ausgerichteten „Pflichtunterricht" im Rahmen einer „Gesamterziehung" des Soldaten mit „Brückenfunktion" zur Einzelseelsorge oder eine konfessionell ausgerichtete Unterrichtung der Christen in der Bundeswehr schlagen sich in zwei Grundkonzeptionen nieder, die als Alternative alle weiteren Diskussionen bestimmen: „a) Lebenskundlicher Unterricht als Ergänzung der seelsorgerlichen Betreuung, freiwillig nach Konfessionen getrennt, unter Verantwortung der Militärgeistlichen. b) Lebenskundlicher Unterricht als Teil der Gesamterziehung der Soldaten für alle Angehörigen der Streitkräfte, obligatorisch und überkonfessionell, unter alleiniger Verantwortungen der militärischen Führer, wobei die Militärgeistlichen nur als Hilfskräfte fungieren."[434] Auch wenn in der Folge Modifikationen in der Form vorgeschlagen werden, daß die Pfarrer beider Kirchen maßgeblich an der Erarbeitung von Themen und Stoffen dieses Unterrichts zu beteiligen wären, bleiben die Auffassungen (z.B. auch zwischen den beiden Konfessionen!) kontrovers. Die Sorge, daß staatliche und kirchliche Belange nicht klar voneinander abzugrenzen seien, erweist sich als eine andauernde Problematik! Wenn nach verschiedenen „Merkschriften" aller beteiligten Seiten und nach einem Versuchsstadium ab 1957 schließlich alle Pfarrer angewiesen wurden, regelmäßig (auf konfessioneller Basis und bei freiwilliger Teilnahme!) Lebenskundlichen Unterricht zu halten, so bleibt diese Ordnung bezeichnenderweise mit vielen „offenen Fragen" verbunden. Das aber „... führte in der Folge evangelischerseits zu zahlreichen Versuchen einer theologischen Bestimmung dieses Unterrichts."[435]

Als Beispiel wird (das Kapitel abschließend) der Versuch einer solchen Zielformulierung durch R. Bick zitiert: „Der Lebenskundliche Unterricht will in kritischer Situation im Rahmen eines partnerschaftlichen Gesprächs einen konkreten theologischen Beitrag leisten zur Klärung und Herausbildung privater, bundeswehrspezifischer und gesamtgesellschaftlicher Wert-, Normen- und Zielvorstellungen. Das heißt, er bemüht sich um individuelle Klärung und soziale Übereinkünfte über das, was uns wichtig und unwichtig

---

[433] P. H. Blaschke/H. Oberhem, a.a.O, S. 60ff.
[434] P. H. Blaschke/H. Oberhem, a.a.O., S. 60.
[435] P. H. Blaschke/H. Oberhem, a.a.O., S. 66.

ist, was unter uns gelten soll und wie wir morgen leben wollen. Er ist ein Raum seelsorgerlicher Begleitung."[436]

Eine kirchenamtliche Veröffentlichung ist „... als Hilfe vor allem für junge Offiziere gedacht, als kleines Kompendium für berufsethische Grundfragen."[437] Nach einer systematischen Erörterung über den Beruf des Offiziers folgen Abhandlungen militärischer und theologischer Autoren zu den Komplexen „Führen", „Gehorchen", „Dienen", „Ausbilden", „Erziehen" und „Verwalten". Eingeleitet werden die verschiedenen Aufsätze unter den genannten Überschriften jeweils durch eine „Militärische Beschreibung" (*Werner von Scheven*) und eine „Theologische Überlegung" (*Peter H. Blaschke*). Unter dem Stichwort „Gehorchen" heißt es dann z.B. zum einen (unter militärischem Vorzeichen): „Mündiger Gehorsam drückt sich aus in Mitdenken, Initiative, Mut und Hingabe. Der Offizier darf sich dabei von niemandem übertreffen lassen."[438] Zum anderen wird (unter theologischem Vorzeichen) dazu gesagt: „Wo Menschen Menschen gehorchen, kann es keinen Gehorsam geben, der sich über alle Widerstände hinwegsetzt, kann es keinen blinden Gehorsam geben ... Die Geschichte der Menschen ist voll von Beispielen mißbrauchten Gehorsams ... Wo Menschen Menschen gehorchen, muß Ziel und Sinn für beide klar sein."[439] Das Buch vermittelt bei deutlichem Bezug auf „überkommene Werte" und deren für notwendig erachteten Tradierung jedenfalls eine vielschichtige Problemsicht und erleichter damit auch dem Seelsorger in diesem Bereich die ethische Reflexion seiner Aufgabe.

Der schon genannte Autor J. Müller-Kent liefert die bisher gründlichste und umfassendste Zusammenstellung der verschiedensten Materialien sowie der Veröffentlichungen zum Thema in seiner als Monographie veröffentlichten Dissertation „Militärseelsorge im Spannungsfeld zwischen kirchlichem Auftrag und militärischer Einbindung."[440] Der Autor verfolgt dabei die „Militärseelsorgepolitik in Deutschland zunächst bis zum Ende des Zweiten Weltkrieges" sehr kritisch, um sich dann der Militärseelsorge in der Bundesrepublik seit dem entsprechenden Vertrag von 1957 mit all seinen Folgen zu widmen. Geboten wird einerseits eine Geschichte der fortwährend

---

[436] *Rolf Bick*, Der Lebenskundliche Unterricht der Evangelischen Militärseelsorge als Arbeitsfeld christlicher Ethik und kirchlicher Erwachsenenbildung. Diss. FB Ev. Theolgie, Münster, 1979. S. 220.
[437] *De officio*, Zu den ethischen Herausforderungen des Offiziersberufs, hg. vom evangelischen Kirchenamt für die Bundeswehr, Hannover, 1985, Zitat im Vorwort S. 11.
[438] A.a.O., S. 101.
[439] A.a.O., S. 102.
[440] J. Müller-Kent, Militärseelsorge.

heftigen Auseinandersetzungen um diesen Vertrag, andererseits eine Auflistung der verschiedenen Aktivitäten der Militärseelsorge bzw. der Positionen von hervorragenden Vertretern der Seelsorge an den Soldaten im Hinblick auf Grundsatz- und Einzelfragen.

Der durchgehende Vorwurf des Verfassers bezieht sich auf die von ihm wahrgenommene Homogenität der weltanschaulichen Überzeugungen von Offizieren und leitenden Militärgeistlichen.[441] Dahinter sieht Müller-Kent eine von ihm als fatal eingeschätzte theologische Rechtfertigung der (damals besonders hervorgehobenen) Abschreckungspolitik: „Eckpfeiler dieser Theologie sind ein statisches, negatives Menschenbild und ein einseitig futurisch-eschatologischer Reich-Gottes-Begriff."[442] Der Mensch werde in ihrem Rahmen als von Grund auf böse angesehen.[443] So entsprechen die „Ergebnisse und Schlußfolgerungen" dieser ebenso materialreichen wie (einseitig) politisch engagierten Studie gleichzeitig einer Warnung: Die Konsequenzen einer möglichen Anwendung von Atomwaffen würden in nicht verantwortbarer Weise verharmlost, eine latente Kontinuität zu der bis 1945 bestehenden Militärkirche sei in der Bundesrepublik Deutschland (bzw. in den alten Bundesländern) bei Verquickung von Seelsorge und staatlichem Beamtenstatus erhalten geblieben, das Erbe der Bekennenden Kirche erscheint dadurch verraten.

Denn: „Die Untersuchung der Stellung der evangelischen Militärseelsorge in der Bundesrepublik Deutschland zwischen den Bezugsgrößen Kirche und Bundeswehr zeigt, daß die Militärseelsorge in wesentlichen Teilen ihrer Tätigkeit nicht nur als ‚Dienst der Kirche unter den Soldaten' zu sehen ist ..., sondern als Unterstützung der Institution Bundeswehr."[444]

Die Forderung des Autors geht deshalb dahin, bestehende Einrichtungen und Strukturen einschneidend zu verändern und die Militärseelsorge konsequent bei den Gemeinden und damit im Verantwortungsbereich der einzelnen Landeskirchen anzusiedeln. „Die Realisierung dieses Vorschlages würde das Ende einer besonderen Militärseelsorge sein und damit eine Jahrhunderte alte Tradition abschließen."[445]

Wie leicht ersichtlich ist, schließt die Diskussion um Selbstverständnis, theologische Bestimmung, Zuordnung und Gestalt der Militärseelsorge *nach* der Neuvereinigung Deutschlands an die von Müller-Kent aufgeworfenen

---

[441] J. Müller-Kent, a.a.O., S. 390.
[442] J. Müller-Kent, a.a.O., S. 391.
[443] Vgl. dazu für denselben Kontext *Klaus Winkler*, Wie böse ist der Mensch?, in: Kirche unter den Soldaten. Beiträge aus der Evangelischen Militärseelsorge I/94, hg. vom Ev. Kirchenamt für die Bundeswehr.
[444] J. Müller-Kent, a.a.O., S. 402.
[445] J. Müller-Kent, a.a.O., S. 416.

Fragen an und setzt sich als die alte Grundsatzdebatte unter veränderten politischen Bedingungen fort.

4. Gefängnisseelsorge

Schließlich bekommt auch die Seelsorge an Gefangenen innerhalb der Gesamtpoimenik eine besondere Funktion als Lehr- und Lernsituation. Diese betrifft die Möglichkeiten und Grenzen einer professionellen Hilfe zur *Resozialisation*. Die schon mit der Militärseelsorge eng verbundene Problematik einer Zuordnung staatlicher und kirchlicher Institutions- und Organisationsformen wiederholt sich hier unter den ganz anderen Voraussetzungen eines sehr spezifischen Milieus des menschlichen (Zusammen-)Lebens und spitzt sich dabei zu. Als zusätzliche Aufgabe im Falle des seelsorglich begleiteten Strafvollzugs kommt jetzt die komplizierte Verhältnissetzung von individuellen (defizitären) Erlebens- und Verhaltensweise einerseits und den (möglicherweise kriminalisierenden) Strukturelementen der Gesellschaft andererseits hinzu: In Hinblick auf jeden Einzelfall ist zu reflektieren, ob die seelsorglich vertretene Maßnahme zur Resozialisierung eines straffällig gewordenen Menschen eher auf erlebensverflachende *Anpassungsvorgänge* oder auf erlebensdifferenzierende *Einpassungsleistungen* abzielt. Die immer wieder allgemein gestellte Frage nach den Hintergründen der Opfer-Täter-Beziehung bekommt hier ihren konkreten Ort. Die humanwissenschaftlichen Erkenntnisse über Kriminalitätsentstehung und -struktur nehmen zu[446] und

---

[446] Dieser Wahrnehmungseinstellung ist der gesamte umfangreiche Bd. XIV des Werkes „Die Psychologie des 20. Jahrhunderts", 1981, unter dem Titel „Auswirkungen auf die Kriminologie. Delinquenz und Gesellschaft" gewidmet. In der Einleitung heißt es programmatisch (S. 5): „Die sozialwissenschaftlich und psychoanalytisch orientierte Kriminologie beansprucht allerdings, die Sozialprozesse der Strafgesetzgebung und -anwendung kritisch zu überprüfen und Empfehlungen für eine Änderung des Systems der Strafrechtsverfolgung oder seiner Anwendung zu geben, falls sich eine Strafrechtsreaktion oder ihre Handhabung als inhuman oder als unwirksam im Sinne der Verbrechens- und Rückfallverhütung erweisen sollte. Die sozialwissenschaftlich ausgerichtete Kriminologie ist freilich nicht nur reaktionsorientiert. Sie bezieht vielmehr Straftat, Rechtsbrecher und nicht zuletzt das Verbrechensopfer ... in ihre Betrachtungen mit ein."
Hinzuweisen ist im gleichen Kontext auch auf *Walter Goudsmit*, Delinquenz und Gesellschaft. Wege zum Verständnis und zur Therapie von Straftätern, Göttingen, 1986. Der Autor äußert Gedanken zur Straffälligkeit, berichtet über neue humanwissenschaftliche Einsichten bezüglich der Psychodynamik von Straftätern, über die psychosoziale Situation der Gefangenen sowie über psychotherapeutische Behandlungsversuche, Resozialisation und Nachsorge. Dabei überschreibt er auch ein Kapitel „Der Gefängnis-Seelsorger im Team der anderen Mitarbeiter" (S. 202ff.) und führt in diesem Rahmen u.a. aus: „Von größter

fordern auch in diesem Zusammenhang zu immer neuem poimenischen Nachdenken heraus.

Welche Einzelmomente treten hierbei besonders hervor?

a) Beim täglichen Umgang mit Straffälligen hat es der Seelsorger/die Seelsorgerin gehäuft in einer sehr bedrängenden Weise mit der *Elementarisierung* der *Gefühls – und Affektlage* zu tun.[447] Das bedeutet ganz praktisch ein doppelte Belastung: Zum einen ist von daher einer im Vollzug von Seelsorge angestrebten Erlebensdifferenzierung seitens des Gefangenen oft eine engere Grenze gesetzt, als das es bei „gutem Willen" und bei „ernsthaftem Bemühen" im Rahmen einer seelsorgerlichen Maßnahme vorausgesetzt und als Faktum wahrgenommen wird. Es ist ein zumeist schmerzlicher oder sogar kränkender Prozeß, als Seelsorger/Seelsorgerin einsehen zu müssen, daß auch wohldurchdachte Angebote und Zuwendungen in diesem Umfeld nicht in der sonst gewohnten und erprobten Weise „greifen". Sie bleiben vielmehr bei oberflächlich angepaßtem Verhalten der Strafgefangenen oft in deren undifferenzierten *Abwehrstrategien* stecken.[448] Das kann zur Entmutigung oder auch zur Abstumpfung führen, aber auch nüchtern nach modifizierten Vorgehensweisen suchen lassen.

Zum anderen kommt es bei solch elementarer Befindlichkeit im Gefühlsbereich sehr leicht zur unmittelbaren Übertragung der Gestimmtheit der Inhaftierten auf die nichtinhaftierten Bezugspersonen: Der Seelsorger/die Seelsorgerin wird dann von der emotional äußerst belastenden Situation im Strafvollzug gleichsam psychisch „angesteckt". Er/sie vermag sich dann innerlich nur schwer von jener belasteten und belastenden Gefühlswelt zu distanzieren, die den Strafvollzug prägt bzw. in seiner Folge entsteht. Diese spezifische Belastung ist als solche jedenfalls bewußt zu machen und gezielt einer Bearbeitung (in der Kollegengruppe oder im Rahmen der „Seelsorge am Seelsorger", s.u. S. 502ff.) zuzuführen.

Bedeutung für die seelsorgerliche Tätigkeit ist die *absolute Einhaltung der Schweigepflicht*. Sie erst ermöglicht in vielen Fällen ein wirkliches Gespräch. Oft wird ein solches Gespräch dann zum Kristalisationspunkt, der zur Verarbeitung von Schuldgefühlen führen kann, wobei Formen des neurotischen Schuldgefühls und Formen der pathologischen Gewissensbildung wiederum zum Aufgabenbereich des Psychiaters oder Therapeuten gehören. Auch hier ist wichtig, daß Seelsorger und Psychiater Mitarbeiter in derselben Sache sind." (S. 209)

[447] Vgl. dazu auch *Hans-Christoph Piper*, Isolation bekämpfen, in: P. Rassow u.a. (Hg.), Seelsorger eingeschlossen, S. 156ff.

[448] Es wäre ein Mißverständnis, diese Verhaltensweisen (ab-)werten zu wollen. Sehr wichtig ist es jedoch gerade für Gefängnisseelsorger und -seelsorgerinnen sich nicht nur über pathologische Zustandsbilder im Neurosebereich, sondern zusätzlich über sog. „Frühstörungen" und deren Hintergrund und nachfolgende Verhaltensweisen zu informieren. Einen guten Einstieg bietet *Christa Rohde-Dachser*, Das Borderline-Syndrom, Bern/Stuttgart/Wien, 1979.

b) Beim täglichen Umgang mit Straffälligen hat es der Seelsorger/die Seelsorgerin unausweichlich mit heutzutage nicht vermeidbaren, aber allgemein zwiespältig empfundenen *Strafmaßnahmen* der Gesellschaft zu tun, die notgedrungen alle theologischen und psychologischen Hintergrundserkenntnisse einebnet.[449] Setzt doch alle Strafe eine zwar jedenfalls vorhandene, dann aber von den Beteiligten sehr unterschiedlich und unklar erlebte *Schuld* voraus. An deren zwar umstrittenen Entstehung und Bestimmung, aber dennoch höchst konkreter Ahndung wird nun der Seelsorger/die Seelsorgerin in einer sehr direkten Weise beteiligt. Naheliegenderweise fühlen sich die hier seelsorglich Tätigen dann direkt mitverantwortlich für die offensichtlichen Unzulänglichkeiten in diesem komplizierten Handlungsbereich der Gesellschaft. Sie sehen sich ständig zu Veränderungs- und Verbesserungsvorschlägen herausgefordert oder müssen im Einzelfall bestimmten Maßnahmen Widerstand entgegensetzen. Das alles setzt eine ausgeprägte *Konfliktfähigkeit* voraus. Diese läßt sich sehr wohl in einem gewissen Maße trainieren.[450] Sie sollte aber auch als eine aufweisbare Vorbedingung für Seelsorge im Strafvollzug angesehen werden.

c) Beim täglichen Umgang mit Straffälligen entstehen für den Gefängnisseelsorger/die Gefängnisseelsorgerin schließlich ungewohnt hohe Anforderungen im Zusammenhang mit der absoluten *Schweigepflicht* auf ihrem Arbeitsgebiet. Deren positive Funktion ist unbestritten und wurde immer wieder herausgestellt. Die Pflicht, Mitteilungen seitens der Gefangenen, die von ebenso dramatischer wie gefährlicher Brisanz sein können, jedenfalls mit sich selbst abmachen und d.h. allein verarbeiten zu müssen, kann dabei allerdings nicht nur in außergewöhnliche Spannung versetzen, sondern zur inneren Zerreißprobe geraten. Ein spannungslösender Gedankenaustausch mit den von gleicher Problematik betroffenen Kollegen ist von der Sache her nur in allgemeiner Form möglich ist, so daß selbst alle „Seelsorge an Seelsorgern" in diesem Falle ihre deutlichen Grenzen hat. Um so notwendiger wird für die im Gefängnis tätigen Seelsorger und Seelsorgerinnen ein ausgleichendes, die inneren Spannungen kompensierendes Erleben außerhalb

---

[449] Im Anschluß an die genannten humanwissenschaftlichen Einsichten vgl. in diesem Zusammenhang zusätzlich auch *Ulrich Ehebald*, Delikt als Symptom, WzM (28) 1976 (Themaheft: Seelsorge im Strafvollzug), S. 76ff. Dort heißt es einleitend: „Heute darf davon ausgegangen werden, daß sich die Einsicht, daß ein großer Teil delinquenten Verhaltens als Symptom einer meist schon früh gestörten Persönlichkeitsentwicklung anzusehen ist, zunehmend durchsetzt." (S. 76)

[450] Zur „Erziehung zur Konfliktfähigkeit" als einem pädagogischen Grundprizip vgl. etwa *Erwin Ringel* und *Gerhard Brandl*, Der Beitrag Alfred Adlers zur Praxis und Theorie der Erziehung, in: Die Psychologie des 20. Jahrhunderts XI (1980), S. 246ff., bes. S. 268.

der Gefängnismauern.[451] Dieses ist natürlich nicht einfach „herstellbar"! Seine in diesem Kontext außerordentlich wichtige Funktion sollte aber jedenfalls einer Reflexion zugeführt werden, die die Eröffnung entsprechender Möglichkeiten intendiert.

Soviel zu spezifischen Momenten seelsorgerlicher Arbeit im Gefängnis. Auch von der Gefängnisseelsorge kann ein ganz wesentlicher Impuls für die allgemeine Seelsorge ausgehen. Von der Arbeit auf diesem Gebiet her legt sich als poimenisch relevante Aufgabe nahe, im gesamten zwischenmenschlichen Bereich bestimmten Projektionsvorgängen auf die Spur zu kommen und so dem ubiquitär in Familie und Gesellschaft anzutreffenden *Sündenbocksyndrom* auch in seinen diffizilen Formen aufdeckend zu begegnen. Das betrifft nicht zuletzt den ebenso aktuellen wie schwierigen Umgang mit den „Fremden" in unserer Gesellschaft. Sind diese – unter diesem Aspekt in Analogie zu den Straftätern – doch gerade keine „ganz anderen" Wesen vom Stern Sirius[452], sondern die Repräsentanten abgelehnter Eigenschaften und Seelenanteile ihrer gesellschaftlich eingegliederten Zeitgenossen. Mit ihnen seelsorglich umzugehen heißt deshalb letztendlich, mit sich selbst seelsorglich umzugehen.

Von einer Umbruchsituation der gegenwärtigen Seelsorge im Strafvollzug in der Folge zunehmender humanwissenschaftlicher Erkenntnisse über die Entstehung von Kriminaität geht schon E. Stubbe in einer Monographie

---

[451] Dieser psychohygienische Gesichtspunkt erscheint oft genug vernachlässigt. *Ute Voss* führt in ihrer Abhandlung „Heil verkündigen und Heil-werden. Evangelische Seelsorge in Strafvollzugsanstalten, in: P. Rassow u.a. (Hg.), Seelsorger eingeschlossen, u.a. aus: „Evangelische Seelsorge läuft *Gefahr, sich hinter Gittern einschließen zu lassen.* Sie muß deswegen immer wieder Anstrengungen unternehmen, die Abgeschiedenheit des Gefängnisses zu durchbrechen und die Problematik dort und die Institution Gefängnis (und deren Bedienstete!) in unserer Gesellschaft, in den evangelischen Gemeinden und in der sonstigen Öffentlichkeit darzustellen mit dem Ziel, die Aufspaltung in unserer Gesellschaft zu überwinden." (S. 131)
Genau dieses Ziel eines Ausgleichs zwischen dem Leben „drinnen" und dem Leben „draußen" entspricht aber nicht nur einer *sozialpsychologischen*, sondern ebenso einer *individualpsychologischen* Notwendigkeit: Wer im Gefängnis berufstätig ist und dabei nicht ganze Erlebnisbereiche abspalten oder ausschließen und d.h. wer psychisch nicht geschädigt werden, sondern „überleben" will, muß ausgleichende Erlebnisse in die Tätigkeit hinter den Gefängnismauern „einbringen" können!

[452] Zu diesem bekannten Ausspruch des Philosophen und Soziologen Georg Simmel vgl. *Joachim Stagel*, Die Beschreibung des Fremden in der Wissenschaft, in: Der Wissenschaftler und das Irrationale. Bd. 2, Frankfurt a.M., 1985, S. 96ff.; zum ganzen Gedankengang vgl. J. Ringleben /K. Winkler, Umgang mit Fremden, Hannover 1994.

zum Thema Seelsorge an Strafgefangenen aus.[453] Aus ihrer Sicht erfolgte dieser Umbruch zunächst in der humanwissenschaftlichen Kriminologie durch die Psychoanalyse. Ausgehend von Freuds Annahme eines Unbewußten und von seiner Trieblehre kommt es zu einer veränderten Einschätzung krimineller Verhaltensweisen: Diese widerfahren nicht einfach einem schon sozialisierten Menschen durch besondere äußere Umstände. Sie entstehen vielmehr durch Störungen im Sozialisationsprozeß und sind Ausdruck einer nicht erreichten Sozialisation. Die „strafende Gesellschaft" versucht sich der daraus resultierenden Problematik durch projektive Mechanismen zu entledigen. So entstehen „Sündenbockpraktiken", die Täter und Opfer in spezifischer Weise aufeinander angewiesen sein lassen: „Zusammenfassend läßt sich also sagen, daß der Kriminelle im gesellschaftlichen Umgang mit dem ‚Bösen' eine spezielle Rolle einnimmt. Im gegenwärtigen Zustand kann die Gesellschaft mit der ihr zur Verfügung stehenden Verhaltensmustern offensichtlich nicht auf den strafgefangenen Kriminellen verzichten."[454] Dringend erforderlich wird von daher die Überwindung der Sündenbockprojektion, die ihrerseits gezielte Auseinandersetzungen mit dem traditionellen Schuldverständnis bzw. dem Verständnis des ‚Bösen' voraussetzt.

Poimenische Zielvorstellung muß dabei – auf dem Hintergrund von grundlegenden prototypischen Einstellungen in der frühen Christenheit und alten Kirche – ein Wechsel von der Projektion auf den Gefangenen zur Identifikation mit dem Gefangenen sein. Dieser notwendige Wechsel wird zur kontinuierlich anstehenden Aufgabe der Seelsorge im Strafvollzug resp. zum Kriterium verantwortlichen und verantwortbaren seelsorgerlichen Handelns in diesem Bereich. Die Verfasserin untersucht auf dieser Grundlage „Identifikation und Projektion in Beispielen und Modellen zur Gefangenenseelsorge der Gegenwart" und formuliert Grundvoraussetzungen eines Wandels im Strafwesen: „Diese Voraussetzungen für eine gesellschaftliche Neuorientierung im Hinblick auf Probleme der Straffälligkeit lassen sich unter drei Gesichtspunkten zusammenfassen: – eine neue Sicht von ‚Verbrechen' und ‚Schuld'; – der bewußte Verzicht auf Strafe, d.h. auf Gegenaggression; – der Zustand der Rationalität."[455]

Auf dieser allgemeinen Basis geht es im Rahmen moderner Gefängnisseelsorge für deren Vertreter notwendig um berufliche Identitätsfindung und um tragfähige Kompromißbildung im Umgang mit dem institutionalisierten Strafvollzug in seiner bei allen Bemühungen nach wie vor fragwürdigen Form. Es geht aber nach E. Stubbe vor allem um Auseinandersetzung

---

[453] *Ellen Stubbe*, Seelsorge im Strafvollzug. Historische, psychoanalytische und theologische Ansätze zu einer Theoriebildung, Göttingen, 1978.
[454] E. Stubbe, a.a.O., S. 65.
[455] E. Stubbe, a.a.O., S. 213.

des Seelsorgers/der Seelsorgerin mit den eigenen (Übertragungs-)Reaktionen und Befindlichkeiten, denn: „Sündenbockprojektion und die kreative Umsetzung ‚latenter Kriminalität' in Einfühlungsvermögen gegenüber Kriminellen scheinen nur die beiden extremen Pole auf einer ganzen Bandbreite von Verhaltensvariablen in diesem Vorgang zu sein, wobei unsere Hoffnung und unser Bemühen immer sein wird, möglichst viel Bewußtheit und Freiheit im Umgang mit dem eigenen ‚Schatten' oder dem eigenen ‚Bösen' zu erlangen. Der innere Konflikt des Gefängnisseelsorgers, den es zu bewältigen gilt, besteht also darin, daß der Umgang mit Kriminellen ihn ständig konfrontiert mit eigenen dissozialen Tendenzen. Die geschieht mehr oder weniger bewußt."[456]

Diesen Ansatz aufnehmend und ergänzend stellt sich P. Brandt „... die Aufgabe, historische Perspektiven zur Diskussion von inhaltlichen und funktionalen Fragen der Gefangenenseelsorge aufzuzeigen."[457] Nachgezeichnet und reflektiert wird in diesem Buch zunächst die „Entwicklung des Strafvollzuges". Sie reicht vom Gedanken der bloßen Rache und Vergeltung im Altertum und Mittelalter über die sich erst allmählich durchsetzende (und calvinistisch intendierte) Idee der Besserung und sozialen Wiedereingliederung im 16./17. Jahrhundert. Sie umfaßt ebenso den entscheidenden Einfluß der Aufklärung, die (u.a. von Th. Fliedner und J. H. Wichern maßgeblich vorangetriebene und bis heute vorbildhafte) Neugestaltung des Gefängniswesens in Preußen sowie die Weiterentwicklung der Straftheorie im 19. Jahrhundert bis hin zur Gegenwart.

In diese (knapp gehaltene) historische Skizze wird dann – in umfangreicher Weise quellenbezogen und dabei angefangen von der Alten Kirche und Reformationszeit, über den Beginn der eigentlichen Institutionalisierung im ausgehenden 19. Jahrhundert, aber auch über die Ausgestaltung vor und nach dem „Dritten Reich" und danach – die jeweilige Begründung und Entwicklung der Gefangenenseelsorge facettenreich eingezeichnet. Die vergleichseröffnende Beschreibung dessen, was durch die Zeiten hindurch in diesem Milieu unter Schuld und Reue verstanden oder aber als vorherrschende Problematik gesehen wurde und jeweils den Modus des seelsorgerlichen Gesprächs bestimmte, erweist sich als ebenso aufschlußreich wie nachdenkenswert im Hinblick auf die gegenwärtige Lage: „Die Konsequenzen des kirchlichen Auftrages gegenüber den Gefangenen für die christliche

---

[456] Vgl. ergänzend die Aufsätze von E. Stubbe in: *Gudrun Diestel* u.a. (Hg.), Kirche für Gefangene. Erfahrungen und Hoffnungen der Seelsorgepraxis im Strafvollzug, München, 1980 sowie E. Stubbes Art. „Gefangenenfürsorge, Gefangenenseelsorge", TRE 12, S. 144ff.
[457] *Peter Brandt*, Die evangelische Strafgefangenenseelsorge. Geschichte – Theorie – Praxis, Göttingen, 1985, Zitat S. 15.

Gemeinschaft"[458] sollten nach Meinung des Verfassers heute vor allem darin bestehen, eine Einstellungsänderung in den christlichen Gemeinden zu bewirken. Denn: „Die Gefangenenseelsorge erfüllt ihren Auftrag der Sorge um den Menschen unter den Bedingungen des Freiheitsentzuges unzureichend, richtet sie ihre Aktivitäten nur auf den Zeitraum der Haft und klammerte die sozialen Probleme des Inhaftierten nach der Entlassung aus."[459] Deshalb muß innerhalb der Gemeinden immer weitergehend das Bewußtsein wachsen, „... daß Gefangenenseelsorge nicht nur als Aufgabenbereich des Pfarrers zu definieren ist, sondern die Gesamtorganisation Kirche und deren Mitglieder betrifft."[460]

Sehr konkret und praxisnah werden Einblicke in den Alltag der Gefängnisseelsorge von P. Rassow u.a. vermittelt.[461] „Das Buch greift viele Aspekte der Seelsorge in Justizvollzugsanstalten auf und beleuchtet sie auf unterschiedlichste Weise. So bunt wie die Reihe der Autoren – Seelsorger/innen und ihre Mitarbeiter, Gefangene und Vollzugsbedienstete, Journalisten und Karikaturisten – sind auch Form und Inhalt ihrer über 80 Beiträge."[462]

Aus der Fülle herausgegriffen sei der Eindruck des langjährigen Gefängnispfarrers (und Mitherausgeber) *Otto Schäfer*. Unter der Überschrift „Das bestimmende Grundgefühl bei Strafgefangenen" beschreibt er, daß der Vollzug in nahezu jedem Fall Identitätskrisen hervorruft, „... denen nur schwer entgegengesteuert werden kann und die in den meisten Fällen auch bleibende Schäden hinterlassen. Daran hat sich auch in der Ära des sogenannten liberalen Vollzugs nichts wesentlich verändert. Auch heute noch beobachte ich in unterschiedlichen Graden wachsende Kontaktstörungen, wachsende Zonen von Mißtrauen und Argwohn, zunehmende Vereinsamung, starke Minderwertigkeitsgefühle, Affektabilität, Depressionen, Verbitterung, Rache- und Aggressionsgelüste, Angst, sehr viel Angst."[463]

Auf diesem Hintergrund wird deutlich, wie es zur fast unabgegrenzt anstrengenden und komplizierten Aufgabe für den einzelnen Gefängnisseelsorger „vor Ort" gerät, wenn in einer kirchlichen Empfehlung von 1979 der entsprechende Auftrag so formuliert wird: „Die Seelsorge versucht, in dieser Situation einen Raum der Bewahrung zu schaffen für Menschen, die sich auf sich selbst zurückgeworfen sehen und in Gefahr sind, ihr Personsein zu verlieren. Sie bietet Heilung an durch Ermutigung, sich selbst und andere

---

[458] P. Brandt, a.a.O., S. 329.
[459] Ebd.
[460] P. Brandt, a.a.O., S. 330.
[461] *Peter Rassow* u.a. (Hg.), Seelsorger eingeschlossen. Ein Lese- und Arbeitsbuch zur kirchlichen Arbeit im Gefängnis, Stuttgart, 1987.
[462] P. Rassow (Hg.), a.a.O., S.10.
[463] O. Schäfer, in: P. Rassow (Hg.), a.a.O., S. 96.

neu anzunehmen. Wer von der Barmherzigkeit Gottes leben lernt, wird fähig, die Wirklichkeit des eigenen Lebens zu erkennen, zu ertragen und vielleicht sogar zu verändern. Seelsorge erschließt so Zugänge zu neuen Möglichkeiten des Lebens."[464]

Alternative Modelle des Rechtsdenkens zu entwickeln legt sich also sowohl unter theoretischem als auch praktischem Vorzeichen dringend nahe. Am radikalsten geht hierbei der holländische Kriminologe H. Bianchi vor.[465] Mit dem sog. Zedeka-Modell[466] möchte er der Tradition des westlichen Rechtsdenkens ein diametrales Denken und Handeln entgegensetzen: Die immer noch auf Strafe und Vergeltung setzende Rechtspraxis sollte demnach möglichst weitgehend vom biblischen Gerechtigkeitsdenken abgelöst werden. Vonnöten sind demnach eine völlig veränderte Rechtsauffassung und Rechtspraxis. Streitschlichtung und Wiedergutmachung sind auf neue Weise zu praktizieren. Asyl und Freistätten sollten in besonderer Form gesetzlich geregelt und installiert werden. Bianchi fordert alles in allem eine radikale Veränderung in diesem gesellschaftlichen Bereich und schreibt in diesem Sinne abschließend: „Man sollte zunächst daran arbeiten, das staatliche Monopol der Behandlung der Kriminalität aufzuheben. Der Staat wird sich daran gewöhnen müssen, daß dann, wenn Bürger selbst zu einer zufriedenstellenden Lösung von Konflikten gefunden haben, *der Staat das Recht auf Strafverfolgung verliert,* dann haben wir ein gutes Stück in der richtigen Richtung zurückgelegt."[467]

Sehr viel vorsichtiger (und damit realitätsbezogener) wird ein Reformprogramm in einer kirchlichen Denkschrift vertreten.[468] Nach einer Beschreibung der bestehenden Zustände und Schwierigkeiten („Ein Blick in den gegenwärtigen Strafvollzug") und nach einer Auseinandersetzung mit klassischen und neueren Deutungen der Strafe werden „Grundzüge eines neuen christlichen Verständnisses von Strafe und Strafvollzug" entwickelt. Denn: „Weil die im Namen des Volkes verhängte Strafe dem Lebensschutz und der Gerechtigkeit dient, nicht aber Vergeltung üben soll oder Sühne erzwingen kann, muß sie an der *Wiedergutmachung*, dem *Täter – Opfer – Ausgleich* und der *Konfliktregelung* orientiert sein.[469]

---

[464] „Empfehlungen des Rates der Evangelischen Kirche in Deutschland", Zitat abgedruckt bei P. Rassow (Hg.), a.a.O., S. 168.
[465] *Hermann Bianchi*, Alternativen zur Strafjustiz. Biblische Gerechtigkeit. Freistätten. Täter-Opfer-Ausgleich, München/Mainz, 1988.
[466] H. Bianchi, a.a.O., S. 12: „Zedeka ist der hebräische Begriff für Gerechtigkeit, obschon dieser Begriff auch mit Aufrichtigkeit übersetzt werden kann."
[467] H. Bianchi, a.a O., S. 171.
[468] „Strafe: Tor zur Versöhnung?". Eine Denkschrift der Evangelischen Kirche in Deutschland zum Strafvollzug, Gütersloh, 1990.
[469] Strafe, a.a.O., S. 77.

Unter dem Motto „Strafvollzug als Aufgabe" ergeben sich dann sehr konkrete Vorschläge im Hinblick darauf, „was überdacht und geändert werden muß". So entsteht „Die konkrete Utopie eines modernen Vollzugsystems" (etwa mit dem Vorschlag: „Die örtlichen Untersuchungshaftanstalten mit Zuständigkeit für den Vollzug kurzer Freiheitsstrafen werden um offene Abteilungen außerhalb ihrer Umwehrungsmauern erweitert. Die Landesjustuzverwaltung muß also bestehende Gebäude oder Bauplätze in der Nähe dieser Anstalten kaufen. In den offenen Abteilungen ist ein mit sozialem Training verbundener Wohngruppenvollzug einzurichten."[470]).

Zielvorstellung ist jedenfalls eine neue, vorurteilsfreiere Beziehungs- und Begegnungsstruktur zwischen Straffälligen und Nichtstraffälligen, die allerdings eine besondere Offenheit voraussetzt: „Indem Gemeinden es wagen, zu solchen Orten der Offenheit, Vertrauensbildung und Versöhnung zu werden, dienen sie dem sozialen Frieden. Sie weden aber auch die Erfahrung machen, daß ihr geistliches Leben lebendiger wird. Sie werden geben, aber sie werden auch nehmen."[471]

Schließlich bietet S. Eick-Wildgans eine staatskirchenrechtliche Abhandlung mit einem genauen Überblick über die Rechtslage bzw. über das Verhältnis von Staat und Kirche auf dem Gebiet der Bundesrepublik und in den einzelnen Ländern an.[472] Der entsprechenden Auflistung vorausgestellt sind Ausführungen über die Unterschiedlichkeit im kirchlichen und staatlichen Strafverständnis. Reflektiert wird auch die Möglichkeit, kirchliches Wirken im staatlichen Strafvollzug dennoch als „Gemeinsame Angelegenheit" zu entdecken und zu verwirklichen.[473]

Hingewiesen ist in diesem Kontext wiederum auf das besondere Schweigerecht, denn: „Für die Tätigkeit des Anstaltsseelsorgers ist die Garantie seines Rechts zu schweigen unverzichtbar".[474]

In dieser katholischen Dissertation ist auch alle zugängliche Fachliteratur aus dem evangelischen Raum verarbeitet und dem Leser zugänglich gemacht. Zusammenfassend kann bei deutlich unterschiedlichem Strafverständnis und bei dennoch notwendigem Zusammenwirken von Kirche und Staat in diesem Bereich über die Anstaltsseelsorge im Strafvollzug

---

[470] A.a.O., S. 120.
[471] A.a.O., S. 124.
[472] *Susanne Eick-Wildgans*, Anstaltsseelsorge. Möglichkeit und Grenzen des Zusammenwirkens von Staat und Kirche, Berlin, 1993.
[473] S. Eick-Wildgans, a.a.O., S. 216, wo es um die „Vermittlung von Werten, die dem Gefangenen den Weg zu einem neuen Leben erleichtern sollen" geht.
[474] Vgl. S. Eick-Wildgans, a.a.O., S. 210.

ausgesagt werden: „Ihre Tätigkeit stellt sich als Gratwanderung zwischen Identifikation und Obstruktion dar, wobei ihr jedoch stets bewußt ist, daß sie in einem öffentlich-rechtlich geregelten Gebiet tätig ist, in dem der Staat eine rechtliche Letztentscheidungskompetenz beanspruchen darf, soweit der einzelne Gefangene betroffen ist und fundamentale verfassungsrechtliche Grundsätze durch staatliches Verhalten nicht verletzt werden."[475]

---

[475] S. Eick-Wildgans, a.a.O., S. 217.

G. Plädoyer für eine Seelsorge an Seelsorgern und Seelsorgerinnen

Immer wieder wurde von einem *Prozeßgeschehen* gesprochen, wenn es um eine „Lehre von der Seelsorge" geht. An entscheidenden Stellen war von prozessualen Abläufen die Rede, die auf den Seelsorger und die Seelsorgerin zukommen, wenn sie sich selbst als ständig Lernende begreifen und wenn sie die eigene Person mit deren Betroffenheit, Wahrnehmungseinstellung und Spiritualität in diesen Lernvorgang einbeziehen. Dieser Auseinandersetzungsprozeß im Hinblick auf den breitgefächerten „Stoff" der Poimenik mit all seinen Facetten, Spannungsmomenten, Herausforderungen samt der entsprechenden persönlichen Verarbeitung kann nicht einfach nach den grundlegenden Studienjahren ausgesetzt werden! Er ist vielmehr gezielt zu tradieren! Das aber setzt ein tragfähiges *Beziehungsgefüge* zwischen den Seelsorgern bzw. Seelsorgerinnen und ihren der gleichen Tätigkeit verpflichteten Kollegen und Kolleginnen voraus. (Hierbei nach überkommener Sitte von „Brüdern" und „Schwestern", bzw. von „brüderlicher" und „schwesterlicher" Partnerschaft zu sprechen, will freilich bedacht sein: Es sollte im Falle eines entsprechenden Bedürfnisses erst in Abhebung von einer klischeehaft erstarrten Kirchensprache zur reflektierten Umgangsform geraten!) In jedem Fall ist eine solche über ihre konstitutiven Elemente nachdenkliche Partnerschaft vorausgesetzt, wenn abschließend von dem die Rede sein soll, was traditionellerweise „Seelsorge an Seelsorgern" genannt wird.[1] Wir halten eine nicht nur grundsätzlich geforderte, sondern konkret praktizierte „Seelsorge an Seelsorgern und Seelsorgerinnen" aus mehreren Gründen für unabdingbar:

1) Seelsorger und Seelsorgerinnen sind in aller Regel zunehmend psychischen Belastungen ausgesetzt, die entweder verleugnet und hinter einer gefühlsabwehrenden „strammen Haltung" verborgen werden müssen oder nach entlastender Mitteilung drängen. Daß es bei solchen *Entlastungsgesprächen* unter ähnlich arbeitenden und ähnlich gesinnten „Brüdern" und

---

[1] Zum Abschnitt vgl. *Klaus Winkler*, Seelsorge an Seelsorgern, HPTh 3, S. 521ff. Zum Thema „Schwestern im Amt" bzw. „Pastorale Identität von Frauen" resp. Selbstverständnis und Selbstbild der Pastorin ist heranzuziehen *Ulrike Wagner-Rau*, Zwischen Vaterwelt und Feminismus. Eine Studie zur pastoralen Identität von Frauen, Gütersloh, 1992. Die Monographie vermittelt neben Einsichten bezüglich der gegenwärtigen Wandlungen im Gottesbild und im Gemeindebild auch Anstöße, verändert über das Verhältnis von Männern und Frauen im Amt und deren Umgang miteinander nachzudenken.

„Schwestern" um deren persönlichen Verarbeitungsprozeß und nicht um wiedererkennbare Daten der Ratsuchenden geht, sollte immer wieder ins Bewußtsein gehoben werden. Das muß vor allem dort geschehen, wo sich die Grenzen „unter der Hand" zu verwischen drohen.

Entlastende Mitteilung und kritische Auseinandersetzung mit der von den Problemen der Ratsuchenden betroffenen eigenen Person setzt _Begegnungsmöglichkeiten_ zwischen Seelsorgern und Seelsorgerinnen voraus, die eine situativ begrenzte, aber klare Rollenverteilung zwischen rat- und trostsuchenden Teilnehmern/Teilnehmerinnen einerseits und rat- und trostgebenden Teilnehmern/Teilnehmerinnen andererseits möglich machen. Je weniger solche „Seelsorge in eigener Sache" dabei als außergewöhnliche Maßnahme erlebt wird und je mehr sie einem _institutionalisierten Vorgehen_ entspricht, desto leichter wird auch die hemmende Abwehr gegen alle Seelsorge „per mutuum colloquium et consolationem fratrum"[2] zu überwinden sein.

Mit einer solchen Abwehr ist nämlich zu rechnen! Sich unter Seelsorgern und Seelsorgerinnen gegenseitig Seelsorge vermitteln zu wollen, kann nämlich auch als tief kränkender Vorgang erlebt und abgelehnt werden. Korrespondiert doch die professionelle „Helferrolle" als seelsorgerlich tätiger Mensch leicht mit dem Eigenideal, bei der souveränen Bewältigung aller möglichen Probleme eigentlich bereits mit gutem Beispiel vorangegangen sein zu müssen! Eigene Konflikte werden dann ständig heruntergespielt, weil mit deren Auftreten die Befürchtung entsteht, „aus der Rolle" (des Helfers) zu fallen und womöglich gar „auf die andere Seite" (des ständig Ratsuchenden) zu geraten. (Diese Art der inneren Abwehr kann noch dadurch verstärkt werden, daß der Seelsorger/die Seelsorgerin alle eigene Ratlosigkeit, Überanstrengung, ja Überforderung „letzten Endes" sogar als _Glaubensschwäche_ empfindet und in eiserner Entschlossenheit mit vermehrten Bemühungen um Glaubenstreue bekämpft.)

Daß die notwendige Seelsorge an Seelsorgern und Seelsorgerinnen oft deshalb nicht zustande kommt, weil es im Umfeld an geeigneten Gesprächspartner zu fehlen scheint, wird bei Prüfung der örtlichen Verhältnisse auf den ersten Blick hin vielleicht verständlich. Es entpuppt sich bei näherem Hinsehen in den meisten Fällen aber als vordergründige Ausrede. In der Tat können allerdings mit der Etablierung einer Seelsorge an Seelsorgern und Seelsorgerinnen etliche Unbequemlichkeiten verbunden sein! Vieleicht kann sich der einzelne in diesem Zusammenhang aber klarmachen, daß ein entsprechender innerer und äußerer Aufwand schlicht und einfach zur Berufshygiene gehört.

---

[2] So _Martin Luther_ innerhalb des dritten Teils der Schmalkaldischen Artikel unter der Überschrift „Vom Evangelio" (vgl. Die Bekenntnisschriften der ev.-luth. Kirche, Göttingen, 4. Aufl., 1959, S. 449).

Zur Geltung kommt oft auch die (begründete?) Angst mancher Seelsorger und Seelsorgerinnen, eine mit der eigenen Person und deren Reaktionen so eng verbundene offene Auseinandersetzung mit fremden Problemlagen würde die lebensbegleitende *Eigenproblematik* unnötig aktualisieren und dabei möglicherweise sogar verstärken. Der mit dieser Auffassung verbunden Kurzschluß ist gezielt aufzuklären: Eine freigesetzte Eigenproblematik ist auf Dauer gesehen viel weniger persönlichkeitseinschränkend als eine andauernd zurückgehaltene und unterdrückte! Außerdem ist damit zu rechnen, daß sich das von der Bearbeitung ausgeschlossene Konfliktpotential beschränkend oder sogar belastend auf das seelsorgerliche Gespräch auswirkt. Die Auflösung solcher und ähnlicher Abwehrstrategien ist meist ein erster Schritt auf dem Wege zu einer Seelsorge an Seelsorgern und Seelsorgerinnen. Erst in seiner Folge kann dann als *Vorteil* erlebt werden, selbst in die (passive) Lage dessen versetzt zu sein, den man sonst (aktiv) berät und dem man zu helfen sucht. Zwar wird jetzt hautnah erlebt, daß es eine Lage voller Mitteilungsschwierigkeiten, Schamgefühle, Ängste vor Verstehensbarrieren und jenseits aller sonst wirksamen rationalen und emotionalen Distanzierungsmöglichkeiten ist. Es kann aber auch ebenso hautnah erlebt werden, daß es eine Lage ist, in der Erleichterungsreaktionen und Ermutigungsgefühle zum Tragen kommen und in der sich vor allem überprüfen läßt, welchen konkreten Stellenwert alle *Glaubensaussagen* hierbei bekommen.

2) Darüber hinausgehend ist dann allerdings auch gemeinsam zu fragen, was Seelsorge als Freisetzung eines christlichen Verhaltens zur Lebensbewältigung in *Zukunft* bedeuten könnte. Sich mit diesem Thema zu beschäftigen fordert jedenfalls dazu heraus, Phantasien zu entwickeln, Erwartungen zu formulieren, die entsprechenden Ergebnisse unter Seelsorgern und Seelsorgerinnen auszutauschen und in gegenseitig kritischer Ergänzung aufeinander einwirken zu lassen. Die gemeinsame poimenische Zielfrage kann dann lauten: Welche *Erlebensstrukur* könnte sich aufgrund der bisherigen Erfahrungen auch unter veränderten und d.h. unter noch völlig ungewohnten Bedingungen immer wieder durchsetzen? Welche auf ein ebenfalls verändertes Umfeld bezogenen *Konfliktkonstellationen* könnten sich ergeben, wenn sich jene Anzeichen verstärken, die schon heute bestimmte Merkmale eines zukünftigen Zusammenlebens annehmen lassen?

Was später in der Seele des einzelnen und was zwischen den Menschen geschieht und jedenfalls so oder so zu bewältigen sein wird, kann im Detail keiner wissen, ohne spekulativ zu werden! Generell läßt sich allerdings vermuten, daß auf die Seelsorger und Seelsorgerinnen von morgen Umstände zukommen werden, die eine vermehrt *flexible poimenische Reaktion* nötig machen. Wer immer seelsorgerlich handelt, wird mit sich immer rascher verändernden Lebenseinstellungen konfrontiert sein. Diese werden sich gegenseitig nicht nur ablösen, sondern überlagern oder nebeneinander zu stehen kommen. Das aber erfordert sehr sicher eine noch weiter fortschreitende Ausdifferenzierung der empathisch einfühlsamen Wahrnehmung hinsichtlich ganz anderer und bisher fremder Befindlichkeiten im Erlebens-, Verhaltens- und Glaubensbereich. Es ist leicht einzusehen, daß es dabei einer theologisch reflektierten *Horizonterweiterung* hinsichtlich der Freisetzung eines christlichen Verhaltens ebenso bedarf wie der vermehrten *kreativen Anstöße* und *innovativen Maßnahmen* im Praxisbereich seelsorgerlichen Handelns.

Speziell lassen sich an folgenden Punkten Vermutungen anstellen und Vorgehensweisen reflektieren:

a) Es läßt sich vermuten, daß sich eine kommende Generation bei dem Versuch der zeitgemäßen Lebensbewältigung in ein zunehmend weniger eindeutig strukturiertes soziales Umfeld „einpassen" muß. Auf diesem Hintergrund werden sich die Menschen mit wachsend *komplizierten Konstellationen im Beziehungsbereich* auseinanderzusetzen haben. So sollte bei Fragen der Partnerwahl, aber auch der Familienbildung und Kindererziehung nicht nur, aber auch unter poimenischem Vorzeichen mit einer Fülle von Anpassungs- und Eingliederungsproblemen gerechnet werden, die sich durch die rapide zunehmende (z.B. ethnische) *Herkunftsvielfalt* ergeben. Soll bei einer entsprechenden Konfliktverarbeitung christliches Verhalten ermöglicht werden, so wird sich seelsorgerliches Handeln u.a. auf die emotionale Erschließung unterschiedlichster Traditionsstränge auszurichten haben. Wird es doch darum gehen, sehr verschiedene Traditionsbindungen und Traditionsebenen aus einem konflikt*aus*lösenden Gegeneinander in ein konflikt*auf*lösendes Nebeneinander und schließlich in ein tragfähiges Miteinander zu überführen.

b) Es läßt sich vermuten, daß eine kommende Generation in ihre zeitgemäße Realitätsbewältigung vermehrt *einsame Lebenslagen* einzubeziehen hat. Legt doch die gesellschaftliche Entwicklung einen noch fortschreitenden Individualisierungsprozeß nahe, in dem die Vereinzelung als Erlebenskonstante zunimmt und eine entsprechende Vorfindlichkeit des einzelnen der normalen Existenzweise entspricht. Soll bei der Realitätsbewältigung unter dieser Bedingung ein christliches Verhalten ermöglicht werden, so muß die Rede vom *Trost* eine neue Dimension bekommen. Sie wird der Vereinzelung und Einsamkeit aufhebend beggnen müssen, ohne bei den davon Betroffenen die Einschätzung eines Gemeinschaftserlebens als überhaupt wünschenswert voraussetzen zu können. So kann es darauf ankommen, unter seelsorgerlichem Aspekt vermehrt über die Möglichkeit einer „gottvollen" Einsamkeit nachzudenken.

c) Es läßt sich vermuten, daß es eine kommende Generation bei der dann zeitgemäßen Realitätsbewältigung nicht nur allgemein, sondern hautnah konkret mit *religiöser Konkurrenz* zu tun haben wird. Nicht mehr nur die andere Konfession, auch die andere Religion lebt nicht mehr in anderen Gegenden oder fernen Ländern. Die „Anderen" wohnen immer dichter in der unmittelbaren Nachbarschaft! Heranwachsende Protestanten, Katholiken, Orthodoxe, Freikirchler, Sektenanhänger gehen mit heranwachsenden Muslimen in Kindergarten, Schule und Universität. Sie stehen miteinander oder gegeneinander. Wenn sich die so verschieden gläubigen oder ungläubigen Nachbarn streiten (oder ineinander verlieben!) ist mehr oder weniger ausgesprochen oder unausgesprochen deren jeweilige Religion im Spiel. Ein Relativierungsprozeß hinsichtlich *allen* Glaubensverhaltens ist bei diesem engen zwischenmenschlichen Kontakt nur menschlich-allzumenschlich! Soll bei dieser Lage der Dinge christliches Verhalten ermöglicht werden, so muß seelsorgerliches Handeln eine ebenso selbstbewußte wie humane Einstellung zur religiösen Konkurrenz „vor Ort" fördern. Muß doch ein recht verstandenes Konkurrenzverhalten (als con-currere, zusammen laufen, einen Wettkampf miteinander bestehen) gerade nicht vor der Haustür enden und im familiären Bereich ausfallen! Auch hier vermag die konkurrierende Begegnung zwischen verschiedenen religiösen Bekenntnissen und Ausformungen des Glaubens sowohl der *Identitätsfindung* als auch der *Horizonterweiterung* zu dienen. Hinsichtlich eines christlichen Absolutheitsanspruchs ist dann sicherlich eine *Verzichtleistung* zu erbringen. Gerade dabei aber könnte seelsorgerlich vermittelt werden, daß ein identischer Glaube und ein christliches Verhalten mit klarer Positionalität mitnichten auf Absolutheitsideen angewiesen ist.

d) Es läßt sich vermuten, daß eine kommende Generation mit einer Zunahme der *fundamentalistischen Bewegung* zu rechnen hat. Entsprechen diese Bewegungen doch einer Reaktionsbildung auf Erscheinungen in Kirche und Gesellschaft, die stark ängstigen, weil sie einen allgemeinen (religiösen) *Verfall* befürchten lassen. Für das Glaubenserleben bedeutet ein sich ausbreitender Fundamentalismus mitsamt seiner fatal faszinierenden Schlagkraft und Durchsetzungsmöglichkeit stets einen *Entdifferenzierungsvorgang*: Entscheidungsprozesse werden in eine ebenso forcierte wie die Ambivalenz verdrängende „Entweder-Oder-Haltung" hinein aufgelöst, Gruppengefühl gerät zur unreflektierten Partizipation an einem verhaltenssteuernden Kollektiv usw. Besonders Zeiten realer oder phantasierter *Bedrohung* werden leicht zu Zeiten fundamentalistisch strukturierter Zusammenschlüsse, die einer überindividuellen Angstabwehr dienen sollen. Es spricht vieles dafür, daß bei zunehmender Entkirchlichung und einem wachsend säkularisierten Daseinsgefühl fundamentalistische Einstellungen noch zunehmend an Einfluß gewinnen. Soll gegenüber diesem kollektiven und kollektivierenden Einstellungsmodus ein christliches Verhalten zu dessen Eindämmung ermöglicht werden, so muß seelsorgerliches Handeln verstärkt auf die „Erbauung" einer christlichen *Gemeinde* in den verschiedensten ortsgebundenen oder überregionalen Formen abzielen. Bewirkt doch Gemeindebau das Zusammensein von Individuen in einer Gemeinschaft, die gerade nicht kollektiv denkt, fühlt, handelt und glaubt, dafür aber von der „Freiheit eines

Christenmenschen" (hoffentlich!) nicht nur redet, sondern diese erlebbar macht.

e) Es läßt sich vermuten, daß eine kommende Generation noch viel weitergehend auf eine geglückte Kommunikation zwischen den einzelnen Individuen über ihr jeweiliges „persönlichkeitsspezifisches Credo" angewiesen ist. Kompliziertere Konstellationen im Beziehungsbereich, einsame Lebenslagen, religiöse Konkurrenz, fundamentalistische Strömungen werden immer dann zu den *bewältigten Lebenslagen* gehören, wenn sie auf einen Glaubensmodus stoßen, der nicht nur der Persönlichkeit des einzelnen unverwechselbar entspricht, sondern sich dabei auch anderen mitteilen läßt. Soll christliches Verhalten auch in Zukunft die Lebensgemeinschaft prägen, so muß seelsorgerliches Handeln bei allen notwendigen Einzelmaßnahmen um eine unter diesem Vorzeichen stehende *Glaubensvermittlung* bemüht sein.

Es läßt sich ein Kreis schließen: Seelsorge an Seelsorgern und Seelsorgerinnen erscheint deshalb als unverzichtbar, weil seelsorgerliches Handeln ohne sie zuviel zusätzliche Energie verbraucht. Diese Energie aber entspricht einer Kraft, die ganz und gar gebraucht wird, um in der gegenwärtigen Lage poimenisch zu bestehen und sich dabei auch noch auf das, was kommen kann, vorzubereiten. So sollte die seelsorgerliche Begegnung „unter sich" deshalb nicht vernachlässigt werden, weil sie Kraft spart und Kraft gibt: Sie *spart* Kraft, weil eine geistige und geistliche Zusammenarbeit den daran Beteiligten die Bearbeitung gegenwärtiger Aufgaben, aber auch die Vorbereitung auf kommende Herausforderungen wesentlich zu erleichtern vermag. Sie *gibt* Kraft, weil eine geistige und geistliche Zusammenarbeit die daran Beteiligten erleben läßt, daß alle seelsorgerliche Tätigkeit nicht nur *Hingabe* erfordert, sondern auch *Angenommensein* einschließt.

Literaturverzeichnis

ACHELIS, Ernst Christian: Lehrbuch der Praktischen Theologie, Bd. 2, Leipzig ²1898.

ADAMS, Jay E.: Befreiende Seelsorge. Theorie und Praxis einer biblischen Lebensberatung, Gießen/Basel ⁵1980.

– Handbuch der Seelsorge. Praxis der biblischen Lebensberatung, Gießen 1976, ³1988.

ADLOFF, Kristlieb: Paulus, in: Möller, Christian (Hg.): Geschichte, Bd. 1, a.a.O., S. 55ff.

AGGRESSION im Krankenhaus, Themaheft (WzM) (38) 1986, S. 400ff.

ALLWOHN, Adolf: Das heilende Wort. Zwiesprache mit dem ratsuchenden Menschen unserer Zeit, Göttingen 1958.

ALTGELT, Carl D.: Der Hausbesuch. Eine Frage der pastoralen Seelsorge, Berlin 1897.

AMMERMANN, Norbert: Zur Konstruktion von Seelsorge. Erkenntnistheorie und Methodenfrage unter dem Aspekt der Psychologie der persönlichen Konstrukte und auf dem Hintergrund konstruktivistischer Erkenntnistheorien, Frankfurt a.M./Berlin/Bern 1994.

ARGELANDER, Hermann (Hg.): Konkrete Seelsorge. Balintgruppen mit Theologen im Sigmund-Freud-Institut, Frankfurt a.M. 1972.

ARIES, Philippe: Studien zur Geschichte des Todes im Abendland, München 1981.

ASMUSSEN, Hans: Die Seelsorge. Ein praktisches Handbuch über Seelsorge und Seelenführung, München 1933, ⁴1946.

AUF DRAHT. Ein internes Forum zum Austausch von Erfahrungen und Informationen für ehrenamtliche und hauptamtliche Mitarbeiterinnen und Mitarbeiter der Telefonseelsorgestellen und Offenen Türen in der BRD, hg. von der ev.-kath. Kommission für Telefonseelsorge und Offene Tür, 22, April 1993.

AUGÉ, Marc: Orte und Nicht-Orte. Vorüberlegungen zu einer Ethnologie der Einsamkeit, Frankfurt a.M. 1994.

AUGUSTINUS: Bekenntnisse. Übersetzt von Joseph Bernhart, Frankfurt a. M./Hamburg 1956.

– Vom ersten katechetischen Unterricht. Neu übersetzt von Werner Steinmann, SKV 7, 1985.

AUSWIRKUNGEN auf die Kriminologie. Deliquenz und Gesellschaft, PZJ XIV, 1981.

BADEN, ELISABETH u.a.: Zeitgerechte Seelsorge. Zur Lage und Erneuerung des seelsorgerlichen Dienstes, Missionierende Gemeinde (20), Berlin 1971.

BALDERMANN, Ingo: Die Psalmen, in: Möller, Christian (Hg.): Geschichte. Bd. 1, a.a.O., S. 23ff.
BALINT, Michael: Therapeutische Aspekte der Regression. Die Theorie der Grundstörung, Stuttgart 1970, ²1973.
– Regression. Therapeutische Aspekte und die Theorie der Grundstörung, Stuttgart 1987.
BALTENSWEILER, Heinrich: Die Ehe im N.T., Zürich 1967.
BANDURA, Albert: Lernen am Modell. Ansätze zu einer sozial-kognitiven Lerntheorie, Stuttgart 1976.
BANINE: Hilfe per Telefon. Was geschieht in der Telefonseelsorge? Berichte und Beispiele aus der Praxis, Stuttgart 1973.
BÄRENZ, Reinhold: Die Trauernden trösten. Für eine zeitgemäße Trauerpastoral, München 1983.
BARION, Jakob: Was ist Ideologie?, Bonn ³1974.
BARTH, Hans-Martin/FLÜGEL, Heinz/RIESS, Richard: Der emanzipierte Teufel, München 1977.
BARTH, Karl: Kirchliche Dogmatik III/1, Zürich ⁵1988.
– Kirchliche Dogmatik IV/3, Zürich 1959, ⁴1989.
BARTHOLOMÄUS, Wolfgang: Unterwegs zum Lieben. Erfahrungsfelder der Sexualität, München ²1988.
BARTNING, Gerhard: Das Ende der Theologenangst vor der Tiefenpsychologie. Zum 100. Geburtstag des Pastoralpsychologen Otto Haendler, in: Quatember (54) 1990, S. 203ff.
BASSI, Hasko von: Otto Baumgarten: ein „moderner Theologe" im Kaiserreich und in der Weimarer Republik, Frankfurt a.M. 1988.
BAUMGARTEN, Otto: Protestantische Seelsorge, Tübingen 1931.
BAUMGARTEN, Siegmund Jacob: Theologische Bedencken. Vierte Sammlung, Halle ²1749.
BAUMGARTNER, Isidor: Pastoralpsychologie. Einführung in die Praxis heilender Seelsorge, Düsseldorf 1990.
BAYER, Oswald (Hg.): Ehe. Zeit zur Antwort, Neukirchen-Vluyn 1988.
BECHER, Werner (Hg.): Klinische Seelsorgeausbildung – Clinical Pastoral Education, Frankfurt 1972.
– Seelsorgeausbildung. Theorien-Methoden-Modelle, Göttingen 1976.
BEGEMANN, Helmut: Strukturwandel der Familie. Eine sozialtheologische Untersuchung über den Strukturwandel von der patriarchalischen zur partnerschaftlichen Familie, Hamburg 1960, Witten, ²1966.
BENOÌT, Jean-Daniel: Seelsorge und Theologie in der Institutio, in: Moltmann, Jürgen (Hg.): Calvin-Studien, Neukirchen-Vluyn 1960, S. 1ff.
BERNET, Walter: Weltliche Seelsorge. Elemente einer Theorie des einzelnen, Zürich 1988.

BERNHARD VON CLAIRVAUX: Sämtliche Werke lateinisch/deutsch, hg. von Gerhard B. Winkler u.a., Innsbruck 1990.
BERTRAM, Georg, Art.: θαῦμα, θαυμαζω κτλ., ThWNT 3, S. 27ff.
BESIER, Gerhard: Seelsorge und Klinische Psychologie. Defizite in Theorie und Praxis der ‚Pastoralpsychologie', Göttingen 1980.
BEUTEL, Helmuth/TAUSCH, Daniela (Hg.): Sterben – eine Zeit des Lebens. Ein Handbuch der Hospizbewegung, Stuttgart 1989, ²1993.
BIANCHI, Hermann: Alternativen zur Strafjustiz. Biblische Gerechtigkeit. Freistätten. Täter-Opfer-Ausgleich, München/Mainz 1988.
BICK, Rolf: Der Lebenskundliche Unterricht der Evangelischen Militärseelsorge als Arbeitsfeld christlicher Ethik und kirchlicher Erwachsenenbildung, Diss. FB Ev. Theologie, Münster 1979.
BIENERT, Wolfgang A.: Art.: Benediktiner, EKL 1, ³1986, Sp. 424ff.
– Basilius von Cäsarea, in: Möller, Christian. (Hg.).: Geschichte, a.a.O., S. 113ff.
BIRNSTEIN, Uwe: Neuer Geist in alter Kirche. Die charismatische Bewegung in der Offensive, Stuttgart 1987.
BITTER, Wilhelm (Hg.): Arzt und Seelsorger. Eine Schriftenreihe, 1925ff.
BIZER, Christoph: Auf dem Weg zu einer praktischen Anthropologie des Kindes und des Jugendlichen, in: Riess, R./Fiedler, K. (Hg.): Die verletzlichen Jahre, a.a.O., S. 743ff.
DERS./CORNELIUS-BUNDSCHUH, Jochen/GUTMANN, Hans-Martin (Hg.): Theologisches geschenkt. FS für Manfred Josuttis, Bovenden 1996.
BLASCHKE, Peter H./OBERHEM, Harald: Militärseelsorge – Grundlagen, Aufgaben, Probleme, Regensburg 1985.
BLATTNER, Jürgen: Toleranz als Strukturprinzip. Ethische und psychologische Studien zu einer christlichen Kultur der Beziehung, Freiburg/Basel/Wien 1985.
BLAU, Paul: Pfarramt und Seelsorge, Hamburg 1927.
BLIESENER, Thoma/HAUSENDORF, Heiko/SCHEYTT, Christoph: Klinische Seelsorgegespräche mit todkranken Patienten, Berlin/Heidelberg/New York 1988.
BLOCH, Ernst: Das Prinzip Hoffnung 1954-59, Frankfurt a.M. 1977.
BLOTH, Peter C.: Praktische Theologie. Grundkurs Theologie 8, Stuttgart/Berlin/Köln 1994.
BLÜHM, Raimund u.a.: Kirchliche Handlungsfelder, Grundkurs Theologie 9, Stuttgart/Berlin/Köln 1993.
BOBZIN, Dorothea: Das behalt ich mir. Begegnungen mit Kindern im Krankenhaus, Hannover 1993.
– Seelsorge im Kinderkrankenhaus – Versuch eines Konzepts, WzM (39) 1987, S. 403ff.
BOECKLER, Richard: Art.: Diakonie, EKL 1, ³1986, Sp. 850ff.

BOGE, Victor: Ethische Antinomik. Das Leben bleibt widersprüchlich, Hannover 1990.
BOHREN, Rudolf: Macht und Ohnmacht der Seelsorge, PTh (77) 1988, S. 463ff.
- Prophetie und Seelsorge: Eduard Thurneysen, Neukirchen-Vluyn 1982.
BOJANOVSKY, Jörg: Psychische Probleme bei Geschiedenen, Stuttgart 1983.
BOMMERT, Hanko: Grundlagen der Gesprächspsychotherapie. Theorie – Praxis – Forschung, Stuttgart/Berlin/Köln/Mainz ⁴1987.
BONHOEFFER, Dietrich: Ethik, München 1949. [Jetzt auch hg. von FEIL, Ernst/GREEN, Lifford/TÖDT, Heinz E. (Hg.), Gütersloh 1992]
BONHOEFFER, Thomas: Ursprung und Wesen der christlichen Seelsorge, München 1985.
BOVET, Theodor: Lebendige Seelsorge. Eine praktische Anleitung für Pfarrer und Laien, Tübingen ³1962.
BOWERS, Margaretta K. u.a.: Wie können wir Sterbenden beistehen, München/Mainz ²1971.
BOWLBY, John: Verlust, Trauer und Depression, Frankfurt 1983, ⁴1994.
BRACHEL, Hans Ulrich von /SCHRAMM, Thomas (Hg.): Telefonseelsorge – Brennglas krisenhafter Entwicklungen, Freiburg i.Br. 1989.
BRANDT, Peter: Die evangelische Strafgefangenenseelsorge. Geschichte – Theorie – Praxis, Göttingen 1985.
BRÄUMER, Hansjörg: Pneumatische Seelsorge, in: Reller, Horst/Sperl, Adolf (Hg.): Seelsorge im Spannungsfeld Bibelorientierung-Gruppendynamik? Zur Sache. Kirchliche Aspekte heute, 16, Hamburg 1979, S. 35ff.
BRAUN, Heinz Otto (Hg.): Seelsorge am kranken Kind, Stuttgart 1983.
BROCHER, Tobias: Die Funktion von Gruppe und Gruppendynamik in der klinischen Seelsorgeausbildung, in: Becher, W. (Hg.): Klinische Seelsorgeausbildung, a.a.O., S. 120ff.
- Psychosexuelle Grundlagen der Entwicklung. Informationen für Lehrer und Eltern, Opladen 1971.
- Wenn Kinder trauern. Zürich ²1981.
BRUNNER, Alfred: Eigenschaften und Typen als grundlegende Ansätze von Persönlichkeitstheorien, in: Psychologie des 20. Jahrhunderts (PZJ) V, München 1977, S. 499ff.
BUCER, Martin: Deutsche Schriften. Bd. 7, hg. von Stupperich, Robert/Neuser, Wilhelm, Gütersloh 1964.
BUCHER, Anton: Bibel-Psychologie. Psychologische Zugänge zu biblischen Texten, Stuttgart 1992.
BUCHMANN, Walter: Seelsorge und Psychologie bei Louis Beirnaert. Ein Beitrag zur französischen Pastoralpsychologie, Diss. (masch.), Marburg 1983.
BÜCHSEL, Friedrich: Art.: θυμός, ἐπιθυμέω κτλ., ThWNT 3, S. 167ff.

BUKOWSKI, Peter: Die Bibel ins Gespräch bringen. Erwägungen zu einer Grundfrage der Seelsorge, Neukirchen-Vluyn 1994, ²1995.
BULTMANN, Rudolf: Theologie des Neuen Testaments, Tübingen ⁹1984.
BUSCH, Eberhard: Karl Barths Lebenslauf. Nach seinen Briefen und autobiographischen Texten, München ⁴1986, ⁵1993.

CALVIN, Johannes: Johannes Calvins Lebenswerk in seinen Briefen. Eine Auswahl von Briefen Calvins in deutscher Übersetzung von Rudolf Schwarz. Bd. 1, Tübingen 1909.
CHASSEQUET-SMIRGEL, Janine: Das Ichideal. Psychoanalytisches Essay über die „Krankheit der Idealität", Frankfurt 1981, ²1987.
CHRISTIAN-WIDMAIER, Petra: Krankenhausseelsorger und todkranker Patient. Im Spiegel ihrer wechselseitigen Wahrnehmung, Berlin/Heidelberg/New York 1988.
CLINEBELL, Howard J.: Modelle beratender Seelsorge, München 1971, ²1973.
COLBY, Ann/KOHLBERG, Lawrence: Das moralische Urteil. Der kognitionszentrierte entwicklungspsychologische Ansatz, PZJ VII, 1978, S. 348ff.
CONZELMANN, Hans: Der erste Brief an die Korinther, KEK V, Göttingen ¹¹1969, ¹²1981.
CORNEHL, Peter: Teilnahme am Gottesdienst. Zur Logik des Kirchgangs – Befund und Konsequenzen, in: Matthes, Joachim (Hg.): Kirchenmitgliedschaft im Wandel. Untersuchungen zur Realität der Volkskirche. Beiträge zur zweiten EKD-Umfrage „Was wird aus der Kirche"?, Gütersloh 1900, ²1991, S. 15ff.

DAHM, Karl-Wilhelm/STENGER, Hermann (Hg.): Gruppendynamik in der kirchlichen Praxis. Erfahrungsberichte, München/Mainz 1974.
DAIBER, Karl-Fritz: Die diakonische Anstalt als Dienstgemeinschaft, WzM (44), 1992, S. 193ff.
– Diskreditiert die Beratungsarbeit die Kirche? Kirchensoziologische Überlegungen zur Beratungsarbeit, WzM (35), 1983, S. 148ff.
– Zur Sozialgestalt der Gemeinden, HPTh(G) 3, 1983, S. 11ff.
DÄUMLING, Adolf/HERKENRATH, Liesel-Lotte (Hg.): Gruppendynamik im kirchlichen Feld, Sonderheft „Gruppendynamik", Heft 5, 1975.
DAS MENSCHENBILD in der Seelsorge, Themaheft WzM (33), 1981.
DAVISON, Gerald C./NEALE, John M.: Klinische Psychologie, München/Wien/Baltimore 1984, ³1988.
DE OFFICIO. Zu den ethischen Herausforderungen des Offizierberufs, hg. vom evangelischen Kirchenamt für die Bundeswehr, Hannover 1985.
DÉCARIE, Thérèse G./SALOMON, Ruth: Affektivität und kognitive Entwicklung, PZJ VII, 1978, S. 401ff.

DEPPING, Klaus: Altersverwirrte Menschen seelsorgerlich begleiten. Bd. 1: Hintergründe, Zugänge, Begegnungsebenen. Bd. 2: Eine Vermittlungshilfe für Aus- und Fortbildende verschiedener Bereiche, Hannover 1993.
DER GROSSE DUDEN, Bd. 7, Ethymologie, Mannheim 1963.
DIAKONIE als Institution, Themaheft WzM (44, 4) 1992, S. 178ff.
DIBELIUS, Martin: Der Brief des Jakobus, KEK XV, Göttingen ^{11}1964, ^{12}1984.
DIE BEKENNTNISSCHRIFTEN der evangelisch-lutherischen Kirche, Göttingen ^{2}1955, ^{10}1986.
DIE FRAU IN Familie, Kirche und Gesellschaft. Eine Studie zum gemeinsamen Leben von Frau und Mann, vorgelegt von einem Ausschuß der EKD, Gütersloh 1979, ^{2}1980.
DIE HEIDELBERGER THESEN. Atomzeitalter, Krieg und Frieden von 1959, in: Heßler, H.-W. (Hg.): Pflicht, a.a.O., S. 58ff.
DIE NEUEN NARZISSMUSTHEORIEN: Zurück ins Paradies?, hg. vom Psychoanalytischen Seminar Zürich, Frankfurt a. M. 1981.
DIEHL, Else/BÜCHEL, Monika: Praxisbuch Seelsorge mit Kindern: In Liebe leiten, hg. von Michael Dieterich, Neuhausen-Stuttgart 1994.
DIESTEL, Gudrun u.a. (Hg.): Kirche für Gefangene. Erfahrungen und Hoffnungen der Seelsorgepraxis im Strafvollzug, München 1980.
DIETERICH, Michael: Handbuch Psychologie und Seelsorge, Wuppertal/Zürich 1989, ^{4}1995.
– Psychotherapie – Seelsorge – Biblisch-therapeutische Seelsorge, Neuhausen/Stuttgart 1987.
DIRSCHAUER, Klaus (Hg.) unter Mitarbeit von Boeckler, Richard: Emanzipiertes Alter. Bd. 1 (Ein Sachbuch), Bd. 2 (Ein Werkbuch), Göttingen 1990.
DOEBERT, Heinz: Neuordnung der Seelsorge. Ein Beitrag zur Ausbildungsreform und zur heutigen kirchlichen Praxis, Göttingen 1967.
DÖHNER, Otto (Hg.): Arzt und Patient in der Industriegesellschaft, Frankfurt a.M. 1973.
DÖRNER, Klaus: Thesen zu ‚Aggression im Krankenhaus', WzM (38) 1986, S. 422ff.
DOYÉ, Götz: Kinderseelsorge, HbSS, 1983, ^{4}1990, S. 241ff.
DRECHSEL, Wolfgang: Pastoralpsychologische Bibelarbeit. Ein Verstehens- und Praxismodell gegenwärtiger Bibel-Erfahrung, Stuttgart/Berlin/Köln 1994.
DREWS, Paul: Religiöse Volkskunde. Eine Aufgabe der Praktischen Theologie, MKP (1) 1901, S. 1ff.
DUNKEL, Achim: Art.: Toleranz, WdC, Gütersloh 1988, 1988, S. 1267ff.

EBELING, Gerhard: Leitsätze zu: Das Gewissen in Luthers Verständnis, in: Was ist das Gewissen? EKD Texte 8, hg. vom Kirchenamt der EKD, Hannover 1984, S. 2ff.
– Theologische Erwägungen über das Gewissen, in: BLÜHDORN, Jürgen (Hg.): Das Gewissen in der Diskussion, WdF XXXVII, Darmstadt 1976, S. 142ff. = Ebeling, G.: Wort und Glaube. Bd. 1, Tübingen, ²1962, S. 429ff.
– Das Wesen des christlichen Glaubens, Tübingen 1959.
EBERENZ, Udo: Art.: Angst, in: Keil, S. (Hg.): Familien- und Lebensberatung, a.a.O., Sp. 57ff.
EBERHARDT, Hermann: Praktische Seel-Sorge-Theologie. Entwurf einer Seelsorge-Lehre im Horizont von Bibel und Erfahrung, Bielefeld ²1992.
EHE UND FAMILIE 1994. Ein Wort des Rates der EKD aus Anlaß des internationalen Jahres der Familie 1994, EKD Texte 50, 1994.
EHE und nichteheliche Lebensgemeinschaften. Positionen und Überlegungen aus der EKD, EKD-Texte 12, 1985.
EHE, FAMILIE, SEXUALITÄT, JUGEND: Die Denkschriften der EKD 3/1, Gütersloh 1982, ²1988.
EHEBALD, Ulrich: Delikt als Symptom, WzM (28) 1976, S. 76ff.
EIBACH, Ulrich: Heilung für den ganzen Menschen? Ganzheitliches Denken als Herausforderung von Theologie und Kirche, Theologie in Seelsorge, Beratung und Diakonie. Bd. 1, Neukirchen-Vluyn 1991.
– Recht auf Leben – Recht auf Sterben, in: Sterbehilfe – Mitleid oder Mord, a.a.O., S. 21ff.
– Tod und Menschenwürde, in: Jeziorowski, J. (Hg.): Leben als Last, a.a.O., S. 14ff.
EICK-WILDGANS, Susanne: Anstaltsseelsorge. Möglichkeit und Grenzen des Zusammenwirkens von Staat und Kirche, Berlin 1993.
EICKE, Dieter: Angst, PZJ II, 1976, S. 515ff.
EINE NEUE Psychologie? Zum 100. Geburtstag von Eduard Thurneysen, Themenheft PTh (77), 1988, H. 10, S. 425ff.
EISELE, Günther Rudolf: Das Verhältnis von Theologie und Psychologie in der Seelsorge von 1925-1965, BHEKS 47, 1981.
ENGELKE, Ernst: Sterbenskranke und Kirche, München/Mainz 1980.
EPD-Dokumentation vom 1. Nov.1994, Nr. 47/94.
ERIKSON, Erik H.: Der junge Mann Luther, Frankfurt 1975.
– Kindheit und Gesellschaft, Stuttgart ⁵1974,¹¹1992.
– Die Ontogenese der Ritualisierung, Psyche (XXII) 1968, S. 481ff.

FABER, Heije: Der Pfarrer im modernen Krankenhaus, Gütersloh 1974.
DERS./SCHOOT, Ebel van der: Praktikum des seelsorgerlichen Gesprächs, Göttingen 1968, ⁷1987.

FAIRCHILD, Roy W.: Seelsorge mit depressiven Menschen, Mainz 1991.
FASSHEBER, Peter: Einstellungstheorien, PZJ VIII, 1979, S. 209ff.
FEIEREIS, Hubert/THILO, Hans-Joachim: Basiswissen Psychotherapie. Repetitorium der wichtigsten Grundbegriffe tiefenpsychologisch orientierter Psychotherapie, Göttingen 1980.
FENDT, Leonhard: Grundriß der Praktischen Theologie für Studenten und Kandidaten, Tübingen 1938, ²1949.
FLAMMER, August: Entwicklungstheorien, Bern/Stuttgart/Toronto 1988.
FLÖTTMANN, Holger Bertrand: Angst. Ursprung und Überwindung, Stuttgart/Berlin/Köln ²1990, ³1993.
FOWLER, James W.: Stufen des Glaubens. Die Psychologie der menschlichen Entwicklung und die Suche nach Sinn, Gütersloh 1991.
FRAAS, Hans-Jürgen: Glaube und Identität. Grundlegung einer Didaktik religiöser Lernprozesse, Göttingen 1983.
– Religiöse Erziehung und Sozialisation im Kindesalter, Göttingen 1973.
– Die Religiosität des Menschen. Ein Grundriß der Religionspsychologie, Göttingen 1990, ²1993.
FREUD, Sigmund: Das Ich und das Es, GW XIII, ⁵1967, S. 235ff..
– Formulierungen über die zwei Prinzipien des psychischen Geschehens, GW VIII, S. 329ff.
– Hemmung, Symptom und Angst, GW XIV, S. 111ff.
– Das Unbehagen in der Kultur, GW XIV, S. 486ff.
FRIEDRICH, Reinhold: Martin Bucer, in: Möller, Christian (Hg.): Geschichte. Bd. 2, a.a.O., S. 85ff.
FROIDL, Robert: Die klientzentrierte Gesprächsführung in der Seelsorge, Frankfurt a.M. 1988.
FRÖR, Hans: Vertiefung. Fortbidungskonzepte zu Themen der Seelsorge, München 1981.
FRÖR, Peter: Gruppenseelsorge in der klinischen Tradition: Das Beispiel der Banden Herrnhuts, in: Riess, R. (Hg.): Perspektiven, a.a.O., S. 79ff.
FUNKE, Dieter: Verkündigung zwischen Tradition und Interaktion. Frankfurt a.M./Bern/New York 1984.

GÄRTNER, Heribert W.: Seelsorge als Kunst und Kunstlehre, in: Müller, J.: Pastoraltheologie, a.a.O., S. 40f.
GANZERT, Klaus: Zucht aus Liebe. Kirchenzucht bei Wilhelm Löhe 1948.
GASSMANN, H.(Hg.): Ehe – Institution im Wandel. Zum evangelischen Eheverständnis heute, Hamburg 1979.
GEEST, Hans van der: Unter vier Augen. Beispiele gelungener Seelsorge, Zürich ³1986, ⁵1995.
GERBRACHT, Diether: Die Gemeinde und der Einzelne. Das Verständnis der Seelsorge bei Friedrich D. E. Schleiermacher. Eine Anfrage an die

Seelsorge-Diskussion. Mit einem Beitrag zur Wirkungsgeschichte von Friedrich D. E. Schleiermacher, Diss. (masch.), Göttingen 1977.
GERLICHTER, Karl: Sexualität im Alter, in: Massing, A./Weber, I.: Lust & Leid, a.a.O., S. 297ff.
GERLITZ, Peter: Beichte, PThH, Hamburg 1970, ²1975, S. 64ff.
GESTALTTHERAPIE in der Seelsorge, Themaheft WzM (33) 1981, S. 1ff.
GESTRICH, Reinhold: Am Krankenbett. Seelsorge in der Klinik, Stuttgart 1987, ²1988.
– Hirten füreinander sein. Seelsorge in der Gemeinde, Stuttgart 1990.
– Das seelsorgerliche Gespräch in der Krankenpflege. Studienbuch für Krankenschwestern, Krankenpfleger, Altenpflegerinnen, Altenpfleger und medizinisch-technische Assistentinnen, Stuttgart/Berlin/Köln 1991.
GEWIRTZ, Jacob L.: Soziales Lernen, PZJ IV, 1977, S. 383ff.
GOETSCHI, Rene: Der Mensch und seine Schuld. Das Schuldverständnis der Psychotherapie in seiner Bedeutung für Theologie und Seelsorge, Zürich 1976.
GOLDBRUNNER, Josef: Seelsorge – eine attraktive Aufgabe. Bausteine zu einer Pastoraltheologie, Würzburg ²1990.
GOUDSMIT, Walter: Deliquenz und Gesellschaft. Wege zum Verständnis und zur Therapie von Straftätern, Göttingen 1986.
GRABNER-HAIDER, Anton: Befreiung durch Erinnerung. Trauerarbeit in Kirche und Gemeinde, München 1990.
– Religiöse Symbole in der Theologie, in: Oelkers, J./Wegenast, K. (Hg.): Symbol, a.a.O., S. 31ff.
GRAF, Friedrich Wilhelm: Art.: Dialektische Theologie, WdC, Gütersloh 1988, S. 249ff.
GREENGLASS, Esther R.: Geschlechterrolle als Schicksal. Soziale und psychologische Aspekte weiblichen und männlichen Rollenverhaltens, Stuttgart 1986.
GREGOR von Nazianz: Reden. Deutsch. Reden 1-20, Bibliothek der Kirchenväter 59, Kempten/München 1928.
– Über die Liebe zu den Armen, SKV 5, 1983ff., S. 33ff.
GRÖTZINGER, Albrecht/LUTHER, Henning (Hg.): Religion und Biographie, München 1987.
GRÖZINGER, Albrecht: Seelsorge als Rekonstruktion von Lebensgeschichte, WzM (38) 1986, S. 178ff.
– Seelsorge im multikulturellen Krankenhaus, WzM (47) 1995, S. 389ff.
GRUEHN, Werner: Seelsorge im Licht gegenwärtiger Psychologie, Schwerin 1926.
GRÜN, Anselm: Bilder von der Seelsorge. Biblische Modelle einer therapeutischen Pastoral, Mainz 1991.
GRÜNEWALD, Friedhelm: Das Gebet als spezifisches Übergangsobjekt, WzM (34) 1982, S. 221ff.

GUHR, Ekkehard: Personale Beratung. Voraussetzung und Methode, Göttingen 1981.

HABENICHT, Ingo: Die Anfänge der Telefonseelsorge und ihre Institutionalisierung, in: Wieners, J. (Hg): Handbuch, a.a.O., S. 9ff.
– Telefonseelsorge als Form intentionaler Seelsorge. Geschichte, Phänomene und Theologie. Eine Untersuchung zum „Selbstverständnis" der Telefonseelsorge aus poimenischer Perspektive, Hamburg 1994.

HABERMAS, Jürgen: Erkenntnis und Interesse, Frankfurt a. M. 1968, [10]1991.

HAENDLER, Otto: Angst und Glaube, Berlin 1950.
– Grundriss der Praktischen Theologie, Berlin 1957.
– Tiefenpsychologie, Theologie und Seelsorge. Ausgewählte Aufsätze, hg. von Scharfenberg, Joachim und Winkler, Klaus, Göttingen 1971.

HAGENMAIER, Martin: Rezension zu Michael Dieterich: Psychotherapie, WzM (41) 1989, S. 124ff.

HALBERSTADT, Helmut: Psychologische Beratungsarbeit in der evangelichen Kirche. Geschichte und Perspektiven, Stuttgart 1983.

HALE, J. Russell: Die Zähmung der Charismatiker, PTh (77) 1988, S. 509ff.

HAMEL, Adolf: Der junge Luther und Augustin, Gütersloh 1934.

HAMMERS, Alwin J.: Gesprächspsychotherapeutisch orientierte Seelsorge, in: Scharfenberg, J. (Hg.): Freiheit, a.a.O., S. 83ff.

HANDBUCH DER PRAKTISCHEN THEOLOGIE (HPTh(B)), hg. von AMMERT, Heinrich/HENKYS, Jürgen/HOLTZ, Gottfried, Bd. 3, Berlin 1978.

HANDBUCH DER PRAKTISCHEN THEOLOGIE (HPTh(G)), hg. von BLOTH, Peter C./DAIBER, Karl F./KLEEMANN, Jürgen u.a., Gütersloh Bd. 2 1981, Bd. 3 1983, Bd. 4 1987.

HANDBUCH DER PSYCHOLOGIE FÜR DIE SEELSORGE, hg. von BLATTNER, Jürgen/GAREIS, Balthasar/PLEWA, Alfred, Düsseldorf, Bd. 1 1992, Bd. 2 1993.

HANDBUCH DER SEELSORGE (HbSS), hg. von BECKER, Ingeborg/ BIERITZ, Karl-Heinrich/BLÜHM, Raimund u.a., Berlin 1983, Leipzig [4]1990.

HARDELAND, August: Geschichte der speciellen Seelsorge in der vorreformatorischen Kirche und in der Kirche der Reformation, Berlin 1898.

HÄRING, Hermann: Art.: Sünde und Schuld. B. Systematisch-Theologisch, WdC, Gütersloh 1988, S. 1205ff.

HÄRLE, Wilfried: Art.: Rechtfertigung, TRT 4, [4]1983, S. 200ff.

HARK, Helmut: Mit den Engeln gehen. Die Botschaft unserer spirituellen Begleiter, München 1993, [2]1994.

- Religiöse Neurosen. Ursachen und Heilung, Stuttgart 1984, ³1990.
- Der Traum als Gottes vergessene Sprache, Düsseldorf ⁵1989, ⁶1992.

HARMS, Claus: Pastoraltheologie in Reden an Theologiestudierende. Nach der Originalausgabe (1830-1834) aufs neue herausgegeben in zwei Teilen. Erster Teil, Gotha ²1891, Zweiter Teil ²1893.

HARMS, Klaus: Seelsorge als Erinnerung, DtPfrBl (89) 1989, S. 173ff.

HARNACK, Adolf von: Wesen des Christentums. Sechzehn Vorlesungen vor Studierenden aller Fakultäten im Wintersemester 1899/1900 an der Universität Berlin gehalten, Leipzig ³1980, Gütersloh ²1985.

HARNACK, Theodosius: Praktische Theologie. Zweiter Band. Geschichte und Theorie der Predigt und Seelsorge, Erlangen 1878.

HARSCH, Helmut: Das Schuldproblem in Tiefenpsychologie und Theologie, Heidelberg 1965.
- Theorie und Praxis des beratenden Gesprächs. Ausbildungskurs der Telefonseelsorge München, München 1973, ⁵1982.

HARTMANN, Gert: Lebensdeutung. Theologie für die Seelsorge, Göttingen 1993.

HARTMANN, Heinz: Ich-Psychologie und Anpassungsproblem, Stuttgart ²1970.

HAUCK, Albert: Kirchengeschichte Deutschlands, Berlin 1958ff.

HAUSCHILDT, Eberhard: Alltagsseelsorge. Eine sozio-linguistische Analyse des pastoralen Geburtstagsbesuches, Göttingen 1996.
- Ist die Seelsorgebewegung am Ende? WzM (46)1994, S. 260ff.

HAUSTEIN, Manfred: Jugendseelsorge, HbSS, 1983, ⁴1990, S. 253ff.

HEIDEGGER, Martin: Sein und Zeit, Tübingen ⁶1949, ¹⁷1993.

HEIGL-EVERS, Anneliese/HEIGL, Franz: Geben und Nehmen in der Ehe, Stuttgart ³1971.
- Gelten und Geltenlassen in der Ehe, Stuttgart ²1963.
- Lieben und Geliebtwerden in der Ehe, Stuttgart ²1971.

HEIMBROCK, Hans-Günter: Gottesdienst: Spielraum des Lebens. Sozial- und kulturwissenschaftliche Analysen zum Ritual in praktisch-theologischem Interesse, Kampen/Weinheim 1993.
- Magie, Alltagsreligion und die Heilkraft des Glaubens. Etappen und Probleme theologischer und kulturwissenschaftlicher Magiediskussion, in: Ders./Streib, H. (Hg.): Magie, a.a.O., S. 17ff.

DERS./STREIB, Heinz (Hg.): Magie – Katastrophenreligion und Kritik des Glaubens. Eine theologische und religionstheoretische Kontroverse um die Kraft des Wortes, Kampen 1994.
- Phantasie und christlicher Glaube. Zum Dialog zwischen Theologie und Psychoanalyse, München/Mainz 1975.

HENKE, Thomas: Seelsorge und Lebenswelt. Auf dem Wege zu einer Seelsorgetheorie in Auseinandersetzung mit soziologischen und sozialphilosophischen Lebensweltkonzeptionen, Würzburg 1994.

HENKYS, Jürgen: Seelsorge und Bruderschaft. Luthers Formel ‚per mutuum colloquium et consolationem fratrum' in ihrer gegenwärtigen Verwendung und ursprünglichen Bedeutung, Stuttgart 1970.
HENNICKEN, F.A.E.: Phillipp Jacob Speners deutsche und lateinische theologische Bedenken. In einer zeitgemäßen Auswahl, Halle 1838.
HENZE, Ernst (Hg.): Die Beichte, Göttingen 1991.
HERMS, Eilert: Art.: Erfahrung. 2. Theologisch, EKL 1, ³1986, Sp.1067ff.
– Die ethische Struktur der Seelsorge, PTh (80) 1991, S. 40ff.
HESSE, Jürgen/SCHRADER, Hans Christian: Auf einmal nicht mehr weiterwissen. Telefonseelsorge – ein Spiegel unserer Zeit, Frankfurt a.M. 1988.
HESSLER, Hans-Wolfgang (Hg.): Pflicht zum Frieden-Evangelische Militärseelsorge. Dokumente und andere Texte zu Geschichte und Situation der evangelischen Militärseelsorge (epd dokumentation), Witten/Frankfurt/Berlin 1973.
HÉZSER, Gabor: Der Beistand als eine Grundfunktion der Seelsorgepraxis, Diss. (masch.), Bielefeld/Bethel 1983.
HILDEGARD VON BINGEN: Wisse die Wege-scivias. Ins Deutsche übertragen von Maura Böckeler, Salzburg 1954. [8. Aufl. o.J.]
HILTNER, Seward: Pastoral Counseling, New York/Nashville 1949.
DERS. Tiefendimensionen der Theologie. Grundbegriffe des Glaubens aus psychodynamischer Sicht, Göttingen 1977.
HIRSCHLER, Horst: Homosexualität und Pfarrerberuf, Vorlagen 28/29, Hannover 1985.
HOCH, Lothar Carlos: Seelsorge und Gemeinschaft. Das menschliche Bedürfnis nach Gemeinschaft in der deutschen protestantischen Seelsorgeliteratur von Friedrich Niebergall bis zur Gegenwart, Diss. (masch.), Marburg 1979.
HOCH, Walter: Evangelische Seelsorge. Ein Handbuch für Pfarrer und Laien, Berlin 1937.
HOFFMANN, Gerhard A.: Art.: Zivildienst, WdC, Gütersloh 1988, S. 1383ff.
HOFFMEISTER, Manon: Michael Balints Beitrag zur Theorie und Technik der Psychoanalyse, PZJ III, 1977, S. 250ff.
HOLL, Karl: Gesammelte Aufsätze zur Kirchengeschichte. I. Luther, Tübingen ⁶1932, Darmstadt 1964.
HOLLWEG, Arnd: Gruppe, Gesellschaft, Diakonie. Praktische Erfahrungen und theologisches Erkennen, Stuttgart 1976.
– Theologie und Empirie. Ein Beitrag zum Gespräch zwischen Theologie und Sozialwissenschaften in den USA und Deutschland, Stuttgart 1971, ³1974.
HOLZE, Henry: Die Beichte in heutiger Literatur, in: Henze, E. (Hg.): Beichte, a.a.O., S. 17ff.

HORN, Klaus/TILLACK, Hilmar: Einige zentrale Probleme der Balintgruppenarbeit mit Pfarrern, in: Argerlander, H. (Hg.): Seelsorge, a.a.O., S. 189ff.

HUBER, Wolfgang: Über den gesellschaftlichen Ort der Kirchen, in: Heßler, H.-W., Pflicht, a.a.O., S. 252ff.

HÜFFEL, Ludwig: Wesen und Beruf des evangelischen Geistlichen. Erster Band, Giessen ⁴1843.

HUMPHRY, Derek/WICKETT, Ann: Das Recht auf den eigenen Tod und eine menschenwürdige Sterbehilfe. Mit einem Beitrag von Hans Henning Atrott, München 1987.

HUSSLIK, Heinz: Art.: Realismus, EKL 3, Sp.1443ff.

INSTITUTION TELEFONSEELSORGE: Rahmenbedingungen und Methoden, Themaheft WzM (39,1) 1987, S. 1ff.

INSTITUTIONALISIERTE KIRCHLICHE FAMILIENBERATUNG, Themaheft WzM (36) 1984, S. 179ff.

IWAND, Hans-Joachim: Wider den Mißbrauch des „pro me" als methodisches Prinzip in der Theologie, EvTh (14) 1954, S. 120ff.

JA ZUR EHE: Erklärung der deutschen Bischofskonferenz und des Rates der EKD 1981, Denkschriften der EKD, 3/1, Gütersloh, ²1988, S. 63ff.

JAEGGI, Eva: Ich sag' mir selber Guten Morgen. Single – eine moderne Lebensform, München/Zürich ⁵1994.

JÄGER, Alfred: Modernes Management in der Diakonie – Chancen und Gefahren, WzM (44) 1992, S. 204ff.

JELLOUSCHEK, Hans: Die Kunst als Paar zu leben, Stuttgart ²1992, ⁷1995.

JENTSCH, Werner: Der Seelsorger. Beraten-Bezeugen-Befreien, Moers 1982, ⁴1991.

– Handbuch der Jugendseelsorge. Geschichte-Theologie-Praxis, Gütersloh 1963ff., ²1977ff.

JETTER, Werner: Symbol und Ritual. Anthropologische Elemente im Gottesdienst, Göttingen 1978, ²1986.

JEZIOROWSKI, Jürgen (Hg.): Leben als Last. Sterbehilfe – Freitod – Menschenwürde, Hannover 1986.

JOCHHEIM, Martin: Die Anfänge der Seelsorgebewegung in Deutschland. Ein Beitrag zur neueren Geschichte der Pastoralpsychologie, ZThK (90) 1993, S. 462ff.

– Seelsorge und Psychotherapie. Studien zur Lehre von der Seelsorge bei O. Pfister, E. Thurneysen und W. Uhsadel, Diss. (masch.), Kiel (o.J.).

JOHANN JOACHIM SPALDINGs Bestimmung des Menschen – 1748 – und Wert der Andacht. Mit einer Einleitung, hg. von Horst Stephan, SGNP, Gießen 1908.

JOHNSON, Stephen M.: Der narzißtische Persönlichkeitsstil, Köln 1988.
JORDAHL, David: Das Verhältnis zwischen kirchlicher Beratungsarbeit und Seelsorge. Mit besonderer Berücksichtigung der Beratungsarbeit in der Evangelischen Kirche von Kurhessen-Waldeck, Frankfurt a.M. 1988.
JÖRNS, Klaus-Peter: Telefonseelsorge – Nachtgesicht der Kirche. Ein Kapitel Seelsorge in der Tele-Kultur, Neukirchen-Vluyn 1994, ²1995.
JOSUTTIS, Manfred: Aspekte einer zeitgenössischen Pastoraltheologie. Bd. 1: Der Pfarrer ist anders, München 1982, Gütersloh ⁴1991, Bd. 2: Der Traum des Theologen, München 1988.
– Das heilige Leben, in: Ders./Stollberg, D.: Ehe-Bruch, a.a.O., S. 11ff.
– Der Pfarrer und die Gemeinde, in: Ders. Der Pfarrer ist anders, a.a.O., S. 50ff.
– Praxis des Evangeliums zwischen Politik und Religion. Grundprobleme der praktischen Theologie, München 1974, Gütersloh ⁴1988.
– Seelsorge und Psychologie, in: VF BEvTh 1, München 1970.
– Der Sinn der Krankheit – Ergebung oder Protest, in: Ders.: Praxis, a.a.O., S. 117ff.
– Zur Ehepolitik der EKD, EvTh (X) 1982, S. 271ff.
DERS./STOLLBERG, Dietrich (Hg.): Ehe-Bruch im Pfarrhaus. Zur Seelsorge in einer alltäglichen Lebenskrise, München 1990.
JUNG, Carl-Gustav: Die Beziehung zwischen dem Ich und dem Unbewußten, Zürich 1950 = GW 7, Olten ⁴1989, S. 131ff.
– Briefe III 1956-1961. Hg. von Aniela Jaffé und Gerhard Adler, Olten/Freiburg i.Br. 1973.
– Psychologische Typen, GW 6, Olten ¹⁶1989, ¹⁷1994.
– Über die Beziehung der Psychotherapie zur Seelsorge, Zürich ³1948 = GW 11, Olten 1973, S. 355ff.
JUNG, Ulrich (Hg.): Vom Heimatverteidiger zum Uno-Streiter. Rolle und Selbstverständnis der Soldaten, Loccumer Protokolle 28/94.
JÜNGEL, Eberhard: Gott als Geheimnis der Welt. Zur Begründung der Theologie des Gekreuzigten im Streit zwischen Theismus und Atheismus, Tübingen ³1978, ⁶1992.
– Tod, Stuttgart/Berlin 1971,Gütersloh ⁵1993.
DERS./RAHNER, Karl/SEITZ, Manfred: Die Praktische Theologie zwischen Wissenschaft und Praxis, München 1968.

KÄMPFER, Horst/SCHARFENBERG, Joachim: Mit Symbolen leben, Freiburg i.Br. 1980.
KARLE, Isolde: Seelsorge in der Postmoderne. Eine Kritik der psychoanalytisch orientierten Seelsorgelehre. Mit einem Geleitwort von Joachim Scharfenberg, Neukirchen-Vluyn 1996.
KAST, Verena: Trauern. Phasen und Chancen des psychischen Prozesses, Stuttgart/Berlin 1982, ¹⁶1994.

KEIL, Siegfried: (Hg.): Familien und Lebensberatung. Ein Handbuch, Stuttgart 1975.
- Lebensphasen, Lebensformen, Lebensmöglichkeiten. Sozialethische Überlegungen zu den Sozialisationsbedingungen in Familie, Kirche und Gesellschaft, Bochum 1992.
- Sexualität. Erkenntnisse und Maßstäbe, Stuttgart/Berlin 1966.
KENTLER, Helmut (Hg.): Die Menschlichkeit der Sexualität. Berichte-Analysen-Kommentare ausgelöst durch die Frage: Wie homosexuell dürfen Pfarrer sein?, München 1983.
KIERKEGAARD, Sören: Der Begriff Angst, GW 11 u. 12, Düsseldorf 1958.
KIESOW, Ernst-Rüdiger: Die Seelsorge, HPTh(B) 3, 1978, S. 141ff.
- Seelsorge in Ehe und Familie, HbSS, 1983, ⁴1990, S. 337ff.
KITTSTEINER, Heinz D.: Die Entstehung des modernen Gewissens, Frankfurt/Leipzig 1991.
KLAUS, Bernhard/WINKLER, Klaus: Begräbnishomiletik. Trauerhilfe, Glaubenshilfe und Lebenshilfe für Hinterbliebene als Dienst der Kirche, München 1975.
KLEIN, Wolfgang K.: Christliches Sterben als Gabe und Aufgabe. Ansätze einer Theologie des Sterbens, Frankfurt a.M./Berlin/New York 1983.
KLESSMANN, Michael: Ärger und Agression in der Kirche, Göttingen 1992.
DERS. (Hg.): Handbuch der Krankenseelsorge, Göttingen 1996.
- Identität und Glaube. Zum Verhältnis von psychischer Struktur und Glaube, München/Mainz 1980.
DERS./LINDEMANN, Friedrich-Wilhelm/WINKLER, Klaus: Pastoralpsychologie, in: Blühm, R. u.a.: Kirchliche Handlungsfelder, a.a.O., S. 60ff.
KLEUCKER, Ernst: Probleme der Krankenseelsorge. Beispiel Psychiatrie, BHEKS 38, 1975.
KNOWLES, J.W.: Gruppenberatung, München/Mainz 1971.
KOCH, Traugott: Autonomie des Gewissens als Prinzip einer evangelischen Ethik?, in: Was ist das Gewissen?, EKD Texte 8, 1984, S. 12ff.
KOHLMANN, Thomas: Patient und Organisation. Konflikte im Krankenhaus aus medizinsoziologischer Sicht, WzM (33) 1986, S. 391ff.
KOHUT, Heinz: Narzißmus. Eine Theorie der psychoanalytischen Behandlung narzißtischer Persönlichkeitsstörungen, Frankfurt 1973.
KOPFERMANN, Wolfram: Charismatische Gemeindeerneuerung. Eine Zwischenbilanz, Hochheim 1981, ²1983.
KÖSTLIN, Heinrich Adolf: Die Lehre von der Seelsorge nach evangelischen Grundsätzen, Berlin ²1907.
KRANKENHAUSSEELSORGE, Themaheft WzM (42) 1990, S. 390ff.
KRATZENSTEIN, Jürgen: Art.: Telefonseelsorge, in: Keil, S. (Hg.):

Familien- und Lebensberatung, a.a.O., Sp. 1034ff.
KREFT, Reiner: Praktische Seelsorge in Martin Luthers Briefen, BHEKS 49, 1983.
KREPPOLD, Guido: Der ratlose Mensch und sein Gott: Programm für eine neue Seelsorge, Freiburg/Basel/Wien 1994.
KRESS, Hartmut: Individualität und Gewissen, PTh (80) 1991, S. 86ff.
DERS./DAIBER, Karl-Fritz: Theologische Ethik – Pastoralsoziologie, Grundkurs Theologie 7, Stuttgart 1996.
KRETSCHMER, Ernst: Körperbau und Charakter. Untersuchungen zum Konstitutionsproblem und zur Lehre von den Temperamenten, Berlin/Göttingen/Heidelberg ^{20}1951, erw. u. bear. ^{26}1977.
KRETZSCHMAR, Gottfried: Die Bedeutung Alfred Dedo Müllers für die Praktische Theologie, in: MÜLLER, Hans-Martin/RÖSSLER, Dietrich (Hg.): Reformation und Praktische Theologie. FS für W. Jetter zum 70. Geburtstag, Göttingen 1983, S. 131ff.
KRIEGSTEIN, Matthias von: Gesprächspsychotherapie in der Seelsorge. Grundkurs nicht-direktiver Gesprächsführung in Schule und Gemeinde, Stuttgart 1977.
KROEGER, Matthias: Themenzentrierte Seelsorge. Über die Kombination von klientenzentrierter und themenzentrierter Arbeit nach Carl R. Rogers und Ruth C. Cohn in der Theologie und schulischen Gruppenarbeit, Stuttgart 1973, ^{4}1989.
KÜBLER-ROSS, Elisabeth: Interviews mit Sterbenden, Stuttgart/Berlin 1971, ^{19}1994, Gütersloh ^{16}1992.
– Verstehen, was Sterbende sagen wollen. Einführung in ihre symbolische Sprache, Stuttgart/Berlin 1982, ^{6}1993, Gütersloh ^{3}1992.
KUNST, Hermann: Der Dienst der Kirche an den Soldaten, in: Heßler, H.-W. (Hg.): Pflicht, a.a.O., S. 68ff.
KURZ, Wolfram: Der Bruch im seelsorgerlichen Gespräch, PTh (74) 1985, S. 436ff.
– Seelsorge als Sinn-Sorge. Zur Analogie von kirchlicher Seelsorge und Logotherapie, WzM (37) 1985, S. 225ff.

LÄMMERMANN, Godwin: Überlegungen zu Gemeindeprinzip, Volkskirche und Pfarrerrolle, ThPr (23) 1988, S. 33ff.
LANDAU, Erika: Kreatives Erleben, München/Basel 1984.
LANGE, Dietz: Erfahrung und die Glaubwürdigkeit des Glaubens, Tübingen 1984.
– Ethik in evangelischer Perspektive. Grundfragen christlicher Lebenspraxis, Göttingen 1992.
LANGER, Otto: Mystische Erfahrung und spirituelle Theologie. Zu Meister Eckarts Auseinandersetzung mit der Frauenfrömmigkeit seiner Zeit, München 1987.

LAPLANCHE, Jean Baptiste/PONTALIS, J.B.: Das Vokabular der Psychoanalyse, Frankfurt ²1975, ¹¹1991.
LÄPPLE, Volker: Das Methodenproblem in der evangelischen Seelsorge, in: Scharfenberg, J. (Hg.): Freiheit, a.a.O., S. 25ff.
DERS./SCHARFENBERG, Joachim (Hg.): Psychotherapie und Seelsorge, WdF 454, Darmstadt 1977.
LASCH, Christopher: Das Zeitalter des Narzißmus, München 1986, ²1995.
LAUER, Werner: Sterben und Tod. Eine Orientierungshilfe, München 1983.
LEHMANN, Wolfgang: Hans Asmussen. Ein Leben für die Kirche, Göttingen 1988.
LEHR, Ursula: Psychologie des Alterns, Heidelberg ⁴1979, Stuttgart ⁷1991.
LEIST, Marielene: Kinder begegnen dem Tod, Gütersloh 1979, ³1993.
LEMKE, Helga: Seelsorgerliche Gesprächsführung. Gespräche über Glauben, Schuld und Leiden, Stuttgart 1992.
– Theologie und Praxis annehmender Seelsorge, Stuttgart 1978.
– Verkündigung in der annehmenden Seelsorge, Stuttgart 1981.
LENK, Kurt (Hg.): Ideologie, Neuwied/Berlin ⁴1970.
LEVITT, Eugene E.: Die Psychologie der Angst, Stuttgart/Berlin/Köln/Mainz ⁵1987.
LIEBAU, Irmhild: Alleinstehende. Probleme – Chancen – Seelsorgerliche Begleitung, Göttingen 1994.
LINDEMANN, Friedrich-Willhelm: Art.: Kirchliche Beratungsstellen, EKL 2, ³1989, Sp. 1226ff.
– Seelsorge im Trauerfall. Erfahrungen und Modelle aus der Pfarrerfortbildung, Göttingen 1984.
LINDNER, Herbert: Kirche am Ort. Eine Gemeindetheorie, Stuttgart/Berlin/Köln 1994.
LINDNER, Wulf-Volker: Seelsorger und Aggression, WPKG (65) 1976, S. 34ff.
LOCH, Werner: Begriff und Funktion der Angst in der Psychoanalyse, in: Ders.: Zur Theorie, Technik und Therapie der Psychoanalyse, Frankfurt a.M. ²1976.
LÖHE, Wilhelm: Der evangelische Geistliche. Dem nun folgenden Geschlechte evangelischer Geistlichen dargebracht. 1852/1858, in: Ders.: Gesammelte Werke. Band 3/2, hg. von Klaus Ganzert, Neuendettelsau 1958.
LÖHMER, Cornelia/STANDHART, Rüdiger: Themenzentrierte Interaktion (TZI). Die Kunst, sich selbst und eine Gruppe zu leiten, Mannheim ²1992.
LORENZ, Heinz: Diakonie, VF (35) 1990, S. 35ff.
LORENZER, Alfred: Kritik des psychoanalytischen Symbolbegriffs, Frankfurt a.M. 1970, ²1972.

LÜCHT-STEINBERG, Margot: Seelsorge und Sexualität. Gesprächsanalysen aus der klinischen Seelsorgeausbildung, Göttingen 1980.
LÜCKEL, Kurt: Begegnung mit Sterbenden. „Gestaltseelsorge" in der Begleitung sterbender Menschen, München/Mainz 1981, ⁵1994.
– Gesttalttherapeutische Hilfen in der Seelsorgebegleitung sterbender Menschen, in: Petzold, H./Spiegel-Rösing, I. (Hg.): Begleitung, a.a.O., S. 613ff.
LUKAS, Elisabeth: Psychologische Seelsorge. Logotherapie – die Wende zu einer menschenwürdigen Psychologie, Freiburg i.Br. 1985, ²1996.
LUTHER, Henning: Alltagssorge und Seelsorge. Zur Kritik am Defizitmodell des Helfens, in: Ders.: Religion und Alltag, a.a.O., S. 224ff.
– Religion und Alltag. Bausteine zu einer Praktischen Theologie des Subjekts, Stuttgart 1992.
– Theologie und Biographie, in: Ders.: Religion und Alltag, a.a.O., S. 37ff.
LUTHER, Martin: 6. Predigt über den 110. Psalm, WA 41, S. 204ff.
– Luther an Melanchthon. 1. August 1521, WAB 2, S. 370ff.
– Luther und Justus Johann an Kurfürst Johann, 25. Oktober 1531, WAB 6, S. 214ff.
– Ein Sermon von der Bereitung zum Sterben, in: Ders.: Ausgewählte Schriften, hg. von Karin Bornkamm und Gerhard Ebeling, Frankfurt a.M. 1982, S. 15ff.
– Vierzehn Tröstungen für Mühselige und Beladene (tesseradecas consolatoria pro laborantibus et oneratis). Übersetzt und eingeleitet von Bischof D. Heckel, SLAG Nr. 3, Helsinki 1941.
LUTZ, Samuel: Huldrych Zwingli, in: Möller, Christian (Hg.): Geschichte. Bd. 2, a.a.O., S. 65ff.

MASSING, Almuth/WEBER Inge (Hg.): Lust & Leid. Sexualität im Alltag und alltägliche Sexualität, Berlin/Heidelberg/New York 1987.
MATTHES, Joachim: Kirchenmitgliedschaft im Wandel. Untersuchungen zur Realität der Volkskirche. Beiträge zur zweiten EKD-Umfrage „Was wird aus der Kirche?", Gütersloh 1990, ²1991.
MATUSSEK, Paul: Kreativität als Chance. Der schöpferische Mensch in psychodynamischer Sicht, München/Zürich 1974, ³1979.
MAYER-SCHEU, Josef: Seelsorge im Krankenhaus, Mainz 1977.
– Seelsorgerliche Begleitung von Sterbenden und ihren Angehörigen im Krankenhaus, in: Rosemeier, H.-P./Wienau, R. (Hg.): Tod, a.a.O., S. 338ff.
DERS./KAUTZKY, Rudolf (Hg.): Vom Behandeln zum Heilen. Die vergessene Dimension im Krankenhaus, Wien/Freiburg/Basel/Göttingen 1980.

MEERWEIN, Fritz: Neuere Überlegungen zur psychoanalytischen Religionspsychologie, Zeitschrift für Psychosomatische Medizin und Psychoanalyse (17) 1971, S. 363ff, = Nase,E./Scharfenberg, J. (Hg.): Psychoanalyse, a.a.O., S. 343ff.
MEISTER ECKART: Predigten und Schriften. Ausgewählt und eingeleitet von Friedrich Heer, Frankfurt a. M./Hamburg 1956.
MELANCHTHON, Philip: Vom erschrockenen Gewissen, Ausgewählt und herausgegeben von Wilhelm Heinsius, Klassische Erbauungsschriften des Protestantismus 6, München 1931.
– Eine kurze Vermahnung, daß alle Christen schuldig sind, dem Exempel des bekehrten Schächers nachzufolgen 1540, in: Heinsius, W. (Hg.): Vom erschrockenen Gewissen, a.a.O.
METTE, Norbert, Art.: Entwicklungspsychologie, WdC, Gütersloh 1988, S. 293f.
METZGER, Wolfgang: Schöpferische Freiheit, PZJ XV, 1979, S. 1069ff.
MEYER, Dietrich: Nikolaus Graf von Zinzendorf, in: Möller, Christian (Hg.): Geschichte. Bd. 2, a.a.O., S. 299ff.
MICHEL, Otto: Art.: οἶκος, οἰκοδομή κτλ., ThWNT 5, 1954, S. 122ff.
– Der Brief an die Hebräer, KEK XIII, Göttingen [11]1960.
MIT SPANNUNGEN LEBEN. Eine Orientierungshilfe des Rates der EKD zum Thema „Homosexualität und Kirche", EKD-Texte 57, hg. vom Kirchenamt der EKD, Hannover 1996.
MITCHELL, Kenneth R.: Krankenhaus. Notizen aus dem Alltag eines Krankenhausseelsorgers, Göttingen 1974.
MOLLAND, Einar: Art.: Hermas, RG 3, Sp. 242.
MÖLLER, Christian (Hg.): Geschichte der Seelsorge in Einzelportraits. Göttingen Bd. 1 1994; Bd. 2 1995; Bd. 3 1996.
– Gregor der Große, in: Ders. (Hg.): Geschichte. Bd. 1, a.a.O., S. 223ff.
– Martin Luther, in: Ders. (Hg.): Geschichte. Bd. 2, a.a.O., S. 25ff.
– Seelsorglich predigen. Die parakletische Dimension von Predigt, Seelsorge und Gemeinde, Göttingen 1983, [2]1990.
MOLTMANN, Jürgen: Theologie der Hoffnung, München [12]1985.
MONTAGU, Ashley: Zum Kind reifen, Stuttgart 1984.
MORGENSTERN, Christian: Die unmögliche Tatsache, Sämtliche Werke, Zürich [2]1990, S. 125.
MÜHLEN, Heribert (Hg.): Geistesgaben heute, Mainz 1982.
MÜLLER, Alfred Dedo: Grundriß der Praktischen Theologie, Berlin 1954.
MÜLLER, Josef: Pastoraltheologie. Ein Handbuch für Studium und Seelsorge, Graz/Wien/Köln 1993.
MÜLLER, Theophil: Evangelischer Gottesdienst. Liturgische Vielfalt im religiösen und gesellschaftlichen Umfeld, Stuttgart 1993.
– Konfirmation, Hochzeit, Taufe, Bestattung. Sinn und Aufgabe der Kasualgottesdienste, Stuttgart 1988.

MÜLLER, Wunibald: Erkennen – Unterscheiden – Begegnen. Das seelsorgerliche Gespräch, Mainz 1991.
– Homosexualität – eine Herausforderung für Theologie und Seelsorge, Mainz 1986.
MÜLLER-KENT, Jens: Militärseelsorge im Spannungsfeld zwischen kirchlichem Auftrag und militärischer Einbindung. Analyse und Bewertung von Strukturen und Aktivitäten der ev. Militärseelsorge unter Berücksichtigung sich wandelnder gesellschaftlicher Rahmenbedingungen, Hamburg 1990.
MÜLLER-STÖR, Clemens: Subjektive Krisentheorien in der Telefonseelsorge, Tübingen 1991.

NASE, Eckart: Oskar Pfisters analytische Seelsorge. Theorie und Praxis des ersten Pastoralpsychologen, dargestellt an zwei Fallstudien, Berlin/New York 1993.
DERS./SCHARFENBERG, Joachim (Hg.): Psychoanalyse und Religion, WdF 275, Darmstadt 1977.
NEIDHART, Walter: Evangelikale und neo-orthodoxe Seelsorge, Literatur- und Problembericht, ThPr (12,4) 1977, S. 319ff.
– Seelsorge, PthH, Hamburg 1970, ²1975, S. 425ff.
NEMBACH, Ulrich: Seelsorge nach Carl Immanuel Nitzsch, ThZ (28) 1972, S. 331ff.
NICOL, Martin: Gespräch als Seelsorge. Theologische Fragmente zu einer Kultur des Gesprächs, Göttingen 1990.
NIEBERGALL, Friedrich: Praktische Theologie. Lehre von der kirchlichen Gemeindeerziehung auf religionswissenschaftlicher Grundlage. Zweiter Band, Tübingen 1919.
NIEDERFRANKE, Annette u.a. (Hg.): Altern in unserer Zeit, Heidelberg/Wiesbaden 1992.
NIEMEYER, August Hermann: Grundsätze der Erziehung und des Unterrichts für Eltern, Hauslehrer und Schulmänner, Halle ⁴1801, Nachdruck der ersten Aufl. v. 1796, Paderborn 1971.
NIPKOW, Karl Ernst: Grundfragen der Religionspädagogik, Bd. 3, Gütersloh 1982, ³1992.
NITZSCH, Carl Immanuel: Praktische Theologie. Dritter Band. Erste Abteilung: Die eigenthümliche Seelenpflege des evangelischen Hirtenamtes mit Rücksicht auf die innere Mission, Bonn ²1868.
NOUWEN, Henri J.: Schöpferische Seelsorge. Mit einem Vorwort von Rolf Zerfaß, Freiburg/Basel/Wien 1989, ²1991.
NOWAK, Antoni J.: Gewissen und Gewissensbildung heute in tiefenpsychologischer und theologischer Sicht, Wien/Freiburg/Basel 1978.

O'DALY, Gerard: Art.: Augustins Theologie, EKL 1, ³1986, Sp. 326ff.

OATES, Wayne E.: Krise, Trennung, Trauer. Ein Leitfaden pastoraler Fürsorge und Beratung. Mit einem Nachwort von Friedrich-Willhelm Lindemann, München 1977.
OBRIST, Willy: Tiefenpsychologie und Theologie. Aufbruch in ein neues Bewußtsein, Zürich 1993.
OELKERS, Jürgen/WEGENAST, Klaus (Hg.): Das Symbol-Brücke des Verstehens, Stuttgart/Berlin/Köln 1991.
OELMÜLLER, Willi/DÖLLE-OELMÜLLER, Ruth/GEYER, Carl-Friedrich: Diskurs: Mensch, Philosophische Arbeitsbücher 7, Paderborn 1985, Stuttgart ³1993.
OERTER, Rolf /MONTADA, Leo: Entwicklungspsychologie, München-Weinheim ²1987, ³1995.
– Moderne Entwicklungspsychologie, Donauwörth ²1968.
OFFELE, Wolfgang: Das Verständnis der Seelsorge in der pastoraltheologischen Literatur der Gegenwart, Mainz 1966.
OSER, Fritz/GMÜNDER, Paul: Der Mensch – Stufen seiner religiösen Entwicklung. Ein strukturgenetischer Ansatz, Gütersloh ²1988, ³1992.
OTSCHERET, Elisabeth.: Ambivalenz. Geschichte und Interpretation menschlicher Zwiespältigkeit, Heidelberg 1988.
– Zur gegenwärtigen Diskussion in der Praktischen Theologie, PthH, Hamburg 1970, ²1975, S. 9ff.
OVERBECK, Gerd: Krankheit als Anpassung. Der sozio-psychodynamische Zirkel, Frankfurt a.M. 1983.

PALMER, Christian: Evangelische Pastoraltheologie, Stuttgart ²1863.
PANNENBERG, Wolfhart: Anthropologie in theologischer Perspektive, Göttingen 1983.
PATTON, John/CHILDS, Brian H.: Generationsübergreifende Ehe- und Familienseelsorge, Göttingen 1995.
PERVIN, Lawrence A.: Persönlichkeitstheorien, München/Basel 1982.
PETRI, Horst: Verlassen und verlassen werden. Angst, Wut, Trauer und Neubeginn bei gescheiterten Beziehungen, Stuttgart ³1992.
PETZOLD, Hilarion: Integrative Gestalttherapie in der Ausbildung von Seelsorgern, in: Scharfenberg, J. (Hg.): Freiheit, a.a.O., S. 113ff.
PFÄFFLIN, Ursula: Frau und Mann. Ein symbolkritischer Vergleich anthropologischer Konzepte in Seelsorge und Beratung, Gütersloh 1992.
PFISTER, Oskar: Analytische Seelsorge. Einführung in die praktische Psychoanalyse für Pfarrer und Laien, Göttingen 1927.
– Das Christentum und die Angst 1944, Olten 1975, Frankfurt a.M./Berlin/Wien 1985.
PFÜRTNER, Stephan H.: Kirche und Sexualität, Reinbek 1972.
PICHT, Georg: Das neue Bwußtsein, in: Heßler, H.-W. (Hg.): Pflicht, a.a.O., S. 13ff.

PIPER, Hans-Christoph: Art.: Krankenseelsorge, EKL 2, ³1989, Sp. 1456ff.
- Das Menschenbild in der Seelsorge, WzM (33) 1981, S. 386ff.
- Gespräche mit Sterbenden, Göttingen 1977, ⁴1990.
- Gesprächsanalysen, Göttingen 1973, ⁶1994.
- Der Hausbesuch des Pfarrers. Mit einem Beitrag von Eleonore Olszowi, Göttingen 1985, ²1988.
- Isolation bekämpfen, in: Rassow, Peter u.a. (Hg.): Seelsorger eingeschlossen, a.a.O., S. 146ff.
- Klinische Seelsorgeausbildung, Clinical Pastoral Training, BHEKS 30, 1972.
- Kommunizieren lernen in Seelsorge und Predigt. Ein pastoralpsychologisches Modell, Göttingen 1981.
- Kranksein – Erleben und Lernen, München ³1980, Gütersloh ⁵1992.
- Predigtanalysen, Göttingen/Wien 1976.

PISARSKI, Waldemar: Anders trauern – anders leben, München 1983, Gütersloh ⁴1993.

PLIETH, Martina: Die Seele wahrnehmen. Zur Geistesgeschichte des Verhältnisses von Seelsorge und Psychologie, Göttingen 1994.

POMPEY, Heinrich: Art.: Exorzismus, EKL 1, ³1986, Sp. 1237ff.
- Rezension zu Besier, Seelsorge und Klinische Psychologie, WzM (33) 1981, S. 247ff.

PRAKTISCH THEOLOGISCHES HANDBUCH (PThH), hg. von Gert Otto, Hamburg 1970, ²1975.

PREISER, Siegfried: Kreativitätsforschung, Darmstadt ²1986.

PROBST, Manfred/RICHTER, Klemens (Hg.): Heilsorge für die Kranken und Hilfen zur Erneuerung eines mißverstandenen Sakraments, Freiburg/Wien/Einsiedeln 1975.

RAGUSE, Hartmut: Gedanken zur psychoanalytischen Deutung von biblischen Texten, WzM (38) 1986, S. 18ff.
- Was ist Themenzentrierte Interaktion?, WzM (34) 1982, S. 308ff.

RAPAPORT, David: Die Struktur der psychoanalytischen Theorie, Stuttgart ³1973.

RASSOW, Peter u.a. (Hg.): Seelsorger eingeschlossen. Ein Lese- und Arbeitsbuch zur kirchlichen Arbeit im Gefängnis, Stuttgart 1987.

RAU, Gerhard: Pastoraltheologie. Untersuchungen zur Geschichte und Struktur einer Gattung praktischer Theologie, München 1970.

RAUCHFLEISCH, Udo: Beziehungen in Seelsorge und Diakonie. Mit einem Geleitwort von Rolf Zerfaß, Mainz 1990.

REBELL, Walter: Psychologisches Grundwissen für Theologen. Ein Handbuch, München 1988.

REICH, Wilhelm: Charakteranalyse, Köln/Berlin 1933, ³1971.

REIMER, Hans-Dieter: Wenn der Geist in der Kirche wirken will. Ein

Vierteljahrhundert charismatische Bewegung, Stuttgart 1987.
REMPLEIN, Heinz: Die seelische Entwicklung in der Kindheit und Reifezeit. Grundlagen und Erkenntnisse der Kindes- und Jugendpsychologie, München 1954.
RENDTORFF, Trutz: Ethik. Grundelemente, Methodologie und Konkretionen einer ethischen Theologie. Bd. 2, Stuttgart/Berlin/Köln/Mainz 1981.
– Postmoderne Ansichten über modernes Christentum, in: Ders.: Theologie in der Moderne. Über Religion im Prozeß der Aufklärung, Gütersloh 1991, S. 323ff.
RENSCH, Adelheid: Das seelsorgerliche Gespräch. Psychologische Hinweise zur Methode und Haltung, Göttingen 1963.
REST, Franco: Den Sterbenden beistehen. Ein Wegweiser für die Lebenden, Heidelberg 1981, Wiesbaden ³1991.
RHODE, Johann Jürgen: Soziologie des modernen Krankenhauses. Zur Einführung in die Soziologie der Medizin, Stuttgart ²1974.
RICHTER, Horst-Eberhard: Eltern, Kind und Neurose. Psychoanalyse der kindlichen Rolle, Reinbek 1969, ³1972.
– Patient Familie. Entstehung, Struktur und Therapie von Konflikten in Ehe und Familie, Reinbek 1970.
RIECKER, Otto: Die seelsorgerliche Begegnung, Gütersloh 1947, Neuaufl. durch W. Jentsch 1986.
RIEGER, Otto: Mit sechzig fing mein Leben an, Neuhausen-Stuttgart 1977.
RIEMANN, Fritz: Grundformen der Angst, München 1989.
RIESS, Richard (Hg.): Abschied von der Schuld? Zur Anthropologie und Theologie von Schuldbewußtsein, Opfer und Versöhnung, Stuttgart 1996.
DERS (Hg.).: Perspektiven der Pastoralpsychologie, Göttingen 1974.
– Seelsorge. Orientierung, Analysen, Alternativen, Göttingen 1973.
– Wenn ihr nicht werdet wie die Kinder. Einsichten und Ausblicke zum Konzept der verletzlichen Jahre, in: Ders./Fiedler, Kirsten. Die verletzlichen Jahre, a.a.O., S. 757ff.
DERS./FIEDLER, Kirsten (Hg.): Die verletzlichen Jahre. Handbuch zur Beratung und Seelsorge an Kindern und Jugendlichen, Gütersloh 1993.
DERS./STENGER, Hermann (Hg.): Beratungsreihe, München/Mainz 1974ff.
RINGEL, Erwin/BRANDL, Gerhard: Der Beitrag Alfred Adlers zu Praxis und Theorie der Erziehung, PZJ XI, 1980, S. 246ff.
RINGELING, Hermann: Theologie und Sexualität, Gütersloh ²1969.
RINGLEBEN, Joachim/WINKLER, Klaus: Umgang mit Fremden, Hannover 1994.
RITSCHL, Dietrich u.a.: Art.: Anthropologie, EKL 1, ³1986, Sp. 155ff.

- Art.: Autorität, EKL 1, ³1986, Sp. 346ff.
- Art.: Beratung, EKL 1, ³1986, Sp. 431ff.

ROESSLER, Ingeborg/SCHNEIDER, Barbara: Familientherapie – ein Arbeitsfeld der Beratungsstellen, WzM (36) 1984, S. 179ff.

ROHDE-DACHSER, Christa: Das Borderline Syndrom, Bern/Stuttgart/Wien 1979, ⁵1995.

RÖHLIN, Karl-Heinz: Sinnorientierte Seelsorge. Die Existenzanalyse und Logotherapie V.E. Frankls im Vergleich mit den neueren evangelischen Seelsorgekonzeptionen und als Impuls für die kirchliche Seelsorge, München ²1988.

ROSEMEIER, Hans-Peter/WINAU, Rolf (Hg.): Tod und Sterben, Berlin/New York 1984.

RÖSSLER, Dietrich: Der ‚ganze' Mensch. Das Menschenbild der neueren Seelsorgelehre und des medizinischen Denkens im Zusammenhang der allgemeinen Anthropologie, Göttingen 1962.

- Grundriß der praktischen Theologie, Berlin/New-York 1986, ²1994.
- Rekonstruktion des Menschen. Ziele und Aufgaben der Seelsorge in der Gegenwart, WzM (25), 1973, S. 181ff.
- Seelsorge und Psychotherapie, in: Wintzer, Friedrich: Praktische Theologie, Neukirchen-Vluyn 1982, S. 116ff.

RÖSSNER, Hans (Hg.): Der ganze Mensch. Aspekte einer pragmatischen Anthropologie, München 1986.

RUHBACH, Gerhard: Thomas von Kempen, in: Möller, Christian (Hg.): Geschichte. Bd.1, a.a.O., S. 341ff.

RUTHE, Reinhold: Praxis Jugendseelssorge, Wuppertal/Zürich 1990.

- Seelsorge – wie macht man das? Gesprächshilfen für die Beratende Seelsorge, Wuppertal 1973, Giessen ²1995.

SATIR, Virginia: Selbstwert und Kommunikation. Familientherapie für Berater und zur Selbsthilfe, München 1975, ¹¹1993.

SAUTER, Gerhard: Was heißt: Nach Sinn fragen? Eine theologisch-philosophische Orientierung, München 1982.

SCHALL, Traugott Ulrich: Eheberatung – Konkrete Seelsorge in Familie und Gemeinde, Stuttgart/Berlin/Köln/Mainz 1983.

- Seelsorge und Klinische Psychologie, WzM (34) 1982, S. 391ff.

SCHARFENBERG, Joachim: Einführung in die Pastoralpsychologie, Göttingen 1985, ³1995.

DERS. (Hg.): Freiheit und Methode. Wege christlicher Einzelseelsorge, Wien/Göttingen 1979.

DERS. (Hg.): Glaube und Gruppe. Probleme der Gruppendynamik in einem religiösen Kontext, Wien/Freiburg/Basel/Göttingen 1980.

- Jenseits des Schuldprinzips?, in: Ders.: Religion zwischen Wahn und Wirklichkeit. Gesammelte Beiträge zur Korrelation von Psychoanalyse

und Theologie, Hamburg 1972, S. 189ff.
- Otto Baumgarten und die Seelsorge heute, in: STECK, Wolfgang: Otto Baumgarten. Studien zu Leben und Werk, Neumünster 1986, S. 129ff.
- Pastoralpsychologische Aus- und Fortbildung, PZJ XV, 1979, S. 385ff.
- Seelsorge als Gespräch. Zur Theorie und Praxis der seelsorgerlichen Gesprächsführung, Göttingen 1972, ⁵1991.
- Sigmund Freud und seine Religionskritik als Herausforderung für den christlichen Glauben, Göttingen 1968, ³1971.

SCHAU, Peter: Die Konferenz für Krankenhausseelsorge in der EKD, WzM (42) 1990, S. 390ff.

SCHELLENBERGER, Bernhardin: Bernhard von Clairvaux, in: Möller, Christian (Hg.): Geschichte. Bd. 1, a.a.O., S. 247ff.

SCHIAN, Martin: Grundriß der Praktischen Theologie, Gießen ²1928, ³1934.

SCHIBILSKY, Michael: Trauerwege. Beratung für helfende Berufe, Düsseldorf 1989, ⁴1994.

SCHIEDER, Rolf: Seelsorge in der Postmoderne, WzM (46) 1994, S. 26ff.

SCHINDLER, Alfred: Augustin, in: Möller, Christian (Hg.): Geschichte. Bd. 1, a.a.O., S. 189ff.

SCHLEIERMACHER, Friedrich: Kurze Darstellung des theologischen Studiums zum Behuf einleitender Vorlesungen, hg. von Heinrich Scholz, Darmstadt 1969, Nachdr. der 3. krit. Ausg. von 1910 (1993).
- Die praktische Theologie nach Grundsätzen der evangelischen Kirche, hg. von Jacob Frerichs, Berlin 1850, 1983.

SCHLIEP, Hans-Joachim: Seelsorgebewegung und Kirchenleitung. Zwischen Initiative und Institution, WzM (45) 1993, S. 443ff.

SCHMID, Hans Heinrich (Hg.): Mythos und Rationalität, Gütersloh 1988.

SCHMIDT, Hanspeter: Die Klientel der Telefonseelsorge. Versuch eine Identifizierung, Frankfurt a.M./Bern/New York 1985.

SCHMIDT, Margot: Hildegard von Bingen, in: Möller, Christian (Hg.): Geschichte. Bd. 1, a.a.O., S. 265ff.

SCHMIDT-ROST, Reinhard: Art.: Angst und Furcht, WdC, Gütersloh 1988, S. 65ff.
- Art.: Kreativität, WdC, Gütersloh 1988, S. 686.
- Art.: Seelsorge, WdC, Gütersloh 1988, S. 1136ff.
- Seelsorge zwischen Amt und Beruf. Studien zur Entwicklung einer modernen evangelischen Seelsorgelehre seit dem 19. Jahrhundert, Göttingen 1988.
- Art.: Trost, WdC, Gütersloh 1988, S. 1284f.

SCHMIED, Gerhard: Sterben und Trauern in der modernen Gesellschaft, Opladen 1985.

SCHNEIDER, Kristine (Hg.): Familientherapie in der Sicht psychotherapeutischer Schulen, Paderborn ²1985.

SCHNEIDER-FLUME, Gunda: Angst und Glaube, ZThK (88) 1991, S. 478ff.
– Die Identität des Sünders. Eine Auseinandersetzung theologischer Anthropologie mit dem Konzept der psychosozialen Identität Erik H. Eriksons, Göttingen 1985.
SCHNEIDER-HARPPRECHT, Christoph: Psychoanalytische Bibelauslegung, WzM (43) 1991, S. 323ff.
– Trost in der Seelsorge, Stuttgart/Berlin/Köln 1989.
SCHOENAUER, Gerhard: Wilhelm Löhe, in: Möller, Christian (Hg.): Geschichte. Bd. 3, a.a.O., S. 103ff.
SCHOLL, Hans: Johannes Calvin, in: Möller, Christian (Hg.): Geschichte. Bd. 2, a.a.O., S. 103ff.
SCHREINER, Martin: Gemütsbildung und Religiosität, Göttingen 1992, ²1994.
SCHRIFTEN DER KIRCHENVÄTER (SKV), hg. von Norbert Brox, München 1983ff.
SCHRÖER, Henning: Art.: Beratung, TRE V, 1980, S. 589ff.
SCHUCHARD, Erika: Warum gerade ich ... ? Leiden und Glauben. Pädagogische Schritte mit Betroffenen und Begleitenden, Offenbach ⁴1987, Göttingen ⁷1993.
SCHULTZ, Hans Jürgen (Hg.): Trennung, Stuttgart 1984.
SCHULTZ-HENCKE, Harald: Einführung in die Psychoanalyse, Göttingen 1927, unveränd. Nachd. 1972.
– Der gehemmte Mensch, Stuttgart 1967.
– Lehrbuch der analytischen Psychotherapie, Stuttgart 1965, ⁵1988.
– Die psychoanalytische Begriffswelt. Überarb. und hg. von Eduard Josrswieck, Göttingen 1972.
SCHULZ, Matthias: Der Begriff der Seelsorge bei Claus Harms und Löhe, Gütersloh 1934.
SCHÜRGERS, Georg: Kirche und Sexualität, in: Massing, A./Weber, I.: Lust &Leid, a.a.O., S. 123ff.
SCHÜTZ, Klaus-Volker: Gruppenarbeit in der Kirche. Methoden angewandter Sozialpsychologie in Seelsorge, Religionspädagogik und Erwachsenenbildung, Mainz 1989.
SCHÜTZ, Werner: Seelsorge. Ein Grundriß, Gütersloh 1977.
SCHWARZ, Dieter: Zur Alltagswirklichkeit von Klinikseelsorgern. Persönliche und professionelle Bewältigungsformen im Umgang mit schwerer Krankheit, Sterben und Tod. Eine kultursoziologische Untersuchung, Frankfurt a.M./Bern/New York/Paris 1988.
SCHWARZ, Reinhard: Vorgeschichte der reformatorischen Bußtheologie, Berlin 1968.
SCHWEIDTMANN, Werner: Sterbebegleitung. Menschliche Nähe am Krankenbett, Stuttgart 1991.

SCHWEITZER, Friedrich: Lebensgeschichte und Religion. Religiöse Entwicklung und Erziehung im Kindes- und Jugendalter, München ²1991, Gütersloh ³1994.
DERS./NIPKOW, Karl Ernst/FAUST-SIEL,Gabriele: Religionsunterricht und Entwicklungspsychologie. Elementarisierung in der Praxis, Gütersloh 1995.
SCHWEIZER, Alexander: Pastoraltheorie oder die Lehre von der Seelsorge des evangelischen Pfarrers, Leipzig 1875.
SCHWERMER, Joseph: Das helfende Gespräch in der Seelsorge, Paderborn ²1983, ³1990.
– Den Menschen verstehen, Paderborn 1987, ²1990.
DERS.:Psychologische Hilfen für das Seelsorgegespräch, München ²1981.
SEEBERG, Reinhold: Lehrbuch der Dogmengeschichte. 1. Band, Leipzig 1908, Darmstadt 1953.
SEELSORGE im Krankenhaus, Themaheft WzM (39) 1987, S. 385ff.
SEELSORGE im multikuturellen Krankenhaus, Themaheft WzM (47,7) 1995, S. 389ff.
SEELSORGE im Strafvollzug, Themaheft WzM (28) 1976, S. 49ff.
SEELSORGE UND ETHIK, Themenheft PTh (80) 1991, S. 1ff.
SEELSORGEBEWEGUNG. Rückblick-Standortbestimmung-Aufgaben, Themaheft WzM (45,8) 1993, S. 433ff.
SEITZ, Manfred: Christsein heute. Gelebter Glaube zwischen überlieferter Form und neuer Gestalt, in: Ders.: Erneuerung, a.a.O., S. 57ff.
– Erneuerung der Gemeinde. Gemeindeaufbau und Spiritualität, Göttingen 1985.
– Exemplarische Seelsorge-Begriff, Aufgabe und Methode, in: Ders.: Praxis, a.a.O., S. 109ff.
– Praxis des Glaubens. Gottesdienst, Seelsorge und Spiritualität, Göttingen ³1985.
– Seelsorge als Verläßlichkeit, in: Ders.: Erneuerung, a.a.O., S. 130ff.
– Seelsorge und geistliches Leben, in: Ders.: Erneuerung, a.a.O., S. 143ff.
– Überlegungen zum Verhältnis von Theologie und Psychologie, in: Gutsche, Friedhardt: Mut zur Seelsorge. Die Grenzen der Fachleute und die Möglichkeiten der Gemeinde. Mit Beiträgen von Rudolf Affermann, Friedhardt Gutsche, Werner Jentsch und Manfred Seitz, Wuppertal 1974.
– Wüstenmönche, in: Möller, Christian (Hg.): Geschichte. Bd. 1, a.a.O., S. 81ff.
SENN, Hans: Der „hoffnungslose Fall" in der Gemeindeseelsorge, Göttingen 1979.
SIMON, Ludger: Einstellungen und Erwartungen der Patienten im Krankenhaus gegenüber dem Seelsorger, Frankfurt/Bern/New York 1985.

SMOLKA, Peter: Theologie des Friedens, in: Heßler, H.-W. (Hg.): Pflicht, a.a.O., S. 103ff.
SONS, Rolf: Seelsorge zwischen Bibel und Psychotherapie. Die Entwicklung der evangelischen Seelsorge in der Gegenwart, Stuttgart 1995.
SPENER, Philipp Jacob: Pia Desideria, hg. von Kurt Aland, Berlin ²1955, ³1964.
– Schriften. Band I,1. Eingeleitet von Erich Beyreuter und Dietrich Blaufuß, Hildesheim/New York 1979.
– Schriften. Band I,2. Hg. von Paul Grünberg, Hildesheim/New York 1988.
SPIEGEL, Yorick: Der Prozeß des Trauerns. Analyse und Beratung, München 1973, Gütersloh ⁸1995.
DERS. (Hg.): Doppeldeutlich. Tiefendimension biblischer Texte, München 1978.
DERS. (Hg.): Pfarrer ohne Ortsgemeinde. Bericht, Analysen und Beratung, München/Mainz 1970.
DERS. (Hg.): Psychoanalytische Interpretation biblischer Texte, München 1972.
SPIEGEL-RÖSING, Ina/PETZOLD, Hilarion (Hg.): Die Begleitung Sterbender. Theorie und Praxis der Thanatotherapie. Ein Handbuch, Paderborn 1984, ²1992.
SPIJKER, Herman van de: Narzißtische Kompetenz – Selbstliebe – Nächstenliebe, Freiburg/Basel/Wien ²1995.
SPIEL, Walter: Das erste Lebensjahr, PZJ XI, 1980, S. 59ff.
SPITZ, René A.: Vom Säugling zum Kleinkind, Stuttgart ⁴1974.
STAGEL, Joachim: Die Beschreibung des Fremden in der Wissenschaft, in: Der Wissenschaftler und das Irrationale. Bd. 2, hg. von Hans P. Duerr, Frankfurt a.M. 1985, S. 96ff.
STÄHLIN, Traugott: Liebe und Tod. Theologische Erwägungen zum humanen Sterben, in: Wehowsky, S. (Hg).: Sterben, a.a.O., S. 40ff.
STANGE, Erich: Telefonseelsorge, Kassel 1961.
STEIN, Albert: Überlegungen für einen besseren Umgang mit Ehescheidungen im Pfarrhaus, in: Josuttis, M./Stollberg, D.: Ehe-Bruch, a.a.O., S. 239ff.
STEINKAMP, Hermann.: Wandlungen der Institution Telefonseelsorge – religionssoziologische Überlegungen, WzM (47) 1995, S. 190ff.
– Die Zukunft ist jetzt. Die Option für die Jugend im Horizont der Gesellschaft, in: Riess, R./Fiedler, K. (Hg.): Die verletzlichen Jahre, a.a.O., S. 695ff.
– Zwischen Service-Kirche und Samariterfunktion: Religionssoziologische Anmerkungen zum Gestaltwandel von Telefonseelsorge, WzM (35) 1983, S. 292ff.
STENGER, Hermann M.: Gewissen-Schuld-Angst-Vergebung, in: Ders.:

Verwirklichung unter den Augen Gottes. Psyche und Gnade, Salzburg 1985, S. 43ff.
- Kirche: Angst produzierend-Angst reduzierend. Eine religionskritische Konfrontation, in: Ders.: Für eine Kirche, die sich sehen lassen kann, Innsbruck/Wien 1995, S. 134ff.

STERBEHILFE-Mitleid oder Mord, coprint Druck-und Verlagsgesellschaft mbH, Wiesbaden 1984.

STIERLIN, Helm: Von der Psychoanalyse zur Familientherapie, Stuttgart ^{2}1980, ^{3}1991.

STODDARD, Sandol: Die Hospiz-Bewegung. Ein anderer Umgang mit Sterbenden, Freiburg i.Br. 1987, ^{2}1988.

STOLLBERG, Dietrich: Art.: Seelsorge, EKL 4, ^{3}1996, Sp. 173ff.
- Das Gewissen in pastoralpsychologischer Sicht, WuD (11) 1971, S. 141ff.
- Lernen, weil es Freude macht. Eine Einführung in die Themenzentrierte Interaktion, München 1982.
- Mein Auftrag – Deine Freiheit, München 1972.
- Nach der Trennung. Erwägungen für Geschiedene, Entlobte, Getrennte und Verheiratete, München/Mainz 1974, ^{2}1976.
- Schweigen lernen. Zu Seelsorge und Ethik, in: Bizer, C./Cornelius-Bundschuh, J./Gutmann, H.-M. (Hg.): Theologisches geschenkt, a.a.O., S. 366ff.
- Seelsorge durch die Gruppe. Praktische Einführung in die gruppendynamisch-therapeutische Arbeitsweise, Göttingen 1971, ^{3}1975.
- Seelsorge praktisch, Göttingen 1970, ^{3}1971.
- Seward Hiltner, in: Möller, Christian (Hg.): Geschichte. Bd. 3, a.a.O., S. 295ff.
- Solange du deine Füße unter meinen Tisch steckst. Zur Auseinandersetzung Jugendlicher mit Autorität, in: Riess, R./Fiedler, K. (Hg.). Die verletzlichen Jahre, a.a.O., S. 324ff.
- Therapeutische Seelsorge. Die amerikanische Seelsorgebewegung. Darstellung und Kritik. Mit einer Dokumentation, München 1969, ^{3}1972.
- Wahrnehmen und Annehmen. Seelsorge in Theorie und Praxis, Gütersloh 1978.

STRAFE: Tor zur Versöhnung? Eine Denkschrift der EKD zum Strafvollzug, Gütersloh 1990.

STRECKER, Georg: Die Johannesbriefe, KEK XIV, Göttingen 1989.

STUBBE, Ellen: Art.: Gefangenenfürsorge/Gefangenenseelsorge, TRE XII, 1984, S. 144ff.
- Seelsorge im Strafvollzug. Historische, psychoanalytische und theologische Ansätze zu einer Theoriebildung, Göttingen 1978.

SUDBRACK, Josef: Meister Eckart, in: Möller, Christian (Hg.): Geschichte. Bd. 1, a.a.O., S. 287ff.

SULZE, Emil: Die evangelische Gemeinde, Leipzig ²1912.
SWITZER, David K.: Krisenberatung in der Seelsorge. Situationen und Methoden, München/Mainz 1975.
TACKE, Helmut: Glaubenshilfe als Lebenshilfe. Probleme und Chancen heutiger Seelsorge, Neukirchen-Vluyn 1975, ²1979, ³1993.
– Mit den Müden zur rechten Zeit zu reden. Beiträge zu einer bibelorientierten Seelsorge, Neukirchen-Vluyn 1989.
TEWS, Hans-P.: Soziologie des Alterns, Heidelberg ³1979.
THILO, Hans-Joachim: Auf unsere alten Tage, Göttingen 1987.
– Beratende Seelsorge. Tiefenpsychologische Methodik dargestellt am Kasualgespräch, Göttingen 1971, ³1986.
– Ehe ohne Norm? Eine evangelische Eheethik in Theorie und Praxis, Göttingen 1978.
– Wie ein Stachel im Fleisch. Aggression und Sexualität in den Religionen, München 1993.
THOMÄ, Helmut/KÄCHELE, Horst: Lehrbuch der psychoanalytischen Therapie 1. Grundfragen, Berlin/Heidelberg/New York 1986.
THOMAS a Kempis: Die vier Bücher der Nachfolge Christi. Übersetzt von Paul Mons, Regensburg 1959, ⁴1981.
THORNTON, Edward E.: Art.: Clinical Pastoral Education, EKL 1, ³1986, Sp. 761ff.
THURNEYSEN, Eduard: Die Lehre von der Seelsorge, München 1948, ⁷1994.
– Rechtfertigung und Seelsorge, ZdZ (6) 1928, S. 197ff.; jetzt in: Wintzer, F. (Hg.) Seelsorge, a.a.O., S. 73ff.
– Seelsorge im Vollzug, Zürich 1968.
TRILLHAAS, Wolfgang: Der Dienst der Kirche am Menschen, München 1950, ²1957.
TSCHIRCH, Reinmar: Bibel für Kinder. Die Kinderbibel in Kirche, Gemeinde, Schule und Familie, Stuttgart/Berlin/Köln 1995.
– Gott für die Kinder. Religiöse Erziehung, Vorschläge und Beispiele, Gütersloh 1974, ¹⁰1993.
TWORUSCHKA, Udo/BEIRER, Georg: Art.: Verzicht, WdC, Gütersloh 1988, S. 1324ff.

UHSADEL, Walter: Evangelische Beichte in Vergangenheit und Gegenwart, Gütersloh 1961.
– Evangelische Seelsorge, Heidelberg 1966.

VARAH, Chad: Samariter. Hilfe durchs Telefon, Stuttgart 1966.
VERWEIGERUNG und Anpassung – der politische Kontext der Seelsorge, Themaheft WzM (40,7) 1988, S. 387ff.

VIEBAHN, Ilsabe von: Seelische Entwicklung und ihre Störung, Göttingen 1972, ⁵1992.
VILMAR, August F.C.: Lehrbuch der Pastoraltheologie, nach dessen akademischen Vorlesungen, hg. von K.W. Piderit, Gütersloh 1872.
VINET, Auguste: Pastoral-Theologie oder Lehre von Dienst am Evangelium. Deutsch bearbeitet (nach der Pariser Ausgabe von 1850) von Hermann Gustav Hasse, Grimma 1852.
VIORST, Judith: Mut zur Trennung. Menschliche Verluste, die das Leben sinnvoll machen, Hamburg 1988.
VISMANN, Dieter: Beichte und Abendmahl, in: Henze, E. (Hg.): Beichte, a.a.O., S. 51ff.
VOGEL, Heinrich: Gott in Christo. Ein Erkenntnisgang durch die Grundprobleme der Dogmatik, Berlin 1951; jetzt in: Ders.: Gesammelte Werke. Bd. 1 u. Bd. 2, Stuttgart 1982.
VOIGT, Kerstin: Otto Haendler-Leben und Werk, Frankfurt/Berlin/Bern 1993.
VOLP, Rainer/BLOTH, Peter C./LÜTCKE, Karl-Heinrich/STÄHLIN, Traugott: Die Kasualpraxis, HPTh(G) 3, 1983, S. 150ff.
VOSS, Gerhard: Benedikt von Nursia, in: Möller, Christian (Hg.): Geschichte. Bd. 1, a.a.O., S. 209ff.
VOSS, Ute: Heil verkündigen und Heil-werden. Evangelische Seelsorge in Strafvollzugsanstalten, in: Rassow, P. u.a. (Hg.): Seelsorger eingeschlossen, a.a.O., S. 128ff.

WAGNER-RAU, Ulrike: Zwischen Vaterwelt und Feminismus. Eine Studie zur pastoralen Identität von Frauen, Gütersloh 1992.
WALLMANN, Johannes: Philipp Jacob Spener, in: Möller, Christian (Hg.): Geschichte. Bd. 2, a.a.O., S. 261ff.
WALTER, Georg: Seelsorge an Neurosenkranken, Stuttgart 1967.
WAS IST DAS GEWISSEN?, EKD Texte 8, 1984.
WEHOWSKY, Stephan (Hg.): Sterben wie ein Mensch, Gütersloh 1985.
WEIMAR, Martin: Die Religion der Traumatisierten. Erfahrungen und Reflexionen aus der Telefonseelsorge, in: Heimbrock, H.-G./Streib, H. (Hg.): Magie, a.a.O., S. 259ff.
– Telefonseelsorge – das Pfarrhaus des 20. Jahrhunderts, WzM (39) 1987, S. 38ff.
– Wächter vor dem Unbewußten. Über seelsorgerliche Nachtgespräche, in: Auf Draht. Ein internes Forum zum Austausch von Erfahrungen und Informationen für ehrenamtliche und hauptamtliche Mitarbeiterinnen und Mitarbeiter der Telefonseelsorgestellen und Offenen Türen in der BRD, hg. von der ev.-kath. Kommission für Telefonseelsorge und Offene Tür, 22. April 1993, S. 19ff.

WEYMANN, Volker: Friedrich Daniel Ernst Schleiermacher, in: Möller, Christian (Hg.): Geschichte. Bd. 3, a.a.O., S. 21ff.
- Hiob, in: Möller, Christian (Hg).: Geschichte. Bd. 1, a.a.O., S. 35ff.
- Trost? Orientierungsversuch zur Seelsorge, Zürich 1989.

WIEDEMANN, Hans-Georg: Homosexuelle Liebe. Für eine Neuorientierung in der christlichen Ethik, Stuttgart 1982, ³1991.

WIEDEMANN, Wolfgang: Krankenhausseelsorge und verrückte Reaktionen. Das Heilsame an psychotischer Konfliktbewältigung, Göttingen 1996.

WIENERS, Jörg (Hg.): Handbuch der Telefonseelsorge, Göttingen 1995.
- Die Krise der Samariter: Die sogenannten Daueranrufer und das Selbstverständnis der Telefonseelsorge, in: Brachel, H.U. v./Schramm, T. (Hg.): Telefonseelsorge, a.a.O., S. 94ff.

WILLI, Jürg: Die Zweierbeziehung. Spannungsursachen-Störungsmuster-Klärungsprozesse-Lösungsmodelle. Analyse des unbewußten Zusammenspiels in Partnerwahl und Paarkonflikt: das Kollusions-Konzept, Reinbek 1975.

WINGEN, Max: Nichteheliche Lebensgemeinschaften. Formen – Motive – Folgen, Zürich 1984.

WINKLER, Eberhard: Erfahrung und Verkündigung in der gegenwärtigen Seelsorge, ThLZ (107) 1982, S. 321ff.
- Grundfragen der Seelsorge heute, in: Die Christenlehre 1 (1974) S. 3ff.
- Seelsorge an Kranken, Sterbenden und Trauernden, HbSS, 1983, ⁴1990, S. 405ff.

WINKLER, Klaus: Aggressives Verhalten im Krankenhaus, WzM (38) 1986, S. 400ff.
- Art.: Leiden. V. Praktisch-Theologisch, TRE XX, 1990, S. 707ff.
- ART.: Seelsorge, TRT 5, ⁴1983, S. 228ff.
- Geisterfüllte Gemeinde-eine Herausforderung an uns, in: werkstadt gemeinde. Ideen-Berichte-Materialien (7), Göttingen 1989, S. 44ff.
- Karl Barth und die Folgen für die Seelsorge, PTh (75) 1986, S. 458ff.
- Psychoanalytische Aspekte des Glaubens, in: Harz, F./Schreiner, M. (Hg.): Glauben im Lebenszyklus. FS für Hans-Jürgen Fraas, München 1984, S. 95ff.
- Psychotherapie im Kontext der Kirche. Zum Problem der sog. „Hilfswissenschaften", in: Der Mit-Mensch in der Psychotherapie. Perspektiven für Kirche und Gesellschaft, Bethel-Beiträge Nr.37, Bethel-Verlag 1988, S. 68ff.
- Seelsorge an Seelsorgern, HPTh(G) 3, S. 521ff.
- Seelsorge und Psychotherapie, PZJ XV, 1979, S. 375ff.
- Symbolgebrauch zwischen Partizipation und Regression. C.G. Jung und die Folgen für die Seelsorge, in: Schmid H. H. (Hg.): Mythos, a.a.O., S. 334ff.

- Werden wie die Kinder? Christlicher Glaube und Regression, Mainz 1992.
- Wie böse ist der Mensch?, in: Kirche unter den Soldaten. Beiträge aus der evangelischen Militärseelsorge I/94, hg. vom evangelischen Kirchenamt für die Bundeswehr, Bonn 1994, S.15ff.
- Die Zumutung im Konfliktfall! Luther als Seelsorger in heutiger Sicht, Hannover 1984.

WINKLER, Klaus Festschrift, hg. von KLESSMANN, Michael/LÜCKEL, Kurt: Zwischenbilanz: Pychologische Herausforderungen. Zum Dialog zwischen Theologie und Humanwissenschaften, Bielefeld 1994.

WINTER, Friedrich: Seelsorge an Sterbenden und Trauernden, Göttingen 1976.

WINTER, Wolfgang: Fremdgehen. Pastoralpsychologische Erwägungen zu einem schwierigen Phänomen, in: Bizer, C./Cornelius-Bundschuh, J./ Gutmann, H.-M. (Hg.): Theologisches geschenkt,, a.a.O., S. 289ff.

WINTZER, Friedrich (Hg.): Seelsorge. Texte zum gewandelten Verständnis und zur Praxis der Seelsorge in der Neuzeit, München 1978.
- Seelsorge zwischen Vergewisserung und Wegorientierung, PTh (80) 1991, S. 17ff.

WITTRAM, Heinrich: Die Kirche bei Theodosius Harnack. Ekklesiologie und Praktische Theologie, Göttingen 1963.

WÖLBER, Hans-Otto: Das Gewissen der Kirche. Abriss einer Theologie der Sorge um den Menschen, Göttingen ²1965.

WÖRTERBUCH DES CHRISTENTUMS (WdC), hg. von DREHSEN, Volker /HÄRING, Hermann/KUSCHEL, Karl-Josef, Gütersloh 1988.

WOLFF, Hans-Walter, Anthropologie des Alten Testaments, Berlin ³1977, München ⁵1990.

WRAGE, Karl Horst/PETERSEN, Peter: Seelsorger und Therapie. Einführung in die Neurosenlehre und Psychiatrie, Seelsorgepraktikum 1, hg. von Karl Horst Wrage, Gütersloh 1971.

WULF, Hans: Wege zur Seelsorge. Theorie und Praxis einer offenen Disziplin, Neukirchen-Vluyn 1970.

ZANDER, Esther/ZANDER, Wolfgang: Die Neo-Psychoanalyse von Harald Schultz-Hencke, PZJ III, 1977, S. 426ff.

ZERFASS, Rolf: Menschliche Seelsorge. Für eine Spiritualität von Priestern und Laien Gemeindedienst, Freiburg i.Br. 1985, ⁵1991.

ZEZSCHWITZ, Carl Adolf A. von: System der Praktischen Theologie. Paragraphen für academische Vorlesungen, Leipzig 1876.

ZIEMER, Jürgen: Pastoralpsychologisch orientierte Seelsorge im Horizont einer säkularen Gesellschaft, WzM (45) 1993, S. 144ff.

ZIJLSTRA, Wybe: Handbuch zur Seelsorgeausbildung, Gütersloh 1993.
- Seelsorge-Training. Clinical-Pastoral-Training, München/Mainz 1971.

ZIMMERLING, Peter: Seelsorge in der Gemeinschaft. Zinzendorf als Seelsorger, ThBeitr (26) 1995, S. 75ff.
ZINZENDORF, Nikolaus Graf von: Hauptschriften in sechs Bänden. Band III, hg. von Erich Beyreuther und Gerhard Meyer, Hildesheim 1963.
– Über Glauben und Leben. Ausgewählt und zusammengestellt von Otto Herpel, Sannerz 1925.
ZUR BEDEUTUNG von Schuldzuschreibungen bei Krankheit, Krisen und Heilung, Themaheft WzM (43) 1991, S. 383ff.
ZWINGLI, Huldrych: Auswahl seiner Schriften, hg. von E. Künzli, Zürich/ Stuttgart 1962.

Namensregister

Achelis, Ernst Christian 80, 84, 148
Adams, Jay E. 13, 65–74, 226, 241, 331
Adloff, Kristlieb 90
Aland, Kurt 123
Alkuin 112
Allwohn, Adolf 162, 163
Altgelt, Carl D. 193
Antonius 94, 95
Argelander, Hermann 197, 198
Aries, Philippe 415
Aristoteles 26
Asmussen, Hans 31, 36, 37, 40, 51, 56, 158, 169, 171, 207, 229, 360
Atrott, Hans Henning 418, 419
Augé, Marc 362
Augustin 14, 100–104, 112

Baden, Elisabeth 77
Bärenz, Reinhold 431
Baldermann, Ingo 80
Balint, Michael 198, 295, 373
Baltensweiler, Heinrich 393
Bandura, Albert 310
Banine 474
Barion, Jakob 319
Barth, Hans-Martin 88
Barth, Karl 16, 24, 28–30, 35, 37, 47, 55, 184, 219, 220
Bartholomäus, W. 392
Bartning, Gerhard 162
Basilius von Cäsarea 97–100
Bassi, Hasko von 157
Baumgarten, Otto 81, 84, 85, 157, 158
Baumgarten, Siegmund Jacob 130, 131
Baumgartner, Isidor 184
Bayer, Oswald 395, 396
Becher, Werner 190, 198, 201, 371
Becker, Ingeborg 211, 384
Begemann, Helmut 403
Benedikt von Nursia 103, 104
Benoît, Jean-Daniel 118

Bernet, Walter 227, 228
Bertram, G. 450
Besier, Gerhard 182
Beutel, Helmuth 417
Beyreuther, Erich 122, 128
Bianchi, Hermann 499
Bick, Rolf 489, 490
Biel, Gabriel 112
Bienert, Wolfgang A. 97, 103
Bieritz, Karl-Heinrich 211, 384
Bion, W. 467
Birnstein, Uwe 242
Bitter, Wilhelm 133, 473
Bizer, Christoph 275, 369, 370, 396
Blaschke, Peter H. 488–490
Blattner, Jürgen 183, 410
Blau, Paul 154
Blaufuß, Dietrich 122
Bliesener, Thoma 465
Bloch, Ernst 449
Bloth, Peter C. 359, 448
Blühdorn, J. 276
Blühm, Raimund 185, 199, 211, 212, 384
Blumhardt, Johann Christoph 250
Bobzin, Dorothea 371
Boeckler, Richard 215, 341
Boge, Victor 274
Bohren, Rudolf 29, 42, 210, 211
Boisen, Anton T. 48, 61, 62
Bojanovsky, Jörg 397
Bommert, Hanko 409
Bonhoeffer, Dietrich 279
Bonhoeffer, Thomas 79, 80, 82, 86, 91, 93, 95–99, 232, 291
Bovet, Theodor 163, 164, 165
Bowers, Margaretta K. 424, 436–438
Bowlby, John 413, 430
Brachel, Hans Ulrich 470, 477, 478
Bräumer, Hansjörg 241, 242
Brandl, Gerhard 494
Brandt, Peter 497
Braun, Heinz Otto. 371
Brocher, Tobias 201, 371, 391

Brunner, Alfred 28
Buber, Martin 280, 388
Bucer, Martin 116, 117
Büchel, Monika 378
Büchsel, Friedrich 325, 328
Bucher, Anton A. 185
Buchmann, Walter 196
Bukowski, Peter 225, 226
Bultmann, Rudolf 19, 28, 168, 328
Busch, Eberhard 29

Calvin, Johannes 32, 110, 118–120
Caruso, Igor A. 153
Chassequet-Smirgel, Janine 286, 287
Childs, Brian H. 406
Christian-Widmaier, Petra 465
Clinebell, Howard J. 61, 64, 89, 192, 194
Cohn, Ruth 181
Colby, Ann 281, 345
Columban von Luxeuil 111
Conzelmann, Hans 90
Cornehl, Peter 358
Cornelius-Bundschuh, Jochen 275, 396

Däumling, Adolf 202
Dahm, Karl-Wilhelm 201
Daiber, Karl-Fritz 191, 215, 216, 277, 452
Davison, Gerald C. 5
Décarie, Thérèse G. 413
Depping, Klaus 341
Dibelius, Martin 67
Dicks 48
Diehl, Else 378
Diestel, Gudrun 497
Dieterich, Michael 245–247, 378
Dirschauer, Klaus 341
Doebert, Heinz 175, 176
Döhner, Otto 454
Dölle-Oelmüller, Ruth 13
Dörner, Klaus 457
Doyé, Götz 366, 367
Drechsel, Wolfgang 186, 471
Drewermann, Eugen 306
Drews, Paul 150
Dürrenmatt, Friedrich 114

Dunkel, Achim 411

Ebeling, Gerhard 236, 255, 275, 276, 308, 309, 444
Eberenz, Udo 300
Eberhardt, Hermann 14, 222, 223, 226
Eibach, Ulrich 173, 395, 418, 419
Eick-Wildgans, Susanne 500, 501
Eicke, Dieter 297
Eisele, Günther Rudolf 179
Engelke, Ernst 438, 464
Erikson, Erik H. 86, 186, 311, 312, 317, 332, 333, 342, 448

Faber, Heije 177, 180, 194, 455, 460, 461, 467
Fairschild, Roy W.
Faßheber, P. 23
Feiereis, Hubert 178
Fendt, Leonard 99
Fiedler, Kirsten 7, 369, 370, 397, 486
Flammer, August 5
Flöttmann, Holger Bertrand 297
Flügel, Heinz 88
Fowler, James W. 309
Fraas, Hans-Jürgen 281, 311, 312, 324, 332, 365
Francke, August Hermann 122, 124, 125, 126, 130
Frankl, Viktor E. 153, 183
Frerichs, Jacob 134
Freud, Sigmund 13, 26, 40, 67, 68, 69, 114, 132, 152, 176, 198, 227, 228, 250, 254, 256, 275, 279, 285, 286, 296–300, , 305, 307, 335, 338, 345, 347, 496
Friedrich, Reinhold 117, 118
Froboese-Thiele, Felicia 153
Frör, Hans 475
Frör, Peter 202
Froidl, Robert 181
Funke, Dieter 181

Gadamer, Hans-Georg 255
Gärtner, Heribert W. 239
Ganzert, Klaus 141
Gareis, Balthasar 183
Gaßmann, H. 395

Gebsattel, Victor Emil Freiherr von 47, 153
Geest, Hans van der 193
Gerbracht, Diether 135, 149
Gerlichter, Karl 392
Gerlitz, Peter 421
Gewirtz, Jacob L. 413
Gestrich, Reinhold 237, 466
Geyer, Carl-Friedrich 13
Gmünder, Paul 281
Goetschi, Rene 344
Goldbrunner, Josef 186
Goudsmit, Walter 492
Grabner-Haider, Anton 425, 433, 434
Graf, Friedrich Wilhelm 29
Greenglass, Esther R. 405
Gregor der Großen 104
Gregor von Nazianz 97–100
Gregor von Nyssa 97, 98
Grötzinger, Albrecht 24
Grözinger, Albrecht 35, 467
Gruehn, Werner 151, 152
Grün, Anselm 224, 225
Grünberg, Paul 123
Guhr, Ekkehard 191
Gutmann, Hans-Martin 275, 396

Habenicht, Ingo 469, 478, 479
Habermas, Jürgen 308
Hacketal, Julius 418
Haendler, Otto 82, 86, 153, 161, 162, 174, 293, 307, 319
Häring, Hermann 343
Härle, Wilfried 351
Hagenmaier, Martin 247
Halberstadt, Helmut 187, 376, 377, 380, 381
Hale, Russell J. 242
Hamel, A. 112
Hammers, Alwin J. 181
Hardeland, August 87, 101, 120, 121, 193
Harms, Claus 135, 136
Harms, Klaus 236
Harnack, Adolf von 148
Harnack, Theodosius 146, 147
Harsch, Helmut 198, 344, 474
Hartmann, Gert 186, 392

Hartmann, Heinz 310
Harz, Friedrich 324
Hauck, Albert 105–107, 111
Hauschildt, Eberhard 260–262, 275
Hausendorf, Heiko 465, 466
Haustein, Manfred 367
Heer, Friedrich 108
Heidegger, Martin 238, 296
Heigl, Franz 393
Heigl-Evers, Anneliese 393, 394
Heimbrock, Hans-Günter 285, 318, 471, 472
Heinsius, Wilhelm 283
Henke, Thomas 262, 361, 362
Henkys, Jürgen 212, 272, 473
Hennicken, F. A. E. 123
Hennig, Gerhard 395
Henze, Ernst 421, 422
Herder, Johann Gottfried 129
Herkenrath, Liesel-Lotte 202
Herms, Eilert 275, 315
Herzog-Dürck, Johanna 153
Hesse, Jürgen 476, 477
Heßler, Hans-Wolfgang 483, 487, 488
Hézser, Gabor 177
Hildegard von Bingen 106–108
Hiltner, Seward 61–64
Hippokrates 26
Hirschler, Horst 399, 400
Hoch, Lothar Carlos 151, 160, 162
Hoch, Walter 159
Hoffmann, Gerhard A. 485
Hoffmeister, M. 295
Holl, Karl 278
Hollweg, Arnd 202
Holtz, Gottfried 212
Holze, Henry 421, 422
Horn, Klaus 198
Hüffel, Ludwig 136, 137
Humphry, Derek 419
Husslik, Heinz 6

Iwand, Hans-Joachim 208

Jäger, Alfred 215, 216
Jaeggi, Eva 406, 407
Jellouschek, Hans 397
Jentsch, Werner 75, 160, 226, 229, 230, 368

Namensregister

Jesus Christus 2, 18, 34, 69, 73, 80–84, 112, 113, 115, 121, 128, 149, 152, 153, 168, 212, 219, 221, 224, 241, 330, 389
Jetter, Werner 161, 317, 318
Jeziorowski, Jürgen 418
Jochheim, Martin 132, 152, 168, 174, 175, 177
Jörns, Klaus-Peter 469, 472, 479, 480
sJohnson, Stephen M. 285
Jordahl, David 376
Josuttis, Manfred 205, 234, 235, 275, 385, 396, 419, 424, 425, 452, 453, 456
Jüngel, Eberhard 25, 176, 204, 312, 315, 420
Jung, Carl-Gustav 27, 153, 178, 187, 225, 239, 409, 410, 425, 429, 440
Jung, Ulrich 486

Kächele, Horst 388
Kämpfer, Horst 14
Kant, Immanuel 130, 278, 279
Karl der Große 111, 112
Karle, Isolde 253
Kast, Verena 429, 430
Kautzky, Rudolf 463
Keil, Siegfried 300, 390, 391, 404, 405, 469
Kentler, Helmut 399
Kernberg, O. 285
Kierkegaard, Sören 291, 293, 295, 297, 300, 302, 304
Kiesow, Ernst-Rüdiger 212, 213, 383, 384, 397
Kittsteiner, Heinz D. 278, 279
Klaus, Bernhard 428
Klein, M. 467
Klein, Wolfgang K. 441, 442
Klemens von Alexandrien 93, 94
Klemm, Hermann 77
Klessmann, Michael 185, 195, 199, 312, 468
Kleucker, Ernst 462
Knowles, J. W. 200
Koch, Traugott 276, 279
Köberle, Adolf 174
Köstlin, Heinrich Adolf 81, 85, 104, 116, 121, 122, 127, 129, 148, 149
Kohlberg, Lawrence 281, 344, 345
Kohlmann, Thomas 454
Kohut, Heinz 285, 447
Kopfermann, Wolfram 242
Kratzenstein, Jürgen 469
Kreft, Reiner 113
Kreppold, Guido 239, 240
Kreß, Hartmut 216, 277–279
Kretschmer, Ernst 26
Kretzschmer, Gottfried 161
Kriegstein, Matthias von 180
Kroeger, Matthias 181
Kübler-Ross, Elisabeth 418, 435–437, 444
Kunst, Hermann 483
Künzli, E. 115
Kurz, Wolfram 34, 35, 183

Lämmermann, Godwin 453
Läpple, Volker 179, 192
Landau, Erika 372
Lange, Dietz 314, 315, 336–341, 409, 410
Langer, Otto 109
Laplanche, Jean 7, 336
Lasch, Christopher 280, 284, 285
Lauer, Werner 441
Lazarus, Richard S. 444
Lehmann, Wolfgang 158
Lehr, Ursula 341
Leist, Marielene 370
Lemke, Helga 180, 181
Lenk, Kurt 319
Levitt, Eugene E. 292
Liebau, Irmhild 407, 408, 412
Lindemann, Friedrich-Willhelm 185, 187, 190, 431, 432
Lindner, Herbert 2, 7
Lindner, Wulf-Volker 195
Loch, Werner 299, 300
Löhe, Wilhelm 135, 140, 141
Löhmer, Cornelia 182
Lorenz, Heinz 216
Lorenzer, Alfred 318
Lücht-Steinberger, Margot 391
Lückel, Kurt 183, 185, 439, 440
Lütcke, Karl-Heinrich 359

Luhmann, N. 253, 475
Lukas, Elisabeth 183
Luther, Henning 24, 238, 239, 362
Luther, Martin 2, 14, 35, 86, 110–113, 115, 117, 120, 124, 221, 227, 231, 272, 276, 278, 280, 284, 444
Lutz, Samuel 115, 116

Marx, Karl 114, 132
Massing, Almuth 391
Matthes, Joachim 358
Mattussek, Paul 321
Mayer-Scheu, Josef 442, 443, 463, 464
Meerwein, Fritz 435
Meister Eckart 108, 109
Melanchthon, Philip 282, 283, 343
Mette, Norbert 4
Metzger, Wolfgang 372
Meves, Christa 418
Meyer, Dietrich 126–128
Meyer, Gerhard 128
Michel, Otto 18, 91
Mitchell, Kenneth R. 461
Möller, Christian 63, 80, 90, 94, 97, 100, 103–106, 108, 109, 113, 115, 117, 119, 122, 126, 135, 141, 220–222
Molland, E. 92
Moltmann, Jürgen 118, 449
Mons, Paul 109
Montada, Leo 5, 327
Montagu, Ashley 363
Morgenstern, Christian 319, 320
Mühlen, Heribert 242
Müller, Alfred Dedo 82, 85, 87, 161, 166, 174
Müller, Hans-Martin 161
Müller, Josef 239
Müller, Theophil 23, 24, 359
Müller, Wunnibald 224, 400, 401
Müller-Kent, Jens 482, 490, 491
Müller-Stör, Clemens 478

Nase, Eckart 152, 179, 435
Neale, John M. 5
Neidhart, Walter 3, 205
Nembach, Ulrich 137
Nicol, Martin 248, 254–261

Niebergall, Friedrich 150, 151
Niebuhr, Reinhold 47
Niederfranke, A. 341
Niemeyer, August Hermann 128, 130
Nietzsche, Friedrich 132
Nipkow, Karl Ernst 5, 365
Nitzsch, Carl Immanuel 131, 137, 138, 156
Nouwen, Henri J. 223, 234
Novatian 89
Nowak, Antoni J. 281

O'Daly, Gerard 101
Oates, Wayne E. 414
Oberhem, Harald 488, 489
Obrist, Willy 186, 187
Oelkers, Jürgen 425
Oelmüller, Willi 13
Oerter, Rolf 5, 9, 311, 327
Offele, Wolfgang 132, 151, 160, 161, 168
Olszowi, Eleonore 193
Oser, Fritz 281
Otscheret, Elisabeth 8, 388
Otto, Gert 3, 205
Overbeck, Gerd 458, 459

Palmer, Christian 143
Pannenberg, Wolfhart 12–14, 16, 17, 347
Patton, John 406
Paulus 14, 70, 89, 90, 106, 236, 268, 328
Perls, Fritz
Pervin, Lawrence A. 328
Petersen, Peter 178
Petri, Horst 397
Petzold, Hilarion 183, 440
Pfäfflin, Ursula 184
Pfennigsdorf, Emil 156, 157
Pfister, Oskar 81, 152, 153, 290
Pfürtner, Stephan E. 391
Picht, Georg 487, 488
Piper, Hans-Christoph 14, 179, 180, 193, 194, 197, 437, 438, 455, 462, 463, 493
Pisarski, Waldemar 430
Platon 420

Plewa, Alfred   183
Plieth, Martina   173
Horst Georg Pöhlmann   395
Pompey, Heinrich   87, 182
Pontalis, J.B.   7, 336
Preiser, S.   372
Probst, Manfred   462

Raguse, Hartmut   182, 185
Rahner, Karl   176, 204
Rapaport, David   5
Rassow, Peter   493, 495, 498, 499
Rau, Gerhard   236
Rauchfleisch, Udo   345
Rebell, Walter   182, 185
Reich, Wilhelm   26, 27
Reimann, Brigitte   422
Reimer, Hans-Dieter   242, 243, 244
Reisert, Peter M.   418
Reller, Horst   241
Remplein, Heinz   364
Rendtorff, Trutz   381, 408, 485
Rensch, Adelheid   166, 167
Rest, Franco   439
Rhode, Johann Jürgen   458, 460
Richter, Horst-Eberhard   403
Richter, Klemens   462
Riecker, Otto   159, 160
Rieger, Otto   160
Riemann, Fritz   27, 307
Riesmann, David   192, 197
Riess, Richard   7, 13, 45, 48, 62–64, 88, 177–179, 184, 194, 202, 344, 369, 370, 372, 397, 486,
Rilke, Rainer Maria   114
Ringel, Erwin   194, 494
Ringeling, Hermann   391,
Ringleben, Joachim
Ritschl, Dietrich   12, 187, 485
Röhlin, Karl-Heinz   183
Rössler, Dietrich   111, 117, 122, 135, 161, 165, 166, 179, 213, 214, 215, 217, 272, 274, 307, 312, 321, 359, 454, 472, 473
Roessler, Ingeborg   405
Rogers, Carl 35, 48, 68, 69, 180, 181, 207
Rosemeier, Hans-Peter   442
Rosenzweig, Franz   280

Ruhbach, Gerhard   109
Ruthe, Reinhold   188, 368

Salomon, Ruth   413
Satir, Virginia   404
Saunders, Cicely   417
Sauter, Gerhard   9, 10
Schär, Hans   153
Schall, Traugott Ulrich   182, 395
Scharfenberg, Joachim   8, 14, 34, 40, 157, 176, 179–181, 183–185, 192, 199, 202, 207, 248, 249–254, 256, 257, 338, 342, 411, 435
Schau, Peter   460
Schellenberger, Bernardin   105, 223
Scheytt, Christoph   465, 466
Schian, Martin   154, 155
Schibilsky, Michael   432, 433
Schieder, Rolf   180
Schindler, Alfred   100
Schleiermacher, Friedrich Daniel Ernst   28, 130–132, 134, 135, 252, 256, 257, 261, 279, 348
Schliep, Hans-Joachim   322
Schmid, Heinrich   425
Schmidt, Hanspeter   476
Schmidt, Margot   106, 107
Schmidt-Rost, Reinhard   84, 232–234, 292, 372, 445, 451, 452, 472, 473,
Schmied, Gerhard   415, 416, 434
Schneider, Barbara   405
Schneider, Kristina   405
Schneider-Flume, Gunda   291, 298, 306, 344
Schneider-Harpprecht, Christoph   114, 185, 414, 424, 446, 447
Schoenauer, Gerhard   141
Scholl, Hans   119, 120
Scholz, Heinrich   135
Schoot, Ebel van der   177, 180
Schrader, Hans Christian   476, 477
Schramm, Thomas   470, 477, 478
Schreiner, Martin   285, 293, 324
Schuchard, Erika   194
Schürgers, Georg   392
Schütz, Klaus-Volker   60, 62, 63, 202, 203

Schütz, Werner 78, 79, 118, 120, 122, 124, 129, 130, 135, 230, 231
Schultz, Hans Jürgen 412
Schultz-Hencke, Harald 327, 328, 329, 372
Schulz, Matthias 135
Schwarz, Dieter 464, 465
Schwarz, Reinhard 112
Schwarz, Rudolf 118
Schweidtmann, Werner 443, 444
Schweitzer, Albert 334
Schweitzer, Friedrich 281, 309, 365
Schweizer, Alexander 141, 142
Seeberg, Reinhold 92
Seitz, Manfred 94, 95, 176, 204, 218–220, 222, 223, 226, 382, 383, 395, 444
Senn, Hans 449
Simmel, Georg 495
Simon, Ludger 464
Smolka, Peter 488
Sons, Rolf 226, 227, 241, 243, 244
Spalding, Johann Joachim 129, 130
Spener, Philipp Jakob 122–124, 126, 261
Sperl, Adolf 241
Spiegel, Yorick 185, 189, 427, 428, 430, 450
Spiegel-Rösing, Ina 440
Spiel, Walter 326
Spijker, Herman van de 285
Spitz, René A. 326
Stählin, Traugott 359, 443
Stählin, Wilhelm 174
Stagel, Joachim 495
Standhart, Rüdiger 182
Stange, Erich 474
Stange, Otto 469
Steck, Wolfgang 157
Stein, Albert 396
Steinkamp, Hermann 7, 475, 481
Stenger, Hermann M. 132, 194, 201, 281
Stephan, Horst 130
Stierlin, Helm 404
Stoddard, Sandol 417
Stollberg, Dietrich 10, 38, 46–65, 84, 85, 177, 182, 184, 194, 200, 201, 206, 275, 281, 396, 397, 479, 485, 486
Strecker, Georg 89, 92
Streib, Heinz 471, 472
Stubbe, Ellen 495–497
Stupperich, Robert 116
Sudbrack, Josef 108
Sulze, Emil 149
Switzer, David K. 190, 192, 414, 423

Tacke, Helmut 205, 206, 207, 208, 210, 225, 229, 256, 257
Tausch, Annemarie 180
Tausch, Daniela 417
Tausch, Reinhard 180
Tertullian 92
Tews, H.P. 341
Thielicke, Helmut 418
Thilo, Hans-Joachim 178, 187, 188, 192, 196, 341, 360, 381, 386, 389, 392, 395
Thomä, Helmut 388
Thomas von Kempen 109
Thomas, Klaus 469
Thornton, Edward E. 196
Thurneysen, Eduard 28–46, 50, 51, 54–56, 87, 152, 155, 156, 165, 184, 206, 207, 210–212, 229, 277
Tillack, Hilmar 198
Tillich, Paul 47, 63, 199, 219
Trillhaas, Wolfgang 160, 165
Trüb, Hans 153
Tschirch, Reinmar 374
Tworuschka, Udo 337

Uhsadel, Walter 111, 152, 168, 174, 421

Varah, Chad 469, 474
Viebahn, Ilsabe von 326
Vilmar, August Friedrich Christian 144
Vinet, Auguste 139, 140
Viorst, Judith 412
Vismann, Dieter 422
Vogel, Heinrich 18
Voigt, Kerstin 162
Volp, Rainer 359

Voss, Gerhard   103
Voss, Ute   495

Wagner-Rau, Ulrike   502
Wallmann, Johannes   122, 124
Walter, Georg   158, 176
Weber, Inge   391
Wegenast, Klaus   425
Wehowsky, Stephan   443
Weimar, Martin   476, 480, 481
Weymann, Volker   80, 114, 135
Wicket, Ann   419
Wiedemann, Hans-Georg   399
Wiedemann, Wolfgang   467
Wieners, Jörg   468–470, 472, 473, 481, 482
Willi, Jürg   394
Winau, Rolf   442
Windisch, Hubert   255
Wingen, Max   397, 398
Winkler, Eberhard   75, 232, 367, 430, 431
Winkler, Gerhard B.   106
Winkler, Klaus   4, 28, 35, 40, 56, 111–113, 132, 179, 185, 194, 243, 324, 363, 411, 414, 424, 425, 428, 457, 491, 495, 502
Winnicott, D.W.   186, 318, 470, 471
Winter, Friedrich   428, 429
Winter, Wolfgang   396
Wintzer, Friedrich   31, 41, 75, 132, 135, 137, 141, 149, 150, 152, 157, 179, 232, 348
Wittram, Heinrich   146
Wölber, Hans-Otto   29, 167, 168
Wolff, Hans-Walter   16
Wrage, Karl Horst   178
Wulf, Hans   229

Zacharias, Gerhard B.   153
Zander, Wolfgang   328
Zerfaß, Rolf   223, 345
Zezschwitz, Carl Adolf August von   145, 146
Ziemer, Jürgen   180
Zijlstra, Wybe   197, 199, 200, 455
Zimmerling, Peter   127
Zinzendorf, Nikolaus Graf von   122, 126–128
Zwingli, Huldrych   110, 115, 116

Sachregister

Abendmahl 98, 112, 124–126, 131, 138, 142, 153, 154, 259, 347, 422, 462, 463
Aberglaube 87
Abhängigkeitsgefühle 454, 486
Abrenuntiation 88
Abschied 226, 280, 344, 420, 425, 431, 432, 435, 445, 451, 465
Absolution 241, 422
Abstinenz 178
Affekt 93, 112, 254, 315, 493
Aggression 195, 196, 346, 347, 392, 457, 498
Aids 403
Akzeptanz 13, 28, 176, 180, 348, 383, 408, 460, 472
Alkoholismus 4, 7, 351, 477
alleinerziehende Mütter/Väter 370
allgemeine Neurosenlehre 178
allgemeines Priestertum 51, 113, 117, 122, 123, 149, 159, 160, 171, 222, 262, 421, 473, 486
Allmachtsgefühle 340, 476, 494
alltägliche Seelsorge 221
Altes Testament 13, 16, 79, 80, 82, 219, 222, 357
Ambivalenz 8, 325, 326, 330, 341, 387
Amerika, USA 47, 61, 62, 78, 79, 84, 86, 177, 180, 202, 242, 417, 455, 469
Amt 42, 85, 87, 96, 99, 104, 115, 120, 140, 142, 148, 150 160, 168, 178, 194, 232, 236, 241, 353, 358, 360, 362, 401, 414, 451, 472, 473, 502
Anachoreten 94
Analytische Psychologie, → Komplexe Psychologie
Analytische Seelsorge 81, 152
Anfechtung 141, 449
Animus, Anima 409, 410
Anpassung 27, 90, 93, 112, 175, 203, 218, 238, 300, 310, 311, 322, 395, 404, 431, 458, 487, 492, 505
Anstaltsseelsorge 500
Anthropologie 12–16, 47, 54, 132, 138, 161, 165, 166, 168, 184, 210, 277, 279, 344, 347, 369, 370, 473
Antitzipation 446
Apathie 93, 460
Apologetik 290
Apostel 90, 103
Arbeitsteilung 62, 189, 217, 347
Archetypen 225
Ars moriendi, vivendi 442, 444
Askese 92, 94, 105, 336, 337
Asyl 499
Aszetik 204
Auferstehung 83, 441
Aufklärung 47, 87, 128–130, 182, 278, 279, 291, 331, 347, 381, 459, 465, 498
Aufsichtspflichten 142
Ausbildung 51, 57, 70, 81, 129, 133, 148, 173, 175, 179, 183, 186, 188, 196–200, 203, 205, 241, 245, 252, 259, 267, 334, 369, 460, 461, 473–475, 488
Ausdifferenzierung 21, 85, 99, 117, 131, 253, 285, 323, 414, 451, 505
Aussprache 153, 154, 263
Ausweichverhalten 290, 301, 304, 456,
Autonomie 29, 276, 277, 278, 332, 406
Autorität 127, 201, 213, 251, 321, 338, 344, 345, 346, 367, 374, 403, 410, 421, 455, 485, 486, 496, 497

Balintgruppen 1, 197, 198, 442, 478
Barmherzigkeit 100, 105, 106, 146, 237, 246, 306, 499
Basalerleben 286
Basisannahmen 2, 3, 15, 20, 45, 289, 342, 356, 358, 370
Bedürfnis 9, 17, 41, 67, 77, 88, 93, 110, 125, 137, 149–151, 157, 160, 187, 235, 237, 289, 298–300, 304, 305, 325–327, 329–331, 334–337, 340, 365, 370, 372, 376, 394, 416, 423, 424, 425, 439, 453, 458, 472, 477, 502

befreiende Seelsorge 13, 66
Begabung 21, 25, 286
behandelnde Seelsorge 141
Beichte 36, 38, 39, 91, 111, 112, 118, 120, 143, 159, 162, 168, 230, 231, 236, 242, 259, 421–423
Beistand 69, 84, 177, 178, 188, 214, 267
Bekehrung 4, 37, 70, 112, 124, 207, 241, 242, 252
Bekennende Kirche 491
Bekenntnis 21, 29, 46, 53, 68, 97, 102, 133, 153, 233, 241, 242, 245, 266–268, 272, 273, 280, 313, 357, 369, 396, 401, 402, 441, 506
Beratende Seelsorge 2, 44, 63, 64, 66, 68, 69, 71, 188, 189, 190, 348, 360
Beratung 7, 50, 60, 87, 173, 180, 184, 187, 189–191, 194–196, 199, 203, 213, 231, 234, 235, 251, 254, 300, 348, 369, 376, 377, 380, 389, 392, 395, 396, 400, 404, 405, 414, 423, 427, 432, 451, 469, 472, 474, 475, 477, 479
Beratungsstelle 189–191, 376, 377, 392, 399
Berufssoldat 486
Beruhigung 100, 130
Besessenheit 66, 69
Besinnung 24, 28, 104, 196, 218, 273, 383, 439
Besserung 117, 122, 146, 497
Beständigkeit 103
Bestattung 359, 429
Bevormundung 154
Bewußtsein 78, 140, 144, 152, 163, 166, 169, 179, 186, 200, 214, 255, 279, 304, 308, 310, 316, 321, 324, 335, 340, 350, 361, 387, 401, 404, 410, 415, 487, 498, 503
Bibel 14, 21, 55, 65–67, 69, 71–73, 79, 80, 84, 123, 162, 221, 222, 224–226, 230, 240, 241, 244, 245, 250, 330, 356, 369, 374, 383, 390, 399
biblisch-therapeutische Seelsorge 226, 245, 246, 378, 379

biblische Imagination 185
Bild-Interpretation 185
Bindung 11, 29, 111, 297, 386, 393, 411, 413, 479, 483, 484
Bischofsamt 100
Buße 36, 38, 84, 89–93, 97, 98, 111, 112, 170

Charakter 23, 26, 27, 29, 50, 70, 72, 96, 139, 145, 156, 159, 162, 164, 223, 251, 263, 284, 285, 289, 307, 317–319, 329, 352, 359, 383, 385, 386, 404, 437, 444, 445, 458, 460, 471, 472, 481
Charismatische Bewegung 226, 242, 243
Charismatische Seelsorge 246
Choleriker 26
christliche Psychologie 166, 244
Christologie 16, 29, 119, 120, 208–210
Christusleugnung 90
Clinical Pastoral Training,
 → Klinische Seelsorge Ausbildung
Communionleben 145
conservatio morum 103
contritio 112
Credo 51–53, 55, 60, 201, 267–269, 272, 288, 507

Dämonen 87, 95, 164, 223, 244
Dankbarkeit 58, 130, 341, 357, 375, 376, 447
Daseinsanalyse
 → Existenzanalyse
Defizitmodell 238, 362
Dekalog 144
Demut 103, 333, 471
Denkschriften 384, 386, 398, 405, 499, 503
Depression, depressiv 73, 74, 195, 221, 244, 424, 436, 476, 498
Deutehorizont 255–258, 260
Deutsche Gesellschaft für biblisch-therapeutische Seelsorge 245
Deutsche Gesellschaft für christliche Psychologie 244

Deutsche Gesellschaft für für Pastoralpsychologie 179, 199
Deutsche Gesellschaft für humanes Sterben 418
devotio moderna 105, 109
Diakonie 140, 171, 173, 178, 202, 213, 215–218, 345, 376, 377, 441, 475, 478
Dialektik 21, 53, 56, 65, 79, 80, 101, 106, 206, 215, 217, 235, 332, 333, 338, 485
Dialektische Theologie 28, 29, 51, 135, 174
Dialogfähigkeit 337
Dialogphilosophie 255
Disciplinar-Reconciliatorische Seelsorge 145, 146
discretio 103, 107
Divinisierung 206
Dreißigjähriger Krieg 121

Ebenbild Gottes 15–17, 118, 163, 185, 331
Echtheit 180
Ehe 16, 17, 44, 56, 69, 133, 144, 145, 156, 158, 159, 161, 164, 189, 315, 353, 354, 360, 379–385, 387–390, 393–398, 402, 403, 405–407, 416, 472, 473
Einpassung 93, 94, 190, 235, 273, 285, 299, 310–313, 322, 370, 380, 475, 499
Einzelkonflikt 357, 390
Einzelseele 127, 128
ekklesiogene Neurosen 336
Elementare Poimenik 237
Elementarisierung 365, 366, 457, 458, 493
Eltern 128, 131, 189, 194, 198, 300, 302, 313, 317, 333, 334, 348, 350, 360, 369, 371, 374, 381, 391, 409, 410, 413, 481
Emanzipation 194, 270, 403, 404, 408, 409
Empathie 57, 86, 178, 180, 208, 301, 304
Empfänglichkeit 142, 364

Empfindungstyp 27, 127, 160
Empirie, empirisch 13, 21, 46, 48, 61, 62, 81, 133, 152, 174, 187, 191, 194, 196, 202, 216, 243, 244, 246, 249, 253, 261, 292, 375, 383, 384, 414, 442, 473, 474, 480
Empirismus 6
Entfremdung 32, 104, 164, 238, 325
Enthusiastik 242
Entkirchlichung 138, 506
Erbanlage 27
Erbauung 122–124, 127, 146, 147, 158, 160, 283, 506
Eremiten 94
Erfahrung 6, 10, 14, 17, 23, 35, 40, 46, 47, 50, 57, 60, 62–64, 70, 72, 75, 78–81, 91, 95, 97, 102, 104, 105, 108, 109, 114, 127, 133, 139, 140, 144, 145, 150, 169, 176, 187, 192, 196, 200–202, 211, 214, 221, 222, 231, 232, 236, 238, 242–244, 247, 251, 255, 258, 259, 279, 287, 314, 315, 318, 332, 335, 341, 365, 371, 396, 397, 407, 422, 425, 427, 428, 431, 437, 438, 447, 449, 452, 454, 459, 468, 474, 478, 482, 486, 488, 500, 503, 504
Erinnerung 6, 79, 102, 113, 123, 169, 236, 370, 422, 433, 434
erkennende Seelsorge 141, 142
Erlösung, erlösungsbedürftig 17–20, 43, 53, 55, 158, 160, 181, 186
Ermahnung 41, 50, 118, 119, 146
Erneuerung 47, 71, 77, 116, 118, 124, 162, 189, 204, 217, 220, 231, 242, 243, 361, 382, 444, 462
Erniedrigung 58
Ernüchterung 120, 189, 270, 394, 450
Erwachsene 6, 67, 194, 198, 281, 295, 307, 309, 311, 314, 327, 344, 363, 364, 370, 376, 377, 413, 481
Erwählung 117–119, 324
Erziehung 70, 96, 116–118, 120, 126, 128, 129, 158, 159, 281, 282, 329, 332, 339, 344, 350, 364, 365, 372, 374, 380, 483, 489, 494, 505
Erziehungswerk 116, 118

Sachregister

Erziehungsberatung 376, 377
eschatologische Seelsorge 43
Ethik 6, 11, 50, 93, 216, 231, 275–277, 279, 336, 338–340, 381, 389, 390, 396, 399, 408, 409, 411, 419, 441, 485, 488, 490
Europäische Arbeitsgemeinschaft Arzt und Seelsorger 133
Evangelische Konferenz für TS 469
Evangelisches Zentralinstitut für Familienberatung 380
Evangelium 2, 18, 36–38, 47, 51, 53, 55, 56, 63, 65, 66, 88, 106, 116, 124, 128, 139, 142, 148–150, 158, 168, 206–208, 212, 213, 216, 235, 262, 269, 270, 277, 280, 315, 338, 347, 359, 366, 383, 396, 423, 424, 431, 446, 461
Existenzanalyse 20, 21, 75, 77, 82, 95–97, 101, 105, 108, 129, 130, 153, 161, 183, 440
Exorzismus 67, 87, 88
Expansionpolitik 122
Explorationsgespräch 251

Familie 58, 59, 127, 144, 145, 147, 189, 194, 225, 300, 313, 327, 374, 379–390, 394, 395, 397, 402–409, 411, 416, 425, 437, 439, 469, 472, 484, 486, 495
Familienbildung 397, 505
Familientherapie
 → Systemische Therapie
Fanatismus 319
Fasten 92, 111
Fehlbarkeit 410
Flexibilität 265, 364, 381, 478
Fortbildungsprogramme 48, 198
Fragebogenuntersuchung 407
Freisetzung 3–5, 25, 61, 143, 250, 260, 261, 263, 264, 266, 269, 270, 276, 288, 289, 323, 356, 376, 450, 504, 505
Freistätten 499
Fremdeinschätzung 355
Freundschaft 124, 127, 137, 140, 145, 170, 194

Frieden 63, 90, 99, 109, 225, 282, 382, 446, 482, 484, 487, 488, 500, 503
Frömmigkeit 43, 122, 124, 128, 130, 148, 168, 171, 196, 232, 315, 324, 350, 359, 373, 382
Fundamentalismus 65, 319, 506
Funktionspfarrämter 450f
Furcht 95, 104, 126, 291, 292–294, 296, 304, 306, 345, 347

ganzheitliches Denken 57, 165, 173
ganzheitliche Seelsorge 41
Gebet 29, 30, 38, 39, 66, 71, 74, 92, 131, 138, 141, 147, 154–156, 159, 160, 164, 230, 236, 237, 242, 243, 259, 270, 443, 471
Geborgenheitsgefühle 130, 367, 375
Gedächtnis 102, 129, 198
Geduld 119, 372
Gegenübertragung 171, 251, 468
Gegenwart Gottes 131, 243, 378
Gehorsam 105, 111, 112, 116, 140, 330, 375, 490
Geisteskranke 154, 158
Geistesleben 142
Geistverheißung 21
Gelassenheit 207, 252, 448, 463
Gelehrsamkeit 124, 139
Gelehrter 109
Gemeinde 18, 20, 30–33, 43–45, 49, 59, 66, 70, 77, 80, 81, 85–87, 90, 91, 99–101, 107, 108, 116, 118, 119, 122, 123, 126, 128, 129, 132, 145–148, 151, 153, 155–163, 168–171, 173, 180, 190, 195, 202, 219–221, 223, 224, 226, 231, 235, 237, 243–246, 250, 252, 253, 262, 272, 273, 348, 351, 362, 364–368, 371, 372, 377, 383, 388, 389, 395, 398, 400, 409, 421, 426, 429, 431, 448, 449, 452, 457–460, 462, 503, 506
Generation 7, 332, 337, 406, 411
Generationskonflikt 180
Genügsamkeit 130
Genugtuung 103
Geschlechtsrolle 305

Gesellschaft 1, 7, 29, 40, 45, 67, 68, 94, 96, 115, 125, 129, 133, 144, 145, 150, 175, 177, 179, 180, 193, 195, 199, 203, 205, 216, 224, 233, 245, 247, 252, 272, 275–277, 281, 283, 284, 299, 309, 317, 318, 327, 334, 359, 361, 362, 383, 385–387, 391, 397–399, 403, 406, 418, 424, 427, 436, 449, 452, 466, 467, 469, 481, 484, 492, 494–497, 503, 506, 507
Gesetz 36–38, 41, 51, 53, 55, 56, 65, 79, 92, 143, 158, 209, 262, 277, 280, 338, 449
Gespräch 1, 2, 4, 19, 20, 30, 33–35, 38, 39, 41–43, 48, 51–53, 69, 101, 120, 122, 124, 129, 145, 154, 157–159, 162, 166, 167, 180, 181, 187, 188, 197–200, 202, 203, 207, 210, 224–226, 231, 240, 244, 247–249, 251–273, 277, 290, 314, 331, 335, 339, 347, 349, 350, 355, 360, 390, 391, 409, 437, 439, 445, 447, 459, 461, 465, 466, 471, 472, 474, 478, 480, 493, 504
Gestaltseelsorge 180, 183, 439
Gestalttherapie 183
Gesundheit 97, 128, 130, 139, 388, 454, 463, 466
Gewissen 29, 93, 97, 110, 111, 113, 118, 120, 128, 134, 143, 148, 152, 168, 181, 192, 274–284, 286–289, 294, 300, 346, 351, 354, 355, 372, 374, 375, 388, 412, 447, 465, 484, 493
Glaube 21, 44, 64, 67, 68, 74, 80, 83, 93, 101, 113, 170, 202, 206, 216, 219, 225, 233, 242, 267, 273, 290, 302, 312, 316–324, 327, 328, 330, 331, 333, 336, 338, 340, 344, 354, 373, 376, 378–380, 427, 440, 441, 445, 454, 470, 505–507
Gnade 38, 41, 45, 53, 54, 63, 88, 92, 107, 108, 139, 142, 156, 160, 181, 183, 235, 241, 242, 281, 283, 315, 351, 420, 441
Götzendienst 90

Gott-ist-tot-Theologie 47
Grenzsituationen 238, 370, 440
Grundantinomie 170, 171
Gruppe 48, 49, 59–61, 74, 90, 118, 122, 124, 126, 127, 141, 150, 154, 172, 179, 197, 200–203, 247, 254, 273, 303, 362, 366, 399, 406, 411, 416–419, 426, 433, 440, 475, 486, 487

Handauflegung 242
Harmonie 69, 81, 195, 324, 352, 387, 388
Haß 244, 375
Hausbesuche 118, 142, 143, 148, 193, 237
Hausväter-/mütter 144
Heilige Schrift 33, 39, 66, 68, 146, 297
Heiliger Geist 21, 69, 70, 73, 127, 128, 167, 211, 224, 236, 245, 255
Heilung 41, 78, 121, 122, 147, 171
Heilverfahren 70
Hermeneutik, hermeneutisch 34, 64, 176, 185, 228, 256, 258, 314, 401, 402, 467
Herrnhuter Brüdergemeine 202
Hierarchie 32, 85, 88, 309, 451, 455
Hirte 69, 81, 82, 84, 88, 92, 93, 96, 99, 104, 115, 123–125, 137, 155, 158, 170, 171, 222, 237, 448
Hochzeit 359
Homosexualität 20, 399–403
Hospital Chaplain 461
Humanismus 47, 209, 441
Humanwissenschaft 11, 42, 51, 53, 59, 60, 63, 64, 114, 133, 172, 176–178, 182, 190, 192, 195, 200, 203, 211, 222, 230, 234, 240, 245, 249, 250, 253, 255, 260, 268, 314, 347, 362, 369, 370, 387, 390, 393, 403, 427, 434, 442, 447, 473, 492, 494, 497
hysterisch 27, 405

Ich (Instanz) 81, 95, 108, 178, 198, 208, 209, 228, 235, 237, 238, 279,

Sachregister

286–288, 299, 305, 310, 312, 318, 321, 332, 335, 346, 355, 367, 410, 448
Idealvorstellungen 287, 386, 412, 428, 453
Identifikation 83, 171, 208, 310, 311, 348, 350, 366, 467, 507
Identität 25, 72, 78, 79, 114, 165, 166, 169, 177, 196, 201, 209, 224, 233, 239, 253, 312, 332, 337, 344, 362, 366, 403, 407, 421, 424, 431, 441, 448, 455, 496, 498, 502, 506
Ideologie 72, 164, 246, 268, 319, 320, 321, 337, 393, 403, 408, 441
Imagination 107, 127, 178, 179, 185
Individualität 127, 143, 156, 253, 277, 278, 288, 393, 407, 409, 441
Individualpsychologie 185
Individuation 430
Industrie 58
Industriegesellschaft 215, 454
Innere Mission 144, 155, 156, 213, 217
Innovative Seelsorge 262
Internationale Gesellschaft für Tiefenpsychologie 133
Intimität 332, 402
Isolierung 20, 32, 134, 157, 284, 305, 332, 435

Jugend 126, 142, 156, 159, 281, 302, 313, 363–371, 373, 374–377, 379, 384, 474, 483, 486
Jugendseelsorge 229, 367, 368, 370, 371, 375, 376, 379, 468
Jura 41
Juristen 190, 474

Kasualgespräch 188, 360
Katechismus 144
Katholische Arbeitsgemeinschaft für TS und Offene Tür 469
Kenosislehre 58
Kerygmatische Seelsorge 45, 65, 206, 210, 228
Ketzertum 105
Kinder 7, 124, 126, 127, 129, 132, 141, 189, 194, 313, 327, 353, 363–367, 369–371, 374, 375, 378, 413, 424, 436, 458, 473
Kirche 2, 29, 40, 45, 50, 51, 60, 77, 82, 83, 85, 87–90, 129, 132, 134, 146, 158, 160, 173–177, 184, 189, 191, 194, 195, 197–200, 202, 203, 205, 210, 212, 215–218, 221, 231, 234, 235, 240–242, 244, 245, 251, 259–261, 268, 278, 297, 321–323, 326, 344, 365, 367, 372, 376, 377, 381, 384–387, 391, 392, 397–402, 405, 410, 411, 413, 418, 423–425, 433, 438, 452, 453, 454, 455, 457, 462, 465, 468, 470, 471, 478, 480, 482, 484, 485, 487–491, 493, 496–500, 502, 503, 506
Klinikpfarrer 428
Klinische Psychologie 5, 182
Klinische Seelsorge Ausbildung 47, 48, 60, 62, 63, 179, 196, 197, 201, 371, 391, 437, 438, 461
Klostergemeinschaft 103
Körper 26, 69, 128, 297, 443
Koinonia 59, 194, 223
Kommunion 51
Komplexe Psychologie 409, 440
Kompromißleistung 124, 246
Konditionierungsversuch 74, 444
Konferenz für Krankenhausseelsorge in der EKD 460
Konfessionszugehörigkeit 438
Konfirmation 359, 371
Konfrontation 35, 45, 132, 227, 304, 331, 343, 419, 461, 465
Kongruenz 46, 178, 180, 181
Konsensus 60, 61, 201
Konstruktivismus 173
kontemplativ 104
Kontrollmaßnahmen 120
Konventikel 122, 124, 127
Konzeptualisierung 3, 15, 23, 27, 28, 29, 42, 46, 66, 84, 169, 276, 377
Krankenhausseelsorger 113, 455, 461, 464–466, 468
Krankheit 66, 67, 69, 72, 73, 97, 98, 113, 128, 129, 147, 152, 162, 176,

178, 194, 226, 244, 252, 286, 296,
369, 378, 427, 437, 444, 454–460,
462–465, 476
Kränkung   308, 316, 325, 332, 355,
398, 403, 448
Kreativität   64, 82, 83, 179, 321, 337,
367, 372, 373, 375, 376, 392
Kreuz   45, 83, 121, 158, 160, 195,
228, 306, 315, 340, 432, 433, 441
Krieg   31, 105, 121, 131, 481, 484,
488
Kriminalität   131, 492, 497, 499
Krise   176, 177, 183, 184, 189, 190,
193, 204, 214, 218, 313, 354, 369,
392, 396, 414, 416, 432, 438, 454,
459, 460, 468, 470, 476–478, 481,
483
Kritik   14, 40, 47, 85, 206, 227, 231,
238, 246, 49, 253, 265, 268, 277,
280, 284, 287, 318, 320, 350, 362,
386, 399, 400, 410, 426, 433, 434,
471
Kultur   13, 23, 63, 70, 81, 93, 254–
256, 280, 284, 325, 337, 338, 345,
372, 389, 398, 403, 411, 413, 433,
434, 462, 472, 480
Kunst   42, 104, 182, 187, 211, 226,
239, 265, 340, 353, 367, 397, 436,
442

Laienseelsorge   149, 153, 170, 473
Laterankonzil, IV.   112
Leben, lebendig   2, 6, 7, 9, 15, 19, 24,
25, 114, 117, 119, 121–123, 127,
128, 130, 131, 137, 139, 141, 142,
144–147, 150, 152, 155–157, 161,
164, 188, 189, 196, 197, 200, 209,
212, 218, 220, 222, 224, 225, 230,
233, 238, 242, 243, 254–256, 262,
264, 268, 275, 277, 286, 289, 293,
294, 296, 298, 300, 306–308, 313,
315, 319, 325, 326, 328–331, 335–
337, 341, 342, 346, 359, 365, 366,
369, 370, 375, 376, 382–384, 396,
399, 406, 413, 417, 418, 421–423,
425–430, 436, 439, 440, 442, 443,
445, 449, 455, 465, 466, 469, 474,
480, 483, 485, 493, 495, 500, 503

Lehre   14, 23, 31, 32, 45, 81, 85, 87,
90, 104, 116, 121, 127, 139, 141,
149, 151, 152, 175, 181, 210, 211,
214, 223, 225, 227, 244, 245, 277,
282, 319, 328, 335, 342, 360, 368,
401, 402, 403, 502
Lehrer   2, 22, 32, 93, 112, 118, 124,
128, 178, 241, 339, 391
Leid   44, 88, 95, 136, 137, 180, 194,
195, 215, 219, 237, 252, 296, 339,
346, 391, 392, 399, 413, 414, 438,
439, 456, 459, 466, 476
Leidenschaft   380, 410
Leidensdruck   74, 325
Leistungsprinzip   55, 269, 327
Leistungsgesellschaft   415
Lernprogramm   196, 466
Liberalismus   28, 47
Liebe   44, 49, 52, 56, 68, 71, 81, 100,
103, 105, 106, 112, 115, 123, 126,
130, 140, 141, 152–155, 157, 168,
195, 205, 212, 216, 222, 233, 235,
283, 284, 291, 308, 315, 337, 344,
346, 364, 374, 378, 384, 392, 393,
396, 399, 406, 413, 439, 443, 449
Liebesgebot   377
Listening   48
Logotherapie   183
Lust   130, 194, 298, 299, 336, 337,
391, 392, 425, 445

mäeutisches Dabeisein   178
Magie   108, 471, 472
Martyrium   87, 92
Meditation   167, 185, 186, 240
Medizin   11, 41, 70, 99, 133, 150, 163,
165, 212, 378, 418, 419, 435, 443,
451, 454, 455
Melancholiker   26
Menschenbild   12–14, 18–23, 54, 128,
161, 165, 166, 207, 227, 246, 256,
260, 277, 282, 284, 288, 342, 344,
390, 411, 419, 433, 491
Messe   49, 108
Metalinguistik   249
Militärseelsorge/-seelsorger   201, 451,
481–488, 490–492

Minderwertigkeitsgefühl 332, 498
Mission 30, 50, 127, 451
Mönchsregeln 111, 300
Montanismus 89, 90
Moral 54, 141, 142, 278, 353, 374, 387, 396, 411
Moralismus 209
Moralität 344
Mord 90, 418
Motivationsforschung 465
Mündigkeit 48, 134, 143, 213
Mut zum Sein 52, 130
Mutterbindung 44
mythologisch 250, 293

Nachahmung 150, 310
Nachbarwissenschaft 11
Nachfolge 28, 42, 80, 83, 88, 97, 105, 109, 111, 120, 123, 161, 216, 220, 223, 277, 309, 360, 441
Nachtdienst 480, 481
Nächstenliebe 46, 106, 215, 286, 434
narrative Interviews 464, 465
Narzißmus, narzißtisch 280, 282, 284–287, 291, 305, 324, 341, 354, 375, 406, 428, 447, 448
Nationalsozialismus 343, 483
natürliche Theologie 24, 30, 31, 33, 35
Naturgesetze 378
Neomarxismus 487
Neoprotestantismus 30
Neues Testament 3, 19, 81, 82, 219, 222, 357, 389
Neuordnung der Seelsorge 176
Neuprotestantismus 291
Neurose 72, 176, 178, 188, 200, 397, 398, 410, 493
nichteheliche Lebensgemeinschaften 164, 397, 398
Normen 23, 49, 75, 89, 181, 213, 245, 276, 278, 281, 300, 348, 350, 351, 354, 355, 367, 380–382, 386, 387, 398, 406, 414, 453, 489
Nothilfe 243
Nuthetische Seelsorge 13, 68, 241, 348

oboedentia 103

Obrigkeit 120, 121, 131
Ödipuskomplex 55, 300
Opportunismus 310
Orientierung 9, 13, 26, 27, 57, 73, 75, 114, 116, 161, 169, 177, 181, 212–214, 229, 234, 247, 258, 274, 275, 323, 348, 366, 367, 384, 385, 396, 399, 401, 407, 426, 436, 437, 441, 451, 463
Orthodoxie 120, 121, 193
Orthotomie 138

Pädagogik 5, 11, 365, 368, 378, 379
pantheistisch 258
Papstkirche 112
Parakletische Seelsorge 207, 218, 219, 226
Passage–Feier 237
Pastoral Counseling 47, 48, 60, 62, 63
Pastoralbriefe 84, 86
Pastoralpsychologie 8, 10, 14, 47, 48, 57, 58, 62, 64, 65, 96, 152, 153, 162, 165, 174, 179, 180, 182, 184–186, 199, 203, 252, 253, 396, 471
Pastoraltheologie 102, 133, 135, 139, 140, 143, 144, 162, 168, 186, 193, 223, 236, 239
Pastoraltheorie 141, 142
Pastorenkirche 154, 472
pathologisch 280, 284, 335, 388, 393, 413, 480, 493
Patient 44, 84, 85, 198, 250, 403, 417–419, 437, 443, 454, 458, 459, 461, 463–468
Pfingstbewegung 242
Pharisäismus 169
Phasenmodell 444
Philosophie 6, 11, 71, 93, 165, 199, 232, 271, 280
Phlegmatiker 26
Pietismus 41, 121, 138, 145, 150, 451
planca salutis 107
Platonismus 6, 420
Plausibilitätsstruktur 324, 356
pneumatische Seelsorge 151, 152, 241, 242
Poenitentiale 111

Polarisierung 205, 248
Postmoderne 180, 253, 381
praktische Kompetenz 186
Praktische Theologie 24, 46, 47, 66, 80, 82, 99, 131, 137, 141, 145, 146, 148, 151, 154, 156, 158, 161, 176, 179, 184, 191, 202–205, 212, 213, 224, 235, 236, 248, 293, 448
Presbyter 118, 149
Privatseelsorge 123, 140
Problemanalyse 303
Progressive Seelsorge 145
Projektion 409, 410, 411, 470, 495, 496, 499
Prophetie 29, 42, 210, 211, 242
Proprium 49–56, 58, 60, 75, 93, 133, 148, 190, 191, 201, 206, 219, 246, 253, 267, 277, 419, 452, 483
Protestantismus 130, 160, 278, 282, 336
Protestverhalten 322, 413, 456
Psychagogik 378
Psychiater 70, 87, 190, 394, 493
Psychiatrie 178, 190, 462
Psychoanalyse 5, 7, 26, 40, 41, 54, 55, 57, 63, 81, 152, 153, 176, 179, 188, 227, 228, 252, 284, 285, 295, 299, 314, 327, 328, 335, 337, 342, 344, 345, 388, 419, 440, 451, 452, 474, 482, 496
Psychotherapeut 2, 70, 178, 186, 373, 376, 406, 437
Psychotherapie 13, 40, 47, 49–51, 53–56, 64, 66, 69, 133, 152, 153, 159, 176–180, 183, 188, 189, 191, 205, 211, 212, 218, 226–229, 231, 232, 239, 241, 244–246, 251, 252, 277, 328, 347, 379, 436

Rationalismus 47, 87, 121, 128
Realismus 6
Realität 83, 170, 185, 188, 190, 205, 233, 253, 271, 272, 274, 280, 284, 290, 295, 301, 306, 309, 318, 320, 330, 334, 338, 339, 343, 358, 373, 377, 382, 404, 432, 443, 447, 453, 459, 461, 476, 482, 487, 503, 505, 507

Realprinzip 299, 335
Rechtfertigungslehre 155, 164, 207, 208, 210, 237, 382, 407, 446, 471, 491
Reformation 2, 79, 86, 87, 96, 110, 112, 113, 114, 159, 163, 169, 284, 310, 319, 329, 414, 497
Reformator 32, 111, 112, 114, 119, 171, 221, 272, 444, 445
Regression 133, 372, 373, 375, 394, 424, 427, 430, 435, 457, 467, 481, 491, 492
Rehabilitierung 238, 337
Rekonstruktion 24, 35, 252
Relationalität 60
Religion 24, 53, 58, 67, 74, 82, 94, 99, 101, 133f, 142, 155, 171, 177, 179, 196, 200, 235, 238, 275, 281, 290, 291, 332, 342, 359, 365, 381, 435, 439, 449, 450, 458, 471, 483, 499, 500, 507
Religionskritik 29, 40, 114, 132, 176, 265, 290, 298, 333, 338, 426, 433, 434
Religionspädagogik 5, 11, 60, 359, 365, 366, 367, 368
Religiosität 17, 29, 129, 183, 256, 277, 281, 285, 311, 313, 332, 342, 481
Resozialisation 238, 351, 492
Restitution 175, 204, 210, 212, 214, 222, 230, 248, 251, 259, 260, 384
Reue 63, 112, 121, 142, 497
Rigorismus 89, 92
Ritual/Ritualisierung 316–318, 322, 333, 334, 362, 424, 425, 427, 428, 447, 450, 451
Ritus 87, 361, 367, 419, 438, 462, 480

Säkularisierung 12, 45, 47, 177f, 217, 434
Sakramente 32, 108, 140, 160, 445, 462, 463
Samariter 470, 474, 475, 477
Sanguiniker 26
satisfactio 92
Scham 186, 267, 287, 332, 358, 363, 397, 422, 503f

schizoid 27
Schöpfer 56, 58, 126, 212, 376
schöpferische Seelsorge 223
Schuld 58, 66, 68, 71, 73, 133, 159, 180, 183, 186, 221, 231, 241, 244, 262, 270, 281, 284, 287, 288, 289, 290, 294, 313, 332, 342, 343, 344, 345, 346, 347, 348, 351, 352, 353, 354, 355, 356, 358, 370, 393, 417, 424, 425, 430, 433, 458, 494, 496, 497, 502, 503
Schweigepflicht 493, 494
Seele 32, 41, 52, 80, 81, 83, 88, 94, 95, 96, 99, 100, 102, 103, 104, 106, 107, 108, 109, 118, 120, 121, 123, 127, 128, 129, 136, 137, 139, 140, 145, 147f, 152, 153, 154, 155, 157, 163, 173, 177, 188, 189, 211, 215, 216, 222, 223, 224, 232, 237, 252, 262, 317, 346, 366, 372, 412, 421, 426, 446, 447, 458, 459, 465, 480, 504
Segnung 147, 243, 402
Selbstbestimmung 340, 367, 409
Selbstbewußtsein 267, 313, 325
Selbstdisziplin 338
Selbstkritik 47, 79, 100, 104, 148, 246, 268, 287, 350, 410, 445
Selbstverständnis 2, 77, 78, 101, 165, 166, 175, 184, 201, 303, 354, 451, 455, 460, 468, 469, 470, 478, 479, 486, 487, 491, 502
Selbstverwirklichung 17, 61, 112, 130, 207, 224, 337, 384
Selbstwertgefühl 287, 305, 312, 313, 341, 355, 404
Sendungsbewußtsein 188,
Sensibilität 102, 422
Sexualität 20, 185, 196, 236, 369, 384, 386, 387, 389, 390, 391, 392, 393, 395, 396, 399–402
Sittenverfall 74
Soldat 483, 484, 486, 488, 489, 491
Solidarität 51, 222, 239, 262, 337, 394, 423, 487, 488
Sonderkirche 242
Sonderseelsorger 465

soteriologische Differenz 208
Sozialarbeiter 190, 416, 451
Sozialethik 391, 405, 484, 487, 488
Sozialisationsergebnis 27
sozialpoimenisch 99
Sozialpsychologie 60, 133, 179, 182, 202, 203, 424, 427, 495
Spiralwege 432
Spiritualität 187, 218, 220, 223, 224, 383, 392, 502
spiritus in actu 243
Spruchweisheiten 95
Staatskirchenrecht 500
Staatsreligion 86, 94, 96
stabilitas loci 103
Sterbehilfe 417, 418, 419, 443
Strafvollzug 451, 492, 493, 494, 495, 496, 497, 499, 500
Sublimierung 337, 340
Sucht 108, 369
Suizidalität 476f
Sünde 36, 49, 63, 67–74, 90, 95, 97, 104, 111, 117, 125, 128, 144, 147, 160, 164, 189, 221, 241, 242, 269, 270, 283, 328, 330, 331, 332, 343, 344, 347, 351, 368, 383, 422
Supervision 193, 196, 197, 371, 473, 432
Supervisor 197, 199, 461
Symbiose 430
Symptomatik 246, 427, 452, 459
Synchronie 370
Systemische Therapie 183, 189, 404, 405, 440

Tabuisierung 415, 437
Tadel 68
Täter-Opfer-Ausgleich 499
Tagtraum 471
Taufe 88, 89, 91, 92, 236, 359, 360, 371f
Täuschung 294, 295
Teamarbeit 190, 457
Teufel 72, 87, 88, 92, 97, 105, 284
Themenzentrierte Interaktion 181
Therapeutische Seelsorge 35, 47, 49, 50, 61, 176, 177, 181, 245, 246

Tiefenpsychologie 133, 153, 162, 178–180, 185, 186–188, 199, 213, 228, 239, 240, 249, 250, 281, 344, 360, 370, 393, 411
topisches Modell 209
Tradition 58, 61, 78, 79, 93, 111, 122, 171, 174, 175, 181, 185, 202, 223, 229, 232–235, 252, 256, 262, 278, 296, 321, 342, 359, 364, 401, 418, 433, 440, 450, 456, 466, 506, 507
Transaktionsanalyse 183, 189, 198, 475
Transzendenz 29, 47, 179, 231, 244, 281, 379, 425, 429, 448
Trauerarbeit 426, 427, 430, 433, 434
Traumdeutung 185
Trennung 188, 194, 227, 246, 249, 250, 253, 284, 321, 341, 374, 380, 390, 397, 400, 403, 412–414, 421, 423, 427, 430, 435, 447, 486, 489
Trieb 129, 150, 171, 298, 299, 325, 334, 345, 346, 362–365, 370, 371, 390, 392, 425, 503
Trinitätslehre 114
Tröstung 44, 126, 130, 131, 136, 171
Typenlehre 205

Übergemeindliche Pfarrämter →Funktionspfarrämter
Überlebensangst 95
Übertragung 39, 171, 221, 251, 467, 493, 497
Umkehr 89, 91, 242, 420
Unbewußtes 186, 200, 299, 335, 336, 410, 411, 480, 496
Unentschiedenheit 387
Unmündigkeit 134, 138, 213
Unverbindlichkeit 248, 470
Unverfügbarkeit 29, 213, 392
Unzucht 90, 111
Urbild 81f, 161, 237
Urmißtrauen 312, 332, 333
Urvertrauen 311, 332, 333

Vatergestalt 94, 103, 324
Verantwortung 37, 68, 72, 94, 97, 104, 107, 114, 122, 134, 170, 171, 181, 270, 275, 293, 327, 337, 345, 347, 355, 374, 382, 384, 394, 418, 429, 486, 489, 491
Verarbeitungsmöglichkeit 36
Verbatim–Methode 53, 67, 438
Verbundsystem 15, 77, 129, 247, 290, 303, 348, 351, 353, 356, 389, 390, 484
Verdammnis 88, 104
Verdinglichung 432
Verdrängung 152, 280, 299, 300, 318, 329f, 334–340, 342, 345, 355, 387, 389, 416, 437
Vereinzelung 19, 78, 95, 160, 228f, 272, 407, 470, 476, 486, 505
Vergebung 36, 41, 55, 56, 58, 68, 71, 83, 88–90, 92, 96, 117, 118, 144, 160, 269, 270, 281, 288, 347, 351–355, 412
Verheißung 24, 70, 176, 187f, 204, 209, 429, 449
Verkündigung 31, 41, 43, 45, 75, 149, 158, 161, 162, 167, 174, 180, 181, 188, 191, 194, 205, 206, 211, 213, 216, 232, 250, 258, 359, 360, 396, 429, 431, 433
Verlassenheit 407
Verlorensein 241
Vernunft 5, 21, 98, 100, 127, 129, 199, 229, 372, 480
Versagen 42, 118, 186, 211, 238, 287, 294, 299, 313, 333, 339, 354, 375, 387, 388, 397, 402, 407, 427, 476, 502
Verschmelzungstendenzen 195, 457
Versöhnung 55, 71, 83, 213, 278, 344, 397, 429, 471, 472, 499, 504
Vertrauen 21, 63, 95, 134, 142, 151, 181, 214, 263, 312, 315, 328, 341, 344, 348, 351, 445, 446, 500
Vertröstung 113, 114, 157, 194, 446, 449, 460
vita activa, vita contemplativa 96
Volksfrömmigkeit 105, 109
Volkskirche 232, 239, 358, 452, 453, 466
Vorbild 69, 70, 105, 115, 125, 159,

193, 286, 335, 338, 362, 363, 377, 384, 485
Vormundschaft 404

Wahnsinn 66
Wahrheitsfindung 245
Wahrnehmung 24, 42, 51, 66, 69, 75, 86, 107, 115, 150, 173, 174, 183, 193, 211, 225, 237, 253, 255, 256, 257, 258, 261, 264, 282, 295, 301, 303, 305, 315, 319, 320, 325, 331, 348, 349, 351, 369, 371, 381, 387, 389, 407, 413, 428, 434, 437, 447, 465, 470, 492, 502, 505
Wallfahrten 108
Wehrdienst 245
Weisheit 42, 85, 93, 105, 109, 128, 129, 143, 178, 211, 239f, 250, 447
Weltanschauung 10, 20, 29, 72, 81, 87, 100, 164, 228, 296, 320, 330, 354, 441
Weltoffenheit 370
Werkgerechtigkeit 54, 283
Widerstand 7, 287, 335, 449, 456, 487, 490, 494
Wiedereingliederung 98, 238, 348, 497

Wiedergeburt 158, 164
Wiederholungsmechanismus 317
Wirklichkeitsverständnis 82, 306, 445
Wohlfahrtspflege 155
Wohngruppenvollzug 500
Wort Gottes 36, 41, 53, 91, 149, 163, 188, 201, 211, 242, 257, 259f, 278, 280, 359, 360
Wüstenmönche 94f
Wunderglaube 36
Wunschwelt 373, 451

Zeitgeist 30, 40, 145, 165, 240, 271, 282, 284, 287, 395
Zeuge 22, 41, 121, 208, 396
Zirkelstruktur 249, 258
Zivildienst 484, 485
zoon politikon 15, 16, 49
Zukunftsvorstellungen 180, 181, 215, 240, 262, 263, 337, 420, 432, 433, 446, 449, 452, 478, 504, 507
Zusammengehörigkeit 18, 389, 396, 445
Zwei-Reiche-Lehre 53, 227
Zweitfamilie 406
Zwiespältigkeit → Ambivalenz
Zwietracht 63

**Walter de Gruyter
Berlin • New York**

JÜRGEN BECKER
Jesus von Nazaret

20,5 x 13,5 cm. XI, 460 Seiten. 1996.
Gebunden DM 74,- / öS 577,- / sFr 73,- ISBN 3-11-014881-1
Kartoniert DM 38,- / öS 297,- / sFr 39,-
ISBN 3-11-014882-X
(de Gruyter Lehrbuch)

Die Darstellung bietet eine neue Erklärung für die »Gottesherrschaft« als dem Zentralwort der Verkündigung Jesu. Das hat Folgen für das Verständnis des Wirkens Jesu und für die Deutung seines Ethos.

Durchweg wird Jesu Besonderheit innerhalb des Frühjudentums beschrieben. Dabei bleibt immer im Blick, daß durch Jesu Wirken die Geschichte des Urchristentums eröffnet wurde.

Das Buch hat seinen Ursprung in der akademischen Lehre. Gleichwohl will es Brücken zu allen Leserinnen und Lesern schlagen, die einem Jesusbild begegnen wollen, das sich historischem Wahrheitsbewußtsein verdankt. Mit dieser Auffassung will es nicht nur dem Hochschulbetrieb dienen, sondern ebenso dem Pfarramt, dem schulischen Unterricht und der allgemeinen christlichen Bildung. Es hofft, mit seinem Konzept auch dem christlich-jüdischen Gespräch zu dienen.

Der Autor ist Professor für Neues Testament und Judaistik an der Universität zu Kiel.

Preisänderung vorbehalten

Walter de Gruyter & Co. • Berlin • New York • Genthiner Straße 13
D-10785 Berlin • Telefon: (030) 2 60 05-0 • Telefax: (030) 2 60 05-2 22